MELANIE LANGBAUER

Das Strafrecht vor den Unionsgerichten

Strafrechtliche Abhandlungen · Neue Folge

Begründet von Dr. Eberhard Schmidhäuser (†)
em. ord. Prof. der Rechte an der Universität Hamburg

Herausgegeben von

Dr. Dres. h. c. Friedrich-Christian Schroeder
em. ord. Prof. der Rechte an der Universität Regensburg

und

Dr. Andreas Hoyer
ord. Prof. der Rechte an der Universität Kiel

in Zusammenarbeit mit den Strafrechtslehrern der deutschen Universitäten

Band 261

Das Strafrecht vor den Unionsgerichten

Plädoyer für ein Fachgericht für Strafrecht

Von

Melanie Langbauer

Duncker & Humblot · Berlin

Gedruckt mit Unterstützung des Förderungs-
und Beihilfefonds Wissenschaft der VG WORT

Veröffentlicht mit finanzieller Unterstützung der Universität Passau

Zur Aufnahme in die Reihe empfohlen von
Professor Dr. Robert Esser, Passau

Die Juristische Fakultät der Universität Passau hat diese Arbeit
im Jahre 2013 als Dissertation angenommen.

Bibliografische Information der Deutschen Nationalbibliothek

Die Deutsche Nationalbibliothek verzeichnet diese Publikation in
der Deutschen Nationalbibliografie; detaillierte bibliografische Daten
sind im Internet über http://dnb.d-nb.de abrufbar.

Alle Rechte vorbehalten
© 2015 Duncker & Humblot GmbH, Berlin
Fremddatenübernahme: Klaus-Dieter Voigt, Berlin
Druck: buchbücher.de gmbh, Birkach
Printed in Germany

ISSN 0720-7271
ISBN 978-3-428-14489-1 (Print)
ISBN 978-3-428-54489-9 (E-Book)
ISBN 978-3-428-84489-0 (Print & E-Book)

Gedruckt auf alterungsbeständigem (säurefreiem) Papier
entsprechend ISO 9706 ♾

Internet: http://www.duncker-humblot.de

Vorwort

Die vorliegende Arbeit ist im November 2013 von der Universität Passau als Dissertation angenommen worden. Literatur und Rechtsprechung konnten bis zum Oktober 2013 berücksichtigt werden.

Danken möchte ich allen voran meinem Doktorvater, Prof. Dr. Robert Esser, der die Anregung für das Thema gab und die Arbeit auf vielfältige Art unterstützt hat. Die Zeit als Mitarbeiterin an seinem Lehrstuhl empfinde ich fachlich wie auch persönlich als prägend.

Prof. Dr. Jochen Bung möchte ich zudem für die zügige Erstellung des Zweitgutachtens Dank aussprechen.

Dass die Drucklegung finanziell durch die VG Wort und die Universität Passau gefördert wurde, war mir eine große Hilfe, so dass ich an dieser Stelle meinen Dank gegenüber beiden Institutionen ausdrücken möchte. Zugleich danke ich meinem Großvater für seine großzügige finanzielle Unterstützung.

Danke sagen möchte ich auch meinem Freund, Dr. Johannes Rochner, nicht nur für die vielen Anregungen während des Entstehungsprozesses dieser Arbeit, sondern auch für das mir jederzeit entgegengebrachte Verständnis, das ich insbesondere in der Endphase der Arbeit sehr auf die Probe gestellt habe.

Besonderer Dank gebührt schließlich meiner Familie. Ihnen widme ich diese Arbeit. Ihre uneingeschränkte Unterstützung während meiner gesamten Ausbildung hat maßgeblich zur Fertigstellung dieser Arbeit beigetragen. Hervorheben möchte ich den Beitrag meines Bruders, Michael Langbauer, der sich zum Korrekturlesen der Arbeit bereiterklärt hat.

Passau, 5.3.2015 *Melanie Langbauer*

Inhaltsübersicht

Einführung 41
    A. Einordnung des Themas 42
    B. Hintergründe des Forschungsvorhabens und Problemaufriss 44
    C. Ansatzpunkt der Arbeit und deren Bedeutung 45
    D. Aufbau der Darstellung 46

Kapitel 1
Evolution des Unionsstrafrechts bis heute   47

§ 1 Unionsgerichtsbarkeit als Motor der Strafrechtsintegration 47
    A. Rechtsfortbildung durch den Gerichtshof 49
    B. Einflussnahme auf das nationale Straf- und Strafverfahrensrecht 51
    C. Erweiterung der direkten Einflussmöglichkeiten 59
    D. Entwicklung strafrechtlicher Grundsätze als Gegenpol 68
    E. Ausweitung des Rechtsschutzes in der Zweiten und Dritten Säule 71
    F. Fazit: Der EuGH als Integrationsfaktor für das Strafrecht 79

§ 2 Strafrechtliche Kompetenzen der Union nach Inkrafttreten des Vertrags von Lissabon 79
    A. Der neue Raum der Freiheit, der Sicherheit und des Rechts 81
    B. Unionales Strafverfahrensrecht (Art. 82 AEUV) 83
    C. Materielles Unionsstrafrecht 93
    D. Zwangsmittel, Geldbußen und sonstige punitive Sanktionen 105
    E. Institutionelle Kompetenzen der Union 108
    F. Fazit: EU als Strafgesetzgeber – Unionsgerichte als strafrechtliche Spruchkörper! 114

§ 3 Gegengewicht zur Strafrechtssetzung – Justizielle Grundrechte (Art. 47 ff. GRC) 116
    A. Allgemeine Vorbemerkungen 116
    B. Rolle der Charta im RFSR 120
    C. Recht auf einen effektiven Rechtsschutz nach Art. 47 GRC 133
    D. Strafrechtliche Garantien (Art. 48–50 GRC) 145
    E. Fazit zur Bedeutung der Grundrechte für das Europäische Strafrecht 152

§ 4 Fazit: Strafrecht als unionaler Rechtsprechungsauftrag 153

Kapitel 2

Rechtsschutz gegen strafrechtliche Akte der Unionsorgane   155

§ 1 Institutionelle Rahmenbedingungen 156
- A. Gerichtsverfassung nach dem Vertrag von Lissabon 156
- B. Rahmenbedingungen des Rechtsschutzes gegen Unionsakte mit Strafrechtsbezug 162

§ 2 Nichtigkeitsklage gegen strafrechtliche Akte der Unionsorgane 166
- A. Individualnichtigkeitsklage gegen fortgeltende Rechtsakte der ehemaligen Zweiten und Dritten Säule? 166
- B. Nichtigkeitsgründe von Relevanz für das Strafrecht 168
- C. Klagegegenstand und Klagebefugnis: Zukunft der *Plaumann*-Formel? 170
- D. Klagefrist 193
- E. Verfahrensablauf vor dem EuG 197
- F. Effektiver Rechtsschutz mittels Nichtigkeitsklagen im Europäischen Strafrecht? 202
- G. Fazit: Lückenhafter und bereichsspezifisch ineffektiver Rechtsschutz durch die Nichtigkeitsklage 211

§ 3 Vorabentscheidungsverfahren nach Art. 267 AEUV mit Bezug zum Strafrecht 212
- A. Vorlageverfahren nach Art. 35 EU a. F. 213
- B. Anknüpfungspunkt im Strafprozess – Spezifische Vorlagegründe 216
- C. Besondere Maßstäbe für das Vorlageverfahren im Strafprozess? 221
- D. Durchführung des Vorlageverfahrens – Aussetzung des nationalen Strafprozesses und Vorlage 234
- E. Der Angeklagte als Subjekt des Vorlageverfahrens? 237
- F. Verfahren vor dem Gerichtshof selbst 255
- G. Fazit: Vorlageverfahren kein tragfähiges Konzept im Strafrecht 263

§ 4 Ausgleich durch sonstige Klagen? 266
- A. Ausgleich durch die Untätigkeitsklage (Art. 265 AEUV)? 266
- B. Ausgleich der Rechtsschutzlücken durch Schadensersatzklagen? 266
- C. Vertragsverletzungsverfahren 269
- D. Inzidentkontrolle nach Art. 277 AEUV 271
- E. Fazit zu den sonstigen Klagen des Unionsrechts 272

§ 5 Fazit: Kein effektiver und lückenloser Rechtsschutz gegen strafrechtliche Handlungen der Unionsorgane 273

Kapitel 3
Effektive Kontrolle europäischer Strafverfolgungsbehörden? 276

§ 1 Rechtsschutz gegen grundrechtsbeeinträchtigende Maßnahmen von Europol? 277
    A. Allzuständigkeit des Europäischen Polizeiamtes? 277
    B. Grundrechtsintensive Befugnisse von Europol 278
    C. Rechtsschutz durch die Gemeinsame Kontrollinstanz 294
    D. Kontrolle durch den Datenschutzbeauftragten (Art. 28 ERB) 306
    E. Kontrolle durch den EuGH (bis zum Ablauf der Übergangsfrist) 307
    F. Exekutivische (Eigen-)Kontrolle 309
    G. Ausgleich durch nationale Rechtsschutzinstanzen? 311
    H. Objektive parlamentarische Kontrolle 322
    J. Fazit zur Rechtsschutzlage in Bezug auf Europol 324

§ 2 Eurojust (Art. 85 AEUV) 327
    A. Ein justizielles Pendant? – Tätigkeitsfelder und Zuständigkeit 327
    B. Grundrechtsintensive Befugnisse von Eurojust 330
    C. Kein Individualrechtsschutz durch den EuGH 338
    D. Effektiver Rechts- und Datenschutz durch die GKI-Eurojust? 338
    E. Kein Ausgleich durch die Tätigkeit des Datenschutzbeauftragten 347
    F. Rechtsschutz gegen Eurojust auf mitgliedstaatlicher Ebene 348
    G. Keine hinreichende parlamentarische Kontrolle 351
    H. Fazit: Erhebliche Rechtsschutzlücken in Bezug auf Eurojust 352

§ 3 EJN – Das Europäische Justizielle Netz 353

§ 4 Kontrolle von OLAF 354
    A. Grundlegende Zielsetzung und Rechtsgrundlagen 354
    B. OLAF als Strafverfolgungsinstitution? 356
    C. Datenverarbeitung bei OLAF 358
    D. Echte Ermittlungsbefugnisse für OLAF 361
    E. Kontrolle von OLAF nach den Grundsätzen der Rechtsprechung 369
    F. Sonstige Kontrollmechanismen und deren Eignung 379
    G. Unzureichende Gewährleistung von Verfahrensrechten 383
    H. Fazit: Erhebliche Bedenken im Hinblick auf die Rechtsstaatlichkeit 384

§ 5 Zusammenfassung der Rechtsschutzdefizite unter Einbeziehung zu erwartender Entwicklungen 386
    A. Rechts- und Datenschutzdefizite in Bezug auf die bestehenden Strafverfolgungsbehörden 386
    B. Künftige Entwicklung der Strafverfolgungsbehörden mit Einfluss auf die Rechtsschutzfrage 389

C. Fazit: Erforderlichkeit der Kontrolle durch ein unabhängiges, europäisches Strafgericht 429

Kapitel 4
Etablierung eines zukunftsfähigen, rechtsstaatlichen (Straf-)Justizsystems 436

§ 1 Leitlinien der Verfahrensreform 438
    A. Beibehaltung des Kooperationsmodells – unter neuen Vorzeichen 438
    B. Ausgestaltung der Direktklagen gegen rechtsverletzende Unionsakte 451
    C. Verbesserung des dezentralen Rechtsschutzes im Übrigen 461
    D. Rechtsbehelf gegen auf dem Grundsatz der gegenseitigen Anerkennung basierende Maßnahmen 470

§ 2 Reform des Direktklagesystems 475
    A. Reform der Nichtigkeitsklage nach Art. 263 Abs. 4 AEUV 475
    B. Einführung einer Feststellungs- und Verpflichtungsklage 489

§ 3 Reform des Vorlageverfahrens 491
    A. Ausgangspunkt der Reform des Vorlageverfahrens 491
    B. Verbesserung der Rechtsstellung des Einzelnen de lege ferenda 493
    C. Ausgleich überlanger Verfahrensdauer 502
    D. Wiederaufnahmeverpflichtung 503

§ 4 Fazit 505

Kapitel 5
Fachgericht für das Europäische Strafrecht 507

§ 1 Abkehr vom Konzept des Universalgerichts – Maßnahme der Qualitätssicherung 509
    A. Überlastung von EuGH und EuG? 510
    B. Diskutierte Reformoptionen für die aufgezeigten Probleme 520
    C. Fazit: Notwendigkeit des Eintritts in die Planung des Fachgerichts 543

§ 2 Vertragliche Ausgangslage für das Fachgericht 544
    A. Sachbereiche für die Fachgerichte 544
    B. Errichtung und Organisation 548

§ 3 Zweckmäßige und erforderliche Aufgabenzuweisungen 550
    A. Zu übertragende Verfahrens- und Klagearten 550
    B. Klagegegenstände 558

§ 4 Gerichtsverfassung für das EuStG 568
    A. Grenzen der Ausgestaltung nach der derzeitigen Vertragslage 568

B. Modelle für ein Strafgericht auf europäischer Ebene? 572
C. Ausstattung des Gerichtshofs 579
D. Gerichtsverfassungsrechtliche Regelungen 593

§ 5 **Zusammenfassung der Vorschläge zur Schaffung eines EuStG auf Basis einer Vertragsänderung** 601

Kapitel 6

Zusammenfassung und Ausblick   603

Literaturverzeichnis 612

Stichwortverzeichnis 649

Inhaltsverzeichnis

Einführung 41
   A. Einordnung des Themas 42
   B. Hintergründe des Forschungsvorhabens und Problemaufriss 44
   C. Ansatzpunkt der Arbeit und deren Bedeutung 45
   D. Aufbau der Darstellung 46

Kapitel 1
Evolution des Unionsstrafrechts bis heute   47

§ 1 Unionsgerichtsbarkeit als Motor der Strafrechtsintegration 47
   A. Rechtsfortbildung durch den Gerichtshof 49
      I. „Wahrung des Rechts" durch seine Weiterentwicklung 49
      II. Auslegungsmethoden der Unionsgerichte – Bedeutung des „effet utile" 50
   B. Einflussnahme auf das nationale Straf- und Strafverfahrensrecht 51
      I. Assimilation – Pflicht zur Sanktionierung von Unionsrechtsverstößen ... 52
      II. Neutralisierungswirkung – Anwendungsvorrang von Unionsrecht 55
         1. Auswirkungen auf der Tatbestandsseite 55
         2. Auswirkungen auf der Rechtsfolgenseite 56
            a) Relevanz für die Art der Sanktion 56
            b) Begrenzung der Strafhöhe 57
         3. Überlagerung strafverfahrensrechtlicher Bestimmungen 58
      III. Fazit: Punktuelle Europäisierung des nationalen Strafrechts 58
   C. Erweiterung der direkten Einflussmöglichkeiten 59
      I. Verpflichtung zur richtlinienkonformen Auslegung 59
         1. Grundkonstellation 59
         2. Bedeutung nach Ablauf der Umsetzungsfrist 60
         3. Beachtlichkeit auch schon vor Ablauf der Umsetzungsfrist? 61
      II. Stärkung der PJZS – Pflicht zur rahmenbeschlusskonformen Auslegung 61
      III. Anerkennung strafrechtlicher Anweisungskompetenzen der EG 63
         1. Urteil des EuGH vom 13.9.2005 zum Umweltstrafrecht 64
         2. Urteil vom 12.7.2007 zur Meeresverschmutzung 66
         3. Fazit: Strafrechtssetzungskompetenzen der Ersten Säule 66

14 Inhaltsverzeichnis

- D. Entwicklung strafrechtlicher Grundsätze als Gegenpol 68
  - I. Herleitung der Grundrechte als allgemeine Rechtsgrundsätze 68
  - II. Als allgemeine Rechtsgrundsätze entwickelte strafrechtliche Grundsätze 69
  - III. Fazit: Rechtsgemeinschaft als Mittel zum Zweck 70
- E. Ausweitung des Rechtsschutzes in der Zweiten und Dritten Säule 71
  - I. Rechtsschutzsituation in Rahmen der GASP und PJZS vor dem Vertrag von Lissabon 72
    - 1. Rechtsschutzlage bezüglich der PJZS 72
    - 2. Rechtsschutzsituation bezüglich der GASP 73
  - II. Rechtsschutzeffektivität als Rechtsprechungsmotiv – „smart sanctions"? 74
    - 1. Allgemeines zu den „smart sanctions" 74
    - 2. Erweiterung der tauglichen Klagegegenstände nach Art. 35 EU a.F. 75
    - 3. Rechtsschutz bei Listung durch den Sicherheitsrat 76
  - III. Zwischenfazit: Verkleinerung der Rechtsschutzlücken 79
- F. Fazit: Der EuGH als Integrationsfaktor für das Strafrecht 79

§ 2 Strafrechtliche Kompetenzen der Union nach Inkrafttreten des Vertrags von Lissabon 79

- A. Der neue Raum der Freiheit, der Sicherheit und des Rechts 81
- B. Unionales Strafverfahrensrecht (Art. 82 AEUV) 83
  - I. Art. 82 Abs. 1 UAbs. 2 AEUV – Originäre Rechtssetzungskompetenz der Union für das Strafverfahrensrecht 84
    - 1. Anerkennung justizieller Entscheidungen (lit. a) 84
    - 2. Vermeidung von Kompetenzkonflikten (lit. b) 85
    - 3. Förderung der Aus- und Weiterbildung (lit. c) 85
    - 4. Auffangtatbestand: Kooperation sonstiger Behörden (lit. d) 86
  - II. Rechtsangleichung nach Art. 82 Abs. 2 AEUV 86
    - 1. Kompetenzkatalog im Einzelnen (Art. 82 Abs. 2 UAbs. 2 AEUV) . 87
      - a) Verkehrsfähigkeit von Beweisen (lit. a) 87
      - b) Harmonisierung der Verfahrensrechte (lit. b) 87
      - c) Opferrechte (lit. c) 88
      - d) Sonstige spezifische Aspekte des Verfahrens (lit. d) 88
    - 2. Notbremsenmechanismus 89
  - III. Bereits auf Art. 82 AEUV gestützte Maßnahmen 90
  - IV. Fazit zu den strafverfahrensrechtlichen Kompetenzen der Union 92
- C. Materielles Unionsstrafrecht 93
  - I. Harmonisierung des nationalen Strafrechts nach Art. 83 AEUV 93
    - 1. Schwere, grenzüberschreitende Kriminalität (Abs. 1) 93
      - a) Erfasste Deliktsbereiche 94
      - b) Zulässige Regelungstiefe 95

         2. Annexkompetenz für harmonisierte Politikbereiche (Art. 83
            Abs. 2 AEUV) 96
         3. Bereits auf Art. 83 AEUV gestützte Maßnahmen 98
         4. Zwischenfazit 100
      II. Originäre Strafrechtssetzungskompetenzen der Union? 100
         1. Schutz finanzieller Interessen der EU basierend auf Art. 325
            Abs. 4 AEUV? 100
         2. Strafrechtssetzungskompetenz nach Art. 33 AEUV (Zollwesen)? . . 103
         3. Strafrechtssetzungskompetenz nach Art. 79 Abs. 2 lit. d AEUV? . . 104
      III. Strafrechtlicher Schonungsgrundsatz 104
   D. Zwangsmittel, Geldbußen und sonstige punitive Sanktionen 105
      I. Verwaltungssanktionen des Wettbewerbsrechts 106
      II. „Smart Sanctions" 107
   E. Institutionelle Kompetenzen der Union 108
      I. Eurojust (Art 85 AEUV) 108
      II. Europäische Staatsanwaltschaft (Art. 86 AEUV) 110
      III. Polizeiliche Zusammenarbeit (Art. 87–89 AEUV) 111
         1. Europol (Art. 88 AEUV) 112
         2. Bemerkungen zu Art. 87 und Art. 89 AEUV 113
      IV. Institutionalisierung der Betrugsbekämpfung (Art. 325 Abs. 4
          AEUV) 113
   F. Fazit: EU als Strafgesetzgeber – Unionsgerichte als strafrechtliche Spruch-
      körper! 114

§ 3 Gegengewicht zur Strafrechtssetzung – Justizielle Grundrechte
    (Art. 47 ff. GRC) 116
   A. Allgemeine Vorbemerkungen 116
      I. Architektur des europäischen Grundrechtsraums (Art. 6 EUV) 116
      II. Charta als Prüfungsmaßstab für die folgende Untersuchung 118
   B. Rolle der Charta im RFSR 120
      I. Grundrechtsberechtigung 120
      II. Adressatenfrage: Grundrechtsbindung der Union und der Mitglied-
          staaten 121
         1. Grundrechtsbindung der Union nach Art. 51 Abs. 1 S. 1 GRC 121
         2. Grundrechtsbindung der Mitgliedstaaten 122
            a) Agency-Situation – Mitgliedstaaten als verlängerter Arm der
               Union 123
            b) Umsetzung von Richtlinienvorgaben durch den Gesetzgeber ... 124
            c) Keine Bindung bei Vollzug von Unionsrecht in nationalen Ver-
               fahren 126
            d) Bindung auch im „Anwendungsbereich" des Unionsrechts? ... 127

　　　　　3. Räumlicher Anwendungsbereich: Opt out Großbritanniens, Polens
　　　　　　und der Tschechischen Republik? 131
　　　III. Schrankensystematik 132
C. Recht auf einen effektiven Rechtsschutz nach Art. 47 GRC 133
　　　I. Art. 47 Abs. 1 GRC – Wirksamer, gerichtlicher Rechtsschutz 134
　　　　　1. Anwendbarkeit 134
　　　　　2. Zugang zu einem Gericht 135
　　　　　3. Rechtswegklarheit 136
　　　　　4. Pflicht zur Errichtung neuer Verfahrensarten und Spruchkörper? .. 136
　　　　　5. Wirksamkeit des Rechtsbehelfs 137
　　　II. Art. 47 Abs. 2 GRC – Recht auf ein faires Verfahren 138
　　　　　1. Anforderungen an ein „Gericht" 139
　　　　　2. Anspruch auf den gesetzlichen Richter? 140
　　　　　3. Verfahrensgarantien im Einzelnen 141
　　　　　　a) Garantie des rechtlichen Gehörs 141
　　　　　　b) Waffen- und Chancengleichheit 142
　　　　　　c) Öffentlichkeits- und Mündlichkeitsgrundsatz 142
　　　　　　d) Angemessene Verfahrensdauer 143
　　　III. Art. 47 Abs. 3 GRC – Anspruch auf Prozesskostenhilfe 143
　　　IV. Schranken, insbesondere praktische Konkordanz 144
D. Strafrechtliche Garantien (Art. 48–50 GRC) 145
　　　I. Anwendungsbereich: Strafrecht im Unionssinne 145
　　　II. Unschuldsvermutung und Verteidigungsrechte (Art. 48 GRC) 145
　　　　　1. Unschuldsvermutung (Art. 48 Abs. 1 GRC) 145
　　　　　2. Verteidigungsrechte (Art. 48 Abs. 2 GRC) 146
　　　　　3. Aussagefreiheit 147
　　　III. Gesetzmäßigkeit und Verhältnismäßigkeit der Strafe (Art. 49 GRC) .. 148
　　　　　1. Nulla poena sine lege (Art. 49 Abs. 1, 2 GRC) 148
　　　　　　a) Anwendungsbereich 148
　　　　　　b) „Gesetzliche" Grundlage 148
　　　　　　c) Bestimmtheitsgebot 149
　　　　　　d) Analogieverbot 149
　　　　　　e) Rückwirkungsverbot 149
　　　　　　f) Lex-mitior-Grundsatz 150
　　　　　2. Verhältnismäßigkeit der Strafe (Art. 49 Abs. 3 GRC) 150
　　　IV. Ne bis in idem (Art. 50 GRC) 151
E. Fazit zur Bedeutung der Grundrechte für das Europäische Strafrecht 152

§ 4 Fazit: Strafrecht als unionaler Rechtsprechungsauftrag 153

Kapitel 2
Rechtsschutz gegen strafrechtliche Akte der Unionsorgane — 155

§ 1 **Institutionelle Rahmenbedingungen** 156
   A. Gerichtsverfassung nach dem Vertrag von Lissabon 156
      I. Struktur der europäischen Gerichtsbarkeit 156
      II. Richter und Generalanwälte am Gerichtshof der Europäischen Union 157
      III. Modell des dezentralen Rechtsschutzes 158
      IV. Aufgaben und Zuständigkeiten der europäischen Gerichte 160
   B. Rahmenbedingungen des Rechtsschutzes gegen Unionsakte mit Strafrechtsbezug 162
      I. Rechtslage vor der Vertragsänderung 162
      II. Rechtslage bezüglich der PJZS 162
         1. Folgen der Auflösung der Säulenstruktur und Neufassung der Verträge 162
         2. Sonderregelung in Art. 276 AEUV 163
         3. Übergangsvorschriften nach Protokoll Nr. 36 zum Vertrag von Lissabon 164
         4. Opt-out Großbritanniens, Irlands und Dänemarks 164
      III. Rechtslage bezüglich der GASP 165

§ 2 **Nichtigkeitsklage gegen strafrechtliche Akte der Unionsorgane** 166
   A. Individualnichtigkeitsklage gegen fortgeltende Rechtsakte der ehemaligen Zweiten und Dritten Säule? 166
      I. Rechtsschutz gegen Handlungen der PJZS 167
      II. Rechtsschutz gegen Handlungen des GASP 167
   B. Nichtigkeitsgründe von Relevanz für das Strafrecht 168
      I. Zuständigkeit 168
      II. Verletzung von Formvorschriften 169
      III. Ermessensmissbrauch 169
      IV. Auffangtatbestand: Verletzung von Unionsrecht 169
   C. Klagegegenstand und Klagebefugnis: Zukunft der *Plaumann*-Formel? 170
      I. Entstehungsgeschichtlicher Hintergrund der Modifikation 170
         1. Sukzessive Handlungsformenneutralität 170
         2. Die Plaumann-Formel des EuGH 171
         3. Rechtsschutzlücke bei selbstvollziehenden Maßnahmen 172
      II. Erweiterung des Individualrechtsschutzes im Vertrag von Lissabon? . 174
         1. Klagen gegen adressatenbezogene Beschlüsse (Var. 1) 175
         2. Klagen gegen sonstige Handlungen (Var. 2) 175
         3. Klagen gegen Rechtsakte mit Verordnungscharakter (Var. 3) 176

a) Historischer Ansatz: abstrakt-generelle Normen ohne Gesetzescharakter 178
b) Systematisch-teleologischer Ansatz: alle abstrakt-generellen
Akte 182
c) Stellungnahme 184
d) Entscheidungen in den Rechtssachen Inuit und Microban 187
e) Bedeutung des fehlenden Durchführungsbedürfnisses? 189
f) „Materielle Aufladung" des Kriteriums der unmittelbaren Betroffenheit? 192
III. Erweiterung, aber kein lückenloser Grundrechtsschutz 193
D. Klagefrist 193
I. Fristbeginn 194
II. Fristablauf 194
III. Folgen des Fristablaufs 195
IV. Unzureichende Frist für abstrakt-generelle Unionsakte 195
V. Exkurs: Verhältnis zu Art. 277 AEUV 195
E. Verfahrensablauf vor dem EuG 197
I. Zuweisung und Behandlung der Klagen 197
II. Ablauf des Verfahrens 197
III. Wirkung der Urteile 198
IV. Rechtsmittel 199
V. Verfahrensdauer und einstweiliger Rechtsschutz 200
 1. Maßnahmen zur Beschleunigung 200
 2. Einstweiliger Rechtsschutz 201
VI. Zwischenfazit zum Verfahren vor dem EuG selbst 202
F. Effektiver Rechtsschutz mittels Nichtigkeitsklagen im Europäischen Straf-
recht? 202
I. Kein Rechtsschutz gegen strafrechtliche Gesetzgebungsakte 202
II. Rechtsschutz gegen „smart sanctions" nach Art. 75/Art. 215 AEUV .. 204
 1. Zu den Rechtsgrundlagen 205
 2. Reichweite der Kontrolle im Anwendungsbereich des Art. 215
 Abs. 2 AEUV 205
  a) Kontrolle von Akten nach Art. 215 AEUV sowie von Inzidentrügen 206
  b) Unmittelbare Kontrolle der vorausgegangenen GASP-Maßnahme? 206
  c) Exkurs: Überprüfbarkeit auch jenseits von Art. 215 AEUV 208
  d) Fazit zur Rechtsschutzlage und Kontrolldichte 208
 3. Rechtsschutz gegen auf Art. 75 AEUV gestützte Maßnahmen 208
 4. Fazit: Lückenloser Rechtsschutz, effektive Kontrolle nur auf UN-
 Ebene? 209

	III. Effektiver Rechtsschutz gegen Geldbußen im Wettbewerbsrecht?	209
	G. Fazit: Lückenhafter und bereichsspezifisch ineffektiver Rechtsschutz durch die Nichtigkeitsklage	211

§ 3 Vorabentscheidungsverfahren nach Art. 267 AEUV mit Bezug zum Strafrecht 212
    A. Vorlageverfahren nach Art. 35 EU a. F. 213
    B. Anknüpfungspunkt im Strafprozess – Spezifische Vorlagegründe 216
        I. Vorlagegründe im Allgemeinen 216
        II. Vorlagen bezüglich harmonisierten nationalen Strafrechts 216
            1. Vorabentscheidungsersuchen in Bezug auf materielles Strafrecht .. 216
            2. Vorabentscheidungsersuchen in Bezug auf strafprozessuale Vorschriften 218
        III. Kontrolle von GASP-Beschlüssen durch Vorabentscheidungsersuchen? 221
    C. Besondere Maßstäbe für das Vorlageverfahren im Strafprozess? 221
        I. Grundsätzlich: Vorlage allein durch die Gerichte 221
        II. Zwischen Pflicht und Berechtigung zur Vorlage im Strafverfahren ... 223
            1. Grundsätze der Vorlagepflicht bzw. -berechtigung der Strafgerichte 223
                a) Grundnormen 224
                b) Erste Ausnahme: Foto-Frost-Rechtsprechung 226
                c) Zweite Ausnahme: CILFIT-Kriterien 227
            2. Beschränkung des Ermessens im Haupt- und Zwischenverfahren? – Ermittlungsgrundsatz und Beschleunigungsmaxime 228
                a) Modifikation durch den Ermittlungsgrundsatz 228
                b) Modifikation durch die Konzentrationsmaxime 229
                c) Leitlinien für die Ermessensausübung im Einzelfall 229
            3. Ausschluss im Vorverfahren – Eilbedürftigkeit im Ermittlungsverfahren? 231
                a) Grundsätzliches zur Vorlage im Ermittlungsverfahren 231
                b) Spannungsverhältnis zwischen Eilbedürftigkeit und Anwendungsvorrang 232
                c) Auflösung: Ermittlungsrichterliche Entscheidung vor Vorlageersuchen 233
    D. Durchführung des Vorlageverfahrens – Aussetzung des nationalen Strafprozesses und Vorlage 234
        I. Anwendbarkeit des § 262 Abs. 2 StPO analog? 235
        II. Aussetzung in anderen Verfahrensstadien? 235
        III. Folgen der Aussetzung – Ruhen des Verfahrens und der Verjährung .. 236
    E. Der Angeklagte als Subjekt des Vorlageverfahrens? 237
        I. Keine Vorlageberechtigung des Angeklagten oder seines Verteidigers 237

    II. Erzwingung des Vorlageverfahrens und Sanktionierung von Verstößen
        gegen Art. 267 Abs. 3 AEUV vor nationalen und Unionsgerichten ... 240
        1. Erzwingung der Vorlage vor den nationalen Rechtsmittelinstanzen? 240
            a) Beschwerde nach § 304 StPO gegen die unterlassene Vorlage? . 240
            b) Berufung gegen unterlassene Vorlagen erstinstanzlicher Gerichte? 241
            c) Revision gegen die unterlassene Vorlage unterinstanzlicher Gerichte? 241
        2. Kontrolle der Nichtvorlage durch die Verfassungsgerichte? 243
            a) EuGH als gesetzlicher Richter i. S. v. Art. 101 Abs. 1 S. 2 GG .. 244
            b) Willkürmaßstab des Bundesverfassungsgerichts 244
            c) Allgemeine Nachteile der Verfassungsbeschwerde als Rechtsschutzmittel 246
            d) Zwischenfazit zur Verfassungsbeschwerde wegen Nichtvorlage . 247
        3. Durchsetzung im Vertragsverletzungsverfahren (Art. 258 f. AEUV) 247
            a) Zulässigkeit der Kontrolle gerichtlicher Vertragsverletzungen .. 247
            b) Keine Aktivlegitimation des Angeklagten 248
            c) Reichweite der Entscheidung 249
            d) Fazit: Kein Ausgleich durch das Vertragsverletzungsverfahren . 249
        4. Sekundärrechtsschutz gegen Vorlagepflichtverstöße 250
        5. Fazit zum Rechtsschutz gegen die Nichtvorlage 252
    III. Keine Wiederaufnahme rechtskräftig abgeschlossener Strafverfahren . 252
    IV. Rechtsmittel des Angeklagten gegen den Vorlagebeschluss? 253
F. Verfahren vor dem Gerichtshof selbst 255
    I. Zuteilung der Verfahren und Verfahrensablauf 255
        1. Auswahl des Berichterstatters und der Kammer 255
        2. Verfahrensabschnitte im Einzelnen 255
    II. Stellung des Angeklagten im Verfahren vor dem EuGH 256
    III. Die Eilvorlage nach Art. 267 Abs. 4 AEUV 258
        1. Einstweiliger Rechtsschutz nur vor nationalen Gerichten 259
        2. Beschleunigung des Verfahrens vor dem Gerichtshof 259
    IV. Wirkung der Vorlageentscheidung 261
        1. Bindung inter-partes oder erga-omnes? 261
        2. Ex-tunc-Wirkung 262
        3. Regelungstiefe 262
G. Fazit: Vorlageverfahren kein tragfähiges Konzept im Strafrecht 263
    I. Klärung der Frage der Strafbarkeit erst nach Anklageerhebung 263
    II. Untergeordnete Rolle des Angeklagten im Verfahren 264
    III. Ergebnis: Untauglichkeit des Vorabentscheidungsverfahrens 265

§ 4 Ausgleich durch sonstige Klagen? 266

A. Ausgleich durch die Untätigkeitsklage (Art. 265 AEUV)? 266
B. Ausgleich der Rechtsschutzlücken durch Schadensersatzklagen? 266
   I. Haftung nach Art. 268 i.V.m. Art. 340 Abs. 2 AEUV 266
   II. Haftung der Mitgliedstaaten nach unionsrechtlichen Vorgaben 268
   III. Kein Ausgleich der festgestellten Mängel 268
C. Vertragsverletzungsverfahren 269
D. Inzidentkontrolle nach Art. 277 AEUV 271
E. Fazit zu den sonstigen Klagen des Unionsrechts 272

§ 5 **Fazit: Kein effektiver und lückenloser Rechtsschutz gegen strafrechtliche Handlungen der Unionsorgane** 273

Kapitel 3

Effektive Kontrolle europäischer Strafverfolgungsbehörden? 276

§ 1 **Rechtsschutz gegen grundrechtsbeeinträchtigende Maßnahmen von Europol?** 277
A. Allzuständigkeit des Europäischen Polizeiamtes? 277
B. Grundrechtsintensive Befugnisse von Europol 278
   I. Überblick über die Aufgaben und Befugnisse 278
   II. Datenverarbeitung durch das Europäische Polizeiamt 279
      1. Umfang der Datenspeicherung in den Computersystemen bei Europol 279
         a) Europol-Informationssystem 280
         b) Analysedateien 281
         c) Dauer der Speicherung 283
      2. Datenaustausch mit Partnern 283
      3. Zwischenfazit: Erhebliche Grundrechtseingriffe durch Datenverarbeitung 285
   III. Initiierung von strafrechtlichen Ermittlungen durch Europol 286
   IV. Praktisch tätiger Polizist? – Teilnahme an Gemeinsamen Ermittlungsgruppen 288
   V. Fazit: Anforderungen an das Rechtsschutzniveau und die datenschutzrechtliche Kontrolle von Europol 290
C. Rechtsschutz durch die Gemeinsame Kontrollinstanz 294
   I. Objektive Kontrollen 294
   II. Beschwerdeverfahren hinsichtlich der Ansprüche aus Art. 30 f. ERB . 295
      1. Vorverfahren 295
      2. Beschwerdeverfahren vor der GKI 297
   III. Vereinbarkeit der Kontrolle mit Art. 8 Abs. 2 S. 2, Abs. 3/Art. 47 GRC? 298

    1. Defizite im Hinblick auf die Unabhängigkeit und Unparteilichkeit der GKI 298
        a) Unabhängigkeit 298
        b) Unparteilichkeit 299
        c) Fazit zur Gerichtseigenschaft 301
    2. Hinreichende Entscheidungs- und Kontrollbefugnisse? 301
    3. Zugang zu der Kontrollinstanz 302
    4. Bedenken hinsichtlich der Waffengleichheit 304
    5. Rechtzeitigkeit der Kontrolle 305
    6. Fazit: Unzureichende Kontrolle durch die GKI 306
D. Kontrolle durch den Datenschutzbeauftragten (Art. 28 ERB) 306
E. Kontrolle durch den EuGH (bis zum Ablauf der Übergangsfrist) 307
F. Exekutivische (Eigen-)Kontrolle 309
    I. Direktor und Verwaltungsrat als Kontrollorgane? 309
    II. Kontrolle durch andere Unionsorgane? 310
G. Ausgleich durch nationale Rechtsschutzinstanzen? 311
    I. Direkter Rechtsschutz vor nationalen (Verwaltungs-)Gerichten? 311
    II. Kontrolle der Datenverarbeitung bei Europol durch die NKI? 312
    III. Keine Weisungshoheit der nationalen Staatsanwaltschaften 312
    IV. Ausgleich durch Sekundäransprüche nach Art. 52, 53 ERB? 313
        1. Haftung für fehlerhafte Datenverarbeitung (Art. 52 Abs. 1 ERB) .. 313
        2. Sonstige Haftung (Art. 53 ERB) – auch für fehlerhafte Datenverarbeitung? 315
        3. Fazit: Kein Ausgleich der Defizite im Rahmen des Art. 47 GRC .. 316
    V. Kontrolle von Europol durch nationale Strafgerichte? 317
        1. Wirksamkeit strafrechtlicher Ahndung als indirekter Form der Kontrolle? 317
        2. Mittelbare Kontrolle durch Beweisverwertungsverbote 320
    VI. Fazit: Kein Ausgleich des Rechtsschutzdefizits durch nationale Gerichte 321
H. Objektive parlamentarische Kontrolle 322
    I. Objektive Kontrolle durch das Europäische Parlament? 322
    II. Ergänzende Kontrolle durch nationale Parlamente? 324
J. Fazit zur Rechtsschutzlage in Bezug auf Europol 324

§ 2 Eurojust (Art. 85 AEUV) 327
A. Ein justizielles Pendant? – Tätigkeitsfelder und Zuständigkeit 327
    I. Pendant nur im Hinblick auf die Aufgaben 327
    II. Einsatzgebiete von Eurojust 328
    III. Deckungsgleiche Zuständigkeitsbereiche für Europol und Eurojust ... 329
B. Grundrechtsintensive Befugnisse von Eurojust 330

	I.	Exkurs zu den Organen des Amtes	330
	II.	Eurojust als Informationszentrale im Strafverfolgungsbereich	331
		1. Umfang der Informationsverarbeitung	331
		2. Datenaustausch mit Dritten	333
		3. Fazit: Weitreichende datenrechtliche Befugnisse	334
	III.	Koordinierungsbefugnisse – Sachleitung für grenzüberschreitende Ermittlungen nach Art. 6, 7 EJB?	335
	IV.	Teilnahme an Gemeinsamen Ermittlungsgruppen	336
	V.	Zwischenfazit: Rechtsschutzbedürfnis gegenüber Eurojust?	337
C.	Kein Individualrechtsschutz durch den EuGH		338
D.	Effektiver Rechts- und Datenschutz durch die GKI-Eurojust?		338
	I.	Zusammensetzung der GKI	339
	II.	Objektive Kontrollen	339
	III.	Individualbeschwerdeverfahren	340
		1. Vorverfahren bei Eurojust	340
		a) Auskunftsanspruch	340
		b) Ansprüche auf Berichtigung, Sperrung und Löschung	341
		2. Beschwerdeverfahren	341
	IV.	Vereinbarkeit mit den Vorgaben der Charta	342
		1. Mangelnde Gerichtsqualität der GKI-Eurojust	343
		a) Fehlende Unabhängigkeit	343
		b) Mangelhafte Absicherung der Unparteilichkeit	344
		c) Keine ständige Einrichtung	344
		2. Zur Waffengleichheit	345
		3. Zugang zur GKI	345
		4. Unzureichende Kontroll- und Entscheidungsbefugnisse	346
		5. Fazit: Unzureichende Kontrolle durch die GKI	347
E.	Kein Ausgleich durch die Tätigkeit des Datenschutzbeauftragten		347
F.	Rechtsschutz gegen Eurojust auf mitgliedstaatlicher Ebene		348
	I.	Jurisdiktionsgewalt der nationalen Gerichte?	348
	II.	Ausgleich durch Schadensersatzhaftung?	349
	III.	Hinreichende Kontrolle durch nationale Strafgerichte?	350
	IV.	Zwischenfazit: kein Ausgleich durch nationale Gerichte	351
G.	Keine hinreichende parlamentarische Kontrolle		351
H.	Fazit: Erhebliche Rechtsschutzlücken in Bezug auf Eurojust		352

§ 3 EJN – Das Europäische Justizielle Netz 353

§ 4 Kontrolle von OLAF 354

A. Grundlegende Zielsetzung und Rechtsgrundlagen 354
B. OLAF als Strafverfolgungsinstitution? 356
C. Datenverarbeitung bei OLAF 358

    I. Umfang der Datenverarbeitung 358
    II. Datenschutz durch den Europäischen Datenschutzbeauftragten 358
        1. Echte Fremdkontrolle 359
        2. Effektive objektive Kontrollen (Art. 27 VO 45/2001) 359
        3. Individualbeschwerdeverfahren (Art. 32 f. VO 45/2001) 360
        4. Hinreichend effektive Kontroll- und Entscheidungsbefugnisse 360
        5. Fazit: Effektive Datenschutzkontrolle gemäß Art. 8 Abs. 3 GRC .. 361
  D. Echte Ermittlungsbefugnisse für OLAF 361
    I. Vorbereitung der Ermittlungen 361
    II. Einleitung einer Untersuchung durch den OLAF-Direktor 362
    III. Ermittlungsmaßnahmen im Einzelnen (interne Untersuchungen) 363
    IV. Ermittlungsmaßnahmen im Einzelnen (externe Untersuchungen) 364
        1. Selbstständige Kompetenzen 365
        2. Blankettkompetenzen 366
    V. Erstellung und Weiterleitung der Abschluss- und Zwischenberichte ... 367
    VI. Fazit: Klassische strafprozessuale Befugnisse 368
    VII. Exkurs: Teilnahme an Gemeinsamen Ermittlungsgruppen 369
  E. Kontrolle von OLAF nach den Grundsätzen der Rechtsprechung 369
    I. Gerichtlicher Rechtsschutz im Rahmen von internen Untersuchungen .. 369
        1. Primärrechtsschutz mittels der Beamtennichtigkeitsklage 369
        2. Mittelbarer Rechtsschutz über Klagen gegen Folgemaßnahmen ... 371
        3. Kein vorbeugender Rechtsschutz 372
        4. Allein Sekundärrechtsschutz 373
    II. Rechtsschutz im Rahmen von externen Untersuchungen 373
    III. Stellungnahme zur Effektivität des gerichtlichen Rechtsschutzes 375
        1. Rechtsschutz gegen die Einleitung des Verfahrens 375
        2. Rechtsschutzbedürfnis gegen einzelne Untersuchungsbefugnisse .. 375
        3. Überprüfung der Abschlussberichte im selben Verfahren 377
  F. Sonstige Kontrollmechanismen und deren Eignung 379
    I. Bedeutung der Dienstaufsicht durch die Kommission 379
    II. Exekutivische Eigenkontrolle zum Schutz der Integrität des Amtes ... 380
    III. Bedeutung der politischen Kontrolle für den Individualrechtsschutz? .. 380
    IV. Kein Individualrechtsschutz durch OLAF-Überwachungsausschuss ... 381
  G. Unzureichende Gewährleistung von Verfahrensrechten 383
  H. Fazit: Erhebliche Bedenken im Hinblick auf die Rechtsstaatlichkeit 384

§ 5 Zusammenfassung der Rechtsschutzdefizite unter Einbeziehung zu erwartender Entwicklungen 386
  A. Rechts- und Datenschutzdefizite in Bezug auf die bestehenden Strafverfolgungsbehörden 386
    I. Defizite bezüglich Europol und Eurojust 386

	II. Defizite bezüglich OLAF	387
	III. Fazit	388
B.	Künftige Entwicklung der Strafverfolgungsbehörden mit Einfluss auf die Rechtsschutzfrage	389
	I. Anwendbarkeit der Nichtigkeitsklage	389
	1. Statthaftigkeit der Nichtigkeitsklage	389
	2. Zulässigkeitsbedenken: Handlungsbegriff und Betroffenheit	389
	3. Potenzielle Modifikationen nach Art. 263 Abs. 5 AEUV	390
	4. Einschränkungen nach Art. 276 AEUV	391
	5. Vorbehalte Großbritanniens, Irlands und Dänemarks	392
	6. Keine Vorkehrungen für die Kontrolle echter Ermittlungsbefugnisse	392
	II. Vorschlag der Kommission für eine Europol-VO	394
	1. Neue Befugnisse	394
	2. Ausbau der gerichtlichen und datenschutzrechtlichen Kontrolle	395
	a) Stärkung der Rechte der von der Datenverarbeitung Betroffenen	395
	b) Effektive Datenschutzkontrolle durch den EDSB	395
	c) Klage gegen Entscheidungen des EDSB	396
	d) Vorläufiger Rechtsschutz	396
	e) Schadensersatzhaftung für fehlerhafte Datenverarbeitung	396
	f) Parlamentarische Kontrolle	397
	3. Fortbestehende Defizite und Bedingungen einer effektiven Kontrolle	397
	a) Unzureichende ex-post-Kontrolle durch die Unionsgerichte	397
	b) Justizielle Überwachung durch eine Staatsanwaltschaft?	398
	c) Ermittlungsrichterliche Kontrolle	399
	d) Aufhebung der Immunität	402
	e) Schadensersatzhaftung	403
	f) Datenschutz	403
	III. Rechtsschutzerfordernis für die Neukonzeption von Eurojust gemäß Art. 85 AEUV/KOM (2013) 535?	403
	1. Neue Aufgaben und Befugnisse	403
	a) Vorgesehene Erweiterung des Zuständigkeitsbereichs	404
	b) Anordnung von Ermittlungsmaßnahmen	404
	c) Beilegung von Kompetenzkonflikten	405
	2. Ungelöste Kontrolldefizite	406
	3. Neue Kontrollerfordernisse	407
	a) … im Falle der Übertragung von echten Anordnungsbefugnissen	407
	b) … im Falle der Beilegung von Kompetenzkonflikten	408

IV. Reform der Rechtsgrundlagen von OLAF 410
V. Rechtsschutzfragen nach Errichtung der Europäischen Staatsanwaltschaft 412
  1. Forderung nach einer EuStA und Entwicklung der Idee von den ersten Ansätzen an 412
    a) Bedürfnis effektiverer Strafverfolgung 412
    b) Corpus Juris 413
    c) Grünbuch der Kommission 413
    d) Model Rules for the Procedure of the future European Public Prosecutor 414
    e) Vorschlag der Kommission vom 17.7.2013 (KOM (2013) 534 endg.) 415
  2. Voraussichtliche sekundärrechtliche Ausgestaltung des Art. 86 AEUV 415
    a) Aufbau der EuStA 416
    b) Verhältnis zu den übrigen europäischen Strafverfolgungsorganen 416
    c) Zuständigkeit der EuStA 419
    d) Ermittlungsmaßnahmen, Erhebung und Verwertbarkeit der Beweise 420
    e) Gerichtsstand, Vermeidung von Kompetenzkonflikten und ne bis in idem 422
  3. Kontrolle der Europäischen Staatsanwaltschaft? 424
    a) Corpus Juris und Grünbuch zur möglichen Gestaltung der Kontrolle 424
    b) Regelung in den Model Rules 425
    c) Gestaltung nach dem Vorschlag der Kommission (KOM (2013) 534) 425
    d) Stellungnahme: Effektive Kontrolle nur auf europäischer Ebene möglich 426
  4. Fazit zur Europäischen Staatsanwaltschaft 428
C. Fazit: Erforderlichkeit der Kontrolle durch ein unabhängiges, europäisches Strafgericht 429
  I. Wirksame ex-post-Kontrolle der Maßnahmen unionaler Strafverfolgungsorgane 429
  II. Präventive Kontrolle durch einen Europäischen Ermittlungsrichter ... 431
    1. Bedürfnis nach ex-ante-Kontrolle einiger Ermittlungsmaßnahmen . 431
    2. Bedeutsame Aufgaben des Europäischen Ermittlungsrichters 432
      a) Kontrolle der Datenverarbeitung – Verhältnis zum EDSB? 432
      b) Kontrolle der Anordnung grundrechtsintensiver Ermittlungsmaßnahmen 433
      c) Kontrolle der Weiterleitung der Untersuchungsberichte OLAFs 433

Inhaltsverzeichnis 27

      3. Europäische Ermittlungsrichter als Teil der Unionsgerichtsbarkeit . 434
  III. Institutionalisierung der Strafverteidigung 434

Kapitel 4

Etablierung eines zukunftsfähigen, rechtsstaatlichen (Straf-)Justizsystems 436

§ 1 **Leitlinien der Verfahrensreform** 438
  A. Beibehaltung des Kooperationsmodells – unter neuen Vorzeichen 438
    I. Überdenken des Vorrangs dezentralen Rechtsschutzes? 438
    II. Verbesserung der dezentralen Strukturen als Alternative? 440
      1. Ausbau mittelbarer Rechtsschutzinstrumente 440
      2. Ausgleich über Art. 19 Abs. 1 UAbs. 2 EUV? – Feststellungsklagen 441
        a) Grundidee: Ausgleich der Lücken mittels Feststellungsklage (§ 43 VwGO) 441
        b) Problem der Rechtswegeröffnung? 443
        c) Feststellungsbedürftiges Rechtsverhältnis 443
        d) Problemkreis Feststellungsinteresse/Subsidiarität/Vorrang repressiven Rechtsschutzes 444
        e) Unionsrechtliche Aussetzungspflicht statt aufschiebender Wirkung? 446
        f) Bindung an verwaltungsgerichtliche Feststellungsurteile? 447
        g) Fazit zur Relevanz der Feststellungsklage 448
    III. Kein Ausgleich durch verfassungsgerichtliche Kontrolle 448
    IV. Kein Ausgleich durch Rechtsschutz durch den EGMR 449
  B. Ausgestaltung der Direktklagen gegen rechtsverletzende Unionsakte 451
    I. Handlungspflichten aus Art. 47 GRC 452
      1. Rechtsschutzlücken im Hinblick auf strafrechtliche Gesetzgebungsakte 452
        a) Unzureichender Rechtsschutz auf dezentraler Ebene 452
        b) Schutzwürdigkeit unionaler Gesetzgebungsakte? 455
        c) Fragen der Verfahrensdauer 457
        d) Praktische Konkordanz zwischen Art. 251 ff. AEUV und Art. 47 GRC 458
      2. Direkter Rechtsschutz gegen Strafverfolgungsbehörden 460
    II. Fazit 460
  C. Verbesserung des dezentralen Rechtsschutzes im Übrigen 461
    I. Vorabentscheidungsverfahren als Protagonist des Systems 461
    II. Unionsgerichte als Fachgerichte für das Europäische Strafrecht 462
    III. Anspruch auf Einleitung des Vorabentscheidungsverfahrens 463

IV. Keine Lösungsmöglichkeiten de lege lata 465
   1. Kontrolle von Verletzungen der Vorlagepflicht durch den EuGH ... 465
      a) Verstärkte Anwendung des Vertragsverletzungsverfahrens 465
      b) Erweiterung der mitgliedstaatlichen Haftungsgrundsätze 466
   2. Aufgabe der CILFIT-Rechtsprechung 466
   3. Änderung des Willkürmaßstabs des BVerfG 467
   4. Fazit 470
D. Rechtsbehelf gegen auf dem Grundsatz der gegenseitigen Anerkennung basierende Maßnahmen 470
   I. Nachteile der Übertragung des Grundsatzes auf das Strafrecht 470
   II. Rechtsbehelf für den Beschuldigten auf Unionsebene 473

§ 2 Reform des Direktklagesystems 475
A. Reform der Nichtigkeitsklage nach Art. 263 Abs. 4 AEUV 475
   I. Ausgangslage: Rezeption der Plaumann-Formel durch die Unionsgerichte 475
   II Grundlagen einer Neuformulierung 476
      1. Nicht nur Auffangzuständigkeit der Unionsgerichte 476
      2. Rechtsverletzung als Bezugspunkt 477
         a) Gründe für die Wahl der Verantwortlichkeit als Ausgangspunkt 477
         b) Bedeutung funktionaler Kriterien 478
         c) Eingriffsschwelle? 479
         d) Vorschläge zur Umsetzung der genannten Maßnahmen 479
   III. Zulässigkeit, Grenzen und Wahrscheinlichkeit der Rechtsfortbildung . 480
      1. Grenzen der Rechtsfortbildung 481
         a) Zum Prinzip der begrenzten Einzelermächtigung 481
         b) Zum Subsidiaritätsprinzip und dem Verhältnismäßigkeitsgrundsatz 482
      2. Stellungnahme – Zulässigkeit und Wahrscheinlichkeit der Rechtsfortbildung 482
   IV. Reform der Nichtigkeitsklage de lege ferenda 485
      1. Klageberechtigung 485
      2. Klagebefugnis 485
         a) Selbstbetroffenheit i. S. einer möglichen (Grund-)Rechtsverletzung? 485
         b) Beibehalten des Merkmals der Unmittelbarkeit in derzeitiger Auslegung 486
         c) Keine Beschränkung auf Grundrechtsverletzungen 486
         d) Keine Gegenwärtigkeit 487
         e) Keine Unzumutbarkeit im Einzelfall 487
      3. Zulässige Klagegegenstände 488

		a) (Alle) Handlungen der Union	488
		b) Nicht: mitgliedstaatliches Handeln	488
	4.	Klagefrist	489
	5.	Subsidiarität der Nichtigkeitsklage gegen „Gesetze"	489
B.	Einführung einer Feststellungs- und Verpflichtungsklage		489
	I.	Feststellungs- und Verpflichtungsklage	489
	II.	Besondere Feststellungsklage für Instrumente der gegenseitigen Anerkennung	491

§ 3 Reform des Vorlageverfahrens 491

- A. Ausgangspunkt der Reform des Vorlageverfahrens 491
- B. Verbesserung der Rechtsstellung des Einzelnen de lege ferenda 493
  - I. Durch nationale Gerichte? 493
    1. Rüge der Verletzung des Art. 101 GG vor nationalen Fachgerichten 493
    2. Exkurs: Rechtsschutz gegen Vorlage 495
    3. Stellungnahme: Antragsrecht, Begründungs- und Protokollierungspflicht wünschenswert, aber nicht ausreichend 497
  - II. Verbesserung der Rechtsstellung des Einzelnen auf Unionsebene 497
    1. Überblick über bestehende Vorschläge 497
      - a) Vertragsverletzungsverfahren mit Kassation 497
      - b) Vorlageerzwingungsverfahren als Zwischenverfahren 498
      - c) Nichtvorlagebeschwerde 500
    2. Eigener Vorschlag: Individualvorlage nach Abschluss der letzten Instanz 500
      - a) Grundsätze 500
      - b) Kein Annahmeermessen 500
      - c) Beschwerdebefugnis 501
      - d) Rechtswegerschöpfung und Subsidiarität 501
      - e) Prüfungsumfang 501
      - f) Folgen des Urteils 501
- C. Ausgleich überlanger Verfahrensdauer 502
- D. Wiederaufnahmeverpflichtung 503
  - I. Ausgangslage 503
  - II. Bisherige Rechtsprechungslinie zu Fragen der Rechtskraft 503
  - III. Vorrang der Rechtssicherheit auch bei strafgerichtlichen Urteilen? ... 504
  - IV. Anwendungsbereich und Gestaltung 504

§ 4 Fazit 505

Kapitel 5
Fachgericht für das Europäische Strafrecht 507

§ 1 Abkehr vom Konzept des Universalgerichts – Maßnahme der Qualitätssicherung 509
- A. Überlastung von EuGH und EuG? 510
  - I. Heutige Arbeitsbelastung der europäischen Gerichte in Zahlen 510
  - II. Qualitative Überforderung? – Der EuGH in der Kritik 514
    1. Richter an einem Unionsgericht – eine Aufgabe für wahre Supermänner! 515
    2. Kritik an der (fehlenden) Methodik 517
    3. Herausforderungen der Supranationalität und Inhomogenität 519
    4. Fazit: Gefahr des Stillstands 519
- B. Diskutierte Reformoptionen für die aufgezeigten Probleme 520
  - I. Verfahrensstraffung 521
  - II. Beschränkungen des Zugangs zum EuG und EuGH 523
    1. Engere Auslegung der Zulässigkeitskriterien 523
    2. Lockerung der Vorlagepflicht und Beschränkung der Vorlagebefugnis 523
    3. Durchlaufverfahren bei „grünem Licht" 526
    4. Filterverfahren 528
    5. Dezentralisierung durch Renationalisierung und Regionalisierung . 530
  - III. Erfordernis der Qualitätssicherung neben der schlichten Entlastung .. 531
    1. Allgemeines zum Erfordernis der Spezialisierung 531
    2. Spezialisierung der Kammern bei EuGH und EuG nicht ausreichend 533
       a) Abgrenzung von der heutigen Zuweisungspraxis der Gerichte .. 533
       b) Allgemeine Nachteile der Kammerspezialisierung 534
       c) Untauglichkeit wegen politischer Abhängigkeit 535
       d) Selbstverständnis des EuGH – Integration statt Innovation 538
    3. Besser: Fachgericht für Strafrecht 539
- C. Fazit: Notwendigkeit des Eintritts in die Planung des Fachgerichts 543

§ 2 Vertragliche Ausgangslage für das Fachgericht 544
- A. Sachbereiche für die Fachgerichte 544
- B. Errichtung und Organisation 548
  - I. Errichtung und Eingliederung in Gerichtsstrukturen 548
  - II. Mitglieder der Fachgerichte 549
  - III. Instanzenzug 550

§ 3 Zweckmäßige und erforderliche Aufgabenzuweisungen 550
- A. Zu übertragende Verfahrens- und Klagearten 550

		I. Übertragung der Nichtigkeitsklage	550
		1. Zuständigkeit für allgemeine fachgerichtliche Fragestellungen	550
		2. Zuständigkeit auch für Gesetzeskontrolle	551
		3. Zuweisung von Individual- und privilegierten Nichtigkeitsklagen .	551
	II.	Vorlagezuständigkeit für strafrechtliche Fragen	552
		1. Sinnhaftigkeit der Übertragung des Vorlageverfahrens auf das EuStG	552
		a) Entlastung des EuGH	552
		b) Vermeidung von Parallelverfahren	552
		c) Effektiver Einsatz der Fachkompetenz aufgrund der Spezialisierung	553
		d) Beschleunigung des Verfahrens	554
		2. (Schein-)Gefahren der Übertragung – Kontrollverfahren beim EuGH?	554
		a) Vorlageverfahren als verfassungsgerichtliche Aufgabe	554
		b) Kohärenz der Rechtsprechung	555
		c) Folgeproblem: Verfahrensdauer bei Überprüfungsverfahren für Vorlagen	556
		d) Transparenz des Gerichtssystems	556
		3. Modelle zur Lösung der aufgezeigten Probleme	556
	B. Klagegegenstände		558
		I. Auf Art. 82–89 AEUV und Art. 325 AEUV beruhende Handlungen .	559
	II.	Kontrolle der smart sanctions	561
	III.	Kontrolle der Kartellgeldbußenpraxis – vorerst	562
		1. Kartellbußen als Aufgabe des EuStG?	562
		2. Aktuelle Brisanz der Rechtsschutzfrage	562
		3. Kritik an bisheriger Rechtsprechung und Handhabung der Bußgelder	563
		a) Verkennung des strafrechtlichen Charakters	563
		b) Beeinträchtigungen des Bestimmtheitsgebots	564
		c) Selbstbelastungsfreiheit und Unschuldsvermutung – Kronzeugenregelung	565
		d) Doppelbestrafungsgrundsatz	566
		4. Auf lange Sicht: Verhängung der Geldbuße durch die Kommission	567
	IV.	Kontrolle der europäischen Strafverfolgungsorgane	567
	V.	Kontrolle der EMRK/GRC-Konformität der Instrumente der gegenseitigen Anerkennung	567
§ 4	**Gerichtsverfassung für das EuStG**		568
	A. Grenzen der Ausgestaltung nach der derzeitigen Vertragslage		568
		I. Keine Strafgewalt	568

II. Art. 257 AEUV – keine Kompetenz zur Schaffung neuer Verfahrensarten 569
　　　III. Übertragbarkeit des Vorabentscheidungsverfahrens 569
　　　IV. Rechtsgrundlage für die Einführung eines Europäischen Ermittlungsrichters? 570
　　　V. Fazit: Erforderlichkeit einer erneuten Vertragsänderung – zumindest zur Klarstellung 571
　B. Modelle für ein Strafgericht auf europäischer Ebene? 572
　　　I. Modelltauglichkeit des EuG als erste Instanz für gewisse Streitigkeiten? 572
　　　II. Vorreiterrolle des GöD? 573
　　　　　1. Richter am GöD: Anzahl, Ernennung, Amtszeit 574
　　　　　2. Willensbildung beim GöD 575
　　　　　3. Verfahren vor dem GöD 576
　　　　　4. Urteile des GöD und Rechtsmittel 577
　　　　　5. Übertragbarkeit auf das EuStG 578
　C. Ausstattung des Gerichtshofs 579
　　　I. Richter am EuStG 579
　　　　　1. Aufgabe des Repräsentationsprinzips – Ein Richter pro Mitgliedstaat? 579
　　　　　2. Ausgleichsmechanismen 582
　　　　　3. Vorschlag für die Anzahl 583
　　　　　4. Auswahlverfahren und Qualifikation 583
　　　　　5. Amtszeit der Richter am EuStG 585
　　　II. Spruchkörper am EuStG – Anzahl der Kammern und Kammergröße . 586
　　　III. Wissenschaftliche Mitarbeiter 587
　　　IV. Generalanwälte 587
　　　V. Anforderungen an die Entscheidungsfindung 589
　　　　　1. Rechtsmethodik und wissenschaftliche Recherche 589
　　　　　2. Zulässigkeit von Sondervoten 591
　D. Gerichtsverfassungsrechtliche Regelungen 593
　　　I. Instanzenzug bei Nichtigkeitsklagen 593
　　　　　1. Drei- oder zweistufiger Rechtsschutz gegen Nichtigkeitsurteile? .. 593
　　　　　2. Rechtsmittelbefugnis 593
　　　　　3. Vorgeschaltetes Annahmeverfahren? 594
　　　　　4. Rechtsmittelfrist 595
　　　II. Rechtsmittel gegen Entscheidungen in Vorlageverfahren 595
　　　　　1. Rechtsmitteltaugliche Entscheidungen? 595
　　　　　2. Beschränkung der Rechtsmittel gegen die Vorlageentscheidung ... 596
　　　　　3. Annahmeverfahren 596
　　　　　4. Rechtsmittelbefugnis 597

　　　　5. Rechtsmittelfrist 597
　　　　6. Keine Entscheidung im beschleunigten Verfahren oder Eilverfahren 598
　　III Möglichkeit der Verweisung an EuG oder EuGH 598
　　IV. Reform der Sprachenregelung 599
§ 5 Zusammenfassung der Vorschläge zur Schaffung eines EuStG auf Basis einer Vertragsänderung 601

Kapitel 6

Zusammenfassung und Ausblick   603

Literaturverzeichnis 612

Stichwortverzeichnis 649

Abkürzungsverzeichnis

a. A.	andere Ansicht
ABl. EG	Amtsblatt der Europäischen Gemeinschaften (bis 31.01.2003)
ABl. EU	Amtsblatt der Europäischen Union (ab 01.02.2003)
Abs.	Absatz
AcP	Archiv für die civilistische Praxis
a. E.	am Ende
AE	Alternativentwurf
AEUV	Vertrag über die Arbeitsweise der Europäischen Union (konsolidierte Fassung), ABl. EU Nr. C 326 v. 26.10.2012, S. 47
AnwBl.	Anwaltsblatt
AnwK	AnwaltKommentar
AO	Abgabenordnung (AO), neugefasst durch Bek. v. 01.10.2002, BGBl. I S. 3866, 2003 I S. 61; zuletzt geändert durch Artikel 5 Gesetz vom 22.12.2011, BGBl. I S. 3044
AöR	Archiv für öffentliches Recht
Art.	Artikel
AWF	Analytical Work File
BayVBl.	Bayrische Verwaltungsblätter
BDSG	Bundesdatenschutzgesetz
BeaSt	Verordnung (EWG, Euratom, EGKS) Nr. 259/68 des Rates vom 29. Februar 1968 zur Festlegung des Statuts der Beamten der Europäischen Gemeinschaften und der Beschäftigungsbedingungen für die sonstigen Bediensteten dieser Gemeinschaften sowie zur Einführung von Sondermaßnahmen, die vorübergehend auf die Beamten der Kommission anwendbar sind (Statut der Beamten), ABl. EG Nr. L 56 v. 04.03.1968, S. 1
BeckOK	Beck'scher Online-Kommentar
Bek.	Bekanntmachung
BGBl.	Bundesgesetzblatt
BKA	Bundeskriminalamt
BKAG	Gesetz über das Bundeskriminalamt und die Zusammenarbeit des Bundes und der Länder in kriminalpolizeilichen Angelegenheiten (Bundeskriminalamtgesetz – BKAG) v. 07.07.1997, BGBl. I S. 1650; zuletzt geändert durch Artikel 2 Gesetz vom 06.06.2009, BGBl. I S. 1226
BMI	Bundesministerium des Innern
BMJ	Bundesministerium der Justiz

Abkürzungsverzeichnis

BPolG	Gesetz über die Bundespolizei (Bundespolizeigesetz – BPolG) v. 19.10.1994, BGBl. I S. 2978; zuletzt geändert durch Artikel 2 Gesetz vom 31.07.2009, BGBl. I S. 2507
BRAK	Bundesrechtsanwaltskammer
BRD	Bundesrepublik Deutschland
BR-Drs.	Bundesratsdrucksachen
BT-Drs.	Bundestagsdrucksachen
BVerfG	Bundesverfassungsgericht
BVerfGE	Bundesverfassungsgerichtsentscheidung
BVerfSchG	Gesetz über die Zusammenarbeit des Bundes und der Länder in Angelegenheiten des Verfassungsschutzes und über das Bundesamt für Verfassungsschutz (Bundesverfassungsschutzgesetz – BVerfSchG) v. 20.12.1990, BGBl. I S. 2954, 2970; zuletzt geändert durch Artikel 1 Gesetz vom 07.12.2011, BGBl. I S. 2576
CDE	Cahier de Droit Européen
CMLRev	Common Market Law Review
CrimeLawSocChange	Crime, Law and Social Change
CYELS	The Cambridge yearbook of European legal studies
DAzA	Beschluss 2009/936/JI des Rates vom 30.11.2009 zur Annahme der Durchführungsbestimmungen für die von Europol geführten Arbeitsdateien zu Analysezwecken, ABl. EU Nr. L 325 v. 11.12.2009, S. 14
DBaS	Beschluss 2009/934/JI des Rates v. 30.11.2009 zur Festlegung der Durchführungsbestimmungen zur Regelung der Beziehungen von Europol zu anderen Stellen einschließlich des Austauschs von personenbezogenen Daten und Verschlusssachen, ABl. EU Nr. L 325 v. 11.12.2009, S. 6
d. h.	das heißt
DÖV	Die Öffentliche Verwaltung
DRiG	Deutsches Richtergesetz
DRiZ	Deutsche Richterzeitung
Drs.	Drucksache
DSRL	Richtlinie 95/46/EG des Europäischen Parlaments und des Rates vom 24.10.1995 zum Schutz natürlicher Personen bei der Verarbeitung personenbezogener Daten und zum freien Warenverkehr (Datenschutz-Richtlinie), ABl. EG Nr. L 281 v. 23.11.1995, S. 31
DVBl.	Deutsches Verwaltungsblatt
EDSB	Europäischer Datenschutzbeauftragter
EDU	European Drug Unit
EFAR	European Foreign Affairs Review
EG	Europäische Gemeinschaften
EGMR	Europäischer Gerichtshof für Menschenrechte

EGV (a. F.)	Vertrag zur Gründung der Europäischen Gemeinschaft in der Fassung bis 30.11.2009
EGVVO	Verordnung (EG) Nr. 44/2001 des Rates vom 22.12.2000 über die gerichtliche Zuständigkeit und die Anerkennung und Vollstreckung von Entscheidungen in Zivil- und Handelssachen, ABl. EG Nr. L 12 v. 16.01.2001, S. 1
EIS	Europäisches Informationssystem
E.J.L.R.	European Journal of Law Reform
EJN	Europäisches Justizielles Netz
ELO	European Liaison Officer = Verbindungsbeamter
E.L.Rev.	European Law Review
EMRK	Europäische Menschenrechtskonvention
ERA Forum	Zeitschrift der Europäischen Rechtsakademie
ERB	Beschluss 2009/371/JI des Rates v. 06.04.2009 zur Errichtung des Europäischen Polizeiamts (Europol), ABl. EU Nr. L 121 v. 15.05.2009, S. 37
etc.	et cetera
ETS	European Treaty Series
EU	Europäische Union
EÜ	Übereinkommen v. 26.07.1995 aufgrund von Artikel K.3 des Vertrags über die Europäische Union über die Errichtung eines Europäischen Polizeiamts (Europol-Übereinkommen), ABl. EG Nr. C 316 v. 27.11.1995, S. 2
Eucrim	The European Criminal Law Association's Forum
EuG	Gericht
EuG-VerfO	Verfahrensordnung des Gerichts, konsolidierte Fassung: http://curia.europa.eu/jcms/jcms/j_6 (Gericht – Verfahren, zuletzt: 12.05.2013)
EuGH	Europäischer Gerichtshof
EuGHG	Gesetz v. 06.08.1998 betreffend die Anrufung des Gerichtshofes der Europäischen Gemeinschaften im Wege des Vorabentscheidungsverfahrens auf dem Gebiet der polizeilichen Zusammenarbeit und der justitiellen Zusammenarbeit in Strafsachen nach Artikel 35 des EU-Vertrages (EuGH-Gesetz – EuGHG), BGBl. I S. 2035
EuGRZ	Europäische Grundrechte-Zeitschrift
EuGH-VerfO	Verfahrensordnung des Gerichtshofs, ABl. EU Nr. L 337 v. 06.11.2012, S. 1
EU-IP	Protokoll (Nr. 7) über die Vorrechte und Befreiungen der Europäischen Union, ABl. EU Nr. C 83 v. 30.03.2010, S. 266
EuR	Europarecht
EU-RhÜbk	Rechtsakt des Rates v. 29.05.2000 über die Erstellung des Übereinkommens – gemäß Art. 34 des Vertrags über die Europäische Union – über die Rechtshilfe in Strafsachen zischen den Mit-

Abkürzungsverzeichnis

	gliedstaaten der Europäischen Union, ABl. EG Nr. C 197 v. 12.07.2000, S. 3
EuropolG	Europol-Gesetz v. 16.12.1997, BGBl. 1997 II S. 2150, zuletzt geändert durch Artikel 1 Gesetz v. 31.07.2009, BGBl. I S. 2504
Europol-IP	Protokoll aufgrund von Artikel K.3 des Vertrags über die Europäische Union und von Artikel 41 Absatz 3 des Europol-Übereinkommens über die Vorrechte und Immunitäten für Europol, die Mitglieder der Organe, die stellvertretenden Direktoren und die Bediensteten von Europol, ABl. EG Nr. C 221 v. 19.07.1997, S. 2
EuStA	Europäische Staatsanwaltschaft
EuStG	Europäisches Strafgericht
EUV	Vertrag über die Europäische Union (konsolidierte Fassung), ABl. EU Nr. C 326 v. 26.10.2012, S. 13
EuZW	Europäische Zeitschrift für Wirtschaftsrecht
EVV	Vertrag über eine Verfassung für Europa, ABl. EU Nr. C 310 v. 16.12.2004, S. 3
EWG	Vertrag zur Gründung der Europäischen Wirtschaftsgemeinschaft v. 25.03.1957, BGBl. II S. 766
f./ff.	folgende
Fn.	Fußnote
FS	Festschrift
G.	Gesetz
GA	Goltdammer's Archiv für Strafrecht
GASP	Gemeinsame Außen- und Sicherheitspolitik
GEG	Gemeinsame Ermittlungsgruppe
GG	Grundgesetz
ggü.	gegenüber
G.L.J.	German Law Journal
GKI	Gemeinsame Kontrollinstanz
GO-GKI	Geschäftsordnung der Gemeinsamen Kontrollinstanz
GRC	Charta der Grundrechte der Europäischen Union v. 12.12.2007, ABl. EU Nr. C 326 v. 26.10.2012, S. 391
GRUR	Gewerblicher Rechtsschutz und Urheberrecht
GRURInt	Gewerblicher Rechtsschutz und Urheberrecht International
HK-StPO	Heidelberger Kommentar Strafprozessordnung. C. F. Müller Verlag, Heidelberg
HL	House of Lords (siehe Literaturverzeichnis)
HRRS	Online-Zeitschrift HRRS & Rechtsprechungsdatenbank
Hrsg.	Herausgeber
insb.	insbesondere
IntVG	Integrationsverantwortungsgesetz v. 22.09.2009, BGBl. 2009 I S. 3022
Interpol	Internationale Kriminalpolizeiliche Organisation

i. R. d.	im Rahmen des/r
IRG	Gesetz über die internationale Rechtshilfe in Strafsachen (IRG), neugefasst durch Bek. v. 27.06.1994, BGBl. I S. 1537; zuletzt geändert durch Art. 1 G. v. 18.10.2010, BGBl. I S. 1408
IStR	Internationales Steuerrecht
i.V.m.	in Verbindung mit
JURA	Juristische Ausbildung
JRP	Journal für Rechtspolitik
JSt	Journal für Strafrecht
JZ	JuristenZeitung
KK-StPO	Karlsruher Kommentar zur Strafprozessordnung mit GVG, EGGVG und EMRK, Hannich, Rolf (Hrsg.), C. H. Beck, München
KMR-StPO	Kleinknecht Müller Reitberger. Kommentar zur Strafprozessordnung. Heintschel-Heinegg, Bernd von/Stöckel, Heinz (Hrsg.), Carl Heymans Verlag, Wolter Kluwer Deutschland GmbH, Köln
KOM	Kommission
Kontroll-VO	Verordnung (EURATOM, EG) Nr. 2185/96 des Rates v. 11.11.1996 betreffend die Kontrollen und Überprüfungen vor Ort durch die Kommission zum Schutz der finanziellen Interessen der Europäischen Gemeinschaften vor Betrug und anderen Unregelmäßigkeiten, ABl. EG Nr. L 292 v. 15.11.1996, S. 2
lit.	litera
LKA	Landeskriminalamt
LPICT	Law and Practice of International Courts and Tribunals
MJ	Maastricht Journal of European and Comparative Law
m.w.N.	mit weiteren Nachweisen
NJEuCrimL	New Journal of European Criminal Law
NJOZ	Neue Juristische Online Zeitschrift
NJW	Neue Juristische Wochenschrift
NKI	Nationale Kontrollinstanz
Nr.	Nummer
NStZ	Neue Zeitschrift für Strafrecht
NVwZ	Neue Zeitschrift für Verwaltungsrecht
NZA	Neue Zeitschrift für Arbeitsrecht
öAnwBl.	Österreichisches Anwaltsblatt
OK	organisierte Kriminalität
OLAF	Office Européen de Lutte Anti-Fraude
OLAF-Beschluss	Beschluss 1999/352/EG, EGKS, Euratom der Kommission v. 28.04.1999 zur Errichtung des Europäischen Amtes für Betrugsbekämpfung (OLAF), ABl. EG Nr. L 136 v. 31.05.1999, S. 20
OLAF-VO	Verordnung (EG) Nr. 1073/1999 des europäischen Parlaments und des Rates v. 25.05.1999 über die Untersuchungen des Euro-

	päischen Amtes für Betrugsbekämpfung (OLAF), ABl. EG Nr. 136 v. 31.05.1999, S. 1
PEPS	Perspectives on European politics and society
PJZS	Polizeiliche und justizielle Zusammenarbeit
Prot	Protokoll
RabelsZ	Rabels Zeitschrift für ausländisches und internationales Privatrecht
R.A.E.	Revue des Affaires Européennes (= Law & European Affairs)
RDPC	Revue de droit pénal et de criminologie
RDUE	Revue du Droit de l'Union Européenne
RiL	Richtlinie
RFSR	Raum der Freiheit, der Sicherheit und des Rechts
RSC	Revue de science criminelle et de droit pénal comparé
s. a.	siehe auch
SDÜ	Schengener Durchführungsübereinkommen = Übereinkommen zur Durchführung des Übereinkommens von Schengen vom 14. Juni 1985 zwischen den Regierungen der Staaten der Benelux-Wirtschaftsunion, der Bundesrepublik Deutschland und der Französischen Republik betreffend den schrittweisen Abbau der Kontrollen an den gemeinsamen Grenzen einschließlich der Erklärung zum Recht der Nacheile vom 19. Juni 1990
SIS	Schengen(er) Informationssystem
sog.	sogenannte/r/s
StGB	Strafgesetzbuch
StPO	Strafprozessordnung
StV	Der Strafverteidiger
TREVI	Terrorism, Radicalism, Extremism, Violence, International
UAbs.	Unterabsatz
UCLAF	Unité de Coordination pour la Lutte Anti-Fraude
UN	United Nations
usw.	und so weiter
v. a.	vor allem
vgl.	vergleiche
VN	Vereinte Nationen
VO	Verordnung
Vol.	Volume
VwBlBW.	Verwaltungsblätter Baden-Württemberg
WiVerw	Wirtschaft und Verwaltung. Vierteljahresbeilage zum Gewerbearchiv
WÜD	Wiener Übereinkommen über diplomatische Beziehungen v. 18.04.1961
WuW	Wirtschaft und Wettbewerb
YEL	Yearbook of European Law
z. B.	zum Beispiel

ZEuS	Zeitschrift für europarechtliche Studien
ZfRV	Zeitschrift für Europarecht, Internationales Privatrecht und Rechtsvergleichung
ZIS	Zeitschrift für Internationale Strafrechtsdogmatik
ZJS	Zeitschrift für das Juristische Studium
ZRP	Zeitschrift für Rechtspolitik
ZStW	Zeitschrift für die gesamte Strafrechtswissenschaft
ZUM	Zeitschrift für Urheber- und Medienrecht

Einführung

Vor 60 Jahren, 1953, hat der Gerichthof der Europäischen Gemeinschaften seine Arbeit aufgenommen. Der Gerichtshof von damals und der „Gerichtshof der Europäischen Union",[1] wie er in Art. 19 EUV beschrieben ist, sind allerdings beileibe nicht mehr dieselben Institutionen, nicht zuletzt weil letzterer heute aus drei Spruchkörpern besteht, dem *EuGH,* dem *Gericht* und dem *Gericht für den öffentlichen Dienst.*

Die Verbreiterung der Gerichtsstrukturen war dabei – wie auch andere Modifikationen – der steigenden Arbeitslast der Unionsgerichtsbarkeit geschuldet, die für eine zunehmende Zahl von Bürgern Rechtsschutz bieten musste – und dies angesichts der fortschreitenden Integration der EU-Staaten im Hinblick auf verschiedenste rechtliche Materien. *Bis heute* krankt die Diskussion um erforderliche Reformen der europäischen Gerichtsbarkeit daran, dass sie vorwiegend unter dem Aspekt der Entlastung der Gerichte geführt wird, nicht aber unter der „vorrangigen(n) Frage des Rechtsschutzes".[2] Da die „Wahrung des Rechts", nicht die Gewährung effektiven Rechtsschutzes die in den Verträgen festgeschriebene Aufgabe des Gerichtshofes darstellt (Art. 19 Abs. 1 S. 2 EUV), ist dies auch nicht weiter verwunderlich.[3] Dieser Auftrag zur *objektiven Rechtskontrolle* scheint allerdings nicht mehr zeitgemäß zu sein, denn das Unionsrecht gewährt nicht nur in erheblichem Umfang subjektive Rechte, mit der Charta der Grundrechte (GRC) heute sogar auf primärrechtlicher Ebene, es beschränkt auch Freiheiten, ob unionalen oder nationalen Ursprungs. Das Gerichtssystem ist trotzdem noch immer dem ursprünglichen Zweck des Unionsrechts verhaftet, den Mitgliedstaaten Verhaltenspflichten aufzuerlegen. Auch das Verfahrensregime wurde entgegen der Tatsache, dass die Union heute in vielfacher Weise auch für die Bürger Europas an Relevanz gewinnt, kaum angetastet.

In dieser Arbeit sollen die Herausforderungen eines *wirksamen Individualrechtsschutzes* auf Unionsebene herausgearbeitet werden. Unter der Hypothese des *Primats* dieser Rechtsschutzkomponente werden Forderungen für die Funktionsfähigkeit, besonders jedoch für die Effektuierung der Rechtsschutzfunktion der Unionsgerichtsbarkeit abgeleitet und formuliert. Dies soll vor allem vor dem Hintergrund der *neusten Dimension des Unionsrechts* geschehen, dem *Strafrecht.*

---

[1] Zum „semantische(n) Defizit" der Umbenennung: *Kotzur,* EuR-Beih. 1/2012, 7 (10).

[2] *Rabe,* FS Zuleeg, S. 195 (196).

[3] Dazu *Rösler,* S. 67; andererseits *Ludwig,* S. 260, der darin keinen Gegensatz sieht.

Auch dieses feierte 2013 ein Jubiläum: „20 Jahre Zusammenarbeit im Strafrecht". Es liegt also nahe, anlässlich dieser Kumulation von Jahrestagen das Verhältnis der europäischen Gerichtsbarkeit zum Strafrecht zu untersuchen.

A. Einordnung des Themas

Mit dem Unionsrecht befassen sich grundsätzlich drei verschiedene Kategorien von Rechtswissenschaften. Als Wirtschaftsunion weckte das Treiben der Union schnell das Interesse der zivil- und öffentlich-rechtlichen Wissenschaft, als diese von ihren Maßnahmen am offensichtlichsten betroffen waren. Das Strafrecht ist als jüngste europäische Disziplin hinzugekommen.

Doch die Fachwissenschaft nahm anfangs nur zögerlich Notiz von dieser neuen Sparte. Wegen der zunächst rein wirtschaftlichen Zielrichtung der Europäischen Union bzw. vor allem ihrer Vorgängerorganisationen, den Europäischen Gemeinschaften, wurde ihr Einfluss auf das nationale Strafrecht nicht sofort augenscheinlich. Schließlich waren den Gründungsverträgen der damaligen EG strafrechtliche Inhalte fremd.[4] Erst mit dem am 1.11.1993 in Kraft getretenen Vertrag von Maastricht[5] wurde das Strafrecht auch primärrechtlich auf europäischer Ebene verortet.[6] Die *Integration des Strafrechts* schritt von da an allerdings rasant voran. Ein weiterer wichtiger Meilenstein war der am 1.5.1999 in Kraft getretene Vertrag von Amsterdam:[7] Der Schengen-Besitzstand wurde in die Union integriert, die Errichtung eines Raums der Freiheit, der Sicherheit und des Rechts (RFSR) wurde als Ziel in die Verträge aufgenommen (jetzt Art. 67 AEUV, damals Art. 29 EUV-Amsterdam). Die Bedeutung des RFSR wird seither durch eine Häufung von Aktionsplänen, Maßnahmenprogrammen und Tagungen dokumentiert.[8]

---

[4] Dazu *Tiedemann,* NJW 1993, 23; *Zieschang,* ZStW 113 (2001), 255 f.; siehe auch *Suhr,* ZEuS 2008, 46 f., auch zur Evolution des Europäischen Strafrechts; s.a. *Perron,* FS Küper, S. 429 (430 ff.); *Schermuly,* S. 35 ff.; *Tiedemann,* in: Europäisierung des Strafrechts, S. 133 (134); *Ludwig,* S. 34 ff., zur Zusammenarbeit bis Maastricht; zur „Integrationsresistenz" des Kriminalstrafrechts: *Satzger,* Europäisierung, S. 152 ff., 156 ff.; *Safferling,* § 11 Rn. 3 ff. – Der gravierende Anstieg organisierter, grenzüberschreitender Kriminalität, die Gefahren des Terrorismus und die zunehmende illegale Einwanderung wegen des Abbaus der Binnengrenzen führten zu einem kriminalpolitischen Handlungsdruck; nationale Souveränitätsvorbehalte wurden zurückgedrängt, so *Skouris,* FS Merten, S. 383 (386).

[5] Vertrag über die Europäische Union, ABl. EG Nr. C 191 v. 29.7.1992, S. 1.

[6] Die durch den Vertrag eingeführten neuen Politiken (PJZS, GASP) waren ein erster, aber wesentlicher Schritt auf dem Weg der Gemeinschaften von einer Wirtschaftsunion zu einem einheitlichen Raum der Freiheit, der Sicherheit und des Rechts. Freilich war diese neue Form der Zusammenarbeit noch intergouvernemental geprägt; vgl. *Ludwig,* S. 41 ff., zu den Strukturen; siehe auch *Satzger,* § 7 Rn. 6.

[7] Vertrag von Amsterdam zur Änderung des Vertrags über die Europäische Union, der Verträge zur Gründung der Europäischen Gemeinschaften sowie einiger damit zusammenhängender Rechtsakte, ABl. EG Nr. C 340 v. 10.11.1997, S. 1.

Originäres EU-Strafrecht konnte aber mit den der Union durch die Verträge zur Verfügung gestellten Mitteln nicht geschaffen werden. Allein das Verwaltungssanktionenrecht ließ Ansätze eines echten „*Europäischen (Kriminal-)Strafrechts*" erkennen.[9] Auch die Anweisungskompetenz zur Angleichung nationaler Strafbestimmungen diente allein der Harmonisierung der mitgliedstaatlichen Regelungen. Andererseits sind heute große Bereiche des Strafrechts auf nationaler Ebene von Unionsrecht „*durchwirkt*". Es kann insoweit auch von einem europäisierten Strafrecht gesprochen werden.[10] Dass man angesichts der vielfältigen Einflussmöglichkeiten der Union auf das Strafrecht sogar schon von einem „Europäischen Strafrecht" als eigenständiger Disziplin sprechen kann, zeigt das folgende Kapitel.[11]

Trotz des weitgehend akzeptierten Befundes kam die Diskussion um den Rechtsschutz des Einzelnen gegenüber Maßnahmen der Union auf dem Gebiet des Strafrechts nur langsam in Gang, auf politischer Ebene wird sie heute noch immer allzu selten geführt.

Der am 1.12.2009 in Kraft getretene Vertrag von Lissabon[12] stellt die strafrechtlichen Kompetenzen der Union nun in weiten Teilen auf neue Grundlagen. Die vormalige Dritte Säule wird nach einer ersten „Vergemeinschaftungswelle"[13] durch den Vertrag von Amsterdam vollends in die Gemeinschaftsstrukturen übergeführt; damit wird das Ende des Sonderwegs der intergouvernementalen Zusammenarbeit für den Bereich der Strafrechtspflege eingeläutet. Die Kompetenzen der Union im Hinblick auf die Angleichung der nationalen Strafrechtsordnungen wurden erheblich erweitert. Auch die letzte Bastion strafrechtlicher Souveränität scheint mit der Übertragung einer originären Strafrechtssetzungskompetenz auf die Union durch den Vertrag von Lissabon gefallen zu sein (Kapitel 1 § 2 C.). Sogar die Etablierung einer auf unionaler Ebene operierenden Staatsanwaltschaft ist nun möglich (Art. 86 AEUV).[14] Dass es zumindest über kurz oder lang ein

---

[8] Einen Überblick bietet *Zeder,* öAnwBl. 2008, 249; siehe auch *Nelles/Tinkl/Lauchstädt,* in: Schulze u. a. (Hrsg.), § 42 Rn. 3.

[9] Instruktiv: *Tiedemann,* NJW 1993, 23 (27 ff.); s.a. *Schermuly,* S. 43; *Tiedemann,* in: Europäisierung des Strafrechts, S.133 (141 f.); *Heine,* S. 54; *Böse,* S. 180 ff., zum AT.

[10] Vgl. *Satzger,* Europäisierung, S. 8 f.; *Dannecker,* ZStW 117 (2005), 697 (699, 701); *Esser,* in: Walter-Hallstein-Symposium, S. 25 (27); *Tiedemann,* in: Europäisierung des Strafrechts, S.133 (134 ff.); Beispiele bei: *Schermuly,* S. 44 ff.; zum Wirtschaftsstrafrecht: *Müller-Gugenberger,* in: Müller-Gugenberger/Bieneck (Hrsg.), § 5 Rn. 100.

[11] Siehe auch *Satzger,* § 7 Rn. 3, zur Angemessenheit des Begriffs; vgl. auch *Satzger,* in: Böse (Hrsg.), § 2 Rn. 1 ff.; zu den Begrifflichkeiten auch *Safferling,* § 9 Rn. 4 ff.

[12] Vertrag von Lissabon zur Änderung des Vertrags über die Europäische Union und des Vertrags zur Gründung der Europäischen Gemeinschaft v. 13.12.2007, ABl. EU Nr. C 306 v. 17.12.2007, S. 1. Zur Entstehungsgeschichte: *Streinz/Ohler/Herrmann,* S. 16 ff.

[13] Dazu *Ludwig,* S. 25 ff., 49 ff.

[14] Vgl. auch KOM (2013) 534.

echtes „Europäisches Kriminalstrafrecht" geben wird, kann vor diesem Hintergrund kaum mehr bestritten werden.[15]

Andererseits ist die Union nun auch – über das frühere Maß hinaus – dem *Schutz der Grundrechte* verpflichtet: Die Grundrechtecharta wurde gemäß Art. 6 Abs. 1 EUV in den Rang von Primärrecht erhoben; in Art. 6 Abs. 2 EUV ist als Ziel der Union festgehalten, der Europäischen Menschenrechtskonvention, der EMRK, beizutreten. Angesichts dieser neuen Grundrechtsdimensionen wird die Union bald zeigen müssen, ob sie auch den Ansprüchen der Charta und der EMRK gerecht wird, nicht zuletzt, wenn es um die *Kontrolle des europäischen Strafrechts* geht. Auch die vielfach angeprangerte Vernachlässigung von Beschuldigtenrechten trotz voranschreitender Effektivierung der europäischen Strafverfolgung wird sich an den Grundrechtekatalogen messen lassen müssen.[16]

B. Hintergründe des Forschungsvorhabens und Problemaufriss

Trotz des offensichtlichen Wandels des Charakters des Unionsrechts während der vergangenen 50 Jahre hat sich der Körper, der primär zur Anwendung dieses Rechts berufen ist, sogar zu dessen „Wahrung", in dieser Zeit nicht substanziell verändert. Zwar wurden neue Spruchkörper auf Unionsebene geschaffen. Die Aufgaben und Verfahren blieben aber weitgehend unangetastet.

Für das Europäische Strafrecht liegt die wesentlichste Neuerung in Bezug auf das Justizwesen darin, dass die Zuständigkeit der europäischen Gerichte durch die Auflösung der Säulenstruktur auf den Bereich der polizeilichen und justiziellen Zusammenarbeit in Strafsachen ausgedehnt wurde. Da sich aber insbesondere durch den Vertrag von Lissabon die Natur der strafrechtlichen Hoheitsrechte der EU so wesentlich geändert hat (s. noch Kapitel 1 § 2), fragt sich, ob die reine Erstreckung der Jurisdiktionsgewalt auf alle strafrechtsrelevanten Betätigungsfelder der Union dem Anspruch des effektiven Rechtsschutzes, zumal vor dem Hintergrund der Erhebung der Charta in den Rang von Primärrecht, genügt.

Da das Europäische Strafrecht – jedenfalls im heutigen Umfang – einen der neusten Aufgabenbereiche der Unionsgerichte darstellt, ist vieles noch ungeklärt. Welche Rolle spielen die Gerichte bei dessen Entwicklung und Kontrolle? Können die bestehenden Verfahrensformen und Gerichtsstrukturen den Anforderungen des Strafrechts überhaupt gerecht werden oder sind tiefgreifende Reformen erforderlich? Muss etwa ein Spruchkörper für das Strafrecht geschaffen werden, der sich dieser neuen Herausforderung annimmt?

---

[15] Siehe auch *Schermuly*, S. 67.
[16] *Nelles/Tinkl/Lauchstädt*, in: Schulze u. a. (Hrsg.), § 42 Rn. 8, erwarten, dass die Entwicklung durch den Primärrechtsrang der Grundrechtecharta beflügelt wird. Nach *Zeder*, EuR 2012, 34 (52, 58 f.), habe sich der Ausbau der Beschuldigtenrechte in der aktuellen Rechtssetzungstätigkeit gar bereits als Priorität bestätigt.

C. Ansatzpunkt der Arbeit und deren Bedeutung

Zahlreiche Publikationen befassen sich einerseits allgemein mit der Effektivität des Rechtsschutzes durch die Unionsgerichte – zumeist aus öffentlich-rechtlicher Perspektive[17] – oder mit den wichtigsten Akteuren des „Europäischen Strafrechts" andererseits.[18] Eine beide Elemente umfassende Darstellung der Aufgaben der Europäischen Gerichtsbarkeit im Rahmen des Raums der Freiheit, der Sicherheit und des Rechts fehlt bisher. Die vorliegende Arbeit soll – aus strafrechtlicher Perspektive – eine Brücke zwischen diesen beiden Forschungsbereichen schlagen.

Dabei soll zum einen die Frage beantwortet werden, ob die Unionsgerichte für die neuen Rechtssetzungs- und Sanktionskompetenzen der Unionsorgane einen wirksamen Rechtsschutz bereithalten. Da die europäischen Strafverfolgungsinstitutionen im Rahmen der damaligen Dritten Säule errichtet wurden, gilt es zudem zu überprüfen, ob allein durch die Erstreckung der Jurisdiktionsgewalt der Unionsgerichte auch auf diese Organisationen effektiver Rechtsschutz gewährleistet wird. In der Post-Lissabon-Ära ist – soweit ersichtlich – bisher keine Auseinandersetzung mit dem Thema der Kontrolle von Europol und der anderen europäischen Strafverfolgungsorgane erfolgt. In diesem Zusammenhang soll auch untersucht werden, ob angesichts des im Vertrag von Lissabon vorgesehenen Ausbaus dieser Einrichtungen wie auch der Schaffung einer Europäischen Staatsanwaltschaft, wie sie in Art. 86 AEUV vorgesehen ist, höhere Anforderungen an das europäische Rechtsschutzniveau zu stellen sind.

Es sollen aber nicht nur die Probleme des Rechtsschutzes im Bereich des Strafrechts, einschließlich desjenigen gegen die unionalen Strafverfolgungsbehörden, herausgearbeitet werden. Für die festgestellten Defizite soll auch ein Lösungsweg angeboten werden, der einem Raum des Rechts, der die Union sein will, gerecht wird.[19] Nicht nur das bestehende Klagesystem soll in Ansehung der neuen grundrechtlichen Verpflichtungen der Union in Frage gestellt werden. Auch die Struktur der Unionsgerichtsbarkeit an sich und die bisherige Aufgaben-

---

[17] Aus neuerer Zeit sind allerdings zwei *strafrechtliche* Veröffentlichungen hervorzuheben: *Schiwek*, Die zentralen und dezentralen Rechtsschutzmöglichkeiten des Einzelnen gegenüber Normen des materiellen Europäischen Strafrechts; *Schermuly*, Grenzen funktionaler Integration. *Schiwek* beschränkt sein Forschungsvorhaben allerdings weitgehend auf Rechtsschutz gegen das materielle Unionsstrafrecht. *Schermuly* bemüht sich dagegen allein um die Integrationsaufgabe des Gerichtshofs.
[18] Vgl. nur *Wolter, Jürgen/Schenke, Wolf-Rüdiger/Hilger, Hans/Ruthig, Josef/Zöller, Mark* (Hrsg.), Alternativentwurf Europol und Europäischer Datenschutz; *Stefanou, Constantin/White, Simone/Xanthaki, Helen*, OLAF at the Crossroads. Action against EU fraud; *Fawzy, Oliver*, Die Errichtung von Eurojust – Zwischen Funktionalität und Rechtsstaatlichkeit.
[19] Dieses dritte Element des Raums der Freiheit, der Sicherheit und des Rechts, das auf Englisch „justice" heißt, umfasse über das (positive) Recht hinaus auch Gerechtigkeit und Justiz, so *Zeder*, EuR 2012, 34 (52). *Dannecker*, ZStW 117 (2005), 697 (744 f.), zur Bedeutung der Sicherheitskomponente des Raums.

verteilung zwischen nationaler und supranationaler Ebene sollen dabei nicht als sakrosankt gelten.

D. Aufbau der Darstellung

Der Gerichtshof wird häufig als Europas „Motor der Integration" bezeichnet, auch wenn es um das Strafrecht geht. Gerade in neuerer Zeit ist dies eher als Schelte zu verstehen, denn als Lob. Die Rolle des *EuGH* bei der Entwicklung des europäischen Strafrechts vor Inkrafttreten des Vertrags (Kapitel 1 § 1) soll zu Beginn der Arbeit – nicht nur aus „historischem" Interesse – beleuchtet werden. Die Darstellung an so exponierter Stelle dient vor allem der Festlegung der Konturen des „Europäischen Strafrechts", das in nicht unerheblichem Umfang durch die Unionsgerichtsbarkeit selbst geschaffen wurde. Der Kapitelaufbau folgt den strafrechtlich relevanten Urteilen des *EuGH,* stellt deren Bedeutung für die Entwicklung des Europäischen und nationalstaatlichen Strafrechts heraus. Im Anschluss ist zu klären, welche Perspektiven sich für das Europäische Strafrecht vor allem unter den neuen Art. 82–89 AEUV bieten (Kapitel 1 § 2) und welche Rolle die Charta der Grundrechte in diesem Zusammenhang gerade auch als Rechtsprechungsgegenstand spielen kann (Kapitel 1 § 3).

Im zweiten und dritten Kapitel soll dargestellt werden, ob die europäischen Gerichte den Herausforderungen, die das Strafrecht, dessen Entwicklung sie selbst vorangetrieben haben, an sie stellt, gewachsen sind. Dabei ist der Blick zum einen auf organisatorische Fragen, wie *Klagezuständigkeiten und -formen* zu richten (Kapitel 2). Zum anderen ist der Rechtsschutz gegen die Strafverfolgungsbehörden der Union in diesem Zusammenhang darzustellen (Kapitel 3).

Ferner soll hinterfragt werden, wie sich die Gerichts- und Verfahrensstrukturen verändern müssen, um den neuen Anforderungen auch im Hinblick auf die GRC und die EMRK gerecht zu werden. Ein wesentlicher Teil der Ausführungen wird sich mit der Struktur der Unionsgerichtsbarkeit, speziell mit deren *Spezialisierung,* befassen. Dabei wird der möglichen Ausgestaltung eines Fachgerichts für das Unionsstrafrecht – diese Option ist bereits angeklungen – ein längeres Kapitel gewidmet (Kapitel 5). Auch die Verfahrensformen, die auf Unionsebene derzeit zur Verfügung stehen, sollen angesichts der neuen Rechtsetzungskompetenzen im Strafrecht auf mögliche Modifikationen hin untersucht werden (Kapitel 4). Schließlich ist zu diskutieren, welche Änderungen für einen effektiven Rechtsschutz gegen Europol und die anderen Strafverfolgungsinstitutionen erforderlich sind (Kapitel 3 § 5).

In der folgenden Darstellung werden entsprechend der aktuellen Rechtslage die Begriffe „Europäische Union" und „Unionsrecht" verwendet. Von den „Europäischen Gemeinschaften" oder dem „Gemeinschaftsrecht" soll nur dann die Rede sein, wenn dies zur Differenzierung gegenüber der gegenwärtigen Vertragssituation oder angesichts der Einordnung bestimmter Urteile oder Rechtsakte erforderlich sein sollte.

Kapitel 1

Evolution des Unionsstrafrechts bis heute

In diesem ersten Kapitel soll der heutige Entwicklungsstand des Europäischen Strafrechts als Gegenstand der Rechtsprechung der Unionsgerichte dargestellt werden. Da diese Materie wie keine andere durch den Gerichtshof der Europäischen Union – im Sinne von Art. 19 Abs. 1 UAbs. 1 EUV –, vor allem durch den *EuGH,* befördert wurde, sollen die Anfänge des Integrationsprozesses des Strafrechts zunächst anhand der wichtigsten Judikate und Rechtsprechungslinien aufgezeigt werden (§ 1).

Mit dem Vertrag von Lissabon geht schließlich eine wesentliche Neustrukturierung des Europäischen Strafrechts einher (§ 2). Die durch den *EuGH* entwickelten strafrechtlichen Kompetenzen der Union wurden dabei aber nur teilweise auf eine primärrechtliche Grundlage gestellt. Anderseits gehen die neuen vertraglichen Befugnisse noch erheblich über den bisherigen Integrationsstand des Strafrechts hinaus. Zudem wird durch die mit dem Vertrag eingeläutete Auflösung der Säulenstruktur die ehemals intergouvernemental geprägte Dritte Säule vollends vergemeinschaftet. Auch die unter dem Regime des früheren EUV gegründeten Institutionen Europol und Eurojust sind mithin den allgemeinen Regeln des nun einheitlichen Unionsrechts unterworfen und finden seither ihre primärrechtliche Grundlage im Raum der Freiheit, der Sicherheit und des Rechts nach Art. 67–89 AEUV. Mit diesen Artikeln sind die strafrechtlichen Kompetenzen der Union allerdings nicht erschöpfend behandelt. Verteilt in den Verträgen finden sich weitere strafrechtsrelevante Befugnisnormen, die es in diesem Kontext zu behandeln gilt.

Aber nicht nur die Rechtssetzungskompetenzen der Union sind als Rechtsprechungsgegenstand für die Unionsgerichte im Bereich des Strafrechts in Zukunft von besonderer Bedeutung. Der Vertrag von Lissabon hält zeitgleich einen umfassenden und rechtsverbindlichen Grundrechtekatalog bereit, der gerade bei der Befassung mit einer so intensiv in individuelle Freiheiten eingreifenden Materie wie dem Strafrecht gleichsam einem Gegenpart besondere Beachtung finden muss (§ 3).

§ 1 Unionsgerichtsbarkeit als Motor der Strafrechtsintegration

Nach der Konzeption der ursprünglichen Verträge konnte die EG weder Verhaltensweisen festlegen, die kriminalisiert werden sollten, noch Strafen verhängen. Dafür war 1993 durch den Vertrag von Maastricht die Dritte Säule geschaffen worden. Soweit in diesem eng gesteckten Rahmen keine Regelung getroffen werden konnte, verblieb die Kompetenz auf nationaler Ebene. Dennoch ist bereits lange vor dem Inkrafttreten des Vertrags von Lissabon am 1.12.2009 von Europäisierung des Strafrechts und sogar „Europäischem Strafrecht" die Rede gewesen.

Angestoßen hat diese Entwicklung jenseits der Verträge der *EuGH*: Im Laufe des Integrationsprozesses war er es, der den größten Einfluss auf das nationale Strafrecht ausübte, mal mit einschränkender Tendenz, mal mit erweiternder, in der Regel aber mit der Folge der Extension der Befugnisse der Union.[1] Er gilt daher auch im Strafrecht als „*Motor der Integration*".[2] Was dies im Einzelnen für die strafrechtlichen Kompetenzen der Union bedeutet, gilt es im Folgenden zu zeigen. Dabei sollen, von einigen zum Verständnis erforderlichen Ausführungen abgesehen, institutionelle Fragen an dieser Stelle nicht behandelt werden, sind diese doch im Anschluss unter dem Gesichtspunkt der Rechtsschutzintensität ausführlich zu durchleuchten.

Die Darstellung des Beitrags des *EuGH* zur Entwicklung des Europäischen Strafrechts bis zum heutigen Stand ist aber kein Selbstzweck. Die Rechtsprechung des *EuGH* auf dem Gebiet des Strafrechts wirkt auch heute noch in vielfältiger Weise fort, nur zum Teil ist sie auch in Primärrecht umgewandelt worden. Die Erörterung der Entwicklung dieser rechtlichen Materie durch den Gerichtshof dient also auch dazu, den Gegenstand, mithin die Rechtsprechungsaufgabe der Unionsgerichte, in Bezug auf das Europäische Strafrecht zu umgrenzen.

Dabei soll zuerst auf die Grundlagen der Rechtsfortbildung durch den Gerichtshof eingegangen werden (A.), bevor erläutert wird, wie der *EuGH* selbst das nationale Straf- und Strafverfahrensrecht beeinflusste, indem er die Mitgliedstaaten dazu anhielt, die unionsrechtlichen Interessen – zumindest in letzter Konsequenz – auch durch das Strafrecht zu schützen (B. I.), und die Neutralisierungswirkung des Unionsrechts bzw. des Rechts der damaligen EG gegenüber nationalem Strafrecht anerkannte (B. II.). Erwähnung finden müssen auch die Vorstöße des Gerichtshofs, die zur Ausdehnung der Einflussmöglichkeiten des europäischen Gesetzgebers auf das Strafrecht führten. Zum einen fällt hierunter die Erweiterung der Wirkung der klassischen Rechtssetzungsinstrumente, namentlich durch die Verpflichtung zur richtlinien- (C. I.) und rahmenbeschlusskonformen Auslegung (C. II.). Zum anderen wurden der EG unmittelbar strafrechtliche

---

[1] Vgl. *Arroyo Zapatero/Moñoz de Morales Romero*, in: Cour de Justice et justice pénale, S. 23.

[2] Vgl. *Pechstein*, Rn. 9; Grabitz/Hilf/Nettesheim/*Nettesheim*, Art. 2 AEUV Rn. 1; *Karper*, S. 29; *Schermuly*, S. 235; s. a. *Streinz*, AöR 135 (2010), 1 (27); *Ludwig*, S. 33. Eine Aufstellung der integrativen Urteile bietet: *Sander*, S. 81 ff.; vgl. auch *Vondung*, S. 16 ff.

Kompetenzen zur Effektuierung harmonisierter Politikbereiche zuerkannt (C. III.). Nicht unberücksichtigt bleiben soll auch die Grundrechterechtsprechung des *EuGH*, mit der er für den strafrechtlichen Bereich eine Bindung der Union an allgemein anerkennte Menschenrechte erreichte (D.). Schließlich soll die Rechtsprechung zu den „*smart sanctions*" der Vereinten Nationen dargestellt werden, anhand derer auch die Rechtsprechungsmotivation aufgezeigt werden soll (E.).

A. Rechtsfortbildung durch den Gerichtshof

Strafrechtliche Kompetenzen enthielten die Verträge nicht. Es wirkt also durchaus befremdlich, wenn behauptet wird,[3] der Gerichtshof hätte die Ausformung eines Europäischen Strafrechts wesentlich beeinflusst oder sogar angestoßen. Schließlich würde damit das Kompetenzgefüge der Union in Frage gestellt, was Fragen hinsichtlich der Befugnis zur Fortentwicklung des Rechts jenseits der Verträge aufwirft. Im Folgenden soll daher knapp vorgestellt werden, woraus diese Befugnis (I.) abgeleitet wird und welche Methoden der Gerichtshof dabei anwendet (II.).

I. „Wahrung des Rechts" durch seine Weiterentwicklung

Den vielbeachteten Anfang der Rechtsfortbildung durch den Gerichtshof bildeten die Rechtssachen *Van Gend & Loos*[4] und *Costa/ENEL*[5]. Der *EuGH* nahm die Verfahren zum Anlass, den *Grundsatz des Vorrangs des Unionsrechts* als autonome Rechtsquelle zu entwickeln. Die Mitgliedstaaten wurden verpflichtet, nationales Recht unangewendet zu lassen, wenn es dem Recht der Union, sei es Primär- oder Sekundärrecht, widerspreche, ohne dass dazu ein weiteres explizites Tätigwerden des Unionsgesetzgebers erforderlich wäre.[6]

Das Vorrangprinzip bildet zugleich den Ursprung vieler für das Strafrecht besonders bedeutsamer Entscheidungen, zumal darauf immer wieder rekurriert wurde, um Souveränitätsvorbehalte oder allgemein die Skepsis der Mitgliedstaaten gegenüber Integrationstendenzen zu überwinden; die genannten Urteile führten also stets zu einem Zuwachs an Kompetenzen der Gemeinschaft einerseits und zu einem Verlust an Hoheitsrechten der Mitgliedstaaten andererseits.[7]

---

[3] Vgl. schon Nachweise unter Fn. 1, 2.

[4] *EuGH* Rs. 26/62 (Van Gend & Loos/Niederländische Finanzverwaltung), 5.2.1963, Slg. 1963, 3.

[5] *EuGH* Rs. 6/64 (Costa/ENEL), 15.7.1964, Slg. 1964, 1141.

[6] Zur Reichweite: Calliess/Ruffert/*Ruffert*, Art. 1 AEUV Rn. 19 ff. Zu abgeleiteten Prinzipien: *Wieland*, NJW 2009, 1841 (1842, z.B. unmittelbare Wirkung der Grundfreiheiten); *Schermuly*, S. 142 f.

[7] Dazu *Wieland*, NJW 2009, 1841 (1843); *Goll/Kenntner*, EuZW 2002, 101 (102, 104 f.).

Das hinter diesen Entscheidungen auszumachende Motiv war stets die *effektive Durchsetzung* des damaligen Gemeinschaftsrechts vor dem Hintergrund der *Lückenhaftigkeit der Verträge.* Die EG war von einer Rechtsgemeinschaft weit entfernt, bedurfte es dazu doch eines Mindestbestandes gemeinsamer Vorschriften, an denen es aber wegen der zunächst zögerlichen Kompromisse der Mitgliedstaaten fehlte. Von Anfang an war der *EuGH* darauf angewiesen, die wesentlichen Fundamente der – heute – unionalen Rechtsordnung durch richterliche Rechtsfortbildung selbst auszuformen.[8] Andernfalls hätte er seiner Aufgabe, das Recht zu wahren (Art. 19 Abs. 1 S. 2 EUV), nicht gerecht werden können.[9] Auch in der deutschen Rechtswissenschaft und Praxis wird die Legitimität der richterlichen Rechtsfortbildung mit dem Verbot der *Rechtsverweigerung* begründet: Kein Richter dürfe ein Urteil fällen, in dem er die Rechtslage ungeklärt lässt. Dies folge aus den Geboten der Rechtssicherheit, der Geschlossenheit der Rechtsordnung und nicht zuletzt der Gerechtigkeit.[10]

Den Gemeinschaften standen – wie der Union heute noch – jenseits der Möglichkeit einer sicherlich öffentlichkeitswirksamen und für die Mitgliedstaaten peinlichen Verurteilung im Vertragsverletzungsverfahren primärrechtlich keine Durchsetzungsmechanismen zur Verfügung; es existieren insbesondere keine Vollstreckungsbehörden. Im Übrigen können allein politische Maßnahmen ergriffen werden, was aus Sicht der EG und heute der EU nur in Ausnahmefällen angezeigt war und ist. Daher entwickelte der *EuGH* selbst Mechanismen, mit deren Hilfe das Unionsrecht durchgesetzt werden soll, wie das Assimilationsprinzip (vgl. noch B. I.).

II. Auslegungsmethoden der Unionsgerichte – Bedeutung des „effet utile"

Die Unionsgerichte ziehen grundsätzlich die klassischen Auslegungsmethoden heran. Die Wortlautinterpretation des Vertragsrechts ist allerdings schon deswegen nur von bedingter Bedeutung, weil die verschiedenen Sprachfassungen der Verträge gleichermaßen Wirksamkeit beanspruchen. Die historische Auslegung leidet an der bisher unzureichenden Fixierung des gesetzgeberischen Willens. Zudem kann sie angesichts des dynamischen Charakters der Verträge, die einem ständigen Bedeutungswandel unterliegen, regelmäßig keine allgemeingültige

---

[8] Siehe *Wieland,* NJW 2009, 1841 (1843); *Baudenbacher/Bergmann,* in: *EuGH* in der Kritik, S. 191 (241 ff.); *Ludwig,* S. 151 ff.; *Streinz,* Rn. 612; *Schermuly,* S. 144 f.
[9] So *Wieland,* NJW 2009, 1841 (1843). – Der Artikel bildet die Ermächtigungsnorm der Rechtsfortbildung: *Walter,* S. 135 ff.; *Ludwig,* S. 152; *Sander,* S. 45 f. Die Befugnis folgt nach *Haratsch,* FS Scheuing, S. 79 (85 f.), zudem aus der expliziten Anerkennung der allgemeinen Rechtsgrundsätze als Quellen des Unionsrechts in Art. 6 Abs. 3 EUV/ Art. 340 Abs. 2 AEUV. Zum Verhältnis von „Wahrung" zu „Weiterentwicklung": *Schermuly,* S. 146 f. Zur Dritten Säule: *Giegerich,* ZaöRV 2007, 351 (363).
[10] Weitergehend: *Walter,* S. 112 ff.; vgl. auch *Sander,* S. 48 ff.

Antwort auf Auslegungsfragen bereithalten. Hinsichtlich der systematischen Auslegung bestehen dagegen keine wesentlichen Eigentümlichkeiten, ebenso wenig bei der teleologischen Auslegung.[11]

Vor allem im Bereich der Rechtsfortbildung finden sich darüber hinaus zwei spezifische Interpretationsmethoden: die *Rechtsvergleichung*[12] und den *effet-utile*-Grundsatz, der auch unter dem Namen „praktische Wirksamkeit" firmiert. Während erstere Argumentationstechnik gerade im Hinblick auf die Zusammensetzung der Union für die Autorität der Urteile von besonderer Bedeutung ist, trägt der effet-utile-Grundsatz dem Bedürfnis nach einer formbaren Rechtsordnung im dynamischen Prozess der europäischen Integration Rechnung. Zum Ziel hat sie die „praktische Wirksamkeit" des Unionsrechts.[13]

B. Einflussnahme auf das nationale Straf- und Strafverfahrensrecht

Obwohl die Mitgliedstaaten der Union durchaus vielfältige kulturelle Gemeinsamkeiten aufweisen und zumindest ähnlichen Grundwerten verhaftet sind, haben sie ihre strafrechtlichen Normen und strafverfahrensrechtlichen Regelungen meist unterschiedlich gefasst.[14] Daher sind die Strafrechtssysteme in sich kohärent. Einflüsse von außen, die auf die Besonderheiten des jeweiligen Systems keine Rücksicht nehmen, können diese Kohärenz in Frage stellen.[15]

Seitens der EG waren direkte[16] Eingriffe in das nationale Strafrecht zunächst nicht absehbar, denn ursprünglich fehlte der Gemeinschaft jegliche Kriminalstrafgewalt. Doch dann kam der *EuGH*.

Die Reichweite der *Jurisdiktionsgewalt des EuGH* im Bereich des Strafrechts hing bis zum Inkrafttreten des Vertrags von Lissabon, zum Teil auch noch darüber hinaus (s. noch Kapitel 2 § 1 B. I. 2.), von der *Herkunft* eines Rechtsaktes ab. Wurde der Akt im Rahmen der Ersten Säule – dem Gemeinschaftsrecht – gefasst,

---

[11] Allg. zu den unionsrechtlichen Auslegungsmethoden: *Safferling*, § 9 Rn. 103 ff.; *Calliess*, NJW 2005, 929; *von Danwitz*, ZRP 2010, 143 (146); *Schermuly*, S. 147 f.; *Gebauer*, S. 281 f.; *Baudenbacher/Bergmann*, in: EuGH in der Kritik, S. 191 (222 ff.).
[12] Vgl. die Beispiele bei *Walter*, S. 171 ff.
[13] *Wieland*, NJW 2009, 1841 (1843); *Streinz*, Rn. 614; *Böcker*, S. 34; *Gebauer*, S. 281 ff.; *Walter*, S. 189 ff., u.a. zur Kategorisierung als teleologische Interpretationsmethode; s.a. *Schermuly*, S. 148; *Calliess*, NJW 2005, 929 (932 f.); *Potacs*, EuR 2009, 465 (467 f.).
[14] Siehe etwa *Hryniewicz*, in: Europäisierung des Strafrechts, S. 59.
[15] Etwa *Perron*, FS Küper, S. 429 (434 f.); *Hryniewicz*, in: Europäisierung des Strafrechts, S. 59 f.
[16] „Direkt" bezeichnet die Einflussnahme durch Rechtssetzung (Harmonisierung), „indirekt" diejenige durch die Rechtsprechung, dazu auch *Schmitz*, in: Europäisierung des Strafrechts, S. 199 (201). Tatsächlich sind die Übergänge fließend.

so stand das sogenannte Vorlageverfahren unter den allgemeinen Bedingungen zur Verfügung (siehe noch Kapitel 2 § 3 A.). Das Strafrecht fiel allerdings – von einigen äußerst umstrittenen Ausnahmen abgesehen (noch C. III.) – nicht in den Kompetenzrahmen der damaligen EG, sondern in denjenigen der sog. Dritten Säule, genauer der PJZS, der Polizeilichen und Justiziellen Zusammenarbeit in Strafsachen. Für diese bestanden verschiedene Sonderregeln im Hinblick auf die Gerichtsbarkeit (vgl. noch § 1 E. I.; Kapitel 3 § 1 E.). Der Zugang zum Gerichtshof war erheblich beschränkt. Das galt selbst für die bereits vergemeinschafteten Politiken der ehemaligen Dritten Säule, da diese nach Art. 68 EGV a. F. ebenfalls bestimmten Beschränkungen hinsichtlich der Jurisdiktionsgewalt der europäischen Gerichte unterlagen. Insbesondere war danach die Vorlagebefugnis auf die letztinstanzlichen Gerichte beschränkt. Das bedeutendste Instrument des Gerichtshofs, um auf das mitgliedstaatliche Strafrecht Einfluss zu nehmen, war dennoch seit jeher das Vorlageverfahren, bei dem der *EuGH* von nationalen Gerichten angerufen wird, um eine Frage zur Auslegung oder Gültigkeit von Unionsrecht zu klären (ausführlich noch Kapitel 2 § 3).[17] Aber auch das Vertragsverletzungsverfahren war hier verschiedentlich von Bedeutung.

Eine Reihe von Entscheidungen des *EuGH* führte letztlich zum Freispruch im nationalen Strafprozess, weil das anwendbare mitgliedstaatliche Recht im Widerspruch zum Recht der EU stand (II.).[18] Andere führten zur Einbeziehung europäischer Rechtsgüter in den geschützten Tatbestand und damit zu einer Expansion des mitgliedstaatlichen Strafrechts (I.). In einem nicht unerheblichen Umfang betrafen die Entscheidungen unmittelbar das Recht der früheren Ersten Säule, also der EG, in der die Unionsgerichte – von Art. 68 EGV a. F. abgesehen – eine weitgehend unbeschränkte Jurisdiktionsgewalt besaßen.

I. Assimilation – Pflicht zur Sanktionierung von Unionsrechtsverstößen

Bereits in den 1980er Jahren hatte der *EuGH,* vor allem in der unter dem Namen „*Griechischer Mais*"[19] bekannt gewordenen Grundsatzentscheidung, *Schutzpflichten* der Mitgliedstaaten für unions- bzw. damals gemeinschaftsrechtliche Interessen hergeleitet. Hintergrund des Urteils war, dass griechische Beamte zur Umgehung von Agrarabschöpfungszahlungen an die EG jugoslawischen Mais unter Fälschung der entsprechenden Unterlagen als solchen griechischer Herkunft deklariert hatten. Als dagegen durch Griechenland keine Maßnahmen ergriffen wurden, strengte die Kommission ein Vertragsverletzungsverfahren an.

---

[17] So auch *Ludwig,* S. 247 ff.
[18] Siehe *Tiedemann,* NJW 1993, 23 (24).
[19] Vgl. *EuGH* Rs. 68/88 (KOM/Griechenland), 21.9.1989, Slg. 1989, 2965; dazu *Arroyo Zapatero/Moñoz de Morales Romero,* in: Cour de Justice et justice pénale, S. 50 ff.; *Dannecker,* in: Rengeling u. a. (Hrsg.), § 38 Rn. 18 ff.; *Safferling,* § 10 Rn. 27, § 11 Rn. 28 ff.; *Satzger,* § 9 Rn. 28 ff.

§ 1 Unionsgerichtsbarkeit als Motor der Strafrechtsintegration 53

Der *EuGH* verpflichtete die EG-Staaten in der Entscheidung über das Vertragsverletzungsverfahren gegen jedwede Beeinträchtigung der Rechtsgüter der damaligen Gemeinschaften, z. B. ihrer finanziellen Interessen, einzuschreiten:[20] Er leitete aus Art. 10 EGV a. F., dem *Loyalitätsgebot*, das heute in Art. 4 Abs. 3 EUV geregelt ist,[21] die Pflicht der Mitgliedstaaten her, für die Beeinträchtigung gemeinschaftlicher Interessen auch ohne ausdrückliche Anweisung Sanktionen vorzusehen, die sowohl *wirksam* als auch *abschreckend* sein, sich aber im Rahmen des *Verhältnismäßigen* halten sollten.[22] Die Wahl der Sanktionen bleibe den Mitgliedstaaten überlassen, sofern nur diese Kriterien („*Mindesttrias*") erfüllt seien. Ihnen sei auch freigestellt, ob sie gegen die Verstöße gegen das Gemeinschaftsrecht mit den Mitteln des Strafrechts oder mithilfe anderer Sanktionen vorgehen wollen.[23] Im Einzelfall kann sich aber aus den genannten Bewertungskriterien eine *Pönalisierungspflicht* ergeben.[24] Zudem verlangte der Gerichtshof, dass das Sanktionsmaß *nicht* dasjenige *unterschreiten* dürfe, das für die Verletzung vergleichbarer inländischer Rechtsgüter in Betracht käme.[25]

Heute ist diese Pflicht jedenfalls für die finanziellen Interessen der Union primärrechtlich in Art. 325 Abs. 2 AEUV abgesichert. Darüber hinaus erstreckt sich die Schutzverpflichtung der Mitgliedstaaten auf „alle Rechtsgüter und rechtlich geschützten Interessen der Union, die für ihre Existenz und Funktionsfähigkeit sowie für die Durchsetzung ihrer Politiken von Bedeutung sind."[26] In Frage kommen neben finanziellen Interessen etwa die Wahrung von Dienstgeheimnissen, die europäische Rechtspflege, aber auch die Gewährleistung eines unverfälschten Wettbewerbs oder des Verbraucherschutzes.[27]

Auch das Strafverfahrensrecht ist in den Dienst der Unionsrechtsgüter zu stellen. Die nationalen Strafverfolgungsbehörden haben von ihren Befugnissen in einer Weise Gebrauch zu machen, die eine wirksame Sanktionierung der Verstöße gegen Interessen der Union zur Folge haben.[28] Die Pönalisierungspflicht richtet sich somit an den nationalen Gesetzgeber, der entsprechende Regelungen einführen kann, wie auch an die „Rechtsanwender", die mittels *unionsrechtskonformer Auslegung* den Anwendungsbereich mitgliedstaatlicher Straftatbestände

---

[20] Vgl. *EuGH* Rs. 68/88 (KOM/Griechenland), (Fn. 19), Tz. 22 f.
[21] Eingehend zum Loyalitätsgebot: *Safferling*, § 9 Rn. 74 ff.
[22] Zur Bedeutung der Kriterien im Einzelnen: *Satzger*, § 9 Rn. 27.
[23] *EuGH* Rs. 68/88 (KOM/Griechenland), (Fn. 19), Tz. 24. Dazu *Zöller*, ZIS 2009, 340 (343); *Fromm*, S. 9; *Hecker*, § 7 Rn. 60 ff.; *Satzger*, Europäisierung, S. 368 ff.; *Satzger*, § 9 Rn. 27.
[24] Vgl. *Hecker*, § 7 Rn. 28.
[25] *EuGH* Rs. 68/88 (KOM/Griechenland), (Fn. 19), Tz. 24 f. Näheres dazu bei *Hecker*, § 7 Rn. 55 ff.; *Satzger*, § 9 Rn. 27.
[26] Vgl. *Hecker*, § 7 Rn. 31.
[27] Siehe *Satzger*, Europäisierung, S. 347 ff.; auch *Hecker*, § 7 Rn. 31.
[28] Vgl. etwa *Zuleeg*, JZ 1992, 761 (767).

auf Rechtsgüter der Union erweitern können.[29] Virulent geworden ist diese Pflicht etwa bei Urkundendelikten und Tatbeständen zum Schutz von Amtsträgern.[30] Eine *gesetzgeberische Erstreckung* auf Unionsrechtsgüter, die letztlich eine Folge dieser Rechtsprechung darstellt, erfolgte in Deutschland etwa im Hinblick auf § 162 Abs. 1 StGB für Falschaussagen vor den Unionsgerichten[31] oder die Strafbarkeit nach § 264 StGB wegen betrügerischen Umgangs mit Subventionen der Union durch sog. „Gleichstellungsklauseln".[32] Denkbar sind aber auch Blankettstrafgesetze, die Zuwiderhandlungen gegen Unionsrecht pönalisieren, indem nationale Strafgesetze oder Ordnungswidrigkeitentatbestände auf entsprechende Ge- oder Verbotsnormen des Unionsrechts verweisen. Sie finden sich hauptsächlich im Nebenstrafrecht, also etwa dem Arzneimittelgesetz.[33]

Durch die „Mais-Rechtsprechung" erklärt der *EuGH* also das Unionsrecht zur *Untergrenze* für das nationale Strafrecht, deren Einhaltung er auch selbst überprüfen kann. Eine unionsweite Rechtsangleichung kann auf diesem Wege aber nicht erfolgen.[34] Das nationale Recht wird lediglich *assimiliert,* also in den Dienst der Gemeinschaftsinteressen gestellt, um diesen zur Durchsetzung zu verhelfen. Soweit auf Unionsebene keine strafrechtliche Kompetenz besteht, andererseits aber das Bedürfnis nach strafrechtlichem Schutz unionaler Rechtsgüter, muss dieser durch die Mitgliedstaaten gewährleistet werden. Auf Grund dieses Prinzips werden die nationalen Strafrechtsordnungen durch das Unionsrecht in wesentlichem Umfang beeinflusst.[35] Es ist auch noch unter der aktuellen Rechts-

---

[29] Etwa *Dannecker,* in: Rengeling u.a. (Hrsg.), § 38 Rn. 12; *Hecker,* § 7 Rn. 36, 67; vgl. auch *Böse,* S. 425 ff.; *Zuleeg,* JZ 1992, 761 (767). – Die unionsrechtskonforme Auslegung wird auf das Vorrangprinzip und Loyalitätsgebot gestützt (zur richtlinienkonformen Auslegung: C. I.), vgl. etwa Calliess/Ruffert/*Ruffert,* Art. 1 AEUV Rn. 24 m.w.N.

[30] Zum deutschen Recht: *Heise,* S. 198 ff.; *Satzger,* Europäisierung, S. 569 ff.; *Satzger,* § 9 Rn. 25 ff.

[31] Art. 30 der Satzung des Gerichtshofs der Europäischen Union bestimmt, dass jeder Mitgliedstaat eine Eidesverletzung eines Zeugen oder Sachverständigen vor dem Gerichtshof so behandelt wie eine vor seinen eigenen Gerichten begangene Straftat. Die Regelung stellt einen Sonderfall der Assimilation dar, da die Verpflichtung zur Einbeziehung explizit im Primärrecht enthalten ist. Vgl. aber *Streinz,* FS Otto, S. 1029 (1034 f.), demzufolge die Norm nie praktische Bedeutung erlangt hat, daher sei ihre Natur kaum diskutiert worden; vgl. aber: *Satzger,* § 8 Rn. 10 ff. (nicht unmittelbar anwendbar); s.a. *Hecker,* § 7 Rn. 10 ff.; *Satzger,* Europäisierung, S. 204 ff.; auch *Rosenau,* ZIS 2008, 9; *Calliess,* ZEuS 2008, 3 (17 f.); *Heger,* in: Böse (Hrsg.), § 5 Rn. 22 ff., auch zu Art. 194 Abs. 1 UAbs. 2 EAGV.

[32] Weitere Beispiele auch bei *Hecker,* § 7 Rn. 67 ff.

[33] Siehe *Hecker,* § 7 Rn. 76 ff.; *Dannecker,* in: Rengeling u.a. (Hrsg.), § 38 Rn. 17. S.a. *Satzger,* Europäisierung, S. 210 ff.; *Eisele,* JZ 2001, 1157 (1164).

[34] Siehe dazu *Heine,* S. 59; *Satzger,* Europäisierung, S. 331 ff.; zur Reichweite: *Eisele,* JZ 2001, 1157 (1161 ff.). Der Unionsgesetzgeber nutzt seit diesem Urteil die Formel der „wirksamen, angemessenen und abschreckenden" Sanktion in vielen Rechtsakten, um die Mitgliedstaaten an ihre Pflicht zur Sanktionierung von Verstößen gegen unionale Interessen zu erinnern; so *Zeder,* öAnwBl. 2008, 249 (254).

[35] Vgl. *Dannecker,* in: Rengeling u.a. (Hrsg.), § 38 Rn. 12.

lage von Bedeutung, da die Union von den neuen Gesetzgebungskompetenzen zum Schutz ihrer finanziellen Interessen noch nicht umfassend Gebrauch gemacht hat (vgl. noch § 2 C. II. 1.).[36]

II. Neutralisierungswirkung – Anwendungsvorrang von Unionsrecht

Das Unionsrecht wird aber nicht nur als Untergrenze für das nationale Strafrecht relevant. Auch nach oben hin kann es nach der Rechtsprechung des *EuGH* den Ermessensspielraum der nationalen Gesetzgeber und Strafgerichte begrenzen. Den Ausgangspunkt für die Bestimmung der Obergrenze für das mitgliedstaatliche Strafrecht bildet der *Anwendungsvorrang des Unionsrechts,* der auf das Urteil des *EuGH* in der Rechtssache *Van Gend & Loos* zurückgeht (s. oben A.).[37] Aus dem Anwendungsvorrang folgt, dass kein nationales Recht erlassen werden darf, das im Widerspruch zu Unionsrecht steht. Das betrifft auch das Strafrecht. Kollidiert eine strafrechtliche Regelung mit unmittelbar geltendem Unionsrecht, darf sie nur angewandt werden, wenn sie *unionsrechtskonform ausgelegt* werden kann.[38] Sowohl das Primärrecht als auch das unmittelbar wirkende Sekundärrecht nehmen an dieser Wirkung teil. Im Zentrum der *EuGH*-Rechtsprechung standen und stehen dabei die Grundfreiheiten.[39]

Der Vorrang des Unionsrechts kann auf der Tatbestands- (1.) und Rechtsfolgenseite (2.) Bedeutung erlangen, ohne dass es eines förmlichen Rechtsaktes zur Harmonisierung bedürfte. Auch das Strafverfahrensrecht ist vor europäischen Einflüssen nicht gefeit (3.).

1. Auswirkungen auf der Tatbestandsseite

Ein unmittelbarer Widerspruch von nationalen Strafnormen und Unionsrecht ist auf *Tatbestandsseite* zwar nicht möglich, da jedes Strafgesetz voraussetzt, dass eine bestimmte Verhaltensweise durch eine Norm geächtet wird. Die Strafnorm selbst setzt die dahinterstehende Verhaltensmaxime lediglich mittels einer Strafandrohung durch. Kollidiert die (geschriebene oder ungeschriebene) Verhaltensnorm mit Unionsrecht, darf sie nicht angewandt werden. Da der Verstoß ge-

---

[36] Siehe *Satzger,* § 9 Rn. 30.
[37] *EuGH* Rs. 26/62 (Van Gend & Loos/Niederländische Finanzverwaltung), (Fn. 4); siehe auch *Safferling,* § 9 Rn. 100 ff.
[38] Vgl. *Satzger,* Europäisierung, S. 296 f. Zu Grundlagen *Hecker,* § 10 Rn. 3 ff.; *Walter,* S. 102 ff.; *Streinz/Herrmann,* BayVBl. 2008, 1 ff. – *Tiedemann,* NJW 1993, 23 (25, direkter Einfluss); aber *Schmitz,* in: Europäisierung des Strafrechts, S. 199 (201).
[39] Wurden diese anfangs als Diskriminierungsverbote verstanden, vollzog der *EuGH* später den Wandel hin zu „Beschränkungsverboten", indem er einen Verhältnismäßigkeitsgrundsatz statuierte, an dem sich auch Akte ohne diskriminierende Wirkung messen lassen müssen, die also In- und Ausländer gleichermaßen betreffen. Auf diese Weise näherten sich Grundfreiheiten dem Charakter nach klassischen Freiheitsrechten an; vgl. *Dannecker,* ZStW 117 (2005), 697 (701 ff.) m.w.N.; *Hecker,* § 7 Rn. 46.

gen eine geltende Verhaltensnorm wiederum unabdingbare Voraussetzung einer Bestrafung ist, darf die Norm im konkreten Fall nicht angewandt werden.[40]

Die *Unionsrechtswidrigkeit nationaler Strafnormen* hatte der *EuGH* im Zusammenhang mit den Grundfreiheiten häufig festgestellt – nicht direkt allerdings, da nationale Regelungen kaum je Streitgegenstand sein können. Dabei bestimmt der Gerichtshof die Grenze zwischen zulässiger und nicht zu billigender Verkürzung der Grundfreiheiten anhand des *Verhältnismäßigkeitsgrundsatzes* und des *Diskriminierungsverbots*.[41] Beispiele finden sich etwa im Zusammenhang mit (transnationalen) beruflichen Tätigkeiten, z. B. im Lebensmittelstrafrecht.[42]

2. Auswirkungen auf der Rechtsfolgenseite

Auch die *angedrohte Sanktion als solche* kann im Widerspruch zu Unionsrecht stehen, unabhängig von der Konformität der Primärnorm. Zu Konflikten kann es aufgrund der *Sanktionshöhe*[43] oder der *Art der Strafe* kommen. Dies bedeutet jedoch nicht, dass sich jede Freiheitsstrafe gegenüber einem EU-Ausländer am Unionsrecht messen lassen muss, weil durch sie zumindest potenziell die Freizügigkeit des Betroffenen beschränkt wird oder auch die Dienstleistungs- oder Niederlassungsfreiheit. Andernfalls könnte der *EuGH* umfassend über die Verhältnismäßigkeit nationaler Strafandrohungen entscheiden. Diesem Ergebnis trat der Gerichtshof selbst entgegen. In der Rechtssache *Friedrich Kremzow*[44] stellte er fest, dass die hypothetische Aussicht auf die Ausübung einer Grundfreiheit allein keinen hinreichenden Bezug zum Europarecht herstelle. Unionsregeln seien damit nicht anwendbar.

a) Relevanz für die Art der Sanktion

Dennoch kann das Unionsrecht auch für die vorgesehene Strafe eine Rolle spielen: Wenn eine Sanktion zur Erreichung des Strafzwecks darauf abzielt, Grundfreiheiten zu beschränken, so geht es nicht mehr um die *potenzielle* Aus-

---

[40] Vgl. *Satzger*, § 9 Rn. 14 f., 81 ff.; *Satzger*, Europäisierung, S. 298 f.; *Hecker*, § 9 Rn. 11; *Safferling*, § 11 Rn. 23.

[41] Etwa *Dannecker*, in: Rengeling u. a. (Hrsg.), § 38 Rn. 21 ff.; s. a. *Heise*, S. 19 ff.; *Hecker*, § 7 Rn. 41 ff.; *Satzger*, Europäisierung, S. 305 ff. Weitere Beispiele bei *Arroyo Zapatero/Moñoz de Morales Romero*, in: Cour de Justice et justice pénale, S. 25–44. Siehe auch *Dannecker*, ZStW 117 (2005), 697 (704 ff.).

[42] Vgl. etwa *Hecker*, § 9 Rn. 13, 23 ff. (Abtreibungstourismus usw.); *Satzger*, Europäisierung, S. 491 ff.

[43] Siehe *Satzger*, § 9 Rn. 18 f., 85 ff.; auch *Safferling*, § 11 Rn. 37 f.; vgl. zudem gleich noch unter b). Anders dagegen *Heise*, S. 26 f., hinsichtlich des Verhältnismäßigkeitsgrundsatzes, da die Grundfreiheiten nicht durch die Strafandrohung an sich beeinträchtigt sein können.

[44] *EuGH* Rs. C-299/95 (Friedrich Kremzow/Österreich), 29.5.1997, Slg. 1997, I-2629, Rn. 16; dazu auch *Satzger*, § 9 Rn. 22.

übung der Grundfreiheiten. Die jeweilige Regelung muss sich an Unionsrecht messen lassen, weil die Beschränkung der Grundfreiheiten nicht nur eine Begleiterscheinung der Strafe darstellt. Dies gilt insbesondere für das Berufsverbot als Beschränkung der Niederlassungs- und Dienstleistungsfreiheit sowie für die als strafrechtliche Sanktion ausgestaltete Ausweisung.[45]

Wenn eine nationale Strafvorschrift einen Bereich betrifft, in dem auch die *Grundfreiheiten* anwendbar sind, muss diese sich im Rahmen der *Ausnahmetatbestände* bewegen. Zu Widersprüchen mit europäischen Normen kommt es auch dann, wenn das Diskriminierungsverbot verletzt ist, also Bürger des jeweiligen Staates mit weniger tiefgreifenden Strafen zu rechnen haben als EU-Ausländer.[46]

Als Beispiel für eine im Hinblick auf die Art der verhängten Sanktion unionsrechtswidrige Rechtsfolge sei die Rechtssache *Donatella Calfa* genannt:[47] Nach griechischem Recht war für bestimmte Verstöße gegen das Betäubungsmittelgesetz durch EU-Ausländer als Nebenfolge deren Ausweisung auf Lebenszeit vorgesehen. Frau *Calfa,* selbst Italienerin, wurde wegen der Beschaffung und des Besitzes einer zum Eigenverbrauch bestimmen Menge an Betäubungsmitteln zu einer Freiheitsstrafe von drei Monaten verurteilt und zudem auf Lebenszeit ausgewiesen. Der *EuGH* sah darin eine Beschränkung der passiven Dienstleistungsfreiheit, da sie daran gehindert wurde, als Touristin Dienstleistungen an einem Ort ihrer Wahl zu empfangen. Eine Beschränkung dieser Grundfreiheit wäre wiederum nur zulässig gewesen, wenn dies dem Schutz der öffentlichen Ordnung gedient hätte. Das ist aber beim Besitz einer zum Eigenverbrauch und nicht zum Verkauf vorgesehenen Menge nicht der Fall.[48] Dergleichen Beispiele finden sich in der Rechtsprechung der Unionsgerichte zu Hauf.[49]

b) Begrenzung der Strafhöhe

Selbst wenn die Beschränkung der Grundfreiheiten für sich genommen unionsrechtlich nicht bedenklich erscheint, gilt dies nicht notwendig gleichermaßen für die Strafhöhe. Ein Beispiel dafür ist die Rechtssache *Skanavi*:[50] Die in Deutsch-

---

[45] Vgl. *Satzger,* § 9 Rn. 23; vgl. auch *Satzger,* Europäisierung, S. 317 ff., 510 ff.; *Safferling,* § 11 Rn. 39 f.
[46] Vgl. *Satzger,* § 9 Rn. 20 f.
[47] *EuGH* Rs. C-348/96 (Donatella Calfa), 19.1.1999, Slg. 1999, I-11.
[48] Vgl. auch *Satzger,* § 9 Rn. 23 f.; *Hecker,* § 9 Rn. 50.
[49] Siehe etwa bei *Fromm,* ZIS 2008, 168 (169).
[50] Siehe *EuGH* Rs. C-193/94 (Sofia Skanavi u. Konstantin Chryssanthakopoulos), 29.2.1996, Slg. 1996, I-929, Tz. 34 ff. Dazu *Satzger,* § 9 Rn. 11, 19 ff., auch zu weiteren Beispielen; *Arroyo Zapatero/Moñoz de Morales Romero,* in: Cour de Justice et justice pénale, S. 30. Zum deutschen Wirtschaftsstrafrecht: *Schmitz,* in: Europäisierung des Strafrechts, S. 199 (205 ff.).

land lebende Griechin wurde nach § 4 der IntKfzVO[51] i.V.m. § 21 Abs. 1 Nr. 1 StVG wegen Fahrens ohne Fahrerlaubnis angeklagt. Sie hatte es versäumt, innerhalb der Frist von einem Jahr nach Begründung ihres gewöhnlichen Aufenthalts in Deutschland ihren griechischen Führerschein in einen deutschen umzutauschen, was aber das deutsche Recht vorschrieb. Damit wurde Frau *Skanavi* so behandelt, als hätte sie keine Fahrerlaubnis. Dies verstieß nach Ansicht des *EuGH* gegen europarechtliche Vorgaben, denn die Verpflichtung zum Umtausch des Führerscheins resultiere aus verwaltungstechnischen Erfordernissen und diene der Möglichkeit der Prüfung der Echtheit der Dokumente und der Eintragung bestimmter zusätzlicher Informationen, die nach nationalem Recht im Führerschein enthalten sein müssen. Sie habe aber keinen Einfluss auf das Bestehen der Fahrerlaubnis, also der Berechtigung zum Führen eines KFZ. Dies ergebe sich bereits aus den Vorschriften über die Freizügigkeit. Die Gleichstellung des Verstoßes gegen die Umtauschpflicht des Führerscheins mit dem Führen eines KFZ ohne Fahrerlaubnis sah der *EuGH* daher als *unverhältnismäßig* an.

3. Überlagerung strafverfahrensrechtlicher Bestimmungen

Auch der Grundsatz der *Verfahrensautonomie* der Mitgliedstaaten wird durch den Vorrang des Unionsrechts eingeschränkt.[52] Nationale Gerichte (und Strafverfolgungsbehörden) dürfen eine strafprozessuale Regelung nicht anwenden, wenn dies zu einer unzulässigen Beeinträchtigung einer unionsrechtlich begründeten Rechtsposition führen würde.

Das zeigt etwa das Urteil in der Rechtssache *Bickel und Franz*:[53] Im zugrunde liegenden italienischen Strafverfahren stellte sich die Frage, ob die beiden (deutschsprachigen) ausländischen Angeklagten ein Recht auf eine Verhandlung in ihrer eigener Sprache hätten, obwohl das italienische Strafverfahrensrecht eine Verhandlung in deutscher Sprache nur für die deutschsprachige Minderheit in Italien vorsah. Der *EuGH* leitete ein solches Recht aus Art. 12 EGV a. F., jetzt Art. 18 EUV, dem Diskriminierungsverbot ab. Die Entscheidung zeigt: Auch das nationale *Strafverfahrensrecht* unterliegt dem Einfluss des Unionsrechts.

III. Fazit: Punktuelle Europäisierung des nationalen Strafrechts

Das nationale Strafrecht ist angesichts der Rechtsprechung des *EuGH* heute vielfältigen europäischen Einflüssen unterworfen. Der allein dadurch erlangte Integrationsgrad rechtfertigt durchaus Zweifel an der Selbstständigkeit des mit-

---

[51] Verordnung über den internationalen Kraftfahrzeugverkehr, BGBl. 2006 I, S. 988, ersetzt durch die Fahrerlaubnis-Verordnung (FeV), BGBl. 2010 I, S. 35.
[52] Dazu *Kühne*, Rn. 58. Weitere Beispiele bei *Hecker*, § 7 Rn. 44.
[53] *EuGH* Rs. C-274/96 (Bickel und Franz), 24.11.1998, Slg. 1998, I-7637.

gliedstaatlichen Strafrechts. Markanter Gesichtspunkt dieser „Kriminalpolitik" ist allerdings, dass eine systematische Einflussnahme damit unmöglich ist. Es hängt meist allein vom Zufall ab, ob ein spezieller Bereich europarechtlich reguliert wird.[54]

Die Feststellung der Neutralisierungswirkung bezweckte dabei im Übrigen nicht die Stärkung der Position des Einzelnen gegenüber dem Strafrecht der Mitgliedstaaten; sie bedeutet insbesondere kein Eintreten für eine Entkriminalisierungspolitik. Aus der flickenteppichartigen Rechtsprechung wird vielmehr deutlich, dass es dem Gerichtshof um die Durchsetzung der Unionsinteressen und des EU-Rechts allgemein geht, ohne Ansehung der davon betroffenen Materie. Auch das Strafrecht muss sich also dem *effet utile* unterordnen.

C. Erweiterung der direkten Einflussmöglichkeiten

Der *EuGH* wurde jedoch nicht nur selbst als Ersatzstrafgesetzgeber tätig, indem er den Mitgliedstaaten den Rahmen vorgab, in dem sich ihr Strafrechtssystem zu bewegen hatte. Er eröffnete auch dem tatsächlichen Unionsgesetzgeber zusätzliche Einflussmöglichkeiten auf diesem Gebiet. Zum einen dehnte er die Wirkung der Gesetzgebungsakte der Ersten Säule aus, indem er die Pflicht zur richtlinienkonformen Auslegung anerkannte (I.). Obwohl die Rechtsprechung nicht speziell auf das Strafrecht abzielte, hat dieses Konstrukt vor allem für das Nebenstrafrecht große Bedeutung erlangt. In derselben Weise wurde später auch die Wirkung der typisch strafrechtlichen Rechtsakte der Dritten Säule erweitert, der Rahmenbeschlüsse (II.). Die Relevanz der rahmenbeschlusskonformen Auslegung für das mitgliedstaatliche Strafrecht war deutlicher sichtbar.

Zudem schuf der Gerichtshof auch unmittelbare strafrechtliche Rechtssetzungskompetenzen für die EG und begrenzte damit die Bedeutung der intergouvernementalen Strukturen der Dritten Säule. Dies bedeutete zugleich einen erheblichen Machtverlust auf Seiten der Mitgliedstaaten (III.).

I. Verpflichtung zur richtlinienkonformen Auslegung

1. Grundkonstellation

Den Grundsatz der richtlinienkonformen Auslegung als spezielle Ausprägung des Vorrangprinzips hatte der Gerichtshof in der Rechtssache *von Colson und Kamann* entwickelt.[55] Nach diesem Prinzip haben – vor allem, aber nicht ausschließlich – die mitgliedstaatlichen Gerichte das gesamte nationale Recht im

---

[54] Siehe *Dannecker*, ZStW 117 (2005), 697 (699).
[55] *EuGH* Rs. 14/83 (von Colson und Kamann/Nordrhein-Westfalen), 10.4.1984, Slg. 1984, 1891, Tz. 26. Allg. zur richtlinienkonformen Auslegung: *Safferling*, § 11 Rn. 43 ff.

Lichte des Wortlauts und des Zwecks von Richtlinien der Union auszulegen. Es kommt dabei nicht darauf an, ob das auszulegende Recht speziell zur Richtlinienumsetzung oder auch nur während der Umsetzungsfrist der Richtlinie erlassen wurde. Die Pflicht zur richtlinienkonformen Auslegung bezieht sich zudem auf alle Regelungen eines Mitgliedstaats, auch auf das Strafrecht. Eine Grenze findet die richtlinienkonforme Auslegung allein in den allgemeinen Rechtsgrundsätzen des Unionsrechts (siehe noch D.), insbesondere in den Prinzipien der Rechtssicherheit und des Rückwirkungsverbotes.[56] Ein Anwendungsbeispiel im Bereich des Strafrechts bietet das Pyrolyse-Urteil des *BGH*,[57] in welcher der unionale Abfallbegriff[58] im Wege *strafbarkeitserweiternder Auslegung* des § 326 Abs. 1 StGB implementiert wurde. Stoffe oder Gegenstände, die einer wirtschaftlichen Wiederverwertung zugeführt werden können, fielen danach ebenfalls unter § 326 Abs. 1 StGB.[59]

2. Bedeutung nach Ablauf der Umsetzungsfrist

Der *EuGH* bezog die Pflicht zur richtlinienkonformen Auslegung aber nicht nur auf das *geltende* Sekundärrecht. Auch (noch) *nicht umgesetzte Richtlinien* sollten nach seiner Rechtsprechung an dieser Wirkung teilhaben, was den Einfluss dieser Rechtsaktform auch auf das nationale Strafrecht erheblich erweiterte. Als Beispiel soll der Fall *Auer* dienen:[60] Herr *Auer* hatte in Italien Veterinärmedizin studiert. Als er sich im Elsass als Tierarzt niederlassen wollte, wurde ihm von der zuständigen Veterinärkammer die Approbation verweigert, obwohl eine – trotz *Ablaufs der Umsetzungsfrist* – noch nicht in französisches Recht transformierte Richtlinie die Anerkennung der in anderen Mitgliedstaaten erworbenen tierärztlichen Diplome anordnete. Der Veterinär ließ sich trotz der verweigerten Approbation als Tierarzt in Frankreich nieder und wurde in der Folge der unbefugten Ausübung der Tiermedizin angeklagt. Das mit der Sache befasste Strafgericht legte dem *EuGH* die Frage vor, ob der einschlägige französische Straftatbestand mit der Niederlassungsfreiheit (jetzt Art. 49 ff. AEUV) kollidiere. Der *EuGH* nahm dies mit folgender Argumentation an: Die von Frankreich nicht umgesetzte Richtlinie enthalte klare und unbedingte Verpflichtungen, so

---

[56] Siehe Calliess/Ruffert/*Ruffert*, Art. 289 AEUV Rn. 77.

[57] BGHSt 37, 333 (334, 336). Dazu auch *Heger*, in: Böse (Hrsg.), § 5 Rn. 125.

[58] Zum Abfallbegriff der Richtlinie 75/442/EWG des Rates v. 15.7.1975 über Abfälle, ABl. EG Nr. L 194 v. 25.7.1975, S. 39: *EuGH* verb. Rs. C-206/88 u. C-207/88 (Vessoso u. Zanetti), 28.3.1990, Slg. 1990, I-1461, Tz. 7 ff.

[59] Zur *EuGH*-Rechtsprechung *Hecker*, § 10 Rn. 63 ff., Rn. 38 ff.; *Ambos*, § 11 Rn. 46 ff., mit weiteren Beispielen. Zur Zulässigkeit der *Auslegung* zu Lasten der Beschuldigten: *Satzger*, § 9 Rn. 94 ff., mit Anwendungsbeispielen der unionsrechtskonformen Auslegung aus dem deutschen Strafrecht; *Schröder*, FS Achenbach, S. 491 (505), auch zur Wortlautgrenze; s. a. *Streinz*, FS Otto, S. 1029 (1033); *Böse*, S. 430 ff.

[60] *EuGH* Rs. 271/82 (Auer), 22.9.1983, Slg. 1983, 2727. Dazu auch *Hecker*, § 9 Rn. 24 f.

dass für eine Ermessensausübung kein Raum bleibe. Ein Recht auf Anerkennung des Diploms ergab sich somit sogar direkt aus der Richtlinie, obwohl diese nicht fristgemäß in nationales Rechts transformiert worden war.[61] Die Veterinärkammer hätte die Approbation daher nicht wegen fehlender Gleichwertigkeit des italienischen Diploms ablehnen dürfen. Deshalb seien auch die Strafvorschriften mit Unionsrecht unvereinbar, welche die Ausübung des Tierarztberufs ohne Approbation unter Strafe stellen, sofern diese unter Verletzung des (jetzt) unionsrechtlichen Gleichbehandlungsgebots nicht erteilt wurde.

Zu beachten ist allerdings, dass von nicht umgesetzten Richtlinien nur eine *strafbarkeitsbeschränkte Wirkung* ausgehen kann. Andernfalls würde das Rückwirkungsverbot verletzt. Die Annahme, dass selbst Richtlinien, die noch umgesetzt werden müssen, bereits bei der Auslegung nationalen Rechts zu beachten sein könnten, würde zudem die Grenzen zwischen echter Rechtssetzung und Harmonisierung verwischen.[62]

3. Beachtlichkeit auch schon vor Ablauf der Umsetzungsfrist?

In einem gewissen Umfang wirkt eine Richtlinie auch schon *vor Ablauf der Umsetzungsfrist* auf den Strafgesetzgeber ein, wobei hinsichtlich ihres Inhalts lediglich ein Frustrationsverbot besteht, es dem nationalen Gesetzgeber also versagt ist, Maßnahmen zu ergreifen, die dem Ziel der Richtlinie zuwider laufen.[63] Ein Gebot zur richtlinienkonformen Auslegung des nationalen Rechts existiert aber insoweit nicht.[64]

II. Stärkung der PJZS – Pflicht zur rahmenbeschlusskonformen Auslegung

Anders als Akte der Gemeinschaft hatten Akte der Dritten Säule grundsätzlich keinen Vorrang vor nationalem (Straf-)Recht. Nur auf die EG hatten die Mitgliedstaaten Hoheitsrechte übertragen. Für Rahmenbeschlüsse war eine unmittelbare Wirkung sogar ausdrücklich ausgeschlossen (Art. 34 Abs. 2 lit. b S. 2 EU a. F.). Deshalb konnte von ihnen auch, anders als von Richtlinien, keine „Neutralisierungswirkung" ausgehen[65] – zumindest bis zum *Maria Pupino*-Urteil des

---

[61] Zur unmittelbaren Anwendbarkeit der Richtlinie: *EuGH* Rs. 8/81 (Becker/Finanzamt Münster-Innenstadt), 19.1.1982, Slg. 1982, 53 = NJW 1982, 499.

[62] Siehe etwa: *EuGH* Rs. 80/86 (Kolpinghuis Nijmegen BV), 8.10.1987, Slg. 1987, 3969, Tz. 13 f.; auch *Ambos,* § 11 Rn. 43.

[63] *EuGH* Rs. C-212/04 (Adeneler u. a./ELOG), 4.7.2006, Slg. 2006, I-06057, Tz. 124. Dazu *Hecker,* § 10 Rn. 30; *Heger,* in: Böse (Hrsg.), § 5 Rn. 112; weiterführend *Fisahn/Mushoff,* EuR 2005, 222 (225 f.).

[64] Siehe aber bei *Fisahn/Mushoff,* EuR 2005, 222 (226).

[65] Siehe *Satzger,* § 9 Rn. 115; *Schramm,* ZJS 2012, 615 (617).

EuGH.⁶⁶ In diesem Urteil hatte der Gerichtshof Rahmenbeschlüsse Richtlinien weitgehend gleichgestellt, indem er annahm, dass parallel zur richtlinienkonformen Auslegung eine „rahmenbeschlusskonforme Auslegung" allen nationalen Rechts vorzunehmen sei.

Das Urteil betraf die italienische Kindergärtnerin *Maria Pupino,* die mehrere ihr anvertraute Kinder misshandelt und bedroht hatte. Die Staatsanwaltschaft beantragte die Durchführung eines speziellen vorgeschalteten Beweisverfahrens, um die jugendlichen Zeugen zu schützen. Ein solches Verfahren war nach der italienischen Strafprozessordnung allerdings nur für Opfer von Sexualdelikten vorgesehen, nicht für Opfer sonstiger Misshandlungen, auch wenn diese minderjährig waren. Der für die Entscheidung zuständige Ermittlungsrichter in Florenz war jedoch der Ansicht, dass die maßgeblichen Bestimmungen nicht mit dem Rahmenbeschluss über die Stellung des Opfers im Strafverfahren⁶⁷ vereinbar waren, den Italien bis dahin noch nicht umgesetzt hatte. Er setzte das Verfahren aus und legte dem *EuGH* nach Art. 35 EUV (vgl. noch E. I. 1.) die Frage zur Entscheidung vor, ob die Regelungen der italienischen StPO rahmenbeschlusskonform auszulegen seien.

Dies nahm der *EuGH* in seinem vielbeachteten Urteil tatsächlich an: Er folgerte dies zum einen aus dem Umsetzungsgebot des Art. 34 Abs. 2 lit. b S. 1 EU a. F., das die Zielverbindlichkeit des Rahmenbeschlusses vorsah. Damit entspreche die Regelung Art. 249 EGV a. F., der eine ähnliche Aussage über Richtlinien treffe. Zudem gelte der Grundsatz der loyalen Zusammenarbeit, auf dem die Verpflichtung zur richtlinienkonformen Auslegung ebenfalls fuße, auch in der Dritten Säule. Dies ergebe sich aus Art. 1 Abs. 2, 3 EU a. F.

Mit der Anerkennung der rahmenbeschlusskonformen Auslegung, einschließlich des Frustrationsverbots für nicht umgesetzte Rahmenbeschlüsse, übertrug der *EuGH* einen Teilaspekt des gemeinschaftsrechtlichen Vorrangprinzips, die unmittelbare Wirkung, auf die PJZS.⁶⁸ Für die Beschuldigten war dies regelmäßig von Nachteil, da die Rahmenbeschlüsse meist „strafverfolgerfreundliche"

---

⁶⁶ *EuGH* Rs. C-105/03 (Maria Pupino), 16.6.2005, Slg. 2005, I-5285 = EuZW 2005, 433 m. Anm. *Herrmann*; dazu etwa *Streinz,* FS Otto, S. 1029 (1043 ff.); *Peers,* CMLRev 44 (2007), 883 (909 ff.); *Safferling,* § 11 Rn. 51 ff.

⁶⁷ Rahmenbeschluss 2001/220/JI des Rates v. 15.3.2001 über die Stellung des Opfers im Strafverfahren, ABl. EG Nr. L 82 v. 22.3.2001, S. 1; zwischenzeitlich ersetzt durch Richtlinie 2012/29/EU des Europäischen Parlaments und des Rates v. 25.10.2012 über Mindeststandards für die Rechte, die Unterstützung und den Schutz von Opfern von Straftaten sowie zur Ersetzung des Rahmenbeschlusses 2001/220/JI, ABl. EU Nr. L 315 v. 14.11.2012, S. 57.

⁶⁸ Vgl. *Herrmann,* EuZW 2005, 436 (438); *Adam,* EuZW 2005, 558 (560 f.); *Giegerich,* ZaöRV 2007, 351 (377); zur Reichweite: *Peers,* CMLRev 44 (2007), 883 (918 ff.); *Zeder,* öAnwBl. 2008, 249 (252); *Schermuly,* S. 191 ff.; *Schramm,* ZJS 2012, 615 (617).

Ziele verfolgten.⁶⁹ Das Motiv des *EuGH* war hier wiederum die *Wirksamkeit des Unionsrechts*. In den Worten des *EuGH*: „Die Union könnte ihre Aufgabe kaum erfüllen, wenn der Grundsatz der loyalen Zusammenarbeit, der insbesondere bedeutet, dass die Mitgliedstaaten alle geeigneten Maßnahmen allgemeiner oder besonderer Art zur Erfüllung ihrer Verpflichtungen nach dem Recht der Europäischen Union treffen, nicht auch im Rahmen der polizeilichen und justiziellen Zusammenarbeit in Strafsachen gelten würde".⁷⁰ Was der *EuGH* nicht explizit ausspricht, ist, dass die Anerkennung der rahmenbeschlusskonformen Auslegung ihm deswegen erforderlich schien, weil die Mitgliedstaaten Rahmenbeschlüsse häufig erst mit erheblicher Verspätung umsetzten, wenn sie sie überhaupt umsetzten.⁷¹

Diese vorbezeichnete Rechtsprechung des *EuGH* hat durch die Aufgabe der Säulenstruktur im Übrigen vorerst nicht an Bedeutung verloren. Die Rechtsakte der ehemaligen PJZS gelten vielmehr fort, bis sie durch auf die neuen Verträge gestützte Rechtsakte abgelöst werden (Art. 9 Protokoll (Nr. 36) zum Vertrag von Lissabon).⁷² Da die Rahmenbeschlüsse das Hauptinstrument zur Angleichung des nationalen Strafrechts darstellten, ist die Reichweite dieser Rechtsprechung zumindest mittelfristig nicht zu unterschätzen.

III. Anerkennung strafrechtlicher Anweisungskompetenzen der EG

Die Kompetenzverteilung zwischen Gemeinschaften und Mitgliedstaaten beruhte – wie auch diejenige zischen Union und Mitgliedstaaten heute – auf dem Prinzip der *begrenzten Einzelermächtigung* (Art. 5 Abs. 1, Art. 7 Abs. 1 S. 2, Art. 10 Abs. 1 EGV a. F.). Ein Lebenssachverhalt konnte nur dann von der EG geregelt werden, wenn ihr diesbezüglich ausdrücklich im Primärrecht eine Befugnis eingeräumt wurde. Eine Zuständigkeit für das Strafrecht hätte daher nur dann bestanden, wenn diese ausdrücklich in den Verträgen geregelt worden wäre. Eine originäre Strafrechtssetzungskompetenz enthielten diese jedoch nicht.⁷³

---

⁶⁹ So *Heine*, S. 66. Kritisch zur Verlagerung einer solchen Macht auf die nationalen Gerichte: *Kaiafa-Gbandi*, ZIS 2006, 521 (534).

⁷⁰ *EuGH* Rs. C-105/03 (Maria Pupino), (Fn. 66). – Die Unionsinteressen wurden mittels dieses Urteils jedenfalls erheblich gestärkt, s. a. *Kaiafa-Gbandi*, ZIS 2006, 521 (535). *Schermuly*, S. 196 f., sieht darin sogar einen Ausdruck des Strebens des *EuGH* nach einer „maximalen Ausweitung des Unionsrechts".

⁷¹ Vgl. *Herlin-Karnell*, MJ 2007, 15 (28); zu Umsetzungsdefiziten etwa: *Egger*, EuZW 2005, 652 (655). Vgl. auch *Giegerich*, ZaöRV 2007, 351 (371 ff.).

⁷² Protokoll (Nr. 36) über die Übergangsbestimmungen v. 13.12.2007, ABl. EU Nr. C 83 v. 30.3.2010, S. 322. Vgl. *Hecker*, § 10 Rn. 77 ff., zur Fortgeltung und Bedeutung. Vgl. nur *Elholm*, FS Jung, 135 (136 ff.); *Satzger*, § 9 Rn. 33, zu materiell-rechtlichen Rahmenbeschlüssen; dazu auch *Kirsch*, StraFO 2008, 449 (451); ebenso http://www.lehrbuch-satzger.de – Europäisches Strafrecht (Stand: 20.10.2013).

⁷³ Zu den wichtigsten Argumenten gegen eine solche Kompetenz: *Satzger*, § 8 Rn. 19 ff.

Die Kommission war allerdings der Ansicht, dass die Gemeinschaft die Kompetenz haben sollte, strafrechtliche Regelungen zu treffen, wenn dies im Zusammenhang mit der Harmonisierung einer Gemeinschaftsmaterie erforderlich erscheine. Der Rat sah dies anders und blockierte entsprechende Vorstöße der Kommission,[74] denn die Mitgliedstaaten waren sehr zurückhaltend, soweit es die Anerkennung europäischer Kompetenzen auf dem Gebiet des Strafrechts betraf. Da es wie kein anderes Rechtsgebiet von kulturellen Entwicklungen und historisch gewachsenen Wertvorstellungen geprägt wird, wird das Strafrecht auch heute noch als nationale Kernkompetenz betrachtet.[75] Die Kommission musste sich daher zunächst damit begnügen, die Mitgliedstaaten zu ermahnen, stets abschreckende und wirksame, aber auch verhältnismäßige Sanktionen vorzusehen (schon § 1 A.) – bis zum Urteil des *EuGH* vom 13.9.2005.[76]

1. Urteil des EuGH vom 13.9.2005 zum Umweltstrafrecht

Im Urteil vom 13.9.2005[77] zum Umweltstrafrecht pflichtete der *EuGH* der Ansicht der Kommission bei und schuf eine *Annexkompetenz* für das Straf- und Strafprozessrecht im Rahmen der Ersten Säule. Gegenstand der Entscheidung war der vom Rat erlassene Rahmenbeschluss zum Schutz der Umwelt durch das Strafrecht,[78] der mithin einen Rechtsakt der Dritten Säule darstellte. Da die Kommission der Ansicht war, die richtige Rechtsgrundlage für Regelungen zum Umweltstrafrecht sei Art. 175 EGV a. F., so dass die Kompetenz im Rahmen der Ersten Säule zu verorten gewesen wäre, erhob sie Nichtigkeitsklage gegen den Rahmenbeschluss nach Art. 35 Abs. 6 EU a. F. Der Gerichtshof bekräftigte die Sicht der Kommission: Der Umweltschutz sei ein wesentliches Ziel der Gemeinschaft. Wenn es erforderlich sei, strafrechtliche Regelungen zu treffen, um eine effektive Durchsetzung der Vorschriften zum Schutz der Umwelt sicherzustellen, komme der EG eine entsprechende Anweisungskompetenz zu. Der Schutz der Umwelt stelle den Hauptzweck des in Frage stehenden Rahmenbeschlusses dar. Die Regelung hätte daher auf der Grundlage von Art. 175 EGV ergehen müssen, so dass der Rahmenbeschluss wegen des Verstoßes gegen Art. 29, Art. 47 EU a. F. für nichtig erklärt werden müsse, wonach der EUV den EG-Vertrag unberührt lasse.

Tatsächlich gab es kaum einen Politikbereich im Rahmen der Ersten Säule, in dem die Argumentation des *EuGH* nicht hätte angewendet werden können. In der

---

[74] Siehe bei *Zeder*, öAnwBl. 2008, 249 (255).
[75] Vgl. BVerfGE 123, 267 (Lissabon) = NJW 2009, 2267, Rn. 252 f.; *Fromm*, S. 10 ff.; s. a. *Kubiciel*, NStZ 2007, 136.
[76] Dazu auch: *Kubiciel*, NStZ 2007, 136 f.
[77] *EuGH* Rs. C-176/03 (Kommission/Rat), 13.9.2005, Slg. 2005 I-7879; dazu auch *Zöller*, ZIS 2009, 340 (344 f.); *Fromm*, S. 18 ff.; *Streinz*, FS Otto, S. 1029 (1039 ff.).
[78] Rahmenbeschluss 2003/80/JI des Rates v. 27.1.2003 über den Schutz der Umwelt durch das Strafrecht, ABl. EU Nr. L 29 v. 5.2.2003, S. 55.

anschließenden Diskussion bestand daher weitgehend Einigkeit darüber, dass die neuen Befugnisse der EG nicht auf den Umweltschutz beschränkt bleiben würden.[79] In Frage kamen neben der Verkehrspolitik z. B. das Verbraucherrecht, die Sozialpolitik, aber auch der Schutz der eigenen finanziellen Mittel.[80] Die Bereitschaft des *EuGH,* diese Rechtsprechung auf andere Bereiche auszudehnen, wurde deutlich im Urteil zur Richtlinie über die *Vorratsdatenspeicherung*:[81] Obwohl die Richtlinie eindeutig auf die Erleichterung der Strafverfolgung abzielte, also einen Bereich, der außerhalb der Kompetenzen der EG lag, nahm der *EuGH* eine Annexkompetenz der Ersten Säule der Union an, weil der Binnenmarkt berührt sei. Schließlich werde die wirtschaftliche Betätigung der Telekommunikationsdienstleister geregelt. Dass durch die Regelung auch der Bereich der Strafverfolgung berührt sei, sei lediglich eine Nebenfolge.

Damit wurden der EG weitreichende strafrechtliche Kompetenzen zugesprochen, die über die Verpflichtung der Mitgliedstaaten zur Festlegung wirksamer und abschreckender Maßnahmen wesentlich hinausging, da auch die Tatbestandsseite geregelt werden konnte.[82] Soweit eine Gemeinschaftskompetenz bestand, war der Weg über die Dritte Säule versperrt, obwohl das Strafrecht doch das Hauptmandat der PJZS darstellte.

Allerdings hatte sich der Gerichtshof nicht dazu geäußert, ob die EG im Rahmen dieser Annexkompetenz auch das Recht haben sollte, die Sanktionsart und -höhe zu bestimmen, oder ob es bei einer „Tatbestandskompetenz" bleiben sollte.[83] Auch im Übrigen war die Reichweite der Regelungskompetenz weitgehend offen geblieben, insbesondere verhielt sich der *EuGH* nicht zur Frage, ob auch Regelungen zum Allgemeinen Teil des Strafrechts möglich sein sollten, etwa zur Versuchsstrafbarkeit.[84] Für einen Teil dieser Fragen hielt allerdings das Urteil des *EuGH* vom 12.7.2007 eine Antwort bereit.

---

[79] Dazu auch HL 227 Nr. 38 ff. Die Kommission hatte den ihr eröffneten Spielraum im Umweltstrafrecht schnell genutzt, so dass bereits 2008 die Richtlinie 2008/99/EG des Europäischen Parlaments und der Rates v. 19.11.2008 über den strafrechtlichen Schutz der Umwelt, ABl. EU Nr. L 328 v. 6.12.2008, S. 28, erlassen werden konnte. Zur Analyse der Richtlinie: *Zimmermann,* ZRP 2009, 74.

[80] Etwa *Kubiciel,* NStZ 2007, 136 (137 f.); dazu auch *Fromm,* S. 29 ff.; *Schiwek,* S. 28.

[81] *EuGH* Rs. C-301/06 (Irland/EP u Rat), 10.2.2009, Slg. 2009 I-593; kritisch: *Zöller,* FS Schenke, S. 579 (591); *Kühne,* Rn. 56.1; *de Biolley,* in: l'espace pénal européen, S. 309 (310 f.); *Schermuly,* S. 225 ff.

[82] Siehe *Schiwek,* S. 28. Zur Einordnung des Urteils und zur Beurteilung in der Literatur, so wie durch die Organe der EG: vgl. *Fromm,* S. 23 ff.; KOM (2005) 583. *Kubiciel,* NStZ 2007, 136 (137), sieht darin die konsequente Weiterentwicklung der Mais-Rechtsprechung: Das Strafrecht werde als Mittel, nicht als Gegenstand der Harmonisierung begriffen.

[83] Skeptisch noch: *Streinz,* FS Otto, S. 1029 (1036).

[84] Siehe dazu auch *Kubiciel,* NStZ 2007, 136 (138 f.). – Allgemein zu Fragen der Reichweite: HL Paper 227, Rn. 47 ff.

2. Urteil vom 12.7.2007 zur Meeresverschmutzung

Nur kurze Zeit später standen sich Kommission und Rat nämlich in einer vergleichbaren Situation erneut vor dem Gerichtshof gegenüber:[85] Der Rat hatte am 12.7.2005 einen Rahmenbeschluss zur Bekämpfung der Verschmutzung der Meere durch Schiffe mittels strafrechtlicher Regelungen erlassen.[86] Darin waren zum einen die Verhaltensweisen vorgegeben, die von den Mitgliedstaaten kriminalisiert werden sollten, zum anderen die Art und Höhe der vorzusehenden Strafen. Die Kommission sah nach dem Urteil zum Umweltschutz durch Strafrecht EG-Kompetenzen im Bereich der Verkehrspolitik verletzt.

Sie bekam jedoch nur teilweise Recht. In seinem Urteil vom 23.10.2007 bestätigte der *EuGH* zwar, dass in der Ersten Säule strafrechtliche Regelungen getroffen werden können, wenn diese im Zusammenhang mit einer EG-Materie stünden.[87] Jedoch stellte der Gerichtshof gegenüber seinem Urteil zum Umweltschutz aus dem Jahr 2005 klar, dass der EG-Gesetzgeber nur zur *Kriminalisierung* bestimmter Verhaltensweisen berechtigt sei. Die *Sanktionierung,* im Sinne der Festlegung der Art und Höhe der Sanktionen, müsse dagegen den Mitgliedstaaten überlassen bleiben bzw. falle in die Zuständigkeit der Dritten Säule.[88] Damit wies er der EG die Tatbestandskompetenz zu, der PJZS aber die Rechtsfolgenkompetenz.

3. Fazit: Strafrechtssetzungskompetenzen der Ersten Säule

Im Ergebnis hatte der *EuGH* der EG in diesen beiden Urteilen eine *Harmonisierungskompetenz* in Bezug auf das Straf- und Strafprozessrecht erteilt, sofern Strafvorschriften zum Schutz von Gemeinschaftszielen nach Auffassung des Gemeinschaftsgesetzgebers erforderlich seien.[89] Dagegen waren Maßnahmen auf der Grundlage von Art. 29 ff. EU nur noch dann zulässig, wenn sie nicht auch

---

[85] *EuGH* Rs. C-440/05 (Kommission/Rat), 23.10.2007, Slg. 2007, I-9097; dazu *Fromm*, ZIS 2008, 168; zum Ganzen auch: *Zöller*, ZIS 2009, 340 (345 f.).

[86] Rahmenbeschluss 2005/667/JI des Rates v. 12.7.2005 zur Verstärkung des strafrechtlichen Rahmens zur Bekämpfung der Verschmutzung durch Schiffe, ABl. EU Nr. L 255 v. 30.9.2005, S. 164.

[87] *EuGH* Rs. C-440/05 (Kommission/Rat), (Fn. 85), Tz. 52 ff.; siehe auch *Fromm*, ZIS 2008, 168 (174). Eine Regelungskompetenz der Gemeinschaften sah er in diesem Fall in Art. 80 Abs. 2 EGV a. F., wonach unter anderem Regelungen zur Seeschifffahrt zulässig sein sollten; auch der Erlass von Vorschriften zum Umweltschutz sei grundsätzlich von dieser Kompetenz zur Regulierung der Verkehrspolitik erfasst. Der *EuGH* stellt damit nach Ansicht *Fromms*, S. 47, klar, dass sich die Annexkompetenz auf alle Gemeinschaftsziele erstreckt; s. a. *Zeder*, öAnwBl. 2008, 249 (255). *Schiwek*, S. 30, findet dies weniger eindeutig, immerhin wurde explizit auf den Umweltschutz rekurriert.

[88] Vgl. *Fromm*, S. 44 ff.

[89] *Zöller*, ZIS 2009, 340 (346); *Fromm*, S. 40. Für *Heine*, S. 56, ist diese Hürde allerdings von marginaler Bedeutung; sie geht von „uferlose(n) Einzelkompetenzen" aus.

im Rahmen der Ersten Säule getroffen werden konnten. Damit ging eine erhebliche Stärkung der Kommission einher, die das alleinige Initiativrecht im Rahmen der Ersten Säule hatte. Auch das Europäische Parlament gewann dadurch an Einfluss auf das Strafrecht, war diesem in der Dritten Säule doch nur die Möglichkeit gegeben, unverbindliche Stellungnahmen abzugeben (Art. 39 EU a. F.), während in der Ersten Säule das Mitentscheidungsverfahren zur Anwendung kam (Art. 251 EGV a. F.). Zugleich wurden die Kompetenzen des Rates beschnitten und damit auch die Macht der Mitgliedstaaten zurückgedrängt, zumal einzelne Mitgliedstaaten im Rechtssetzungsverfahren der Ersten Säule überstimmt werden konnten, da dort, anders als in der Dritten Säule, das Einstimmigkeitsprinzip nicht galt.[90]

Kritiker der Entscheidungen sahen der „Totalharmonisierung" Tür und Tor geöffnet.[91] Dem *EuGH* wurde angesichts dieser Rechtsprechung vorgeworfen, das Strafrecht verkomme zu einem reinen *Durchsetzungsmechanismus* des Gemeinschaftsrechts.[92] Zu vermuten sei zudem, dass damit eine stetige Verschärfung des Strafrechts einhergehe.[93] Auch bestehe das Prinzip der begrenzten Einzelermächtigung nur noch auf dem Papier.[94] Besondere Probleme bereitete gerade der deutschen Rechtswissenschaft, dass das *Reservat des Strafrechts* damit *gegenstandslos* wurde, das wegen seiner Eingriffsintensität einer besonderen demokratischen Legitimation und vor allem eines Konzepts bedürfe. Durch die punktuelle Einflussnahme der EG werde das ausgewogene System von Strafbarkeit und Entpönalisierung, das wesentlich von kulturellen Grundvorstellungen geprägt werde, verwässert und verlöre an Kohärenz.[95] Schließlich sei auch die vorgegebene Trennung von Sanktionsbefugnis und Tatbestandskompetenz nicht sachgemäß und zeuge vom Fehlen eines kriminalpolitischen Konzepts.[96]

Bei aller berechtigten Kritik erklärt sich auch diese Rechtsprechung mit dem Bedürfnis nach der effektiven Durchsetzung des Unionsrechts. Ein Begründungsstrang, auf dem die Annexkompetenz der EG im Bereich des Strafrechts fußen soll, ist also die praktische Wirksamkeit der Gemeinschaftspolitiken, die aus Sicht von Kommission und *EuGH* manchmal nur mittels Strafrecht erreicht wer-

---

[90] Siehe *Zöller,* ZIS 2009, 340 (346). Zur Stärkung der demokratischen Legitimation auch *Streinz,* FS Merten, S. 395 (406 f.).
[91] Siehe *Hefendehl,* in: Europäisierung des Strafrechts, S. 41 (54). Zur Kritik aus europa- und verfassungsrechtlicher Sicht: *Zöller,* ZIS 2009, 340 (346 ff.) m.w.N.
[92] So *Zimmermann,* ZRP 2009, 74 (75 f.). *Satzger,* in: Böse (Hrsg.), § 2 Rn. 30 f., warnt davor, das Strafrecht als „Sanktion wie jede andere" anzusehen.
[93] So auch *Hefendehl,* in: Europäisierung des Strafrechts, S. 41 (57).
[94] Etwa *Streinz,* FS Merten, S. 395 (406); *Schermuly,* S. 196 f.; *Zöller,* ZIS 2009, 340 (348); *Hefendehl,* in: Europäisierung des Strafrechts, S. 41 (56); zum Subsidiaritätsgrundsatz *Kubiciel,* NStZ 2007, 136 (138 f.); dagegen: *Calliess,* ZEuS 2008, 3 (30 ff.).
[95] Ähnlich *Hefendehl,* in: Europäisierung des Strafrechts, S. 41 (57).
[96] Siehe etwa *Fromm,* ZIS 2008, 168 (176).

den könne. Zudem hatten doch die Mitgliedstaaten in der Vergangenheit bewiesen, dass sie die Umsetzungsverpflichtungen im Rahmen der Dritten Säule nicht sonderlich ernst nahmen.[97]

D. Entwicklung strafrechtlicher Grundsätze als Gegenpol

Von grundlegender Bedeutung für das mitgliedstaatliche Straf- und Strafverfahrensrecht erwies sich auch die Grundrechterechtsprechung des *EuGH*. Die EU gewährte damit als einzige supranationale Einrichtung Grundrechtsschutz auch gegen eigene Hoheitsakte. Der Grundrechtsschutz wurde vier Jahrzehnte lang durch Richterrecht geprägt. Anerkannt wurden dabei auch solche Grundrechte, die unmittelbar für das Strafrecht relevant sind. Im Folgenden sollen nur knapp die Grundlagen der Grundrechtsrechtsprechung erläutert werden und auf die Anerkennung besonderer strafrechtlich relevanter Grundsätze hingewiesen werden. Auf weitere Einzelheiten ist später zurückzukommen (§ 3).

I. Herleitung der Grundrechte als allgemeine Rechtsgrundsätze

Die Verträge der Europäischen Gemeinschaften enthielten keinen Grundrechtekatalog. Nur sehr vereinzelt wurden überhaupt Grundrechte genannt, etwa die Diskriminierungsverbote. Die Notwendigkeit, solche Garantien darüber hinaus in den Gründungsverträgen zu regeln, wurde von den Mitgliedstaaten schlicht nicht wahrgenommen, denn eine Gemeinschaft, die sich mit dem Ziel zusammengeschlossen hatte, einen einheitlichen Wirtschaftsraum in Europa zu schaffen, konnte nach ihrer Ansicht keine Bedrohung für die Bürger dieses Wirtschaftsraumes darstellen. Im Übrigen wurden die Grundrechte durch die Mitgliedstaaten ohnehin geschützt; denn alle Gründungsstaaten der Gemeinschaften verfügten über verbindliche Grundrechte in der einen oder anderen Form. Zudem waren sie alle an die Europäische Menschenrechtskonvention[98] gebunden, die bereits einen umfassenden Menschenrechtskatalog enthielt.[99]

Dass aber auch die ehemalige Wirtschaftsgemeinschaft selbst Grundrechtsverletzungen verursachen konnte, wurde schnell offensichtlich.[100] Eine formale Bin-

---

[97] *Satzger*, § 9 Rn. 40, mahnt, dass eine Annexkompetenz jenseits Art. 83 Abs. 2 AEUV aus dem effet-utile-Gedanken nicht mehr hergeleitet werden könne. Die Rechtsprechung sei insoweit überholt.
[98] Europäische Menschenrechtskonvention v. 4.11.1950; zuletzt geändert durch Protokoll Nr. 14 v. 13.5.2004 mit Wirkung ab 1.6.2010.
[99] Zu diesen Hintergründen etwa: *Berka*, S. 9; *Schneiders*, S. 45; *Wallau*, S. 36; *Eckhardt*, S. 30 f.; ebenso *Kobler*, S. 23 ff.
[100] Zur Notwendigkeit eines Grundrechtsschutzes auch *Lindner*, EuR 2008, 786 (787).

§ 1 Unionsgerichtsbarkeit als Motor der Strafrechtsintegration

dung an die EMRK bestand und besteht allerdings bis heute nicht.[101] Der EG war nach Art. 6 Abs. 2 EU a. F. lediglich die Achtung der Grundrechte, wie sie sich aus der EMRK und den Verfassungstraditionen der Mitgliedstaaten ergeben, aufgegeben. Der *EuGH* stellte allerdings schon Ende der 60er Jahre im Urteil *Stauder*[102] eine unmittelbare Grundrechtsbindung der damaligen Gemeinschaften her. Aufbauend auf dieser Grundsatzentscheidung, in der die Grundrechte als Teil der *allgemeinen Rechtsgrundsätze*[103] und damit des Primärrechts anerkannt wurden, entwickelte der *EuGH* in den Urteilen *Internationale Handelsgesellschaft*[104] und *Nold*[105] die Grundlagen des Grundrechtsschutzes, wie er von da an vier Jahrzehnte lang praktiziert wurde, sowie einen umfassenden Grundrechtekatalog,[106] der durch die europäischen Verfassungstraditionen wie auch die EMRK[107] beeinflusst wurde und seinerseits die Grundrechtecharta (GRC) geprägt hat.[108]

Die richterliche Rechtsfortbildung wurde durch Art. 6 Abs. 2 EU a. F. primärrechtlich abgesichert;[109] die allgemeinen Rechtsgrundsätze finden sich als eine der Säulen der europäischen Grundrechtsarchitektur heute in Art. 6 Abs. 3 EUV (vgl. noch unter § 3 A.).

II. Als allgemeine Rechtsgrundsätze entwickelte strafrechtliche Grundsätze

Die Grundrechterechtsprechung des *EuGH* ist heute breit gefächert; nur die für das Strafrecht besonders relevanten Rechte sollen im Folgenden genannt wer-

---

[101] Bis zum Inkrafttreten des 14. Protokolls zur EMRK war dies u. a. mangels Staatsqualität der Union nicht möglich (vgl. Art. 59 Abs. 1 S. 1 EMRK a. F. i. V. m. Art. 4 S. 1 der Satzung des Europarats). Jetzt lässt dies Art. 59 Abs. 2 EMRK ausdrücklich zu.
[102] Vgl. *EuGH* Rs. 29/69 (Stauder/Stadt Ulm), 12.11.1969, Slg. 1969, 419 (425): „Bei dieser Auslegung enthält die streitige Vorschrift nichts, was die in den allgemeinen Grundsätzen der Gemeinschaftsordnung, deren Wahrung der Gerichtshof zu sichern hat, enthaltenen Grundrechte der Person in Frage stellen könnte."
[103] *Schneiders,* S. 62 ff., zur Begründung der Geltung; auch *Kobler,* S. 26; zur Entwicklung der Rechtsprechung: *Abetz,* S. 72 ff.; vgl. *Esser,* in: Sieber u. a. (Hrsg.), § 53 Rn. 23 ff.
[104] *EuGH* Rs. 11/70 (Internationale Handelsgesellschaft mbH/Einfuhr- und Vorratsstelle für Getreide und Futtermittel), 17.12.1970, Slg. 1970, 1125.
[105] *EuGH* Rs. 4/73 (Nold/KOM), 14.5.1974, Slg. 1974, 491.
[106] Im Einzelnen etwa: *Kobler,* S. 25 f., mit Nachweisen; *Walter,* S. 96 ff.; Schwarze/Hatje, Art. 6 EUV Rn. 22 ff.
[107] Weiterführend: *Schneiders,* 239 ff.; *Gebauer,* 299 ff.
[108] Die Entwicklung wird skizziert bei *Eckhardt,* S. 32 f.; vgl. auch *Schneiders,* S. 49; *Wallau,* S. 37; *Oliver,* in: Liber Amicorum in Honour of Lord Slynn of Hadley, S. 319 (320 ff.); *Dannecker,* ZStW 117 (2005), 697 (736).
[109] Zur Frage, ob Art. 6 Abs. 2 EU a. F. als Rechtsquelle anzusehen war, die an die Stelle der Rechtsgrundsätze getreten ist oder ob durch diese Regelung lediglich die *EuGH*-Rechtsprechung bestätigt wurde: *Schneiders,* S. 50, 54 ff.; s. a. *Wallau,* S. 37; *Kobler,* S. 27; zur Frage der materiellen Bindung an die EMRK: *Busch,* S. 22 ff.

den:[110] Die Gewährleistung *effektiven Rechtsschutzes* etwa hatte der *EuGH* aus Art. 6 und Art. 13 EMRK hergeleitet.[111] Auch die *Unschuldsvermutung* hat der *EuGH* als allgemeinen Rechtsgrundsatz anerkannt.[112] Den strafrechtlichen Garantien zuzurechnen ist auch die vom Gerichtshof im Urteil AM & S[113] anerkannte *Vertraulichkeit des Schriftverkehrs* zwischen Rechtsanwalt und Mandant. Aus der Wahrung der Verteidigungsrechte leitete der Gerichtshof weiterhin die Selbstbelastungsfreiheit ab.[114] Zudem stellte der Gerichtshof die Geltung des Grundsatzes der *Gesetzmäßigkeit* als allgemeinen Rechtsgrundsatz des Unionsrechts fest, der auch den gemeinsamen Verfassungstraditionen der Mitgliedstaaten zugrunde liege und durch Art. 7 Abs. 1 EMRK gewährleistet werde.[115] Der Grundsatz „nullum crimen, nulla poena sine lege" enthalte als Einzelgewährleistungen wiederum das Gesetzlichkeitsprinzip, das Bestimmtheitsgebot, das Analogie- und das Rückwirkungsverbot.[116] Reichhaltig ist auch die Rechtsprechung des *EuGH* zum *Doppelbestrafungsverbot,* wobei sich der Anwendungsbereich – anders, als der Wortlaut nahelegt – nicht auf strafrechtliche Sanktionen beschränkt, sondern der Grundsatz auch auf Ordnungswidrigkeiten, Disziplinarverfahren und sonstige Sanktionen anwendbar sein soll.[117]

III. Fazit: Rechtsgemeinschaft als Mittel zum Zweck

Seine Grundlage findet die Grundrechterechtsprechung in der Lückenhaftigkeit der Verträge, mithin in der Aufgabe des Gerichtshofs, das Recht der Union zu wahren.[118] Der Rechtsprechung liegt aber noch eine weitere Motivation zugrunde, die Sicherung des Vorrangs des Gemeinschaftsrechts. Da nämlich zunächst kein Grundrechtsschutz auf europäischer Ebene gewährleistet war, zeich-

---

[110] Einen Überblick bietet etwa: *Esser*, in: Sieber u. a. (Hrsg.), § 53 Rn. 26 ff.

[111] *EuGH* Rs. C-222/84 (Marguerite Johnston/Chief Constable of the Royal Ulster Constabulary), 15.5.1986, Slg. 1986, 1651, Tz. 18.

[112] *EuGH* Rs. C-199/92 P (Hüls AG/KOM), 8.7.1999, Slg. 1999, I-4287, Tz. 150.

[113] Vgl. *EuGH* Rs. 155/79 (AM & S Europe Limited/KOM), 18.5.1982, Slg. 1982, 1575, Tz. 18 ff.

[114] Allerdings kann die Kommission Auskunft über Tatsachen und die Herausgabe anderer Beweismittel verlangen, die ihr die Beweisführung ermöglichen, so *EuGH* Rs. 374/87 (Orkem/KOM), 18.10.1989, Slg. 1989, 3283, Tz. 33–35.

[115] *EuGH* Rs. C-303/05 (Advocaten voor de Wereld VZW/Leden van de Ministerraad), 3.5.2007, Slg. 2007, I-3633, Tz. 48 ff.

[116] Siehe *Dannecker*, ZStW 117 (2005), 697 (736), unter Hinweis auf *EuGH* Rs. 117/83 (Karl Könecke GmbH & Co. KG/Bundesanstalt für landwirtschaftliche Marktordnung), 25.9.1984, Slg. 1984, 3291.

[117] Etwa *EuGH* verb. Rs. C-187/01 u. 385/01 (Gözütok u. Brügge), 11.2.2003, Slg. 2003, I-1345; Rs. C-436/04 (van Esbroeck), 9.3.2006, Slg. 2006, I-2333; Rs. C-297/07 (Klaus Bourquain), 11.12.2008, Slg. 2008 I-9425. Einen Überblick über die bisherige Rechtsprechung bieten: Grabitz/Hilf/Nettesheim/*Mayer,* Art. 50 GRC Rn. 384 ff.; LR/*Esser,* Art. 6 EMRK Rn. 1064 ff.

[118] So auch *Pascu,* S. 60.

nete sich angesichts der zunehmenden Aktivität der Union bzw. der damaligen Gemeinschaften *verfassungsgerichtlicher Protest* in den Mitgliedstaaten ab.[119] Es bestand die Aussicht, dass nationale Verfassungsgerichte die eigenen Grundrechte auch gegenüber dem Gemeinschaftsrecht durchsetzen würden. So hatte auch das Bundesverfassungsgericht zwar die Autonomie des Gemeinschaftsrechts anerkannt, zunächst aber explizit offengelassen, ob es eine Prüfung anhand der nationalen Grundrechte trotzdem für möglich hielt.[120] Das italienische Verfassungsgericht[121] behielt sich eine Kompetenz zur Prüfung des Unionsrechts anhand nationaler Grundrechte sogar ausdrücklich vor. Diesem Beispiel folgte später auch das *BVerfG* im „Solange-I-Beschluss".[122] Es war also nicht auszuschließen, dass einige Verfassungsgerichte die Geltung von Unionsrecht zumindest partiell ausschließen würden, wenn es gegen nationale Grundrechte verstieß. Das Grundrechtsdefizit stellte mithin eine Bedrohung für den europäischen Einigungsprozess und die praktische Wirksamkeit des Unionsrechts dar.

E. Ausweitung des Rechtsschutzes in der Zweiten und Dritten Säule

Einige Urteile jüngeren Datums konnten allerdings den Eindruck entstehen lassen, dass sich ein Wandel der Rechtsprechungsmotivation vollzog. Sie betrafen die Rechtsprechungsbefugnisse des *EuGH* im Rahmen der Zweiten und Dritten Säule und legten nahe, dass sich auch die Gewährleistung der Effektivität des Rechtsschutzes als Intention des Gerichtshofs etabliert hatte,[123] doch nur auf den ersten Blick. So kam es durch die Rechtsprechung des *EuGH* (II.) zu einer wesentlichen Verbesserung der strukturell bedingten, aber rechtsstaatlich äußerst bedenklichen Rechtsschutzsituation in der Zweiten und Dritten Säule (I.).

---

[119] Dazu *Berka,* S. 11 ff.; vgl. auch *Schneiders,* S. 46 ff.; *Wallau,* S. 35 ff.

[120] BVerfGE 22, 293 (298 f.): „Nicht entschieden ist damit, ob und in welchem Umfang das BVerfG im Rahmen eines [...] bei ihm anhängig gemachten Verfahrens Gemeinschaftsrecht an den Grundrechtsnormen des Grundgesetzes messen kann".

[121] Ital. Verfassungsgericht, Urt. v. 27.12.1973, EuGRZ 1975, 311 (315): „es muß daher ausgeschlossen sein, daß derartige Begrenzungen [...] Verletzungen [...] der unveräußerlichen Menschenrechte, die sich bringen können. Und es ist offensichtlich, daß [...] immer die Garantie der Rechtskontrolle durch dieses Gericht über die fortdauernde Vereinbarkeit des Vertrages mit den [...] Grundprinzipien gewährleistet wäre."

[122] BVerfGE 37, 271 1. Leitsatz: „Solange der Integrationsprozess der Gemeinschaft nicht so weit fortgeschritten ist, dass das Gemeinschaftsrecht auch einen von einem Parlament beschlossenen und in Geltung stehenden formulierten Katalog von Grundrechten enthält, der dem Grundrechtskatalog des Grundgesetzes adäquat ist, ist [...] die Vorlage eines Gerichts [...] im Normenkontrollverfahren zulässig und geboten, wenn das Gericht die für es entscheidungserhebliche Vorschrift des Gemeinschaftsrechts in der vom Europäischen Gerichtshof gegebenen Auslegung für unanwendbar hält, weil und soweit sie mit einem der Grundrechte des Grundgesetzes kollidiert".

[123] Siehe etwa *von Danwitz,* DVBl. 2008, 537 (542, 544), der zumindest hinsichtlich *Gestoras* und *Segi* auch noch von der Einheit des Unionsrechts spricht.

I. Rechtsschutzsituation in Rahmen der GASP und PJZS vor dem Vertrag von Lissabon

Von den Rechtsschutzstrukturen der Ersten Säule wichen diejenigen der anderen Säulen erheblich ab, was nur kurz in Erinnerung gerufen werden soll.

1. Rechtsschutzlage bezüglich der PJZS

Hinsichtlich der PJZS ergab sich aus Art. 46 *lit.* b EU i.V.m. Art. 35 EU a.F. grundsätzlich nur eine begrenzte Zuständigkeit des *EuGH*. Verwiesen wurde zwar auf die bekannten Prozessarten des Vorabentscheidungsverfahrens und der Nichtigkeitsklage (Art. 35 Abs. 1–4, 6 EU a.F.). Die Verfahren unterlagen aber speziellen Vorbehalten.[124] Die Möglichkeit, die Rechtmäßigkeit von Rahmenbeschlüssen und Beschlüssen im Rahmen der Dritten Säule mit Hilfe der Nichtigkeitsklage überprüfen zu lassen, bestand nach Art. 35 Abs. 6 EU a.F. nur für die Mitgliedstaaten. Nichtigkeitsgrund konnte zwar auch die Verletzung von Grundfreiheiten und Menschenrechten sein. Für den einzelnen Bürger war dieser Weg allerdings nicht zugänglich. Dasselbe galt für das Streitbeilegungsverfahren nach Art. 35 Abs. 7 EU a.F., mit dem Streitigkeiten zwischen Mitgliedstaaten bzw. zwischen den Mitgliedstaaten und der Kommission geklärt werden konnten. Ein direkter Rechtsweg stand also nur den Mitgliedstaaten und den Unionsorganen offen.

Nach Art. 35 Abs. 2 EU a.F. war zudem Voraussetzung für die Anwendbarkeit des Vorabentscheidungsverfahrens, dass der Mitgliedstaat, dessen Gericht eine Vorlagefrage an den *EuGH* stellen wollte, die Jurisdiktionsgewalt des *EuGH* in einer Erklärung ausdrücklich anerkannt hatte (vgl. noch Kapitel 2 § 3). Zudem konnten die Mitgliedstaaten selbst entscheiden, ob nur die letztinstanzlichen Gerichte berechtigt sein sollten, an den *EuGH* vorzulegen, oder ob allen Gerichten die Vorlagebefugnis erteilt werden sollte.[125] War das befasste nationale Gericht schließlich vorlageberechtigt, konnte es nach Art. 35 Abs. 1 EU a.F. Fragen im Hinblick auf die Gültigkeit oder Auslegung von Rahmenbeschlüssen und sonsti-

---

[124] *Dannecker*, in: Rengeling/Middeke/*Gellermann*, § 38 Rn. 145; *Esser*, StRR 2010, 133; *Abetz*, S. 100. Allg. zu den Verfahren des Art. 35 EU a.F.: *Knapp*, DÖV 2001, 12; *Ludwig*, S. 94–149. S. a. *Peers*, CMLRev 44 (2007), 883. – Man befürchtete, der *EuGH* würde die Rolle als Motor der Integration auch dort spielen, wenn man die PJZS seiner Rechtsprechungsgewalt unterstellte, *Karper*, S. 31 f. – Als eigenes Verfahren wurde zudem das *Streitbeilegungsverfahren* vor dem Rat geschaffen (Art. 35 Abs. 7 EU a.F.). Dieses entsprach in seiner Funktion im Wesentlichen dem Vertragsverletzungsverfahren nach Art. 258 ff. AEUV, wobei nicht die Kommission, sondern allein die Mitgliedstaaten antragsberechtigt waren, vgl. *Dannecker*, in: Rengeling/Middeke/*Gellermann*, § 38 Rn. 164 ff. Wegen der objektiven Funktion spielt die Klageform nur eine untergeordnete Rolle für den Rechtsschutz des Einzelnen i.R.d. Strafrechts, so dass sich weitere Ausführungen erübrigen.

[125] Siehe dazu auch *Haltern*, JZ 2007, 772 (775); *Ludwig*, S. 126 f.

§ 1 Unionsgerichtsbarkeit als Motor der Strafrechtsintegration   73

gen Beschlüssen nach Art. 34 Abs. 2 *lit.* b, c EU a.F. vor den *EuGH* bringen. Die Aufzählung war abschließend zu verstehen; weder eine Vorlage bezüglich der Auslegung oder Gültigkeit primärrechtlicher Normen noch bezüglich Gemeinsamer Standpunkte war zulässig.[126] Dass Gemeinsame Standpunkte nicht als taugliche Vorlagegegenstände aufgeführt wurden, rührte von der fälschlichen Annahme her, dass diese als politische Zielvorgaben nicht unmittelbar in die Rechte Einzelner eingreifen können, sondern erst umgesetzt werden müssen. Tatsächlich ausgeschlossen war dies nicht (vgl. noch II. 2.).[127]

2. Rechtsschutzsituation bezüglich der GASP

Wie auch das Strafrecht bildete die *Gemeinsame Außen- und Sicherheitspolitik* (GASP) den Gegenstand nationaler Souveränitätsvorbehalte. Erst mit dem am 1.11.1993 in Kraft getretenen Vertrag von Maastricht konnte man sich auf eine Europäisierung dieser Politikbereiche einigen, allerdings auf intergouvernementaler Ebene. Als Handlungsinstrumente stellte die Zweite Säule dem Rat Gemeinsame Standpunkte und Gemeinsame Aktionen zur Verfügung. Im Rahmen der GASP hatte der Gerichtshof keinerlei Rechtsprechungsbefugnisse. Dieser im Hinblick auf die Rechtsstaatlichkeit unerträgliche Zustand führte dazu, dass immer mehr Politikbereiche aus der Zweiten Säule vergemeinschaftet wurden.[128]

Selbst für die zwischenzeitlich vergemeinschafteten Politiken blieb es aber bei Sonderregeln für den Rechtsschutz (Art. 68 Abs. 1 EGV a.F.), wie der Beschränkung des Vorlagerechts auf letztinstanzliche Gerichte.[129] Grund dafür war die gefürchtete Überlastung des *EuGH* durch Vorlageverfahren insbesondere in Asylverfahren.[130] Zudem war die Rechtsprechungsgewalt materiellen Beschränkungen unterworfen. Der *EuGH* konnte nach Art. 68 Abs. 2 EGV a.F. Akte betreffend den freien Grenzverkehr, welche die öffentliche Sicherheit und Ordnung betrafen, nicht überprüfen. Visapolitik und Grenzkontrollen waren damit jeder (Grund-)Rechtskontrolle entzogen.[131]

---

[126] *Dannecker,* in: Rengeling/Middeke/Gellermann, § 38 Rn. 146; *Ludwig,* S. 105 ff.
[127] Siehe *Skouris,* EuGRZ 2008, 343 (345); *Skouris,* FS Merten, S. 383 (389); *Haltern,* JZ 2007, 772 f.; *Kraus,* EuR-Beih. 3/2008, 109 (121 ff.); s. schon *Ludwig,* S. 158 ff.
[128] So die Bereiche Visa, Asyl, Einwanderung und weitere Politiken betreffend den freien Personenverkehr.
[129] Wie Instanzgerichte bei Zweifeln an der Gültigkeit eines Sekundärrechtsaktes verfahren sollten, blieb offen: Eine Vorlage war nach Art. 68 Abs. 1 EGV nicht möglich. Die Außerachtlassung der Norm hätte das Verwerfungsmonopol des *EuGH* verletzt; s.a. *Fastenrath,* FS Ress, S. 461 (467); *Knapp,* DÖV 2001, 12 (14 f.).
[130] Die Beschränkung war aber nicht „zielführend", so *Kraus,* EuR-Beih. 3/2008, 109 (131), insb. in Anbetracht der in der Ersten Säule gemachten Erfahrungen mit der Vorlagebereitschaft erstinstanzlicher Gerichte, auf deren Vorlagen viele Leitentscheidungen des *EuGH* beruhen; s.a. *Skouris,* FS Merten, S. 383 (388).
[131] Siehe *Abetz,* S. 101.

II. Rechtsschutzeffektivität als Rechtsprechungsmotiv – „smart sanctions"?

Die beschränkten Kompetenzen der Unionsgerichte im Rahmen der Zweiten und vor allem der Dritten Säule, in der die meisten strafrechtlichen Akte beschlossen wurden, akzeptierte der Gerichtshof jedoch nicht.

1. Allgemeines zu den „smart sanctions"

Eine Erweiterung der Klagemöglichkeiten für Individuen erfolgte vor allem für die sog. „smart" oder „targeted sanctions":[132] Seit den Anschlägen am 11. September 2001 hatte der Sicherheitsrat der Vereinten Nationen verstärkt Maßnahmen zur Bekämpfung des internationalen Terrorismus erlassen,[133] die darauf abzielten, Terrorverdächtigen oder deren Unterstützern ihre finanziellen Mittel zu entziehen. Außerdem können sie Reisebeschränkungen und Waffenembargos enthalten oder vorsehen, dass Terrorverdächtigen der Zugang zu ihrer Wohnungen verwehrt wird.[134] Sanktionskomitees des Sicherheitsrates der Vereinten Nationen führen dazu „Schwarze Listen", die Menschen oder Vereinigungen aufführen, die verdächtigt werden, in Verbindung zu terroristischen Gruppen, insbesondere der Taliban oder Al-Qaida, zu stehen (unter 3.).[135] Die VN überlassen es mitunter aber auch den Vertragsstaaten, Terrorverdächtige zu benennen (2.).

Die Beschlüsse des Sicherheitsrates sind nach Art. 25 der UN-Satzung für die Vertragsstaaten der Vereinten Nationen verbindlich.[136] Da sie, soweit es die „targeted sanctions" betrifft, aber in der Regel dazu verpflichten, Konten einzufrieren und somit vor allem die gemeinsame Handelspolitik und den Kapitalverkehr betreffen, muss angesichts der Kompetenzübertragungen der zugleich in die EU eingebundenen Staaten diese als funktionelle Nachfolgerin handeln. Da die Maßnahmen häufig nicht nur sicherheitsrelevante Innenpolitikfragen betreffen, sondern ihnen auch eine außenpolitische Entscheidung zugrunde liegt,[137] muss dem Vollzug durch die EU wiederum ein GASP-Beschluss vorausgehen (damals nach Art. 15 EU a. F.). Die von der EU angeordneten Maßnahmen, meist in Form von

---

[132] Zu den Begriffen: *Sulk,* JURA 2010, 683 (686); auch *Hörmann,* EuR 2007, 120 (125): Die Sanktionen sollen die Verantwortlichen und ihre Verbündeten treffen, aber die Zivilbevölkerung schonen.

[133] Allg. zu UN-Maßnahmen zur Terrorbekämpfung: *Sulk,* JURA 2010, 683 (684 ff.).

[134] Ausführlich *Schulte,* S. 65 ff. Näheres bei *Griller,* EuR-Beih. 1/2012, 103 ff.; *Berka,* S. 46 f., auch zum Folgenden; zu den Maßnahmen *Ohler,* EuR 2006, 848 (850 f.).

[135] Weitergehend *Griller,* EuR-Beih. 1/2012, 103 (104); *Ohler,* EuR 2006, 848 (851 ff.), zu Verfahren und Kompetenzen des Sicherheitsrates. Siehe auch *Schulte,* S. 39 ff.

[136] Näheres bei *Ohler,* EuR 2006, 848 (856).

[137] Nach *Hörmann,* EuR 2007, 120 (122 ff.), ist vereinfacht zw. Bedrohungen von Innen und von Außen zu unterscheiden.

Verordnungen (Art. 60, 301 i.V.m. Art. 308 EGV a. F.),[138] müssen wiederum von den Mitgliedstaaten durchgeführt oder ergänzt werden.[139]

2. Erweiterung der tauglichen Klagegegenstände nach Art. 35 EU a. F.

In den bereits erwähnten Rechtssachen *Gestoras Pro Amnistía* und *Segi*[140] befasste sich der Gerichtshof mit Fragen gemeinschafts- bzw. unionsrechtlicher Maßnahmen bei der Umsetzung von Resolutionen des UN-Sicherheitsrates, die der Terrorismusbekämpfung dienten. Die Mitgliedstaaten sollten in diesem Fall selbst festlegen, welche Personen auf die Schwarze Liste gesetzt werden, weil sie die in der Resolution genannten Merkmale erfüllten. Tätig wurden die Mitgliedstaaten durch den Rat. Sie setzten die Resolution mit *Gemeinsamen Standpunkten* im Rahmen der Dritten Säule um, die im Anhang eine Liste mit entsprechenden Personen enthielten.[141] Die Kläger des Ausgangsverfahrens, die baskischen Organisationen *Gestoras Pro Amnistía* und *Segi,* waren im Anhang des Standpunktes gelistet. Gegen sie sollten allerdings keine weiteren Maßnahmen ergriffen werden. Beschwert waren sie also nur durch die namentliche Nennung im Gemeinsamen Standpunkt, die aber schon angesichts der „Prangerwirkung" selbst unmittelbar nachteilig wirkte.[142] Sie strengten deshalb eine Schadensersatzklage gegen die Union an, die das *EuG* aber abwies, weil eine Klagemöglichkeit gegen Gemeinsame Standpunkte in den Verträgen generell nicht vorgesehen sei. Die Kläger legten Rechtsmittel zum *EuGH* ein.

Dieser wiederum nutzte die Gelegenheit, um – entgegen dem klaren Wortlaut des Art. 35 EU a. F. – Gemeinsame Standpunkte, welche von den Mitgliedstaaten im Rahmen des Titels VI des EU angenommen wurden, durch die Unionsgerichte auf ihre Rechtmäßigkeit hin für überprüfbar zu erklären. Sie sollten mithin, sofern auch die sonstigen Voraussetzungen vorlägen, mit der Nichtigkeitsklage nach

---

[138] Vgl. dazu etwa *Hörmann,* EuR 2007, 120 (127 ff.); s. a. *Schulte,* S. 149 ff.
[139] Vgl. *Haltern,* JZ 2007, 537 (538); *Pechstein,* Rn. 64. *Griller,* EuR-Beih. 1/2012, 103 (104); *von Danwitz,* FS Rengeling, S. 511 (514 f.). An dem zweistufigen Verfahren mit vorgeschaltetem GASP-Beschluss hat sich auch mit dem Vertrag von Lissabon nichts geändert; vgl. *Schulte,* S. 81 ff., 444 f.
[140] *EuGH* Rs. C-354/04 P (Gestoras Pro Amnistía u.a./Rat), 27.2.2007, Slg. 2007 I-1579; Rs. C-355/04 P (Segi u.a./Rat), 27.2.2007, Slg. 2007 I-1657. Zum Sachverhalt *Kroker,* EuR 2008, 378 ff.; vgl. auch *Haltern,* JZ 2007, 772. Vgl. auch *EuG* Rs. T-228/02 (Volksmudschaheddin des Iran/Rat), 12.12.2006, Slg. 2006, II-4665; dazu *Haltern,* JZ 2007, 537 (543 ff.); *von Danwitz,* FS Rengeling, S. 511 (518 f.).
[141] Siehe bei *von Danwitz,* FS Rengeling, S. 511 (514 f.). – Die Listung ist Gegenstand politischer Verhandlungen, die jedenfalls nach *Gusy,* in: Walter-Hallstein-Symposium, S. 61 (71), nicht stets sachgerechten Motiven folgt. So hatte Spanien versucht, neben der ETA auch deren politischen Flügel „Batasuna" auf die Schwarze Liste setzen zu lassen. Andererseits sträubte sich Frankreich gegen die Aufnahme der Hisbollah.
[142] Vgl. *Schulte,* S. 356 f.

Art. 35 Abs. 6 EU a. F. überprüfbar sein.[143] Da die Verbindung zwischen Unionsrecht und dem Recht der VN durch das Ermessen bei der Erstellung der Schwarzen Listen gelockert sei, sollten die Unionsgrundrechte in vollem Umfang zur Geltung kommen (s. aber 3.). Allerdings waren nach Art. 35 Abs. 6 EU a. F. nur die Mitgliedstaaten und die Kommission klagebefugt. Eine erweiternde Auslegung dahingehend, eine Klagemöglichkeit ähnlich Art. 263 Abs. 4 AEUV (ex-Art. 230 Abs. 4 EGV) vorzusehen, erfolgte im Rahmen der Entscheidung nicht. Die Betroffenen wurden folglich auf den nationalen Rechtsweg verwiesen. Die mitgliedstaatlichen Gerichte sollten nun aber trotz des eindeutigen Wortlauts des Art. 35 Abs. 1 EU a. F. eine Vorlage an den Gerichtshof richten können.[144] Darin lag immerhin eine erhebliche Verbesserung der Rechtsschutzsituation der Betroffenen.[145]

Ausschlaggebend dürften für das Urteil die Schlussanträge von Generalanwalt *Mengozzi* gewesen sein. Dieser hielt die *mitgliedstaatlichen Gerichte* für befugt, die Rechtmäßigkeit der Standpunkte zu kontrollieren und zu verwerfen.[146] Damit wäre aber die exklusive Stellung des *EuGH* als alleiniger Wächter des Unionsrechts in Frage gestellt worden. Der Gerichtshof war daher gezwungen, einen unionalen Rechtsschutz zu konstruieren, um seine eigene „institutionelle Autorität" zu sichern, aber auch die des Unionsrechts allgemein. Geradezu symptomatisch erscheint vor dem Hintergrund, dass sich für die beiden Rechtsmittelführer im Ergebnis nichts geändert hat. Der *EuGH* wies ihre Rechtsmittel zurück und hielt die Urteile des *EuG* aufrecht.[147]

3. Rechtsschutz bei Listung durch den Sicherheitsrat

In diesem Kontext sind auch die Rechtssachen *Kadi* und *Al Barakaat* zu sehen. Im Unterschied zur obigen Konstellation wurde die Listung der Kläger durch die

---

[143] *EuGH* Rs. C-354/04 P (Gestoras/Rat), (Fn. 140), Tz. 53; Rs. C-355/04 P (Segi/Rat), (Fn. 140), Tz. 53 f.

[144] *Kroker*, EuR 2008, 378 (383 f.); s. a. *von Danwitz*, DVBl. 2008, 537 (543 f.).

[145] Etwa *Esser*, StRR 2010, 133; *Haltern*, JZ 2007, 772 (775); *Haltern*, JZ 2007, 537 (546 f.). Kritisch: *Kroker*, EuR 2008, 378 (384 ff.). S. a. *Brummund*, S. 95 f. Letztlich wurde die Lücke lediglich verkleinert; eine Klageerhebung auf nationaler Ebene müsste zumutbar sein. Dies ist zweifelhaft, wenn Anknüpfungspunkt allein ein Strafverfahren sein kann: *Kraus*, EuR-Beih. 3/2008, 109 (123 f.); *Postberg*, S. 150 f.

[146] *GA Mengozzi*, Schlussanträge, Rs. C-354/04 P (Gestoras Pro Amnistía u. a./Rat) u. Rs. C-355/04 P (Segi u. a./Rat), 26.10.2006, Slg. I-1583, Tz. 133: „Das bedeutet, dass der gerichtliche Rechtsschutz, über den die Einzelnen [...] bei den nationalen Gerichten [...] verfügen müssen, nicht allein auf den ausdrücklich in Artikel 35 Absatz 1 EU vorgesehenen Fall der mittelbaren Anfechtung der Gültigkeit von Rahmenbeschlüssen und Beschlüssen beschränkt ist [...]. Sie umfasst auch den unmittelbaren Angriff auf die Gültigkeit solcher Akte sowie der gemeinsamen Standpunkte [...], um auf diese Weise zumindest die Wiedergutmachung der Schäden zu erreichen, die daraus [...] entstanden sind."

[147] Siehe auch *Haltern*, JZ 2007, 537 (547); *ders.*, JZ 2007, 772 (774).

§ 1 Unionsgerichtsbarkeit als Motor der Strafrechtsintegration 77

UN vorgegeben, so dass der angegriffene Unionsakt die entsprechende Resolution nur umsetzte, ohne dass ihr dabei Ermessen zukam. Die „Schwarze Liste" wurde einfach aus der einschlägigen Resolution übernommen.[148]

Hier war eine äußerst prekäre Rechtsschutzlücke entstanden: Auf Ebene der UN wurde kein Rechtsschutz gegen die Listung gewährt, auch die Gründe für die Aufnahme wurden den betroffenen Personen nicht mitgeteilt.[149] Die nationalen Gerichte führten letztlich der Umsetzung der Resolutionen dienendes Unionsrecht aus, das sie nicht verwerfen konnten. Bis zu den Urteilen in den Rechtssachen *Kadi* und *Al Barakaat* war nicht geklärt, ob zumindest eine Kontrolle durch die Unionsgerichte möglich sein sollte. Anders wäre Rechtsschutz für die betroffenen Individuen, abgesehen von der Individualbeschwerde zum *EGMR* (Art. 34 EMRK), aber nicht zu erlangen gewesen.[150] Dies wäre in rechtsstaatlicher Hinsicht unvorstellbar gewesen, zumal auch Unverdächtige in gravierender Weise von den Maßnahmen beeinträchtigt wurden.[151] Wegen der hohen menschenrechtlichen Relevanz wurde eine lückenlose justizielle Kontrolle der Listungen gefordert.[152]

Die Rechtsmittelführer hatten zunächst vor dem *EuG* gegen die durchführende Verordnung der EG Nichtigkeitsklage erhoben, weil sie sich in ihren Grundrechten verletzt sahen. Dieses wies die Klagen jedoch als unbegründet ab. Es sei nicht berechtigt, die gegenüber dem Unionsrecht vorrangigen Akte der UN am Maßstab der Unionsgrundrechte zu überprüfen. Vielmehr bestehe eine strikte Bindung an das Recht der Vereinten Nationen.[153] Anders jedoch der *EuGH*: Auch er

---

[148] EuGH verb. Rs. C-402/05 P, C-415/05 P (Kadi u. Al Barakaat/Rat u. KOM), 3.9.2008, Slg. 2008, I-6351; *Kotzur*, EuGRZ 2008, 673 (676 ff.). Zur Listung: *Schulte*, S. 84 ff.
[149] Zu den nicht-gerichtlichen Schutzmechanismen auf UN-Ebene: *Ohler*, EuR 2006, 848 (859 ff.); *Griller*, EuR-Beih. 1/2012, 103 (110 f.); *Haltern*, JZ 2007, 537 f.; s.a. *Kotzur*, EuGRZ 2008, 673 (674, „mediatisiert"); zum Verfahren vor dem Ombudsmann: http://www.un.org/sc/committees/1267/delisting.shtml (zuletzt: 20.10.2013).
[150] Siehe die Darstellung des Problems bei: *Streinz*, FS Merten, S. 395 (408 ff.); vgl. auch *Schulte*, S. 203 ff., aus völkerrechtlicher, S. 351, aus europarechtlicher Perspektive.
[151] Etwa *Streinz*, FS Merten, S. 395 (408); *Karper*, S. 49 f.; *Böse*, in: Sieber u.a. (Hrsg.), § 54 Rn. 35; *Esser*, StRR 2010, 133.
[152] Auch *Eckhardt*, S. 65; *Haltern*, JZ 2007, 537 (541 f.), zu EuG Rs. T-253/02 (Ayadi/Rat), 12.7.2006, Slg. 2006, II-2139, Tz. 126: „Ferner ist zu bemerken, dass die angefochtene Verordnung [...] den Kläger [...] nicht daran hinder[e] [...], ein zufrieden stellendes persönliches, familiäres und gesellschaftliches Leben zu führen. So ist die Verwendung der eingefrorenen wirtschaftlichen Ressourcen, wie etwa eines Wohnhauses oder eines Kraftfahrzeugs, gemäß der vom Rat [...] vorgebrachten Auslegung, [...] durch diese Rechtsakte nicht für sich genommen verboten. Ebenso verhält es sich [...] mit den Dingen des laufenden Verbrauchs."
[153] Vgl. EuG Rs. T-315/01 (Kadi/Rat u. KOM), 21.9.2005, Slg. 2005, II-3649, Tz. 225; T-306/01 (Yusuf u. Al Barakaat International Foundation/Rat u. KOM), 21.9.2005, Slg. 2005, II-3533, Tz. 272 ff.; dazu *von Danwitz*, FS Rengeling, S. 511 (516 ff.);

nahm zwar an, dass die UN-Resolutionen für die Union verbindlich seien, weil diese den eigenen Vertragsstaaten funktional in ihre UN-Mitgliedschaft nachgefolgt sei.[154] Eine Kontrolle der Akte der UN müsse aber nur solange unterbleiben, wie ein vergleichbarer Grundrechtsschutz auf Ebene der Vereinten Nationen bestehe. Weil ein adäquater Schutz aber gerade fehle, bleibe Raum für Rechtsschutz vor dem *EuG* und dem *EuGH*.[155] Der Gerichtshof könne also auch solche Verordnungen prüfen, die bindende UN-Resolutionen umsetzen. Dabei bilde nicht nur das *ius cogens,* das die Vereinten Nationen ebenfalls zu achten haben,[156] den Prüfungsmaßstab, sondern auch die *Unionsgrundrechte*.[157] Im Extremfall könne der Umsetzungsakt für nichtig erklärt und der Rechtanwendungsbefehl der jeweiligen Resolution für unbeachtlich erklärt werden.

Maßgeblich dürften für die Entscheidung zwei Gesichtspunkte gewesen sein. Zum einen hatte der *EuGH* zwischenzeitlich eine ausdifferenzierte Rechtsprechung zu den Grundrechten entwickelt. Hätte er die Handlungen der Union im Bereich der Umsetzung der „*smart sanctions*" nicht der eigenen Jurisdiktionsgewalt unterworfen, wären diese unberücksichtigt geblieben. Damit wäre wiederum die Wirksamkeit des – in diesem Fall – ungeschriebenen Unionsrechts in Frage gestellt worden. Bedeutsamer dürfte für den *EuGH* aber die Aussicht gewesen sein, dass der Union eine „inzidente" Rüge durch den *EGMR* drohte, wenn die Effektivität des Rechtsschutzes nicht sichergestellt würde. Für ein Gericht vom Selbstverständnis des *EuGH* wäre es kaum akzeptabel gewesen, dass seine Autorität auf diese Weise untergraben wird.[158]

Kotzur, EuGRZ 2008, 673 (675 f.); *Payandeh,* ZaöRV 2006, 41 (53 ff.); auch *Haltern,* JZ 2007, 537 (539 f.).

[154] Zu Begründungsmodellen: *Griller,* EuR-Beih. 1/2012, 103 (106 f.); auch *Haltern,* JZ 2007, 537 (538 f.); *Ohler,* EuR 2006, 848 (862 ff.).

[155] *Frenz,* Bd. 4, Rn. 781 ff.; siehe aber *Griller,* EuR-Beih. 1/2012, 103 (110), der annimmt, dass es auf die Fehlerhaftigkeit – und damit die Vergleichbarkeit – nicht ankomme.

[156] So *EuG* Rs. T-315/01 (Kadi/Rat u. KOM), (Fn. 153), Tz. 226; Rs. T-306/01 (Yusuf u. Al Barakaat/Rat u. KOM), (Fn. 153), Tz. 277. – Vertiefend zur Grundrechtsbindung der UN: *Griller,* EuR-Beih. 1/2012, 103 (108 f.); *Payandeh,* ZaöRV 2006, 41 (44 ff.); *Schulte,* S. 235 ff. *Kämmerer,* EuR-Beih. 1/2008, 65 (82 f.), zu Problemen der Prüfung anhand von *ius cogens*.

[157] Vgl. *EuGH* verb. Rs. C-402/05 P u. C-415/05 P (Kadi u. Al Barakaat/Rat u. KOM), (Fn. 148). S. a. *Payandeh,* ZaöRV 2006, 41 (60 ff.), aus völkerrechtlicher Perspektive.

[158] Zu dieser Gefahr angesichts der Vorbehalte ggü. der EU-Grundrechtskontrolle seitens des *EGMR* und einigen nationalen Höchstgerichten, *Griller,* EuR-Beih. 1/2012, 103 (113 ff., s. a. 120 f.: „Solange"-Konstellation ggü. VN; dazu auch *Kämmerer,* EuR 2009, 114 (121 ff.); *Kämmerer,* EuR-Beih. 1/2008, 65 (73, aber 84 f.); ebenso *Kotzur,* EuGRZ 2008, 673 (677). Zu den Vorbehalten: *EGMR* Bosphorus/Irland, Nr. 45036/98, 30.6.2005, §§ 149 ff.; siehe noch § 1 E. III. – Zur Umsetzung: *Kämmerer,* EuR 2009, 114 (128 ff.).

Soweit es die Rechtsmittelführer betraf, wurde in ihrem Fall tatsächlich eine Grundrechtsverletzung vom *EuGH* festgestellt. Von der Liste wurden sie zunächst dennoch nicht genommen. Der *Barakaat Foundation* gelang es erst im Februar 2012, von der Liste gestrichen zu werden,[159] Herrn *Kadi* im Oktober 2012.[160]

III. Zwischenfazit: Verkleinerung der Rechtsschutzlücken

Durch die Urteile zu den smart sanctions wurde also tatsächlich der Individualrechtsschutz auf Unionsebene erweitert. Doch ging es dem *EuGH* nicht primär um die Gewährleistung eines effektiven Rechtsschutzes, sondern darum, die Wirksamkeit des Rechts der Union, in diesem Fall eben der Unionsgrundrechte zu sichern und zu verhindern, dass ein anderes internationales Gericht sich eine Entscheidungsbefugnis ihm gegenüber anmaßt und ihn vielleicht sogar über die Erfordernisse des Rechtsschutzes belehrt. Ohnehin wurden dadurch Bereiche der Unionsgerichtsbarkeit überantwortet, gegen die primär die Gerichte anderer Hoheitsträger Rechtsschutz zu gewährleisten verpflichtet wären.

F. Fazit: Der EuGH als Integrationsfaktor für das Strafrecht

Der *EuGH* war tatsächlich lange Zeit der „Motor der Integration". Seine Urteile wurden später vielfach in primärrechtliche Strukturen gegossen, wie die strafrechtlichen Annexkompetenzen (siehe noch § 2 C. I. 2.) oder auch seine Grundrechterechtsprechung (§ 3). Jenseits der primärrechtlichen Kodifizierung bleiben seine Urteile für das Europäische Strafrecht aber weiterhin von Bedeutung. Nach der Rechtsprechung des *EuGH* wird das nationale Strafrecht auch indirekt erheblich durch das Unionsrecht beeinflusst. Hier ist die Pflicht zur richtlinienkonformen Auslegung hervorzuheben, zumal die Richtlinie, wie zu zeigen ist, das Hauptrechtssetzungsinstrument des europäischen Strafrechts nach der Vertragsreform darstellt. Das Europäische Strafrecht, wie es sich heute darstellt, geht jedenfalls in großem Umfang auf den *EuGH* zurück. Erst der Gerichtshof hat die anfangs integrationsresistent erscheinende Materie zu einer Unionspolitik gemacht.

§ 2 Strafrechtliche Kompetenzen der Union nach Inkrafttreten des Vertrags von Lissabon

Die strafrechtliche justizielle Zusammenarbeit im Raum der Freiheit, der Sicherheit und des Rechts blickt auch hinsichtlich ihrer vertraglichen Dimensionen auf eine beachtliche Integrationslaufbahn zurück: Wurde dieser Politikbereich

---

[159] Vgl. Pressemitteilung des UN-Sicherheitsrates v. 21.2.2012, SC/10549.
[160] Siehe Pressemitteilung des UN-Sicherheitsrates v. 5.10.2012, SC/10785.

noch im Vertrag von Maastricht (1992) lediglich als Angelegenheit „von gemeinsamem Interesse" in der intergouvernemental geprägten Dritten Säule verortet, leitete bereits der Vertrag von Amsterdam (1997) durch die teilweise Vergemeinschaftung die Trendwende ein. Am 1.12.2009 trat der Vertrag von Lissabon in Kraft,[161] mit dem die bestehenden Verträge abgelöst wurden. Maßgeblich sind seither der Vertrag über die Europäische Union (EUV)[162] und der Vertrag über die Arbeitsweise der Europäischen Union (AEUV)[163]. Die ehemalige Dritte Säule wurde vollends in den supranationalen Bereich überführt (Art. 67, 82–89 AEUV);[164] das „Strafrecht ist damit in der europäischen Normalität angekommen".[165] Der Raum der Freiheit, der Sicherheit und des Rechts ist heute sogar explizit Ziel der Union (Art. 3 Abs. 2 EUV). Er gehört inzwischen zu den expansivsten Politikbereichen.[166]

Wie im Folgenden zu zeigen ist, wurden die Kompetenzen der Union im Bereich des Straf- und Strafverfahrensrechts durch den Vertrag von Lissabon zudem erheblich erweitert, sachlich neu geordnet und präzisiert. An den wesentlichen Strukturprinzipien des Europäischen Strafrechts, wie es in der Dritten Säule begründet worden war, wird allerdings festgehalten: Die Union soll ein hohes Maß an Sicherheit gewährleisten, indem sie (1.) sich für die Verhütung und Bekämpfung von Kriminalität sowie von Rassismus und Fremdenfeindlichkeit einsetzt,[167] (2.) die Koordinierung und Zusammenarbeit von Polizeibehörden und Organen der Strafrechtspflege und den anderen zuständigen Behörden vorantreibt und (3.) die gegenseitige Anerkennung strafrechtlicher Entscheidungen – erforderlichenfalls durch die Angleichung der einschlägigen Rechtsvorschriften – fördert (vgl. Art. 67 Abs. 3 AEUV).

Vor dem Hintergrund der Vertragsmodifikationen gilt es, den Umfang der neuen Kompetenzen zu bestimmen, um den Rechtsprechungsauftrag der Unionsgerichte ausmachen zu können. Den Schwerpunkt der folgenden Ausführungen werden die Vorschriften zum Raum der Freiheit, der Sicherheit und des Rechts, dem RFSR, bilden, jedoch ist auch auf einige außerhalb der Art. 67 ff. AEUV normierte Kompetenzen mit erheblichem strafrechtlichen Potenzial hinzuweisen.

---

[161] Vgl. schon Fn. 12 in der Einleitung.

[162] Vertrag über die Europäische Union (konsolidierte Fassung), ABl. EU Nr. C 326 v. 26.10.2012, S. 13.

[163] Vertrag über die Arbeitsweise der Europäischen Union (konsolidierte Fassung), ABl. EU Nr. C 326 v. 26.10.2012, S. 47. Einen allgemeinen Überblick über die Änderungen bieten etwa: *Streinz/Ohler/Herrmann*, S. 38 ff.

[164] Siehe *Hecker*, in: Strafrecht post-Lissabon, S. 13.

[165] So *Böse*, in: Verfassungsentwurf, S. 151.

[166] Siehe *Kaufhold*, EuR 2012, 408; *Streinz*, § 13 I Rn. 992. Vgl. auch bei *Toscani/Suhr*, FS Europainstitut, S. 581 (603 ff.).

[167] *Hecker*, § 11 Rn. 4, leitet daraus für die genannten Deliktsbereiche eine Anweisungskompetenz i.S.v. Art. 83 Abs. 1 AEUV ab, die in UAbs. 1 nicht explizit genannt sind.

Dabei werden zunächst die vertraglichen Grundbedingungen des RFSR erläutert (A.), bevor auf die neuen Befugnisse der Union im Rahmen der Angleichung des Strafverfahrensrechts und die nun hervorgehobene Bedeutung des Grundsatzes der gegenseitigen Anerkennung einzugehen ist (B.). Eng damit zusammen hängen die Harmonisierungskompetenzen der Union im Hinblick auf das materielle Strafrecht, die aber erstmals durch originäre Strafrechtssetzungskompetenzen der Union ergänzt werden (C.). Auch sollen die unionseigenen Zwangsbefugnisse, vor allem die „Verwaltungssanktionen", die vorwiegend im Wettbewerbsrecht zur Anwendung kommen, und die Sanktionskompetenzen im Rahmen der Terrorbekämpfung nicht unerwähnt bleiben (D.), wobei letztere im Rahmen der GASP zu verorten sind. Den Abschluss der folgenden Darstellung bilden Ausführungen zu den institutionellen Kompetenzen der Union (E.). Hier ist etwa die Europäische Staatsanwaltschaft zu nennen, deren Errichtung nun nach Art. 86 AEUV möglich ist,[168] aber auch die aus der Dritten Säule bereits bekannten Einrichtungen Europol und Eurojust. Erwähnung soll auch das unionseigene Amt für Betrugsbekämpfung, OLAF, finden, das seine Grundlage aber außerhalb des Titels V findet. Die Ausführungen machen deutlich, dass die Union spätestens mit dem Vertrag von Lissabon auch zu einem Strafgesetzgeber geworden ist (F.).

A. Der neue Raum der Freiheit, der Sicherheit und des Rechts

Die Gesetzgebungsbefugnisse der Union im Bereich des „Raums der Freiheit, der Sicherheit und des Rechts" werden im Titel V des dritten Teils des Vertrags über die Arbeitsweise der Europäischen Union zusammengefasst. Dort werden auch die richterrechtlich entwickelten und bereits vor der Vertragsänderung anerkannten Befugnisse der Union primärrechtlich verankert, allerdings mit einigen Veränderungen (siehe noch C. I. 2.). Art. 82 Abs. 1 UAbs. 1 AEUV bestimmt den Grundsatz der gegenseitigen Anerkennung zum Leitmotiv der justiziellen Zusammenarbeit in Strafsachen.[169] Die einstigen Bestimmungen über die Polizeiliche und Justizielle Zusammenarbeit in Strafsachen sind im Zuge der Vergemeinschaftung dieses Politikbereichs – ebenfalls in veränderter Form – in Kapitel 4 und 5 des Titels V aufgegangen (Art. 82–89 AEUV).[170] Auch die Diskussion um eine originäre Rechtssetzungskompetenz der Union für das Strafrecht erhält angesichts des neu gefassten Art. 325 Abs. 4 AEUV Auftrieb.

---

[168] Siehe auch KOM (2013) 534.
[169] Kritisch hinsichtlich des Grundsatzes: *Böse*, in: Verfassungsentwurf, S. 151 (154 ff.); *Kaiafa-Gbandi*, KritV 2011, 153 (175 ff.); s.a. noch Kapitel 4 § 1 D.
[170] Für die folgende Darstellung nicht relevant ist die Kompetenz zum Erlass von Maßnahmen zur Prävention von Kriminalität (Art. 84 AEUV): Art. 84 AEUV stellt eine neuartige Befugnis dar; eine Harmonisierung ist danach aber ausgeschlossen. Konkret kann die Union etwa im Rahmen der besseren Aufklärung der Bevölkerung, bei strukturellen Fehlentwicklungen in der Gesellschaft etc. tätig werden, so *Mansdörfer*, HRRS 2010, 11 (18); *Frenz*, ÖJZ 2010, 905 (910 f.).

Seit dem Inkrafttreten des Vertrags von Lissabon unterliegt der Bereich der Zusammenarbeit in Strafsachen dem *ordentlichen Gesetzgebungsverfahren* nach Art. 294 AEUV. Das Prinzip der Einstimmigkeit bei Ratsentscheidungen wird weitgehend zugunsten von Entscheidungen mit qualifizierter Mehrheit aufgegeben (Art. 16 Abs. 4 EUV, Art. 238 Abs. 2–4 AEUV, siehe aber auch noch unter C. II. 2. zu Art. 83 Abs. 2 AEUV).[171] Der Einfluss des Europäischen Parlaments auf die europäische Strafgesetzgebung wird erheblich erweitert.[172] Einige Besonderheiten gegenüber den sonstigen Regelungsbereichen der Verträge bleiben allerdings bestehen. Dies zeigt sich vor allem darin, dass den Mitgliedstaaten abweichend von den Regeln des ordentlichen Gesetzgebungsverfahrens ein Initiativrecht zusteht, während für die übrigen Politikbereiche ein Initiativmonopol der Kommission besteht (Art. 76 AEUV).[173]

Für den Raum der Freiheit, der Sicherheit und des Rechts besteht nach Art. 4 Abs. 2 *lit.* j AEUV eine *geteilte Zuständigkeit* zwischen der Union und den Mitgliedstaaten. Das heißt, dass die Mitgliedstaaten solange für eine bestimmte strafrechtliche Materie zuständig bleiben, wie die Union von ihren vertraglichen Kompetenzen nicht Gebrauch gemacht hat. An dem grundsätzlichen Bedürfnis einer *Einzelermächtigung* ändert sich dadurch allerdings nichts. Der Grundsatz ist nun in Art. 5 Abs. 1 S. 1, 2 EUV niedergelegt. Die Union kann also weiterhin nur in dem von den Mitgliedstaaten durch die Verträge gesteckten Rahmen tätig werden.[174] Allerdings genügt es dann bereits, dass eine Materie besser auf europäischer Ebene geregelt werden kann. Schon dies macht deutlich: Soweit die Kompetenzen im Bereich des Strafrechts reichen, wird den Rechtssetzungsambitionen der supranationalen Ebene kein Einhalt zu bieten sein.[175]

Selbst wo es aber zu einer Übertragung von Hoheitsrechten auf primärrechtlicher Ebene gekommen ist, bleiben die Regelungsgebiete weitgehend im nationalen Recht verankert. Maßnahmen der gegenseitigen Anerkennung und der Rechtsangleichung (Art. 82, 83 AEUV) sind auf das Instrument der Richtlinie (Art. 288 Abs. 3 AEUV) beschränkt. Ein *unmittelbar anwendbares* europäisches Strafrecht wird es nach *diesen* Vorschriften nicht geben.[176] Dennoch entsteht mit der Neuordnung der Kompetenzen nun das, was als „Europäisches Strafrecht"

---

[171] Es muss neben dem zu erreichenden Quorum die Mehrheit der EU-Bevölkerung repräsentiert sein (65%), „doppelte Mehrheit", vgl. Calliess/Ruffert/*Calliess,* Art. 16 EUV Rn. 17; kritisch *Böse,* in: Verfassungsentwurf, S. 151 (152 f.). – Allgemein zum Verfahren der Strafrechtssetzung: *Safferling,* § 10 Rn. 95 ff.

[172] Siehe aber *Noltenius,* ZStW 122 (2010), 604 (610 f.).

[173] Dazu etwa *Schermuly,* S. 52;. *Zeder,* öAnwBl. 2008, 249 (251). Näher: *Toscani/Suhr,* FS Europa-Institut, S. 581 (593 ff.); *Meyer,* FS Eser, S. 797 (799 f.); vgl. auch *Böse,* in: Verfassungsentwurf, S. 151 (152); *Suhr,* ZEuS 2009, 687 (690 ff.).

[174] Vgl. auch *Zöller,* FS Schenke, S. 579 (580 f.); s.a. *Meyer,* FS Eser, S. 797 (798 f.).

[175] Siehe auch *Weigend,* ZStW 116 (2004), 275 (280).

bezeichnet und anerkannt werden *muss,* handelt es sich doch auch bei der Legislativarbeit mittels Richtlinien letztlich um nichts anderes als ein zweistufiges Gesetzgebungsverfahren: Die Union gibt, mehr oder weniger explizit, die Maßgaben vor, die durch die Mitgliedstaaten in das nationale Recht eingepasst werden. Die nationale und die supranationale Ebene sind als Einheit zu betrachten. Sowohl die Unionsakte als auch die nationalen Umsetzungsmaßnahmen sind kraft Materie dem Europäischen Strafrecht zuzuordnen. Dass eine unmittelbare Wirkung wie bei der Verordnung (Art. 288 Abs. 2 AEUV) fehlt, kann an der Einordnung nichts ändern.[177]

Im Übrigen ist aber auch ein solches unmittelbares Unionsstrafrecht nicht mehr ausgeschlossen (noch D. II.). Eine allgemeine Strafrechtssetzungskompetenz besteht zwar nicht, jedoch kommt es durch den Vertrag von Lissabon zu bereichsspezifischen Übertragungen von Hoheitsbefugnissen zur Setzung unmittelbar anwendbaren Strafrechts.

B. Unionales Strafverfahrensrecht (Art. 82 AEUV)

Nach Art. 82 Abs. 1 UAbs. 1 AEUV beruht die justizielle Zusammenarbeit in Strafsachen auf dem Grundsatz der gegenseitigen Anerkennung gerichtlicher Urteile und Entscheidungen.[178] Insoweit hat die Union nun auch erhebliche Rechtssetzungsbefugnisse erhalten (I.), um die Zusammenarbeit im Rahmen der Strafverfolgung zu fördern und zu erleichtern. Eine Angleichung nationaler Rechtsordnungen, wozu eine Kompetenz nach dem zweiten Absatz der Norm ebenfalls bestehen soll (II.), soll nach dem Leitbild des Art. 82 AEUV dagegen nur erfolgen, wenn dies der Effektivität der gegenseitigen Anerkennung dient. Tatsächlich scheint sich das Verhältnis aber umzukehren, was anhand von bereits auf Art. 82 AEUV gestützten Rechtsakten verdeutlicht werden soll (III.).

---

[176] Vgl. *Mansdörfer,* HRRS 2010, 11 (14 f.); *Kaiafa-Gbandi,* KritV 2011, 153 (163 ff.); *Schermuly,* S. 51; *Zöller,* FS Schenke, S. 579 (581); aber *Vogel,* in: Strafrecht post-Lissabon, S. 29 (31).
[177] Vgl. *Rösler,* S. 41 f., für das Europäische Zivilrecht.
[178] Der Grundsatz basiert auf der i. R. d. *Binnenmarktrechts* entwickelten „Cassis de Dijon"-Rechtsprechung des *EuGH,* die auch unter dem Titel „Herkunftslandprinzip" firmiert. Das Prinzip sollte den Austausch von Waren und Dienstleistungen in Bereichen erleichtern, in denen keine harmonisierten Regeln bestehen. Erst auf der Tagung des Europäischen Rates in *Tampere* im Jahr *1999* avancierte es zum „Eckstein" der justiziellen Zusammenarbeit in Strafsachen (Entschließung zur Sondertagung des Europäischen Rates über den Raum der Freiheit, der Sicherheit und des Rechts (Tampere, 15./16.10.1999), ABl. EG Nr. C 54 v. 25.2.2000, S. 93). Zur Übertragung auf das Strafrecht: *Satzger,* § 10 Rn. 24 ff.; *Nalewajko,* in: Europäisierung des Strafrechts, S. 297 (298 ff.); *Nalewajko,* S. 67 ff.; *Böse,* in: Strafrecht post-Lissabon, S. 57 (58). – Prophetisch *Dauses,* IHK-Gutachten Nr. 124/94, S. 10, demzufolge der Binnenmarkt Ausgangspunkt für alle weiterführenden politischen Bestrebungen sei. Andererseits: *Andreou,* S. 73 f.

I. Art. 82 Abs. 1 UAbs. 2 AEUV – Originäre Rechtssetzungskompetenz der Union für das Strafverfahrensrecht

Art. 82 Abs. 1 UAbs. 2 AEUV ermächtigt die Union zum Erlass von Maßnahmen im Bereich des Strafverfahrensrechts, um die Kooperation der mitgliedstaatlichen Strafverfolgungsbehörden zu erleichtern. Diese Ermächtigungsgrundlage zielt auf Regelungen ab, welche die Anerkennung justizieller Entscheidungen sicherzustellen (*lit.* a, vgl. 1.) oder Kompetenzkonflikte zu vermeiden suchen (*lit.* b, unter 2.). Es können auch Maßnahmen getroffen werden, die der Weiterbildung von Richtern, Staatsanwälten und sonstigen Justizbediensteten dienen (*lit.* c, dazu 3.), wie auch der Förderung der Zusammenarbeit in den Bereichen Strafvollzug, -vollstreckung und -verfolgung (*lit.* d, siehe 4.). Der Katalog ist grundsätzlich abschließend zu verstehen.[179]

Durch die allgemeine Ermächtigung zum Erlass von „*Maßnahmen*" steht der Union das gesamte Instrumentarium des Art. 288 AEUV zur Verfügung. Allerdings wird man wegen der Systematik des Art. 82 AEUV annehmen müssen, dass eine Harmonisierung des *nationalen* Strafverfahrensrechts mittels Richtlinien in der Regel auf Art. 82 Abs. 2 AEUV gestützt werden müsste (siehe II.). Der dort festgelegte Katalog würde verwässert, wäre eine Angleichung schon auf Grundlage des ersten Absatzes möglich.[180]

1. Anerkennung justizieller Entscheidungen (lit. a)

Da Art. 82 Abs. 1 UAbs. 2 *lit.* a AEUV unmittelbar den Grundsatz der gegenseitigen Anerkennung betrifft, stellt er die bedeutendste und umfassendste Rechtsgrundlage dar.[181] Auf diese Norm können alle Maßnahmen, grundsätzlich auch Richtlinien und Verordnungen, gestützt werden, die der Sicherstellung der gegenseitigen Anerkennung von justiziellen Entscheidungen in der Union dienen,[182] wobei damit auch Entscheidungen anderer Justizbehörden als Gerichten, etwa der Staatsanwaltschaft, gemeint sind – trotz des insoweit widersprüchlichen Wortlauts jedenfalls der *deutschen* Vertragsfassung.[183] Konnexität zu einer bereits harmonisierten Materie wird nicht gefordert.[184]

---

[179] Siehe Streinz/*Satzger*, Art. 82 AEUV Rn. 17.
[180] *Satzger*, § 10 Rn. 47 f., will insoweit zwischen dem nationalen Strafprozessrecht i. e. S. und dem Rechtshilferecht unterscheiden; s. a. Streinz/*Satzger*, Art. 82 AEUV Rn. 19; Grabitz/Hilf/Nettesheim/*Vogel*, Art. 82 AEUV Rn. 46 f., weist darauf hin, dass die Abgrenzung im Einzelfall schwierig sein kann.
[181] So Streinz/*Satzger*, Art. 82 AEUV Rn. 22.
[182] Zu Anforderungen an eine gerichtliche Entscheidung: Grabitz/Hilf/Nettesheim/*Vogel*, Art. 82 AEUV Rn. 39 ff.
[183] Etwa Schwarze/*Böse*, Art. 82 AEUV Rn. 24; *Böse*, in: Böse (Hrsg.), § 4 Rn. 30.
[184] Siehe etwa *Kaiafa-Gbandi*, KritV 2011, 153 (174).

§ 2 Strafrechtliche Kompetenzen der Union

Jedes Verfahrensstadium des nationalen Strafverfahrens kann von den Maßnahmen betroffen sein.[185] Auch eine Neuregelung des Europäischen Haftbefehls ist auf dieser Grundlage denkbar. Am größten scheint der Handlungsbedarf im Ermittlungsverfahren zu sein: Die Zusammenarbeit findet noch immer fast ausschließlich auf Grundlage der traditionellen Rechtshilfe statt. Als legislatives Großprojekt soll die Europäische Ermittlungsanordnung hier Abhilfe schaffen, die weitgehend alle Bereiche des heutigen Rechtshilfeverkehrs erfassen wird.[186]

2. Vermeidung von Kompetenzkonflikten (lit. b)

Basierend auf Art. 82 Abs. 1 UAbs. 2 *lit.* b AEUV können Mechanismen zur Vermeidung von Kompetenzkonflikten entwickelt werden, insbesondere indem festgelegt wird, welcher Staat für die Verfolgung eines bestimmten grenzüberschreitenden Delikts zuständig wäre. Damit soll gleichermaßen vermieden werden, dass sich eine Person mehrfacher Strafverfolgung ausgesetzt sieht und die knappen nationalen Ressourcen verschwendet werden.[187] Basierend auf dieser Regelung können nicht nur Regeln zur Beilegung von Kompetenzkonflikten geschaffen werden, es kann auch das Strafanwendungsrecht harmonisiert werden, um solche Konflikte schon im Ansatz zu vermeiden.[188]

3. Förderung der Aus- und Weiterbildung (lit. c)

Die Förderung der Aus- und Weiterbildung von Richtern und Staatsanwälten, aber auch Personen in anderen Rechtsberufen wurde zwar erstmals mit Art. 82 Abs. 1 UAbs. 2 *lit.* c AEUV in die Verträge aufgenommen. Praktiziert wird sie auf informeller Ebene aber schon seit Längerem.[189] Eine Sensibilisierung dieser Berufsgruppen für europäische Instrumente der Zusammenarbeit dient letztlich der Förderung des gegenseitigen Vertrauens der Nationen untereinander wie auch

---

[185] Vgl. Schwarze/*Böse,* Art. 82 AEUV Rn. 24; *Böse,* in: Böse (Hrsg.), § 4 Rn. 30.
[186] Ratsdok. 18918/11. – Nach Ansicht von *Zeder,* EuR 2012, 34 (55 f.), hat die Europäische Beweisanordnung, Rahmenbeschluss 2008/978/JI des Rates v. 18.12.2008 über die Europäische Beweisanordnung zur Erlangung von Sachen, Schriftstücken und Daten zur Verwendung in Strafsachen, ABl. EU Nr. L 350 v. 30.12.2008, S. 72, nur bedingt zur Erleichterung des „Beweisverkehrs" beigetragen; eingehend zur Europäischen Beweisanordnung: *Esser,* FS Roxin, S. 1497 ff.
[187] Vgl. Schwarze/*Böse,* Art. 82 AEUV Rn. 26. Das Verbot der Doppelbestrafung findet sich seit dem Vertrag von Lissabon in Art. 50 GRC (noch § 3 D. III.).
[188] So *Böse,* in: Böse (Hrsg.), § 4 Rn. 31.
[189] Vgl. bei Streinz/*Satzger,* Art. 82 AEUV Rn. 42; auch Grabitz/Hilf/Nettesheim/*Vogel,* Art. 82 AEUV Rn. 64; Schwarze/*Böse,* Art. 82 AEUV Rn. 32. *Böse,* in: Böse (Hrsg.), § 4 Rn. 32, weist darauf hin, dass auch Strafverteidiger in die bestehenden Programme einbezogen werden, obwohl sie von der Regelung im AEUV nicht erfasst sind.

in die Maßnahmen der Union selbst. Zugleich soll damit langfristig eine europäische Rechtskultur geschaffen werden.[190]

4. Auffangtatbestand: Kooperation sonstiger Behörden (lit. d)

Schließlich ermöglicht Art. 82 Abs. 1 UAbs. 2 *lit.* d AEUV als Auffangtatbestand neben der von *lit.* a erfassten justiziellen Zusammenarbeit die Kooperation sonstiger Behörden.[191] Es soll mithin gerade um die Kooperation von „Nicht-Justizbehörden" gehen, etwa Verwaltungsbehörden, die über Strafverfolgungsbefugnisse verfügen, wie Steuer- oder Zollbehörden. Auch Vollzugs- und Vollstreckungsbehörden aller Art fallen unter diese Regelung, wie auch die Gerichtshilfe.[192]

Basierend auf dieser Norm können z.B. Maßnahmen zur Erleichterung des Vollzugs oder der Vollstreckung nicht-justizieller Entscheidungen getroffen werden, etwa der Anordnungen von Steuerbehörden, sofern diese Strafsachen betreffen. Auch generelle Maßnahmen zur Erleichterung der Zusammenarbeit im Rahmen der Strafverfolgung, die nicht auf die Aufklärung einer spezifischen Tat gerichtet sind, etwa die Errichtung von Datenbanken mit DNA-Profilen oder allgemein die Regelung des Informationsaustauschs in Bezug auf strafrechtsrelevante Daten, sind denkbar.[193] Auch das EJN ist im Übrigen hier einzuordnen (siehe noch Kapitel 3 § 3).[194] Art. 82 UAbs. 2 Abs. 1 *lit.* d AEUV wurde, neben *lit.* a, auch bereits als Rechtsgrundlage für die Europäische Schutzanordnung herangezogen (vgl. noch III.).

II. Rechtsangleichung nach Art. 82 Abs. 2 AEUV

Gegenseitiges Vertrauen ist der Ausgangspunkt für die Anerkennung strafrechtlicher Entscheidungen anderer Staaten und die polizeiliche und justizielle Zusammenarbeit. Ein solches Vertrauen kann aber nicht erzwungen werden.[195] Die Strafrechtssysteme der EU-Staaten unterscheiden sich in vielen Bereichen erheblich, wobei in Bezug auf das Strafrecht der Gegensatz zwischen *civil-* und *common-law*-Systemen am größten ist.[196] Art. 82 Abs. 2 AEUV ermächtigt die

---

[190] Siehe Calliess/Ruffert/*Suhr,* Art. 82 AEUV Rn. 17; *Frenz,* ÖJZ 2010, 905 (907).
[191] Vgl. Streinz/*Satzger,* Art. 82 AEUV Rn. 44 f.; Schwarze/*Böse,* Art. 82 AEUV Rn. 33.
[192] Grabitz/Hilf/Nettesheim/*Vogel,* Art. 82 AEUV Rn. 66.
[193] Siehe Grabitz/Hilf/Nettesheim/*Vogel,* Art. 82 AEUV Rn. 66, 70; auch *Böse,* in: Böse (Hrsg.), § 4 Rn. 32.
[194] Dazu etwa *Frenz,* ÖJZ 2010, 905 (907).
[195] Zu dieser – wenn auch banalen – Wahrheit: *Kaufhold,* EuR 2012, 408 (420); *Gallagher,* ERA Forum 2009, 495 (500). Siehe aber auch *Zeder,* EuR 2012, 34 (54 f.).
[196] Siehe etwa bei *Gallagher,* ERA Forum 2009, 495 (505 ff.)

Union vor diesem Hintergrund zum Erlass von Mindestvorschriften zur Zulässigkeit von Beweismitteln, den Rechten der Beteiligten im Strafverfahren sowie sonstigen Aspekten des Strafverfahrens, soweit dies zur Schaffung gegenseitigen Vertrauens erforderlich ist.[197] Die Harmonisierung des Verfahrens ist zwar nach der Vorstellung der Verträge grundsätzlich nachrangig gegenüber dem Grundsatz der gegenseitigen Anerkennung. Bisherige Erfahrungen zeigen aber, dass die Harmonierung zumindest zahlenmäßig das bedeutendste Prinzip des Europäischen Strafrechts darstellt. Eine *Vollharmonisierung* lässt die Vorschrift allerdings *nicht* zu. Dies zeigt nicht zuletzt Art. 82 Abs. 2 UAbs. 3 AEUV, wonach ein höheres Schutzniveau im mitgliedstaatlichen Recht beibehalten werden kann. Der Kompetenzkatalog soll im Folgenden dargestellt werden (1.). Hinzuweisen ist auch auf den Notbremsenmechanismus (2.), der den gegenüber der früheren Dritten Säule beschränkten Einfluss der Mitgliedstaaten im Rechtssetzungsverfahren teilweise kompensieren soll.

1. Kompetenzkatalog im Einzelnen (Art. 82 Abs. 2 UAbs. 2 AEUV)

a) Verkehrsfähigkeit von Beweisen (lit. a)

Nach Art. 82 Abs. 2 UAbs. 2 *lit.* a AEUV sollen Regelungen darüber möglich sein, ob und inwieweit in einem anderen Mitgliedstaat erhobene Beweise auch im eigenen Strafverfahren verwertet werden dürfen. Maßgaben können also für die *Zulassung der Beweise* gemacht werden. Dagegen kann die Europäische Ermittlungsanordnung nicht auf die Kompetenznorm gestützt werden, da diese gerade nicht den *Austausch bzw. die Übermittlung,* sondern die Erhebung von Informationen regelt.[198] Die unter Angleichung mitgliedstaatlicher Regelungen „verkehrsfähig" gemachten Beweise sollen die effektive Strafverfolgung sicherstellen.[199] Dass der freie Beweisverkehr für die Beschuldigten nachteilig sein kann, da er die Gefahr birgt, dass stets der punitivsten Rechtsordnung zur Geltung verholfen wird, soll hier zunächst nur angedeutet werden.[200]

b) Harmonisierung der Verfahrensrechte (lit. b)

Art. 82 Abs. 2 UAbs. 2 *lit.* b AEUV gestattet demgegenüber die Mindestharmonisierung der *Beschuldigtenrechte,* durch die die „strukturelle Unterlegenheit"

---

[197] Instruktiv: *Klip,* NStZ 2000, 626, zur Harmonisierung im Strafrecht. – Für zu unbestimmt hält die Regelung: *Heger,* ZIS 2009, 406 (411). Anders aber *Mansdörfer,* HRRS 2010, 15 (selbst bei extensiver Auslegung überschaubar; strukturelle Eingriffe wegen Beschränkung auf Mindeststandards praktisch ausgeschlossen).
[198] Es greift vielmehr Art. 82 Abs. 1 UAbs. 2 lit. a, d AEUV, vgl. *Satzger,* § 10 Rn. 55; *Safferling,* § 10 Rn. 84; Schwarze/*Böse,* Art. 82 AEUV Rn. 44; Streinz/*Satzger,* Art. 82 AEUV Rn. 58; Grabitz/Hilf/Nettesheim/*Vogel,* Art. 82 AEUV Rn. 84.
[199] Kritisch: *Böse,* in: Strafrecht post-Lissabon, S. 45 (56 f.).
[200] Vgl. an dieser Stelle nur *Weigend,* ZStW 116 (2004), 275 (283 f.).

des Beschuldigten bei der Anwendung des Grundsatzes der gegenseitigen Anerkennung ausgeglichen werden kann.[201] Gestützt werden können auf diese Norm nur unmittelbar individualschützende Regelungen. Die Abgrenzung kann im Einzelfall schwierig sein: So ist etwa der Öffentlichkeitsgrundsatz nicht nur ein Individualrecht des Beschuldigten, sondern dient auch überindividuellen Interessen.[202] Denkbar ist etwa die Regelung bestimmter Belehrungspflichten oder des Anspruchs auf Hinzuziehung eines Rechtsbeistands (siehe jeweils noch unter III.).

Der Wortlaut „Rechte des Einzelnen" lässt zudem eine Harmonisierung von Zeugenschutzregelungen zu. Auch die Rechte von Strafverteidigern oder Sachverständigen können unter Bezugnahme auf Art. 82 Abs. 2 UAbs. 2 *lit.* b AEUV angeglichen werden.[203]

c) Opferrechte (lit. c)

Die *Opferrechte* sind dagegen explizit in Art. 82 Abs. 2 UAbs. 2 *lit.* c AEUV aufgeführt.[204] Geregelt werden können auf Grundlage dieser Vorschrift vor allem die Beteiligungsrechte des Opfers im Strafprozess sowie in gewissem Umfang auch die Opferentschädigung.[205]

d) Sonstige spezifische Aspekte des Verfahrens (lit. d)

Schließlich können mithilfe der Generalklausel, Art. 82 Abs. 2 UAbs. 2 *lit.* d AEUV, sonstige „*spezifische Aspekte*" des Strafverfahrens angeglichen werden. Diese Auffangkompetenz unterliegt allerdings einem besonderen Verfahren, das einen einstimmigen Ratsbeschluss und die Zustimmung des Parlaments voraussetzt. Zudem muss die Angleichung zur Erleichterung der gegenseitigen Anerkennung und Zusammenarbeit in Strafsachen erforderlich sein.[206] In Betracht kommen etwa besondere Verfahrensarten, z. B. das Abwesenheitsverfahren, und

---

[201] Vgl. Grabitz/Hilf/Nettesheim/*Vogel,* Art. 82 AEUV Rn. 88, auch zum Folgenden: Die Norm wird nur für die „direkte" Durchsetzung der Verfahrensrechte relevant. Haben Regelungen lediglich Reflexwirkungen für Verfahrensrechte, weil sie Voraussetzungen für die Anerkennung von gerichtlichen Entscheidungen regeln, z. B. von Abwesenheitsentscheidungen, sind sie auf Art. 82 Abs. 1 UAbs. 2 *lit.* a AEUV zu stützen.
[202] Dazu Grabitz/Hilf/Nettesheim/*Vogel,* Art. 82 AEUV Rn. 89 f.; Streinz/*Satzger,* Art. 82 AEUV Rn. 60.
[203] So Streinz/*Satzger,* Art. 82 AEUV Rn. 63; *Satzger,* § 10 Rn. 60. – Zur bedenklichen Relativität der Rechte des Beschuldigten: *Safferling,* § 10 Rn. 86.
[204] Siehe aber: Grabitz/Hilf/Nettesheim/*Vogel,* Art. 82 AEUV Rn. 90.
[205] Grabitz/Hilf/Nettesheim/*Vogel,* Art. 82 AEUV Rn. 94.
[206] Vgl. *Suhr,* ZEuS 2009, 687 (711), sieht darin eine Kompetenzerweiterungsklausel vergleichbar Art. 83 Abs. 1 UAbs. 3 AEUV. Zum Brückenverfahren (Art. 48 Abs. 7 EUV): *Zöller,* FS Schenke, S. 579 (583); *Safferling,* § 10 Rn. 91.

§ 2 Strafrechtliche Kompetenzen der Union 89

einzelne verfahrensrechtliche Prinzipien, die nicht bereits als Rechte von Verfahrensbeteiligten unter *lit.* b oder *lit.* c fallen. Zulässig wären etwa Vorgaben bezüglich des Unmittelbarkeitsprinzips oder auch zum Strafanwendungsrecht. Eine umfassende Harmonisierung der mitgliedstaatlichen Verfahrensordnungen ist danach aber ebenso wenig möglich wie die Angleichung fundamentaler Strukturen oder Grundprinzipien des Strafprozesses.[207] Dennoch ist in Anbetracht der Weite der Ermächtigung eine erhebliche Einflussnahme auf das Strafverfahrensrecht der Mitgliedstaaten möglich.[208]

2. Notbremsenmechanismus

Die Mitgliedstaaten haben die Möglichkeit, das Rechtssetzungsverfahren nach Art. 82 Abs. 2 AEUV gemäß Art. 82 Abs. 3 UAbs. 1 AEUV zu blockieren („*Notbremsenmechanismus*"). Sind „grundlegende Aspekte ihrer Rechtsordnung" betroffen,[209] können sie ein Veto gegen den Erlass einer Richtlinie einlegen, die auf den Katalog gestützt wird.

Im einem solchen Konfliktfall wird das Gesetzgebungsverfahren ausgesetzt und der Europäische Rat mit der Angelegenheit befasst. Kommt im Rat eine Einigung zustande, wird das ordentliche Gesetzgebungsverfahren fortgesetzt, wobei später aber erneut ein Veto eingelegt werden kann. Schließlich können sich Zweifel bei einem anderen Mitgliedstaat auch erst im weiteren Verlauf des Gesetzgebungsverfahrens einstellen.

Kann ein Konsens dagegen nicht erzielt werden, ist die Richtlinie gescheitert.[210] Allerdings kann auf der Grundlage des Richtlinienentwurfs dann eine „verstärkte Zusammenarbeit" begründet werden. Dadurch kann die Richtlinie für einen Teil der Mitgliedstaaten in Kraft treten, obwohl das Gesetzgebungsverfahren gescheitert ist (Art. 326 ff. AEUV).[211] Insoweit handelt es sich bei dem Notbremsenmechanismus also vielmehr um ein „Opt out".[212]

---

[207] Zum Umfang: Grabitz/Hilf/Nettesheim/*Vogel*, Art. 82 AEUV Rn. 97. *Böse,* in: Böse (Hrsg.), § 4 Rn. 45, meint, für die genannten Beispiele gäbe es überwiegend speziellere Kompetenzgrundlagen.
[208] So auch *Mansdörfer,* HRRS 2010, 11 (15); *Heger,* ZIS 2009, 406 (411); a. A. wohl Schwarze/*Böse,* Art. 82 AEUV Rn. 51.
[209] Zum Begriff etwa Streinz/*Satzger,* Art. 82 AEUV Rn. 67; *Böse,* in: Böse (Hrsg.), § 4 Rn. 22; *Safferling,* § 10 Rn. 64.
[210] Vgl. Grabitz/Hilf/Nettesheim/*Vogel*, Art. 82 AEUV Rn. 103 f.; siehe auch *Safferling,* § 10 Rn. 65 f.; *Suhr,* ZEuS 2009, 687 (698, 708 ff.), letztere auch zum IntVG.
[211] Siehe dazu *Schramm,* ZJS 2010, 615 (616).
[212] Vgl. *Safferling,* § 10 Rn. 63, 69.

III. Bereits auf Art. 82 AEUV gestützte Maßnahmen

Im Stockholmer Programm[213] des Rates und im Aktionsplan[214] der Kommission zeigen die beiden Organe, wie sie die neuen Kompetenzen zum Einsatz bringen wollen: Der Schwerpunkt dürfte einerseits auf der Weiterentwicklung des Datenaustauschs basierend auf dem Prinzip der Verfügbarkeit liegen, andererseits auf der Weiterentwicklung des europäischen Strafprozessrechts, insbesondere des Beweisverkehrs.[215] Vorangetrieben werden soll aber auch die Verbesserung der *rechtlichen Stellung der Beschuldigten.*[216]

Die ersten Maßnahmen sind bereits in Kraft getreten, wie die Richtlinie 2010/64/EU[217] über das Recht auf Dolmetschleistungen und Übersetzungen in Strafverfahren: Die auf Art. 82 Abs. 2 AEUV gestützte Richtlinie umschreibt, in welchem Umfang verdächtigten oder beschuldigten Personen Übersetzungen und Dolmetschleistungen im Strafverfahren gewährt werden müssen. Trotz gewisser Umsetzungsspielräume bedeutet die Regelung gegenüber den entsprechenden aus der EMRK und Charta ableitbaren Rechten (siehe noch § 3 C., D.) eine wesentliche Konkretisierung und dürfte in den meisten Mitgliedstaaten auch zu einer tatsächlichen Anhebung des Standards der Verfahrensrechte führen.[218]

Auch die Richtlinie über das Recht auf Belehrung und Information im Strafverfahren ist in diesem Zusammenhang zu nennen:[219] Sie legt fest, dass gegenüber jeder Person, die einer Straftat verdächtigt wird, ab dem Zeitpunkt, zu dem sie darüber in Kenntnis gesetzt wird, gewisse Belehrungspflichten bestehen (Art. 2 Abs. 2). Die Beschuldigten müssen insbesondere über ihr Recht auf Hinzuziehung eines Rechtsanwalts, das Recht auf Unterrichtung über den Tatvorwurf

---

[213] Der Europäische Rat nahm auf seiner Sitzung am 11.12.2009 das Stockholmer Programm – ein offenes und sicheres Europa im Dienste und zum Schutze der Bürger – an, Ratsdok. 17024/09, ABl. EU Nr. C 115 v. 4.5.2010, S. 1 (Punkt 2.4.); hierzu auch *Esser*, in: Sieber u.a. (Hrsg.), § 53 Rn. 38 f.

[214] Arbeitsprogramm der Kommission v. 20.4.2010, KOM (2010) 171 endg.

[215] So *Brodowski*, ZIS 2010, 376 (378).

[216] Vgl. dazu die Entschließung des Rates v. 30.11.2009 über einen Fahrplan zur Stärkung der Verfahrensrechte von Verdächtigen oder Beschuldigten in Strafverfahren, ABl. EU Nr. C 295 v. 4.12.2009, S. 1 (Maßnahme A: Übersetzungen und Dolmetschleistungen, Maßnahme B: Belehrung über die Rechte und Unterrichtung über die Beschuldigung, Maßnahme C: Rechtsbeistand und Prozesskostenhilfe, Maßnahme D: Kommunikation mit Angehörigen, Arbeitgebern und Konsularbehörden, Maßnahme E: Besondere Garantien für schutzbedürftige Verdächtige oder Beschuldigte, Maßnahme F: Ein Grünbuch über die Untersuchungshaft).

[217] Richtlinie 2010/64/EU des Europäischen Parlaments und des Rates v. 20.10.2010 über das Recht auf Dolmetschleistungen und Übersetzungen in Strafverfahren, ABl. EU Nr. L 280 v. 26.10.2010, S. 1.

[218] So die Einschätzung von *Zeder*, EuR 2012, 34 (52).

[219] Richtlinie 2012/13/EU des Europäischen Parlaments und des Rates v. 22.5.2012 über das Recht auf Belehrung und Unterrichtung in Strafverfahren, ABl. EU Nr. L 142 v. 1.6.2012, S. 1. Vgl. die kritische Analyse bei: *Esser*, FS Wolter, S. 1329 (1338 ff.).

gemäß Artikel 6 der Richtlinie, das Recht auf Dolmetschleistungen und Übersetzungen und auf Aussageverweigerung belehrt werden (Art. 3 Abs. 1). Gegenüber festgenommenen Personen bestehen noch weitergehende Belehrungspflichten, etwa über das Einsichtsrecht in die Verfahrensakte (Art. 4 Abs. 2).

Auch der im Juni 2011 von der Kommission vorgelegte Vorschlag für eine Richtlinie über das Recht auf Rechtsbeistand in Strafverfahren und das Recht auf Kontaktaufnahme mit Angehörigen, Konsularbehörden etc. nach einer Festnahme ist schon weit im Gesetzgebungsverfahren vorangeschritten und kann wohl noch 2013 beschlossen werden.[220] Auch dieser Legislativakt soll, wie die bereits vorangegangenen, die Rechte des Beschuldigten stärken: Die Mitgliedstaaten sollen unter anderem dafür sorgen, dass Verdächtige und Beschuldigte möglichst rasch, spätestens aber zu Beginn der Vernehmung durch die Polizei oder andere Strafverfolgungsbehörden, Rechtsbeistand erhalten. Dasselbe gilt für Ermittlungsmaßnahmen, bei denen die Anwesenheit des Beschuldigten erforderlich ist, bzw. bei ihrer Festnahme (Art. 3 Abs. 1). Abweichungen sind aber zulässig (Art. 8).

Daneben werden basierend auf Art. 82 Abs. 2 AEUV auch *Opferrechte* gestärkt. Ebenfalls zwischenzeitlich angenommen wurde der im Mai 2011 präsentierte Vorschlag der Kommission für die Richtlinie über die Rechte und den Schutz von Opfern von Straftaten sowie für die Opferhilfe.[221] Die Richtlinie 2012/29/EU baut auf dem Rahmenbeschluss 2001/220/JI auf, erweitert und konkretisiert aber dessen Vorgaben.[222] Ziel der Richtlinie ist es, sicherzustellen, dass Opfern von Straftaten ein angemessener Zugang zu Informationen über die Tat gewährt wird und sie hinreichend bei der Bewältigung der Tatfolgen unterstützt werden. Sie sollen durch die in der Richtlinie enthaltenen Mindestvorschriften auch vor zusätzlichen Nachteilen geschützt werden, die zu einer Sekundärviktimisierung führen könnten. Auch bestimmte Beteiligungsrechte im Strafverfahren werden garantiert.

Auch die Richtlinie 2011/36/EU zur Bekämpfung des Menschenhandels und zum Opferschutz[223] gehört in diesen Zusammenhang. Sie trifft unter anderem Regelungen zum Schutz und zur Betreuung von Opfern des Menschenhandels.

---

[220] Vorschlag für eine Richtlinie des Europäischen Parlaments und des Rates über das Recht auf Rechtsbeistand in Strafverfahren und das Recht auf Kontaktaufnahme bei der Festnahme, KOM (2011) 326 endg.; dazu auch *Esser*, FS Kühne, S. 539 (550 ff.).
[221] Richtlinie 2012/29/EU des Europäischen Parlaments und des Rates v. 25.10.2012 über Mindeststandards für die Rechte, die Unterstützung und den Schutz von Opfern von Straftaten sowie zur Ersetzung des Rahmenbeschlusses 2001/220/JI, ABl. EU Nr. L 315 v. 14.11.2012, S. 57.
[222] So *Zeder*, EuR 2012, 34 (54).
[223] Richtlinie 2011/36/EU des Europäischen Parlaments und des Rates v. 5.4.2011 zur Verhütung und Bekämpfung des Menschenhandels und zum Schutz seiner Opfer sowie zur Ersetzung des Rahmenbeschlusses 2002/629/JI des Rates, ABl. EU Nr. L 101 v. 15.4.2011, S. 1.

Der Grundsatz der *gegenseitigen Anerkennung* wird ebenfalls weiter gestärkt: Die erste, und soweit ersichtlich bisher einzige Maßnahme, die seit der Neufassung der Verträge auf Art. 82 Abs. 1 AEUV gestützt wurde, ist die Richtlinie über die Europäische Schutzanordnung.[224] Danach sollen die zuständigen Behörden eines Mitgliedstaats eine Schutzanordnung erstellen können, um eine Person etwa durch Kontaktverbote vor einer strafbaren Handlung einer anderen Person, die ihr Leben, ihre physische oder psychische Integrität, ihre Würde, ihre persönliche Freiheit oder ihre sexuelle Integrität gefährden kann, zu schützen. Die Anordnung ermöglicht es den zuständigen Behörden in einem anderen Mitgliedstaat, den Schutz der Person fortzuführen.

IV. Fazit zu den strafverfahrensrechtlichen Kompetenzen der Union

Wie insbesondere die Ausführungen zu den bereits auf Art. 82 AEUV gestützten Maßnahmen zeigen, ist das Potenzial dieser strafverfahrensrechtlichen Kompetenzgrundlage enorm. Dies zeigt nicht zuletzt die Flut von Rechtsakten, die seit dem Inkrafttreten des Vertrags von Lissabon auf den Weg gebracht wurden.

Immerhin scheint die Union auch den Nachholbedarf im Bereich der Beschuldigtenrechte erkannt zu haben, wie die bereits erlassenen Richtlinien, aber auch die Initiativen der Kommission, zeigen.[225] Weitergehende Maßnahmen werden folgen. Die Vorschläge sind jedenfalls vielfältig. *Vogel* hält es etwa für denkbar, auf Art. 82 Abs. 2 UAbs. 2 *lit.* a AEUV eine Richtlinie über „Europäische Beweismittel", beispielsweise eine „Europäische Zeugenvernehmung", zu stützen. Diese würde nach nationalem Recht erfolgen, die Richtlinie könnte aber ergänzende Vorschriften enthalten, mit denen Mindeststandards für Form, Verfahren und Dokumentation der Beweiserhebung festgelegt würden, z. B. über etwaige Belehrungspflichten.[226]

Mit Art. 82 AEUV kann sich nun jedenfalls ein „Europäisches Strafverfahrensrecht" entwickeln.[227] Wegen der Anlehnung an den Grundsatz der gegenseitigen Anerkennung, der sich dem Verdacht aussetzt, für die Betroffenen überwiegend nachteilige Folgen zu haben (siehe noch Kapitel 4 § 1 D.), wird die Kompetenz der Union aber nicht uneingeschränkt als positiver Fortschritt angesehen.

---

[224] Richtlinie 2011/99/EU des Europäischen Parlaments und des Rates v. 13.12.2011 über die Europäische Schutzanordnung, ABl. EU Nr. L 338 v. 21.12.11, S. 2.
[225] Nach *Zöller,* FS Schenke, S. 579 (583), ist die individualschützende Tendenz in Art. 82 Abs. 2 UAbs. 3 AEUV sogar ausdrücklich verankert.
[226] Grabitz/Hilf/Nettesheim/*Vogel,* Art. 82 AEUV Rn. 87.
[227] So Streinz/*Satzger,* Art. 82 AEUV Rn. 1; auch *Jokisch/Jahnke,* in: Sieber u. a. (Hrsg.), § 2 Rn. 32; *Weigend,* ZStW 116 (2004), 275 (289).

C. Materielles Unionsstrafrecht

„Materielles Unionsstrafrecht" bestand bisher aus einem *europäisierten nationalen Strafrecht*. Unmittelbar anwendbares Unionskriminalstrafrecht gab es nicht. Auch heute ist die umfassendere Kompetenz der Union im Bereich des materiellen Strafrechts, Art. 83 AEUV, lediglich auf die Angleichung nationaler Tatbestände gerichtet (I.). „Echtes", unmittelbar anwendbares Unionsstrafrecht ist nun aber immerhin für bestimmte Bereiche denkbar (II.).

I. Harmonisierung des nationalen Strafrechts nach Art. 83 AEUV

Die materiell-strafrechtliche Rechtssetzungskompetenz des Art. 83 AEUV unterscheidet im Wesentlichen zwischen der allgemeinen Ermächtigung zum Tätigwerden in bestimmten ausdrücklich aufgezählten Bereichen schwerer, grenzüberschreitender Kriminalität (1.) und der Annexzuständigkeit zur Angleichung strafrechtlicher Regelungen im Zusammenhang mit bereits harmonisierten Politikbereichen (2.), die beide bereits zur Anwendung gekommen sind (3.).

Vorgeschrieben ist jeweils ein ordentliches Gesetzgebungsverfahren nach Art. 294 AEUV, womit eine erhebliche Stärkung des demokratischen Elements verbunden ist,[228] jedenfalls soweit die Regelungskompetenzen zuvor in der Dritten Säule angesiedelt waren.

1. Schwere, grenzüberschreitende Kriminalität (Abs. 1)

Der Angleichung nationaler Strafvorschriften kommt wesentliche Bedeutung für den gleichmäßigen Schutz von Rechtsgütern und die effektive Durchsetzung von Unionspolitiken zu. Divergieren Strafrechtsvorschriften von Staat zu Staat, z. B. im Bereich der Umweltbestimmungen oder des Verbraucherschutzrechts, kann dies zu Wettbewerbsverzerrungen führen; dies konterkariert das Ziel eines gemeinsamen Binnenmarkts.[229] Art. 83 Abs. 1 AEUV ermöglicht es, mittels Richtlinien Mindestvorschriften [zur Regelungstiefe b)] für besonders schwere, grenzüberschreitende Kriminalität [a] festzulegen, um diese Gefahren abzumildern. Die Kompetenz war zuvor den intergouvernementalen Strukturen der Dritten Säule überantwortet und unterlag nur einem beschränkten Zugriff des *EuGH*.

---

[228] Damit ist aber keine Abmilderung der punitiven Ausrichtung der Richtlinien verbunden, bemerkt: *Vogel*, in: Strafrecht post-Lissabon, S. 29 (32); siehe nur KOM (2011) 293 endg. und KOM (2011) 573 endg.
[229] Siehe *Hecker*, in: Strafrecht post-Lissabon, S. 13 (19); *Böse*, in: Böse (Hrsg.), § 4 Rn. 7 („Inseln der Straflosigkeit").

a) Erfasste Deliktsbereiche

Der Harmonisierung zugänglich sind nur transnationale Delikte. Die *grenzüberschreitende Qualität* soll sich aus der Art oder den Folgen der Tat ergeben oder aus der Notwendigkeit, eine Kriminalitätsform auf europäischer Ebene gemeinsam zu bekämpfen.[230] Allerdings mangelt es an einer Klarstellung dahingehend, ob ein grenzüberschreitender Bezug im Einzelfall bestehen muss oder ob die Taten typischerweise grenzüberschreitenden Bezug haben müssen.[231] Nach der überzeugenden Ansicht *Zöllers* unterstellt der AEUV den grenzüberschreitenden Charakter durch die Bezugnahme in Art. 83 Abs. 1 UAbs. 2 AEUV („Derartige Deliktsbereiche sind [...]"), so dass die transnationale Komponente nicht zu prüfen ist.[232]

Die Schwere der Taten wird ebenfalls nicht für den Einzelfall, sondern in „typisierender Betrachtungsweise" festgelegt.[233] Art. 83 Abs. 1 UAbs. 2 AEUV zählt die in Frage kommenden *Kriminalitätsbereiche* auf, nämlich Terrorismus, Menschenhandel und sexuelle Ausbeutung von Frauen und Kindern, illegaler Drogen- und Waffenhandel, Geldwäsche, Korruption, Fälschung von Zahlungsmitteln, Computerkriminalität sowie allgemein organisierte Kriminalität. Dieser Katalog ist abschließend zu verstehen.[234] Das ergibt sich schon daraus, dass eine Erweiterung des Katalogs nur durch einstimmigen Ratsbeschluss vorgesehen ist

---

[230] Nach Ansicht des *BVerfG,* BVerfGE 123, 267 (Lissabon) = NJW 2009, 2267, Rn. 359, muss sich die Notwendigkeit, auf gemeinsamer Grundlage tätig zu werden, aus der Art *und* den Auswirkungen einer Straftat ergeben, die der Übertragung von Hoheitsrechten besonderer Rechtfertigung bedürfe. – Damit überschreitet das *BVerfG* die Wortlautgrenze. Art. 83 AEUV stellt alternativ auf die grenzüberschreitende Begehung oder die transnationalen Folgen ab, *Safferling,* § 10 Rn. 49; *Mansdörfer,* HRRS 2010, 11 (16); s.a. Streinz/*Satzger,* Art. 83 AEUV Rn. 9. Vgl. aber auch: *Esser,* in: Walter-Hallstein-Symposium, S. 25 (34): Wegen des Bedürfnisses zweckgebundener Strafrechtssetzung sei die Notwendigkeit gemeinsamen Vorgehens stets zu fordern. *Meyer,* EuR 2011, 169 (174), sieht darin jedenfalls eine höhere Eingriffsschwelle als für strafrechtliche Regelungen aus der Dritten Säule. – Kritisch zum Lissabon-Urteil bzgl. der PJZS: *Suhr,* ZEuS 2009, 687 (704 ff.); allgemein auch *Streinz/Ohler/Herrmann,* S. 29 ff.

[231] Vgl. *Schermuly,* S. 55.

[232] Siehe *Zöller,* FS Schenke, S. 579 (588 f.); ebenso *Böse,* in: Böse (Hrsg.), § 4 Rn. 9 f.; Grabitz/Hilf/Nettesheim/*Vogel,* Art. 83 AEUV Rn. 52; vgl. dagegen *Walter,* ZStW 117 (2005), 912 (926); zweifelnd Satzger, § 9 Rn. 36.

[233] So *Böse,* in: Böse (Hrsg.), § 4 Rn. 8.

[234] Vgl. *Mansdörfer,* HRRS 2010, 11 (16); *Frenz,* ÖJZ 2010, 905 (909); Grabitz/Hilf/Nettesheim/*Vogel,* Art. 83 AEUV Rn. 47. Die Aufzählung geht zwar weiter als diejenige der Vorgängerregelung, ex-Art. 31 Abs. 1 lit. e EUV; die Norm wurde aber in der Praxis ebenfalls so behandelt, als ob sie nicht abschließend zu verstehen sei, Calliess/Ruffert/*Suhr,* Art. 83 AEUV Rn. 10; *Heger,* ZIS 2009, 406 (411 f.); *Hecker,* in: Sieber u.a. (Hrsg.), § 10 Rn. 29; s.a. *Schünemann,* in: AE Europäisches Strafverfolgung, S. 75 (76). Kritisch: *Esser,* in: Walter-Hallstein-Symposium, S. 25 (31); *Schermuly,* S. 54; *Suhr,* ZEuS 2008, 46 (54 ff.); *Suhr,* ZEuS 2009, 687 (699). – „Betrug" wurde als Kompetenztitel aus dem Katalog herausgelöst und in Art. 325 AEUV geregelt (II. 2.).

(Art. 83 Abs. 1 UAbs. 3 AEUV).[235] Andererseits sind die Deliktsbereiche nicht tatbestandlich umschrieben und schon deswegen sehr weit.[236]

Sollte sich der Katalog dennoch als zu eng erweisen, kann er mithilfe der *dynamischen Blankettermächtigung* im dritten Unterabsatz ohne Vertragsänderung jederzeit durch einstimmigen Beschluss des Rates mit Zustimmung des Europäischen Parlaments angepasst werden.[237] Den neu aufgenommenen Kriminalitätsfeldern muss aber ein grenzüberschreitender Charakter anhaften.[238]

b) Zulässige Regelungstiefe

Die Union kann nach Art. 83 Abs. 1 AEUV nicht nur „Mindestvorgaben" für die Tatbestandsseite, sondern auch für die *Rechtsfolgenseite* der Delikte machen, eine wesentliche Erweiterung der Kompetenzen der Union. Im bereits erwähnten Urteil des *EuGH* zum Erlass strafrechtlicher Regelungen zur Sanktionierung der Meeresverschmutzung, das allerdings unmittelbar lediglich die Annexkompetenz betraf, hatte dieser entschieden, dass die Festlegung von Strafen der Dritten Säule vorbehalten bleiben sollte (siehe § 1 C. III. 2., sowie unter II.).[239]

Eine Rechtsangleichung im Sinne einer *Vollharmonisierung* lässt der Begriff „Mindestvorschriften" aber *nicht* zu (zum Schonungsgrundsatz noch unter III.). Denkbar sind jedoch gemeinsame Definitionen bestimmter Kriminalitätsmerkmale. Auch die vorzusehenden Strafarten bzw. Strafrahmen können harmonisiert werden, etwa indem Mindesthöchststrafen vorgegeben werden oder z. B. Berufsverbote als Rechtsfolge für Verstöße vorgeschrieben

---

[235] So auch *Walter*, ZStW 117 (2005), 912 (926 f.).
[236] Vgl. etwa *Satzger*, § 9 Rn. 34; Streinz/*Satzger*, Art. 83 AEUV Rn. 11; *Frenz*, ÖJZ 2010, 905 (909); *Schermuly*, S. 54. *Esser*, in: Walter-Hallstein-Symposium, S. 25 (31, 35), der das Prinzip der begrenzten Einzelermächtigung verletzt sieht; ähnlich *Schröder*, FS Achenbach, S. 491 (492 ff.); *Zöller*, FS Schenke, S. 579 (588), hält eine Konkretisierung unter Heranziehung des Verhältnismäßigkeits- und des Subsidiaritätsgrundsatzes für denkbar. *Tiedemann*, FS Jung, S. 987 (991), zur geringeren Reichweite des Bestimmtheitsgebots für Kompetenznormen als für strafrechtliche Tatbestände; vgl. auch *Walter*, ZStW 117 (2005), 912 (927 f.); *Böse*, in: Böse (Hrsg.), § 4 Rn. 11. – Zu den Deliktsfeldern: Schwarze/*Böse*, Art. 83 AEUV Rn. 8 ff.
[237] *Mansdörfer*, HRRS 2010, 11 (16 f.), schätzt das Potenzial der Blankettermächtigung als gering ein, da sie nur genutzt werden könne, wenn sich die Notwendigkeit der Erweiterung aus der „Entwicklung der Kriminalität" ergebe; es müsste dazu eine nachteilige Veränderung eintreten; so auch *Satzger*, § 9 Rn. 35. *Safferling*, § 10 Rn. 52, sieht darin keine besonders hohe Hürde. S. a. *Suhr*, ZEuS 2009, 687 (711 f.), auch zum Verfahren nach dem IntVG.
[238] Vgl. *Mansdörfer*, HRRS 2010, 11 (16); *Heger*, ZIS 2009, 406 (412). *Böse*, in: Böse (Hrsg.), § 4 Rn. 12, hält etwa eine Erweiterung auf die im Anhang zum Europol-Beschluss genannten Delikte für denkbar.
[239] *EuGH* Rs. C-440/05 (Kommission/Rat), (Fn. 85), Rn. 70; dazu auch *Schermuly*, S. 56 Fn. 184; *Safferling*, § 10 Rn. 47.

werden.²⁴⁰ Dagegen kann die Angleichung allgemeiner Strafbarkeitsmerkmale, wie des Vorsatzes, nicht auf Art. 83 Abs. 1 AEUV gestützt werden; Regelungen müssen mit dem konkreten Delikt zusammenhängen, etwa die Anordnung der Versuchsstrafbarkeit.²⁴¹ Mitgliedstaaten sind nicht gehindert, über die Richtlinienvorgaben hinaus Bestimmungen zu erlassen, etwa indem sie dort nicht genannte Vorbereitungshandlungen kriminalisieren.²⁴²

2. Annexkompetenz für harmonisierte Politikbereiche (Art. 83 Abs. 2 AEUV)

Eine weitere materiell-strafrechtliche Kompetenz findet sich in Art. 83 Abs. 2 AEUV. Die Norm erlaubt es der Union, strafrechtliche Regelungen auch im Zusammenhang mit den nicht vom Katalog des Art. 83 Abs. 1 UAbs. 2 AEUV erfassten Politikbereichen zu treffen, sofern diese selbst harmonisiert sind. Die Angleichung strafrechtlicher Regelungen muss allerdings *„unerlässlich"* für die wirksame Durchsetzung" der Unionspolitik sein, für die eine Annexkompetenz²⁴³ geltend gemacht wird. Dies spricht gesetzestechnisch dafür, dass ein erheblicher Begründungsaufwand erforderlich ist, um im Einzelfall eine auf Art. 83 Abs. 2 AEUV gestützte Richtlinie zu rechtfertigen.²⁴⁴ Ob der Unionsgesetzgeber diese Auffassung teilen wird, darf angesichts der bisherigen Aufgabenwahrnehmung im Bereich des Strafrechts bezweifelt werden. Die Unerlässlichkeit wird er voraussichtlich vielmehr mit einem einfachen Hinweis auf das Bedürfnis der Wirksamkeit der Unionsrechts, also dem *effet utile* (schon § 1 A. II.), ableiten.²⁴⁵ Die Begründung des Vorschlags zur Richtlinie zur Bekämpfung der Marktmanipulation deutet jedenfalls in diese Richtung.²⁴⁶

---

²⁴⁰ Vgl. *Hecker,* in: Strafrecht post-Lissabon, S. 13 (20 f.); *Vogel,* in: Strafrecht post-Lissabon, S. 29 (33); allg. auch *Böse,* in: Böse (Hrsg.), § 4 Rn. 13 ff.; *Esser,* in: Walter-Hallstein-Symposium, S. 25 (32), der eine strikte Kontrolle des Subsidiaritätsprinzips und des Verhältnismäßigkeitsgrundsatzes fordert.

²⁴¹ Vgl. *Heger,* ZIS 2009, 406 (412); *Hecker,* in: Sieber u.a. (Hrsg.), § 10 Rn. 33; zu Bestimmungen des allg. Teils, die zur wirksamen Bekämpfung zu harmonisieren sind: *Hecker,* in: Strafrecht post-Lissabon, S. 13 (21); *Zöller,* FS Schenke, S. 579 (589).

²⁴² Vgl. *Zeder,* EuR 2012, 34 (46); *Zöller,* FS Schenke, S. 579 (589 f.); auch *Hecker,* in: Sieber u.a. (Hrsg.), § 10 Rn. 32; Calliess/Ruffert/*Suhr,* Art. 83 AEUV Rn. 8.

²⁴³ Kritisch zum Begriff: *Safferling,* § 10 Rn. 55; s. aber *Zöller,* FS Schenke, S. 579 (590).

²⁴⁴ So *Zöller,* FS Schenke, S. 579 (592); *Schröder,* FS Achenbach, S. 491 (495 f.); *Böxler,* wistra 2011, 11 (15); *Walter,* ZStW 117 (2005), 912 (928 f. „empirisch untermauerte Prognose").

²⁴⁵ Vgl. aber *Böxler,* wistra 2011, 11 (15); auch *Safferling,* § 10 Rn. 57 f., für einen Spielraum; Zweifel an der sachgerechten Handhabung hegt: *Satzger,* § 9 Rn. 41; *Satzger,* in: Böse (Hrsg.), § 2 Rn. 30 ff. *Böse,* in: Böse (Hrsg.), § 4 Rn. 19, hält eine allzu große Einschränkung des Beurteilungsspielraums ohnehin für unangemessen, weil auch nationale Strafgesetzgeber einen solchen genössen. Lediglich aus dem Subsidiaritätsprinzip folgen seiner Ansicht nach bestimmte Begründungszwänge.

Durch Art. 83 Abs. 2 AEUV wird das vom *EuGH* entwickelte Richterrecht (schon § 1 C. III.)[247] primärrechtlich verankert. Strafrechtliche Normen im Bereich des Umweltrechts etwa können jetzt auf Art. 83 Abs. 2 i.V.m. Art. 192 Abs. 1 AEUV gestützt werden. Allerdings ergeben sich im Vergleich zur richterrechtlich anerkannten Kompetenz zwei Unterschiede, die der Regelung auch konstitutive Wirkung verleihen: Zum einen ist, wie schon bei Art. 83 Abs. 1 AEUV, keine Beschränkung der Harmonisierungsbefugnis auf die Tatbestandsseite erfolgt. Die Union kann nach Art. 83 Abs. 2 AEUV auch Vorgaben zum *Strafmaß* oder zum *Straftypus* machen,[248] was der *EuGH* in dem unter dem Namen „Meeresverschmutzung" bekannt gewordenen Urteil explizit ausgeschlossen hatte (schon § 1 C. III. 2.).[249] Zum anderen wird den Mitgliedstaaten durch einen *Notbremsenmechanismus* (Art. 83 Abs. 3 AEUV) ermöglicht, die Richtlinie zu „stoppen", sofern der Vorschlag „grundlegende Aspekte ihrer Rechtsordnung" berührt. Den anderen Mitgliedstaaten bleibt wiederum nur der Weg über die verstärkte Zusammenarbeit (s. schon B. II. 2.).[250]

Art. 83 Abs. 2 AEUV wird sich trotz der Akzessorietät zu einer anderen Unionspolitik wohl zur zentralen Quelle der Einflussnahme der Union auf das nationale Strafrecht entwickeln, insbesondere im Bereich des Wirtschaftsstrafrechts,[251] zumal kein grenzüberschreitender Charakter der Taten gefordert wird.[252] Auch Art. 83 Abs. 2 AEUV lässt aber keine Vollharmonisierung zu, oder auch nur die umfassende Angleichung der allgemeinen Voraussetzungen der Strafbarkeit.[253]

---

[246] KOM (2011) 654 endg., S. 3: „[…] dass die derzeit verfügbaren Sanktionen zur Bekämpfung von Marktmissbrauch nicht wirkungsvoll und abschreckend genug sind, so dass die Richtlinie nicht wirksam durchgesetzt werden kann."

[247] *EuGH* Rs. C-176/03 (Kommission/Rat), (Fn. 77), Rn. 47 ff.

[248] Dazu *Zöller*, ZIS 2009, 340 (347); s.a. *Meyer*, EuR 2011, 169 (175); *Schermuly*, S. 58.

[249] *EuGH* Rs. C-440/05 (Kommission/Rat), (Fn. 85), Rn. 70. Nach *Heger*, ZIS 2009, 406 (413), wurde der Wortlaut des Art. 83 AEUV im Sommer 2007, also noch vor dem Urteil des *EuGH*, festgelegt.

[250] *Zeder*, EuR 2012, 34 (50), warnt vor Rechtszersplitterung, die durch inflationäre Nutzung des Verfahrens drohe. *Heger*, ZIS 2009, 406 (413), benennt die aus seiner Sicht grundlegenden Aspekte der deutschen Strafrechtsordnung (z.B. Schuldprinzip, Straflosigkeit juristischer Personen) und gibt auch Beispiele für andere Rechtsordnungen (z.B. Einheitstäterprinzip); s.a. *Satzger*, § 9 Rn. 49 f.; *Hecker*, in: Strafrecht post-Lissabon, S. 13 (26); *Hecker*, in: Sieber u.a. (Hrsg.), § 10 Rn. 46; *Zöller*, FS Schenke, S. 579 (594 f.). *Schramm*, ZJS 2010, 615 (617), fordert eine Kontrolle des Verfahrens durch den *EuGH*. *Zöller*, FS Schenke, S. 579 (595), meint, ein Ermessensmissbrauch sei kaum nachzuweisen.

[251] So auch *Esser*, in: Walter-Hallstein-Symposium, S. 25 (38).

[252] Zu diesem Umstand auch *Schermuly*, S. 58.

[253] Ausführlich *Satzger*, § 9 Rn. 42 ff.; *Heger*, ZIS 2009, 406 (412), zu zulässigen Regeln aus dem Allgemeinen Teil (Anordnung der Strafbarkeit der Anstiftung, des Versuchs etc.); vgl. auch KOM (2011) 654 endg., S. 13.

Denkbar sind etwa strafrechtliche Regelungen im Zusammenhang mit der Umwelt- (Art. 191 ff. AEUV) und Verkehrspolitik (Art. 90 ff. AEUV).[254] Eine Harmonisierung von Strafvorschriften kann zudem im Zusammenhang mit der Handels- (Art. 207 AEUV), Zoll- (Art. 33 AEUV) und Migrationspolitik (Art. 77 f. AEUV) erforderlich werden. Auch an Normen zum Schutz der Rechte des geistigen Eigentums (Art. 118 AEUV) ist zu denken.[255] Daneben kann der strafrechtliche Schutz der finanziellen Interessen der Union auf Art. 83 Abs. 2 AEUV gestützt werden, obwohl sich der Anwendungsbereich der Kompetenznorm mit Art. 325 AEUV überschneiden dürfte (vgl. noch II. 1.).[256] Außerdem ist eine Angleichung der Regelungen zur Fälschung des Euro (Art. 133 AEUV) denkbar.[257] Noch weitergehende Vorschriften ließen sich mit dem Schutz des Binnenmarktes (Art. 114 AEUV) rechtfertigen, etwa zu Geldwäsche, Angriffen auf Informationssysteme oder der Bestechung im Privatsektor.[258] Schließlich sind auch Maßnahmen zur Bekämpfung des Rassismus und der Fremdenfeindlichkeit (Art. 19 AEUV) möglich.[259] Art. 83 Abs. 2 S. 2 AEUV bestimmt, dass sich die auf diese Norm gestützten strafrechtlichen Regelungen nach denselben Verfahrensvorgaben richten, wie die jeweilige Unionspolitik, die durchgesetzt werden soll. Dies entspricht der Akzessorietät der Kompetenz.[260]

3. Bereits auf Art. 83 AEUV gestützte Maßnahmen

Im Stockholmer Programm wurden Harmonisierungsmaßnahmen in weitem Umfang angekündigt: Sexueller Missbrauch von Kindern, Waffenhandel, Piraterie und Korruption sind nur einige Beispiele für Deliktsbereiche, auf welche die Union nach Ansicht von Kommission und Rat zugreifen sollte.[261] Mit der Richtlinie zur Bekämpfung des sexuellen Missbrauchs und der sexuellen Ausbeutung von Kindern sowie der Kinderpornografie ist die erste auf Art. 83 Abs. 1 AEUV

---

[254] *Hecker*, in Sieber u.a. (Hrsg.), § 10 Rn. 21 ff.; Schwarze/*Böse*, Art. 82 AEUV Rn. 27.

[255] So *Zeder*, EuR 2012, 34 (45); *Hecker*, in: Sieber u.a. (Hrsg.), § 10 Rn. 27, zu Art. 114 AEUV; *Böxler*, wistra 2011, 11 (14 f.). – Die Harmonisierung solch „moderner" Strafrechtsgebiete ist für Mitgliedstaaten leichter zu akzeptieren, *Tiedemann*, in: Europäisierung der mitgliedstaatlichen Rechtsordnungen, S. 133 (146); konkrete Beispiele bei *Tiedemann*, FS Jung, S. 987 (1001 f.: irreführende Werbung, Insolvenzstrafrecht etc.).

[256] *Zeder*, EuR 2012, 34 (45).

[257] Zu möglichen Überschneidungen mit Absatz 1: *Zeder*, EuR 2012, 34 (45, 50).

[258] Siehe *Hecker*, in: Sieber u.a. (Hrsg.), § 10 Rn. 27.

[259] Dazu *Böse*, in: Böse (Hrsg.), § 4 Rn. 18, auch zu weiteren Beispielen.

[260] Vgl. *Böse*, in: Böse (Hrsg.), § 4 Rn. 21.

[261] Stockholmer Programm – ein offenes und sicheres Europa im Dienste und zum Schutze der Bürger, Ratsdok. 17024/09, ABl. EU Nr. C 115 v. 4.5.2010, S. 1 (Punkt 4.4.).

gestützte Maßnahme nun in der Welt.²⁶² Auch die Richtlinie 2011/36/EU gegen den Menschenhandel²⁶³ ist bereits in Kraft. Ein weiterer Initiativvorschlag der Kommission wurde erst kürzlich angenommen; er betrifft die Strafbarkeit von Angriffen auf Informationssysteme.²⁶⁴

Natürlich stand auch im Jahr 2013 die strafrechtliche Legislativarbeit der Kommission nicht still. So ist gestützt auf Art. 83 Abs. 1 AEUV ein Vorschlag für eine Richtlinie zum strafrechtlichen Schutz des Euro gegen Geldfälschung veröffentlicht worden.²⁶⁵ Hinzuweisen ist auch auf den auf Art. 82 Abs. 2 und Art. 83 Abs. 1 AEUV gestützten Kommissionsvorschlag zur erweiterten Einziehung, der zur Extension des geltenden Ertragsbegriffs führen soll. Erfasst wären nicht mehr nur die unmittelbar aus einer kriminellen Tätigkeit erlangten Erträge, sondern auch alle mittelbaren Vorteile, einschließlich der aus einer späteren Reinvestition oder Umwandlung direkter Erträge erlangten Vorteile, der Wert vermiedener Verbindlichkeiten sowie alle sonstigen geldwerten Vorteile.²⁶⁶ Unter gewissen Umständen soll sogar auf eine vorherige rechtskräftige Verurteilung verzichtet werden.²⁶⁷

Auch der erste auf Art. 83 Abs. 2 AEUV gestützte Vorschlag liegt vor: Es handelt sich dabei um die Richtlinie über strafrechtliche Sanktionen für Insider-Geschäfte und Marktmanipulation, die auf Art. 144 AEUV gestützt wird.²⁶⁸ Interessant ist, dass der Vorschlag, obwohl dies zulässig wäre, auf Vorgaben über die Strafandrohung verzichtet.²⁶⁹

---

[262] Richtlinie 2011/93/EU des Europäischen Parlaments und des Rates v. 13.12.2011 zur Bekämpfung des sexuellen Missbrauchs und der sexuellen Ausbeutung von Kindern sowie der Kinderpornografie sowie zur Ersetzung des Rahmenbeschlusses 2004/68/JI des Rates, ABl. EU Nr. L 335 v. 17.12.2011, S. 1.

[263] Richtlinie 2011/36/EU des Europäischen Parlaments und des Rates v. 5.4.2011 zur Verhütung und Bekämpfung des Menschenhandels und zum Schutz seiner Opfer sowie zur Ersetzung des Rahmenbeschlusses 2002/629/JI des Rates, ABl. EU Nr. L 101 v. 15.4.2011, S. 1.

[264] Richtlinie 2013/40/EU des Europäischen Parlaments und des Rates über Angriffe auf Informationssysteme und zur Aufhebung des Rahmenbeschlusses 2005/222/JI des Rates, ABl. EU Nr. L 218 v. 14.8.2013, S. 8.

[265] Vorschlag für eine Richtlinie des Europäischen Parlaments und des Rates zum strafrechtlichen Schutz des Euro und anderer Währungen gegen Geldfälschung und zur Ersetzung des Rahmenbeschlusses 2000/383/JI des Rates, KOM (2013) 42 endg.

[266] Siehe Erwägungsgrund 8, KOM (2012) 85 endg.

[267] Erwägungsgrund 12, KOM (2012) 85 endg.

[268] Vorschlag für eine Richtlinie des Europäischen Parlaments und des Rates über strafrechtliche Sanktionen für Insider-Geschäfte und Marktmanipulation, KOM (2011) 654 endg.; vgl. auch die geänderten Vorschläge: KOM (2012) 420; KOM (2012) 421.

[269] Siehe *Zeder*, EuR 2012, 34 (58); siehe auch Art. 6 KOM (2011) 654 endg.

4. Zwischenfazit

Die Einflussmöglichkeiten der Union auf das nationale Strafrecht wurden durch den Vertrag von Lissabon immens gestärkt.[270] Die Annexkompetenz des Art. 83 Abs. 2 AEUV macht eine Angleichung des Nebenstrafrechts in großem Umfang möglich, angesichts der Tatsache, dass heute nur noch wenige Politikbereiche nicht der Harmonisierung durch das Unionsrecht zugänglich sind. Die Anweisungskompetenz des Absatzes 1 stellt ebenfalls einen wesentlichen Kompetenzgewinn dar. Dies gilt besonders, weil der Einfluss der Mitgliedstaaten durch die Übertragung der Gemeinschaftsstrukturen auf die dort genannten Kriminalitätsbereiche erheblich zurückgedrängt wird.[271]

II. Originäre Strafrechtssetzungskompetenzen der Union?

Der Vertrag von Lissabon birgt zudem Diskussionspotenzial hinsichtlich *bereichsspezifischer Kompetenzen* zur Schaffung originären Unionsstrafrechts: Mit Art. 325 Abs. 4 AEUV übernimmt der Vertrag von Lissabon die Regelung des Art. 280 Abs. 4 S. 1 EGV a. F. zur Bekämpfung der Straftaten zu Lasten der finanziellen Interessen der Union, der schon bisher im Zentrum der wissenschaftlichen Debatte um das Bestehen originärer strafrechtlicher Kompetenzen stand (unter 1.). Daneben finden sich in den Verträgen weitere Vorschriften, die nahe legen, dass der EU die Kompetenz zur Setzung unmittelbar anwendbarer strafrechtlicher Vorschriften eingeräumt werden soll, namentlich Art. 33 AEUV für das *Zollwesen* (unter 2.) und Art. 79 Abs. 2 lit. d AEUV für die *Bekämpfung des Menschenhandels* und der illegalen Einwanderung (3.).

1. Schutz finanzieller Interessen der EU basierend auf Art. 325 Abs. 4 AEUV?

Art. 325 Abs. 4 AEUV berechtigt die Union, die erforderlichen Maßnahmen gegen Betrügereien und sonstige gegen ihre finanziellen Interessen gerichtete Taten zu treffen. Darunter ist nicht zwingend das Recht zu fassen, unmittelbar anwendbare strafrechtliche Tatbestände zu schaffen, auch wenn der *Wortlaut* einer solchen Auslegung gegenüber offen ist[272] – zumal der Begriff der „Maßnahme" sehr weit ist. Andererseits werden strafrechtliche Kompetenzen im Vertrag sonst ausdrücklich als solche gekennzeichnet, selbst wenn sie nur eine Harmonisierung nationalen Strafrechts zulassen, so auch die Art. 82 f. AEUV.[273]

---

[270] Andererseits *Böse*, in: Böse (Hrsg.), § 4 Rn. 4.
[271] Zu dieser Einschätzung *Weigend*, ZStW 116 (2004), 275 (283 ff.); aber auch *Calliess*, ZEuS 2008, 3 (37 f.).
[272] Vgl. *Mansdörfer*, HRRS 2010, 11 (18), auch für Art. 79 AEUV; *Safferling*, § 10 Rn. 41.
[273] Siehe *Esser*, in: Walter-Hallstein-Symposium, S. 25 (37); ausführlich auch: *Zöller*, FS Schenke, S. 579 (583 ff.): „Straftaten" und „Strafen".

Die *Entstehungsgeschichte* der Norm spricht jedoch klar für eine solche originäre Strafrechtssetzungsbefugnis im Bereich der finanziellen Interessen der Union: Schon an der Vorgängernorm des Art. 325 AEUV, Art. 280 EGV a. F., hatte sich ein intensiver Disput über die Frage, ob die damalige EG unmittelbar geltende, strafrechtliche Bestimmungen zum Schutz ihrer finanziellen Interessen erlassen konnte, entfacht. Art. 280 Abs. 4 EGV besagte aber:

„Zur Gewährleistung eines effektiven und gleichwertigen Schutzes in den Mitgliedstaaten beschließt der Rat (...) die erforderlichen Maßnahmen zur Verhütung und Bekämpfung von Betrügereien, die sich gegen die finanziellen Interessen der Gemeinschaft richten. *Die Anwendung des Strafrechts der Mitgliedstaaten und ihre Strafrechtspflege bleiben von diesen Maßnahmen unberührt.*"

Unter den Begriff der „erforderlichen Maßnahmen" wollten manche Vertreter der Literatur schon damals auch Richtlinien und Verordnungen zur Angleichung nationaler Regelungen und zur Festlegung bestimmter Verhaltensweisen fassen.[274] Aus dem zweiten Satz des Art. 280 Abs. 4 EGV a. F. wurde von der herrschenden Meinung jedoch geschlossen, dass die Vorschrift jedenfalls nicht durch unmittelbar anwendbare Verordnungen ausgefüllt werden konnte; die *Anwendung* des Strafrechts der Mitgliedstaaten sollte gerade unberührt bleiben. Unmittelbar anwendbares Sekundärrecht, wie eben auch Verordnungen, verdränge kollidierendes nationales Recht. Daher wurde über Art. 280 Abs. 4 EGV a. F. allein die strafrechtliche Harmonisierung mittels Richtlinien für möglich erachtet.[275]

In Art. 325 Abs. 4 AEUV wurde der mitgliedstaatliche Strafrechtsvorbehalt allerdings *gestrichen*. Aufgrund dieses beredten Schweigens wird jetzt eine Unionskompetenz zur Setzung unmittelbar anwendbarer strafrechtlicher Vorschriften – neben Richtlinien[276] – für die begrenzte Materie des Schutzes der finanziellen Interessen angenommen. Die Väter der Verträge hätten auf den einschränkenden Zusatz nicht verzichtet, hätten sie damit nicht auch die Öffnung der Strafgesetzgebung gegenüber dem Instrument der Verordnung bezweckt.[277]

---

[274] Etwa *Stiebig,* EuR 2005, 466 (484 ff.); *Hedtmann,* EuR 2002, 122 (132 f.); *Zieschang,* ZStW 113 (2001), 255 (260 f.).

[275] Instruktiv *Rosenau,* ZIS 2008, 9 (14 ff.); *Eisele* JZ 2001, 1157 (1160); Streinz/Satzger, Art. 325 AEUV Rn. 18 f.; Grabitz/Hilf/Nettesheim/*Magiera,* Art. 325 AEUV Rn. 74; *Hecker,* in: Sieber u. a. (Hrsg.), § 10 Rn. 23 ff.; *Dannecker,* in: Rengeling u. a. (Hrsg.), § 38 Rn. 7 f. – Sogar gegen die Kompetenz zum Erlass strafrechtlicher Richtlinien: *Satzger,* Europäisierung, S. 138 ff., S. 141; *Satzger,* § 8 Rn. 19 ff.; *Schwarzburg/Hamdorf,* NStZ 2002, 617 (v. a. 619 f.).

[276] Siehe zu Zweifeln insoweit die Darstellung bei *Satzger,* § 9 Rn. 51 f.

[277] Etwa *Satzger,* § 8 Rn. 24 f.; *Ambos,* § 9 Rn. 8; *Safferling,* § 10 Rn. 41 f.; Grabitz/Hilf/Nettesheim/*Magiera,* Art. 325 AEUV Rn. 71 ff.; *Müller-Gugenberger,* in: Müller-Gugenberger/Bieneck (Hrsg.), § 5 Rn. 87; *Suhr,* ZEuS 2009, 687 (701); *Schermuly,* S. 60. S. a. *Fromm,* S. 62 ff.; *Zöller,* ZIS 2009, 340 (342) m.w. N.; *Noltenius,* ZStW 122 (2010), 604 (618). Zum Verfassungsentwurf: *Rosenau,* ZIS 2008, 9 (16); unter Auswertung historischer Dokumente: *Walter,* ZStW 117 (2005), 912 (917 f.); nach *Weigend,* ZStW 116 (2004), 275 (288), werden jetzt „ganze europastrafrechtliche Bibliotheken

Gestützt wird diese Ansicht auch auf *Art. 86 Abs. 2 AEUV,* der die Einrichtung der Europäischen Staatsanwaltschaft vorsieht. Nachdem diese für die Verfolgung von Taten zum Nachteil finanzieller Interessen der Union zuständig sein soll, müsse zugleich auch eine Kompetenz zum Erlass entsprechender Regelungen bestehen.[278] Den vorgebrachten Argumenten ist zu folgen. Ohnehin tendiert die Union dazu, ihre Kompetenzen grundsätzlich extensiv auszulegen.

Zu bemerken ist schließlich, dass Art. 325 Abs. 4 AEUV auf den Deliktsbereich der „Betrügereien" und der sonstigen Straftaten zu Lasten der finanziellen Interessen der Union beschränkt ist. Damit sind aber nicht nur Handlungen i. S. v. § 263 StGB gemeint. Aus europäischer Sicht sind „Betrügereien" allgemein Akte mit Täuschungs- oder Manipulationscharakter, können also auch Urkundendelikte umfassen.[279] Nicht ausgeschlossen ist auch, dass auf dieser Grundlage die Geldfälschung durch eine Verordnung geregelt wird.[280] Es wird sogar für möglich gehalten, dass *ein europäisches Strafgesetzbuch zum Nachteil der finanziellen Interessen der Union* entsteht, das auch allgemeine Vorschriften zur Strafbarkeit enthalten könnte, wie Regelungen zum Vorsatz oder der Strafbarkeit von Teilnehmern.[281] Hier wird angesichts der begrifflichen Weite von Art. 325 Abs. 4 AEUV der strafrechtliche Schonungsgrundsatz im Einzelfall Grenzen aufzeigen müssen (vgl. unter III.). Der Notbremsenmechanismus des Art. 83 Abs. 3 AEUV ist jedenfalls nicht, auch nicht analog, anwendbar.[282]

---

zur Makulatur". – Zu anfänglichen Zweifeln, ob Art. 325 AEUV lediglich eine Konkretisierung von Art. 83 Abs. 2 AEUV darstellen sollte: *Meyer,* EuR 2011, 169 (176, 185 f.); *Heger,* ZIS 2009, 406 (415), wegen fehlender Notbremsenregelungen. A.A. *Zöller,* FS Schenke, S. 579 (584 f., Fixierung erforderlich); *Schröder,* FS Achenbach, S. 491 (496 f.), wegen des fehlenden Notbremsenmechanismus, wodurch seiner Ansicht nach Friktionen auftreten; *Böse,* in: Böse (Hrsg.), § 4 Rn. 24.

[278] Vgl. *Suhr,* ZEuS 2009, 687 (701); *Heger,* ZIS 2009, 406 (416); *Tiedemann,* FS Jung, S. 987 (988); *Fromm,* S. 64 ff.; vgl. auch *Safferling,* § 10 Rn. 41; *Vogel,* in: Strafrecht post-Lissabon, S. 29 (35 f.), zur These, Strafgesetze könnten auf Art. 86 Abs. 2 AEUV gestützt werden. Dies ist im Hinblick auf Art. 325 AEUV kaum vertretbar; lediglich die Zuständigkeit für die Verfolgung solcher Taten gegen die finanziellen Interessen der Union kann festgelegt werden; so auch *Satzger,* § 8 Rn. 30; *Esser,* in: Walter-Hallstein-Symposium, S. 25 (36 f.), auch zum Zusammenhang zwischen den Kompetenzen.

[279] Instruktiv: *Tiedemann,* FS Jung, S. 987 (996 ff.); s.a. Streinz/*Satzger* Art. 325 AEUV Rn. 22; *Satzger,* in: Böse (Hrsg.), § 2 Rn. 13; *Schermuly,* S. 60; auch *Schramm,* ZJS 2010, 615; *Zöller,* FS Schenke, S. 579 (582); *Hefendehl,* in: AE Europäische Strafverfolgung, S. 82 (84), fordert Zurückhaltung.

[280] *Hefendehl,* in: AE Europäische Strafverfolgung, S. 82 (84), bezweifelt die Notwendigkeit.

[281] Vgl. *Satzger,* § 8 Rn. 27; *Schermuly,* S. 61.

[282] Zur Analogiefähigkeit *Safferling,* § 10 Rn. 67 f.; siehe auch Grabitz/Hilf/Nettesheim/*Magiera,* Art. 325 AEUV Rn. 77 (Notwendigkeit, Interessen in allen Mitgliedstaaten gleichermaßen anzuwenden und durchzusetzen); *Vogel,* in: Strafrecht post-Lissabon, S. 29 (37); Streinz/*Satzger* Art. 325 AEUV Rn. 26; *Safferling,* § 10 Rn. 67 f. – Für auf diese (oder eine im Folgenden dargestellte) Rechtsgrundlage gestützte Richtlinien lässt

§ 2 Strafrechtliche Kompetenzen der Union

Die Kommission hat bereits erstmals von der in Art. 325 Abs. 4 AEUV enthaltenen Befugnis Gebrauch gemacht, in Form eines *Richtlinienvorschlags* bezüglich der strafrechtlichen Bekämpfung von gegen die finanziellen Interessen der Europäischen Union gerichtetem Betrug. Sie scheint sich dabei auch mit der Möglichkeit der Rechtssetzung durch eine Verordnung auseinandergesetzt zu haben, so heißt es – versehentlich – im 12. Erwägungsgrund des Vorschlags: „Um einen gleichwertigen Schutz der finanziellen Interessen der Europäischen Union [...] in der gesamten Union sicherzustellen, sollten die Mitgliedstaaten ferner bestimmte Mindestsanktionen und Mindeststrafmaße für die in dieser *Verordnung* definierten Straftatbestände vorsehen."[283]

2. Strafrechtssetzungskompetenz nach Art. 33 AEUV (Zollwesen)?

Art. 33 AEUV gestattet den Erlass von Maßnahmen zum Ausbau der Zusammenarbeit im Zollwesen zwischen den Mitgliedstaaten sowie zwischen den Mitgliedstaaten und der Europäischen Kommission. Strittig ist, ob unter Berufung auf diese Rechtsgrundlage auch die Regelung des Zollstrafrechts mittels Verordnung möglich ist. Zwar wurde in Bezug auf die Regelung des Art. 33 AEUV ebenfalls die dem Art. 280 Abs. 4 S. 2 EGV a.F. entsprechende Einschränkung des Art. 135 S. 2 EGV a.F. gestrichen, der zufolge die Anwendbarkeit des nationalen Strafrechts unberührt bleiben solle. Wegen der Ähnlichkeit der Regelung zu Art. 325 Abs. 4 AEUV spricht daher vieles für die Annahme einer entsprechenden Rechtssetzungskompetenz (auch) mittels Verordnung.[284] *Ohler* geht dagegen davon aus, dass mit der Streichung des letzten Satzes lediglich eine Öffnung für entsprechende Regelungen nach Art. 83 AEUV bezweckt war. Stützte man strafrechtliche Maßnahmen auf Art. 33 AEUV, würden die verfahrensrechtlichen Sicherungen der Art. 82 f. AEUV umgangen. Denkbar seien lediglich Regelungen über Ordnungswidrigkeiten.[285]

Für die Ansicht *Ohlers* spricht, dass mit dem Zollwesen kein originäres Interesse der Union betroffen ist. Allerdings wird das Zollstrafrecht auch nicht ausdrücklich in Art. 83 AEUV genannt (siehe aber zum Menschenhandel noch 3.). Die Annahme eines Ausschlussverhältnisses ist daher nicht zwingend, zumal

---

sich nach Ansicht von *Satzger,* § 9 Rn. 54, eine solche Analogie durchaus begründen, nicht dagegen im Fall von Verordnungen.
[283] KOM (2012) 363, 12. Erwägungsgrund (Hervorhebung durch Verfasser).
[284] Etwa *Safferling,* § 10 Rn. 43; *Satzger,* § 8 Rn. 25; *Schramm,* ZJS 2010, 615 f.; wohl *Suhr,* ZEuS 2009, 687 (701); *Müller-Gugenberger,* in: Müller-Gugenberger/Bieneck (Hrsg.), § 5 Rn. 87.
[285] Streinz/*Ohler,* Art. 33 AEUV Rn. 12; Calliess/Ruffert/*Waldhoff,* Art. 33 AEUV Rn. 7; Grabitz/Hilf/Nettesheim/*Herrmann,* Art. 33 AEUV Rn. 12, geht davon aus, dass (lediglich) die Kooperation der Zollbehörden jetzt unmittelbar auf Art. 33 AEUV – ohne Rückgriff auf Art. 87 AEUV – gestützt werden könne; s.a. *Böse,* in: Böse (Hrsg.), § 4 Rn. 25.

auch bei der Annahme einer Strafrechtssetzungskompetenz nach Art. 325 Abs. 4 AEUV die Sicherungen der Art. 82 f. AEUV ausgehebelt werden. Eine endgültige Klärung können letztlich nur die Unionsgerichte herbeiführen.

3. Strafrechtssetzungskompetenz nach Art. 79 Abs. 2 lit. d AEUV?

In der Literatur wird zudem weitgehend einhellig abgelehnt, in *Art. 79 Abs. 2 lit. d AEUV* eine Kompetenz zur Schaffung unmittelbar anwendbarer strafrechtlicher Regelungen zur Bekämpfung des Menschenhandels und der illegalen Einwanderung zu sehen.[286] Zwar spricht Art. 79 AEUV, wie Art. 325 Abs. 4 AEUV und Art. 33 AEUV, vom Erlass von „*Maßnahmen*". Der offene Wortlaut würde somit auch die Annahme stützen, dass eine Verordnung mit strafrechtlichem Inhalt darauf gestützt werden könnte.[287] Dies gilt noch mehr, als die recht drastischen Ausdrücke „Bekämpfen" und „illegalem" den Einsatz von Strafrecht nahe legen.[288] Gegen eine solche Hypothese ist allerdings wie schon bei der Frage des Zollstrafrechts einzuwenden, dass im Gegensatz zur Bekämpfung von Betrügereien zum Nachteil der finanziellen Interessen der Union die Eindämmung der illegalen Einwanderung kein originäres Interesse der Union, sondern der Mitgliedstaaten darstellt.[289] Zudem nennt Art. 83 Abs. 1 AEUV den Menschenhandel ausdrücklich als strafrechtliche Kompetenz. Dem Zusammenspiel der beiden Normen ist zu entnehmen, dass alle strafrechtlichen Maßnahmen zur Bekämpfung illegaler Einwanderung und des Menschenhandels auf Art. 83 AEUV und alle sonstigen, verwaltungsrechtlichen Maßnahmen auf Art. 79 Abs. 2 *lit.* d AEUV zu stützen sind.[290] Abschließend geklärt ist dies indes noch nicht.

III. Strafrechtlicher Schonungsgrundsatz

Auch soweit eine originäre Kompetenz zum Erlass echten, unmittelbaren Europäischen Strafrechts besteht oder eine solche zur Angleichung mitgliedstaatlicher strafrechtlicher Vorschriften, muss die konkrete Norm *erforderlich* und *verhältnismäßig* sein. Diese Voraussetzung ergibt sich im Wesentlichen aus Art. 5 Abs. 1, Abs. 3 UAbs. 1, Abs. 4 UAbs. 1 EUV, der die Prinzipen der *Subsidiarität* und *Verhältnismäßigkeit* festschreibt. Diese Richtsätze sollen verhindern, dass die

---

[286] Siehe insbesondere *Safferling*, § 10 Rn. 45 f.; sowie die folgenden Fußnoten.

[287] Siehe dazu *Satzger*, § 8 Rn. 26; *Müller-Gugenberger*, in: Müller-Gugenberger/Bieneck (Hrsg.), § 5 Rn. 89; a. A. *Zöller*, FS Schenke, S. 579 (585 f.).

[288] So *Satzger*, § 8 Rn. 26; auch *Walter*, ZStW 117 (2005), 912 (919); *Tiedemann*, FS Jung, S. 987 (989); a. A. *Böse*, in: Böse (Hrsg.), § 4 Rn. 25.

[289] *Mansdörfer*, HRRS 2010, 11 (18); *Heger*, ZIS 2009, 406 (416).

[290] Dazu auch: *Böse*, in: Böse (Hrsg.), § 4 Rn. 25; *Heger*, ZIS 2009, 406 (416); *Schramm*, ZJS 2010, 615 f.; Streinz/*Weiß*, Art. 79 AEUV Rn. 41; Grabitz/Hilf/Nettesheim/*Thym*, Art. 79 AEUV Rn. 35. Siehe aber auch *Walter*, ZStW 117 (2005), 912 (919); *Tiedemann*, FS Jung, S. 987 (989).

Union bei der Ausübung ihrer Zuständigkeiten das Maß des Erforderlichen überschreitet, nicht nur gegenüber dem Einzelnen, der durch eine solche Maßnahme belastet wird, sondern auch gegenüber den Mitgliedstaaten, in deren Souveränität nur maßvoll eingegriffen werden soll.[291] Zusammen mit dem in Art. 4 Abs. 2 EUV niedergelegten Grundsatz, demzufolge die Union die nationalen Identitäten der Mitgliedstaaten zu achten hat, ergibt sich daraus ein *strafrechtliches Schonungsgebot*,[292] an dem die unionalen Legislativakte zu messen sind.

D. Zwangsmittel, Geldbußen und sonstige punitive Sanktionen

Die EU wird nicht nur als Strafgesetzgeber tätig, sondern verhängt auch selbst Strafen für bestimmte Vergehen. Die Verträge enthalten zwar keine allgemeinen Regeln über die Sanktionierung Privater.[293] Die Mitgliedstaaten haben der Union also nicht ausdrücklich *Strafgewalt* übertragen. Jedoch gibt es verschiedene Vertragsbestimmungen, welche die Unionsorgane dazu ermächtigen, zur Ausfüllung bestimmter primärrechtlicher Rechtsgrundlagen Zwangsmittel vorzusehen. Zulässig sind neben Beugemitteln auch Sanktionen als Reaktion auf einen Verstoß,[294] also eine „nachteilige Rechtsfolge, die gegen denjenigen ausgesprochen und durchgesetzt wird, der gegen eine Rechtsvorschrift verstoßen hat".[295]

Zwei solche Sanktionsbefugnisse der Union sollen hier besonders hervorgehoben werden, zum einen die Kompetenz zur Verhängung von Geldbußen im Wettbewerbsrecht (I.) zum anderen diejenige zur Bekämpfung des Terrorismus (II.). Dass dabei Anordnung- und Vollstreckungskompetenz stets auseinanderfallen (vgl. Art. 299 AEUV), hindert nicht die *Einordnung als strafrechtliche Kompetenz der Union*.[296]

---

[291] Vgl. *Hecker*, in: Strafrecht post-Lissabon, S. 13 (23 ff.). Art. 67 Abs. 1 AEUV konkretisiert das Subsidiaritätsprinzip für den RFSR, so *Mansdörfer*, HRRS 2010, 11 (19).

[292] Siehe *Hecker*, in: Strafrecht post-Lissabon, S. 13 (25); *Hecker*, in: Sieber u. a. (Hrsg.), § 10 Rn. 44; *Satzger*, in: Böse (Hrsg.), § 2 Rn. 20. *Zöller*, FS Schenke, S. 579 (597 f.), nimmt zumindest an, dass das Prinzip den Unionsgesetzgeber zur Zurückhaltung anhalten könnte, hält es aber nicht für rechtlich zwingend, von einem solchen Gebot auszugehen.

[293] Dass Art. 261 AEUV dem Rat allgemein die Kompetenz einräume, durch Bußgeldtatbestände Verstöße gegen Verordnungen zu ahnden, wird mit dem überzeugenden Argument abgelehnt, dass eine solche Befugnis wie in Art. 103 AEUV explizit formuliert sein müsse, *Dannecker*, in: Rengeling u. a. (Hrsg.), § 38 Rn. 10; *Zuleeg*, JZ 1992, 761 (763). Zur extensiven Ansicht *Satzger*, Europäisierung, S. 92 ff., 99 ff.

[294] Siehe *Bitter*, in: Walter-Hallstein-Symposium, S. 9 (10), will auch Ermittlungsbefugnisse darunter fassen, wie das Versiegeln von Räumen.

[295] So *Heitzer*, S. 6; ihr folgend *Prieto*, ZStW 120 (2008), 403; dagegen: *Bitter*, S. 92 ff., auch allgemein zum Sanktionsbegriff in der europarechtlichen Literatur.

[296] Nach *Bitter*, in: Walter-Hallstein-Symposium, S. 9 (16), ist eine klare Trennung zwischen Ausübung supranationaler und nationaler Rechtsmacht aufgrund der vielfältigen Kooperationsformen ohnehin kaum möglich. Zur Übertragung der Durchführungs-

I. Verwaltungssanktionen des Wettbewerbsrechts

Die wichtigste Vorschrift bezüglich unionaler Strafgewalt – und eine der wenigen expliziten – findet sich in Art. 103 Abs. 2 *lit.* a AEUV. Der Rat kann danach Regeln zur Durchsetzung der in den Art. 101 und 102 AEUV niedergelegten Grundsätze erlassen. Die Norm regelt also die Sanktionierung von Kartellen und des Missbrauchs einer marktbeherrschenden Stellung.[297] Die möglichen Maßnahmen können dazu dienen, ein bestimmtes Verhalten zu erzwingen, aber auch dazu, ein in der Vergangenheit liegendes Fehlverhalten zu sanktionieren.

Der Rat hat von der Kompetenz unter anderem durch die VO 1/2003[298] Gebrauch gemacht, in der er der Kommission weitreichende Befugnisse zur Ahndung kartellrechtlicher Verstöße einräumt, vor allem durch die Verhängung von Geldbußen. Art. 23 Abs. 2 VO 1/2003 stellt dabei die zentrale Norm dar. Basierend auf dieser Grundlage kann die Kommission Geldbußen gegen Unternehmen verhängen, die gegen die Vorgaben der Art. 101 f. AEUV verstoßen haben. Die Anordnung erfolgt durch Beschluss (Art. 288 Abs. 4 AEUV).[299] *Anordnungs-* und *Vollstreckungskompetenz* fallen dabei auseinander; letztere ist den Mitgliedstaaten zugeordnet.[300]

Einhellig werden die Geldbußen nicht als echte Kriminalstrafen qualifiziert, die von einem Gericht verhängt werden müssten. Vielmehr werden sie in der Praxis als *Verwaltungssanktionen* ohne jeglichen strafrechtlichen Charakter eingeordnet.[301] Deshalb halten die Unionsgerichte auch strafrechtliche Grundsätze nur in eingeschränktem Umfang für anwendbar. Zwar hat der *EuGH* wegen der Strafähnlichkeit der Geldbußen unabhängig von der rechtlichen Einordnung viele strafrechtliche Grundsätze auch auf die Bußgeldpraxis der Kommission übertragen. Vorbehalte gegenüber einer vollständigen Übertragung der strafrechtlichen Grundsätze sind allerdings weiterhin erkennbar.[302]

Von den Sanktionen des Wettbewerbsrechts zu unterscheiden sind die *verwaltungsrechtlichen Sanktionen* der Agrar- und Fischereipolitik in Form von Rückzahlung gewährter Subventionen, Kautionsverfall, Strafzinsen etc. Diese Maß-

---

verantwortung für das Wettbewerbsrecht auf die Mitgliedstaaten: *Müller-Gugenberger*, in: Müller-Gugenberger/Bieneck (Hrsg.), § 5 Rn. 79.

[297] Geiger/Kahn/Kotzur/*Kotzur*, Art. 261 AEUV Rn. 1.
[298] Verordnung (EG) Nr. 1/2003 des Rates v. 16.12.2002 zur Durchführung der in den Artikeln 81 und 82 des Vertrags niedergelegten Wettbewerbsregeln, ABl. EG Nr. L 1 v. 4.1.2003, S. 1; vgl. auch *Satzger*, § 8 Rn. 2.
[299] Vgl. Schwarze/*Schwarze*, Art. 261 AEUV Rn. 3.
[300] Siehe auch *Bitter*, in: Walter-Hallstein-Symposium, S. 9 (14 f.); *Müller-Gugenberger*, in: Müller-Gugenberger/Bieneck (Hrsg.), § 5 Rn. 79.
[301] *EuGH* Rs. 199/92 P (Hüls/KOM), 8.7.1999, Slg. 1999, I-04287, Tz. 62; zur Entscheidungspraxis auch: *Pascu*, S. 36 ff.
[302] *Schwarze*, WuW 2009, 6 (9).

nahmen haben zwar negative Rechtswirkungen und stellen auch eine Reaktion auf bestimmte Verstöße gegen Mitwirkungspflichten, unwahre Angaben über Beihilfevoraussetzungen etc. dar.[303] Allerdings überwiegt in der Regel der restitutive Charakter der Maßnahmen, wenn auch die Punitivität einzelner Sanktionen nicht zu leugnen ist.[304] Es handelt sich dann wie bei den Kartellbußgeldern nach der Diktion der Unionsgerichte ebenfalls um „Verwaltungssanktionen".[305] Sie werden allerdings von den Mitgliedstaaten im Rahmen des indirekten Vollzugs *verhängt und durchgesetzt*.[306] Die Kontrolle fällt daher den mitgliedstaatlichen Gerichten zu.[307] Die Union tritt in diesem Zusammenhang nur als Gesetzgeber in Erscheinung, so dass für die zu erörternden Rechtsschutzfragen auf die Ausführungen in Kapitel 2 verwiesen werden kann. Soweit die Union auch als „Ermittler" tätig wird, um Unregelmäßigkeiten in diesem Bereich aufzudecken, geht es um Rechtsschutz gegen europäische Strafverfolgungsbehörden, der ebenfalls noch erörtert wird (Kapitel 3).

II. „Smart Sanctions"

Die neu eingeführten Art. 75 AEUV und Art. 215 Abs. 2 AEUV sind ebenfalls im Zusammenhang mit den Sanktionsbefugnissen der Union zu nennen. Mit ihnen findet das Sanktionsregime zur Terrorismusbekämpfung („*smart sanctions*", schon § 1 E.) eine explizite Rechtsgrundlage im Primärrecht.[308] Die Regelungen ermächtigen zum Erlass von Verordnungen, die den Rahmen für präventive Maßnahmen zur Verhütung und Bekämpfung des Terrorismus bilden sollen, erstere im Rahmen des RFSR, letztere im Rahmen der GASP.[309] Die Regelungen sollen, obwohl es rechtstechnisch dabei ebenfalls um Gesetzgebungsakte geht, unter dem Oberbegriff der Sanktionsgewalt der Union behandelt werden. Anders als bei den oben angesprochenen Verwaltungssanktionen der Agrarpolitik geht die Beteiligung des Rates als zuständiges Organ über diejenige des Gesetzgebers hinaus, jedenfalls wenn die Listung durch die Union vorzunehmen ist. Der Rat

---

[303] Vgl. *Heitzer*, S. 27; vgl. auch *Schwarze*, EuZW 2003, 261 (266 f.); *Pascu*, S. 24 f.
[304] Etwa *Heitzer*, S. 79 ff. (Kautionsverfall), S. 88 ff. (Strafzuschläge), S. 100 ff. (Kürzungen), S. 107 ff. (Leistungssperren); s.a. *Böse*, S. 256 ff.; *Satzger*, § 8 Rn. 7 f. *Bitter*, S. 191 ff., wertet die einschlägige Rechtsprechung aus.
[305] Vgl. *Prieto*, ZStW 120 (2008), 403 (404); *Satzger*, Europäisierung, S. 86 f. Sie sind dem Ordnungswidrigkeitenrecht zuzuordnen, so Schwarze/*Schwarze*, Art. 261 AEUV Rn. 2; instruktiv: *Böse*, S. 142 ff.
[306] Siehe auch *Tiedemann*, NJW 1993, 23 (27); *Heitzer*, S. 28.
[307] Siehe *Prieto*, ZStW 120 (2008), 403 (408).
[308] Vgl. *Brodowski*, ZIS 2010, 376 (377); allg. *Skouris*, in: Symposium *Papier*, S. 83 (97); *Gusy*, in: Walter-Hallstein-Symposium, S. 61 ff., auch zum bisher äußerst heterogenen Politikfeld Terrorbekämpfung; s.a. *Schulte*, S. 446 f.
[309] Zum Verhältnis: *Schulte*, S. 448 f.

tritt dann zugleich als Sicherheitsbehörde einzelnen, identifizierbaren Bürgern gegenüber, die er auf die Schwarze Liste setzt.

Vorgesehen werden kann in den Verordnungen unter anderem, Konten von natürlichen oder juristischen Personen einzufrieren.[310] Die Taten sind nicht näher definiert, auch Verdachtsgrade sind nicht vorgeschrieben. Als Eingriffsschwelle wird lediglich die Notwendigkeit des Tätigwerdens festgesetzt.[311]

Die Aussage des Art. 215 Abs. 3 AEUV dürfte die wichtigste Neuerung im Zusammenhang mit den „*targeted sanctions*" darstellen.[312] Darin wird festgeschrieben, dass für den Rechtsschutz gegen entsprechende Maßnahmen die Unionsgerichte zuständig sind, obwohl dabei Akte der GASP eine Rolle spielen, für die eine Jurisdiktionsgewalt grundsätzlich nicht besteht (siehe noch Kapitel 2 § 2 F. II.).

E. Institutionelle Kompetenzen der Union

Die polizeiliche und justizielle Zusammenarbeit wird auch institutionell abgesichert. Auf justizieller Ebene geschieht dies vor allem durch Eurojust (I.). In naher Zukunft könnte eine Europäische Staatsanwaltschaft die Kooperation verstärken (II.). Europol (III. 1.) stellt das Sinnbild grenzüberschreitender polizeilicher Zusammenarbeit dar. Zudem ermöglicht Art. 325 Abs. 4 AEUV die Institutionalisierung der Betrugsbekämpfung (IV.).

I. Eurojust (Art 85 AEUV)

Eurojust wurde bereits im Jahre 2002 im Rahmen der Dritten Säule der Union errichtet. Die Einrichtung kann nun nach Art. 85 AEUV durch eine Verordnung neu verfasst werden.[313] In der neuen Eurojust-VO sollen Aufbau, Arbeitsweise, Tätigkeitsbereich und Aufgaben der Agentur geregelt werden (Art. 85 Abs. 1 UAbs. 2 AEUV). Die in Art. 85 AEUV enthaltene Umschreibung des Mandats und der Befugnisse Eurojusts orientiert sich allerdings weitgehend am *status quo* (dazu noch Kapitel 3 § 2).[314] Die Hauptaufgabe soll bleiben, die Ermittlungen und Verfolgungsmaßnahmen verschiedener Staaten bei grenzüberschreitenden Straftaten zu koordinieren (Art. 85 Abs. 1 UAbs. 1 AEUV). Dabei soll sie nicht mehr nur tätig werden, wenn mindestens zwei Mitgliedstaaten von einem bestimmten kriminellen Phänomen betroffen sind, sondern auch, wenn die *Verfolgung schwerer Kriminalität auf gemeinsamer Grundlage* erforderlich ist.

---

[310] Siehe etwa Streinz/*Ohler*, Art. 75 AEUV Rn. 19 f.
[311] Kritisch: *Schermuly*, S. 63.
[312] S.a. *Schroeder*, DÖV 2009, 61 (64).
[313] Ebenfalls *Zeder*, EuR 2012, 34 (47).
[314] So *Zeder*, EuR 2012, 34 (47).

Daneben kann Eurojust die Aufgabe übertragen werden, strafrechtliche *Ermittlungsmaßnahmen einzuleiten* (Art. 85 Abs. 2 UAbs. 2 *lit.* a AEUV).[315] Das Amt soll außerdem grenzüberschreitende Ermittlungen nicht mehr nur erleichtern und anregen, sondern die Verfolgung auch *koordinieren* (Art. 85 Abs. 1 UAbs. 2 *lit.* b AEUV).[316] *Noltenius* nimmt an, dass Eurojust damit zur „Herrin des Ermittlungsverfahrens" wird, da die nationalen Strafverfolgungsbehörden kein Ermessen haben sollen, ob sie die angeordneten Maßnahmen ausführen.[317] Damit würde die Entwicklung hin zu einer Europäischen Staatsanwaltschaft vorweggenommen (siehe sogleich).

Erhebliche Bedeutung könnte auch die in Art. 85 Abs. 1 UAbs. 2 *lit.* c AEUV enthaltene Befugnis zur *Beilegung von Kompetenzkonflikten* erlangen. Solche Konflikte entstehen dadurch, dass das Strafanwendungsrecht der meisten Mitgliedstaaten auf mehreren Prinzipien fußt, in der Regel dem Territorialitätsprinzip, das auf den Tat- bzw. Erfolgsort abstellt, dem aktiven und passiven Personalitätsprinzip, bei dem es auf die Nationalität von Täter oder Opfer ankommt, dem Schutzprinzip, das danach fragt, ob inländische Rechtsgüter verletzt wurden, und dem Weltrechtsprinzip für bestimmte universell geächtete Taten. Da diese Prinzipien sehr weitläufig sind, greift regelmäßig die Strafgewalt mehrerer Staaten, wenn eine Tat grenzüberschreitenden Charakter hat.[318] Damit ist nicht nur der Täter der Gefahr mehrfacher Strafverfolgung ausgesetzt, die immerhin durch das Doppelbestrafungsverbot abgemildert wird. Auch das Konfliktpotenzial für die Vertragsstaaten der Union ist erheblich, weil nationale Ressourcen verschwendet werden und mitunter der erstverfolgende Staat nach den Maßstäben anderer Vertragsstaaten ein zu mildes Urteil fällt.[319]

Erst im Juli 2013 hat die Kommission einen Vorschlag für eine neue Eurojust-VO veröffentlicht, die allerdings hinter dem von Art. 85 AEUV vorgegebenen Rahmen zurückbleibt (KOM (2013) 535 endg.). Dies hängt nicht zuletzt damit

---

[315] Die Norm muss nach BVerfGE 123, 267, Rn. 358 f. = NJW 2009, 2267, wegen der Berührung der demokratischen Selbstbestimmung restriktiv ausgelegt werden; der Erlass der VO bedürfe besonderer Rechtfertigung. Diese ergebe sich aus dem Unvermögen der Mitgliedstaaten schwere grenzüberschreitende Kriminalität zu bekämpfen. Die Schwelle liege aber wegen der unterstützenden Rolle von Eurojust niedriger als beim Erlass von Vorschriften nach Art. 83 Abs. 1 AEUV. Ein bloßer politischer Wille genügt aber nicht, *Mansdörfer*, HRRS 2010, 11 (21); *Frenz*, wistra 2010, 432 (433).

[316] *Weyembergh*, NJEuCrimL 2011, Vol. 2, 75 (91), auch zur Reichweite der Norm, insb. zur Frage, ob eine verbindliche Entscheidungsbefugnis darin enthalten ist.

[317] *Noltenius*, ZStW 122 (2010), 604 (615). Dass nach dem Konzept des Vertrages alle „förmlichen Prozesshandlungen" nationalen Behörden vorbehalten bleiben, lässt viele Fragen offen. Hier wird der Unionsgesetzgeber zur Konkretisierung beitragen müssen, der bisher wenig Sensibilität für Souveränitätsvorbehalte an den Tag gelegt hat. Angesichts der weitreichenden Funktionen von Eurojust liegt die Einschätzung von *Noltenius* tatsächlich nahe; zum EVV: s. a. *Weigend*, ZStW 116 (2004), 275 (280).

[318] Siehe etwa *Hecker*, ZIS 2011, 60.

[319] Zu der Problematik: *Hecker*, ZIS 2011, 60.

zusammen, dass der Kommissionsvorschlag nur eine Begleitmaßnahme der eigentlich avisierten Etablierung einer Europäischen Staatsanwaltschaft darstellt. Weil sich deren Aufgaben mit dem Mandat von Eurojust überschneiden würden, war das Ausnutzen aller in Art. 85 AEUV vorgesehenen Möglichkeiten nicht erforderlich (vgl. noch Kapitel 3 § 5 B. V.).

II. Europäische Staatsanwaltschaft (Art. 86 AEUV)

Art. 86 Abs. 1 AEUV enthält die Ermächtigung, „ausgehend von Eurojust" eine Europäische Staatsanwaltschaft (EuStA) einzurichten (vgl. noch Kapitel 3 § 5 B. V. 2. a.). Die Errichtung erfolgt mittels Verordnung, die aber nicht im ordentlichen Gesetzgebungsverfahren, sondern *einstimmig* vom Rat nach Zustimmung des Europäischen Parlaments zu beschließen ist (Art. 86 Abs. 1 UAbs. 1 AEUV). Mangelt es an der Einstimmigkeit, so kann die Europäische Staatsanwaltschaft durch eine Gruppe von mindestens neun Mitgliedstaaten im Wege der verstärkten Zusammenarbeit eingesetzt werden (Art. 86 Abs. 1 UAbs. 3 AEUV);[320] sie wird dann aber auch nur in bzw. für diese Staaten tätig.[321]

Die Europäische Staatsanwaltschaft soll Straftaten nicht nur *untersuchen* können, sondern diese auch selbst *verfolgen* und auch *Anklage erheben* können (Art. 86 Abs. 2 S. 2 AEUV). Sie ist dabei nicht von den nationalen Strafverfolgungsbehörden abhängig. Sie tritt vielmehr an ihre Stelle.[322] Allerdings schweigt sich die Vorschrift zum Verhältnis dieser neuen europäischen Strafverfolgungsbehörde zu den Polizeibehörden der Mitgliedstaaten aus. Auch zu vielen anderen wesentlichen Fragen enthält die Kompetenznorm keine weiteren Ausführungen, wie zur Frage der Zulässigkeit von Beweismitteln oder der Kontrolle.[323]

Der Tätigkeitsbereich der EuStA soll (zunächst) auf *Straftaten zum Nachteil der finanziellen Interessen* der EU beschränkt sein.[324] Die Errichtungsverordnung[325] muss die Straftaten, für welche die Europäische Staatsanwaltschaft zuständig sein soll, im Einzelnen festlegen (Art. 86 Abs. 2 AEUV). In Frage kommen etwa Ausschreibungsbetrug und Untreue, aber auch Delikte, die die finanziellen Interessen der Union nicht unmittelbar betreffen, sondern vielmehr ihre

---

[320] Näheres zum Verfahren bei *Zöller*, in: Böse (Hrsg.), § 21 Rn. 75 ff.
[321] Siehe *Zeder*, EuR 2012, 34 (48).
[322] Vgl. *Esser*, StRR 2010, 133 (135); auch *Beukelmann*, NJW 2010, 2081 (2085); *Frenz*, wistra 2010, 432 (434). Zweifel an der Sinnhaftigkeit der Regelung hegt *Esser*, in: Walter-Hallstein-Symposium, S. 25 (43).
[323] Vgl. nur *Weigend*, ZStW 116 (2004), 275 (300).
[324] Deshalb erfolgte die Regelung der Rechtsgrundlage für die Errichtung der EuStA im Zusammenhang mit Art. 82 ff. AEUV und nicht Art. 325 AEUV; s. a. *Esser*, in: Walter-Hallstein-Symposium, S. 25 (43).
[325] Nach Art. 86 Abs. 3 UAbs. 3 AEUV greift auch hier ein Notbremsenverfahren ein.

Funktionsfähigkeit, wie Bestechlichkeit oder die Verletzung von Dienstgeheimnissen durch Beamte der Union. Weitgehend unbestritten ist, dass auch Straftaten, die zumindest primär andere Interessen der Union schützen sollen, etwa das Vertrauen in die unionsweite Währung, also der Straftatbestand der Geldfälschung, unter Art. 86 Abs. 1 AEUV subsumiert werden können.[326] Eine Kompetenzerweiterung auf Bereiche der schweren, grenzüberschreitenden Kriminalität soll nur durch einstimmigen Ratsbeschluss und mit Zustimmung des Europäischen Parlaments möglich sein (Art. 86 Abs. 4 AEUV).[327] Dabei kann es nur um Delikte gehen, die nicht schon originär der EuStA übertragen werden. Möglich ist, auf Delikte abzustellen, die auf nationaler Ebene weniger effektiv verfolgt werden können, wie Menschenhandel usw.[328] Hier ist noch vieles offen.

Außerdem müssen in der EuStA-VO Verfahrensregularien enthalten sein und Regeln für die Zulässigkeit von Beweismitteln und die gerichtliche Kontrolle getroffen werden (Art. 86 Abs. 3 AEUV, noch Kapitel 3 § 5 B. V.). Ein spezielles Strafverfahrensrecht oder gar ein spezielles Europäisches Strafgericht einzuführen, ist nach der derzeitigen Rechtslage allerdings nicht vorgesehen.[329] Die Anklage soll vor mitgliedstaatlichen Gerichten erhoben werden (Art. 86 Abs. 2 S. 2 AEUV).

Im Juli 2013 hat die Kommission einen Vorschlag für eine Errichtungsverordnung für eine Europäische Staatsanwaltschaft veröffentlicht (KOM (2013) 534 endg.). Nach ihrem Willen soll die EuStA ihre Arbeit bereits am 1.1.2015 aufnehmen (siehe auch noch Kapitel 3 § 5 B. V.).[330]

III. Polizeiliche Zusammenarbeit (Art. 87–89 AEUV)

Durch den Vertrag von Lissabon wurden auch die Vorschriften über die polizeiliche Zusammenarbeit – sowohl repressiver als auch präventiver Natur – in die Erste Säule überführt. Die Regelungsgegenstände des bisherigen Art. 30 EUV

---

[326] Vgl. Grabitz/Hilf/Nettesheim/*Vogel,* Art. 86 AEUV Rn. 23; s.a. *Sicurella,* in: Prosecutor Vol. 1, S. 870 (880 ff.).
[327] Die Verdrängung nationaler Staatsanwaltschaften durch die Ausweitung der Anklage- und Verfolgungsbefugnisse der EuStA bildet einen tiefen Eingriff in die nationale Strafrechtspflege. Deshalb muss die Ausdehnung dieser Befugnisse sowie die Erweiterung des Katalogs der Kriminalitätsbereiche in einem von Bundestag und Bundesrat verabschiedeten Gesetz erfolgen. Erst dann kann der deutsche Vertreter im Europäischen Rat dem Beschluss nach Art. 86 Abs. 4 AEUV zustimmen. Für die Vorschrift ist auch kein Übergang zu einem Beschluss mit qualifizierter Mehrheit nach Art. 48 Abs. 7 AEUV möglich, da der Europäische Rat und nicht der Rat entscheidet, zum Ganzen: *Frenz,* wistra 2010, 432 (434).
[328] Siehe nur *Sicurella,* in: Prosecutor Vol. 1, S. 870 (888 ff.).
[329] Vgl. *Frenz,* wistra 2010, 432 (434); *Souminen,* MJ 2008, 217 (232); siehe auch Grabitz/Hilf/Nettesheim/*Vogel,* Art. 86 AEUV Rn. 12.
[330] Vgl. bei *Beukelmann,* NJW-Spezial 2013, 568.

a. F., der die Grundlage der polizeilichen Zusammenarbeit wie auch von Europol darstellte, wurden auf die Art. 87 bis Art. 89 AEUV verteilt.

1. Europol (Art. 88 AEUV)

Europol findet seine primärrechtliche Grundlage seither in Art. 88 AEUV. Die Agentur hat nach der Vorschrift den Auftrag, die Tätigkeit der Polizeibehörden und der anderen Strafverfolgungsbehörden der Mitgliedstaaten bei der Verhütung und Bekämpfung schwerer grenzüberschreitender Kriminalität, des Terrorismus und der Kriminalitätsformen, die ein gemeinsames Interesse verletzen, zu unterstützen und deren Zusammenarbeit zu verstärken (Art. 88 Abs. 1 AEUV).

Das Europäische Parlament und der Rat können im ordentlichen Gesetzgebungsverfahren eine Verordnung erlassen, die den bisherigen Europol-Beschluss ersetzt und die den Aufbau, die Arbeitsweise, den Tätigkeitsbereich und die Aufgaben von Europol festlegt (Art. 88 Abs. 2 S. 1 AEUV). Inhaltliche Vorgaben für den Aufbau und die Arbeitsweise enthält die primärrechtliche Rechtsgrundlage allerdings nicht; sie legt aber abschließend fest, welche Aufgaben Europol übertragen werden können: das *Einholen, Speichern, Verarbeiten, Analysieren und Austauschen* von *Informationen*, die insbesondere von den Behörden der Mitgliedstaaten übermittelt werden, und die *Koordinierung, Organisation* und *Durchführung von Ermittlungen* und operativen Maßnahmen, die gemeinsam mit den zuständigen Behörden der Mitgliedstaaten durchgeführt werden (Art. 88 Abs. 2 S. 2 AEUV).[331] Die nun explizit mögliche Übertragung von Eingriffsbefugnissen stellt einen „Quantensprung" in der Entwicklung der europäischen Strafverfolgung dar.[332] Primärrechtlich bleibt aber vieles offen. Auch das Verhältnis zwischen nationalen Polizeibehörden und Europol wird durch Art. 88 AEUV nicht geklärt.[333] Die nähere Ausgestaltung obliegt dem europäischen Gesetzgeber. Ein Vorschlag ist bereits in der Welt (KOM (2013) 173 endg., siehe noch Kapitel 3 § 5 B. II.). *Operative Maßnahmen* darf Europol jedenfalls nur in Verbindung und in Absprache mit den Behörden desjenigen Mitgliedstaats ergreifen, deren Hoheitsgebiet betroffen ist. Die Anwendung von Zwangsmaßnahmen bleibt ausschließlich den zuständigen einzelstaatlichen Behörden vorbehalten (Art. 88 Abs. 3 AEUV). Dennoch kann Europol auf Basis dieser Kompetenzgrundlage zu einer Strafverfolgungsbehörde mit exekutiven Befugnissen werden.[334]

---

[331] *Suhr*, ZEuS 2009, 687 (702), spricht insoweit von einer vorsichtigen Erweiterung.
[332] So *Weigend*, ZStW 116 (2004), 275 (296).
[333] *Noltenius*, ZStW 122 (2010), 604 (616 f.); *Weigend*, ZStW 116 (2004), 275 (296 f.).
[334] Anstelle vieler: *Esser*, in: Walter-Hallstein-Symposium, S. 25 (39).

2. Bemerkungen zu Art. 87 und Art. 89 AEUV

Art. 87 AEUV stellt die Grundlage der allgemeinen *polizeilichen Zusammenarbeit* dar.[335] Die Norm betrifft die Förderung der Kooperation der Mitgliedstaaten in bestimmten sicherheitsrelevanten Bereichen. Sein zweiter Absatz umschreibt die Maßnahmen, die auf unionaler Ebene getroffen werden können: Auf Art. 87 Abs. 2 AEUV basierende Regelungen können den Informationsaustausch (*lit.* a) erfassen, die Weiterbildung und den Austausch des Personals der Polizeidienste (*lit.* b) oder die Entwicklung gemeinsamer Ermittlungstechniken (*lit.* c).[336] Zudem kann auf der Grundlage von Art. 87 Abs. 3 AEUV die operative Zusammenarbeit nationaler Behörden geregelt werden (Verhütung, Aufdeckung und Ermittlung von Straftaten). Das Musterbeispiel insoweit dürfte die Einrichtung Gemeinsamer Ermittlungsgruppen sein.[337] Dafür greift allerdings ebenfalls ein Notbremsenmechanismus (Art. 87 Abs. 3 UAbs. 2 AEUV). Die auftretenden Rechtsschutzprobleme erschöpfen sich in den Ausführungen zu Europol als Sonderfall der polizeilichen Zusammenarbeit und – soweit Kompetenzen zur Angleichung des Strafverfahrensrechts aus der Norm abgeleitet werden –, zu Art. 82 f. AEUV. Weitere Ausführungen zu Art. 87 AEUV unterbleiben daher im Folgenden.

Art. 89 AEUV ermöglicht die Festlegung von Regelungen für das *Tätigwerden der Behörden eines Mitgliedstaats im Hoheitsgebiet eines anderen*. Hier geht es etwa um die Fortsetzung von Observationen über die Landesgrenzen hinaus, die Nacheile und ähnliche die einzelstaatliche Souveränität verletzende Handlungen.[338] Da die EU hier nur als Plattform für die Ausarbeitung von Regelungen in Erscheinung tritt, nicht aber im Rahmen der Ermittlungen, stellen sich keine über den Rechtsschutz gegen die Legislativakte der Union hinausgehenden Probleme. Ausführungen zu Art. 89 AEUV sind also im Weiteren nicht mehr erforderlich.

IV. Institutionalisierung der Betrugsbekämpfung (Art. 325 Abs. 4 AEUV)

Auf Art. 325 Abs. 4 AEUV wurde bereits hingewiesen. Die Norm ermächtigt die Union, die erforderlichen Maßnahmen zur Verhütung und Bekämpfung von Betrügereien, die sich gegen die finanziellen Interessen der Union richten, zu treffen. Die Weite der Formulierungen erfasst eine Vielzahl von potenziellen Regelungen. Möglich ist auf dieser Grundlage auch die *Institutionalisierung der*

---

[335] Siehe Calliess/Ruffert/*Suhr,* Art. 87 AEUV Rn. 1. *Kugelmann,* in: Böse (Hrsg.), § 17 Rn. 44 ff., zum Begriff der Strafverfolgungsbehörden.
[336] Siehe Näheres bei *Kugelmann,* in: Böse (Hrsg.), § 17 Rn. 58 ff.
[337] So Grabitz/Hilf/Nettesheim/*Röben,* Art. 87 AEUV Rn. 32; s.a. *Kugelmann,* in: Böse (Hrsg.), § 17 Rn. 79 ff.
[338] Geiger/Kahn/Kotzur/*Kotzur,* Art. 89 AEUV Rn. 2.

Betrugsbekämpfung, wie dies mit *OLAF*, dem *Office Européen de Lutte Anti-Fraude*, geschehen ist. OLAF wurde als Dienststelle der Europäischen Kommission eingerichtet. Die Gründung des Amtes war der erste konkrete Anwendungsfall der mit dem Vertrag von Amsterdam eingeführten Vorgängernorm von Art. 325 Abs. 4 AEUV, Art. 280 Abs. 4 EGV a. F. Da die primärrechtliche Rechtsgrundlage des Amtes keine näheren Angaben für dessen Errichtung, Arbeitsweise oder den Aufgabenbereich enthält, soll auf die Eigenheiten dieser Institution an anderer Stelle zurückgekommen werden (Kapitel 3 § 4).

F. Fazit: EU als Strafgesetzgeber – Unionsgerichte als strafrechtliche Spruchkörper!

Aus den Ergebnissen dieses Kapitels wird deutlich: Die EU ist nicht mehr nur Wirtschaftsunion, sie ist eine Rechtsgemeinschaft mit allen Kompetenzen, auch solchen des Strafrechts. Sie ist nicht mehr nur darauf angewiesen, nationale Rechtsordnungen zu assimilieren oder anzugleichen, um sie in den Dienst ihrer Politiken zu stellen oder ihre eigenen Interessen zu schützen. Jedenfalls für den Fall, dass ihre eigenen finanziellen Interessen verletzt sind, hat die Union jetzt mit Art. 325 Abs. 4 AEUV sogar die Befugnis, unmittelbar anwendbares Strafrecht zu setzen. Ob darüber hinaus Kompetenzen zur Setzung von Strafrecht mittels Verordnungen bestehen, wird sich weisen.

Aber auch die Anweisungs- und Harmonisierungskompetenzen der Union im Bereich des Straf- und Strafprozessrechts sind in ihrer Sprengkraft nicht zu unterschätzen. Es wurde bereits gezeigt, wie vielfältig die Nutzungsmöglichkeiten sind. Fraglich ist insoweit zum einen, inwiefern die Grundsätze der Verhältnismäßigkeit und der Subsidiarität ein Gegengewicht zu den Kompetenzen des Unionsstrafgesetzgebers bilden können.[339] Zudem liegt dem strafrechtlichen Tätigwerden der Union *kein kriminalpolitisches Konzept* zugrunde, was nicht zuletzt der Tatsache geschuldet ist, dass bisher die Strafrechtswissenschaft nur exzeptionell in die Legislativarbeit miteinbezogen wurde.[340] Vielmehr zeigt sich jedenfalls das materielle Strafrecht der Union als *einseitig restriktiv*. So wird an den materiell-strafrechtlichen Maßnahmen der Union kritisiert, dass diese das Strafrecht allein mit dem Sicherheitsniveau Europas in Verbindung bringen, nicht

---

[339] Auch das *strafrechtliche Schonungsgebot* ist zu beachten. Schließlich geht es beim Strafrecht um den Kernbereich staatlicher Souveränität. Darum soll es aber im Folgenden nur am Rande gehen, denn im Fokus der Arbeit liegt der Individualrechtsschutz. Das Schonungsgebot schützt die Rechte des Einzelnen aber als Reflex, soweit nationale Strafrechtssysteme ausgewogenere, kohärentere Maßnahmen bereithalten.

[340] Vgl. aber den Kommissionsbeschluss v. 21.2.2012 zur Einsetzung der Expertengruppe für die EU-Strafrechtspolitik, ABl. EU Nr. C 53 v. 23.2.2012, S. 9; von deutscher Seite sind etwa beteiligt: Prof. Dr. *Helmut Satzger* (Universität München), Dr. *Margarete Gräfin von Galen* (BRAK-Europaausschuss), http://europa.eu/rapid/press-release_IP-12-621_de.htm?locale=en (zuletzt: 20.10.2013).

aber mit dem Schutz der Rechtsgüter ihrer Bürger.³⁴¹ Schon gar nicht werde die prinzipielle *Subsidiarität des Rechtsgüterschutzes durch das Strafrecht* in ausreichendem Maße beachtet, zumal der Grundsatz nicht einmal einen gemeineuropäischen Standard darstelle.³⁴² Damit werde aber eine zunehmende Verschärfung des nationalen Strafrechts befördert, sowohl auf der Tatbestands- als auch auf der Rechtsfolgenseite. Vorgaben zur Entkriminalisierung seien dagegen bisher nicht erfolgt.³⁴³ Aus der Anhebung des nationalen Repressionsniveaus resultiere zugleich ein Bedeutungsverlust der Grundrechte der Union.³⁴⁴ Dies gilt gerade für die Annexkompetenz des Art. 83 Abs. 2 AEUV. Der Regelung wird häufig vorgeworfen, sie degradiere das Strafrecht zum reinen Durchsetzungsmechanismus anderer Politikbereiche.³⁴⁵ Hier könnte sich ein neues Betätigungsfeld für die europäische Gerichtsbarkeit auftun, die in Zukunft vermutlich häufiger zur Kontrolle der maßvollen Nutzung der neuen Befugnisse herangezogen wird.

Im *Strafverfahrensrecht* sind immerhin *beschuldigten-freundliche* Tendenzen zu konstatieren, wie die in jüngerer Zeit auf den Weg gebrachten, auf Art. 82 Abs. 2 UAbs. 2 *lit.* b AEUV gestützten Richtlinien zeigen. Ob dagegen die Regelung des Art. 82 Abs. 2 UAbs. 3 AEUV, die ein höheres Schutzniveau auf nationaler Ebene zulässt, lediglich ein Lippenbekenntnis zur Rechtsstaatlichkeit bleiben wird, muss sich noch weisen, zumal die einzelnen Kompetenzgrundlagen – vor allem durch die Förderung des Beweismitteltransfers – drohen, die höheren nationalen Standards zu kontaminieren.³⁴⁶

Der Vertrag von Lissabon betritt zudem im Hinblick auf die unionalen Strafverfolgungsbehörden Neuland: Er ermöglicht ausdrücklich die Schaffung europäischer Institutionen mit eigenen strafprozessualen Exekutivbefugnissen.³⁴⁷

Die Darstellung zeigt, dass eine Fülle neuer Aufgaben auf die Gerichte der Union zukommt, die sich bisher nur am Rande mit dem Strafrecht zu beschäfti-

---

³⁴¹ Allgemein *Kaiafa-Gbandi,* KritV 2011, 153 (158 f.); s.a. *Kirsch,* StraFO 2008, 449 (451 f.); *Satzger,* in: Symposium Schünemann, S. 305 (308 f.).
³⁴² Dazu auch *Satzger,* in: Symposium Schünemann, S. 305 (308 f.).
³⁴³ *Elholm,* FS Jung, 135 (136 ff.), zu Auswirkungen bisher ergangener Rahmenbeschlüsse in skandinavischen Ländern. Diese haben dagegen – zumindest nach den Nachforschungen des Autors – in keinem der untersuchten Länder zu Restriktionen der Strafbarkeit geführt; *Kirsch,* StraFO 2008, 449 (451 f.), zur Ausweitung der Strafbarkeit.
³⁴⁴ Vgl. nur *Kaiafa-Gbandi,* KritV 2011, 153 (158 f.).
³⁴⁵ Vgl. schon die Nachweise bei Kapitel 1 § 1 C. III. 3. – Tatsächlich ist es nicht schon per se problematisch, das Strafrecht als Annex zu einer anderen Regelung zu begreifen. Erforderlich ist aber, dass gewisse strafrechtliche Grundsätze beachtet werden, so dass ein kriminalpolitisches Konzept besteht. So wohl auch *Kaiafa-Gbandi,* KritV 2011, 153 (171 ff.).
³⁴⁶ *Weigend,* ZStW 116 (2004), 275 (291). Ähnlich *Satzger,* in: Symposium Schünemann, S. 305 (312 f.), zu Art. 82 Abs. 2 UAbs. 1 S. 2 AEUV, wonach nationale Rechtsordnungen und -traditionen zu berücksichtigen sind.
³⁴⁷ Vgl. nur *Weigend,* ZStW 116 (2004), 275 (294 f.).

gen hatten. Strafrechtliche Prinzipien und Leitmotive fehlen in ihrer Rechtsprechung daher noch weitgehend. Hier werden die Unionsgerichte eine hinreichende Sensibilität für die heiklen strafrechtlichen Fragestellungen aufbringen müssen, die im Spannungsfeld von Beschuldigtenrechten und Funktionalitätsanspruch der Strafverfolgung auftreten.

§ 3 Gegengewicht zur Strafrechtssetzung – Justizielle Grundrechte (Art. 47 ff. GRC)

Als Orientierungspunkt für die Gewichtung von Beschuldigtenrechten gegenüber dem Interesse an einer funktionierenden Strafrechtspflege kann den Gerichten die Charta der Grundrechte dienen. Im Zuge der Änderung der Verträge hat die Union nämlich nicht nur neue strafrechtliche Kompetenzen erlangt, sondern auch einen rechtsverbindlichen Grundrechtekatalog, die Charta der Grundrechte der Europäischen Union (GRC).[348] Vor allem an den nun ausdrücklich geregelten justiziellen Rechten[349] der Charta (Art. 47–50 GRC) muss neben dem Rechtsschutzregime der EU auch das Handeln der Protagonisten des Europäischen Strafrechts gemessen werden. Dazu gehört die Garantie des *effektiven Rechtsschutzes* (Art. 47 GRC). Daneben gibt es aber auch spezifisch *strafrechtliche Garantien* (Art. 48–50 GRC), die die Verteidigungsrechte und die Unschuldsvermutung absichern, die Verhältnismäßigkeit des Strafens, wie auch das Rückwirkungs- und Doppelbestrafungsverbot.[350] Bevor aber auf die Vorgaben, die aus diesen Grundsätzen abgeleitet werden können (C.), eingegangen wird, sollen die Fundamente des Grundrechtsschutzes der Union erörtert werden (A.), die sich gerade nicht in dem eben genannten geschriebenen Grundrechtekatalog erschöpfen. Zudem soll beschrieben werden, inwiefern die Grundrechte für die Akteure des Europäischen Strafrechts überhaupt relevant werden können, indem ihr Anwendungsbereich dargestellt wird (B.).

A. Allgemeine Vorbemerkungen

I. Architektur des europäischen Grundrechtsraums (Art. 6 EUV)

Vier Jahrzehnte lang war es der *EuGH,* der dem Grundrechtsschutz in der Union durch seine „*allgemeinen Rechtsgrundsätze*" Konturen verlieh (oben § 2 D.). Das *BVerfG* bescheinigte der Union auf Grundlage der Rechtsprechung des Gerichtshofs sogar einen dem deutschen Grundrechtsschutz gleichwertigen

---

[348] Charta der Grundrechte der Europäischen Union v. 12.12.2007, ABl. EU Nr. C 326 v. 26.10.2012, S. 391.
[349] Zum Begriff: Meyer/*Eser,* Vor. Art. 47 ff. Rn. 1 f.
[350] Andere Garantien werden, soweit erforderlich, an der betreffenden Stelle erörtert.

§ 3 Gegengewicht zur Strafrechtssetzung 117

Grundrechtsstandard.[351] Dennoch wurde im Jahr 2000 die *Grundrechtecharta*,[352] ein geschriebener Katalog mit fundamentalen Garantien, verabschiedet, zunächst noch als unverbindliche politische Erklärung.

Art. 6 EUV sieht heute angesichts der besonderen Grundrechtsgeschichte der Union einen *dreigliedrigen Grundrechtsschutz* vor:[353] Seit dem Inkrafttreten des Vertrags von Lissabon steht die Charta dem AEUV und EUV im Rang gleich und hat somit obligatorischen Charakter. Die Rechtsverbindlichkeit der Charta ergibt sich aus Art. 6 Abs. 1 UAbs. 1 EUV.[354] Dies stellt wohl die gewichtigste Änderung im Hinblick auf den Grundrechtsschutz in der Union dar. Nach Art. 6 Abs. 2 EUV soll die Union außerdem der *Europäischen Menschenrechtskonvention* beitreten, wozu es bisher nicht gekommen ist.[355] Die Verhandlungen sind aber bereits weit fortgeschritten.[356] Art. 6 Abs. 3 EUV stellt klar, dass auch die

---

[351] BVerfGE 73, 339 – Solange II.

[352] ABl. EU Nr. C 364 v. 18.12.2000, S. 1. Zur Entstehungsgeschichte: *Streinz*, FS Rengeling, S. 645 (647); *Kobler*, S. 31 ff. – Zur Rezeption durch europäische und nationale Gerichte, Generalanwälte und den *EGMR* vor Rechtsverbindlichkeit: *Kobler*, S. 53 ff.; *Mayer*, EuR-Beih. 1/2009, 87 (95 f.); *Streinz*, FS Rengeling, S. 645 (659).

[353] Grabitz/Hilf/Nettesheim/*Schorkopf*, Art. 6 EUV Rn. 13 („Rechtsquellenpluralismus").

[354] Am 12.12.2007 wurde die Charta neu verkündet, ABl. EU Nr. C 303 v. 14.12. 2007, S. 1. Art. 6 Abs. 1 EUV bezieht sich auf diese Fassung. Zu den Änderungen: *Pache*, Lissaboner Reformvertrag, S. 113 (118 f., „Person" statt „Mensch", Art. 52 Abs. 4–6 etc.); s. a. *Kobler*, S. 62 ff.; *Schneiders*, S. 121; *Streinz*, FS Rengeling, S. 645 (647).

[355] Der Beitritt zur EMRK wurde bereits in den 1970er Jahren diskutiert. Zur Vorgeschichte: Grabitz/Hilf/Nettesheim/*Schorkopf*, Art. 6 EUV Rn. 35 ff. Zu verschiedenen Ansätzen, eine Bindung an die EMRK zu begründen: *Busch*, S. 22 ff., 31 ff. – Im Jahr 1994 beauftragte der Rat den *EuGH* mit einem Gutachten zur Frage, ob das Primärrecht den Beitritt erlaube, was dieser verneinte, *EuGH* Gutachten 2/94, 28.3.1996, Slg. 1996, I-1759, Tz. 34 ff.; ablehnend: *Busch*, S. 157 f. Dies hat sich mit Art. 6 Abs. 2 S. 1 EUV, der insoweit einen expliziten Auftrag enthält, geändert, vgl.: *Obwexer*, EuR 2012, 115 (126 ff.); *Uerpmann-Wittzack*, EuR-Beih. 1/2012, 167 (173). S. a. Protokoll (Nr. 8), zu Artikel 6 Absatz 2 des Vertrags über die Europäische Union über den Beitritt der Union zur Europäischen Konvention zum Schutz der Menschenrechte und Grundfreiheiten, ABl. EU Nr. C 83 v. 30.3.2010, S. 273. – Auf Seiten des Europarates schuf das 14. Zusatzprotokoll die Voraussetzungen für den Beitritt, näher *Uerpmann-Wittzack*, EuR-Beih. 1/2012, 167 (172); Grabitz/Hilf/Nettesheim/*Schorkopf*, Art. 6 EUV Rn. 39.

[356] Entwurf eines Beitrittsabkommens, CDDH-UE (2011) 16 v. 19.7.2011, http://www.coe.int/t/dlapil/cahdi/source/Docs%202011/CDDH-UE_2011_16_final_en.pdf (zuletzt am: 20.10.2013); inoffizielle deutsche Übersetzung in BT-Drs. 563/11 v. 16.9.2011; Reflexionspapier des Gerichtshofs der Europäischen Union v. 5.5.2010 zu gewissen Aspekten des Beitritts der Europäischen Union zur Europäischen Konvention zum Schutz der Menschenrechte und Grundfreiheiten und die Gemeinsame Mitteilung der Präsidenten des Europäischen Gerichtshofs für Menschenrechte und des Gerichtshofs der Europäischen Union im Anschluss an das Treffen der beiden Gerichte im Januar 2011 v. 24.1.2011, jeweils: http://curia.europa.eu – Das Organ – Verschiedene Dokumente (zuletzt: 20.10.2013); *Obwexer*, EuR 2012, 115 (123 ff.) zu rechtlichen Implikationen und offenen Fragen.

in den vergangenen Jahrzehnten vom *EuGH* entwickelten *allgemeinen Rechtsgrundsätze* neben der Charta fortgelten sollen.[357]

Das macht es erforderlich, das Verhältnis der Charta zu den Rechtsgrundsätzen zu bestimmen. Die Nachrangigkeit letzterer lässt sich jedenfalls nicht aus der systematischen Stellung des Art. 6 Abs. 3 EUV herleiten. Den Rechtsgrundsätzen wird schließlich ebenfalls Primärrechtsrang zugesprochen.[358] Andererseits dürfte angesichts der Verschriftlichung der meisten parallel in der Rechtsprechung anerkannten Grundrechte ein Rückgriff auf die allgemeinen Rechtsgrundsätze nur noch möglich sein, wenn sich planwidrige Regelungslücken auftun, die Charta also nicht erkennbar eine abschließende Regelung trifft.[359]

In *prozeduraler Hinsicht* hat sich gegenüber der bisherigen Rechtslage kaum etwas geändert. Derzeit existiert auf Unionsebene insbesondere keine Grundrechtsbeschwerde, obwohl eine solche schon seit dem *Tindemans*-Bericht[360] aus dem Jahr 1975 in regelmäßigen Abständen gefordert wird.[361] Auch im Verfassungskonvent wurde die Einführung einer solchen Beschwerde angesichts des vereinbarten Primärrechtsrangs der Charta von deutscher Seite vorgeschlagen.[362] Der Vorschlag fand jedoch keine Mehrheit.[363] Die Grundrechte unterfallen zwar der Rechtsprechungsgewalt der europäischen Gerichte. In Grundrechtsfragen können sich die Unionsbürger aber nur in dem von Art. 263 Abs. 4 AEUV eröffneten Rahmen direkt nach Luxemburg wenden (siehe noch Kapitel 2 § 2).[364]

II. Charta als Prüfungsmaßstab für die folgende Untersuchung

Angesichts der komplizierten Grundrechtsarchitektur, muss der Maßstab, anhand dessen die Akteure im Bereich des europäischen Strafrechts, allen voran die

---

[357] Vgl. *Gaede*, in: Böse (Hrsg.), § 3 Rn. 33; Streinz/*Streinz* Art. 6 EUV Rn. 35; aber auch *Frenz*, Bd. 4, Rn. 23 ff. Nach *Kobler*, S. 67 ff., 78, sind allein die Chartagarantien „Grundrechte", die richterrechtlich entwickelten lediglich „grundrechtsähnlich".

[358] Vgl. Streinz/*Streinz*, Art. 6 EUV Rn. 36.

[359] Näher bei *Schulte-Herbrüggen*, ZEuS 2009, 343 (354ff.); *Schneiders*, S. 140 ff.; *Kober*, S. 257 ff.; Grabitz/Hilf/Nettesheim/*Schorkopf*, Art. 6 EUV Rn. 51 ff. Ausführlich *Ludwig*, EuR 2011, 715 (724 ff.); *Schneiders*, S. 138 f. – Der *EuGH* nimmt bei der Auslegung meist auf die Rechtsgrundsätze Bezug, *Jarass*, NStZ 2012, 611 (612).

[360] Vgl.: http://www.europarl.europa.eu/brussels/website/media/Basis/Geschichte/EGKSbisEWG/Pdf/Tindemansbericht.pdf (zuletzt: 20.10.2013).

[361] Allgemein: *Pernice*, DVBl. 2000, 847 (858); *Calliess*, EuZW 2001, 261 (267 f.); *Schwarze*, DVBl. 2002, 1297 (1312 ff.); *Dauses*, EuZW 2008, 449; *Dauses*, Grundrechte, S. 153; *E. Schulte*, S. 195 f.; *Böcker*, S. 234 f.; zur Idee: *Rengeling*, FS Everling, S. 1187 (1190 f.); *Streinz/Ohler/Herrmann*, S. 126.

[362] Siehe den Beitrag des Konventsmitglieds *Meyer*, CONV 439/02.

[363] Vgl. den Schlussbericht der Gruppe II v. 22.3.2003, CONV 352/02, S. 15; *Engel*, S. 134. Vgl. auch *Mayer*, EuR-Beih. 1/2009, 87; Streinz/*Streinz*, Art. 6 EUV Rn. 37.

[364] *Mayer*, EuR-Beih. 1/2009, 87 (88); vgl. *Ludwig*, EuR 2011, 715 (731 f.).

Gerichtsbarkeit, zu beurteilen sind, vorab festgelegt werden.[365] Es stellt sich auch die Frage, inwiefern nationale Grundrechte als Bemessungsgrundlage herangezogen werden können, als die Union in vielen strafrechtlichen Belangen auch auf ein kooperatives Tätigwerden der Mitgliedstaaten angewiesen ist.

Als *Ausgangspunkt* für die Bestimmung des Inhalts der Justizgrundrechte und strafrechtlichen Prinzipien wird hier die *Grundrechtecharta* gewählt. Sie versteht sich als Verschriftlichung des europäischen Konsenses hinsichtlich grundrechtlicher Gewährleistungen, wie er sich aus den Verfassungen der Mitgliedstaaten und der EMRK ergibt und der *EuGH* ihn überwiegend schon herausgearbeitet hatte. Auf die *allgemeinen Rechtsgrundsätze* wird entsprechend der aus Art. 6 Abs. 3 EUV abzuleitenden Bedeutung und der Grundrechtsgeschichte der Union nur Bezug genommen, falls Lücken im Bereich des justiziellen Grundrechtsschutzes auftreten bzw. wenn sie für das Verständnis einer inhaltlich übereinstimmenden Garantie der Charta von Bedeutung sind.

Da die Union der *EMRK* bisher nicht beigetreten ist, können daraus keine verbindlichen Maßgaben hergeleitet werden. Der *EuGH* hat jedoch in der Vergangenheit die Garantien der EMRK zur Begründung allgemeiner Rechtsgrundsätze herangezogen, auf denen die Charta beruht. Die Rechte der Charta-, die inhaltlich den Garantien der EMRK entsprechen, sollen außerdem nach Art. 52 Abs. 3 GRC dieselbe Tragweite wie das jeweilige kongruente Recht der EMRK besitzen (s. noch B. III.). Bei der Auslegung der Charta kann daher auch auf die reichhaltige Rechtsprechung des *EGMR* zurückgegriffen werden.[366]

In dieser Arbeit sollen die Forderungen herausgearbeitet werden, die sich aus der Grundrechtsbindung der Union ableiten lassen. Die nationalen Grundrechte wären also für den vorliegenden Zusammenhang nur relevant, wenn diese auch die Union bänden. Aus der Sicht des *EuGH* ist die Frage der Bedeutung der *nationalen,* etwa deutschen *Grundrechte,* wie der Rechtsweggarantie in Art. 19 Abs. 4 GG, leicht zu beantworten: Innerstaatliche Regelungen – auch Grundrechte – können keine unmittelbare Bedeutung für das Unionsrecht haben, weil dieses eine autonome Rechtsquelle ist. Aus der Sicht des *BVerfG* stellt sich die Frage des Verhältnisses von nationalen Grundrechten zu Unionsrecht zwar bekanntlich wesentlich komplizierter dar: Die Geltung des Unionsrechts folge aus dem jeweiligen Zustimmungsgesetz, mit dem der Union Hoheitsrechte übertragen wurden. Die Übertragung finde ihre Grenze deswegen auch dort, wo die deutsche Verfassungsidentität beeinträchtigt werde und das sei auch der Fall, wenn kein im Wesentlichen gleicher Grundrechtsschutz gewährt werde. Solange dieser Rahmen gewahrt ist, erkennt aber auch das *BVerfG* an, dass nationale

---

[365] *Gaede,* in: Böse (Hrsg.), § 3 Rn. 6 ff., zur grundrechtlichen Gemengelage.
[366] Vgl. *Jarass,* NStZ 2012, 611 (612); *Esser,* S. 859 ff.; *Esser* in: Sieber u.a. (Hrsg.), § 53 Rn. 19 ff.

Grundrechte nicht für das Unionsrecht relevant werden können.[367] Eine unmittelbare Bindung der Union bestünde allerdings auch dann nicht. Das *BVerfG* könnte lediglich den Rechtsanwendungsbefehl für das deutsche Hoheitsgebiet aufheben. Daher soll im Folgenden das Rechtsschutzsystem der Union allein aus europäischer Perspektive untersucht werden.

B. Rolle der Charta im RFSR

Es ist fraglich, inwieweit die bereits genannten justiziellen Rechte für die Akteure des Europäischen Strafrechts von Bedeutung sein können. Nach kurzen Ausführungen zur Grundrechtsberechtigung (I.) soll daher auf die Bindung der Union und Mitgliedstaaten an die Charta nach Art. 51 GRC (II.) eingegangen werden. Dabei soll auch die Frage beantwortet werden, ob die Rechtsprechung des *EuGH* zu den Rechtsgrundsätzen, die eine sehr weitgehende Grundrechtsverpflichtung der Mitgliedstaaten statuierte, auch unter dem Vertrag von Lissabon fortgilt. Schließlich folgen kurze Ausführungen zur Schrankensystematik (III.).

I. Grundrechtsberechtigung

Die meisten in der Charta enthaltenen Rechte gelten sowohl für Unionsbürger als auch für Angehörige von Drittstaaten.[368] Das gilt auch für die Justizgrundrechte (Art. 47 ff. GRC). Berechtigt sind insoweit also alle *natürlichen Personen*.[369]

Nicht ausdrücklich geregelt ist die allgemeine Anwendbarkeit der Charta auf juristische Personen und andere *Personenvereinigungen*.[370] Genannt sind sie lediglich in Art. 42–44 GRC, woraus aber nicht hergeleitet werden kann, dass sie in Bezug auf andere Rechte nicht grundrechtsberechtigt sein sollen. Dies widerspräche auch dem Gedanken des Art. 52 Abs. 3 GRC, da auch die Rechte der EMRK vielfach auf Personenvereinigungen anwendbar sind (noch III.).[371] Bisher hat der *EuGH* angenommen, „juristische Personen des Privatrechts" seien grundrechtsberechtigt, soweit sie in ihrem Sitzstaat rechtsfähig sind und das Recht, auf

---

[367] BVerfGE 73, 339 (375); ausführlich: Heselhaus/Nowak/*Szczekalla*, § 2 Rn. 22 ff.; *Frenz*, Bd. 4, Rn. 144 ff.
[368] Nur einige wenige Gewährleistungen bleiben den Unionsbürgern vorbehalten, wie das Recht auf Freizügigkeit, ausführlich Heselhaus/Nowak/*Nowak*, § 6 Rn. 8 ff.
[369] So jedenfalls *Abetz*, S. 113; *Philippi*, S. 35; *Eckhardt*, S. 44 f.
[370] Nach *Eckhardt*, S. 45, sollen Personenvereinigungen grundrechtsberechtigt sein, wenn Rechte dem Wesen nach auf sie anwendbar sind, wie es auch Art. 19 Abs. 3 GG vorsieht. *Kobler*, S. 267, plädiert für die Aufnahme einer entsprechenden Regelung.
[371] Streinz/*Streinz/Michl*, Art. 51 GRC Rn. 2, 20; Heselhaus/Nowak/*Nowak*, § 6 Rn. 14 f.; *Kobler*, S. 146 f.; *Philippi*, S. 35.

das sich die Vereinigung berufen will, wesensgemäß auf sie anwendbar ist.[372] Für die Anwendbarkeit der Art. 47 ff. GRC spricht jedenfalls, dass diese nicht Ausdruck freier Persönlichkeitsentfaltung sind.[373]

II. Adressatenfrage: Grundrechtsbindung der Union und der Mitgliedstaaten

Art. 51 GRC legt fest, wer durch die Charta verpflichtet werden soll. Adressaten sind nicht nur die Union und ihre Einrichtungen (1.), sondern in gewissem Umfang auch die Mitgliedstaaten (2.). Es ist aber auf einige Sonderregelungen für Großbritannien, Polen und die Tschechischen Republik hinzuweisen (3.).

1. Grundrechtsbindung der Union nach Art. 51 Abs. 1 S. 1 GRC

Nach Art. 51 Abs. 1 GRC sollen alle Organe (Art. 13 EUV) und Einrichtungen der Union an die Charta gebunden sein. Die Bindung ist umfassend zu verstehen und erstreckt sich auf die gesamte *rechtsprechende, rechtssetzende* wie auch auf die *vollziehende* Gewalt.[374] Das heißt, dass die strafrechtlichen Fundamentalgarantien der Charta (noch C., D.) bei allen Verfahren vor den Unionsgerichten, aber auch im Verwaltungsverfahren vor der Kommission zu beachten sind.[375]

Das gilt auch für die *PJZS* und die *GASP*.[376] Soweit es die *GASP* betrifft, können aber völkerrechtliche Verpflichtungen der Grundrechtsbindung Grenzen setzen, wie dies im Bereich der Terrorbekämpfung bei der Umsetzung von Resolu-

---

[372] *EuGH* Rs. 11/70 (Internationale Handelsgesellschaft mbH/Einfuhr- und Vorratsstelle für Getreide und Futtermittel), (Fn. 104); s. a. *Abetz,* S. 113; Heselhaus/Nowak/*Nowak,* § 6 Rn. 14. – Zur Berechtigung jur. Personen des öffentl. Rechts: *Kobler,* S. 149 ff.

[373] So *Kobler,* S. 147 f.; *Bergmann,* VBlBW. 2011, 169 (173); Heselhaus/Nowak/*Nowak,* § 6 Rn. 17. Zu Art. 47: *EuGH* Rs. C-279/09 (DEB Deutsche Energiehandels- und Beratungsgesellschaft mbH/Bundesrepublik Deutschland), 22.12.2010, Slg. 2010, I-13849, Tz. 32 ff., 59.

[374] Vgl. *Frenz,* Bd. 4, Rn. 217; *Eckhardt,* S. 40.

[375] Siehe auch *Pascu,* S. 101 f.

[376] Vgl. *Frenz,* Bd. 4, Rn. 220; Meyer/*Borowsky,* Art. 51 GRC Rn. 16; *Philippi,* S. 36. – Bekanntermaßen waren die Kompetenzen im RFSR vor dem Vertrag von Lissabon zwischen der Ersten und Dritten Säule aufgeteilt. Die hoheitlichen Befugnisse der früheren Gemeinschaften im strafrechtlichen Bereich fanden sich in Titel IV des EGV a. F. Die GASP wiederum war in der Zweiten Säule angesiedelt. Die vom *EuGH* entwickelten Grundrechte banden die EU gleichermaßen beim Tätigwerden i. R. d. Titels IV des EGV. Lediglich bestätigt wurde dies in Art. F Abs. 2 EUV-Maastricht (Art. 6 Abs. 2 EUV-Amsterdam). Dagegen hatte die Norm für Titel VI EU a. F. und die Zweite Säule konstitutive Wirkung, vgl. Heselhaus/Nowak/*Nowak,* § 6 Rn. 28; auch *Egger,* EuZW 2005, 652; *Brummund,* S. 39 ff., 57 ff. Da die Jurisdiktionsgewalt der Unionsgerichte allerdings sehr beschränkt war, blieb es bei einer Selbstkontrolle der damaligen Unionsorgane und -einrichtungen, vgl. Meyer/*Borowsky,* Art. 51 Rn. 16; *Knapp,* DÖV 2001, 12 (18 f.). Insofern bringt die Charta nichts Neues.

tionen der VN kontrovers diskutiert wird (schon § 1 E. I.).[377] Das *EuG* ging davon aus, dass es der Umsetzung der Resolutionen dienende Rechtsakte der Union nicht am Maßstab der allgemeinen Rechtsgrundsätze messen dürfte, sofern dem Unionsgesetzgeber dabei kein Umsetzungsspielraum verbleibt. Eine Prüfung könne allein anhand des auch für die UN verbindlichen *ius cogens* vorgenommen werden.[378] Der *EuGH* hob dagegen die Urteile des *EuG* auf. Er leitete die Befugnis, die Unionsgrundrechte in Ansatz zu bringen, aus ihrer Schutzdimension her. Die Union sei auch dann verpflichtet, die Grundrechte zu wahren, wenn sie verbindliche Vorgaben der UN umsetzt.[379] Dies gelte aber nur solange, bis die UN selbst einen effektiven Grundrechtsschutz gegen ihre eigenen Maßnahmen bereithalte.

An die Charta gebunden sind nach Art. 51 Abs. 1 S. 1 GRC auch *Europol* und *Eurojust* (vgl. noch Kapitel 3 § 1, § 2), da explizit alle „Einrichtungen" der Union als Grundrechtsadressaten aufgezählt sind. Als *selbstständige* Einrichtungen der früheren Dritten Säule waren diese vor Inkrafttreten des Vertrags von Lissabon nicht an die Unionsgrundrechte gebunden.[380] Hier bestand also eine erhebliche Rechtsschutzlücke,[381] die durch die Aufgabe der Säulenstruktur und Art. 51 Abs. 1 S. 1 GRC geschlossen werden konnte. Während des Übergangszeitraums (noch Kapitel 2 § 1) bleibt die Grundrechtsbindung der Strafverfolgungsagenturen aber mangels Gerichtsbarkeit des *EuGH* eher hypothetisch.[382] Es bleibt bei einer reinen Selbstkontrolle.

Im Übrigen spielt es nach Art. 51 Abs. 1 S. 1 GRC keine Rolle, ob die Einrichtungen auf der Grundlage von Primär- oder Sekundärrecht oder als rechtlich selbstständige Institutionen errichtet wurden. Gebunden an die Charta sind auch die unselbstständigen Ämter der Union wie *OLAF* (siehe noch Kapitel 3 § 4).[383]

2. Grundrechtsbindung der Mitgliedstaaten

Wesentlich problematischer ist es, den Umfang der Bindung der Mitgliedstaaten zu bestimmen: Nach Art. 51 Abs. 1 GRC sollen diese die Charta zu beachten haben, wenn sie *Unionsrecht durchführen*.

---

[377] Siehe *Brummund*, S. 32.
[378] *EuG* Rs. T-315/01 (Kadi/Rat), (Fn. 153), Tz. 221 ff.; Rs. T-306/01 (Yusuf und Al Barakaat/Rat), (Fn. 153), Tz. 265 ff. Dazu *Schröder*, FS Rengeling, S. 619 (622); *Dederer*, ZaöRV 2006, 575 (601 ff.); siehe auch *Brummund*, S. 32 ff.
[379] Vgl. *EuGH* verb. Rs. C-402/05 P u. C-415/05 P (Kadi u. Al Barakaat/Rat), (Fn. 148), Tz. 278 ff. Siehe auch *Brummund*, S. 36 f.
[380] Auch über Art. 6 Abs. 2 EUV-Amsterdam.
[381] Vgl. *Brummund*, S. 37 f.
[382] Siehe *Brummund*, S. 47 ff.; vgl. auch *Berka*, S. 31 f.
[383] Vgl. Meyer/*Borowski*, Art. 51 GRC Rn. 19.

Wann aber führt ein Mitgliedstaat Unionsrecht durch? Die Materialien zur Charta geben insoweit keinen Aufschluss; in der Literatur ist die Reichweite der Bindung daher äußerst umstritten. Grundsätzlich wird dabei unterschieden zwischen (administrativem) Vollzug (a.), normativer Umsetzung von Richtlinienrecht (b.), Anwendung nationalen Verfahrensrechts zur Durchsetzung unionaler Bestimmungen (c.) und dem Anwendungsbereich des Unionsrechts (d.).

a) Agency-Situation – Mitgliedstaaten als verlängerter Arm der Union

Allein im Rahmen der ersten Fallgruppe besteht unstreitig eine Bindung an die Grundrechte. Ein Mitgliedstaat führt tatsächlich Unionsrecht durch, wenn er *primärrechtliche Pflichten* erfüllt oder *unmittelbar anwendbares Sekundärrecht,* also insbesondere Verordnungen und Beschlüsse, gleichsam als Vertreter der Union durchsetzt bzw. vollzieht.[384] Da sich hier keine nationalen Handlungsspielräume ergeben, wird zu Recht von einer *alleinigen Maßgeblichkeit* der Unionsgrundrechte ausgegangen. Das Handeln mitgliedstaatlicher Stellen kann also nicht zugleich an nationalen Grundrechten gemessen werden.[385]

Auch wenn die Mitgliedstaaten *Verstöße gegen Unionsrecht,* sei es Sekundär- oder Primärrecht, *sanktionieren* wollen, haben sie die Unionsgrundrechte zu beachten.[386] Auch dies stellt letztlich nur einen – wenn auch mittelbaren – Vollzug von Unionsrecht dar. Dasselbe gilt für die Sanktionierung von Verstößen gegen nationale Vorschriften, die ihrerseits wiederum der Umsetzung unionaler Vorschriften dienen [noch b)].[387] Dabei müssen diese noch nicht einmal zur Umset-

---

[384] Bei der Durchführung von Verordnungen: *Bleckmann,* S. 17 ff.; bei ausnahmsweise unmittelbar anwendbaren Richtlinien: Heselhaus/Nowak/*Nowak,* § 6 Rn. 36; s. aber b).

[385] Schon *EuGH* Rs. 44/79 (Hauer/Rheinland-Pfalz), 13.12.1979, Slg. 1979, 3727: Die deutsche Winzerin Liselotte Hauer beantragte eine Weinanbaugenehmigung. Nach einer damals geltenden Verordnung war die Neuanpflanzung von Weinreben jedoch verboten; die Genehmigung wurde verweigert. Die Klägerin sah darin einen Verstoß gegen ihr Recht auf Eigentum und ihre Berufsfreiheit nach dem GG. Die deutschen Gerichte versagten ihr jedoch Grundrechtsschutz; die deutschen Verwaltungsbehörden hätten keinen Beurteilungsspielraum. Die Entscheidung sei der EG zuzurechnen. Es seien daher allein die allgemeinen Rechtsgrundsätze anwendbar. Der *EuGH* wiederum hatte wegen des überragenden Gemeininteresses hinsichtlich der Eindämmung der Weinproduktion keine grundrechtlichen Bedenken. Siehe auch *Lenaerts,* EuR 2012, 3 (4); Heselhaus/Nowak/*Nowak,* § 6 Rn. 35; *Philippi,* S. 37. Auch die Auslegung der Rechtsakte erfolgt allein am Maßstab der Unionsgrundrechte, *Raue,* GRUR 2012, 402 (404), zum Markenschutzrecht.

[386] Dazu *EuGH* Rs. C 405/10 (Garenfeld), 10.11.2011. Konkret ging es um § 326 StGB und § 2 Abs. 1 der deutschen Abfallverbringungsverordnung; s. a. *Gaede,* in: Böse (Hrsg.), § 3 Rn. 26.

[387] *Jarass,* NStZ 2012, 611 (613). S. a. Tettinger/Stern/*Ladenburger,* Art. 51 Rn. 45; auch *EuGH* Rs. C-617/10 (Åkerberg Fransson), 26.2.2013, Tz. 26 ff.

zung einer Richtlinie erlassen worden sein, sondern nur zur Sanktionierung eines Verstoßes in Ansatz gebracht werden.[388]

Ein Mitgliedstaat führt auch Unionsrecht durch, wenn er die Instrumente, die der Umsetzung der *gegenseitigen Anerkennung* dienen, ausführt, also etwa einen Europäischen Haftbefehl vollstreckt.[389]

b) Umsetzung von Richtlinienvorgaben durch den Gesetzgeber

Die Reichweite der mitgliedstaalichen Charta-Bindung im Kontext der Richtlinienumsetzung durch den nationalen Gesetzgeber ist dagegen äußerst umstritten.[390] Dass eine Bindung völlig abgelehnt wird, dürfte jedenfalls angesichts des *BVerfG*-Beschlusses[391] zum Emissionshandel kaum noch vertretbar sein, in dem auch das *BVerfG* in gewissem Umfang, nämlich für die determinierten Bereiche einer Richtlinie, die Charta (allein) für beachtlich erklärte.[392]

Eine in der Literatur weit verbreitete Ansicht nimmt sogar eine umfassende Bindung an die Charta an, wenn Unionsrecht mittelbar durch die Mitgliedstaaten vollzogen wird, also erst normativ umgesetzt werden muss: Nicht nur bei determinierten Richtlinienvorgaben seien die Gewährleistungen der Charta zu beachten, auch bei nicht-determinierten Bestimmungen seien diese anwendbar. Dies würde aber zur Verdopplung des Grundrechtsschutzes führen, denn (nur) im Rahmen dieser Umsetzungsspielräume sind auch die nationalen Grundrechte anzuwenden.[393] Eine engere Ansicht will daher eine Bindung an die Charta allein im Falle der Determinierung durch eine Richtlinie annehmen. Soweit den Mitgliedstaaten ein Ermessensspielraum verbleibe, sollen nur nationale Grundrechte eingreifen. Anderenfalls drohe eine Kollision der Rechtsprechung von *EuGH* und nationalen Verfassungsgerichten.[394]

Der Ansicht, die eine Charta-Bindung für nicht-determinierte Bereiche einer Richtlinie ablehnt, ist zuzugeben, dass grundrechtsfreie Räume dadurch nicht drohen. Auch das *BVerfG* hat im Beschluss zum Treibhausgas-Emissionshandel ausdrücklich nur eine Prüfung der determinierten Bereiche einer Richtlinie anhand der nationalen Grundrechte ausgeschlossen.[395] Allerdings beachtet diese

---

[388] *EuGH* Rs. C-617/10 (Åkerberg Fransson), (Fn. 387), Tz. 28; unter Bezugnahme auf das Urteil: *Gaede,* in: Böse (Hrsg.), § 3 Rn. 26.
[389] Vgl. Tettinger/Stern/*Ladenburger,* Art. 51 Rn. 45; *Marguery,* E.L.Rev. 2012, 37 (4), 44 (459 f.); *Gaede,* in: Böse (Hrsg.), § 3 Rn. 26.
[390] Etwa *Brosius-Gersdorf,* S. 20 f.; *Calliess,* JZ 2009, 113 (118 f.), zum Meinungsstand.
[391] BVerfGE 118, 79 = NVwZ 2007, 937 – Treibhausgas.
[392] Siehe aber noch bei *Calliess,* JZ 2009, 113 (118).
[393] Dies nehmen etwa an: *Berka,* S. 38 f.; s.a. *Rohleder,* S. 394 f.
[394] So Calliess/Ruffert/*Kingreen,* Art. 51 GRC Rn. 12.
[395] BVerfGE 118, 79 = NVwZ 2007, 937 – Treibhausgas.

Meinung die besondere Konstruktion der Zusammenarbeit von Union und Mitgliedstaaten nicht hinreichend. Der nationale Durchführungsakt ist immerhin unional veranlasst, da eine Bindung an das Regelungsziel besteht, das es umzusetzen gilt. Zudem kann die inhaltliche Regelungsintensität der Richtlinie erheblich variieren. Nach der vertraglichen Grundkonzeption des Art. 288 Abs. 3 AEUV sind Richtlinien zwar generell lediglich hinsichtlich des Ziels für die Mitgliedstaaten verbindlich, Form und Mittel der Umsetzung können diese dagegen selbst wählen. Weil aber das Ziel der sekundärrechtlichen Bestimmung selbst nicht gegen Grundrechte verstoßen darf, ist die Pflicht zur Wahrung der Grundrechte diesem immanent und damit auch der Umsetzungsverpflichtung der Mitgliedstaaten und den ihnen eingeräumten Spielräumen.[396] Häufig enthalten Richtlinien zudem auch verbindliche inhaltliche Vorgaben, so dass der Ermessensspielraum des nationalen Gesetzgebers von Richtlinie zu Richtlinie äußerst unterschiedlich ausgestaltet und im Einzelfall sogar *auf Null reduziert* sein kann. Jedenfalls in diesem Fall, der sich von der Umsetzung einer Verordnung kaum unterscheidet, besteht weitgehend unstreitig auch eine Bindung an Unionsgrundrechte.[397] Dadurch entstünde aber wiederum eine erhebliche Rechtsunsicherheit darüber, ob eine Richtlinie noch Spielräume belässt oder nicht. Auch der befasste nationale Richter wird kaum differenzieren können, ob eine gesetzliche Regelung im Einzelfall der Umsetzung determinierter Richtlinienbereiche dient oder ob es sich dabei um einen Bereich handelt, in dem eine Ermessensausübung zulässig ist.[398] Daher ist bei der Richtlinienumsetzung generell von einer Bindung an die Charta auszugehen.

Der *EuGH* hat sich in seinem Urteil zur *Familienzusammenführungsrichtlinie* ebenfalls für einen solchen doppelten Schutzstandard ausgesprochen und eine Verbindlichkeit der damaligen allgemeinen Rechtsgrundsätze auch für nichtdeterminierte Bereiche angenommen.[399] Es ist angesichts des Urteils in der Rechts-

---

[396] So auch *Bleckmann*, S. 30 f.
[397] So auch Calliess/Ruffert/*Kingreen*, Art. 51 GRC Rn. 10; s.a. Heselhaus/Nowak/ *Nowak*, § 6 Rn. 37; auch *Bleckmann*, S. 29 f., 41 f.; zur Reichweite: *Marguery*, E.L.Rev. 2012, 37 (4), 44 (45 f.).
[398] Vgl. *Brummund*, S. 67 f.; *Nusser*, S. 45 f.; Tettinger/Stern/*Ladenburger*, Art. 51 Rn. 35. Noch schwieriger dürfte sich die Abgrenzung zwischen rein nationaler und europäischer Veranlassung gestalten, wenn nationale Gesetzgeber von der Richtlinie nicht erfasste Regelungen im Umsetzungsakt treffen, so richtig: *Bleckmann*, S. 31 ff.; *Bergmann*, VBlBW. 2011, 169 (171 f.). Dies kann aber nicht zur Maßgeblichkeit der GRC für den ganzen Akt führen. – Vgl. Heselhaus/Nowak/*Nowak*, § 6 Rn. 38, auch zum Folgenden: Ein höherer nationaler Grundrechtsstandard setzt sich durch, wenn der *EuGH* eine Regelung für grundrechtskonform erachtet, ein nationales (Verfassungs-)Gericht aber von der Grundrechtswidrigkeit ausgeht. Schränkt der *EuGH* eine Richtlinie grundrechtskonform ein und sieht das nationale Gericht kein Problem, setzt sich wegen Vorrangs des Unionsrechts die Charta durch; siehe auch *EuGH* Rs. C-617/10 (Åkerberg Fransson), (Fn. 387), Tz. 29.
[399] *EuGH* Rs. C-540/03 (Europäisches Parlament/Rat), 27.6.2006, Slg. 2006, I-5769, Tz. 105; dazu *Berka*, S. 36 ff.; *Bleckmann*, S. 26 f.; vgl. auch *Nusser*, S. 36 f. Die

sache *Åkerberg Fransson* davon auszugehen, dass er an dieser Rechtsprechung auch unter der Geltung der Charta festhält.[400] Auch macht die Schutzniveauklausel des Art. 53 GRC deutlich, dass eine solche Konkurrenzsituation von den Vätern und Müttern der Verträge für möglich gehalten wurde.[401]

Im Bereich des Strafrechts wird diese Problematik vor allem für die *Harmonisierung nach Art. 82 f. AEUV* relevant, die allein mittels Richtlinien erfolgen kann. Da andererseits eine erhebliche Zurückhaltung des Unionsgesetzgebers wegen des strafrechtlichen Schonungsgrundsatzes zu erwarten ist, dürfte der Determinierungsgrad gering ausfallen, so dass die Mitgliedstaaten bei der Umsetzung in der Regel parallel nationale wie auch Unionsgrundrechte zu beachten haben werden. Selbst die häufig in Richtlinien anzutreffende Formulierung, eine Sanktion müsse wirksam, verhältnismäßig und abschreckend sein, genügt, um bei der Umsetzung durch den Strafgesetzgeber und auch der Anwendung durch die Strafgerichte von einer „Durchführung" von Unionsrecht auszugehen.[402]

c) Keine Bindung bei Vollzug von Unionsrecht in nationalen Verfahren

Äußerst umstritten ist auch, ob sich das *nationale (Straf-)Verfahrensrecht* nach Art. 51 Abs. 1 S. 1 GRC an den Unionsgrundrechten messen lassen muss, wenn dieses durch die Ahndung eines Verstoßes gegen *harmonisierte Strafvorschriften* Unionsrecht zur „Durchsetzung" verhelfen soll.[403] Das Urteil des *EuGH* in der Rechtssache *Steffensen*[404] deutet darauf hin, dass die Charta auch in dieser Situation Bedeutung erlangen kann, obwohl das mitgliedstaatliche Verfahrensrecht bisher weitgehend als autonom galt.[405] Der Vorlageentscheidung lag vereinfacht folgender Sachverhalt zu Grunde: Herr *Steffensen* erhielt einen Bußgeldbescheid wegen eines Verstoßes gegen lebensmittelrechtliche Bestimmungen, der in einem

---

Richtlinie verpflichtet jeden Mitgliedstaat, den Nachzug Angehöriger von Drittstaatsangehörigen, die sich rechtmäßig dort aufhalten, zu ermöglichen. Abweichungen von den nachzugsfreundlichen Regelungen sind erlaubt, z. B. Altersgrenzen bei Kindern („Öffnungsklauseln"). Nach Ansicht des *EuGH* ist jede mitgliedstaatliche Regelung, die sich auf die Öffnungsklauseln stützt, an den Unionsgrundrechten zu messen.

[400] Siehe jetzt: *EuGH* Rs. C-617/10 (Åkerberg Fransson), (Fn. 387), Tz. 28 f., auch zur Verdopplung der Grundrechtsbindung. Offener noch: *Brosius-Gersdorf,* S. 41.

[401] Zur Bedeutung dieser Regelung auch: *Calliess,* JZ 2009, 113 (119 f.).

[402] *GA Kokott,* Schlussanträge, Rs. C-489/10 (Bonda), 15.12.2011, Tz. 17. Der *EuGH* ließ dies im Urteil v. 5.6.2012 offen. A. A. Tettinger/Stern/*Ladenburger,* Art. 51 Rn. 45.

[403] Verneinend: *Bleckmann,* S. 69, 71 f.; *Nusser,* S. 21 f., 37 f. Bejahend dagegen: Tettinger/Stern/*Ladenburger,* Art. 51 Rn. 39; s. a. Heselhaus/Nowak/*Nowak,* § 6 Rn. 41.

[404] Siehe *EuGH* Rs. C 276/01 (Steffensen), 10.4.2003, Slg. 2003, I-3735, m. Anm. *Esser,* StV 2004, 221.

[405] Zur institutionellen und verfahrensrechtlichen Autonomie z. B. *Gellermann,* in: Rengeling/Middeke/Gellermann, § 34 Rn. 28.

Gutachten über eine bei ihm entnommene Probe festgestellt wurde. Nach der einschlägigen, aber nicht ordnungsgemäß umgesetzten EG-Richtlinie hätte dem Betroffenen die Möglichkeit gegeben werden müssen, ein Gegengutachten einzuholen, bevor der Bußgeldbescheid erlassen wurde. Das mit dem Einspruch gegen den Bußgeldbescheid befasste Gericht wandte sich daher an den *EuGH*. Es wollte wissen, ob sich aus der Richtlinie selbst ein unmittelbar anwendbares Recht auf ein Gegengutachten ergab und, falls ja, ob der Verstoß gegen dieses Recht zu einem Beweisverwertungsverbot für das Erstgutachten führe. Der *EuGH* nahm an, dass der Anwendungsbereich der allgemeinen Rechtsgrundsätze auch bei der Frage der im Übrigen rein nach nationalem Recht zu beurteilenden prozessualen Zulässigkeit eines Beweises eröffnet sei, weil es um ein unionsrechtliche (damals gemeinschaftsrechtliche) Garantie gehe.[406]

Dass der Gerichtshof auf die allgemeinen Rechtsgrundsätze Bezug nahm, erklärt sich aber vor allem dadurch, dass mit dem explizit enthaltenen Recht auf ein Gegengutachten dem Grundsatz der Waffengleichheit Rechnung getragen werden sollte, also die Richtlinie als sekundärrechtliche Regelung unmittelbar der Umsetzung eines Grundrechts diente. Nur insoweit kann man hier von Durchführung von Unionsrecht sprechen; es kommt unmittelbar harmonisiertes Verfahrensrecht zur Anwendung.[407] Die Literatur geht deshalb überwiegend davon aus, dass Unionsgrundrechte in nationalen Straf- oder Ordnungswidrigkeitenverfahren nicht schon allein deswegen relevant werden, weil Verstöße gegen unionsrechtliche Vorgaben sanktioniert werden sollen. Auch dann gehe es letztlich allein um die Durchsetzung des mitgliedstaatlichen Strafanspruchs.[408] Eine Ausnahme bestehe nur für den Fall, dass sekundärrechtlich auch Verfahrensvorgaben gemacht werden, was aber angesichts der Regelungsaktivität der Union basierend auf Art. 82 AEUV künftig häufiger der Fall sein könnte.

d) Bindung auch im „Anwendungsbereich" des Unionsrechts?

Daneben hatte der Gerichtshof für die allgemeinen Rechtsgrundsätze angenommen, dass eine Bindung der Mitgliedstaaten auch besteht, wenn diese im sog. „Anwendungsbereich" des Unionsrechts (damals noch Gemeinschaftsrecht) tätig werden. Das sei der Fall, wenn unmittelbar wirkende, primärrechtliche Normen durch mitgliedstaatliches Recht beschränkt werden. Den wichtigsten Anwendungsfall stellen dabei die Grundfreiheiten dar.

In der Rechtssache *ERT*[409] wurde die Anwendbarkeit der Grundrechte als allgemeine Rechtsgrundsätze im Bereich der Grundfreiheiten zum ersten Mal ange-

---

[406] *EuGH* Rs. C 276/01 (Steffensen), (Fn. 404), Tz. 71.
[407] Siehe *Nusser*, S. 21 f.; vgl. auch *Bleckmann*, S. 72 f.; *Rohleder*, S. 392 ff.
[408] So Tettinger/Stern/*Ladenburger,* Art. 51 Rn. 45.
[409] *EuGH* Rs. C-260/89 (ERT/DEP u. a.), 18.6.1991, Slg. 1991, I-2925, Tz. 5, 42 ff. = NJW 1992, 2621 (Ls.).

sprochen: Der staatlichen griechischen Rundfunkgesellschaft ERT (Elliniki Radiophonia Tiléorassi AE) wurde das Monopol für die Ausstrahlung von Fernsehsendungen eingeräumt. Andere Rundfunkteilnehmer bedurften der Genehmigung der ERT. Dagegen verstieß die Rundfunkanstalt DEP (Dimotiki Etairia Pliroforissis). Die ERT strengte daraufhin ein Gerichtsverfahren auf Achtung ihres Monopols gegen die DEP an. Diese entgegnete, das Monopol verletze sie in ihrer durch Gemeinschaftsrecht gewährten Dienstleistungsfreiheit und in ihrem Recht auf Meinungsfreiheit. Das mit der Sache befasste Gericht setzte das Verfahren aus und legte dem *EuGH* die zugrunde liegende Frage nach der Beachtlichkeit der Grundrechte im Anwendungsbereich der Grundfreiheiten vor. Der Gerichtshof stellte fest, dass die Gemeinschaftsgrundrechte zu beachten seien, wenn die Grundfreiheiten durch nationales Recht beschränkt werden. Insbesondere seien die im Zusammenhang mit den Grundfreiheiten primärrechtlich normierten Ausnahmetatbestände im Lichte der Grundrechte auszulegen und daher auch das nationale Recht, das sich auf diese Tatbestände stütze. Daher müsse das nationale Gericht die Vereinbarkeit der Regelung mit der anerkannten Meinungsfreiheit prüfen.

Allgemeine Rechtsgrundsätze sind nach dieser Rechtsprechung also anwendbar, wenn der Gesetzgeber in Grundfreiheiten eingreift.[410] Dasselbe gilt auch für *andere primärrechtlich gewährleistete Rechte,* die nicht sekundärrechtlich erschöpfend normiert sind.[411] Gerade durch mitgliedstaatliche strafrechtliche Sanktionen oder vielmehr die dahinterstehenden Verhaltensgebote bzw. -verbote werden vor allem die Grundfreiheiten häufig berührt: Nach der *Dassonville*-Formel stellt schließlich jede Regelung, die den inner-unionalen Handel auch nur mittelbar oder potentiell beeinträchtigt, einen Eingriff in die Warenverkehrsfreiheit dar.[412] Diese Formel ist auf die anderen Grundfreiheiten übertragbar.[413]

Fraglich ist daher, ob diese sehr weitgehende Bindung an die Grundrechte der Union unter Art. 51 Abs. 1 S. 1 GRC noch fortgilt, ob also das Tätigwerden im

---

[410] Vgl. *Bleckmann,* S. 97. – Im Urteil *EuGH* Rs. C-368/95 (Vereinigte Familiapress Zeitungsverlags- und Vertriebs GmbH/Heinrich Bauer Verlag), 26.6.1997, Slg. 1997, I-3689, Tz. 24 ff., erstreckte der *EuGH* die *ERT*-Rechtsprechung auch auf ungeschriebene Ausnahmetatbestände. Den Grundrechten kommt so die Funktion einer Schranken-Schranke zu; sie verstärken die Grundfreiheiten, *Berka,* S. 39 f.; *Bleckmann,* S. 85.

[411] Sekundärrechtsakte verdrängen den primärrechtlichen Anknüpfungspunkt; daher ist eine primärrechtlich vermittelte Grundrechtsbindung subsidiär gegenüber einer sekundärrechtlich begründeten, so *Bleckmann,* S. 131 f.

[412] Siehe *EuGH* Rs. 8/74 (Procureur du Roi/Benoît u. Gustave Dassonville), 11.7.1974, Slg. 1974, 837 (844).

[413] Zur Dienstleistungsfreiheit: *EuGH* Rs. 76/90 (Manfred Säger/Dennemeyer & Co. Ltd.), 25.7.1991, Slg. 1991, I-4221, Tz. 12; Niederlassungsfreiheit: Rs. C-19/92 (Dieter Kraus/Land Baden-Württemberg), 31.3.1993, Slg. 1993, I-1663, Tz. 31 f.; Arbeitnehmerfreizügigkeit: Rs. C-415/93 (Union royale belge des sociétés de football association u. a./Bosman u. a.), 15.12.1995, Slg. 1995, I-4921, Tz. 94 ff.

§ 3 Gegengewicht zur Strafrechtssetzung

Anwendungsbereich des Unionsrechts auch als dessen „Durchführung" zu verstehen ist. Der *Wortlaut* „ausschließlich bei der Durchführung" spricht zunächst für eine engere Auslegung.[414] Allerdings könnte die Wendung „ausschließlich" auch so verstanden werden, dass die Charta allein bei rein nationalen Bezügen nicht gelte.[415] Bekräftigt wird letztere Deutung durch die Erläuterungen des Präsidiums, denen nach Art. 52 Abs. 7 GRC zumindest eine gewisse Verbindlichkeit zukommt, weil sie bei der Auslegung der Charta gebührend zu berücksichtigen sind.[416] Die Erläuterungen nehmen hinsichtlich der Frage der Reichweite der Bindung nach Art. 51 Abs. 1 GRC ausdrücklich Bezug auf den Begriff des „Anwendungsbereichs" und die *ERT*-Rechtsprechung.[417] Für die Annahme, dass die *ERT*-Rechtsprechung für die Charta fortgelten soll, spricht auch, dass der *EuGH* sonst gezwungen werden könnte, sehenden Auges eine Grundrechtsverletzung zu „gestatten oder zumindest (zu) dulden", wenn er angerufen wird, um die Rechtmäßigkeit einer Maßnahme zu überprüfen, die in Primärrecht eingreift. Als Beispiel dient die Rechtssache *Schmidberger*: Österreichische Behörden genehmigten eine auf 30 Stunden begrenzte Demonstration des Vereins „Schutz des Lebensraumes in der Alpenregion" auf der Brennerautobahn. Dagegen wandte sich das Transportunternehmen *Schmidberger*, das die Warenverkehrsfreiheit dadurch beeinträchtigt sah. Der Gerichthof stellte fest, dass die Union (damals Gemeinschaft) den Mitgliedstaaten keine Maßnahmen verbieten könne, die auf den Schutz der Grundrechte gerichtet seien. Er zog die Versammlungs- und Meinungsfreiheit vielmehr unmittelbar als Rechtfertigungsgrund für den Eingriff in die Warenverkehrsfreiheit heran. Wären die Grundrechte nicht Prüfungsmaßstab, so hätte der *EuGH* die Genehmigung der Demonstration als Verstoß gegen die Grundfreiheiten klassifizieren müssen.[418]

In der Literatur wird daher überwiegend vertreten, dass ein Handeln der Mitgliedstaaten im Anwendungsbereich des Primärrechts ebenfalls als „Durchfüh-

---

[414] Siehe aber *Eckhardt*, S. 43 f.; *Nehl*, Lissaboner Reformvertrag, S. 149 (169); *Berka*, S. 41. Zur Formulierung: *Kobler*, S. 173 f.; *Bleckmann*, S. 137 ff.; *Brosius-Gersdorf*, S. 47 ff.; zur Einflussnahme deutscher und französischer Mitglieder des Konvents: *Huber*, NJW 2011, 2385 (2387).
[415] Vgl. *Brosius-Gersdorf*, S. 45.
[416] Dazu anstelle vieler *Lenaerts*, EuR 2012, 3 (16).
[417] Erläuterungen zur Charta der Grundrechte, ABl. EU Nr. C 303 v. 14.12.2007, S. 17 (32): „Was die Mitgliedstaaten betrifft, so ist der Rechtsprechung [...] eindeutig zu entnehmen, dass die Verpflichtung zur Einhaltung der [...] Grundrechte [...] nur dann gilt, wenn sie im Anwendungsbereich des Unionsrechts handeln ([...] Rechtssache C-260/89, ERT, Slg. 1991, I-2925 [...])." Vgl. dazu *Weber*, DVBl. 2003, 221 (223); *Mayer*, EuR-Beih. 1/2009, 87 (94); *Heselhaus/Nowak/Nowak*, § 6 Rn. 47 f.; *Philippi*, S. 37; *Berka*, S. 39; *Kobler*, S. 175 f., weist aber auf die Oberflächlichkeit der Diskussion der Leitentscheidungen im Konvent hin. Andererseits: *Ludwig*, EuR 2011, 715 (720 ff.).
[418] Siehe *EuGH* Rs. C-112/00 (Schmidberger/Österreich), 12.6.2003, Slg. 2003, I-5659, Tz. 71 ff. Dazu *Bleckmann*, S. 97 ff. – Damit wird den Grundrechten eine Schutzfunktion zuerkannt, vgl. *Brosius-Gersdorf*, S. 60 f.; *Bleckmann*, S. 112.

rung" von Unionsrecht zu verstehen ist.[419] Teilweise mag dies auch pragmatischen Beweggründen geschuldet sein, da man davon ausgehen kann, dass der *EuGH* unabhängig von der Reichweite des Art. 51 Abs. 1 GRC an seiner Rechtsprechung festhalten wird. Sie kann mithilfe allgemeiner Rechtsgrundsätze, die nach Art. 6 Abs. 3 EUV weiterhin anwendbar sind, fortgeschrieben werden.[420]

Mit dem Urteil in der Rechtssache *Åkerberg Fransson* wird man nun endgültig davon ausgehen müssen, dass die Charta auch bei einem schlichten Tätigwerden im Anwendungsbereich des Unionsrechts gilt:[421]

„Aus der ständigen Rechtsprechung des Gerichtshofs ergibt sich im Wesentlichen, dass die in der Unionsrechtsordnung garantierten Grundrechte in allen unionsrechtlich geregelten Fallgestaltungen, aber nicht außerhalb derselben Anwendung finden. Insoweit hat der Gerichtshof bereits festgestellt, dass er eine nationale Rechtsvorschrift nicht im Hinblick auf die Charta beurteilen kann, wenn sie nicht in den Geltungsbereich des Unionsrechts fällt. Sobald dagegen eine solche Vorschrift in den Geltungsbereich des Unionsrechts fällt, hat der im Rahmen eines Vorabentscheidungsersuchens angerufene Gerichtshof dem vorlegenden Gericht alle Auslegungshinweise zu geben, die es benötigt, um die Vereinbarkeit dieser Regelung mit den Grundrechten beurteilen zu können [...]."

In der folgenden Klammeraufzählung wird sodann das ERT-Urteil als Beleg angeführt, sogar als erster.

Sicherlich müssen sich die Väter der Charta den Vorwurf machen lassen, dass Transparenz und Rechtsklarheit bei der Wahl der Formulierung in den Hintergrund getreten sind.[422] Die vermeintlich engere Formulierung des Art. 51 GRC mag immerhin für Euroskeptiker leichter zu akzeptieren gewesen sein.[423] Insbe-

---

[419] So *Manthey/Unseld*, ZEuS 2011, 323 (327 ff.), unter Auswertung der Rechtsprechung; *Weber*, DVBl. 2003, 221; *Bleckmann*, S. 112; *Kobler*, S. 175 ff.; vgl. auch die Nachweise der vorhergehenden Fußnote. *Kobler*, S. 175 f. und *Lenaerts*, EuR 2012, 3 (4 f.), zu Folge kann und soll der *EuGH* dadurch an die Grenzen seiner Jurisdiktionsgewalt erinnert werden. Nach *Berka*, S. 42, muss Zweck der Reichweitenbestimmung der Bindung sein, grundrechtsfreie Räume zu beseitigen. Beschränke ein Staat Grundfreiheiten, nehme er eigene Hoheitsbefugnisse wahr und sei ohnehin an nationale Grundrechte gebunden. S. a. *Nusser*, S. 57; a. A. *Lindner*, EuR 2008, 786 (792 f.).

[420] Vgl. *Mayer*, EuR-Beih. 1/2009, 87 (94); *Schneiders*, S. 112 f.; *Berka*, S. 28, 42. In diese Richtung argumentiert auch *Kobler*, S. 177.

[421] *EuGH* Rs. C-617/10 (Åkerberg Fransson), (Fn. 387), Tz. 19; zur Reichweite *Winter*, NZA 2013, 473. Schon ein Beschluss aus dem Jahr 2010 deutete in diese Richtung, vgl. *EuGH* Rs. 339/10 (Estov u.a./Ministerrat der Republik Bulgarien), 12.11.2010, Slg. 2010, I-11465, Tz. 13: „Ferner haben nach ständiger Rechtsprechung die Mitgliedstaaten bei der Anwendung des Unionsrechts die Erfordernisse des Grundrechtsschutzes zu beachten [...]". Der Ausdruck „Anwendung" spricht für die Annahme, dass die „ständige Rechtsprechung" fortgelten soll.

[422] Dies gilt umso mehr, als an anderer Stelle der Wortlaut der Charta anlässlich des Vertrags von Lissabon auch modifiziert wurde. Am 12.12.2007 wurde die Charta neu verkündet, ABl. EU Nr. C 303 v. 14.12.2007, S. 1. Zu den Änderungen: *Kobler*, S. 62 ff.; s.a. *Schneiders*, S. 121; *Streinz*, FS Rengeling, S. 645 (647).

[423] *Philippi*, S. 37; vgl. auch *Kobler*, S. 175.

sondere für die nationalen strafrechtlichen Regelungen im Bereich der Grundfreiheiten wird aber neben den allgemeinen Rechtsgrundsätzen auch die Charta für die Mitgliedstaaten relevant.

3. Räumlicher Anwendungsbereich: Opt out Großbritanniens, Polens und der Tschechischen Republik?

Großbritannien bewirkte, dass dem Lissaboner Vertrag ein Protokoll, also ein Text mit Primärrechtscharakter, beigefügt wird, das Sonderregeln in Bezug auf die Geltung der Grundrechtecharta enthält.[424] Polen ist diesem Protokoll, dem „Protokoll (Nr. 30) über die Anwendung der Charta der Grundrechte der Europäischen Union auf Polen und das Vereinigte Königreich" beigetreten. Auch Tschechien konnte durchsetzen, dass sich die Wirkung auf sein Staatsgebiet erstreckt.[425] Im ersten Absatz des ersten Artikels des Protokolls heißt es:

> „Die Charta bewirkt keine Ausweitung der Befugnis des Gerichtshofs der Europäischen Union oder eines Gerichts Polens oder des Vereinigten Königreichs zu der Feststellung, dass die Rechts- und Verwaltungsvorschriften, die Verwaltungspraxis oder -maßnahmen Polens oder des Vereinigten Königreichs nicht mit den durch die Charta bekräftigten Grundrechten, Freiheiten und Grundsätzen im Einklang stehen."

Umstritten ist, ob dadurch der Anwendungsbereich der Charta im Hinblick auf Großbritannien, Polen und Tschechien eine Modifikation erfahren hat.[426] In der Sache erscheint es jedenfalls problematisch, dass sich die Mitgliedstaaten von der Bindung an die europäischen Grundrechte so einfach befreien können sollen, gerade in einer Staatengemeinschaft, die auf Rechtsgleichheit ausgerichtet ist (vgl. nur Art. 4 Abs. 2, Abs. 3 S. 1 EUV).[427] Deutlich wird die *Gegenseitigkeitsproblematik,* wenn man bedenkt, dass sich zwar z.B. britische Bürger in anderen Staaten auf die Charta-Gewährleistungen berufen könnten, Bürger oder Unternehmen anderer Staaten im Vereinigten Königreich aber im Hinblick auf die Charta schutzlos gestellt wären.[428]

---

[424] Protokoll (Nr. 30) über die Anwendung der Charta der Grundrechte der Europäischen Union auf Polen und das Vereinigte Königreich, ABl. EU Nr. C 326 v. 26.10.2012 S. 313. Zu den Motiven Großbritanniens und Polens: *Mehde,* EuGRZ 2008, 269 (271).
[425] Schlussfolgerungen 15265/1/09 des Europäischen Rates v. 29./30.10.2009, Anlage I.
[426] Dem Wortlaut nach beschränkt die Regelung die Jurisdiktionsgewalt des *EuGH.* Da die gerichtliche Überprüfbarkeit in der Charta nicht geregelt ist, ginge aber ein solcher Vorbehalt ins Leere, *Brummund,* S. 63. Zu möglichen anderen Implikationen: *Lindner,* EuR 2008, 786 (789 ff.); *Schulte-Herbrüggen,* ZEuS 2009, 343 (366 ff.).
[427] *Mayer,* EuR-Beih. 1/2009, 87 (92), unter Hinweis auf potenzielle Probleme durch diese Rechtsungleichheit. S.a. *Brummund,* S. 64 f.; *Ludwig,* EuR 2011, 715 (723); *Schulte-Herbrüggen,* ZEuS 2009, 343 (372). Ausführlich auch *Nusser,* S. 64–71, der allerdings annimmt, dass dennoch keine Bindung an die Charta-Rechte bestehe.
[428] Vgl. *Mayer,* EuR-Beih. 1/2009, 87 (92); auch *Ludwig,* EuR 2011, 715 (728). Allerdings bezöge sich der Vorbehalt nur auf die Charta. Die allgemeinen Rechtsgrund-

Der *EuGH* geht indes davon aus, dass tatsächlich weder die Anwendbarkeit der Charta noch die Jurisdiktionsgewalt des Gerichtshofs in den Signatarstaaten durch das Protokoll in Frage gestellt werden.[429] Man kann den im Protokoll zum Ausdruck gebrachten Vorbehalt – so auch die Literatur – allein so verstehen, dass er einer Ausweitung der Bindung an die Charta über den heutigen Stand hinaus, also jenseits der *ERT*-Rechtsprechung und der anerkannten Grundrechte, entgegensteht.[430] Die Charta bindet also alle Mitgliedstaaten der Union im beschriebenen Umfang (2.). Zu einem echten opt-out der vom Protokoll betroffenen Staaten ist es nicht gekommen. Die darin zum Ausdruck gekommenen Vorbehalte Polens, des Vereinigten Königreichs und der Tschechischen Republik beschränken den Anwendungsbereich der Charta nach Art. 51 Abs. 1 S. 1 GRC ebenso wenig wie die Rechtsprechungsgewalt der europäischen Gerichte. Es bleibt zu hoffen, dass der durch das Protokoll vermittelte Eindruck von einer Integration in zwei Geschwindigkeiten der Autorität der Charta nicht abträglich sein wird.[431]

III. Schrankensystematik

Dogmatisch erfolgt die Prüfung der Charta-Rechte in drei Stufen: Schutzbereich, Eingriff und Rechtfertigung.[432] Art. 51 Abs. 1 GRC konkretisiert die Anforderungen der letzten Ebene. Sein Satz 1 enthält einen *allgemeinen „Gesetzes"-Vorbehalt*[433] und die *Wesensgehaltsgarantie*. Daneben weisen manche Grundrechte zusätzliche Schrankenbestimmungen auf, etwa das Recht auf Datenschutz nach Art. 8 GRC (siehe noch Kapitel 3 § 1 B. V.). Art. 51 Abs. 1 S. 2 GRC regelt den *Verhältnismäßigkeitsgrundsatz*. Eingriffe sind danach nur zulässig, wenn sie zum Schutz anerkannter Zielsetzungen der Union oder den Rechten anderer notwendig erscheinen.[434]

---

sätze wären im selben Umfang anwendbar wie auf andere Staaten, vgl. *Brummund*, S. 64 f.; *Mehde*, EuGRZ 2008, 269 (273); *Schulte-Herbrüggen*, ZEuS 2009, 343 (372 f.).

[429] *EuGH* Rs. C-411/10 (N.S./Secretary of State for the Home Department) und Rs. C-493/10 (M.E. u.a./Refugee Applications Commissioner u.a.), 21.12.2011, Tz. 119 f.; dies prophezeite bereits: *Nehl*, Lissaboner Reformvertrag, S. 149 (169); s.a. *Marguery*, E.L.Rev. 2012, 37 (4), 444 (451); *Schulte-Herbrüggen*, ZEuS 2009, 343 (366 ff.).

[430] Vgl. *Brummund*, S. 65; *Lindner*, EuR 2008, 786 (794); *Pache*, Lissaboner Reformvertrag, S. 113 (122 f.); *Mehde*, EuGRZ 2008, 269 (272); siehe aber auch *Ludwig*, EuR 2011, 715 (728 f.).

[431] So aber *Pache*, Lissaboner Reformvertrag, S. 113 (123); a.A. dagegen *Mehde*, EuGRZ 2008, 269 (274).

[432] Vgl. nur: *Kobler*, S. 185 ff. Die GRC stellt ggü. der bisherigen Rechtsprechung einen wesentlichen Fortschritt dar, als die Verschriftlichung Schutzbereich und Schranken konkretere Konturen verleiht, *Schroeder*, EuZW 2011, 462 (463); skeptisch angesichts der bisher stilistisch unsauberen Prüfung des *EuGH*: *Ritgen*, ZRP 2000, 371 (372 f.).

[433] *Lenaerts*, EuR 2012, 3 (6 ff.) und *Marguery*, E.L.Rev. 2012, 37 (4), 44 (458 f.), für eine weite Auslegung von „Gesetz", s.a. *Schneiders*, S. 208 ff.; *Kober*, S. 194 ff.

Nach Art. 52 Abs. 2 GRC sollen Garantien, die auch an anderer Stelle in den Verträgen geregelt sind, zudem nur nach Maßgabe der dort festgelegten Bedingungen eingeschränkt werden können.[435]

Eine ähnliche Regelung findet sich für die EMRK: Die *Kohärenzklausel* des Art. 52 Abs. 3 GRC besagt, dass Beschränkungen solcher Garantien, die auch in der Konvention enthalten sind, nicht über das dort zulässige Maß hinausgehen dürfen. Günstigere Schrankenregelungen entsprechender EMRK-Garantien werden daher nach Art. 52 Abs. 3 (i.V.m. Art. 53) GRC auf die Charta übertragen.[436] Zulässig ist ein höheres Schutzniveau; insbesondere können strengere Schranken-Schranken vorgesehen werden.[437]

C. Recht auf einen effektiven Rechtsschutz nach Art. 47 GRC

Die Garantie effektiven Rechtsschutzes ist das Kernelement jeglicher rechtsstaatlichen Bindung von Herrschaftsgewalt.[438] Auch in der Grundrechtecharta ist mit Art. 47 GRC eine Rechtsschutzgarantie enthalten, wobei der *EuGH* diese bereits 1986 in der Rechtssache *Johnston*[439] anerkannt und als allgemeinen Rechtsgrundsatz primärrechtlich verankert hatte. Die Vorschrift stützt sich auf Art. 13 und Art. 6 Abs. 1 EMRK, die Rechtsprechung des *EGMR*, wie auch die Verfassungstraditionen der Mitgliedstaaten.[440] Im Einklang mit den Vorbildvorschriften der EMRK versteht der *EuGH* diese Garantie als *individuellen Anspruch* auf ge-

---

[434] Vgl. *Schneiders,* S. 211 ff.; weiterführend: *Kober,* S. 242 ff.; *Lenaerts,* EuR 2012, 3 (9 ff.); s. a. *Bergmann,* VBlBW. 2011, 169 (171, Konkretisierung durch die Unionsgerichte).

[435] Vgl. *Lenaerts,* EuR 2012, 3 (11); *Abetz,* S. 116. Die *Transferklausel* ist für die Grundrechte der Art. 47–50 GRC nicht relevant, da sie andernorts in den Verträgen keine Entsprechung finden, *Kober,* S. 200 ff.

[436] Mit „Bedeutung und Tragweite" sind neben dem Schutzbereich auch die Schranken gemeint; *Schneiders,* S. 156 ff. (Schutzbereich), S. 192 (Schranken), S. 217 ff. (Verhältnis zu Art. 52 Abs. 1 GRC); *Kober,* S. 203–217; *Rohleder,* S. 382 f.; *Brummund,* S. 101 ff.; *Gebauer,* S. 344 ff.; *Abetz,* S. 116 f.; *Marguery,* E.L.Rev. 2012, 37 (4), 44 (457 f.); *Lenaerts,* EuR 2012, 3 (12 ff.).

[437] *Abetz,* S. 116.

[438] Siehe *Kraus,* EuR-Beih. 3/2008, 109 (111); *Nettesheim,* JZ 2002, 928; *Sommermann,* FS Merten, S. 443 (458); *Nowak,* in: Individualrechtsschutz in der EG, S. 47 (48).

[439] *EuGH* Rs. C-222/84 (Marguerite Johnston/Chief Constable of the Royal Ulster Constabulary), 15.5.1986, Slg. 1986, 1651, Tz. 18. Dabei ist die vom *EuGH* vor Verbindlichkeit der GRC entwickelte Rechtsprechung weiterhin anwendbar, *Abetz,* S. 109.

[440] Allg.: *Pechstein,* Rn. 24. Zu Rechtsweggarantien der Mitgliedstaaten: *Abetz,* S. 39 ff.; *Sommermann,* FS Merten, S. 443 (450 ff.). Zur EMRK: Tettinger/Stern/*Alber,* Art. 47 Rn. 1; *Frenz,* Bd. 4, Rn. 4990; *Abetz,* S. 108 f.; *Karper,* S. 27 f.; *Böcker,* S. 41; *Knapp,* DÖV 2001, 12 (19). *Pabel,* G.L.J. 6 (2005), 1601 (1602 ff.), zu Unterschieden zu Art. 6 EMRK. Sie hält daher Art. 52 Abs. 3 GRC nicht für anwendbar, plädiert aber für die Beachtung der *EGMR*-Rechtsprechung zu Art. 13 EMRK.

richtlichen Rechtsschutz.[441] Art. 47 GRC ist dabei zu unterteilen in einen Anspruch auf gerichtlichen Rechtsschutz gegen Verletzungen von unionsrechtlich begründeten Freiheiten, der in dessen ersten Absatz enthalten ist (I.), und einer allgemeinen Garantie eines fairen Verfahrens im zweiten Absatz (II.).

I. Art. 47 Abs. 1 GRC – Wirksamer, gerichtlicher Rechtsschutz

Da Art. 47 Abs. 1 GRC bei einer Verletzung von Unionsrechten und -freiheiten einen Anspruch auf einen wirksamen, gerichtlichen Rechtsbehelf gewährt, stellt er eine Zusammenfassung der Teilansprüche aus Art. 6 Abs. 1 und Art. 13 EMRK dar.[442] Die Reichweite der Garantie soll im Folgenden dargestellt werden. Fest steht angesichts der offenen, fast schon vagen, Formulierung des Art. 47 GRC aber bereits an dieser Stelle: Besondere Anforderungen an ein strafrechtliches Gerichtsverfahren enthält die Garantie, anders als Art. 6 EMRK, nicht.[443] Dennoch ist seine Bedeutung im Strafrecht nicht zu unterschätzen.

1. Anwendbarkeit

Berechtigt ist nach Art. 47 Abs. 1 GRC jede Person, die geltend machen kann, in ihren durch das Recht der Union gewährleisteten Freiheiten und Rechten verletzt zu sein. Eine Einschränkung auf Unionsbürger ist damit ebenso wenig erfolgt, wie auf natürliche Personen (schon B. I.).[444] Träger der Rechtsschutzgarantie kann sein, wer die Verletzung *unionsrechtlich begründeter,* nicht rein innerstaatlicher *Rechte* plausibel darlegen kann. Es muss sich folglich nicht um ein in der Charta gewährtes Grundrecht handeln, wie dies Art. 13 EMRK für die Konvention fordert, sondern es genügt jedes sekundärrechtlich eingeräumte Recht.[445] Anders als bei Art. 6 Abs. 1 EMRK muss es sich auch nicht um Rechte zivilrechtlicher Natur handeln oder um eine strafrechtliche Angelegenheit.[446]

Als Verletzungshandlung kommen alle hoheitlichen Akte und der Union oder den Mitgliedstaaten zurechenbaren Verhaltensweisen in Betracht:[447] Ein Rechts-

---

[441] Vgl. *Böcker,* S. 41.
[442] Näher Tettinger/Stern/*Alber,* Art. 47 Rn. 8. Nach *Schenke,* FS Schenke, S. 305 (308 f., 316), stützt sich Art. 47 Abs. 1 GRC allein auf Art. 13 EMRK, der keinen *gerichtlichen* Rechtsbehelf fordert; vgl. auch LR-EMRK/*Esser,* Art. 13 Rn. 14.
[443] Dies kritisiert bereits: *Militello,* FS Eser, S. 807 (810).
[444] *Schenke,* FS Schenke, S. 305 (309 f.).
[445] Zu den Rechten: *Frenz,* Rn. Bd. 4, 4998 ff.; *Jarass,* NJW 2011, 1393 (1394); *Schenke,* FS Schenke, S. 305 (310 ff.). Zur Akzessorietät: *Pabel,* G.L.J. 6 (2005), 1601 (1603); *Haratsch,* FS Scheuing, S. 79 (81); Tettinger/Stern/*Alber,* Art. 47 Rn. 4, 14; Meyer/*Eser,* Art. 47 Rn. 16; Heselhaus/Nowak/*Nowak,* § 51 Rn. 32; *Abetz,* S. 109.
[446] Vgl. Tettinger/Stern/*Alber,* Art. 47 Rn. 5; *Abetz,* S. 109; *Pabel,* G.L.J. 6 (2005), 1601 (1605); ebenso *Hetzer,* FS Meyer, S. 103 (106).
[447] Mitgliedstaaten sind Adressaten, soweit Art. 51 Abs. 1 GRC reicht; vgl. *Gärditz,* in: Böse (Hrsg.), § 24 Rn. 6; einschränkend: *Schenke,* FS Schenke, S. 305 (315 f.); aber

behelf muss also gegen alle *Akte der Exekutive* offen stehen. Die Garantie gilt aber auch für die *Judikative* sowie die *Legislative*.[448]

Über die Form des Rechtsschutzes ist damit noch nichts gesagt, ebenso wenig, auf welcher Ebene er zu leisten ist. Einen Anspruch auf einen Rechtsmittelzug enthält Art. 47 GRC nicht, obwohl grundsätzlich Rechtsschutz gegen ein rechtswidriges Urteil zu fordern ist.[449] Ein solcher kann aber auch durch einen Rechtsbehelf ohne Devolutiveffekt stattfinden. Hier, wie bei Grundrechtsbeeinträchtigungen durch Gesetzgebungsakte, können auch Schadensersatzklagen eine Rolle spielen. Daneben ist an eine inzidente Kontrolle von Gesetzgebungsakten zu denken.

2. Zugang zu einem Gericht

Art. 47 Abs. 1 GRC gewährleistet lückenlosen, *gerichtlichen* Rechtsschutz. Trotz der engen Anlehnung an Art. 13 EMRK geht Art. 47 Abs. 1 GRC also wesentlich über dessen Gehalt hinaus.[450] Was ein „Gericht" ausmacht, regelt Art. 47 GRC nicht explizit. Allerdings steht fest, dass das von Art. 47 GRC beschriebene Gericht keine innerstaatliche Instanz sein muss, die Norm bezieht die europäische Gerichtsbarkeit mit ein.[451] Rechtsschutz kann kooperativ oder alternativ auf europäischer oder nationaler Ebene gewährt werden. Im Übrigen können Art. 267 AEUV und Art. 47 Abs. 2 GRC fruchtbar gemacht werden,[452] die beide die *Unabhängigkeit* und die *Errichtung durch Gesetz* als klassische Voraussetzungen für die Qualifikation als Gericht fordern. Allein genügen diese Eigenschaften aber nicht: Daneben muss eine Befriedung des Rechtsstreits möglich sein. Es ist daher erforderlich, dass dem zur Entscheidung berufenen Gericht eine *gewisse Kontrolldichte* zugestanden wird.[453] Das Gericht muss zudem nach bestimmten Rechtsgrundsätzen entscheiden; andernfalls würde es sich der Rechtsverweigerung schuldig machen (zu Art. 47 Abs. 2 GRC noch unter II.).[454]

Jarass, NJW 2011, 1393 (1395). Ob primär die EU Adressat von Art. 47 GRC ist, was *Pechstein,* Rn. 25, für den entsprechenden allgemeinen Rechtsgrundsatz annimmt, ist wegen *EuGH* Rs. C-50/00 P (Unión de Pequeños Agricultores/Rat), 25.7.2002, Slg. 2002, I-6677 = NJW 2002, 2935, und Art. 19 Abs. 1 UAbs. 2 EUV fraglich.

[448] Vgl. *Pechstein,* Rn. 29; Heselhaus/Nowak/*Nowak,* § 51 Rn. 29; siehe auch *Jarass,* NJW 2011, 1393 (1394); *Schenke,* FS Schenke, S. 305 (316, 319), zu Art. 13 EMRK; er geht aber davon aus, dass die Bindung durch Art. 251 ff. AEUV primärrechtlich begrenzt wird. Meyer/*Eser,* Art. 47 Rn. 18, sieht den Anspruch auf direkten Rechtsschutz auf *Akte der Exekutive* beschränkt, weil das unionale Rechtsschutzsystem nicht wegen der Verbindlichkeit der GRC geändert werden müsse; s. a. *Frenz,* Bd. 4, Rn. 5006 ff.

[449] Meyer/*Eser,* Art. 47 Rn. 28.

[450] Etwa *Pabel,* G.L.J. 6 (2005), 1601 (1602); Meyer/*Eser,* Art. 47 Rn. 11; *Abetz,* S. 109; Tettinger/Stern/*Alber,* Art. 47 Rn. 3; s. a. *Pechstein,* Rn. 29.

[451] Vgl. Tettinger/Stern/*Alber,* Art. 47 Rn. 3, 29; ebenso *Frenz,* Bd. 4, Rn. 4994, 5011.

[452] Etwa: *Heinze,* EuR 2008, 654 (658 f.).

[453] *Böcker,* S. 46; ausführlich bei *Kley-Struller,* S. 66–71.

[454] Vgl. *Schwarze,* EuR 2009, 717 (721), unter Hinweis auf *EuGH* verb. Rs. 7/56, 3–7/57 (Algera u. a./gemeinsame Versammlung der EGKS), 10.7.1957, Slg. 1957, 81.

3. Rechtswegklarheit

Eng verknüpft mit der Rechtsweggarantie ist das Gebot der *Rechtswegklarheit,* das jedoch bisher, soweit ersichtlich, in die Rechtsprechung der Unionsgerichte keinen Eingang gefunden hat. Dabei ist gerade dieser Grundsatz von außergewöhnlicher Bedeutung für das mehrere Ebenen umspannende Rechtsschutzsystem der Union.[455] Der *EuGH* selbst fordert *kohärenten* Rechtsschutz, womit jedenfalls eine überzeugende, stimmige Aufgabenverteilung zwischen den Gerichten auf Unions- und nationaler Ebene zu fordern ist.[456]

4. Pflicht zur Errichtung neuer Verfahrensarten und Spruchkörper?

Eine wesentliche Einschränkung erfährt die Garantie nach einer in der Literatur vertretenen Ansicht dadurch, dass die Rechtsweggarantie des Absatzes 1 „nach Maßgabe der in diesem Artikel vorgesehenen Bedingungen" zu gewähren ist. Da Art. 47 Abs. 2 GRC ausdrücklich auf ein gesetzlich *errichtetes* Gericht rekurriert, wird diese Beschränkung teilweise so verstanden, dass sie nur bestehende Verfahren und Spruchkörper betrifft.[457] Sie soll danach keinen Anspruch auf die Einführung eines neuen Rechtsmittels enthalten, sofern ein Recht im bestehenden kooperativen Rechtsschutzsystem nicht durchgesetzt werden kann. Gefordert sei lediglich die bestmögliche Durchsetzung im Rahmen der bestehenden Klagestrukturen. Für das Rechtsschutzsystem der Union würde dies vor allem bedeuten, dass Reformbedarf am arbeitsteiligen Zusammenwirken von Unionsgerichten und mitgliedstaatlicher Ebene nicht allein mit der effektiveren Durchsetzung von Unionsrechten auf zentraler Ebene begründet werden kann. Dafür spricht, dass in den Erläuterungen zu Art. 47 GRC klargestellt wird, dass durch die Regelung nichts an dem Rechtsschutzsystem der Union geändert werden sollte.[458] Zwar sind die Erläuterungen nicht verbindlich [siehe aber schon B. II. 2. d)]. Aus ihnen ergibt sich aber zumindest, dass die Väter der Charta nicht davon ausgingen, dass sich aus ihrer Verbindlichkeit eine Verpflichtung zur Änderung des Rechtsschutzsystems der Union ergeben sollte.

Andererseits ist Art. 47 Abs. 1 GRC auch an Art. 13 EMRK angelehnt, dessen Bedeutung gerade darin liegt, dass er fordert, Rechtsschutzlücken durch die Einrichtung neuer Beschwerdesysteme und -instanzen zu schließen.[459] Diese Pflicht

---

[455] Vgl. auch *Nowak,* in: Individualrechtsschutz in der EG, S. 47 (50).
[456] *EuGH* Rs. 314/84 (Foto Frost/Hauptzollamt Lübeck-Ost), 22.10.1987, Slg. 1987, 4199, Tz. 16 ff. Zu Beispielen der Rechtsprechung des *EuGH*: *Nowak,* in: Individualrechtsschutz in der EG, S. 47 (51 ff.); auch Heselhaus/Nowak/*Nowak,* § 51 Rn. 39 ff.
[457] Meyer/*Eser,* Art. 47 Rn. 12; ebenso *Jarass,* NJW 2011, 1393 (1395 ff.).
[458] Erläuterungen zur Grundrechtecharta, ABl. EU Nr. C 303 v. 14.12.2007, S. 17 (29); dazu auch Meyer/*Eser,* Art. 47 Rn. 12.
[459] LR-EMRK/*Esser,* Art. 13 Rn. 12; Karpenstein/Mayer/*Breuer,* Art. 13 EMRK Rn. 71.

ist auf Art. 47 Abs. 1 GRC zu übertragen (Art. 52 Abs. 3 GRC). Der *Justizgewährleistungsanspruch* richte sich aber nur gegen die *Mitgliedstaaten*; diese seien verpflichtet, eventuelle Rechtsschutzlücken zu schließen.[460] Die Garantie des effektiven Rechtsschutzes nach Art. 47 GRC gibt aber auch den Mitgliedstaaten nicht auf, eine prinzipale Normenkontrolle am Maßstab des Unionsrechts einzurichten. Es genügt, wenn diese überhaupt Verfahren zur Verfügung stellen, mit dem der Einzelne einen im Recht der Union begründeten Rechtsanspruch durchsetzen kann, selbst wenn dies nur inzident, etwa im Rahmen einer Schadensersatzklage möglich ist.[461]

Auch in Art. 19 Abs. 1 UAbs. 2 EUV scheint eine primäre Zuständigkeit der Mitgliedstaaten festgelegt zu sein. In einem gewissen Umfang ist dies auch zulässig. Doch die grundlegende Verantwortung für den Rechtsschutz gegen eigene Organe kann die Union nicht abwälzen. Dem Prinzip effektiven Rechtsschutzes ist insbesondere nicht genügt, wenn durch die primärrechtliche Delegation nur dogmatisch sichergestellt ist, dass die Zahl der Fälle, in denen kein effektiver Rechtsschutz gewährt wird, gering ist. Ausnahmslos jeder Rechtsschutzsuchende muss die Möglichkeit haben, seine Sache vor einen Richter zu bringen.[462] Der Zugang zu dem für zuständig erachteten Gericht muss auch in zumutbarer Weise gewährt werden, was jedenfalls dann nicht mehr der Fall sein soll, wenn der Betroffene, um Zugang zu einem Gericht zu erlangen, gegen eine seinem unional begründeten Recht widersprechende nationale Regelung verstoßen und sich strafrechtlichen Sanktionen aussetzen muss (noch Kapitel 2).[463] Zudem muss sich das Rechtsschutzsystem der Union am Grundsatz der *Kohärenz* messen lassen, so dass diese auch selbst verpflichtet wird, an einem systemgerechten Rechtsschutzsystem mitzuwirken.

5. *Wirksamkeit des Rechtsbehelfs*

Eine Erfolgsgarantie fordert Art. 47 Abs. 1 GRC naturgemäß nicht.[464] Für die *Wirksamkeit des Rechtsbehelfs* kommt es vielmehr darauf an, dass jeder durch einen hoheitlichen Akt in seinen Rechten Betroffene eine zumutbare Möglichkeit erhält, diesen überprüfen zu lassen. Dazu gehört auch, dass keine unzumutbaren Verfahrenshindernisse, z. B. exorbitant hohe Gerichtskostenvorschüsse, bestehen (zur Prozesskostenhilfe noch unter III.). Unzulässig erscheint unter diesem Ge-

---

[460] Vgl. *Haratsch*, FS Scheuing, S. 79 (81 f.). Vedder/Heintschel v. Heinegg/*Folz*, Art. 47 Rn. 4 ff., leitet diese Pflicht aus Art. 19 Abs. 1 UAbs. 2 EUV, Art. 47 Abs. 1 GRC i.V.m. Art. 51 Abs. 1 GRC, Art. 267 AEUV her. S.a. Calliess/Ruffert/*Blanke*, Art. 47 GRC Rn. 8.
[461] Vgl. *von Danwitz*, DVBl. 2008, 537 (538).
[462] *Nettesheim*, JZ 2002, 928 (934).
[463] Siehe *von Danwitz*, DVBl. 2008, 537 (538 f.).
[464] Vgl. *Frenz*, Bd. 4, Rn. 5013; Meyer/*Eser*, Art. 47 Rn. 3; Heselhaus/Nowak/*Nowak*, § 51 Rn. 35.

sichtspunkt auch, dem Kläger unüberwindbare Zulässigkeitshürden zu bereiten, etwa indem die Klagebefugnis über Gebühr eng ausgelegt wird.[465] Es kann aber kein spezifisches Verfahren oder Gericht eingefordert werden, wie die Besetzung eines Strafgerichts mit Geschworenen.[466]

Der Betroffene muss zudem hinreichend über die einem belastenden Rechtsakt zugrunde liegenden Gründe *informiert* werden, nicht zuletzt, damit er einen Rechtsbehelf sachgerecht begründen kann, aber auch um überhaupt eine hinreichende gerichtliche Kontrollmöglichkeit zu gewährleisten.[467] Jedenfalls für den verwaltungsrechtlichen Rechtsschutz überschneiden sich an dieser Stelle Art. 47 GRC und Art. 41 Abs. 2 GRC, der ein Recht auf gute Verwaltung statuiert.[468]

Es muss zudem gewährleistet sein, dass das Verfahren tatsächlich stattfindet und die abschließende Entscheidung über den Rechtsstreit durchgeführt wird.[469] Die Norm enthält daher ein Recht auf Vollstreckung der Entscheidung.[470] Voraussetzung ist auch eine hinreichende Kontrolldichte.[471] Die Rechtsverletzung muss *behoben* werden können.[472] Richtigerweise ist daher anzunehmen, dass Art. 47 Abs. 1 GRC Primärrechtsschutz fordert und diesem Vorrang vor Sekundärrechtsschutz zuspricht.[473] Es besteht zudem ein Anspruch auf *zeitnahen* Rechtsschutz, der im Einzelfall auch erfordern kann,[474] dass einstweiliger Rechtsschutz gewährt wird.[475] Im Übrigen kann auf die folgenden Ausführungen zu Art. 47 Abs. 2 GRC verwiesen werden, dessen Anforderungen der Rechtsbehelf des Art. 47 Abs. 1 GRC genügen muss.

II. Art. 47 Abs. 2 GRC – Recht auf ein faires Verfahren

Art. 47 Abs. 2 GRC garantiert ein faires Verfahren vor einem unabhängigen, unparteiischen und durch Gesetz errichteten Gericht in angemessener Dauer.[476]

---

[465] Vgl. *Heinze*, EuR 2008, 654 (659); Meyer/*Eser*, Art. 47 Rn. 28; Tettinger/Stern/*Alber*, Art. 47 Rn. 39 ff.; *Frenz*, Bd. 4, Rn. 5015.
[466] Siehe Meyer/*Eser*, Art. 47 Rn. 28.
[467] Vgl. Tettinger/Stern/*Alber*, Art. 47 Rn. 38; Heselhaus/Nowak/*Nowak*, § 51 Rn. 46.
[468] Siehe auch Heselhaus/Nowak/*Nowak*, § 51 Rn. 46.
[469] Vgl. Meyer/*Eser*, Art. 47 Rn. 28.
[470] Siehe *Jarass*, Art. 47 Rn. 47; *Jarass*, § 40 Rn. 46; *Heinze*, EuR 2008, 654 (659).
[471] Vgl. etwa Heselhaus/Nowak/*Nowak*, § 51 Rn. 44 f.
[472] *Frenz*, Bd. 4, Rn. 5014.
[473] So auch *Gärditz*, in: Böse (Hrsg.), § 24 Rn. 10, für Einzelmaßnahmen. Jedes andere Ergebnis würde zudem die effektive Durchsetzung des Unionsrechts schwächen, siehe *Schenke*, FS Schenke, S. 305 (324 f.). Der *EGMR* fordert dies andererseits nicht uneingeschränkt für Art. 13 EMRK: Karpenstein/Mayer/*Breuer*, Art. 13 EMRK Rn. 32 ff.
[474] Vgl. Heselhaus/Nowak/*Nowak*, § 51 Rn. 42.
[475] Vgl. *Jarass*, NJW 2011, 1393 (1396); *Heinze*, EuR 2008, 654 (667), für die Mitgliedstaaten; Tettinger/Stern/*Alber*, Art. 47 Rn. 44; *Frenz*, Bd. 4, Rn. 5016.

1. Anforderungen an ein „Gericht"

Grundsätzlich sind als Gericht i. S. d. Art. 47 GRC alle *ständigen* Einrichtungen anzusehen, die *obligatorisch über Rechtsfragen* zu entscheiden haben und die durch Gesetz errichtet, unabhängig und unparteiisch sind.[477] Der *Grundsatz des gesetzlich errichteten* Gerichts besagt zudem, dass Ausnahmegerichte unzulässig sind und Gerichte für eine bestimmte rechtliche Angelegenheit unabhängig von einem konkreten Fall errichtet worden sein müssen.[478] Damit sind nicht nur ordentliche Gerichte der Mitgliedstaaten gemeint. Die Instanz muss lediglich die grundlegenden Voraussetzungen des Art. 47 Abs. 2 GRC erfüllen.

Die *Unabhängigkeit* der Richter setzt ihre Weisungsfreiheit gegenüber der Exekutive voraus.[479] Das heißt auch, dass sie unabsetzbar sein müssen, was allerdings nicht mit einem Amt auf Lebenszeit gleichzusetzen ist; eine gewisse Dauer der Amtszeit, die eine indirekte Abhängigkeit vermeiden soll, erscheint aber unabdingbar.[480] Es müssen Regelungen für die – nur exzeptionell zulässige – Abberufung von Richtern bestehen. Insbesondere muss abgesichert werden, dass sie nicht aufgrund eines politischen Machtwechsel ihres Amtes enthoben werden können.[481] Dass sie von einem Exekutivorgan ernannt werden, soll aber nicht gegen ihre Unabhängigkeit sprechen.[482] Das Erscheinungsbild des unabhängigen Gerichts ist durch geeignete verfahrensrechtliche und organisatorische Maßnahmen abzusichern.[483]

---

[476] Während der Rechtsbehelf in Art. 47 Abs. 1 GRC unstreitig Art. 47 Abs. 2 GRC genügen muss, wird diskutiert, ob dieser auch für nationale Sachverhalte Bedeutung haben kann. Die Frage kann in dieser Arbeit offen bleiben, weil der Rechtsschutz gegen strafrechtliche Unionsakte untersucht werden soll, so dass immer der Anwendungsbereich des Art. 47 Abs. 1 GRC eröffnet ist. Dafür aber: *Frenz*, Bd. 4, Rn. 4991 ff., 5019, Tettinger/Stern/*Alber*, Art. 47 Rn. 53; Calliess/Ruffert/*Blanke*, Art. 47 GRC Rn. 10. A.A.: *Jarass*, NJW 2011, 1393 (1394); *Jarass*, Art. 47 Rn. 2; *Jarass*, § 40 Rn. 2; wohl auch Vedder/Heintschel v. Heinegg/*Folz*, Art. 47 GRC Rn. 11.

[477] *Jarass*, Art. 47 Rn. 17, fordert ein *streitiges* Verfahren. Dem kann angesichts des Urteils, *EuGH* Rs. 82/71 (Staatsanwaltschaft von Italien/SAIL), 21.3.1972, Slg. 1972, 119, nicht zugestimmt werden, das zwar Art. 267 AEUV betrifft, jedoch durchaus als Gradmesser für die Reichweite des „Gerichts"-Begriffs in Art. 47 Abs. 2 GRC gelten kann. Auch Ermittlungsrichter sind danach Gerichte. – Zum Begriff in der *EGMR*-Rechtsprechung: *Esser*, S. 535 ff.

[478] Tettinger/Stern/*Alber*, Art. 47 Rn. 56.

[479] Etwa *Kley-Struller*, S. 61 f.; Calliess/Ruffert/*Blanke*, Art. 47 GRC Rn. 11; LR-EMRK/*Esser*, Art. 6 Rn. 151 ff.; *Esser*, S. 538 ff.

[480] Vgl. Calliess/Ruffert/*Blanke*, Art. 47 GRC Rn. 11; *Jarass*, Art. 47 Rn. 20; *Frenz*, Bd. 4, Rn. 5020; *Kley-Struller*, S. 62.

[481] Vgl. Tettinger/Stern/*Alber*, Art. 47 Rn. 55; Meyer/*Eser*, Art. 47 Rn. 32; *Esser*, S. 543 f.

[482] Vgl. Meyer/*Eser*, Art. 47 Rn. 32; ebenso *Frenz*, Bd. 4, Rn. 5021; *Jarass*, Art. 47 Rn. 21; Calliess/Ruffert/*Blanke*, Art. 47 GRC Rn. 11.

[483] Vgl. u. a. *Kley-Struller*, S. 62 f.; *Baltes*, S. 28 ff.

Die für die Qualifikation eines Spruchkörpers als Gericht ebenfalls unerlässliche *Unparteilichkeit* fordert die uneingeschränkte Neutralität im Einzelfall; jeder Richter muss ohne Ansehung der Person sachgemäß urteilen.[484] Von einer Verletzung dieser Voraussetzung ist bereits dann auszugehen, wenn nach dem äußeren Eindruck für jeden vernünftigen Dritten Zweifel an der Objektivität des Spruchkörpers bestehen müssen.[485] Im Einzelnen kann sich der Verdacht der Parteilichkeit aus verschiedensten Ursachen ergeben, etwa aus einer vorherigen Beteiligung am Ermittlungsverfahren als Staatsanwalt.[486] Es wird aber bis zum Beweis des Gegenteils vermutet, dass jeder Richter die an ihn gestellte Anforderung der Neutralität erfüllt.[487] Die Unparteilichkeit ist dennoch auch gesetzlich abzusichern, etwa durch Regeln zur Abberufung befangener Richter.[488]

2. Anspruch auf den gesetzlichen Richter?

Ob sich aus der Wendung „gesetzlich errichtetes Gericht" darüber hinaus das *Recht auf einen gesetzlichen Richter* ableiten lässt, also darauf, dass schon im Voraus die gerichtliche Zuständigkeit für jede Streitigkeit festgelegt sein muss, ist strittig.[489] Der Grundsatz gehört in Verbindung mit dem Verbot von Ausnahmegerichten zu den fundamentalen Gewährleistungen in einem Rechtsstaat. Er dient dem Schutz vor sachfremder Manipulation.[490] Vom *EuGH* ist das Prinzip jedenfalls nicht schon vor der Geltung der Grundrechtecharta als allgemeiner Rechtsgrundsatz anerkannt gewesen.[491] Das Recht auf einen gesetzlichen Richter stellt allerdings ein Prinzip dar, das in verschiedenen Ausprägungen in vielen mitgliedstaatlichen Rechtsordnungen anerkannt ist.[492] Ob es aus Art. 6 Abs. 1 S. 1 EMRK abgeleitet werden kann, ist dagegen umstritten.[493] Wäre das der Fall,

---

[484] Vgl. Meyer/*Eser*, Art. 47 Rn. 33; *Esser*, S. 551 ff.

[485] Vgl. Calliess/Ruffert/*Blanke*, Art. 47 GRC Rn. 12; Meyer/*Eser*, Art. 47 Rn. 33; Tettinger/Stern/*Alber*, Art. 47 Rn. 57, zur entsprechenden Eidesformel.

[486] Siehe bei *Jarass*, Art. 47 Rn. 22.

[487] Meyer/*Eser*, Art. 47 Rn. 33.

[488] Vgl. *Jarass*, Art. 47 Rn. 22; *Baltes*, S. 28 ff., zu normativen Absicherungen. Die Unionsgerichte haben einen (unverbindlichen) Verhaltenskodex erlassen, der die Unparteilichkeit absichern soll, abgedruckt im ABl. EU Nr. C 223 v. 22.9.2007, S. 1.

[489] Zweifel hegt: Meyer/*Eser*, Art. 47 Rn. 31; bejahend: *Schenke*, in: AE Europol, S. 367 (389); ablehnend gegenüber der uneingeschränkten Übertragbarkeit der Prinzipien des Art. 101 GG: *Jarass*, NJW 2011, 1393 (1395); Calliess/Ruffert/*Blanke*, Art. 47 GRC Rn. 13.

[490] Vgl. *Abetz*, S. 51; s.a. *Puttler*, EuR-Beih. 3/2008, 133 (134).

[491] Etwa *Puttler*, EuR-Beih. 3/2008, 133 (146); Heselhaus/Nowak/*Nowak*, § 51 Rn. 49.

[492] Vgl. *Grzybek*, S. 71 ff.; *Abetz*, S. 51 f., zur Geltung in den Mitgliedstaaten; *Puttler*, EuR-Beih. 3/2008, 133 (147 ff.).

[493] Dafür *Puttler*, EuR-Beih. 3/2008, 133 (152 f.); *Karper*, S. 76 f.; *Grzybek*, S. 75; s.a. LR-EMRK/*Esser*, Art. 6 Rn. 134 ff., unter Auswertung aktueller Rechtsprechung;

müsste Art. 47 Abs. 2 GRC, der den Wortlaut des Art. 6 Abs. 1 EMRK weitgehend übernommen hat, ebenso verstanden werden (Art. 52 Abs. 3 GRC).[494] Zumindest wird man Art. 47 Abs. 2 GRC entnehmen können, dass nicht nur die Errichtung der Gerichte (vorab) gesetzlich geregelt sein muss, sondern auch ein positivrechtlicher Rahmen für den organisatorischen Aufbau sowie die fachlichen und örtlichen Zuständigkeiten vorhanden sein muss.[495] Im Übrigen ist die Reichweite weitgehend ungeklärt.

3. Verfahrensgarantien im Einzelnen

Wie ein *faires Verfahren* genau aussehen soll, beschreibt Art. 47 GRC nicht. Da die gemeinsamen Verfassungsüberlieferungen der Mitgliedstaaten und die EMRK die Fundamente der Garantie bilden, kann aus diesen Quellen allerdings eine Vielzahl von Einzelgewährleistungen abgeleitet werden.[496]

a) Garantie des rechtlichen Gehörs

Wegen seiner besonderen Bedeutung an erster Stelle genannt sein soll der Anspruch auf *rechtliches Gehör*. Allgemein fordert der Grundsatz, dass der Einzelne seine Argumente im Verfahren zu irgendeinem Zeitpunkt vorbringen kann.[497] Dies setzt voraus, dass er zuvor eingehend über die Vorwürfe, die ihm gemacht werden, informiert wird.[498] Nicht erforderlich ist aber, dass sich das zuständige Gericht mit allen vorgebrachten Argumenten auch auseinandersetzt; es kann sich auf urteilsrelevante Aspekte beschränken.[499] Wie nach Art. 6 Abs. 1 EMRK ist aber erforderlich, dass das Gericht seine Entscheidung begründet, damit der Betroffene diese nachvollziehen kann (siehe schon unter I. 3.).[500]

---

dagegen: Heselhaus/Nowak/*Nowak,* § 51 Rn. 49; siehe dazu aber auch *Luchtman,* Utrecht Law Review 2011, 74 (86 ff.) m.w.N.

[494] Vgl. *Puttler,* EuR-Beih. 3/2008, 133 (153 ff.), auch zu Unterschieden zu Art. 103 GG. Sie geht davon aus, dass die derzeitige Geschäftsverteilungspraxis den Grundsätzen widerspricht. *Dauses,* D 103, für Kammern mit festen Zuständigkeiten.

[495] Vgl. *Jarass,* Art. 47 Rn. 18; Streinz/*Huber* Art. 251 AEUV Rn. 7; Calliess/Ruffert/*Blanke,* Art. 47 GRC Rn. 13; *Luchtman,* Utrecht Law Review 2011, 74 (92 ff.), zur Bindung bei transnationalen Ermittlungen, Bedeutung für Strafgewaltskonflikte.

[496] Zu Unterschieden in straf- u. zivilrechtlichen Verfahren: *Heinze,* EuR 2008, 654 (669).

[497] Allg. Tettinger/Stern/*Alber,* Art. 47 Rn. 60 ff., auch zur *EuGH*-Rechtsprechung; zur Verankerung in den Vertragsstaaten, *Abetz,* S. 43 ff.; *Grzybek,* S. 95 ff.; *Böcker,* S. 45; *Jarass,* § 40 Rn. 34; für Wettbewerbsrecht: Heselhaus/Nowak/*Schorkopf,* § 53 Rn. 28.

[498] Zum Informationsrecht: *Heinze,* EuR 2008, 654 (670); siehe auch *Jarass,* § 40 Rn. 33.

[499] Tettinger/Stern/*Alber,* Art. 47 Rn. 59; ebenso *Heinze,* EuR 2008, 654 (671).

[500] Siehe *Abetz,* S. 61.

b) Waffen- und Chancengleichheit

Zudem darf keiner der Beteiligten des Verfahrens einseitig benachteiligt werden. Dieses als *Waffen- oder Chancengleichheit*[501] bekannte Prinzip kann im strafverfahrensrechtlichen Kontext in unterschiedlichsten Ausprägungen relevant werden: Jeder Beschuldigte muss über den ihm gemachten strafrechtlichen Vorwurf in einer ihm verständlichen Sprache unterrichtet werden. Ihm ist eine angemessene Zeit zur Vorbereitung der Verteidigung zur Verfügung zu stellen. Er hat außerdem einen Anspruch auf anwaltlichen Beistand, was in Art. 47 Abs. 2 S. 2 GRC sogar explizit vorgeschrieben ist. Danach kann sich jede Person *beraten, verteidigen und vertreten* lassen. Aus der Entstehungsgeschichte der Regelung ergibt sich, dass die Vertretung nicht notwendig durch einen Rechtsanwalt erfolgen muss, eine entsprechende Festlegung durch nationale Regelung wäre aber möglich.[502] Unter gewissen Umständen ist dem Beschuldigten auch eine monetäre Unterstützung bei der Finanzierung seiner Verteidigung zu gewähren (noch III.).[503] Außerdem kann er im selben Umfang wie der Ankläger Zeugen befragen und bestellen (lassen); er hat ein Recht auf Akteneinsicht.[504] Die Gewährleistungen greifen bereits im Vorverfahren.[505]

c) Öffentlichkeits- und Mündlichkeitsgrundsatz

Ebenfalls in Art. 47 Abs. 2 GRC ausdrücklich festgeschrieben ist der *Öffentlichkeitsgrundsatz*. Er gilt – wie auch Art. 6 Abs. 1 S. 2 EMRK[506] – umfassend für die ganze Verhandlung wie die Urteilsverkündung.[507] Nicht nur die Verfahrensbeteiligten können sich darauf berufen, sondern vor allem die „Volksöffentlichkeit". Auch der Zugang der Medien ist darunter zu fassen.[508]

---

[501] Zum Grundsatz in den Rechtsordnungen der Unionsmitgliedstaaten: *Abetz*, S. 47 ff. Zur Gewährleistung in der EMRK: *Esser*, S. 406 ff.

[502] Vgl. *Jarass*, NJW 2011, 1393 (1397).

[503] Vgl. auch Heselhaus/Nowak/*Schorkopf*, § 53 Rn. 34.

[504] Vgl. Calliess/Ruffert/*Blanke*, Art. 47 GRC Rn. 14 f.; Heselhaus/Nowak/*Schorkopf*, § 53 Rn. 40 ff.

[505] Vgl. *Abetz*, S. 63. – Der Anwendungsbereich des Art. 47 Abs. 2 GRC überschneidet sich in seiner strafverfahrensrechtlichen Gewährleistungskomponente mit Art. 48 GRC, der auch die Verteidigungsrechte erfasst (dazu noch D. I. 2.). Kritisch angesichts des Mangels an einer einheitlichen Terminologie in der Rechtsprechung: Heselhaus/Nowak/*Schorkopf*, § 53 Rn. 30, 39.

[506] Dazu *Esser*, S. 707 f., 710 ff., 752 ff.; LR-EMRK/*Esser*, Art. 6 Rn. 377 ff.

[507] V. a. Meyer/*Eser*, Art. 47 Rn. 35; auch *Abetz*, S. 109. Tettinger/Stern/*Alber*, Art. 47 Rn. 65 ff., zu Regelungen in der Satzung und den Verfahrensordnungen der Unionsgerichte.

[508] So Calliess/Ruffert/*Blanke*, Art. 47 GRC Rn. 16; LR-EMRK/*Esser*, Art. 6 Rn. 383. Zu den Problemen, die die Medienöffentlichkeit mit sich bringen kann: *Esser*, S. 714 ff.

§ 3 Gegengewicht zur Strafrechtssetzung   143

Das Verfahren muss zudem *mündlich* erfolgen. Der Grundsatz der Mündlichkeit erfasst nach allgemeiner Ansicht auch die Garantie der *Unmittelbarkeit*, d.h. dass das erkennende Gericht seine Entscheidung auf Grundlage der in der mündlichen Verhandlung vorgebrachten Beweise treffen muss.[509] Einschränkungen des Mündlichkeits- und Öffentlichkeitsgrundsatzes sind aber möglich, etwa aus Gründen der nationalen Sicherheit.[510]

d) Angemessene Verfahrensdauer

Schließlich muss das Verfahren in *angemessener Zeit* durchgeführt werden. Der Grundsatz dient in erster Linie dem Schutz des Beschuldigten im Strafverfahren vor den zusätzlichen Belastungen eines überlangen Prozesses. Erforderlich ist bei der Beurteilung der Länge des Verfahrens stets eine Einzelfallbetrachtung, in der die Komplexität der Materie ebenso miteinbezogen werden muss wie das Verhalten der Verfahrensbeteiligten.[511] Der Grundsatz steht im Spannungsverhältnis zu den Verfahrensgarantien, da in der Regel ein „Mehr" an Rechten das Verfahren verlängert.[512]

Der *EuGH* selbst sah in der Rechtssache *Grüner Punkt* den Grundsatz auf ein faires Verfahren durch die Verfahrensgestaltung beim *EuG* als verletzt an, weil das Verfahren 5 Jahre und 10 Monate gedauert hatte.[513] Die Folgen eines Verstoßes sind aber nicht eindeutig geklärt. Die Berücksichtigung auf Strafzumessungsebene erscheint ebenso möglich wie die Annahme eines Strafverfolgungsverbots.[514]

III. Art. 47 Abs. 3 GRC – Anspruch auf Prozesskostenhilfe

Daneben gewährt Art. 47 Abs. 3 GRC einen Anspruch auf *Prozesskostenhilfe*, wenn mangels einer solchen finanziellen Unterstützung wirksamer Rechtsschutz nicht gewährleistet wäre.[515] Der Begriff Prozesskostenhilfe ist weit zu verstehen

---

[509] Siehe etwa Heselhaus/Nowak/*Schorkopf*, § 53 Rn. 48.
[510] Vgl. *Jarass*, § 40 Rn. 39 ff.; Calliess/Ruffert/*Blanke*, Art. 47 GRC Rn. 16; Heselhaus/Nowak/*Schorkopf*, § 53 Rn. 47, 50, insb. zu Regelungen für die Unionsgerichte.
[511] Tettinger/Stern/*Alber*, Art. 47 Rn. 69; Meyer/*Eser*, Art. 47 Rn. 36; *Pechstein*, Rn. 32.
[512] Siehe *Abetz*, S. 49, 61.
[513] Vgl. *EuGH* Rs. C-385/07 P (Der Grüne Punkt – Duales System Deutschland/KOM), 16.7.2009, Slg. 2009 I-6155, Tz. 183 ff.
[514] Meyer/*Eser*, Art. 47 Rn. 36.
[515] *Abetz*, S. 109 f., auch zum Folgenden: Der Anspruch i.S. einer Freistellung von Prozesskosten ergibt sich auch aus der EMRK bzw. der Rechtsprechung des *EGMR*: Für Strafverfahren ist der Prozesskostenanspruch auch in der EMRK in Art. 6 Abs. 3 *lit.* c EMRK ausdrücklich geregelt; dazu auch LR-EMRK/*Esser*, Art. 6 Rn. 733 ff. Für zivil- und verwaltungsrechtliche Verfahren leitet der *EGMR* den Anspruch aus dem Recht auf

und umfasst neben der reinen Kostenübernahme oder -bereitstellung auch die Bestellung eines (Pflicht-)Verteidigers.[516]

IV. Schranken, insbesondere praktische Konkordanz

Auch das Recht auf effektiven Rechtsschutz fällt unter die allgemeine Schrankenregelung des Art. 52 GRC. Da Art. 47 GRC sich weitgehend aus Art. 6 und Art. 13 EMRK ableiten lässt, ist vor allem Art. 52 Abs. 3 GRC zu beachten.[517] Jenseits der Übereinstimmung mit der EMRK ist auch Art. 52 Abs. 1 GRC relevant (siehe jeweils B. III.).[518]

Soweit die unionsgerichtlichen Strukturen – insbesondere nach Art. 251 ff. AEUV – mit Art. 47 GRC nicht in Einklang stehen, ergibt sich das Problem, dass die Charta und die Verträge denselben Rang haben (Art. 6 Abs. 1 UAbs. 1 S. 1 AEUV). Die Verfahrensgestaltung in Bezug auf die Unionsgerichte ist – wie die Grundrechte auch – im Primärrecht geregelt. Diskrepanzen zwischen Normen des Primärrechts lassen sich generell nur durch *praktische Konkordanz* abmildern.[519] Dabei findet eine wechselseitige Beeinflussung statt, da weder den Grundrechten noch dem sonstigen Primärrecht schlicht Vorrang eingeräumt werden kann. Aus sonstigen Primärrechtsnormen kann sich also durchaus eine zulässige Grundrechtseinschränkung ergeben.[520]

Für die Mitgliedstaaten greift bei der Beschränkung des Art. 47 Abs. 1 GRC zusätzlich eine besondere „Schranken-Schranke". Diese müssen in Bezug auf den Schutz unional vermittelter Rechte auch den Grundsätzen der *Effektivität* und *Äquivalenz* gerecht werden. Dies bedeutet vor allem, dass die Rechtsschutzmöglichkeiten nicht geringer ausfallen dürfen als diejenigen gegenüber nationalen Ansprüchen. Unional vermittelten Rechten muss zu voller Wirksamkeit verholfen werden.[521]

---

ein faires Verfahren her, allerdings in einem geringeren Umfang. Näheres auch bei Tettinger/Stern/*Alber*, Art. 47 Rn. 77 f.

[516] Calliess/Ruffert/*Blanke*, Art. 47 GRC Rn. 19.
[517] Für den 1. Absatz: *Schenke*, FS Schenke, S. 305 (322 f.).
[518] Siehe Vedder/Heintschel v. Heinegg/*Folz*, Art. 47 GRC Rn. 14.
[519] Vedder/Heintschel v. Heinegg/*Folz*, Art. 47 GRC Rn. 15; *Pechstein*, Rn. 26.
[520] *Jarass*, Einl. Rn. 10 f., sieht eine Sonderregel in Art. 51 Abs. 1 S. 2, Abs. 2 GRC, Art. 6 Abs. 1 UAbs. 2 EUV, wonach Zuständigkeiten durch die Charta nicht berührt werden.
[521] Vgl. *Gärditz*, in: Böse (Hrsg.), § 24 Rn. 12 ff., insbesondere zu den Forderungen für das Strafverfahren; auch *Jarass*, NJW 2011, 1393 (1395); *Heinze*, EuR 2008, 654 (659 f.), zu zulässigen Einschränkungen; *von Danwitz*, DVBl. 2008, 537 (539 f.); *Pechstein*, Rn. 22. *Militello*, FS Eser, S. 807 (810 ff.), zur aus der Rechtsschutzgarantie ableitbaren Pflicht zum Einsatz des Strafrechts zum Schutz unionaler Rechte.

D. Strafrechtliche Garantien (Art. 48–50 GRC)

In Art. 48–50 GRC finden sich spezielle strafrechtliche Grundrechte, die an die Verhängung von Strafen und strafähnlichen Maßnahmen anknüpfen (I.). Dazu zählen die Unschuldsvermutung (II. 1.), die Verteidigungsrechte (II. 2.) und die Aussagefreiheit (II. 3.). Daneben werden die Gesetzmäßigkeit des Strafens (III.) und das Doppelbestrafungsverbot garantiert (IV.).

I. Anwendungsbereich: Strafrecht im Unionssinne

Um einen strafrechtlichen Sachverhalt als solchen zu qualifizieren und damit festzustellen, ob der Anwendungsbereich der Art. 48–50 GRC eröffnet ist, wendet der *EuGH* die *Engel*-Kriterien des *EGMR*[522] an („*Bonda*"-Kriterien): Danach kommt es zunächst darauf an, wie eine Sanktionsregelung in der jeweiligen Rechtsordnung eingeordnet wird. In einem zweiten Schritt ist die Art der Zuwiderhandlung zu berücksichtigen und schließlich müssen die Art und der Schweregrad der angedrohten Sanktion miteinbezogen werden.[523]

Das EU-Sanktionsrecht wollen die Unionsgerichte nicht als „Strafrecht" in diesem Sinne klassifizieren. Doch hat der Gerichtshof in der Vergangenheit den Schutzbereich strafrechtlicher Garantien auch auf solche strafähnlichen (Verwaltungs-)Sanktionen ausgeweitet.

II. Unschuldsvermutung und Verteidigungsrechte (Art. 48 GRC)

Art. 48 GRC enthält die Unschuldsvermutung (1.), die Selbstbelastungsfreiheit (3.) und bestimmte Verteidigungsrechte (2.). Die Norm stimmt weitgehend mit Art. 6 Abs. 2 und 3 EMRK überein, so dass die Gewährleistungen denselben Umfang wie die entsprechenden EMRK-Rechte haben (Art. 52 Abs. 3 GRC).[524]

1. Unschuldsvermutung (Art. 48 Abs. 1 GRC)

Die in Art. 48 Abs. 1 GRC garantierte Unschuldsvermutung ist ein unverzichtbares Merkmal eines fairen *Strafverfahrens*. Über den eigentlich klaren Wortlaut der Norm hinaus, wonach der „Angeklagte [...] bis zum rechtsförmlich erbrachten Beweis seiner Schuld als unschuldig" zu gelten hat, wird der Anwendungsbe-

---

[522] *EGMR* Engel u. a./Niederlande, Nr. 5100/71, 8.6.1976, §§ 80–82.
[523] Vgl. *EuGH* Rs. C-489/10 (Bonda), 5.6.2012, Tz. 37; bestätigt in *EuGH* Rs. C-617/10 (Åkerberg Fransson), (Fn. 387), Tz. 35 f., wonach zudem nicht der Gerichtshof das mitgliedstaatliche Recht nach diesen Kriterien bewerte, sondern die Mitgliedstaaten selbst. Zum Strafrechtsbegriff des *EGMR*: *Esser*, S. 51 ff.; LR-EMRK/*Esser*, Art. 6 Rn. 68 ff.
[524] *Abetz*, S. 110; *Jarass*, NStZ 2012, 611 (612). – Zu den entsprechenden Gewährleistungen der EMRK: *Esser*, S. 400 ff.

reich der Vermutung auch auf *strafähnliche Verfahren* ausgeweitet. Strafähnlich ist ein Verfahren, das auf eine repressive Sanktionierung eines Verstoßes abzielt, ohne ein echtes Strafverfahren darzustellen. Dies ist schon aus Gründen der Umgehungsgefahr erforderlich.[525] Die Unschuldsvermutung gilt daher auch im Ordnungswidrigkeitenverfahren,[526] in der Regel aber nicht im Verwaltungssanktionenrecht, das vorwiegend restitutive, nicht punitive Wirkung haben soll.[527] Im Kartellverfahren wollen die Gerichte die Unschuldsvermutung dagegen angewendet wissen.[528]

Auch der Begriff „Anklage" wird autonom interpretiert. Gemeint ist nicht die Anklage im Sinne der deutschen Strafprozessordnung. Vielmehr geht es um die *offizielle Bekanntgabe des Tatvorwurfs* durch die zuständige Stelle. Die Vermutung greift zudem nicht erst ab der „Anklageerhebung" ein. Auch Zwangsmittel des Ermittlungsverfahrens müssen sich an dem Grundsatz messen lassen.[529]

Die Garantie richtet sich vor allem gegen Gerichte und Strafverfolgungsbehörden. Diese müssen den erforderlichen Nachweis der Schuld erbringen; Zweifel wirken sich zugunsten des Beschuldigten aus.[530] Letztlich zieht dies Konsequenzen für verschiedenste Ebenen des Verfahrens nach sich, etwa wenn es darum geht, ob die angeordnete Untersuchungshaft verhältnismäßig war, oder wie Strafverfolgungsbehörden in den Medien über Tatvorwürfe berichten dürfen.[531]

2. Verteidigungsrechte (Art. 48 Abs. 2 GRC)

Wie die Unschuldsvermutung greifen auch die Verteidigungsrechte nicht nur im förmlichen Strafverfahren und vor allem nicht erst nach der Erhebung der Anklage im formellen Sinne ein (§ 170 Abs. 1 StPO), sondern schon im Ermittlungsverfahren.[532]

---

[525] Siehe *Hetzer*, FS Meyer, S. 103 (107); *Jarass*, NStZ 2012, 611 (612); *Frenz*, Bd. 4, Rn. 5074. Vgl. auch Heselhaus/Nowak/*Szczekalla*, § 52 Rn. 4.

[526] Siehe auch *Frenz*, Bd. 4, Rn. 5074.

[527] So *EuGH* Rs. C-489/10 (Bonda), (Fn. 523), Tz. 36–44; kritisch: Meyer/*Eser*, Art. 48 Rn. 11. Dazu auch *Hetzer*, FS Meyer, S. 103 (108 f.); *Jarass*, NStZ 2012, 611 (612); siehe aber *Frenz*, Bd. 4, Rn. 5075 ff.

[528] Etwa *EuG* Rs. T-474/04 (Pergan Hilfsstoffe für industrielle Prozesse GmbH/KOM), 12.10.2007, Slg. 2007, II-4225, Tz. 46, unter Bezugnahme auf den damals noch nicht rechtsverbindlichen Art. 48 GRC; *Frenz*, Bd. 4, Rn. 5075 m.w.N.; siehe auch Meyer/*Eser*, Art. 48 Rn. 11a ff.; Heselhaus/Nowak/*Szczekalla*, § 52 Rn. 4 m.w.N.

[529] Vgl. *Frenz*, Bd. 4, Rn. 5080 ff.; *Hetzer*, FS Meyer, S. 103 (107); *Abetz*, S. 50; Heselhaus/Nowak/*Szczekalla*, § 52 Rn. 7 ff. Fehlgeleitet durch die Begrifflichkeiten: *Noltenius*, ZStW 122 (2010), 604 (609).

[530] Vgl. etwa *Jarass*, NStZ 2012, 611 (613).

[531] Einen Überblick bietet: *Frenz*, Bd. 4, Rn. 5079 ff.; Meyer/*Eser*, Art. 48 Rn. 5 ff.; vgl. auch Heselhaus/Nowak/*Szczekalla*, § 52 Rn. 7 ff.

[532] Etwa *Frenz*, Bd. 4, Rn. 5105 f.; *Hetzer*, FS Meyer, S. 103 (110); siehe auch *Jarass*, NStZ 2012, 611 (614).

Nachdem Art. 48 Abs. 2 GRC Art. 6 Abs. 3 *lit.* a–e EMRK entsprechen soll, kann für die Bestimmung des Inhalts der Einzelgewährleistungen auf die reichhaltige Rechtsprechung des *EGMR* und die umfangreiche Literatur zu dessen Gehalt zurückgegriffen werden.[533] Um die wesentlichen Grundsätze zu nennen, die eine sachgerechte Verteidigung als Kern des Grundrechts sicherstellen sollen: Der Betroffene muss nach Art. 48 Abs. 2 GRC frühzeitig und in verständlicher Sprache über die gegen ihn erhobenen Beschuldigungen informiert werden. Die Pflicht der Strafverfolgungsbehörden hängt eng mit dem Anspruch des Beschuldigten zusammen, dass ihm ausreichend Zeit für die Vorbereitung der Verteidigung zugestanden wird. Ihm muss auch Zugang zu einem Verteidiger gewährt werden (siehe schon C. II. 4.). Art. 48 Abs. 2 GRC beinhaltet aber auch ein Recht auf Selbstverteidigung. Außerdem ist es dem Beschuldigten zu ermöglichen, *Belastungszeugen* zu konfrontieren und *Entlastungszeugen* beizubringen. Ihm ist außerdem Einsicht in die Verfahrensakten zu gewähren. Zudem hat der Beschuldigte ein Recht auf die unentgeltliche Beiordnung eines Dolmetschers, das bei allen für die Verteidigung wesentlichen Vorgängen greift, wie etwa im Haftprüfungsverfahren, aber auch schlicht beim mündlichen oder schriftlichen Verkehr mit dem Verteidiger.[534]

3. Aussagefreiheit

Der *Nemo-tenetur*-Grundsatz ist nicht explizit in der Charta erwähnt, hängt aber eng mit den Gewährleistungen des Art. 48 GRC zusammen und soll daher in diesem Zusammenhang erwähnt werden. Hergeleitet wird der Grundsatz aus einer Zusammenschau von Art. 48 Abs. 1, 2 GRC und Art. 47 Abs. 2 GRC.[535] Der Grundsatz beinhaltet die Garantie der *Selbstbelastungsfreiheit* wie auch ein Recht auf *Aussageverweigerung*. Der Beschuldigte darf also weder gezwungen werden, aktiv an der Beweiserhebung mitzuwirken, noch darf er verpflichtet werden, Aussagen zu machen, die zu seiner Sanktionierung führen können.

Das Recht bezieht sich wiederum nicht nur auf die strafrechtliche Anklage im engeren Sinn, sondern ist auch in Verwaltungsverfahren anwendbar, die zur Verhängung von Sanktionen führen können, etwa im Wettbewerbsrecht.[536] Für *Unternehmen* gilt der Grundsatz nach der Rechtsprechung des *EuGH* nur in ein-

---

[533] Vgl. *Abetz,* S. 110; kritisch dazu: *Hetzer,* FS Meyer, S. 103 (107, 109 f.). – Zu den Gewährleistungen: *Esser,* S. 400 ff.

[534] Siehe nur Meyer/*Eser,* Art. 48 Rn. 25a ff.; *Jarass,* Art. 48 Rn. 23 ff.; *Esser,* S. 400 ff.

[535] Vgl. *Schwarze,* EuR 2009, 171 (192); *Frenz,* Bd. 4, Rn. 5098 (Art. 47 Abs. 1, Art. 48 Abs. 2 GRC); zur Geltung in den Mitgliedstaaten: *Abetz,* S. 50 f.; *Pascu,* S. 108 ff. Zum Grundsatz in der Rechtsprechung des *EGMR*: *Esser,* S. 520 ff.

[536] So *Jarass,* Art. 48 Rn. 32.

geschränktem Umfang. Geschützt werden sie lediglich vor der erzwungenen Herausgabe von belastenden Beweismitteln.[537]

III. Gesetzmäßigkeit und Verhältnismäßigkeit der Strafe (Art. 49 GRC)

Art. 49 GRC befasst sich vor allem mit der Rechtsfolgenseite. Die ersten beiden Absätze normieren den Grundsatz der Gesetzmäßigkeit (1.), während der dritte Absatz die Verhältnismäßigkeit staatlichen Strafens festschreibt (2.).

1. Nulla poena sine lege (Art. 49 Abs. 1, 2 GRC)

Art. 49 Abs. 1 GRC schreibt fest, dass niemand verurteilt und bestraft werden kann, wenn das zugrunde liegende Gesetz nicht schon vor der Tat gültig war oder nicht hinreichend bestimmt ist. Der Grundsatz ist zwingende Voraussetzung für die Rechtssicherheit und Vorhersehbarkeit des Rechts sowie für den Ausschluss von Willkür staatlicher Hoheitsgewalt. Er stellt eine der fundamentalsten Errungenschaften des modernen, aufgeklärten Rechtsstaats dar.[538]

a) Anwendungsbereich

Das Prinzip gilt auch für Verwaltungssanktionen; der *EuGH* hatte bereits in der Rechtssache *Könecke/BALM* anerkannt, dass jede Sanktion, unabhängig von ihrem strafrechtlichen Charakter an dem Grundsatz zu messen ist.[539] Darüber hinaus gilt der Grundsatz auch für Geldbußen im Kartellrecht, die ebenfalls kein Strafrecht im engeren Sinne, sondern Verwaltungssanktionen darstellen.[540]

b) „Gesetzliche" Grundlage

Wird eine gesetzliche Grundlage gefordert, ist dies im Sinne von „*Rechtsgrundlage*" zu verstehen. Darunter ist auch das in Common-Law-Systemen anerkannte Case Law zu subsumieren, sofern der Grundsatz „stare decisis" eingehal-

---

[537] *EuGH* Rs. C-374/87 (Orkem/KOM), (Fn. 114), Tz. 18 ff. *Schwarze*, EuR 2009, 171 (197 f.), fordert eine Erstreckung auf Personenvereinigungen im Kartellverfahren, weil in ihrer Verurteilung ein Schuldvorwurf liege. Die ethische Missbilligung treffe allein diese; die Organwalter werden nicht separat sanktioniert.
[538] Vgl. *Jarass*, NStZ 2012, 611 (615); *Abetz*, S. 52 ff., 110 (Geltung in Mitgliedstaaten).
[539] *EuGH* Rs. 117/83 (Könecke/BALM), 25.9.1984, Slg. 1984, 3291, Tz. 11; dazu Meyer/*Eser*, Art. 49 Rn. 28; *Frenz*, Bd. 4, Rn. 5131 (je speziell zum Rückwirkungsverbot).
[540] Etwa *EuGH* Rs. 199/92 P (Hüls/KOM), 8.7.1999, Slg. 1999, I-04287, Tz. 62; vgl. *Schwarze*, EuR 2009, 171 (174), der aber Zweifel an dieser Einordnung hegt (180 ff.).

ten wird, also die Gerichte an Urteile höherer Instanzen gebunden sind. Die Strafbarkeit kann sich sogar aus Gewohnheitsrecht ergeben.[541]

c) Bestimmtheitsgebot

Zentrale Forderung der als *Bestimmtheitsgebot* zu umschreibenden Komponente der Gesetzmäßigkeit ist, dass der Strafgesetzgeber die Verhaltensweisen konkret beschreiben muss, die er verboten wissen will. Die Reichweite des Verbots wie auch die Tragweite eines Verstoßes muss schon im Voraus erkennbar sein. Betroffen sind also sowohl die Tatbestands- als auch die Rechtsfolgenseite.[542] Dass bei der das Strafgesetz anwendenden Stelle ein gewisser Ermessensspielraum bestehen bleibt, ist nicht grundsätzlich schädlich, solange die wesentlichen Entscheidungen vom Gesetzgeber getroffen werden.[543] Gerade im Rahmen der Rechtsangleichung ist der schmale Grat zwischen Umsetzung des Richtlinienziels und Verwirklichung des Bestimmtheitsgebot eine Herausforderung für die Mitgliedstaaten. Aber auch der Unionsgesetzgeber hat auf präzise Vorgaben zu achten, je mehr er selbst den Umsetzungsspielraum beschränkt.[544]

d) Analogieverbot

Die Kehrseite des Bestimmtheitsgebots ist das *Analogieverbot*: Es ist ausgeschlossen, die gesetzliche Grundlage für die Sanktionierung im Wege der Analogie zu gewinnen, wenn sich wegen des Erfordernisses der Bestimmtheit Strafbarkeitslücken ergeben.[545] Verboten sind strafbegründende Analogien und ebenso straferweiternde. Auch darf nicht der Strafrahmen gleich schwer erscheinender Straftatbestände in analoger Anwendung auf einen anderen Straftatbestand übertragen werden.[546] Erlaubt ist aber eine Analogie zu Gunsten des Beschuldigten, die also strafbarkeitseinschränkend oder strafmildernd wirkt.[547]

e) Rückwirkungsverbot

Darüber hinaus enthält die Regelung auch ein *Rückwirkungsverbot,* das aus einer Zusammenschau von Art. 49 Abs. 1 S. 1 und 2 GRC hergeleitet wird und

---

[541] Zur Wortwahl („Gesetzmäßigkeit" statt „Gesetzlichkeit"): *Dannecker,* ZStW 117 (2005), 697 (745 f.); Meyer/*Eser,* Art. 49 Rn. 12 f.; *Frenz,* Bd. 4, Rn. 5114 f.
[542] Vgl. Meyer/*Eser,* Art. 49 Rn. 21 f.
[543] Etwa *Abetz,* S. 53, 64; *Schwarze,* EuR 2009, 171 (176 ff.), zu den Kartellbußen.
[544] Vgl. *Satzger,* in: Böse (Hrsg.), § 2 Rn. 61, Rn. 41 ff., zu prominenten Beispielen insoweit missglückter Richtlinienvorgaben.
[545] Vgl. *Jarass,* Art. 49 Rn. 10 f.
[546] Siehe etwa Meyer/*Eser,* Art. 49 Rn. 23 f.
[547] Meyer/*Eser,* Art. 49 Rn. 26.

grundsätzlich keiner Beschränkung zugänglich ist.[548] Allein Art. 49 Abs. 2 GRC enthält im Sinne der Radbruch'schen Formel eine Ausnahme.[549]

Eine Strafe kann nur verhängt werden, wenn sie bereits nach dem im Zeitpunkt der Begehung der Tat geltenden Recht angedroht war.[550] Zudem dürfte eine nicht vorhersehbare Rechtsprechungsänderung ausgeschlossen sein, die zur Strafbarkeit zuvor legalen Verhaltens führt.[551] Auch die verhängten Sanktionen selbst müssen zum Zeitpunkt der Zuwiderhandlung vorgesehen gewesen sein.[552]

f) Lex-mitior-Grundsatz

Art. 49 Abs. 1 S. 3 GRC enthält daneben das *Gebot der mildesten Strafe* (*lex-mitior-Grundsatz*), das das Rückwirkungsverbot zugunsten des Täters aufweicht. Die Regelung ist dahingehend zu verstehen, dass bei jedweder täterbegünstigenden Gesetzesänderung zwischen Tatbegehung und letztinstanzlicher Entscheidung das mildere Gesetz anzuwenden ist. Es kommt stets darauf an, welches Gesetz für den *konkreten Fall* die mildeste Beurteilung zulässt. Das gilt auch für mildere Zwischengesetze, die zwischenzeitlich wieder außer Kraft getreten sind.[553]

2. Verhältnismäßigkeit der Strafe (Art. 49 Abs. 3 GRC)

Absatz 3 schreibt die Verhältnismäßigkeit der Strafen oder sonstigen strafähnlichen Maßnahmen vor und betrifft gleichermaßen das „Ob" und „Wie" der Sanktionierung. Die durch eine punitive Maßnahme bedingten Nachteile müssen zu dem durch die Tat verwirklichten Unrecht in einem angemessenen Verhältnis stehen.[554] Auf der Ebene der *Gesetzgebung* heißt dies: Der Verhältnismäßigkeitsgrundsatz lässt die Kriminalisierung und Sanktionierung eines Verhaltens nur zu,

---

[548] Vgl. *Kober*, S. 239.
[549] *Abetz*, S. 110 f.; *Frenz*, Bd. 4, Rn. 5116 ff.; Calliess/Ruffert/*Blanke*, Art. 49 GRC Rn. 4.
[550] Vgl. *Jarass*, Art. 49 Rn. 13.
[551] Vgl. *EuGH* Rs. 189/02 (Dansk Rørindustri A/S u.a./KOM), 28.6.2005, Slg. 2005, I-5425, Tz. 215 ff. Vgl. auch *Jarass*, Art. 49 Rn. 13; wohl auch: Meyer/*Eser*, Art. 49 Rn. 30, der auf den Vertrauensschutz rekurriert.
[552] Vgl. Meyer/*Eser*, Art. 49 Rn. 31 f., auch zur Frage, ob Maßregeln der Besserung und Sicherung erfasst sind. Man wird dies angesichts *EGMR* M/Deutschland, Beschw.-Nr. 19359/04, 17.12.2009 = NJW 2010, 2495 (betreffend Art. 7 Abs. 1 EMRK), annehmen müssen.
[553] Siehe Meyer/*Eser*, Art. 49 Rn. 34 f.; siehe auch *Frenz*, Bd. 4, Rn. 5140.
[554] Vgl. *Jarass*, NStZ 2012, 611 (615 f.); *Abetz*, S. 111. *Dannecker*, ZStW 117 (2005), 697 (746 f.), postuliert, die Verhältnismäßigkeit der Strafe könne nicht losgelöst von dem jeweiligen (nationalen) Sanktionssystem beurteilt werden; s.a. *Frenz*, Bd. 4, Rn. 5148.

soweit dies zum Schutz eines betroffenen Rechtsguts erforderlich ist.[555] Für die *gesetzesanwendende* Judikative kommt dem Grundsatz insofern Geltung zu, als auch die im konkreten Fall verhängte Strafe nicht außer Verhältnis zur Straftat stehen darf, wobei dem objektiven Gewicht des Unrechts ebenso Bedeutung zukommt wie der individuell verwirklichten Schuld.[556]

IV. Ne bis in idem (Art. 50 GRC)

Das Doppelbestrafungsverbot ist eine allgemeine Regel des Völkerrechts, soweit es um das Verbot der erneuten Verfolgung bzw. Bestrafung innerhalb derselben Rechtsordnung geht.[557] Das *transnationale* „ne bis in idem"-Gebot ist dagegen bisher nicht im selben Maße anerkannt, denn mit Ausnahme der Niederlande erstreckt kein europäischer Staat die Gewährleistung auf vorausgegangene verfahrensabschließende Maßnahmen ausländischer Stellen.[558]

Art. 50 GRC bezieht dennoch *auch* endgültige Entscheidungen *anderer* Mitgliedstaaten der Union in das Verbot der erneuten Sanktionierung mit ein und wirkt sogar im Verhältnis zwischen Union und Mitgliedstaaten. Zugleich wird ein innerstaatliches Doppelbestrafungsverbot statuiert.[559] In der transnationalen Komponente liegt allerdings die eigentliche Bedeutung der Norm.

Art. 50 GRC setzt lediglich voraus, dass der Betroffene wegen derselben Tat bereits *rechtskräftig verurteilt* oder freigesprochen wurde. Rechtskräftig ist eine Entscheidung, wenn sie in der Rechtsordnung, aus der sie hervorgeht, nicht mehr revisibel ist. Sie muss allerdings eine materiell-rechtliche Beurteilung der Tat enthalten.[560] Wie weit das Gebot aber letztlich reicht, ist nicht abschließend geklärt, insbesondere ob auch endgültige Entscheidungen anderer Justizbehörden, etwa der Staatsanwaltschaft, an der strafklageverbrauchenden Wirkung des Art. 50 GRC teilhaben. Es soll dabei dem Grundsatz nach aber auf die Wirkung nach nationalem Recht ankommen. Hat eine nicht-gerichtliche Entscheidung

---

[555] Siehe Meyer/*Eser*, Art. 49 Rn. 37.

[556] Vgl. Meyer/*Eser*, Art. 49 Rn. 38; siehe auch *Frenz*, Bd. 4, Rn. 5151. *Gaede*, in: Böse (Hrsg.), § 3 Rn. 90, zum Schuldgrundsatz.

[557] Vgl. *Abetz*, S. 55, 111. Vgl. auch *Pascu*, S. 214, zur Verwirklichung in den Rechtsordnungen der Mitgliedstaaten.

[558] Zur Kritik: *Abetz*, S. 55 f.

[559] So Calliess/Ruffert/*Blanke*, Art. 50 GRC Rn. 1; *Frenz*, Bd. 4, Rn. 5154 f.; *Abetz*, S. 111, auch dazu, dass der Grundsatz schon vom *EuGH* so judiziert wurde. – Zu Art. 54 SDÜ, namentlich ob dieser als sekundärrechtliche Konkretisierung des Art. 50 GRC zu verstehen ist und somit das Vollstreckungserfordernis und die Vorbehalte in Art. 55 ff. SDÜ fortgelten: *LG Aachen* StV 2010, 237; ihm folgend BGHSt 56, 11 = NJW 2011, 1014; ebenso *Satzger*, § 10 Rn. 70, 80 ff., auch zum Vollstreckungselement; a. A. Schomburg/Souminen-Picht, NJW 2012, 1190 (1191).

[560] Etwa *Jarass*, NStZ 2012, 611 (616); Calliess/Ruffert/*Blanke*, Art. 50 GRC Rn. 3; *Frenz*, Bd. 4, Rn. 5168, 5172. Näheres auch bei *Satzger*, § 10 Rn. 73 ff.

strafklageverbrauchende Wirkung in einem Mitgliedstaat, so ist dies auch in den anderen EU-Staaten anzuerkennen.[561]

Das Verbot greift nicht nur für das klassische Kriminalstrafrecht, sondern auch für eine Ahndung im Bereich des Ordnungswidrigkeitenrechts und unter gewissen Umständen auch im Disziplinarrecht. Die Strafe muss lediglich ein hinreichendes Gewicht aufweisen, um an der strafklageverbrauchenden Wirkung teilzuhaben.[562]

Um *dieselbe Tat* handelt es sich nur, wenn Tatzeit, Tatort, Zweck der Tat und Täter übereinstimmen, so dass ein Komplex konkreter, unlösbar miteinander verbundener Umstände identifiziert werden kann.[563]

Wegen dieser abgeurteilten Tat besteht dann nicht nur das *Verbot* erneuter Bestrafung, sondern bereits *wiederholter Verfolgung.*[564] Es darf schon kein erneutes Ermittlungsverfahren gegen den Betroffenen eingeleitet werden.

E. Fazit zur Bedeutung der Grundrechte für das Europäische Strafrecht

Die Union unterliegt heute vielfältigen Grundrechtsbindungen. Vor allem die justiziellen Grundrechte in Art. 47 ff. GRC bilden den Maßstab, an dem die Unionsgerichte das Handeln der Protagonisten des Europäischen Strafrechts messen müssen, an dem sie sich aber auch selbst messen lassen müssen. Da es aber keine „echten" Strafverfahren auf europäischer Ebene gibt und die Unionsgerichte bisher nicht gewillt sind, die strafrechtlichen Grundsätze auch in Bezug auf die strafähnlichen „Verwaltungsverfahren" insbesondere vor der Kommission in Ansatz zu bringen, ist der Anwendungsbereich der Art. 48 ff. GRC gering.

Soweit es die Mitgliedstaaten betrifft, werden die Unionsgerichte nicht vergleichbar einem Verfassungsgericht tätig. Insbesondere beurteilen sie nicht die Vereinbarkeit von nationalem Recht mit Unionsgrundrechten, vom Vertragsverletzungsverfahren einmal abgesehen. Der Anwendungsbereich der Unionsgrundrechte im Strafrecht ist nur eröffnet, wenn damit Unionsrecht zur Geltung verholfen wird, was aber wiederum nicht für das nationale Prozessrecht gelten soll. Vielmehr bleibt dieses nach der derzeitigen Rechtsprechung weitgehend unbeeinflusst von der Charta, womit der Anwendungsbereich der Art. 48–50 GRC noch

---

[561] Einen Überblick bieten: *Frenz*, Bd. 4, Rn. 5167 ff.; *Radtke*, in: Böse (Hrsg.), § 12 Rn. 41 ff.
[562] Etwa *Frenz*, Bd. 4, Rn. 5166. S. a. LR-EMRK/*Esser*, Art. 6 Rn. 1096.
[563] Vgl. nur *EuGH* Rs. C-367/05 (Kraaijenbrink), 18.7.2007, Slg. 2007, I-6619, Tz. 26 ff. Näheres auch bei LR-EMRK/*Esser*, Art. 6 Rn. 1079 f., 1097; siehe auch *Satzger*, § 10 Rn. 78 ff.; *Safferling*, § 12 Rn. 99; *Radtke*, in: Böse (Hrsg.), § 12 Rn. 47 ff. *Jarass*, NStZ 2012, 611 (616), will auch auf das geschützte Rechtsgut abstellen.
[564] Vgl. *Jarass*, Art. 50 Rn. 8; Calliess/Ruffert/*Blanke*, Art. 50 GRC Rn. 1.

mehr geschmälert wird. Eine Ausnahme besteht nur, wenn die Union direkt auf das Verfahrensrecht zugreift, wie dies allerdings Art. 82 AEUV zulässt.

Impulse für die Änderung des Rechtsschutzsystems werden daher wohl ausschließlich von Art. 47 GRC ausgehen. Inwiefern Reform- oder Anpassungsbedarf besteht, soll in den folgenden Kapiteln aufgezeigt werden.

§ 4 Fazit:
Strafrecht als unionaler Rechtsprechungsauftrag

Während mit den dargestellten Grundsatzurteilen des *EuGH* die Europäisierung des Strafrechts erst startete (§ 1), ist sie heute im vollen Gange. Das zeigt sich auch darin, dass es seit 2010 auch eine Kommissarin für Justiz, Grundrechte und Bürgerschaft neben der Kommissarin für Inneres gibt, *Viviane Reding*. Auch die Teilung der bisher für Justiz und Inneres gemeinsam zuständigen Generaldirektion wurde 2010 vollzogen.[565] Die Entwicklung scheint unumkehrbar.[566]

Die neuen Kompetenzen der Union bergen ein enormes Potenzial. Dass eine Vielzahl von Rechtsakten zu erwarten ist, die sich auf die neuen Rechtsgrundlagen stützen, zeigen schon die Beispiele der seit Inkrafttreten des Vertrags von Lissabon ergangenen Maßnahmen. Wie generell im Unionsrecht kommt den Unionsgerichten auch im RFSR und den sonstigen Materien mit Strafrechtsbezug die Aufgabe zu, die Reichweite der Kompetenznormen zu konkretisieren. Zudem wird die richtlinienkonforme Auslegung für die nationalen Rechtsanwender im Bereich des Strafrechts noch mehr an Bedeutung gewinnen, als nun mit Art. 82 f. AEUV eine Harmonisierung des nationalen Rechts in breitem Umfang möglich ist. Daher werden die Unionsgerichte von nationalen Strafgerichten künftig noch häufiger mit Fragen zum Ausmaß der Bindung oder der konkreten Aussage einer Richtlinie beschäftigt werden. Dabei kommt den Unionsgerichten vermehrt die Aufgabe zu, einen sachgerechten Ausgleich zwischen der Wirksamkeit des Unionsrechts und dem Subsidiaritäts- und Verhältnismäßigkeitsgrundsatz zu finden, wenn man so will, dem strafrechtlichen Schonungsgebot. Zugleich wird die rahmenbeschlusskonforme Auslegung zumindest mittelfristig noch Bedeutung haben, wie auch die Rechtmäßigkeitskontrolle sonstiger im Rahmen der früheren Dritten Säule ergriffenen Handlungen.

Ein Ausgleich muss aber nicht nur zwischen den Zuständigkeitsbereichen der Mitgliedstaaten und der Union erfolgen. Auch den Grundrechten wird in Zukunft schon wegen ihrer schriftlichen Fixierung erhöhte Aufmerksamkeit geschenkt werden müssen. Hier gilt es insbesondere, die Beschuldigtenrechte gegenüber der

---

[565] Vgl. *Zeder,* EuR 2012, 34 (52).
[566] So schon *Zieschang*, ZStW 113 (2001), 255 (256). *Weigend,* ZStW 116 (2004), 275 (302 f.), appelliert daher an die Strafrechtswissenschaft, aktiv an der Entwicklung teilzuhaben, statt sich „sterile[r] Ablehnung" zu verschreiben.

europäisierten Strafverfolgung zur Geltung zu bringen. Diese werden den Bestrebungen der Union hin zu einer weiteren Effektivierung der grenzüberschreitenden Strafverfolgung Grenzen setzen müssen. Das Strafverfahrensrecht als angewandtes Verfassungsrecht darf die Anknüpfung an die Freiheitsrechte der Bürger nicht verlieren.[567] Hier eröffnet sich ein wesentlicher und gegenüber der früheren Rechtslage weiterer Rechtsprechungsauftrag für die Unionsgerichte.

Ob sie diesem Auftrag tatsächlich gerecht werden und ob die Gerichtstrukturen dies überhaupt zulassen, soll in den folgenden Kapiteln untersucht werden. Effektiver Rechtsschutz erfordert im Wesentlichen eine zeitnahe und transparente Klärung des Rechtslage. Das Gericht muss den Rechtsstreit befrieden können, was auch eine gewisse institutionelle Absicherung grundlegender Charakteristika eines „Gerichts" erforderlich macht, wie der Unabhängigkeit seiner Richter. Der gewährte Rechtsschutz muss insgesamt vollständig sein; Rechtslücken dürfen nicht bestehen.

Dazu ist allerdings bereits jetzt anzumerken, dass insoweit die Selbstwahrnehmung der Unionsgerichte, namentlich des *EuGH,* Probleme bereiten könnte, zumal „das Selbstverständnis der Institutionen manchmal prägender als die äußere Schale ihrer Organisation zu sein scheint,"[568] Zweifel an dem schlichten Willen des Gerichtshofs, neutral und nicht stets im Sinne des Unionsrechts zu entscheiden, führen immerhin verschiedentlich bereits zu Forderungen nach einem Europäischen Kompetenzgericht.[569]

---

[567] Vgl. *Noltenius,* ZStW 122 (2010), 604 (626); *Zieschang,* ZStW 113 (2001), 255 (269).
[568] Siehe *Voßkuhle,* NVwZ 2010, 1 (7).
[569] Vgl. nur *Goll/Kenntner,* EuZW 2002, 101 (105 f.); kritisch: *Reich,* EuZW 2002, 257, angesichts der Überschneidungen mit den bestehenden Unionsgerichten und der mangelnden politischen Realisierbarkeit. – *Kokott,* ZaöRV 2009, 275 (282), bestreitet allerdings, dass dies auch heute noch dem Selbstverständnis des *EuGH* entspricht.

Kapitel 2

Rechtsschutz gegen strafrechtliche Akte der Unionsorgane

Mit der zunehmenden Europäisierung des Straf- und Strafverfahrensrechts stellt sich die Frage, ob in diesem eingriffsintensiven Bereich auch ausreichender Rechtsschutz gewährt wird, zumal ein wirksamer Rechtsschutz einen zentralen Mechanismus zur Durchsetzung und Sicherung der Grundrechte darstellt,[1] wie sie gerade auch im strafrechtlichen Bereich nun für die Union virulent werden. Dabei sollen in diesem Kapitel zunächst die Rechtsschutzmöglichkeiten gegen Handlungen der Unionsorgane untersucht werden, während der Rechtsschutz gegen die europäischen Ermittlungsbehörden in Kapitel 3 erörtert wird. Hier spielt angesichts der beschränkten Strafkompetenz der Union vor allem der Rechtsschutz gegen die Rechtssetzungstätigkeit der Union eine Rolle.

Untersucht werden sollen im Folgenden die einzelnen Klagearten auf Unionsebene und inwiefern diese geeignet sind, einen effektiven und lückenlosen Rechtsschutz im Sinne von Art. 47 GRC zu gewährleisten. Nach einigen einführenden Bemerkungen zur Gerichtsstruktur im Bereich des Europäischen Strafrechts (§ 1), soll die Individualnichtigkeitsklage dargestellt werden, die dem Einzelnen ein direktes Vorgehen gegen Unionsrechtsakte erlaubt (§ 2). Angesichts der fundamentalen Bedeutung, die das Vorabentscheidungsverfahren für die Fortentwicklung des Unionsrechts erlangt hat, aber auch als Rechtsschutzinstrument, wird dieses im Anschluss auf seinen individualschützenden Gehalt hin geprüft (§ 3). Ebenso sollen die übrigen Klagearten Erwähnung finden (§ 4).[2] Erst auf dieser Grundlage kann beurteilt werden, ob die Verträge einen insgesamt lückenlosen und effektiven Rechtsschutz zur Verfügung stellen (§ 5) und welche Handlungspflichten sich aus Art. 47 GRC ergeben.

---

[1] So auch *Gusy,* in: Walter-Hallstein-Symposium, S. 61 (70).
[2] Nachdem Art. 47 GRC ausdrücklich einen gerichtlichen Rechtsschutz fordert, bleiben im folgenden Schlichtungsmechanismen vor solchen Instanzen, die den Anforderungen eindeutig nicht genügen, wie die Beschwerde zum Bürgerbeauftragten (Art. 228 Abs. 1 AEUV) außer Betracht, vgl. die auf der Seite des Bürgerbeauftragten zur Verfügung gestellten Informationen: http://www.ombudsman.europa.eu/de/atyourservice/whocanhelpyou.faces#/page/1 (zuletzt: 20.10.2013).

§ 1 Institutionelle Rahmenbedingungen

Individualrechtsschutz hängt immer eng mit den äußeren Rahmenbedingungen zusammen, nicht nur mit den politischen, sondern auch mit den rechtlichen, also den Vorschriften zur Gerichtsorganisation, aber ebenso mit der Struktur der Rechtsordnung, deren Vorgaben das Gericht anzuwenden hat, wie auch mit ihren Rechtsbehelfen.[3] In diesem ersten Abschnitt soll daher die Gerichtsbarkeit, wie sie sich im Bereich des Europäischen Strafrechts nach dem Vertrag von Lissabon darstellt, überblicksartig skizziert werden. Dabei ist allgemein auf die Gerichtsverfassung nach dem Vertrag von Lissabon einzugehen (A.), bevor zur Sondersituation der PJZS und GASP einige Ausführungen gemacht werden (B.).

A. Gerichtsverfassung nach dem Vertrag von Lissabon

Die Organisation der europäischen Gerichte findet ihre primärrechtliche Grundlage in Art. 19 EUV und Art. 251 ff. AEUV. Ergänzend sind die Satzung des Gerichtshofs der Europäischen Union[4] und die jeweiligen Verfahrensordnungen zu beachten.[5]

Im Folgenden soll zunächst die Struktur der Unionsgerichtsbarkeit dargestellt werden (I.) sowie die Modalitäten der Ernennung ihrer Richter (II.). Eingegangen werden soll auch auf das Modell des dezentralen Rechtsschutzes (III.) und schließlich auf die Aufgabenverteilung zwischen der europäischen und nationalen Ebene in diesem prozessualen Zusammenspiel (IV.).

I. Struktur der europäischen Gerichtsbarkeit

Der Vertrag von Lissabon hat die *Gerichtsstruktur* im Wesentlichen unangetastet gelassen. Die Gerichtsbarkeit setzt sich zusammen aus dem *EuGH* und dem *EuG*, welche im EUV nur noch als „Gerichtshof" und „Gericht",[6] anstelle von „Gerichtshof der Europäischen Union" und „Gericht erster Instanz", bezeichnet

---

[3] Vgl. *Böcker*, S. 33.

[4] Protokoll (Nr. 3) über die Satzung des Gerichtshofs der Europäischen Union in der durch die Verordnung (EU, Euratom) Nr. 741/2012 des Europäischen Parlaments und des Rates vom 11.8.2012, ABl. EU Nr. L 228 v. 23.8.2012, S. 1, geänderten Fassung, konsolidierte Fassung unter: http://curia.europa.eu/jcms/upload/docs/application/pdf/2012-10/staut_cons_de.pdf (zuletzt: 20.10.2013).

[5] Verfahrensordnung des Gerichtshofs, ABl. EU Nr. L 337 v. 6.11.2012, S. 1; Verfahrensordnung des Gerichts, konsolidierte Fassung unter: http://curia.europa.eu/jcms/jcms/j_6 (Gericht – Verfahren, zuletzt: 20.10.2013).

[6] Das *EuG* wurde Ende der 80er Jahre durch die Einheitliche Europäische Akte, ABl. EG Nr. L 169 v. 29.6.1987, S. 1, zur Entlastung des *EuGH* gegründet. Mit dem Vertrag von Lissabon kommt auch dem *EuG* Organqualität zu. Zur Umbenennung: *Karper*, S. 37; Grabitz/Hilf/Nettesheim/*Mayer*, Art. 19 EUV Rn. 16, insb. Fn. 37.

werden, sowie den „Fachgerichten", die vormals den Namen „gerichtliche Kammern" trugen. Dies sind nach Art. 19 Abs. 1 EUV die drei Komponenten des (neuen) „Gerichtshofs der Europäischen Union".[7] Art. 257 AEUV lässt offen, für welche Sachgebiete Fachgerichte eingerichtet werden können, wie auch ihre Gestaltung. Konkretere Vorgaben sind in die jeweiligen Errichtungsakte einzubringen, die in Form einer Verordnung ergehen müssen (Art. 257 Abs. 1, 2 AEUV). Für das Strafrecht existiert ein solches Fachgericht derzeit nicht (siehe noch Kapitel 5). Lediglich für die arbeitsrechtlichen Angelegenheiten der Union wurde ein solches bisher eingerichtet, das Gericht für den öffentlichen Dienst, das *GöD* (siehe noch Kapitel 5 § 4 B. II.).[8]

II. Richter und Generalanwälte am Gerichtshof der Europäischen Union

Nach Art. 19 Abs. 2 S. 1 EUV ist beim *EuGH* ein Richter pro Mitgliedstaat, beschäftigt, derzeit also 28, beim *EuG mindestens* ein Richter pro Mitgliedstaat. Im Augenblick gehören auch dem *EuG* 28 Richter an. Da die Zahl der Richter am *EuG* in der Satzung festgelegt wird (Art. 254 Abs. 1 AEUV i.V.m. Art. 48 der Satzung), ist zur Erhöhung lediglich deren Änderung von Nöten. Für Fachgerichte gibt es keine Regelung über eine Mindest- oder Höchstrichterzahl.

Der Gerichtshof wird durch acht Generalanwälte verstärkt (Art. 252 AEUV),[9] die ihn bei der Aufbereitung des Prozessstoffes unterstützen. Sie sind den Richtern gleichgestellt und nehmen durch Schlussanträge unparteilich und unabhängig Stellung zur Rechtssache oder stellen sonst prozessleitende Anträge. Zudem obliegt ihnen die Überprüfung der Urteile des *EuG* im Rechtsmittelverfahren, die sie dem *EuGH* bei einer Gefahr für die Kohärenz oder Einheit der Rechtsprechung vorlegen können.[10]

Nach Art. 253 Abs. 1 AEUV müssen die Richter des Gerichtshofs und die Generalanwälte „in ihrem Staat die für die höchsten richterlichen Ämter erforderlichen Voraussetzungen erfüllen oder Juristen von anerkannt hervorragender Befähigung" sein und zudem „jede Gewähr für Unabhängigkeit bieten". Auch die Mitglieder des Gerichts müssen „jede Gewähr für Unabhängigkeit bieten" und zumindest über die „Befähigung zur Ausübung hoher richterlicher Tätigkeiten

---

[7] Zur unglücklichen Formulierung: *Kotzur,* EuR-Beih. 1/2012, 7 (12 f.); *Skouris,* FS Papier, S. 83 (85); *Everling,* in: Verfassungsentwurf, S. 363 (367).
[8] Beschluss des Rates v. 2.11.2004, ABl. EU Nr. L 333 v. 9.11.2004, S. 7.
[9] Das *EuG* kann einen Richter aus den eigenen Reihen zum Generalanwalt bestimmen, vgl. Art. 2 Abs. 2, 17, 19 EuG-VerfO. Von dieser Möglichkeit hat es in den frühen 90er Jahren noch Gebrauch gemacht, seither aber nicht mehr. An dieser Zurückhaltung wird sich angesichts der häufig technischen Fragen und hohen Arbeitsbelastung wohl auch nichts ändern, so *Wägenbaur,* Art. 2 EuG-VerfO Rn. 3.
[10] Wegen der erheblichen Verfahrensdauer bei den Unionsgerichten wird ihre Nützlichkeit angezweifelt, vgl. nur *Karper,* S. 74; *British Institute of International and Comparative Law,* S. 53 f.; s.a. noch Kapitel 5 § 4 C. IV.

verfügen" (Art. 254 Abs. 2 AEUV). Die Richter der Fachgerichte müssen ebenfalls unabhängig sein, allerdings lediglich allgemein über „die Befähigung zur Ausübung richterlicher Tätigkeiten verfügen" (Art. 257 Abs. 4 AEUV).

Die Richter am *EuGH* und *EuG* werden im gegenseitigen Einvernehmen von den Regierungen der Mitgliedstaaten durch *Ratsbeschluss* nach Anhörung des in Art. 255 AEUV vorgesehenen beratenden Ausschusses ernannt. Dieser Ausschuss setzt sich aus sieben Persönlichkeiten zusammen, die aus dem Kreis ehemaliger Mitglieder des Gerichtshofs und des Gerichts, der Mitglieder der höchsten Gerichte der Mitgliedstaaten und allgemein Juristen von anerkannt hervorragender Befähigung ausgewählt werden (Art. 255 Abs. 2 AEUV). Das Europäische Parlament ist an der Ernennung nicht beteiligt. Die Amtszeit der Richter beträgt sechs Jahre; eine Wiederernennung ist möglich (Art. 253 Abs. 1, 4; Art. 254 Abs. 2 AEUV).

Die Richter an den Fachgerichten werden durch einstimmigen Ratsbeschluss ernannt, ohne vorherige Beteiligung des Ausschusses nach Art. 255 AEUV (Art. 257 Abs. 4 S. 2 AEUV, zum besonderen Verfahren für das *GöD* noch Kapitel 5 § 4 B. II.). Darüber hinaus schreiben die Verträge nicht vor, wie die Richter auszuwählen sind. Auch die Länge ihrer Amtszeit wird nicht primärrechtlich vorgegeben.

Von den Mitgliedstaaten selbst können die Richter am *EuG* und *EuGH* wie auch die Mitglieder der Fachgerichte nicht abberufen werden. Vielmehr ist dazu ein einstimmiger Beschluss der Richter und Generalanwälte des Gerichtshofs erforderlich, so dass nur in den seltensten Fällen tatsächlich ein Richter entfernt werden kann (vgl. Art. 6 der Satzung).[11]

III. Modell des dezentralen Rechtsschutzes

Teil des europäischen Gerichtssystems sind auch die *mitgliedstaatlichen Gerichte*. Der Rechtsschutz des Einzelnen gegenüber Akten mit unionsrechtlichem Bezug wird zugleich auf einer zentralen, also europäischen, und dezentralen, im Sinne der nationalen Ebene, gewährt. Dies hat seine Ursache in der dualen Vollzugsstruktur der Union, deren Normen entweder von ihren eigenen Organen vollzogen werden (direkter Vollzug) oder eben von solchen der Mitgliedstaaten (indirekter Vollzug). Da die Union selbst nicht über einen ihren Befugnissen entsprechenden Verwaltungsunterbau verfügt, stellt der indirekte Vollzug nach nationalem Verfahrensrecht den Regelfall dar; teilweise wird er überformt durch Unionsrecht. Selbst wenn das Handeln der Mitgliedstaaten dabei vollkommen unionsrechtlich determiniert ist, sind die Akte diesen zuzurechnen.[12]

---

[11] Siehe auch *Wägenbaur*, Art. 5 EuG-VerfO Rn. 2 ff., zum *EuG*.
[12] *Haratsch*, EuR-Beih. 3/2008, 81 (82 f.). Zu den Vollzugsformen: *Pechstein*, Rn. 33.

§ 1 Institutionelle Rahmenbedingungen

Die sogenannten Direktklagen (Nichtigkeits-, Untätigkeits- und Schadensersatzklage) ermöglichen dem Rechtsschutzsuchenden die Kontrolle europäischer Akte unmittelbar vor den Unionsgerichten.[13] Natürliche und juristische Personen haben entsprechend dem dargestellten Vollzugssystem grundsätzlich nur dann direkten Zugang zur europäischen Primärrechtsschutzebene, wenn sie „unmittelbar" und „individuell" von einem Unionsrechtsakt betroffen sind (dazu noch § 2 C. II., III.), was grundsätzlich nur im Fall des direkten Vollzugs von Unionsrecht, sei es Primär- oder Sekundärrecht, der Fall ist.

Im *Regelfall des indirekten Vollzugs* muss dagegen der mitgliedstaatliche Durchführungsakt abgewartet werden, bei unmittelbar anwendbarem Unionsrecht etwa in Form eines behördlichen Verwaltungsakts oder der unionsrechtskonformen Auslegung durch das Gericht eines Mitgliedstaats, bei umsetzungsbedürftigen Akten durch ein Tätigwerden des nationalen Gesetzgebers. Eine Direktklage ist dann regelmäßig nicht statthaft. Vielmehr ist der nationale Vollzugsakt vor den nationalen Gerichten anzugreifen, soweit dort eine Klagemöglichkeit eröffnet ist. Bei diesen Rechtsstreitigkeiten mit unionsrechtlichem Anknüpfungspunkt sind die sachnäheren mitgliedstaatlichen Gerichte, als Spruchkörper derjenigen Rechtsordnung, die den konkreten belastenden Akt erlässt, gleichsam erstinstanzliche Unionsgerichte. Sie sind nach Art. 19 Abs. 1 UAbs. 2 EUV zur Gewährleistung eines effektiven Rechtsschutzes verpflichtet. Diese Regelung ist als Bekräftigung der Verpflichtung aus Art. 47 GRC zu verstehen. Sie verdeutlicht, dass die Rechtsschutzeffektivität in hohem Maße von der mitgliedstaatlichen Gerichtsbarkeit abhängt, die den Betroffenen auf den ihnen bekannten Klagewegen als Kontrollinstanzen dienen sollen (schon Kapitel 1 § 3 C.).[14] Da mitgliedstaatliche Gerichte eine herausragende Rolle in der europäischen Gerichtsbarkeit einnehmen, ist sicherzustellen, dass sie das Unionsrecht auch einheitlich auslegen und anwenden. Diesem Ziel dient das *Vorabentscheidungsverfahren* nach Art. 267 AEUV, das die Schnittstelle der mitgliedstaatlichen und unionalen Gerichtsbarkeit im engeren Sinne darstellt. Die Gerichte treten durch dieses Verfahren in einen kooperativen Dialog zueinander, ohne dass konzeptionell zwischen ihnen eine Hierarchie besteht. Der *EuGH* ist also keine Superrevisionsinstanz, sondern vielmehr auf die Akzeptanz und vertrauensvolle und loyale Zusammenarbeit mit den Gerichten der Mitgliedstaaten angewiesen. Auch über Zwangsmittel zur Durchsetzung seiner Urteile verfügt er nicht.[15]

Grundsätzlich ist es nicht problematisch, dass dem Einzelnen neben dem regelmäßig zu beschreitenden nationalen Rechtsweg keine zusätzlichen zentralen

---

[13] *Cremer*, in: Individualrechtsschutz in der EG, S. 27, spricht von prinzipaler Kontrolle.
[14] Vgl. nur *Kastelik-Smaza*, S. 59 ff.; *Karper*, S. 44 ff.; *Munding*, S. 385 f.
[15] Allg. zur „Verbundstruktur": *Kotzur*, EuR-Beih. 1/2012, 7 (20 f.); *Everling*, in: Verfassungsentwurf, S. 363 (370 f.); *Skouris*, EuGRZ 2008, 343 (344); *Karper*, S. 46; *Kraus*, EuR-Beih. 3/2008, 109 (112 ff.).

Rechtsmittel zur Verfügung stehen. Der Grundsatz des effektiven Rechtsschutzes erfordert nicht schon *per se* eine zentrale Kontrolle (siehe schon Kapitel 1 § 3 C.). Insgesamt aber muss das Kontrollsystem den Anforderungen an einen effektiven Rechtsschutz genügen. Dabei bilden zentrale und dezentrale Rechtsschutzebene eine Einheit. Im Rahmen des unionsrechtlichen Justizgewährleistungsanspruchs ist also auch die arbeitsteilige Struktur des Rechtsschutzsystems zu beachten. Der Grundsatz bindet Mitgliedstaaten und Union in gleicher Weise. Die nationale und unionale Ebene ergänzen sich und können Mängel der anderen Ebene ausgleichen.[16]

Die Fragen des wirksamen Grundrechtsschutzes werden jedoch gerade wegen der auch im Übrigen praktizierten Arbeitsteilung von Union und Mitgliedstaaten virulent, da im Schnittbereich zwischen Unions- und nationaler Ebene die Gefahr besteht, dass Verantwortlichkeiten nicht klar von einander zu trennen sind und damit auch die Frage nach der Zuständigkeit der Gerichtsebene.[17]

IV. Aufgaben und Zuständigkeiten der europäischen Gerichte

Die Verträge enthalten grundsätzlich drei verschiedene *Verfahrensformen,* der Vertrag von Lissabon hat daran nichts geändert.[18] Eine Gruppe bilden die *kontradiktorischen* Klagen, also das Vertragsverletzungsverfahren nach Art. 258 f. AEUV, die Nichtigkeits- und Untätigkeitsklage nach Art. 263, 265 AEUV, die Schadensersatzklage nach Art. 268 i.V.m. Art. 340 AEUV und die Personalstreitigkeiten nach Art. 270 AEUV i.V.m. dem Beamtenstatut. Eine besondere Verfahrensform stellt das *Vorlageverfahren* nach Art. 267 AEUV dar. Das Vorlageverfahren integriert die mitgliedstaatlichen Gerichte in den unionsrechtlichen Rahmen und ermöglicht es ihnen, an der europäischen Rechtsfortbildung teilzuhaben (siehe schon III., sowie noch § 3). Zugleich sichert es die Wahrung der Rechtseinheit. Eine weitere Gruppe bilden Gutachten, Vorschläge, Schiedsentscheidungen und Stellungnahmen (Art. 218, 272 ff. AEUV).[19]

Die Klagearten können auch eingeteilt werden in solche *verfassungsrechtlicher, verwaltungsrechtlicher* und *sonstiger* Art: Erstere betreffen Rechtsstreitigkeiten zwischen den Organen der Union und den Mitgliedstaaten bzw. der Mitgliedstaaten untereinander.[20] Den verwaltungsrechtlichen Verfahren werden

---

[16] So richtig *Munding,* S. 518 f.; s.a. *Böcker,* S. 47.
[17] Vgl. auch *Bitter,* in: Walter-Hallstein-Symposium, S. 9 (21 f.).
[18] Vgl. die Aufstellung bei *Karper,* S. 33 f.
[19] Zu dieser Einteilung: *Dauses,* Gutachten, D 46 ff.; ebenso *Karper,* S. 49, 57.
[20] *Pechstein,* Rn. 6, hält die Übertragung dieser für die nationalen Gerichtsverfassungsstrukturen geschaffenen Begriffe nicht für sinnvoll; anders *Karper,* S. 34, die zudem die Vorlageverfahren darunter fassen will. Nur zu verwaltungs- und verfassungsrechtlichen Streitigkeiten und dem nicht eindeutig zuzuordnenden Vorabentscheidungsverfahren: *Dauses,* Gutachten, D 56 ff.

solche Klagen zugeordnet, die dem Schutz des Einzelnen gegen Maßnahmen der Exekutive dienen. Besondere Bedeutung haben die Nichtigkeits- und die Untätigkeitsklage erlangt.

Die *Verteilung der Aufgaben* zwischen *EuG* und *EuGH* erfolgt entsprechend dieser Einteilung nicht nach Sachbereichen, sondern nach Klagearten. Das *EuG* ist im Wesentlichen zuständig für Direktklagen von natürlichen und juristischen Personen (Art. 256 Abs. 1 AEUV i.V.m. Art. 51 Satzung), wie die Individualnichtigkeitsklage nach Art. 263 Abs. 4 AEUV und die Untätigkeitsklage nach Art. 265 AEUV.[21] Diese Verfahrensarten sind zusammen mit den Amtshaftungs- und Schadensersatzklagen durch die Vertragsreform von Nizza[22] beinahe vollständig auf das *EuG* übertragen worden, das damit faktisch zum *Verwaltungsgericht* der EU wurde.[23] Über alle anderen Klagen – und damit über alle Streitigkeiten zwischen Organen der Union, Organen und Mitgliedstaaten und Mitgliedstaaten untereinander – entscheidet der *EuGH,* der dadurch zu einem verfassungsgerichtsähnlichen Konstrukt wird.[24] Soweit der *EuGH* gegenüber den Entscheidungen des *EuG* als Rechtsmittelinstanz tätig wird (Art. 256 Abs. 1 UAbs. 2 AEUV), hat er neben seiner verfassungsgerichtlichen Rolle zudem die eines obersten Verwaltungsgerichts.

Dazwischen stehen die „*sonstigen Verfahren*", welche die Zivil- und Strafgerichtsbarkeit im weitesten Sinne betreffen. Das Straf- und Zivilrecht stellen einen immer größeren Teil der Kontrolltätigkeit der Unionsgerichte dar, da sich auch die Einflussnahme der Union auf diese Rechtsgebiete durch Richtlinien und Verordnungen verstärkt.[25] Sie haben sich allerdings nicht in einem eigenen Spruchkörper niedergeschlagen, wie dies mit der Errichtung des *GöD* für das Dienstrecht der Union geschehen ist.

---

[21] Protokoll (Nr. 3) über die Satzung des Gerichtshofs der Europäischen Union, geändert d. VO 741/2012 des Europäischen Parlaments und des Rates v. 11.8.2012, ABl. EU Nr. L 228 v. 23.8.2012, S. 1; vgl. die konsolidierte Fassung unter: http://curia.europa.eu/jcms/upload/docs/application/pdf/2012-10/staut_cons_de.pdf (zuletzt: 20.10.2013).

[22] Vgl. die konsolidierten Fassungen des Vertrags über die Europäische Union und des Vertrags zur Gründung der Europäischen Gemeinschaft (2002), ABl. EG Nr. C 325 v. 24.12.2002, S. 1.

[23] Das *EuG* ist zudem Rechtsmittelgericht für die Fachgerichte (Art. 256 Abs. 2 i.V.m. Art. 257 Abs. 3 AEUV).

[24] Dass der *EuGH* auch eine verfassungsgerichtsähnliche Funktion hat, wird kaum bestritten, anstelle vieler: Grabitz/Hilf/Nettesheim/*Mayer,* Art. 19 EUV Rn. 76; *Pechstein,* Rn. 7; *Gebauer,* S. 258 ff.; *Giegerich,* ZaöRV 2007, 351 (366 ff.).

[25] Vgl. *Karper,* S. 34 f. *Dauses,* Gutachten, D 56 f. insb. Fn. 165, hielt diese Zuordnung für falsch. Selbst wenn über dienst-, zivil- und strafrechtliche Sachverhalte oder Rechtsfragen mitentschieden werde, so seien die Aufgaben der Gerichte doch letztlich allein verwaltungsrechtlicher und verfassungsrechtlicher Natur. Zumindest nach den erheblichen Kompetenzgewinnen auf Seiten der Union in den seit dieser Aussage vergangenen 20 Jahren, wird diese Ansicht kaum noch zu halten sein.

Der Gerichtshof der Europäischen Union hat in seiner Gesamtheit die Aufgabe, das „Recht" bei der Auslegung und Anwendung der Verträge zu sichern (Art. 19 Abs. 1 S. 2 EUV). Recht i. S. d. Vorschrift sind sowohl das Primärrecht als auch das Sekundärrecht.[26] Der Aufgabenbereich der Gerichte ist somit sehr umfassend, das *nationale Recht* fällt aber *nicht* in ihren Verantwortungsbereich.[27] Über dessen Konformität mit Unionsrecht kann also grundsätzlich nicht geurteilt werden.

B. Rahmenbedingungen des Rechtsschutzes gegen Unionsakte mit Strafrechtsbezug

I. Rechtslage vor der Vertragsänderung

Ursprünglich hatte der Gerichtshof einen Rechtsprechungsauftrag nach Art. 220 EGV a. F. nur in Bezug auf das Gemeinschaftsrecht und damit die Erste Säule. Um diesen auf die Zweite und Dritte Säule der Union zu erstrecken, bedurfte es einer positivrechtlichen Regelung. Eine solche wurde schließlich mit Art. 46 EU a. F. – und speziell für die PJZS – mit Art. 35 EU a. F. geschaffen, die jedoch die Jurisdiktionsgewalt des *EuGH* gegenüber der Ersten Säule wesentlich beschränkte. Für die GASP war der Zugriff des *EuGH* sogar vollständig ausgeschlossen, mit Ausnahme von Abgrenzungsfragen zu anderen Politikbereichen (vgl. Art. 46 EU a. F.).[28] Wie sich die Rechtslage für die PJZS (II.) und die GASP (III.) nach Inkrafttreten des Vertrags von Lissabon darstellt, soll im Folgenden knapp erörtert werden.

II. Rechtslage bezüglich der PJZS

1. Folgen der Auflösung der Säulenstruktur und Neufassung der Verträge

Durch den Vertrag von Lissabon werden die früheren Strukturen hinsichtlich der PJZS aufgelöst. Die besonderen Handlungsformen der Dritten Säule werden zugunsten einheitlicher Rechtsakte für die gesamte Union aufgegeben. Die Zuständigkeit des Gerichtshofs wird für die meisten Mitgliedstaaten (4.) ebenfalls allgemeinen Regeln unterstellt. Die Einschränkungen des Art. 35 EU a. F. werden nach Ablauf einer Übergangsfrist (3.) weitgehend (2.) obsolet.[29] Auch die Be-

---

[26] Vgl. Grabitz/Hilf/Nettesheim/*Mayer*, Art. 19 EUV Rn. 23; *Pechstein*, Rn. 15 ff.; *Karper*, S. 31, sieht darin einen Ausdruck der Rechtsstaatlichkeit der Union; s. a. *Schermuly*, S. 138 f.
[27] Siehe nur *Pechstein*, Rn. 19.
[28] Vgl. *Pechstein*, Rn. 55; s. a. Calliess/Ruffert/*Suhr*, Art. 276 AEUV Rn. 4 ff.
[29] Siehe *von Danwitz*, DVBl. 2008, 537 (546); rechtstechnisch musste eine Beschränkung der nun generellen Jurisdiktionsgewalt der Unionsgerichte in die Verträge aufgenommen werden, weil diese sich durch die Aufgabe der Säulenstruktur automatisch auch auf die PJZS erstreckt hätte, vgl. *Pechstein*, Rn. 56.

schränkungen in Art. 68 EGV a. F., die anlässlich der ersten „Vergemeinschaftungswelle" in die Verträge aufgenommen wurden, entfallen mit dem Vertrag von Lissabon.[30] *Von Danwitz* meint, damit sei der *EuGH* von den „wesentlichen Fesseln" befreit worden, die ihm für die Gewährleistung eines effektiven Rechtsschutzes im Bereich der PJZS angelegt worden waren.

2. Sonderregelung in Art. 276 AEUV

Allein die aus Art. 35 Abs. 5 EU a. F. bekannte *Einschränkung* der Unionsgerichte lebt in Art. 276 AEUV fort.[31] Danach ist der Gerichtshof bei der Ausübung seiner Befugnisse im Rahmen der PJZS nicht für die Überprüfung der Gültigkeit oder Verhältnismäßigkeit von Maßnahmen der Polizei oder anderer Strafverfolgungsbehörden eines Mitgliedstaats zuständig. Er darf auch die Wahrnehmung der Zuständigkeiten zur Aufrechterhaltung der öffentlichen Ordnung und der inneren Sicherheit durch die Mitgliedstaaten nicht kontrollieren.

Der praktische Gehalt der Norm war schon seit der Einführung des Art. 35 EU umstritten. Soweit es den Vorbehalt bezüglich der *Maßnahmen der Polizeistellen oder Strafverfolgungsbehörden* der Mitgliedstaaten betrifft, ist zu konstatieren, dass der *EuGH* nationales Recht ohnehin unmittelbar nur im Rahmen des Vertragsverletzungsverfahren nach Art. 258 ff. AEUV überprüfen kann. Im Übrigen kann unmittelbar nur Unionsrecht zum Streitgegenstand erhoben werden. Dass die Kommission ein Vertragsverletzungsverfahren aufgrund eines Einzelaktes der nationalen Strafverfolgungsbehörden einleiten würde, scheint allerdings mehr als unwahrscheinlich.[32] Ob mit dem Ausschluss der Justiziabilität dagegen auch die Kontrolle jeglicher mittelbaren Beeinflussung nationalen Rechts, etwa im Wege des Vorabentscheidungsverfahrens, ausgeschlossen werden sollte, scheint wegen des dann sehr umfassenden Ausschlusses mehr als fraglich.[33]

Die zweite Ausnahme sichert die Regelung des Art. 72 AEUV prozessual ab, die als *ordre-public*-Klausel verstanden wird. Auch insoweit gilt aber der bereits erwähnte Einwand der praktischen Bedeutung, wobei immerhin eher ein Vertragsverletzungsverfahren denkbar ist, zumal auch normative Akte im Anwendungsbereich der Norm liegen.[34]

---

[30] Zur Regelung etwa *Pache/Knauff,* NVwZ 2004, 16 (18).
[31] *Munding,* S. 572 f. meint, dass wegen der Sonderregelungen die Säulenstruktur nur formal überwunden wurde.
[32] Hierzu und zu weiteren Argumenten: *Pechstein,* Rn. 72. Dazu auch *Gärditz,* in: Böse (Hrsg.), § 24 Rn. 69.
[33] Auch dazu *Pechstein,* Rn. 73.
[34] Erneut: *Pechstein,* Rn. 74 f.

3. Übergangsvorschriften nach Protokoll Nr. 36 zum Vertrag von Lissabon

Soweit es die Jurisdiktionsgewalt des *EuGH* betrifft, ist zu beachten, dass diese erst nach einem *Übergangszeitraum* von fünf Jahren nach Inkrafttreten des Vertrags von Lissabon, also am 1.12.2014, tatsächlich auch für die Akte der ehemaligen PJZS virulent wird. Bis dahin sind die Klagearten des EU a. F. weiterhin mit den dortigen Einschränkungen anwendbar. Das heißt insbesondere, dass bis zum Ablauf dieser Frist nur die Gerichte derjenigen Staaten, die eine Anerkennungserklärung bezüglich der Jurisdiktionsgewalt des *EuGH* abgegeben haben, ein Vorabentscheidungsersuchen hinsichtlich der Rahmenbeschlüsse und sonstigen Rechtsakte der PJZS stellen können. Dies ist in Art. 10 des 36. Protokolls zum Vertrag von Lissabon festgelegt.[35]

Dass die Rechtsakte auch nach Auflösung der Dritten Säule fortgelten, bis sie aufgehoben oder nach Maßgabe der Verträge geändert werden, bestimmt Art. 9 desselben Protokolls. Wird ein Akt, der noch nach Maßgabe der früheren Rechtslage erlassen wurde, vor Ablauf der Fünf-Jahres-Frist geändert, ist das Rechtsschutzregime des AEUV sofort in vollem Umfang auf ihn anwendbar.[36]

4. Opt-out Großbritanniens, Irlands und Dänemarks

Sonderregeln bestehen zudem für einige Mitgliedstaaten der EU: Das Vereinigte Königreich und Irland haben sich ausbedungen, während dieser Übergangszeit einen *opt-out* aus dem Bereich der erneuerten PJZS geltend zu machen und damit auch die Verbindlichkeit der Urteile der Unionsgerichte für ihr Hoheitsgebiet auszuschließen.[37] Auch Akte der früheren PJZS, an die diese Staaten bisher gebunden waren, sind in einem solchen Fall auf diese Staaten nicht mehr anwendbar.[38] Wird ein Rechtsakt der ehemaligen PJZS geändert, gilt dieser ebenfalls nicht mehr in den genannten Staaten, sie können aber einen *opt-in* geltend machen. Sie sollen also von Fall zu Fall entscheiden können, ob sie an einem Rechtsakt der Union im Bereich des RFSR teilnehmen wollen.[39]

---

[35] Protokoll (Nr. 36) über die Übergangsbestimmungen v. 13.12.2007, ABl. EU Nr. C 83 v. 30.3.2010, S. 322.

[36] Vgl. Art. 10 Abs. 2 des 36. Protokolls (Fn. 35).

[37] Art. 10 Abs. 4 des 36. Protokolls (Fn. 35). Zu Motiven: *Suhr*, ZEuS 2009, 687 (697).

[38] Näher: *de Biolley*, in: l'espace pénal européen, S. 309 (312 ff.); vgl. *Vernimmen*, in: l'espace pénal européen, S. 301 (303); *Esser*, StRR 2010, 133 (136); *Everling*, EuR-Beih. 1/2009, 71 (80); Calliess/Ruffert/*Suhr*, Art. 276 AEUV Rn. 16 ff. Zur Interessenlage, u.a. zu Souveränitätsvorbehalten: *Dorn*, CrimeLawSocChange 2009, 283 (286 ff.).

[39] Vgl. Art. 4a des Protokolls (Nr. 21) über die Position des Vereinigten Königreichs und Irlands hinsichtlich des Raums der Freiheit, der Sicherheit und des Rechts, ABl. EU Nr. C 83 v. 30.3.2010, S. 295; dazu Calliess/Ruffert/*Suhr*, Art. 276 AEUV Rn. 17.

Dänemark nimmt am geänderten RFSR generell nicht teil, eine Ausweitung der Jurisdiktionsgewalt der Unionsgerichte kann für diesen Staat also überhaupt nicht eintreten. Durch den Vertrag von Lissabon wird der Nation aber ebenfalls eine Wahlmöglichkeit eingeräumt, ob sie einen Rechtsakt der Union im Bereich des RFSR im Einzelfall annehmen will.[40]

III. Rechtslage bezüglich der GASP

Für die GASP bleibt es bei noch wesentlicheren Sonderregeln. Nicht ohne Grund sind die diesbezüglichen Regelungen nicht im AEUV, sondern im EUV enthalten. Hier spielen die Mitgliedstaaten weiterhin die dominantere Rolle (vgl. nur Art. 24, 30 f. EUV). Auch kommt das allgemeine Handlungsformenregime der Verträge nicht zur Anwendung (vgl. Art. 25 EUV).[41]

Die Jurisdiktionsgewalt über den Titel V des neuen EUV wird dem *EuGH* zudem weiterhin vorbehalten. Nach Art. 24 Abs. 1 UAbs. 2 S. 6 EUV, Art. 275 Abs. 1 AEUV sollen die Gerichte der Europäischen Union nicht für die Kontrolle der Bestimmungen hinsichtlich der Gemeinsamen Außen- und Sicherheitspolitik und für die auf der Grundlage dieser Bestimmungen erlassenen Rechtsakte zuständig sein. Eine Zuständigkeit des *EuGH* besteht lediglich für Klagen, mit denen überprüft werden soll, ob eine Maßnahme, die auf das Kapitel 2 des EUV gestützt wurde, eigentlich auf Grundlage des AEUV hätte erlassen werden müssen (Art. 40 EUV), um sicherzustellen, dass eine Maßnahme nicht der eigenen Jurisdiktionsgewalt entzogen wird (Art. 24 Abs. 1 UAbs. 2 S. 6 EUV, Art. 275 Abs. 2 Alt. 1 AEUV). Nur insoweit waren Akte der GASP auch bereits unter der früheren Rechtslage justiziabel.[42]

Neu ist dagegen die Zuständigkeit für Nichtigkeitsklagen, die von natürlichen oder juristischen Personen gegen „restriktive Maßnahmen" erhoben werden, die der Rat auf der Grundlage von Titel V Kapitel 2 des EUV erlassen hat (Art. 24 Abs. 1 UAbs. 2 S. 6 EUV, Art. 275 Abs. 2 Alt. 2 AEUV, siehe noch § 2 F. II.). Hintergrund der Regelung ist die Rechtsprechung des *EuGH* zur Überprüfbarkeit der in der Regel durch die UN zur Terrorbekämpfung vorgegebenen „*smart sanctions*" (siehe schon Kapitel 1 § 1 E. II.). Maßgebliches Handlungsinstrument der GASP ist der Beschluss nach Art. 25 *lit.* b EUV. Inwieweit dieser solche „restriktiven Maßnahmen" enthält, ist im Einzelfall zu untersuchen. In Frage kommt

---

[40] Protokoll (Nr. 22) über die Position Dänemarks, ABl. EU Nr. C 83 v. 30.3.2010, S. 299.
[41] So auch *Frenz*, ZaöRV 2010, 487 (489, 494 ff., zu den Handlungsinstrumenten); allgemein *Streinz/Ohler/Herrmann,* S. 136 ff.
[42] Vgl. Grabitz/Hilf/Nettesheim/*Mayer,* Art. 19 EUV Rn. 5; *Pechstein,* Rn. 61 ff., auch zu einschlägigen Verfahrensarten.

insbesondere die Verhängung wirtschaftlicher Sanktionen, wie das Einfrieren von Konten (siehe noch § 2 F. II.).[43]

§ 2 Nichtigkeitsklage gegen strafrechtliche Akte der Unionsorgane

Mit der Nichtigkeitsklage kann ein vertragswidriges Handeln der Gesetzgebungsorgane, sowie die Rechtmäßigkeit der Handlungen der Einrichtungen oder sonstigen Stellen der Union mit Rechtswirkung gegenüber Dritten überprüft werden. Die Nichtigkeitsklage ist zumindest in ihren Wirkungen[44] vergleichbar mit der Anfechtungsklage nach deutschem bzw. französischem Recht, da sie auf die Nichtigerklärung eines bestimmten Rechtsakts gerichtet ist und die europäische Gerichtsbarkeit befugt ist, diesen *erga omnes* und *ex tunc* aufzuheben.[45]

Klageberechtigt sind nach Art. 263 Abs. 4 AEUV auch natürliche und juristische Personen. Die Klage vermittelt also direkten Rechtsschutz gegen Akte der EU; *de lege lata* ist sie mithin die bedeutendste Klageart für den individuellen Rechtsschutz auf Unionsebene.

Ihre Bedeutung soll zunächst im Hinblick auf die fortgeltenden Akte der früheren Zweiten und Dritten Säule angesichts der Aufgabe der Tempelstruktur dargestellt werden (A.), bevor die Rahmenbedingungen der Nichtigkeitsklage allgemein dargestellt werden (Klagebefugnis, Klagefrist etc., siehe noch B.–E.). Schließlich sollen einige spezifisch stafrechtliche Klagegegenstände im Hinblick auf die Erfordernisse des effektiven Rechtsschutzes erörtert werden (F.).

A. Individualnichtigkeitsklage gegen fortgeltende Rechtsakte der ehemaligen Zweiten und Dritten Säule?

In der früheren Zweiten und Dritten Säule gab es keine Individualnichtigkeitsklage. Für die GASP gibt es sie auch weiterhin nur in sehr engen Ausnahmefällen. Die PJZS dagegen wurde „vergemeinschaftet", so dass für künftige Akte des RFSR die Regelung des Art. 263 Abs. 4 AEUV anwendbar sein wird.

Die Rechtsakte der früheren GASP (II.) und der PJZS (I.) haben aber nicht durch das Inkrafttreten des Vertrags von Lissabon ihre Wirkung verloren. Sie gelten vielmehr fort, bis sie durch Rechtsakte nach den neuen Verträgen ersetzt wer-

---

[43] Vgl. *Pechstein,* Rn. 65.
[44] Siehe im Übrigen: *Pechstein,* Rn. 341.
[45] Vgl. dazu Calliess/Ruffert/*Cremer,* Art. 263 AEUV Rn. 1; *Karper,* S. 65; *Borowski,* EuR 2004, 879 (880).

den (Art. 9 des 36. Protokolls). Es fragt sich insoweit, ob die Nichtigkeitsklage auch für diese unter alter Vertragslage ergangenen Akte von Bedeutung ist.

I. Rechtsschutz gegen Handlungen der PJZS

Gegen Rechtsakte der früheren Dritten Säule bleibt bis zum Ablauf der Umsetzungsfrist am 1.12.2014 das bisherige Rechtsschutzregime statthaft (vgl. schon § 1 B. I. 2.). Dieses sieht keine Individualnichtigkeitsklage vor. Lediglich die Kommission und die Mitgliedstaaten können nach Art. 35 Abs. 6 EU a. F. Nichtigkeitsklage erheben – ohne dass eine Anerkennungserklärung nötig wäre.[46]

Begründet wurde die Begrenzung der Rechtsprechungsgewalt des *EuGH* nach Art. 35 EU a. F. mit sehr widersprüchlichen Argumentationssträngen. Zum einen sorgte man sich um die prophezeite Überlastung der Unionsgerichtsbarkeit, wenn die Rechtsprechungsbefugnisse ausgeweitet würden.[47] Zum anderen war nach der Konzeption der Verträge eine Individualklage nicht erforderlich, weil die umsetzungsbedürftigen Rechtsakte nach Art. 34 Abs. 2 EU a. F. nicht unmittelbar in Rechte eingreifen können sollten und ein ausreichender Rechtsschutz durch die Mitgliedstaaten gegen die Vollzugsmaßnahme gewährleistet sei.[48] Mit der Zeit wurde zwar offensichtlich, dass diese Prämisse unzutreffend war. Zu einer Erstreckung der Nichtigkeitsklage des Art. 230 EGV a. F. auf Akte der Dritten Säule hatte dies indes nicht geführt.

Für die noch unter der alten Rechtslage erlassenen Akte spielt die Individualnichtigkeitsklage auch nach Ablauf der Übergangsfrist faktisch keine Rolle mehr, da die Klagefrist des Art. 263 Abs. 6 AEUV bereits abgelaufen wäre. Die Rechtsakte der Dritten Säule stehen mit ihrer Vergemeinschaftung bereits seit dem 1.12.2009 nicht mehr zur Verfügung. Hier bleibt allein der Rechtsschutz über das Vorlageverfahren (siehe noch § 2).

II. Rechtsschutz gegen Handlungen des GASP

Für Rechtsakte der GASP bleibt die Nichtigkeitsklage dagegen ohnehin ausgeschlossen. Einen Ausnahmefall stellt die Regelung in Art. 275 Abs. 2 AEUV dar, auf die bereits hingewiesen wurde (siehe schon § 1 C. II., sowie noch F. II.). Danach besteht zumindest eine beschränkte Rechtsprechungskompetenz in Bezug auf „restriktive Maßnahmen gegenüber natürlichen und juristischen Personen".[49]

---

[46] Näher *Dannecker*, in: Rengeling u. a. (Hrsg.), § 38 Rn. 156 ff. Mangels individualschützender Relevanz wird auf diese Klagen nicht näher eingegangen.
[47] Siehe *Esser*, StRR 2010, 133; *Karper*, S. 33.
[48] Vgl. etwa *Böse,* in: Sieber u. a. (Hrsg.), § 54 Rn. 35.
[49] So *Bleckmann*, S. 81.

Im Unterschied zum RFSR wurden Übergangszeiträume für das Eingreifen des Art. 275 Abs. 2 AEUV nicht festgelegt.

B. Nichtigkeitsgründe von Relevanz für das Strafrecht

Angefochten werden kann ein Rechtsakt grundsätzlich aus vier Gründen, wegen einer Verletzung der Zuständigkeitsregeln oder wesentlicher Formvorschriften, der Verletzung sonstiger zu beachtender anwendbarer Rechtsnormen oder bei einem Missbrauch des zugestandenen Ermessens. Eine Klageschrift muss die Nichtigkeitsgründe so eindeutig bezeichnen, dass für das Gericht ersichtlich ist, welcher in Art. 263 Abs. 2 AEUV genannte Aspekt als problematisch angesehen wird. Eine falsche Zuordnung ist allerdings unschädlich.[50]

I. Zuständigkeit

Gerade im Bereich des Strafrechts war die *Zuständigkeitsverteilung* zwischen Union und Mitgliedstaaten heftig umstritten (s. schon Kapitel 1 § 1 C. III.). Die Mitgliedstaaten machten in der Vergangenheit wiederholt geltend, dass der Union keine strafrechtlichen Kompetenzen übertragen worden seien und entsprechende Regelungen allein innerhalb der Dritten Säule getroffen werden konnten. Diese Streitigkeiten haben aber mit der Regelung der Art. 82 f. AEUV weitgehend an Relevanz verloren, wobei im Einzelfall weiterhin strittig sein kann, ob eine Richtlinie auch umfassend von einer Kompetenznorm gedeckt ist.[51] Streitigkeiten könnten etwa zum Erfordernis der „Unerlässlichkeit" einer strafrechtlichen Regelung i.R.v. Art. 82 Abs. 2 AEUV auftreten.[52] Denkbar ist auch, dass ein legislatives Tätigwerden der Union zur Harmonisierung strafrechtlicher Regelungen gestützt auf Art. 79 AEUV so vor die Unionsgerichte gelangt, die dann die Reichweite der Kompetenznorm klären könnten.

Neben dieser Verbandszuständigkeit kann es auch an der Organzuständigkeit mangeln, wenn also ein Organ im Zuständigkeitsbereich eines anderen Organs tätig wird. Dasselbe gilt für sonstige Einrichtungen und Stellen der Union, die keine Organqualität besitzen.

An der sachlichen Zuständigkeit kann es auch mangeln, wenn sich ein Organ unzulässiger Handlungsformen bedient.[53] Das wäre etwa der Fall, wenn eine Verordnung zur Regelung des Subventionsbetrugs zu Lasten der Europäischen Union auf Art. 83 AEUV gestützt würde. Auch die Reichweite der Katalog-„Taten" des

---

[50] Vgl. Calliess/Ruffert/*Cremer*, Art. 263 AEUV Rn. 24.
[51] Darauf weist *Schiwek*, S. 186, hin.
[52] Etwa Streinz/*Satzger*, Art. 83 AEUV Rn. 27. Zur Kontrolle des Subsidiaritätsgrundsatzes *Frenz*, Bd. 5, Rn. 2835.
[53] Siehe bei Calliess/Ruffert/*Cremer*, Art. 263 AEUV Rn. 83.

Art. 83 Abs. 1 UAbs. 2 AEUV könnte durch die Unionsgerichte auf diesem Wege konkretisiert werden. Dabei hätten die Gerichte insbesondere den strafrechtliche Schonungsgrundsatz zu beachten.

II. Verletzung von Formvorschriften

Bei dem Nichtigkeitsgrund der Verletzung wesentlicher *Formvorschriften* sind im Hinblick auf das Strafrecht keine Besonderheiten zu beachten: Im RFSR findet heute weitgehend das ordentliche Gesetzgebungsverfahren Anwendung (Art. 294 AEUV). Hier spielen etwa die Beteiligung des Europäischen Parlaments, die Erfüllung der Quoren und der Begründungspflicht eine Rolle.[54]

Eine spezifische strafrechtliche Bedeutung könnte dieser Nichtigkeitsgrund im Zusammenhang mit der Generalklausel des Art. 82 Abs. 2 UAbs. 2 lit. d AEUV erlangen, nach der „*spezifische Aspekte*" der mitgliedstaatlichen Strafverfahren angeglichen werden können. Die Auffangkompetenz unterliegt einem besonderen Verfahren, das einen einstimmigen Ratsbeschluss und die Zustimmung des Parlaments voraussetzt. Zudem kann die *Europäische Staatsanwaltschaft* nur in einem besonderen Gesetzgebungsverfahren nach Art. 289 Abs. 2 AEUV errichtet werden.

III. Ermessensmissbrauch

Einen *Ermessensmissbrauch* nimmt der *EuGH* an, wenn eine Rechtshandlung ausschließlich oder zumindest teilweise anderen als den angegebenen Zwecken dient oder mit dem Ziel der Verfahrensumgehung gewählt wurde.[55] Auf gesetzgeberischer Ebene ist ein Verstoß gegen diesen Grundsatz kaum denkbar, könnte aber beispielsweise im Rahmen der Sanktionslisten relevant werden, wenn aus sachwidrigen Gründen eine Person oder Organisation auf die Schwarze Liste aufgenommen wird. Auch im Rahmen der Verhängung von Bußgeldern durch die Kommission kann es zu Verstößen gegen den Grundsatz kommen.

IV. Auffangtatbestand: Verletzung von Unionsrecht

Der dritte Nichtigkeitsgrund, die *Verletzung von Unionsrecht,* ist als Auffangtatbestand für das Strafrecht von besonderer Bedeutung. Hier können Verstöße gegen die Unionsgrundrechte, die durch strafrechtliche Rechtsakte geradezu zwingend beeinträchtigt werden, eine Rolle spielen. Als Beispiel ist die Verletzung rechtlichen Gehörs (Art. 47 Abs. 2 GRC) bei der Aufnahme natürlicher

---

[54] Vgl. etwa Calliess/Ruffert/*Cremer,* Art. 263 AEUV Rn. 84 ff.
[55] Vgl. Streinz/*Ehricke,* Art. 263 AEUV Rn. 86, auch dazu, dass zwischen Ermessens- und einem Beurteilungsspielraum nicht unterschieden wird; s.a. *Frenz,* Bd. 5, Rn. 2856 f.; Schwarze/*Schwarze,* Art. 263 AEUV Rn. 81.

oder juristischer Personen auf Terrorlisten zu nennen. Denkbar ist auch, um die Bußgeldpraxis der Kommission noch einmal zu erwähnen, ein Verstoß gegen den Grundsatz verhältnismäßigen Strafens nach Art. 49 GRC, wenn die Bußgelder nicht in einem angemessenen Verhältnis zur verwirklichten Schuld stehen.

C. Klagegegenstand und Klagebefugnis: Zukunft der Plaumann-Formel?

Eine der wichtigsten Neuregelungen des Vertrags von Lissabon in Bezug auf den Individualrechtsschutz betrifft die *Klagebefugnis* natürlicher und juristischer Personen bzw. die zulässigen *Klagegegenstände,* die – bedingt durch die Rechtsprechung des *EuGH* – in einem engen Zusammenhang stehen.

I. Entstehungsgeschichtlicher Hintergrund der Modifikation

Dies erklärt sich aus dem Wortlaut der Vorgängernormen der Individualnichtigkeitsklage, zuletzt Art. 230 Abs. 4 EGV a. F.:

„Jede natürliche oder juristische Person kann unter den gleichen Voraussetzungen gegen die an sie ergangenen Entscheidungen sowie gegen diejenigen Entscheidungen Klage erheben, die, obwohl sie als Verordnung oder als eine an eine andere Person gerichtete Entscheidung ergangen sind, sie unmittelbar und individuell betreffen."

Zentraler Begriff war derjenige der *„Entscheidung".* Der Einzelne konnte nur an ihn adressierte Entscheidungen angreifen sowie solche, die lediglich als Verordnungen „etikettiert" waren, tatsächlich aber eine konkret-individuelle Natur aufwiesen.[56]

1. Sukzessive Handlungsformenneutralität

Später hatte der Gerichtshof eine weitere Definition zugrunde gelegt. Dabei kam es letztlich nicht auf die gewählte Handlungsform an, sondern auf das *tatsächliche Wesen des Rechtsakts.*[57] Der Rechtsakt musste lediglich in seinen Wirkungen einer Entscheidung entsprechen, also den einzelnen individuell und unmittelbar betreffen. Diese Rechtsprechung führte zu einer weitgehenden *„Formenneutralität"* des Individualrechtsschutzes mittels der Nichtigkeitsklage;[58] der

---

[56] Der Entscheidungsbegriff der gegenüber Art. 230 Abs. 4 Var. 2 EGV a. F. gleichlautenden Vorgängerregelung, Art. 173 Abs. 2 Var. 2 EWG a. F., wurde dagegen noch tatsächlich im Sinne von Entscheidung nach Art. 189 EWG-Vertrag verstanden. Damit waren „echte Verordnungen" von der Anfechtungsmöglichkeit ausgenommen, vgl. *Cremer,* in: Individualrechtsschutz in der EG, S. 27 (29 f.).
[57] Vgl. etwa *EuGH* Rs. C-60/81 (IBM/KOM), 11.11.1982, Slg. 1981, 2639.
[58] Zur Entwicklung: *Borowski,* EuR 2004, 879 (881 ff.); *Kottmann,* ZaöRV 2010, 547 (548 ff.); *Thalmann,* S. 33 f. Dies hatte zur Konstruktion der sog. „Scheinverordnung" geführt, einer Entscheidung im Gewand einer Verordnung, und zahlreichen Veröffentli-

EuGH konnte auch formal abstrakt-generelle Normen wie Verordnungen[59] und Richtlinien[60] unter den Wortlaut der Norm fassen.[61]

2. Die Plaumann-Formel des EuGH

Zur Anfechtbarkeit aller Rechtsakte führte dies indes nicht. Lediglich der Schwerpunkt der Zulässigkeitsprüfung wurde verschoben, nämlich auf das Merkmal der *individuellen Betroffenheit* im Rahmen der Klagebefugnis, das neben dem Merkmal der unmittelbaren Betroffenheit (dazu noch II. 2.) die zweite Variante des Art. 230 Abs. 4 EGV a. F. näher beschrieb.

Wegen der *Plaumann-Formel*,[62] durch die das Merkmal der *individuellen Betroffenheit* konkretisiert wurde, scheiterten in der Vergangenheit trotz der grundsätzlichen Formenneutralität die Mehrheit der unmittelbar gegen eine Richtlinie oder Verordnung gerichteten Verfahren.[63] Der Kläger hätte nach dieser Formel darlegen müssen, dass er durch den Akt wegen bestimmter persönlicher Eigenschaften oder besonderer, ihn aus dem Kreis der übrigen Personen heraushebender Umstände wie der Adressat einer Entscheidung berührt und individualisiert sei.

Im Laufe der Zeit hatten die Gerichte verschiedene, aber sehr enge Fallgruppen entwickelt, bei denen von der individuellen Betroffenheit des Klägers auszugehen war, obwohl der angegriffene Rechtsakt abstrakt-genereller Natur war.[64] Jedoch führten weder die Verletzung subjektiver Rechte noch eine tatsächlich eingetretene Belastung bei einem Betroffenen zur Anerkennung einer Klagebe-

---

chungen zur Frage der individuellen Betroffenheit bei Rechtsakten mit allgemeiner Geltung, *Everling*, EuZW 2010, 572; *Schwarze*, DVBl. 2002, 1297 (1300 f.); *Schwarze*, FS Scheuing, S. 190 (192 f.); *Thalmann*, S. 34 ff.

[59] Vgl. nur *EuGH* Rs. C-309/89 (Codorniú/KOM), 18.5.1994, Slg. 1994, I-1853, Rn. 19 = EuZW 1994, 434; s. a. *Arnull*, CMLRev 1995 (32), 7 (20 ff.); *Munding*, S. 393 ff., 407 ff.; *Thalmann*, S. 37 ff.

[60] Vgl. *EuGH* Rs. C-298/89 (Gibraltar/Rat), 29.6.1993, Slg. 1993, I-3605; s. a. *EuG* Rs. T-310/03 (Kreuzer Medien/Rat u. Parlament), 25.4.2006, Slg. 2006, II-36, wo die Rechtsprechung zur Richtlinie als Klagegegenstand zusammengefasst wird.

[61] Siehe *E. Schulte*, S. 36–113, zur Auswertung entsprechender Urteile; vgl. auch *Cremer*, in: Individualrechtsschutz in der EG, S. 27 (30 ff.).

[62] *EuGH* Rs. 25/62 (Plaumann/KOM), 15.7.1963, Slg. 1963, 217, 238.

[63] *Frenz/Distelrath*, NVwZ 2010, 162 (163 f.); *Cremer*, DÖV 2010, 58 (59); *Everling*, EuZW 2010, 572; *Kottmann*, ZaöRV 2010, 547 (551); *Balthasar*, E.L.Rev. 2010, 35 (4), 542 f.; *Usher*, E.L.Rev. 2003, 28 (5), 575 (578); *Karper*, S. 67; *Schiwek*, S. 212.

[64] Zu den hinlänglich bekannten Fallgruppen: *Frenz/Distelrath*, NVwZ 2010, 162 (164); *Pechstein*, Rn. 464 ff.; *Frenz*, Bd. 5, Rn. 2922; *Thomy*, S. 115 ff.; *Schiwek*, S. 198 ff.; vgl. auch *Munding*, S. 396 ff.; *Thalmann*, S. 46 ff.; Calliess/Ruffert/*Cremer*, Art. 263 AEUV Rn. 40 ff.: Beeinträchtigung materieller Rechtsposition, Verfahrensbeteiligung, Vernachlässigung von Berücksichtigungspflichten, Verletzung von Grundrechten, in die Form einer Verordnung gekleidete Einzelentscheidungen. Kritisch wegen der Heterogenität: *Nettesheim*, JZ 2002, 928 (930).

fugnis. Die Nichtigkeitsklage diente dadurch weniger dem subjektiven Rechtsschutz, sondern ermöglichte den Unionsgerichten vielmehr eine objektive Kontrolle des Handelns der Organe der Union.[65]

3. Rechtsschutzlücke bei selbstvollziehenden Maßnahmen

Waren die ausdrücklich anerkannten Fälle nicht einschlägig, wurde die Nichtigkeitsklage für unzulässig erklärt und es musste der nationale Vollzugsakt abgewartet werden. Erst gegen diesen konnte dann vor einem nationalen Gericht vorgegangen werden. War der Rechtsweg zu den nationalen Gerichten eröffnet und kamen dabei Fragen hinsichtlich der Vereinbarkeit mit Unionsrecht auf, konnte oder musste das nationale Gericht nach Art. 234 EGV a. F. die Sache dem *EuGH* vorlegen.[66] Eine Rechtsschutzlücke war hinsichtlich der *selbstvollziehenden Maßnahmen* entstanden, so etwa bei Verordnungen: Dabei handelt es sich um Akte der Union, die nicht durch nationale Behörden oder die Organe der Union konkretisiert werden müssen, da sie dem Einzelnen wegen ihrer unmittelbaren Geltung bereits konkrete Pflichten auferlegen. In einem solchen Fall konnte der Betroffene Rechtsschutz nur dadurch erreichen, dass er gegen die meist strafbewehrte Norm verstieß, um dadurch einen vor den nationalen Gerichten angreifbaren Akt zu provozieren. Dieser Umstand wurde von der Literatur[67] als Verstoß gegen die allgemeine Gewähr des Rechtsschutzes identifiziert.

Proteste kamen aber auch aus den eigenen Reihen:[68] Das *EuG* sah in der beschriebenen Interpretation des Merkmals der individuellen Betroffenheit einen Verstoß gegen das Rechtsschutzgebot und wich im Urteil zur Rechtssache *Jégo-Quéré*[69] davon ab. Nach der Vorstellung des Gerichts sollte von individueller Betroffenheit bereits dann ausgegangen werden, wenn eine Bestimmung den Einzelnen in seinen Rechten beschränkt oder ihm Pflichten auferlegt.[70]

Parallel hatte der *EuGH* in der Rechtsache *UPA* über eine ähnliche Konstellation zu entscheiden, lehnte dort jedoch eine extensive Auslegung ab, wie sie Ge-

---

[65] Vgl. *Kottmann*, ZaöRV 2010, 547 (551).

[66] Siehe etwa *Everling*, EuR-Beih. 1/2009, 71 (73).

[67] Zum Beispiel: *Calliess*, NJW 2002, 3577; *Usher*, E.L.Rev. 2003, 28 (5), 575; *Borowski*, EuR 2004, 879 (896 f.); *Koch*, E.L.Rev. 2005, 30 (4), 511 (512 ff.); *Eckhardt*, S. 59 f.

[68] Dazu: *Schiwek*, S. 203 ff.; *E. Schulte*, S. 114 ff.; *Everling*, EuR-Beih. 1/2009, 71 (73); *Schwarze*, FS Scheuing, S. 190 (194 ff.); *Calliess*, NJW 2002, 3577 (3580 f.); ausführlich: *Usher*, E.L.Rev. 2003, 28 (5), 575 (578 ff.); *Görlitz/Kubicki*, EuZW 2011, 248 (249). Vgl. *Borowski*, EuR 2004, 879 (905 ff.), zu den Unterschieden und Gemeinsamkeiten der Interpretationsvorschläge von *Jacobs* und *EuG*.

[69] *EuG* Rs. T-177/01 (Jégo-Quéré/KOM), 3.5.2002, Slg. 2002, II-2365; vgl. dazu *Braun/Kettner*, DöV 2003, 58 (62 ff.); *Munding*, S. 533 ff.; kritisch dazu: *Nettesheim*, JZ 2002, 928 (931 f.).

[70] *EuG* Rs. T-177/01 (Jégo-Quéré/KOM), (Fn. 69), Tz. 41 ff. Weitere Vorschläge zur Auslegung dieses Merkmals bei *Kottmann*, ZaöRV 2010, 547 (558 f.).

§ 2 Nichtigkeitsklage gegen strafrechtliche Akte   173

neralanwalt *Jacobs* vorschlug: Nach dessen Vorstellung sollte von einer individuellen Betroffenheit immer dann ausgegangen werden, wenn sich ein Unionsakt aufgrund persönlicher Umstände des Klägers erheblich auf dessen Interessen auswirkt oder solche Auswirkungen zu erwarten sind.[71] Der *EuGH* sah sich an einer solchen Neuinterpretation durch den Wortlaut der Norm gehindert, der eine Klage gegen Unionsakte nur unter sehr engen Voraussetzungen zulasse. Gegen abstrakt-generelle Regelungen unionalen Ursprungs sei grundsätzlich ein anderer Rechtsschutzmechanismus vorgesehen, nämlich das Vorlageverfahren. Nach Ansicht des *EuGH* könne nur durch Vertragsänderung eine den Verträgen fremde Individualklage gegen nicht umsetzungsbedürftige abstrakt-generelle Akte eingeführt werden.[72] Der Gerichtshof versuchte allerdings einen Kompromiss zwischen den aus dem Gebot des effektiven Rechtsschutzes abzuleitenden Erfordernissen für individuellen Rechtsschutz und den Grenzen, die der Vertragstext ihm seiner Ansicht nach auferlegte, zu finden. Die möglichen Kläger sollten nicht rechtsschutzlos gestellt sein, sie wurden lediglich vom zentralen auf den dezentralen Rechtsschutz umgeleitet:[73] Ein effektives Rechtsschutzsystem zur Verfügung zu stellen, sei die Aufgabe der Mitgliedstaaten. Diese hätten die entsprechenden Rechtsschutzlücken zu schließen und zumutbare Wege zu einem innerstaatlichen Gericht zu schaffen, um ein Vorabentscheidungsverfahren zu ermöglichen.[74] Diese Verpflichtung der Mitgliedstaaten hat sogar Eingang in die Verträge gefunden (Art. 19 Abs. 1 UAbs. 2 EUV).

Die bestehende Rechtsschutzlücke wurde damit allerdings zementiert: Die Nichtigkeitsklage war in der Regel nicht statthaft, weil die Voraussetzungen der *Plaumann*-Formel nicht erfüllt waren, wenn die jeweiligen Akte nicht als Quasi-Entscheidung ergangen waren. Für den Einzelnen, der durch den abstrakt-generellen Akt der Union bereits unmittelbar in seinen Rechten betroffen war, bestand aber mangels Umsetzungsakt auch keine (zumutbare) Klagemöglichkeit vor den nationalen Gerichten. Der Unionsakt selbst stellte keinen tauglichen Klagegegenstand in nationalen Verfahren dar. Der Umweg über die Provokation eines angreifbaren Aktes, indem gegen die strafbewehrte Ursprungsnorm verstoßen wurde, schien rechtsstaatlich unerträglich.[75] Dennoch bestätigte der *EuGH* die Rechtsprechung in der Rechtsmittelentscheidung *Jégo-Quéré*.[76]

---

[71] *GA Jacobs*, Schlussanträge, Rs. C-50/00 P (Unión de Pequeños Agricultores/Rat), 21.3.2001, Slg. 2002, I-6677, Tz. 60.
[72] *EuGH* Rs. C-50/00 P (Unión de Pequeños Agricultores/Rat), 25.7.2002, Slg. 2002, I-6677, Tz. 43 ff. = NJW 2002, 2935; zur Kritik: *Abetz*, S. 94 f.; vgl. auch *Wegener*, EuR-Beih. 3/2008, 45 (66 f.).
[73] Vgl. *Kottmann*, ZaöRV 2010, 547 (553 f.).
[74] *EuGH* Rs. C-50/00 P (UPA/Rat), (Fn. 72), Tz. 36 ff.; *Braun/Kettner*, DöV 2003, 58 (64 ff.); *Petzold*, S. 33 ff.
[75] Vgl. *EuGH* Rs. 432/05 (Unibet/Justitiekansler), 13.3.2007, Slg. 2007, I-2271, Tz. 64: Dem Urteil lag ein schwedisches Verfahren zugrunde, in dem ein englischer

II. Erweiterung des Individualrechtsschutzes im Vertrag von Lissabon?

Der Vertrag von Lissabon sollte für diese Situation zumindest in gewissem Umfang Abhilfe schaffen:[77] Der neue Art. 263 Abs. 4 AEUV sorgt aber nicht für weniger Streitpotenzial. Er besagt:

„Jede natürliche oder juristische Person kann unter den Bedingungen nach den Absätzen 1 und 2 gegen die an sie gerichteten oder sie unmittelbar und individuell betreffenden Handlungen sowie gegen Rechtsakte mit Verordnungscharakter, die sie unmittelbar betreffen und keine Durchführungsmaßnahmen nach sich ziehen, Klage erheben."

Anstelle der Kategorien von Klagegegenständen, die aus Art. 230 Abs. 4 EGV a. F. bekannt waren – an den Kläger adressierte Entscheidungen und Entscheidungen, die zwar als Verordnung oder als an Dritte gerichtete Entscheidung ergangen sind, aber den Kläger unmittelbar und individuell betreffen – nennt Art. 263 Abs. 4 AEUV *drei denkbare Klagekonstellationen*: Klagen gegen Handlungen, die gegen eine Person gerichtet sind, gegen solche Handlungen, die den Kläger unmittelbar und individuell betreffen und Klagen gegen Rechtsakte mit Verordnungscharakter, die den Kläger unmittelbar betreffen und die keine Durchführungsmaßnahmen nach sich ziehen.

Zum einen wurde also der Begriff der *„Entscheidung"* ersetzt durch den Begriff der *„Handlung"*. Die von der Rechtsprechung entwickelte Handlungsformneutralität wurde damit auch primärrechtlich kodifiziert; es kommt danach nicht mehr auf die Bezeichnung, sondern allein auf die Rechtsnatur des Unionsaktes an.[78] Als einschränkendes Kriterium ist zu beachten, dass die Handlung auch *Rechtswirkungen nach außen* erzeugen muss, was etwa bei Stellungnahmen nicht der Fall ist (Art. 288 Abs. 5 AEUV).[79] Dabei ist zu bemerken, dass der Handlungsformenkatalog des Art. 288 AEUV nicht abschließend zu verstehen ist, sondern die Union auch mittels dort nicht benannter Instrumente handeln kann.[80]

Wettanbieter die Feststellung der Rechtmäßigkeit seiner Tätigkeit begehrte. Zu diesem Widerspruch: *Arnull*, E.L.Rev. 2011, 36 (1), 51 (55 f.); *Calliess*, NJW 2002, 3577 (3581).

[76] *EuGH* Rs. C-263/02 P (KOM/Jégo-Quéré), 1.4.2004, Slg. 2004, I-3425.

[77] Zu Art. III-365 Abs. 4 EVV: *Everling*, EuR-Beih. 1/2009, 71 (73 f.); *Engel*, S. 134 f.

[78] Vgl. Calliess/Ruffert/*Cremer*, Art. 263 AEUV Rn. 29, 33; Streinz/*Ehricke*, Art. 263 AEUV Rn. 46. S. a. *Kottmann*, ZaöRV 2010, 547 (557); *Cremer*, DÖV 2010, 58 (60); *Thalmann*, S. 58 f.; *Kirchmair*, ZfRV 2012, 148 (150); *Last*, S. 150 f.; *Skouris*, FS Europa-Institut, S. 545 (548). Dies dient der Rechtssicherheit, so der Schlussbericht des Arbeitskreises über die Arbeitsweise des Gerichtshofs v. 25.3.2003, CONV 636/03.

[79] Vgl. etwa *Lenz/Staeglich*, NVwZ 2004, 1421 f.

[80] Etwa Calliess/Ruffert/*Ruffert*, Art. 288 AEUV Rn. 98 ff., mit Beispielen.

Andererseits bleibt es auch nach dem Vertrag von Lissabon grundsätzlich beim Erfordernis der individuellen Betroffenheit für Direktklagen natürlicher und juristischer Personen.[81] Es ist aber jetzt wie folgt zu unterscheiden:

1. Klagen gegen adressatenbezogene Beschlüsse (Var. 1)

Adressaten eines Beschlusses können – wie schon bisher der Adressat einer Entscheidung – gegen diesen klagen, ohne eine besondere Klagebefugnis nachzuweisen (Var. 1). Dabei ist zu beachten, dass ein Beschluss nach Art. 288 Abs. 4 AEUV, anders als die Entscheidung, nicht notwendig einen Adressaten haben muss. Nur adressatenbezogene Beschlüsse fallen aber unter diese Variante. Insoweit ist keine Erweiterung der Klagemöglichkeiten erkennbar.[82]

Die Variante ist vor allem für den *unmittelbaren Vollzug von Unionsrecht* relevant. Hauptanwendungsfall im Bereich der strafrechtlichen Handlungen der Organe der Union (zu den europäischen Strafverfolgungsbehörden noch Kapitel 3) sind die durch die Kommission verhängten Geldbußen, etwa aufgrund von Art. 23 Abs. 2 VO 1/2003, die in Form eines Beschlusses im Sinne von Art. 288 Abs. 4 AEUV verhängt werden (siehe noch F. III.).

2. Klagen gegen sonstige Handlungen (Var. 2)

Bei anderen Handlungen (Var. 2), also solchen Rechtsakten, deren Adressat ein Dritter ist oder die als Akte mit abstrakt-genereller Geltung, keinen Adressaten haben, bleibt es dagegen grundsätzlich beim Erfordernis der unmittelbaren und individuellen Betroffenheit.[83]

Diese Variante ersetzt die vormalige zweite und dritte Variante des Art. 230 Abs. 4 EGV („als Verordnung ergangene Entscheidungen", „an einen Dritten ergangene Entscheidungen"). Damit entfallen die schwierigen Abgrenzungsprobleme zu den sogenannten „Scheinverordnungen" oder Verordnungen „mit Hybridcharakter"; auch die Diskussion um die Einbeziehung von Richtlinien ist mit dem neutralen Begriff „Handlung" statt „Verordnung" obsolet geworden.[84] Alle nicht adressatenbezogenen Akte fallen zumindest unter diese Variante (siehe aber noch 3.).[85] Wirken sie wie Beschlüsse, so ist aber ohnehin schon nach der durch die Rechtsprechung generierten Rechtslage eine direkte Klagemöglichkeit gegeben, die Rechtsschutzmöglichkeiten werden also nicht erweitert.

---

[81] Siehe dazu *Thiele*, EuR 2010, 30 (41 f.).
[82] Dazu auch Calliess/Ruffert/*Cremer*, Art. 263 AEUV Rn. 31 f.; *Pechstein*, Rn. 402 ff.; *Frenz/Distelrath*, NVwZ 2010, 162; *Cremer*, DÖV 2010, 58 (59 f.).
[83] *Cremer*, DÖV 2010, 58 (60), geht daher davon aus, dass es, wie schon unter der alten Rechtslage, meist an der Klagebefugnis mangeln wird.
[84] Vgl. *Pechstein*, Rn. 406 f., 410.
[85] *Pechstein*, Rn. 408.

Für die Gesetzgebung der Union im Rahmen der Art. 82 f. AEUV etwa wird diese Variante des Art. 263 Abs. 4 AEUV nicht relevant werden, jedenfalls soweit die Unionsgerichte angesichts der Neuformulierung des Art. 263 AEUV keine Neuinterpretation des Begriffs der individuellen Betroffenheit erwägen.[86] Da nach Art. 82 f. AEUV lediglich Richtlinien zur Angleichung nationalen Straf- und Strafverfahrensrechts eingesetzt werden können, werden diese grundsätzlich keine Person gleichsam einem Adressaten betreffen und Klagen hiergegen somit in der Regel schon an der *Plaumann*-Formel scheitern. Nichts anderes gilt für den Verordnungserlass nach Art. 325 Abs. 4 AEUV bzw. Art. 33, Art. 79 Abs. 2 *lit.* d AEUV. Auch die darauf gestützten Rechtsakte sind abstrakt-genereller Natur, selbst wenn sie tatsächlich nur eine überschaubare Personenzahl betreffen sollten.[87] Da Unionsgerichte für die Individualisierbarkeit eine Grundrechtsbetroffenheit nicht ausreichen lassen, sondern diese allein nach formalen Kriterien bestimmen,[88] werden mithin die meisten Klagen gegen Unionsakte, die nur unter dieser Variante angegriffen werden können, am Merkmal der Klagebefugnis scheitern.

Diejenigen Klagegegenstände, die die Zulässigkeitshürde der individuellen Betroffenheit noch überwinden konnten, werden regelmäßig das Erfordernis der *unmittelbaren Betroffenheit* nicht erfüllen. Eine unmittelbare Betroffenheit wäre nur gegeben, wenn der Unionsrechtsakt selbst bereits die Interessen des Klägers beeinträchtigt, ohne dass eine Durchführungsmaßnahme erforderlich wäre *(formelle Unmittelbarkeit)*. Das ist aber bei Richtlinien kaum je der Fall. Da Richtlinien den Mitgliedstaaten stets einen mitunter erheblichen Ermessensspielraum belassen, tritt eine Belastung meist erst durch den Umsetzungsakt ein, so dass erst gegen diesen vorgegangen werden kann. Wenn aber ausnahmsweise der Determinierungsgrad einer grundsätzlich umsetzungsbedürftigen Unionsmaßnahme so hoch ist, dass die Belastung tatsächlich bereits durch die Richtlinie erfolgt und den Mitgliedstaaten bei der Umsetzung letztlich kein Umsetzungsspielraum bleibt, wird die Klagebefugnis wegen der *materiellen Unmittelbarkeit* bejaht.[89]

Insoweit kommt es für die Frage der Rechtsschutzerweiterung vor dem dargestellten Hintergrund im Wesentlichen darauf an, welche Rechtsschutzmöglichkeiten die 3. Variante des Art. 263 Abs. 4 AEUV eröffnet.

3. Klagen gegen Rechtsakte mit Verordnungscharakter (Var. 3)

Für Klagen gegen „*Rechtsakte mit Verordnungscharakter*" (Var. 3) soll nach dem Vertragstext in Zukunft der Nachweis der unmittelbaren Betroffenheit aus-

---

[86] Dafür spricht *EuG* Rs. T-221/10 (Iberdrola SA/KOM), 8.3.2012, m. Anm. *Gundel,* EuZW 2012, 559.
[87] Siehe aber *Walter,* ZStW 117 (2005), 912 (920 f.).
[88] Dies kritisiert *Nehl,* Lissaboner Reformvertrag, S. 149 (165 f.).
[89] Zum Ganzen: *Pechstein,* Rn. 453 ff. Zur materiellen Unmittelbarkeit: *EuG* Rs. T-223/01 (Japan Tobacco), 10.9.2002, Slg. 2002, II-3259, Tz. 45 f.

reichen; die individuelle Betroffenheit spielt keine Rolle mehr. Es kommt allerdings nach Art. 263 Abs. 4 Var. 3 AEUV ergänzend darauf an, ob der fragliche Rechtsakt Durchführungsmaßnahmen erfordert, gegen die geklagt werden kann. Dann soll die Direktklage zum *EuG* weiterhin ausgeschlossen sein.[90]

Unklar ist aber, was *Rechtsakte mit Verordnungscharakter* sein sollen. Der Begriff wird in den Verträgen nicht definiert.[91] Jedenfalls bis zur Klärung durch das *EuG* [noch d)] wurde er daher äußerst kontrovers diskutiert.[92] Unbestritten ist lediglich, dass Empfehlungen und Stellungnahmen keine solchen Rechtsakte sind, da sie keine Rechtswirkungen nach außen erzeugen.[93] Ein unvoreingenommener Blick auf den Wortlaut spräche dafür, dass jedenfalls Verordnungen nach Art. 288 Abs. 2 AEUV von Art. 263 Abs. 4 AEUV erfasst sein sollen.[94] Dieser simple Schluss verbietet sich aber, wenn man verschiedene Sprachfassungen miteinander vergleicht; die Ähnlichkeit der deutschen Formulierungen von Art. 288 und Art. 263 AEUV erweist sich dabei als zufällig [noch c)].[95] Der „Rechtsakt mit Verordnungscharakter" stellt mithin eine neue Handlungskategorie dar, deren Inhalt zu klären bleibt. Dasselbe gilt für das Merkmal, dass der Rechtsakt keine Durchführungsmaßnahmen nach sich ziehen soll.

Im Wesentlichen hatten sich in der Literatur zwei Auslegungsvorschläge für den Begriff des „Rechtsakts mit Verordnungscharakter" entwickelt: Eine Ansicht will darunter alle Akte fassen, die einer *Verordnung ähneln*, also *abstrakt-generelle Rechtsakte* [a]. Die andere stellt darauf ab, wie ein Rechtsakt geschaffen wurde. Akte, die im Gesetzgebungsverfahren nach Art. 294 AEUV erlassen wurden, sollen danach nicht von dem Begriff erfasst sein. Sie stellen vielmehr *Akte mit Gesetzescharakter* dar [b]. Verordnungen können sowohl im Gesetzgebungsverfahren erlassen werden, als auch Rechtsakte ohne Gesetzescharakter, mithin also Verordnungscharakter, darstellen;[96] dasselbe gilt für Richtlinien und Beschlüsse. Die Differenzierung ähnelt der dem deutschen Recht bekannten Unter-

---

[90] Vgl. *Everling*, EuR-Beih. 1/2009, 71 (74); *Thiele*, EuR 2010, 30 (43 f.); vgl. auch *Skouris*, FS Europa-Institut, S. 545 (549).

[91] Dies kritisierte schon am EVV: *Koch*, E.L.Rev. 2005, 30 (4), 511 (520), da es Ziel der Reform gewesen sei, die Verträge für die Bürger verständlicher zu machen. Als „verwirrend" bezeichnete die Begrifflichkeiten auch *Magiera*, FS Merten, S. 429 (437).

[92] Eine Zusammenfassung der Positionen findet sich bei *Herrmann*, NVwZ 2011, 1352.

[93] Siehe Calliess/Ruffert/*Cremer*, Art. 263 AEUV Rn. 15; *Cremer*, DÖV 2010, 58 (61).

[94] Vgl. *Schwarze*, FS Scheuing, S. 190 (201 f.); *Görlitz/Kubicki*, EuZW 2011, 248 (250). Auch Anhänger der restriktiven Auslegung (a.) räumen ein, dass dies *prima facie* nahe liegt: etwa *Last*, S. 155; *Thiele*, EuR 2010, 30 (44). *Schiwek*, S. 217, dagegen findet dies nicht überzeugend. Wenn der Gesetzgeber eine Erstreckung auf alle Verordnungen gewollt hätte, hätte er diesen Begriff wählen können.

[95] Vgl. *Thalmann*, S. 60; *Pötters/Werkmeister/Traut*, EuR 2012, 546 (551); andererseits *Nehl*, Lissaboner Reformvertrag, S. 149 (164); ohne Begründung *Karper*, S. 135.

[96] Für eine weitere Differenzierung: *Dougan*, CMLRev 2008 (45), 617 (644–652); *Cremer*, DÖV 2010, 58 (61 f.).

scheidung zwischen formellen Gesetzen und „Rechtsverordnungen" (Art. 80 Abs. 1 GG),[97] wobei die bekannten Rechtsakte auf Unionsebene auf gesetzlicher wie auf untergesetzlicher Ebene eine Rolle spielen können.

a) Historischer Ansatz: abstrakt-generelle Normen ohne Gesetzescharakter

Die letztgenannte Ansicht orientiert sich bei der Auslegung des Begriffs des Verordnungscharakters vor allem „am *historischen* Gesetzgeber".[98] Angesichts der Kritik an der Effektivität des Rechtsschutzes des Einzelnen (schon I. 3.) sollten dessen Klagemöglichkeiten durch den Europäischen Verfassungsvertrag (EVV) in moderater Weise erweitert werden, indem die Voraussetzungen der Zulässigkeit der Nichtigkeitsklage herabgesetzt wurden. So hieß es im neu formulierten Art. III-365 Abs. 4 EVV: „Jede natürliche oder juristische Person kann unter den in den Absätzen 1 und 2 genannten Bedingungen gegen die an sie gerichteten oder sie unmittelbar und individuell betreffenden Handlungen sowie gegen Rechtsakte mit Verordnungscharakter, die sie unmittelbar betreffen und keine Durchführungsmaßnahmen nach sich ziehen, Klage erheben."[99] Der Wortlaut stimmt also exakt mit demjenigen von Art. 263 Abs. 4 AEUV überein.

Eine Änderung gegenüber dem EVV folgte aber in Bezug auf die Handlungsformen: Im Verfassungsvertrag waren die Handlungsformen der Europäischen Union gegenüber der früheren Rechtslage neu gefasst worden. Es sollte zwischen Europäischen Gesetzen und Europäischen Rahmengesetzen als *Gesetzgebungsakten* und Europäischen Verordnungen und Beschlüssen als *untergesetzlichen Rechtsakten* („Rechtsakt ohne Gesetzescharakter", Art. I-33 Abs. 1 UAbs. 4 EVV) differenziert werden (Art. I-33 EVV). Erstere sollten in einem Gesetzgebungsverfahren von Rat und Parlament erlassen werden, die untergesetzlichen Rechtsakte dagegen überwiegend von der Kommission oder ausnahmsweise auch vom Rat. Für die Gesetzgebungsakte sollte es im Rahmen der neu formulierten Individualnichtigkeitsklage beim Erfordernis der unmittelbaren und individuellen Betroffenheit bleiben.[100] Dagegen sollte für die Europäischen Verordnungen nach Art. I-33 Abs. 1 UAbs. 4 EVV das Merkmal der individuellen Betroffenheit entfallen, ebenso wie für die abstrakt-generellen Beschlüsse als dem Charakter nach

---

[97] Vgl. *Pötters/Werkmeister/Traut,* EuR 2012, 546 (549).

[98] Etwa *Herrmann,* NVwZ 2011, 1352 (1366); *Thiele,* EuR 2010, 30 (43 ff.); *Cremer,* DÖV 2010, 58; *Schröder,* DÖV 2009, 61 (63); *Balthasar,* E.L.Rev. 2010, 35 (4), 542 (544 ff.). Unter Auswertung „historischer" Dokumente: *Thalmann,* S. 83 ff., S. 92 ff.

[99] Zu Reformvorschlägen des Arbeitskreises über die Arbeitsweise des Gerichtshofs: *Herrmann,* NVwZ 2011, 1352 (1353); *Borowski,* EuR 2004, 879 (908 f.). Vgl. *Kottmann,* ZaöRV 2010, 547 (559 f.), zu weiteren Interpretationsmöglichkeiten; auch *Cremer,* DÖV 2010, 58 (62 f.); ausführlich *Thalmann,* S. 78 ff.

[100] Etwa *Herrmann,* NVwZ 2011, 1352 (1354); *Pabel,* G.L.J. 6 (2005), 1601 (1610 f.).

verordnungsähnliche Rechtsakte.[101] Ein Teil der Maßnahmen der Union sollte also weiterhin nicht direkt durch die Nichtigkeitsklage angegriffen werden können.[102]

Mit der Aufgabe des Verfassungskonzepts nach dem Scheitern des Verfassungsvertrages[103] kehrte man allerdings zu den tradierten Handlungsformen zurück. Ein „Europäisches Gesetz" gibt es also unter den geltenden Verträgen nicht. Lediglich die „Europäischen Beschlüsse" blieben bestehen und ersetzten die früheren Entscheidungen. Beschlüsse müssen aber – anders als die Entscheidungen – nicht notwendig einen Adressaten haben.[104] Allerdings blieb die *Differenzierung* zwischen *Gesetzgebungsakten* und *Akten ohne Gesetzescharakter* bestehen, wie Art. 289 Abs. 3 und Art. 290 Abs. 1 AEUV zeigen.[105] So sollen „Rechtsakte, die gemäß einem Gesetzgebungsverfahren (nach Absatz 1) angenommen werden, [...] Gesetzgebungsakte" sein (Art. 289 Abs. 3 AEUV). Zudem kann nach Art. 290 Abs. 1 in „Gesetzgebungsakten [...] der Kommission die Befugnis übertragen werden, Rechtsakte ohne Gesetzescharakter mit allgemeiner Geltung zur Ergänzung oder Änderung bestimmter nicht wesentlicher Vorschriften des betreffenden Gesetzgebungsaktes zu erlassen." Die Kategorien „Gesetzgebungsakt" und „Rechtsakt ohne Gesetzescharakter" bezeichnen nun aber in gleichem Maße Verordnungen, Richtlinien und auch Beschlüsse, je nachdem, in welchem Verfahren diese erlassen wurden.

Ob eine Anpassung des Wortlauts von Art. 263 AEUV an die neuen Handlungsformen in der Regierungskonferenz diskutiert wurde, ist für die Öffentlichkeit nicht feststellbar.[106] Dass eine solche aber nicht erfolgte, wird von der Lite-

---

[101] Vgl. schon *Busse-Muskala,* S. 334 f.; so *Herrmann,* NVwZ 2011, 1352 (1354); ausführlich *Cremer,* DÖV 2010, 58 (63); ebenso *Thalmann,* S. 65. Zu abstrakt-generellen Beschlüssen *Koch,* E.L.Rev. 2005, 30 (4), 511 (522 f.). Richtlinien ohne Gesetzescharakter waren dem EVV unbekannt. Sie wären in der Europäischen Verordnung aufgegangen. Näher zu den Handlungsformen des EVV: *Thalmann,* S. 63 ff.; den Vertrag von Lissabon und den EVV gegenüberstellend: *Streinz/Ohler/Herrmann,* S. 92 ff.

[102] Dazu CONV 734/03, S. 20. *Herrmann,* NVwZ 2011, 1352 (1354), weist auch darauf hin, dass diese Erweiterung in der Rechtssache *Jégo-Quéré,* nicht aber in der Rechtssache *UPA,* zur Zulässigkeit der Klage geführt hätte. S. a. *Koch,* E.L.Rev. 2005, 30 (4), 511 (525 f.); *Kirchmair,* ZfRV 2012, 148 (152). *Pabel,* G.L.J. 6 (2005), 1601 (1610), kritisierte schon diesen Schritt als ungenügend. – Auch von Vertretern der weitergehenden Interpretation wird diese Auslegung der Begriffe im EVV nicht bestritten: etwa *Everling,* EuZW 2010, 572 (573 f.); *Schwarze,* FS Scheuing, S. 190 (197), die beide die Angst vor der Überlastung der Unionsgerichte für diese Zurückhaltung verantwortlich machen [siehe noch b)].

[103] Dazu *Streinz/Ohler/Herrmann,* S. 14 ff.

[104] Vgl. etwa *Herrmann,* NVwZ 2011, 1352 (1354).

[105] So *Cremer,* DÖV 2010, 58 (60 f.); *Herrmann,* NVwZ 2011, 1352 (1354); *Streinz/Ohler/Herrmann,* S. 116; aber auch *Kottmann,* ZaöRV 2010, 547 (559); s. a. *Schwarze,* FS Scheuing, S. 190 (198 f.).

[106] Vgl. *Herrmann,* NVwZ 2011, 1352 (1354); *Balthasar,* E.L.Rev. 2010, 35 (4), 542 (545). Dies legen aber die Ausführungen *Kottmanns,* ZaöRV 2010, 547 (560), nahe, wo-

ratur vielfach als Indiz dafür gesehen, dass der Unionsgesetzgeber die Klagemöglichkeiten gegenüber dem Verfassungsvertrag nicht erweitern wollte.[107]

Umstritten ist unter den Vertretern dieser historischen Auslegung lediglich, ob alle Rechtsakte, die nicht in einem Gesetzgebungsverfahren erlassen wurden, zugleich Rechtsakte mit Verordnungscharakter i. S. v. Art. 263 Abs. 4 Var. 3 AEUV sein sollen, oder ob letztere nur eine Teilmenge der Kategorie „Rechtsakte ohne Gesetzescharakter" darstellen. So nimmt etwa *Cremer* an, im Begriff „*Rechtsakt mit Verordnungscharakter*" sei der *Gegenbegriff zum „Gesetzesakt"* i. S. v. Art. 289 Abs. 2, 3 AEUV zu sehen. Während Verordnungen, Richtlinien und Beschlüsse, die in einem ordentlichen oder besonderen Gesetzgebungsverfahren nach Art. 294 AEUV erlassen wurden, die den entsprechenden Verfahren des Verfassungsvertrags nachempfunden sind (Art. III-396 EVV), Gesetzgebungsakte sein sollen,[108] seien alle auf andere Weise ergangenen Akte solche mit Verordnungscharakter. Rechtsakte mit Verordnungscharakter wären danach alle Durchführungsverordnungen nach *Art. 290, 291 AEUV* und Beschlüsse, Richtlinien und Verordnungen, die nach *Art. 297 Abs. 2 AEUV* nicht im Gesetzgebungsverfahren erlassen wurden.[109] Dass nicht allein Verordnungen Akte mit Verordnungscharakter darstellen, sei schon deswegen logisch zwingend, weil einige Ermächtigungsgrundlagen in den Verträgen alternativ zum Erlass von Richtlinien oder Verordnungen ermächtigen. Die Zulässigkeit der Nichtigkeitsklage könne nicht davon abhängen, welche Handlungsform die zuständigen Behörden wählen.[110] *Beschlüsse* – solche mit konkret-individueller wie auch mit allgemeiner

---

nach der Juristische Dienst des Rates darauf hingewiesen habe, dass der Begriff nicht mit der „Klassifikation der Handlungsformen" übereinstimme.

[107] Vgl. *Thiele,* EuR 2010, 30 (43 f.); *Pötters/Werkmeister/Traut,* EuR 2012, 546 (557 f.); *Frenz/Distelrath,* NVwZ 2010, 162 (165); Streinz/*Ehricke,* Art. 263 AEUV Rn. 54.

[108] Vgl. Calliess/Ruffert/*Cremer,* Art. 263 AEUV Rn. 56; *Cremer,* DÖV 2010, 58 (62 ff.); wohl auch *Pötters/Werkmeister/Traut,* EuR 2012, 546 (551 ff.): Die Autoren fassen alle nach Art. 290 f. AEUV erlassenen Akte unter den Begriff. Sie begründen dies u. a. damit, dass er an die „Rechtsverordnung" als verfassungsrechtliche Normkategorie erinnere (Art. 80 Abs. 1 GG). Darauf deuten nach ihrer Analyse auch andere Sprachfassungen hin. Allerdings räumen die Autoren selbst ein, dass dieses Wortlautargument schon deswegen von untergeordneter Bedeutung sei, weil die Termini des Unionsrechts autonom ausgelegt werden. S. a. *Kirchmair,* ZfRV 2012, 148 (152).

[109] *Pötters/Werkmeister/Traut,* EuR 2012, 546 (556 f.), schlagen zudem vor, die von der Kommission nach Art. 106 Abs. 3 und Art. 109 AEUV erlassenen Akte nicht unter Art. 263 Abs. 4 Var. 3 AEUV zu fassen: Letztere werden schon explizit als Gesetzgebungsakte in einem besonderen Verfahren nach Art. 294 Abs. 2 AEUV erlassen. Bei ersteren findet sich die Rechtsgrundlage unmittelbar im Primärrecht, was ebenfalls eine besondere Behandlung rechtfertige. A.A. zu Art. 106 AEUV: *Kirchmair,* ZfRV 2012, 148 (151); die Regelungen spielen mangels strafrechtlicher Relevanz im Folgenden keine Rolle mehr.

[110] Zum EVV: *Busse-Muskala,* S. 332 ff. Zum Lissabon-Vertrag: Calliess/Ruffert/ *Cremer,* Art. 263 AEUV Rn. 67 (Gefahr „legalen Formmissbrauchs"); auch *Cremer,* DÖV 2010, 58 (63 f.); a. A. wohl *Schiwek,* S. 224.

§ 2 Nichtigkeitsklage gegen strafrechtliche Akte   181

Geltung – sollen ebenfalls unter die dritte Variante fallen, wenn sie keinen Gesetzescharakter haben. Zum einen verfange zumindest für Beschlüsse allgemeiner Geltung das genannte Argument im Hinblick auf die Wahlmöglichkeit ebenfalls.[111] Zum anderen sei eine Abgrenzung zwischen konkret-individuellen und allgemeinen Beschlüssen häufig nur sehr schwer möglich.[112] Diese Akte mit Verordnungscharakter scheiden jedoch teilweise unter dem Aspekt der Durchführungsbedürftigkeit wieder aus [noch e)].[113] Im Übrigen kann sich der Adressat eines (konkret-individuellen) Beschlusses natürlich auf die speziellere erste Variante berufen.[114]

Thalmann dagegen sieht in den Rechtsakten mit Verordnungscharakter lediglich eine Teilmenge der Rechtsakte ohne Gesetzescharakter. Von dem Begriff erfasst seien nur Akte, die auch einen normativen Charakter aufweisen. Der konkret-individuelle Beschluss etwa, der nicht im Gesetzgebungsverfahren ergeht, stelle einen Rechtsakt ohne Gesetzescharakter dar, sei aber auch kein Rechtsakt mit Verordnungscharakter nach Art. 263 Abs. 4 Var. 3 AEUV, weil es an der *allgemeinen Geltung*, mithin am *normativen Charakter*, fehle.[115] Die konkret-individuellen Beschlüsse sollen vielmehr unter die erste Variante der Norm fallen.[116] Konsequenterweise soll nach diesem Ansatz auch der an Dritte gerichtete Rechtsakt nicht unter die dritte Variante gefasst werden können, sondern nur unter den Voraussetzungen der zweiten Variante angefochten werden, wenn also der Kläger auch unmittelbar und individuell betroffen ist.[117] *Thalmann* nimmt aber nicht dazu Stellung, ob er auch materiell adressatenbezogene Akte unter die zweite Variante fassen will. Dies betrifft insbesondere die Akte, die bisher als „Scheinverordnung" oder "Hybridverordnung" unter Art. 230 Abs. 4 Alt. 2 EGV gefasst wurden. Dafür plädiert aber *Pechstein*, da auch diese keinen normativen Charakter, sondern nur eine solche Form aufweisen.[118]

---

[111] So *Cremer*, DÖV 2010, 58 (64); Calliess/Ruffert/*Cremer*, Art. 263 AEUV Rn. 67 f.
[112] *Cremer*, DÖV 2010, 58 (64); Calliess/Ruffert/*Cremer*, Art. 263 AEUV Rn. 68.
[113] Siehe *Pötters/Werkmeister/Traut*, EuR 2012, 546 (551 f.).
[114] Vgl. nur Calliess/Ruffert/*Cremer*, Art. 263 AEUV Rn. 31 f.
[115] Vgl. *Thalmann*, S. 105 f.; ebenso *Pechstein*, Rn. 428 f., der dies aber auch aus systematischen Erwägungen ableitet.
[116] Vgl. *Thalmann*, S. 105 f.; ebenso *Pechstein*, Rn. 428.
[117] Siehe *Thalmann*, S. 106 Fn. 430; *Pechstein*, Rn. 429.
[118] Vgl. *Pechstein*, Rn. 430 ff., auch weil mit der Einführung der dritten Variante lediglich bezweckt worden sei, die Anfechtung von self-executing Normen zu ermöglichen. Gegen die genannten Sonderformen der adressatenbezogenen Verordnung sei ohnehin Rechtsschutz über die 2. Variante möglich. Zugleich spricht *Pechstein*, Rn. 433, 436, aber davon, dass die 2. Variante Auffangcharakter habe und erst nach der dritten Variante zu prüfen sei, sodass eigentlich zumindest bei Hybridverordnungen eine individuelle Betroffenheit nicht mehr nachgewiesen werden müsste, sofern sie als Gesetzgebungsakte erlassen wurden.

Rechtsschutzfreundlicher scheint jedenfalls die Ansicht zu sein, die von nur zwei Kategorien von Rechtsakten ausgeht. Ein konkret-individueller Beschluss könnte auch für einen Dritten durchaus belastende Wirkungen haben. Nach der Ansicht von *Thalmann* und *Pechstein* unterläge der betroffene Dritte aber strengeren Anforderungen, als wenn er einen Rechtsakt mit allgemeiner Geltung anfechten möchte. Dasselbe gilt grundsätzlich auch für den Fall des Formenmissbrauchs, auch wenn sich insoweit schon unter der zweiten Alternative bereits entsprechende Rechtsprechungslinien entwickelt haben. Die Nachweisbarkeit der Klagebefugnis wäre dennoch leichter zu führen.

b) Systematisch-teleologischer Ansatz: alle abstrakt-generellen Akte

Andererseits wird – mit Unterschieden im Detail – vertreten, dass alle Rechtsakte mit allgemeiner Geltung Rechtsakte mit Verordnungscharakter sein sollen, und damit natürlich auch alle Verordnungen, unabhängig davon in welchem Verfahren sie erlassen wurden. Verordnungscharakter habe jeder Akt, der die Merkmale einer Verordnung besitze, mithin unmittelbar anwendbar sei.[119] Diese – sich selbst zahlenmäßig zu Unrecht als Mindermeinung verstehende – Ansicht stützt sich auf „eine Mischung aus Wortlautargumenten und teleologischen Überlegungen"[120]: Zwar sei unter dem Verfassungsvertrag der Begriff „Rechtsakte mit Verordnungscharakter" tatsächlich als Gegenbegriff zu den „Rechtsakten mit Gesetzescharakter" zu verstehen gewesen. „Gesetze" als Handlungskategorie gebe es aber im Vertrag von Lissabon nicht mehr, vielmehr seien die Verordnungen an ihre Stelle gerückt, zugegebenermaßen solche, die im Gesetzgebungsverfahren erlassen wurden.[121] Es fehle durch die Aufgabe der Differenzierung zwischen Akten mit und ohne Gesetzgebungscharakter aber an einem Anknüpfungspunkt für die entsprechende Unterscheidung im Rahmen der Nichtigkeitsklage.[122] Die

---

[119] Dafür *Everling*, EuR-Beih. 1/2009, 71 (74 f.); *Everling*, EuZW 2010, 572, mit weitergehender Begründung; *Pechstein*, Rn. 426 ff.; *Balthasar*, E.L.Rev. 2010, 35 (4), 542 (548); *Görlitz/Kubicki*, EuZW 2011, 248 (250); *Kottmann*, ZaöRV 2010, 547 (559); *Frenz/Distelrath*, NVwZ 2010, 162 (165); in diese Richtung auch *Nowak*, Vierter Teil, Rn. 55. *Skouris*, FS Papier, S. 83 (91), zumindest zunächst.
[120] Vgl. *Herrmann*, NVwZ 2011, 1352. *Thalmann*, S. 68 f., dazu, dass die gängigen Auslegungsmethoden anwendbar sind. Es komme nicht auf den tatsächlichen Willen des Normgebers an, sondern auf den Sinn des gewählten Wortlauts nach allgemeinen Kommunikationsregeln. *Pechstein*, Rn. 426, hält es für möglich, dass die weitergehende Auslegung dem Willen des „historischen Gesetzgeber" entspricht.
[121] Vgl. *Everling*, EuZW 2010, 572 (575); für *Schwarze*, FS Scheuing, S. 190 (201 f.), besitzen alle Verordnungen Verordnungscharakter.
[122] Vgl. *Everling*, EuZW 2010, 572 (574 f.); *Frenz/Distelrath*, NVwZ 2010, 162 (165); *Görlitz/Kubicki*, EuZW 2011, 248 (250); *Pechstein*, Rn. 434 ff., für autonome Auslegung; auch *Schwarze*, FS Scheuing, S. 190 (203 f., keine „Sperrwirkung" des EVV).

Gleichstellung der Begriffe „Rechtsakt ohne Gesetzescharakter" mit „Rechtsakt mit Verordnungscharakter" sei zumindest nicht zwingend.[123]

Auch sachlich sei die Unterscheidung zwischen Gesetzgebungsakten und untergesetzlichen Normen nicht zu rechtfertigen, weil die Zuordnung zum Gesetzgebung- oder „Verordnungsverfahren" weitgehend willkürlich erfolgt sei. Dass ein Akt im Gesetzgebungsverfahren erlassen werden müsse, bedeute insbesondere nicht, dass er von höherer Relevanz sei als ein Akt, der im Verordnungsverfahren erlassen wird. Auch könne daraus nicht geschlossen werden, dass eine höhere demokratische Legitimation wegen der Sensibilität des Regelungsbereichs erforderlich sei,[124] wenn auch die Tatsache der höheren Legitimation nicht bestritten werden kann und soll.[125] Eine *transparente* Normenhierarchie besteht jedenfalls nicht.[126]

Die Vertreter dieser Ansicht führen zudem für eine extensive Auslegung an, dass nur diese auch dem Grundsatz des *effektiven Rechtsschutzes* entspreche.[127] Der effektive Rechtsschutz erfordere ein Rechtsschutzsystem, in dem die Pflicht zur Gewährleistung des Rechtsschutzes immer der Ebene zugewiesen wird, die auch für Erlass zuständig war. Bei unmittelbarer Geltung eines Rechtsaktes der Union sei dies schlicht die europäische Ebene.[128] Nur so könnten Lücken im Rechtsschutz vermieden werden, da so der nationale Rechtsschutz nicht versuchen müsse, einen Anknüpfungspunkt zu finden, damit eine Klage auch auf nationaler Ebene eingereicht werden könne. Direkter Rechtsschutz sei auch aus Gründen der Prozessökonomie erforderlich, weil häufig die nationale Ebene nur Durchgangsstation sei, ohne dass sie zur Klärung der Sache beitragen könne.[129]

---

[123] *Schwarze,* FS Scheuing, S. 190 (199 f.).

[124] Etwa *Thalmann,* S. 66 f., 89 f.; *Dougan,* CMLRev 2008 (45), 617 (678 f.); aber auch *Kokott/Rüth,* CMLRev 40 (2003), 1315 (1342), die schon dem EVV größere Transparenz und Rechtssicherheit bescheinigen.

[125] Vgl. *Pötters/Werkmeister/Traut,* EuR 2012, 546 (556). *Kirchmair,* ZfRV 2012, 148 (152), weist darauf hin, dass das EU-Parlament u. U. nur ein Anhörungsrecht hat.

[126] Siehe *Dougan,* CMLRev 2008 (45), 617 (679). Die willkürliche Zuweisung der Erlassverfahren wurde bereits am Verfassungsvertrag kritisiert, vgl. *Thalmann,* S. 67, 91.

[127] So *Frenz/Distelrath,* NVwZ 2010, 162 (165); *Balthasar,* E.L.Rev. 2010, 35 (4), 542 (545 f.); *Schwarze,* FS Scheuing, S. 190 (202 f.); *Everling,* EuZW 2010, 572 (575); anders noch *Everling,* FS Redeker, S. 293 (305 f.). Dazu auch *Thalmann,* S. 54 ff.; *Pabel,* G.L.J. 6 (2005), 1601 (1613 ff.), zum EVV. Sie nimmt an, dass Rechtsschutz gegen Legislativakte gewährt werden muss, die Lücke aber wegen der Gleichrangigkeit der Regelungen über Klagen und der GRC nicht durch Überlagerung der Zulässigkeitsvoraussetzungen mit dem Gebot des effektiven Rechtsschutzes zu lösen sei. Vielmehr müssten die Mitgliedstaaten Rechtsschutzlücken schließen.

[128] Vgl. *Thiele,* EuR 2010, 30 (46, 50, prozessuales Trennungsprinzip); wohl auch *Kottmann,* ZaöRV 2010, 547 (562), der eine Differenzierung anhand von unterschiedlichen Kontrolldichten vornehmen will. Sonst werde Art. 263 Abs. 4 Var. 3 AEUV zu sehr beschränkt, *Görlitz/Kubicki,* EuZW 2011, 248 (250).

[129] *Kottmann,* ZaöRV 2010, 547 (566). S. a. *Wegener,* EuR-Beih. 3/2008, 45 (49 ff.).

Bei dieser Auslegung könnten unter Umständen auf Art. 82 Abs. 1 AEUV gestützte Maßnahmen zur Anordnung der gegenseitigen Anerkennung unmittelbar mittels Art. 263 Abs. 4 Var. 3 AEUV angegriffen werden,[130] jedenfalls aber – je nach Ausgestaltung des Aktes – Verordnungen, die auf Art. 325 AEUV gestützt werden.

c) Stellungnahme

Wie oben gezeigt wurde, ist die Differenzierung zwischen Gesetzgebungsakten und Akten mit Verordnungscharakter auch im Vertrag von Lissabon nicht gänzlich aufgegeben worden.[131] Es erscheint vor diesem Hintergrund zumindest plausibel, dass die Nichtanpassung des Art. 263 AEUV ein *redaktionelles Versehen* war, nicht etwa eine bewusste Entscheidung der Mitgliedstaaten für eine Ausweitung der Klagemöglichkeiten auf alle Verordnungen, ob sie nun im Gesetzgebungsverfahren erlassen wurden oder nicht.[132] Dafür spricht auch, dass die Kompetenzgrundlagen, nachdem die Begriffe „Rahmengesetze" und „Gesetze" beseitigt worden waren, was dem Versuch, jegliche Reminiszenz an den Verfassungscharakter der Verträge zu tilgen, geschuldet war, im Übrigen nicht geändert wurden. Wo zuvor ein Gesetz erforderlich war, muss jetzt eine im Gesetzgebungsverfahren zu erlassende Verordnung ergehen.[133]

Gegen das Heranziehen des *historischen Willens* des Gesetzgebers des Vertrags von Lissabon in Anlehnung an denjenigen des Konvents spricht zwar, dass durch die Regierungskonferenz von 2007 der geschichtliche Zusammenhang zum Verfassungsvertrag, der nie in Kraft getreten ist, gelockert wurde.[134] Andererseits nahm das Mandat der Regierungskonferenz vielfach ausdrücklich Bezug auf die Verhandlungsergebnisse der Konferenz von 2004 und damit auf den Konventsentwurf.[135] Es besteht mithin ein „normgenetischer Entstehungszusammenhang"

---

[130] So jedenfalls *Marguery,* E.L.Rev. 2012, 37 (4), 444 (447).

[131] Fraglich ist allerdings, ob die Regierungskonferenz die Regelungen über die Nichtigkeitsklage überhaupt anpassen konnte, also ob dies vom Mandat erfasst war. Davon gehen einige Vertreter der extensiven Auslegung aber aus: *Schwarze,* FS Scheuing, S. 190 (201); *Everling,* EuZW 2010, 572 (574). A. A. *Streinz/Ohler/Herrmann,* S. 116. Ausdrücklich erwähnt sind die Verfahrensarten jedenfalls nicht.

[132] So auch *Herrmann,* NVwZ 2011, 1352 (1354). In Zweifel ziehen diese Theorie: *Kottmann,* ZaöRV 2010, 547 (560); *Schwarze,* FS Scheuing, S. 190 (201, 204 f.). Letzterer meint, dass sich die Theorie jedenfalls nicht beweisen lasse. Genauso gut könne man annehmen, dass die Mitgliedstaaten eine Diskussion scheuten und deswegen in der Hoffnung der Klärung durch die Gerichte eine Formulierung wählten, die als Beleg für eine restriktive wie auch extensive Auslegung herangezogen werden könne.

[133] Vgl. *Thalmann,* S. 95.

[134] So etwa *Everling,* EuZW 2010, 572 (574 f.); *Görlitz/Kubicki,* EuZW 2011, 248 (249).

[135] Das Mandat ist abrufbar unter: http://register.consilium.europa.eu/pdf/de/07/st11/st11218.de07.pdf (zuletzt: 20.10.2013).

von den Konventsberatungen bis hin zum Vertrag von Lissabon.[136] Daher dürfte der grundsätzlich dynamische Charakter der Verträge hier noch nicht den Rückgriff auf den historischen Gesetzgeber verbieten; dieser hat immerhin nur drei Jahre zuvor zu der Frage Stellung genommen.

Wenn im Übrigen gegen die historische Interpretation im Europarecht auch generell Bedenken vorgebracht werden, überzeugen diese im Fall des Vertrags von Lissabon und des EVV nicht. Die geringe Bedeutung der historischen Auslegungsmethode beruht darauf, dass die Verhandlungsgeschichte einer Norm bisher nicht nachvollzogen werden konnte, weil entsprechende Protokolle und Aufzeichnungen nicht vorlagen.[137] Dies ist aber seit der Einführung der Konventsmethode für Vertragsänderungen anders (vgl. auch Art. 48 Abs. 3 EUV). Die Arbeit wird dort sogar sehr ausführlich dokumentiert,[138] obwohl eingeräumt werden muss, dass gerade der hier relevante Streitpunkt nur unzureichend durch den Rückgriff auf Verhandlungsprotokolle zum Vertrag von Lissabon geklärt werden kann.

Dagegen muss sich die vorwiegend von deutschen Rechtswissenschaftlern vertretene extensive Auslegung entgegen halten lassen, dass das *Wortlautargument* nicht in allen Sprachfassungen in gleichem Maße greift:[139] Während die englische, französische, italienische und spanische Fassung ebenfalls einen Bezug zum Begriff der Verordnung (Art. 288 Abs. 2 AEUV) aufweisen,[140] fehlt dieser in der dänischen, niederländischen, irischen, tschechischen, rumänischen, slowakischen, slowenischen, finnischen, schwedischen und polnischen Fassung.[141] Überwiegend werden in diesen Sprachfassungen vielmehr Begrifflichkeiten ge-

---

[136] Vgl. *Herrmann*, NVwZ 2011, 1352 (1354); vgl. auch *Gundel*, EWS 2012, 65 (68).

[137] Vgl. *Streinz/Ehricke*, Art. 263 AEUV Rn. 54; *Herrmann*, NVwZ 2011, 1352 (1355); *Balthasar*, E.L.Rev. 2010, 35 (4), 542 (544 f.); *Schwarze*, FS Scheuing, S. 190 (204); s.a. *Thalmann*, S. 76 f.

[138] Vgl. *Herrmann*, NVwZ 2011, 1352 (1355), der aber auch darauf hinweist, dass sich die historische Auslegung nicht auf die deutschen Quellen beschränken dürfe, sondern die Verhandlungsdokumente miteinbeziehen müsse; vgl. auch *Thalmann*, S. 77 ff.

[139] Zur Kritik, dass in der deutschsprachigen Europawissenschaft allein die deutsche Wortfassung herangezogen wird: *Thalmann*, S. 74 f., 81 f.; *Pötters/Werkmeister/Traut*, EuR 2012, 546 (550 f.). Zur untergeordneten Bedeutung der Wortlautauslegung in der unionsrichterlichen Praxis *von Danwitz*, EuR 2008, 769 (780).

[140] Vgl. *Herrmann*, NVwZ 2011, 1352 (1355); *Kottmann*, ZaöRV 2010, 547 (561 Fn. 79); *Thalmann*, S. 74 f.

[141] Vgl. *Frenz/Distelrath*, NVwZ 2010, 162 (165 Fn. 50); *Herrmann*, NVwZ 2011, 1352 (1355). Zwar ist „großen Amtssprachen" (Englisch, Französisch, Deutsch, Italienisch und Spanisch) größere Bedeutung einzuräumen. Gerade diese Sprachfassungen können aber ebenso als Hinweis dafür verstanden werden, dass lediglich Verordnungen ohne Gesetzescharakter i.S.v. Art. 289 Abs. 3 AEUV unter den Begriff gefasst werden sollten, denn darauf bezog sich die gegenüber dem Art. 263 AEUV wortlautidentische Regelung der Nichtigkeitsklage im EVV. So *Herrmann*, NVwZ 2011, 1352 (1355); s.a. *Thalmann*, S. 76.

wählt, die auf Deutsch mit „Regelungscharakter" zu übersetzen wären,[142] was eher dafür spricht, Gesetzgebungsakte von der erweiterten Klagebefugnis auszunehmen.[143]

Gegen die Annahme, dass der Begriff „Verordnungscharakter" alle Akte mit genereller Wirkung erfassen soll, spricht auch, dass in den Verhandlungen des Arbeitskreises zum EVV die Aufnahme der Formulierung „Rechtsakte mit allgemeiner Geltung" in die Rechtsgrundlage der Nichtigkeitsklage gerade abgelehnt wurde [siehe auch noch unter d)],[144] die allerdings den Verträgen nicht unbekannt ist. So eröffnet Art. 277 AEUV die Inzidentkontrolle gegenüber solchen Akten mit „allgemeiner Geltung". Auch in anderen Sprachfassungen der Verträge wird in Art. 277 AEUV nicht der Begriff „Regelungscharakter" verwendet. Somit ist auch dort nicht zwingend davon auszugehen, dass eine Synchronisation des Anwendungsbereichs der Inzidentkontrolle und der Nichtigkeitsklage bezweckt wurde. Jedenfalls ist der Erkenntisgewinn der Wortlautauslegung nur gering; sie allein kann eine derart weitgehende Interpretation nicht rechtfertigen, zumal jedenfalls in der speziellen Situation des Vertrags von Lissabon auch der Wille des historischen Gesetzgebers des Verfasungsvertrags nicht unberücksichtigt bleiben darf.

Wenn jedoch *Herrmann* das praktische Bedürfnis einer derartigen Erweiterung der Klagemöglichkeiten wegen des geringen Rechtsschutzgewinns in Frage stellt, kann dem nicht zugestimmt werden. Zwar wird auch von den Befürwortern der erweiterten Nichtigkeitsklage auf die Einwände im Hinblick auf eine zu befürchtende Überlastung der Unionsgerichte entgegnet, dass die überwiegende Zahl der Verordnungen ohnehin solche ohne Gesetzescharakter seien, also delegierte Verordnungen oder Durchführungsverordnungen.[145] Dies trifft im Übrigen gerade

---

[142] Siehe *Herrmann*, NVwZ 2011, 1352 (1355); *Mayer*, DVBl. 2004, 606 (612).
[143] Dies räumt auch *Kottmann*, ZaöRV 2010, 547 (560 f.), ein, misst dem Argument allerdings geringe Bedeutung bei. Dieser Umstand könne auch durchaus als Beleg für die Gegenansicht gedeutet werden. *Kottmann* weist darauf hin, dass die Rechtsprechung die Begriffe „Gesetzgebungsakt" und „Verordnungscharakter" in der Vergangenheit synomym verwendete und als Gegenbegriff zum „Entscheidungscharakter", um die allgemeine Geltung im Gegensatz zur individuellen Geltung zu kennzeichnen; auch *Bast*, in: von Bogdany/Bast (Hrsg.), S. 556 f.; wohl auch *Görlitz/Kubicki*, EuZW 2011, 248 (250 f.), die daraus, dass die in der Verhandlung im Konvent ebenfalls diskutierte und aus Art. 290 Abs. 1 AEUV bekannte Formulierung „Rechtsakte ohne Gesetzgebungscharakter" nicht übernommen wurde, schließen, dass der Begriff „Verordnungscharakter" autonom auszulegen sei; s. a. *Pötters/Werkmeister/Traut*, EuR 2012, 546 (551 ff.). *Balthasar*, E.L.Rev. 2010, 35 (4), 542 (545), nimmt an, für die restriktivere Auslegung hätte der Ausdruck „Akte mit allgemeiner Geltung ohne Gesetzescharakter" („*nonlegislative act of general application*") gewählt werden müssen.
[144] Weiterführend *Herrmann*, NVwZ 2011, 1352 (1355); s.a. *Thalmann*, S. 75 f.
[145] So *Herrmann*, NVwZ 2011, 1352 (1355). *Balthasar*, E.L.Rev. 2010, 35 (4), 542 (546), führt dagegen gerade den zu erwartenden geringen Einfluss als Argument für eine *extensive* Auslegung an.

auf die Kompetenz nach Art. 325 AEUV nicht zu (vgl. schon Kapitel 1 § 2 C. II. 1.).

Wenn darüber hinaus behauptet wird, das *Gebot des effektiven Rechtsschutzes* könne nicht das Prinzip der begrenzten Einzelermächtigung aushebeln, ist dies zwar richtig. Eine Zuständigkeit der Unionsgerichtsbarkeit kann nicht schon dadurch begründet werden, dass dies einen vermeintlich effektiveren Rechtsschutz eröffnet.[146] Welche Grenze der Wortlaut allerdings vorgibt, ist nicht eindeutig. Der Einwand, dass der europäische Gesetzgeber in den Erläuterungen zur Grundrechtecharta festgestellt habe, die Regelung des Art. 47 GRC solle nicht dazu führen, dass die Zulässigkeitskriterien der Direktklagearten neu interpretiert werden müssen, kann nur bedingt überzeugen.[147] Der missverständliche Wortlaut und die Verpflichtung, Konkordanz mit Art. 47 GRC herzustellen, bietet also durchaus Anlass für eine extensive Interpretation des Art. 263 Abs. 4 AEUV. Es muss ein Ausgleich zwischen den primärrechtlichen Verpflichtungen aus Art. 251 ff. AEUV und Art. 47 GRC gefunden werden, der keinen Verstoß gegen das Gebot der begrenzten Einzelermächtigung darstellt.

d) Entscheidungen in den Rechtssachen Inuit und Microban

Das *EuG* hat sich nun in der Rechtssache *Inuit* der Ansicht angeschlossen, die Gesetzgebungsakte *nicht* als von Art. 263 Abs. 4 Var. 3 AEUV erfasst ansehen will: Aus dem gewöhnlichen Wortsinn des Ausdrucks „mit Verordnungscharakter" [...] [ergebe] sich [zwar], dass die Rechtsakte, auf die sich diese dritte Alternative bezieht, ebenfalls allgemeine Geltung haben."[148] Es sei aber auch „festzustellen, dass sich diese Alternative nicht auf sämtliche Handlungen mit allgemeiner Geltung bezieht, sondern auf eine engere Kategorie dieser Handlungen, eben auf Rechtsakte mit Verordnungscharakter. Art. 263 Abs. 1 AEUV [...] [sehe] nämlich mehrere Kategorien von Handlungen der Union vor, die Gegenstand einer Rechtmäßigkeitskontrolle sein können – zum einen Gesetzgebungsakte und zum anderen sonstige verbindliche Handlungen mit Rechtswirkung gegenüber Dritten, wobei dies individuelle Handlungen oder Handlungen mit allgemeiner Geltung sein können. Daraus [...] [sei] zu folgern, dass nach Art. 263 Abs. 4 [...] AEUV eine natürliche oder juristische Person Klage erheben kann

---

[146] Vgl. *Herrmann*, NVwZ 2011, 1352 (1355), der darauf hinweist, dass auch Art. 19 Abs. 4 GG keine *prinzipale Normenkontrolle* fordere. A.A. *Balthasar,* E.L.Rev. 2010, 35 (4), 542 (546); vgl. noch Kapitel 4.

[147] Ausführlich bei *Thalmann*, S. 97 ff., unter Bezugnahme auf die Erläuterungen zur Charta der Grundrechte, ABl. EU Nr. C 303 v. 14.12.2007, S. 17. S.a. *Koch,* E.L.Rev. 2005, 30 (4), 511 (517 f.).

[148] Vgl. *EuG* Rs. T-18/10 (Inuit Tapiriiz Kanatami u.a./Parlament und Rat), 6.9.2011, Tz. 42; bestätigt in *EuG* Rs. T-262/10 (Microban International Ltd u.a./KOM), 25.10.2011, Tz. 21; zu den Urteilen *Thalmann*, EuR 2012, 452, der ihnen im Resultat Recht gibt, die Begründung jedoch kritisiert.

gegen die an sie gerichteten Handlungen sowie zum einen gegen Handlungen mit allgemeiner Geltung – Gesetzgebungsakte oder Rechtsakte mit Verordnungscharakter –, die sie unmittelbar und individuell betreffen, und zum anderen gegen bestimmte Handlungen mit allgemeiner Geltung, nämlich Rechtsakte mit Verordnungscharakter, die sie unmittelbar betreffen und keine Durchführungsmaßnahmen nach sich ziehen."[149]

„Sodann [...] [spreche] für [...] [diese] Auslegung von Art. 263 Abs. 4 AEUV die Entstehungsgeschichte dieser Bestimmung, die ursprünglich als Art. III-365 Abs. 4 des Entwurfs eines Vertrags über eine Verfassung für Europa vorgeschlagen worden war. Wie sich aus dem [...] Übermittlungsvermerk [...] [des Präsidiums des Konvents vom 12. Mai 2003 ergebe], wurde durch diese Formulierung eine Unterscheidung zwischen Gesetzgebungsakten und Durchführungsrechtsakten ermöglicht, unter Beibehaltung des restriktiven Ansatzes in Bezug auf die Klagebefugnis von Einzelpersonen gegen Gesetzgebungsakte (für die das Kriterium ‚unmittelbar und individuell betroffen' weiterhin gilt)."[150] Der „Zweck dieser Bestimmung [...] besteht [darin], es natürlichen oder juristischen Personen zu ermöglichen, gegen Handlungen mit allgemeiner Geltung, die keine Gesetzgebungsakte sind, sie aber unmittelbar betreffen und keine Durchführungsmaßnahmen nach sich ziehen, Klage zu erheben, und dadurch zu vermeiden, dass sie gegen das Recht verstoßen müssten, um Zugang zu den Gerichten zu erhalten [...]. [Entsprechend sei] nach der Formulierung in Art. 263 Abs. 4 AEUV nicht gegen alle Handlungen, die die Kriterien des unmittelbaren Betroffenseins und des Fehlens von Durchführungsmaßnahmen erfüllen, und auch nicht gegen alle Handlungen mit allgemeiner Geltung, die diese Kriterien erfüllen, eine Klagemöglichkeit gegeben, sondern nur gegen eine spezifische Kategorie der letztgenannten Handlungen, nämlich die der Rechtsakte mit Verordnungscharakter."[151]

Dieses Ergebnis [...] [könne auch] durch die Argumentation [...] mit Art. 47 der Charta der Grundrechte der Europäischen Union [...] nicht in Frage gestellt werden. Nach ständiger Rechtsprechung [...] können nämlich die Unionsgerichte die Voraussetzungen, unter denen ein Einzelner Klage gegen eine Verordnung erheben kann, nicht so auslegen, dass es zu einer Abweichung von diesen Voraussetzungen, die im Vertrag ausdrücklich vorgesehen sind, kommt, ohne damit ihre Befugnisse zu überschreiten".[152]

Erfasst sind von der dritten Variante des Art. 263 Abs. 4 AEUV also alle nicht im Gesetzgebungsverfahren erlassenen abstrakt-generellen Beschlüsse. Für die

---

[149] *EuG* Rs. T-18/10 (Inuit u.a./Parlament u. Rat), (Fn. 148), Tz. 43–46; kritisch zum Wortlautargument: *Thalmann*, EuR 2012, 452 (460); s.a. *Everling*, EuZW 2012, 376 (378).

[150] *EuG* Rs. T-18/10 (Inuit u.a./Parlament u. Rat), (Fn. 148), Tz. 48 f.

[151] *EuG* Rs. T-18/10 (Inuit u.a./Parlament u. Rat), (Fn. 148), Tz. 50; zur historischen Auslegung: *Thalmann*, EuR 2012, 452 (460 ff.); *Everling*, EuZW 2012, 376 (378 f.).

[152] *EuG* Rs. T-18/10 (Inuit u.a./Parlament u. Rat), (Fn. 148), Tz. 51.

konkret-individuellen Beschlüsse gilt dagegen mangels allgemeiner Geltung Art. 263 Abs. 4 Var. 1 AEUV.[153] Rechtsakte, die an Dritte adressiert sind, fallen allein unter die zweite Variante, unabhängig davon, ob sie im Gesetzgebungsverfahren erlassen wurden oder nicht.[154] Gesetzgebungsakte fallen weiterhin nur unter die zweite Variante des Art. 263 Abs. 4 AEUV, selbst wenn sie selbstvollziehend sind. Das hier Ausgeführte gilt analog für Rechtsakte, die noch unter der alten Vertragslage erlassen wurden. Insbesondere steht das Verfahren nach Art. 251 EGV a. F. dem Gesetzgebungsverfahren nach Art. 294 AEUV gleich (zu Auswirkungen des Urteils auf das Europäische Strafrecht: F. I.).[155]

Dass der *EuGH* eine andere Beurteilung vornehmen wird,[156] ist vor dem Hintergrund der bisherigen Zurückhaltung gegenüber der Erweiterung der Individualklagemöglichkeiten, insbesondere in der Rechtssache *UPA* (dazu schon I. 3.), kaum zu erwarten.[157] Gelegenheit zur Stellungnahme erhält er jedenfalls im Rechtsmittelverfahren in der Rechtssache *Inuit*.[158]

e) Bedeutung des fehlenden Durchführungsbedürfnisses?

Klagen kann der Betroffene zudem nur, wenn die Verordnung keine *Durchführungsmaßnahmen* nach sich zieht. Auch wie diese Einschränkung zu verstehen ist, ergibt sich nicht eindeutig aus den Verträgen. Tatsächlich ist nicht einmal sicher, ob es sich bei den Durchführungsakten um solche der Mitgliedstaaten oder der Union handeln muss oder ob beides möglich ist.[159] Der Annahme, dass es nur darauf ankommen könne, dass die Union zur Konkretisierung tätig werden muss, ist jedenfalls das *EuG* implizit entgegen getreten, indem es in der *Rechtssache* Inuit auf die mitgliedstaatliche Umsetzung abstellte.[160]

---

[153] Dazu auch *Thalmann*, EuR 2012, 452 (456). S.a. *Pechstein*, Rn. 428, mit teilweise anderer Begründung; offener *Petzold*, EuR 2012, 443 (449).
[154] So auch *Pechstein*, Rn. 429; *Thalmann*, EuR 2012, 452 (456).
[155] Zu dieser Folge des Urteils: *Thalmann*, EuR 2012, 452 (465).
[156] Die Generalanwältin folgt dem *EuG: GA Kokott*, Schlussanträge, Rs. C-583/11 P (Inuit Tapiriiz Kanatami u.a./Parlament u. Rat), 17.1.2013, Tz. 29 ff.
[157] So auch *Thalmann*, EuR 2012, 452 (459); *Petzold*, EuR 2012, 443 (450 f.); siehe auch *Herrmann*, NVwZ 2011, 1352 (1356). Für *Arnull*, E.L.Rev. 2011, 36 (1), 51 (70), stellt das Urteil einen Gradmesser für die Gewichtung des Gebots der Rechtsschutzeffektivität dar.
[158] Vgl. *Herrmann*, NVwZ 2011, 1352 (1356); *Schiwek*, S. 239, meint, dass wegen der höheren Wahrscheinlichkeit der Rechtsprechungsänderung, Lösungen i. R. d. bestehenden Verträge zu suchen sind. Er räumt allerdings auf S. 242, 251, ein, dass es auch zur Rechtsprechungsänderung kaum kommen wird, weil sich die Gerichte bisher i. E. einer allein an der Rechtsschutzeffektivität orientierten Auslegung stets versperrt hätten.
[159] Vgl. bei *Petzold*, EuR 2012, 443 (450). Zum Erfordernis der autonomen Interpretation: *Pötters/Werkmeister/Traut*, EuR 2012, 546 (558).
[160] *EuG* Rs. T-262/10 (Microban/KOM), (Fn. 148), Tz. 33 ff.

Umstrittener ist die Frage, ob Durchführungsmaßnahmen *nur Akte mit Regelungsgehalt* seien können, oder ob *jede denkbare Maßnahme*, die den Verfahrensweg in das nationale Recht eröffnet, als Durchführungsmaßname zu begreifen ist.[161] Insbesondere die Vertreter der extensiven Ansicht nehmen an, dass eine Durchführungsmaßnahme eine solche mit eigenem Regelungsgehalt sein müsse, die einen Mehrwert gegenüber dem unionalen Akt habe, es für das Fehlen von Durchführungsmaßnahmen also auf die *materielle Unmittelbarkeit* ankomme.[162] Andernfalls würde das Ziel, den Rechtsschutz auf europäischer Ebene zu erweitern, weitgehend konterkariert.[163]

Anders sehen dies *Görlitz* und *Kubicki*: Auch wenn die Rechtsprechung die Klagebefugnis in diesem Fall in ständiger Rechtsprechung für gegeben hält, ist doch formal eine Durchführungsmaßnahme erforderlich. In diesen Fällen sei es dem Betroffenen nach Ansicht der Autoren zuzumuten, den Umsetzungsakt abzuwarten und Rechtsschutz gegen diesen vor den nationalen Instanzen zu suchen, auf die dann die Verantwortung für die Gewährung des effektiven Rechtsschutzes übergehe. Die erleichterten Klagevoraussetzungen greifen nur für den besonders eklatanten Fall eines Verstoßes gegen das Gebot des effektiven Rechtsschutzes, dass der Betroffene erst gegen die Norm verstoßen müsste, um einen angreifbaren Akt zu provozieren.[164] Auf diese Weise werden also auf Ebene des Klagegegenstands die Fälle der materiellen Unmittelbarkeit ausgesondert. Damit würden neben Richtlinien[165] auch an Staaten gerichtete Beschlüsse als geeignete Klagegegenstände der dritten Variante ausscheiden und könnten nur unter den Voraussetzungen der zweiten Variante angefochten werden.[166]

Die Entscheidung des *EuG* in der Rechtssache *Microban* spricht nun allerdings dafür, dass es auch für die Frage der Durchführungsbedürftigkeit auf die materielle Unmittelbarkeit ankommt und nicht darauf, ob irgendein Akt ergangen ist, gegen den auf mitgliedstaatlicher Ebene vorgegangen werden kann. Der in der Sache angegriffene Beschluss 2010/169/EU[167] war nämlich gegen die Mitgliedstaaten gerichtet und somit grundsätzlich ein umsetzungsbedürftiger Rechtsakt,[168] der allein im konkreten Fall keine Durchführungsakte erforderte, weil die

---

[161] *Thomy*, S. 248.

[162] Etwa *Schwarze*, FS Scheuing, S. 190 (206); *Frenz/Distelrath*, NVwZ 2010, 162 (165); *Balthasar*, E.L.Rev. 2010, 35 (4), 542 (543).

[163] So *Schwarze*, FS Scheuing, S. 190 (206), der sogar von der Anfechtbarkeit von Gesetzgebungsakten ausgeht.

[164] *Görlitz/Kubicki*, EuZW 2011, 248 (251 f.); ebenso *Thalmann*, S. 110 ff.

[165] Eine Richtlinie sei jedenfalls kein „Rechtsakt ohne Verordnungscharakter, der keine Durchführungsmaßnahmen nach sich zieht", *EuG* Rs. T-16/04 (Arcelor/Parlament u. Rat), 2.3.2010, Slg. 2010, II-211, Tz. 123.

[166] So auch *Pechstein*, Rn. 435. Siehe nur für Richtlinien: *Gundel*, EWS 2012, 65 (70).

[167] ABl. EU Nr. L 75 v. 23.3.2010, S. 25.

[168] Vgl. etwa Grabitz/Hilf/*Nettesheim*, Art. 288 AEUV Rn. 189.

§ 2 Nichtigkeitsklage gegen strafrechtliche Akte 191

relevante Wirkung unmittelbar durch den Beschluss erzeugt wurde.[169] Die Folge dieser Sichtweise wäre, dass das Merkmal der unmittelbaren Betroffenheit gemäß der derzeitigen Auslegung durch die Unionsgerichte[170] keine Bedeutung gegenüber demjenigen der nicht erforderlichen Durchführungsmaßnahmen hätte [siehe auch noch f)].[171]

Keine Durchführungsmaßnahmen erfordert jedenfalls ein Rechtsakt, der den Einzelnen bereits unmittelbar beeinträchtigt, etwa indem er Ge- oder Verbote aufstellt, ohne dass formal Durchführungsmaßnahmen erforderlich sind. Insoweit besteht also kein Unterschied zum Merkmal der unmittelbaren Betroffenheit,[172] wobei letzteres die Klageberechtigung näher bestimmt und nicht, wie das Merkmal des Fehlens von Durchführungsmaßnahmen, den Klagegegenstand.[173] Damit werden insbesondere alle Konstellationen erfasst, in denen Rechtsschutz bisher nur möglich gewesen wäre, wenn der Betroffene gegen diesen verstoßen hätte, um damit einen angreifbaren Akt zu provozieren.[174]

Noch nicht eindeutig geklärt ist dagegen, ob es ausreichen soll, wenn ein Rechtsakt nur *materiell unmittelbar* wirkt, der Akt also umgesetzt werden muss, aber kein Umsetzungsspielraum mehr verbleibt, so dass die Belastung eigentlich bereits von dem europäischen Akt selbst ausgeht.[175] Keine Klagemöglichkeit bestünde danach gegen noch umzusetzende Unionsakte, wie zum Beispiel Richtlinien, die den Mitgliedstaaten einen Spielraum belassen, obwohl Richtlinien selbst zumindest potenziell ebenfalls erfasst sein können.[176] Dass eine Richtlinie ein-

---

[169] *EuG* Rs. T-262/10 (Microban/KOM), (Fn. 148), Tz. 34: „Der Beschluss über die Nichtaufnahme führt somit unmittelbar zur Streichung aus dem vorläufigen Verzeichnis und zum Verbot des Inverkehrbringens von Triclosan, ohne dass es erforderlich ist, dass die Mitgliedstaaten irgendeine Durchführungsmaßnahme ergreifen." Dagegen *EuG* Rs. T-16/04 (Arcelor/Parlament u. Rat), (Fn. 165), Tz. 123; dazu *Gundel*, EWS 2012, 65 (70).

[170] Zur materiellen Unmittelbarkeit: vgl. *EuG* Rs. T-223/01 (Japan Tobacco), 10.9. 2002, Slg. 2002, II-3259, Tz. 45 f.; vgl. auch *Thalmann*, S. 45 f.; *Cremer*, DÖV 2010, 58 (64) m.w.N.

[171] Vgl. auch *Pötters/Werkmeister/Traut*, EuR 2012, 546 (559 f.).

[172] So *Frenz/Distelrath*, NVwZ 2010, 162 (165).

[173] Vgl. *Görlitz/Kubicki*, EuZW 2011, 248 (252); s.a. *Pechstein*, Rn. 429; a.A. *Cremer*, DÖV 2010, 58 (65).

[174] Siehe *Görlitz/Kubicki*, EuZW 2011, 248 (251), die allerdings von der weiten Auslegung des Begriffs „Rechtsakte mit Verordnungscharakter" ausgehen; siehe auch *Kirchmair*, ZfRV 2012, 148 (153), zu *EuG* Rs. T-262/10 (Microban/KOM), (Fn. 148), Tz. 32.

[175] So *Frenz/Distelrath*, NVwZ 2010, 162 (165). A.A. *Last*, S.187 f. Für eine Gleichsetzung von Durchführung und Umsetzung, *Görlitz/Kubicki*, EuZW 2011, 248 (251 f.), woraus zu schließen ist, dass sie für diesen Fall die Nichtigkeitsklage nicht zulassen wollen, wenngleich sie die Konstellation des fehlenden Umsetzungsspielraums nicht explizit erwähnen; wohl auch *Balthasar*, E.L.Rev. 2010, 35 (4), 542 (543).

[176] Allerdings *EuG* Rs. T-16/04 (Arcelor/Parlament u. Rat), (Fn. 165), Tz. 123; siehe auch Calliess/Ruffert/*Cremer*, Art. 263 AEUV Rn. 71; *Pechstein*, Rn. 434 f.; *Cremer*,

mal unmittelbar wirkt und zugleich individuell belastet, ist aber kaum denkbar, da eine unmittelbare Wirkung nur zu Gunsten des Bürgers angenommen wird.[177] Insoweit stünde die *Arcelor*-Rechtsprechung der Annahme, dass es auf die materielle Unmittelbarkeit ankomme, letztlich nicht entgegen. Verordnungen und abstrakt-generelle Beschlüsse dürften diese Hürde ohnehin regelmäßig überspringen.[178]

f) „Materielle Aufladung" des Kriteriums der unmittelbaren Betroffenheit?

Aus den obigen Ausführungen ist bereits deutlich geworden, dass das Erfordernis der unmittelbaren Betroffenheit, wie es derzeit in ständiger Rechtsprechung zu Art. 230 Abs. 4 EGV a. F. ausgelegt wird, und das den Klagegegenstand einschränkende Merkmal, dass Durchführungsmaßnahmen nicht erforderlich sein dürfen, jedenfalls dann identisch wären, wenn man auch für die Frage des Erfordernisses von Durchführungsmaßnahmen auf die materielle Unmittelbarkeit abstellt. Ein Teil des Schrifttums will daher eine neue Definition der Unmittelbarkeit auf die dritte Variante angewandt wissen. So wird vorgeschlagen, das Merkmal im Rahmen der dritten Variante autonom auszulegen und diese insbesondere im Hinblick auf die mögliche *Verletzung subjektiver Rechte* zu interpretieren.[179] Nur so hätte das Merkmal eine eigenständige Bedeutung. Zudem könne so der zu erwartende Anstieg von Nichtigkeitsklagen eingedämmt werden.

Dem widersprechen *Görlitz* und *Kubicki*: Weder entstehungsgeschichtlich noch vom Zweck der Regelung her erscheine eine solche „materielle Aufladung" des Begriffs der unmittelbaren Betroffenheit erforderlich. Es drohe insbesondere wegen des Wegfalls des Erfordernisses der individuellen Betroffenheit keine Popularklage, da nicht alle Menschen auch i. S. d. herkömmlichen Definition von dem Rechtsakt unmittelbar *betroffen* seien.[180] Formell unmittelbar betroffen ist der Kläger ohnehin nur von selbstvollziehenden Maßnahmen, also solchen Akten, die nicht erst durch die Mitgliedstaaten oder ein Unionsorgan umgesetzt werden müssen, sondern selbst bereits Ge- oder Verbote aufstellen, materiell, wenn zwar eine Umsetzung erfolgt, aber der Mitgliedstaat in seiner Ermessensausübung so weit eingeschränkt ist, dass sich seine Handlungen technisch als Vollzug darstel-

---

DÖV 2010, 58 (65); *Frenz/Distelrath,* NVwZ 2010, 162 (165). *Nowak,* Vierter Teil, Rn. 54, weist darauf hin, dass der Begrenzung noch größere Bedeutung zukommen könnte, falls Betroffenheit als subjektive Rechtsverletzung zu verstehen sei. A.A. *Schiwek,* S. 224.

[177] Vgl. nur *Munding,* S. 409 ff.
[178] Etwa *Frenz/Distelrath,* NVwZ 2010, 162 (165).
[179] So schon *Kokott/Dervisopoulos/Henze,* EuGRZ 2008, 10 (14); auch *Kottmann,* ZaöRV 2010, 547 (563 f.).
[180] Vgl. *Görlitz/Kubicki,* EuZW 2011, 248 (252), sogar unter der Annahme, dass auch „Gesetzesakte" unter die dritte Variante fallen. Dagegen *Frenz,* Bd. 5, Rn. 2940. A. A. *Pötters/Werkmeister/Traut,* EuR 2012, 546 (560), mit Rechtsprechungsnachweisen.

len. Bei Richtlinien und konkret-generellen Beschlüssen ist zu beachten, dass diese grundsätzlich niemanden unmittelbar beeinträchtigen, als die Mitgliedstaaten den Beschluss bzw. die Richtlinie erst noch umsetzen müssen.

Versuchen, das Merkmal der unmittelbaren Betroffenheit neu zu definieren, ist auch das *EuG* entgegen getreten. Vielmehr geht es davon aus, „dass Art. 263 Abs. 4 AEUV damit, dass er einer natürlichen oder juristischen Person das Recht einräumt, gegen Rechtsakte mit Verordnungscharakter, die sie unmittelbar betreffen und keine Durchführungsmaßnahmen nach sich ziehen, Klage zu erheben, das Ziel einer Öffnung der Voraussetzungen für die Erhebung von Klagen verfolgt [...]. Der Begriff des unmittelbaren Betroffenseins, wie er in dieser Vorschrift neu eingeführt wurde, kann daher jedenfalls nicht enger ausgelegt werden",[181] als dies bei Art. 230 Abs. 4 EGV der Fall war.

III. Erweiterung, aber kein lückenloser Grundrechtsschutz

Aus den vorausgegangenen Ausführungen folgt, dass *Gesetzgebungsakte* der Union weiterhin nicht direkt vor den Unionsgerichten angegriffen werden können. Dabei ist es unwesentlich, ob diese selbst unmittelbar in Rechte der EU-Bürger eingreifen. Abhängig ist die Klagebefugnis davon, ob der Rechtsschutzsuchende durch den Unionsakt wegen bestimmter persönlicher Eigenschaften oder besonderer, ihn aus dem Kreis der übrigen Personen heraushebender Umstände wie der Adressat einer Entscheidung berührt und individualisiert ist. Diese Anforderungen sind bei Handlungsformen wie der Verordnung und Richtlinie, wie auch bei nicht adressaten-bezogenen Beschlüssen kaum je erfüllt.

Untergesetzliche Rechtsakte können nur unmittelbar vor die Unionsgerichte gebracht werden, wenn diese nicht mehr umgesetzt werden müssen, was ebenfalls bei Richtlinien selten der Fall sein dürfte. Soweit es untergesetzliche Verordnungen betrifft, die nicht notwendigerweise umgesetzt werden müssen, ist der Anwendungsbereich der Nichtigkeitsklage im Europäischen Strafrecht begrenzt. Der Rechtsschutzgewinn dürfte auf das Nebenstrafrecht beschränkt sein.

Selbst einfache, *an Dritte gerichtete Beschlüsse* haben die hohen Anforderungen des Art. 263 Abs. 4 Var. 2 AEUV zu erfüllen, unabhängig davon, in welchem Verfahren sie ergangen sind oder ob sie besonders schützenswert sind.

D. Klagefrist

Nach Art. 263 Abs. 6 AEUV muss die Nichtigkeitsklage *binnen zwei Monaten* erhoben werden: Die Frist „läuft je nach Lage des Falles von der Bekanntgabe der betreffenden Handlung, ihrer Mitteilung an den Kläger oder in Ermangelung dessen von dem Zeitpunkt an, zu dem der Kläger von dieser Handlung Kenntnis

---

[181] *EuG* Rs. T-262/10 (Microban u.a./KOM), (Fn. 148), Tz. 32.

erlangt hat". Eine Anpassung der Frist an die nun zulässige Anfechtung zumindest untergesetzlicher abstrakt-genereller Akte ist nicht erfolgt.

I. Fristbeginn

Bei Verordnungen und Richtlinien knüpft der Fristbeginn an den Tag der *Veröffentlichung* nach Art. 297 Abs. 1, 2 AEUV an.[182] Die Frist wird vom Ablauf des 14. Tages nach der Veröffentlichung an berechnet (Art. 102 Abs. 1 EuG-VerfO). Der Tag, auf den die Bekanntgabe oder Kenntniserlangung fällt, wird nicht mitgerechnet.[183] Das Datum des Inkrafttretens des Rechtsakts ist für den Fristbeginn irrelevant. Obwohl eine Beschwer davor eigentlich nicht eintreten kann, „besteht naturgemäß ein rechtliches Interesse an der Aufhebung des Rechtsakts, um einen effektiven Rechtsschutz zu gewährleisten." Würde man dies anders sehen, könnten die Rechtssetzungsorgane die Kontrolle durch eine entsprechende Bestimmung des Datums für das Inkrafttreten unterlaufen.[184]

Dagegen lässt die *individuelle Bekanntgabe* vor allem bei adressatenbezogenen Beschlüssen die Frist anlaufen. Die Form der Bekanntgabe ist unerheblich. Entscheidend ist lediglich, dass der Adressat in die Lage versetzt wird, von dem Rechtsakt vollständig und tatsächlich Kenntnis zu nehmen.[185]

Erfolgt keine Bekanntgabe gegenüber dem Kläger, wie dies in der Regel bei an Dritte adressierten Beschlüssen der Fall ist, ist die *tatsächliche Kenntniserlangung* maßgeblich. Der Betroffene muss umfassend Kenntnis von Inhalt und Begründung des Rechtsakts erlangen, wobei er sich allerdings nicht „unwissend" halten darf. Erfährt er von einem ihn möglicherweise beeinträchtigenden Rechtsakt, muss er selbst tätig werden, um über den Inhalt und Wortlaut des Aktes informiert zu werden. Andernfalls muss er den früheren Zeitpunkt der ersten Kenntnis gegen sich gelten lassen.[186] Die Beweislast für die Verfristung, also den Zeitpunkt der Kenntniserlangung, obliegt allerdings den Unionsorganen.[187]

II. Fristablauf

Zwei Monate nach dem für den Fristbeginn maßgeblichen Zeitpunkt endet diese. Nach Art. 101 Abs. 1 *lit.* b EuG-VerfO endet die Frist mit Ablauf des Tages, der dieselbe Zahl trägt wie der Tag des fristauslösenden Ereignisses.

---

[182] Vgl. *Pechstein*, Rn. 529 ff.
[183] Hinzu kommt u.U. eine pauschale Entfernungsfrist von zehn Tagen (Art. 102 Abs. 2 EuG-VerfO). Dazu etwa: *Pechstein*, Rn. 536.
[184] Vgl. *Frenz*, Bd. 5, Rn. 2811 f.
[185] Siehe etwa *Frenz*, Bd. 5, Rn. 2813; *Pechstein*, Rn. 533.
[186] Vgl. *Pechstein*, Rn. 534; *Frenz*, Bd. 5, Rn. 2814.
[187] Siehe *Frenz*, Bd. 5, Rn. 2815.

III. Folgen des Fristablaufs

Nach dem Ablauf der Klagefrist wird der Rechtsakt bestandskräftig und kann nicht mehr angefochten werden. Dies hat auch für den nationalen Rechtsschutz weitreichende Folgen, als bestandskräftige Unionsakte auch vor mitgliedstaatlichen Gerichten nicht mehr angegriffen werden können. Eine Vorlage zur Überprüfung ihrer Gültigkeit scheidet danach aus (siehe auch noch V.).[188]

IV. Unzureichende Frist für abstrakt-generelle Unionsakte

Mag die zweimonatige Frist für konkret-individuelle Beschlüsse sachgerecht sein, gilt dies nicht gleichermaßen für abstrakt-generelle Rechtsakte. Dies kann zwar im Falle des Art. 263 Abs. 4 Var. 2 AEUV anders gesehen werden, weil die Klage ohnehin nur zulässig ist, wenn der Kläger darlegen kann, wie ein Adressat betroffen zu sein, so dass zu erwarten ist, dass er wie der Adressat eines Beschlusses auch zeitnah nach Erlass des Aktes Kenntnis erlangt. Dies gilt aber nicht auch bei Klagen nach Art. 263 Abs. 4 Var. 3 AEUV.

Abstrakt-generelle Rechtsakte zeichnen sich gerade dadurch aus, dass sie nicht an eine bestimmte Person gerichtet sind und somit dieser nicht bekanntgegeben werden. Es kann schlicht nicht von jedem Unionsbürger erwartet werden, alle Unionsvorhaben im Blick zu behalten, die für ihn möglicherweise relevant werden. Die Frist in Art. 263 Abs. 6 AEUV muss daher als zu kurz gelten.[189]

V. Exkurs: Verhältnis zu Art. 277 AEUV

Art. 277 AEUV legt fest, dass die Inzidentkontrolle eines einem Rechtsstreit zugrunde liegenden Rechtsaktes auch nach Ablauf der in Art. 263 Abs. 6 AEUV festgeschriebenen Zwei-Monats-Frist zulässig bleibt. Dies ist nach der *Textilwerke-Deggendorf*-Rechtsprechung nur dann ausgeschlossen, wenn die Einlegung der Nichtigkeitsklage offensichtlich zulässig gewesen wäre, damit die Frist des Art. 263 Abs. 6 AEUV nicht umgangen werden kann.[190]

Diese Rechtsprechung dürfte aber nicht auch die Fälle erfassen, in denen die erleichterten Zugangsmöglichkeiten nach Art. 263 Abs. 4 Var. 3 AEUV einschlä-

---

[188] Siehe *Frenz*, Bd. 5, Rn. 2817; *Pechstein*, Rn. 537.
[189] So auch *Görlitz/Kubicki*, EuZW 2011, 248 (253). Zugleich seien nach ihrer Ansicht die qualitativen und quantitativen Wirkungen im Vergleich zu adressatenbezogenen Handlungen bei höherrangigem Recht gewichtiger, wobei sie davon ausgehen, dass alle Normativakte von der Nichtigkeitsklage erfasst sind. Das Argument ist bei der hier vertretenen Auslegung zumindest weniger gewichtig. S. a. *Vondung*, S. 286.
[190] Siehe *EuGH* Rs. 188/92 (Textilwerke Deggendorf GmbH/Deutschland), 9.3.1994, Slg. 1994, I-833 = EuZW 1994, 250.

gig sind.[191] Der Betroffene wird von den Rechtsakten in der Regel erst nach Ablauf der Frist überhaupt Kenntnis erlangen, weil Vollzugsakte nicht erforderlich sind, und so die Frist verpassen. Häufig wird gerade dann ein Vollzugsakt ergehen, der konkret gegen diejenigen vom abstrakt-generellen Rechtsakt Betroffenen gerichtet ist, die sich mangels Kenntnis in Widerspruch zu diesem setzen. Wäre die Rechtsprechung anwendbar, wäre Rechtsschutz auch gegen den zugrunde liegenden abstrakt-generellen Unionsrechtsakt abgeschnitten.[192] Damit würde aber der Individualrechtsschutz in einem nicht gewollten Ausmaß beschränkt; die Erweiterung der Individualklagemöglichkeiten sollte vielmehr Rechtsschutzlücken schließen.[193]

Dabei ist auch zu bemerken, dass dies für Personen, die erst nach Ablauf der Klagefrist überhaupt unter die Regelung fallen, eine Rechtsverweigerung bedeuten würde, denn es kommt für den Lauf der Frist nicht auf den einzelnen Betroffenen an, der zu einem bestimmten Zeitpunkt erstmals in den Anwendungsbereich der Norm fällt, sondern auf den Zeitpunkt des Inkrafttretens des abstrakt-generellen Rechtsaktes. Andernfalls wäre die Rechtssicherheit erheblich in Frage gestellt.[194] Ein Ausschluss der Inzidentrüge nach Ablauf der Klagefrist der Nichtigkeitsklage, die nicht für den einzelnen Betroffenen individuell zu laufen beginnt, würde dagegen dazu führen, dass dessen Rechtsschutzanspruch zur Farce wird, weil der konkrete Umsetzungsakt einer rechtswidrigen Rechtsgrundlage ihm gegenüber als rechtmäßig zu gelten hätte, schlicht weil ihre Rechtmäßigkeit nicht geprüft werden kann.[195] Zudem bestünde andernfalls die Gefahr, dass eine Vielzahl von Präventivklagen eingereicht wird.[196]

Eine Einschränkung der *TWD*-Rechtsprechung macht Art. 277 AEUV auch ohne Weiteres möglich. Dieser enthält seit dem Vertrag von Lissabon die Formulierung „Rechtsakte mit allgemeiner Geltung", um die es sich nach der Auslegung des *EuG* auch bei Rechtsakten mit Verordnungscharakter handelt.[197]

---

[191] Dies gilt nicht für Rechtsakte mit Hybridcharakter, die von Var. 2 erfasst sind. Diese können hinsichtlich ihrer individuellen Wirkung in Bestandskraft erwachsen. *Görlitz/Kubicki*, EuZW 2011, 248 (253), plädieren für die Korrektur der Ungleichbehandlung.

[192] Vgl. *Herrmann*, NVwZ 2011, 1352 (1356); *Görlitz/Kubicki*, EuZW 2011, 248 (253); *Kokott/Dervisopoulos/Henze*, EuGRZ 2008, 10 (14); *Gundel*, EWS 2012, 65 (70 f.); *Balthasar*, E.L.Rev. 2010, 35 (4), 542 (548 f.).

[193] Siehe *Herrmann*, NVwZ 2011, 1352 (1356); *Görlitz/Kubicki*, EuZW 2011, 248 (253).

[194] Vgl. *Borowski*, EuR 2004, 879 (900).

[195] Vgl. *E. Schulte*, S. 179 f.; auch *Borowski*, EuR 2004, 879 (900), der auf die deutsche Rechtslage hinweist, die eine inzidente Prüfung der Ermächtigungsgrundlage i.R. einer Klage gegen einen Vollzugsakt zulasse, auch wenn irgendwann einmal eine Gesetzesverfassungsbeschwerde möglich war; vgl. auch *Gundel*, EWS 2012, 65 (70 f.).

[196] Vgl. *Kokott/Dervisopoulos/Henze*, EuGRZ 2008, 10 (14).

[197] Siehe *Herrmann*, NVwZ 2011, 1352 (1356). Schon *Usher*, E.L.Rev. 2003, 28 (5), 575 (600), plädierte dafür, die TWD-Rechtsprechung so einzuschränken, dass sie nur

E. Verfahrensablauf vor dem EuG

Ist die Klage zulässig, stellt sich die Frage, ob die Verfahrensgestaltung den Anforderungen des Art. 47 GRC und der Art. 48 ff. GRC gerecht wird.

I. Zuweisung und Behandlung der Klagen

Beim *EuG* existieren derzeit acht Dreier- und acht Fünferkammern und eine Große Kammer mit 13 Richtern.[198] Nach Art. 11 EuG-VerfO kann jeder Richter auch als Einzelrichter entscheiden. Die meisten Klagen werden aber vor den Dreierkammern gehört. Die Parteien können die Zuteilung zu einer bestimmten Kammer oder die Größe des Spruchkörpers nicht beeinflussen, wobei entsprechende Anträge nicht ausgeschlossen sind. Die Zuteilung richtet sich nach vorher festgelegten Kriterien (Art. 12 EuG-VerfO), die keine Rücksicht auf die Zugehörigkeit zu einer bestimmten Materie nehmen. Vielmehr versucht das *EuG* eine Spezialisierung, die stets die Gefahr birgt, dass es zwischen den Kammern zu Rechtsprechungsdivergenzen kommt, zu vermeiden.[199]

Nach der Zuweisung einer Klage zu einer Kammer bestimmt der Präsident des Gerichts einen Berichterstatter unter den Kammermitgliedern (Art. 13 EuG-VerfO), der einen Entscheidungsentwurf erarbeitet. Auch auf die Bestimmung des berichterstattenden Richters haben die Parteien keinen Einfluss.[200]

II. Ablauf des Verfahrens

Ein Verfahren vor dem *EuG* ist grundsätzlich kostenfrei (Art. 90 EuG-VerfO). Der *schriftliche Teil des Verfahrens* (Art. 43–48 EuG-VerfO) besteht zunächst aus der Klageschrift und der Klageerwiderung. Es folgt ein zweiter Schriftsatzwechsel durch die Erwiderung und Gegenerwiderung, wobei darin durchaus noch neue Beweismittel benannt werden können. Nicht zulässig ist dagegen das Vorbringen neuer Angriffs- und Verteidigungsmittel, sofern diese demjenigen, der sich darauf berufen will, nicht aus rechtlichen oder tatsächlichen Gründen erst später bekannt geworden sind. Die Schriftsätze unterliegen äußerst strengen Fristen; die Klagefrist selbst enthält Art. 263 Abs. 6 AEUV (siehe schon D.). Im Übrigen setzt der Präsident des Gerichts Schriftsatzfristen, die nur selten verlängert werden. Verspätet eingereichte Unterlagen werden nicht berücksichtigt.[201] Das schriftliche Verfahren endet mit dem zusammenfassenden Bericht des Bericht-

---

auf Rechtsakte anwendbar wäre, die offensichtlich mit der Nichtigkeitsklage hätten angegriffen werden können.

[198] Vgl. *Wägenbaur*, Art. 10 EuG-VerfO Rn. 2.
[199] *Wägenbaur*, Art. 12 EuG-VerfO Rn. 1–3.
[200] Siehe *Wägenbaur*, Art. 13 EuG-VerfO Rn. 6.
[201] Zum Versäumnisurteil und dem Einspruch hiergegen (Art. 122 EuG-VerfO).

erstatters (Art. 52 EuG-VerfO), der die Grundlage für prozessleitende Maßnahmen und die anschließende mündliche Verhandlung bildet.

Das mündliche Verfahren ist in Art. 55–63 EuG-VerfO geregelt. Das *EuG* kann von Amts wegen oder auch auf Antrag Zeugen und Sachverständige laden und hören, wenn Anhaltspunkte dafür bestehen, dass deren Vernehmung für die Entscheidung von Interesse sein kann (Art. 68–76 EuG-VerfO).[202]

Das *EuG* kann mehrere Rechtssachen zum Zweck der mündlichen Verhandlung verbinden und dann entweder durch getrennte Urteile oder in einem einzigen Urteil entscheiden. Das Urteil selbst wird in öffentlicher Sitzung verkündet (vgl. Art. 81 f. EuG-VerfO).

Da Art. 263 AEUV den *Kontrollumfang* nicht näher ausgestaltet, sind die Unionsgerichte im Verfahren der Nichtigkeitsklage grundsätzlich frei, diesen selbst zu bestimmen. Das Primärrecht enthält im Übrigen „allenfalls kursorische Vorgaben": Aus Art. 261 AEUV kann lediglich geschlossen werden, dass den beklagten Unionseinrichtungen Entscheidungsspielräume zukommen müssen. Andererseits resultiert aus dem Rechtsschutzgebot ein verpflichtendes Mindestmaß an „Weite, Tiefe und Dichte" der Prüfung. Eine reine Willkürkontrolle ist ebenso ausgeschlossen wie eine Prüfung anhand von Zweckmäßigkeitsgesichtspunkten. Jedoch beschränkt sich das *EuG* häufig selbst im Sinne französischer Tradition auf eine Kontrolle der Einhaltung der Form- und Verfahrensvorschriften, sowie im Übrigen auf eine Evidenzkontrolle der korrekten Sachverhaltsermittlung und -würdigung sowie der richtigen Rechtsanwendung und -auslegung.[203]

III. Wirkung der Urteile

Mit der Nichtigerklärung wird ein Rechtsakt *ex tunc* beseitigt. Die Rechtslage wird somit in den Zustand vor dem Erlass des Rechtsaktes zurückversetzt. Bei Rechtsakten mit allgemeiner Wirkung, also Verordnungen, Richtlinien und abstrakt-generellen Beschlüssen, wirkt das Nichtigkeitsurteil zudem *erga omnes* – soweit diese überhaupt angefochten werden können. Ein Nichtigkeitsurteil in Bezug auf einen konkret-individuellen Beschluss entfaltet dagegen nur *inter-partes*-Wirkung. Mit der Nichtigerklärung entfällt auch die Rechtsgrundlage für die auf den Rechtsakt gestützten, weiteren Maßnahmen; sie sind aufzuheben. Inwieweit

---

[202] Dritte können bei berechtigtem Interesse am Ausgang des Rechtsstreits zur Unterstützung einer Partei dem Verfahren beitreten (Art. 40 Satzung), s.a. *Ritter*, in: Immenga/Mestmäcker (Hrsg.), VO 1/2003 Anh. 1, Rn. 60. – Auch der Generalanwalt erhält Gelegenheit, Schlussanträge vorzutragen, wenn das Gericht in Vollsitzung tagt oder optional nach Schwierigkeitsgrad in rechtlicher oder tatsächlicher Hinsicht (Art. 17–19 EuG-VerfO). In besonderen Fällen kann die mündliche Verhandlung daraufhin wieder eröffnet werden; vgl. dazu *Ritter*, in: Immenga/Mestmäcker (Hrsg.), VO 1/2003 Anh. 1, Rn. 62.

[203] Siehe Grabitz/Hilf/Nettesheim/*Dörr*, Art. 263 AEUV Rn. 186 f.

dies bei abgeleiteten, nationalen Rechtsakten möglich ist, ist eine Frage des mitgliedstaatlichen Rechts. Im Falle der Abweisung der Klage kommt dem Urteil nur *inter-partes*-Wirkung zu, da die Abweisung allein auf der Grundlage der vorgetragenen und geprüften Nichtigkeitsgründe erfolgt.[204]

Das *EuG* kann nach Art. 264 Abs. 2 AEUV im Falle der Nichtigerklärung auch die *Fortgeltung bestimmter Wirkungen* des Rechtsaktes anordnen, wenn es dies aus Gründen des Vertrauensschutzes, der Rechtssicherheit, der Achtung der Rechte Dritter sowie sonstigen überragenden öffentlichen Interessen für erforderlich hält. Der Kläger und die Unionsinstitutionen können entsprechende Anträge einreichen.[205] Denkbar ist etwa, dass die Kommission wegen eines festgestellten Wettbewerbsverstoßes eine Geldbuße verhängt, die aber aus bestimmten Gründen rechtswidrig ist. Das *EuG* könnte im Rahmen einer dagegen eingelegten Nichtigkeitsklage die (rechtmäßige) Feststellung der Wettbewerbswidrigkeit bestehen lassen und nur die Geldbuße aufheben.[206]

Es kann aber den für nichtig erklärten Rechtsakt *weder durch einen anderen ersetzen, noch* die beklagte Institution zum Erlass bestimmter Maßnahmen *verpflichten*. Die Pflichten der Unionseinrichtungen ergeben sich vielmehr aus Art. 266 AEUV, der zwar die Vornahme der sich aus dem Urteil ergebenden Maßnahmen anordnet, den Einrichtungen aber erhebliche Ermessensspielräume bei der Umsetzung zugesteht: Die Urteilsgründe und der Tenor des Urteils sind zu berücksichtigen. Konkrete Handlungspflichten dürfen darin allerdings nicht enthalten sein.[207]

IV. Rechtsmittel

Gegen ein Urteil des *EuG* kann binnen zwei Monaten nach Zustellung Rechtsmittel beim *EuGH* eingelegt werden (Art. 256 Abs. 1 UAbs. 2 AEUV).[208] Berechtigt sind die Parteien des Verfahrens vor dem *EuG* sowie die Mitgliedstaaten, letztere auch dann, wenn sie dem Rechtsstreit vor dem *EuG* nicht beigetreten sind. Das auf Rechtsfragen beschränkte Rechtsmittel hat keine aufschiebende Wirkung. Es kann ferner nur auf bestimmte Rügen gestützt werden, auf die Unzuständigkeit des Gerichts, auf einen Verfahrensfehler, durch den die Interessen des Rechtsmittelführers beeinträchtigt werden (z. B. Verletzung des rechtlichen Gehörs, ungenügende Begründung und exzessive Verfahrensdauer), sowie auf eine Verletzung des (materiellen) Unionsrechts.

---

[204] Vgl. *Frenz,* Bd. 5, Rn. 2859 f., 2862 ff.
[205] Siehe *Frenz,* Bd. 5, Rn. 2867 f.
[206] Zu diesem Beispiel: *Pechstein,* Rn. 562.
[207] Siehe *Frenz,* Bd. 5, Rn. 2861, 2874 ff. Zur Ausnahme bei den Geldbußen noch F. III.
[208] Etwa *Ritter,* in: Immenga/Mestmäcker (Hrsg.), VO 1/2003 Anh. 1, Rn. 122 ff., auch zum Folgenden.

Ist das Rechtsmittel unbegründet, ist die Klage zurückzuweisen. Ist es begründet, hebt der *EuGH* das Urteil auf und verweist den Rechtsstreit an das *EuG* zurück. Das Gericht ist dann an die rechtliche Beurteilung durch den *EuGH* gebunden. Bei Entscheidungsreife entscheidet der *EuGH* selbst.

V. Verfahrensdauer und einstweiliger Rechtsschutz

Derzeit beträgt die durchschnittliche Dauer eines Verfahrens vor dem *EuG* etwa 25 Monate.[209] Diese Zeitspanne für nur eine Instanz wirkt doch erheblich.

1. Maßnahmen zur Beschleunigung

Zwar existieren verschiedene Mechanismen in der Verfahrensordnung des Gerichts, die zur Beschleunigung des Verfahrens beitragen:[210] Beim *EuG* waren etwa schon immer *prozessleitende Maßnahmen* möglich (Art. 49 i.V.m. Art. 64 Abs. 1, 3 EuG-VerfO).[211] Zudem kann das Gericht nach Art. 150 EuG-VerfO praktische Anweisungen zum Verfahrensablauf erteilen. Diese Möglichkeit hat das Gericht genutzt: Es erließ Hinweise für die Prozessvertreter, die Vorgaben für die Länge der Schriftsätze und die Redezeit in der mündlichen Verhandlung etc. machen.[212] Die damit einhergehende Beschränkung der Anhörungsrechte nach Art. 47 GRC ist wegen der Gefahr für die Funktionsfähigkeit des Gerichts gerechtfertigt, sofern sie das Recht auf rechtliches Gehör nicht aushöhlt. Vor allem sind die Anordnungen nicht verbindlich, obwohl nach Art. 90 EuG-VerfO dem dagegen verstoßenden Verfahrensbeteiligten die Verfahrenskosten auferlegt werden können, soweit diese vermeidbar gewesen wären.[213]

Bei der Nichtigkeitsklage besteht zudem die Möglichkeit eines *fast-track-Verfahrens* (Art. 76a EuG-VerfO), wodurch das Schriftverfahren abkürzt werden kann, indem es etwa auf die Klageschrift und deren Beantwortung beschränkt wird. Insbesondere in Fällen geringerer Komplexität ist ein solches Vorgehen denkbar.[214] Als Mittel zur Konzentration und Beschleunigung ist es durchaus ge-

---

[209] *EuGH* Pressemittelung v. 2.3.2011, EuZW 2011, 244; s.a. *Gerichtshof*, Jahresbericht 2011, S. 129 (26,7 Monate).
[210] Vgl. bei *Karper*, S. 81 ff.; *Kastelik-Smaza*, S. 180 ff., beide auch zum *EuGH*.
[211] Ausführlich zu möglichen Maßnahmen: *Wägenbaur*, Art. 64 EuG-VerfO Rn. 14 ff.
[212] Praktische Anweisungen für die Parteien vor Gericht, ABl. EU Nr. L 68 v. 7.3. 2012, S. 23.
[213] Praktische Anweisungen (Fn. 212), S. 23 (25).
[214] Vgl. *Böcker*, S. 81 f.; *Schwarze*, DVBl. 2002, 1297 (1306), der aber auf die frühere Skepsis der Unionsgerichte angesichts der befürchteten Überlastung der Richter hinweist, sowie darauf, dass die Beschleunigung einiger Verfahren zu Lasten anderer bereits anhängiger Verfahren gehen könne; s.a. *Rabe*, FS Zuleeg, S. 195 (197).

eignet,[215] allerdings ebenfalls kritisch zu sehen im Hinblick auf das Gebot des rechtlichen Gehörs gemäß Art. 47 Abs. 2 GRC. Anderseits erweist sich häufig tatsächlich der erste Schriftwechsel als ausreichend, eine Anhörung findet letztlich durch die Klageschrift statt. Die Voraussetzungen für das Verfahren sind zudem streng, was *Karper* dazu verleitet, zu kritisieren, dass deshalb nicht in jedem Fall Rechtsschutz in angemessener Frist gewährleistet sei.[216]

2. Einstweiliger Rechtsschutz

Ist die Klage zulässig und begründet, so erklärt das *EuG* die angefochtene Handlung nach Art. 264 Abs. 1 AEUV für nichtig. Bis dahin wird aber die Gültigkeit und Rechtmäßigkeit vermutet. Die Nichtigkeitsklage hat nach Art. 278 AEUV *keine aufschiebende Wirkung*. Ein Vollzug ist selbst dann noch möglich, wenn die Nichtigkeitsklage bereits anhängig ist. Allerdings kann ein Antrag auf Aussetzung des Vollzugs nach Art. 278 S. 2 AEUV gestellt werden. Das *EuG* kann zudem einstweilige Anordnungen nach Art. 279 AEUV erlassen, wenn es dies den Umständen nach für nötig hält.[217]

Voraussetzung für einstweiligen Rechtsschutz ist stets, dass die Hauptsache rechtshängig ist (Art. 104 EuG-VerfO). Die Klage muss also gleichzeitig mit dem Antrag auf Aussetzung oder einstweilige Anordnung eingereicht werden. Die *Zulässigkeitsvoraussetzungen* der Klage in der Hauptsache werden allerdings grundsätzlich nicht geprüft. Vorläufiger Rechtsschutz wird nur dann nicht gewährt, wenn diese offensichtlich unzulässig oder unbegründet ist. Schließlich dürfen durch die vorläufige Aussetzung oder Anordnung keine Fakten geschaffen werden, welche die Hauptsache vorwegnehmen.[218]

Der Antrag ist *begründet,* wenn die Anordnung dringlich ist, also ein schwerer nicht wieder gutzumachender Schaden droht und nach einer Abwägung der Interessen des Antragstellers mit den Interessen der Union oder Dritter am Vollzug erstere überwiegen.[219]

Das Hauptproblem des vorläufigen Rechtsschutzes auf Unionsebene ist die Akzessorietät zum Hauptverfahren. Wenn insbesondere mangels individueller Betroffenheit eine Nichtigkeitsklage nicht erhoben werden kann, scheidet auch

---

[215] Siehe *Wägenbaur,* Art. 76a EuG-VerfO Rn. 9 f.
[216] So *Karper,* S. 83 f.
[217] Das Unionsorgan, das die angefochtene Maßnahme erlassen hat, ist nicht gehindert, diese zu Gunsten des Klägers abzuändern; vgl. *Ritter,* in: Immenga/Mestmäcker (Hrsg.), VO 1/2003 Anh. 1, Rn. 57, speziell zum Kartellrecht.
[218] Vgl. *E. Schulte,* S. 146, 147; siehe auch *Lengauer,* EuR-Beih. 1/2008, 69 (73).
[219] Ausführlich *Lengauer,* EuR-Beih. 1/2008, 69 (75 ff.); s.a. *E. Schulte,* S. 146 f.; *Böcker,* S. 81; *Wägenbaur,* Art. 104 EuG-VerfO Rn. 24 ff.

vorläufiger Rechtsschutz aus. Die Effektivität des vorläufigen Rechtsschutzes hängt eng mit derjenigen des Hauptverfahrens zusammen.[220]

VI. Zwischenfazit zum Verfahren vor dem EuG selbst

Die Gestaltung des Verfahrens wird den Anforderungen an einen effektiven Rechtsschutz durchaus gerecht. Insbesondere hat der Betroffene die Möglichkeit, sich Gehör zu verschaffen.[221] Positiv zu sehen ist auch die Kostenfreiheit des Verfahrens. Wegen des Bestehens von Grundsätzen zur Zuteilung von Klagen muss der Grundsatz des gesetzlichen Richters, wenn ein solcher überhaupt anerkannt wird, noch als erfüllt erachtet werden. Problematisch ist allerdings die erhebliche Verfahrensdauer wie auch die Selbstbeschränkung des Gerichts im Hinblick auf den Kontrollumfang, gerade im Bereich des Strafrechts (vgl. noch F. III.).

F. Effektiver Rechtsschutz mittels Nichtigkeitsklagen im Europäischen Strafrecht?

Obwohl teilweise schon angeklungen, soll nun noch einmal ein – mitunter nur zusammenfassender – Blick auf die Rolle der Nichtigkeitsklage im Europäischen Strafrecht geworfen werden. Dabei geht es im Wesentlichen um strafrechtliche Gesetzgebungsakte (I.), Maßnahmen nach Art. 215 und Art. 75 AEUV (II.), sowie um Kartellgeldbußen (III.).

I. Kein Rechtsschutz gegen strafrechtliche Gesetzgebungsakte

Gesetzesakte bleiben auch nach dem neuen Art. 263 Abs. 4 AEUV den schon von Art. 230 Abs. 4 EGV a.F. bekannten, strengen Anforderungen der individuellen und unmittelbaren Betroffenheit unterworfen, unabhängig davon, ob diese Normen „self-executing" sind oder nicht. Unter die Kategorie „Gesetzgebungsakte" sind aber die meisten unter den Kapiteln IV und V des Titels V angenommenen Rechtsakte einzuordnen.[222] Unter erleichterten Voraussetzungen angreifbar sind lediglich Akte, die nach dem Verfahren der Art. 290, 290 Abs. 1 AEUV erlassen wurden, was auch im harmonisierten Strafrecht – insbesondere im Nebenstrafrecht – denkbar ist, sowie solche von Agenturen, die unter diesem Titel operieren (zu Europol, Eurojust und OLAF siehe noch Kapitel 3).[223]

---

[220] Siehe *E. Schulte*, S. 147.
[221] Ausführlich: *Grzybek*, S. 193 ff.; s. a. *Böcker*, S. 82.
[222] So *Marguery*, E.L.Rev. 2012, 37 (4), 444 (446 f.); eine Ausnahme bildet Art. 86 Abs. 4 AEUV.
[223] Ebenfalls *Marguery*, E.L.Rev. 2012, 37 (4), 444 (447).

Die *Gesetzgebung* der Union im Rahmen des Strafrechts erfolgt im Übrigen weitgehend in der Form der Richtlinie. Eine Klage gegen auf Art. 82 f. AEUV gestützte Richtlinien wird folglich unter Art. 263 Abs. 4 Var. 2 AEUV angesichts der beinahe schon utopischen Anforderungen nicht möglich sein und in der Regel am Erfordernis der individuellen Betroffenheit scheitern, da Art. 82 Abs. 2, 83 Abs. 1 und 2 AEUV lediglich Mindestvorgaben enthalten, z. B. objektive Merkmale eines Tatbestands beschreiben und somit nie eine Einzelperson im Auge haben. Dies wäre ohnehin im Hinblick auf das Verbot eines strafrechtlichen Einzelgesetzes nicht zu rechtfertigen.[224] Selbst im *Nebenstrafrecht,* wo die Anzahl der betroffenen Akteure überschaubar sein kann, sind die Anforderungen an die Individualisierung regelmäßig nicht erfüllt, weil jederzeit ein neuer Wirtschaftsteilnehmer hinzukommen kann, für den die strafrechtliche Regelung dann ebenfalls Geltung beansprucht.[225] Hier wird die Rechtsschutzlücke besonders deutlich sichtbar, als das Unionsrecht im Nebenstrafrecht häufig die Verhaltensnorm selbst festlegt, diese also auch tatsächlich unmittelbare Wirkung entfaltet. Auch die auf Art. 325 Abs. 4 AEUV zu stützenden Richtlinien und vor allem Verordnungen, die noch eher unmittelbare Wirkungen entfalten können, sind nur unter den Voraussetzungen des Art. 263 Abs. 4 Var. 2 AEUV angreifbar – und daher mangels individueller Betroffenheit im Grunde nie.

Zudem wäre bei Richtlinien regelmäßig das Merkmal der *unmittelbaren Betroffenheit* nicht erfüllt, da es ja gerade kennzeichnend für diesen Rechtsakt ist, dass er der Umsetzung durch die Mitgliedstaaten bedarf. Eine unmittelbare Geltung ist auch bei Ablauf der Umsetzungsfrist nicht denkbar, weil individualbelastende Reglungen nicht an der unmittelbaren Wirkung teilnehmen. Da darüber hinaus im Rahmen der Kompetenzen des Art. 82 Abs. 2, Art. 83 Abs. 1, 2 AEUV nur Mindestvorschriften getroffen werden dürfen, also ein Umsetzungsspielraum grundsätzlich verbleiben muss,[226] wird der hinreichende Konkretisierungsgrad für die Annahme einer unmittelbaren Wirkung selten erreicht sein.

Vor allem hinsichtlich der *self-executing Normen* bleibt es dadurch bei einer Rechtsschutzlücke, die auch im Strafrecht nicht zu unterschätzen ist, selbst wenn das Hauptrechtssetzungsinstrument, die Richtlinie, auch unter den Voraussetzungen des Art. 263 Abs. 4 Var. 3 AEUV kaum je angreifbar wäre. Gerade im Bereich der Verhaltensnormen des Nebenstrafrechts kommt der Union eine erhebliche Fülle an (Tatbestands-)Kompetenzen zu, die zwar unmittelbare Wirkung entfalten – aber eben nicht individuelle. Wenn entsprechende Akte nicht umgesetzt werden müssen, sondern unmittelbar gegenüber einer Person wirken, dann muss sich diese entweder der Verhaltenspflicht beugen und so mitunter Grund-

---
[224] Bedenken im Hinblick auf die Terrorlisten hat insoweit *Schiwek,* S. 229 f.; s. noch II.
[225] Wiederum *Schiwek,* S. 228 f.
[226] Siehe *Schiwek,* S. 230 f.

rechtsbeeinträchtigungen in Kauf nehmen, obwohl der Unionsrechtsakt möglicherweise rechtswidrig ist, oder sie provoziert einen Akt, gegen den sie auf nationaler Ebene gerichtlich vorgehen kann. Dies würde aber bedeuten, dass die Person gegen die europäische Verhaltensnorm verstoßen müsste und sich der Gefahr der Sanktionierung aussetzte.

Wenn aber die Nichtigkeitsklage gegen Unionsakte eröffnet ist, scheint der Rechtsschutz die Anforderungen des Art. 47 GRC zu erfüllen. Es ist eine umfassende Kontrolle des Rechtsaktes möglich – auch wenn sie vom *EuG* nicht stets so ausgeübt wird. Zusätzlich besteht sogar die Möglichkeit der Revision durch den *EuGH*, was Art. 47 GRC *per se* nicht vorschreibt. Im Falle der Feststellung einer Rechtsverletzung wird der dafür ursächliche Rechtsakt beseitigt. Die Verfahrensgestaltung vor dem *EuG* ermöglicht auch eine effektive Verteidigung der Rechte für den Einzelnen. Auch die erforderliche Gewährung vorläufigen Rechtsschutzes ist im Falle der zulässigen Erhebung der Nichtigkeitsklage möglich, wenn der Kläger die Dringlichkeit glaubhaft machen kann. Das wird im Zusammenhang mit strafrechtlichen Sachverhalten häufig der Fall sein. Dass vorläufiger Rechtsschutz im Übrigen nur unter strengen Bedingungen möglich ist, ist im Hinblick auf Art. 47 GRC nicht zu beanstanden.

Fraglich ist allein, ob stets *zeitnaher* Rechtsschutz möglich ist, was gerade in Bezug auf den regelmäßig bestehenden Grundrechtsbezug strafrechtlicher Sachverhalte wichtig erscheint. Zwar existiert als prozessuales Element zur Sicherung eines zügigen Prozesses das beschleunigte Verfahren. Dass dieses angesichts der durchschnittlichen Verfahrensdauer von mehr als 25 Monaten nicht ausreichend sein kann, ist offensichtlich (vgl. noch Kapitel 5 § 1 A. I. zur Arbeitsbelastung der Unionsgerichte).

II. Rechtsschutz gegen „smart sanctions" nach Art. 75/Art. 215 AEUV

Die verheerenden Anschläge des 11. September 2001 führten auch in der Europäischen Union zu einer Reihe von Maßnahmen zur Bekämpfung des Terrorismus, die verschiedenste Politikbereiche betrafen. Primär geht es dabei um Prävention und Strafverfolgung.[227] Die herangezogenen Rechtsgrundlagen nannten überwiegend die Terrorbekämpfung nicht explizit als Ziel, wurden aber in den Dienst dieses politischen Bedürfnisses gestellt.[228] Die mangelnde Transparenz des Politikbereichs und die Tendenz zur Rechtfertigung massivster Eingriffe mittels allgemeiner Rechtsgrundlagen führte zu weitreichender Kritik. Die Diskussion um die Terrorbekämpfungsstrategien der Union wird dabei im Wesentlichen

---

[227] Darin erschöpft sich das Maßnahmenprogramm nicht, vgl. *Gusy*, in: Walter-Hallstein-Symposium, S. 61 (65). Hier interessiert aber nur die Strafverfolgungskomponente.

[228] Einen Überblick bietet *Gusy*, in: Walter-Hallstein-Symposium, S. 61 ff.

unter drei Aspekten geführt: dem Demokratiedefizit, dem unzulänglichen Schutz der Grundrechte – vor allem der informationellen Selbstbestimmung und des Bestimmtheitsgrundsatzes – sowie dem unzureichenden Rechtsschutz,[229] der freilich auch eine Grundrechtsdimension aufweist.

Jedenfalls die Grundrechtsschutzlage hat sich aber primärrechtlich geändert. In diesem Kontext ist auf das Urteil des *EuGH* in den Rechtssachen *Kadi* und *Al Barakaat* hinzuweisen, mit der die bestehenden Rechtsschutzlücken weitgehend geschlossen wurden (Kapitel 1 § 1 E. II. 2.). Die *Kadi*-Rechtsprechung wurde durch den Vertrag von Lissabon primärrechtlich verankert. Nach Art. 275 Abs. 1 AEUV ist der Gerichtshof zwar auch weiterhin nur zuständig für die Abgrenzung der allgemeinen Zuständigkeiten der Union gegenüber der weiterhin Sonderregelungen unterliegenden GASP. Insoweit bleibt es bei der Rechtsschutzsituation nach Art. 46 EU a. F.[230] Daneben soll er aber nach Art. 275 Abs. 2 AEUV GASP-Beschlüsse über restriktive Maßnahmen zu Lasten von natürlichen und juristischen Personen überprüfen können.

1. Zu den Rechtsgrundlagen

Die Rechtsgrundlage für solche Sanktionen gegen nichtstaatliche Organisationen, wie auch natürliche oder juristische Personen findet sich seit der Neuregelung der Verträge in Art. 215 AEUV.[231] Auch Art. 75 AEUV ist hier zu nennen, der allerdings dem RFSR zugeordnet ist; auch er erlaubt das Einfrieren von Geldern von Personen oder Organisationen, die verdächtigt werden, terroristische Vereinigungen zu unterstützen, wobei im Falle einer auf Art. 75 AEUV gestützten Maßnahme kein Beschluss im Rahmen der GASP vorausgeht;[232] außenpolitische Akte sind gemäß Art. 215 Abs. 2 AEUV umzusetzen.[233]

2. Reichweite der Kontrolle im Anwendungsbereich des Art. 215 Abs. 2 AEUV

Offen ist, gegen welche Akte im Zusammenhang mit der Terrorbekämpfung im Einzelnen Rechtsschutz gewährt wird, wenn eine Umsetzung von GASP-Maß-

---

[229] Vgl. *Gusy*, in: Walter-Hallstein-Symposium, S. 61 (68 ff.); *Mayer*, EuR-Beih. 1/2009, 87 (100), will in Anbetracht des wahrscheinlich auch Europa einmal treffenden Terroranschlags von der verheerenden Qualität des 11. September sicherstellen, dass Verfassungsgarantien dann nicht über Bord geworfen werden können.

[230] Siehe auch *Skouris*, in: Symposium Papier, S. 83 (95 ff.); vgl. auch *Schulte*, S. 447.

[231] Mit Art. 275 Abs. 2 2. Alt. AEUV wird die Differenzierung zwischen Maßnahmen wirtschaftlicher und solcher nicht-wirtschaftlicher Natur aufgegeben. Art. 215 AEUV deckt somit die Umsetzung der UN-Resolutionen vollständig ab, vgl. *Schulte*, S. 449; offengelassen in CONV 734/03, S. 27 f.

[232] Allgemein *Skouris*, in: Symposium *Papier*, S. 83 (97); *Schulte*, S. 448 f.

[233] Vgl. *Pechstein*, Rn. 66.

nahmen gestützt auf Art. 215 AEUV erfolgt [a)–c)], da dort eine komplizierte Gemengelage von UN-Resolution, Unions- und mitgliedstaatlichen Handlungen auftritt, bei der Fragen völkerrechtlicher Bindungen ebenso eine Rolle spielen wie die Reichweite der Überprüfbarkeit von GASP-Beschlüssen [d)].

a) Kontrolle von Akten nach Art. 215 AEUV sowie von Inzidentrügen

Eine Kontrolle der GASP-Beschlüsse, in der Regel Gemeinsamer Standpunkte, erfolgt nach Art. 275 AEUV jedenfalls *inzident* im Rahmen der Entscheidung über eine Nichtigkeitsklage gegen konkrete Maßnahmen. Nachdem für den Erlass der *Maßnahmen kein Gesetzgebungsverfahren* vorgeschrieben ist,[234] richtet sich der Rechtsschutz gegen diese Akte selbst regelmäßig nach Art. 263 Abs. 4 Var. 3 AEUV. Zwar sieht Art. 275 AEUV keine Beschränkung auf bestimmte Rechtsakte vor, in der Praxis sind aber bisher nur Verordnungen ergangen.[235] Als solche haben sie allgemeine Geltung, weil sie Rechtsgeschäfte mit den gelisteten Personen verbieten oder dass diesen sonst Ressourcen zur Verfügung gestellt werden.[236] Weil sie Verbote enthalten, erfordern sie auch keine Durchführungsakte. Relevant kann die Regelung auch werden, wenn der Kommission nach Art. 290 AEUV die Erlaubnis erteilt wird, Verordnungen nach Art. 215 AEUV abzuändern oder zu ergänzen.

b) Unmittelbare Kontrolle der vorausgegangenen GASP-Maßnahme?

Art. 275 AEUV geht aber darüber hinaus: Er fordert gerade eine Zuständigkeit der Unionsgerichte für unter den Voraussetzungen des Art. 263 Abs. 4 AEUV erhobene Klagen „im Zusammenhang mit der Überwachung der Rechtmäßigkeit von Beschlüssen über restriktive Maßnahmen gegenüber natürlichen oder juristischen Personen, die der Rat auf der Grundlage von Titel V Kapitel 2 des EUV" erlässt. Daraus ist zu schließen, dass Nichtigkeitsklagen auch *unmittelbar gegen die Beschlüsse der GASP* mit nachteiligen Wirkungen gegenüber natürlichen und juristischen Personen gerichtet werden können.[237]

Nachdem die Instrumente der GASP (Art. 25 EUV) nicht dem Handlungsformenregime des AEUV unterfallen, stellt sich die Frage, welche Variante des Art. 263 Abs. 4 AEUV einschlägig sein soll. Die erste Variante scheidet unabhängig von der konkreten Rechtsform aus, weil die Handlung nicht an eine be-

---

[234] Ausführlich: *Streinz/Ohler/Herrmann*, S. 140 ff.
[235] Vgl. Calliess/Ruffert/*Cremer* Art. 215 AEUV Rn. 21.
[236] Siehe *Gundel*, EWS 2012, 65 (71); Calliess/Ruffert/*Cremer*, Art. 215 AEUV Rn. 21.
[237] Vgl. *Kotzur*, EuR-Beih. 1/2012, 7 (12); Schwarze/*Schwarze*, Art. 275 AEUV Rn. 8; a. A. *Vondung*, S. 64, 297 ff.

stimmte Person adressiert ist, sondern in der Regel an die Kommission, die einen entsprechenden Vorschlag nach Art. 215 Abs. 2 AEUV zu unterbreiten hat.[238] Damit ist allerding zugleich klargestellt, dass der GASP-Beschluss keine allgemeine Wirkung hat. Er ist durch die Regelung des Art. 215 AEUV zudem ausdrücklich an einen Durchführungsakt gebunden. Somit können GASP-Beschlüsse auch keine Rechtsakte mit Verordnungscharakter darstellen. Der Kläger muss daher seine unmittelbare und individuelle Betroffenheit darlegen, damit er nach Art. 263 Abs. 4 Var. 2 AEUV klagebefugt ist.[239]

Die individuelle Betroffenheit dürfte stets unstreitig feststehen, da sie der *namentlichen Listung* in den jeweiligen Beschlüssen inhärent ist.[240] Nach Ansicht von *Cremer* müssten die Unionsgerichte zudem für die Annahme der unmittelbaren Betroffenheit genügen lassen, dass von dem GASP-Beschluss *faktische Wirkungen* ausgehen, obwohl die *Regelungs*wirkung im Sinne des Einfrierens von Konten etc. erst durch die auf Art. 215 Abs. 2 AEUV gestützte Verordnung eintritt. Die konkreten Maßnahmen werden aber durch den Beschluss vorgegeben. Man müsste daher den faktischen Eingriff in ein Grundrecht der Zielpersonen für die Annahme einer unmittelbaren Betroffenheit ausreichen lassen. Nur so sei lückenloser Rechtsschutz gewährleistet.[241] Er zweifelt selbst daran, dass das *EuG* diese Auslegung übernehmen wird, weist jedoch darauf hin, dass sich andernfalls die nationalen Verfassungsgerichte, aber auch der *EGMR* genötigt sehen könnten, weiterhin sichtbare Rechtsschutzlücken zu schließen.[242] Ohnehin wäre die ausdrückliche Bezugnahme auf die GASP-Beschlüsse in Art. 275 AEUV andernfalls sinnentleert; er fordert schließlich Rechtsschutz unmittelbar auch gegen GASP-Beschlüsse. Würden diese stets an der Auslegung der Zulässigkeitskriterien scheitern, widerspräche dies der expliziten Regelung.

Von den Gerichten der Union eher akzeptiert würde eine Lösung über die Fallgruppe der *materiellen Unmittelbarkeit*. Die GASP-Beschlüsse müssen nach Art. 215 AEUV umgesetzt werden. Es werden zwar in den Umsetzungsakten der Union auch Details jenseits des konkreten GASP-Beschlusses geregelt, jedoch sind die dort vorgegebenen Maßnahmen einschließlich der gelisteten Personen für die Union feststehend.[243] Soweit bei der Umsetzung kein Ermessensspielraum bleibt, erfolgt eine Belastung bereits unmittelbar durch den GASP-Beschluss.

---

[238] Vgl. Calliess/Ruffert/*Cremer*, Art. 215 AEUV Rn. 16.
[239] Ohne weitere Begründung Calliess/Ruffert/*Cremer*, Art. 275 AEUV Rn. 9.
[240] Vgl. *Gundel*, EWS 2012, 65 (71). Zu Zweifeln, ob darin eine Rechtsverletzung liegen kann: *Vondung*, S. 64.
[241] Vgl. dazu Calliess/Ruffert/*Cremer*, Art. 275 AEUV Rn. 9.
[242] So auch Calliess/Ruffert/*Cremer*, Art. 275 AEUV Rn. 9.
[243] Dies sieht auch Calliess/Ruffert/*Cremer*, Art. 275 AEUV Rn. 14, so.

c) Exkurs: Überprüfbarkeit auch jenseits von Art. 215 AEUV

Dieselben Maßgaben sind für den Fall anzuwenden, dass der GASP-Beschluss restriktive Maßnahmen vorsieht, die nicht von der Union, sondern von den Mitgliedstaaten umzusetzen sind, wie Einreiseverbote.[244] Auch hier gehen bereits vom Beschluss belastende Wirkungen aus, die das weitere innerstaatliche Handeln soweit vorzeichnen, dass man von einer unmittelbaren Betroffenheit ausgehen muss bzw. von einer Regelungswirkung der Maßnahme.[245]

d) Fazit zur Rechtsschutzlage und Kontrolldichte

Damit ist – eine entsprechende Auslegung des Art. 263 Abs. 4 AEUV vorausgesetzt – die Rechtsschutzlücke geschlossen.[246]

Fraglich ist aber, inwieweit die Unionsgerichte die Besonderheiten der GASP als besonders souveränitätsnaher Wirkungsbereich der Union zu berücksichtigen haben.[247] Denkbar ist, den Prüfungsumfang auf potenziell verletzte subjektive Rechte zu begrenzen und damit objektive Rechtsfehler vom Prüfauftrag auszunehmen; dafür spricht jedenfalls Art. 275 Abs. 1 AEUV. Nach Ansicht von *Cremer* würde dies auch der erkennbaren Zielsetzung des Art. 275 Abs. 2 AEUV, Individualrechtsschutz zu ermöglichen, genügen.[248] Allerdings kann auch nur ein objektiv rechtmäßiges Gesetz Grundrechtsbeschränkungen rechtfertigen. Für die GASP kann nichts anderes gelten, so dass jedenfalls wünschenswert wäre, dass es dazu nicht kommt.

Problematisch ist die Reichweite der Prüfungsbefugnis und auch des Prüfungsumfangs hinsichtlich des GASP-Beschlusses aber auch unter dem Gesichtspunkt, dass mit ihm eine Resolution des UN-Sicherheitsrates inhaltlich übereinstimmt. Es ist allerdings nicht zu erwarten, dass die Unionsgerichte von den Grundsätzen der *Kadi*-Rechtsprechung abweichen und nicht mehr das Unionsrecht als Prüfungsmaßstab herangezogen wissen wollen. Es dürften insoweit also weiterhin die Unionsgrundrechte zur Anwendung kommen.

3. Rechtsschutz gegen auf Art. 75 AEUV gestützte Maßnahmen

Weniger Probleme stellen sich nach dem bisher Ausgeführten hinsichtlich der auf Art. 75 AEUV gestützten Sanktionen. Der Rechtsschutz gegen Verordnungen

---

[244] So auch Schwarze/*Schwarze*, Art. 275 AEUV Rn. 8. Bis zur Einführung der Norm hätte ein Betroffener im Wege der Inzidentrüge nach Art. 277 AEUV i.V.m. Art. 267 AEUV vorgehen müssen; dazu *Meyer*, NJW 2010, 2397 (2398).
[245] Entsprechend: Calliess/Ruffert/*Cremer*, Art. 275 AEUV Rn. 10.
[246] Vgl. auch *Esser*, StRR 2010, 133 (134); *Everling*, EuR-Beih. 1/2009, 71 (78); *Skouris*, FS Europa-Institut, S. 545 (549 f.).
[247] Vgl. *Schroeder*, DÖV 2009, 61 (64).
[248] Siehe Calliess/Ruffert/*Cremer*, Art. 275 AEUV Rn. 11.

nach Art. 75 AEUV selbst wie auch gegen die Umsetzungsakte richtet sich weitgehend nach den allgemeinen Grundsätzen: Da die *Verordnung* selbst im Gesetzgebungsverfahren nach Art. 294 AEUV erlassen wird, müssen für eine erfolgreiche Nichtigkeitsklage die Anforderungen des Art. 263 Abs. 4 Var. 2 AEUV erfüllt sein. Hinsichtlich der Individualisierung und unmittelbaren Betroffenheit bei einer Klage gegen die Verordnung ist auf die Ausführungen zum Rechtsschutz gegen die GASP-Beschlüsse hinzuweisen (unter 2.). Die Individualisierung erfolgt durch die namentliche Listung; unmittelbar betroffen sind die gelisteten Personen schon durch die verpflichtenden Vorgaben.

Die *Durchführungsmaßnahmen,* die der Rat auf Vorschlag der Kommission ohne Beteiligung des Europäischen Parlaments erlässt, sind an bestimmte Personen adressiert, so dass diese von den Empfängern unter der ersten Variante von Art. 263 AEUV angreifbar sind. Adressiert sind die Maßnahmen aber in der Regel an (potenzielle) Geschäftspartner der Gelisteten. Die Gelisteten selbst können daher nur nach der zweiten Variante vorgehen. Problematisch ist dies indes nicht, weil diese ohne Weiteres nachweisen können, wie Adressaten betroffen zu sein, als diejenigen, mit denen Geschäfte nicht geschlossen werden dürfen.

4. Fazit: Lückenloser Rechtsschutz, effektive Kontrolle nur auf UN-Ebene?

Mit der Einführung der Regelung des Art. 275 AEUV mag der Unionsgesetzgeber zwar eine prekäre Rechtsschutzlücke geschlossen haben. Vorzugswürdig und effektiver wäre aber für Maßnahmen, denen eine UN-Sicherheitsratsresolution vorausgegangen ist, Rechtsschutz durch einen entsprechenden Mechanismus *auf der Ebene der UN*: Das *EuG* hat in der Regel keinen Zugang zu den geheimdienstlichen Informationen, die den Vereinten Nationen zur Verfügung gestellt wurden und auf denen die Listung basiert. Das wäre zwar auch bei anderen, nationalen Gerichten der Fall und möglicherweise auch für ein Gericht auf UN-Ebene, allerdings nur solange Maßnahmen gegen eine Person auf der Liste aus nachrichtendienstlichen Gründen für erforderlich gehalten werden. Zudem hat das *EuG* auch im Übrigen keinen Zugang zu der Entscheidungsgrundlage des Sicherheitsrates, sondern kann nur darüber spekulieren.[249]

III. Effektiver Rechtsschutz gegen Geldbußen im Wettbewerbsrecht?

Verhängt die Kommission Bußgelder nach der VO 1/2003, dann tut sie dies in Form eines Beschlusses nach Art. 288 Abs. 4 AEUV, in dem auch die Zuwiderhandlung festgestellt wird. Die Einlegung einer Nichtigkeitsklage ist dem unmittelbaren Adressaten ohne Weiteres nach Art. 263 Abs. 4 Var. 1 AEUV möglich.

---

[249] Vgl. *Haltern,* JZ 2007, 537 (539, 544); *Payandeh,* ZaöRV 2006, 41 (66 f.), zur Möglichkeit jedenfalls einer nachträglichen Kontrolle.

Der Kontrollumfang des Gerichts ist – jedenfalls nach der gesetzlichen Konzeption (Art. 261 AEUV) – weitgehend unbeschränkt (siehe schon E. II.). Die Feststellung, dass ein Verstoß gegen die Art. 101, 102 AEUV vorliegt, kann vollumfänglich kontrolliert werden. Dasselbe gilt auch für die Verhängung des Bußgeldes. Hier kann das *EuG* in einem gewissen Umfang sogar ein eigenes Ermessen an die Stelle der Entscheidung der Kommission setzen und nicht nur den Beschluss – insgesamt oder in Teilen – für nichtig erklären; es kann auch einen Abschlag von der verhängten Geldbuße vornehmen oder diese erhöhen, weil es den von der Kommission festgesetzten Betrag nicht für angemessen hält. Hebt das Gericht eine Bußgeldentscheidung auf, ist die Kommission verpflichtet, bereits gezahlte (Teil-)Beträge unter Einschluss von Zinsen zurückzuerstatten.[250]

Allerdings beschränkt das *EuG* seine Kontrolldichte selbst weitgehend auf eine *Vertretbarkeitskontrolle*: Auf der *Tatbestandsebene,* also der Nachprüfung, ob ein Verhalten tatsächlich gegen die Grundsätze der Art. 101 f. AEUV verstößt, übt das *EuG* eine volle Kontrolle nur bei bereits abgeschlossenen und in der Vergangenheit liegenden Sachverhalten aus. Dagegen gewährt es der Kommission bei der Beurteilung von Sachverhalten, die auch auf die Zukunft gerichtete Einschätzungen erfordern, wie etwa die Fusionskontrolle, einen Vertrauensvorschuss und prüft lediglich, ob die Verfahrensvorschriften eingehalten wurden, die Entscheidung der Kommission ausreichend begründet ist und der Sachverhalt korrekt ermittelt wurde sowie ob Tatsachen offensichtlich fehlerhaft gewürdigt wurden oder ein Ermessensmissbrauch vorliegt.[251] Auf der *Rechtsfolgenebene* beschränkt sich das Gericht selbst auf eine reine Plausibilitätskontrolle. Geprüft wird in der Regel nur, ob das Verwaltungsverfahren gemäß den Bußgeldleitlinien durchgeführt wurde und ob die abschließende Entscheidung als vertretbar anzusehen ist.[252] Ein effektiver Rechtsschutz i. S. v. Art. 47 GRC gegen die Verhängung der Geldbußen scheint angesichts der vertraglichen Regelung in Art. 263 i. V. m. Art. 261 AEUV zwar möglich. Die tatsächlich ausgeübte Kontrolle genügt den Anforderungen paradoxer Weise aber nicht.[253] Dadurch wird vor dem Hintergrund der Strafrechtsähnlichkeit der Geldbußen ein Ausgleich zwischen Beschuldigteninteressen und dem Ziel der Sanktionsregelung nur in unzureichendem Maße hergestellt.[254] Dagegen nimmt die Kommission zugleich die Rolle des

---

[250] Siehe *Ritter,* in: Immenga/Mestmäcker (Hrsg.), VO 1/2003 Anh. 1, Rn. 65; zur zulässigen Kontrolldichte *Hatje,* in: Wirtschaftsrecht, S. 124 (139).

[251] Vgl. *Hatje,* in: Wirtschaftsrecht, S. 124 (131 ff.).

[252] Siehe *Schwarze,* EuR 2009, 171 (186, 199); *Hatje,* in: Wirtschaftsrecht, S. 124 (139 f.).

[253] S. a. *Hatje,* in: Wirtschaftsrecht, S. 124 (140). A. A. *Pascu,* S. 206 f., weil Art. 47 GRC nur einen Mindeststandard absichere, der lediglich nicht unterschritten werden dürfe.

[254] Vgl. auch *Pascu,* S. 205 ff.

"Anklägers" als auch die des Richters wahr. Sie ermittelt gegen die Betroffenen und setzt zugleich ein Bußgeld fest.[255]

G. Fazit: Lückenhafter und bereichsspezifisch ineffektiver Rechtsschutz durch die Nichtigkeitsklage

Grundsätzlich ermöglicht die Nichtigkeitsklage nach Art. 263 AEUV einen effektiven Individualrechtsschutz, *wenn* die hohen Zulässigkeitshürden überwunden werden können. Sie erlaubt eine umfassend Prüfung (grund-)rechtswidrigen Handelns der Union sowie ihrer Organe und Einrichtungen.[256] Primärrechtliche Beschränkungen der *Kontrolldichte* existieren nicht, das *EuG* erlegt sich allerdings selbst solche auf, was als einer der wenigen Kritikpunkte an der Rechtsschutzeffektivität im Bereich des Europäischen Strafrechts mittels der Nichtigkeitsklage gelten muss. Auch die sehr *kurze Klagefrist* von nur zwei Monaten erscheint vor dem Hintergrund der zumindest prinzipiell möglichen Anfechtbarkeit abstraktgenereller Akte unzureichend, wie auch andererseits die erhebliche Dauer der Verfahren. Die Nichtigkeitsklage erfüllt neben der objektiven Rechtsaufsicht mithin auch die Funktion des Individualrechtsschutzes – dies jedoch nur in sehr eingeschränktem Umfang.

Es bleibt zumindest für „Rechtsakte mit Gesetzescharakter" bei dem Erfordernis der *individuellen* Betroffenheit. Lediglich bei untergesetzlichen Rechtsakten mit allgemeiner Geltung gilt dieses Erfordernis nicht mehr.[257] Dies gewährleistet eine effektive Kontrolle der europäischen Verwaltung, dient aber nur begrenzt der Durchsetzung der Grundrechte im Strafrecht auf europäischer Ebene, wo Gesetzgebungsakte den Regelfall der Rechtssetzung darstellen.

Vor dem Hintergrund eines effektiven und lückenlosen Rechtsschutzes negativ zu sehen ist auch der *Übergangszeitraum von fünf Jahren,* durch den ein Angriff auf Akte der ehemaligen Dritten Säule mittels der Nichtigkeitsklage endgültig unmöglich geworden ist, denn die Klagefrist des Art. 263 Abs. 6 AEUV wäre bis dahin in jedem einzelnen Fall abgelaufen. Negativ zu sehen ist auch der *Opt-out* von Dänemark, der dazu führt, dass die Unionsgerichte auch nach Ablauf der Übergangsfrist dort keine Zuständigkeit haben. Dasselbe gilt auch für die Regelungen bezüglich Großbritannien und Irland.

---

[255] Dies kritisiert auch *Rösler,* S. 374.
[256] Siehe *Dauses,* Grundrechte, S. 132 f.; *Dauses,* EuZW 2008, 449 f.
[257] *Gundel,* EWS 2012, 65 (67), nennt diese Erweiterung einen „Systembruch", Art. 47 GRC hätte seiner Ansicht nach eine Erweiterung der Direktklagen nicht erforderlich gemacht, da eine solche nun aber erfolgt sei, sei es inkonsequent, für Gesetzgebungsakte weiterhin den dezentralen Weg vorzuschreiben.

§ 3 Vorabentscheidungsverfahren nach Art. 267 AEUV mit Bezug zum Strafrecht

Die Masse des Unionsrechts wird durch die nationalen Gerichte angewendet. Dagegen sind die Möglichkeiten des Einzelnen, sich gegen Unionsakte direkt zur Wehr zu setzen gering, wie sich gezeigt hat. Unionsrecht erscheint regelmäßig „im Gewand nationalen Rechts", das auf Akte der Union zurückgeht oder dieses umsetzt. Das Scharnier zwischen nationalen Gerichten und den europäischen Gerichten ist das Vorabentscheidungsverfahren nach Art. 267 AEUV bzw. Art. 35 Abs. 6 EU a. F., auch Vorlageverfahren genannt.[258] Wie seine nationalen Vorbilder, die konkrete Normenkontrolle vor dem *BVerfG* (Art. 100 Abs. 1 GG) und die Vorlage an das italienische Verfassungsgericht, ist das Vorlageverfahren zum *EuGH* als Zwischenverfahren ausgestaltet. Es soll sicherstellen, dass das Unionsrecht von allen mitgliedstaatlichen Gerichten *einheitlich ausgelegt* wird und die *Fortentwicklung und Vervollständigung* des Unionsrechts ermöglichen. Dabei besteht keine Hierarchie zwischen *EuGH* und vorlegendem nationalen Gericht. Vielmehr soll das Urteil des *EuGH* als Ausgangspunkt für die nationale Entscheidung im Sinne vertrauensvoller Zusammenarbeit dienen.[259]

Immer wieder wird aber auch betont, das Vorlageverfahren habe eine *individualschützende Funktion*.[260] Ob das Vorabentscheidungsverfahren gerade auch den besonderen Anforderungen an ein Verfahren mit strafprozessualem Ausgangspunkt gerecht wird und die bereits festgestellten Lücken im Hinblick auf die Effektivität des Rechtsschutzes zu schließen vermag, ist hier zu prüfen.

Den voranzustellenden kurzen Ausführungen zum Vorlageverfahren der ehemaligen Dritten Säule, das noch bis Ende 2014 anwendbar ist (A.), folgt eine Darstellung der strafrechtlich relevanten Anknüpfungspunkte für das Vorlageverfahren (B.), sowie der Besonderheiten der Verfahren mit strafrechtlichem Ausgangspunkt (C.). Im Anschluss daran soll dargestellt werden, wie in der Praxis der Strafrichter beim Auftreten einer vorlagerelevanten unionalen Fragestellung zu verfahren hat (D.). Schließlich sollen die Stellung des Angeklagten im Verfahren vor dem nationalen Strafgericht in Bezug auf die Einleitung des Vorabentscheidungsverfahrens und die damit zusammenhängenden Fragestellungen erör-

---

[258] Siehe auch *Rabe,* FS Redeker, S. 201 f.
[259] Zu diesen grundsätzlichen Funktionen und Wesenszügen: *Karper,* S. 55 f.; *Hecker,* § 6 Rn. 1 ff.; *Schwarze,* DVBl. 2002, 1297 (1303); *Satzger,* Europäisierung, S. 658 f.; vgl. auch *Middeke,* in: Rengeling u. a. (Hrsg.), § 10 Rn. 5 ff.; *Hess,* in: Zivilgerichtsbarkeit, S. 181 (185 ff.); *Friedrich,* S. 42 ff.; *Fredriksen,* S. 107 ff. – Zur Entwicklung des Verfahrens in der Rechtsprechung: *Trimadas,* CMLRev 2003 (40), 9 (10 ff.).
[260] Vgl. etwa: *Hess,* in: Zivilgerichtsbarkeit, S. 181 (186 f.); *Dannecker,* in: Rengeling u. a. (Hrsg.), § 38 Rn. 34; *Friedrich,* S. 44 ff.; *Fredriksen,* S. 117 f.; *Skouris,* EuGRZ 2008, 343; *Schröder,* EuR 2011, 808 (810); einschränkend: *Hecker,* § 6 Rn. 3.

tert werden (E.), wie auch seine Stellung im eigentlichen Vorlageverfahren vor dem *EuGH* (F.). Die Ausführungen münden in eine Bewertung der Tauglichkeit des Vorlageverfahrens als individualrechtsschützendes Instrument für strafrechtliche Belange (G.).

A. Vorlageverfahren nach Art. 35 EU a. F.

Die Union wurde bisher auf dem Gebiet des Strafrechts überwiegend im Rahmen der früheren Dritten Säule tätig, dessen Rechtsschutzregime sich von demjenigen der Ersten Säule massiv unterschied. Ein Vorlageverfahren gab es allerdings auch dort; es soll – zur Verdeutlichung des Fortschritts für den Individualrechtsschutz im strafrechtlichen Bereich, aber auch, weil sich der Rechtsschutz gegen Akte aus der früheren PJZS noch bis zum 1.12.2014 nach den Regelungen des EU a. F. richtet – knapp dargestellt werden, bevor auf den Rechtsschutz nach „Vervollkommnung" der Vergemeinschaftung eingegangen wird.

Das Vorabentscheidungsverfahren nach Art. 35 EU a. F. ist dem Verfahren nach Art. 267 AEUV (früher Art. 234 EGV) nachgebildet. Insoweit ist hinsichtlich der formellen Voraussetzungen auf die nachfolgenden Ausführungen zu verweisen.[261] Einige Besonderheiten ergeben sich aus dem intergouvernementalen Charakter der PJZS: Bemerkenswert ist zunächst die *fakultative Natur* des Vorlageverfahrens der Dritten Säule: Nach Art. 35 Abs. 2 EU a. F. war/ist Voraussetzung für die Anwendbarkeit des Vorabentscheidungsverfahrens, dass der Mitgliedstaat, dessen Gericht eine Vorlagefrage an den *EuGH* stellen will, die Jurisdiktionsgewalt des *EuGH* ausdrücklich anerkannt hat.[262]

Zum anderen können die Mitgliedstaaten selbst entscheiden, welche Gerichte *vorlageberechtigt* sein sollten. Die Berechtigung kann auch nur den letztinstanzlichen Gerichten zugestanden werden (Art. 35 Abs. 3 EU a. F.).[263] Der Gerichtsbegriff entspricht dem in Art. 267 AEUV (siehe noch C. I.).[264] Auch nationale Strafgerichte können also vorlegen, wenn sie – wie in Deutschland nach § 1 Abs. 1 EuGHG[265] – vorlageberechtigt sind. Eine *Vorlagepflicht* muss nach den

---

[261] Auch die *Entscheidungserheblichkeit* wird gefordert (Art. 35 Abs. 3 lit. a, b EU a. F.).

[262] Vgl. Erklärungen zu Art. 35 EU a. F. unter: http://curia.europa.eu/jcms/upload/docs/application/pdf/2008-09/art35_2008-09-25_17-37-4_434.pdf (zuletzt: 20.10.2013); vgl. auch ABl. EU Nr. L 70 v. 14.3.2008, S. 23 und ABl. EU Nr. C 69 v. 14.3.2008, S. 1.

[263] Vgl. die Aufstellung bei: *Vernimmen*, in: l'espace pénal européen, S. 301 (302 f.); *Rosas*, CYELS Vol. 11, 1 (7): In 10 EU-Staaten ist danach keine Vorlageberechtigung nationaler Gerichte vorgesehen. 16 der anderen 17 Staaten haben allen Gerichten eine Vorlageberechtigung erteilt.

[264] Vgl. *Dannecker*, in: Rengeling u. a. (Hrsg.), § 38 Rn. 147.

[265] Gesetz v. 6.8.1998 betreffend die Anrufung des Gerichtshofes der Europäischen Gemeinschaften im Wege des Vorabentscheidungsverfahrens auf dem Gebiet der poli-

Vorgaben des Art. 35 EU a. F. nicht eingerichtet werden, kann aber für letztinstanzliche Gerichte vorgesehen werden, so § 1 Abs. 2 EuGHG.[266]

Ist ein nationales Gericht nach diesen Grundsätzen vorlageberechtigt, kann es nach Art. 35 Abs. 1 EU a. F. Fragen im Hinblick auf die Gültigkeit oder Auslegung von Rahmenbeschlüssen und sonstigen Beschlüssen nach Art. 34 Abs. 2 lit. b, c EU a. F. vor den *EuGH* bringen. Die Aufzählung ist abschließend zu verstehen; grundsätzlich ist weder eine Vorlage bezüglich der Auslegung oder Gültigkeit primärrechtlicher Normen noch bezüglich Gemeinsamer Standpunkte zulässig.[267] Dass Gemeinsame Standpunkte nicht als taugliche Vorlagegegenstände aufgeführt wurden, rührte von der fälschlichen Annahme her, dass diese als politische Zielvorgaben nicht unmittelbar in die Rechte Einzelner eingreifen können. Tatsächlich ausgeschlossen war dies aber nicht.[268] Der *EuGH* erkannte dies in den Rechtssachen *Gestoras* und *Segi* schließlich an:[269] Nach den Leitlinien dieser Rechtsprechung soll jeder Rechtsakt, der Rechtswirkung gegenüber Dritten entfalten kann, auch vorgelegt werden können. Dies könne auch bei einem Gemeinsamen Standpunkt, etwa einer Terrorliste, der Fall sein.[270] Gültigkeitsvorlagen bezüglich *Übereinkommen* blieben ausdrücklich ausgeschlossen, da diese durch ihre Ratifizierung im Rang von Primärrecht stehen. Allerdings waren Durchführungsmaßnahmen des Rates zu Übereinkommen von Art. 35 Abs. 1 EU a. F. erfasst. Ob auch alle sonstigen Durchführungsmaßnahmen, insbesondere zu Rahmenbeschlüssen und Beschlüssen, taugliche Vorlagegegenstände sein können, ist dagegen umstritten. Dafür spricht neben dem Gesetzeswortlaut, dass es einen logischen Bruch darstellen würde, Beschlüsse der Gerichtsbarkeit des *EuGH* zu unterstellen, nicht aber dazu ergangene Durchführungsbeschlüsse.[271]

Erwähnenswert ist auch, dass alle Mitgliedstaaten sich in einem Vorlageverfahren beteiligen können, unabhängig davon, ob sie selbst die Zuständigkeit des *EuGH* anerkannt haben (Art. 35 Abs. 4 EU a. F.).[272] Gebunden sind bei einer

---

zeilichen Zusammenarbeit und der justitiellen Zusammenarbeit in Strafsachen nach Artikel 35 des EU-Vertrages (EuGH-Gesetz – EuGHG), BGBl. I S. 2035.

[266] Daneben sind die für die Erste Säule entwickelten Einschränkungen zu berücksichtigen, etwa die *Foto-Frost*-Rechtsprechung. – Art. 35 EU a. F. dient nicht der Eindämmung der Vorlagezahlen, sondern des Einflusses des *EuGH* auf den RFSR, vgl. *Rösler*, S. 248.

[267] Siehe etwa *Dannecker*, in: Rengeling u. a. (Hrsg.), § 38 Rn. 146.

[268] Vgl. *Skouris*, EuGRZ 2008, 343 (345); *Skouris*, FS Merten, S. 383 (389); ebenso *Kraus*, EuR-Beih. 3/2008, 109 (121 ff.).

[269] *EuGH* Rs. C-354/04 P (Gestoras Pro Amnestía u. a./Rat), 27.2.2007, Slg. 2007 I-1579, Tz. 53; Rs. C-355/04 P (Segi u. a./Rat), 27.2.2007, Slg. 2007, I-1657, Tz. 53 f.

[270] Siehe *Brummund*, S. 95 f.; *Kraus*, EuR-Beih. 3/2008, 109 (123 f.); *Postberg*, S. 150 f.

[271] Vgl. nur Grabitz/Hilf/Nettesheim/*Röben*, Art. 67 AEUV Rn. 160; *Dannecker*, in: Rengeling u. a. (Hrsg.), § 38 Rn. 146.

Auslegungsentscheidung aber nur die vorlegenden Gerichte selbst bzw. die Instanzgerichte des anhängigen Rechtsstreits. Wird ein Akt dagegen im Rahmen einer Gültigkeitsvorlage für nichtig erklärt, so wirkt das Urteil *erga omnes,* also auch gegenüber Staaten, welche die Gerichtsbarkeit des *EuGH* nicht anerkannt haben.[273]

Nach Art. 35 Abs. 5 EU a. F. kann der *EuGH* nicht die Verhältnismäßigkeit oder Gültigkeit der Maßnahmen der Polizei oder anderer Strafverfolgungsbehörden eines Mitgliedstaats überprüfen, ebenso wenig die Wahrnehmung der Zuständigkeiten der Mitgliedstaaten zur Wahrung der öffentlichen Ordnung und zum Schutz der inneren Sicherheit. Durch diese Ausnahmeregelung sollte verhindert werden, dass der *EuGH* allgemeine Maßstäbe entwickelt, die zur Ungültigkeit oder Unverhältnismäßigkeit von nationalen Maßnahmen im Bereich der Gefahrenabwehr und Strafverfolgung führen konnten. Soweit es den ersten Bereich der Ausnahmeregelung betrifft, war dieser rein deklaratorischer Natur, da die Verhältnismäßigkeit und Gültigkeit der nationalen Maßnahme im Einzelfall nicht Gegenstand einer Entscheidung des *EuGH* im Rahmen des Vorabentscheidungsverfahrens sein kann, da er nur über abstrakte Unionsrechtsfragen entscheidet. Der zweite Teil der Regelung bezog sich auf Art. 33 EU a. F. (jetzt Art. 72 AEUV), der die Gerichtsbarkeit insoweit ohnehin ausschloss.[274]

Noch bis zum Ablauf der Übergangsfrist am 1.12.2014 richtet sich das Vorlageverfahren gegen Akte der Dritten Säule nach Art. 35 Abs. 1–5 EU a. F. (Art. 10 des 36. Protokolls).[275] Der *EuGH* kann danach im Wege der Vorabentscheidung über die Gültigkeit und Auslegung von Rahmenbeschlüssen, Beschlüssen, die Auslegung von Übereinkommen und die Gültigkeit und Auslegung der zugehörigen Durchführungsbestimmungen entscheiden. Lediglich die Einschränkung des Art. 35 Abs. 5 EUV bleibt auch nach Ablauf der Übergangsfrist in Art. 276 AEUV erhalten.[276] Besonders hervorgehoben werden soll, dass die früheren Beschränkungen der Vorlagebefugnis mit Ablauf der Übergangsfrist entfallen. Alle Gerichte sind dann gleichermaßen berechtigt, eine Frage an den *EuGH* vorzulegen.[277]

---

[272] Nach *Dannecker,* in: Rengeling u. a. (Hrsg.), § 38 Rn. 151, sollte damit unter anderem die Chance eines „opt in" erhöht werden.

[273] Die Staaten, die eine Anerkennungserklärung abgegeben haben, erlangen dadurch lediglich die Möglichkeit, die Geltung des Unionsrecht durch eigene Gerichte kontrollieren zu lassen, nicht aber dieses nur für sich zu modifizieren, etwa: *Dannecker,* in: Rengeling u. a. (Hrsg.), § 38 Rn. 152; ebenso *Postberg,* S. 152 f.

[274] Vgl. *Dannecker,* in: Rengeling u. a. (Hrsg.), § 38 Rn. 153 ff., auch zur gleichlautenden Einschränkung im Rahmen des Streitbeilegungsverfahrens.

[275] Großbritannien kann noch sechs Monate vor dem Ablauf der Frist die alte Fassung für weiterhin anwendbar erklären.

[276] *Kotzur,* EuR-Beih. 1/2012, 7 (12), plädiert dafür, Tendenzen der Mitgliedstaaten, sich in den ordre public-Vorbehalt zu flüchten, frühzeitig zu unterbinden.

[277] Dies ist insbesondere im Hinblick auf das im Strafverfahren zu beachtende Beschleunigungsverbot von Vorteil (noch C. II. 2.), sowie vor dem Hintergrund, dass sich

B. Anknüpfungspunkt im Strafprozess – Spezifische Vorlagegründe

Im Folgenden sollen die denkbaren Anknüpfungspunkte (zu Vorlagegründen I.) für das Vorlageverfahren im Strafprozess aufgezeigt werden. Angesichts der erheblichen Einflussnahme des aus der Ersten wie auch Dritten Säule stammenden unionalen Rechts auf das nationale Straf- und Strafverfahrensrecht spielen vor allem diese harmonisierenden Rechtsakte eine Rolle (II.). Aber auch Akte der GASP im Zusammenhang mit der Terrorbekämpfung können ein Vorlageverfahren erforderlich scheinen lassen, dessen Zulässigkeit zu erörtern ist (III.).

I. Vorlagegründe im Allgemeinen

Art. 267 Abs. 1 AEUV nennt als möglichen Gegenstand einer Vorlage die Auslegung der Verträge (*lit.* a) sowie die Auslegung und die Gültigkeit der Handlungen der Unionsorgane, Einrichtungen und sonstigen Stellen der Union (*lit.* b). Der streitgegenständliche unionale Akt muss für den konkreten Rechtsstreit zudem *entscheidungserheblich* sein, hypothetische oder abstrakte Fragen sind unzulässig. Die Entscheidungserheblichkeit prüft der *EuGH* allerdings nicht, lediglich in Extremfällen weist er ein Ersuchen unter diesem Gesichtspunkt zurück.[278]

II. Vorlagen bezüglich harmonisierten nationalen Strafrechts

Im Hinblick auf harmonisierte strafrechtliche Regelungen kann ein Vorabentscheidungsersuchen gleichermaßen für materielles Strafrecht (1.) und Prozessrecht (2.) relevant werden.

1. Vorabentscheidungsersuchen in Bezug auf materielles Strafrecht

Die derzeit wichtigste Fallgruppe von Vorlagefragen im Rahmen eines Strafverfahrens betrifft das *materielle Recht*; die unmittelbaren und mittelbaren Einflüsse des Unionsrechts werfen nicht selten Auslegungsfragen oder solche der Gültigkeit auf:[279] In Frage kommt die Vorlage wegen Auslegungsfragen oder Zweifeln an der Gültigkeit einer unionsrechtlichen Norm etwa dann, wenn ein Bürger aufgrund eines nationalen Strafgesetzes verurteilt werden soll, das

---

vor allem die unterinstanzlichen Gerichte für den Erfolg des Vorlageverfahrens im Rahmen der Ersten Säule verantwortlich zeichnen (noch Kapitel 5 § 1 B. II.). Vgl. dazu an dieser Stelle nur *Skouris,* FS Europa-Institut, S. 545 (546 f.).

[278] Siehe nur Grabitz/Hilf/Nettesheim/Karpenstein, Art. 267 AEUV Rn. 25 f.; *Niestedt,* in: Zivilgerichtsbarkeit, S. 11 (19 f.).

[279] Zu dieser Einschätzung: *Hecker,* § 6 Rn. 8.

die Umsetzung eines Unionsaktes darstellt oder das als Blankettgesetz[280] auf Unionsrecht verweist. Vorlegen kann bzw. muss (siehe noch C. II.) das befasste Strafgericht zum Beispiel wenn Zweifel an der korrekten Auslegung der relevanten Unionsnorm auftreten – insbesondere angesichts der erhöhten Anforderungen an die Rechtssicherheit im Strafprozess – oder wenn es der Ansicht ist, dass die unionale Sekundärrechtsnorm, die dem anwendbaren nationalen Recht zugrunde liegt, die (Unions-)Grundrechte des Angeklagten verletzt, wie sie jetzt insbesondere in Art. 47–50 GRC festgelegt sind.[281] Denkbar ist auch, dass das nationale Strafgesetz bzw. die zugrundeliegende Ge- oder Verbotsnorm mit (sonstigem) unmittelbar geltendem Unionsrecht kollidiert, etwa mit den Grundfreiheiten und insofern eine Auslegung des Unionsrechts durch den *EuGH* erforderlich ist.[282] Ein Beispiel für die Begrenzung von Grundfreiheiten durch ein nationales Strafgesetz stellt die Rechtssache *Donatella Calfa*[283] dar [Kapitel 1 § 1 B. II. 2. a)].

Eine Vorlage in einem Strafverfahren, in der ein nationales Strafgesetz, das Europarecht umsetzt, angegriffen wird, ist – soweit ersichtlich – bisher nicht erfolgt.[284] Die bisherigen Vorlageverfahren betreffen rein nationale Strafgesetze, die indirekt durch Unionsrecht beeinflusst wurden oder auf solches verwiesen. Dies

---

[280] Zu Blankettstrafnormen: *Satzger*, § 9 Rn. 57 ff.; *Satzger*, Europäisierung, S. 210 ff.; *Hecker*, § 7 Rn. 76 ff.; *Safferling*, § 11 Rn. 54 ff. *Heger*, in: Böse (Hrsg.), § 5 Rn. 55 ff.; zu Gleichstellungsklauseln: Rn. 48 ff.

[281] So lag dem Urteil *EuGH* Rs. C-550/09 (E, F), 29.6.2010, Slg. 2010, I-6213 = NJW 2010, 2413, folgender Sachverhalt zu Grunde: Die Angeklagten E und F beriefen sich im Rahmen des nationalen Strafverfahrens darauf, dass die einer Terrorliste zugrunde liegende Verordnung 2580/2001/EG des Rates v. 27.12.2001 über spezifische, gegen bestimmte Personen und Organisationen gerichtete restriktive Maßnahmen zur Bekämpfung des Terrorismus, ABl. EG Nr. L 344 v. 28.12.2001, S. 70, auf die § 34 Abs. 4 Nr. 2 Außenwirtschaftsgesetz verwies, erst nach der Verübung der vorgeworfenen Tat mit einer Begründung versehen worden war, so dass sie zuvor nicht wirksam war. Die rückwirkende Anwendung verstieß gegen die Grundrechte der Angeklagten. Vgl. zu diesem Urteil auch *Meyer*, NJW 2010, 2397.

[282] Zu diesen Fallgruppen: *Schiwek*, S. 130 f.; *Hecker*, § 6 Rn. 8. Ausführlich zu den Möglichkeiten der Beeinflussung des nationalen Strafrechts durch das Unionsrecht: *Satzger*, Europäisierung, S. 187 ff.

[283] *EuGH* Rs. C-348/96 (Donatella Calfa), 19.1.1999, Slg. 1999, I-11. Weitere Beispiele bei *Schiwek*, S. 137 ff.

[284] Einige Gelegenheiten wurden verpasst: *Schiwek*, S. 137 ff., etwa weist auf § 261 Abs. 2 StGB hin, mit dem die Richtlinie 91/308/EWG des Rates v. 10.6.1991 zur Verhinderung der Nutzung des Finanzsystems zum Zwecke der Geldwäsche, ABl. EG Nr. L 166 v. 28.6.1991, S. 77, umgesetzt wurde. Danach sollten der Erwerb, der Besitz und die Verwendung von Vermögensgegenständen kriminellen Ursprungs als Geldwäsche strafbar sein. Strittig war, ob für Honorarzahlungen an Verteidiger eine Ausnahme gemacht werden müsste, da andernfalls die Verteidigungsrechte des Beschuldigten und die Berufsfreiheit des Strafverteidigers beeinträchtigt sein könnten. Der *BGH* legte die Norm verfassungskonform aus (BGHSt 47, 68): Die Strafbarkeit des Verteidigers sei ausgeschlossen, wenn er nicht sichere Kenntnis von der Herkunft des Honorars habe. Nach Ansicht von *Schiwek* hätte der *BGH* zumindest prüfen müssen, ob diese Auslegung mit der dem Gesetz zugrunde liegenden Richtlinie vereinbar sei.

ist insofern nicht verwunderlich, als der direkte Einfluss der Union auf das Strafrecht – insbesondere durch harmonisierende Rechtsakte – noch bis vor wenigen Jahren von untergeordneter Bedeutung war (s. schon Kapitel 1 § 1). Die Angleichung des Strafrechts durch Rechtsakte der früheren Gemeinschaft, also insbesondere Richtlinien, war vor 10 Jahren noch nicht einmal möglich; entsprechende Verfahren befinden sich im Moment häufig noch im nationalen Instanzenzug. Mit Art. 83 AEUV wurden außerdem die Rechtssetzungsmöglichkeiten erheblich erweitert. Vorlagen, die etwa die Gültigkeit oder Auslegung von harmonisierenden Richtlinien betreffen, sind also vor allem in (naher) Zukunft zu erwarten. Wegen ihres erheblichen Eingriffspotenzials ist dann allerdings mit einer Vielzahl von Vorlagen zu rechnen, sofern die Gerichte ihren Rechtsschutzauftrag ernst nehmen (zur Vorlagefreudigkeit der Gerichte noch E. I.). Nicht zuletzt wird der *EuGH* zu prüfen haben, ob die neuerdings von der Union eingeleitete „Verschärfung" strafrechtlicher Bestimmungen in einigen Politikbereichen mit den unionsbürgerlichen Grundrechten in Einklang steht.[285] Hier kommen verschiedene Verletzungen der Charta durch den Unionsgesetzgeber in Betracht, insbesondere des Bestimmtheitsgebots (Art. 49 GRC). Dabei ist auch auf allgemeine Strafbarkeitsvoraussetzungen zu achten, etwa die Definition des Vorsatzes.[286] Soweit der nationale Gesetzgeber wiederum seinen Umsetzungsspielraum nutzt, ist er selbst an die Charta gebunden und muss deren Anforderungen genügen (siehe schon Kapitel 1 § 3 B. II.).

2. Vorabentscheidungsersuchen in Bezug auf strafprozessuale Vorschriften

Aus Strafprozessen bzw. Ermittlungsverfahren herrührende Vorlagen sind auch denkbar in Bezug auf nationale (harmonisierte) strafverfahrensrechtliche Normen, etwa weil diese mit den Grundrechten der Charta kollidieren.[287] Beispielhaft sei insoweit auf folgendes Problem hingewiesen, das sicherlich zu verschiedenen Vorlagen an den EuGH führen wird. Gestützt auf Art. 82 Abs. 2 AEUV haben das Europäische Parlament und der Rat als erste Maßnahme im Bereich des Strafrechts nach dem Inkrafttreten des Vertrags von Lissabon die Richtlinie über das Recht auf Dolmetsch- und Übersetzungsleistungen in Strafverfahren erlassen.[288] In Art. 2 Abs. 2 der Richtlinie wird das Recht auf kostenfreie Überset-

---

[285] Zu dieser Einschätzung: *Schiwek,* S. 145 f.

[286] Denkbar ist ein Verweis auf das nationale Recht ebenso wie die Regelung im Zusammenhang mit einem harmonisierenden Rechtsakt. Zu Problemen, die aus der Aufteilung der Verantwortung zwischen der Union und den Mitgliedstaaten bei der Harmonisierung des Strafrechts durch Richtlinien entstehen: *Marguery,* E.L.Rev. 2012, 37 (4), 44 (452 f.), unter Hinweis auf *EuGH* Rs. C-303/05 (Advocaten voor de Wereld/Leden van de Ministerraad), 3.5.2007, Slg. 2007, I-3633.

[287] Siehe auch *Hecker,* § 6 Rn. 9.

[288] Richtlinie 2010/64/EU des Europäischen Parlaments und des Rates v. 20.10.2010 über das Recht auf Dolmetschleistungen und Übersetzungen in Strafverfahren, ABl. EU Nr. L 280 v. 26.10.2010, S. 1; siehe auch *Cras/De Matteis,* eucrim 2010, 153.

zung von Gesprächen zwischen Verteidiger und Angeklagtem geregelt. Als Sicherung gegen Missbrauch dieses Rechts wurde folgende Einschränkung in den Richtlinientext aufgenommen: Das zu übersetzende Gespräch müsse „*in direct connection with any questioning or hearing during the proceedings or with the lodging of an appeal or other procedural application*" stehen. Die Frage, was unter dem „direkten Zusammenhang" zu verstehen ist, wird den *EuGH* sicherlich noch in dem ein oder anderen Vorabentscheidungsersuchen beschäftigen, um nur eine Frage zu nennen, die sich schon aus dieser einen Richtlinie ergeben kann.[289]

Aber nicht nur rechtsangleichende Maßnahmen zum Vorteil des Beschuldigten werden künftig vermehrt Anlass zur Einleitung von Vorlageverfahren bieten: Die Union erhält in Art. 82 Abs. 2 UAbs. 2 *lit.* d AEUV die Kompetenz, auch die *Opferrechte* zu harmonisieren.[290] Bereits aufgrund von Art. 31 EU-Nizza waren die Richtlinie zur Entschädigung der Opfer von Straftaten[291] und der Rahmenbeschluss über die Stellung des Opfers im Strafverfahren[292] erlassen worden, die unter der neuen Rechtslage zu einer Rechtsgrundlage zusammengefasst wurden.[293] Hier besteht ebenfalls ein natürliches Interesse des Beschuldigten an der Klärung der Reichweite der sich aus einer etwaigen Richtlinie ergebenden Opferrechte, denn diese gehen unter Umständen mit einer Beschränkung seiner Rechte einher, etwa im Konfrontationsrecht, das in Art. 6 Abs. 3 *lit.* d EMRK ausdrücklich genannt ist, bei besonderen Schutzvorschriften zugunsten von Opfern von Sexualstraftaten.

Schließlich können Vorabentscheidungsersuchen auch die Auslegung der Instrumente der *gegenseitigen Anerkennung* betreffen, allerdings nur insoweit, als unionsrechtliche Fragen tatsächlich entscheidungserheblich sind. Bedeutendstes Beispiel einer Maßnahme, die sich auf den Grundsatz der gegenseitigen Anerkennung stützt, ist der *Europäische Haftbefehl*.[294] Die Prüfungsbefugnis der nationalen Richter ist hinsichtlich dieser Instrumente allerdings äußerst begrenzt,

---

[289] Vgl. dazu auch *Cras/De Matteis*, eucrim 2010, 153 (158 f.).
[290] Knapp bei: Calliess/Ruffert/*Suhr*, Art. 82 AEUV Rn. 40; Grabitz/Hilf/Nettesheim/*Vogel*, Art. 82 AEUV Rn. 93.
[291] Richtlinie 2004/80/EG v. 29.4.2004 zur Entschädigung der Opfer von Straftaten, ABl. EU Nr. L 261 v. 6.8.2004, S. 15.
[292] Rahmenbeschluss 2001/220/JI des Rates v. 15.3.2001 über die Stellung des Opfers im Strafverfahren, ABl. EG Nr. L 82 v. 22.3.2001, S. 1.
[293] Richtlinie 2012/29/EU des Europäischen Parlaments und des Rates v. 25.10.2012 über Mindeststandards für die Rechte, die Unterstützung und den Schutz von Opfern von Straftaten sowie zur Ersetzung des Rahmenbeschlusses 2001/220/JI, ABl. EU Nr. L 315 v. 14.11.2012, S. 57; vgl. auch schon KOM (2010) 171 endg., S. 15; Entschließung des Rates v. 10.6.2011 über einen Fahrplan zur Stärkung der Rechte und des Schutzes von Opfern, insbesondere in Strafverfahren, ABl. EU Nr. C 187 v. 28.6.2011, S. 1.
[294] Rahmenbeschluss 2002/584/JI des Rates v. 13.6.2002 über den Europäischen Haftbefehl und die Übergabeverfahren zwischen den Mitgliedstaaten, ABl. EG Nr. L 190 v. 18.7.2002, S. 1.

weil Zweck der Maßnahmen zur Durchsetzung der gegenseitigen Anerkennung gerade ist, dass gerichtliche Anordnungen anderer Staaten nicht in Zweifel gezogen werden. Wesentliche Regeln zur justiziellen Kontrolle der Instrumente enthalten die europäischen Ausgangsrechtsakte in der Regel nicht. Im Rahmenbeschluss über den Europäischen Haftbefehl als erster Maßnahme, die auf den Grundsatz der gegenseitigen Anerkennung gestützt wurde, wird die justizielle Kontrolle nicht einmal erwähnt.[295] Inwieweit im Rahmen der Vollstreckung der Anordnungen aufgrund solcher Instrumente im Allgemeinen die *Achtung der Grundrechte* durch den „ersuchten" Staat überprüft werden können soll, ist weitgehend unsicher.[296]

Ist eine Kontrolle im ersuchten Staat nicht möglich, findet unter Umständen eine gerichtliche Kontrolle der Anordnung überhaupt nicht statt, da nicht für jedes Instrument sichergestellt ist, dass sie durch einen Richter getroffen werden muss. Anordnende Behörde kann unter Umständen auch ein Staatsanwalt sein.[297] Zwar ist tatsächlich in keinem Anerkennungsinstrument, das bisher erlassen wurde, eine automatische Anerkennung in einer Weise angeordnet worden, dass eine Prüfung durch den Vollstreckungsstaat völlig ausgeschlossen worden wäre. Das Exequatur-Verfahren ist also nicht tatsächlich abgeschafft, sondern lediglich eingeschränkt worden. Die Verweigerung der Ausführung aufgrund bestimmter Ablehnungsgründe ist weiterhin zulässig, die Zahl der möglichen Ablehnungsgründe wurde allerdings wesentlich beschränkt, etwa dadurch dass das frühere Erfordernis der beiderseitigen Strafbarkeit gestrichen wurde. Viele der Instrumente enthalten allerdings einen *ordre-public*-Vorbehalt, der eine Prüfung anhand von unionsweit anerkannten Grundrechten ermöglicht. Besonders prekär ist vor diesem Hintergrund, dass im Vorschlag für die Europäische Ermittlungsanordnung,[298] einer der weitreichendsten Instrumente, ein solcher ordre-public-Vorbehalt nicht mehr vorgesehen ist. Eine Kontrolle der Verletzung selbst der grundlegendsten Menschenrechte, wie etwa des Doppelbestrafungsverbots, wäre damit ausgeschlossen.[299]

Selbst wo sie aber möglich erscheint, üben die Gerichte der Vollstreckungsstaaten diese Kontrolle nur sehr zurückhaltend aus.[300] Die Vollstreckungsstaaten

---

[295] Vgl. bei *Weyembergh,* in: Prosecutor Vol. 1, S. 945 (959 ff.).

[296] Vgl. *Flore/de Biolley,* CDE 2003, 598 (604 ff.), auch zur denkbaren Verweigerung wegen befürchteter EMRK-Verstöße im Ausstellungsstaat.

[297] Eine Aufstellung der Rechtsakte, die nur die Anerkennung gerichtlicher Entscheidungen anordnen, findet sich bei: *Weyembergh,* in: Prosecutor Vol. 1, S. 945 (961 ff.).

[298] Initiative des Königreichs Belgien, der Republik Bulgarien, der Republik Estland, des Königreichs Spanien, der Republik Österreich, der Republik Slowenien und des Königreichs Schweden für eine Richtlinie des Europäischen Parlaments und des Rates über die Europäische Ermittlungsanordnung in Strafsachen, Ratsdok. 18918/11 v. 21.12.2011.

[299] Siehe *Weyembergh,* in: Prosecutor Vol. 1, S. 945 (965 f.).

[300] Vgl. *Weyembergh,* in: Prosecutor Vol. 1, S. 945 (967).

können aber bei Zweifeln an der Zulässigkeit der Ausführung der Anordnung, soweit sie vor allem im Rahmen des ordre-public-Vorbehalts zur Prüfung berechtigt sind – nur dann kann eine Frage des Unionsrechts überhaupt entscheidungserheblich werden –, den *EuGH* im Wege eines *Vorabentscheidungsverfahrens* anrufen.

III. Kontrolle von GASP-Beschlüssen durch Vorabentscheidungsersuchen?

Während zumindest vom Grundsatz her unstreitig eine Kontrolle der GASP-Beschlüsse durch die Nichtigkeitsklage möglich ist, ist bisher nicht geklärt, ob auch ein Vorabentscheidungsersuchen durch ein nationales Gericht eingelegt werden könnte, das den GASP-Beschluss für rechtswidrig hält, der für eine bestimmte nationale Regelung oder einen konkreten Rechtsakt, etwa ein Reiseverbot, ausschlaggebend war. In Art. 275 Abs. 2 AEUV ist Art. 267 AEUV im Gegensatz zur Nichtigkeitsklage nicht ausdrücklich genannt.

Sinnvoll erschiene die Annahme der Zulässigkeit des Vorabentscheidungsersuchens allemal, da viele auf GASP-Beschlüsse zur Umsetzung von Sicherheitsratsresolutionen gestützte Maßnahmen von den Mitgliedstaaten durchzuführen sind. In einem Rechtsstreit über die Zulässigkeit eines im Beschluss bereits verpflichtend angeordneten Reiseverbots etwa kann sich für das nationale Gericht durchaus die Frage stellen, ob dieser rechtmäßig ist oder wie er auszulegen ist.

Jedenfalls eine Gültigkeitsvorlage müsste nach Ansicht von *Pechstein* zugelassen werden, da diese materiell dasselbe Ziel verfolge wie die Nichtigkeitsklage, lediglich in einer anderen „prozessualen" Einkleidung. Somit würde die Anerkennung der Zulässigkeit von Vorabentscheidungsverfahren in diesem Bereich nicht zu einer materiellen Ausweitung der Justiziabilität der GASP-Akte führen.[301] Dem ist zuzustimmen; eine gerichtliche Klärung der Frage ist bisher – soweit ersichtlich – aber noch nicht erfolgt.

C. Besondere Maßstäbe für das Vorlageverfahren im Strafprozess?

I. Grundsätzlich: Vorlage allein durch die Gerichte

Vorlageberechtigt sind nach Art. 267 Abs. 2, 3 AEUV alle mitgliedstaatlichen *Gerichte*, auch die erstinstanzlichen. Der Gerichtsbegriff ist dabei nicht eng zu verstehen: Es muss sich um einen Spruchkörper handeln, der mit unabhängigen Richtern besetzt ist und der auf gesetzlicher Grundlage ständig damit betraut ist, verbindlich über Rechtssachen zu entscheiden.[302] Leiten lassen müssen sich die

---

[301] So auch *Pechstein*, Rn. 68.
[302] Zum Begriff (mit Nachweisen): *Sellmann/Augsberg*, DÖV 2006, 533 ff.; *Middeke*, in: Rengeling u. a. (Hrsg.), § 10 Rn. 20 ff.; *Kastelik-Smaza*, S. 97 ff., *Munding*,

Richter bei der Entscheidungsfindung von Rechtsnormen; sie dürfen nicht allein anhand von Billigkeitsgesichtspunkten urteilen. Jedes nationale Strafgericht entspricht diesen Anforderungen,[303] auch in Verfahren nach dem Ordnungswidrigkeitengesetz.[304] Im deutschen Gerichtssystem gilt demnach, dass sowohl Amtsgerichte, Landgerichte, Oberlandesgerichte als auch der BGH als Strafgerichte zur Vorlage berechtigt sind. Auch *Ermittlungsrichter* können nach dieser Definition an den *EuGH* vorlegen (zur Vorlage im Ermittlungsverfahren II. 3.).[305]

Dagegen ist die *Staatsanwaltschaft*, die zumindest in der kontinentaleuropäischen Rechtstradition eine wichtige Rolle im Strafprozess einnimmt, *nicht* vorlageberechtigt. Selbst wenn der Gerichtsbegriff ausweislich der obigen Definition nicht eng zu fassen ist,[306] so erfüllt die Staatsanwaltschaft selbst die grundlegendsten Charakteristika des Gerichtsbegriffs nicht: Zum einen trifft sie (in der Regel) keine verbindlichen Entscheidungen. Selbst wenn sie aber – wie dies etwa bei der Verfahrenseinstellung nach § 153 StPO der Fall ist – solche verbindlichen Entscheidungen treffen kann, die den genannten Anforderungen der Gesetzesbindung entsprechen, so ist sie wegen ihrer Weisungsgebundenheit dennoch keine unabhängige Spruchkammer.[307] Obwohl die Staatsanwaltschaft traditionell – wie in Deutschland – auch entlastende Beweise zu ermitteln hat, gilt sie vielmehr als „Prozesspartei", die versucht, das Gericht von der Schuld des Angeklagten zu

---

S. 428 f.; *Thomy*, S. 62 ff.; zum Strafrecht: *Dannecker*, in: Rengeling u.a. (Hrsg.), § 38 Rn. 36.

[303] Bis Anfang der 70er Jahre war umstritten, ob eine Vorlageberechtigung auch Strafgerichten zusteht, was angesichts der Besonderheiten des strafgerichtlichen Verfahrens verständlich erscheint (s. noch II. 2., 3.). Der *EuGH* Rs. 82/71 (Staatsanwaltschaft v. Italien/SAIL), 21.3.1972, Slg. 1972, 119, nahm aber an, dass für eine Differenzierung zwischen strafrechtlichen und sonstigen Verfahren kein Anlass bestehe. Die Wirksamkeit des – heute – Unionsrechts sei unabhängig davon sicherzustellen, welches Rechtsgebiet davon beeinflusst sei; s.a. *Satzger*, Europäisierung, S. 660 f.; *Dannecker*, in: Rengeling u.a. (Hrsg.), § 38 Rn. 39; *Middeke*, in: Rengeling u.a. (Hrsg.), § 10 Rn. 25.

[304] Mit *Dannecker*, in: Rengeling u.a. (Hrsg.), § 38 Rn. 38, erfüllen die für den Erlass von Bußgeldbescheiden zuständigen Behörden den Gerichtsbegriff wegen der auf ihrer Weisungsgebundenheit gründenden Abhängigkeit nicht.

[305] Dies lässt sich aus dem Urteil *EuGH* Rs. 82/71 (Staatsanwaltschaft v. Italien/SAIL), (Fn. 303), schließen, wonach ein streitiges Verfahren nicht Voraussetzung für ein Vorabentscheidungsersuchen sei; s.a. *Hecker*, § 6 Rn. 20; *Schiwek*, S. 133 f., unter Hinweis auf *EuGH* Rs. 14/86 (Pretore di Salò/X), 11.6.1987, Slg. 1987, 2545. Bemerkenswert ist, dass in diesem Fall eine Personalunion zwischen Anklagebehörde und Ermittlungsrichter bestand. Wegen dem Urteil des *EuGH* Rs. 74/96 (Procura della Repubblica/X), 12.12.1996, Slg. 1996, I-6609, Tz. 18 ff., scheint eine Trennung von ermittlungsrichterlichen und staatsanwaltlichen Aufgaben angesichts der notwendigen Unabhängigkeit erwägenswert; s.a. Calliess/Ruffert/*Wegener*, Art. 267 AEUV Rn. 19 (Fn. 68).

[306] Vgl. auch Schwarze/*Schwarze*, Art. 267 AEUV Rn. 27.

[307] Vgl. *Hecker*, § 6 Rn. 7, 20.

überzeugen.[308] Den Gerichtsbegriff des Art. 267 AEUV erfüllt sie daher nicht.[309] Hat die Staatsanwaltschaft also Zweifel an der Auslegung oder Gültigkeit einer unionalen Norm, so kann sie dies dem zuständigen Strafgericht mitteilen und zur Vorlage anregen, nachdem sie Anklage erhoben hat.[310]

Dass der *Verteidiger* oder gar der *Angeklagte* de lege lata nicht an den *EuGH* vorlegen können, ergibt sich aus dem Gesagten von selbst. Zugleich ist damit bereits eines deutlich: Der Verweis auf das Vorabentscheidungsverfahren in seiner jetzigen Gestaltung als einzigem Rechtsbehelf gegen Verletzungen subjektiver Rechte durch Unionsrecht kann der Subjektstellung des Angeklagten im Prozess nicht vollends gerecht werden (siehe noch unter F.).

II. Zwischen Pflicht und Berechtigung zur Vorlage im Strafverfahren

Da der Angeklagte selbst nicht vorlageberechtigt ist, ist es für die Frage des Rechtsschutzes von Interesse, ob den Gerichten im Einzelfall nur eine Berechtigung zur Vorlage zusteht oder vielmehr eine entsprechende Pflicht normiert wurde, wobei Sanktionsmechanismen für Verstöße gegen solche Vorlagepflichten an dieser Stelle noch unberücksichtigt bleiben sollen (noch E. II). Schon die reine *Verpflichtung* zur Vorlage bedeutet für einen Angeklagten, der etwa die Gültigkeit einer Rechtsnorm in Zweifel zieht, ein nicht zu unterschätzendes höheres Maß an Rechtsschutzeffektivität als eine nach freiem Ermessen zu treffende Entscheidung. Dass die Festlegung einer Vorlageverpflichtung bestimmter Gerichte nicht den Rechtsschutz des Einzelnen bezweckte, sondern der Einheit der Rechtsordnung geschuldet war, sei hier dahingestellt. Vor diesem Hintergrund ist zu klären, welche Gerichte zur Vorlage nur berechtigt sind und welche verpflichtet (1.). Dabei gelten in Bezug auf Vorlageermessen und Vorlagepflicht für Strafgerichte im Grunde dieselben Prinzipien wie bei Vorabentscheidungsverfahren, die aus anderen Rechtsgebieten herrühren. Auf einige Besonderheiten sei jedoch hingewiesen (2., 3.).

1. Grundsätze der Vorlagepflicht bzw. -berechtigung der Strafgerichte

Ob die Gerichte beim Auftreten von Zweifeln an der Gültigkeit einer unionalen Sekundärnorm oder an der richtigen Auslegung von Primär- oder Sekundärrecht zur Vorlage nur berechtigt oder sogar verpflichtet sind, ergibt sich nur zum

---

[308] Siehe *Dannecker*, in: Rengeling u. a. (Hrsg.), § 38 Rn. 37; Schwarze/*Schwarze*, Art. 267 AEUV Rn. 28.
[309] *EuGH* Rs. 74/96 (Procura della Repubblica/X), (Fn. 305), Tz. 18 ff. Die Procura ist mit der deutschen Staatsanwaltschaft vergleichbar, vgl. *Satzger*, Europäisierung, S. 660; i.E. ebenso *Schiwek*, S. 134; *Dannecker*, in: Rengeling u. a. (Hrsg.), § 38 Rn. 37.
[310] Siehe *Dannecker*, in: Rengeling u. a. (Hrsg.), § 38 Rn. 37.

Teil aus dem Normtext [a)]. Im Übrigen wurde dieser Fragenkomplex durch Rechtsprechung des *EuGH* konkretisiert [b), c)][311]:

a) Grundnormen

Nach Art. 267 Abs. 3 AEUV sind grundsätzlich alle Gerichte, deren Entscheidung *im konkreten Fall*[312] selbst *nicht mehr mit Rechtsmitteln*[313] des innerstaatlichen Rechts angefochten werden können, zur Anrufung des Gerichtshofs *verpflichtet* – unabhängig davon, ob es um Fragen der Gültigkeit[314] oder um Auslegungsfragen geht. *Nicht-letztinstanzliche* Gerichte müssen dagegen prinzipiell nicht vorlegen, sind aber dazu *berechtigt* [vgl. aber noch b), c)].

Zur Vorlage verpflichtet sind demnach nach deutschem Recht bei Strafprozessen, die in erster Instanz vor dem Strafrichter oder dem Schöffengericht am Amtsgericht (§ 24 GVG) stattfinden, die Oberlandesgerichte als Revisionsinstanzen (§ 121 Abs. 1 Nr. 1b GVG bzw. § 335 StPO). Bei Verfahren, in denen das Landgericht erstinstanzlich zuständig ist (§ 74 GVG), ist der Bundesgerichtshof das letztinstanzliche Gericht (§ 135 GVG). Wird das Oberlandesgericht in Staatsschutzsachen nach § 120 GVG tätig, so ist ebenfalls der BGH als letztinstanzliches Gericht (§ 135 GVG) berufen. „Nur" vorlageberechtigt sind die Amtsgerichte, die Landgerichte in erster, aber auch in der Berufungsinstanz (§ 74 Abs. 3 GVG) sowie das Oberlandesgericht als Gericht erster Instanz. Bei *verfahrensleitenden Entscheidungen und sonstigen Verfügungen* und Beschlüssen – auch solchen des Ermittlungsrichters –, gegen die eine Beschwerde nach § 304 StPO offen steht, ist das Beschwerdegericht letzte Instanz, sofern nicht eine weitere Beschwerde nach § 310 StPO möglich ist. In der Regel ist das nächsthöhere Gericht für die Beschwerde zuständig, bei Beschwerden gegen Verfügungen und Entscheidungen des Richters bzw. Schöffengerichts beim Amtsgericht das Landgericht (§ 73 Abs. 1 GVG), bei Beschwerden gegen Entscheidungen des Landgerichts das OLG (§ 121 Abs. 1 Nr. 2, § 120 Abs. 4 GVG). Beschwerdegericht für

---

[311] Zur Entwicklung der Rechtsprechung: *Herrmann*, EuZW 2006, 231 (232 ff.).

[312] Dazu *Piekenbrock*, EuR 2011, 317 (332 f.); *Sellmann/Augsberg*, DÖV 2006, 533 (535); Calliess/Ruffert/*Wegener*, Art. 267 AEUV Rn. 27. Schwarze/*Schwarze*, Art. 267 AEUV Rn. 43, erteilt der abstrakten Betrachtungsweise, nach der nur oberste Gerichte zur Vorlage verpflichtet sein sollen, unter Hinweis auf das Ziel des Verfahrens, unionsrechtswidrige Rechtsprechung zu verhindern, eine Absage.

[313] Nur der ordentliche Rechtsweg ist für die Frage der Letztinstanzlichkeit von Bedeutung; außerordentliche Rechtsbehelfe, z.B. die Verfassungsbeschwerde, lassen die Vorlagepflicht nicht entfallen, vgl. *Roth*, NVwZ 2009, 345 (346); Schwarze/*Schwarze*, Art. 267 AEUV Rn. 44.

[314] Umstritten ist dies, wenn der Richter der letzten Instanz eine Unionsnorm für gültig hält. *Fastenrath*, FS Ress, S. 461 (468), plädiert für eine Vorlagepflicht, insbesondere weil die betroffenen Parteien nicht die Möglichkeit haben, selbst eine Überprüfung der Rechtsgrundlage herbeizuführen.

Beschlüsse und Verfügungen eines OLG ist der BGH (§ 135 Abs. 2 GVG). Trifft ein Richter am AG eine mit der Beschwerde angreifbare Entscheidung als Ermittlungsrichter, entscheidet abweichend von dieser Grundregel das nach § 120 Abs. 1, 2 GVG zuständige OLG (§ 120 Abs. 3 S. 1 GVG). Zudem entscheidet das Oberlandesgericht selbst über Beschwerden gegen Verfügungen des Ermittlungsrichters des OLG (§ 120 Abs. 3 S. 2 GVG) und der BGH über Beschwerden gegen Verfügungen des Ermittlungsrichters des BGH (§ 135 Abs. 2 GVG).[315]

Da das Gericht der letzten Instanz *konkret bestimmt* wird, kann unter Umständen aber auch bereits das Berufungsgericht zur Vorlage verpflichtet sein, weil aus bestimmten Gründen eine Revision ausscheidet.[316] In Bußgeldsachen etwa kann auch das Amtsgericht letztinstanzliches Gericht sein, wenn nach § 79 Abs. 1 Nr. 1 OWiG eine Rechtsbeschwerde wegen der Höhe des angedrohten Bußgeldes (weniger als 250 €) ausscheidet.[317]

Probleme treten im Hinblick auf die Vorlagepflicht aus Art. 267 Abs. 3 AEUV auf, wenn während des Verfahrens vor dem unterinstanzlichen Gericht noch nicht klar ist, dass dessen Entscheidung nicht mehr kontrolliert werden kann. Dies ist vor allem dann der Fall, wenn ein Rechtsmittel annahmebedürftig ist, wie etwa die Berufung in Bagatellfällen i. S. v. § 313 Abs. 1 StPO.[318] Dadurch könnte – wenn auch für einen begrenzten Bereich – die Situation eintreten, dass der Richter am Amtsgericht wegen der Nichtannahme der Berufung aufgrund deren offensichtlicher Unbegründetheit *nachträglich* zum Gericht letzter Instanz wird. Zwar ist nicht endgültig geklärt, ob eine Sprungrevision nach § 335 StPO in diesem Fall ausgeschlossen ist, so dass die Letztinstanzlichkeit der amtsgerichtlichen Entscheidung bei Nichtannahme der Berufung in Frage stünde.[319] Sollte dies aber der Fall sein, müssen Vorkehrungen getroffen werden, die gewährleisten, dass der Rechtsschutz des Angeklagten, der – wenn auch als Reflex des eigentlichen Zwecks der Sicherung der Einheit der Rechtsordnung – durch die Pflicht zur Vorlage abgesichert wird, in der letzten Instanz nicht dadurch beschnitten wird, dass das Berufungsgericht die Annahme verweigert und damit die Vorlagepflicht nach Art. 267 Abs. 3 AEUV aushöhlt. Daher wird vorgeschlagen, das Merkmal der *offensichtlichen Unbegründetheit* unionsrechtskonform auszule-

---

[315] Siehe dazu etwa KK-StPO/*Engelhardt*, § 309 StPO Rn. 1; dort auch zu den Beschwerden gegen Entscheidungen des nach § 148a StPO zuständigen Überwachungsrichters.
[316] Vgl. etwa *Fastenrath*, FS Ress, S. 461 (463 f.).
[317] Siehe *Hecker*, § 6 Rn. 6.
[318] Durch die Regelung sollen die Berufungsgerichte entlastet werden; evident unbegründete Fälle können durch Beschluss (§ 322a StPO) entschieden werden, wenn ein bestimmtes Strafmaß nicht überschritten wird, BeckOK-StPO/*Eschelbach*, § 313 Rn. 1.
[319] Vgl. *Jokisch*, S. 202 f.; *Dannecker*, in: Rengeling u. a. (Hrsg.), § 38 Rn. 61 f.; *Schiwek*, S. 151. Bejahend: BeckOK-StPO/*Eschelbach*, § 313 Rn. 9, 16; a. A. KK-StPO/*Paul*, § 313 Rn. 4; *Meyer-Goßner*, NStZ 1998, 19.

gen, so dass eine potenziell offene Vorlagefrage es ausschließt, anzunehmen, dass die Berufung evident unbegründet ist. In Bagatellfällen muss das Berufungsgericht die Berufung also schon immer dann annehmen, wenn eine spätere Vorlage zum *EuGH* im Raum steht.[320] Die Beschwerde ist ohnehin nur dann als offensichtlich unbegründet anzusehen, wenn das Prozessergebnis des Berufungsverfahrens bei summarischer Prüfung mit sehr hoher Wahrscheinlichkeit demjenigen der ersten Instanz entspricht.[321] Davon darf nicht ausgegangen werden, wenn der Vorsitzende des Berufungsgerichts, der die Entscheidung trifft, es nicht für völlig ausgeschlossen hält, dass eine Vorlage an den *EuGH* erforderlich ist. Verkennt das Berufungsgericht dennoch die unionsrechtliche Fragestellung, ist eine Anfechtung des Nichtannahmebeschlusses nicht möglich (§ 322a Satz 2 StPO). *Jokisch* schlägt vor, über eine *analoge Anwendung von § 322 Abs. 2 StPO* die Überprüfung der Nichtannahme durch das Landgericht durch sofortige Beschwerde zum OLG nach § 311 StPO zu ermöglichen.[322] Bereits jetzt wird eine Analogie der Vorschrift bemüht, wenn das Berufungsgericht fälschlicherweise davon ausgegangen war, dass ein Fall des § 313 StPO vorlag, tatsächlich das Rechtsmittel aber gar nicht annahmebedürftig gewesen wäre. Diese Situation sei mit der Verkennung der Notwendigkeit der unionsrechtskonformen Auslegung vergleichbar.[323]

Die im Zusammenhang mit der Berufung angesprochenen Probleme stellen sich gleichermaßen bei der Entscheidung über die *Annahme der Revision* nach § 349 Abs. 2 StPO. Auch hier wird daher vorgeschlagen, das Merkmal der offensichtlichen Unbegründetheit so auszulegen, dass die Revision immer zuzulassen ist, wenn die Notwendigkeit eines Vorlageverfahrens im Raum steht.[324]

b) Erste Ausnahme: Foto-Frost-Rechtsprechung

Die Vorlagebefugnis unterinstanzlicher Gerichte wurde im *Foto-Frost*-Urteil des *EuGH* begrenzt: Sie wird dann zu einer *Pflicht*, wenn die *Gültigkeit* von Unionsrecht in Frage steht; denn das Verwerfungsmonopol im Hinblick auf das unionale Sekundärrecht ist allein beim *EuGH* angesiedelt.[325] Hegt ein unter-

---

[320] Allgemein *Munding*, S. 446; *Kastelik-Smaza*, S. 135; *Latzel/Streinz*, NJOZ 2013, 97 (99); für das Zivilrecht: *Piekenbrock*, EuR 2011, 317 (334 ff.). Für das Strafrecht: *Dannecker*, in: Rengeling u. a. (Hrsg.), § 38 Rn. 62; *Schiwek*, S. 151 f.; *Jokisch*, S. 203.
[321] Vgl. etwa BeckOK-StPO/*Eschelbach*, § 313 Rn. 12.
[322] Dafür tritt ein: *Jokisch*, S. 205; *Dannecker*, in: Rengeling u. a. (Hrsg.), § 38 Rn. 65. Indifferent: *Schiwek*, S. 152.
[323] So *Jokisch*, S. 205; ihm folgend: *Dannecker*, in: Rengeling u. a. (Hrsg.), § 38 Rn. 65.
[324] Siehe *Dannecker*, in: Rengeling u. a. (Hrsg.), § 38 Rn. 64; ebenso *Jokisch*, S. 203.
[325] *EuGH* Rs. 314/85 (Foto-Frost/Hauptzollamt Lübeck-Ost), 22.10.1987, Slg. 1987, 4199, Tz. 12 ff.; zur Herleitung vgl.: *Fastenrath*, FS Ress, S. 461 (467); *Schwarze*,

instanzliches Gericht Zweifel an der Gültigkeit eines Unionsaktes, der für das eigene Verfahren entscheidungserheblich ist, muss es ausnahmsweise vorlegen.

Die Frage, ob das Vorlageermessen wegen der Besonderheiten des Strafverfahrens zusätzlich begrenzt wird, ist im Hinblick auf die unterschiedlichen Prinzipien in den verschiedenen Verfahrensstadien zu untersuchen (unten 2., 3.).

c) Zweite Ausnahme: CILFIT-Kriterien

Wiederum wurde im *CILFIT*-Urteil eine *Ausnahme von der Vorlagepflicht* letztinstanzlicher Gerichte bestimmt, nämlich bezüglich solcher *Auslegungsfragen,* die das nationale Gericht selbst zweifelsfrei beantworten kann. Das sei etwa dann der Fall, wenn ein gleichgelagerter Fall bereits entschieden wurde, eine gesicherte Rechtsprechung in dieser Frage existiert oder die richtige Anwendung des Unionsrechts offenkundig sei, was aber nur angenommen werden könne, wenn das Gericht zu der Überzeugung kommt, dass alle mitgliedstaatlichen Gerichte dieselbe Deutung vornehmen würden (*acte-clair*-Doktrin).[326] In einem solchen Fall besteht aber ein Vorlagerecht aus Art. 267 Abs. 2 AEUV.[327]

Diese Rechtsprechung führt wegen der unbestimmten Kriterien zu erheblichen Unsicherheiten bei den mitgliedstaatlichen Gerichten. Die Ungewissheit darüber, ob die Voraussetzungen der *acte-clair*-Doktrin erfüllt sind, hat wiederum eine äußert unterschiedliche Vorlagepraxis der nationalen Gerichte zur Folge und leistet auch Versuchen Vorschub, die Vorlagepflicht mit Hilfe der sogenannten CILFIT-Kriterien bewusst zu umgehen. Daraus resultiert letztlich die Nichtanwendung des Unionsrechts in der Praxis.[328] Der *EuGH* kann die Anwendung der Kriterien nicht überprüfen und somit auch nicht zugunsten eines die Vorlage für erforderlich haltenden Beschuldigten eingreifen; es besteht nach geltender Rechtslage für den Beschuldigten keine Möglichkeit, den Fall gegen den Willen der nationalen Gerichtsbarkeit vorzulegen (dazu noch E. I., II.).[329]

DVBl. 2002, 1297 (1303); *Dannecker,* in: Rengeling u.a. (Hrsg.), § 38 Rn. 40. Zum erforderlichen Grad der Zweifel: *Sellmann/Augsberg,* DÖV 2006, 533 (535 f.).

[326] *EuGH* Rs. 283/81 (CILFIT/Ministerio della sanità u.a.), 6.10.1982, Slg. 1982, 3415, Tz. 21; dazu *Thomy,* S. 84 f.; *Kastelik-Smaza,* S. 110 f.; *Niestedt,* in: Zivilgerichtsbarkeit, S. 11 (20 f.); *Roth,* NVwZ 2009, 345 (346 ff.) m.w.N.

[327] Vgl. nur *Latzel/Streinz,* NJOZ 2013, 97 (99 f.).

[328] Vgl. *Karper,* S. 56 f.; *E. Schulte,* S. 30. Nach *Rennert,* EuGRZ 2008, 385 (388), könne kein Richter sicher davon ausgehen, dass jedes andere Gericht in allen Mitgliedstaaten zum selben Auslegungsergebnis kommen würde; dazu wäre ein Vergleich aller grundsätzlich gleichwertigen sprachlichen Fassungen der Unionsnorm erforderlich. S.a. *Roth,* NVwZ 2009, 345 (347); *Fastenrath,* FS Ress, S. 461 (465 f.), auch zu divergierenden Entscheidungen deutscher Gerichte und des *EuGH* in derselben Sache. Zweifel hinsichtlich der Praktikabilität hegen auch: *Munding,* S. 432 ff.; *Fredriksen,* S. 181.

[329] Zur Kehrseite dieser Grundentscheidung: *EuGH* Rs. C-483/09, C-1/10 (Magatte Gueye u. Valentín Salmerón Sánchez), 15.9.2011, Tz. 39 = NJW 2012, 41: „Im Rahmen der [...] Zusammenarbeit zwischen dem Gerichtshof und den nationalen Gerichten ist

2. Beschränkung des Ermessens im Haupt- und Zwischenverfahren? – Ermittlungsgrundsatz und Beschleunigungsmaxime

Fraglich ist, ob die besonderen strafverfahrensrechtlichen Grundsätze das von Unionsseite eingeräumte Ermessen bei der Vorlage jenseits der *Foto-Frost*-Rechtsprechung ausschließen oder zumindest verengen können.

a) Modifikation durch den Ermittlungsgrundsatz

Bedenkenswert ist vor allem, ob nicht das Vorlageermessen, das den unterinstanzlichen Gerichten nach Art. 267 AEUV zumindest in Auslegungsfragen zugestanden wird, vom im Strafverfahren geltenden *Ermittlungsgrundsatz* nach §§ 155 Abs. 2, 160 Abs. 2, 244 Abs. 2 StPO überlagert wird. Nach diesem auch als Untersuchungsgrundsatz bezeichneten Prinzip müssen die Strafgerichte von Amts wegen den Sachverhalt vollständig aufklären. Auch die Klärung der Frage, ob das Verhalten des Angeklagten tatsächlich strafbar ist, stellt eine Form der gebotenen Sachverhaltsaufklärung dar. Dies kann für die aufgeworfene Frage des Einflusses des Ermittlungsgrundsatzes auf das Vorlageermessen etwa relevant werden, wenn ein deutsches Strafgesetz als Blankettnorm auf unionales Sekundärrecht verweist, von dessen Auslegung die Strafbarkeit des Beschuldigten abhängt. Auch die Höhe oder Art der konkreten Sanktion kann vom Unionsrecht beeinflusst sein, so dass das Aufklärungsgebot auch insoweit eingreift.[330]

Sollte das Vorlageermessen der unterinstanzlichen Gerichte tatsächlich durch den Ermittlungsgrundsatz überlagert werden, könnte dies zu einer wahren *Vorlageflut* führen, bei der eine Vielzahl von Rechtssachen dem *EuGH* zur Vorabentscheidung zugeleitet würde, noch *bevor* eine umfassende *Sachverhaltsaufklärung* durch das Tatgericht stattgefunden hat.[331] *Jokisch* weist allerdings zu Recht darauf hin, dass eine primärrechtlich zugestandene Freiheit (zur Vorlage und zur eigenständigen Auslegung) wegen des Vorrangs des Unionsrechts nicht durch das nationale Recht beschränkt werden könne, weil dies eine Umkehrung des *Anwendungsvorranges* darstellen würde.[332] Dies schließt aber nicht aus, dass sich die Gerichte zumindest durch den Aufklärungsgrundsatz *leiten* lassen.[333]

---

es allein Sache des nationalen Gerichts, das mit dem Rechtsstreit befasst ist und in dessen Verantwortungsbereich die zu erlassende Entscheidung fällt, im Hinblick auf die Besonderheiten der Rechtssache sowohl die Erforderlichkeit einer Vorabentscheidung für den Erlass seines Urteils als auch die Erheblichkeit der [...] vorzulegenden Fragen zu beurteilen. Daher ist der Gerichtshof grundsätzlich gehalten, über ihm vorgelegte Fragen zu befinden". – Kritisch: *Munding*, S. 439; *E. Schulte*, S. 29; *Böcker*, S. 96 f.

[330] Vgl. *Dannecker*, in: Rengeling u.a. (Hrsg.), § 38 Rn. 43; *Hecker*, § 6 Rn. 19.
[331] Vgl. *Schiwek*, S. 132 f.; *Jokisch* S. 183.
[332] Dazu *Jokisch* S. 182 f.; auch *Hecker*, § 6 Rn. 19; dagegen *Dannecker*, in: Rengeling u.a. (Hrsg.), § 38 Rn. 43.
[333] Dafür plädiert *Jokisch* S. 182 f.; ebenso *Hecker*, § 6 Rn. 19.

b) Modifikation durch die Konzentrationsmaxime

Zugleich könnte die Verschleppung eines Vorlageverfahrens auch einen Verstoß gegen die *Beschleunigungsmaxime* darstellen. Jeder Beschuldigte hat das Recht, möglichst frühzeitig Klarheit über die ihm vorgeworfenen Taten zu erlangen.[334] Dass jedenfalls die Beschleunigungsmaxime einen Aspekt darstellt, der bei der Entscheidung in Betracht gezogen werden muss, ergibt sich auch aus Art. 47 Art. 2 S. 1 GRC und Art. 6 Abs. 1 EMRK, die neben den nationalen strafverfahrensrechtlichen Garantien auch ein Recht auf ein Verfahren in angemessener Dauer festschreiben. Eine Überlagerung durch Unionsrecht spielt insoweit also keine Rolle. Daher muss sich der Strafrichter auch damit auseinandersetzen, ob eine Vorlage eine schnelle Entscheidung zugunsten des Angeklagten herbeiführen kann.

Andererseits muss ein Strafgericht aber immer auch dessen gewahr sein, dass ein Vorlageersuchen die Dauer des Strafverfahrens nicht unerheblich verlängern kann und auch die Einleitung des Verfahrens gegen die *Konzentrationsmaxime* verstoßen kann, etwa wenn eine unnötige Vorlage erfolgt. Im Schnitt dauert allein das Verfahren vor dem *EuGH* eineinhalb Jahre.[335] Die Beschleunigungsmaxime kann andererseits auch in diesem Zusammenhang nicht dazu führen, dass das Vorlageermessen der Strafgerichte allein wegen des strafrechtlichen Zusammenhangs „auf Null" reduziert oder gar ihre Vorlagepflicht beschränkt wird. Der Vorrang des Unionsrechts bleibt auch insoweit im Interesse der Rechtseinheit bestehen.[336]

c) Leitlinien für die Ermessensausübung im Einzelfall

In welchem *Verfahrensstadium* – auch in welcher Instanz – die Vorlage letztlich erfolgt, muss nach dem Gesagten also der ermessensfehlerfrei zu treffenden Entscheidung des befassten Gerichts obliegen,[337] das dabei auch die Aufklä-

---

[334] Siehe auch *Jokisch*, S. 183 f.

[335] *Schiwek*, S. 159, 278, führt als Beispiel die Vorlage des *OLG Köln* NStZ 2001, 558, zur Frage des Strafklageverbrauchs nach Art. 54 SDÜ an. Allein das Vorabentscheidungsverfahren nahm 22 Monate in Anspruch. Letztlich führte das Urteil, *EuGH* verb. Rs. C-187/01, C-385/01 (Gözütok u. Brügge), 11.2.2003, Slg. 2003, I-1345 = NJW 2003, 1173, zum Freispruch Gözütoks, mehr als fünfeinhalb Jahre nach der Anklageerhebung vor dem AG Aachen. Siehe auch *Rosas*, CYELS Vol. 11, 1 (8 f.); *Dannecker*, in: Rengeling u. a. (Hrsg.), § 38 Rn. 44.

[336] Siehe *Schiwek*, S. 159 f.; *Lumma*, EuGRZ 2008, 381 (383), weist aber darauf hin, dass die Gefahr besteht, dass Richter sich psychologisch dem Zwang ausgesetzt fühlen, wegen bestimmter Fristen und des Beschleunigungsgebots allgemein Bedenken im Hinblick auf die Gültigkeit oder die Auslegung des Unionsrechts bei Seite zu schieben; ebenso *Rennert*, EuGRZ 2008, 385.

[337] Vgl. insbesondere *EuGH* Rs. 14/86 (Pretore di Salò/X), (Fn. 305), Tz. 11, wonach das Gericht nicht abwarten müsse, bis alle Fakten ausermittelt und nationale Rechtsfragen geklärt seien. Es selbst sei am besten in der Lage, über die Erforderlich-

rungspflicht und die Erfordernisse eines Verfahrens in angemessener Zeit berücksichtigen, sich also von den Grundsätzen „leiten" lassen sollte.

Der *EuGH* muss nur über eine abstrakte Frage des Unionsrechts entscheiden, so dass es aus seiner Sicht zumindest nicht erforderlich ist, dass der Sachverhalt bereits abschließend gerichtlich geklärt ist.[338] In Bezug auf den Grad der Tatsachenfeststellung kann der Strafrichter selbst entscheiden, ob eine Vorlage bereits sinnvoll erscheint.

Damit der *EuGH* über alle notwendigen Informationen für die Entscheidung verfügt, sollte andererseits die Einleitung des Vorabentscheidungsverfahrens erst zu einem Zeitpunkt erfolgen, zu dem das Ausgangsgericht den tatsächlichen und rechtlichen Rahmen des Problems genau bestimmen kann;[339] zumindest die innerstaatlichen Rechtsfragen sollten bereits geklärt sein, bevor an den *EuGH* vorgelegt wird, da sonst nicht sichergestellt sei, dass die Vorlagefrage auch entscheidungserheblich ist.[340] *Dannecker* differenziert hinsichtlich des richtigen Zeitpunkts der Vorlage danach, ob die Strafbarkeit an sich – nach nationalem Recht und dem jeweiligen Kenntnisstand des Gerichts – in Frage steht oder etwa nur die Strafhöhe. In letzterem Fall sei möglichst frühzeitig, möglichst bereits in der ersten Instanz, vorzulegen, um eine unnötige Verfahrensverzögerung zu vermeiden. Hängt von der Entscheidung des *EuGH* dagegen ab, ob der Beschuldigte überhaupt strafbar ist, so sind die nationalen Rechtsfragen vorab zu klären, also insbesondere auch alle rechtlichen Unsicherheiten im Hinblick auf die Strafbarkeit nach nationalem Recht. Ein Abwarten der Entscheidung der europäischen Gerichtsbarkeit wäre nämlich unverhältnismäßig, wenn es im Ergebnis nicht darauf ankäme, etwa weil das Instanzgericht es für möglich hält, dass das Gericht der nächsten Instanz das Verhalten des Beschuldigten entgegen der eigenen Ansicht schon nach nationalem Recht für straflos hält.[341]

Das nationale Strafgericht muss sich also in jedem Verfahrensstadium, auch bereits im Zwischenverfahren,[342] fragen, ob eine Vorlage erforderlich ist; die

---

keit der Vorlage zu entscheiden. Im konkreten Fall wurde sogar noch *gegen Unbekannt* ermittelt. Dazu: *Dannecker*, in: Rengeling u.a. (Hrsg.), § 38 Rn. 42; *Schiwek*, S. 133 f.

[338] Hinweise zur Vorlage von Vorabentscheidungsersuchen durch die nationalen Gerichte, ABl. EU Nr. C 160 v. 28.5.2011, S. 1, Nr. 19.

[339] Vgl. auch *Schiwek*, S. 147 f.

[340] *EuGH* Rs. C-83/91 (Wienand Meilicke/ADV/ORGA F.A. Meyer AG), 16.7.1992, Slg. 1992, I-4871, Tz. 26 ff.; ebenso *Hecker*, § 6 Rn. 18. – S.a. die Hinweise zur Vorlage von Vorabentscheidungsersuchen (Fn. 338), Nr. 19. U.U. soll in Zivilprozessen zunächst die streitige Verhandlung durchgeführt werden; zum Zivilprozess weiterführend *Piekenbrock*, EuR 2011, 317 (352 ff.). Inwiefern sich dies auf den Strafprozess übertragen lässt, ist fraglich; vgl. *Marguery*, E.L.Rev. 2012, 37 (4), 444 (446).

[341] *Dannecker*, in: Rengeling u.a. (Hrsg.), § 38 Rn. 43; *Rennert*, EuGRZ 2008, 385 (386).

[342] Siehe *Dannecker*, in: Rengeling u.a. (Hrsg.), § 38 Rn. 42; *Satzger*, Europäisierung, S. 661; *Hecker*, § 6 Rn. 18.

Entscheidung darüber hat es in ermessensfehlerfreier Weise zu treffen. Dabei spielen nicht nur Fragestellungen des Unionsrechts eine Rolle, sondern auch Prinzipien des Strafverfahrens, insbesondere das Recht auf ein Verfahren in angemessener Zeit und der Untersuchungsgrundsatz. Diese Grundsätze dürfen und müssen bei der Entscheidung über den Zeitpunkt der Vorlage, wie auch der Entschluss über die Frage, ob überhaupt eine solche erfolgt, ebenfalls beachtet werden. Die Leitlinien, die *Dannecker* insoweit aufstellt, erscheinen geeignet, den strafverfahrensrechtlichen Prinzipien der Konzentrationsmaxime und dem Aufklärungsgebot zur Geltung zu verhelfen, andererseits aber auch der unionalen Vorlagepflicht bzw. der Pflicht zur ermessensfehlerfreien Entscheidung.

Im Übrigen darf der nationale Richter nicht vergessen, dass das Vorlageverfahren auch Individualrechtsschutz vermittelt. Im Zweifel sollte daher, vor allem wenn der Angeklagte dies ausdrücklich wünscht, vorgelegt werden.[343]

3. Ausschluss im Vorverfahren – Eilbedürftigkeit im Ermittlungsverfahren?

Vorlagefragen können auch im Vorverfahren auftreten, wenn Ermittlungsmaßnahmen anzuordnen sind, aber etwa Zweifel daran bestehen, ob der den Ermittlungen zugrunde liegende Straftatbestand oder eine harmonisierte strafprozessuale Regelung gegen Unionsrecht verstößt.

a) Grundsätzliches zur Vorlage im Ermittlungsverfahren

Die Staatsanwaltschaft als Herrin des Ermittlungsverfahrens genügt nicht den Anforderungen an ein Gericht und kann selbst nicht vorlegen (oben I.). Eine Vorlage während des Ermittlungsverfahrens kommt also nur dann in Betracht, wenn eine *(ermittlungs-)richterliche Entscheidung* im Raum steht, die nicht der Entscheidungshoheit der Staatsanwaltschaft unterliegt.[344] Denkbar ist dies nach der deutschen Strafprozessordnung etwa bei der Anordnung einer Durchsuchung (§ 102 StPO) oder einer Telefonüberwachung (§§ 100 a ff. StPO). Eine Vorlagefrage kann sich auch in Zusammenhang mit einer Entscheidung über die Untersuchungshaft stellen; hier kann z.B. die generelle Vermutung der Fluchtgefahr bei EU-Ausländern zu unionsrechtswidrigen Ungleichbehandlungen führen.[345]

Dass entsprechende Entscheidungen nicht in einem kontradiktorischen Verfahren ergehen, ist irrelevant; nach Ansicht des *EuGH* kommt es gerade nicht auf

---

[343] Vgl. auch *Latzel/Streinz,* NJOZ 2013, 97 (98).
[344] *Schiwek,* S. 133 f., unter Hinweis auf *EuGH* Rs. 14/86 (Pretore di Salò/X), (Fn. 305). Die Vorlage erfolgte durch den Pretore in seiner ermittlungsrichterlichen Funktion.
[345] Siehe *Schiwek,* S. 134 (Fn. 483); *Dannecker,* in: Rengeling u.a. (Hrsg.), § 38 Rn. 48. – Zur Ungleichbehandlung von EU-Ausländern: *Bleckmann,* StV 1995, 552.

die Verfahrensart an. Entscheidend sei allein, ob sich bei der Anordnung einer Zwangsmaßnahme im Ermittlungsverfahren eine Frage der Auslegung oder Gültigkeit von Unionsrecht stellt.[346] Wegen der zunehmenden Vorstöße der Union im Bereich der Beweiserhebung ist auch aus dem Kreis der Ermittlungsrichter eine Steigerung der Zahl der Vorlagen zu erwarten.

b) Spannungsverhältnis zwischen Eilbedürftigkeit und Anwendungsvorrang

Allerdings dürfte die *Eilbedürftigkeit* der anzuordnenden Maßnahmen einer Vorlage im Ermittlungsverfahren meist entgegenstehen, weil diese keinen Aufschub dulden. Eine Aussetzung des Verfahrens scheint vielmehr undenkbar, etwa wenn ein wegen Fluchtgefahr zu erlassender Haftbefehl im Raum steht.[347] Das Eilverfahren nach Art. 267 Abs. 4 AEUV hilft hier nicht weiter. Die Regelung betrifft die Situation der andauernden Inhaftierung; sie soll dazu beitragen, das Spannungsverhältnis zwischen Anwendungsvorrang des Unionsrechts und dem besonderen Beschleunigungsgrundsatz in Haftfällen durch die Beschleunigung des Vorlageverfahrens aufzulösen.[348]

Der Konflikt ist bei der erstmaligen Anordnung der Inhaftierung im Vorverfahren oder von Untersuchungsmaßnahmen aber ein anderer. Das Bedürfnis zur Beschleunigung des Vorverfahrens ergibt sich hier nicht aus der Konzentrationsmaxime, die sicherstellen soll, dass das Verfahren in angemessener Dauer abgeschlossen wird, um die Belastungen für den Beschuldigten möglichst gering zu halten, sondern aus der *Effektivität der Strafverfolgung*. Der Verlust von Beweismitteln soll vermieden werden, sowie dass sich der Verdächtige dem Zugriff der zuständigen Behörden entzieht. Auch ein verkürztes Verfahren würde hier zu lange dauern; ein monatelanges Abwarten einer Entscheidung des *EuGH* ist schlicht nicht möglich, wenn die Abwägung von Unionsinteressen nicht gänzlich zu Lasten der Effektivität der Strafverfolgung gehen soll.

Man könnte daher annehmen, dass eine Vorlage im Ermittlungsverfahren ausgeschlossen ist und eine Kontrolle der unionsrechtlichen Fragestellung erst im Hauptverfahren stattfinden kann. Der Nachteil ist wie bei jeder *nachträglichen Kontrolle* offensichtlich: Erweist sich eine meist mit erheblichen Grundrechtsbeeinträchtigungen einhergehende Ermittlungsmaßnahme im Rahmen einer späteren Überprüfung durch die EU-Gerichte als unionsrechtswidrig, kann sie häufig wegen ihrer zwischenzeitlichen Erledigung nicht mehr rückgängig gemacht werden. Fraglich ist ohnehin, ob eine Kontrolle im Nachhinein überhaupt noch möglich ist, denn auch im Hauptverfahren befasst sich das nationale Gericht – mit der Ausnahme eventueller Beweisverwertungsverbote – nicht mehr mit der Recht-

---

[346] Siehe *Dannecker*, in: Rengeling u. a. (Hrsg.), § 38 Rn. 48; *Hecker*, § 6 Rn. 20.
[347] Vgl. *Dannecker*, in: Rengeling u. a. (Hrsg.), § 38 Rn. 49; *Hecker*, § 6 Rn. 21.
[348] Näheres zum Verfahren bei *Dörr*, EuGRZ 2008, 349 (352 f.).

mäßigkeit der durchgeführten Maßnahmen im Vorverfahren; eine Vorlage wäre daher mangels Befassung des Gerichts der Hauptsache regelmäßig nicht möglich.[349] Dies hätte wiederum zur Folge, dass bestimmte Rechtsbereiche nie auf Vereinbarkeit mit dem Unionsrecht überprüft werden könnten,[350] wobei nach der deutschen Rechtslage häufig auch nachträglich noch eine Kontrolle über §§ 304 ff. StPO möglich ist.

Das Vorlagerecht bzw. die Vorlagepflicht kann aber andererseits durch das Erfordernis der sofortigen Entscheidung nicht völlig ausgeschlossen werden.[351] Der Vorrang des Unionsrechts wie auch der hohe Stellenwert der Rechtseinheit lassen es erforderlich erscheinen, dem Ermittlungsrichter die Möglichkeit zur Vorlage einzuräumen, ebenso wie der Grundsatz des effektiven Rechtsschutzes.

Es gilt allerdings einen *Kompromiss zwischen der Dringlichkeit von Anordnungen* im Vorverfahren einerseits und der *Wirksamkeit des Unionsrechts* verstärkt durch das Recht auf effektiven Rechtsschutz andererseits zu finden.

c) Auflösung: Ermittlungsrichterliche Entscheidung vor Vorlageersuchen

Die Literatur plädiert für eine entsprechende Anwendung der im Rahmen von § 80 Abs. 5 VwGO entwickelten Grundsätze der *Zuckerfabrik Süderdithmarschen*-Rechtsprechung:[352] Der Ermittlungsrichter dürfte die Entscheidung im Sinne effektiver Strafverfolgung *zunächst* selbst treffen. Er hätte dabei eine eigene Auslegung des Unionsrechts zugrunde zu legen, also das Unionsrecht in seine Entscheidung zumindest miteinzubeziehen und zu versuchen, diesem zur Durchsetzung zu verhelfen.[353] In letzter Konsequenz bestehe auch die Möglichkeit, eine Unionsregelung oder eine nationale Norm, die der Umsetzung von Unionsrecht dient, nicht anzuwenden, wenn der Richter erhebliche Zweifel an der Rechtmäßigkeit des unionalen Aktes hegt. Gültigkeitsfragen müssten aber auf jeden Fall im Anschluss dem *EuGH* zur Klärung vorgelegt werden. Dasselbe gelte prinzipiell auch für Fragen der Auslegung von Unionsrecht,[354] weil sonst das Entscheidungsmonopol des Gerichtshofs ausgehebelt würde.

Könne der Ermittlungsrichter die Entscheidung des *EuGH* selbst nicht mehr berücksichtigen, so müsse das Hauptverfahren so lange ausgesetzt werden, bis

---

[349] Vgl. *Dannecker*, in: Rengeling u. a. (Hrsg.), § 38 Rn. 49.
[350] Vgl. *Hecker*, § 6 Rn. 22.
[351] Siehe bei *Dannecker*, in: Rengeling u. a. (Hrsg.), § 38 Rn. 50 ff.; *Hecker*, § 6 Rn. 22.
[352] Siehe *EuGH* Rs. 143/88 (Zuckerfabrik Süderdithmarschen/Hauptzollamt Itzehoe u. a.), 21.2.1991, Slg. 1991, I-415, Tz. 22 ff. S. a. *Fastenrath*, FS Ress, S. 461 (468 f.).
[353] Zur Problemdarstellung: *Schiwek*, S. 135 ff.; *Jokisch*, S. 188 ff.; *Dannecker*, in: Rengeling u. a. (Hrsg.), § 38 Rn. 50.
[354] Vgl. *Schiwek*, S. 135 ff.; *Dannecker*, in: Rengeling u. a. (Hrsg.), § 38 Rn. 54.

über die Vorlage entschieden wurde.[355] Dass der Gerichtshof über Vorlagen grundsätzlich nur entscheidet, wenn sein Urteil in der fraglichen nationalen Gerichtsentscheidung des Vorlagegerichts selbst noch Berücksichtigung finden kann, ist jedenfalls nach Ansicht von *Schiwek* nicht hinderlich. Die konkrete Entscheidung wurde dann zwar bereits durch den Ermittlungsrichter getroffen, das Verfahren sei aber erst dann nicht mehr anhängig, wenn das gesamte Strafverfahren abgeschlossen sei.[356] Tatsächlich erscheint es sachgerechter, stattdessen auf das *Kriterium des anhängigen Verfahrens zu verzichten*. Ohnehin wird schon das Vorliegen des „gerichtlichen" Verfahrens aus der nur punktuellen Zuständigkeit eines Ermittlungsrichters im konzeptionell allein unter der Herrschaft der Staatsanwaltschaft stehenden Vorverfahren hergeleitet.[357] Zu Problemen führt die Ansicht, die auf das anhängige Hauptverfahren abstellt, auch dann wenn ein solches nicht eröffnet wird. Zwar kann die Anordnung der Ermittlungsmaßnahme durch den Richter gesondert nach § 304 StPO überprüft werden, so dass das Verfahren insoweit als anhängig zu betrachten wäre. Es ist aber auch dann nicht mehr das Strafverfahren, in dessen erstes Stadium die ermittlungsrichterliche Entscheidung fällt, sofern das Hauptverfahren nicht eröffnet wird.

Könne eine ermittlungsrichterliche Entscheidung nicht mehr rückgängig gemacht werden oder im Hauptverfahren Berücksichtigung finden, obwohl sie sich im Nachhinein als unionsrechtswidrig darstellt, so kämen zumindest Schadensersatzansprüche in Betracht – in Deutschland vor allem nach § 2, 4 StrEG und den Regeln der Staatshaftung.[358] Daneben könne der Betroffene seinem Rehabilitationsinteresse über § 304 StPO bzw., wenn es um die Art und Weise der Durchführung geht, § 98 Abs. 2 S. 2 StPO analog Geltung verschaffen. Das besondere Rechtsschutzinteresse für die nachträgliche Feststellung der Rechtswidrigkeit der Maßnahme ergebe sich unmittelbar aus dem Unionsrecht.[359]

D. Durchführung des Vorlageverfahrens – Aussetzung des nationalen Strafprozesses und Vorlage

Grundsätzlich bestehen für Strafsachen keine Sonderregeln gegenüber Vorlageverfahren aus anderen Politikbereichen. Der nationale Prozess ist während der Dauer des Vorlageverfahrens *auszusetzen*. Fraglich ist allein, nach welchen Vorschriften die Aussetzung erfolgt (I., II.) und welche Folgen dies hat (III.).

---

[355] Siehe *Hecker*, § 6 Rn. 23.
[356] So *Schiwek*, S. 137.
[357] Ebenso *Dannecker*, in: Rengeling u. a. (Hrsg.), § 38 Rn. 51.
[358] Vgl. *Dannecker*, in: Rengeling u. a. (Hrsg.), § 38 Rn. 52; *Hecker*, § 6 Rn. 23.
[359] Siehe *Hecker*, § 6 Rn. 23. – Allg. zum Rechtsschutz gegen bereits erledigte Maßnahmen im Vorverfahren anstelle vieler: *Laser*, NStZ 2001, 120.

I. Anwendbarkeit des § 262 Abs. 2 StPO analog?

Strittig ist, ob die Aussetzung im *Hauptverfahren* – bzw. im Bußgeldverfahren über §§ 46 Abs. 1, 71 OWiG[360] – als Klärung einer „außerstrafrechtlichen Vorfrage" auf eine analoge Anwendung des § 262 Abs. 2 StPO[361] gestützt werden kann oder ob sich aus Art. 267 AEUV ein Aussetzungsgrund *sui generis*[362] ergibt. Im Ergebnis spielt dies für das Hauptverfahren allerdings keine Rolle. Ein Aussetzungsermessen des Gerichts besteht in keinem Fall, obwohl dies § 262 Abs. 2 StPO eigentlich vorsähe. Das Ermessen würde durch die Vorlagepflicht in Art. 267 Abs. 3 AEUV[363] bzw. das Entscheidungsmonopol des Gerichtshofs[364] überlagert. Für eine Analogie zu § 262 Abs. 2 StPO spricht, dass in der vergleichbaren Situation der konkreten Normenkontrolle (Art. 100 Abs. 1 GG) eine Aussetzung nach § 262 Abs. 2 StPO erfolgt.[365]

Die Aussetzungsentscheidung trifft das Strafgericht von Amts wegen gemäß § 35 StPO (in oder außerhalb der Hauptverhandlung); sie ergeht grundsätzlich zusammen mit der Vorlageentscheidung, in der auch die Vorlagefrage formuliert und die Entscheidungserheblichkeit dargelegt wird.[366]

II. Aussetzung in anderen Verfahrensstadien?

Die Aussetzung nach § 262 Abs. 2 StPO analog steht auch schon vor dem Erlass des Eröffnungsbeschlusses, also im *Zwischenverfahren*, zur Verfügung, ebenso im *Berufungsverfahren*.[367]

Teilweise wird eine analoge Anwendung auch im *Revisionsverfahren* befürwortet.[368] § 262 Abs. 2 StPO wird dort jedenfalls für anwendbar gehalten, wenn im Hinblick auf eine der Anklage zugrunde liegende (außerstrafrechtliche) Rechtsnorm ein Normenkontrollverfahren anhängig ist, dessen Erfolg nicht of-

---

[360] Vgl. SK-StPO/*Schlüchter/Velten*, § 262 Rn. 13; LR-StPO/*Stuckenberg*, § 262 Rn. 7.

[361] Dafür: *Schiwek*, S. 146; *Jokisch*, S. 179 f.; KK-StPO/*Engelhardt*, § 262 Rn. 8; Radtke/Hohmann/*Britz*, § 262 Rn. 11; KMR-StPO/*Stuckenberg*, § 262 Rn. 37; AnwK-StPO/*Martis*, § 262 Rn. 2.

[362] So *Dannecker*, in: Rengeling u. a. (Hrsg.), § 38 Rn. 45, wegen der vermeintlich fehlenden Aussetzungspflicht in § 262 Abs. 2 StPO.

[363] So *Schiwek*, S. 147 (Fn. 532).

[364] Siehe KK-StPO/*Engelhardt*, § 262 Rn. 8.

[365] Zur Aussetzung wegen einer konkreten Normenkontrolle: SK-StPO/*Schlüchter/Velten*, § 262 Rn. 10 ff.; Radtke/Hohmann/*Britz*, § 262 Rn. 4.

[366] Dazu SK-StPO/*Schlüchter/Velten*, § 262 Rn. 22. Zur Form des Beschlusses in anderen Staaten: *Middeke*, in: Rengeling u. a. (Hrsg.), § 10 Rn. 72.

[367] Vgl. KK-StPO/*Engelhardt*, § 262 Rn. 12; SK-StPO/*Schlüchter/Velten*, § 262 Rn. 14.

[368] *Meyer-Goßner*, § 262 Rn. 9, tritt für eine generelle Anwendbarkeit ein; wohl auch KMR-StPO/*Stuckenberg*, § 262 Rn. 34; anders KK-StPO/*Engelhardt*, § 262 Rn. 12.

fensichtlich ausgeschlossen ist.[369] Diese Grundsätze sind auf das Vorabentscheidungsverfahren zu übertragen, um divergierende Entscheidungen zu vermeiden, sofern man nicht ohnehin die entsprechende Anwendbarkeit generell bejaht.[370] Die Norm gilt auch für das Rechtsbeschwerdegericht im Bußgeldverfahren.[371]

Im *Ermittlungsverfahren* ist eine Aussetzung regelmäßig nicht erforderlich, da nach dem hier vorgeschlagenen Modell der Ermittlungsrichter zunächst ohne Vorlage eine Entscheidung treffen kann und erst danach vorlegt. Sollte eine Aussetzung im Einzelfall möglich sein, so kann auch hier auf eine analoge Anwendung des § 262 Abs. 2 StPO zurückgegriffen werden.[372]

III. Folgen der Aussetzung – Ruhen des Verfahrens und der Verjährung

Grundsätzlich ist das Gericht nach § 262 Abs. 2 StPO nicht an seinen Aussetzungsbeschluss gebunden. Es könnte das Verfahren also jederzeit wieder aufnehmen, ohne die Klärung der Vorfrage durch das zuständige Gericht, in diesem Fall den *EuGH,* abzuwarten. Etwas anderes gilt aber, wenn die Entscheidungskompetenz, wie bei der Vorlage an den Gerichtshof, allein bei dem anderen Gericht liegt.[373] Das Verfahren hat daher bis zum Urteil des *EuGH* zu *ruhen.*

Eine Ausnahme muss aber für bestimmte prozessleitende Anordnungen im Strafverfahren gelten, vor allem wenn Beweisverlust droht. Könnten die Richter etwa einen Zeugen, der wegen einer schweren Krankheit voraussichtlich nicht mehr in der Hauptverhandlung vernommen werden kann, nicht trotz der Aussetzung vernehmen, weil die Vorabentscheidung abgewartet werden muss, wäre dies der Vorlagebereitschaft nationaler Gerichte abträglich. Ob man allerdings so weit gehen kann, wegen der besseren Erinnerungsfähigkeit bei einer zeitnahen Aussage stets Zeugenanhörungen sofort durchzuführen, ist fraglich.[374]

Ähnliches gilt für die *Verjährung.* Diese bleibt grundsätzlich von einer Aussetzung des Verfahrens unberührt. Dies ist wiederum anders, wenn das Strafgericht nicht die Kompetenz zur Entscheidung der materiell-rechtlichen Vorfrage hat und

---

[369] Vgl. etwa *Pfeiffer,* § 262 Rn. 2; BeckOK-StPO/*Eschelbach,* § 337 Rn. 17; auch Radtke/Hohmann/*Britz,* § 262 Rn. 4; siehe auch LR-StPO/*Stuckenberg,* § 262 Rn. 40.

[370] Siehe schon oben Fn. 368.

[371] Vgl. LR-StPO/*Stuckenberg,* § 262 Rn. 40.

[372] Der im Ermittlungsverfahren geltende § 154d StPO ist allein auf die Staatsanwaltschaft und die Entscheidung über die Anklage zugeschnitten, nicht auf die Anordnung einzelner strafprozessualer Maßnahmen. Letzteres trifft zwar auch auf § 262 Abs. 2 StPO zu, dennoch scheint dessen analoge Anwendung sachnäher, so *Schmidt,* § 262 Rn. 10; a.A. LR-StPO/*Stuckenberg,* § 262 Rn. 42; KMR-StPO/*Stuckenberg,* § 262 Rn. 34.

[373] So SK-StPO/*Schlüchter/Velten,* § 262 Rn. 25; a.A. wohl Grabitz/Hilf/Nettesheim/*Karpenstein,* Art. 267 AEUV Rn. 41.

[374] Zu dieser Gefahr: *Vernimmen,* in: l'espace pénal européen, S. 301 (303).

das Gericht das Verfahren wegen der Notwendigkeit der Entscheidung einer Vorfrage in einem anderen Verfahren aussetzen *muss* (§ 78 b Abs. 1 StGB).[375] Bedeutsam ist die Hemmung der Verjährung unter diesem Gesichtspunkt auch für die Vorlage an den *EuGH*.[376] Dass dieser nicht unmittelbar über das materielle Strafrecht, sondern vielmehr abstrakt über eine Frage der Auslegung oder Gültigkeit von unionsrechtlichen Normen entscheidet,[377] ist irrelevant. Eine der fehlenden Vorlagenkompetenz vergleichbare Situation besteht aber nur dann, wenn das Strafgericht auch zur Vorlage verpflichtet ist und ihm bei der Aussetzung des Verfahrens kein Ermessen zukommt.[378] Dies ist bei Auslegungsfragen unterinstanzlicher Gerichte nicht der Fall. Lediglich bei Vorlagen letztinstanzlicher Gerichte und Gültigkeitsfragen nicht-letztinstanzlicher ruht also die Verjährung nach § 78 b Abs. 1 StGB.[379]

E. Der Angeklagte als Subjekt des Vorlageverfahrens?

Ein wesentliches Merkmal eines effektiven Rechtsmittels ist die Stellung des Rechtsschutzsuchenden im Verfahren. Gerade im Hinblick auf das grundsätzlich rein gerichtliche Kooperationsverfahren des Art. 267 AEUV ist die Rolle des Angeklagten im Verfahren zu hinterfragen. Dabei ist vor allem eine Untersuchung seines Einflusses auf die Einleitung des Verfahrens und die Formulierung der Vorlagefrage angezeigt (I., II., IV.). Eng zusammen mit diesem Fragenkomplex hängt die Frage, ob die Rechtskraft eines nationalen Strafurteils gegebenenfalls beseitigt werden kann, wenn ein Urteil im Sinne des Angeklagten in einem auf anderem Wege zum *EuGH* gelangten Verfahren erst nach dem Abschluss der letzten Instanz ergehen sollte (III.).

I. Keine Vorlageberechtigung des Angeklagten oder seines Verteidigers

Zwar wird dem Vorabentscheidungsverfahren in der Rechtsprechung des *EuGH* ein subjektiv-rechtlicher Charakter bescheinigt, eine subjektive Rechtsgewähr enthält es aber nicht.[380] Vorlageberechtigt sind nur die Gerichte der Mit-

---

[375] Allg. (nicht zu Art. 267 AEUV): SK-StPO/*Schlüchter/Velten*, § 262 StPO Rn. 26.
[376] Vgl. Lackner/*Kühl*, § 78 b StGB Rn. 4; S-S/*Sternberg-Lieben/Bosch*, § 78 b StGB Rn. 4.
[377] Siehe Beispiele möglicher Vorlagefragen bei *Hecker*, § 6 Rn. 10 ff.
[378] Allgemein für das Ruhen der Verjährung: Lackner/*Kühl*, § 78 b StGB Rn. 5.
[379] Das Ruhen der Verjährung dürfte zudem entsprechend der Rechtsprechung zur Normenkontrolle nach Art. 100 GG nur bei einer eigenen Vorlage des Gerichts eintreten, nicht dagegen, wenn die Entscheidung über eine Vorlage eines anderen Gerichts abgewartet werden soll, vgl. KK-StPO/*Engelhardt*, § 262 StPO Rn. 11; Lackner/*Kühl*, § 78 b StGB Rn. 4, zu BGHSt 24, 6 = NJW 1971, 202 (bezüglich Art. 100 GG); ebenso S-S/*Sternberg-Lieben/Bosch*, § 78 b StGB Rn. 4.
[380] Vgl. *Reich*, ZRP 2000, 375 (376); *Hecker*, § 6 Rn. 3; *Abetz*, S. 97; *Munding*, S. 426 f.; *Böcker*, S. 86 f.; *E. Schulte*, S. 29, 154 f.

gliedstaaten. Keinem *Unionsbürger* ist es möglich, eine Frage des Unionsrechts, die in einem anhängigen Verfahren zu Tage tritt, *selbst vor den EuGH zu bringen*. Eine Ausnahme besteht auch nicht für Angeklagte in einem Strafverfahren, trotz ihrer mit einer Partei eines Zivilprozesses kaum vergleichbaren Lage. Der Einzelne kann im Laufe des Prozesses vor einem nationalen Gericht lediglich anregen, dass an den *EuGH* vorgelegt wird. Die Gerichte sind an eine solche „Anregung" aber nicht gebunden. Jedes Gericht, egal ob unter- oder letztinstanzliches, kann unabhängig vom Vorbringen eines Angeklagten entscheiden, ob tatsächlich Zweifel hinsichtlich der Auslegung oder Gültigkeit eines Unionsrechtsaktes bestehen oder ob die Frage überhaupt entscheidungserheblich ist. Selbst bei Zweifeln an der richtigen Auslegung und Überzeugung von der Entscheidungserheblichkeit der unionsrechtlichen Vorfrage sind jedenfalls die unterinstanzlichen Strafgerichte nicht verpflichtet an den *EuGH* vorzulegen.[381]

Die *Vorlagebereitschaft* der nationalen Gerichte ist demgemäß für das Funktionieren dieses Kooperationsmechanismus entscheidend.[382] Dass aber die Gerichte mancher Mitgliedstaaten versuchen, das Vorlageverfahren zu umgehen, beweisen verschiedenste Untersuchungen.[383] Es ist zu vermuten, dass die Dunkelziffer sogar noch weit höher liegt, als es diese Untersuchungen ausweisen.[384] Die Gerichte scheuen die Einleitung nicht nur wegen der Länge des Zwischenverfahrens und des mit der Erstellung des Ersuchens verbundenen Arbeitsaufwands.[385] Sie nehmen die Vorlage als Verlust der eigenen Autorität wahr.[386] Problematisch ist

---

[381] Näheres bei *Kastelik-Smaza*, S. 78 ff., 94 ff., mit Rechtsprechungsnachweisen; ebenso *Roth*, NVwZ 2009, 345; *Trimidas*, CMLRev 2003 (40), 9 (11 f.); s.a. *Böcker*, S. 93 f.; *Schwarze*, DVBl. 2002, 1297 (1303); *Koch*, E.L.Rev. 2005, 30 (4), 511 (515).

[382] S.a. *Gärditz*, in: Böse (Hrsg.), § 24 Rn. 28; *Sellmann/Augsberg*, DÖV 2006, 533 (538).

[383] Vgl. *Brakalova*, S. 301 m.w.N.; auch schon *Trimidas*, CMLRev 2003 (40), 9 (37 ff.).

[384] Vgl. *Karper*, S. 58.

[385] Dazu: *Munding*, S. 438 f.; *Brakalova*, S. 301; *Schwarze*, DVBl. 2002, 1297 (1304); *Maschmann*, NZA 1995, 920 (927 f.); *Trimidas*, CMLRev 2003 (40), 9 (17); *Friedrich*, S. 60 ff. – Zu formalen und erheblichen inhaltlichen Anforderungen an Vorlageersuchen: *Latzel/Streinz*, NJOZ 2013, 97 (100 ff.), die nationale Gerichte zusätzlich dazu anhalten, eine Folgenabschätzung bestimmter Antwortmöglichkeiten für das mitgliedstaatliche Recht vorzunehmen und entsprechende Folgefragen zu stellen. Vgl. *von Danwitz*, AnwBl. 2011, 365, der auch die europäischen Anwälte als Parteivertreter des Ausgangsrechtsstreits auf ihren Anteil am Erfolg eines Vorlageverfahrens hinweist, als sie im Gegensatz zum Vorlagegericht das Verfahren mitgestalten können.

[386] Vgl. *Brakalova*, S. 301, 303 f., der zufolge von den neueren EU-Mitgliedstaaten keine hohe Vorlagebereitschaft zu erwarten ist, da die Gerichte dieser Länder auch eigenen Verfassungsgerichten nur zögerlich vorlegen; zu Ursachen *Bobek*, CMLRev 2008 (45), 1621 (1626 ff.); weitergehend *Friedrich*, S. 57 ff. (Umgang des *EuGH* mit Vorlagen: Umformulierung der Vorlagefragen etc.); ebenso *Rösler*, EuR 2012, 392 (401 ff., 406), anlässlich einer breiten Analyse des Vorlageverhaltens der Unionsstaaten; für common law-Systeme: *Trimidas*, CMLRev 2003 (40), 9 (38); *Rösler*, S. 193 ff., s.a. S. 165 ff., S. 179 ff., allg. zur Ursachenanalyse (Einfluss volkswirtschaftlicher Tätigkeit,

auch immer noch, dass manche Richter mit dem Rechtsschutzsystem der EU nicht ausreichend vertraut sind und sich daher auch ihrer unionsrechtlichen Pflichten nicht bewusst sind oder entsprechende Fragestellungen verkennen.[387] Im Gegenzug überschätzen andere ihr Wissen im Hinblick auf das Unionsrecht und verweigern allzu leicht Vorlagen nach den Grundsätzen der *CILFIT*-Rechtsprechung.[388]

In den meisten Mitgliedstaaten der Union hat der Angeklagte auch keinen Einfluss auf die *Formulierung* der Vorlagefrage. Ein Betroffener kann also auch nicht auf die Entscheidung der für ihn wichtigen Aspekte hinwirken, selbst wenn das Gericht sich zur Vorlage entschlossen hat.[389] Ob die Parteien des Ausgangsverfahrens vor der Einlegung der Vorlage überhaupt *angehört* werden und in welchem Umfang dies gegebenenfalls zu geschehen hat, ist eine Frage des innerstaatlichen Rechts. In Spanien zum Beispiel werden die Parteien zur Notwendigkeit der Vorlage gehört, nicht aber zu deren Inhalt. In Italien ist eine Anhörung ebenfalls vorgesehen.[390] Dasselbe gilt in Verfahren vor deutschen letztinstanzlichen Gerichten, wobei die Stellungnahme der Parteien aber keinen Einfluss auf die Entscheidung hat.[391] Der Angeklagte muss nach § 33 StPO (analog) auch vor den unterinstanzlichen Gerichten angehört werden.[392] Auch in Finnland und Frankreich werden die Parteien angehört, die Stellungnahmen sind aber nicht verbindlich. In Schweden wird den Parteien sogar ein Vorlageentwurf vorgelegt, zu dem sie Stellung nehmen können. Vergleichbar verfahren die luxemburgischen Gerichte. In Österreich ist eine Anhörung der Parteien dagegen nicht zwingend vorgesehen. Lediglich in Großbritannien und Dänemark wirken die Parteien auch an der Formulierung der Vorlagefrage mit.[393]

Konnex zur Europaskepsis, Einfluss von Rechts-, Prozessstrukturen), S. 211 ff., zu den neuen Mitgliedstaaten. – Deutsche Gerichte gelten als vorlagefreudig, mit Ausnahme der Bundes- und Landesverfassungsgerichte, Grabitz/Hilf/Nettesheim/*Karpenstein*, Art. 267 AEUV Rn. 5; relativierend angesichts Bevölkerungsgröße: *Rösler*, EuR 2012, 392 (397 f., 401); *Rösler*, S. 170 ff., 179. Das *BVerfG* hat bisher nicht vorgelegt, obwohl es bei Verfassungsbeschwerden gegen Gesetze von der Vorlagepflicht betroffen ist, *Britz*, NJW 2012, 1313 (1317); s.a. *Europäischer Gerichtshof*, Jahresbericht 2011, S. 123. Zu anderen Verfassungsgerichten: zu *Rösler*, S. 131; *Bobek*, CMLRev 2008 (45), 1621 (1632 ff.); s.a. *Mayer*, EuR 2002, 239 (252 ff., oberste und Verfassungsgerichte). Für Italien: *Trocker*, RabelsZ 66 (2002), 417 (438 ff.).

[387] Siehe etwa *Karper*, S. 58; *Brakalova*, S. 301 f.
[388] Vgl. *Brakalova*, S. 301 f.; s.a. *Niestedt*, in: Zivilgerichtsbarkeit, S. 11 (20 f.).
[389] Siehe GA *Jacobs*, Schlussanträge, Rs. C-50/00 P (UPA/Rat), (Fn. 71), Tz. 42; E. *Schulte*, S. 31; *Kastelik-Smaza*, S. 79; ebenso *Koch*, E.L.Rev. 2005, 30 (4), 511 (515).
[390] Vgl. *Kastelik-Smaza*, S. 120 f.
[391] Dazu *Kastelik-Smaza*, S. 121; Grabitz/Hilf/Nettesheim/*Karpenstein*, Art. 267 AEUV Rn. 30, wegen Art. 103 Abs. 1 GG; *Middeke*, in: Rengeling u.a. (Hrsg.), § 10 Rn. 72.
[392] Vgl. SK-StPO/*Schlüchter/Velten*, § 262 Rn. 20.
[393] Vgl. *Kastelik-Smaza*, S. 121.

II. Erzwingung des Vorlageverfahrens und Sanktionierung von Verstößen gegen Art. 267 Abs. 3 AEUV vor nationalen und Unionsgerichten

Interessant ist im Hinblick auf die Rechtsschutzeffektivität also vor allem die Frage, welche Rechtsschutzmöglichkeiten dem Angeklagten zustehen, wenn ein Gericht sich gegen die Vorlage an den *EuGH* entscheidet, obwohl er eine solche für erforderlich hält.[394] Das Unionsrecht selbst sieht kein „Vorlageerzwingungsverfahren" vor (vgl. noch Kapitel 4 § 3). Mechanismen zur „Erzwingung" einer Vorlage (1.) oder zur Sanktionierung einer Verletzung von Vorlagepflichten existieren aber auf verschiedensten Ebenen (2., 3., 4.).

1. Erzwingung der Vorlage vor den nationalen Rechtsmittelinstanzen?

Die Möglichkeiten der unmittelbaren Erzwingung eines Vorlageverfahrens im Strafverfahren richten sich mangels konkreter Vorgaben im europäischen Recht nach nationalem Recht. In Frage kommen demnach zunächst die ordentlichen Rechtsbehelfe. Die deutsche Strafrechtsordnung sieht zur Anfechtung der Entscheidung eines Strafgerichts die Rechtsmittel der Beschwerde, der Berufung und der Revision vor. Deren Statthaftigkeit hängt grundsätzlich davon ab, in welcher Form die Entscheidung über die Nichtvorlage ergeht.[395]

a) Beschwerde nach § 304 StPO gegen die unterlassene Vorlage?

Die Einlegung einer *Beschwerde* nach § 304 StPO *gegen eine unterlassene Vorlage* scheidet nach allgemeiner Ansicht schon mangels eines Antragsrechts des Angeklagten und damit auch eines angreifbaren formellen Justizaktes aus.[396] Zudem kann auf den Ausschlussgrund nach § 305 StPO verwiesen werden: Danach ist eine Beschwerde ausgeschlossen, wenn die Entscheidung, die angegriffen werden soll, in einem inneren Zusammenhang zur Urteilsfällung steht, nur der Vorbereitung des Urteils dient und keine darüber hinausgehenden Rechtswirkungen erzeugt.[397] Auch die Vorlage unterstützt lediglich den Rechtsfindungsprozess, der nicht zu den disponiblen Aufgaben der Gerichte zählt, und steht mithin in einem engen, inneren Zusammenhang mit dem Urteil.[398]

---

[394] *Lipp*, in: Zivilgerichtsbarkeit, S. 103 (104 f.), will auch die Gehörsverletzung oder fehlerhafte Aussetzungsentscheidungen als Vorlageverstoß begreifen (vgl. noch IV.).

[395] Auf jeden Fall ist die Entscheidung zu begründen. I.Ü. würde sie einen willkürlichen Verstoß gegen das Recht auf den gesetzlichen Richter darstellen, vgl. *Kastelik-Smaza*, S. 133 f.; zum italienischen Recht knapp: *Trocker*, RabelsZ 66 (2002), 417 (439 f.).

[396] Siehe Näheres bei *Munding*, S. 445 f.; s. a. *Lipp*, in: Zivilgerichtsbarkeit, S. 103 (107).

[397] Vgl. KK-StPO/*Engelhardt*, § 305 Rn. 5; ebenso BeckOK-StPO/*Cirener*, § 304 Rn. 2.

[398] Etwa *Jokisch*, S. 198 f.; *Schiwek*, S. 150.

Ohnehin ist fraglich, was der Gegenstand einer solchen Beschwerde wäre: Bei nicht-letztinstanzlichen Gerichten wäre der Anknüpfungspunkt, dass diese das Vorlageermessen nicht pflichtgemäß ausgeübt hätten, was aber kaum nachzuweisen ist. Eine Pflicht zur Vorlage besteht vor diesen Gerichten nur, wenn die Gültigkeit eines Unionsrechtsaktes in Frage steht [siehe noch unter c)]. Gegen die Entscheidungen des OLG oder BGH als zur Vorlage verpflichtete letztinstanzliche Gerichte ist eine Beschwerde ausgeschlossen (§ 304 Abs. 4 StPO).

b) Berufung gegen unterlassene Vorlagen erstinstanzlicher Gerichte?

Die Nichtvorlage könnte allerdings zusammen mit dem Endurteil angefochten werden. In Frage kommen also *Berufung* und *Revision*.

Da aber die *Berufungsinstanz* eine weitere Tatsacheninstanz darstellt, findet keine inhaltliche Überprüfung des erstinstanzlichen Urteils und auch der Entscheidung über die Vorlage statt; vielmehr muss das Berufungsgericht die angeklagte Tat im prozessualen Sinne umfassend aufklären und neu bewerten.[399] Zwar kann der Angeklagte auch vor dem Berufungsgericht versuchen, eine Vorlage anzuregen. Wenn er das Gericht von der Erforderlichkeit einer solchen überzeugen kann, leitet dieses das Vorabentscheidungsverfahren *selbst* ein. Damit wird also eigentlich keine Vorlage erzwungen. Wie das erstinstanzliche Gericht unterliegt auch das *Berufungsgericht* im Hinblick auf Auslegungsfragen keiner Vorlagepflicht.

c) Revision gegen die unterlassene Vorlage unterinstanzlicher Gerichte?

In der *Revision* dagegen können auch Verfahrensfehler der unteren Instanzen gerügt werden (siehe sogleich). Zudem kann immer eine *Sachrüge* wegen der Verletzung *materiellen Rechts* eingelegt werden, wenn das Instanzgericht eine Norm des Unionsrechts bzw. eine abgeleitete Norm des nationalen Rechts falsch angewendet hat, eben weil die Vorlage zum *EuGH* und damit auch eine Klärung der Rechtsfrage unterblieben ist. In diesem Fall träfe aber ohnehin das Revisionsgericht eine Vorlagepflicht nach Art. 267 Abs. 3 AEUV. Eine Überprüfung der Ermessensausübung durch das erstinstanzliche Gericht erübrigt sich daher. Um die Vorlage herbeizuführen, ist keine Aufhebung des erstinstanzlichen Urteils erforderlich.[400] Das Revisionsgericht prüft also eigentlich nicht, ob ein Gesetz im Sinne von § 337 StPO verletzt wurde, sondern entscheidet selbst, ob eine Vorlage wegen Zweifeln hinsichtlich der Auslegung oder der Gültigkeit erforderlich ist.

---

[399] Vgl. BeckOK-StPO/*Eschelbach*, § 327 Rn. 4 f.; KK-StPO/Paul, § 327 Rn. 4 f.; *Schiwek* S. 150 f.
[400] Darauf weist *Jokisch,* S. 200 zu Recht hin. Siehe auch *Schiwek,* S. 153 f.

Es erfolgt daher keine Zurückverweisung an das Untergericht, wenn das Revisionsgericht eine Vorabentscheidung des *EuGH* für erforderlich hält, denn sonst würde das Vorlageermessen der unterinstanzlichen Gerichte ausgehebelt; nur letztinstanzliche Gerichte müssen nach Art. 267 Abs. 3 AEUV vorlegen. Die Entscheidung über die Revision im Rahmen der Sachrüge hinge dann wiederum vom Ausgang des Vorlageverfahrens ab.[401]

Soweit es die *Verfahrensrüge* betrifft, ist festzustellen, dass jedenfalls ein *absoluter Revisionsgrund* nach § 338 StPO bei einer Verletzung der Vorlageflicht nicht besteht, wenn auch an § 338 Nr. 1 StPO (nicht vorschriftsmäßig besetztes) bzw. § 338 Nr. 4 StPO (unzuständiges Gericht) gedacht werden könnte, die den grundrechtlichen Anspruch auf den gesetzlichen Richter nach Art. 101 Abs. 1 S. 2 GG (siehe noch 2.) absichern sollen. Soweit ersichtlich, wird die Anwendbarkeit dieser Normen in der Literatur überhaupt nicht diskutiert. Zugegebenermaßen ist § 338 Nr. 1 StPO fernliegend, weil er die Besetzung des erkennenden Spruchkörpers betrifft. Dass der *EuGH* Teil dieses Spruchkörpers ist, wenn sich eine Frage des Unionsrechts stellt, ist kaum zu begründen. Schließlich wird auch nicht angenommen, das *BVerfG* sei Teil des Spruchkörpers, wenn eine Vorlage nach Art. 100 GG im Raum steht.[402] Dasselbe gilt aber auch für § 338 Nr. 4 StPO: Selbst eine Vorlagepflicht in einer Teilfrage, macht das entscheidende Gericht nicht unzuständig. Auch eine Beschränkung der Verteidigung nach § 338 Nr. 8 StPO könnte man vermuten. Allerdings dient die Vorlage der abstrakten Klärung von Rechtsfragen und nicht der Verteidigung des Angeklagten. Dieser kann also auch nicht in seinen Verteidigungsrechten beschränkt werden, wenn sich das Gericht gegen eine Vorlage entscheidet.[403]

Sollte im Einzelfall wegen Zweifeln an der Gültigkeit der unionsrechtlichen Norm eine Vorlage*pflicht* der unterinstanzlichen Gerichte im Sinne der *Foto-Frost*-Rechtsprechung bestanden haben, ist dieser Verstoß selbst voll durch das Revisionsgericht überprüfbar. Gesetze im Sinne des § 337 StPO können nämlich auch ausländische oder supranationale Vorschriften sein, die im Inland Geltung beanspruchen, wie eben Art. 267 AEUV.[404] Auf diesem Aufklärungsmangel müsste das Urteil auch beruhen. Erscheint es möglich, dass das Urteil anders ausgefallen wäre, wenn Art. 267 AEUV richtig angewandt worden wäre, ist die Verfahrensrüge begründet. Dies dürfte bei Gültigkeitsfragen regelmäßig anzunehmen sein, da nicht ausgeschlossen ist, dass das Urteil gegen den Angeklagten anders ausgefallen wäre, wenn pflichtgemäß vorgelegt worden wäre.[405] Auch

---

[401] Siehe *Schiwek*, S. 154; *Kastelik-Smaza*, S. 135.
[402] Vgl. *Hamm*, Rn. 319.
[403] So richtig *Dannecker*, in: Rengeling u. a. (Hrsg.), § 38 Rn. 59; *Jokisch*, S. 201.
[404] Siehe *Schiwek*, S. 153; *Jokisch*, S. 200 f.
[405] Vgl. *Schiwek*, S. 152 f.; *Pechstein*, Rn. 842.

dann müsste das Revisionsgericht wegen des Entscheidungsmonopols des *EuGH* aber selbst vorlegen. Somit wird eine Vorlage letztlich nicht erzwungen, sondern das letztinstanzliche Gericht wird überzeugt, dass eine entscheidungserhebliche Fragestellung des Unionsrechts besteht.

Sofern lediglich ein Vorlage*ermessen* unterinstanzlicher Gerichte besteht, also lediglich die Auslegung des Unionsrechts in Frage steht, ist die Berufung auf eine Verfahrensrüge dagegen nicht erfolgversprechend. Zwar hat der Angeklagte ein Recht auf eine ermessensfehlerfreie Entscheidung über die Vorlage. Eine rechtsfehlerhafte oder gar willkürliche Ausübung dieses Ermessens wird jedoch kaum nachzuweisen sein.[406]

Für den Erfolg der Rüge vor dem Revisionsgericht gilt im Übrigen, dass dieser nicht davon abhängt, ob der Angeklagte in den unteren Instanzen gefordert hat, dass ein Vorabentscheidungsverfahren eingeleitet wird. Diesbezüglich hat der Angeklagte kein förmliches Antragsrecht. Es kann daher auch keine Rügeverwirkung im Sinne der „*Widerspruchslösung*" eintreten.[407] Ohnehin unberührt bliebe von den Wirkungen der Widerspruchslösung natürlich die Pflicht zur Vorlage nach Art. 267 AEUV; das Unionsrecht genießt gegenüber dem nationalen Recht bzw. gegenüber einer nationalen Rechtsprechungspraxis Vorrang.

Wird das Urteil nicht wegen der Verletzung einer Vorlagepflicht sondern aus anderen Gründen aufgehoben und an die untere Instanz zurückverwiesen, lebt deren Vorlageberechtigung nach Art. 267 Abs. 2 AEUV wieder auf. Das zuständige Instanzgericht ist vor allem nicht nach § 358 Abs. 1 StPO an die rechtliche Bewertung des Revisionsgerichts gebunden, dass eine Vorlage an den *EuGH* nicht erforderlich ist.[408]

2. Kontrolle der Nichtvorlage durch die Verfassungsgerichte?

Ist Abhilfe auf dem ordentlichen Rechtsweg nicht zu erlangen, bleibt dem „Beschwerten" auf nationaler Ebene unter Umständen noch ein außerordentliches Rechtsmittel, mit dem auch die Rechtskraft des strafgerichtlichen Urteils durchbrochen werden kann, wie die *Verfassungsbeschwerde* nach Art. 93 Abs. 4a GG.

---

[406] Siehe *Jokisch*, S. 199 f.
[407] Vgl. *Dannecker*, in: Rengeling u.a. (Hrsg.), § 38 Rn. 60; *Jokisch*, S. 201 f.; *Schiwek*, S. 154.
[408] Ausführlich: *Dannecker*, in: Rengeling u.a. (Hrsg.), § 38 Rn. 66 f.; *Jokisch*, S. 206 ff.; *Schiwek*, S. 155; vgl. auch *Fastenrath*, FS Ress, S. 461 (463). – Gemäß BGHSt 36, 92, ist zudem eine Divergenzvorlage nach § 121 Abs. 2 GVG nicht erforderlich, wenn ein OLG durch die Vorlage zum *EuGH* von der Rechtsprechung eines anderen OLG bzw. des BGH abweichen will. Dasselbe gilt für die Vorlage an den Großen Senat (§ 132 Abs. 2 GVG), *Dannecker*, in: Rengeling u.a. (Hrsg.), § 38 Rn. 68 f.; *Jokisch*, S. 207 f.

a) EuGH als gesetzlicher Richter i. S. v. Art. 101 Abs. 1 S. 2 GG

Materieller Angriffspunkt ist hier allerdings nicht das Urteil selbst, sondern die Entziehung des gesetzlichen Richters (Art. 101 Abs. 1 S. 2 GG):[409] Das *BVerfG* hat den *EuGH* schon in der *Solange-II*-Entscheidung[410] als gesetzlichen Richter im Sinne dieses grundrechtsähnlichen Rechts anerkannt. Der *EuGH* wird funktional als deutsches Gericht verstanden, das Vorabentscheidungsverfahren entsprechend als Teil eines einheitlichen Verfahrens, für dessen Ausgang die Beantwortung der Vorlagefrage bestimmend ist.[411] Legt ein Fachgericht also trotz dazu bestehender Pflicht nach Art. 267 Abs. 3 AEUV bzw. der Rechtsprechung des *EuGH* nicht an diesen vor, so kann darin ein Verstoß gegen Art. 101 Abs. 1 S. 2 GG liegen.[412] Die Garantie erfordert nämlich nicht nur, dass hinreichend bestimmte Zuständigkeitsregelungen bestehen, anhand derer der Betroffene schon vorab ersehen kann, welches Gericht die Rechtssache behandeln wird. Ein Verstoß kann auch in der falschen Anwendung dieser Regelungen liegen.

b) Willkürmaßstab des Bundesverfassungsgerichts

Ein einfacher Rechtsanwendungsfehler soll allerdings nicht genügen. Vielmehr fordert das *BVerfG* in ständiger Rechtsprechung eine *willkürliche Handhabung* der Regeln durch die Gerichte.[413] Unterlässt ein Strafgericht eine Vorlage also trotz der dazu bestehenden Pflicht aus Art. 267 AEUV, ist zu prüfen, ob die An-

---

[409] *Dederer*, ZaöRV 2006, 575 (609), weist darauf hin, dass hilfsweise – wenn ein Mitgliedstaat diese Garantie nicht kennt – Individualbeschwerde nach Art. 34 EMRK erhoben werden kann. – Neuerdings rekurriert das *BVerfG* auch auf das Gebot effektiven Rechtsschutzes sowie die Verletzung materieller Grundrechte, wenn Fachgerichte die Reichweite ihrer unionsrechtlichen Bindung verkennen und deshalb fälschlicherweise davon ausgehen, dass deutsche Grundrechte nicht anwendbar sind, siehe *Britz*, NJW 2012, 1313 (1316).

[410] BVerfGE 73, 339 (366); dazu etwa *Fastenrath*, FS Ress, S. 461 (469); *Lieber*, S. 183 ff. *Friedrich*, S. 67 f.; *Kokott/Henze/Sobotta*, JZ 2006, 633 (636).

[411] Vgl. *Maschmann*, NZA 1995, 920 (929).

[412] Auch nach Inkrafttreten der GRC ist die Nichtvorlage nicht nur anhand des Unionsgrundrechts auf einen gesetzlichen Richter zu prüfen, sofern man ein solches überhaupt anerkennt. Verfahrensgrundrechte sind von der *Solange-II*-Rechtsprechung nicht erfasst; sie dienen nur der Absicherung materieller Grundrechte und sollen deswegen von der jeweils tätigen Justizebene geprüft werden. Daher besteht (auch) eine Prüfkompetenz des *BVerfG*. Zudem erscheint eine strikte „Rechtssphärentrennung" wegen der Verzahnung der Ebenen durch das Vorlageverfahren nicht sinnvoll; eine Prüfung nach beiden Maßstäben ist also wünschenswert, *Munding*, S. 466 ff.

[413] BVerfGE 3, 359 = NJW 1954, 593; dazu etwa: Maunz/Dürig/*Maunz* Art. 101 Rn. 50; BeckOK-GG/*Morgenthaler*, Art. 101 Rn. 15 f.; *Schröder*, EuR 2011, 808 (813 f.); *Rabe*, FS Redeker, S. 201 (207 ff.); *Britz*, NJW 2012, 1313 f. *Fastenrath*, FS Ress, S. 461 (472 ff.), rekonstruiert den Willkür-Maßstab. – Zu neueren Entscheidungen, die von der Abkehr von dieser Rechtsprechung zeugen: *Calliess*, NJW 2013, 1905 (1908 f.).

forderungen an die „Unvertretbarkeit" im Sinne einer willkürlichen Entscheidung erfüllt sind. Bezugspunkt ist dabei die Pflicht nach Art. 267 Abs. 3 AUV, nicht die Auslegung des materiellen Unionsrechts.[414] Es darf bei verständiger Würdigung nicht nachvollziehbar sein, warum das Gericht nicht vorgelegt hat, so dass die Entscheidung unhaltbar erscheint.[415] Das soll insbesondere dann der Fall sein, wenn das Gericht seine Vorlagepflicht grundsätzlich verkennt oder wenn es bewusst von der Rechtsprechung des *EuGH* abweicht, ohne (nochmals) vorzulegen. Einen Verstoß soll es auch darstellen, wenn bezüglich einer entscheidungserheblichen Frage des Unionsrechts keine oder zumindest keine zur Beantwortung der unionsrechtlichen Fragestellung ausreichende Rechtsprechung des *EuGH* vorliegt und das nationale Gericht ohne Vorlage selbst entscheidet. Zudem sieht es das *BVerfG* als Verstoß gegen Art. 101 Abs. 1 S. 2 GG an, wenn eine Weiterentwicklung der Rechtsprechung des *EuGH* in einem bestimmten Punkt zu erwarten ist, aber das zur Vorlage verpflichtete Gericht das Verfahren nicht aussetzt und bei der Entscheidung seinen Beurteilungsspielraum in unvertretbarer Weise überschreitet.[416]

Die Anforderungen an willkürliches Verhalten des zur Vorlage verpflichteten Gerichts sind also wesentlich höher als diejenigen, die der *EuGH* an die Verletzung der Vorlagepflicht nach Art. 267 Abs. 3 AEUV stellt, denn er geht davon aus, dass auf eine Vorlage nur verzichtet werden kann, wenn eine andere als die fachgerichtliche Auslegung unvertretbar wäre (*acte-clair*-Doktrin: C. II. 1.).[417] Dagegen lässt es das *BVerfG* genügen, dass es eine *vertretbare Begründung* für die konkrete sachliche Entscheidung gibt, etwa weil die maßgebliche Rechtsfrage bereits durch den *EuGH* entschieden ist oder die richtige Antwort auf die Rechtsfrage „offenkundig" ist, was selbst dann angenommen werden kann, wenn eine andere Auslegung durchaus denkbar wäre.[418] Angesichts des *begrenzten mate-*

---

[414] Vgl. aber *Britz*, NJW 2012, 1313 (1314), zum inkonsequenten Abstellen auf die Vertretbarkeit der Auslegung des Unionsrechts, wobei sie davon ausgeht, dass dies im Endeffekt nicht zu unterschiedlichen Ergebnissen führt, weil zur Beurteilung, ob die Vorlagepflicht willkürlich verletzt wurde, ebenfalls die fachgerichtliche Auslegung des Unionsrechts untersucht werden müsse. Dazu *Schröder*, EuR 2011, 808 (816–824); *Thüsing/Pötters/Traut*, NZA 2010, 930 (932 f.); s. a. *Calliess*, NJW 2013, 1905 (1908 f.).
[415] BVerfGE 75, 223 (233 ff., 245); anstelle vieler: *Fastenrath*, FS Ress, S. 461 (470 f.), auch zur Rechtsprechungsentwicklung; kritisch: *Munding*, S. 459 f., S. 462 ff.
[416] BVerfGE 82, 159 (195) = NVwZ 1990, 53; BVerfGE 73, 339 (366); 82, 159 (192 ff.); s. a. *Roth*, NVwZ 2009, 345 (349) m.w.N. Siehe auch *Sellmann/Augsberg*, DÖV 2006, 533 (538); *E. Schulte*, S. 29 ff.; *Fastenrath*, FS Ress, S. 461 (471); *Friedrich*, S. 70 f. Kritisch zur inkonsequenten Anwendung: *Schröder*, EuR 2011, 808 (815).
[417] Dies erkennt auch *Britz*, NJW 2012, 1313 (1314), an; auch *Dauses*, Gutachten, D 126 f.; *E. Schulte*, S. 30; *Hansel*, whi-paper 6/03, S. 7 f.; kritisch auch *Schiwek*, S. 158; *Kokott/Henze/Sobotta*, JZ 2006, 633 (636); *Fredriksen*, S. 295.
[418] *Britz*, NJW 2012, 1313 (1314 f.), räumt ein, dass damit „offenkundig" i. S. d. CILFIT-Rspr. weit ausgedehnt wird; anders *Thüsing/Pötters/Traut*, NZA 2010, 930 (932 f.).

riellen Prüfungsmaßstabes ist kaum verwunderlich, dass bis zum Jahre 2009 lediglich fünf Verfassungsbeschwerden mit dieser Rüge Erfolg hatten.[419]

c) Allgemeine Nachteile der Verfassungsbeschwerde als Rechtsschutzmittel

Zu beachten sind zudem die hohen Anforderungen an die *Zulässigkeit einer Verfassungsbeschwerde,* vor allem im Hinblick auf die Rechtswegerschöpfung und die Subsidiarität: Solange eine Entscheidung noch in einer weiteren Instanz korrigiert werden kann, ist eine Verfassungsbeschwerde unzulässig. Nur der Vorlageverzicht in der letzten Instanz könnte mithilfe der Verfassungsbeschwerde gerügt werden.[420] Die *Subsidiarität* der Verfassungsbeschwerde erfordert zudem, dass der Beschwerdeführer alle ihm prozessual zustehenden Mittel ergreift, um die Grundrechtsverletzung noch vor den Fachgerichten zu unterbinden. Bisher wurde deshalb gefordert, dass nicht nur die Frage des Unionsrechts bereits im fachgerichtlichen Verfahren aufgeworfen, sondern auch eine Vorlage in diesem Stadium angeregt wird. Ob diese Forderung ohne Weiteres im Strafprozess gelten sollte, der dem Amtsermittlungsgrundsatz unterliegt, ist mehr als zweifelhaft.[421] Das *BVerfG* hat nun den Maßstab sogar für alle Verfahrensarten angepasst: Da dem Beschwerdeführer weder im deutschen noch im unionalen Prozessrecht eine Antragsmöglichkeit in Bezug auf die Vorlage eingeräumt werde, seien die Fachgerichte vom Amts wegen gehalten, unionsrechtliche Fragestellungen zu klären und an den *EuGH* vorzulegen. Dem Erfordernis der Subsidiarität sei genüge getan, wenn das Vorbringen des Angeklagten eine Vorlage naheliegend erscheinen lasse.[422]

Hinzu kommt, dass mit der Verfassungsbeschwerde zwar Verstöße gegen die Vorlagepflicht festgestellt werden können, die *Vorlage aber nicht dadurch erzwungen* werden kann. Das Gericht, an das die Rechtssache nach Aufhebung des Urteils zurückverwiesen wird, muss selbst nach verfassungsgerichtlicher Feststellung eines Verstoßes gegen das Recht auf einen gesetzlichen Richter nicht an den *EuGH* vorlegen. Es kann die Vorlage erneut verweigern, indem es etwa seinen Ermessensspielraum hinsichtlich der Entscheidungserheblichkeit nutzt.[423]

---

[419] Vgl. *Piekenbrock,* EuR 2011, 317 (343); bis 2006 sogar nur zwei: *Sellmann/Augsberg,* DÖV 2006, 533 (538).

[420] So *Schiwek,* S. 157 f.; *Sellmann/Augsberg,* DÖV 2006, 533 (540). Zur §§ 33a, 356a StPO: *Roth,* NVwZ 2009, 345 (347 f.); *Piekenbrock,* EuR 2011, 317 (345).

[421] Indifferent aber *Roth,* NVwZ 2009, 345 (348).

[422] Siehe dazu *BVerfG* NJW 2011, 3428 (3430 Rn. 65); *Britz,* NJW 2012, 1313 (1315).

[423] Siehe *Sellmann/Augsberg,* DÖV 2006, 533 (538 f.); *Brakalova,* S. 309; *Munding,* S. 464 f.

d) Zwischenfazit zur Verfassungsbeschwerde wegen Nichtvorlage

Daher ist der über die Verfassungsbeschwerde gewährleistete Rechtsschutz nicht effektiv.[424] Im Übrigen existiert ein vergleichbares Instrument nicht in allen Rechtsordnungen, geschweige denn dass sonst eine verfassungsgerichtliche Kontrolle der Vorlagepraxis stattfände.[425]

3. Durchsetzung im Vertragsverletzungsverfahren (Art. 258 f. AEUV)

a) Zulässigkeit der Kontrolle gerichtlicher Vertragsverletzungen

Dass auch das Vertragsverletzungsverfahren bei der Verletzung von Vorlagepflichten anwendbar ist, war keineswegs immer zweifelsfrei: Zwar bestand Einigkeit darüber, dass eine Vertragsverletzung i. S. v. Art. 258 f. AEUV unabhängig davon bestehen kann, welches Organ des – völkerrechtlich unmittelbar verpflichteten – Mitgliedstaats sich für die Verletzung verantwortlich zeichnet. Die Kommission übte sich jedoch bei *gerichtlichen Vertragsverletzungen* stets in Zurückhaltung, zum einen wegen der häufig auch verfassungsrechtlich abgesicherten *Unabhängigkeit* der Gerichte, zum anderen weil in der Regel bereits *rechtskräftige nationale Gerichtsentscheidungen* im Raum standen, die durch das Vertragsverletzungsverfahren ohnehin nicht kassiert werden können. Eine Rolle spielte auch das dem Rechtsschutzsystem zugrunde liegende *Kooperationsverhältnis*, das nicht durch die unionale Aufsicht gestört werden sollte.[426]

Wenn aber ein letztinstanzliches Gericht trotz einer dazu bestehenden Pflicht, nicht an den *EuGH* vorlegt, verstößt es immer gegen Art. 267 Abs. 3 AEUV, der durch den Grundsatz der Unionstreue nach Art. 4 Abs. 3 EUV verstärkt wird. Dieser Verstoß wird heute nach allgemeiner Ansicht trotz der richterlichen Unabhängigkeit dem Staat zugerechnet. Es besteht daher grundsätzlich die Möglichkeit mit Hilfe eines Vertragsverletzungsverfahrens nach Art. 258 f. AEUV auch einzelne Gerichtsentscheidungen zu überprüfen.[427] Wegen der Verletzung von

---

[424] Dies gilt umso mehr, als neben der Verletzung des prozessualen Grundrechts auf den gesetzlichen Richter, auch ein materielles Grundrecht in Frage steht, das dadurch abgesichert werden soll, so richtig *Rengeling,* FS Everling, S. 1187 (1210 f.); *Schröder,* EuR 2011, 808 (822). Vgl. auch *Friedrich,* S. 73.

[425] In Spanien, der Slowakei, Tschechien und Österreich kann die Nichtvorlage ebenfalls vor dem Verfassungsgericht gerügt werden, vgl. *Piekenbrock,* EuR 2011, 317 (334); *Munding,* S. 468; *Bobek,* CMLRev 2008 (45), 1621 (1635); *Kastelik-Smaza,* S. 90 f., für Österreich; s. a. *Lenski/Mayer,* EuZW 2005, 225; *Mayer,* EuR 2002, 239 (253 ff.).

[426] Vgl. *Schilling,* EuGRZ 2012, 133 (134 f.); *Lenski/Mayer,* EuZW 2005, 225; *Friedrich,* S. 118 ff.; Grabitz/Hilf/Nettesheim/*Karpenstein,* Art. 258 AEUV Rn. 69 ff.

[427] Zur Problemdarstellung: *Sellmann/Augsberg,* DÖV 2006, 533 (539); *Kastelik-Smaza,* S. 188 ff.; *Brakalova,* S. 307; *Munding,* S. 440 ff.; *Philippi,* S. 53; auch *Lenski/Mayer,* EuZW 2005, 225.

Vorlagepflichten ist es dennoch – wohl aus obigen Gründen – soweit ersichtlich bisher nicht zu einem Vertragsverletzungsverfahren gekommen.[428]

b) Keine Aktivlegitimation des Angeklagten

Das Verfahren hat ohnehin eine *rein objektiv-rechtliche Funktion* (siehe noch unten § 4 C.).[429] Nur die Mitgliedstaaten der Union und die Kommission sind berechtigt, das Verfahren einzuleiten. Es bietet dem Angeklagten daher jedenfalls keinen unmittelbaren individuellen Rechtsschutz gegen eine Verletzung der Vorlagepflicht. Er ist weder unmittelbar am Verfahren beteiligt, noch hat er einen Anspruch auf dessen Durchführung.[430] Vermeintliche Verstöße können der Kommission zwar mitgeteilt werden.[431] Die Kommission, die die Beweislast im Vertragsverletzungsverfahren trägt, muss aber vom Vorliegen einer Vertragsverletzung überzeugt sein, wenn sie ein Verfahren einleiten soll.

Auch wenn die Kommission zur Überzeugung gelangt, dass ein mitgliedstaatliches Gericht seine Vorlagepflichten aus dem Vertrag verletzt hat, liegt es in ihrem (pflichtgemäß auszuübenden) *Ermessen*, ob sie ein Vertragsverletzungsverfahren vor dem *EuGH* einleitet.[432] Dabei nimmt sie nicht nur Rücksicht auf Rechtsschutzbedürfnisse, sondern auch darauf, dass das Kooperationsverhältnis zwischen nationalen Gerichten und den Unionsgerichten nicht allzu sehr belastet wird [schon unter a)].[433] Ein Vertragsverletzungsverfahren kann deshalb nur angestrengt werden, wenn die Vorlagepflicht aufgrund von offensichtlicher Unkenntnis oder vorsätzlich und systematisch missachtet wird.[434]

Der *Bürger*, der die Kommission von der Vertragsverletzung durch die Nichtvorlage in Kenntnis gesetzt hat, hat keine Möglichkeit, die Klageerhebung mit

---

[428] Die Kommission geht meist einen Umweg über vorgehende oder nachfolgende Handlungen von Exekutive/Legislative, wie in *EuGH* Rs. C-129/00 (Italien/KOM), 9.12.2003, Slg. 2003 I-14637; vgl. *Sellmann/Augsberg*, DÖV 2006, 533 (540); *Friedrich*, S. 123 f. Ein von der Kommission unter dem Aktenzeichen 2003/2161 geführtes Verfahren gegen Schweden wg. systematischer Nichtvorlage (sogleich) wurde 2006 eingestellt, weil der schwedische Gesetzgeber durch die Normierung einer erweiterten Begründungspflicht eingeschritten war, näher *Rösler*, S. 59 f.

[429] Vgl. aber Grabitz/Hilf/Nettesheim/*Karpenstein*, Art. 258 AEUV Rn. 17; *Thomy*, S. 157 (Individualrechtsschutz für künftige Verfahren). Siehe auch *Lieber*, S. 144 ff.

[430] Siehe *Sellmann/Augsberg*, DÖV 2006, 533 (539 f.); *Karper*, S. 63; *Philippi*, S. 53.

[431] Die Kommission hält ein Beschwerdeformular bereit, mit dessen Hilfe die Bürger Vertragsverletzungen melden können. Das Formblatt ist veröffentlicht im ABl. EG Nr. C 119 v. 30.4.1999, S. 5; vgl. auch KOM (2002) 141 endg., S. 6.

[432] Dazu *Munding*, S. 442 f.; bei Darlegungen einer Prozesspartei (Zivilprozess): *Brakalova*, S. 316 f.; auch *Lieber*, S. 156 ff.; allg. zur Ermessensbeschränkung: *Satzger*, Europäisierung, S. 657 m.w.N.

[433] Vgl. *Brakalova*, S. 316; *Friedrich*, S. 124 ff., zu weiteren Ursachen.

[434] So auch *Sellmann/Augsberg*, DÖV 2006, 533 (539 f.); *Brakalova*, S. 307 f.; *Munding*, S. 442; *Dannecker*, in: Rengeling u.a. (Hrsg.), § 38 Rn. 81; *Karper*, S. 120.

prozessualen Mitteln durchzusetzen. Auch eine Nichtigkeits- oder Untätigkeitsklage gegen die Entscheidung der Kommission ist nicht zulässig.[435]

Andere *Mitgliedstaaten*, die nach Art. 259 AEUV ebenfalls klagebefugt wären, dürften im Regelfall kein Interesse an der Einleitung eines Vertragsverletzungsverfahrens haben, da sie selbst und ihre Bürger nicht unmittelbar dadurch betroffen sind und politische Rücksichtnahmebedürfnisse der Einleitung eines Verfahrens entgegenstehen.[436]

c) Reichweite der Entscheidung

Auf jeden Fall wäre aber mit einem im Vertragsverletzungsverfahren ergangenen *Feststellungsurteil* für den Angeklagten nicht viel gewonnen, da zum einen nicht das Gericht selbst verurteilt wird, sondern der jeweilige Staat und mit dem Urteil auch keine unmittelbaren Wirkungen in Bezug auf die Vorlageentscheidung verbunden sind. Auch die (verurteilte) Regierung als Exekutivorgan kann dem Gericht als Judikativorgan schon aufgrund des Prinzips der *Gewaltenteilung* und insbesondere natürlich wegen der regelmäßig verfassungsrechtlich abgesicherten richterlichen Unabhängigkeit nicht aufgeben, dieses Feststellungsurteil umzusetzen.[437] Zudem ist das Verfahren regelmäßig bereits *rechtskräftig abgeschlossen*, wenn die Kommission angerufen wird, weil Vorlagepflichten meist erst für das letztinstanzliche Gericht entstehen. Weder eine Vorlage noch die Aufhebung der mit dem Urteil eingetretenen Belastungen kann also mit dem Vertragsverletzungsverfahren erreicht werden. Ob eine Durchbrechung der Rechtskraft zugelassen wird, ist eine autonome Entscheidung des jeweiligen Gesetzgebers der Mitgliedstaaten (zur Wiederaufnahme noch III.).

d) Fazit: Kein Ausgleich durch das Vertragsverletzungsverfahren

Das Vertragsverletzungsverfahren stellt somit keine wirksame Kontrollmöglichkeit des Einzelnen gegenüber vorlageunwilligen Gerichten dar. Er kann das Verfahren nicht selbst einleiten, sondern ist insoweit auf die Kommission angewiesen. Gerade bei strafverfahrensrechtlichen Zusammenhängen ist aber zu erwarten, dass sich die Kommission noch mehr in Zurückhaltung übt.

---

[435] Ständige Rechtsprechung seit *EuGH* Rs. 247/87 (Star Fruit Company S.A./KOM), 14.2.1989, Slg. 1989, 291, Tz. 13 f.; siehe dazu *Satzger,* Europäisierung, S. 658; *Lieber,* S. 164 ff.; *Munding,* S. 443, auch zur Beschwerde an den Bürgerbeauftragten (Art. 228 Abs. 2 AEUV i.V.m. Art. 43 GRC); diese hat aber mangels Drittbezogenheit der Kommissionsentscheidung keine Aussicht auf Erfolg. Zudem entsprechen die schwachen Befugnisse des Bürgerbeauftragten und die mit seiner Einschaltung verbundene Verlängerung des Verfahrens nicht den Interessen der Betroffenen.
[436] Dazu *Satzger,* Europäisierung, S. 656 f.; ebenso *Munding,* S. 440 ff.
[437] Vgl. *Maschmann,* NZA 1995, 920 (928); *Munding,* S. 443 f.; *Thomy,* S. 157; *Sellmann/Augsberg,* DÖV 2006, 533 (540); *Karper,* S. 120; *Middeke,* in: Rengeling u.a. (Hrsg.), § 10 Rn. 68.

Dass sie ein Verfahren einleiten würde, weil ein unterinstanzliches Gericht seinen Ermessensspielraum überschritten hat, ist gänzlich undenkbar, noch mehr in Bezug auf das Strafverfahren, weil dieser Ermessensspielraum auch von nationalen Verfahrensgrundsätzen wie dem Aufklärungsgrundsatz überformt wird (siehe schon C. II. 2., 3.). Die „Anrufung" der Kommission ist demnach – wenn überhaupt – nur bei Verstößen gegen eine Vorlage*pflicht* erfolgversprechend.

Eine Kontrolle der eigentlichen Sachfrage kann zudem damit nicht erzwungen werden: Im Vertragsverletzungsverfahren selbst wird die Sachfrage, wegen der hätte vorgelegt werden müssen, nicht geklärt. Das nationale Verfahren wiederum *muss nicht* neu aufgerollt werden; selbst wenn das nationale Recht dies vorsähe, wäre (nur) das Bestehen der Vorlagepflicht erneut zu prüfen.[438]

4. Sekundärrechtsschutz gegen Vorlagepflichtverstöße

Nur indirekt der Durchsetzung der Vorlagepflicht dienen auch Schadensersatzansprüche. Zu denken ist vor allem an den unionsrechtlichen Staatshaftungsanspruch nach den Grundsätzen der *Frankovich*-Rechtsprechung (vgl. noch unter § 4 B. II.).[439] Der *EuGH* hat diese Haftung in der *Köbler*-Entscheidung[440] auch auf gerichtliche Rechtsverstöße ausgedehnt. Begründet wird dies mit dem Grundsatz der Wirksamkeit des Unionsrechts, der zwar eigentlich Primärrechtsschutz fordere. Wenn aber ein solcher nicht zu erlangen sei, wie gegen Entscheidungen letztinstanzlicher Gerichte, müsse dem Unionsrecht durch eine sekundärrechtliche Haftung zur Geltung verholfen werden.[441]

Übertragbar sind diese Grundsätze auch auf Vorlageverstöße.[442] Die Haftungsvoraussetzungen sind im Übrigen dieselben wie bei Art. 268 i.V.m. Art. 340 Abs. 2 AEUV: Dem Kläger muss ein Schaden entstanden sein, der kausal auf dem Verstoß gegen ein subjektives Recht beruht. Es werden aber nur *„hinreichend qualifizierte Verstöße"* gegen *Schutznormen* geprüft.[443] Es kann daher nicht auf die Verletzung der Vorlagepflicht selbst ankommen, denn diese weist nach ihrer Grundkonzeption keinen individualschützenden Charakter auf, selbst

---

[438] Vgl. etwa *Friedrich*, S. 171.

[439] *EuGH* verb. Rs. C-6/90 u. C-9/90 (Francovich u. Bonifaci u.a./Italien), 19.11. 1991, Slg. 1991, I-5357, Tz. 28 ff. Allgemein: *Munding*, S. 449 ff.; *Brakalova*, S. 308. Kritisch: *Schröder*, EuR 2011, 808 (813).

[440] Vgl. *EuGH* Rs. C-224/01 (Köbler/Österreich), 30.9.2003, Slg. 2003 I-10239, Tz. 30 ff.

[441] Vgl. *Friedrich*, S. 79 f.

[442] Ansatzpunkt ist nur sekundär die Vorlagepflichtverletzung, primär geht es um das konkret streitige subjektive Unionsrecht, *Kokott/Henze/Sobotta*, JZ 2006, 633 (637).

[443] Zum Richterspruchprivileg (§ 839 Abs. 2 S. 1 BGB): *Friedrich*, S. 81 f., S. 108 ff.

wenn sie indirekt auch drittschützendes Unionsrecht absichert. Ein Recht auf Vorlage gibt es gerade nicht.[444] Vielmehr dient die Regelung des Art. 267 Abs. 3 AEUV der Sicherung der einheitlichen Anwendung des Unionsrechts. Für die Begründetheit der Schadensersatzklage ist daher entscheidend, ob das Unionsrecht, das wegen der unterlassenen Vorlage falsch ausgelegt wird, individualschützenden Charakter hat.[445] Wann ein Verstoß außerdem hinreichend offenkundig und erheblich ist, zumal in Ansehung der richterlichen Unabhängigkeit, ist fraglich.[446] Jedenfalls wäre das Merkmal des „qualifizierten Verstoßes" aber kaum unter geringeren Voraussetzungen anzunehmen als ein willkürlicher Verstoß gegen die Vorlagepflicht, wie ihn das *BVerfG* im Rahmen von Art. 101 Abs. 1 S. 1 GG fordert. Selbst wenn man im Einzelfall richterliche Willkür im Rahmen der Entscheidung über die Vorlage als qualifizierten Verstoß anerkennen wollte – und eine weitergehende Kontrolle wäre kaum denkbar, wäre der Schaden hypothetisch zu bestimmen, indem Auswirkungen auf Rechtspositionen bei Einhaltung der Vorlage unterstellt würden.[447]

Generell erscheinen aber sekundärrechtliche Ansprüche in der Konstellation der unterlassenen Vorlage – insbesondere im Rahmen des Strafrechts – nur bedingt tauglich, Rechtsschutzdefizite auszugleichen. Ein nachträglicher finanzieller Ausgleich genügt häufig nicht, um den Betroffenen die entstandenen Schäden auszugleichen, vor allem solche immaterieller Natur wie die Schädigung des Rufs, negative Auswirkungen auf das Familienleben usw. Bei einer unionsrechtswidrigen Verurteilung sind zudem meist schon mit der erstinstanzlichen Verurteilung nicht wieder gut zu machende Schäden eingetreten.[448] Eine Vorlagepflicht besteht aber vor diesen Gerichten häufig noch nicht, so dass eine Amtspflichtverletzung bzw. ein qualifizierter Verstoß häufig nicht festzustellen sein wird. Vor allem eine pflichtwidrige Ermessensausübung ist kaum nachzuweisen. Zudem wird dem Betroffenen abverlangt, dass er ein weiteres Verfahren einleitet.[449] Solche indirekten Durchsetzungsmechanismen eignen sich auch nicht, nationale Richter zur Achtung der Vorlagepflicht anzuhalten. Die Ersatzansprüche treffen schließlich nicht sie selbst, sondern die jeweiligen Mitgliedstaaten.[450]

---

[444] Vgl. nur *Karper*, S. 121; s. a. *Kastelik-Smaza*, S. 196.
[445] Dazu *Thiele*, S. 70. Siehe *Kokott/Henze/Sobotta*, JZ 2006, 633 (638); zweifelnd auch: *Sellmann/Augsberg*, DÖV 2006, 533 (541); *Piekenbrock*, EuR 2011, 317 (342); *Friedrich*, S. 83 f.; ausführlich *Siegerist*, S. 75 ff.
[446] Dazu siehe *Kokott/Henze/Sobotta*, JZ 2006, 633 (637 f.); *Thomy*, S. 160 ff.; *Friedrich*, S. 84 ff., 93 ff., auch zu *Köbler*.
[447] Siehe *Karper*, S. 121.
[448] Zum verspäteten Eingreifen des Schadensersatzanspruchs auch: *Friedrich*, S. 170.
[449] Siehe *Thiele*, S. 70.
[450] Vgl. *Sellmann/Augsberg*, DÖV 2006, 533 (541); *Friedrich*, S. 170; unkritischer: *Thomy*, S. 163; *Fredriksen*, S. 343.

5. Fazit zum Rechtsschutz gegen die Nichtvorlage

Effektive Mittel zur Durchsetzung von Vorlagepflichten stellen also weder das Unionsrecht noch das nationale Recht bereit. Die bestehenden Mechanismen können entweder nicht vom Angeklagten ausgelöst werden oder führen schon nicht zwingend zu einer vollen Überprüfung der Entscheidung. Die indirekten Durchsetzungsmechanismen dienen nur bedingt dem Ziel, eine Sache vor den *EuGH* zu bringen. *Lieber* sieht darin gar die „schwerwiegendste Lücke im europäischen Rechtsschutzsystem".[451]

III. Keine Wiederaufnahme rechtskräftig abgeschlossener Strafverfahren

Nach der letztinstanzlichen Entscheidung bzw. nach Ablauf der Rechtsmittelfrist erwachsen strafrechtliche Urteile in Rechtskraft; sie sind dann nicht mehr anfechtbar, egal ob sie inhaltlich – auch im Hinblick auf des Unionsrecht – falsch sind. Dieser Umstand soll dem Rechtsfrieden dienen.

Das grundsätzlich zu billigende Ziel des Rechtsfriedens muss aber in Extremfällen – zumindest wenn es um strafrechtliche Verurteilungen geht – hinter der materiellen Gerechtigkeit zurücktreten.[452] Deswegen ist in vielen Mitgliedstaaten der Union, wie auch in Deutschland in § 359 StPO, unter gewissen Umständen die Durchbrechung der Rechtskraft im Wege der *Wiederaufnahme* des Verfahrens möglich. Auch wenn das letztinstanzliche Gericht eine Vorlage verweigert und eine unionsrechtswidrige Norm anwendet bzw. eine Regelung nicht im Einklang mit dem Unionsrecht auslegt, könnte das Urteil noch nach Eintritt der Rechtskraft im Sinne materieller Gerechtigkeit und letztlich des Vorrangs des Unionsrechts im Rahmen eines Wiederaufnahmeverfahrens aufzuheben sein.

Die meisten Wiederaufnahmegründe beziehen sich allerdings auf die Tatsachenebene, nicht auf die falsche Anwendung von Rechtsnormen. Unter letztere Fallgruppe ist aber auch die unrichtige Auslegung des Unionsrechts oder die Anwendung einer ungültigen Norm zu subsumieren. Solche „*rechtlichen Wiederaufnahmegründe*" zugunsten des Angeklagten finden sich zwar in § 359 Nr. 3 und Nr. 6 StPO, wie auch in § 79 Abs. 1 BVerfGG. Interessant ist vor allem, dass Urteile des *EGMR* (§ 359 Nr. 6 StPO) und des *BVerfG* (§ 79 Abs. 1 BVerfGG) zu einer Wiederaufnahme des Strafverfahrens führen können, wenn sich ein rechts-

---

[451] So *Lieber*, S. 172.
[452] Vgl. BeckOK-StPO/*Hoffmann-Holland*, § 359 StPO Rn. 1; *Jokisch*, S. 211 ff.; *Schiwek*, S. 155 f.; siehe auch *Dannecker*, in: Rengeling u. a. (Hrsg.), § 38 Rn. 72 ff., 77; *Schilling*, EuGRZ 2012, 133 (135 f.), scheint auf die Intensität des Vorlageverstoßes abstellen zu wollen.

kräftiges strafgerichtliches Urteil als konventions- oder grundgesetzwidrig erweist.[453]

Wird dagegen unionales Recht – etwa im Rahmen einer anderweitig anhängig gemachten Nichtigkeitsklage – für ungültig erklärt oder hält der *EuGH* eine gewisse Auslegung eines umzusetzenden Rechtsaktes für mit Unionsrecht unvereinbar, so verstößt das nationale Gesetz, das ursprünglich lediglich einen Unionsakt in nationales Recht implementieren sollte, zwar gegen Unionsrecht und müsste wegen dessen Anwendungsvorrangs unangewendet bleiben.[454] Eine Wiederaufnahme ist jedenfalls im deutschen Recht dennoch nicht vorgesehen.[455] Der *EuGH* fordert bisher auch nicht, dass eine Wiederaufnahmemöglichkeit im Sinne des *effet utile* geschaffen wird (noch Kapitel 4 § 3 D.).[456]

IV. Rechtsmittel des Angeklagten gegen den Vorlagebeschluss?

Mancher Angeklagte wird eine Vorlage nicht erzwingen, sondern diese vielmehr verhindern wollen. Schließlich ist das Vorabentscheidungsverfahren häufig mit einer erheblichen Verlängerung des Verfahrens verbunden, selbst wenn für den Raum der Freiheit, der Sicherheit und des Rechts bestimmte Sonderregelungen getroffen wurden (noch F. III.). Dennoch stellt es sich als erhebliche Belastung für den Angeklagten dar, die Beantwortung eines Vorabentscheidungsersuchens abwarten zu müssen, das aus seiner Sicht nicht entscheidungserheblich ist. Auch die Richtigkeit der Vorlagefrage liegt durchaus im Interesse der Betroffenen, da andernfalls zu einem späteren Zeitpunkt erneut eine Vorlagefrage an den *EuGH* gerichtet werden muss, was zu weiteren Verzögerungen führt (vgl. schon I.).

Ob Rechtsmittel *gegen* die Vorlageentscheidung statthaft sind, richtet sich nach nationalem Recht; die Anfechtung wird zumindest in Art. 267 AEUV nicht ausgeschlossen,[457] unter der Prämisse, dass wegen Art. 267 Abs. 3 AEUV ein solcher Rechtsbehelf, mit dem der Vorlagebeschluss angegriffen werden soll, nur in Frage käme, wenn *keine Vorlagepflicht* besteht.[458] Vorgesehen ist die Anfechtung etwa in Schottland: Vorlagen werden dort generell erst nach Ablauf der Rechts-

---

[453] Etwa *Dannecker*, in: Rengeling u. a. (Hrsg.), § 38 Rn. 77; *Jokisch*, S. 213 ff. – Beruht die Verurteilung auf der verfassungswidrigen Norm, ist das Ermessen auf „Null" reduziert: Maunz/Schmidt-Bleibtreu/Klein/Bethge/*Bethge*, § 79 BVerfGG Rn. 42.
[454] Weitere denkbare Situationen stellt *Jokisch*, S. 208 f., dar.
[455] Zur Regelungslücke weiterführend: *Jokisch*, S. 218 f.
[456] *EuGH* Rs. C-224/01 (Köbler/Österreich), (Fn. 440), Tz. 38 f.; s. a. *Friedrich*, S. 155, 159 ff., zu *EuGH* Rs. C-119/05 (Ministero dell'Industria u. a./Lucchini Siderurgica SpA), 18.7.2007, Slg. 2007, I-6199, Tz. 63; vgl. auch *Thomy*, S. 153 f.; *Kokott/Henze/Sobotta*, JZ 2006, 633 (639); *Fredriksen*, S. 302 ff.
[457] Vgl. *Dannecker*, in: Rengeling u. a. (Hrsg.), § 38 Rn. 55.
[458] Vgl. *Pechstein*, Rn. 879.

mittelfrist an den *EuGH* übermittelt, bzw. wenn ein Rechtsmittel eingelegt wird, erst nach der Entscheidung über dieses Rechtsmittel. Ähnliche Regelungen gibt es in Wales und England. Auch in Schweden und Bulgarien ist die Anfechtung nach den allgemeinen Bestimmungen möglich. In Frankreich ist ebenfalls ein Rechtsmittel gegen die Vorlageentscheidung statthaft, sowie in den Niederlanden.[459]

Die Anfechtung der Vorlageentscheidung oder der Aussetzungsentscheidung ist dagegen *ausgeschlossen* in Deutschland, Irland, Italien und Belgien.[460] In Deutschland wird dies damit begründet, dass die Vorlageentscheidung eine Prozessentscheidung *sui generis* sei und deswegen die allgemeinen Rechtsbehelfe nicht anwendbar seien.[461] Zugleich wird das Vorabentscheidungsverfahren mit dem konkreten Normenkontrollverfahren nach Art. 100 GG verglichen, gegen dessen Einleitung ein Rechtsmittel ebenfalls nicht vorgesehen ist (vgl. dazu schon II. 1. a.).[462] *Lipp* dagegen will eine Beschwerde zulassen, weil mit dieser lediglich überprüft werde, ob die Ermessensausübung korrekt erfolgte und nationale Verfahrensbestimmungen eingehalten wurden, etwa ob rechtliches Gehör im vorgeschriebenen Umfang gewährt wurde.[463] Ob entsprechende Entscheidungen existieren, ist jedenfalls nicht ersichtlich.

Im Hinblick auf den Individualrechtsschutz scheint dies jedoch wünschenswert: Das Vorabentscheidungsverfahren hat einen erheblichen Einfluss auf die Verfahrensdauer, was insbesondere im Hinblick auf den Beschleunigungsgrundsatz im Strafverfahren zu berücksichtigen ist.[464] Gegen das Argument, dass auch gegenüber der Vorlage nach Art. 100 GG keine Beschwerde möglich sei, lässt sich zudem einwenden, dass die Gerichte bei Zweifeln an der Grundgesetzkonformität einer Norm *verpflichtet* sind, vorzulegen, anders als bei Art. 267 Abs. 2 AEUV.[465] Zudem überprüft der *EuGH* nicht die Entscheidungserheblichkeit der Vorlagefragen, oder zumindest nur in Ausnahmefällen, anders als das *BVerfG* im Rahmen von Vorlagen nach Art. 100 GG. Es muss also zumindest fachgerichtlicher Rechtsschutz gegen eine nicht entscheidungserhebliche Vorlage möglich sein (siehe noch Kapitel 4 § 3 B. I. 2., 3.).[466]

---

[459] Aufstellung bei *Kastelik-Smaza,* S. 128 f., 131; auch *Maschmann,* NZA 1995, 920 (924).

[460] Vgl. *Kastelik-Smaza,* S. 129, 131.

[461] Siehe *Kastelik-Smaza,* S. 129; a. A. *Lipp,* in: Zivilgerichtsbarkeit, S. 103 (105 f.).

[462] Vgl. auch *Dannecker,* in: Rengeling u. a. (Hrsg.), § 38 Rn. 55; *Kastelik-Smaza,* S. 129; *Fredriksen,* S. 278 ff., zur Anfechtung nach § 252 ZPO.

[463] Siehe *Lipp,* in: Zivilgerichtsbarkeit, S. 103 (105 f.).

[464] *Latzel/Streinz,* NJOZ 2013, 97 (98) und *Kastelik-Smaza,* S. 130, weisen darauf hin, dass die Verlängerung bewusst eingesetzt werden kann, um die andere Partei mürbe zu mache. Dass solche Maßnahmen von *Strafverfolgungsbehörden* ergriffen werden, ist aber kaum vorstellbar. Zu weiteren Nachteilen: *Pfeiffer,* NJW 1994, 1996 (1999 f.).

[465] Siehe *Pfeiffer,* NJW 1994, 1996 (2000): Art. 100 GG bilde ein Prozesshindernis.

[466] So auch *Maschmann,* NZA 1995, 920 (926 f.).

F. Verfahren vor dem Gerichtshof selbst

Im Folgenden soll knapp das Verfahren vor dem *EuGH* selbst erläutert werden, von der Einleitung (I.) bis hin zum Urteil und dessen Wirkungen (IV.). In diesem Zusammenhang ist auch die Frage zu beantworten, welche Stellung der Angeklagte im Prozess vor dem Gerichtshof innehat (II.). Dabei ist vorab klarzustellen, dass Sonderregeln für straf- oder strafverfahrensrechtliche Vorabentscheidungsverfahren nur rudimentär bestehen, letztlich nur in Form eines Eilverfahrens (III.).

I. Zuteilung der Verfahren und Verfahrensablauf

1. Auswahl des Berichterstatters und der Kammer

Zugewiesen wird ein registriertes Vorabentscheidungsersuchen zunächst einem Berichterstatter, der das Verfahren bis zum Abschluss des schriftlichen Verfahrens (siehe 2.) weitgehend allein betreut (Art. 59 EuGH-VerfO). Auf der Grundlage des internen Arbeitsberichts, den er erstellt, entscheidet das Richterkollegium über die weitere Behandlung der Vorlagefrage. Der Bericht soll auch Vorschläge für zu ergreifende prozessleitende Maßnahmen enthalten sowie dazu, welche Richterformation die Frage behandeln soll, also eine Dreier-, Fünferoder die Große Kammer (Art. 59 Abs. 2, 3 EuGH-VerfO).

Die Auswahl des berichterstattenden Richters stellt regelmäßig ein Präjudiz für die spätere konkrete Kammerzuständigkeit dar.[467] Dabei folgt die Bestellung nicht abstrakt festgeschrieben oder auch nur veröffentlichungsbedürftigen Leitlinien. In der Praxis spielen der Sachzusammenhang, die Arbeitsbelastung, die Kenntnis der Verfahrenssprache und des nationalen Rechts, die Schwierigkeit der Rechtssache und politische oder finanzielle Folgen eine Rolle – nicht aber die Spezialisierung eines Spruchkörpers auf bestimmte Materien.[468] Geht man mit den Ausführungen im ersten Kapitel (§ 3 C. II. 2.) davon aus, dass das Gebot des gesetzlichen Richters in gewissem Umfang auch auf Unionsebene greift, so sind Bedenken gegen diese Praxis durchaus gerechtfertigt.[469]

2. Verfahrensabschnitte im Einzelnen

Der *schriftliche Teil des Vorabentscheidungsverfahrens* beginnt damit, dass nach Eingang des Ersuchens beim Gerichtshof der Kanzler des *EuGH* dieses in alle Amtssprachen des Gerichtshofs übersetzt und dann den Parteien des Ausgangsverfahrens und sonstigen Beteiligten zustellt (Art. 20 Abs. 1 S. 2 Satzung,

---

[467] Vgl. *Wägenbaur*, Art. 15 EuGH-VerfO Rn. 1.
[468] Siehe aber *Karper*, S. 76.
[469] So auch Streinz/*Huber*, Art. 251 AEUV Rn. 7; siehe aber andererseits *Karper*, S. 77 f.

Art. 98 EuGH-VerfO). Diese können binnen zwei Monaten nach der Zustellung Schriftsätze beim *EuGH* einreichen oder schriftliche Erklärungen abgeben (Art. 23 Abs. 2 Satzung). Der Angeklagte kann also seine Rechtsansicht über seinen Vertreter (Art. 19 Abs. 3 Satzung) darlegen. Erwiderungen auf die Stellungnahmen anderer Beteiligter sind im schriftlichen Verfahren nicht vorgesehen.[470]

An das schriftliche Verfahren schließt sich regelmäßig das *mündliche Verfahren* vor dem *EuGH* in Luxemburg an (Art. 20 Abs. 5 Satzung), es verliert aber mit der Neufassung der Verfahrensordnung weiter an Bedeutung.[471] Nach Art. 76 EuGH-VerfO kann der Gerichtshof auf die Durchführung einer mündlichen Verhandlung verzichten, wenn er sich durch die im Schriftverfahren eingereichten Stellungnahmen bereits hinreichend informiert fühlt.[472] Der *EuGH* entscheidet zudem ohne mündliche Verhandlung, wenn die vorgelegte Frage offensichtlich mit einer Frage übereinstimmt, über die er bereits entschieden hat (Art. 99 EuGH-VerfO).[473] Im Anschluss ergehen (regelmäßig) die Schlussanträge des Generalanwalts (Art. 20 Abs. 4 Satzung, Art. 82 EuGH-VerfO) und schließlich ein Urteil nach Art. 86 f. EuGH-VerfO (siehe noch IV.). Gegen das Urteil im Vorabentscheidungsverfahren ist kein Rechtsmittel statthaft.

Das Verfahren vor dem *EuGH* ist kostenfrei (Art. 143 EuGH-VerfO). Über im Zusammenhang mit dem Vorabentscheidungsverfahren entstandene außergerichtliche Kosten ist nach den Grundsätzen des nationalen Rechts in der Kostenentscheidung des Ausgangsgerichts zu entscheiden.[474]

II. Stellung des Angeklagten im Verfahren vor dem EuGH

Das *Verfahren* vor dem *EuGH* ist *nicht kontradiktorisch* ausgestaltet. Vielmehr handelt es sich um ein objektives Verfahren, bei dem ein nationales Gericht und

---

[470] Vgl. etwa *Latzel/Streinz,* NJOZ 2013, 97 (107); *Maschmann,* NZA 1995, 920 (922); kritisch zur möglichen Beschränkung der maximalen Länge der Schriftsätze: *Berrisch,* EuZW 2012, 881 (882).

[471] So *Latzel/Streinz,* NJOZ 2013, 97 (108); kritisch: *Berrisch,* EuZW 2012, 881 (882).

[472] Bisher konnte die mündliche Verhandlung nur entfallen, wenn weder die Beteiligten noch der Generalanwalt beantragt haben, ihren Standpunkt mündlich zu Gehör zu bringen (Art. 104 Abs. 4 *EuGH*-VerfO a. F.). Das war aber selten der Fall, weil Beteiligte erstmals in der mündlichen Verhandlung Gelegenheit erhalten, zu den Ansichten anderer Beteiligter Stellung zu nehmen, vgl. bei *Maschmann,* NZA 1995, 920 (922).

[473] Zum Verfahren: *Latzel/Streinz,* NJOZ 2013, 97 (108); *Berrisch,* EuZW 2012, 881 (882), fordert zur Zurückhaltung bei der Nutzung des Verfahrens auf, da nationale Gerichte die Beschlüsse geradezu als „Affront" aufgreifen müssen. Zu Nachteilen, insb. für die rechtsfortbildende Funktion des *EuGH*: *Germelmann,* EuR 2009, 254 (keine Veröffentlichung im Amtsblatt, Verzicht auf Übersetzung in alle Amtssprachen).

[474] Näheres bei *Latzel/Streinz,* NJOZ 2013, 97 (109).

der Gerichtshof zusammenarbeiten.[475] Die Stelle, die den Rechtsakt erlassen hat, um den es im Vorlageverfahren geht, steht also nicht dem Angeklagten gegenüber. Während erstere aber zumindest einmal Gelegenheit zur Stellungnahme erhält, wird die Beteiligung des Angeklagten zumindest nicht *zwingend* vorgeschrieben.[476] Er darf auch *keine verfahrensleitenden Anträge* stellen, das gilt auch für etwaige Anträge auf Durchführung eines beschleunigten Verfahrenes (III. 2.).[477] Immerhin hat er ein Äußerungsrecht und kann mündliche oder schriftliche Stellungnahmen abgeben, jedoch keine schriftlichen Erwiderungen einreichen.[478] Dass eine Erwiderung auf das Vorbringen anderer Verfahrensbeteiligter nicht im Schriftverfahren möglich ist, ist allerdings im Hinblick auf Art. 47 GRC unproblematisch. Aus dem Anspruch auf Gehör lässt sich kein Anspruch auf schriftliche Stellungnahme ableiten.[479] Solange die Parteien im mündlichen Verfahren Stellung nehmen können, genügt dies grundrechtlichen Mindestforderungen.

Dass dem Angeklagten *eine Erwiderung auf die Schlussanträge* des Generalanwalts versagt wird, wird verschiedentlich ebenfalls nicht für problematisch gehalten, weil Generalanwälte in gleicher Weise wie Richter Unabhängigkeit und Unparteilichkeit garantierten und keine parteigleiche Stellung innehätten oder eigene Interessen verträten. Sie seien vielmehr ein Bestandteil des Gerichtshofs; eine Stellungnahme sei daher nicht erforderlich. Dafür spreche auch, dass die Schlussanträge mit dem Urteil zusammen veröffentlicht werden.[480]

Gegen dieses Argument wird eingewendet, dass die Verträge selbst zwischen Generalanwälten und Gerichtshof differenzieren und dass angesichts der urteils-

---

[475] *Lumma,* EuGRZ 2008, 381 (382), hält es gar für das funktionelle Äquivalent des Vertragsverletzungsverfahrens; dagegen *Dörr,* EuGRZ 2008, 349 (350): Äquivalent der Nichtigkeitsklage. – Der Angeklagte kann dem Verfahren nicht beitreten, selbst wenn er ein Interesse an dem Ausgang geltend machen kann; diese Möglichkeit besteht nur bei kontradiktorischen Verfahrensarten (Art. 40 Abs. 2 Satzung); dazu *EuGH* Rs. 62/72 (G. Paul Bollmann/Hauptzollamt Hamburg-Waltershof), 1.3.1972, Slg. 1973, 269, Tz. 4; Bezug nehmend darauf: *Kastelik-Smaza,* S. 137; s. a. *Thiele,* S. 71.

[476] Siehe *Böcker,* S. 94; *Kastelik-Smaza,* S. 137; *Thiele,* S. 71. Entsprechend kennen die Satzung und Verfahrensordnung des *EuGH,* soweit es um das Vorabentscheidungsverfahren geht, nicht den Begriff der Parteien sondern nur den der „Äußerungsberechtigten" (siehe auch noch sogleich); vgl. *Maschmann,* NZA 1995, 920 (922).

[477] Er kann lediglich die Durchführung einer mündliche Verhandlung beantragen (Art. 76 Abs. 2, 3 *EuGH*-VerfO i.V.m. Art. 23 Satzung).

[478] Vgl. *EuGH* Rs. C-364/92 (SAT Fluggesellschaft mbH/Eurocontrol), 19.1.1994, Slg. 1994, I-43, Tz. 9; *Munding,* S. 426 f.; *E. Schulte,* S. 31; *Kastelik-Smaza,* S. 138 f., zur (anwaltlichen) Vertretung.

[479] Vgl. *Fredriksen,* S. 198.

[480] Der *EGMR* hat sich in der Entscheidung über die insoweit eingereichte Beschwerde (Emesa Sugar N.V./Niederlande, Beschw.-Nr. 62023/00, Entsch. v. 13.1.2005, ECHR 2000, I-665), letztlich nicht mit der Frage auseinander gesetzt; dazu *Fredriksen,* S. 199 f.; *Jarass,* NJW 2011, 1393 (1397); *Schilling,* ZaöRV 2000, 395 (400 ff.). *Schiemann,* in: Essays Sir Francis Jacobs, S. 3 (16 ff.), zur Verlesung der Schlussanträge vor der mündlichen Verhandlung.

beeinflussenden Zielrichtung der Schlussanträge eine unterschiedliche Behandlung auch angemessen scheint.[481] Immerhin folgt der Gerichtshof den Schlussanträgen in etwa 75 % aller Fälle.

Zwar ist nach Ansicht von *Fredriksen* die Gewährung von Gehör in der Regel nicht erforderlich, weil Einwände gegen die Auslegung des Unionsrechts durch die Generalanwälte ohnehin vor dem nationalen Gericht vorgebracht werden können; dieses wiederum kann, wenn es die Einwände für begründet hält, dem Rechnung tragen und gegebenenfalls eine erneute Vorlage einlegen.[482]

Dass das nationale Gericht die aufgetretenen Fragen erneut vorlegt, ist aber nicht sichergestellt. Unter prozessökonomischen Gesichtspunkten erscheint diese Lösung zudem mehr als fragwürdig. Hören muss den Angeklagten außerdem nicht nur das nationale Gericht, sondern in unionsrechtlichen Fragen der *EuGH*, der insoweit eine abschließende Entscheidung trifft.[483] Schließlich handelt es sich bei der Vorlage um ein separates, vom eigentlichen Strafprozess zu trennendes Verfahren, so dass jedenfalls vom deutschen Standpunkt aus bei einem strafrechtlichen Ausgangspunkt wegen des Rechts auf das „letzte Wort" erforderlich scheint, dass der Angeklagte auf die Schlussanträge noch reagieren kann.

Ob der Antrag auf Wiedereröffnung der mündlichen Verhandlung nach Art. 83 EuGH-VerfO eine hinreichende Möglichkeit zur Stellungnahme darstellt, kann mit *Schilling* durchaus bezweifelt werden, da sie im Ermessen des Gerichtshofs steht.[484]

III. Die Eilvorlage nach Art. 267 Abs. 4 AEUV

Ein Vorabentscheidungsverfahren dauert im Durchschnitt 16–20 Monate.[485] Es sind aber gerade im Bereich der polizeilichen und justiziellen Zusammenarbeit in Strafsachen Situationen denkbar, in denen eine schnellere Entscheidung des *EuGH* erforderlich ist, etwa wenn ein Vorabentscheidungsverfahren eine inhaftierte Person betrifft.

Die Pflicht zur Einhaltung einer angemessenen Verfahrensdauer geht dabei nicht zuletzt auf Primärrecht, nämlich die Gewährleistung des Art. 47 Abs. 2 GRC, zurück.[486]

---

[481] Zur „Einheit": *Schilling*, ZaöRV 2000, 395 (398 ff.); *Fredriksen*, S. 201.
[482] Siehe *Fredriksen*, S. 201.
[483] Vgl. auch *Niestedt*, in: Zivilgerichtsbarkeit, S. 11 (26).
[484] Nach *Schilling*, ZaöRV 2000, 395 (405 f.), sollte ein entsprechender Antrag trotzdem immer zur Eröffnung führen.
[485] 19 Monate: *Rennert*, EuGRZ 2008, 385 (387); *Dörr*, EuGRZ 2008, 349 (352); 19,3: *Skouris*, EuGRZ 2008, 343 (346). Im Jahr 2011 betrug die durchschnittliche Dauer sogar nur noch 16,4 Monate, vgl. *EuGH*, Jahresbericht 2011, S. 114.
[486] *Dörr*, EuGRZ 2008, 349 (351), geht davon aus, dass sich der *EuGH* an den Grundsätzen, die der *EGMR* zu Art. 5 Abs. 3, 4 EMRK entwickelt hat, orientieren wird.

1. Einstweiliger Rechtsschutz nur vor nationalen Gerichten

Der Gerichtshof kann keine einstweiligen Anordnungen treffen. Art. 278 und Art. 279 AEUV sind nicht anwendbar, da es sich beim Vorlageverfahren um ein nicht-streitiges Zwischenverfahren handelt, nicht um eine „Klage".[487] Derartige Anordnungen können allein von den nationalen (Ausgangs-)Gerichten erlassen werden, wobei entsprechenden Regelungen nur Wirkung in Bezug auf das eigene Rechtsgebiet zukommt. Erstreckt sich eine unionsrechtlich verbotene Tätigkeit eines EU-Bürgers auf mehrere Mitgliedstaaten, was im globalisierten Wirtschaftssektor nicht schwer vorstellbar ist, wäre er gezwungen in allen Staaten Anträge auf Gewährung einstweiligen Rechtsschutzes zu stellen.[488] Vor allem im Bereich des Nebenstrafrechts werden hier Härten auftreten, etwa wenn eine bestimmte Art der Abfallentsorgung verboten und durch Bußgeld bewehrt werden soll. Dass die Rechtsunterworfenen auf den nationalen Rechtsweg verwiesen sind, birgt ein erhebliches Kosten- und Prozessrisiko.[489] Eine kurze Verfahrensdauer ist vor diesem Hintergrund von wesentlicher Bedeutung.

2. Beschleunigung des Verfahrens vor dem Gerichtshof

Es kann vor dem *EuGH* zwar ein beschleunigtes Verfahren nach Art. 105 *EuGH*-VerfO durchgeführt werden, wobei dies der Angeklagte selbst nicht einmal beantragen kann (siehe schon II.).[490] Das beschleunigte Verfahren erwies sich allerdings als ungeeignet, der Dringlichkeit bei zu erwartendem Anstieg der Vorlagen aus dem Bereich der ehemaligen Dritten Säule gerecht zu werden.[491]

Daher wurde schon vor Inkrafttreten des Vertrags von Lissabon in Art. 107 ff. EuGH-VerfO ein *Eilvorlageverfahren* geschaffen. Es ermöglicht dem Gerichtshof innerhalb kürzester Zeit zu entscheiden, wenn ein Vorabentscheidungsverfahren

---

[487] Etwa Grabitz/Hilf/Nettesheim/*Stoll/Rigod*, Art. 279 AEUV Rn. 5; *Böcker*, S. 109 f.

[488] Vgl. *GA Jacobs*, Schlussanträge, Rs. C-50/00 P (UPA/Rat), (Fn. 71), Tz. 44; auch *Böcker*, S. 110; *E. Schulte*, S. 155; s. a. *British Institute of International and Comparative Law*, S. 84.

[489] Vermeidbar ist dies nach Ansicht von *Baumeister*, EuR 2005, 1 (21), indes nicht: Sollten die entsprechenden Verfahren auf nationaler Ebene bereits eingeleitet sein, dann wäre es ohnehin eine Obliegenheit des Betroffenen, gegen den drohenden Nachteil i. R. d. prozessualen Möglichkeiten, die das jeweilige Rechtssystem bietet, vorzugehen.

[490] Dazu *Wägenbaur*, Art. 105 *EuGH*-VerfO Rn. 2.

[491] Vgl. *Kokott/Dervisopoulos/Henze*, EuGRZ 2008, 10 (11 f.): Der Verfahrensablauf wird kaum verändert, eilbedürftigen Vorabentscheidungsersuchen wird aber Vorrang eingeräumt. Da dieses Vorgehen zu Lasten anderer Verfahren geht, wird es selten genutzt; s. a. *Kraus*, EuR-Beih 3/2008, 109 (120 f.); *Rosas*, CYELS Vol. 11, 1 (9 f.), hält eine Reduzierung der Dauer im beschleunigten Verfahren auf weniger als vier Monate für unmöglich. Zur Forderung eines Eilverfahrens schon: Reflexionspapier des *EuGH*, abgedruckt in: EuZW 1999, 750 (751 f.); *Kastelik-Smaza*, S. 180 f., *Böcker*, S. 110.

den Raum der Freiheit, der Sicherheit und des Rechts betrifft. Dazu zählen vor allem Vorabentscheidungsersuchen aus schwebenden Verfahren gegen inhaftierte Personen, was in Art. 267 Abs. 4 AEUV nochmals gesondert hervorgehoben wurde. Bei solchen Eilverfahren[492] wird der *Schwerpunkt* des Verfahrens vom Schriftverfahren auf die *mündliche Verhandlung* verlegt. Unter Umständen kann das Schriftverfahren sogar komplett entfallen (Art. 111 EuGH-VerfO); jedenfalls wird die Anzahl der Äußerungsberechtigten erheblich beschränkt (Art. 109 Abs. 1 EuGH-VerfO). Die vom Schriftverfahren Ausgeschlossenen können sich nur noch in der mündlichen Verhandlung äußern (Art. 110 Abs. 1 EuGH-VerfO). Zudem wird auf die förmlichen Schlussanträge der Generalanwälte verzichtet, diese werden vor der Urteilsfällung lediglich gehört (Art. 112 EuGH-VerfO).

Dörr geht davon aus, dass mithilfe des Eilverfahrens nach Art. 267 Abs. 4 AEUV i.V.m. Art. 107 ff. EuGH-VerfO Vorlageverfahren innerhalb von zehn bis zwölf Wochen erledigt werden können, ohne dass andere anhängige Verfahren oder der Dialogcharakter des Verfahrens darunter zu leiden haben.[493] Gelingt dies tatsächlich, dürfte jedenfalls für Haftfragen dem Grundsatz der angemessenen Verfahrensdauer genügt sein. Dass diese Dauer – angesichts der zu erwartenden Zunahme der Verfahren nach Ablauf der Übergangsfrist und angesichts der gesetzgeberischen Triebkraft der Kommission – gehalten werden kann, darf aber bezweifelt werden. Zudem kritisiert *Lumma* nicht zu Unrecht, dass durch die Verlagerung des Schwerpunkts auf die mündliche Verhandlung die Gefahr entsteht, dass der Gerichtshof seine Entscheidungen auf einer „vagere[n] Erkenntnisgrundlage" treffen muss, als dies im Schriftverfahren der Fall ist, nicht zuletzt weil das geschriebene Wort in der Regel klarer ist als das gedolmetschte gesprochene, das zudem häufig nicht gleichermaßen ausführlich den Sachverhalt darstelle. Auch dass auf die „Filterfunktion" des Generalanwalts verzichtet wird, hält *Lumma* für problematisch.[494]

---

[492] Eine knappe Darstellung des Verfahrens bieten: *Kraus,* EuR-Beih. 3/2008, 109 (121); *Kokott/Dervisopoulos/Henze,* EuGRZ 2008, 10 (12); *Rosas,* CYELS Vol. 11, 1 (10 f.). Vgl. *Skouris,* FS Merten, S. 383 (391 f.), zu den diskutierten Modellen. Zum Antrag: *Latzel/Streinz,* NJOZ 2013, 97 (106 f.).

[493] So *Dörr,* EuGRZ 2008, 349 (353); *Kraus,* EuR-Beih. 3/2008, 109 (121); *Skouris,* FS Europa-Institut, S. 545 (548); *Kokott/Dervisopoulos/Henze,* EuGRZ 2008, 10 (12 f.). Nach *Friedrich,* S. 53 f., hat das Verfahren keinen echten Dialogcharakter mehr. *Rosas,* CYELS Vol. 11, 1 (9), nennt Übersetzungspflichten und Stellungnahmefristen als Hauptursachen der langen Verfahrensdauer. *Bobek,* CMLRev 2008 (45), 1621 (1641 f.), führt den Rückgang der Dauer auch darauf zurück, dass sich die Richterzahl am *EuGH* 2004 wegen der Beitritte annähernd verdoppelt hat, dem jedoch kein vergleichbarer Anstieg der Vorlagezahlen gegenübersteht. Vielmehr nimmt die Pro-Kopf-Belastung ab.

[494] Vgl. *Lumma,* EuGRZ 2008, 381 (383 f.); *Rennert,* EuGRZ 2008, 385 (387), hält dagegen ohnehin den mündlichen Vortrag für den wesentlichen Verfahrensbestandteil.

IV. Wirkung der Vorlageentscheidung

Auch die Konsequenzen eines Verfahrens sind entscheidend für die Rechtsschutzeffektivität. Relevant sind insoweit insbesondere die Reichweite der Entscheidungen in personeller (1.) und zeitlicher Hinsicht (2.) sowie die Detailtiefe der Urteile selbst (3.)

1. Bindung inter-partes oder erga-omnes?

Nach Art. 267 AEUV ist jedes Vorabentscheidungsurteil im *Ausgangsverfahren* verbindlich: Das nationale Gericht muss den Rechtsstreit entsprechend der Auffassung des Gerichtshofs entscheiden. Diese Pflicht gilt auch für alle Gerichte, die in derselben Rechtssache entscheiden, also etwa für das Revisionsgericht. Dabei erstreckt sich die Bindungswirkung auf den Tenor und die tragenden Entscheidungsgründe.[495] Das nationale Gericht kann aber in derselben Rechtssache den *EuGH* erneut anrufen, wenn es Probleme bei der Auslegung seiner Entscheidung hat, sich weitere Rechtsfragen stellen oder das nationale Gericht dem Gerichtshof weitere Aspekte unterbreiten möchte, durch die seine Entscheidung beeinflusst werden könnten.[496] Wird ein Vorabentscheidungsurteil nicht beachtet, so kann das Urteil *nicht vollstreckt werden*. Vielmehr wäre ein Vertragsverletzungsverfahren einzuleiten, weil der jeweilige Mitgliedstaat seine Pflicht aus Art. 4 Abs. 3 EUV i.V.m. Art. 267 AEUV verletzt hat. Dies gilt auch für alle Verwaltungsorgane, die zur Umsetzung des Urteils berufen sind.[497]

Urteile, in denen die Ungültigkeit eines Rechtsakts festgestellt wird, entfalten darüber hinaus schon aus Gründen der Rechtssicherheit *erga-omnes-Wirkung*.[498] Weitere Vorlagen können sich höchstens auf deren Reichweite oder Auslegung beziehen. Hat der *EuGH* die Gültigkeit einer Vorschrift festgestellt, ist eine erneute Vorlage dagegen grundsätzlich möglich, da sich die Ungültigkeit auch aus anderen als den abgeurteilten Nichtigkeitsgründen ergeben kann.[499]

---

[495] Siehe *Germelmann*, EuR 2009, 254 (264); *Brakalova*, S. 304 ff.; *Pechstein*, Rn. 864; *Hecker*, § 6 Rn. 16. Zur Bindung im Ausgangsverfahren: *Kastelik-Smaza*, S. 152 ff.

[496] Vgl. *Pechstein*, Rn. 864; *Kastelik-Smaza*, S. 154 f.; auch *Thomy*, S. 91; *Munding*, S. 437.

[497] Siehe *Pechstein*, Rn. 869. Nach *Hakenberg*, EuR-Beih. 3/2008, 163 (172), informiert sich der *EuGH* regelmäßig über nationale Endurteile.

[498] Vgl. *Middeke*, in: Rengeling u.a. (Hrsg.), § 10 Rn. 90; zu Organhandlungen, die gerade nicht erga omnes für ungültig erklärt werden: *Pechstein*, Rn. 867.

[499] Vgl. *Kastelik-Smaza*, S. 157 f.; *Thomy*, S. 92 f.; *Munding*, S. 437 f. Nach *Middeke*, in: Rengeling u.a. (Hrsg.), § 10 Rn. 90, habe der *EuGH* durch analoge Anwendung von Art. 264 AEUV gezeigt, dass zwischen der Nichtigerklärung und der Ungültigkeitserklärung im Vorlageverfahren keine grundsätzlichen Unterschiede bestehen; *Hecker*, § 6 Rn. 16.

Bei *Auslegungsurteilen* bleibt es dagegen bei einer *inter-partes-Wirkung*.[500] Es besteht aber eine starke *faktische Bindung* aller nicht mit dem Rechtsstreit befassten Gerichte, auch in anderen Mitgliedstaaten.[501] Letztinstanzliche Gerichte können eigentlich keine Zweifel mehr an der richtigen Auslegung haben, wenn der *EuGH* die Frage bereits entschieden hat (*acte éclairé*). Falls Zweifel dennoch weiterhin bestehen oder ein Gericht von dieser Auslegung abweichen will, ist es nach Art. 267 Abs. 3 AEUV verpflichtet, erneut vorzulegen.[502] Für unterinstanzliche Gerichte besteht eine solche faktische Bindung ebenfalls schon aus Gründen der Prozessökonomie. Sonst müsste das unterinstanzliche Gericht entweder selbst vorlegen, obwohl es nicht dazu verpflichtet ist, oder es läuft Gefahr, dass sein Urteil, dem eine der Rechtsprechung der Unionsgerichte widersprechende Auslegung zugrunde liegt, aufgehoben wird, weil das Rechtsmittelgericht der Ansicht des *EuGH* folgt (oder selbst vorlegt).[503] Im Strafrecht muss insoweit auch das Beschleunigungsgebot berücksichtigt werden.

2. Ex-tunc-Wirkung

Grundsätzlich haben alle Vorabentscheidungsurteile zudem *ex-tunc*-Wirkung. Ausnahmen sind aber im Hinblick auf den Grundsatz der Rechtssicherheit möglich; der Ausschluss der Rückwirkung muss dann ausdrücklich im Urteil ausgesprochen werden.[504]

3. Regelungstiefe

Problematisch wird zwar im Hinblick auf die Effektivität der Urteile teilweise gesehen, dass durch den *EuGH* nicht unmittelbar die Rechte der Bürger festgelegt werden, sondern erst durch die nationalen Gerichte, die das Vorabentscheidungsurteil anzuwenden haben; denn der *EuGH* entscheidet im Rahmen von Vorabentscheidungsverfahren nur über abstrakte Rechtsfragen. Individualrechtsschutz erfolgt entsprechend nur indirekt. Andererseits ist der Unterschied zur Un-

---

[500] Der Begriff ist untechnisch zu verstehen; mangels Beteiligung der Parteien des Ausgangsverfahrens ist „ad-rem" richtig, *Althammer*, in: Zivilgerichtsbarkeit, S. 37 (41).

[501] Vgl. nur *Trocker*, RabelsZ 66 (2002), 417 (450 f.); *Althammer*, in: Zivilgerichtsbarkeit, S. 37 (43 ff.); *Hakenberg*, EuR-Beih. 3/2008, 163 (172 f.), zur Übertragbarkeit.

[502] Vgl. *Middeke*, in: Rengeling u.a. (Hrsg.), § 10 Rn. 87 ff.; *Pechstein*, Rn. 868; *Lumma*, EuGRZ 2008, 381 f.; *Althammer*, in: Zivilgerichtsbarkeit, S. 37 (47 ff.); *Fredriksen*, S. 232; *Thomy*, S. 92; *Kastelik-Smaza*, S. 156 f.; aber *Bergmann*, ZAR 2011, 41 (44).

[503] Vgl. *Thomy*, S. 92; *Middeke*, in: Rengeling u.a. (Hrsg.), § 10 Rn. 89; aber auch *Althammer*, in: Zivilgerichtsbarkeit, S. 37 (49 ff.).

[504] Ausführlich zu den Urteilswirkungen: *Germelmann*, EuR 2009, 254 (261 ff.); *Hakenberg*, EuR-Beih. 3/2008, 163 (173 f.); *Sellmann/Augsberg*, DÖV 2006, 533 (537 f.); *Pechstein*, Rn. 870 ff.; *Fredriksen*, S. 248 f.; *Munding*, S. 436 f.

tätigkeitsklage (noch § 4 A.) nicht allzu groß. Auch in dem Verfahren nach Art. 265 AEUV stellt der Gerichtshof lediglich eine Verletzung fest, entscheidet aber nicht selbst, welche Handlungen vorgenommen werden sollen, damit den Rechten des Klägers entsprochen werden kann. Vielmehr werden im Vorabentscheidungsurteil sogar spezifischere Aussagen über das Unionsrecht getroffen, die eine Umsetzung der Vorgaben für das vorlegende Gericht erleichtern. Ein Strafverfahren etwa wäre einzustellen, wenn sich aus dem Urteil ergibt, dass die strafrechtliche Norm, aufgrund derer verurteilt werden soll, unionsrechtswidrig ist, denn damit mangelt es zugleich an einer strafbaren Handlung.[505]

G. Fazit: Vorlageverfahren kein tragfähiges Konzept im Strafrecht

Das Vorabentscheidungsverfahren gilt als tragende Säule des unionalen Rechtsschutzsystems. Es sichert die einheitliche Rechtsanwendung in allen Mitgliedstaaten ab und verringert zugleich die Arbeitsbelastung der europäischen, zentralen Gerichte, indem dezentrale, nationale Gerichte alle Sachverhalte in tatsächlicher und rechtlicher Hinsicht aufbereiten, bevor sie vorgelegt werden.[506] Daneben wird dem Vorlageverfahren auch eine entscheidende Bedeutung für die Effektivität des Rechtsschutzes zugeschrieben. Fraglich ist aber, ob das Verfahren auch für das Strafrecht ein tragfähiges Konzept im Sinne eines Ausgleichs der beschränkten Klagemöglichkeiten gegen Unionsrecht darstellt.

I. Klärung der Frage der Strafbarkeit erst nach Anklageerhebung

Das Vorlageverfahren bietet natürlichen und juristischen Personen die Möglichkeit, unionsrechtliche Fragestellungen durch die europäischen Gerichte klären zu lassen, ohne dazu die bekannten Wege des nationalen Rechtsschutzes verlassen zu müssen. Ist die Vereinbarkeit einer Strafnorm mit Unionsrecht zweifelhaft oder ist z. B. nicht klar, wie eine Unionsnorm zu verstehen ist, auf die eine Blankettnorm verweist, so steht der Weg zum *EuGH* allerdings in der Regel *erst im Hauptverfahren* offen. Nur das befasste Gericht kann zudem eine Vorlage an den Gerichtshof beschließen. Gerade im strafrechtlichen Bereich kann die *Akzessorietät* zum nationalen Verfahrenssystem dann aber nicht als Vorteil des Vorlageverfahrens gesehen werden, denn das Beschreiten des bekannten Rechtsweges bedeutet, dass gegen den Betroffenen ein (Straf-)Verfahren eingeleitet wurde.

Dies führt dazu, dass eine Person, auf deren Verhalten eine strafrechtliche Norm anwendbar wäre, sich entweder dem *Anpassungszwang* unter eine potenziell rechtswidrige Norm fügt, um die schädlichen Auswirkungen einer Anklage

---
[505] Siehe auch *Kastelik-Smaza*, S. 161 f.
[506] Knapp bei *Schiwek*, S. 158 f.

zu vermeiden, oder im Bewusstsein gegen die Norm verstößt, dass sie damit ein Strafverfahren provoziert, weil keine andere Möglichkeit besteht, die zugrunde liegende Unionsnorm überprüfen zu lassen.[507] Im Zivilrecht mag dieses Konzept wegen der Dispositionsmaxime tragfähig sein, denn der Kläger kann selbst entscheiden, ob und wie er seine Rechte vor Gericht geltend macht und so ein gerichtliches Verfahren auf nationaler Ebene einleitet.[508] Zwar trägt er das Kostenrisiko, die Nachteile erscheinen jedoch gegenüber denjenigen des Strafverfahrens vernachlässigbar gering.

Rechtsschutzsuchende zu zwingen, ein Strafverfahren zu riskieren, ist unzumutbar, zumal wenn das einzige Ziel die Einleitung eines Vorlageverfahrens ist, damit der Rechtsakt überprüft werden kann.[509] Zudem besteht auch in strafrechtlichen Verfahren eine Vorlagepflicht nur für letztinstanzliche Gerichte. Voraus geht daher häufig ein langjähriges nationales Verfahren, weil der Angeklagte den Instanzenzug erst ausschöpfen muss, bevor ein Verfahren vor dem *EuGH* eingeleitet wird.[510]

II. Untergeordnete Rolle des Angeklagten im Verfahren

Der Angeklagte hat nicht nur kaum Einfluss darauf, ob die befassten Gerichte eine Frage dem *EuGH* vorlegen, ihr Beurteilungsspielraum entzieht sich auch weitgehend einer gerichtlichen Nachprüfung – sowohl auf nationaler als auch auf internationaler Ebene.[511] Die Beurteilung der Entscheidungserheblichkeit der unionsrechtlichen Fragestellung obliegt allein dem jeweiligen nationalen Gericht als Souverän des Vorabentscheidungsersuchens.[512] Die Einflussmöglichkeiten des Angeklagten, insbesondere auch auf die Formulierung der Vorlagefrage, sind zudem vom nationalen Recht abhängig, was Ungleichbehandlungen befördert. Offensichtlich wird diese Problematik, wenn Prozesse gegen mehrere Mittäter einer Straftat in verschiedenen Mitgliedstaaten der Union geführt werden. Unabhängig davon kann aber ein Rechtsbehelf, der nicht vom Rechtsschutzsuchenden *selbst eingelegt* werden kann und auf dessen Prüfungsgegenstand er nur einen äußerst geringen Einfluss hat, die festgestellten Rechtsschutzmängel im Rahmen der Nichtigkeitsklage nicht ausgleichen. Gerade dass die Einleitung dem Rechts-

---

[507] Vgl. auch *Schiwek*, S. 162 ff., 278 f.; *E. Schulte*, S. 32.
[508] Vgl. *Schiwek*, S. 162 ff., 278 f. Siehe aber auch *Thomy*, S. 265.
[509] *GA Jacobs*, Schlussanträge, Rs. C-50/00 P (UPA/Rat), (Fn. 71), Tz. 41; s.a. *Koch*, E.L.Rev. 2005, 30 (4), 511 (515).
[510] *GA Jacobs*, Schlussanträge, Rs. C-50/00 P (UPA/Rat), (Fn. 71), Tz. 44; dazu *Koch*, E.L.Rev. 2005, 30 (4), 511 (515); *E. Schulte*, S. 29, 155; siehe auch *Bergmann*, ZAR 2011, 41 (43, Fn. 14); *Rasmussen*, in: *EuGH* in der Kritik, S. 113 (134 f.).
[511] Ebenso *Philippi*, S. 53.
[512] Dazu: *Thomy*, S. 68 ff.; *Munding*, S. 435; vgl. auch *Satzger*, Europäisierung, S. 663; zu dieser Zurückhaltung auch *Skouris*, EuGRZ 2008, 343 (344).

schutzsuchenden selbst möglich ist, ist ein entscheidender Aspekt der Effektivität eines Rechtsmittels.[513] Die zur Verfügung stehenden Mechanismen zur Erzwingung der Vorlage vermögen nicht, dieses Manko auszugleichen.

Der Angeklagte spielt zudem, wie auch die Partei eines zivilrechtlichen Ausgangsverfahrens, nur eine untergeordnete Rolle im eigentlichen Verfahren vor dem *EuGH*. Im Hinblick auf die zumindest behauptete individualschützende Funktion des Verfahrens, erscheint die Beteiligung unzureichend. Das Verfahren findet eigentlich nur zwischen dem vorlegenden nationalen Gericht und dem *EuGH* statt.

III. Ergebnis: Untauglichkeit des Vorabentscheidungsverfahrens

Nach Ansicht des *EuGH* mag das Verfahren dennoch geeignet sein, den Schutz des Einzelnen wirksam sicherzustellen.[514] Den Anforderungen des Art. 47 GRC wird es indes nicht gerecht, wie aus den vorausgegangenen Ausführungen ersichtlich wird: Dies gilt vor allem in der ohnehin schon belastenden Situation des Strafverfahrens, die dazu führt, dass dem Rechtsschutzsuchenden ein echter Rechtsbehelf nicht bleibt. Er muss sich beugen oder sich anklagen lassen.[515]

Selbst wenn er dieses Risiko eingeht, ist ihm der Weg zum allein Heil bringenden Gerichtshof der Europäischen Union, der das Monopol für die Nichtigerklärung von Unionsrecht und dessen Auslegung hat, nicht sicher. Vor dem Gesetz steht ein Türhüter – um *Kafka* zu bemühen –, das nationale Gericht. Gelangt er tatsächlich auf die europäische Ebene, so stellt der Angeklagte schnell fest, dass er auch dort nur Nebendarsteller sein kann.

Die Rechtsschutzlücken, welche die Nichtigkeitsklage offen lässt, also insbesondere im Hinblick auf unmittelbar wirkende Gesetzgebungsakte, kann das Vorlageverfahren nicht ausgleichen, weil ein zumutbarer und effektiver Zugang zum Gericht nicht gewährt wird. Selbst wenn aber ein solcher auf nationaler Ebene noch konstruiert werden könnte (siehe noch Kapitel 4 § 1 A. II.), setzt sich die untergeordnete Rolle des Angeklagten auf europäischer Ebene in inakzeptabler Weise fort.

---

[513] Vgl. *GA Jacobs*, Schlussanträge, Rs. C-50/00 P (UPA/Rat), (Fn. 71), Tz. 42. Es geht nicht, wie *Baumeister*, EuR 2005, 1 (20), meint, um die Irrtumsfreiheit des Gerichts, sondern um den vorgeschalteten Zugang zum Gericht.

[514] So etwa in *EuGH* verb. Rs. 116/77 u. 124/77 (Amylum u.a./Rat u. KOM), 5.12.1979, Slg. 1979, 3497, Tz. 14.

[515] Etwa *Thiele*, S. 295 f.; *Haratsch*, EuR-Beih. 3/2008, 81 (94); *Rengeling* FS Everling, S. 1187 (1196); siehe auch *Dauses*, Grundrechte, S. 147; *Dauses*, EuZW 2008, 449; *Brakalova*, S. 284; auch *Kastelik-Smaza*, S. 303, 305 f. A.A. wohl nur *Baumeister*, EuR 2005, 1 (34 f.).

§ 4 Ausgleich durch sonstige Klagen?

Die übrigen Verfahrensarten sollen hier nur noch knapp angesprochen werden, als sie offensichtlich nicht primär dem Individualrechtsschutz dienen oder nur einige der festgestellten Härten auszugleichen vermögen, wie die Schadensersatzhaftung (B.) und das Vertragsverletzungsverfahren (Art. 258 ff. AEUV, C.), deren Mängel ohnehin bereits erörtert wurden. Angesichts des Klagebegehrens erübrigen sich auch Ausführungen zur Untätigkeitsklage (Art. 265 AEUV) weitgehend (A.). Erwähnung finden soll vor allem die Inzidentrüge (Art. 277 AEUV), die von den Unionsgerichten als Argument gegen das Bedürfnis direkten Rechtsschutzes gegen abstrakt-generelle Rechtsakte angeführt wird (D.).

A. Ausgleich durch die Untätigkeitsklage (Art. 265 AEUV)?

Die Untätigkeitsklage nach Art. 265 AEUV ergänzt die Nichtigkeitsklage;[516] mit Hilfe dieser Verfahrensform kann eine Unionseinrichtung dazu „verpflichtet" werden, eine an den Kläger gerichtete, rechtswirksame Maßnahme zu erlassen.[517] Sie ist angesichts des inhärenten Klagebegehrens generell nur von geringer Bedeutung,[518] insbesondere aber für das Strafrecht. Angesichts dessen ist ein Ausgleich der Defizite der auf andere Ziele gerichteten Nichtigkeitsklage und des Vorabentscheidungsersuchens nicht möglich.

B. Ausgleich der Rechtsschutzlücken durch Schadensersatzklagen?

Fraglich ist, inwieweit Schadensersatzklagen nach Art. 268 i.V.m. Art. 340 Abs. 2 AEUV (I.) und die richtrechtlich entwickelte Haftung der Mitgliedstaaten (II.) die festgestellten Mängel des Rechtsschutzes ausgleichen können.

I. Haftung nach Art. 268 i.V.m. Art. 340 Abs. 2 AEUV

Nach der Generalklausel der Art. 268 i.V.m. Art. 340 Abs. 2 AEUV haftet die Union für Amtspflichtverletzungen nach den allgemeinen Rechtsgrundsätzen, die den Rechtsordnungen der Mitgliedstaaten gemeinsam sind. Wegen dieser vage gehaltenen Formulierung oblag es den europäischen Gerichten der Haftung Kon-

---

[516] Zu möglichen Lücken im Schnittfeld: *Lenz/Staeglich*, NVwZ 2004, 1421 f., vor allem bei Zwischenschritten, von denen nach der Rechtsprechung keine Rechtswirkungen ausgehen.

[517] Zur Urteilswirkung sei bemerkt, dass das *EuG* keine echten Verpflichtungsurteile erlassen kann. Lediglich eine Handlungspflicht kann festgestellt werden. Dies ist Ausdruck der Gewaltenteilung auf Unionsebene; vgl. *Böcker*, S. 83.

[518] Siehe *Eckhardt*, S. 60 f.

turen zu verleihen. Die von der Rechtsprechung entwickelten Anforderungen sind allerdings sehr streng und ihre exakte Bedeutung ist bis heute nicht abschließend geklärt:[519] Dem Kläger muss zunächst ein *Schaden* entstanden sein, der kausal auf einem Fehlverhalten einer Einrichtung der Union beruht.[520] Auch judikatives (siehe schon § 3 E. II. 4.) und legislatives Unrecht ist von der Norm erfasst; die Regelung nimmt damit eine Sonderstellung im unionsrechtlichen Verfahrenskanon ein, weil auch der Einzelne unmittelbar gegen eine Norm vorgehen kann.[521] Es werden grundsätzlich aber nur „*hinreichend qualifizierte Verstöße*" gegen *Schutznormen* geprüft. Der Prüfungsumfang ist auf offenkundige und erhebliche Kompetenzüberschreitungen beschränkt.[522] Mit der Schadensersatzklage dürfen zudem nicht die Voraussetzungen der Nichtigkeits- bzw. Untertätigkeitsklage umgangen werden. Stattdessen wird der Anspruch bei Mitverschulden gekürzt. Der Betroffene muss also versuchen, Schäden zu vermeiden, indem er zur Verfügung stehende Rechtsschutzmöglichkeiten ausschöpft.[523]

In einem besonders grundrechtsintensiven Bereich ist die Anwendbarkeit des Schadensersatzanspruchs noch gänzlich ungeklärt, nämlich wenn es um den Ersatz solcher Einbußen geht, die durch unrechtmäßig verhängte „*smart sanctions*" ausgelöst wurden. Denkbar ist der Eintritt finanzieller Schäden durch fälschlicherweise verhängte „*smart sanctions*" ohne Weiteres, etwa wenn ein Reiseverbot verhängt wird und einer betroffenen Person deswegen ein Geschäftsabschluss entgeht. Parallel zum Vorabentscheidungsersuchen stellt sich hier die Frage, ob Art. 275 Abs. 2 AEUV, der allein die Nichtigkeitsklage nach Art. 263 Abs. 4 AEUV als zulässige Klageform nennt, auch eine Schadensersatzklage nach Art. 268 i.V.m. Art. 340 Abs. 2 AEUV zulässt (vgl. schon § 3 B. II.). Anders als Gültigkeitsvorlagen zielen die Schadensersatzklagen jedenfalls nicht auf die Aufhebung eines Rechtsakts ab. Das Klageziel ist somit ein anderes, womit ein Kernargument für die Ausweitung der Justiziabilität der Akte der GASP im eng begrenzten Bereich des Art. 275 Abs. 2 AEUV entfiele. Andererseits erscheint es durchaus wünschenswert, dass nicht nur die Rechtswidrigkeit eines solchen Beschlusses festgestellt werden kann, sondern auch Restitution möglich ist. *Pechstein* betrachtet die Zulässigkeit der Schadensersatzklage daher als „rechtsstaatlich konsequente Folge".[524] Geklärt ist dies aber bisher nicht.

---

[519] Siehe nur *E. Schulte*, S. 34 f.; *Schwarze*, DVBl. 2002, 1297 (1304); *Böcker*, S. 118 ff.
[520] Vgl. *EuGH* Rs. 4/69 (Lütticke/KOM), 28.4.1971, Slg. 1971, 325.
[521] Vgl. *Böcker*, S. 112 f., 123 m.w.N.
[522] *EuGH* Rs. 5/71 (Aktien-Zuckerfabrik Schöppenstedt/Rat), 2.12.1971, Slg. 1971, 975; Tz. 11; auch *Schwarze*, DVBl. 2002, 1297 (1304 f.) m.w.N.; ebenso *Borowski*, EuR 2004, 879 (902); *Kastelik-Smaza*, S. 54; *Böcker*, S. 130 f.; zu den einzelnen Voraussetzungen ausführlich: *Siegerist*, S. 67 ff.
[523] Vgl. *Munding*, S. 472 f.; siehe auch *E. Schulte*, S. 33 f., mit entsprechenden Nachweisen.
[524] Vgl. *Pechstein*, Rn. 69.

II. Haftung der Mitgliedstaaten nach unionsrechtlichen Vorgaben

Die Haftung nach Art. 268 i.V.m. Art. 340 Abs. 2 AEUV erfasst nur Schäden, die durch Unionshandeln verursacht wurden. Die daneben durch Richterrecht als ungeschriebenes Haftungsinstitut entwickelte Schadensersatzklage gegen *mitgliedstaatliches Handeln* unterliegt aber denselben Voraussetzungen;[525] der *EuGH* wollte dadurch rechtsstaatlich bedenkliche Ungleichbehandlungen verhindern, da wegen der zunehmenden Verschmelzung der nationalen und supranationalen Ebene ohnehin kaum zwischen Schäden, die durch ein Unionsorgan oder einen Mitgliedstaat oder seine Organe verursacht wurden, differenziert werden kann.[526] Erforderlich ist also eine dem Mitgliedstaat zuzurechnende Verletzung von Rechten eines Einzelnen, die diesem durch Unionsrecht verliehen wurden. Es muss sich dabei außerdem um einen „qualifizierten" Verstoß handeln. Auch die Kausalität zwischen Verletzung und Schaden muss nachgewiesen sein.[527] Nicht nur Rechtsverletzungen der Legislative und Exekutive können den Anspruch auslösen, auch für judikatives Fehlverhalten ist der Anspruch anerkannt (siehe schon § 3 E. II. 4).

III. Kein Ausgleich der festgestellten Mängel

Klagebefugt im Rahmen von *Schadensersatzklagen* sind insbesondere natürliche und juristische Personen, die eine Verletzung eigener Rechte, nicht notwendig eigener Grundrechte, geltend machen. Diese Verfahren sind also gerade für den Individualrechtsschutz konzipiert.[528] Sie erfassen auch Schäden, die durch den Erlass von Normativakten entstanden sind und stehen damit in engem Zusammenhang mit der Nichtigkeitsklage. Die Einschränkungen des Rechtsschutzes, insbesondere durch das Merkmal der individuellen Betroffenheit, werden dadurch zumindest teilweise ausgeglichen.[529]

Der Nachteil ist offensichtlich: Zwar kann durch eine Schadensersatzklage ein eingetretener Schaden häufig tatsächlich wiedergutgemacht werden, jedoch wird

---

[525] Siehe *EuGH* verb. Rs. C-6/90 u. C-9/90 (Francovich u. Bonifaci/Italien), 19.11.1991, Slg. 1991, I-5357; zur Herleitung *Friedrich,* S. 76 ff.

[526] So *Böcker,* S. 113.

[527] Siehe nur *Friedrich,* S. 78.

[528] Vgl. *Dauses,* Grundrechte, S. 139; so auch *Haratsch,* EuR-Beih. 3/2008, 81 (96), für die mitgliedstaatliche Haftung, auch wenn diese aus dem Loyalitätsgebot hergeleitet werde; anders *Schwarze,* DVBl. 2002, 1297 (1304): Die mitgliedstaatliche Haftung stelle eher eine Sanktion unionsrechtswidrigen Verhaltens der Mitgliedstaaten dar als ein zusätzliches individualschützendes Element des europäischen Gerichtssystems.

[529] So auch *Rengeling,* FS Everling, S. 1187 (1195); *Dauses,* Grundrechte, S. 139 f., auch zu Folgendem: Es sei zu beachten, dass nur Schadensersatzklagen gegen Grundrechtsverletzungen *durch die Union* auch vor die Unionsgerichte getragen werden können. Solche durch die Mitgliedstaaten seien vor nationalen Gerichten zu verfolgen, wobei das Unionsrecht nur einen groben Rahmen vorgebe.

dadurch der Bestand der grundrechtswidrigen Regelung oder Maßnahme nicht berührt. Auch kann die eigentliche Grundrechts*verletzung* nicht abgewehrt oder beseitigt werden. Der Betroffene muss vielmehr den Eintritt des Schadens abwarten, um seine Rechte gerichtlich geltend machen zu können. Auch die Wiederaufnahme eines Strafverfahren etwa, das wegen einer offenkundig unionsrechtswidrigen Auslegung oder wegen einer sonst verweigerten notwendigen Vorlage zu Lasten des Angeklagten ausgeht, kann mithilfe der Schadensersatzklage nicht erzwungen werden.[530] Der Verweis auf den sekundären Rechtsschutz kommt einem Eingeständnis der Lücke im primären Rechtsschutz gleich.[531] Das Vorgehen nach dem Dulde-und-liquidiere-Prinzip ist dem fundamentalen Stellenwert der in Frage stehenden Gewährleistungen im Strafrecht, deren Verletzung – anders als im Binnenmarktrecht[532] – häufig eben nicht nur finanzielle Folgen nach sich zieht, nicht angemessen. Gerade die Beeinträchtigung der im Rahmen des Raums der Freiheit, der Sicherheit und des Rechts bedrohten Grundrechte können häufig nicht mit Geld aufgewogen werden,[533] wie etwa der Entzug der Freiheit.

C. Vertragsverletzungsverfahren

Auf das Vertragsverletzungsverfahren nach Art. 258 ff. AEUV soll nach den Ausführungen zum Vorlageverfahren (§ 3 E. II. 3.) nur noch kurz eingegangen werden:[534] Primär dient es der Durchsetzung des Unionsrechts. In diesem Sinne kann die Kommission als „Hüterin der Verträge" (Art. 17 Abs. 1 Satz 2 EUV, Art. 258 AEUV), aber auch jeder Mitgliedstaat (Art. 259 AEUV) gegen Verstöße eines Unionsmitglieds gegen die Verträge vorgehen. Das Vertragsverletzungsverfahren kann im Bereich des Strafrechts zwar in gewissem Maß Rechtsschutz vermitteln:[535] Es kann etwa gegen unionsrechtwidrige nationale Strafgesetze vorgegangen werden oder gegen eine unionsrechtwidrige Auslegung eines Strafgesetzes durch nationale Gerichte.[536] Von Interesse ist das Vertragsverletzungsverfahren auch im Falle eines Unterlassens, etwa wenn eine bürgerfreundliche Norm nicht, unzureichend oder zu spät im nationalen Recht umgesetzt

---

[530] Für das Zivilrecht ebenso kritisch: *Rösler*, S. 87; auch *Dauses*, Grundrechte, S. 140; *Dauses*, EuZW 2008, 449; *Reich* ZRP 2000, 375 (376); s. schon *Allkemper*, S. 198 f.
[531] So treffend *Rengeling*, FS Everling, S. 1187 (1194).
[532] *Rengeling*, FS Everling, S. 1187 (1195), weist aber zu Recht darauf hin, dass auch dort nicht alle Eingriffe finanziell ausgeglichen werden können.
[533] So auch *Schwarze*, DVBl. 2002, 1297 (1313); *Rengeling*, FS Everling, S. 1187 (1195).
[534] Allg. zum Vertragsverletzungsverfahren: *Wunderlich*, EuR-Beih. 1/2012, 49. Zur Effektivität des Verfahrens: *von Borries*, FS Rengeling, S. 485 ff.
[535] Etwa *Burgi*, in: Rengeling u. a. (Hrsg.), § 6 Rn. 2; Schwarze/*Schwarze*, Art. 258 AEUV Rn. 2; Streinz/*Ehricke*, Art. 258 AEUV Rn. 2.
[536] Siehe die Fallgruppen auch bei *Satzger*, Europäisierung, S. 656.

wird, wie eine Richtlinie zur Stärkung der Beschuldigtenrechte, die basierend auf Art. 82 AEUV erlassen werden könnte.

Für die Lösung von Konflikten zwischen den Mitgliedstaaten und der Union und zur Wahrung des Unionsrechts gegenüber den Vertragsstaaten,[537] mag sich das Verfahren bewährt haben.[538] Die bereits im Rahmen der Durchsetzung der Vorlagepflicht aufgeführten Mängel des Vertragsverletzungsverfahrens als individualrechtsschützendes Instrument gelten allerdings auch dann, wenn nicht die unterlassen Vorlage, sondern z.B. unionsrechtswidrige Gesetze den unmittelbaren Angriffspunkt bilden. Insbesondere dass das Verfahren nicht durch ein Individuum *ausgelöst* werden kann, macht es gerade für den Bereich des Strafrechts untauglich (siehe schon zum Vorlageverfahren § 3 G. II.).

Zwar kann sich der Bürger an die Europäische Kommission wenden, um sie von einem Verstoß in Kenntnis zu setzen, wovon auch in der Praxis häufig Gebrauch gemacht wird: im Jahr 2011 etwa wurden mehr als 3000 solcher informeller Beschwerden eingereicht.[539] Der Beschuldigte hat aber keinen einklagbaren Anspruch auf die Einleitung des Verfahrens; diese liegt allein im Ermessen der Kommission.[540] Hinzu kommt, dass bei solch informellen Vorverfahren die Gesamtdauer der Verfahren erheblich verlängert werden kann. Kommt es tatsächlich zu einem Vertragsverletzungsverfahren, dauert es von der Registrierung der Beschwerde bis zum Urteil nicht selten länger als fünf Jahre.[541] Dabei ist der Beschwerdeführer weder bei der Aufsichtsklage der Kommission noch bei der Staatenklage aktiv beteiligungsfähig.[542]

Auch die *Durchsetzungsmechanismen* sind gegenüber dem nationalen Recht schwach ausgestaltet. Dass die Urteile nicht vollstreckbar sind, sondern in der Form von Feststellungsurteilen ergehen, kann mit Teilen der Literatur noch als unschädlich betrachtet werden.[543] Es besteht zum einen eine Befolgungspflicht,

---

[537] Zum interaktiven Verhältnis von *EuGH* und Kommission: *Karper*, S. 54; *Wunderlich*, EuR-Beih. 1/2012, 49 (50 ff.): Die Kommission wirkt als „Vorfilter" und sondert unbegründete Verfahren aus. Zudem überwacht sie die Durchsetzung der *EuGH*-Urteile.

[538] So *Wunderlich*, EuR-Beih. 1/2012, 49 (60). Zu Ursachen für Vertragsverletzungen: *von Borries*, FS Rengeling, S. 485 (496 ff., Kosten-Nutzen-Analyse, organisatorische oder strukturelle Defizite, Mentalitätsfrage etc.).

[539] Vgl. KOM (2012) 714, S. 7. Dazu auch Grabitz/Hilf/Nettesheim/*Karpenstein*, Art. 258 AEUV Rn. 15 f.

[540] So z.B. *Thiele*, S. 86 f.; *von Borries*, FS Rengeling, S. 485 (501 f.), zu den Ermessenskriterien und Versuchen, informelle präventive Verfahren zur Beilegung von Konflikten anzuwenden; zur Entscheidung über die Klageerhebung: *Everling*, in: Aufsätze 2001–2011, Nr. 19, S. 405 (414 ff.).

[541] Vgl. *von Borries*, FS Rengeling, S. 485 (495).

[542] Siehe etwa *Rösler*, S. 59 f.

[543] Das Sanktionsregime ist durch den Vertrag von Lissabon sogar noch verschärft worden, indem Art. 260 Abs. 3 AEUV bei der Nichtumsetzung von im Gesetzgebungsverfahren erlassenen Richtlinien bereits im ersten Verfahren die Androhung und Verhängung einer Geldstrafe ermöglicht; allg.: *Wunderlich*, EuR-Beih. 1/2012, 49 (54 ff.),

also eine Pflicht, eine festgestellte Vertragsverletzung zu beseitigen (Art. 260 Abs. 1 AEUV). Wird dieser Pflicht nicht genügt, ist eine zweite Verurteilung unter Verhängung von Zwangsgeldern möglich.[544] Die Vollstreckung ist aber nach Art. 280 AEUV i.V.m. Art. 299 Abs. 1 AEUV ausgeschlossen.

Das Vertragsverletzungsverfahren kann nach allem zwar individualschützende Nebeneffekte haben, es ist dennoch ein Verfahren der objektiven Rechtsaufsicht.[545] Einen effektiver Grundrechtsschutz für den Einzelnen gewährt es nicht.

D. Inzidentkontrolle nach Art. 277 AEUV

Ungeachtet des Ablaufs der in Art. 263 Abs. 6 AEUV genannten Frist kann jede Partei in einem Rechtsstreit vor den Unionsgerichten,[546] bei dem die Rechtmäßigkeit eines Rechtsakts der Union mit allgemeiner Geltung angefochten wird, nach Art. 277 AEUV die Unanwendbarkeit dieses Akts aus den in Art. 263 Abs. 2 genannten Gründen geltend machen. Die Inzidentkontrolle soll die Schwächen des unionalen Rechtsschutzsystems ausgleichen, indem sie auch die Überprüfung von solchen abstrakt-generellen Rechtsakten zulässt, die nicht unmittelbar mit der Nichtigkeitsklage angegriffen werden können.[547]

Sie ist allerdings keine selbstständige Klage, sondern abhängig von einem bereits anhängigen Verfahren, etwa einer Nichtigkeitsklage nach Art. 263 AEUV. Es muss daher stets ein in einem anderen Verfahren angreifbarer Rechtsakt vorliegen. Gemäß Art. 277 AEUV soll dann im Zusammenhang mit der Klage auch die Anwendbarkeit und Gültigkeit des zugrunde liegenden Rechtsaktes mit allge-

---

auch zum „strafrechtlichen Charakter" und der Anwendbarkeit auf Altfälle; zum Druckpotenzial: *Everling,* in: Aufsätze 2001–2011, Nr. 19, S. 405 (421 ff.); s.a. *Kotzur,* EuR-Beih. 1/2012, 7 (15 f.); *von Borries,* FS Rengeling, S. 485 (507 f.), fordert weitere Verschärfungen; andererseits: *Everling,* in: Schwarze (Hrsg.), S. 363 (372 f.). – Die Regelung betrifft allerdings nur die Sondersituation nicht umgesetzter Richtlinien und knüpft zudem nicht an der tatsächlich unterlassenen Umsetzung an, sondern an der unterlassenen Meldung über getroffene Umsetzungsmaßnahmen, kritisch: *Rösler,* S. 133; *von Borries,* FS Rengeling, S. 485 (506 f.); *Skouris,* in: Symposium Papier, S. 83 (88 f., „halber Schritt"). V.a. auf die „Falschumsetzung" wird das neue Sanktionsverfahren nach Art. 260 Abs. 3 AEUV nicht anwendbar sein, so *Wunderlich,* EuR-Beih. 1/2012, 49 (58), wobei die Abgrenzung im Einzelfall schwierig sei, etwa wenn ein Mitgliedstaat davon ausgehe, eine Umsetzung sei nicht erforderlich, weil bereits nationales Recht existiere, das den Grundsätzen der Richtlinie entspricht.

[544] So *Dauses,* Grundrechte, S. 123. – Allzu oft hielt der *EuGH* die Verhängung von Zwangsgeldern nicht für erforderlich, so *Hakenberg,* EuR-Beih. 3/2008, 163 (165 f.), die darin ein Zeichen für den abschreckenden Effekt der Androhung sieht.

[545] Vgl. *Dauses,* Grundrechte, S. 123 zu *EuGH* Rs. 48/65 (Alfons Lütticke GmbH/KOM), 1.3.1966, Slg. 1966, 28; Rs. 247/87 (Star Fruit Company SA/KOM, (Fn. 435). Ausführlich *Everling,* in: Aufsätze 2001–2011, Nr. 19, S. 405 (409 f.).

[546] Natürlich kann auch im nationalen Verfahren eine solche Rüge vorgebracht werden, entscheiden kann über die Gültigkeit allerdings allein der *EuGH.*

[547] Allgemein Calliess/Ruffert/*Cremer,* Art. 277 AEUV Rn. 1.

meiner Wirkung überprüft werden, sofern die Frage der Gültigkeit für den konkreten Rechtsstreit entscheidungserheblich ist.[548]

Es wurde bereits darauf hingewiesen, dass die TWD-Rechtsprechung dazu führt, dass ein Rechtsakt, der einmal mit der Nichtigkeitsklage angreifbar gewesen wäre, nicht mehr mit der Inzidentkontrolle nach Art. 277 AEUV überprüft werden kann, damit die Klagevoraussetzungen der Nichtigkeitsklage nicht umgangen werden (siehe schon § 2 D. IV.). Denkbar wäre mithilfe der Inzidentrüge aber insbesondere eine Überprüfung von Gesetzgebungsakten, da diese regelmäßig nicht schon vorher gestützt auf Art. 263 Abs. 4 AEUV hätten angegriffen werden können.

Die inzidente Normenkontrolle stellt mithin keine eigene Klageform dar, sie ist vielmehr Ausdruck der Prüfbefugnis der Unionsgerichte in Bezug auf die Rechtsgrundlagen konkret angegriffener Akte. Die Effektivität der Kontrollmöglichkeit hängt angesichts der Akzessorietät davon ab, ob eine zumutbare Klageform besteht. Da aber dem Angeklagten dann wiederum allein das Vorlageverfahren bleibt, das aus seinem Strafprozess heraus eingeleitet werden muss, ist ein Ausgleich der festgestellten Mängel nicht möglich. Auch wenn die Union selbst einen konkretisierenden Akt erlässt, der mit der Nichtigkeitsklage angreifbar wäre, wäre dies meist schon der sanktionierende Akt, so dass – hochgebrochen auf die Unionsebene – insoweit nichts anderes gelten kann.

Eine Entscheidung im Zusammenhang mit einer inzidenten Normenkontrolle hat zudem nur inter-partes-Wirkung, die angegriffene Norm hätte somit weiterhin Bestand.[549] Zwar wird in einem solchen Fall in der Regel das Organ, das die Vorschrift erlassen hat, diese nach einem entsprechenden Urteil aufheben.[550] Nichtsdestotrotz handelt es sich bei der Entscheidung auf eine Inzidentrüge hin nur um einen faktischen Zwang. Insgesamt kann also auch die Inzidentrüge die bestehenden Härten in Grenzbereichen abmildern, nicht aber völlig ausgleichen.

E. Fazit zu den sonstigen Klagen des Unionsrechts

Die dargestellten indirekten und sekundären Klagen sind nicht geeignet, die festgestellten Mängel des Rechtsschutzsystems auszugleichen. Lücken bestehen vor allem beim Rechtsschutz gegen Normen, die eine belastende Wirkung auch ohne Durchführungsakt auf nationaler Ebene entfalten und im Falle von Drittwirkungen von Beschlüssen. Die Normenkontrolle nach Art. 277 AEUV ist streng akzessorisch zu einem anderen Hauptverfahren. Sie kann nur ergänzend eingreifen, aber Rechtsschutz gegen Gesetze nicht ersetzen. So kann auch durch die Inzidentkontrolle eine unmittelbar auf Rechtspositionen einwirkende Verord-

---

[548] Vgl. nur *E. Schulte,* S. 35.
[549] Siehe *Borowski,* EuR 2004, 879 (902).
[550] So jedenfalls *E. Schulte,* S. 35.

nung, ohne dass es dazu eines Vollzugsaktes bedarf, nicht angegriffen werden, weil schon kein Hauptverfahren zulässig wäre.

Ein Ausgleich über Schadensersatzklagen ist ebenso wenig denkbar, weil das Gesetz selbst bestehen bleibt und zudem allein ein nachträglicher Ausgleich gewährt werden kann. Zudem wird in beiden Fällen nur die Unanwendbarkeit einer bestimmten Regelung im Einzelfall festgestellt. Der *EuGH* wäre noch nicht einmal an seine eigene frühere Entscheidung gebunden, wenn der Kläger noch einmal inzident gegen den Rechtsakt vorgehen müsste.[551]

§ 5 Fazit: Kein effektiver und lückenloser Rechtsschutz gegen strafrechtliche Handlungen der Unionsorgane

Effektiver Rechtsschutz erfordert im Wesentlichen eine zeitnahe und transparente Klärung des Rechtslage. Das Gericht muss den Rechtsstreit befrieden können, was auch eine gewisse institutionelle Absicherung grundlegender Charakteristika eines „Gerichts" erforderlich macht, wie der Unabhängigkeit seiner Richter. Der gewährte Rechtsschutz muss insgesamt vollständig sein; Rechtsschutzlücken dürfen nicht bestehen (siehe schon Kapitel 1 § 3).

Von besonderer Bedeutung für den Individualrechtsschutz ist die Nichtigkeitsklage, unterstützt durch die Untätigkeitsklage als ihr prozessuales Gegenstück für den Fall der Rechtsverletzung durch ein Nicht-Handeln (Art. 263, 264 AEUV). Durch den Vertrag von Lissabon wurde die Nichtigkeitsklage erstmals in moderater Weise erweitert und lässt nun in größerem Umfang auch Klagen gegen Rechtsakte des Gesetzgebers der Union zu. Lücken bleiben aber weiterhin bestehen, vor allem in Bezug auf Drittwirkungen erzeugende Beschlüsse und – wesentlicher für das Strafrecht – Gesetzgebungsakte.

Dass aber die Rechtsschutzgarantien der GRC und der EMRK eine direkte Anfechtungsmöglichkeit bezüglich Legislativakten fordern, bestreitet jedenfalls der *EuGH*. Seiner Ansicht nach werde auch eine nur indirekte Kontrolle von Gesetzgebungsakten den Anforderungen des Art. 47 GRC und Art. 6 EMRK gerecht.[552] Indirekte Kontrollmöglichkeiten hinsichtlich normativen Unionsrechts enthalten die Verträge sogar in mehrfacher Hinsicht. Besonders heben die Unionsgerichte das *Vorabentscheidungsverfahren* nach Art. 267 AEUV hervor. Einen wesentlichen Bestandteil des umfassenden Rechtsschutzes gegen Unionsrechtsakte stellen daher die nationale Gerichte dar; sie sind Teil der Gerichtsbarkeit der Union. In arbeitsteiligem Zusammenwirken haben beide Ebenen gemeinsam, die supranationale und die nationale, den effektiven Rechtsschutz gegen unionsrechtlich beeinflusste Materien zu gewährleisten. Dabei kommt den Mit-

---

[551] Vgl. etwa *Munding*, S. 423 f.
[552] *EuGH* Rs. C-50/00 P (UPA/Rat), (Fn. 72), Tz. 45 f.; dazu *Pötters/Werkmeister/Traut*, EuR 2012, 546 (554 f.); *Jarass*, NJW 2011, 1393 (1394); *Pechstein*, Rn. 30.

gliedstaaten die Aufgabe zu, Rechtsschutzlücken zu schließen, indem sie notfalls auch neue Rechtsbehelfe schaffen. Mit Art. 19 Abs. 1 UAbs. 2 EUV wurde das Primat dezentralen Rechtsschutzes erneut bestätigt.

Die Argumentation geht dennoch fehl: Es kann nicht behauptet werden, die vage Hoffnung, ein nationales Gericht nicht nur davon zu überzeugen, dass europäisches Recht von Bedeutung für den konkreten Einzelfall sei, sondern auch noch davon, dass eine Vorlage wegen dessen Nichtigkeit oder zumindest der nicht eindeutigen Auslegung erforderlich sei, sei ein Äquivalent für direkten Rechtsschutz. Das Vorabentscheidungsverfahren wurde als Sicherungsmechanismus für die Einheitlichkeit und Kohärenz der Unionsrechtsordnung konzipiert und stellt sich als Instrument der richterlichen Zusammenarbeit dar. Es koordiniert im Wege eines ausgelagerten Zwischenverfahrens die Rechtsprechung der nationalen Gerichte auf dem Gebiet des Unionsrechts und zielt nicht primär auf den Schutz konkret-individueller Rechte eines Unionsbürgers ab. Vorlegen können nur die Prozessrichter, nicht die „Parteien" selbst. Die Vorlage ist nur in Ausnahmefällen obligatorisch. Der Angeklagte – wenn der Ausgangspunkt ein klassisches Strafverfahren darstellt – ist im Verfahren selbst nicht beteiligt, allein der Richter entscheidet darüber, ob er vorlegt und wie die Vorlage formuliert wird. Lediglich Anregungen sind möglich. Zudem muss der Betroffene den jedenfalls zeitlich aufwendigen nationalen Rechtsweg beschreiten und ausschöpfen, obwohl sein Ziel unter Umständen lediglich die Überprüfung eines Unionsrechtsaktes durch den *EuGH* ist.

Obwohl das Vorabentscheidungsverfahren nicht durch den betroffenen Einzelnen ausgelöst werden kann, wird angenommen, dass jedenfalls mit der Bereitstellung dieses Verfahrens Rechtsschutz in ausreichender Weise gewährleistet werde, wenn auch Lücken auf der mitgliedstaatlichen Rechtsschutzebene unbestreitbar seien. Das Funktionieren des Individualrechtsschutzsystems hänge zwar von der Vorlagefreudigkeit der nationalen Gerichte ab. Eine entsprechende Weigerung, der Vorlagepflicht nachzukommen, könne aber mithilfe des Vertragsverletzungsverfahrens geahndet werden.

Der fehlende Vorlageanspruch der Betroffenen wird aber nicht ausreichend durch die Vorlagepflicht letztinstanzlicher Gerichte kompensiert. Weder das Unionsrecht noch die nationalen Rechtsordnungen stellen ein effektives Mittel zur Durchsetzung der Vorlagepflicht bereit. Auch die Versuche des *BVerfG*, dieser Situation durch die Gewährleistung des gesetzlichen Richters (Art. 101 Abs. 1 S. 2 GG) abzuhelfen, gleichen dieses Manko nicht aus. Zudem kann nach derzeitiger Rechtslage auch das Vertragsverletzungsverfahren, mit dem solche Verstöße zu überprüfen wären, nicht vom Einzelnen selbst ausgelöst werden; er hat im Übrigen bei den Verfahren keine oder nur geringe Mitwirkungsrechte. Zu beachten ist außerdem die Zurückhaltung der Unionsgerichte bei der Verurteilung der Mitgliedstaaten wegen eines solchen Verstoßes. Die Vorlagepflicht kann mithin nicht effektiv zwangsweise durchgesetzt werden.

§ 5 Fazit

Vor allem bietet das Vorlageverfahren keinen effektiven Rechtsschutz, wenn das Unionsrecht selbst den Einzelnen unmittelbar, also ohne dass es eines nationalen Durchführungsaktes bedürfte, belastet, denn dann fehlt es an einem tauglichen Klagegegenstand vor den nationalen Gerichten. Dem Betroffenen bleibt allein, einen nationalen Rechtsakt zu provozieren, gegen den er dann vorgehen kann. Das bedeutet aber, dem Einzelnen aufzuzwingen zum „Rechtsbrecher" zu werden, damit er Rechtsschutz erlangen kann. Dies ist schon für sich genommen unzumutbar, gilt aber noch mehr, wenn die drohende Sanktion eine Maßnahme des Strafrechts oder des Ordnungswidrigkeitenrechts ist. Das Verfahren kann also keinen Ausgleich für die fehlende oder nur beschränkte Klagebefugnis natürlicher und juristischer Personen in allen kontradiktorischen Verfahren bieten.

Es ist den Unionsbürgern auch nicht zuzumuten, abzuwarten, bis eine Richtlinie, die ein bestimmtes Verhalten für strafbar erklärt, im nationalen Recht umgesetzt wird, um dann gegen die nationale Regelung vorzugehen. Zu diesem Zeitpunkt mussten sie wegen der Vorwirkungen des Umsetzungsgesetzes ihr Verhalten schon an die möglicherweise unionsrechtswidrige Regelung anpassen oder sie setzen sich der Gefahr aus, gegen diese zu verstoßen und sich damit einem Strafverfahren gegenüber zu sehen. Natürlich ist eine direkte Klage in dieser Situation nur hilfreich, wenn ein Verstoß bereits in den Richtlinienvorgaben liegt. Andernfalls muss effektiver nationaler Rechtsschutz gegen das Umsetzungsgesetz möglich sein, doch diese Problematik liegt nicht im Fokus der vorliegenden Arbeit.

Das einzig verbleibende Schadensersatzverfahren (Art. 268 i.V.m. Art. 340 AEUV) bietet dem Rechtsschutzsuchenden allein einen finanziellen Ausgleich für bereits eingetretene Schäden. Zwar sieht der *EuGH* keinen Verstoß gegen das Gebot des effektiven Rechtsschutzes darin, dass dem Betroffenen im Einzelfall nur ein solcher Sekundärrechtsschutz bleibt, da dieser ebenfalls zu einer inzidenten Überprüfung des zugrunde liegenden Unionsaktes führe, selbst wenn es sich dabei um einen Normativakt handelt.[553] Sekundärrechtsschutz kann aber fehlenden Primärrechtsschutz nicht kompensieren, allenfalls dann, wenn im konkreten Fall der Schaden aufgrund des Zeitablaufs nicht mehr verhindert werden konnte.[554] Der grundrechtsverletzende Rechtsakt selbst wird zudem durch ein Schadensersatz zusprechendes Urteil nicht berührt. Die Klage kann die bestehenden Rechtsschutzlücken im Rahmen des Primärrechtsschutzes nur abmildern, sie aber keineswegs ausgleichen und greift zudem wegen der überzogenen Anforderungen nur selten ein.

---

[553] *EuGH* Rs. C-432/05 (Unibet/Justitiekanslern), 13.3.2007, Slg. 2007, I-2271, Tz. 58; s. a. *Everling*, DRiZ 1993, 5 (9). *Braun/Kettner*, DöV 2003, 58 (65), hofften mangels Hinweises auf das Argument im Urteil in der Rechtssache *UPA* auf eine Rechtsprechungsänderung.

[554] Vgl. auch *Nowak*, in: Individualrechtsschutz in der EG, S. 47 (59).

Kapitel 3
Effektive Kontrolle europäischer Strafverfolgungsbehörden?

Der aus dem europäischen Einigungsprozess resultierende Wegfall der Binnengrenzen führte neben verschiedenen wirtschaftlichen Herausforderungen auch zu einem immensen Anstieg der transnationalen Kriminalität,[1] was die nationalen Strafverfolgungsbehörden vor grundsätzliche Probleme stellte. Ihre Kompetenzen endeten weitgehend an den Staatsgrenzen; die zur Verfügung stehenden Instrumente der Rechtshilfe boten keine hinreichend effektive Abhilfe für das Phänomen der grenzüberschreitenden Kriminalität. Die EU schuf aber nicht nur kriminelle Aktionsfelder, sondern ermöglichte zugleich den Mitgliedstaaten eine intensivere Kooperation bei der Bekämpfung des internationalen Verbrechens.[2] Ein Pfeiler des angesichts der veränderten Dimensionen der Kriminalität geschnürten Maßnahmenpakets lässt sich als *Europäisierung der Strafverfolgung* beschreiben. Dazu gehört zum einen die *polizeiliche Zusammenarbeit,* in deren Zentrum das Europäische Polizeiamt (Europol) steht (§ 1).[3] Daneben wird gleichermaßen die *justizielle Zusammenarbeit* im strafrechtlichen Bereich stetig ausgebaut. Hier sind vor allem Eurojust (§ 2) und das EJN (Europäisches Justizielles Netz, § 3) zu nennen. Diese Institutionen sollen die Mitgliedstaaten im Kampf gegen das internationale Verbrechen unterstützen.

Auch die von der Europäischen Union selbst verwalteten finanziellen Mittel weckten immer mehr Begehrlichkeiten. Weil die Mitgliedstaaten sich allerdings unwillig bzw. unfähig zeigten, Taten gegen die finanziellen Interessen der Union ebenso effektiv zu verfolgen und auch abzuurteilen, wie Delikte gegen rein natio-

---

[1] Etwa *Kistner-Bahr,* S. 9 ff.; *Matz,* S. 4 ff.; *Weertz,* S. 14 ff. Ein statistischer Nachweis ist aber mangels einheitlicher Erhebungsmethoden nicht möglich. Zu aktuellen Trends: *Kochan,* Oprisk and compliance 2009, 14 (16 f.); *Kolesnikova,* intersec 2011, 10 ff.

[2] Vgl. *Wasmeier,* in: Sieber u. a. (Hrsg.), § 32 Rn. 4 f.

[3] Errichtet wurde Europol außerhalb des EG-Rechtsrahmens in der eigens dafür geschaffenen Dritten Säule durch das Übereinkommen v. 26.7.1995 aufgrund von Artikel K.3 des Vertrags über die Europäische Union über die Errichtung eines Europäischen Polizeiamts (Europol-Übereinkommen), ABl. EG Nr. C 316 v. 27.11.1995, S. 2. Zur Entstehungsgeschichte – auch – der transnationalen polizeilichen Zusammenarbeit: *Ellermann,* S. 46 ff.; *Oberleitner,* S. 98 ff.; *Hausen,* S. 25 ff.; *Kistner-Bahr,* S. 13 ff.; *Srock,* S. 5 ff., 39 ff.; *Kremer,* S. 140 ff.; *Sule,* S. 14 ff.; *Günther,* S. 1 ff.; *Milke,* S. 23 ff.; *Engel,* S. 3 ff.; *Neumann,* in: Sieber u. a. (Hrsg.), § 44 Rn. 1 ff.; *De Moor/Vermeulen,* NJEuCrimL 1 (2010), 178 (180 ff.).

nale Interessen, sah sich die Union genötigt, die Verfolgung entsprechender Taten in die eigene Hand zu nehmen. Sie schuf Ermittlungsbefugnisse für europäische Behörden der damaligen Ersten Säule, wobei im Folgenden vor allem das Amt für *Betrugsbekämpfung* (OLAF) Erwähnung finden soll (§ 4).

Da das Hauptaugenmerk angesichts der voranschreitenden Integration und der wachsenden (finanziellen) Bedeutung der Union auf der Effektuierung der Strafverfolgung lag, gerieten die Interessen der Verfolgten immer mehr ins Abseits. Erst in den letzten Jahren verschiebt sich der Fokus des europäischen Gesetzgebers. Zunehmend wird der Rechtsschutz für Beschuldigte erweitert, Verfahrensrechte werden in immer größerem Umfang verbindlich festgeschrieben. Ob aber der derzeit gegenüber den Strafverfolgungsbehörden der Union gewährleistete Rechtsschutzstandard den grundrechtlichen Anforderungen genügt oder ob der europäische Gesetzgeber seine Bemühungen noch verstärken muss, soll im Folgenden dargestellt werden. Zuletzt sollen die Auswirkungen der in Kapitel 2 bereits angesprochenen Einbeziehung der ehemaligen Dritten Säule in das Rechtsschutzregime der Union und aktuelle Reformvorhaben im Bereich der Strafverfolgung auf europäischer Ebene untersucht werden (§ 5).

§ 1 Rechtsschutz gegen grundrechtsbeeinträchtigende Maßnahmen von Europol?

Vor allem die deutsche Rechtswissenschaft empfindet die Ausgestaltung der justiziellen Kontrolle von Europol als drängendstes Defizit der strafrechtlichen Zusammenarbeit in der EU.[4] Um beurteilen zu können, ob die in Bezug auf die *Kontrollmechanismen* geäußerten Bedenken tatsächlich gerechtfertigt sind, gilt es zunächst, die grundrechtsintensiven Handlungen des Amtes zu bestimmen, gegen die Rechtsschutz überhaupt gewährt werden muss. Dabei ist zuerst der Zuständigkeitsbereich der Agentur zu erläutern (A.), bevor auf die eigentlichen Befugnisse eingegangen wird (B.). Anhand dieser Kompetenzen soll der grundrechtliche Rahmen bestimmt werden, an dem sich die Agentur, vor allem der Rechtsschutz gegen ihre Handlungen messen lassen muss (C.). Schließlich ist angesichts der Vielzahl der Kontrolleure deren Beitrag zum Individualrechtsschutz darzustellen (D.–I.).

A. Allzuständigkeit des Europäischen Polizeiamtes?

Europol soll die Mitgliedstaaten bei der Eindämmung der grenzüberschreitenden (organisierten) Kriminalität unterstützen. Das Amt wird dabei sowohl mit

---

[4] Vgl. die folgenden Fußnoten. Nur *Fijnaut*, in: Europe's Area of Freedom, Security and Justice, S. 241 (255), hält Europol für die meistkontrollierte Polizeibehörde Europas.

dem Ziel der *Verbrechensverhütung* als auch der *-bekämpfung* tätig, also nicht nur repressiv, sondern auch präventiv.

Zuständig *ist* das Amt für Terrorismus und andere Formen *schwerer Kriminalität*, die im Anhang zum Europol-Beschluss (ERB)[5] beschrieben werden (z. B. Schleuserkriminalität, aber auch Geldfälschung), sowie für damit in Zusammenhang stehende Taten (Art. 4 Abs. 1, 3 ERB). Schon der Mandatsbereich ist also sehr weit; Definitionen der Straftatbestände enthalten weder der Beschluss noch sein Anhang. Damit Europol aber tätig werden kann, müssen nicht nur *mindestens zwei Mitgliedstaaten* von dem Delikt „betroffen" sein, sondern es muss auch ein gemeinsames Vorgehen der Unionsstaaten aufgrund des Umfangs, der Bedeutung und der Folgen der Taten erforderlich scheinen.

Das dem deutschen Verdachtsbegriff am nächsten kommende Merkmal des tatsächlichen Anhaltspunkts für kriminelle Organisationsstrukturen (Art. 2 EÜ a. F.) ist dagegen entfallen. Der ERB setzt die Schwelle für die Eröffnung der Zuständigkeit von Europol bewusst niedrig(er) an.[6] Nicht zuletzt angesichts dieser Änderung warnt etwa *Weigend* vor einer *Allzuständigkeit* .[7] Wegen des weiten Mandatsbereichs der Polizeibehörde muss jedenfalls ein besonderes Augenmerk auf die Ausgestaltung der justiziellen Kontrolle gelegt werden.[8]

B. Grundrechtsintensive Befugnisse von Europol

I. Überblick über die Aufgaben und Befugnisse

Der ERB unterscheidet nicht zwischen „*Aufgaben*" und „*Befugnissen*".[9] Erstere werden – zumindest ausweislich der amtlichen Überschrift – in Art. 5 ERB

---

[5] Beschluss 2009/371/JI des Rates v. 6.4.2009 zur Errichtung des Europäischen Polizeiamts (Europol), ABl. EU Nr. L 121 v. 15.5.2009, S. 37. Bis zum Inkrafttreten einer auf Art. 88 AEUV (vgl. Kapitel 1 § 3 E. II. 1.) gestützten Europol-VO bleibt der i. R. d. PJZS erlassene *Europol-Ratsbeschluss* (ERB) maßgeblich (Art. 9 Protokoll (Nr. 36) über die Übergangsbestimmungen v. 13.12.2007, ABl. EU Nr. C 83 v. 30.3.2010, S. 322).

[6] Dagegen *Petri*, S. 45; nach *Niehoff,* Streife 07–08/2004, 12 (13), kam es vorher schon allein auf die Tatschwere an. Siehe aber: Opinion 02-55 der GKI, zum nicht in den Mandatsbereich fallenden, im Grenzgebiet tätigen, (allein) handelnden Serienvergewaltiger, unter: http://europoljsb.consilium.europa.eu/opinions/decisions.aspx (zuletzt am: 20.10.2013); s. a. Erwägungsgründe 8, 9 zum ERB; *Amici*, RDUE 2010, 77 (86); *Niemeier/Walter*, Kriminalistik 2010, 17 (18 f.); *Niemeier*, ERA Forum (2010) 11, 197 (200 f.); *De Moor/Vermeulen*, CMLRev 47 (2010), 1089 (1097 f.); *Wandl*, S. 136; aus kriminologischer Sicht: *Dorn*, CrimeLawSocChange 2009, 283.

[7] So etwa *Weigend*, ZStW 116 (2004), 275 (299, „Ermittlungs- und Verfolgungsleviathan"); schon zum EÜ: *Kremer,* S. 167 f.; a. A. *Engel*, S. 43 f.; *Srock*, S. 64 f.; *Wandl*, S. 91 f.; *Sule*, S. 87. Andererseits: BRAK-Stellungnahme Nr. 21/2007, S. 6 f.; *Niehoff*, Streife 07–08/2004, 12 (13). – Zum *Subsidiaritätsgrundsatz*: *Kistner-Bahr*, S. 89 ff.; Erwägungsgrund 23 zum ERB.

[8] Ebenso: *Beaucamp*, DVBl. 2007, 802 (806).

[9] Vgl. *Ruthig*, in: Böse (Hrsg.), § 20 Rn. 43; sowie schon *Kremer,* S. 177, zum EÜ.

beschrieben; die Befugnisse sind dagegen nicht explizit im Beschluss genannt. Sie ergeben sich vielmehr mittelbar aus den Aufgabenumschreibungen.

Europol soll *Informationen sammeln, speichern, verarbeiten, analysieren und austauschen (lit.* a) und die zuständigen mitgliedstaatlichen Stellen über sachdienliche Erkenntnisse unterrichten *(lit.* b). Vor allem durch die Bereitstellung von Informationen soll Europol auch konkrete nationale Ermittlungen unterstützen *(lit.* c). Das Amt fertigt zudem *strategische Analysen* und allgemeine Lageberichte über die Bedrohung Europas durch bestimmte Kriminalitätsphänomene an *(lit.* f), wie den jährlich erscheinenden OCTA-Bericht (= Organised Crime Threat Assessment). Daneben unterstützt es die Mitgliedstaaten mit seiner Expertise auch bei internationalen (Fortbildungs-)Veranstaltungen *(lit.* e). Nationale Strafverfolgungsbehörden können von Europol außerdem um die Einleitung, Durchführung oder Koordinierung von strafrechtlichen Ermittlungen *ersucht werden (lit.* d, Art. 7 ERB). Auch die Einsetzung *Gemeinsamer Ermittlungsgruppen* (GEG)[10] kann das Amt empfehlen, an denen Europol-Mitarbeiter sogar selbst beteiligt werden können *(lit.* d, Art. 6 Abs. 1 ERB).

Aus der Aufgabenbeschreibung wird deutlich, dass das Amt primär als *zentrale Informationseinheit* errichtet wurde; auf die damit zusammenhängenden Fragen wird daher zunächst eingegangen (II.). Erst im Anschluss werden die operativ anmutenden Befugnisse zur Anregung nationaler Ermittlungen (III.) und zur Teilnahme an Gemeinsamen Ermittlungsgruppen dargestellt (IV.).

II. Datenverarbeitung durch das Europäische Polizeiamt

Im Rahmen der datenrechtlichen Befugnisse von Europol sind der Umfang der Datenspeicherung in den Computersystemen der Agentur (sogleich unter 1.) darzustellen sowie die Kompetenzen zum Austausch von Informationen mit seinen Partnern (noch unter 2.).

1. Umfang der Datenspeicherung in den Computersystemen bei Europol

Das Amt unterhält ein zweigliedriges Computersystem, bestehend aus dem Europol-Informationssystem [EIS, a)] und den sogenannten Analytical Work Files [AWF, b)], in dem auch personenbezogene Informationen in erheblichem Umfang und beinahe grenzenlos [c)] gespeichert werden können.[11]

---

[10] Zu den Gemeinsamen Ermittlungsgruppen: *De Moor/Vermeulen*, CMLRev 47 (2010), 1089 (1109). Allgemein auch *Krüßmann,* in: Böse (Hrsg.), § 18 Rn. 6 ff. Zu Vorteilen gegenüber traditioneller Rechtshilfe: *Neumann/Gemeins,* in: Sieber u.a. (Hrsg.), § 34 Rn. 14.

[11] Zur Indexfunktion unter b). Europol kann weitere Systeme einrichten (Art. 10 ERB); allg. *Amici,* RDUE 2010, 77 (87 f.). Zu Datenbanken für Terrorismus und Kinderpornographie: *De Moor/Vermeulen,* CMLRev 47 (2010), 1089 (1102).

a) Europol-Informationssystem

Das *EIS* ist ein automatisiert geführtes Informationssystem, in dem Erkenntnisse über Delikte im Mandatsbereich von Europol enthalten sind, wie auch Daten über Personen, die einer solchen Straftat verdächtigt werden, wegen derlei Taten verurteilt wurden oder bei denen die Gefahr besteht, dass sie eine solche begehen werden (Art. 12 Abs. 1 ERB).[12] Die Erfassung ist also *präventiv* und *repressiv* möglich.[13] Hauptzweck des Systems ist es, Übereinstimmungen zwischen gespeicherten Daten festzustellen, um so den Mitgliedstaaten die Bekämpfung international agierender Straftäter zu erleichtern.[14]

Eingegeben werden können in erheblichem Umfang auch „*personenbezogene Informationen*". In erster Linie handelt es sich dabei um Personalien (Name, Adresse, Sozialversicherungsnummer etc.). Außerdem können Erkenntnisse über Verurteilungen, Tatvorwürfe oder den Verdacht der Zugehörigkeit zu einer kriminellen Organisation eingegeben werden. Auch DNA-Profile und Angaben zu körperlichen Merkmalen (z. B. Narben) können gespeichert werden, ebenso Vermerke zum Beruf oder einer etwaigen Fahrerlaubnis. Im Einzelfall kann Europol zudem weitere Erkenntnisse von den Mitgliedstaaten anfordern (Art. 12 Abs. 2–4 ERB). Ein bestimmter Verdachtsgrad wird nicht vorausgesetzt (vgl. schon A.).[15] Der Kreis der potenziell Betroffenen ist somit sehr weit.

Hauptlieferant für Informationen sind die *Mitgliedstaaten*: Sie unterstützen das Amt, indem sie auf nationaler Ebene erhobene Informationen in das EIS eingeben.[16] Sie sind auch verantwortlich für die Rechtmäßigkeit der Erhebung,[17]

---

[12] Zu Anlaufschwierigkeiten: *De Moor/Vermeulen,* CMLRev 47 (2010), 1089 (1100 f.).

[13] Dies kritisierte bereits: *Wolter,* FS Kohlmann, S. 693 (705).

[14] Vgl. *Europol,* Jahresbericht 2011, S. 18, abrufbar unter: http://www.europol.europa.eu – Media Corner – Corporate Publications – Europol Review (zuletzt: 20.10.2013).

[15] Nach *Kremer,* S. 256 f., widerspricht dies BVerfGE 100, 313 (345): In repressiver Hinsicht müsse der Straftatenkatalog wegen der niedrigen Eingriffsschwelle auf Delikte beschränkt werden, die Rechtsgüter höchsten Ranges schützen; das sei angesichts der Allzuständigkeit von Europol nicht gewährleistet. Für Nicht-Beschuldigte/-Verdächtigte bestünden höhere Anforderungen, der ERB differenziere aber nicht nach repressiver und präventiver Datenverarbeitung. Vgl. *Wagner,* HFSK-Report 15/2004, S. 19 f. – *Günther,* S. 55 ff.; *Abetz,* S. 163, sehen zudem das Bestimmtheitsgebot verletzt; a. A. *Wandl,* S. 100.

[16] Die Ermittlungsbehörden senden die Daten an das BKA, das sie als *nationale Stelle* in das EIS eingibt (Art. 2 § 2 Abs. 1 EuropolG). In jedem Staat wurde eine solche Stelle als alleiniges Verbindungsglied zu Europol benannt/errichtet (Art. 8 Abs. 1, 2 ERB, Art. 1 Abs. 3 ERB). Verweigert werden kann die Eingabe nur aus den in Art. 8 Abs. 5 ERB genannten Gründen (z. B. innere Sicherheit). Europol wird auch Zugang zu anderen internationalen/nationalen Datensammlungen eingeräumt (Art. 21 ERB), wie dem SIS II, vgl. *Niemeier/Walter,* Kriminalistik 2010, 17 (19).

[17] Die *Erhebung* folgt nationalen Vorgaben, in Deutschland vor allem denjenigen der StPO und der Landes- und gewisser (Bundes-)Polizeigesetze (EuropolG, BKAG, AO,

Übermittlung und Eingabe sowie für die Aktualität und Richtigkeit der Daten und die Einhaltung der Speicherfristen [Art. 29 Abs. 1 *lit.* a ERB, c)].[18] Europol selbst gibt nur Daten ein, die von *Drittstellen* und *Drittstaaten* sowie *Privaten* (Banken, Reiseagenturen etc.)[19] stammen; für diese Informationen trägt das Amt die Verantwortung (ebenso für AWF, Art. 29 Abs. 1–3 ERB).

Zugriff auf das System haben gemäß Art. 13 ERB nur bestimmte Europol-Bedienstete, die nationalen Stellen und Verbindungsbeamte (European Liaison Officer = ELO, Art. 9 Abs. 1 ERB).[20] Benötigen einzelne mitgliedstaatliche Polizeidienststellen Informationen aus EIS, müssen sie sich an die nationale Stelle wenden.[21] Die Weitergabe an die anfragende Behörde richtet sich allein nach nationalem Recht.[22]

b) Analysedateien

Europol stellt aber nicht nur einen Datenpool zur Verfügung,[23] die gespeicherten Erkenntnisse werden auch *analysiert* (Art. 14–16 ERB).[24] Zwei Dateikatego-

---

BPolG, BVerfSchG). Zu den Datenquellen: *Schubert,* S. 82 ff.; *Engel,* S. 56 ff.; *Milke,* S. 90 ff.

[18] Kritisch zum unklaren Prüfungsmaßstab: *Abetz,* S. 166. – Nur die Eingabestelle kann die Daten verändern, berichtigen oder löschen.

[19] Siehe dazu *Dorn,* CrimeLawSocChange 2009, 283 (292); die BRAK-Stellungnahme Nr. 21/2007, S. 8, warnt vor „whistleblowing" und der unmöglichen Verifizierung; für *Schutzvorkehrungen:* De Moor/Vermeulen, CMLRev 47 (2010), 1089 (1102); unkritisch Europol-Direktor *Wainwright,* bei *Kochan,* Oprisk and compliance 2009, 14.

[20] Jede nationale Stelle entsendet mindestens einen *Verbindungsbeamten* zu Europol. Dieser ist Beamter des Entsendestaates; er erleichtert den Datenaustausch.

[21] Die Anfrage erfolgt an das LKA, das Anfragen summarisch auf die Zulässigkeit prüft und über das BKA an den ELO weiterleitet. Dieser übermittelt die bei Europol gespeicherten Daten über das LKA an die örtliche Dienststelle; *Günther,* S. 52 ff.; *Kremer,* S. 182 f. Die Prozedur nimmt mindestens 10 Tage in Anspruch, *Kistner-Bahr,* S. 72.

[22] Auch die Weiterleitung an Nachrichtendienste ist möglich, so in Frankreich, nicht aber in Deutschland wegen der strikten Trennung von Polizei und Geheimdienst, vgl. *Nehm,* NJW 2004, 3289 (3294 f.). Zum Anstieg des Informationsflusses zwischen Nachrichtendiensten und Europol seit dem 11. September: *Kremer,* FS Meyer, S. 571 (584 ff.). – Vgl. auch BVerfGE 65, 1 (46 ff.): Da die Grundrechtsschranken präventiver und repressiver Datenverarbeitung nicht deckungsgleich sind, dürfen Informationen nur zu dem Zweck verwendet werden, der ihrer Erhebung zugrunde lag. Das ERB schreibt keine solche Zweckbindung vor. Die Eingabestelle kann zwar Verwendungsbeschränkungen vorsehen, verpflichtend ist die Angabe aber nicht. Beim Abruf von Daten können die Behörden den Erhebungszweck also i.d.R. nicht ersehen. Auch Europol macht den Staaten über die AWF Erkenntnisse zugänglich, die sie nach nationalem Recht nicht verwenden dürften. Die dadurch mögliche „Zweckentfremdung" verletzt das Recht auf informationelle Selbstbestimmung nach deutschem Verständnis, vgl. *Abetz,* S. 160 (s.a. Fn. 1058); *Kremer,* S. 259 f.; *Seong,* S. 155; *Milke,* S. 84 f.; *Schenke,* in: AE Europol, S. 367 (382 f.); *Paeffgen,* in: AE Europol, S. 173 (179 f.). *Petri,* S. 188, fordert eine Kennzeichnungspflicht deutscher Behörden.

[23] Ein solcher besteht bereits mit dem SIS, vgl. *Kröger,* S. 57, 60; *Oberleitner,* S. 177 ff.

rien sind dabei zu unterscheiden: *Allgemeine strategische Daten* dienen der abstrakten Lagebilderstellung und sollen Strukturen international tätiger Verbrecherbanden aufzeigen. Dies soll die Ressourcenplanung erleichtern. *Operative Dateien* sind dagegen *einzelfallbezogen*: Darin werden Erkenntnisse über spezifische kriminelle Aktivitäten und deren Akteure zusammengestellt, um *nationalen Strafverfolgungsbehörden konkrete Ermittlungsansätze liefern zu können.*[25]

Die zulässigen *Inhalte* von Analysedateien beschreibt Art. 14 ERB i.V.m. den Durchführungsbestimmungen (DAzA): Sie dürfen nicht nur Informationen über (potenzielle) Straftäter enthalten, sondern auch über Familienmitglieder, Zeugen, Opfer und Risikopersonen (mögliche Opfer) wie auch Kontaktpersonen, also Personen, die sporadisch mit dem Verdächtigen Kontakt haben (Art. 6 Abs. 3 S. 2 DAzA). Auch wer sich legal verhält, kann also Objekt polizeilicher Informationsgewinnung werden, z.B. die Kellnerin im Stammlokal eines Verdächtigen.[26] Verschärft wird die datenschutzrechtlich ohnehin brisante Situation dadurch, dass *personenbezogene Informationen* in noch weiterem Umfang als im EIS gespeichert werden dürfen:[27] So können auch Vermerke zur Religion, zur sexuellen Orientierung oder zum Alltagsverhalten gemacht werden (Art. 14 Abs. 1 S. 3 ERB),[28] wobei die Speicherung der äußerst sensiblen Daten aber „unbedingt notwendig" sein muss (Art. 5 Abs. 2 S. 1 DAzA).[29]

Während die strategischen Daten von jedem Verbindungsbeamten eingesehen werden können, ist der *Zugang* zu den operativen Daten den ELOs der davon betroffenen Staaten vorbehalten (Art. 14 Abs. 4 ERB).[30] Als „Fundstellenverzeichnis"[31] dient eine *Indexfunktion*. Mittels einer hit-/no-hit-Abfrage sollen die ELOs erkennen können, ob ihr Entsendestaat von einer Datei betroffen ist; Rückschlüsse auf den Inhalt sind aber ausgeschlossen (Art. 15 Abs. 3 ERB).

---

[24] Zum Aufbau der Analysegruppen: *Neumann,* in: Sieber u.a. (Hrsg.), § 44 Rn. 29 f.; *Ratzel,* Kriminalistik 2007, 428, zum Einsatz i.R.d. Schwerkriminalität.

[25] Vgl. *Schubert,* S. 52 f.; *Abetz,* S. 162. Eine AWF wird errichtet, wenn es zur Erfüllung der Aufgaben von Europol erforderlich ist (Art. 14 Abs. 1 S. 1 ERB). *Günther,* S. 64 f., hält dies für zu unbestimmt.

[26] Kritisch: *Paeffgen,* in: AE Europol, S. 173 (179); *Sule,* S. 86; *Abetz,* S. 163 f.; *Milke,* S. 81; *Degenhardt,* S. 239.

[27] Die Weitergabe erfolgt wie beim EIS, Europol-Analytiker geben die Daten ein (Art. 14 Abs. 2 UAbs. 2 ERB).

[28] Näheres dazu bei: *Günther,* S. 73 ff.; *Schubert,* S. 57 ff.

[29] Kritisch wegen dieser rein sprachlichen Hürde: *Abetz,* S. 161; dagegen *Milke,* S. 81 f.; keinerlei Bedenken hegt: *Wandl,* S. 106 f.

[30] Die Beschränkung ist nicht dem Datenschutz geschuldet, sondern der Furcht, dass Informationen (z.B. über geplante Razzien) „durchsickern", so *Ellermann,* S. 59 f.

[31] Siehe *Abetz,* S. 162. Zur Herabstufung der früheren Indexdatei zur „Funktion": *De Moor/Vermeulen,* CMLRev 47 (2010), 1089 (1100).

c) Dauer der Speicherung

Die Speicherung von Daten im EIS und den AWF ist nur solange zulässig, wie dies zur Aufgabenerfüllung von Europol erforderlich ist. Überprüft wird die Notwendigkeit der weiteren Speicherung alle drei Jahre (Art. 16 Abs. 3 S. 1, Art. 20 Abs. 1 ERB); eine Verlängerung darüber hinaus ist aber ohne Weiteres möglich (Art. 16 Abs. 3 S. 2, Art. 20 Abs. 2 ERB).

Zwingend erfolgt die Löschung nach Art. 12 Abs. 5 ERB lediglich nach Abschluss des nationalen Verfahrens. *Absolute Höchstfristen* sind *nicht* vorgesehen, auch nicht für personenbezogene Daten.[32]

Löscht ein Mitgliedstaat an Europol übermittelte Erkenntnisse nach *nationalen Vorgaben* aus seinen eigenen Datenbanken, kann er sie auch aus dem EIS entfernen. Europol löscht die Daten dann aus den übrigen Informationssystemen. Allerdings kann das Amt die Löschung verweigern, wenn es ein Interesse an der weiteren Speicherung hat (Art. 20 Abs. 3 ERB). Andere Staaten, die auf die Daten bereits zugegriffen haben, müssen noch nicht einmal über die Löschung aus dem nationalen Bestand des eingebenden Staats informiert werden, geschweige denn, dass sie ihrerseits die Informationen löschen müssten.[33] Dasselbe gilt für Drittstaaten, denen Europol die Daten zur Verfügung gestellt hat (siehe sogleich).[34] Der eingebende Staat verliert also weitgehend die Kontrolle über die übermittelten Daten; Ansprüche auf Löschung nach nationalem Recht sind damit nicht mehr effektiv durchsetzbar.

2. Datenaustausch mit Partnern

Nach Abschluss spezieller Abkommen können die bei Europol gespeicherten Informationen auch *mit Dritten ausgetauscht* werden, also mit anderen EU-Einrichtungen, aber ebenso mit Drittstaaten oder Nicht-EU-Einrichtungen (Art. 22 ff. ERB).[35] Zu unterscheiden ist zwischen *strategischen und operativen*[36] Koopera-

---

[32] Unklar ist, wann Informationen über Personen zu löschen sind, gegen die lediglich ein Verdacht besteht, da dieser unter Umständen nie ausgeräumt werden kann, vgl. *Ellermann,* S. 355.

[33] Zum Übergang der datenschutzrechtlichen Befugnisse auf den Staat, der zu einer Datei Informationen hinzufügt, mit der Folge der Maßgeblichkeit seiner Speicherfristen, *Wagner,* HFSK-Report 15/2004, S. 19. Zur Gefahr, dass auf Unionsebene ein kaum mehr zu überblickender und unkontrollierbarer Datenbestand entsteht, *Abetz,* S. 177.

[34] Durch die Weiterleitung werden die Daten „*verewigt*", *Abetz,* S. 177.

[35] Zu Auswahlkriterien/-verfahren: *Kaunert,* Studies in Conflict & Terrorism 2010, 652 (662); *Mounier,* PEPS 10 (2009), 582 (587). Abkommen unter: http://www.europol.europa.eu (Partners – External Cooperation, zuletzt: 20.10.2013) – Motive für den Abschluss beleuchten: *De Moor/Vermeulen,* CMLRev 47 (2010), 1089 (1107).

[36] Partner sind: Australien, Kanada, Mazedonien, Island, Norwegen, die Schweiz, Monaco, die USA, Interpol und Eurojust (Stand: 20.10.2013).

tionsvereinbarungen. Nur letztere berechtigen auch zum Austausch und vor allem zur Übermittlung personenbezogener Daten aus den Europol-Systemen.

Bei potenziellen Vertragspartnern[37] muss zwar ein *"angemessenes" Datenschutzniveau bestehen* (Art. 5 Abs. 4 S. 1 DBaS/Art. 23 Abs. 5 *lit.* b ERB). Ein verbindlicher Mindeststandard existiert aber nicht.[38] Auch die Abkommen enthalten meist keine konkreteren Anforderungen.[39]

Die *Übermittlung* personenbezogener Daten durch Europol muss im *Einzelfall* zur Verhütung oder Bekämpfung von Straftaten, für die das Amt zuständig ist, *erforderlich* sein. Stammen die Daten von einem Mitgliedstaat, so ist dessen *Zustimmung* einzuholen (Art. 9 Nr. 2, Nr. 4 *lit.* a DBaS).[40] Schließlich dürfen Erkenntnisse, die Europol von seinen Partnern erhalten hat, nicht *verarbeitet* werden, wenn sie offensichtlich unter *Verletzung von Menschenrechten* erlangt wurden (Art. 19 Abs. 4 DBaS). Eine entsprechende Kontrolle der Daten ist allerdings weitgehend ausgeschlossen, da man Erkenntnissen selbst im Regelfall nicht ansehen kann, ob unlautere Methoden zu ihrer Erlangung angewandt wurden. Nur ausnahmsweise wird dies jedenfalls offensichtlich sein.

Abweichend von den ausgeführten Grundsätzen kann Europol personenbezogene Daten auch *ohne vorherigen Abschluss eines Abkommens* an Dritte übermitteln, wenn der Direktor von Europol dies etwa zur Abwehr unmittelbarer krimineller oder terroristischer Bedrohungen unbedingt für notwendig hält (Art. 23 Abs. 8 ERB). Er soll zwar zwischen den gefährdeten Interessen und dem beim Empfänger gewährleisteten Datenschutzniveau abwägen; eine absolute Grenze existiert jedoch insoweit nicht.[41]

---

[37] Vgl. den Anhang zum Beschluss 2009/935/JI des Rates v. 30.11.2009 zur Festlegung der Liste der Drittstaaten und dritten Organisationen, mit denen Europol Abkommen schließt, ABl. EU Nr. L 325 v. 11.1.2009, S. 12.

[38] Kritisch: *Günther,* S. 87 f.; *Kremer,* S. 269 (jeweils zu Art. 10 Abs. 4 EÜ). Weiterführend zum identischen Begriff in der DSRL: *Bodenschatz,* S. 210 ff. Zum Absinken der Anforderungen nach dem 11. September; beanstandet wird vor allem, dass Europol operative Abkommen mit Staaten schließt, die im Verdacht stehen, Folter zur Aussageerzwingung einzusetzen, *Mounier,* PEPS 10 (2009), 582 (587 ff.), der als Beispiele die USA und, als künftigen Partner, Russland nennt, vgl. das Abkommen mit den USA, unter: https://www.europol.europa.eu/content/page/external-cooperation-31 (zuletzt: 20.10.2013).

[39] *Wandl,* S. 131, hält die Angaben in den Abkommen für ausreichend. Für eine einheitliche Rechtsgrundlage: *Niemeier,* ERA Forum (2010) 11, 197 (201).

[40] Bedenken hegt *Wagner,* HFSK-Report 15/2004, S. 20 f., aufgrund der Bewertung von *Transparency International,* Tabelle 2 im Anhang zum Report, wegen der höheren *Korruptionsbereitschaft* in manchen Staaten, v. a., aber nicht ausschließlich, im ehemaligen Ostblock. Auch bei *Interpol* sind wiederholt Geheimhaltungsprobleme aufgetreten, so *Kremer,* S. 275 ff. Selbst innerhalb der Union ist die Gefahr rechtswidriger Datenverarbeitung nicht nur hypothetischer Natur, vgl. *Kremer,* S. 295 f.; *Abetz,* S. 177.

[41] Kritisch: *Wandl,* S. 129.

3. Zwischenfazit:
Erhebliche Grundrechtseingriffe durch Datenverarbeitung

Die dargestellten Kompetenzen von Europol machen die Risiken für die informationelle Selbstbestimmung deutlich. Auf Unionsebene wird das Grundrecht auf Schutz personenbezogener Daten explizit durch Art. 8 GRC garantiert.[42] In den Schutzbereich der Regelung fällt jede strukturierte Sammlung *personenbezogener Daten,* unabhängig von ihrer Sensibilität und ihrem Binnenmarktbezug. Unerheblich ist auch, ob die Daten verdeckt oder offen, manuell oder automatisiert erhoben werden.[43] Geschützt wird vor jeder Form der *Verarbeitung* durch „staatliche" Stellen, der Erhebung, der Speicherung, der Übermittlung, dem Abfragen, der Zweckänderung usw.[44] Der Schutzbereich ist in Bezug auf die informatorische Tätigkeit von Europol also offensichtlich eröffnet. Bei der Erhebung, dem Speichern, aber auch bei jeder sich an diese Vorgänge anschließenden Verwendung der Informationen, dem Abfragen, der Weitergabe an Dritte, dem Abgleich und dem Kombinieren, etwa im Rahmen der Analysetätigkeit,[45] erfolgt ein Eingriff in das Datenschutzrecht.[46]

Europol zuzurechnen sind nach dem oben Ausgeführten allein die *Eingabe* der Daten, die das Amt von Dritten erlangt hat, die *Weiterleitung* von Informationen an die Kooperationspartner sowie die *Analyse* vorhandener Dateien. Insoweit ist ein wirksamer Rechtsschutz unmittelbar gegen Europol erforderlich. Die Erhebung durch nationale Verfolgungsbehörden, die Speicherung durch nationale Stellen und die Abfrage der Informationen aus den Systemen stellen mitgliedstaatliche Akte dar, deren Kontrolle vor nationalen Gerichten stattfinden kann und muss. Eine Ausnahme davon ist zu machen, wenn Europol von dem Recht Gebrauch macht, eine *weitere Speicherung* der von den Mitgliedstaaten eingege-

---

[42] Als Auslegungshilfe ist Art. 8 EMRK heranzuziehen (Art. 52 Abs. 3 GRC), aus dem der *EGMR* das Recht auf Datenschutz herleitet, *EGMR* Klass u. a./Deutschland, 6.9.1978, Beschw.-Nr. 5029/71, A 28, §§ 39 ff. = NJW 1979, 1755; Leander/Schweden, 26.3.1987, Beschw.-Nr. 9248/81, A 116, § 48 ff. Zur Kongruenz der Schutzbereiche LR-EMRK/*Esser,* Art. 8 Rn. 85; *Frenz,* Rn. 1427 ff.

[43] Vgl. *Simitis,* NJW 1997, 281 (283); *Frenz,* Rn. 1406; LR-EMRK/*Esser,* Art. 8 Rn. 85. Tettinger/Stern/*Johlen,* Art. 8 Rn. 31–36; Meyer/*Bernsdorff,* Art. 8 Rn. 15 f. – Schutzbereich und Schranken werden durch die DSRL konkretisiert, auf die sich das Grundrecht stützt, *Frenz,* Rn. 1361 ff.; s. a. Art. 2 *lit.* a, c DSRL.

[44] Vgl. Ehlers/*Schorkopf,* § 16.1 Rn. 44; *Jarass,* § 13 Rn. 7; *Matz,* S. 144; *Petri,* S. 142; *Seong,* S. 192 ff. Allgemein zu polizeilichen Datensammlungen: *EGMR* Leander/Schweden (Fn. 42), § 48 ff.; siehe auch Heselhaus/Nowak/*Mehde,* § 21 Rn. 31 ff., 46; *Frenz,* Rn. 1380 ff., 1404 ff.; LR-EMRK/*Esser,* Art. 8 Rn. 86, jeweils auch zum Folgenden.

[45] Aus der Datenanalyse resultieren neue Daten von erheblicher Eingriffsqualität. Die Analyse stellt daher nicht nur einen fortgesetzten Eingriff als Ausfluss nationaler Verarbeitungsbefugnisse dar, so zu Recht *Schubert,* S. 98 ff., 103 f.

[46] Vgl. *Kröger,* S. 52 f.; *Matz,* S. 228 f.; *Sule,* S. 82 f.; *Amelung/Mittag,* in: AE Europol, S. 233 (239).

benen Erkenntnisse zu veranlassen, obwohl die Daten nach nationalem Recht gelöscht werden müssten. Dann verlieren die Mitgliedstaaten die Kontrolle über die Daten, so dass keine effektive Kontrolle auf dieser Ebene möglich ist; die Folgen rechtswidrigen Handelns, etwa einer unzulässigen Eingabe, können nicht mehr beseitigt werden. Wenigstens eine datenschutzrechtliche Kontrolle ist zudem während der gesamten Speicherdauer erforderlich.

III. Initiierung von strafrechtlichen Ermittlungen durch Europol

Als Ausfluss der Befugnisse im Rahmen der Datenverarbeitung kann Europol nationale Strafverfolgungsbehörden – ausgehend von den gewonnenen Erkenntnissen – auch ersuchen, in speziellen Fällen zu ermitteln bzw. Ermittlungsgruppen einzurichten. Die Mitgliedstaaten sollen nach Art. 5 Abs. 1 *lit. d*, Art. 7 Abs. 1 ERB solche Ersuchen unverzüglich bearbeiten und Europol informieren, ob ihnen entsprochen wird. Wird das Ersuchen abgelehnt, muss Europol dies mitgeteilt und die Ablehnung auch begründet werden (Art. 7 Abs. 3 ERB).

Obwohl keine Pflicht zur Befolgung der Ersuchen besteht, sehen Kritiker darin gleichsam die Übertragung der „Sachleitungsbefugnis" für geheime Vorfeld-Ermittlungen. Europol könne in erheblichem Maße Einfluss auf die Entscheidungsprozesse und Ressourcenplanung der nationalen Strafverfolgungsbehörden nehmen, vor allem wenn diese, wie in Deutschland (§ 160 StPO), an das Legalitätsprinzip gebunden seien, wonach bei einem Anfangsverdacht sogar die Pflicht zur Einleitung von Ermittlungen bestehe. Ein solcher werde sich aus entsprechenden Ersuchen durch Europol regelmäßig ergeben.[47] Der Einfluss des Amtes werde zudem dadurch verstärkt, dass es im Vergleich zu nationalen Strafverfolgungsbehörden aufgrund der Zuleitung von Informationen aus anderen EU-Staaten, Drittstaaten bzw. -stellen und Privaten über ein beträchtliches *Sonderwissen* verfüge.[48] Intensiviert werde dieser Wissensvorsprung durch die Analysetätigkeit von Europol, aus der ebenfalls neue Erkenntnisse über die grenzüberschreitende Kriminalität gewonnen würden und deren Schwerpunkte das Amt selbst festlegt.[49] Dies stelle die für kontinentale Rechtssysteme typische Kompetenzverteilung zwischen Staatsanwaltschaft und Polizei in Frage; zugleich werde damit eine Kon-

---

[47] Vgl. *Voß*, S. 279 f.; *Engel*, S. 187 f. *Nelles*, ZStW 109 (1997), 727 (741), spricht von „Verpolizeilichung" der Strafverfolgung durch die EU; ebenso *Esser*, S. 14. S. a. *Kremer*, S. 196 f.; *Kremer*, FS Meyer, S. 571 (581); *Nestler*, GA 2010, 645 (651 f.). – Allerdings ist eine vergleichbare Einflussnahme auch durch die Befugnis der Übermittlung von Erkenntnissen, aus denen sich ein Anfangsverdacht ergibt, möglich, so auch *Kremer*, S. 312 ff., 318; *Srock*, S. 98 f. Nach *Ellermann*, S. 66 f., ist eine Abgrenzung zwischen formellem Ersuchen und faktischer Steuerung sogar kaum möglich; s. a. *Kistner-Bahr*, S. 60; *Gleß*, NStZ 2001, 623 (624).

[48] Siehe schon *Gleß*, NStZ 2001, 623 (624).

[49] Vgl. auch Schomburg/Lagodny/Gleß/Hackner/*Gleß*, III D 4 Rn. 21.

trollinstanz ausgehebelt. Bei ungehindertem Fortlauf dieser Entwicklung drohe, dass Europol und damit die Polizei im Allgemeinen zum Hauptakteur der Strafverfolgung in Fällen internationaler Kriminalität werde.[50]

Wenn auch eine solche Entwicklung nicht auszuschließen ist, kann von einer echten Sachleitungsbefugnis aber zumindest im Moment noch nicht ausgegangen werden: Über das „Ob" der Ermittlung entscheiden nach wie vor die zuständigen nationalen Behörden, ebenso über das „Wie". Es besteht lediglich eine Begründungspflicht,[51] wenn die Einleitung von Ermittlungen abgelehnt wird, nicht einmal eine Beschwerdemöglichkeit des Amtes ist vorgesehen.

Jedenfalls für die Frage des Rechtsschutzes gegen Europol ist diese Befugnis (noch) von geringer Bedeutung:[52] Selbst wenn man nämlich davon ausgeht, dass die Entscheidungsfreiheit der nationalen Strafverfolgungsbehörden durch ein Ersuchen des Amtes eingeschränkt wird und entsprechende Maßnahmen deshalb effektiv Europol zuzurechnen sind, wäre die in Frage stehende Maßnahme die Entscheidung über die Einleitung von Ermittlungen. Auch viele Mitgliedstaaten erkennen ein Rechtsschutzbedürfnis hiergegen nur in Ausnahmefällen an. Nach den Grundsätzen des *BVerfG* etwa garantiert Art. 19 Abs. 4 GG zwar „einen möglichst umfassenden, wirksamen Rechtsschutz gegenüber Verletzungen der Rechtssphäre des Einzelnen durch die öffentliche Gewalt. Das kann aber nicht stets sofortigen Rechtsschutz bedeuten, sondern Rechtsschutz in angemessener Zeit, der nach Möglichkeit unabänderliche Entscheidungen [...] ausschließt, also noch „zur rechten Zeit" erlangt werden kann. [...] Der Rechtsschutzanspruch des Grundrechtsträgers ist umso stärker, je schwerer die ihm auferlegte Belastung wiegt und je mehr die Maßnahmen der öffentlichen Gewalt Unabänderliches bewirken [...]."[53] Ausnahmen erkennt aber auch das *BVerfG* an: „Unter dem Gesichtspunkt der Effektivität des Rechtsschutzes ist es [...] grundsätzlich nicht geboten, die Einleitung und Führung eines staatsanwaltschaftlichen Ermittlungsverfahrens vor Abschluss der Ermittlungen gerichtlicher Kontrolle zu unterwerfen [...], (sofern nicht) schlüssig dargetan ist, dass das Ermittlungsverfahren aus schlechthin unhaltbaren Erwägungen eingeleitet oder fortgeführt wird, also objektiv willkürliches Handeln [...] zum Nachteil des Beschuldigten in Rede steht [...]."[54]

---

[50] Vgl. *Nestler*, GA 2010, 645 (651); *Kistner-Bahr*, S. 120; a. A. *Schwach* S. 194 ff.

[51] Schon insoweit kritisch: *Wolter*, FS Kohlmann, S. 693 (711 f.), da Europol nur ein Instrument der Zusammenarbeit der Mitgliedstaaten sei.

[52] *Milke*, S. 56, geht nicht von einer Exekutivbefugnis aus (zu den Begriffen Fn. 63). Anders *Flore/de Biolley*, CDE 2003, 598 (621), für die Empfehlung der Einrichtung von GEGs. S. a. *Kremer*, S. 321.

[53] Für Deutschland etwa: *BVerfG* NStZ 2004, 447, Rn. 2.

[54] *BVerfG* NStZ 2004, 447, Rn. 3 f. Andererseits zur österr. Rechtslage: *Đurđević*, in: Prosecutor Vol. 1, S. 986 (1007 f.). Kritisch auch *Kaiafa-Gbandi*, in: Police and Judicial Cooperation, S. 357 (379 f.).

Diese Grundsätze sind auf die Rechtsschutzgewährleistung des Art. 47 GRC zu übertragen. Es genügt also dem Grundsatz des effektiven Rechtsschutzes, wenn Rechtsmittel gegen die jeweiligen (rechtswidrigen) Einzelakte zur Verfügung stehen, etwa die Durchsuchung, während die Rechtmäßigkeit der Einleitung des Verfahrens an sich erst in der Hauptverhandlung bzw. im Zwischenverfahren kontrolliert wird. Ist dagegen bereits die Einleitung des Verfahrens rechtswidrig, weil sie völlig willkürlich erscheint, so ist dieser Eingriff den mitgliedstaatlichen Strafverfolgungsbehörden zuzurechnen. Selbst wenn man nämlich wegen des Legalitätsprinzips von einer Bindung an die Ersuchen von Europol ausgeht, wäre diese bei offensichtlich willkürlichen Anfragen ausgehebelt.

Im Übrigen erfolgt durch das Ersuchen, bei dem in der Regel sachdienliche Erkenntnisse mitübertragen werden, auch noch kein endgültiger Eingriff in die Verteidigungsrechte des Betroffenen. Das Amt liefert derzeit nur Ermittlungsansätze an die nationalen Behörden, die nicht unmittelbar Eingang in das spätere Strafverfahren finden. Solange sich dies nicht ändert, ist eine Kontrolle des Aktes der Übermittlung oder auch ein Recht zur Stellungnahme zu den Daten im Hinblick auf Art. 47 GRC nicht erforderlich.

Dieselben Grundsätze müssen für die Empfehlung der Einsetzung von Gemeinsamen Ermittlungsgruppen nach Art. 5 Abs. 1 lit. d ERB gelten. Da ein unmittelbarer Eingriff nicht schon durch das Befolgen der Empfehlung an sich erfolgt, genügt es, dass Rechtsschutz gegen die im Einzelnen von der GEG ergriffenen grundrechtsbeeinträchtigenden Maßnahmen gewährt wird (sogleich).

**IV. Praktisch tätiger Polizist? –
Teilnahme an Gemeinsamen Ermittlungsgruppen**

Bemerkenswert ist vor dem Hintergrund der bisher behandelten, mehr oder weniger informatorischen Kompetenzen von Europol, die Befugnis, unterstützend an Gemeinsamen Ermittlungsgruppen teilzunehmen, die im Mandatsbereich des Amtes tätig sind (Art. 6 Abs. 1 ERB).[55] Die Europol-Mitarbeiter können an allen Aktionen einer solchen GEG mitwirken und Informationen mit den Mitgliedern der Gruppe austauschen (Art. 6 Abs. 1 UAbs. 2 S. 1 ERB).[56]

Zwangsmaßnahmen dürfen sie selbst aber nicht ergreifen (Art. 6 Abs. 1 UAbs. 2 S. 2 ERB/Art. 88 Abs. 3 S. 2 AEUV). Offen lässt die Formulierung der

---

[55] Unerheblich ist, ob die GEG gemäß Art. 1 des Rahmenbeschlusses 2002/465/JI des Rates v. 13.6.2002 über gemeinsame Ermittlungsgruppen, ABl. EG Nr. L 162 v. 20.6.2002, S. 1 oder Art. 13 EU-RhÜbk eingerichtet wurde. Zu den Rechtsgrundlagen: *Milke*, S. 61 f.; *Neumann/Gemeins*, in: Sieber u.a. (Hrsg.), § 34 Rn. 1 ff.; siehe auch *Krüßmann*, in: Böse (Hrsg.), § 18 Rn. 12 ff.

[56] Zum Beitrag von Europol: *Riedel*, eucrim 2009, 99 (102); *De Buck*, ERA Forum 2007, 253 (258, 263 f.); s.a. *Wandl*, S. 118 ff.; *Schalken/Pronk*, EJCCLCJ 2002, 70 (74 ff.).

genannten Regelungen allerdings, wie sich Europol-Bedienstete zu verhalten haben, wenn die nationalen Behörden im Rahmen einer GEG Zwang ausüben. Fraglich ist vor allem, ob schon die Anwesenheit während einer Zwangsmaßnahme, z.B. dem Verhör eines Verdächtigen oder einer Hausdurchsuchung, ausgeschlossen werden soll.[57] Die Antwort gibt das einschlägige nationale Recht. Dies lässt sich aus Art. 6 Abs. 5 ERB schließen, wonach Informationen, die ein Europol-Mitglied mit „Zustimmung und unter Verantwortung" des Einsatzstaats erlangt, in das EIS eingegeben werden dürfen. Zudem unterliegen Europol-Bedienstete auch in Bezug auf eine potenzielle *strafrechtliche Verantwortlichkeit* dem Recht des Einsatzmitgliedstaats (Art. 6 Abs. 6 ERB). Zumindest § 93 IRG steht der bloßen Anwesenheit der Europol-Mitarbeiter während Zwangsmaßnahmen nicht entgegen.[58] Dies scheint auch Art. 6 Abs. 5 ERB als Regelfall anzusehen. Schon allein die Anwesenheit kann aber zu eigenständigen Grundrechtseingriffen durch Europol-Beamte führen, zumindest in das Datenschutzgrundrecht, wenn während der Zwangsmaßnahme Erkenntnisse erlangt und später in die Informationssysteme von Europol eingegeben werden (Art. 6 Abs. 5 ERB).[59] Ob man deswegen allerdings schon davon sprechen kann, dass Europol-Bedienstete Verdächtigen wie praktisch tätige Polizisten gegenüber treten, erscheint zweifelhaft. Das Erfordernis einer Kontrolle kann aber kaum bestritten werden.[60]

Die Europol-Mitarbeiter unterliegen bei der Unterstützung von GEGs aber sowohl dem *Recht des Einsatzstaates als auch der mitgliedstaatlichen Aufsicht*. Daher sind die einzelnen belastenden Zwangsmaßnahmen nicht Europol, sondern den nationalen Behörden zuzurechnen. Folgerichtig[61] sind nach Art. 6 Abs. 6 ERB daher auch die nationalen Gerichte berufen, effektiven Rechtsschutz gegen Europol-Bedienstete zu gewähren. Sollten also Bürgerrechte während der Tätigkeit in einer GEG unmittelbar durch Europol-Bedienstete verletzt werden, so sind

---

[57] Vgl. *de Buck,* ERA Forum 2007, 253 (260 f.).
[58] So *Neumann/Gemeins,* in: Sieber u. a. (Hrsg.), § 34 Rn. 11. § 93 IRG setzt Art. 13 EU-RhÜbk um.
[59] Vgl. *Ellermann,* S. 63; *Amelung/Mittag,* in: AE Europol, S. 233 (250 ff.). – Nach deutschem Grundrechtsverständnis ist außerdem ein Eingriff in das Recht auf Unverletzlichkeit der Wohnung anzunehmen, wenn Europol-Beamte bei Durchsuchungen anwesend sind. Art. 13 GG erfasst nämlich nicht nur das Hausrecht, sondern auch die Herrschaft über die in der Wohnung befindlichen Informationen, vgl. *Amelung/Mittag,* in: AE Europol, S. 233 (252), auch unter Hinweis auf BVerfGE 109, 279 (Großer Lauschangriff); s. a. *Maunz/Papier,* Art. 13 GG Rn. 148.
[60] Vgl. auch *Schalken/Pronk,* EJCCLCJ 2002, 70 (75).
[61] A.A. BRAK-Stellungnahme Nr. 21/2007, S. 5; s. a. *Kröger,* S. 171 f., zu Art. 6 EMRK. – In Deutschland ist die gerichtliche Kontrolle vieler Zwangsmaßnahmen durch Richtervorbehalt gewährleistet. Außerdem sind Europol-Mitarbeiter wie nationale Beamte der Staatsanwaltschaft unterstellt. Deren Sachleitung wird teilweise aber für unzulänglich gehalten, da sie keinen Zugang zu den Computersystemen von Europol hat und daher der Wissensvorsprung der Polizei die Effektivität der Kontrolle limitiere, vgl. *Ellermann,* S. 302 f.; *Degenhardt,* S. 208 f.; *Matz,* S. 228 f.; *Weertz,* S. 55; s. a. *Wolter,* FS Kohlmann, S. 693 (707).

diese nationalen Beamten gleichgestellt und ein effektiver Rechtsschutz kann vor nationalen Gerichten erlangt werden, eine entsprechende Ausgestaltung der mitgliedstaatlichen Rechtsordnungen vorausgesetzt.

Wesentlich problematischer ist, dass Europol vergleichbare Unterstützungsbefugnisse auch jenseits der Teilnahme an Gemeinsamen Ermittlungsgruppen zugestanden werden, ohne dass die Beamten dem mitgliedstaatlichen Recht und damit der Kontrolle der nationalen Gerichte unterstellt werden. So kann das Amt auch nach Art. 5 Abs. 3 *lit.* a ERB unterstützend bei nationalen Ermittlungen tätig werden. Als von dieser Norm umfasst gilt z. B. die Teilnahme an *kontrollierten Lieferungen*, also staatlich überwachten Drogengeschäften.[62] Dabei greift das Amt in ähnlicher Weise in Grundrechte der Betroffenen ein. Hier gilt zu prüfen, ob mangels nationaler gerichtlicher Überprüfbarkeit ein effektiver Rechtsschutz auf europäischer Ebene besteht.

V. Fazit: Anforderungen an das Rechtsschutzniveau und die datenschutzrechtliche Kontrolle von Europol

Kritikern des gegen Europol gewährten Rechtsschutzstandards wird immer wieder entgegengehalten, dass Modifikationen des Kontrollsystems nicht erforderlich seien, weil und solange Europol nicht über „echte" polizeiliche *Exekutiv- oder operative Befugnisse* verfüge.[63] Die Agentur könne derzeit die Rechte der Bürger nicht unmittelbar beeinträchtigen oder zumindest allein das Recht auf informationelle Selbstbestimmung.[64]

Die Mitarbeiter von Europol können tatsächlich derzeit[65] weder eine Wohnung durchsuchen, noch einen Verdächtigen festnehmen oder ihn verhören.[66] Sie können solchen Aktionen zwar im Rahmen von Gemeinsamen Ermittlungsgruppen beiwohnen, sie aber nicht anordnen oder gar eigenverantwortlich ergreifen. Der Tätigkeitsschwerpunkt des Amtes liegt noch auf der Nutzung moderner *Informa-*

---

[62] Vgl. *Amelung/Mittag,* in: AE Europol, S. 233 (250 f.); *Nestler,* GA 2010, 645 (654).

[63] Zu den Begriffen *Kremer,* S. 304 ff., und der Diskussion auf politischer Ebene: *Kremer,* S. 308 ff.; *Schalken/Pronk,* EJCCLCJ 2002, 70 (74 ff.), in Bezug auf Gemeinsame Ermittlungsgruppen. *Wandl,* S. 115, zufolge bezeichnet „operativ" jede Form der Unterstützung und Erzeugung eines Informationsflusses, „exekutiv" meine dagegen nur klassische polizeiliche Befugnisse, etwa die Durchsuchung. Vgl. auch *Kistner-Bahr,* S. 58 f., 87; *Engel,* S. 189 f.

[64] Etwa *Wandl,* S. 139; *Oberleitner,* S. 172; *Engel,* S. 93, 196; wohl auch *Bull/Baldus,* FAZ v. 20.1.1998, Nr. 16, S. 10; s. a. *Schubert,* S. 97 f.; *Kremer,* S. 305 ff., 315 ff.

[65] Ausführlich zu Grenzen der Übertragung von Zwangsbefugnissen: *Amelung/Mittag,* in: AE Europol, S. 233 (241–254); ablehnend *Wandl,* S. 116 f. (Parallelstrukturen). Zu Regelungsmodellen für Exekutivbefugnisse und den Gefahren: *Kistner-Bahr,* S. 75 ff.

[66] Siehe *Beaucamp,* DVBl. 2007, 802; *Amelung/Mittag,* in: AE Europol, S. 233 (236); a. A. wohl BRAK-Stellungnahme Nr. 21/2007, S. 5.

tionstechnologien. Wer aber annimmt, dass an den Rechtsschutz gegen Eingriffe in das Recht auf Datenschutz schon prinzipiell geringere Anforderungen zu stellen sind, als an die Kontrolle anderer Grundrechtsverletzungen, wobei sich eine Abgrenzung mitunter ohnehin schwierig gestaltet, der geht von *zwei Kategorien von Grundrechten* aus, was sich *nicht* in den Grundrechtstexten widerspiegelt. Dass darüber hinaus seit jeher darum gestritten wird, ob nicht auch die umfassenden Befugnisse von Europol im Bereich der Datenverarbeitung bereits eine solche typischerweise polizeiliche Tätigkeit darstellen, weil darin erhebliche Eingriffe in die Bürgerrechte zu sehen seien,[67] sei dahingestellt. Unabhängig von diesen Begrifflichkeiten ist Europol zu grundrechtsrelevantem Verhalten befugt, das ist entscheidend: Das Amt verfügt über einen beinahe unendlichen Datenpool[68] über einen kaum bestimmbaren Personenkreis und kann mit dessen Hilfe sogar Persönlichkeitsprofile erstellen.[69] Die Bürger Europas haben keinen Überblick mehr darüber, wo sich die sie betreffenden Daten befinden.[70] Auch die mit der automatisierten Datenverarbeitung verbundene *Fehleranfälligkeit* sollte nicht unterschätzt werden, nicht zuletzt weil sie das Risiko in sich birgt, dass über Nicht-Beschuldigte oder nicht verdächtige Personen Informationen gespeichert werden, etwa bei Namensgleichheit, Verwechslungen oder wenn die Identität Unschuldiger rechtsmissbräuchlich verwendet wird. Auch Ermittlungsfehler können dazu führen, dass Unschuldige ins Blickfeld von Europol geraten.[71] Nicht zu ver-

---

[67] Vgl. *Kremer,* S. 322 (exekutiv); vgl. auch *Schubert,* S. 98.
[68] Bereits im Jahr 2005 waren 33.000 Datensätze gespeichert, Mitte 2009 schon 100.000, *Amici,* RDUE 2010, 77 (97).
[69] Europol achtet somit insbesondere die Unschuldsvermutung und das Bestimmtheitsgebot nicht im erforderlichen Maße, so *Abetz,* S. 164 f.; *Safferling,* § 12 Rn. 13 (zur Unschuldsvermutung).
[70] Zudem ist kaum auszuschließen, dass Daten in kriminelle Hände gelangen, *Kremer,* S. 292 ff. (zum Verdacht bzgl. Europol und dem SIS). – Abstrakt zum europäischen Datenschutzstandard: *Bodenschatz,* S. 276 ff., wobei Zweifel an der Konkordanz des ERB mit den materiellen Grundsätzen (Zweckbindung, Verhältnismäßigkeit, beschränkte Zulässigkeit der Weiterleitung von Informationen an Dritte) bereits angedeutet wurden: Europol verarbeitet Daten, deren Herkunft und *Verlässlichkeit* nicht verifiziert werden können, so *Kremer,* S. 286 ff. Zwar werden die Informationen nach Zuverlässigkeit der Quelle und Grad der Genauigkeit getrennt (Art. 9, Art. 12 DAzA). Fehlt aber eine Einschätzung seitens der Mitgliedstaaten, muss Europol die Daten selbst bewerten (Art. 12 Abs. 4 S. 1 DAzA), obwohl das Amt keinen Zugang zu nationalen Ermittlungsakten hat. Selbst von Privaten werden Informationen entgegen genommen, auch wenn diese *Geheimhaltungspflichten* verletzen. Zum Problemkreis: *Habetha,* ZRP 2012, 223 (Ankauf kriminell erlangter Steuerdaten). Daten können sogar verwertet werden, wenn sie unter Verletzung der grundlegendsten *Menschenrechte* erlangt wurden. Die zum Teil höchstsensiblen Daten werden außerdem nicht nur ohne Kenntnis der Betroffenen gespeichert und verarbeitet, sie können auch an Dritte übermittelt werden, obwohl ein angemessenes *Datenschutzniveau* beim Empfänger nicht stets sichergestellt ist, vgl. *Kaunert,* Studies in Conflict & Terrorism 2010, 652 (659 ff.). Zu datenschutzrechtlichen Standards bei Europol z. B. *Amici,* RDUE 2010, 77 (90 f.).
[71] Beispiele unrichtiger bzw. fehlerhafter Datenspeicherung, wie auch das Folgende, finden sich bei *Kremer,* S. 299 ff.: Eine Familie aus Großbritannien wurde während

nachlässigen ist zudem das hohe *Missbrauchspotenzial* elektronisch gespeicherter Daten, die leichter fälschbar und manipulierbar sind.[72]

Wegen der drastischen Eingriffsbefugnisse zu Lasten der *informationellen Selbstbestimmung* ergeben sich zwingende Anforderungen an die Kontrolle des Amtes nicht nur aus Art. 47 GRC,[73] sondern auch aus dem Grundrecht für Datenschutz nach Art. 8 GRC:[74] Nach Art. 8 Abs. 2 S. 2 GRC muss jede Person in angemessenen Abständen, ungehindert und ohne unzumutbare Kosten *Auskunft* darüber erhalten können, ob Informationen über sie gespeichert sind. Die Auskunft ist in angemessener Frist zu erteilen. Auch über den Inhalt der Informationen, den Zweck der Verarbeitung sowie deren Herkunft und Empfänger ist zu informieren, als denknotwendige Voraussetzung für die Geltendmachung des Rechts auf Schutz der personenbezogenen Daten.[75] Eine Auskunftserteilung erfolgt in der Regel auf einen entsprechenden Antrag hin, der Anspruch besteht

---

eines Urlaubs an der Algarve festgenommen und einer Leibesvisitation unterzogen. Ihre Fingerabdrücke wurden abgenommen, es folgten 24 Stunden Haft. Niemand sagte ihnen, worum es ging; auch auf Nachfragen wurde nicht geantwortet. Grund für die Aktion waren Informationen, die durch Interpol an die portugiesische Polizei gelangt waren. Ein Mitglied der Familie wurde dadurch fälschlicherweise als Chef eines internationalen Drogenrings identifiziert.

[72] Siehe *Kremer*, S. 297 ff., mit entsprechenden Beispielen.

[73] Dagegen greift Art. 6 EMRK nicht schon im Hinblick auf die polizeiliche Datenverarbeitung an sich, losgelöst vom nationalen Strafverfahren, ein: Die Begriffe „strafrechtliche Anklage" und „zivilrechtlicher Anspruch" sind zwar weit auszulegen, vgl. LR-EMRK/*Esser*, Art. 6 Rn. 47 ff., 71 ff.; *Bock*, FS Scheuing, S. 263 (268 ff.); *Petri*, S. 145 f. Eine formelle Anklage ist nicht erforderlich. Es muss lediglich irgendeine offizielle Mitteilung an den Betroffenen ergehen, dass gegen ihn wegen des Verdachts einer strafbaren Handlung ermittelt wird, oder ihm gegenüber eine offene Eingriffsmaßnahme vorgenommen werden. Eine solche Mitteilung ist bei Europol nur auf Antrag vorgesehen. Der Antragsteller erfährt noch nicht einmal dann notwendiger Weise, ob überhaupt Daten über ihn gespeichert sind, vgl. *Kröger*, S. 171 f. Die Datenverarbeitung bei Europol dient zudem nicht unmittelbar der Schuldfeststellung, u. U. bezweckt sie sogar die Verhinderung von Straftaten. Sie findet allenfalls im Vorfeld von Strafverfahren statt, vgl. *Schenke*, in: AE Europol, S. 367 (385); *Petri*, S. 144 f.; *Kröger*, S. 171 f.; *Günther*, S. 216 f.; i. E. auch *Bank/Krisch*, in: Kontrolle von Europol 2, S. 7 (82); a. A. *Kistner-Bahr*, S. 207 f. – Es wird auch vertreten, dass wegen der Privatsphäre ein nicht-pekuniäres „civil right" in Frage steht und deshalb Art. 6 EMRK anwendbar sei, *Bank/Krisch*, in: Kontrolle von Europol 2, S. 7 (60 f., 83 f.); *Abetz*, S. 200; *Seong*, S. 207 f. Gegen die (weitere) Ausdehnung in den öffentl.-rechtl. Bereich: *Matz*, S. 149 f. Eine Aufwertung der verfahrensrechtliche Komponente von Art. 8 EMRK, die zur indirekten Anwendung von Art. 6 EMRK führe, behauptet *Schenke*, in: AE Europol, S. 367 (387). *Kley-Struller*, S. 27 ff., 54 f., hält es für möglich, dass Art. 6 EMRK einmal auf alle Grundrechte Anwendung findet. Für das Datenschutzrecht hat der *EGMR* dies aber noch nicht explizit angenommen.

[74] Darstellungen im Hinblick auf *Art. 23 Abs. 1 GG* finden sich u. a. bei: *Hausen*, S. 112 ff.; *Petri*, S. 175 ff.; *Kremer*, S. 394 ff. Im Folgenden werden jedoch nur Handlungsbedarf der Union als solche auslösende Regelungen behandelt.

[75] Siehe Tettinger/Stern/*Johlen*, Art. 8 Rn. 59; Heselhaus/Nowak/*Mehde*, § 21 Rn. 33; *Frenz*, Rn. 1392 ff., 1413 f.

aber unabhängig von einem Antrag; es handelt sich also vielmehr um einen Anspruch auf automatische Auskunftserteilung.[76] Daneben kann der Betroffene – als eine Art Folgenbeseitigungsanspruch – *Berichtigung und Löschung* der Daten verlangen.[77]

Die Norm erfordert außerdem eine angemessene und effektive Kontrolle der Datenverarbeitung durch eine *unabhängige Stelle*, um Missbrauch vorzubeugen (Art. 8 Abs. 3 GRC).[78] Es muss nicht notwendig ein Gericht im formellen Sinne mit dieser Aufgabe betraut werden. Es genügt, wenn das berufene Kontrollorgan unabhängig und unparteiisch ist und das Verfahren, in dem es entscheidet, gerichtsförmig ausgestaltet ist.[79] Eine ausschließliche Benennung der Mitglieder der Stelle durch die Exekutive ist mit Art. 8 Abs. 3 GRC unvereinbar. Auch ihre Entlassung darf nur ausnahmsweise und aufgrund hinreichend bestimmter Regelungen möglich sein. Zudem darf die Datenschutzstelle keinen Weisungen unterworfen sein; andere Aufgaben dürfen ihr nur übertragen werden, wenn Interessenkonflikte nicht auftreten können.[80] Erforderlich ist auch, dass die Stelle mit hinreichenden Kompetenzen und Mitteln ausgestattet ist, die ihr die Durchführung einer objektiv wirksamen Kontrolle erlauben: Das Gremium muss also über die im Hinblick auf ihre Aufgaben notwendigen Personal- und Sachmittel und Untersuchungsbefugnisse verfügen. Erforderlich ist zumindest der Zugang zu den Daten, die Gegenstand der Verarbeitung sind. Außerdem müssen der Stelle wirksame Entscheidungsbefugnisse zustehen, sie muss auch die Möglichkeit haben, die Sperrung oder Löschung von Daten zu verlangen. Zudem soll ihr ein Klagerecht bzw. eine Anzeigebefugnis zustehen.[81]

Unabhängig davon ist auch Art. 47 GRC (vgl. schon Kapitel 1 § 3 C.) zu beachten,[82] der, anders als Art. 6 EMRK,[83] unstreitig im öffentlich-rechtlichen Bereich anwendbar ist.

---

[76] So auch Heselhaus/Nowak/*Mehde*, § 21 Rn. 26; *Frenz*, Rn. 1398 ff.
[77] Zum Zusammenhang *Frenz*, Rn. 1396, 1401 ff.
[78] Dazu, ob aus der Norm eine Institutsgarantie abzuleiten ist: Heselhaus/Nowak/*Mehde*, § 21 Rn. 12, 29 f.; Zweifel bei: Meyer/*Bernsdorff*, Art. 8 Rn. 24; organisationsrechtliche Regelung: Tettinger/Stern/*Johlen*, Art. 8 Rn. 62. Die Regelung basiert auf Art. 286 Abs. 2 EGV-Nizza/Art. 28 DSRL, Meyer/*Bernsdorff*, Art. 8 Rn. 24; *Frenz*, Rn. 1478.
[79] Vgl. hierzu *EGMR* (GK), Rotaru/Rumänien, Beschw.-Nr. 28341/95, 4.5.2000, ECHR 2000-V, § 59 ff. S.a. *Esser*, in: AE Europol, S. 281 (294).
[80] Vgl. *Petri/Tinnefeld*, MMR 2010, 157 (160); *Frenz*, Rn. 1478; Tettinger/Stern/*Johlen*, Art. 8 Rn. 63; s.a. LR-EMRK/*Esser*, Art. 6 Rn. 128.
[81] Siehe Art. 28 Abs. 3 DSRL; *Frenz*, Rn. 1478 f.; Tettinger/Stern/*Johlen*, Art. 8 Rn. 63; Meyer/*Bernsdorf*, Art. 8 Rn. 24.
[82] Art. 47 GRC ist auch während des Übergangszeitraums für die PJZS anwendbar, vgl. Grabitz/Hilf/Nettesheim/*Röben*, Art. 88 AEUV Rn. 26, andererseits Rn. 45. Aus den Übergangsbestimmungen geht jedenfalls nichts anderes hervor.
[83] Die vor der GKI verhandelten Rechte sind solche öffentl.-rechtl. Natur, die als grundrechtlich fundierte Ansprüche teilweise sogar dem Kernbereich öffentlichen

Die Anforderungen an eine effektive Datenschutzkontrolle nach Art. 8 Abs. 2, 3 GRC und effektiven gerichtlichen Rechtsschutz nach Art. 47 GRC müssen nicht notwendig durch eine einzige Stelle erfüllt werden. Europol wird von diversen Organen auf europäischer und nationaler Ebene kontrolliert. Die Prüfverfahren lassen sich einteilen in eine „exekutivische" (F.) und eine parlamentarische Kontrolle (H.) und justiziellen Rechtsschutz im weiteren Sinne, der im Moment durch die Datenschutzinstanzen von Europol (C., D.), den *EuGH* (E.) und nationale Gerichte (G.) geleistet wird.[84] Ob diese Mechanismen den Maßgaben der Charta in den aufgezeigten Problemfeldern gerecht werden, gilt es zu untersuchen.

C. Rechtsschutz durch die Gemeinsame Kontrollinstanz

Zur datenschutzrechtlichen Kontrolle von Europol wurde bei der Agentur eigens eine *Gemeinsame Kontrollinstanz* (GKI) eingerichtet.[85] Diese soll prüfen, ob bei der Speicherung, Verarbeitung oder sonstigen Nutzung von Daten durch Europol datenschutzrechtliche Vorschriften verletzt werden. Tätig werden kann die GKI aus *eigenem Antrieb* durch *objektive Kontrollen* (I.) oder auf *Antrag* nach Art. 32 ERB (Art. 34 Abs. 1, 3, 4 ERB, II.). Die Konformität der Kontrolle mit den grundrechtlichen Gewährleistungen gilt es zu prüfen (III.).

I. Objektive Kontrollen

In bestimmten Abständen führt die GKI bei Europol eine anlassunabhängige, objektive Kontrolle der Datenverarbeitung durch: Sie hat es sich zur Gewohnheit gemacht, eine Inspektion pro Jahr durchzuführen. Bereiche und Umfang der Kontrollen waren bei jeder Untersuchung unterschiedlich und anhand der aktuellen Entwicklungen bei der Agentur und der Herausforderungen auf dem Gebiet

---

Rechts zugeordnet werden, etwa *Petri*, S. 145. Art. 6 EMRK sei deshalb nicht anwendbar; so *Schenke*, in: AE Europol, S. 367 (385); *Kley-Struller*, S. 30 f., 51 ff. (Anwendung nur auf grundrechtliche Sachverhalte mit Privatrechtsrelevanz); wohl auch *Kröger*, S. 182. Andererseits wird angenommen, die Vorgaben des Art. 6 EMRK seien einzuhalten, weil mittelbar über „civil rights" entschieden werde (noch G. IV.). Die unrechtmäßige Datenverarbeitung sei Anspruchsgrund für Art. 52 f. ERB, *Frowein/Krisch*, JZ 1998, 589 (595); *Günther*, S. 218 ff.; a.A. *Matz*, S. 150 ff. (unterschiedliche Streitgegenstände). *Petri*, S. 130 ff., 146, für eine unionsspezifische Auslegung von Art. 6 EMRK, konkretisiert durch die DSRL, so dass auch diese rein verwaltungsrechtlichen Ansprüche darunter fallen. Unstreitig gilt Art. 6 EMRK in Art. 52 f. ERB-Verfahren, vgl. etwa *Günther*, S. 265; auch *Kley-Struller*, S. 38 (pekuniäre Streitigkeit im Verhältnis Staat/Bürger).

[84] Zu diesen Begriffen u. a. *Voß*, S. 260.

[85] Sie besteht aus höchstens zwei Vertretern jeder nationalen Stelle (Art. 34 Abs. 1 S. 2 ERB). In Deutschland werden sie vom BMI ernannt, je einer auf Vorschlag des Bundesdatenschutzbeauftragten und des Bundesrats (Art. 2 § 6 Abs. 2 EuropolG).

§ 1 Rechtsschutz gegen grundrechtsbeeinträchtigende Maßnahmen 295

der Strafverfolgung in Europa ausgewählt.[86] Häufigkeit und Umfang der Kontrollen bestimmt die GKI also nach eigenem Ermessen.

Wenn die GKI im Rahmen ihrer objektiven Kontrollen Verstöße gegen datenschutzrechtliche Grundsätze feststellt, kann sie dem Amt allerdings keine Weisungen erteilen, wie diese abzustellen sind. Sie kann ihre Ergebnisse lediglich dem Direktor mitteilen und diesen zu einer Stellungnahme auffordern (Art. 34 Abs. 4 S. 1 ERB). Ordnet der Direktor auf die Mitteilung hin keine Abhilfemaßnahmen an, kann die GKI den Verwaltungsrat anrufen, damit dieser im Rahmen der Fachaufsicht gegenüber dem Direktor wegen einer Verfehlung bei der ordnungsgemäßen Amtsführung tätig wird (Art. 34 Abs. 4 S. 3 ERB). Der Verwaltungsrat kann den Direktor anweisen, bestimmte Maßnahmen zu ergreifen, um die Verstöße abzustellen (Art. 37 Abs. 9 *lit.* b ERB). Allerdings muss der Verwaltungsrat eine solche Weisung nicht allein wegen einer Mitteilung seitens der GKI erlassen; er ist lediglich verpflichtet, sich damit zu befassen.

II. Beschwerdeverfahren hinsichtlich der Ansprüche aus Art. 30 f. ERB

Unter gewissen Voraussetzungen kann die GKI aber auch durch von der Datenverarbeitung (potenziell) betroffene Bürger angerufen werden (2.), wenn ein entsprechendes Vorverfahren vor Europol fruchtlos gewesen ist (1.).

1. Vorverfahren

Nach Art. 30 Abs. 1, 7 ERB hat zunächst jedermann einen Anspruch gegen Europol darauf, zu erfahren, ob ihn betreffende personenbezogene Daten von dem Amt verarbeitet werden und sich diese übermitteln oder sie überprüfen zu lassen. Dies gilt auch für Drittstaatsangehörige. Der Antrag auf Auskunft bzw. Überprüfung kann in jedem beliebigen Mitgliedstaat bei dessen nationaler Stelle geltend gemacht werden (Art. 30 Abs. 2 ERB).[87] Die Einreichung bei Europol ist

---

[86] Vierter Tätigkeitsbericht der GKI (Nov. 2006–Nov. 2008) v. 12.12.2008, S. 25, abrufbar unter: http://europoljsb.consilium.europa.eu/media/52743/A017E590-5BD3-4C98-83F5-6FF12F02810E.pdf (zuletzt: 20.10.2013).

[87] Die Regelung des EÜ verwies noch auf das Recht des Staates, in dem der Antrag gestellt wurde: Während Deutschland einen *direkten* Auskunftsanspruch ähnlich § 19c BDSG favorisierte, Art. 17 Abs. 1 des dt. Entwurfs (Ratsdok. 8074/94, BR-Drs. 909/94, S. 30), wonach Inhalt, Herkunft sowie Empfänger der Daten offengelegt werden sollten, wollte Frankreich lediglich ein *indirektes* Antragsrecht zugestehen. Der Antragsteller wäre nicht über den Inhalt der Daten in Kenntnis gesetzt worden. Die Datenschutzbehörden sollten feststellen, ob überhaupt Daten gespeichert sind und ob die Speicherung rechtmäßig war. Die Regelung im EÜ umging eine Einigung in diesem Punkt, der Betroffene konnte den Antrag in jedem Mitgliedstaat stellen und so Einfluss auf dessen Reichweite nehmen. Dennoch hielten viele die Regelung für unzureichend, bestand doch die Gefahr, dass der Betroffene durch etwaige Sprachbarrieren, die Anwendbarkeit

nicht möglich. Art. 30 ERB enthält keine Begrenzung im Hinblick auf die Häufigkeit der Anträge, sein 1. Absatz legt lediglich fest, dass angemessene Abstände einzuhalten sind. Europol muss die Anfrage so schnell wie möglich, spätestens aber nach drei Monaten bescheiden, sonst kann ein Säumnisverfahren vor der GKI eingeleitet werden (Art. 30 Abs. 3 ERB, Art. 32 Abs. 1 ERB).

Alle von den Daten betroffenen Mitgliedstaaten bzw. die an der jeweiligen AWF Beteiligten werden über den *Auskunftsantrag* informiert. Die *Verweigerung der Zustimmung* zur Erteilung der entsprechenden Auskünfte ist ihnen aber nur möglich, wenn einer der Gründe des Art. 30 Abs. 5 ERB vorliegt, die Mitteilung also der Funktionalität von Europol, dem störungsfreien Ablauf der nationalen Ermittlungen, der Sicherheit und Ordnung in einem Mitgliedstaat oder Rechten und Freiheiten Dritter zuwider laufen würde. Zwar ist zwingend eine Abwägung mit dem Interesse des Antragstellers auf Erteilung der Auskunft vorzunehmen (Art. 30 Abs. 5 S. 2 ERB); möglich ist, eine Auskunft nur über Teile der gespeicherten Daten zu erteilen.[88] Letztlich wird aber aufgrund der weiten Formulierung der Ausnahmetatbestände die Auskunft meist vollständig verweigert.[89] Dem Antragsteller wird dann lediglich mitgeteilt, dass sein Antrag geprüft wurde, wobei kein Hinweis darauf gegeben werden darf, ob überhaupt Informationen vorliegen (Art. 30 Abs. 6 ERB). Die Ablehnung des Antrags muss deshalb auch nicht begründet werden. Selbst *nachdem* die Gründe für die Verweigerung der Auskunft entfallen sind, ist nicht vorgesehen, den Antragsteller über den Inhalt der Daten in Kenntnis zu setzen.[90]

Der *Berichtigungs- und Löschungsanspruch* bezüglich fehlerhafter oder unrechtmäßiger Daten findet sich in Art. 31 Abs. 1 ERB. Zu berichtigen oder zu löschen sind danach grundsätzlich alle fehlerhaften Informationen sowie etwa solche, die ein auf nationaler Ebene abgeschlossenes Verfahren betreffen. Während im Übrigen aber – etwa nach Art. 12 Abs. 5 ERB [vgl. schon B. II. 1. c)] – eine Verpflichtung der Empfänger zur Löschung nicht vorgesehen ist, richtet sich der Antrag nach Art. 31 ERB auch gegen Mitgliedstaaten, von denen die streitgegenständlichen Informationen abgerufen worden sind (Art. 31 Abs. 4 ERB). Der Antrag ist innerhalb von drei Monaten zu bescheiden (Art. 31 Abs. 5 ERB).

---

fremden Rechts und die Aussicht, dort einen Anwalt engagieren zu müssen, von der Geltendmachung des Anspruchs in anderen Staaten abgehalten wurde. Zudem wurde die daraus resultierende Ungleichbehandlung kritisiert, *Oberleitner*, S. 149 f.; *Matz*, S. 231 f., 238; GKI-Stellungnahme 07-07, S. 22 f., unter: http://europoljsb.consilium. europa.eu/opinions/decisions.aspx (zuletzt: 20.10.2013).

[88] Vgl. *Matz*, S. 236 f.

[89] Kritisch *Degenhardt*, S. 247. Zu den Verweigerungsgründen: *Matz*, S. 232 ff.; *Engel*, S. 63; *Günther*, S. 107 ff.; *Schubert*, S. 62 f.; *Degenhardt*, S. 246 f. Eine Verweigerung lässt sich leicht begründen, z. B. wenn Daten Hinweise auf Zeugen enthalten.

[90] Dies kritisiert u. a. *Degenhardt*, S. 247 f.

2. Beschwerdeverfahren vor der GKI

Gegen die Ablehnung der auf Auskunftserteilung, Berichtigung oder Löschung gerichteten Anträge kann eine *Beschwerde* an die GKI gerichtet werden (Art. 32 ERB), nicht dagegen gegen die *Übermittlung* von Daten an Dritte; insoweit fehlt es schon an einem Antragsrecht gegenüber Europol.

Über die Beschwerde entscheidet nicht die GKI selbst, sondern ein von ihr eingerichteter, unabhängiger *Beschwerdeausschuss* (Art. 32 Abs. 7 S. 2 i.V.m. Art. 34 Abs. 8 ERB, Art. 13 Abs. 1 GO-GKI). Er besteht aus einem Vertreter jedes Mitgliedstaats.[91] Eine besondere juristische Qualifikation ist nicht notwendig; die Mitglieder müssen lediglich über die *„erforderliche Befähigung"* verfügen (Art. 4 Abs. 3, 13 Abs. 2 GO-GKI).

Eingeleitet wird das Verfahren vor dem Ausschuss durch schriftlichen Antrag beim Sekretariat der GKI innerhalb von drei Monaten nach Eingang der (ablehnenden) Entscheidung von Europol.[92] Wenn der Beschwerdeführer keine der Amtssprachen der EU beherrscht, kann der Antrag in seiner Muttersprache gestellt werden (Art. 17 GO-GKI).[93] Er muss Angaben über den Beschwerdeführer, den Beschwerdegegenstand und den Beschwerdegrund enthalten (Art. 18 GO-GKI). Entspricht eine Beschwerde nicht diesen Vorgaben, erklärt der Ausschuss sie für unzulässig und verwirft sie (Art. 18 Abs. 5 GO-GKI), andernfalls wird sie entsprechend den Art. 19 ff. GO-GKI einer umfassenden Prüfung unterzogen.[94] Alle Verfahrensbeteiligten sind zu hören; die Anhörung erfolgt grundsätzlich im Schriftverfahren (Art. 22 Abs. 1 S. 1, 3 GO-GKI).[95] Auf Antrag kann auch eine

---

[91] Jedes Mitglied hat eine Stimme (Art. 34 Abs. 8 ERB). – Der vom Bundesdatenschutzbeauftragten vorgeschlagene Repräsentant (Fn. 85) übt das Stimmrecht für Deutschland aus. Er muss die Befähigung zum Richteramt besitzen (Art. 2 § 6 Abs. 3 EuropolG i.V.m. § 5 DRiG).

[92] Von deutscher Seite wurde wegen der gerichtsähnlichen Funktion der GKI auf die Regelung von Verfahrensrechten und der Unabhängigkeit des Gremiums gedrängt. Einige Staaten waren aber v.a. gegen die Aufnahme der Prinzipien der Öffentlichkeit und Mündlichkeit, da sie die Offenbarung von für den Fahndungserfolg wichtigen Daten fürchteten, vgl. *Matz*, S. 263 f., 282 f.

[93] Er muss dann ein Resümee in einer der Amtssprachen vorlegen (Art. 17 Abs. 4 S. 1, 2 GO-GKI). Das Verfahren wird auf Französisch oder Englisch geführt. Der Beschwerdeführer kann zwischen den Sprachen wählen (Art. 17 Abs. 1 S. 1, 2 GO-GKI). Dokumente müssen übersetzt werden, wobei ein kostenloser Übersetzungsdienst bereitgestellt werden kann, damit für den Beschwerdeführer keine Unbilligkeiten entstehen (Art. 17 Abs. 3 GO-GKI). Dies steht im Ermessen des Ausschusses.

[94] Das Verfahren vor der GKI ist kostenfrei. Der Beschwerdeführer kann im Falle seines Obsiegens Kosten – etwa für einen Rechtsbeistand – geltend machen. Der Ausschuss legt die Höhe nach freiem Ermessen fest (Art. 28 Abs. 1 GO-GKI). Dem Antragsteller kann auf Antrag auch ein Zuschuss gewährt werden (Art. 28 Abs. 2 S. 1 GO-GKI).

[95] Der Ausschuss kann Zeugen hören und Sachverständige bestellen (Art. 23 GO-GKI).

mündliche Anhörung durchgeführt werden, sofern der Ausschuss dies für notwendig erachtet (Art. 22 Abs. 1 S. 4 GO-GKI).[96]

Betrifft die Beschwerde die Ablehnung eines Auskunftsantrags, kann sich Europol gegenüber dem Gremium zwar nicht auf Geheimhaltungsgründe berufen. Jedoch kann das Einsichtsrecht des Beschwerdeführers und seines Vertreters[97] in die Verfahrensakten beschränkt werden – aus denselben Gründen, mit denen auch die Auskunftsverweigerung begründet werden kann (Art. 21 Abs. 1 GO-GKI). Außerdem kann sich der Ausschuss über die Einwände von Europol und der betroffenen Mitgliedstaaten gegen die Auskunftserteilung nur mit Zweidrittelmehrheit hinwegsetzen. Falls diese Mehrheit nicht erreicht wird, wird dem Antragsteller lediglich mitgeteilt, dass der Antrag abgelehnt wurde, ohne einen Hinweis darauf zu geben, ob überhaupt Daten über ihn gespeichert sind (Art. 32 Abs. 4 S. 2 ERB). Betrifft die Beschwerde die *Überprüfung* von bei Europol gespeicherten Daten, vergewissert sich die GKI, dass die erforderlichen Kontrollen ordnungsgemäß vorgenommen wurden. Im Anschluss teilt der Ausschuss wiederum lediglich mit, dass eine Prüfung stattgefunden hat, ohne dabei Hinweise zu geben, denen der Antragsteller entnehmen könnte, ob Daten zu seiner Person überhaupt vorliegen (Art. 32 Abs. 5, 6 ERB). Die Entscheidungsmodalitäten hinsichtlich der Beschwerden wegen einer unterlassenen *Berichtigung* oder *Löschung* von Informationen sind nicht weiter geregelt. Die Entscheidung ist demnach mit einfacher Mehrheit zu treffen. Der Umfang der Mitteilung des Ergebnisses der Prüfung an den Beschwerdeführer wird nicht eingeschränkt.

Europol ist an die Entscheidung des Ausschusses gebunden (Art. 34 Abs. 3 S. 2 *lit.* c ERB). Die Konsequenzen eines Verstoßes sind allerdings nicht geregelt, obwohl die Nichtbefolgung nach Art. 9 S. 3 GO-GKI einen Verstoß gegen den Beschluss darstellt. Durchsetzungsmechanismen existieren aber nicht.

III. Vereinbarkeit der Kontrolle mit Art. 8 Abs. 2 S. 2, Abs. 3/Art. 47 GRC?

1. Defizite im Hinblick auf die Unabhängigkeit und Unparteilichkeit der GKI

a) Unabhängigkeit

Die Mitglieder des Gremiums sind nach Art. 34 Abs. 1 ERB/Art. 14 GO-GKI weisungsunabhängig. Wegen der Zusammensetzung aus Vertretern verschiedener Staaten ist auch keine einseitige, von nationalen Interessen gelenkte Ausrichtung

---

[96] Mündliche Anhörungen sind öffentlich. Der Ausschluss der Öffentlichkeit ist im Interesse der öffentl. Sicherheit, zur Gewährleistung der Privatsphäre eines Betroffenen oder einer ordnungsgemäßen Entscheidung möglich (Art. 22 Abs. 2 S. 1 GO-GKI).

[97] Der Beschwerdeführer kann sich eines Rechtsbeistands bedienen und vertreten lassen (Art. 16 S. 1 GO-GKI).

zu erwarten.⁹⁸ Es fehlt aber an einer (einheitlichen) Regelung des Verfahrens zur Benennung und der Abberufung der GKI-Mitglieder sowie deren Stellung gegenüber den Entsendestaaten. Vor allem ist nicht gewährleistet, dass der jeweilige nationale Vertreter nicht gegen seinen Willen durch die Exekutive – etwa wegen veränderter politischer Machtverhältnisse – abberufen werden kann. Die Mitgliedstaaten selbst können zwar entsprechende Regelungen treffen.⁹⁹ Selbst wenn aber grundrechtskonforme Regelungen bestehen, so sind die Staaten nicht gehindert, diese aufzuheben oder zu ändern. Dies stellt einen Verstoß gegen Art. 47 Abs. 2 GRC dar;¹⁰⁰ selbst den Anforderungen an eine unabhängige Datenschutzkontrolle nach Art. 8 Abs. 3 GRC ist damit nicht genügt, denn der *EuGH* fordert vollständige Unabhängigkeit, die jegliche Form der Einflussnahme verbietet.¹⁰¹

Ein Problem für eine unabhängige Wahrnehmung der Rechtsprechungsaufgaben stellt auch die fehlende Immunität der „Richter" dar. Eine richterliche Straffreiheit wird zwar in vielen mitgliedstaatlichen Rechtsordnungen für entbehrlich gehalten. Historisch gewachsene, stabile Rechtssysteme können aber nicht demjenigen der Europäischen Union gleichgestellt werden, auch weil die Entscheidungen des Ausschusses regelmäßig verschiedene Vertragsstaaten betreffen und damit ein erhebliches Konfliktpotenzial beinhalten. Nicht zuletzt deswegen sind auch die Mitglieder des Gerichtshofs der Europäischen Union immun (Art. 3 Satzung), wie die Mitglieder vieler anderer internationaler Kontrollinstanzen.¹⁰²

b) Unparteilichkeit

Daneben drängen sich auch Fragen hinsichtlich der nach Art. 47 Abs. 2 und Art. 8 Abs. 3 GRC erforderlichen Unparteilichkeit auf: Die GKI ist auf Verwaltungsebene umfassend in Entscheidungsprozesse eingebunden. Sie berät Europol

---

⁹⁸ Dazu *Matz,* S. 284 f.; *Ellermann,* S. 360; *Eckhardt,* S. 275; kritisch: *Günther,* S. 228 f.

⁹⁹ Siehe Art. 2 § 6 Abs. 3 S. 4 EuropolG: Der deutsche Vertreter im Beschwerdeausschuss ist unabhängig und nur dem Recht unterworfen. Er untersteht der Dienstaufsicht nur, soweit seine Stellung dadurch nicht beeinträchtigt wird, und kann vor Ablauf seiner Amtszeit nur durch Gerichtsentscheidung abberufen werden. Nach *Hausen,* S. 150 f.; *Frowein/Krisch,* JZ 1998, 589 (592), stellt die Befähigung zum Richteramt eine notwendige Voraussetzung für die sachliche Unabhängigkeit des Ausschusses dar, da sonst die alleinige Gesetzesbindung bei der Entscheidungsfindung nicht sichergestellt sei; s. a. *Sule,* S. 91 f.; *Günther,* S. 232 f.; aber auch *Milke,* S. 215 f.

¹⁰⁰ Zu Art. 13 EMRK: *Matz,* S. 293; *Seong,* S. 204 f. Zu Art. 6 EMRK: *Seong,* S. 211 f.; vgl. auch *Hausen,* S. 149; *Frowein/Krisch,* JZ 1998, 598 (596). A.A. *Korell,* S. 211, die eine sachfremde Motivation bei der Abberufung für ausgeschlossen hält, weil das Ende der Tätigkeit im Beschwerdeausschuss lediglich Reflex der Abberufung aus der GKI sei. Inwiefern dieser Umweg Bedenken in Bezug auf die faktische Unabhängigkeit ausräumen soll, ist unklar. Ebenfalls gegen einen Verstoß *Günther,* S. 225 f.

¹⁰¹ Vgl. *EuGH* Rs. C-518/07 (KOM/Deutschland), 9.3.2010, Slg. 2010, I-1885; vgl. auch Grabitz/Hilf/Nettesheim/*Sobotta,* Art. 16 AEUV Rn. 52.

¹⁰² Vgl. auch *Fawzy,* S. 211 f., zur GKI-Eurojust. A. A. *Günther,* S. 227 f.

bei der Erstellung von Errichtungsanordnungen für Analysedateien (Art. 16 Abs. 2 S. 2, 3 ERB),[103] gibt Stellungnahmen zur Zulässigkeit der Übermittlung personenbezogener Daten an Drittstaaten ab (Art. 23 Abs. 2 S. 3 Hs. 2 ERB) und unterstützt das Amt auch im Übrigen, wenn Anwendungs- und Auslegungsfragen im Hinblick auf den Ratsbeschluss oder die Durchführungsbestimmungen auftreten (Art. 34 Abs. 3 ERB). Es ist durchaus möglich, dass die Mitglieder der GKI im Rahmen einer Beschwerde über dieselben Fragen erneut entscheiden müssen, bezüglich derer sie zuvor von Europol konsultiert wurden oder zumindest abstrakte Richtlinien erarbeitet haben. Es ist auch nicht ausgeschlossen, dass die GKI im Rahmen der allgemeinen Beratungsbefugnis nach Art. 34 ERB zu einem konkreten Fall, etwa einem Auskunftsersuchen, gehört wurde, der später mittels Beschwerde nach Art. 32 ERB zu ihr gelangt. Dass sich die Mitglieder der Kontrollinstanz bei der Prüfung der Beschwerde an ihre eigenen Stellungnahmen gebunden fühlen, ist zumindest nicht auszuschließen.[104] Jeder Beschwerdeführer dürfte angesichts der engen Vernetzung der GKI mit Europol berechtigte Zweifel an der Neutralität der Stelle haben.

Aufgelöst wird der Konflikt gerade nicht dadurch, dass ein spezieller *Beschwerdeausschuss* über die Anträge entscheidet (Art. 34 Abs. 8 ERB), denn dessen Mitglieder sind alle zugleich Mitglieder der Kontrollinstanz und auch nicht von den sonstigen Beratungstätigkeiten befreit.[105] Auch die Regelungen zur Befangenheit gleichen dieses Manko nicht aus: Nach Art. 13 Abs. 2 GO-GKI kann jedes Mitglied des Ausschusses von der Untersuchung einer Beschwerde zurücktreten, wenn es seine Neutralität in Frage gestellt sieht. Ein Ablehnungsantrag kann nach Art. 13 Abs. 3 GO-GKI auch von den Parteien gestellt werden. Der Verdacht der Parteilichkeit besteht allerdings in Bezug auf jedes Mitglied des Ausschusses, da sie alle zugleich auch der GKI angehören und gleichermaßen in die Beratungstätigkeit eingebunden sind.[106]

Angesichts der Vermischung exekutiver und judikativer Aufgaben wird keine echte „Fremdkontrolle" gewährleistet;[107] dies verletzt Art. 47 Abs. 2 GRC.[108] Ob das Zusammentreffen von Kontroll- und administrativen Aufgaben auch im

---

[103] Nach dem Vierten Tätigkeitsbericht der GKI-Europol (Fn. 86), S. 13 f., ist die Beratungstätigkeit eine der wichtigsten Aufgaben; die GKI gibt zu jeder Errichtungsanordnung, die ihr vorgelegt wird, eine Stellungnahme ab. Über die Rechtmäßigkeit von Analysedateien kann sie sogar rechtskräftig entscheiden.

[104] So auch *Beaucamp*, DVBl. 2007, 802 (804); *Paeffgen*, in: AE Europol, S. 173 (190); *Sule*, S. 90; *Matz*, S. 291; *Petri*, S. 34; *Seong*, 202 f.; *Ellermann*, S. 359; *Degenhardt*, S. 252 f.; *Kistner-Bahr*, S. 211.

[105] Ebenso *Ellermann*, S. 359 f.; *Petri*, S. 34; *Kröger*, S. 185 f. A. A. *Wandl*, S. 60.

[106] Vgl. *Beaucamp*, DVBl. 2007, 802 (804); *Paeffgen*, in: AE Europol, S. 173 (190); *Hausen*, S. 154 f.; *Matz*, S. 291; *Ellermann*, S. 359; *Seong*, 202 f.; *Petri*, S. 34; *Günther*, S. 231 f. A. A. *Korrell*, S. 179, 214 f.; *Wandl*, S. 60; *Engel*, S. 80 ff.

[107] Vgl. *Schenke*, in: AE Europol, S. 367 (382); *Wolter*, FS Kohlmann, S. 693 (710); *Petri*, S. 33 f., 147 f. („Zwitterstellung").

Hinblick auf Art. 8 Abs. 3 GRC zu Problemen führt, ist allerdings weniger eindeutig. Auch Art. 28 DSRL, der Pate für Art. 8 Abs. 3 GRC stand, sieht in seinem 2. Absatz vor, dass die Datenschutzstellen bei der Ausarbeitung von Rechtsverordnungen oder Verwaltungsvorschriften bezüglich des Schutzes der Rechte und Freiheiten bei der Verarbeitung personenbezogener Daten angehört werden. Allerdings geht die Einbeziehung der GKI entschieden darüber hinaus. Daher ist anzunehmen, dass trotz der gegenüber Art. 47 Abs. 2 GRC geringeren Anforderungen an die Unparteilichkeit Art. 8 Abs. 3 GRC nicht genügt wird.

c) Fazit zur Gerichtseigenschaft

Wegen der beschriebenen Mängel stellt die GKI schon kein Gericht im Sinne von Art. 47 Abs. 2 GRC dar. Auch die Anforderungen an eine unabhängige und unparteiliche Datenschutzkontrolle sind nicht erfüllt.

2. *Hinreichende Entscheidungs- und Kontrollbefugnisse?*

Ein Rechtsbehelf ist zudem nur effektiv, wenn dem Kontrollgremium ausreichende Kompetenzen und Entscheidungsbefugnisse zustehen. Dies fordert auch Art. 8 Abs. 3 GRC (B. IV.). Die GKI hat umfangreiche Rechte gegenüber Europol: Sie hat Zugang zu allen Unterlagen, Akten wie auch zu allen gespeicherten Daten (Art. 34 Abs. 3 S. 2 *lit.* a, b ERB).[109] Das Amt muss die von der GKI gewünschten Auskünfte erteilen und Zutritt zu Diensträumen ermöglichen. Allerdings hat sich die GKI vorher bei Europol anzumelden; andernfalls wird der Zugang verwehrt. Das wiederum gefährdet die Effektivität der Kontrollen.[110] Immerhin kann nicht ausgeschlossen werden, dass „unliebsame" Akten bei der vorherigen Ankündigung einer Untersuchung verschwinden.

Verbindliche Weisungsbefugnisse bestehen auch im Rahmen der objektiven Kontrollen nicht. Wird die Entscheidung des Beschwerdeausschusses nicht befolgt, stellt dies zwar einen Verstoß gegen den ERB dar (Art. 9 S. 3 GO-GKI). Die Entscheidung kann aber nicht zwangsweise durchgesetzt werden; auch Sanktionsbefugnisse bestehen nicht. Dies ist allerdings für effektiven Rechtsschutz wie auch für die Datenschutzkontrolle (B. IV.) erforderlich.[111]

---

[108] So *Matz*, S. 292, für Art. 13 EMRK, der sogar weniger weit reicht als Art. 47 GRC. *Eckhardt*, S. 276 (kein Gericht); a. A. *Knapp*, DÖV 2001, 12 (20), zu Art. 6 EMRK.

[109] Das Amt kann sich ihr gegenüber also nicht auf die Unverletzlichkeit der Archive berufen (dazu noch G. IV.), *Ellermann*, S. 362; a. A. *Degenhardt*, S. 230 f.

[110] *Degenhardt*, S. 230 ff. u. *Ellermann*, S. 362, halten es auch für problematisch, dass die GKI keinen Zugang zu nationalen Ermittlungsakten hat, die sie aber bei der Beurteilung der Rechtmäßigkeit der Speicherung heranziehen müsste.

[111] Vgl. Heselhaus/Nowak/*Mehde*, Art. 8 Rn. 48. *Günther*, S. 223, sieht die Anforderungen an ein Gericht i. S. v. Art. 6 EMRK nicht erfüllt. Aus dt. Sicht: *Korell*, S. 216 f.

3. Zugang zu der Kontrollinstanz

Dem Betroffenen muss nach Art. 47 Abs. 2 GRC, wie auch nach Art. 8 Abs. 2, 3 GRC, außerdem der *Zugang* zu dem Entscheidungsgremium auch tatsächlich möglich sein. Zu begrüßen ist zwar, dass die Anträge von jedem Betroffenen in seinem Heimatland gestellt werden können, so stellen etwaige Sprachbarrieren und Entfernungen kein allzu erhebliches Hindernis dar. Positiv zu sehen sind auch die kurzen Bescheidungsfristen.[112] Auch die Kostenfreiheit des Verfahrens vor der GKI und die Möglichkeit der Prozesskostenhilfe sind vor diesem Hintergrund zu nennen (s. Fn. 94).

Allerdings besteht bezüglich des *Informationsaustauschs mit Drittstaaten* und anderen Unionsinstitutionen keine Beschwerdemöglichkeit. Der Zugang ist also jedenfalls zu diesem Kontrollgremium nicht eröffnet. Es findet nur eine objektive Kontrolle statt.

Im Übrigen ist notwendige Voraussetzung für eine effektive Geltendmachung von Ansprüchen, etwa auf Berichtigung oder Löschung, dass der Betroffene überhaupt *Kenntnis von der rechtsverletzenden Maßnahme* hat. Dies erfordert im Falle verdeckter Datenerhebung eine entsprechende Mitteilung an den Betroffenen.[113] Die Datenverarbeitung bei Europol wird jedoch grundsätzlich nicht gegenüber deren „Objekt" eröffnet. Dies ist sowohl als Eingriff in das Recht auf effektiven Rechtsschutz zu qualifizieren, als auch in das Recht auf Datenschutz,[114] das ebenfalls garantiert, dass jeder die Möglichkeit hat, zu erfahren, welche Informationen über ihn gespeichert sind und sie gegebenenfalls berichtigen oder löschen zu lassen (schon B. IV.). Ohne das Wissen um die Tatsache der Speicherung und den Inhalt der Informationen ist die Geltendmachung dieser Rechte schlicht unmöglich und damit der Zugang zur GKI vereitelt.[115] Eine

---

[112] Richtig *Matz,* S. 238; *Günther,* S. 110, selbst als die unverzügliche Beantwortung des Antrags noch nicht festgeschrieben war. Zu Problemen unter dem EÜ, Fn. 87.

[113] So auch *Kugelmann,* in: Böse (Hrsg.), § 17 Rn. 160; *Kremer,* S. 235 f.; *Kröger,* S. 109; *Matz,* S. 229 f.; *Schenke,* in: AE Europol, S. 367 (392 f.) – Dies gilt nicht nur für Verdächtige. Auch bei der Speicherung von Daten über andere Personen, etwa mögliche Opfer, ist die Mitteilung wichtig für die Geltendmachung der Ansprüche aus Art. 30 f. ERB, die i. d. R. nicht einmal den Verdacht haben dürften, dass Informationen über sie gespeichert sind und daher keinen Antrag auf Auskunftserteilung stellen. Dasselbe gilt für Personen, die fälschlicherweise verdächtigt werden. Nicht zuletzt, weil eine Benachrichtigung nicht vorgesehen ist, wurden in den ersten zehn Jahren der Tätigkeit des Ausschusses lediglich sieben Beschwerden geprüft, vgl. Vierter Tätigkeitsbericht der GKI-Europol (Fn. 86), S. 12. – Wegen des unterschiedlichen Datenschutzniveaus besteht ein besonderes Interesse an der Kenntnis von Daten von Dritten, da nicht sichergestellt ist, dass die Betroffenen auf andere Weise über die Erhebung informiert werden, so *Kremer,* S. 237 f.

[114] Vgl. LR-EMRK/*Esser,* Art. 8 Rn. 87; *Sule,* S. 85; *Esser,* in: AE Europol, S. 281 (284).

[115] So auch *Petri,* S. 183 („notwendige Ergänzung der abwehrrechtlichen Komponente des Rechts auf informationelle Selbstbestimmung").

Rechtfertigung des Eingriffs in Art. 8 Abs. 2 GRC ist allerdings möglich, wenn nur durch die Geheimhaltung die Wirksamkeit polizeilicher Maßnahmen sichergestellt werden kann, was für Europol nicht schwierig zu begründen sein dürfte. Wenn aber schon nach den grundrechtlichen Wertungen des primär betroffenen Art. 8 GRC eine geheime Datenverarbeitung möglich ist, muss dies erst Recht im Rahmen der Rechtsschutzanforderungen akzeptiert werden.[116] Solange also tatsächlich ein Geheimhaltungsinteresse besteht, kann auch aus Art. 8 Abs. 2 GRC und Art. 47 GRC kein Anspruch auf Mitteilung hergeleitet werden.

Dann müsste aber nach der Rechtsprechung des *EGMR* als Ausgleich für die Beschränkung des Individualrechtsschutzes wegen des Geheimhaltungsinteresses eine missbräuchliche Verwendung personenbezogener Daten bei Europol durch regelmäßige objektive Kontrollen unterbunden werden.[117] Auch dies gewährleistet die GKI nicht: Abgesehen davon, dass die Häufigkeit der Kontrollen unzureichend erscheint, hat sie keine hinreichenden Zugangs- und Zugriffsrechte.[118] Sanktionsbefugnisse oder sonstige Durchsetzungsmechanismen stehen ihr ebenfalls nicht zur Verfügung.[119] Außerdem sind auch insoweit Bedenken im Hinblick auf die Unabhängigkeit und Unparteilichkeit der GKI zu erheben (vgl. schon 1.).[120] Es ist daher sowohl ein Verstoß gegen Art. 8 GRC als auch gegen Art. 47 GRC anzunehmen; eine wirksame objektive Kontrolle durch ein unparteiliches Gremium ist nicht sichergestellt.

Eine Rechtfertigung des Eingriffs in Art. 8 Abs. 2 GRC und damit auch in Art. 47 GRC kann zudem nur *solange* angenommen werden, als ein *Geheimhaltungsinteresse* tatsächlich fortbesteht. Der *EGMR* fordert deshalb nicht nur eine objektive Kontrolle, solange der Ermittlungserfolg durch die Aufdeckung der Informationsverarbeitung noch gefährdet ist, sondern auch, dass der Betroffene nach dem Entfallen der Gründe für eben diese Geheimhaltung über den Inhalt

---

[116] Siehe Karpenstein/Mayer/*Meyer* Art. 13 EMRK, Rn. 69, zu Art. 8 EMRK; *Esser*, in: AE Europol, S. 281 (305 f.).

[117] Vgl. *Esser*, in AE Europol, S. 281 (290 f.), zu *EGMR* Klass u.a./Deutschland, (Fn. 42), § 34; auch schon *Frowein/Krisch*, JZ 1998, 598 (594), allerdings nur als Forderung aus dem deutschen Verfassungsrecht.

[118] A.A. *Matz*, S. 286 ff.

[119] Zwar haben auch nationale Datenschutzbeauftragte nicht notwendig Weisungsrechte. Ausgeglichen wird dieses Manko aber dadurch, dass dem Bundestag ein Datenschutzbericht vorgelegt wird und damit zumindest eine politische Diskussion über dort festgestellte Mängel stattfindet, so *Matz*, S. 260; *Ellermann*, S. 263 f. – Bemerkenswert ist, dass der Verwaltungsrat, an den sich der Ausschuss wendet, wenn Europol Entscheidungen nicht umsetzt, nicht mit Mitgliedern mit dem nötigen datenschutzrechtlichen Hintergrund besetzt sein muss. Er wird nach politischen Motiven besetzt, vgl. *Matz*, S. 261.

[120] Die Pflicht zur Offenlegung von Interessenkonflikten löst das Problem nicht, obwohl der Betroffene notfalls mit einfacher Mehrheit in geheimer Abstimmung ausgeschlossen werden kann (Art. 4 Abs. 2 UAbs. 2 GO-GKI); es kann jedes Mitglied betroffen sein [vgl. schon 1. b)].

und die Herkunft der Informationen, vor allem aber über die Tatsache der Datenverarbeitung informiert wird.[121] Bei Europol wird dieser Grundsatz jedoch ins Gegenteil verkehrt. Eine Auskunftserteilung aus eigenem Antrieb erfolgt nur, wenn Informationen zum Schutz des Einzelnen weitergeführt werden.[122] Dies stellt einen Verstoß gegen das Gebot des effektiven Zugangs zu einem Gericht dar,[123] wie auch gegen Art. 8 Abs. 2, 3 GRC (B. IV.).

4. Bedenken hinsichtlich der Waffengleichheit

Dass darüber hinaus zwei Drittel der Mitglieder des Ausschusses von der Plausibilität des Auskunftsantrags bezüglich von Vertragsstaaten eingegebenen Daten überzeugt sein müssen (Art. 32 Abs. 4 ERB), stellt die *Waffengleichheit* zwischen dem Beschwerdeführer und Europol in Frage.[124] Kann diese Beschränkung der Kontrolldichte im Hinblick auf Art. 8 Abs. 3 GRC noch akzeptiert werden, da die Garantie lediglich ein gerichtsähnliches Verfahren vorschreibt, ist den Anforderungen des Art. 47 GRC keines Falls mehr genügt: Ein solcher Eingriff in das Recht auf einen wirksamen Rechtsbehelf ist nicht mehr durch die Interessen der Mitgliedstaaten an einer funktionierenden Strafverfolgung oder Prävention zu rechtfertigen.[125] Ihnen stehen bereits weitgehende Auskunftsverweigerungsrechte zu. Eine Verstärkung dieser Rechte dadurch, dass ihre Entscheidung nur mit Zweidrittel-Mehrheit aufgehoben werden kann, verschiebt das Kräftegleichgewicht zu einseitig zu Lasten des Betroffenen.

---

[121] *EGMR* Klass/Deutschland (Fn. 42), §§ 57 ff.

[122] Siehe *Petri,* S. 183 f.

[123] Vgl. *Ruthig,* in: Böse (Hrsg.), § 20 Rn. 78. Zu Art. 13 EMRK (i. V. m. Art. 8 EMRK): *Seong,* S. 205 f.; *Kröger,* S. 187 f. Vgl. auch *Kremer,* S. 258; *Petri,* S. 183 f.; *Schenke,* in: AE Europol, S. 367 (382); jeweils zu Art. 10 Abs. 2 S. 2 GG bzw. dem Recht auf informationelle Selbstbestimmung nach deutschem Verständnis; vgl. *Ellermann,* S. 353; *Wagner,* HFSK-Report 15/2004, S. 24.

[124] Etwa: *Beaucamp,* DVBl. 2007, 802 (805); *Voß,* S. 295; *Kistner-Bahr,* S. 212; *Günther,* S. 233 f. *Kröger,* S. 186, bezweifelt deshalb die *Unabhängigkeit* des Ausschusses. S. a. *Frowein/Krisch,* JZ 1998, 598 (593); *Paeffgen,* in: AE Europol, S. 173 (190); *Korrell,* S. 220 f.; *Hausen,* S. 157 f.; *Degenhardt,* S. 247 f.

[125] Diese Verletzung der Verfahrensrechte können nach *Ellermann,* S. 352 f., auch insoweit zwar durch Geheimhaltungsinteressen nach Art. 8 Abs. 2 EMRK gerechtfertigt sein. Es sollte im Anschluss aber eine gerichtliche Kontrolle stattfinden können, was bei der GKI nicht gewährleistet sei (1.). Schon gegen die Rechtfertigung: *Kistner-Bahr,* S. 213 f.; *Günther,* S. 233 ff. Nach *Matz,* S. 290, stellt dies im Hinblick auf Art. 13 EMRK, der lediglich ein gerichtsähnliches Verfahren vorschreibt, eine unerhebliche Beschränkung der Kontrolldichte dar, weil Entscheidungen über Berichtigungs- oder Löschungsansprüche nicht davon betroffen seien, ebenso wie Auskunftsverlangen in Bezug auf das EIS, wenn die Daten durch Europol eingegeben wurden. So wohl auch *Schenke,* in: AE Europol, S. 367 (381), der dies allerdings mit Regelungen begründet, bei denen die Zweidrittelmehrheit dem Schutz des Betroffenen dient.

Bedenklich ist zudem, dass die Ablehnung der Auskunftserteilung *nicht begründet* werden muss. Auch diese Beschränkung des effektiven Rechtsschutzes muss aber hingenommen werden, da eine effektive Strafverfolgung nicht möglich wäre, wenn die Ermittlungsergebnisse schon wegen eines einfachen Auskunftsersuchens aufgedeckt werden müssten.[126] Dasselbe gilt für die Möglichkeit, dem Betroffenen die Akteneinsicht zu verwehren. Allerdings ist das Einstimmigkeitserfordernis für die Erteilung der Akteneinsicht bei einer entgegengesetzten Entscheidung von Europol (Art. 21 Abs. 2 S. 4 GO-GKI) angesichts der bereits geäußerten Bedenken hinsichtlich der Zweidrittelmehrheit kaum zu rechtfertigen.[127]

5. Rechtzeitigkeit der Kontrolle

Art. 47 GRC erfordert zudem auch *vorläufigen Rechtsschutz,* um irreparable Schäden durch rechtswidrige Handlungen im Voraus abzuwehren. Dies ist bei Europol vor allem dann von Bedeutung, wenn die Richtigkeit von gespeicherten Daten in Frage steht bzw. die Pflicht zu ihrer Löschung. In der GO-GKI ist eine Befugnis zum Erlass vorläufiger Anordnungen, die eine Intensivierung eines Verstoßes durch den *ungehinderten Zugriff* auf die vorhandenen Daten während des Verfahrens verhindern sollen, nicht vorgesehen. Europol kann die Informationen anderer Mitgliedstaaten zur Verfügung stellen oder gar an Drittstaaten übermitteln, obwohl eventuell Zweifel an ihrer Richtigkeit bestehen.[128] Praktisch besteht zwar das Problem, dass der Betroffene in der Regel erst von der Maßnahme – etwa der Datenübermittlung – erfährt, wenn diese bereits abgeschlossen ist. Dies kann aber nicht dazu führen, dass vorläufiger Rechtsschutz schon nicht vorgesehen werden muss.[129] Der Wortlaut des ERB stünde insoweit allerdings einer richterlichen Rechtsfortbildung nicht entgegen. Da der Ausschuss aber kein Gericht im engeren Sinne ist, erscheint es unwahrscheinlich, dass er die Befugnis für sich in Anspruch nimmt.[130]

---

[126] Vgl. *Ellermann* S. 353; *Matz,* S. 288; ebenso *Frowein/Krisch,* JZ 1998, 598 (593).

[127] Dies stellt einen Eingriff in die Chancengleichheit und das Recht auf *rechtliches Gehör* dar, nicht zuletzt wegen der Weite der Ausnahmegründe wegen des Gleichlaufs mit Art. 30 Abs. 5 ERB. Die Ablehnung der Akteneinsicht muss gegenüber dem Beschwerdeführer nicht einmal begründet werden; vgl. *Degenhardt,* S. 255 ff.; *Hausen,* S. 156 f.; *Kistner-Bahr,* S. 212. *Korrell,* S. 224 f., hält zumindest die Unbestimmtheit der Verweigerungsgründe für unbedenklich; vgl. auch *Günther,* S. 236 ff.

[128] Vgl. *Korell,* S. 218 f.

[129] Vgl. *Kröger,* S. 121 f.

[130] So *Kröger,* S. 122. Zur Herleitung: *Milke,* S. 146 ff.; s.a. *Ellermann,* S. 357 f. – Der *EGMR* geht jedenfalls nicht davon aus, dass nur eine „gesetzliche" Regelung über den Erlass einstweiliger Anordnungen konventionskonform sei, was *Fawzy,* S. 210, aber aus *EGMR* Cruz Varas/Schweden, Beschw.-Nr. 15576/89, 20.3.1991, A-201, ableiten will. Zugleich meint er aber, die Rechtsprechung sei nicht ohne Weiteres übertragbar, weil nicht – worauf der *EGMR* abstelle – in staatliche Souveränitätsrechte eingegriffen

306   Kap. 3: Effektive Kontrolle europäischer Strafverfolgungsbehörden?

Dasselbe gilt für den *vorbeugenden Rechtsschutz*. Auch einen solchen sieht die derzeitige Rechtsgrundlage der GKI nicht vor. Der in Art. 53 Abs. 3 ERB geregelte Unterlassungsanspruch (siehe noch G. IV. 2.) könnte zwar wiederum entsprechend ausgelegt werden.[131] Bisher hat der Ausschuss von dieser Möglichkeit allerdings nicht Gebrauch gemacht, so dass auch deswegen die Effektivität des durch die GKI gewährleisteten Rechtsschutzes in Frage steht.

6. Fazit: Unzureichende Kontrolle durch die GKI

Die Ansprüche und das Verfahren vor dem Beschwerdeausschuss sind im Hinblick auf die Bedeutung für den individuellen Rechtsschutz und den Stellenwert der informationellen Selbstbestimmung insgesamt unzureichend. Der Ausschuss genügt in keinerlei Hinsicht den Anforderungen an ein Gericht i. S. v. Art. 47 GRC.[132] Nicht einmal den geringeren Anforderungen des Art. 8 Abs. 3 GRC wird er gerecht.[133] Die GKI ist vielmehr eine innerbehördliche Regulierungsstelle für Datenschutz. Besonders schwer wiegen die unzulänglichen Absicherungen der Unparteilichkeit und Unabhängigkeit des Gremiums, die selbst die als Ausgleich der Eingriffe in das Recht auf einen effektiven Rechtsschutz erforderlichen objektiven Kontrollen unzureichend erscheinen lassen.

Eines der zentralen Defizite des Beschwerdeverfahrens ist zudem, dass keine (nachträgliche) Benachrichtigungs- oder Aufklärungspflicht im ERB normiert ist. Gegen die Übermittlung von Daten an Dritte fehlt eine Beschwerdemöglichkeit sogar vollkommen. Auch scheint die Beschränkung auf einen reinen ex-post-Rechtsschutz unzureichend. Fraglich ist, ob diese Mängel durch die übrigen Kontrolleure des Amtes kompensiert werden.

D. Kontrolle durch den Datenschutzbeauftragten (Art. 28 ERB)

Neben der GKI wurde bei Europol auch ein *Datenschutzbeauftragter* eingerichtet. Dieser soll sicherstellen, dass personenbezogene Informationen rechtmäßig und unter Einhaltung des ERB verarbeitet werden. Zudem soll der Datenschutzbeauftragte gewährleisten, dass die Übermittlung und der Empfang perso-

---

werde, da die Entscheidung nur gegen den Antragsteller ergehe. Dem ist zu widersprechen: Zum einen geht es in der genannten Entscheidung um die Bindungswirkung der einstweiligen Anordnungen des *EGMR*, nicht um generelle Anforderungen des effektiven Rechtsschutzes. Zum anderen entscheidet die GKI mitunter sehr wohl auch über die Rechtmäßigkeit der Vorbehalte der Mitgliedstaaten bezüglich der Auskunftserteilung.

[131] Zur unwahrscheinlichen Schaffung durch richterliche Rechtsschöpfung vgl. *Kröger*, S. 122.

[132] A. A. wohl allein *Wandl*, S. 60 f.

[133] Anders wohl *Alonso Blas*, ERA Forum (2010) 11, 233 (245).

nenbezogener Daten schriftlich festgehalten werden und dass die Betroffenen auf Anfrage über die ihnen nach dem ERB zustehenden Rechte informiert werden.

Wie die GKI hat der Datenschutzbeauftragte Zugang zu allen von Europol verarbeiteten Daten und allen Räumlichkeiten des Amtes (Art. 28 Abs. 3 ERB). Er hat aber ebenfalls keine Durchgriffs- oder Sanktionsbefugnisse, er kann auch nicht eigenmächtig eine zu Unrecht verweigerte Auskunft erteilen. Stellt er Mängel fest, so teilt er dies dem Direktor mit und ersucht diesen, Abhilfe zu schaffen. Sorgt der Direktor nicht für Abhilfe, so unterrichtet der Datenschutzbeauftragte den Verwaltungsrat. Hilft der Verwaltungsrat dem Mangel nicht ab, so befasst der Datenschutzbeauftragte die GKI mit der Sache. Außerdem erstellt er einen Tätigkeitsbericht, der an die GKI und den Verwaltungsrat übermittelt wird (Art. 28 Abs. 2, 4 ERB), nicht aber dem Europäischen Parlament.

Zwar ist der Datenschutzbeauftragte nicht wie die GKI in Verwaltungsaufgaben eingebunden, so dass Bedenken hinsichtlich der Unabhängigkeit nicht im selben Umfang gerechtfertigt sind. Er könnte also immerhin die im Hinblick auf Art. 8 Abs. 3 GRC erforderlichen Voraussetzungen einer effektiven Datenschutzkontrolle erfüllen. Spezielle Regeln in Bezug auf seine *Unabhängigkeit* – insbesondere im Hinblick auf seine Wahl[134] oder Entlassung, sein Verhältnis zum Verwaltungsrat als Exekutivorgan – enthält der ERB allerdings nicht. Die Pflicht des Verwaltungsrates, entsprechende Regelungen selbst zu schaffen (Art. 28 Abs. 5 ERB), genügt insoweit nicht;[135] der Verwaltungsrat ist Teil der zu kontrollierenden Stelle. Eine echte Fremdkontrolle, die vor Einflussnahmen durch Europol gefeit ist, besteht mithin auch mit dem Datenschutzbeauftragten nicht. Im Übrigen ist auf die obigen Ausführungen hinzuweisen. Schon die niedrigeren Anforderungen des Art. 8 Abs. 3 GRC sind daher nicht erfüllt.

E. Kontrolle durch den EuGH (bis zum Ablauf der Übergangsfrist)

Unzweifelhaft sind die Gerichte der Union *Gerichte* im Sinne von Art. 47 GRC. Sollten sie die Datenverarbeitungsvorgänge bei Europol vollumfänglich prüfen können, so wäre den grundrechtlichen Anforderungen sicherlich genügt, ein wirksamer Zugang in Bezug auf alle Handlungen von Europol, die Grundrechte der Betroffenen unmittelbar beeinträchtigen können, vorausgesetzt.

Eine Zuständigkeit des *EuGH* für Streitigkeiten betreffend Europol war bei Gründung des Amtes aber nicht eröffnet, weil es keine Institution der damaligen Gemeinschaften, also der Ersten Säule, war. Erst Art. 35 EU-Amsterdam sah

---

[134] Er wird vom Verwaltungsrat auf Vorschlag des Direktors gewählt, vgl. www.europol.europa.eu/content/page/management-147 (zuletzt: 20.10.2013).
[135] Vgl. auch *De Moor/Vermeulen*, CMLRev 47 (2010), 1089 (1116); unkritischer: *Amici*, RDUE 2010, 77 (90 f.).

zumindest eine beschränkte nicht-optionale Kontrolle der PJZS durch den *EuGH* vor. Das Europol-Übereinkommen wurde allerdings 1995 beschlossen; die Frage der gerichtlichen Kontrolle stellte sich also schon mehr als vier Jahre vor Inkrafttreten des Amsterdamer Vertrags. Dabei war nicht nur die Reichweite, sondern schon die Tatsache der Eröffnung der Jurisdiktionsgewalt des *EuGH* streitig. Insbesondere Großbritannien wehrte sich vehement gegen die Anerkennung der Jurisdiktionsgewalt des Gerichtshofs.[136] Der erzielte Kompromiss sah letztlich vor, dass Streitigkeiten über die Auslegung des Übereinkommens vor dem Rat erörtert werden (Art. 40 Abs. 1 EÜ). Falls dort innerhalb von 6 Monaten keine Einigung erzielt werden konnte, konnten die übrigen Mitgliedstaaten – mit Ausnahme von Großbritannien – entsprechend einer Erklärung zu Art. 40 Abs. 2 EÜ[137] den *EuGH* anrufen. Zudem wurde durch das 1996 unterzeichnete Auslegungsprotokoll[138] für die nationalen Gerichte bei Zweifeln über die Auslegung des EÜ eine Vorlagemöglichkeit an den *EuGH* geschaffen.[139] Das Auslegungsprotokoll erfasste allerdings nur Streitigkeiten bezüglich der Auslegung des EÜ selbst, wie auch die mit Art. 40 EÜ geschaffene Klärungsmöglichkeit. Eine Lücke bestand hinsichtlich der Zusatzprotokolle und Durchführungsbestimmungen. Hier schuf schließlich Art. 35 EU-Amsterdam Abhilfe; auch Vorlagen in Bezug auf sonstige Rechtsakte waren gestützt darauf zulässig.[140] Für das EÜ blieb es aber bei den Sonderregeln in Art. 40 Abs. 1, 2 EÜ bzw. dem Auslegungsprotokoll.[141]

Eine Art. 40 EÜ entsprechende Norm findet sich nicht mehr im Europol-Beschluss, so dass Art. 35 EU a. F. nach dessen Inkrafttreten auch für diesen anwendbar wurde. Das Auslegungsprotokoll bezog sich explizit auf das Europol-

---

[136] Siehe *De Moor/Vermeulen*, NJEuCrimL 1 (2010), 178 (185 f.); *Oberleitner*, S. 106 ff., 170 ff.; *Kistner-Bahr*, S. 27, 149. Zur Diskussion auf deutscher und europäischer Ebene: *Kröger*, S. 35 ff.; *De Moor/Vermeulen*, NJEuCrimL 1 (2010), 178 (185 f.).

[137] Die Erklärungen sind abgedruckt im ABl. EG Nr. C 299 v. 9.10.1996, S. 14.

[138] Rechtsakt des Rates v. 23.7.1996 über die Ausarbeitung des Protokolls aufgrund von Artikel K.3 des Vertrags über die Europäische Union betreffend die Auslegung des Übereinkommens über die Errichtung eines Europäischen Polizeiamts durch den Gerichtshof der Europäischen Gemeinschaften im Wege der Vorabentscheidung, ABl. EG Nr. C 299 v. 9.10.1996, S. 1; s. a. *Schenke*, in: AE Europol, S. 367 (370).

[139] Das Vorlagerecht konnte allen oder nur letztinstanzlichen Gerichten übertragen werden (Art. 2 Abs. 2 des Protokolls). Eine Vorlagepflicht musste nicht vorgesehen werden, so aber in Deutschland für letztinstanzliche Gerichte. Alle anderen Gerichte erhielten ein Vorlagerecht. Ähnlich verfuhren die meisten Staaten. In Großbritannien blieben mangels opt-in die nationalen Gerichte zuständig, es war aber an Auslegungsentscheidungen des *EuGH* gebunden, vgl. *Knapp*, DÖV 2001, 12 (16); Grabitz/Hilf/Nettesheim/*Röben*, Art. 67 EUV Rn. 160. Der nationale Rechtsweg war ohnehin nur ausnahmsweise eröffnet (noch unter G.); dazu auch *Gleß*, NStZ 2001, 623 (625).

[140] Siehe *Ludwig*, S. 79 f.

[141] Vgl. nur Groeben/Schwarze/*Jour-Schröder*, Art. 30 EUV Rn. 52 (leges speciales); *Knapp*, DÖV 2001, 12 (16); *Nelles*, ZStW 109 (1997), 727 (740); a.A. *Kistner-Bahr*, S. 149 f.; *Milke*, S. 197. Zur Diskussion auch: *Engel*, S. 75 ff.; *Günther*, S. 152 ff.

§ 1 Rechtsschutz gegen grundrechtsbeeinträchtigende Maßnahmen   309

Übereinkommen und hat sich bei dessen Ersetzung ebenfalls erledigt.[142] Das Vorlageverfahren stellt aber keinesfalls eine effektive Rechtsschutzmöglichkeit des Einzelnen gegen Akte von Europol dar.[143]

Eine direkte Klagemöglichkeit des Einzelnen gegen Akte von Europol vor dem EuGH war dennoch zu keiner Zeit vorgesehen.[144] Auch Art. 35 Abs. 6 EU a. F., der zwar eine Nichtigkeitsklage enthält, berechtigt gerade nicht die von einer Maßnahme Betroffenen zur Klage. Für einen Übergangszeitraum von fünf Jahren nach Inkrafttreten des Reformvertrags, also bis zum 1.12.2014, richtet sich der Rechtsschutz gegen Europol noch nach den genannten Vorschriften des Amsterdamer Vertrags (Art. 10 Abs. 1, 3 Protokoll (Nr. 36) zum Vertrag von Lissabon). Erst danach findet das Rechtsschutzregime der Ersten Säule Anwendung (vgl. noch § 5). Mangels einer direkten Klagemöglichkeit wird durch diese Ausgestaltung den Anforderungen des Art. 47 GRC nicht Rechnung getragen.

Eine Datenschutzkontrollstelle im Sinne von Art. 8 Abs. 3 GRC stellt der *EuGH* zudem schon von seinen Aufgaben her nicht dar, nicht zuletzt weil er objektive Kontrollen nicht durchführen kann, sondern es stets eines Auslösers, sprich der Einleitung eines Verfahrens, bedürfte, damit er tätig werden kann.

F. Exekutivische (Eigen-)Kontrolle

I. Direktor und Verwaltungsrat als Kontrollorgane?

Eine (exekutivische) *Eigenkontrolle* findet durch den Verwaltungsrat und den Direktor von Europol statt. Der *Direktor* ist verantwortlich für die laufende Verwaltung. Er führt die Beschlüsse des Verwaltungsrates aus und vertritt Europol nach außen (vgl. Art. 38 ERB). Besteht der Verdacht, dass ein Europol-Bediensteter gegen seine Pflichten aus dem ERB verstoßen hat, z.B. auf einen Hinweis der GKI hin, muss er ein Disziplinarverfahren einleiten (Art. 38 Abs. 4 *lit.* c, Art. 39 Abs. 3 ERB), das sich nach den Beschäftigungsbedingungen und dem Statut der Beamten richtet; dem Direktor steht insoweit kein Ermessen zu.

---

[142] Vgl. *Srock,* S. 229.
[143] Siehe auch *Oberleitner,* S. 171.
[144] Dies sah Art. 37 Abs. 2 des dt. Entwurfs vor (Ratsdok. 8074/1/94, BR-Drs. 909/94, S. 30), ebenso wie ein auf Rechtsfragen begrenztes Rechtsmittel zum *EuGH, Matz,* S. 279 f.; *Laubinger,* in: AE Europol, S. 125 (136 f.). Der Vorschlag scheiterte am Widerstand Großbritanniens. – S. a. *EuG* Rs. T-411/06 (Sogelma), 8.10.2008, Slg. 2008, II-2771, Tz. 37 f. = EuR 2009, 369, wonach jede Unionshandlung mit Rechtswirkungen gegenüber Dritten gerichtlich überprüfbar sein müsse, was zur Anwendbarkeit der Nichtigkeitsklage analog Art. 230 Abs. 4 EGV a. F. führe. Die Entscheidung betraf allerdings nur die Erste Säule, vgl. *Sauer,* EuR 2010, 51 (60 f.). Das Urteil *EuGH* Rs. C-160/03 (Spanien/Eurojust), 15.3.2005, Slg. 2005, I-2101, deutet darauf hin, dass die Rechtsprechung nicht auf den Bereich der PJZS übertragbar ist. Dafür plädiert aber: *Seong,* S. 249 ff. S. a. Grabitz/Hilf/Nettesheim/*Röben,* Art. 88 AEUV Rn. 27.

Alle grundlegenden Entscheidungen in Bezug auf Europol trifft der *Verwaltungsrat* (vgl. Art. 37 Abs. 9 ERB).[145] Außerdem verabschiedet er jährlich einen Tätigkeitsbericht über die Arbeit von Europol. Ihm obliegt auch die Überwachung der Tätigkeiten des Europol-Direktors, der ihm gegenüber rechenschaftspflichtig ist (Art. 38 Abs. 5 ERB).[146] Der Verwaltungsrat wirkt auch am Erlass von Rechtsakten zur Regelung der Tätigkeiten von Europol mit, z. B. an Errichtungsanordnungen für die Analysedateien; sie müssen vom Verwaltungsrat sogar genehmigt werden (vgl. Art. 37 Abs. 9 *lit.* b, Art. 16 Abs. 1, 2 ERB). Er kann auch die Anweisung erteilen, die Errichtungsanordnung für eine Analysedatei zu ändern. Im Übrigen sind konkrete Weisungen nicht möglich.[147] Auch die einzelnen Maßnahmen und Handlungen von Europol kann er nicht überprüfen.[148] Soweit es den *Verwaltungsrat* betrifft, so scheidet eine effektive Kontrolle also schon mangels entsprechender Prüfkompetenzen aus.

Sowohl der Verwaltungsrat als auch der Direktor sind außerdem Organe von Europol. Die enge Verflechtung mit der Agentur steht einer unparteilichen Kontrolle entgegen:[149] Der *Direktor* ist für laufende Angelegenheiten sogar selbst verantwortlich und vertritt Europol nach außen. Eine effektive Kontrolle ist daher im Hinblick auf das zu fordernde Mindestmaß an Unabhängigkeit nicht denkbar, selbst wenn man die Disziplinarbefugnis des Direktors als individualschützend begreift.[150] Ihm selbst kommen nach dem ERB vielmehr kontrollbedürftige Befugnisse zu. Er kann etwa den Austausch von Daten mit Drittstaaten anordnen, mit denen kein Kooperationsverhältnis besteht (vgl. Art. 23 Abs. 5 ERB, Art. 13 DBaS).

II. Kontrolle durch andere Unionsorgane?

Auch durch die Unionsorgane findet eine indirekte exekutive Kontrolle von Europol statt, vor allem durch den *Rat,* der die Rechtsgrundlagen (mit)entwickelt hat. Ihm werden auch durch den ERB verschiedene Aufgaben zugewiesen, etwa die Bestellung des Direktors. Außerdem benötigt Europol für Kooperationsabkommen mit Drittstaaten und -organisationen die Zustimmung des Rates. Zusammen mit dem Europäischen Parlament bildet er außerdem die Haushaltsbehörde von Europol.[151] Weisungen im Einzelfall, etwa um Datenschutzverstöße zu un-

---

[145] Er setzt sich aus einem Vertreter pro Mitgliedstaat und einem Vertreter der Kommission zusammen (Art. 37 Abs. 1 ERB, gemäß Art. 13 Abs. 1 KOM (2013) 173 gäbe es künftig zwei Vertreter der Kommission).
[146] Zu den Neuerungen betreffend den Verwaltungsrat: *Amici,* RDUE 2010, 77 (91 f.).
[147] Vgl. *Hausen,* S. 127; siehe auch *Wandl,* S. 57 f.
[148] Vgl. unter anderem *Degenhardt,* S. 222 ff.
[149] Bedenken auch bei *Korrell,* S. 177 ff.
[150] Ablehnend *Voß,* S. 263 f.: allein im Interesse von Europol.
[151] Vgl. *De Moor/Vermeulen,* CMLRev 47 (2010), 1089 (1112 f.).

terbinden, sind aber nicht möglich. Unmittelbare Kontrollmechanismen gegenüber Europol sind generell nicht vorgesehen.

Neu ist, dass *OLAF* (siehe noch § 4) nun in Bezug auf die in seinen Zuständigkeitsbereich fallenden Taten gegen Europol-Bedienstete ermitteln kann (Art. 49 ERB). Diese Form der Kontrolle ersetzt aber keinen (gerichtlichen) Individualrechtsschutz. Die Untersuchungen OLAFs dienen allein dem Schutz der finanziellen Interessen der Union nicht dem Schutz der Rechte der Betroffenen.

Eurojust sollte zwar als „justizielles Pendant" zu Europol errichtet werden (noch § 2), Aufsichtsbefugnisse folgen daraus aber nicht. Ohnehin sind die beiden Organisationen inzwischen zu sehr miteinander verflochten, als dass eine effektive Kontrolle noch möglich wäre.[152]

G. Ausgleich durch nationale Rechtsschutzinstanzen?

Fraglich ist, inwiefern die Defizite durch nationale Gerichte ausgeglichen werden können. Zu denken ist dabei in erster Linie an verwaltungsgerichtlichen Rechtsschutz (I.) sowie die Nationale Kontrollinstanz (NKI, II.). Auch eine Aufsicht durch nationale Staatsanwaltschaften kann Rechtsschutzdefizite ausgleichen (III.). Schließlich ist an Sekundärrechtsschutz zu denken (IV.), wie auch an eine indirekte Kontrolle durch nationale Strafgerichte (V.).

I. Direkter Rechtsschutz vor nationalen (Verwaltungs-)Gerichten?

Allerdings unterliegen die *Datenverarbeitungsvorgänge* bei Europol nicht der Kontrolle nationaler, etwa deutscher, Gerichte, denn weder die Mitarbeiter von Europol noch das Europäische Polizeiamt selbst unterstehen irgendeiner nationalen Hoheitsgewalt. Da es beim Handeln der Mitarbeiter von Europol häufig an einem Bezugspunkt zum deutschen Hoheitsgebiet fehlen wird, ist schon die deutsche Gerichtsbarkeit nicht eröffnet und Rechtsschutz vor den Verwaltungsgerichten nicht zu erlangen.[153] Eine Übertragung von Rechtsschutzaufgaben an die nationalen Gerichte ist zwar denkbar, wie schon bei der Teilnahme an Gemeinsamen Ermittlungsgruppen (III.). Für die Datenverarbeitung bei Europol ist eine Übertragung aber nicht erfolgt (zu Art. 52 f. ERB noch IV.). Es besteht vielmehr eine *ausschließliche Zuständigkeit der europäischen Gerichte*.[154]

---

[152] Diskutiert wurde die Möglichkeit noch im Konvent, vgl. CONV 614/03, S. 12. Kritisch schon damals *Esser*, S. 20, wegen des Aufbaus und der Gestaltung von Eurojust; s.a. *Kistner-Bahr*, S. 122 ff.; *Gleß*, NStZ 2001, 623 (628); anderseits *Ellermann*, S. 308 f.; s.a. *Milke*, S. 293 f.; *Srock*, S. 238, aber auch S. 241.
[153] Vgl. *Schenke*, in: AE Europol, S. 367 (372 f.); a.A. *Voß*, S. 275; *Degenhardt*, S. 263 f.; *Kistner-Bahr*, S. 172 f., allerdings zur PJZS.
[154] Siehe *Schenke*, in: AE Europol, S. 367 (372 f.). Zu Eurojust siehe noch § 2 F. II. Siehe *Ellermann*, S. 381 ff., dazu, ob ggf. der Anspruch auf Unterlassung/Widerruf als Öffnung verstanden werden kann; vgl. auch *Noltenius*, ZStW 122 (2010), 604 (616 f.).

Kontrolliert wird durch nationale Gerichte lediglich das Verhalten nationaler Stellen – etwa darauf, ob die Übermittlung von Informationen an Europol zulässig war.[155] Nationaler Primärrechtsschutz ist im Übrigen ausgeschlossen.

II. Kontrolle der Datenverarbeitung bei Europol durch die NKI?

Eine datenschutzrechtliche Überwachungsfunktion kommt zwar den Nationalen Kontrollinstanzen (NKI) zu, die in jedem Mitgliedstaat ernannt wurden.[156] Sie wachen über die Einhaltung nationaler Datenschutzbestimmungen wie auch der Regelungen des ERB. Die NKIs arbeiten weitgehend wie die GKI.[157] Allerdings können sie nur das Verhalten der eigenen nationalen Stellen und Verbindungsbeamten kontrollieren, nicht die Verwendung und Verarbeitung der Daten durch andere Mitgliedstaaten oder gar Europol selbst (Art. 33 Abs. 1 S. 1 ERB). Insoweit bleiben die festgestellten Mängel bestehen.[158]

III. Keine Weisungshoheit der nationalen Staatsanwaltschaften

Eine Weisungshoheit der *Staatsanwaltschaften,* wie sie in § 152 Abs. 1 GVG und § 161 StPO vorgesehen ist,[159] und damit eine (vorbeugende) justizielle Kontrolle besteht – mit Ausnahme der Teilnahme an einer GEG – mangels Einbin-

---

[155] Darunter fallen auch die Verbindungsbeamten, da diese Beamte des Entsendestaats bleiben. Siehe nur *Kröger,* S. 98 f.; *Günther,* S. 167 f.; *Srock,* S. 83 f.; *Matz,* S. 277 f.; *Schubert,* S. 110. Zweifel an der Effektivität der Kontrolle der ELO hegen: *Flore/de Biolley,* CDE 2003, 598 (626). – Denkbar, aber praktisch irrelevant, sind Klagen gegen die NKI, etwa weil diese die Übermittlungspraxis der jeweiligen nationalen Stellen nur unzureichend überprüft hat, *Ellermann,* S. 371.

[156] In Deutschland nimmt der Bundesdatenschutzbeauftragte die Aufgaben der NKI wahr (Art. 2 § 6 Abs. 1 EuropolG). Er wendet das BDSG an. Allg.: *Matz,* S. 274 ff.; vgl. *Wandl,* S. 61 f., zur österreichischen Rechtslage.

[157] Sie wird als Beschwerdeinstanz und i. R. einer objektiven Kontrolle tätig. Jeder Bürger kann sich an die NKI wenden, um die Eingabe-, Abruf-, und Übermittlungspraxis nationaler Behörden auf ihre Zulässigkeit hin überprüfen zu lassen (Art. 33 Abs. 2 ERB). Sie hat Zugang zu allen Diensträumen und Akten der Verbindungsbeamten und nationalen Stellen (Art. 33 Abs. 1 S. 2, 3 ERB) und kann auf alle Informationen zugreifen, die vom eigenen Mitgliedstaat in Europol-Systeme eingegeben wurden. Nach dem auch für die NKI geltenden § 25 BDSG kann eine Maßnahme beanstandet und eine Stellungnahme gefordert werden. Eine Sanktionsbefugnis besteht nicht.

[158] Eine effektive Kontrolle der Datenabrufe wurde bisher dadurch behindert, dass diese nicht umfassend protokolliert wurden, bei Analysedateien sogar nur jeder zehnte Zugriff (Art. 16 S. 1 EÜ). Alle Protokolldaten wurden zudem nach nur sechs Monaten gelöscht (Art. 16 S. 2 EÜ). Sofern der Betroffene überhaupt von der Datenverarbeitung erfuhr, waren die Protokolle, die belegt hätten, wer die Informationen abgerufen hat, meist schon gelöscht, vgl. *Kremer,* S. 159 ff.; 258 f.; *De Moor/Vermeulen,* CMLRev 47 (2010), 1089 (1101 f.). In Art. 18 ERB wurde die Speicherdauer auf 18 Monate verlängert. Die Anwendbarkeit von Art. 18 ERB auf die Indexfunktion ist ungeklärt.

[159] Zur Rolle der Staatsanwaltschaft im deutschen Recht etwa: *Korrell,* S. 153 ff.

dung der Europol-Bediensteten in die nationalen Aufsichtsstrukturen nicht.[160] In Deutschland ist mit Art. 2 § 2 Abs. 1 S. 2 EuropolG lediglich vorgeschrieben, dass das BKA die Bundes- und Landesstrafverfolgungsbehörden unverzüglich über die für sie relevanten, von Europol erlangten Erkenntnisse über Straftaten unterrichtet.[161] Das BKA hat dabei einen erheblichen Beurteilungsspielraum. Von einer *Verfahrensherrschaft der Staatsanwaltschaft* kann daher nicht die Rede sein.[162]

Der Staatsanwaltschaft bleibt allein eine mittelbare Kontrolle, indem sie eine Anklageerhebung ablehnt, wenn sie den Eindruck hat, dass Informationen in rechtsstaatlich bedenklicher Hinsicht verarbeitet wurden. Da Europol aber in der Regel nur Ermittlungsansätze liefert und der dadurch entstehende Angangsverdacht im Anschluss durch von nationalen (Polizei)Behörden ermittelte Beweise untermauert wird, bevor die Staatsanwaltschaft eingeschaltet wird, ist diese Möglichkeit faktisch bedeutungslos.[163]

IV. Ausgleich durch Sekundäransprüche nach Art. 52, 53 ERB?

1. Haftung für fehlerhafte Datenverarbeitung (Art. 52 Abs. 1 ERB)

Nach Art. 52 Abs. 1 ERB entscheiden nationale Gerichte über Schadensersatzansprüche für solche Schäden, die durch die Verarbeitung von sachlich oder rechtlich fehlerhaften Daten bei Europol entstanden sind. Sachlich fehlerhafte Daten sind solche, die inhaltlich falsch sind; rechtlich fehlerhaft sind Daten, die unter Verstoß gegen den ERB oder die Durchführungsbestimmungen erlangt wurden.[164] Der Anspruch richtet sich nach dem nationalen Recht des Staates, in dem der Schaden eingetreten ist, und ist auch dort einzuklagen (Art. 52 Abs. 1 S. 2 Hs. 1 ERB).[165] Auf die Schadensverursachung kommt es nicht an. Der Anspruchsgegner ist also nicht unbedingt der Staat, der die datenschutzrechtliche Verantwortung trägt. Allerdings hat der jeweils haftende Vertragsstaat einen Regressanspruch gegenüber dem Verursacher, auch gegenüber Europol (Art. 52

---

[160] Vgl. *Voß*, S. 279; ausführlich *Korrell*, S. 173 ff. Die Regelung der Weisungsfreiheit der Europol-Bediensteten, die als Argument gegen die Möglichkeit einer solchen Bindung angeführt wurde, ist entfallen.
[161] Mit dem Versuch, die Pflicht des BKA im EuropolG festzuschreiben, alle Informationen ungekürzt und unverändert an die Staatsanwaltschaft weiterzureichen, konnte sich der Bundesrat nicht durchsetzen, vgl. Stellungnahme des Bundesrates zum EuropolG-Entwurf, BR-Drucks. 957/96, S. 4 ff.
[162] Siehe zum Ganzen auch *Degenhardt*, S. 207 ff.
[163] Siehe *Gleß*, NStZ 2001, 623 (625).
[164] Nicht erfasst sind unter Verstoß gegen nationale Bestimmungen erlangte Informationen. Dies ergibt sich aus Praktikabilitätsgründen, da die mitgliedstaatlichen Gerichte sonst über die Datenschutzbestimmungen anderer Staaten urteilen müssten. Das hätte kaum ihrem, also dem gesetzgeberischen, Willen entsprochen, vgl. *Matz*, S. 243 f.
[165] Vgl. für Deutschland: *Kistner-Bahr*, S. 165 ff.

Abs. 2 ERB).[166] Dies ist grundsätzlich zu begrüßen, da der Betroffene somit nicht gezwungen ist, selbst die Verantwortungsbereiche zu ermitteln.[167]

Zu beachten ist, dass die zuständigen nationalen Gerichte bei ihrer Entscheidung über den Ersatzanspruch, soweit die Rechtmäßigkeit der Handlungen von Europol in Frage steht – und damit der Anspruchsgrund –, an einen etwaigen vorherigen Beschluss der GKI gebunden sind (Art. 34 Abs. 8 S. 5 ERB).[168] Nur wenn die GKI nicht angerufen worden ist, bevor eine Schadensersatzklage eingelegt wird, kann das nationale Gericht selbst frei über die Rechtmäßigkeit der Datenverarbeitung entscheiden.[169]

Selbst wenn das nationale Gericht frei entscheiden könnte, so wäre eine Sachverhaltsaufklärung kaum möglich, da es keinen Zugang zu den bei Europol gespeicherten Daten hat. Nach dem Grundsatz der Unverletzlichkeit der Archive nach Art. 2 EU-IP kann Europol nicht zur Herausgabe von Unterlagen und Dateien, die bei dem Amt aufbewahrt werden, verpflichtet werden.[170] Das Erfordernis der Aussagegenehmigung für Angestellte von Europol nach Art. 41 Abs. 3 UAbs. 4, 6 ERB behindert die Sachverhaltsfeststellung zusätzlich.[171] Dadurch steht zugleich die Chancengleichheit in Frage.

Schäden, die *außerhalb eines Mitgliedstaats* eingetreten sind, werden nicht über Art. 52 ERB ausgeglichen, weil Drittstaaten durch den ERB nicht verpflichtet werden.[172] Dadurch entstehen erneut Rechtsschutzlücken. Solche Schäden

---

[166] Deutschland wird (im Außenverhältnis) durch das BKA vertreten. Im Innenverhältnis sind die Länder zum Ausgleich verpflichtet, falls der Schaden in ihrem Verantwortungsbereich eingetreten ist (§ 6 Abs. 5 EuropolG).

[167] Siehe *Ruthig*, in: Böse (Hrsg.), § 20 Rn. 74 f.; auch *Engel*, S. 202 f.

[168] Vgl. *Frowein/Krisch*, JZ 1998, 589 (591); *Knapp*, DÖV 2001, 12 (17); *Hausen*, S. 159 f.; s.a. *Degenhardt*, S. 264; *Engel*, S. 79 f.; *Srock*, S. 79; *Günther*, S. 267 f. A.A. *Kröger*, S. 175 f. (unterschiedlicher Streitgegenstand, Rechtmäßigkeit lediglich Vorfrage).

[169] Zu befürchten sind Rechtsprechungsdivergenzen zwischen der GKI und dem *EuGH*: Mitgliedstaaten können, müssen mitunter, Fragen im Hinblick auf die richtige Auslegung der Rechtsgrundlagen von Europol an den *EuGH* vorlegen, die GKI nicht. Nicht klar ist, ob die GKI an ein vorausgehendes Urteil des *EuGH* gebunden wäre. Dafür: *Knapp*, DÖV 2001, 12 (17); s.a. *Engel*, S. 87 f. Für eine Vorlageberechtigung der GKI: *Günther*, S. 158 f.

[170] Begründet wird dies mit den unterschiedlichen Aufbewahrungs- und Verwendungsregelungen bzw. damit, dass bestimmte Daten unter der Auflage übermittelt würden, sie nicht an andere Stellen weiterzugeben. Die Zusammenarbeit wäre gefährdet, wenn eine Kontrolle durch andere Staaten befürchtet werden müsste, vgl. *Voß*, S. 236.

[171] Europol-Bedienstete können nur als Zeugen aussagen, wenn der Direktor dies gestattet, wobei die Genehmigung nur zum Schutz höherrangiger Interessen von Europol oder eines Mitgliedstaats verweigert werden darf; dazu: *Wagner*, HFSK-Report 15/2004, S. 21 f. *Günther*, S. 266 f.; *Ellermann*, S. 366; *Hausen*, S. 160 ff.; *Degenhardt*, S. 263 f.; *Voß*, S. 275; *Kistner-Bahr*, S. 180 f. Allein *Korrell*, S. 228, hält die Aussageverweigerungsrechte für die Sachverhaltsaufklärung für unerheblich.

[172] Darauf weist *Matz*, S. 246 f., zu Recht hin. Soweit die Literatur davon ausgeht, dass Art. 53 ERB in diesem Fall eingreift (vgl. 2.), wäre diese Lücke dennoch nicht

können etwa dadurch entstehen, dass einer Person die Einreise in die USA verweigert wird, weil die Sicherheitsbehörden von Europol darüber informiert werden, dass diese im Verdacht steht, eine terroristische Vereinigung zu unterstützen, wobei dies auf eine Namensverwechslung bei der Agentur zurückzuführen ist. Dem Betroffenen entgeht dadurch ein Geschäftsabschluss.

2. Sonstige Haftung (Art. 53 ERB) – auch für fehlerhafte Datenverarbeitung?

Art. 53 ERB regelt die *sonstige Haftung* von Europol: In Abs. 1 ist die *vertragliche* Haftung enthalten. Er verweist auf das jeweils einschlägige nationale Recht. Art. 53 Abs. 2 ERB stellt dagegen einen *Amtshaftungsanspruch* dar, der Europol, anders als Art. 52 ERB, unmittelbar trifft. Das Amt haftet nach dieser Vorschrift für die schuldhafte Verursachung von Schäden durch dienstliches Handeln seiner Organe, stellvertretenden Direktoren oder Bediensteten.[173] Die Schadensersatzpflicht wird zum Beispiel ausgelöst, wenn der Europol-Direktor fälschlicherweise Warnungen in Bezug auf ein Unternehmen ausgibt, das an terroristischen Handlungen beteiligt sein soll, und diesem dadurch ein materieller Schaden entsteht.[174] Die Gerichtszuständigkeit ergibt sich aus der EuGVVO.[175]

Europol muss aber nach Absatz 2 nicht für Schäden einstehen, die durch *eine fehlerhafte Datenverarbeitung* hervorgerufen werden. Auch diese können zwar Europol zugerechnet werden, wenn die Speicherung oder Verarbeitung durch Europol-Bedienstete ausgeführt wird. Jedoch soll nach der Systematik der Schadensersatzansprüche eine unmittelbare Haftung von Europol für die Datenverarbeitung gerade ausgeschlossen werden; Ansprüche bestehen diesbezüglich allein gegenüber den Mitgliedstaaten (Art. 52 ERB). In Art. 53 ERB dagegen wird ausdrücklich die *sonstige Haftung* geregelt.[176] Bestätigt wird dies auch durch

---

geschlossen, so aber: *Frowein/Krisch*, JZ 1998, 589 (591). Er beträfe nur von Europol verursachte Schäden, nicht solche, die einem Vertragsstaat zuzurechnen sind. Nach *Matz*, S. 254, sollte ein unmittelbar gegen Europol gerichteter Schadensersatzanspruch für fehlerhafte Datenverarbeitungen eingeführt werden, so dass auch die Rechtslücke bei einem Schadenseintritt außerhalb eines Mitgliedstaats der EU geschlossen wäre. Der Innenausgleich könnte wiederum durch einen Regressanspruch gegen den schadensverursachenden Mitgliedstaat erreicht werden; auch *Nelles/Tinkl/Lauchstädt*, in: Schulze u. a. (Hrsg.), § 42 Rn. 128.

[173] Vgl. *Günther*, S. 122 f.; *Matz*, S. 248 f.: nicht ausschließlich privates Handeln.
[174] Zu dieser Konstellation *Matz*, S. 249.
[175] Die Immunität der Europol-Bediensteten bei der Schadensersatzhaftung, die diese unmittelbar trifft, spielt regelmäßig keine Rolle, als dann i. d. R. ein Handeln „bei Gelegenheit" anzunehmen sein wird, das Europol nicht zugerechnet werden kann, vgl. V. 1.; s. a. *Günther*, S. 269, der auch dadurch die Chancengleichheit verletzt sieht.
[176] *Ellermann*, S. 367 ff., weist auf die leerlaufende Regelung im früheren Art. 2 Abs. 1 Europol-IP hin: „Europol genießt Immunität [...] in Bezug auf die Haftung [...] [nach Art. 38 Abs. 1 EÜ wegen] unzulässiger und unrichtiger Datenverarbeitung." Diese Vorschrift wurde als überflüssig erachtet, da die ohnehin nur zivilrechtliche Haf-

Art. 54 ERB, wonach die Mitgliedstaaten für das Fehlverhalten von Europol-Bediensteten, die an einer GEG teilnehmen, wie für das Fehlverhalten eigener Bediensteter haften müssen.[177] Diese Regelung ist aber nur dann sinnvoll, wenn den nationalen Gerichten nicht auch eine allgemeine unmittelbare Rechtsprechungsgewalt gegenüber Europol zusteht.[178]

Bedeutung hat dieser Streit auch in Bezug auf die Reichweite des Art. 53 Abs. 3 ERB. Nach dieser Regelung haben Geschädigte einen Anspruch auf Unterlassen und Widerruf, der ebenfalls vor nationalen Gerichten zu erheben ist (Art. 53 Abs. 4 ERB).[179] Der Anspruch steht in einem engen Zusammenhang mit Abs. 2, was daraus deutlich wird, dass auf den „Geschädigten" Bezug genommen wird; es müssen daher auch die Voraussetzungen des Abs. 2 erfüllt sein, wobei ein tatsächlicher materieller Schaden natürlich nicht abgewartet werden muss. Entsprechend der hier vertretenen engen Auslegung des Art. 53 Abs. 2 ERB bezieht sich der Unterlassens- und Widerrufsanspruch ebenfalls nicht auf die von der Schadensersatzhaftung exkludierten Bereiche. Es besteht demnach kein allgemeiner Anspruch auf Unterlassen rechtswidriger Verhaltensweisen.[180]

3. Fazit: Kein Ausgleich der Defizite im Rahmen des Art. 47 GRC

Insgesamt stellen die Schadensersatzregelungen bürgerfreundliche Regelungen dar, insbesondere wegen der verschuldensunabhängigen Haftung der Mitgliedstaaten. Allerdings droht eine gewisse Ungleichbehandlung dadurch, dass sich Art und Umfang des Anspruchs allein nach nationalem Recht richten.[181] Dies gilt nicht für Art. 53 Abs. 2 ERB, der eine eigenständige Anspruchsgrundlage darstellt, also nicht auf nationales Recht verweist.[182]

---

tung von Europol schon durch Art. 38 f. EÜ ausgeschlossen war; sie hatte keinen Anwendungsbereich, vgl. *Voß*, S. 163, 215. Da in das EU-IP keine Sonderregel in Bezug auf Europol aufgenommen wurde, ist davon auszugehen, dass sich der europäische Gesetzgeber dem angeschlossen hat. – Art. 52 ERB wäre nicht überflüssig, wenn über Art. 53 Abs. 2 ERB gegen Europol vorgegangen werden könnte: Vom Anwendungsbereich erfasst wären weiterhin Schäden, die durch Mitgliedstaaten verursacht wurden; so auch *Günther*, S. 123 ff., Europol soll nach Art. 53 Abs. 2 ERB „unabhängig von [...] Art. 52" haften; s.a. *Frowein/Krisch*, JZ 1998, 589 (591); *Matz*, S. 249 f. m.w.N.

[177] Sie haben insoweit keinen Erstattungsanspruch gegen Europol.
[178] Siehe *Schenke*, in: AE Europol, S. 367 (373).
[179] Ausführlich zum Rechtsweg in Deutschland siehe *Milke*, S. 173 ff.
[180] Rechtsschutzlücken, etwa bei der Weitergabe von (z.B. fehlerhaften) Daten an Drittstellen oder -staaten, sind durch den (europäischen) Gesetzgeber zu schließen, ebenso *Ellermann*, S. 370; a.A. *Kistner-Bahr*, S. 168; *Frowein/Krisch*, JZ 1998, 589 (591).
[181] Vgl. *Matz*, S. 253 f.
[182] So auch *Matz*, S. 255 f.

Die nach der EuGVVO bestehenden Wahlmöglichkeiten in Bezug auf den Ort der Klageeinlegung können zwar von Vorteil sein, da der Bürger die voraussichtlich erfolgreichste Klagemöglichkeit ergreifen kann. Die damit verbundenen Schwierigkeiten sind offensichtlich; so kann der Betroffene etwa vor einer Klage zurückschrecken, weil er sie, um entsprechende Erfolgsaussichten zu haben, in einem anderen Staat geltend machen müsste.[183]

Für die Schadensersatzansprüche nach Art. 52 ERB gilt zudem, dass der Zugang zu den Gerichten dadurch wesentlich erschwert wird, dass der von der Datenverarbeitung Betroffene nicht über diese informiert wird. Zwar ist eine Rechtfertigung wiederum möglich (vgl. D. III. 3.).[184] Auch insoweit ist aber zu kritisieren, dass selbst nachträglich keine Bekanntmachung erfolgt.

Schließlich bestehen im Hinblick auf die Rechtsschutzeffektivität massive Bedenken noch in anderer Hinsicht: Die nationalen Gerichte müssten nach diesem Grundsatz nämlich frei und unabhängig über die Begründetheit des Anspruchs entscheiden können. Dies ist aber wegen der Bindung der nationalen Gerichte an die GKI-Entscheidungen ausgeschlossen, wenn auch Kollisionen faktisch nicht häufig vorkommen, schon weil der Betroffene häufig erst durch den Schadenseintritt von der Datenverarbeitung erfährt, also sich nicht vorher an die GKI gewandt haben wird.

V. Kontrolle von Europol durch nationale Strafgerichte?

Eine mittelbare Kontrolle des Verhaltens von Europolbeamten ist auch durch strafrechtliche Ahndung (1.), indem also deren widerrechtliche Handlungen verfolgt werden, oder mittels Beweis(verwertungs)verboten (2.) denkbar.

1. Wirksamkeit strafrechtlicher Ahndung als indirekter Form der Kontrolle?

Schon von vornherein ist aber klar, dass die strafrechtliche Verantwortlichkeit der Europol-Bediensteten[185] keinesfalls einen adäquaten Ausgleich für fehlende Individualrechtsschutzmöglichkeiten darstellt. Lediglich ergänzend können mas-

---

[183] Siehe *Kröger*, S. 123 f.
[184] Kritisch: *Matz*, S. 255. *Nelles/Tinkl/Lauchstädt*, in: Schulze u.a. (Hrsg.), § 42 Rn. 129, halten daher Ersatzklagen für irrelevant. A.A. *Kröger*, S. 174 f.: Spätestens wenn ein Schaden eingetreten sei, müsse der Betroffene Kenntnis von der Tätigkeit von Europol erlangen. – Dagegen sieht *Kröger*, S. 177 ff., einen Verstoß gegen die Waffengleichheit darin, dass der Kläger bei einem abgelehnten Antrag auf Auskunftserteilung i.d.R. nicht beweisen können wird, dass der Ersatzanspruch besteht. S.a. *Hausen*, S. 157.
[185] Es muss zwischen Europol als Organisation und den Bediensteten unterschieden werden, da das deutsche Recht keine Verbandsstrafbarkeit kennt. Die Kontrolle von Europol scheidet deswegen aus, vgl. auch *Kröger*, S. 99 f.

318 Kap. 3: Effektive Kontrolle europäischer Strafverfolgungsbehörden?

sive Verstöße gegen datenschutzrechtliche Grundsätze geahndet werden. Individualrechtsschutz, etwa mit dem Ziel der Löschung fehlerhafter Daten etc., wird damit nicht vermittelt.[186]

Aufgrund der *Immunitätsregelungen*[187] zugunsten der Europol-Bediensteten ist eine strafrechtliche Ahndung ohnehin weitgehend ausgeschlossen: Gemäß Art. 51 Abs. 1 ERB i.V.m. Art. 11 EU-IP[188] genießen diese Immunität vor jeglicher Gerichtsbarkeit im Hinblick auf alle in Ausübung ihres Amtes vorgenommenen Handlungen und Äußerungen.[189] Eine Einschränkung findet sich in Art. 1a VO 549/69[190] für die Teilnahme von Europol-Bediensteten an *Gemeinsamen Ermittlungsgruppen*. Die Immunität konnte zumindest in diesem Bereich, der weit über die reine Informationsverarbeitung hinausgeht, nicht aufrechterhalten werden, da nicht ausgeschlossen werden kann, dass die Mitarbeiter des Amtes in Zwangsmaßnahmen verwickelt werden.

Nach Art. 41 Abs. 4 ERB besteht eine Ausnahme[191] außerdem für Verletzungen der Verschwiegenheitspflichten, wie sie in den beiden vorausgehenden Absätzen der Regelung beschrieben sind. Einschlägige Handlungen sind von den Mitgliedstaaten wie Verstöße gegen innerstaatliche Rechtsvorschriften über Dienst- oder Berufsgeheimnisse oder die Geheimhaltung von Verschlusssachen

---

[186] *Wandl*, S. 64, streitet den Rechtsschutzcharakter ab; die Strafverfolgung sei ein Recht des Staates zum Zwecke der Prävention. Vgl. aber *EGMR* Slimani/Frankreich, Beschw.-Nr. 57671/00, 27.7.2004, ECHR 2004-IX, wo die Strafanzeige immerhin als zu erschöpfender „Rechtsbehelf" begriffen wird.

[187] Zu den Immunitätsregelungen vor der „Vergemeinschaftung": *Voß*, v.a. S. 160 ff.

[188] Protokoll (Nr. 7) über die Vorrechte und Befreiungen der Europäischen Union, ABl. EU Nr. C 83 v. 30.3.2010, S. 266.

[189] Dies gilt auch für die Zeit nach dem Ende der Tätigkeit bei Europol. Zur politischen Diskussion um das insoweit identische Europol-IP: *Kremer*, S. 12 ff. Vgl. auch BT-Drs. 13/9084, S. 10 f. – Zudem können mit Drittstaaten und Nicht-EU-Stellen entsprechende Vereinbarungen getroffen werden (Art. 51 Abs. 2 ERB). Verbindungsbeamte genießen außerdem nach den – jeweils gleichlautenden – Staatsverträgen der Entsendestaaten mit den Niederlanden dort Immunität, vgl. *Wandl*, S. 74.

[190] Verordnung 549/69 zur Bestimmung der Gruppen von Beamten und sonstigen Bediensteten der Europäischen Gemeinschaften, auf welche die Artikel 12, 13 Absatz 2 und Artikel 14 des Protokolls über die Vorrechte und Befreiungen der Gemeinschaften Anwendung finden, ABl. EG Nr. L 74 v. 27.3.1969, S. 1, geändert durch Verordnung 371/2009 des Rates v. 27.11.2008, ABl. EU Nr. L 121, v. 15.5.2009, S. 1.

[191] Schon unter der Vorgängerregelung, Art. 32 EÜ, war umstritten, ob die Staaten nur zur Strafbewährung verpflichtet sein sollten, damit nach Aufhebung der Immunität ein Verfahren eingeleitet werden konnte, oder ob die Regelung eine echte Ausnahme zum Europol-IP darstellte. Für letzteres: *Engel*, S. 89 f.; *Srock*, S. 86 ff.; *Günther*, S. 173 ff. Für ersteres: *Böse*, NJW 1999, 2416 f.; *Degenhardt*, S. 212 f.; *Voß*, S. 169 ff.: eine Ausnahme zur Immunität hätte im Europol-IP geregelt werden müssen. – Der Streit hat sich nicht notwendig erledigt, da zwar die Aufnahme von Ausnahmen zu Art. 11 EU-IP im jeweiligen Errichtungsakt sachgerecht erscheint, um das IP nicht zu überfrachten, es andererseits aber bereits ein Protokoll über dessen Anwendung gibt, das auch die Regelung bzgl. der Teilnahme an einer GEG (Fn. 190) enthält.

zu verfolgen.[192] Nicht erfasst von der Ausnahmevorschrift ist dagegen die Strafbarkeit wegen wirtschaftlicher Geheimnisverwertung oder wegen Begünstigung und Strafvereitelung, Taten, die etwa durch die Weitergabe von Informationen an Verdächtige verwirklicht werden können.[193] Eine Ausnahme ist auch nicht für Korruption oder die Erpressung eines Geheimnisträgers (zu politischen Zwecken) vorgesehen. Zumindest die letztgenannten Deliktsbereiche dürften aber schon deswegen nicht unter die Immunitätsregelung fallen, weil sie nicht bei der Ausübung dienstlicher Tätigkeit erfolgen.[194] Wegen der ermittlungssteuernden Funktion von Europol (oben B. II.) ist aber auch eine Strafbarkeit wegen *mittelbarer Täterschaft* wegen der Verfolgung Unschuldiger, Freiheitsberaubung, Hausfriedensbruch oder Beleidigung und Verleumdung denkbar, für welche die Immunitätsregelung sehr wohl eingreift.[195]

Nach Art. 17 Abs. 2 EU-IP ist die Immunität zwar aufzuheben, wenn keine Interessen von Europol entgegenstehen.[196] Es findet auch eine Kontrolle durch den *EuGH* statt, der in der Vergangenheit – zumindest bei Verstößen von Unionsbediensteten gegen unionsrechtliche Regelungen – bereits mehrfach Klagen auf Öffnung der Archive oder Aufhebung der Immunität stattgegeben hat.[197]

Dennoch beschränken die Regelungen über die strafrechtliche Immunität die gerichtlichen Kontrollbefugnisse. Gleichwohl werden sie von der Politik unter Berufung auf die limitierten Befugnisse von Europol für unproblematisch gehalten.[198]

---

[192] Europol-Bedienstete sind Amtsträgern i.S.v. § 11 Abs. 1 Nr. 2 StGB gleichgestellt (Art. 2 § 8 EuropolG); auch die §§ 203, 205, 353b StGB sind daher anwendbar. *Voß*, S. 185 f., zur folgenden Aufzählung sowie zur Strafbarkeit nach §§ 201 ff. StGB.

[193] Nach deutschem Recht: § 204, §§ 257 f. StGB.

[194] So *Ellermann*, S. 374 f., zum Europol-IP; die Grundsätze sind auf Art. 12 EU-IP übertragbar, *Voß*, S. 186 ff.; *Kröger*, S. 102.

[195] Beispiel: Ein Beamter provoziert bewusst durch Eingabe falscher Daten eine Durchsuchung, vgl. *Kremer*, S. 198.; *Ellermann*, S. 374; *Voß*, S. 174 f.; *Kröger*, S. 103 f.

[196] Mangels abweichender Regelung muss (jetzt) der Verwaltungsrat über die Aufhebung entscheiden, da dies keine laufende Angelegenheit darstellt (schon F. I.). Die Maßstäbe werden sich ggü. dem ähnlich formulierten Europol-IP nicht geändert haben. Der Direktor sollte danach die Immunität aufheben, wenn Europol dadurch kein Schaden entsteht (Art. 12 Abs. 2 Europol-IP); der Beurteilungsspielraum war erheblich. Zwar musste der Direktor seine Aufgaben pflichtgemäß erfüllen und schuldete dem Verwaltungsrat Rechenschaft; sein Beschluss konnte auch vom Rat revidiert werden (Art. 13 Europol-IP), eine gerichtliche Kontrolle war aber ausgeschlossen; vgl. *Ellermann*, S. 377 ff.; *Schwach*, S. 202; s.a. *Böse*, NJW 1999, 2416 (2417); *Knapp*, DÖV 2001, 12 (16), auch zur Gegenansicht. Anders: *Wandl*, S. 64; s.a. *Kistner-Bahr*, S. 127 f., 178 f.

[197] Vgl. etwa *EuGH* Rs. C 2/88 (Zwartveld I), 13.7.1990, Slg. 1990 I, 3365. *Gleß*, NStZ 2001, 623 (627), scheint diese Regelung für ausreichend zu halten. Dass der *EuGH* die Ermessensausübung jetzt nachprüfen kann, stellt immerhin eine Verbesserung dar.

[198] Vgl. bei *Kremer*, S. 175 ff., die Äußerungen des ehemaligen Innenministers *Kanther* und MdB *Stadler*, BT-Plenarprotokoll 13/198, S. 17898, 17901: Europol-Mitarbeiter können nicht wie ein „praktisch tätiger Polizist an den Bürger" herantreten.

Dass Europol-Mitarbeiter aber beinahe jede Straftat begehen können, die bei einem nationalen Polizeibeamten denkbar sind, wurde soeben aufgezeigt.[199]

Bezweckt – und daher als Begründung regelmäßig angeführt – wird mit der Gewährung von Immunität, die Unabhängigkeit und damit die Funktionsfähigkeit der jeweiligen Institution sicherzustellen. Es soll verhindert werden, dass durch willkürliche Strafverfolgung oder sonstige Repressalien die jeweilige Organisation oder ihre Mitglieder beeinflusst werden und mitgliedstaatliche Gerichte mit unterschiedlichen Wertvorstellungen auf ihre Tätigkeit Einfluss nehmen können.[200] Da Europol als Instrument zur Unterstützung der Mitgliedstaaten im Rahmen der Strafverfolgung dienen soll, ist eine solche Form der Einflussnahme kaum denkbar, sofern nicht politische Führer in Taten verwickelt sind, die in den Mandatsbereich von Europol fallen. Wenn dies aber tatsächlich nicht auszuschließen ist,[201] erscheint es wiederum paradox, dass diejenigen Delikte, die von Europol-Bediensteten am wahrscheinlichsten begangen werden, von der Immunitätsregelung ausgenommen sind, obwohl dadurch die Funktionsfähigkeit am ehesten beeinträchtigt wird.[202]

Selbst wenn die Immunität nicht entgegensteht, ist der Nachweis der Schuld wegen der Unverletzlichkeit der Archive (Art. 2 EU-IP) und der erforderlichen Aussagegenehmigung für Europol-Bedienstete (Art. 41 Abs. 1 ERB) schwerlich zu erbringen (siehe schon IV. 1.).[203]

2. Mittelbare Kontrolle durch Beweisverwertungsverbote

Eine mittelbare Kontrolle durch Strafgerichte scheint außerdem möglich, indem diese für eine rechtswidrige Datenverarbeitung bei Europol Beweisverbote

---

[199] Die Abschaffung der Immunität fordern etwa: *Bull/Baldus*, FAZ v. 20.1.1998, Nr. 16, S. 10; *Böse*, NJW 1999, 2416 (2417); *Voß*, S. 242 f. („anachronistisch"); *Schwach*, S. 206 ff.; *Srock*, S. 87 f.; s. a. *Kröger*, S. 105 f.; *Kremer*, S. 93 f.; *Engel*, S. 203 f.; *Degenhardt*, S. 219 f.

[200] Vgl. nur Denkschrift zum Europol-IP, BT-Drs. 13/9084, S. 10; *Voß*, S. 237 ff., und S. 240 ff., zu möglichen Konfliktlagen und zum Verhältnis von Unabhängigkeit und Funktionsfähigkeit. Art. 11 lit. a EU-IP war eine der extensivsten Regelungen. Andere Normierungen beinhalten wesentliche Einschränkungen in zeitlicher, örtlicher und sachlicher Hinsicht (zu Interpol sogleich). Die Regelungen stellen also keinen internationaler Standard dar; vgl. *Beaucamp*, DVBl. 2007, 802 (803); *Degenhardt*, S. 219; *Matz*, S. 251 f. Indemnität, nicht Immunität sehen darin: *Kremer*, S. 50 ff., S. 135 ff.; *Kröger*, S. 104 f. Unkritisch: *Degenhardt*, S. 220 f.; *Ellermann*, S. 376, der v. a. wegen der Ausnahme für Verstöße gegen die Verschwiegenheitspflicht die Regelung bzgl. Interpol für umfassender hält. Sie gilt aber nur in Frankreich als Sitzstaat (Art. 18 Abs. 1 *lit.* a Interpol-Sitzabkommen), dazu *Voß*, S. 118.

[201] Vgl. bei *Kremer*, S. 93 f.

[202] Vgl. *Ellermann*, S. 375 f.

[203] Siehe *Günther*, S. 177 f.; *Hausen*, S. 164. A.A. fälschlicherweise *Korrell*, S. 227.

anerkennen.²⁰⁴ Allerdings ist der Wert dieser mittelbaren Kontrolle für den Rechtsschutz fraglich. Der Anwendungsbereich ist eng: Zum einen führt die Informationsverarbeitung bzw. sonstige Tätigkeit von Europol nicht notwendig immer zu einem Strafverfahren. Profitieren würde maximal der tatsächlich Verfolgte.²⁰⁵ Verstöße bezüglich nicht verdächtigter Personen können damit kaum sanktioniert werden. Auch wären nicht alle denkbaren Rechtsverletzungen von dieser Korrekturmöglichkeit erfasst, etwa die unberechtigte Weitergabe an Dritte. Hinzu kommen die bereits angesprochenen Probleme des Nachweises einer rechtswidrigen Verarbeitung der Daten (IV. 1.). Schließlich besteht auch insoweit eine Bindung an eine vorherige Entscheidung der GKI über die Rechtmäßigkeit der Datenverarbeitung durch Europol.

Außerdem ist die Praxis der Unionsmitglieder bei der Anerkennung von Beweisverwertungsverboten sehr unterschiedlich,²⁰⁶ wobei auch zu beachten ist, dass die von Europol stammenden Erkenntnisse in der Regel nicht unmittelbar in ein Strafverfahren einfließen, sondern von nationalen Behörden – aufgrund der von Europol gelieferten Ermittlungsansätze – gewonnene Beweise. Mangels einer dem amerikanischen Recht vergleichbaren „*fruit of the poisonous tree*"-Doktrin, dürften diese aber jedenfalls in Deutschland unabhängig von der Rechtmäßigkeit des Verhaltens von Europol weiterhin verwendet werden.²⁰⁷ Eine wirksame Kontrolle ist damit auch nicht mittels der Statuierung von Beweisverwertungsverboten zu erreichen.

VI. Fazit: Kein Ausgleich des Rechtsschutzdefizits durch nationale Gerichte

Die oben aufgezeigten Problemfelder im Bereich des Rechtsschutzes können durch die mitgliedstaatlichen Gerichte nicht ausgeglichen werden. Primärrechtsschutz ist weitgehend ausgeschlossen. Auch die Lücke bezüglich der Übermittlung von Daten an Drittstaaten und -stellen wird nicht geschlossen, da insoweit keine Jurisdiktionsgewalt besteht. Eine Überwachung der sonstigen Unterstützung der Strafverfolgungsbehörden durch Europol, etwa im Rahmen von kontrollierten Lieferungen, erfolgt ebenfalls nicht auf nationaler Ebene, weil es insoweit an einer Übertragung der Jurisdiktionsgewalt, vergleichbar der Regelungen zur Teilnahme an Gemeinsamen Ermittlungsgruppen, fehlt.

Der durch mitgliedstaatliche Gerichte geleistete (Sekundär-)Rechtsschutz mag die rechtsstaatlichen Bedenken gegen das gewährleistete Rechtsschutzniveau ab-

---

²⁰⁴ Allgemein zur Kontrolle der Polizeiarbeit durch Beweisverwertungsverbote: *Van den Wyngaert*, in: Europe's Area of Freedom, Security and Justice, S. 201 (235).
²⁰⁵ Dem Gedanken nach *Van den Wyngaert*, in: Europe's Area of Freedom, Security and Justice, S. 201 (236).
²⁰⁶ Siehe dazu etwa: *Günther*, S. 171 f.; *Voß*, S. 285; *Kröger*, S. 121.
²⁰⁷ Dazu: *Voß*, S. 285 f.; *Ellermann*, S. 387 f.; *Gleß*, NStZ 2001, 623 (625).

mildern, kann aber, selbst wenn die Mängel der Ausgestaltung ignoriert würden, die lückenhafte Kontrolle auf europäischer Ebene nach Art. 47 GRC nicht ausgleichen. Für die Datenschutzkontrolle i. S. v. Art. 8 Abs. 3 GRC ist auf nationaler Ebene nicht einmal eine Vorkehrung getroffen, eine dezentrale Kontrolle erschiene allerdings ohnehin sinnwidrig.

H. Objektive parlamentarische Kontrolle

Die ebenfalls auf beiden Ebenen – der europäischen (I.) und der mitgliedstaatlichen (II.) – stattfindende Kontrolle durch Volksvertretungen, wie sie in Mitgliedstaaten mit langer demokratischer Tradition im Rahmen der polizeilichen und nachrichtendienstlichen Datenverarbeitung üblich ist, ergänzt die gerichtlichen und datenschutzrechtlichen Kontrollen, dient aber hauptsächlich als demokratischer Schutzmechanismus, der schon vom Ziel her weitgehend losgelöst von justiziellen Mechanismen betrachtet werden muss. Die parlamentarische Kontrolle könnte sich ohnehin nur auf systemische Defizite beziehen, nicht aber dem Einzelnen zu seinem Recht verhelfen. Immerhin kann die objektive datenschutzrechtliche Kontrolle durch eine effektive demokratische Überprüfungsmöglichkeit bereichert werden.[208]

I. Objektive Kontrolle durch das Europäische Parlament?

Vor Inkrafttreten des ERB waren die Befugnisse des Europäischen Parlaments weitgehend auf Empfehlungs- und Fragerechte beschränkt (Art. 39 Abs. 3 EÜ). Seine Rechte wurden durch den Beschluss in moderater Weise ausgeweitet:[209] Die wichtigste Neuerung ist, dass Europol als Agentur der Europäischen Union nicht mehr von den Mitgliedstaaten finanziert wird, sondern aus dem Unionshaushalt. Dadurch wird das Europäische Parlament (zusammen mit dem Rat) zur Haushaltsbehörde des Amtes (Art. 42 f. ERB); das Parlament kann so indirekt über das „Ob" der Aufgabenerfüllung mitentscheiden, nicht allerdings über die Art und Weise der Tätigkeit.[210] Generell bleiben viele Entscheidungen im Zusammenhang mit „operativen" Tätigkeiten von Europol der Kontrolle des Parlaments vorenthalten, etwa die Einrichtung weiterer Informationssysteme (Art. 10 Abs. 2 ERB) oder der Abschluss eines Kooperationsabkommens mit einem Drittstaat einschließlich der Durchführungsbestimmungen (Art. 23 Abs. 2, Art. 26 Abs. 1 ERB). Diese Akte unterliegen lediglich der Billigung des Rates; eine in-

---

[208] Im Hinblick auf Art. 47 GRC müsste ein solcher Mechanismus ohnehin durch ein gerichtliches Verfahren ergänzt werden, *Nestler,* GA 2010, 645 (657).
[209] Die Kommission sieht einen ausreichenden Schritt darin, vgl. KOM (2010) 776 endg.
[210] Vgl. *Albrecht/Janson,* EuR 2012, 230 (234).

haltliche Einflussnahme durch das Parlament ist daher weitgehend ausgeschlossen.[211]

Allerdings wurden auch die Informationsrechte des Europäischen Parlaments erweitert: Auf sein Ersuchen hin *müssen* der Vorsitzende des Rates und des Verwaltungsrats und der Direktor von Europol vor dem Parlament auftreten (Art. 48 ERB).[212] Auch wird der *Tätigkeitsbericht der GKI* dem Parlament (jetzt auch direkt) zugeleitet (Art. 34 Abs. 6 S. 2 ERB/Art. 11 GO-GKI).[213] Anhand dieser Berichte kann immerhin eine objektive Kontrolle während der Bestehens von Geheimhaltungsinteressen gewährleistet werden. Solange aber ein bestimmter Inhalt dieser Berichte nicht vorgeschrieben ist, ist allein schon aufgrund ihrer beschränkten Aussagekraft eine effektive *objektive parlamentarische Kontrolle* ausgeschlossen.[214] Zudem stammt der letzte Bericht vom 12.12.2008;[215] angesichts der Unregelmäßigkeit, in welcher der Bericht erstellt wird, kann er nicht als Ausgangspunkt einer demokratischen Kontrolle dienen.

In Bezug auf die noch zu erlassende Europol-VO hat das Parlament durch den Reformvertrag paritätische Mitwirkungsrechte gegenüber dem Rat, da ein ordentliches Gesetzgebungsverfahren (Art. 294 AEUV) vorgeschrieben ist.[216] Dies allein ermöglicht zwar keine direkte Einflussnahme auf die tägliche Arbeit des Amtes. Während der neue Art. 88 AEUV aber keine Regelungen bezüglich der gerichtlichen Kontrolle von Europol enthält, trifft er doch Vorkehrungen für die

---

[211] So *Albrecht/Janson*, EuR 2012, 230 (234 f.). Kritisch wegen des Prinzips der gleichberechtigten Mitentscheidung: *Mitsilegas*, S. 183 f.; auch *De Moor/Vermeulen*, CMLRev 47 (2010), 1089 (1117); a.A. *Dorn*, CrimeLawSocChange 2009, 283 (286); *Niemeier/Walter*, Kriminalistik 2010, 17 (18). *Amici*, RDUE 2010, 77 (94), hält die parlamentarischen Rechte aber insgesamt für unzureichend.

[212] Anders noch unter Art. 34 EÜ. – *Albrecht/Janson*, EuR 2012, 230 (234), fordern eine Rechtfertigungspflicht.

[213] Zuvor wurde er über den Rat weitergeleitet (Art. 39 Abs. 1 EÜ); kritisch: *Matz*, S. 262.

[214] S.a. *Degenhardt*, S. 266; *Albrecht/Janson*, EuR 2012, 230 (234), zur Behinderung der Kontrolle aus Gründen der Geheimhaltung und Beschränkungen des Parlaments in der Praxis. – Teilweise wird die Effektivität einer solchen Kontrolle auch wegen der bisher „wenig ausgeprägten" europäischen Öffentlichkeit bestritten, die mangels Durchsetzungsmechanismen der parlamentarischen Kontrolle ausgleichend wirken müsste, so etwa *Degenhardt*, S. 243; in anderem Zusammenhang: *Korell*, S. 216; a.A. *Ellermann*, S. 364, allerdings unter Verweis auf öffentliche Diskussionen, die gerade nicht den Kernbereich der Tätigkeit des Amts betraffen (Zahlung von Abfindungen ohne Rechtsgrundlage; keine Ausschreibung bei Stellenvergabe). *Braum*, ZIS 2009, 418 (425), fordert Vertrauen in die europäische Öffentlichkeit: Das europäische Bewusstsein speise sich „aus den geteilten Unrechtserfahrungen des 20. Jahrhunderts, aus der europäischen Aufklärungsphilosophie, aus den alltäglichen Begegnungen von Europäern, die sich weder durch ihre Sprache, noch durch ihre Religion definieren, sondern durch das Glück, sich als Freie und Gleiche in ganz Europa begegnen zu dürfen."

[215] Stand: 20.10.2013.

[216] Das Parlament hatte deshalb gefordert, einen VO-Entwurf noch 2010 zu unterbreiten, vgl. *De Moor/Vermeulen*, NJEuCrimL 1 (2010), 178 (195 f.).

parlamentarische Kontrolle der Agentur. So soll die künftige Europol-VO nach Art. 88 Abs. 2 S. 3 AEUV auch die *Kontrollfunktionen des Parlaments stärken*.[217] Wie diese Kontrolle ausgestaltet sein wird, bleibt abzuwarten. Im Hinblick auf Art. 8 Abs. 3 GRC und die während des fortbestehenden Geheimhaltungsinteresses auch unter Art. 47 GRC erforderliche objektive Datenschutzkontrolle würden verstärkte parlamentarische Rechte, insbesondere durch Regelungen zur Rechenschaftspflicht der GKI bzw. von Europol gegenüber dem Europäischen Parlament, möglicherweise Verbesserungen bringen. Wie aber der ferne und „schwerfällige Apparat" Europol effektiv überwachen können soll, bleibt „eines der Geheimnisse der europäischen Verfassungsväter und -mütter."[218]

II. Ergänzende Kontrolle durch nationale Parlamente?

Die nationalen Parlamente können Europol nur mittelbar durch die mitgliedstaatlichen Vertreter im Rat „kontrollieren". Auch parlamentarische Anfragen über die Tätigkeit von Europol werden beantwortet,[219] eine effektive Kontrolle ist mit diesen Mitteln aber nicht möglich. Im ERB werden die nationalen Parlamente nicht einmal genannt.[220] Abzuwarten bleibt, wie die im Stockholm-Programm[221] angekündigte Erweiterung ihrer Kontrollrechte, die ebenfalls in Art. 88 Abs. 2 S. 3 AEUV vorgeschrieben ist, ausgestaltet sein wird. Eine umfassende und effektive demokratische Kontrolle durch 28 nationale Parlamente wird aber keinesfalls möglich sein, so dass eine Konzentration der Überwachung auf der europäische Ebene erforderlich scheint.[222]

J. Fazit zur Rechtsschutzlage in Bezug auf Europol

Europa braucht eine europäische Polizeibehörde, um eine effektive Bekämpfung der grenzüberschreitenden Kriminalität überhaupt noch möglich zu machen,[223] wie das folgende Beispiel verdeutlicht: Im Jahr 2006 entdeckte die

---

[217] Als notwendig erachten *Albrecht/Janson,* EuR 2012, 230 (236 ff.): Erleichterung des Zugangs zu Dokumenten, mehrere GKI-Tätigkeitsberichte pro Jahr, Repräsentant im Verwaltungsrat, Regelungen zu einem Untersuchungsausschuss i.S.v. Art. 226 AEUV (z.B. in Bezug auf SWIFT/TFTP-Abkommen), Mitspracherecht bei Wahl und Entlassung des Direktors.

[218] *Weigend,* ZStW 116 (2004), 275 (297).

[219] Vgl. etwa bei *Voß,* S. 268 f.; vgl. auch *Kistner-Bahr,* S. 131 ff.

[220] Siehe dazu *De Moor/Vermeulen,* CMLRev 47 (2010), 1089 (1117 f.).

[221] Stockholm-Programm, Ratsdok. 17024/09 v. 2.12.2009, S. 41.

[222] Vgl. *Degenhardt,* S. 269 f. So auch *Albrecht/Janson,* EuR 2012, 230 (238 f.), die dennoch mehr Informationsrechte für die nationalen Parlamente fordern.

[223] Vgl. *Kremer,* S. 411; *Kistner-Bahr,* S. 9 ff. S.a. *Habitzl/Loidl/Narnhofer/Sabitzer,* Öffentliche Sicherheit 1–2/2010, S. 6, zu einer Raubermittlung.

australische Polizei ein Video mit kinderpornographischem Inhalt. Die darauf gezeigten Personen – Täter und Opfer – konnten schnell ermittelt werden, ein Belgier und seine Töchter. Auch der Produzent des Videos, ein italienischer Staatsbürger, wurde festgenommen. Er betrieb damals eine Internetseite mit 150 solcher selbst hergestellter Videos. Die bis dahin beteiligten Behörden übersandten das sichergestellte Material an Europol, das in der Folge 500 Gigabyte Daten analysierte. An der daraufhin eingeleiteten „*Operation Koala*"[224] waren letzten Endes 28 Länder beteiligt. 2500 Verdächtige konnten identifiziert, beinahe 100 Personen, überwiegend gefährliche Straftäter, verhaftet werden.

Die notwendigen Befugnisse des Amtes erfordern aber eine engmaschige Kontrolle, schon wegen der Gefährlichkeit der elektronischen Datenverarbeitung *„zumal vor dem Hintergrund der europäischen Dimensionen"*.[225] Nicht nur die „bösen" Straftäter gilt es vor dem Übermaß oder ungerechtfertigter Eingriffe in seine Rechte zu schützen. Auch der „gute" europäische Bürger, der angesichts des Schreckens der schweren Kriminalität und des Terrorismus bereit ist, Beschränkungen der Freiheitsrechte durch die Agentur zu akzeptieren, kann Gegenstand dieser Befugnisse werden. Weder über eine effektive Datenschutzkontrolle noch über eine justizielle Kontrolle verfügt Europol aber.[226]

Dabei wird der durch Art. 88 AEUV vorgegebene primärrechtliche Rahmen durch den ERB noch nicht einmal vollständig ausgeschöpft. Das Amt soll zum zentralen Knotenpunkt des *Informationsaustauschs* zwischen den Mitgliedstaaten werden, eine Plattform für alle Strafverfolgungsdienste Europas.[227] Es soll auch verstärkt mit Interpol zusammenarbeiten sowie mit Drittländern, vor allem durch engere Kontakte zu den Nachbarregionen und -ländern der Union.[228]

Art. 88 Abs. 2 UAbs. 1 *lit.* b AEUV nennt als weitere mögliche Aufgabe die Koordinierung, Organisation und Durchführung von Ermittlungen und von operativen Maßnahmen, während der ERB nur eine Beratung und Unterstützung mitgliedstaatlicher Ermittlungen sowie an die Mitgliedstaaten gerichtete Ermittlungsersuchen zulässt. Zwar beschränkt Art. 88 Abs. 3 AEUV die Durchführung operativer Maßnahmen dahingehend, dass Europol diese nur in Verbindung und in Absprache mit den Behörden der Mitgliedstaaten ergreifen darf, deren Ho-

---

[224] Zu dieser Operation: *Papajorgij,* Kriminalistik 2008, 248.
[225] Vgl. *Matz,* S. 228 f.; *Laubinger,* in: AE Europol, S. 125 (156 f.).
[226] Siehe nur *Ruthig,* in: AE Europol, S. 97 (117); *Günther,* S. 151, 155; *Hausen,* S. 158. A.A. *Engel,* S. 93, 196, da Europol nicht über operative Befugnisse verfüge; *Oberleitner,* S. 172; *Korrell,* S. 235 f., aus grundgesetzlicher Sicht.
[227] Stockholmer Programm, Ratsdok. 17024/09, S. 40 f., Punkt 4.3.1.; vgl. *Niemeier,* ERA Forum (2010) 11, 197 (206). Angedeutet auch bei *Nestler,* GA 2010, 645. Befugnisse zur eigenständigen Erhebung von Informationen sind von der Kompetenznorm aber nicht abgedeckt, so auch *Ruthig,* in: Böse (Hrsg.), § 20 Rn. 57.
[228] Stockholmer Programm, Ratsdok. 17024/09, S. 40 f., Punkt 4.3.1.

heitsgebiet betroffen ist, und die Anwendung von Zwangsmaßnahmen ausschließlich den zuständigen einzelstaatlichen Behörden vorbehalten bleibt. Dennoch stellt sich vor dem Hintergrund der Neuregelung erneut die Frage, ob und inwieweit das europäische Polizeiamt hoheitliche Befugnisse im klassischen Sinne erhalten wird und erhalten soll.[229] Schließlich ist bisher nicht geklärt, was die Verträge unter dem Begriff „Zwangsmaßnahmen" verstehen, ob also nur klassische polizeiliche Befugnisse wie Durchsuchungen gemeint sind,[230] oder alle grundrechtsrelevanten Verhaltensweisen, wovon angesichts der Befugnisse im Rahmen von Gemeinsamen Ermittlungsgruppen und der Datenverarbeitung aber nicht auszugehen ist.[231] Hinsichtlich der nach Art. 88 Abs. 3 AEUV zu übertragenden Befugnisse wäre jedenfalls eine isolierte Betrachtung der Tätigkeit der Europol-Mitarbeiter erforderlich. Ihr Verhalten müsste mangels Einbindung in nationale Strukturen *auf supranationaler Ebene kontrolliert* werden.[232] Dafür müssen Vorkehrungen getroffen werden (vgl. noch § 5).

Es ist rechtsstaatlich aber mehr als bedenklich, mit einer Anpassung des Rechtsschutzregimes abzuwarten, bis Europol tatsächlich eigene Ermittlungsbefugnisse im klassischen Sinne übertragen werden, das Amt also Personen verhört, Wohnungen durchsucht etc., was jedenfalls für Straftaten zulasten der Union prognostiziert wird.[233] Das Rechtsschutzsystem muss auf diese Neuerungen vorbereitet werden. Den Anfang muss die Begründung eines echten *gerichtlichen* Rechtsschutzes bilden einschließlich der Schließung der genannten Rechtsschutzlücken vor allem im Hinblick auf die Eröffnung einer nachträglichen Überprüfungsmöglichkeit der Datenverarbeitung durch eine Benachrichtigung nach Abschluss der Ermittlungen. Ob dem die schlichte Eröffnung der Zuständigkeit der Unionsgerichte nach Ablauf der Übergangszeitraums gerecht wird, soll noch im Anschluss geprüft werden (§ 5 B. I.). Eine erweiterte parlamentarische Kontrolle allein genügt jedenfalls dem Entwicklungspotenzial von Europol ebenso wenig wie seiner heutigen Machtfülle.[234] Solange dies aber noch nicht einmal gewährleistet ist, ist auch eine Übertragung weiterer Befugnisse undenkbar.[235] Die Kommission hat dennoch mittlerweile einen Entwurf für eine Europol-VO veröffentlicht, so dass sich diese Forderung wohl selbst überholen wird (§ 5 B. II.).

---

[229] Siehe Calliess/Ruffert/*Suhr,* Art. 88 Rn. 21 f.
[230] Siehe auch *Esser,* in: Walter-Hallstein-Symposium, S. 25 (40); zum Begriff auch *Ruthig,* in: Böse (Hrsg.), § 20 Rn. 60 ff.
[231] Siehe auch *Ruthig,* in: Böse (Hrsg.), § 20 Rn. 62 f.
[232] So auch *Esser,* in: Walter-Hallstein-Symposium, S. 25 (41).
[233] Etwa *Oberleitner,* S. 180 f.; *Engel,* S. 205. Nach *Kistner-Bahr,* S. 87 f., beziehe sich Art. 88 Abs. 3 AEUV nur auf GEGs; Zwangsmaßnahmen können übertragen werden.
[234] Siehe auch *Esser,* in: Walter-Hallstein-Symposium, S. 25 (41).
[235] Ebenso *Schalken/Pronk,* EJCCLCJ 2002, 70 (81). Siehe auch *Milke,* S. 292; KOM (2002) 95 endg., S. 13 (Befugniserweiterung nur bei Ausbau des Rechtsschutzes).

§ 2 Eurojust (Art. 85 AEUV)

A. Ein justizielles Pendant? – Tätigkeitsfelder und Zuständigkeit

Eurojust ist eine „europäische Justizbehörde" mit Sitz in Den Haag. Die Agentur wurde durch den sogenannten Eurojust-Beschluss (EJB)[236] vom 28.2.2002 als *justizielles Pendant*[237] zu Europol errichtet.[238] Die Zuständigkeitsbereiche der Agentur (II., III.) und ihre grundrechtsrelevanten Befugnisse (B.) sollen im Folgenden dargestellt werden. Vor diesem Hintergrund gilt es auch die zur Verfügung stehenden Kontrollmechanismen zu untersuchen (C.–G.).

I. Pendant nur im Hinblick auf die Aufgaben

Wer mit Blick auf die deutsche Aufgabenverteilung im Strafprozess den Begriff „justizielles Pendant" hört, könnte leicht fehlgeleitet werden, denn eine Europäische Staatsanwaltschaft nach kontinentaleuropäischem Vorbild gibt es auf Unionsebene derzeit nicht. Eurojust ist also keine Europol übergeordnete Strafverfolgungsbehörde, auf deren Weisung hin die Beamten des Europäischen Polizeiamtes ermitteln.[239] Sie vertritt auch nicht die Anklage im (europäischen) Strafprozess[240] oder hat gar eigene Eingriffsbefugnisse in den Mitgliedstaaten. Die Schaffung einer solchen ermittlungsleitenden Staatsanwaltschaft auf EU-Ebene wäre zum Zeitpunkt der Errichtung Eurojusts nicht durchsetzbar gewesen, wenngleich bereits verschiedene Modelle vorhanden waren (dazu § 5 B. V. 1.).[241]

---

[236] Beschluss 2002/187/JI des Rates v. 28.2.2002 über die Errichtung von Eurojust zur Verstärkung der Bekämpfung der schweren Kriminalität, ABl. EG Nr. L 63 v. 6.3. 2002, S. 1.

[237] Zum Begriff: *Van den Wyngaert,* in: Europe's Area of Freedom, Security and Justice, S. 201 (206); ebenso *Frenz,* wistra 2010, 432; *Engel,* S. 159 f.

[238] Zur Gründung von Eurojust *von Langsdorff,* StV 2003, 472 (473 ff.); *Postberg,* S. 28 ff. (beide auch zu Pro-Eurojust); *Zöberlein,* S. 61 ff.; einen knappen Überblick bieten: *Grotz,* in: Sieber u.a. (Hrsg.), § 45 Rn. 2 ff.; *Brammertz/Berthelet,* RDPC 2002, 389 (391 f.); *Souminen,* MJ 2008, 217 (218 f.); *Zeder,* JSt 2009, 85 f. Zu den Anfängen auch: *De Baynast,* R.A.E. 2003–2004, 335 (338 f.); *Thwaites,* RSC 2003, 45 ff.

[239] Zwar hatte man Eurojust ursprünglich die Aufgabe der justiziellen Kontrolle von Europol zugedacht. Angesichts der zwischenzeitlichen Vernetzung der Organisationen ist eine solche Entwicklung aber unwahrscheinlich geworden, siehe dazu *Esser/Herbold,* NJW 2004, 2421 (2424); *Esser,* in: Walter-Hallstein-Symposium, S. 25 (40), zur mangelnden Unabhängigkeit; ähnlich *Nestler,* GA 2010, 645 (658), wegen Gleichordnung. Zweifel hegt wegen des mangelnden Interesses der Common-law-Staaten an der justiziellen Einbindung wegen entgegenstehender Rechtstraditionen: *Zöberlein,* S. 84 f.; s.a. *von Langsdorff,* StV 2003, 472. *Wasser/Fawzy,* ERA Forum 2003, 90 (95 ff.), halten eine Kontrolle wegen der Verschiebung der Kräfteverhältnisse zugunsten der Polizeiebene für erforderlich.

[240] Zur Übertragbarkeit der Anklagevorbereitung, vgl. *Zöberlein,* S. 86 f.; *Kahlke,* S. 47 f.

[241] Siehe *Souminen,* MJ 2008, 217 (221); *Van den Wyngaert,* in: Europe's Area of Freedom, Security and Justice, S. 201 (209).

Vielmehr soll Eurojust mitgliedstaatliche Ermittlungen in Fällen grenzüberschreitender Kriminalität *unterstützen und koordinieren*, vor allem indem *Informationen über fremde Rechtssysteme* zur Verfügung gestellt und auch sonst der Rechtshilfeverkehr erleichtert wird.[242] Strafverteidiger können die Dienste von Eurojust nicht in Anspruch nehmen. Insofern stellt Eurojust also ein Pendant zu Europol dar: Während Europol die grenzüberschreitenden polizeilichen Ermittlungen fördern soll, erbringt Eurojust dieselbe Unterstützungsleistung für justizielle Strafverfolgungsbehörden.[243] Angesichts der vergleichbaren Befugnisse erübrigen sich häufig tiefergehende Ausführungen.

II. Einsatzgebiete von Eurojust

Eurojust erwies seinen Mehrwert schnell.[244] Bei den dort eingehenden Ersuchen handelt es sich überwiegend um Bitten um Unterstützung von notleidenden Rechtshilfeersuchen, die also nicht oder nur schleppend bearbeitet werden, oder um Koordinierungsanfragen, wenn mehrere Mitgliedstaaten in die Ermittlungen involviert sind.[245] Allein im Jahr 2008, sechs Jahre nach seiner Errichtung, hatte Eurojust in annähernd 2000 Verfahren zur Erleichterung des Rechtshilfeverkehrs beigetragen,[246] auch 2011 wurde Eurojust in etwa 1450 Fällen tätig.[247]

Die Bandbreite des Aufgabenbereichs verdeutlichen die folgenden Fälle: In Italien wurde im Jahr 2010 eine kriminelle Vereinigung zerschlagen, die im Bereich *Kinderpornografie und Kindesmissbrauch* tätig war und einschlägige Daten über das Internet verbreitete. Bei einem Koordinierungstreffen, das von Eurojust initiiert wurde, tauschten die teilnehmenden Mitgliedstaaten untereinander Computerprotokolle und IP-Adressen aus, über die elf weitere Länder mit dem Fall in Zusammenhang gebracht werden konnten. Eurojust überwachte in allen beteiligten Staaten die Ermittlungen und die synchronisierte Durchführung von Festnah-

---

[242] Dazu *Zöberlein*, S. 79; *Fawzy*, S. 31 ff.; *Kahlke*, S. 150 ff.; *Vlastnik*, S. 35 (38 ff.). S. a. *Souminen*, MJ 2008, 217 (220).

[243] Vgl. *Fawzy*, S. 121; *Schalken/Pronk*, EJCCLCJ 2002, 70 (78). *Kahlke*, S. 37 ff., 62 ff., zum Bedürfnis danach und anderen Kooperationsformen; *Milke*, S. 276 ff. (EJN). *Thwaites*, RSC 2003, 45 (50, 55 ff.), auch zu Nachteilen traditioneller Rechtshilfe (Komplexität der Instrumente, gegenseitiges Misstrauen, Übersetzungsschwierigkeiten etc.). – Eurojust wird nicht präventiv-polizeilich tätig, sondern dient nationalen Strafverfolgungsbehörden/Gerichten in ihren *repressiven* Funktionen als Anlaufstelle. Vgl. auch *Esser/Herbold*, NJW 2004, 2421 f.; *Wasser/Fawzy*, ERA Forum 2003, 90 (92). *Postberg*, S. 73 f., zum Trend der Strafbarkeitsvorverlagerung und der Bedeutung für Eurojust.

[244] Nach *Kahlke*, S. 92, wurden im März 2001, nur wenige Monate nach der Errichtung von (damals) Pro-Eurojust, 130 Fälle registriert; s. a. *Thwaites*, RSC 2003, 45 (46).

[245] Vgl. *Grotz*, in: Sieber u. a. (Hrsg.), § 45 Rn. 39; *Souminen*, MJ 2008, 217 (224 f.), beide auch zum internen Umgang mit solchen Anfragen bei Eurojust.

[246] Vgl. *Coninsx/Lopes da Mota*, EFAR 14 (2009), 165 (167).

[247] *Eurojust*, Jahresbericht 2011, S. 11, abrufbar unter: http://eurojust.europa.eu/doc-library/corporate/Pages/annual-reports.aspx (zuletzt: 20.10.2013).

men und Beschlagnahmen. Dabei wurden auch IP-Adressen in anderen Ländern zu Tage gefördert. Im Rahmen der Aktion wurden zwölf Hausdurchsuchungen in zehn Ländern durchgeführt, acht Personen festgenommen und zahlreiche Computer und sonstige Gegenstände beschlagnahmt.[248]

Mit der Bekämpfung des internationalen Terrorismus war Eurojust etwa in der *Operation KARI* befasst: Eine von Brüssel aus operierende Terrorzelle wurde verdächtigt, terroristische Aktionen mit Zielen im Irak und in Belgien zu planen. Eurojust wurde eingeschaltet, weil eine Zusammenarbeit mit nicht weniger als 16 Staaten nötig war, darunter Nicht-EU-Staaten wie Marokko, Indien, Algerien und Kenia; 22 Rechtshilfeersuchen mussten gestellt werden.[249]

Gegen einen deutschen Bundestagsabgeordneten wurde wegen eines *Verstoßes gegen das Parteiengesetz und Untreue* nach § 266 StGB ermittelt. Er hatte während des Bundestagswahlkampfes 2002 Flugblätter im Wert von einer Million Euro an die Haushalte seines Wahlkreises verteilen lassen; die Finanzierung war ungeklärt. Das Ermittlungsverfahren offenbarte diverse Kontobewegungen, mit Verbindungen zu anderen EU- und Drittstaaten, namentlich 160 Bareinzahlungen auf Konten in Luxemburg, Spanien, Liechtenstein und Monaco. Um die Einzahlungsquittungen bestimmten Personen zuzuordnen, mussten Schriftgutachten erstellt werden, weshalb Vergleichsmaterial in Wohnungen und Banken in den genannten Ländern sichergestellt werden sollte. Um den Ermittlungserfolg nicht zu gefährden, mussten alle Durchsuchungen und Beschlagnahmen gleichzeitig stattfinden. Beim deswegen einberufenen Koordinierungstreffen bei Eurojust wurden Form und Inhalt der erforderlichen Rechtshilfeersuchen besprochen; den zuständigen nationalen Behörden wurde die Eilbedürftigkeit der Mithilfe verdeutlicht. Unmittelbar nach der Aufhebung der Immunität des beschuldigten Abgeordneten wurden die geplanten Maßnahmen durchgeführt und innerhalb von nur zwei Stunden abgeschlossen.[250]

III. Deckungsgleiche Zuständigkeitsbereiche für Europol und Eurojust

Aus den Beispielen wird deutlich, dass für das Mandat von Eurojust keine engen Grenzen gesteckt wurden. Der Zuständigkeitsbereich des Amtes richtet sich seit der Neufassung des EJB im Jahr 2008[251] nach demjenigen von Europol (Art. 4 Abs. 1 *lit.* a EJB).

---

[248] Siehe *Eurojust,* Jahresbericht 2010 (Fn. 247), S. 40. Zur ähnlichen Operation „Nanny" (10 Festnahmen, Ermittlungen gegen weitere 112 Personen), eucrim 2012, 55.
[249] Vgl. bei *Coninsx/Lopes da Mota,* EFAR 14 (2009), 165 (168).
[250] Ohne Eurojust wären die Ermittlungen wegen des mangelnden Vertrauens in die zügige Behandlung der Rechtshilfeersuchen eingestellt worden. Nur wegen eines persönlichen Kontakts zum deutschen Mitglied kam es nicht dazu, vgl. bei *Fawzy,* S. 59 f.
[251] Beschluss 2009/426/JI des Rates v. 16.12.2008 zur Stärkung von Eurojust und zur Änderung des Beschlusses 2002/187/JI über die Errichtung von Eurojust zur Ver-

Ein Mandat besteht nach *lit.* b auch für Zusammenhangstaten. Zudem kann die Agentur auch im Rahmen anderer Kriminalitätsbereiche tätig werden, wenn dies ein Mitgliedstaat beantragt (Art. 4 Abs. 2 EJB).[252]

B. Grundrechtsintensive Befugnisse von Eurojust

Inhaltlich betreffen die Befugnisse von Eurojust vor allem die Sammlung und Auswertung von Daten (II.).[253] Zudem kommen der Agentur verschiedene Koordinierungsaufgaben zu (III.).[254] Auch Europol-Mitarbeitern ist außerdem die Teilnahme an Gemeinsamen Ermittlungsgruppen möglich (IV.).

I. Exkurs zu den Organen des Amtes

Die Befugnisse von Eurojust werden von seinen *nationalen Mitgliedern*[255] (Art. 5 Abs. 1 *lit.* a, 6, 9 ff. EJB) und dem *Kollegium* (Art. 5 Abs. 1 *lit.* b, 7, 10 EJB), wahrgenommen, das die Gesamtheit aller nationalen Mitglieder darstellt.[256] Die nationalen Mitglieder haben dabei einen bemerkenswerten Hybrid-

---

stärkung der Bekämpfung der schweren Kriminalität, ABl. EU Nr. L 138 v. 4.6.2009, S. 14. – Einen Überblick bietet: *Serzysko*, ERA Forum 2011, 585; s.a. *Weyembergh*, NJEuCrimL 2011, 75 (78 ff.). Zur Form: *Kahlke*, S. 95 ff.

[252] Für die restriktive Auslegung des Begriffs „schwere Kriminalität": Vedder/Heintschel v. Heinegg/*Rosenau/Petrus*, Art. 85 AEUV Rn. 4; *Postberg*, S. 71. Zum Formulierungsprozess i.R.d. Vorarbeiten zur Eurojust-Gründung, v.a. zum OK-Begriff: *Kahlke*, S. 114 ff.; s.a. *Thwaites*, RSC 2003, 45 (49 ff.), auch zur Öffnungsklausel.

[253] Die Kompetenzen nationaler Mitglieder und der Datenaustausch mit Eurojust wurden in Deutschland durch das Gesetz zur Umsetzung des Beschlusses (2002/187/JI) des Rates v. 28.2.2002 über die Errichtung von Eurojust zur Verstärkung der Bekämpfung der schweren Kriminalität (Eurojust-Gesetz), BGBl. 2004 I S. 902, zuletzt geändert d. Gesetz v. 24.2.2012, BGBl. I S. 1270, geregelt. S.a. *Van den Wyngaert*, in: Europe's Area of Freedom, Security and Justice, S. 201 (209 f.).

[254] Die daneben bestehende Kompetenz, Rechtshilfeersuchen in sonstiger Weise zu unterstützen, dient der Klärung der Rechtslage, so dass kein Eingriff gegeben sein kann, *Abetz*, S. 247. Sie bleibt im Folgenden außer vor.

[255] Allgemein: *Van den Wyngaert*, in: Europe's Area of Freedom, Security and Justice, S. 201 (207 f.); zur Stellung im deutschen Recht: *Grotz*, in: Sieber u.a. (Hrsg.), § 45 Rn. 23 f.; zum Weisungsrecht: *Fawzy*, S. 39 f.

[256] Das *Kollegium* wird nach Anrufung durch die nationalen Mitglieder tätig, vgl. *Grotz*, in: Sieber u.a. (Hrsg.), § 45 Rn. 33 ff., 39. Es kann betroffene Mitglieder bei komplizierteren Fällen zu „operativen Sitzungen"/„speziellen Koordinierungssitzungen" einladen; näher *Fawzy*, S. 40 ff.; *von Langsdorff*, StV 2003, 472 (476). Daneben unterstützt das Kollegium transnationale Ermittlungen z.B. durch Übersetzungshilfen (Art. 7 Abs. 1 *lit.* g EJB). – Vorschläge zur Umstrukturierung: Ratsdok. 17625/10 = NJEuCrimL 2011, 100 (107 f.). S.a. *Serzysko*, ERA Forum 2011, 585 (592). – Die Errichtung von Eurojust war im Vergleich zu der von Europol durch einen stärkeren Integrationswillen getragen. Die mitgliedstaatlichen Kontrollbefugnisse sind geringer; es gibt (noch) kein Leitungsgremium wie den Verwaltungsrat, das überwiegend aus nationalen Vertretern besteht, *Flore/de Biolley*, CDE 2003, 598 (622).

charakter: Sie sind aus den Mitgliedstaaten entsandte Richter, Staatsanwälte und Polizeibeamte (Art. 2 Abs. 1 EJB), die auch während ihrer Tätigkeit bei Eurojust Beamte ihres Entsendestaats bleiben. Als nationale Mitglieder können sie entweder für Eurojust handeln (Art. 6, Art. 9 Abs. 2–4 EJB) oder aber, wie im Fall von Art. 9b–9d EJB, als zuständige nationale Behörde.[257]

II. Eurojust als Informationszentrale im Strafverfolgungsbereich

Bei der das Gros der Aufgaben von Eurojust ausmachenden Informationsverarbeitung sind zum einen deren Umfang (1.), zum anderen die Kooperation des Amtes mit seinen zahlreichen Partnern (2.) zu erörtern.

1. Umfang der Informationsverarbeitung

Eurojust unterhält ein *Fallbearbeitungssystem (Case Management System)*, das sogenannte „befristet erstellte Arbeitsdateien" sowie einen Index personenbezogener und nicht-personenbezogener Informationen enthält (Art 16 Abs. 1 EJB). Erstere werden von den nationalen Mitgliedern für die von mitgliedstaatlichen Behörden übermittelten Informationen eingerichtet; die Mitglieder sind auch für die Verwaltung der Dateien zuständig ist. Sie entscheiden über Zugangsbeschränkungen sowie darüber, welche Informationen zu den Dateien hinzugefügt werden (Art. 16a EJB).[258]

Die zuständigen Behörden der Mitgliedstaaten leiten über die nationalen Mitglieder alle Informationen an Eurojust weiter,[259] die zur Wahrnehmung der Aufgaben gemäß Art. 4, 5 EJB erforderlich sind, im Wesentlichen also zur Unterstüt-

---

[257] Vgl. *Fawzy*, S. 38 ff.; *De Baynast*, R.A.E. 2003–2004, 335 (338); *Serzysko*, ERA Forum 2011, 585 (592); *Flore/de Biolley*, CDE 2003, 598 (623). – Zu den asymmetrischen Befugnissen der nationalen Mitglieder: *Xanthaki*, E.J.L.R. 2006, 175 (185 ff.); Beispiele bei *Fawzy*, S. 72 f.; *Souminen*, MJ 2008, 217 (226); *Thwaites*, RSC 2003, 45 (52); *Weyembergh*, NJEuCrimL 2011, 75 (78 ff.); *Van den Wyngaert*, in: Europe's Area of Freedom, Security and Justice, S. 201 (211); positiver angesichts der Flexibilität: *Flore/de Biolley*, CDE 2003, 598 (623). – Art. 9a–9f EJB sind Ausdruck des Versuchs, die Rechte zu harmonisieren.

[258] Grundsätzlich haben nur die nationalen Mitglieder, deren Stellvertreter, die sie unterstützenden Personen/Stellen nach Art. 12 Abs. 2 EJB und bestimmte befugte Mitarbeiter von Eurojust Zugang zu diesen Informationen (Art. 16b, 18 EJB).

[259] Alle zwischen Eurojust und den Mitgliedstaaten ausgetauschten Informationen werden über die nationalen Mitglieder geleitet (Art. 9 Abs. 2 EJB). Diese müssen im selben Umfang Zugang zu den in den Datenbanken des ernennenden Staats (Strafregister, DNA-Register etc.) enthaltenen Informationen haben, wie dies in ihrer Eigenschaft als Staatsanwalt, Richter oder Polizeibeamter der Fall ist (Art. 9 Abs. 3 EJB). Sie können zu zuständigen Behörden direkt Kontakt aufnehmen (Art. 9 Abs. 4 EJB, § 3 EJG). Die Vertragsstaaten können dem nationalen Mitglied auch weitergehende Rechte verleihen. Deutschland hatte bei der Umsetzung des Eurojust-Beschlusses von 2002 darauf verzichtet. Eine Erweiterung sieht auch das EJG-Änderungsgesetz nicht vor. Grund da-

zung grenzüberschreitender Ermittlungen (Art. 13 Abs. 1 S. 1 EJB).²⁶⁰ *Zwingend* ist die Übermittlung nur in bestimmten Fällen, etwa bei Daten, die spezifische Deliktsbereiche betreffen, die der *schweren Kriminalität* zuzuordnenden sind, sofern mindestens drei Mitgliedstaaten davon betroffen sind (Art. 13 Abs. 1 S. 2, Abs. 5–7 EJB).²⁶¹

Eurojust wiederum übermittelt den zuständigen nationalen Behörden im Gegenzug alle Erkenntnisse, die aus der Auswertung der bei dem Amt zusammenlaufenden Informationen gewonnenen werden, einschließlich solcher über Verbindungen zu anderen im System gespeicherten Fällen (Art. 13a Abs. 1 EJB). Zudem können nationale Behörden die Erteilung von Auskünften aus den Systemen auch erbitten (Art. 13a Abs. 2 EJB). Dazu können sie sich direkt an Eurojust wenden; ein bestimmter Dienstweg ist nicht vorgeschrieben. Der durch Art. 5a EJB eingeführte Koordinierungsdauerdienst von Eurojust steht für Anfragen rund um die Uhr zur Verfügung.

Im Hinblick auf *Verdächtige* dürfen in den Arbeitsdateien auch *personenbezogene Informationen* in weitem Umfang verarbeitet werden (Art. 15 Abs. 1 EJB): Neben Personalien und Angaben zur Art der zur Last gelegten Straftaten, dem Tatzeitpunkt und der strafrechtlichen Würdigung der Taten sowie dem Stand der Ermittlungen können etwa auch Telefonnummern, Mailadressen und Angaben zur Finanzinstitution gespeichert werden. Sogar Informationen, die aus einer Vorratsdatenspeicherung stammen, können verarbeitet werden, ebenso DNA-Profile, Lichtbilder und Fingerabdrücke. Aber nicht nur Personen, gegen die tatsächlich ermittelt wird, können von solchen Arbeitsdateien betroffen sein; Informationen können auch über *Opfer und Zeugen* gespeichert werden. Zulässig kann auch die Aufnahme von Daten über weitere Personen sein, sofern der Datenschutzbeauftragte des Amtes zustimmt. Der Umfang der personenbezogenen Daten, die über solche Personen gespeichert werden können, ist weitgehend auf Personalien und die konkreten, mit ihnen in Zusammenhang stehenden Taten begrenzt (Art. 15 Abs. 2 EJB). *Sensible Informationen,* etwa über die ethnische Herkunft, politische Ansichten etc. dürfen in jedem Fall – also egal, wen sie betreffen – nur gespeichert werden, wenn dies den Aufgaben des Amtes dient und der Datenschutzbeauftragte zustimmt (Art. 15 Abs. 4 EJB).²⁶²

---

für ist nicht zuletzt, dass die Strafverfolgung in die Länderzuständigkeit fällt und eine Einigung kaum zu erzielen wäre, so *Grotz*, in: Sieber u. a. (Hrsg.), § 45 Rn. 23.

²⁶⁰ Zur Aufgabe der Eurojust-Anlaufstellen, v. a. beim Informationsaustausch, *Fawzy*, S. 67 ff.; *Kahlke*, S. 187 ff. Zum Ablauf: *von Langsdorff*, StV 2003, 472 (475 f.).

²⁶¹ Konkretisiert werden die Pflichten durch § 6 EJG. Nach *Grotz*, in: Sieber u. a. (Hrsg.), § 45 Rn. 21, wäre die Normierung in der StPO von Vorteil gewesen; so seien vielen Praktikern angebotene Leistungen und Unterrichtungspflichten unbekannt geblieben. – Art. 13 EJB a. F. enthielt keine Übermittlungs*pflichten*; siehe dazu *Thwaites*, RSC 2003, 45 (59). Zur belgischen Rechtslage: *Flore/de Biolley*, CDE 2003, 598 (623).

²⁶² Kritisch zum Merkmal der „Erforderlichkeit": *Postberg*, S. 100 f.

Personenbezogene Daten dürfen nur so lange bei Eurojust *gespeichert* werden, wie dies zur Erreichung der Ziele der Agentur unabdingbar ist (Art. 21 Abs. 1 EJB). Sie sind auch dann zu löschen, wenn einer der in Art. 21 Abs. 2 EJB genannten Fälle eintritt, z. B. bei Ablauf der Verjährungsfristen in allen von den Ermittlungen betroffenen Mitgliedstaaten, spätestens aber nach drei Jahren (Art. 21 Abs. 2 *lit.* a, d EJB). Nach Art. 21 Abs. 3 *lit.* a EJB wird die Einhaltung der Speicherfristen ständig durch eine „*angemessene automatisierte Verarbeitung*" überprüft. Eurojust kann allerdings eine etwaige Löschpflicht nach Absatz 2 umgehen, wenn es der Ansicht ist, dass eine Speicherung der Daten weiterhin notwendig ist (Art. 21 Abs. 3 *lit.* b EJB). Damit bestehen auch bei Eurojust *keine absoluten Höchstfristen* für die Speicherung personenbezogener Daten.[263]

2. Datenaustausch mit Dritten

Die Agentur arbeitet außerdem eng mit verschiedenen Partnern auf Unionsebene zusammen, etwa mit dem EJN (Art. 6 *lit.* e, Art. 7 *lit.* e, Art. 25a, Art. 26 Abs. 2 EJB).[264] Darüber hinaus kooperiert Eurojust auch mit Europol,[265] OLAF[266] und anderen Einrichtungen der Union.[267] Aufgrund bestimmter Arbeitsvereinbarungen kann die Stelle auch personenbezogene Daten mit seinen Partnern austauschen (Art. 26 Abs. 2 EJB).[268] Wie bei Europol können Informationen zudem schon vor Abschluss eines Abkommens ausgetauscht werden (Art. 26 Abs. 3 EJB).

Daneben können Kooperationsbeziehungen zu *Drittstaaten oder -stellen* unterhalten werden (Art. 26a ff. EJB).[269] Auch diese Abkommen können sich auf den Austausch personenbezogener Daten beziehen, sofern für den Partner das Datenschutz-Übereinkommen des Europarates vom 28.1.1981[270] gilt oder sonst ein „angemessenes Datenschutzniveau" gewährleistet ist (Art. 26a Abs. 2,

---

[263] So aber *Postberg,* S. 105 f.

[264] Zu Gemeinsamkeiten und Unterschieden etwa *Brammertz/Berthelet,* RDPC 2002, 389 (392 ff.); *Fawzy,* S. 100 f., zur Abgrenzung der Aufgabenbereiche.

[265] *Flore/de Biolley,* CDE 2003, 598 (627), kritisieren den Kontrollmangel insoweit.

[266] Zur Abgrenzung der Zuständigkeiten und Aufgaben: *Fawzy,* S. 106 ff.

[267] Dazu auch *Frenz,* wistra 2010, 432 f. – Ziel der Zusammenarbeit ist nicht zuletzt, die Gefahr der Überschneidung der Aktivitäten durch interne Abstimmung zu minimieren, vgl. *Thwaites,* RSC 2003, 45 (53 f.); siehe auch *Postberg,* S. 137 ff.

[268] Vgl. die Kooperationsvereinbarungen unter: http://eurojust.europa.eu/doclibrary/ Eurojust-framework/Pages/agreements-concluded-by-eurojust.aspx (zuletzt: 20.10.2013).

[269] Solche bestehen derzeit mit Norwegen, Island, den USA, Kroatien, der Schweiz, Mazedonien und neuerdings Liechtenstein (Stand: 20.10.2013). S. a. *Coninsx/Lopes da Mota,* EFAR 14 (2009), 165 (167), die auch auf Verhandlungen mit der Ukraine und Russland hinweisen. Zur Aufnahme der Verhandlungen durch Pro-Eurojust, *von Langsdorff,* StV 2003, 472 (475).

[270] Übereinkommen zum Schutz des Menschen bei der automatischen Verarbeitung personenbezogener Daten v. 28.1.1981, ETS 108.

3 EJB).[271] Ein *verbindlicher Mindeststandard* existiert allerdings *nicht*.[272] Auch nach Abschluss eines Kooperationsabkommens, das den Austausch personenbezogener Daten erlaubt, darf Eurojust nur im *Einzelfall* Informationen übermitteln, nämlich wenn dies zur Verhütung oder Bekämpfung von Straftaten, für die Eurojust zuständig ist, erforderlich ist (Art. 26a Abs. 7 *lit.* a EJB). Zudem ist vor der Weiterleitung von *personenbezogenen Informationen* die *Genehmigung* des jeweiligen zuständigen nationalen Mitglieds einzuholen (Art. 27 Abs. 1 EJB). *Vor Abschluss* eines Abkommens kann Eurojust Daten, auch personenbezogene, von dritten Stellen oder Staaten zwar auch entgegennehmen, aber keine Informationen personenbezogener Natur übermitteln (Art. 26a Abs. 5, 6 EJB), anders also als bei Europol (s. § 1 B. II. 2.). Ausnahmsweise darf aber ein *nationales Mitglied*, wenn zur Abwendung einer unmittelbar drohenden ernsten Gefahr für eine Person oder die öffentliche Sicherheit dringend Maßnahmen ergriffen werden müssen, auch personenbezogene Informationen mit Drittstaaten oder -stellen austauschen, obwohl die Voraussetzungen dafür nicht erfüllt sind (Art. 26a Abs. 9 EJB). Die Verantwortung für die Zulässigkeit der Übermittlung trägt das nationale Mitglied.[273]

Vom eben genannten Ausnahmefall abgesehen ist Eurojust für die Datenübermittlung verantwortlich (Art. 27 Abs. 2 S. 1 EJB). Im Übrigen gelten stets folgende Vorgaben: Die Weiterleitung von Informationen nach Art. 26, 26a EJB ist aufzuzeichnen (Art. 27 Abs. 2 S. 2 EJB). Daten dürfen nur übermittelt werden, wenn der Empfänger zusagt, dass sie nur für den Zweck verwendet werden, für den sie übersandt wurden (Art. 27 Abs. 2 S. 3 EJB).

3. Fazit: Weitreichende datenrechtliche Befugnisse

Wie bei Europol besteht im Hinblick auf die Datenverarbeitung durch Eurojust ein erhebliches Konfliktpotenzial in Bezug auf das Recht auf informationelle Selbstbestimmung nach Art. 8 GRC und Art. 8 EMRK.[274] Die Mitgliedstaaten verlieren nach der Übermittlung der Informationen an Eurojust weitgehend die Kontrolle über den Datenbestand. Informationen können zumindest theoretisch endlos gespeichert werden, sie sind nicht an das *konkrete Verfahren*[275] gebunden.

---

[271] Ob der Tatsache, dass – anders als unter Art. 27 Abs. 4 EJB a.F. – kein „vergleichbares" Niveau mehr gefordert wird, Bedeutung beizumessen ist, ist fraglich.

[272] Dennoch soll Eurojust seiner GKI und den betroffenen Mitgliedstaaten jede Abweichung von „geforderten Standards" unverzüglich mitteilen. Die GKI könne den weiteren Austausch personenbezogener Daten mit den betroffenen Stellen unterbinden, bis sie sich davon überzeugt hat, dass Abhilfe geschaffen wurde (Art. 26a Abs. 8 EJB).

[273] Es gelten die Einschränkungen des Art. 27 ERB (siehe noch sogleich). Nach *Postberg*, S. 142, ist damit datenschutzrechtlichen Grundsätzen genügt.

[274] Ebenso *Milke*, S. 285; *Abetz*, S. 247. Zu denkbaren Eingriffen: *Postberg*, S. 197 ff., 219 ff.

[275] Vgl. auch *Fawzy*, S. 177.

Der Zuständigkeitsbereich der Stelle ist sehr weit. Zwar sind die Befugnisse gegenüber dem Polizeiamt immerhin gemäßigt: So wurde etwa die Zulässigkeit der Speicherung von Informationen über nicht verdächtigte Personen wesentlich zurückhaltender ausgestaltet.[276] Zudem ist die Analyse der im Fallsystem gespeicherten Informationen derzeit noch von untergeordneter Bedeutung.[277]

Dennoch sind die Anforderungen an den Rechtsschutz im Bereich der Datenverarbeitung grundsätzlich dieselben: Das Amt verwaltet, wenn auch in geringerem Umfang als Europol, äußerst sensible Daten, gleicht die in seinen Systemen gespeicherten Informationen miteinander ab und übermittelt sie mitunter eigenständig an seine Vertragspartner. Gegen die Eurojust zuzurechnenden Eingriffe in Grundrechte muss daher ein effektiver Rechtsschutz gemäß Art. 47 GRC möglich sein. Auch eine den Anforderungen des Art. 8 Abs. 3 GRC genügende Datenschutzkontrolle ist sicherzustellen. Zu beachten ist allerdings, dass alle von den nationalen Mitgliedern ausgeübten Handlungen, die auf nationalem Recht beruhen, auch allein nach diesem zu beurteilen sind; sie unterliegen als mitgliedstaatliche Beamte zudem nur der nationalen Gerichtsbarkeit.

III. Koordinierungsbefugnisse – Sachleitung für grenzüberschreitende Ermittlungen nach Art. 6, 7 EJB?

Unter Zuhilfenahme der im Case Management System enthaltenen Informationen, soll Eurojust die Vertragsstaaten auch sonst bei der Koordinierung grenzüberschreitender Ermittlungen unterstützen. Art. 6 und 7 EJB führen entsprechende Befugnisse von Eurojust auf,[278] etwa die Anregung der Zusammenarbeit der Mitgliedstaaten oder die Vereinbarung der Zuständigkeit eines Staates für die Strafverfolgung (vgl. insbesondere Art. 7 Abs. 2, Art. 6 Abs. a *lit.* a ii) EJB).[279]

---

[276] Kritischer: *Abetz*, S. 244, 246, zumal die bestehenden Gefahren durch die Vernetzung mit den Partnern multipliziert würden. Auch bei Eurojust entstehe durch den Austausch von Informationen mit Dritten ein unendlicher Datenpool. Nachdem alle Informationen zu übermitteln sind, die für die Arbeit von Eurojust von Bedeutung sein können, ist nicht auszuschließen, dass zu *präventiv-polizeilich* Zwecken ermittelte Informationen, u.a. durch Europol, an Eurojust weitergeleitet werden bzw. solche, bei denen eine Abgrenzung kaum möglich ist, etwa wenn Vorbereitungshandlungen kriminalisiert werden, z.B. bei der Planung terroristischer Aktivitäten (zu diesem Beispiel: *Postberg*, S. 73). Eurojust gewährt wiederum den Vertragsstaaten Zugang zu diesen Informationen. Eine Zweckänderung ist aber nicht zulässig, wenn die Erhebung derselben Informationen zu Strafverfolgungszwecken nicht erlaubt wäre, vgl. auch *Fawzy*, S. 177 ff., insb. S. 179, zur Kooperationsvereinbarung mit Europol.
[277] Siehe aber Schomburg/Lagodny/Gleß/Hackner/*Herrnfeld*, III D 2 Rn. 26.
[278] Formelle Ersuchen nach Art. 6, 7 EJB wurden im Jahr 2010 nur in 30 Fällen gestellt. I.d.R. erfolgt die Unterstützung und Koordinierung auf informeller Ebene, *Eurojust*, Jahresbericht 2010, (Fn. 247), S. 21 f.
[279] *Thwaites*, RSC 2003, 45 (59), kritisierte schon am EJB von 2002, dass Eurojust oft nur auf Wunsch der zuständigen Behörden tätig werden kann, wie jetzt im Falle des Art. 6 Abs. 1 *lit.* c EJB („unterstützt es die zuständigen Behörden der Mitgliedstaaten

Der Beschluss enthält zudem die Kompetenz, die nationalen Behörden darum zu ersuchen, spezielle Ermittlungsmaßnahmen zu ergreifen (Art. 6 Abs. 1 *lit.* a vi) EJB).[280] Auch die Einsetzung Gemeinsamer Ermittlungsgruppen kann empfohlen werden (Art. 6 Abs. 1 *lit.* a iv)/Art. 7 Abs. 1 *lit.* a iv) EJB).

Der neue Absatz 2 enthält die Verpflichtung der Mitgliedstaaten, auf Ersuchen von Eurojust ohne schuldhaftes Zögern zu reagieren. Bemerkenswert ist außerdem, dass in der englischen Fassung von Art. 6 Abs. 1 *lit.* a EJB („*may ask the competent authorities of the Member States concerned, giving its reasons, to:*") auf den Zusatz „*consider to*" verzichtet wird. Das ist allerdings nicht so zu verstehen, dass jetzt eine Verpflichtung besteht, den Ersuchen von Eurojust auch nachzukommen.[281] Dies wird auch durch die Formulierung in der deutschen Fassung bestätigt, wonach die Mitgliedstaaten auf ein Ersuchen hin die jeweilige Maßnahme „*in Erwägung [...] ziehen*" sollen. Zudem ergibt sich aus Art. 8 EJB, dass die zuständigen Behörden Ersuchen ablehnen können, denn nach dieser Regelung haben sie Eurojust über die Tatsache der Verweigerung und die Gründe zu unterrichten. Es gibt auch keinen Durchsetzungsmechanismus für die grundlos oder zu Unrecht verweigerte Befolgung des Ersuchens.

Wegen dieses Ermessens der nationalen Behörden, kann in den Ersuchen an sich jedenfalls *keine unmittelbare Rechtsverletzung* liegen: Eurojust kann kein Ermittlungsverfahren einleiten oder gar durchführen. Die auf Eröffnung eines Ermittlungsverfahrens oder Ergreifung bestimmter Maßnahmen gerichteten Ersuchen stellen selbst ebenfalls keinen Eingriff in Rechte des Betroffenen dar, da die Folgemaßnahmen wegen des Ermessensspielraums der nationalen Strafverfolgungsbehörden nicht Eurojust zuzurechnen sind.[282] Eurojust nimmt zwar Einfluss auf die Entscheidung, ein Automatismus besteht aber nicht (siehe schon zu Europol § 1 B. III.). Eine Sachleitungsbefugnis für grenzüberschreitende Ermittlungen kommt Eurojust daher nach der heutigen Rechtslage nicht zu.

IV. Teilnahme an Gemeinsamen Ermittlungsgruppen

Nationale Mitarbeiter und Eurojust-Bedienstete können außerdem an Gemeinsamen Ermittlungsgruppen teilnehmen. Der EJB enthält allerdings – anders als der ERB – keine Regelungen im Hinblick auf ihre Rechte im Rahmen einer solchen GEG. Für die nationalen Mitarbeiter, die ohnehin Beamte des Mitgliedstaats

---

auf deren Ersuchen hin"). Zum Verfahren zur Vermeidung von Kompetenzkonflikten auch *White,* eucrim 2012, 67 (71).
[280] Zur früheren Rechtsgrundlage *Kahlke,* S. 178 ff. – Zum Konsultationsverfahren nach § 5 EJG im Falle der Ablehnung des Ersuchens, *Grotz,* in: Sieber u. a. (Hrsg.), § 45 Rn. 28. Zur Gefahr des „forum shopping" *Fawzy,* S. 53 ff.
[281] Schon zur alten Rechtslage *Thwaites,* RSC 2003, 45 (59 f.).
[282] So auch *Fawzy,* S. 151 f.; ebenso von *Langsdorff,* StV 2003, 472 (476).

bleiben, ist dies auch nicht erforderlich. Ihr Befugnisse richten sich nach dem Recht des Entsendestaats.[283] Jeder Mitgliedstaat legt außerdem fest, ob das *nationale Mitglied,* das an einer GEG teilnimmt, als zuständige nationale Behörde oder im Namen von Eurojust handelt (Art. 9f EJB). Sonstige Eurojust-Bedienstete werden nur unterstützend tätig; wie bei Europol richten sich ihre Befugnisse nach dem Recht des Einsatzstaats.

Wird das Mitglied als nationale Behörde tätig, so untersteht es zweifelsfrei der *nationalen Gerichtsbarkeit.* Dasselbe gilt aber auch, wenn die Mitglieder für Eurojust tätig werden, denn auch dann sind sie noch immer Beamte des jeweiligen Entsendestaats. Allerdings fehlt eine Unterstellung unter die mitgliedstaatliche Jurisdiktionsgewalt für *sonstige Eurojust-Mitarbeiter.* Da diese nicht einer nationalen Hoheitsgewalt unterliegen, hätte eine entsprechende Übertragung der Rechtsprechungsgewalt für sie explizit erfolgen müssen. Zwar scheinen die übrigen Eurojust-Mitarbeiter nicht in die praktische Arbeit der GEG einbezogen zu sein, sondern gleichen vor allem Informationen mit dem Case-Management-System ab, um die Mitglieder der GEG über Überschneidungen mit bereits laufenden oder bereits abgeschlossenen Ermittlungen zu informieren, oder erbringen sonstige Hilfestellungen, etwa durch Bereitstellung von Dolmetschern etc. Sie sind also in der Regel keine formellen Mitglieder der GEG.[284] Ausgeschlossen ist die Anwesenheit bei praktischen Ermittlungen nach der derzeitigen Rechtslage immerhin nicht, nicht einmal die Teilnahme an Zwangsmaßnahmen ist ausdrücklich verboten. Mangels einer Übertragung der Rechtsprechungsgewalt auf die Gerichte des Einsatzstaates muss daher der Zugang zu einer gerichtlichen Kontrolle auf Unionsebene eröffnet sein.

V. Zwischenfazit: Rechtsschutzbedürfnis gegenüber Eurojust?

Im Hinblick auf die *Datenverarbeitung* ergibt sich eine dem gegenüber Europol geforderten Rechtsschutzstandard vergleichbare Ausgangslage. Die Kontrolle der Eurojust zuzurechnenden Eingriffe in die informationelle Selbstbestimmung ist einerseits an Art. 47 GRC zu messen. Darüber hinaus ergeben sich aber auch Anforderungen aus Art. 8 Abs. 3 GRC.

Solange die Mitgliedstaaten aber noch frei über die Erfüllung von Ersuchen des Amtes entscheiden können, besteht immerhin im Hinblick auf die *Koordinierungsbefugnisse* des Amtes kein Rechtsschutzbedürfnis. Anders ist dies lediglich, wenn im Rahmen des Ersuchens personenbezogene Daten übermittelt werden.[285] Die Übermittlung solcher sensibler Daten stellt aber einen Eingriff in das Recht

---

[283] Handbuch zu gemeinsamen Ermittlungsgruppen, Ratsdok. 13598/09, S. 10.
[284] Handbuch zu gemeinsamen Ermittlungsgruppen, Ratsdok. 13598/09, S. 10 f. Siehe auch *Riedel,* eucrim 2009, 99 (102).
[285] Siehe auch *Fawzy,* S. 53, 187 ff.

auf informationelle Selbstbestimmung dar, der somit wie die Befugnisse im Rahmen der Informationsverarbeitung zu behandeln ist.

Hinsichtlich der Teilnahme von Eurojust-Angehörigen an *Gemeinsamen Ermittlungsgruppen* ergibt sich allerdings eine Besonderheit gegenüber der Rechtslage bezüglich Europol. Eurojust-Bedienstete, die ebenfalls an solchen Gruppen teilnehmen können, unterstehen anders als Europol-Mitarbeiter nicht der nationalen Hoheitsgewalt. Soweit ihnen die Teilnahme an Zwangsmaßnahmen möglich ist, müsste daher auf europäischer Ebene Rechtsschutz eröffnet sein.

C. Kein Individualrechtsschutz durch den EuGH

Ob die Kontrolle von Eurojust auf europäischer Ebene diesen Anforderungen gerecht wird, gilt es im Folgenden zu prüfen. Da Eurojust aber ebenfalls ein Gebilde der ehemaligen Dritten Säule ist, gilt für die Kontrolle durch den *EuGH* das bereits zu Europol Ausgeführte: Der *EuGH* ist bis zum Ablauf der Übergangsfrist am 1.12.2014 zwar berufen, im *Vorabentscheidungsverfahren* nach Art. 35 Abs. 1 EU a. F. Rechtsakte der ehemaligen Dritten Säule, wie etwa den Eurojust-Beschluss, zu überprüfen, wenn ein nationales Gericht wegen Unsicherheiten über die Gültigkeit oder Auslegung an diesen vorlegt. Zudem könnte im Rahmen des *Streitbeilegungsverfahrens* nach Art. 35 Abs. 7 S. 1 EU a. F. der *EuGH* über Fragen betreffend das EJB zu entscheiden haben, wenn der Rat nicht innerhalb von sechs Monaten eine Einigung herbeiführen kann. *Nichtigkeitsklagen* gegen Akte von Eurojust oder auch den Eurojust-Beschluss selbst stehen aber nur der Kommission und den Mitgliedstaat offen (Art. 35 Abs. 6 EU a. F.). Ein von Maßnahmen des Amtes betroffener Bürger kann auch keine Klage nach Art. 230 Abs. 4 EGV a. F. bzw. Art. 263 Abs. 4 AEUV erheben. Dies hat sich auch nicht durch die Rechtssache *Eurojust* geändert:[286] Der *EuGH* stellte darin lediglich fest, dass die Angestellten des Amtes eine Nichtigkeitsklage wegen beamtenrechtlicher Streitigkeiten einlegen können. Eine Rechtsprechungsänderung in dem Sinne, dass der *EuGH* die Anwendbarkeit der Nichtigkeitsklage allgemein anerkannt hätte, ist darin nicht zu sehen.[287]

Die Möglichkeit zur Erhebung einer Nichtigkeitsklage gegen Akte von Eurojust besteht somit erst nach Ablauf der Übergangsfrist (dazu noch § 5 B. I.).

D. Effektiver Rechts- und Datenschutz durch die GKI-Eurojust?

Nachdem eine externe gerichtliche Kontrolle auf europäischer Ebene derzeit nicht vorgesehen ist, wird die grundrechtsrelevante Tätigkeit von Eurojust auf

---

[286] Vgl. *EuGH* Rs. C-160/03 (Spanien/Eurojust), (Fn. 144), Tz. 41 ff.
[287] Vgl. aber Fn. 144.

europäischer Ebene nur intern, vor allem durch die GKI-Eurojust, überwacht. Inwieweit letztere grundrechtlichen Vorgaben gerecht wird, gilt es an dieser Stelle zu prüfen (IV.). Die Aufgaben der GKI-Eurojust (zum Aufbau I.) ähneln dabei derjenigen der GKI-Europol: Auch sie wird entweder als Beschwerdeinstanz (III.) tätig oder führt aus eigener Initiative objektive Kontrollen durch (II.).

I. Zusammensetzung der GKI

Die GKI setzt sich aus mindestens drei ständigen Mitgliedern und, falls erforderlich, aus Ad-hoc-Richtern zusammen, die von bestimmten Daten betroffene Vertragsstaaten vertreten (Art. 23 Abs. 2, 4 EJB). Die ständigen Mitglieder werden aus einer Liste gewählt, die aus einem Bewerber pro Mitgliedstaat besteht. Dabei soll jeder Staat eine Person vorschlagen, die nicht schon Mitglied von Eurojust ist (Art. 23 Abs. 1 UAbs. 3 S. 1 EJB). Eine besondere juristische Qualifikation wird nicht gefordert. Durch geheime Wahl der Plenarsitzung aller auf der Vorschlagsliste Aufgeführten wird eine Person aus ihrer Mitte für drei Jahre zum ständigen Mitglied ernannt. Jährlich wird ein ständiges Mitglied der Gemeinsamen Kontrollinstanz neu gewählt; eine Wiederwahl ist möglich. Den Vorsitz der GKI übernimmt dasjenige Mitglied, das sich in seinem dritten Mandatsjahr nach der Wahl befindet (Art. 23 Abs. 3 S. 1–3 EJB).

Mindestens einmal im Halbjahr muss die GKI zusammentreten. Wurde eine Beschwerde eingereicht (siehe sogleich), so muss sie innerhalb von drei Monaten eine Sitzung einberufen (Art. 23 Abs. 1 EJB).[288] Sie hat es sich aber ohnehin zur Gewohnheit gemacht, sich vier Mal im Jahr zu treffen.[289]

II. Objektive Kontrollen

Die Durchführung objektiver Kontrollen obliegt jeweils damit beauftragten Mitgliedern der GKI, die sich auch durch Sachverständige unterstützen lassen können.[290] Eine solche Inspektion finden generell ein Mal alle zwei Jahre statt,[291] kann aber auch anberaumt werden, wenn Bedarf offenkundig wird, etwa wenn der Datenschutzbeauftragte sich an die GKI wendet, um dort Missstände bekannt zu machen.[292] Dabei beschließt die GKI im Voraus ein Mandat für die Kontrollen, das sich nur auf ausgewählte Bereiche der Tätigkeit des Amtes bezieht. Bei der Untersuchung im Jahr 2011 etwa wurde unter anderem das Case

---

[288] Die Zusammensetzung der GKI bleibt für die Dauer der Prüfung der Beschwerde unverändert, auch wenn das Mandat der Mitglieder ausläuft (Art. 23 Abs. 5 EJB).
[289] *GKI-Eurojust,* Jahresbericht 2011, S. 5, abrufbar unter: http://www.eurojust.europa.eu/about/structure/jsb/Pages/jsb-publications.aspx (zuletzt 20.10.2013).
[290] Siehe *Fawzy,* S. 202 f.
[291] Siehe *GKI-Eurojust,* Jahresbericht 2011, (Fn. 289), S. 8.
[292] Vgl. *Fawzy,* S. 203 f.

Management System untersucht, wie auch der Umgang mit Datenschutzvorschriften und dem Zugang zum Schengener Informationssystem.[293]

Eurojust hat den Mitgliedern der GKI für solche Untersuchungen Zugang zu allen Informationen zu gewähren und muss sie auch sonst in jeder Hinsicht unterstützen. Die Mitglieder der GKI dürfen jederzeit die Diensträume von Eurojust betreten (Art. 23 Abs. 1 EJB; Art. 2 Abs. 2 GO-GKI).

III. Individualbeschwerdeverfahren

Daneben haben die betroffenen Bürger in Bezug auf die informatorische Tätigkeit von Eurojust die Möglichkeit, kostenlos Auskunfts-, Löschungs-, Sperr- und Berichtigungsanträge zu stellen.

1. Vorverfahren bei Eurojust

a) Auskunftsanspruch

Der Umfang eines *Auskunftsanspruchs* richtet sich nach dem Recht des Staates, in dem der Antrag gestellt wird (Art. 19 Abs. 3; Art. 20 Abs. 1 i.V.m. Art. 19 Abs. 3 EJB).[294] Der Antragsteller kann nach Art. 19 Abs. 2 EJB wählen, in welchem Land er das Auskunftsersuchen stellen möchte, kann dies also auch in der Rechtsordnung mit den niedrigsten Hürden tun. Kann Eurojust jedoch feststellen, dass Behörden eines anderen Staates als des Antragsstaates die den Antragsteller betreffenden Daten übermittelt haben, so können erstere verlangen, dass der Auskunftsanspruch gemäß den Rechtsvorschriften des Eingabestaats geltend zu machen ist (Art. 19 Abs. 3 S. 2 EJB). Die betroffenen nationalen Mitglieder müssen innerhalb von drei Monaten im Namen von Eurojust über den Antrag entscheiden. Erzielen sie kein Einvernehmen, verweisen sie die Angelegenheit an das Kollegium, das mit Zweidrittelmehrheit über den Antrag befindet (Art. 19 Abs. 6 EJB).

Wird die Auskunft *verweigert* oder werden keine den Antragsteller betreffenden personenbezogenen Daten von Eurojust verarbeitet, so teilt Eurojust dem Antragsteller mit, dass eine Überprüfung vorgenommen wurde, ohne dabei Hinweise zu geben, denen der Antragsteller entnehmen könnte, ob zu seiner Person Daten vorliegen (Art. 19 Abs. 7 EJB). Verweigert werden kann die Auskunft aber nur, wenn diese schädlichen Einfluss auf eine der Tätigkeiten von Eurojust oder auf nationale Ermittlungen, an denen Eurojust mitwirkt, haben könnte oder wenn

---

[293] Vgl. *GKI-Eurojust,* Jahresbericht 2011, (Fn. 289), S. 8.
[294] In Deutschland ist der Auskunftsantrag beim BMJ zu stellen (Art. 19 Abs. 3 S. 1 EJB, § 8 Abs. 1 EJG), das den Antrag an das nationale Mitglied weiterleitet, *Fawzy,* S. 182. Vgl. zur früheren Rechtslage bei Europol Fn. 87.

dadurch möglicherweise die Rechte und Freiheiten Dritter beeinträchtigt werden (Art. 19 Abs. 4 EJB). Die Schwelle zur Auskunftsverweigerung liegt also wie schon bei Europol niedrig, so dass der Auskunftsanspruch weitgehend leer läuft.[295]

Gegen die Entscheidung der nationalen Mitglieder bzw. des Kollegiums kann *Beschwerde* eingelegt werden, über die die GKI entscheidet (Art. 19 Abs. 8, Art. 20 Abs. 2 EJB).

b) Ansprüche auf Berichtigung, Sperrung und Löschung

Jede Person kann von Eurojust außerdem verlangen, dass sie betreffende Daten, die unrichtig oder unvollständig sind oder deren Eingabe oder Speicherung im Widerspruch zum EJB steht, *berichtigt, gesperrt* oder *gelöscht* werden (Art. 20 Abs. 1 EJB). Eurojust teilt dem Antragsteller mit, wie mit den Daten verfahren wurde. Stellt die Antwort von Eurojust den Antragsteller nicht zufrieden, so kann er ebenfalls binnen 30 Tagen nach Erhalt der Entscheidung von Eurojust die Gemeinsame Kontrollinstanz befassen (Art. 20 Abs. 2 EJB).[296]

2. Beschwerdeverfahren

Die *Beschwerde* wird durch Einreichung einer Beschwerdeschrift in einer der Amtssprachen der Union[297] beim Sekretariat der GKI innerhalb von 30 Tagen nach Eingang der Entscheidung von Eurojust eingelegt (Art. 15 Abs. 1 GO-GKI). In der Beschwerdeschrift sind Beschwerdeführer, Beschwerdegegenstand und -grund eindeutig darzulegen. Erfüllt sie diese Anforderungen nicht, so fordert das Sekretariat den Beschwerdeführer auf, etwaige Mängel binnen vier Wochen zu beheben. Beschwerden, die die Anforderungen dann immer noch nicht erfüllen, werden abgewiesen (Art. 15 Abs. 2, 4, 5 GO-GKI). Andernfalls sind sie innerhalb von drei Monaten zu bescheiden (Art. 16 Abs. 4 GO-GKI).

---

[295] Siehe auch *Postberg,* S. 101 f.

[296] Die Berichtigung kann auch auf Antrag der zuständigen nationalen Behörden, eines nationalen Mitglieds oder einer nationalen Anlaufstelle erfolgen (Art. 20 Abs. 3 EJB). Zudem ist Eurojust auch antragsunabhängig verpflichtet, personenbezogene Daten zu sperren, zu berichtigen oder zu löschen, wenn sich diese als unrichtig oder unvollständig herausstellen, oder ihre Eingabe oder Speicherung im Widerspruch zum EJB stand (Art. 20 Abs. 4 EJB). In den in Art. 20 Abs. 3, 4 EJB genannten Fällen werden auch die Empfänger unverzüglich unterrichtet, damit sie selbst entsprechende Änderungen in ihren Systemen vornehmen können (Art. 20 Abs. 5 EJB).

[297] Der Antragsteller kann die Verfahrenssprache aus den Amtssprachen der Union wählen (Art. 14 Abs. 1 GO-GKI). Falls er keine der Amtssprachen beherrscht, werden ihm kostenlos ein Dolmetscher und Übersetzungen von relevanten Dokumenten zur Verfügung gestellt (Art. 14 Abs. 3 GO-GKI). Die Beschwerde kann in diesem Fall in einer anderen Sprache eingelegt werden, es muss aber eine Zusammenfassung in einer Amtssprache beiliegen (Art. 14 Abs. 4 GO-GKI).

Nach Art. 16 Abs. 2, 3 S. 3 GO-GKI gibt die GKI Eurojust und den betroffenen nationalen Mitgliedern die Möglichkeit, zur Beschwerde Stellung zu nehmen.[298] Auch der Beschwerdeführer wird von der GKI gehört, sofern er dies verlangt;[299] von diesem Recht ist er ordnungsgemäß zu unterrichten. Die Anhörung findet grundsätzlich im Schriftverfahren statt; die GKI kann aber auf Antrag einer der beteiligten Parteien eine mündliche Anhörung durchführen (Art. 19 Abs. 1 GO-GKI).[300]

Die GKI hat zur Prüfung der Beschwerden uneingeschränkten Zugang zu allen bei Eurojust gespeicherten Dateien (Art. 23 Abs. 1 S. 2, 3 EJB; Art. 2 Abs. 2 GO-GKI). Auch der Antragsteller hat Zugang zu den Verfahrensakten und kann auf eigene Kosten Auszüge oder Fotokopien anfordern. Die Akteneinsicht darf nur verweigert werden, wenn einer der in Art. 19 Abs. 4 EJB genannten Gründe vorliegt oder um die Rechte und Freiheiten Dritter zu schützen (Art. 18 Abs. 1 GO-GKI), so dass auch dieses Recht weitgehend leer laufen wird. Es handelt sich dabei schließlich um dieselben Gründe, die auch für die Verweigerung der Auskunft ausschlaggebend sein können. Eurojust selbst gibt die Gründe für die Zugangsbeschränkung an. Soweit die GKI die Begründung als hinreichend erachtet, werden die betreffenden Informationen nicht zugänglich gemacht (Art. 18 Abs. 2 GO-GKI).

Ist die GKI der Auffassung, dass eine von Eurojust getroffene Entscheidung oder vorgenommene Datenverarbeitung mit dem EJB nicht vereinbar ist, wird die Angelegenheit an Eurojust zurückverwiesen. Das Amt ist an die Entscheidung der GKI gebunden (Art. 23 Abs. 7 EJB, Art. 8 S. 1 GO-GKI). Allerdings stellt Art. 8 S. 2 GO-GKI lediglich fest, dass die Nichtbefolgung einen Verstoß gegen den EJB darstellt; Durchsetzungsmechanismen bestehen nicht.

IV. Vereinbarkeit mit den Vorgaben der Charta

Angesichts der ähnlichen Aufgaben der GKI-Eurojust und derjenigen von Europol können Ausführungen zur Konformität knapp gehalten werden. Es werden vor allem die Unterschiede zur Rechtsschutzsituation bei Europol hervorgehoben.

---

[298] Es kann ein Vertreter von Eurojust geladen werden (Art. 16 Abs. 3 GO-GKI).

[299] Der Beschwerdeführer kann sich vertreten lassen (Art. 13 GO-GKI) und Beweisanträge stellen (Art. 17 Abs. 1 GO-GKI). Kann er die Verfahrenskosten nicht tragen, kann ihm Beihilfe gewährt werden (Art. 25 Abs. 2 GO-GKI).

[300] Darüber sind die Parteien zu unterrichten. Mündliche Anhörungen sind öffentlich, es sei denn, die GKI beschließt, die Öffentlichkeit ganz oder teilweise auszuschließen. Ein Ausschluss ist nur zulässig im Interesse der öffentlichen Sicherheit (vgl. Art. 19 Abs. 4 EJB), zum Schutz der Privatsphäre eines Betroffenen oder wenn eine öffentliche Verhandlung die ordnungsgemäße Entscheidung über eine Beschwerde beeinträchtigen könnte (Art. 19 Abs. 2 GO-GKI). Die GKI kann eine Partei in Abwesenheit der anderen hören, um die Funktionsfähigkeit von Eurojust, die Sicherheit eines Mitgliedstaats oder den Schutz der Interessen einer Person zu gewährleisten. Abwesende Parteien werden über alle Verfahrensschritte unterrichtet (Art. 19 Abs. 3 GO-GKI).

1. Mangelnde Gerichtsqualität der GKI-Eurojust

a) Fehlende Unabhängigkeit

Fraglich ist – wie bei der GKI-Europol –, ob die „richterliche"[301] Unabhängigkeit der Mitglieder der Kontrollstelle hinreichend abgesichert ist. Die Stelle ist ebenfalls *weisungsunabhängig* (Art. 23 Abs. 1 EJB); die Unabhängigkeit wird durch das in Art. 23 EJB beschriebene *Wahlverfahren* zudem besser gewährleistet als durch die frühere Regelung, die eine Mitgliedschaft in der GKI allein vom Ratsvorsitz abhängig machte: Danach wurde der von einem Mitgliedstaat benannte Richter ein Jahr, bevor dieser Staat den Vorsitz des Rates übernahm, für eine Dauer von einem Jahr und sechs Monaten ständiges Mitglied. Der Richter, der von dem Mitgliedstaat benannt worden war, der den Vorsitz des Rates wahrnahm, sollte den Vorsitz der Gemeinsamen Kontrollinstanz führen (Art. 23 Abs. 3 EJB a. F.). Auch die Verlängerung der *Amtsdauer* ist unter diesem Gesichtspunkt positiv zu sehen: Die kürzere Dauer, die im EJB ursprünglich vorgesehen war, 18 Monate, machte eine größere politische Einflussnahme möglich, weil unliebsame Vertreter schneller ausgetauscht werden konnten.[302]

Dass allerdings die *Mitgliedstaaten* die *Personen,* die auf der Wahlliste der GKI stehen sollen, noch immer *selbst bestimmen können,* scheint im Hinblick auf die Unabhängigkeit dieser Richter bedenklich zu sein. Zudem sieht der EJB kein *Verfahren zur Abberufung* der Mitglieder der GKI vor. Vielmehr greifen die nach den nationalen Rechtsvorschriften des Herkunftsmitgliedstaats anwendbaren Grundsätze (Art. 23 Abs. 1 EJB).[303] Zu kritisieren ist vor allem, dass der EJB keine besonderen Anforderungen an den Verlust der Mitgliedschaft in der GKI stellt und keine unabhängige Stelle über die Abberufung entscheiden muss.[304] Mit *Fawzy* ist außerdem davon auszugehen, dass die fehlende Regelung der strafrechtlichen *Immunität* der Richter ein Problem im Hinblick auf ihre Unabhängig-

---

[301] Dass GKI-Mitglieder keine *Befähigung zum Richteramt* besitzen müssen, stellt im Hinblick auf die Rechtsschutzgarantien kein Problem dar. Die Qualifikation als „Gericht" i. S. v. Art. 47 GRC ist davon nicht abhängig, zu Art. 6 EMRK: *Fawzy,* S. 201, wobei das dt. Mitglied nach § 1 Abs. 1 S. 2 EJG die Befähigung zum Richteramt nach § 5 DRiG besitzen muss. Es wird nach § 1 Abs. 1 S. 1 EJG vom Bundesministerium für Justiz benannt und unterliegt nach Abs. 3 der Vorschrift dessen Weisungen, was die eigentlich problematische Regelung darstellt. – Dass die Verfahrensweise der GKI in der GO geregelt ist, die selbst keinen formellen Rechtsnormcharakter besitzt, stellt nach Ansicht von *Fawzy,* S. 210 f., nicht nur die demokratische Anbindung in Frage, sondern mangels „gesetzlicher" Errichtung der GKI auch die „Gerichts"-Qualität. Errichtet wird die GKI aber durch den EJB, der auch die Verfahrensweisen im Wesentlichen regelt.

[302] Vgl. bei *Abetz,* S. 252.

[303] Das EJG sieht in § 9 Abs. 2 EJG eine Abberufung gegen den Willen des Mitglieds nur durch gerichtliche Entscheidung als zulässig an.

[304] Vgl. auch *Fawzy,* S. 211; ebenso *Milke,* S. 287.

keit darstellt.[305] Dies verstößt sowohl gegen die Grundsätze des Art. 47 Abs. 2 GRC als auch des Art. 8 Abs. 3 GRC.

b) Mangelhafte Absicherung der Unparteilichkeit

Im Hinblick auf die *Unparteilichkeit* der GKI ist allerdings gleich auf mehrere Fortschritte gegenüber der GKI-Europol hinzuweisen: Ihre Mitglieder sind zum einen *nicht* zugleich *Mitglieder von Eurojust*.[306] Die GKI bei Eurojust wird zudem *nicht beratend* tätig,[307] womit ein Hauptkritikpunkt an der Kontrolle durch die GKI-Europol entfällt.

Durchaus problematisch ist allerdings die nicht nur örtliche enge Verbindung zwischen GKI und Eurojust. Zu nennen ist hier insbesondere die Finanzierung des Sekretariats aus dem Haushalt von Eurojust.[308] Auch fehlen Regelungen zur Ablehnung eines Richters der GKI-Eurojust wegen *Befangenheit*. Hat der Beschwerdeführer den Eindruck, dass ein Mitglied der GKI befangen ist, kann er also nicht seinen Ausschluss beantragen. Dieses Manko wird nicht dadurch ausgeglichen, dass die Mitglieder verpflichtet sind, Interessenkonflikte anzuzeigen, obwohl die Möglichkeit besteht, das Mitglied durch einstimmigen Beschluss von der weiteren Mitwirkung am Verfahren auszuschließen (Art. 3 Abs. 6 GO-GKI).[309]

Diese Regelung genügt jedenfalls den Anforderungen an die richterliche Neutralität gemäß Art. 47 GRC nicht.[310] Dagegen sind die Anforderungen des Art. 8 Abs. 3 GRC noch erfüllt, wenn auch eine von Eurojust unabhängige Finanzierung insoweit wünschenswert ist.

c) Keine ständige Einrichtung

Im Hinblick auf die Effektivität des Rechtsschutzes scheint zudem fraglich, wie eine *nicht ständig* tagende Einrichtung überhaupt eine wirksame Datenschutzkontrolle durchführen können soll. Der *EuGH* nennt dies sogar als Grund-

---

[305] Vgl. *Fawzy*, S. 211 f.

[306] Allerdings können sich auch Mitglieder der GKI-Eurojust dem Amt zugehörig fühlen und es nicht mit Rechtsschutzansprüchen belasten wollen, *Abetz*, S. 252.

[307] Darauf weist auch *Abetz*, S. 251 f., hin; vgl. auch *Postberg*, S. 115.

[308] S. *Kahlke*, S. 205. *Postberg*, S. 147 f., sieht in der räumlichen Nähe kein Problem; sie diene dem schnelleren Zugriff, also der Effektivität der Kontrollen. Auch die Finanzierungssituation hält sie wegen der unbürokratischeren Abwicklung gegenüber einer Finanzierung durch das Europäische Parlament für gerechtfertigt. Solche praktischen Erwägungen sind aber kaum geeignet, den Vorwurf mangelnder Unabhängigkeit zu entkräften.

[309] A.A. *Fawzy*, S. 212.

[310] Zur Bedeutung der Regelungen: *EuGH* Rs. 17/00 (Collège juridictionnel de la Région de Bruxelles-Capitale/Belgien), 29.11.2001, Slg. 2001, I-9445, Tz. 20.

voraussetzung für die *Gerichtseigenschaft*,[311] so dass bereits deswegen Art. 47 GRC nicht genügt ist. Auch im Hinblick auf Art. 8 Abs. 3 GRC scheint dies jedoch unzureichend.

2. Zur Waffengleichheit

Anders als die GKI-Europol entscheidet die GKI bei Eurojust mit *einfacher Mehrheit*. Von der vielfach kritisierten Zweidrittelmehrheit bei Europol (§ 1 C. III. 4.) ist man also abgerückt,[312] die Waffengleichheit wird nicht beeinträchtigt.

3. Zugang zur GKI

Im Hinblick auf die *Beschwerden bezüglich verweigerter Auskünfte* prüft auch die GKI-Eurojust, ob die zur Begründung der Ablehnung des Antrags vorgebrachten Verweigerungsgründe tatsächlich vorliegen. Die Verweigerung der Auskunft ist – wie für die GKI-Europol – für die GKI-Eurojust zu akzeptieren, wenn die effektive Strafverfolgung die Geheimhaltung erfordert. Dieser Eingriff in des Recht auf effektiven Rechtsschutz in seiner Ausprägung des Gebots des *Zugangs* zu einem Gericht ist notwendige Konsequenz des von Art. 8 Abs. 2 GRC gedeckten Eingriffs in das Recht auf Datenschutz als unmittelbar betroffenes Recht (oben § 1 C. III. 3.).[313] Allerdings sieht auch der EJB von einer *Pflicht zur Benachrichtigung* ab, wenn die Geheimhaltungsinteressen nicht länger fortbestehen.[314] Ein effektiver Rechtsschutz ist schon unter diesem Gesichtspunkt auf keinen Fall gegeben. Eine wirksame, *anlassunabhängige Kontrolle* der Datenverarbeitung gewährleistet die GKI während des fortbestehenden Geheimhaltungsinteresses ebenfalls nicht; Inspektionen finden vielmehr nur alle zwei Jahre statt.

Die in Art. 19 und Art. 20 EJB genannten Beschwerdemöglichkeiten sind abschließend zu verstehen. Dass ein *allgemeiner Überprüfungsanspruch*, wie ihn der ERB kennt (Art. 20 ERB), im Eurojust-Beschluss fehlt, ist allerdings nicht problematisch. Indem zugleich eine bestimmte Maßnahme begehrt wird, also etwa Auskunft, können die gespeicherten Informationen überprüft werden.[315] Eine evidente Rechtsschutzlücke besteht aber – wie bei Europol auch – bezüglich der *Übermittlung von Informationen insbesondere an Kooperationspartner*. Der Betroffene hat weder einen Anspruch auf Auskunft über die Tatsache der Übermittlung noch über den Inhalt der Daten, noch kann er einen solchen Da-

---

[311] *EuGH* Rs. 17/00 (Collège juridictionnel/Belgien), (Fn. 310), Tz. 10.
[312] Allerdings besteht die GKI nur aus drei Mitgliedern (ohne ad-hoc-Richter). Daher stelle die Zweidrittelmehrheit keine höhere Hürde dar, so *Milke*, S. 286.
[313] Für Eurojust: *Fawzy*, S. 184.
[314] Dies kritisieren auch *Esser/Herbold*, NJW 2004, 2421 (2423).
[315] So auch *Fawzy*, S. 204.

tentransfer verhindern.[316] Zwar kann jede Kooperationsvereinbarung einen solchen Auskunftsanspruch in Bezug auf übermittelte Informationen vorsehen, wie etwa das Abkommen zwischen Europol und Interpol, was, würde von dieser Möglichkeit hinreichend Gebrauch gemacht, nach Ansicht *Fawzys* den Anforderungen an einen effektiven Rechtsschutz genügen würde.[317] Dem ist zu widersprechen: Dies würde zu einer erheblichen *Rechtsunsicherheit* wegen der unterschiedlichen Anspruchsbedingungen führen. Zudem müsste für einen lückenlosen Grundrechtsschutz nicht nur ein Auskunftsanspruch, sondern auch ein Unterlassungsanspruch aufgenommen werden.

Auch im Hinblick auf die nicht der nationalen Hoheitsgewalt unterstellten sonstigen Mitarbeiter des Amtes, die in *Gemeinsamen Ermittlungsgruppen* tätig werden, besteht keine Beschwerdemöglichkeit gegenüber der GKI.

4. Unzureichende Kontroll- und Entscheidungsbefugnisse

Allerdings wird die „Urteilsfindung" dadurch erschwert, dass GKI-Mitglieder *keinen Zugang zu nationalen Ermittlungsakten* haben und auch über kein Auskunftsrecht insoweit verfügen. Dadurch ist der Ablauf der Datenverarbeitung für die GKI kaum nachvollziehbar.[318]

Dass *keine Durchsetzungsbefugnisse* bestehen, ist im Hinblick auf die Effektivität der Urteile ebenfalls kritisch zu sehen.[319] Die Beschwerden werden lediglich zur Neubescheidung an Eurojust zurückverwiesen; das Amt kann aber bei der ursprünglichen Entscheidung bleiben. Ein gewisser faktischer Druck kann zwar durch den jährlich zu erstellenden Tätigkeitsbericht (Art. 10 GO-GKI) aufgebaut werden.[320] Zweifel, ob die „europäische Öffentlichkeit" schon in dem Maße ausgeprägt ist, dass damit tatsächlich eine hinreichende Wirksamkeit der Entscheidungen sichergestellt werden kann, wurden bereits zum Ausdruck gebracht.[321]

Während eines laufenden Beschwerdeverfahrens vor der GKI kann Eurojust die streitbefangenen Daten zudem *ungehindert weiterverarbeiten*. Bis zum Abschluss des Verfahrens können also Rechtsverletzungen nicht nur fortgesetzt, sondern sogar intensiviert werden. Eine ausdrückliche Befugnis der GKI, Eurojust die weitere Nutzung der Informationen bis zum Abschluss des Verfahrens zu untersagen, enthält das EJB nicht (zu Europol § 1 C. III. 5.).[322]

---

[316] Dies kritisiert auch *Fawzy*, S. 204.
[317] *Fawzy*, S. 205.
[318] Dies kritisiert auch *Fawzy*, S. 212.
[319] So auch *Zöller*, in: Böse (Hrsg.), § 21 Rn. 45.
[320] Etwa *Thwaites*, RIDP 2006, 293 (296).
[321] Siehe *Postberg*, S. 148; ebenso *Fawzy*, S. 208, 212.
[322] Vgl. *Fawzy*, S. 209.

5. Fazit: Unzureichende Kontrolle durch die GKI

Wie auch die GKI-Europol ist die Kontrollinstanz bei Eurojust kein Gericht, sondern vielmehr eine „justizähnliche Widerspruchsbehörde".[323] Ein wirksamer Rechtsschutz im Sinne der Art. 47 GRC wird durch sie nicht gewährleistet.[324] Zwar sind die Abweichungen vom Maßstab des Art. 8 Abs. 3 GRC im Vergleich zur GKI-Europol weniger erheblich, insbesondere dass keine vollständige Unabhängigkeit gewährleistet ist, führt dazu, dass auch dessen Anforderungen als nicht erfüllt anzusehen sind.

E. Kein Ausgleich durch die Tätigkeit des Datenschutzbeauftragten

Auch bei Eurojust ist ein eigener *Datenschutzbeauftragter* installiert. Dieser hat unter anderem dafür zu sorgen, dass die Verarbeitung personenbezogener Daten rechtmäßig und unter Einhaltung der einschlägigen Bestimmungen des EJB erfolgt (Art. 17 Abs. 2 *lit.* a EJB). Jede neue Arbeitsdatei muss ihm gemeldet werden. Zur Erfüllung seiner Aufgaben hat er Zugang zu allen bei Eurojust gespeicherten Informationen und zu allen Räumlichkeiten (Art. 17 Abs. 3 EJB). Stellt der Datenschutzbeauftragte im Rahmen seiner Tätigkeit Unregelmäßigkeiten fest, so unterrichtet er das Kollegium davon (Art. 17 Abs. 4 *lit.* a EJB). Falls dieses nicht in einem angemessenen Zeitraum gegen die den Datenschutzbestimmungen widersprechende Verarbeitung einschreitet, kann der Datenschutzbeauftragte die GKI damit befassen.

Nach Art. 17 Abs. 1 S. 3 EJB genießt der Datenschutzbeauftragte vollständige Unabhängigkeit, ist andererseits aber dem Kollegium organisatorisch direkt unterstellt.[325] Zweifel an seiner *Unabhängigkeit* sind daher durchaus geboten.[326]

Außerdem kann der Datenschutzbeauftragte nicht mit Beschwerden im Hinblick auf die informatorische Tätigkeit von Eurojust befasst werden. Er erfüllt damit noch nicht einmal die Anforderungen nach Art. 8 Abs. 3 GRC.[327]

---

[323] Zum Begriff: *Fawzy*, S. 213; siehe auch *Zöller*, in: Böse (Hrsg.), § 21 Rn. 45.
[324] Aus der Perspektive des Grundgesetzes, vgl. *Esser/Herbold*, NJW 2004, 2421 (2423). *Abetz*, S. 251, deutet sogar an, dass durch die GKI nur der Anschein des Datenschutzes gewahrt werden soll.
[325] Siehe dazu: *Fawzy*, S. 181 f.
[326] So auch *Abetz*, S. 254.
[327] *Postberg*, S. 223 f., nimmt an, dass der Datenschutzbeauftrage wegen der Möglichkeit der Weiterleitung der Beschwerde an die GKI eine Stelle i. S. v. Art. 8 Abs. 3 GRC darstellt. Die GKI wird aber dem Art. 8 Abs. 3 GRC ebenfalls nicht gerecht, kann also die Mängel ausgleichen.

F. Rechtsschutz gegen Eurojust auf mitgliedstaatlicher Ebene

Fraglich ist, ob die bestehenden Lücken durch die mitgliedstaatliche Gerichtsbarkeit bzw. Datenschutzkontrolle geschlossen werden können. Dabei ist zum einen zu klären, ob das informatorische Handeln der Union durch nationale Gerichte überhaupt überprüft werden kann (I.). Schließlich sind die im EJB festgelegten Schadensersatzansprüche zu erörtern (II.), sowie die mittelbare Kontrolle der Tätigkeit der Eurojust-Bediensteten durch Strafgerichte (III.).

I. Jurisdiktionsgewalt der nationalen Gerichte?

Wenn das Verhalten des (eigenen) nationalen Mitglieds, das nicht Eurojust zuzurechnen ist, oder einer nationalen Behörde, etwa die Übermittlung von Informationen an Eurojust, überprüft werden soll, steht der nationale Rechtsweg grundsätzlich offen.[328] Die nationalen Mitglieder bleiben Beamte des Herkunftsmitgliedstaates und unterliegen schon deswegen immer der nationalen Gerichtsbarkeit. Ihr Handeln kann durch nationale Gerichte z.B. auf die Einhaltung der im BDSG und im EJG enthaltenen Vorgaben überprüft werden.[329]

Bei Handlungen des Kollegiums oder sonstigen Eurojust zuzurechnenden Handlungen gilt Folgendes: Wie bereits im Zusammenhang mit Europol ausgeführt unterfallen Handlungen internationaler Organisationen grundsätzlich nicht der *nationalen Gerichtsbarkeit,* eine Übertragung ist aber möglich. Im Falle von Eurojust wird eine solche Übertragung in der durch Art. 23 Abs. 8 EJB eröffneten Regelungslücke gesehen, wonach die Entscheidungen der GKI nur Eurojust selbst binden, nicht aber den Beschwerdeführer. Dieses Ergebnis werde auch durch die ursprüngliche Präambel gestützt, wonach die Zuständigkeiten der nationalen Gerichte durch den Beschluss nicht berührt werden.[330]

Probleme ergeben sich dann aber im Hinblick auf die den Rahmen der eröffneten nationalen Gerichtsbarkeit ausfüllenden *internationalen Zuständigkeit* jedenfalls deutscher Gerichte. Wann seine Gerichte international zuständig sind, bestimmt grundsätzlich jeder Staat selbst. Es ist allerdings nach allgemeiner Ansicht zumindest ein gewisser Inlandsbezug erforderlich, um eine Zuständigkeit der nationalen Gerichte zu eröffnen. Ein solcher kann nur dann bestehen, wenn auf den Erfolgsort der beeinträchtigenden Maßnahme abgestellt wird – Handlungsort der für Eurojust handelnden Personen wäre stets in den Niederlanden –, wobei bei den in Frage stehenden Eingriffen in die informationelle Selbstbestimmung der Erfolgsort nur schwer zu lokalisieren ist.[331] Daraus ergäbe sich eine

---

[328] Vgl. Streinz/*Dannecker,* Art. 85 AEUV Rn. 22 f. Vgl. auch *Abetz,* S. 252 f., unter dem Vorbehalt des Vorrangs des Europarechts und der Kooperationspflicht.
[329] Siehe *Esser/Herbold,* NJW 2004, 2421 (2423).
[330] Siehe Näheres bei *Fawzy,* S. 217 f., unter Bezugnahme auf Erwägungsgrund 10.

erhebliche *Rechtsunsicherheit für die Betroffenen.*[332] Es wäre zudem inkonsequent, dass gerade die niederländischen Gerichte wegen des Sitzabkommens mit Eurojust, das den Mitarbeitern der Agentur *Immunität* gewährt (Art. II Ziff. 1 Sitzstaatsabkommen), keine Jurisdiktionsgewalt hätten.[333]

II. Ausgleich durch Schadensersatzhaftung?

Auf die Schadensersatzhaftung soll im Folgenden nur noch kurz eingegangen werden, da die festgestellten Mängel dadurch nicht beseitigt, sondern höchstens abgemildert werden können (zu Europol § 1 G. IV.): Eurojust haftet nach dem Recht des Sitzstaats, also der Niederlande, für den einer Person aus einer *unbefugten oder unrichtigen Verarbeitung von Daten* beim Amt entstandenen Schaden (Art. 24 Abs. 1 EJB). Entsprechende Klagen gegen Eurojust sind vor den Zivilkammern[334] der *Niederlande* zu erheben (Art. 24 Abs. 2 EJB).[335]

Das Haftungsregime von Eurojust weicht somit erheblich von demjenigen von Europol ab. Dabei ist die im ERB getroffene Regelung als die klägerfreundlichere einzustufen, da die Schäden vor den Gerichten des Staates geltend gemacht werden können, in dem der Schaden eingetreten ist, also in der Regel im Heimatland des Betroffenen. Die Sprachbarrieren und die mitunter erheblichen Entfernungen stellen Zugangsschranken dar, die im Hinblick auf Art. 47 GRC zumindest kritisch zu sehen sind. Andererseits besteht dadurch keine Lücke für den Fall, dass der Schaden in einem Drittstaat eingetreten ist.

Daneben haftet das nationale Mitglied für Schäden durch die *Übermittlung von Informationen an Drittstaaten oder -stellen,* wenn die Voraussetzungen des Absatzes 7 (Kooperationsabkommen oder Erforderlichkeit im Einzelfall) nicht vorliegen (Art. 26a Abs. 9 EJB). Die Haftung des deutschen nationalen Mitglieds wird nach dem EJG von der Bundesrepublik übernommen, sie richtet sich nach den Grundsätzen der Amtshaftung.[336]

---

[331] Siehe auch *Fawzy,* S. 218 ff. m.w.N., der dafür eintritt, als Erfolgsort grundsätzlich den Aufenthalts- oder Wohnort heranzuziehen.

[332] So auch *Fawzy,* S. 240 f. Schließlich ist fraglich, welcher *Rechtsweg* eröffnet wäre, sofern die genannten Klippen umschifft werden können. *Fawzy,* S. 220–223, sieht zwar den Verwaltungsrechtsweg nach § 40 VwGO eröffnet, räumt aber ein, dass sich angesichts der Unverletzlichkeit der Archive von Eurojust (vgl. § 1 G. IV.) die Frage der Durchsetzbarkeit der Urteile der Verwaltungsgerichte stellt, auch weil die Immunität gegenüber den niederländischen Behörden allein durch die Entscheidung des Kollegiums, also im Prinzip des Vollstreckungsgegners (!), aufgehoben werden kann.

[333] So auch *Abetz,* S. 253.

[334] Siehe dazu *Fawzy,* S. 213.

[335] Jeder Mitgliedstaat haftet zudem nach nat. Recht für Schäden aus unbefugter oder unrichtiger Verarbeitung von Daten, die Eurojust übermittelt wurden (Art. 24 Abs. 3 EJB). Für Deutschland ist insoweit das BDSG zu beachten; vgl. bei *Fawzy,* S. 214 f.

[336] Siehe dazu auch Näheres bei *Fawzy,* S. 215 f.

Art. 27c EJB³³⁷ regelt die *sonstige Haftung* von Eurojust. Absatz 1 behandelt die *vertragliche* Haftung, die sich grundsätzlich nach dem Recht, das auf den betreffenden Vertrag Anwendung findet, richtet. Daneben soll Eurojust unabhängig von einer Haftung nach Art. 24 EJB jeden durch ein Verschulden des Kollegiums oder der Bediensteten von Eurojust in Ausübung ihres Amtes verursachten Schaden ersetzen. Diese Regelung gilt auch für solche Schäden, die von nationalen Mitgliedern³³⁸ in Ausübung ihres Amtes verursacht wurden. Handeln die nationalen Mitglieder aufgrund von Art. 9a–9e EJB, so ist der Herkunftsmitgliedstaat gegenüber Eurojust regresspflichtig (Art. 27c Abs. 3 EJB).

Der Geschädigte hat daneben einen Anspruch auf *Unterlassung* oder Einstellung der schadensverursachenden Handlung (Art. 27c Abs. 4 EJB). Weil der Unterlassungsanspruch im Zusammenhang mit Art. 27c EJB geregelt ist, kann er auch nur unter dessen Voraussetzungen eingreifen, also gerade nicht im Bereich der unrechtmäßigen oder unrichtigen Datenverarbeitung.

III. Hinreichende Kontrolle durch nationale Strafgerichte?

Wie auch bei Europol kann es bei Eurojust durch den Umgang mit Informationen zu verschiedenen Konstellationen kommen, in denen das Eingreifen strafrechtlicher Normen in Betracht kommt, etwa § 344 StGB oder § 353b StGB. Obwohl die Regelungen im Vergleich zu Europol weniger weit gehen, kann die *Immunität* auch die Strafverfolgung von Eurojust-Mitarbeitern behindern: Für die *nationalen Mitglieder* wurden, abgesehen von Art. XI des Sitzstaatabkommens i.V.m. Art. 31 WÜD, der lediglich gegenüber den Gerichten der Niederlande greift, keine Regelungen zur Immunität getroffen. Das deutsche nationale Mitglied kann daher ohne Weiteres vor deutschen Gerichten strafrechtlich verfolgt werden. Die *sonstigen Bediensteten von Eurojust* besitzen Amtsimmunität nach dem Protokoll über die Vorrechte und Befreiungen der Bediensteten der Union. Insoweit ist immerhin einzuräumen, dass diese nicht nach außen und auch nicht „operativ" tätig werden.³³⁹ Andererseits kann nicht ausgeschlossen werden, dass diese z.B. Informationen an Nichtberechtigte weitergeben; denn sie haben vielfach Zugang zu den Systemen von Eurojust. Jedenfalls ist der Grund für eine solche Immunität des Verwaltungspersonals nicht ersichtlich. Die Funktionsfähigkeit von Eurojust würde nicht dadurch beeinträchtigt, dass diese Mitarbeiter möglicherweise der Strafverfolgung ausgesetzt sind.³⁴⁰

---

³³⁷ Die Zuständigkeit nationaler Gerichte für Streitigkeiten betreffend die Haftung von Eurojust nach Art. 27c EJB bestimmt sich nach der EuGVVO (Art. 27c Abs. 5 EJB).

³³⁸ Bzw. deren Stellvertretern oder assistierenden Mitgliedern.

³³⁹ *Fawzy*, S. 226, hält die Immunität deswegen für rechtsstaatlich akzeptabel.

³⁴⁰ Anders als bei Europol ist keine bereichsspezifische Ausnahme für die angesichts des Zugangs zu den Informationen besonders naheliegenden Straftaten vorgesehen, s.a. *Milke*, S. 288, auch zur Aufhebung der Immunität.

Auch bezüglich Eurojust kann zudem die lückenlose Aufklärung strafrechtlicher Vorwürfe durch die *Unverletzlichkeit der Archive* erheblich behindert werden. Selbst die Archive der nationalen Mitglieder sind von diesem Privileg erfasst. Ein Zugriff auf die darin enthaltenen Daten und Dokumente ist erst nach Aufhebung der Immunität der Mitglieder zulässig. Das Kollegium soll die Immunität zwar immer dann aufheben, wenn diese die Entscheidungsfindung behindert, nicht aber wenn dadurch die Interessen von Eurojust beeinträchtigt werden.[341] Durchsuchungen und Beschlagnahmen durch die niederländischen Behörden, die aufgrund des Grundsatzes der völkerrechtlichen Souveränität allein für solche Maßnahmen zuständig sind und lediglich im Wege der Rechtshilfe eingeschaltet werden können, sind zudem nur bei Anwesenheit des Präsidenten von Eurojust zulässig.[342]

Häufig wären die nationalen Gerichte außerdem auf Zeugenaussagen der Mitglieder und Angestellten von Eurojust angewiesen. Die nationalen Mitglieder, die sie unterstützenden Personen, das Personal von Eurojust, die nationalen Anlaufstellen und der Datenschutzbeauftragte des Amtes unterliegen allerdings einer umfassenden *Geheimhaltungspflicht* bezüglich aller Informationen, die Eurojust verarbeitet. Diese Pflicht besteht auch nach dem Ausscheiden aus dem Amt bzw. Dienstverhältnis oder der Beendigung der sonstigen Tätigkeit für Eurojust fort (Art. 25 EJB). Zu beachten ist aber, dass, anders als bei Europol, keine ausdrückliche Ausnahmegenehmigung erforderlich ist. *Fawzy* geht deshalb davon aus, dass im Sinne effektiven Rechtsschutzes anzunehmen sei, dass ein Aussageverbot nicht schon aus der Geheimhaltungspflicht folge.[343]

IV. Zwischenfazit: kein Ausgleich durch nationale Gerichte

Zwar können nationale Gerichte unter Umständen einen fehlenden Rechtsschutz auf europäischer Ebene ausgleichen, wie schon bei Europol ist aber für Eurojust eine Kontrolle durch die deutschen Gerichte weitgehend ausgeschlossen. Die den nationalen – vor allem den niederländischen – Gerichten zugewiesene Jurisdiktionsgewalt in Bezug auf die sekundäre Haftung erscheint als unzureichende Kompensation für die bestehenden Defizite. Ein Eingriff kann damit weder abgewehrt noch für die Zukunft unterbunden werden.

G. Keine hinreichende parlamentarische Kontrolle

Das Europäische Parlament wird regelmäßig über die Arbeit von Eurojust *unterrichtet*: Dies geschieht zum einen durch den jährlich von Eurojust zu erstellen-

---

[341] Näheres bei *Fawzy*, S. 221 f.
[342] Vgl. *Fawzy*, S. 221 f.
[343] Siehe *Fawzy*, S. 222 f.

den Tätigkeitsbericht.[344] Daneben erhält es auch den im Fünf-Jahres-Zyklus erscheinenden Evaluierungsbericht, in dem untersucht wird, ob Eurojust die ihm im EJB aufgegebenen Ziele erfüllt. Im Rahmen von *parlamentarischen Debatten* auf der Basis dieser Berichte kann schließlich versucht werden, auf das Amt Einfluss zu nehmen. Ob die Diskussion von Missständen in der europäischen Öffentlichkeit allerdings geeignet ist, Druck auf Eurojust auszuüben, scheint fraglich. Auch als *Haushaltsbehörde* kann das EU-Parlament nur bedingt auf die Aufgabenerfüllung von Eurojust einwirken (Art. 36 EJB). Es können mit diesen Mitteln maximal Grundprinzipien für bestimmte Bereiche, etwa den Umgang mit personenbezogenen Daten, vorgegeben werden. Eine effektive Überwachung erlauben sie jedoch nicht.

Eine *nationalstaatliche parlamentarische Kontrolle* war bisher nur indirekt über die Einflussnahme auf das Abstimmungsverhalten im Rat möglich oder durch ad-hoc-Maßnahmen zur Bewertung der Tätigkeiten von Eurojust.[345] Selbst wenn die Kontrollmöglichkeiten aber erweitert werden sollten, so ist die Sinnhaftigkeit einer Kontrolle durch 28 Parlamente fraglich (schon § 1 H.).[346]

Sollte der Eurojust-Beschluss durch eine Verordnung nach Art. 85 AEUV ersetzt werden, so kann das EU-Parlament unmittelbar am Formulierungsprozess teilnehmen (Art. 294 AEUV).[347] Damit allein ist aber keine inhaltliche Kontrolle der täglichen Arbeit des Amtes möglich. Gemäß Art. 85 Abs. 1 UAbs. 3 AEUV sollen immerhin die Rechte der Volksvertretungen auf nationaler und Unionsebene gestärkt werden. Ob dann eine wirksame demokratische Überwachung möglich sein wird, bleibt abzuwarten.[348]

H. Fazit: Erhebliche Rechtsschutzlücken in Bezug auf Eurojust

Eurojust kommt den kontinentaleuropäischen Vorstellungen einer Staatsanwaltschaft zwar näher als alle anderen Institutionen auf europäischer Ebene, zwingende Anordnungsbefugnisse hat Eurojust aber im Moment nicht. Eine richterliche Kontrolle scheint daher in Bezug auf seine Kompetenzen noch nicht er-

---

[344] Dieser wird dem Parlament allerdings nicht unmittelbar zugestellt; vielmehr sendet die Agentur den Bericht an den Rat, der ihn dann weiterleitet (Art. 32 Abs. 2 EJB).

[345] Siehe *Weyembergh,* NJEuCrimL 2011, 75 (96).

[346] Dennoch muss die Beteiligung des Deutschen Bundestages nach der Grundidee des Lissabon-Urteils, das in Bezug auf Eurojust keine konkreten Angaben enthält, möglichst effektiv sein, *Frenz,* wistra 2010, 432 (433), unter Berufung auf BVerfGE 123, 267 = NJW 2009, 2267, Rn. 253.

[347] Vgl. *Abetz,* S. 248. Auf die Gestaltung des EJB hatte das Parlament keinen maßgeblichen Einfluss; der Formulierungsprozess vollzog sich auf Ratsebene. Das gilt auch für die nationalen Parlamente, da Beschlüsse nicht ratifiziert werden müssen.

[348] Siehe aber *Souminen,* MJ 2008, 217 (230); *Weyembergh,* NJEuCrimL 2011, 75 (96 f.), auch zur Frage gemeinsamer Kontrolle durch nationale Parlamente und EU-Parlament.

forderlich. *Flore* und *de Biolley* halten die Kontrolle durch die nationalen Gerichte und Instanzen insoweit für ausreichend; sie wollen eine Ausnahme für den Austausch der Informationen auf europäischer Ebene machen, insbesondere also zwischen Eurojust und Europol.[349]

Dennoch sind auch bei Eurojust im Rahmen der nachträglichen Kontrolle der Tätigkeit von Eurojust bereits jetzt erhebliche Verbesserungen des Rechtsschutzes notwendig,[350] ganz zu schweigen von der fehlenden Kontrolle im Bereich des Datenschutzes. Vorläufiger Rechtsschutz existiert ebenso wenig wie ein solcher gegen die Übermittlung von Daten. Auf europäischer Ebene findet eine echte gerichtliche Kontrolle nicht statt. Die nationalen Gerichte sind zwar in der Lage, Rechtsschutz gegenüber eigenen nationalen Mitgliedern zu gewähren. Allerdings ist keine Kontrolle des sonstigen Personals des Amtes gewährleistet, selbst – was besonders kritikwürdig erscheint – wenn diese an Gemeinsamen Ermittlungsgruppen teilnehmen. Auch das Kollegium unterliegt keiner Kontrolle durch ein Gericht im Sinne von Art. 47 GRC, das von einem durch eine Maßnahme Belasteten angerufen werden könnte.

§ 3 EJN – Das Europäische Justizielle Netz

Das Europäische Justizielle Netz (EJN) wurde 1998 durch eine Gemeinsame Maßnahme gegründet.[351] Es soll wie Eurojust die Zusammenarbeit in Strafsachen zwischen den Mitgliedstaaten erleichtern, weist allerdings im Unterschied zu dieser Einrichtung eine dezentrale Struktur auf. Dazu werden in jedem Mitgliedstaat mehrere Kontaktstellen benannt, die als Ansprechpartner bei Rechtshilfeersuchen dienen, um diese zu erleichtern, zu koordinieren etc., aber – anders als Eurojust – von ihrer Heimat aus.[352] Sie dienen als „aktive Vermittler";[353] ihre

---

[349] Siehe *Flore/de Biolley,* CDE 2003, 598 (627).
[350] Anders Ratsdok. 14123/06, Zf. 10: „In the longer term, consideration should be paid to making it possible for Eurojust to initiate investigations and prosecutions, and perhaps give it the power to issue European arrest warrants and letters rogatory. This last would be presumably call for the expansion of the powers of the European Court of Justice to provide it with powers of judicial control over the activity of Eurojust [...]. At present [...] there is no pressing need for judicial control."
[351] Gemeinsame Maßnahme 98/428/JI v. 29.6.1998 – vom Rat aufgrund von Artikel K.3 des Vertrags über die Europäischen Gemeinschaften angenommen – zur Errichtung eines Europäischen Justiziellen Netzes, ABl. EG Nr. L 191 v. 7.7.1998, S. 4, ersetzt durch Beschluss 2008/976/JI des Rates v. 16.12.2008 über das Europäische Justizielle Netz, ABl. EU Nr. L 348 v. 24.12.2008, S. 130. Näheres zum EJN bei *Fawzy,* S. 95 ff.; *von Langsdorff,* StV 2003, 472 f.
[352] Näheres bei *Zöller,* in: Böse (Hrsg.), § 21 Rn. 51 ff. Siehe auch *Van den Wyngaert,* in: Europe's Area of Freedom, Security and Justice, S. 201 (206); *Zeder,* JSt 2009, 85, auch zu Österreich; *von Langsdorff,* StV 2003, 472 f., auch aus persönlicher Perspektive als ehemalige Kontaktstelle. Nach *Postberg,* S. 30 f. m.w.N., ist die Doppelfunktion der Kontaktstellen durch ihre gleichzeitige Einbindung in nationale Behörden-

tägliche Arbeit besteht in der Herstellung von Kontakten zwischen Justizorganen verschiedener Mitgliedstaaten, der Klärung von Zuständigkeitsstreitigkeiten und der Erteilung von Auskünften über das nationale Recht.[354]

Außerdem werden die erforderlichen Angaben für Rechtshilfeersuchen zur Verfügung gestellt, also Kontaktdaten der zuständigen Stellen, Informationen über Gerichtszuständigkeiten usw.[355] Daneben werden regelmäßig Sitzungen für die Vertreter der Mitgliedstaaten organisiert, um die Kontakte zu vertiefen.[356] Das Netz und Eurojust ergänzen sich also gegenseitig.[357]

Anders als Eurojust verfügt das EJN nicht über Eingriffsbefugnisse, auch persönliche Daten werden nicht an das Netz übertragen. Individualrechtsschutz gegen seine Aktivität ist daher nicht geboten, vielmehr stellt sich vor diesem Hintergrund die Frage einer ähnlichen Förderung der grenzüberschreitenden Zusammenarbeit der Verteidiger. Im Hinblick auf die weitere Untersuchung der Rechtsschutzintensität kann das Netz aber außen vor bleiben.

§ 4 Kontrolle von OLAF

Das Europäische Amt für Betrugsbekämpfung (Office Européen de Lutte Anti-Fraude = OLAF) mit Sitz in Brüssel ist eine Dienststelle der Europäischen Kommission. Anders als Europol und Eurojust besitzt OLAF daher keine eigene Rechtspersönlichkeit.[358]

A. Grundlegende Zielsetzung und Rechtsgrundlagen

Das Amt soll die *finanziellen Interessen* der Union schützen (Art. 2 Abs. 1 OLAF-Beschluss);[359] damit ist vor allem der Unionshaushalt gemäß Art. 310

---

strukturen der Funktionalität des EJN abträglich. Hoffnungen „auf familiäre Beziehungsgeflechte" zwischen den Kontaktstellen hätten sich nicht erfüllt.

[353] Zum Begriff: *von Langsdorff*, StV 2003, 472; *Milke*, S. 277. S. a. *Postberg*, S. 30.
[354] Siehe *Zöller*, in: Böse (Hrsg.), § 21 Rn. 56 ff.; *Zeder*, JSt 2009, 85, jeweils auch zu den Internetdiensten (insbesondere: Europäischer Justizieller Atlas, fiches belges und fiches françaises).
[355] Vgl. *Beukelmann*, NJW 2010, 2081 (2085); *Postberg*, S. 30; *Fawzy*, S. 95 ff.
[356] Vgl. *Zeder*, JSt 2009, 85; s. a. *Zöller*, in: Böse (Hrsg.), § 21 Rn. 60.
[357] Zur mitunter problematischen Abgrenzung der Aufgabenbereiche: *Fawzy*, S. 100 f.; *Kahlke*, S. 212 ff.; *Brammertz/Berthelet*, RDPC 2002, 389; ebenso *von Langsdorff*, StV 2003, 472 f.; *Weymbergh*, NJEuCrimL 2011, 75 (94 f.).
[358] Zu primärrechtlichen Hindernissen der Unabhängigkeit: *Strobel*, S. 37. Zur Rechtsnatur: *Brüner/Spitzer*, in: Sieber u. a. (Hrsg.), § 43 Rn. 26; *Spellerberg*, S. 59 ff.
[359] Beschluss (EG, EGKS, Euratom) 1999/352 der Kommission v. 28.4.1999 zur Errichtung des Europäischen Amtes für Betrugsbekämpfung (OLAF), ABl. EG Nr. L 136 v. 31.5.1999, S. 20, zuletzt geändert durch Beschluss (EU) 2013/478 der Kommission v. 27.9.2013 zur Änderung des Beschlusses 1999/352/EG/EGKS, Euratom zur Errichtung des Europäischen Amtes für Betrugsbekämpfung (OLAF), ABl. EU Nr. L 257 v. 28.9. 2013, S. 19.

AEUV gemeint, also alle im Haushaltsplan ausgewiesenen Einnahmen und Ausgaben, sowie alle anderen durch die Union oder in ihrem Auftrag verwalteten finanziellen Mittel.³⁶⁰ Darüber hinaus fallen auch *Verstöße gegen beamtenrechtliche Bestimmungen,* insbesondere Art. 11 ff. BeaSt,³⁶¹ die mit den gegen die finanziellen Interessen der Union gerichteten Taten zusammenhängen, in den Mandatsbereich des Amtes (Art. 2 Abs. 1 UAbs. 2 OLAF-Beschluss).³⁶²

Zur Ermittlung relevanter Sachverhalte soll OLAF *interne Verwaltungsuntersuchungen* bei Organen und sonstigen Einrichtungen der Union und *externe Untersuchungen* bei Wirtschaftsteilnehmern durchführen.³⁶³ Die Kompetenzen des Amtes beruhen dabei auf einem Zusammenspiel mehrerer sekundärrechtlicher Rechtsgrundlagen:³⁶⁴ Die Errichtung OLAFs war der erste konkrete Anwendungsfall der mit dem Amsterdamer Vertrag eingeführten Vorgängernorm von Art. 325 Abs. 4 AEUV, Art. 280 Abs. 4 EGV a. F.³⁶⁵ Im OLAF-Beschluss wur-

---

³⁶⁰ Zu Schädigungsursachen: *Weertz,* S. 114 ff.; *Harksen,* S. 49 ff.; *Strobel,* S. 67 ff.; *Fleckenstein,* S. 21 ff.; *Neuhann,* S. 29 ff. (auf der Einnahmenseite: Umgehung von Abgaben/Zöllen v. a. durch Schmuggel, Mehrwertsteuerbetrug; auf der Ausgabenseite: Subventionsbetrug, Manipulation von Ausfuhr-/Beihilfepapieren).

³⁶¹ VO (EWG, Euratom, EGKS) 259/68 des Rates v. 29.2.1968 zur Festlegung des Statuts der Beamten der Europäischen Gemeinschaften und der Beschäftigungsbedingungen für die sonstigen Bediensteten dieser Gemeinschaften sowie zur Einführung von Sondermaßnahmen, die vorübergehend auf die Beamten der Kommission anwendbar sind (Statut der Beamten), ABl. EG Nr. L 56 v. 4.3.1968, S. 1.

³⁶² Das Mandat von OLAF geht also über den Kernbereich des Schutzes finanzieller Interessen hinaus, vgl. *Brüner/Spitzer,* in: Sieber u. a. (Hrsg.), § 43 Rn. 4, 34; *Strobel,* S. 43 ff., fordert einen Zusammenhang mit Finanzstraftaten; auch *Groussot/Popov,* CMLRev 47 (2010), 605 (606); *Tittor,* S. 32 ff.: nur diese enge Aufgabenzuweisung sei von der OLAF-VO gedeckt; zudem droht eine Überschneidung der Aufgabenbereiche von IDOC und OLAF; a. A. *Kuhl/Spitzer,* EuR 2000, 671 (679), allerdings ohne Angabe von Gründen.

³⁶³ Ausführlich zu potenziell von internen Kontrollen Betroffenen: *Strobel,* S. 205 f.; *Weitendorf,* S. 198 ff. Zu den Wirtschaftsteilnehmern: *Tittor,* S. 51 f. – *Brüner/Spitzer,* in: Sieber u. a. (Hrsg.), § 43 Rn. 29 f., zu sonstigen Aufgaben (z. B. Prävention).

³⁶⁴ Zur Rechtmäßigkeit der Gründungsakte: *EuGH* Rs. C-11/00 (KOM/EZB), 10.7.2003, Slg. 2003, I-7147; Rs. C-15/00 (KOM/EIB), 10.7.2003, Slg. 2003, I-7281; *EuG* Rs. T-17/00 (Rothley u. a./EP), 26.2.2002, Slg. 2002, II-579 (Mandatsfreiheit, Immunität); s. a. *Harksen,* S. 14 ff.; *Sticht,* S. 10 ff.

³⁶⁵ Neben Art. 317 AEUV, dazu *Zöller,* in: Böse (Hrsg.), § 22 Rn. 5 f.; *Xanthaki,* in: Stefanou u. a. (Hrsg.), S. 15. – Zur Entstehungsgeschichte: *Kuhl/Spitzer,* EuR 2000, 671 (672 ff.); zu UCLAF: *Brüner/Spitzer,* in: Sieber u. a. (Hrsg.), § 43 Rn. 17 ff.; *Zöller,* in: Böse (Hrsg.), § 22 Rn. 1 ff.; *Sticht,* S. 6 ff.; *Strobel,* S. 31 ff.; *Haus,* EuZW 2000, 745 (746 f.); *Xanthaki,* in: Stefanou u. a. (Hrsg.), S. 1 ff. – Zur Abgrenzung zu anderen internen Schutzmechanismen: IDOC (= Investigation and Disciplinary Office of the Commission) soll beamtenrechtliche Pflichtverletzungen sanktionieren. Zudem werden alle Unionsorgane durch einen Innenrevisor kontrolliert, bei der Kommission, als größtem Mittelverwalter, zusätzlich durch den IAS (= Internal Audit Service). Zur Kontrolle berufen sind auch das Parlament und der Rat, v. a. im Haushaltsentlastungsverfahren (Art. 319 Abs. 1 AEUV). Der Rechnungshof prüft die Haushaltsführung auf Systemschwächen hin; vgl. *Strobel,* S. 78 ff.; *Weber,* S. 41 ff.; *Brüner/Spitzer,* in: Sieber u. a. (Hrsg.), § 43 Rn. 5 ff.; *Billwiller,* S. 36 ff.; *Harksen,* S. 65 ff.; *Tittor,* S. 101 ff.

den die organisatorischen und administrativen Arbeitsvoraussetzungen geschaffen, die eigentlichen Ermittlungsbefugnisse enthält die VO (EG) 1073/1999 (im Folgenden „OLAF-VO")[366] bzw. seit dem 1.10.2013 die VO (EU/EURATOM) 883/2013[367]. Mit der VO (EG) 1073/1999 wurde erstmals eine rechtliche Basis für interne Untersuchungen geschaffen. Zusätzlich waren auf die Organisationshoheit der jeweiligen Institutionen gestützte Ermächtigungsgrundlagen erforderlich.[368] Regelungen über interne Untersuchungen finden sich außerdem im *Beamtenstatut (BeaSt)*.[369] Zugleich wurde OLAF in der OLAF-VO zu Vor-Ort-Kontrollen ermächtigt (Art. 3 Abs. 2 OLAF-VO/Art. 3 Abs. 1 UAbs. 2 VO 883/2013), eine Kompetenz, die bis dahin nur der Kommission zustand. Aufgrund der Delegation ist auch die Kontroll-VO[370] zu beachten.

B. OLAF als Strafverfolgungsinstitution?

Die europarechtliche Literatur qualifiziert OLAF nicht als Strafverfolgungsorgan, sondern als *Verwaltungsbehörde* mit administrativen Untersuchungsbefugnissen.[371] Begründet wird dies nicht zuletzt mit den entsprechenden Begrifflich-

---

[366] VO (EG) 1073/1999 des Europäischen Parlaments und des Rates v. 25.5.1999 über die Untersuchungen des Europäischen Amtes für Betrugsbekämpfung (OLAF), ABl. EG Nr. L 136 v. 31.5.1999, S. 1. Vgl. *Zöller,* in: Böse (Hrsg.), § 22 Rn. 7 f.; *Strobel,* S. 108 ff., auch zu den weiteren Rechtsgrundlagen. – Da jedenfalls mittelfristig die bisherige Rechtsgrundlage weiterhin relevant sein wird, wird diese in der Darstellung vorrangig berücksichtigt. Auf Änderungen, die sich durch die Reform ergeben, wird gesondert hingewiesen.

[367] VO (EU/EURATOM) 883/2013 des Europäischen Parlaments und des Rates vom 11.9.2013 über die Untersuchungen des Europäischen Amtes für Betrugsbekämpfung (OLAF) und zur Aufhebung der Verordnung (EG) 1073/1999 des Europäischen Parlaments und des Rates und der Verordnung (Euratom) 1074/1999 des Rates, ABl. EU Nr. L 248 v. 18.9.2013, S. 1.

[368] Zum Erlass verpflichteten sich das Europäische Parlament, der Rat und die Kommission in einer *Interinstitutionellen Vereinbarung* v. 25.5.1999 über die internen Untersuchungen des Europäischen Amtes für Betrugsbekämpfung (OLAF), ABl. EG Nr. L 136 v. 31.5.1999, S. 16, der auch ein Standardbeschluss beigefügt ist. Der *EuGH* lässt nur wenige Modifikationen des Standardbeschlusses zu, *EuGH* Rs. C-11/00 (KOM/EZB), (Fn. 359); Rs. C-15/00 (KOM/EIB), (Fn. 359). Siehe dazu auch *Haus,* EuZW 2000, 745 (748 f.); *Kuhl/Spitzer,* EuR 2000, 671 (677); *Xanthaki,* in: Stefanou u.a. (Hrsg.), S. 15 (31 f.); *Wahl,* eucrim 2008, 120 (126).

[369] Art. 86 Abs. 2 BeaSt ermächtigt OLAF, Kontrollen durchzuführen, wenn es von Tatsachen Kenntnis erhält, die auf die Verletzung des BeaSt hindeuten. Die Verfahrensvorschriften finden sich in Anhang IX zum BeaSt (s. a. Art. 86 Abs. 3 BeaSt).

[370] VO (Euratom, EG) 2185/96 des Rates v. 11.11.1996 betreffend die Kontrollen und Überprüfungen vor Ort durch die Kommission zum Schutz der finanziellen Interessen der Europäischen Gemeinschaften vor Betrug und anderen Unregelmäßigkeiten, ABl. EG Nr. L 292 v. 15.11.1996, S. 2.

[371] Vgl. nur: *Zöller,* in: Böse (Hrsg.), § 22 Rn. 4; *Fleckenstein,* S. 56 ff.; *Brüner/Spitzer,* in: Sieber u.a. (Hrsg.), § 43 Rn. 1 f. *Sticht,* S. 62 ff., spricht lediglich von der Möglichkeit der Weiterentwicklung zu einer Strafverfolgungsbehörde; siehe auch *Kretsch-*

keiten der OLAF-VO – wie schon Art. 2 VO 1073/1999 spricht Art. 2 Nr. 4 VO 883/2013 von „Verwaltungsuntersuchungen" –, sowie der Tatsache, dass das Amt bei seiner Gründung nicht in der früheren Dritten Säule verortet wurde. Es fände zudem sonst als einziges Strafverfolgungsorgan seine Grundlage nicht in den Art. 85 ff. AEUV. Das Amt wird zudem, anders als die bereits behandelten Organisationen, nicht explizit in den Verträgen genannt. Vom administrativen Charakter der Akte OLAFs gehen auch das *EuG*[372] und das *GöD*[373] aus. Dabei betont vor allem das *EuG*, dass OLAF nicht[374] unmittelbar in Rechte eingreife und daher keine Strafverfolgungsbehörde sein könne.[375]

Andererseits offenbaren die organisatorische Struktur und Tätigkeit OLAFs ein Bild, das einer solchen Einordnung widerspricht: Die Befugnisse des Amtes weisen starke funktionale Bezüge zum strafrechtlichen Verfahren auf; zumindest Parallelen zur strafrechtlichen Ermittlungstätigkeit sind zudem bei der Aufgabenwahrnehmung erkennbar (siehe unter D.). Dies rechtfertigt auch die Klassifizierung als Institution der europäischen Strafverfolgung, insbesondere da dies, wie an Europol ersichtlich, nicht notwendigerweise polizeiliche oder justizielle Zwangsbefugnisse voraussetzt, wovon das *EuG* aber auszugehen scheint (dazu noch E.).[376] Für die hier befürwortete Einordnung spricht auch, dass sich die Aufgaben OLAFs mit denjenigen von Europol und Eurojust überschneiden können, so dass die Befugnisse des Amtes jedenfalls in den Bereich des Strafrechts hineinreichen.[377]

---

mer, JURA 2007, 169 (175); ausführlich *Spellberg*, S. 55 ff.; auch *Billwiller*, S. 94 ff.; *Harksen*, S. 191 ff.; *Weber*, S. 91 ff.

[372] Siehe *EuG* Rs. T-215/02 (Gómez-Reino/KOM), Beschl. v. 17.10.2002, Slg. ÖD 2002, I-A-199, II-1019; Rs. T-29/03 (Comunidad Autónoma de Andalucía/KOM), Beschl. v. 13.7.2004, Slg. 2004, II-2923; Rs. T-193/04 (Tillack/KOM), 4.10.2006, Slg. 2006, II-3995; Rs. T-48/05 (Franchet u. Byk/KOM), 8.7.2008, Slg. 2008, II-1585.

[373] *GöD* verb. Rs. F-5/05, F-7/05 (Violetti u. Schmit/KOM), 28.4.2009, Slg. ÖD 2009, I-A-1-83; II-A-1-473.

[374] Siehe aber *EuG* Rs. T-48/05 (Franchet und Byk/KOM), (Fn. 372).

[375] So *Brüner/Spitzer*, in: Sieber u.a. (Hrsg.), § 43 Rn. 2, wegen *EuGH* Rs. C-476/93 P (Nutral/KOM), 23.11.1995, Slg. 1995, I-4125 (zu UCLAF). Zwingend ist der Schluss indes nicht; der Gerichtshof nimmt in der Entscheidung lediglich Stellung zu Rechtswirkungen der Handlungen von OLAF, nicht zum strafrechtlichen Charakter seiner Arbeit.

[376] So *Brüner/Spitzer*, in: Sieber u.a. (Hrsg.), § 43 Rn. 3; s.a. *Covolo*, eucrim 2012, 83 f.; *Wade*, eucrim 2008, 128 (129 ff.). *Billwiller*, S. 96, meint, klassische strafprozessuale Befugnisse können auch im Verwaltungsrecht bestehen. Zum strafrechtlichen Charakter externer/interner Untersuchungen ausführlich: *Strobel*, S. 231–288, 303–320; auch *Gleß*, EuZW 1999, 618 (620). *Tittor*, S. 16 ff., spricht von strafrechtlicher Finalität, aber Ansiedlung zwischen Verwaltungs- und Strafrecht; sie leitet dies aus der fehlenden strafrechtlichen Kompetenz der EG her, S. 193 f.; s.a. *Wahl*, eucrim 2008, 120 (124).

[377] Zur Abgrenzung der Aufgaben und Zuständigkeitsbereiche: *Fawzy*, S. 106 ff.; *Covolo*, eucrim 2012, 83 (85); siehe auch *Brüner/Spitzer*, in: Sieber u.a. (Hrsg.), § 43 Rn. 16.

C. Datenverarbeitung bei OLAF

I. Umfang der Datenverarbeitung

Auch OLAF leistet sogenannte *Intelligence*-Arbeit, wobei die Regelungen diesbezüglich äußerst spärlich sind. Aus Art. 1 Abs. 2 OLAF-VO (jetzt Art. 1 Abs. 2 VO 883/2013) lässt sich eine Ermächtigung zum Informationsaustausch mit den Mitgliedstaaten entnehmen. Art. 2 Abs. 5 *lit.* b OLAF-Beschluss berechtigt OLAF zur Sammlung und Analyse von Informationen, ohne aber die Anforderungen im Einzelnen zu bestimmen; Art. 8 OLAF-VO (jetzt Art. 10 VO 883/2013) hält das Amt zum Datenschutz an.[378]

Mithilfe der Datenanalysen soll das Amt zur Entwicklung von Strategien für die Bekämpfung von Straftaten zu Lasten der finanziellen Interessen der Union beitragen.[379] Zu diesem Zweck wurde auch IRENE eingerichtet, eine Datenbank, in der Mitteilungen der Unionsstaaten über „Unregelmäßigkeiten" zentral gesammelt werden, sowie AFIS (= Anti-Fraud Information System). Beide Datenbanken werden unter anderem durch das Zollinformationssystem (ZIS) mit Informationen versorgt, dessen Verwaltung OLAF übertragen wurde.[380]

Es findet außerdem ein reger Informationsaustausch mit anderen europäischen Strafverfolgungsbehörden statt. Der Datenaustausch soll gemäß Art. 13 der VO 883/2013 sogar noch vertieft werden. Mit Eurojust war schon bisher der Austausch personenbezogener Daten möglich,[381] wobei dieser in erster Linie von OLAF ausging. Angesichts der repressiven Aufgaben von Eurojust ist eine Übermittlung an OLAF dagegen weitgehend ausgeschlossen (vgl. auch Art. 13 Abs. 1 UAbs. 2 VO 883/2013).[382]

II. Datenschutz durch den Europäischen Datenschutzbeauftragten

Ein wesentlicher Unterschied gegenüber den bereits behandelten Institutionen ist, dass der Schwerpunkt der Tätigkeit des Amtes weniger in der Sammlung und Analyse von Informationen liegt, sondern in deren *Beschaffung*. Im Hinblick auf die damit zusammenhängenden Verletzungen der informationellen Selbstbestimmung[383] kann daher weitgehend auf die folgenden Ausführungen verwiesen werden.

---

[378] Nach *White,* in: Stefanou u.a. (Hrsg.), S. 77 (80), finden sich weitergehende Regelungen lediglich in den sektoralen Regelungen (zu diesen noch C. IV.).

[379] Vgl. *Kuhl/Spitzer,* EuR 2000, 671 (681).

[380] Zu den Datenbanken: *Kuhl/Spitzer,* EuR 2000, 671 (681).

[381] Vgl. das Practical Agreement und das Memorandum of Understanding, abrufbar unter: http://eurojust.europa.eu/about/legal-framework/Pages/eurojust-legal-framework.aspx (zuletzt: 20.10.2013). S.a. *Fawzy,* S. 111 f.

[382] Vgl. *Tittor,* S. 222 ff.; *Postberg,* S. 139 f.

[383] Vgl. auch *Decker,* S. 288 ff.

§ 4 Kontrolle von OLAF

Die Kontrolle der nur untergeordneten Analysetätigkeit muss aber auch bei OLAF durch eine tatsächlich unabhängige Stelle mit effektiven Untersuchungsbefugnissen erfolgen. Hier wird der Unterschied zwischen den Institutionen der früheren Ersten und Dritten Säule deutlich, denn anders als Europol und Eurojust verfügt OLAF über eine externe Datenschutzkontrolle, die den Anforderungen des Art. 8 Abs. 3 GRC genügt: den *Europäischen Datenschutzbeauftragten* (EDSB, Art. 41 ff. VO 45/2001[384]).[385]

1. Echte Fremdkontrolle

Der EDSB wird im gegenseitigen Einvernehmen von Rat und Europäischem Parlament ernannt. Die Entscheidung wird auf Grundlage einer zuvor von der Kommission erstellten Liste mit geeigneten Kandidaten getroffen, die sich im Anschluss an eine öffentliche Ausschreibung beworben haben (Art. 42 Abs. 1 UAbs. 1 VO 45/2001; zu den Eignungsvoraussetzungen Art. 42 Abs. 2 VO 45/2001). Die Amtszeit des EDSB beträgt fünf Jahre, eine Wiederernennung ist zulässig (Art. 42 Abs. 1 UAbs. 1, Abs. 3 VO 45/2001). Gegen seinen Willen kann der Datenschutzbeauftragte nur auf Antrag des Europäischen Parlaments, des Rates oder der Kommission durch eine Entscheidung des Gerichtshofs seines Amtes enthoben werden (Art. 42 Abs. 4, 5 VO 45/2001). Er genießt Immunität nach den Art. 11–14 und Art. 17 EU-IP.[386] Zudem muss die Haushaltsbehörde der Union eine hinreichende Finanzierung und Ausstattung des Beauftragten sicherstellen (Art. 43 Abs. 2 VO 45/2001), so dass auch in finanzieller Hinsicht eine Einflussnahme durch einzelne Behörden ausgeschlossen ist.

2. Effektive objektive Kontrollen (Art. 27 VO 45/2001)

Der EDSB überwacht die Datenverarbeitung bei den einzelnen Institutionen der Union und arbeitet dabei eng mit den dort ebenfalls lokal einzurichtenden Datenschutzbeauftragten zusammen (Art. 24 ff. VO 45/2001). Auch OLAF verfügt über einen solchen innerbehördlichen Datenschutzbeauftragten.[387] Als sol-

---

[384] VO (EG) Nr. 45/2001 des Europäischen Parlaments und des Rates v. 18.12.2000 zum Schutz natürlicher Personen bei der Verarbeitung personenbezogener Daten durch die Organe und Einrichtungen der Gemeinschaft und zum freien Datenverkehr, ABl. EG Nr. L 8 v. 12.1.2001, S. 1.
[385] Vgl. etwa *Frenz*, Rn. 1486.
[386] Protokoll (Nr. 7) über die Vorrechte und Befreiungen der Europäischen Union, ABl. EU Nr. C 83 v. 30.3.2010, S. 266.
[387] Zur Doppelstruktur allg.: *Eckhardt*, S. 186 ff., auch zur Kritik daran, dass die Behörden die Datenschutzbeauftragten selbst wählen. – Der Datenschutzbeauftragte OLAFs wurde bislang nicht in den Rechtsgrundlagen erwähnt (jetzt aber Art. 10 Abs. 4 VO 883/2013). Seine Befugnisse sind in einer Entscheidung des OLAF-Direktors v. 19.12.2008 niedergelegt, abrufbar unter: http://ec.europa.eu/anti_fraud/about-us/data-protection/dpo/index_en.htm (zuletzt: 20.10.2013).

cher soll er den EDSB über besondere Datenschutzrisiken informieren. Hinzu kommen verschiedene Unterrichtungspflichten seitens der verschiedenen der Kontrolle des EDSB unterstellten Behörden (vgl. etwa Art. 29 VO 45/2001).

Im Übrigen führt dieser selbst Untersuchungen bei den zu kontrollierenden Stellen durch, wenn ihm eine Datenverarbeitung gemeldet wird, die erhebliche Risiken für Rechte und Freiheiten der Betroffenen bedeutet (Art. 27 VO 45/2001). Die Regelung ist als umfassende Ermächtigung zu objektiven Vorabkontrollen zu verstehen.[388]

3. Individualbeschwerdeverfahren (Art. 32 f. VO 45/2001)

Auch durch unmittelbar an ihn gerichtete Beschwerden kann der EDSB Kenntnis von Datenverarbeitungsvorgängen erlangen. Jedermann kann sich an den Datenschutzbeauftragten wenden, wenn er glaubt, durch eine Einrichtung der Union, wie OLAF, bei der Verarbeitung ihn betreffender Daten in seinen Rechten aus Art. 16 AEUV verletzt worden zu sein (Art. 32 Abs. 2 UAbs. 1 VO 45/2001).[389] Das gilt auch für Unionsbedienstete (Art. 33 VO 45/2001).[390] Eine Frist besteht nicht.[391] Erhält der Beschwerdeführer nicht innerhalb von sechs Monaten Antwort, gilt die Beschwerde als abgelehnt (Art. 32 Abs. 2 UAbs. 2 VO 45/2001).

Gegen die Entscheidung des Datenschutzbeauftragten kann Klage zum Gerichtshof erhoben werden (Art. 32 Abs. 3 VO 45/2001). Der Betroffene müsste aber im Falle der Statthaftigkeit der Nichtigkeitsklage gegen den gerügten Verstoß diese parallel einlegen, um eine Verfristung zu vermeiden. Aufschiebende Wirkung hat das Verfahren vor dem EDSB nicht. Zwar ist gegen die „Entscheidung" des EDSB selbst Rechtsschutz nach Art. 32 Abs. 3 VO 45/2001 möglich – wegen der Anordnung der „Entscheidungswirkung" mittels der Nichtigkeitsklage nach Art. 263 Abs. 4 AEUV –, sie betrifft aber nicht die ursprüngliche Verletzung selbst.

4. Hinreichend effektive Kontroll- und Entscheidungsbefugnisse

Der EDSB kann den Beschwerdeführer unter anderem bei der Ausübung seiner Rechte beraten oder die betroffene Behörde zur Stellungnahme auffordern, die Erfüllung der Auskunfts-, Lösch- und sonstigen datenschutzrechtlichen Ansprüche des Betroffenen anordnen wie auch die weitere Verarbeitung der Informationen vorübergehend oder dauerhaft verbieten oder selbst ihre Löschung, Sperrung oder Berichtigung anordnen (vgl. Art. 47 Abs. 1 VO 45/2001).

---

[388] So auch *Eckhardt,* S. 197 f.
[389] *Eckhardt,* S. 203, kritisiert die vage Normierung des Beschwerderechts.
[390] Vgl. *Eckhardt,* S. 207, dazu, dass eine Popularbeschwerde möglich ist.
[391] Dazu auch *Eckhardt,* S. 205.

Er hat Zugang zu allen Räumlichkeiten und gespeicherten Informationen der verarbeitenden Stelle (Art. 47 Abs. 2 VO 45/2001). Zudem müssen die untersuchten Behörden den Datenschutzbeauftragten der Union in allen Belangen unterstützen (Art. 30 VO 45/2001). Im Extremfall kann er eine Nichtigkeitsklage zum Gerichtshof gegen die datenverarbeitende Stelle erheben[392] oder auf Seiten des Betroffen einem Verfahren beitreten (Art. 47 Abs. 1 UAbs. 2 *lit.* h, i VO 45/2001).

5. Fazit: Effektive Datenschutzkontrolle gemäß Art. 8 Abs. 3 GRC

Der wesentliche Fortschritt gegenüber der Datenschutzkontrolle bei Europol und Eurojust liegt darin, dass neben eine innerbehördliche Regulierungsstelle eine echte Fremdkontrolle durch eine Institution tritt, die mit der kontrollierten Stelle selbst in keiner Verbindung steht. Damit ist das zentrale Manko der Datenschutzkontrolle bei Eurojust und Europol bei OLAF beseitigt worden.

Zugleich verfügt der EDSB über die erforderlichen Kontrollbefugnisse, wobei insbesondere darauf hinzuweisen ist, dass er Daten selbst sperren oder löschen kann. Auch die vorübergehende Versagung der Verarbeitung stellt eine erhebliche Besserstellung des Betroffenen dar.

D. Echte Ermittlungsbefugnisse für OLAF

Im Folgenden sollen die (möglicherweise) grundrechtsbeeinträchtigenden Untersuchungsbefugnisse von OLAF vorgestellt werden. Dabei wird eine Differenzierung zwischen externen und internen Untersuchungen nur vorgenommen, wenn tatsächlich Unterschiede im Rahmen der Kompetenzen bestehen.[393]

I. Vorbereitung der Ermittlungen

Wird OLAF auf bestimmte Unregelmäßigkeiten aufmerksam gemacht (vgl. etwa Art. 7 Abs. 1 OLAF-VO/Art. 8 Abs. 1 VO 883/2013), etwa über seine Computersysteme, so führt es zunächst eine nicht näher geregelte, informelle Voruntersuchung durch, bei der es die Hinweise auf ihre Stichhaltigkeit hin überprüft. Sind keine hinreichenden Anhaltspunkte für eine Tat zu Lasten der finanziellen

---

[392] Vgl. aber Grabitz/Hilf/Nettesheim/*Sobotta,* Art. 16 AEUV Rn. 60, wonach der EDSB nicht zu den privilegiert Klageberechtigten des Art. 263 Abs. 2 AEUV zählt, sondern die Anforderungen des Absatzes 4 erfüllen muss.
[393] Ohnehin soll die Unterscheidung zwischen internen und externen Untersuchungen weitgehend aufgegeben werden; die Übergänge seien häufig fließend, vgl. auch Erwägungsgrund 21 zur VO 883/2013. Daher sollen künftig die Regeln bezüglich externer und interner Untersuchungen zeitgleich zur Anwendung kommen können (Art. 7 Abs. 4 VO 883/2013).

Interessen der Union oder eine sonstige in den Mandatsbereich von OLAF fallende Handlung vorhanden, wird die angelegte Akte als Non-Case geschlossen.[394]

II. Einleitung einer Untersuchung durch den OLAF-Direktor

Andernfalls wird ein formelles Verfahren eingeleitet: Die Entscheidung, ob eine Untersuchung durchgeführt wird, steht allein im Ermessen des Direktors (Art. 5 OLAF-VO/Art. 5 VO 883/2013). Er ist insoweit keinen Weisungen unterworfen (Art. 12 Abs. 3 OLAF-VO/Art. 17 Abs. 3 VO 883/2013). Die Einleitung muss lediglich den in Art. 1 Abs. 3 OLAF-VO bzw. Art. 1 Abs. 4 VO 883/2013 festgehaltenen Zielen dienen, der *Mandatsbereich* OLAFs muss also eröffnet sein.[395] Zudem muss gemäß Art. 5 Kontroll-VO bei externen Untersuchungen die *begründete Annahme* bestehen, dass eine Tat begangen wurde, für die OLAF zuständig ist.[396] Bei internen Untersuchungen war dies bisher nicht ausdrücklich geregelt, wird aber in der Praxis ebenso gehandhabt; OLAF wird also auch in diesem Rahmen nur tätig, wenn ein hinreichendes Verdachtsmoment gegeben ist. Dies hatte auch der *EuGH* gefordert;[397] eine Klarstellung ist in Art. 5 Abs. 1 VO 883/2013 erfolgt, der dies allgemein für „Untersuchungen" des Amtes fordert.

In der Praxis verfolgt das Amt bei internen Untersuchungen eine „Null-Toleranz"-Politik, während bei externen Untersuchungen der Ermessensspielraum größer ist. Hier spielen etwa die Schwere der Tat, das Ausmaß des finanziellen Schadens oder das öffentliche Interesse eine Rolle.[398]

Das Amt ist nicht auf eine Zustimmung des Mitgliedstaats, in dem die Untersuchungen stattfinden sollen bzw. in dem der Wirtschaftsteilnehmer seinen Sitz

---

[394] Vgl. *Daroussis,* S. 102, auch zur Prioritätensetzung; s. a. *Strobel,* S. 124, 206.

[395] Vgl. etwa: *Strobel,* S. 208.

[396] Zum „Verdachtsgrad": *Strobel,* S. 127 ff.; *Billwiller,* S. 143 ff.; zu allg. Voraussetzungen: *Fleckenstein,* S. 84 ff.; *Daroussis,* S. 80 ff. Da die Untersuchungen OLAFs als verwaltungsrechtliche (Vor-)Ermittlungen verstanden werden, ist das Doppelbestrafungsverbot nicht anwendbar, wenn das Amt zuerst ein Verfahren eingeleitet hat. Ist dagegen auf nationaler Ebene bereits eine verfahrensbeendende Entscheidung getroffen worden, so ist der Direktor von Europol nach Art. 6 Abs. 3 VO 2988/95 daran gehindert, ein Verfahren einzuleiten, vgl. *Decker,* S. 207. Vgl. *Billwiller,* S. 97 ff.; zu Implikationen des Verhältnismäßigkeitsgrundsatzes für parallele Ermittlungen.

[397] *EuGH* Rs. C-15/00 (KOM/EIB), (Fn. 359), Tz. 161 ff., begründet dies u. a. damit, dass die Kontroll-VO auch bei unechten externen Untersuchungen (III.) anwendbar sei. Zweifel an dieser Herleitung hegt: *Strobel,* S. 209 f.; aber auch *Tittor,* S. 36 ff., 277; *White,* in: Stefanou u. a. (Hrsg.), S. 77 (83).

[398] Näheres bei *Tittor,* S. 45 ff. Systematische Eingriffe kommen nach *Decker,* S. 208 f., wegen der differenzierten Ausübung des Ermessens nicht vor. Dennoch sind nur 10% aller Untersuchungen intern, vgl. HL Paper 139, Nr. 17. Zur Einführung des Opportunitätsprinzips: KOM (2011) 135 endg.; s. a. *Lingenthal,* ZEuS 2012, 195 (208).

hat, angewiesen.[399] Dasselbe gilt für die Einrichtungen der Union, die eine solche Zustimmung ohnehin im Voraus durch Abschluss der interinstitutionellen Vereinbarung (dazu Fn. 368) erteilt haben.

III. Ermittlungsmaßnahmen im Einzelnen (interne Untersuchungen)

OLAF hat *Zugang* zu allen Informationen und Räumlichkeiten aller Organe, Ämter oder sonstigen Einrichtungen der Union (Art. 4 OLAF-VO/Art. 4 VO 883/2013). Die von der Untersuchung Betroffenen müssen nicht anwesend sein; seine Befugnisse kann OLAF „ohne Voranmeldung" ausüben.[400]

Umstritten ist allerdings, ob auch eine *Durchsuchungsbefugnis* und eine Kompetenz zur Anordnung *von im Geheimen* durchgeführten Maßnahmen, also Telefonüberwachungen usw. aus Art. 4 Abs. 2 1. Spiegelstrich S. 1 OLAF-VO bzw. Art. 4 Abs. 2 *lit.* a VO 883/2013 abgeleitet werden können. Die weite Fassung des Informationszugangsrechts, die die Modalitäten gerade nicht regelt, scheint einer solchen Auslegung gegenüber zumindest offen zu sein. Dafür spricht auch, dass die Regelung weder eine Einwilligung der Behörden noch ihre Anwesenheit voraussetzt. Gegen die Zulässigkeit von verdeckten Maßnahmen wird allerdings allgemein eingewendet, dass OLAF nach Art. 4 Abs. 4 OLAF-VO (jetzt: Art. 4 Abs. 4 VO 883/2013) die betroffenen Dienststellen zeitgleich über jede Untersuchungshandlung informieren muss, die Norm von der Grundkonstellation her also von einer physischen Präsenz der Kontrolleure ausgehe.[401] Gegen eine Durchsuchungsbefugnis nach deutschem Verständnis spricht außerdem, dass dem Amt bei internen Untersuchungen Zwangsbefugnisse generell abgesprochen werden. Dem Verfahren liegt vielmehr der Gedanke der einvernehmlichen Kooperation zugrunde, was sich auch darin zeigt, dass die kontrollierten Einrichtungen selbst durch Abschluss bestimmter Vereinbarungen Einfluss auf die Reichweite der Kontrollen nehmen können.[402]

OLAF kann lediglich Kopien aller *Unterlagen* und Datenträger zur Beweissicherung anfertigen oder diese sonst *sicherstellen* (Art. 4 Abs. 2 1. Spiegelstrich S. 3 OLAF-VO/Art. 4 Abs. 2 *lit.* a VO 883/2013). Auch insoweit bestehen aber keine (direkten) Zwangsbefugnisse.[403] Allerdings haben die Organe ihre Mitarbeiter zur Zusammenarbeit mit OLAF verpflichtet. Verweigern sie die Mithilfe, setzen sie sich der Gefahr aus, dass gegen sie ein Disziplinarverfahren eröffnet

---

[399] Vgl. *Strobel,* S. 125. Die Verfahrenseinleitung muss auch ggü. dem Betroffenen weder begründet noch bekanntgegeben werden, vgl. *Decker,* S. 215 f.; *Billwiller,* S. 110 f.
[400] Vgl. *Haus,* EuZW 2000, 745 (748); *Strobel,* S. 223.
[401] Vgl. *Strobel,* S. 222.
[402] Zu den Argumenten: *Strobel,* S. 229.
[403] Siehe *Strobel,* S. 225.

wird.[404] Es kann daher von einem *faktischen Zwang zur Herausgabe* von zweckdienlichen Unterlagen etc. gesprochen werden. Zudem eröffnet Art. 4 Abs. 2 2. Spiegelstrich OLAF-VO bzw. Art. 4 Abs. 2 *lit.* b VO 883/2013 die Möglichkeit von *mündlichen Befragungen*.[405] Aus dem Unionsrecht, spezieller den interinstitutionellen Vereinbarungen i.V.m. Art. 4 Abs. 6 *lit.* a OLAF-VO bzw. Art. 4 Abs. 7 VO 883/2013, lässt sich auch eine Auskunfts*pflicht* herleiten, wobei auch bei einer Weigerung keine Vollstreckungsbefugnisse bestehen.[406]

Die Untersuchungen bei Wirtschaftsteilnehmern, bei denen Informationen, die im Zusammenhang mit internen Kontrollen stehen, vermutet werden (*unechte externe Untersuchungen*), richten sich nach den Regelungen für externe Untersuchungen, insoweit kann also auf die folgenden Ausführungen verwiesen werden. Das Amt konnte bisher von diesen Wirtschaftsteilnehmern zudem nach Art. 4 Abs. 3 UAbs. 3 OLAF-VO Informationen einholen. Eine Aussageverpflichtung bestand allerdings nicht, so dass die Eingriffsintensität geringer einzuschätzen ist.[407] Ob die Betroffenen darüber belehrt wurden, ist aus den Rechtsgrundlagen zumindest nicht ersichtlich, so dass nicht auszuschließen ist, dass diese von einem Aussagezwang ausgehen mussten.

Mit der VO 883/2013 verwischen die Grenzen zwischen internen und externen Untersuchungen zunehmend. Eine explizite Verweisung wurde daher nicht mehr als erforderlich erachtet. Vielmehr folgt die wechselseitige Anwendbarkeit der jeweiligen Befugnisse im Rahmen der als intern oder extern klassifizierten Untersuchung nun aus Art. 7 Abs. 4 VO 883/2013.

IV. Ermittlungsmaßnahmen im Einzelnen (externe Untersuchungen)

Bei externen Untersuchungen sind vielfach auch nationale Verfahrensvorschriften zu beachten, sie laufen daher in jedem Staat unterschiedlich ab (vgl. Art. 6 Abs. 1 UAbs. 3 Kontroll-VO),[408] eine Tatsache mit der sich verschiedenste Dissertationsvorhaben beschäftigen.[409] Die folgenden Ausführungen konzentrie-

---

[404] Vgl. *Strobel,* S. 229.

[405] Vgl. auch *Tittor,* S. 59, zur Reichweite.

[406] *Wahl,* eucrim 2008, 120 (125 f.), spricht von einer Pflicht zum „whistleblowing", die schon vor Befragungen greift. Dies stehe im krassen Widerspruch zum *Nemo-tenetur*-Grundsatz (Art. 48 GRC), da keine Ausnahme für selbstbelastende Aussagen vorgesehen ist, ebenso *Strobel,* S. 325; andererseits *Tittor,* S. 67 ff., der zufolge der Grundsatz in der Praxis beachtet wird, um die Verwertbarkeit der Aussagen nicht zu gefährden.

[407] Siehe *Strobel,* S. 227 f.; ebenso *Tittor,* S. 60.

[408] U.a. *Fleckenstein,* S. 77 ff.; zum Auffinden einschlägiger Normen: *Strobel,* S. 137 ff.

[409] Etwa: *Strobel,* S. 123, 152 ff.; für Österreich: *Fleckenstein,* S. 97–187, 196 ff.; für Portugal: *Billwiller,* S. 174 ff.; für Spanien: *Sticht,* S. 99 ff.; zu den OLAF-Kontrollen in

ren sich auf gemeinsame Vorgaben für alle Staaten. Art. 6 Abs. 1 UAbs. 1 Kontroll-VO stellt ohnehin klar, dass OLAF allein *verantwortlich* für die Vor-Ort-Kontrollen ist.[410] Ebenfalls nicht beachtet werden sektorale Untersuchungsbefugnisse. Sie sind gegenüber denjenigen nach der OLAF- und Kontroll-VO beschränkt[411] und müssen daher im Rahmen der Darstellung der Kontrollbedürfnisse nicht gesondert behandelt werden.

1. Selbstständige Kompetenzen

OLAF-Kontrolleuren ist auch im Rahmen von externen Untersuchungen Zugang zu allen Geschäftsräumen natürlicher und juristischer Personen zu gewähren (Art. 5 UAbs. 2 Kontroll-VO). Lediglich ausschließlich privat genutzte Räume unterliegen nicht dieser Regelung. Umstritten ist, ob die Norm nur ein Bewilligungsrecht[412] oder eine *Betretungsbefugnis* einräumt, wobei letztere keine Einwilligung des Wirtschaftsteilnehmers erfordern soll. Dass Art. 9 Abs. 2 Kontroll-VO eine Vollstreckungszuständigkeit der Mitgliedstaaten normiert, spricht weder zwingend für das eine noch für das andere. Insgesamt scheint die Differenzierung künstlich. OLAF-Kontrolleure dürfen jedenfalls Geschäftsräume betreten, ob nun mit vorheriger Einwilligung oder nach Zuhilfenahme der mitgliedstaatlichen Behörden.[413]

Bedeutsamer ist, ob sich aus der Norm ein *Durchsuchungsrecht* ergibt. Folge der Anerkennung einer solchen Befugnis wäre, dass nationale Richtervorbehalte keine Anwendung fänden, weil die Norm nicht auf nationale Vorschriften verweist.[414] Gegen die Übertragung einer so wesentlichen Befugnis spricht, dass sich eine originäre Durchsuchungsbefugnis deutlicher im Wortlaut des Art. 5 Kontroll-VO widerspiegeln müsste.[415] Schließlich ist nicht zu verkennen, dass –

Belgien: *Harksen*, S. 133 ff., 266 ff.; zu Griechenland: *Daroussis*, S. 165 ff.; für Italien: *Weber*, S. 165 ff.; für Deutschland etwa *Tittor*, S. 265 ff.; *Gemmel*, S. 125 ff.

[410] Die mitgliedstaatlichen Behörden werden lediglich unterstützend tätig (Art. 6 Abs. 6 OLAF-VO/Art. 7 Abs. 3 VO 883/2013; Art. 4 UAbs. 1 S. 2 Kontroll-VO), vgl. auch *Strobel*, S. 129 f.

[411] Mitunter sind die Voraussetzungen für das Tätigwerden verschieden, weil bei sektorbezogenen Kontrollen die Prüfung der Mittelverwaltung durch die Mitgliedstaaten im Vordergrund steht, vgl. *Strobel*, S. 179–203; s. a. *Wahl*, eucrim 2008, 120 (124).

[412] Etwa *Fleckenstein*, S. 192; dies ergebe sich u. a. aus Art. 9 Kontroll-VO, wonach mitgliedstaatliche Behörden bei einer Verweigerung Vollstreckungshilfe zu leisten haben.

[413] Vgl. *Strobel*, S. 159.

[414] Schon deswegen lehnt *Sticht*, S. 83 f., eine Durchsuchungsbefugnis ab. Zum Streitstand etwa *Strobel*, S. 160 ff. m.w.N., *Fleckenstein*, S. 192 f. und *Daroussis*, S. 111 f., die alle kein Durchsuchungsrecht aus Art. 5 UAbs. 2 Kontroll-VO ableiten wollen.

[415] Vgl. *Fleckenstein*, S. 193 f.; ausführlich *Gemmel*, S. 112 f.; *Harksen*, S. 199 ff.; *Weber*, S. 110 f.

anders als im Kartellverfahren, wo eine dem Art. 5 Kontroll-VO entsprechende Norm als Durchsuchungsrecht verstanden wird – eine solche Kompetenz zu einem erheblichen Konfliktpotenzial führen könnte, weil im Anschluss an das Ermittlungsverfahren durch OLAF ein nationales Strafverfahren durchgeführt werden muss, in dem die erhobenen Beweise verwertbar sein müssen, während die Kommission selbst das Verfahren durchführt.[416]

Ebenso wenig lässt sich angesichts des Wortlauts ein *Auskunfts- und Befragungsrecht* auf die Norm stützen.[417]

2. Blankettkompetenzen

Nach Art. 7 Abs. 1 Kontroll-VO sollen OLAF-Beamte Zugang zu allen zweckdienlichen *Unterlagen*[418] und *Informationen* haben. Die formellen Voraussetzungen und die Reichweite der einzelnen einschlägigen Befugnisse richten sich nach den nationalen Vorschriften. Art. 7 Abs. 1 Kontroll-VO enthält also keine unmittelbaren, auf das Sekundärrecht gestützte Ermittlungsbefugnisse; es hängt vom mitgliedstaatlichen Recht ab, ob OLAF-Kontrolleure *Durchsuchungen* oder *Befragungen*[419] durchführen dürfen.[420]

Im Hinblick auf Art. 7 Abs. 2 Kontroll-VO und Art. 9 UAbs. 1 Kontroll-VO gilt allerdings Folgendes: Wie die Kommission im kartellrechtlichen Verfahren, hat OLAF nur eine Anordnungs-, nicht aber eine Vollstreckungskompetenz. Eine eigenmächtige Durchführung von *Sicherungsmaßnahmen* durch OLAF-Kontrolleure ist ausgeschlossen; allerdings haben nationale Behörden Amtshilfe zu leisten, also etwa Unterlagen zu beschlagnahmen. Dazu sind sie durch das Loyalitätsgebot verpflichtet.[421] Umstritten ist, ob das Amt im Einvernehmen mit dem Betroffenen Beweisstücke selbst sichern darf. *Strobel* geht davon aus, dass dies zulässig ist, weil die Einwilligung einen Eingriff und damit die Ausübung von Zwang ausschließe und zudem Zwangsmaßnahmen nach Art. 7 Abs. 2 Kontroll-VO nur „erforderlichenfalls" durchzuführen seien.[422]

---

[416] *Strobel*, S. 161 f. Zudem ist dort eine Regelung wie Art. 7 OLAF-VO unbekannt.

[417] Vgl. *Strobel*, S. 163; *Fleckenstein*, S. 193.

[418] Inwiefern auch private Unterlagen Gegenstand der Untersuchung sein können, beschreibt *Harksen*, S. 202 f.

[419] Von einem unabhängigen Fragerecht scheint aber *Harksen*, S. 201, auszugehen; ebenso *Weber*, S. 111 f. Vgl. auch *Tittor*, S. 63 f. (informatorische Befragung).

[420] Für OLAF-Kontrolleure in Deutschland ist allein das Verwaltungsverfahrensrecht relevant, nicht die StPO, vgl. *Strobel*, S. 154 f., 164–171; *Gemmel*, S. 125 ff.

[421] Die Wendung „erforderlichenfalls" eröffnet kein Ermessen der nationalen Behörden: *Sticht*, S. 86. – Problematisch ist für Kontrollen in Deutschland, dass nur das Polizei- und Ordnungsrecht solche Sicherungsmittel vorsieht; dessen Anforderungen (gegenwärtige Gefahr etc.) dürften selten erfüllt sein, so *Strobel*, S. 172 ff., 177 f. Zum österr. Recht: *Fleckenstein*, S. 254 ff. Nach *Sticht*, S. 87, besteht keine Pflicht, Sicherungsmaßnahmen ins nationale Recht einzuführen. S. a. *Harksen*, S. 204 f.; *Weber*, S. 114 f.

V. Erstellung und Weiterleitung der Abschluss- und Zwischenberichte

Gemäß Art. 9 Abs. 1 OLAF-VO/Art. 11 Abs. 1 VO 883/2013 erstellt OLAF am Ende seiner Ermittlungen einen *Abschlussbericht*, der eine Zusammenfassung des Sachverhalts, eine Aufstellung der für die disziplinarische oder strafrechtliche Verfolgung erforderlichen Beweismittel und konkrete Maßnahmenempfehlungen enthalten soll, also einen Sanktionierungsvorschlag. Gemäß Art. 9 Abs. 3, 4 OLAF-VO/Art. 11 Abs. 3, 4 VO 883/2013 gehen diese Berichte an die zuständigen mitgliedstaatlichen oder unionalen Behörden und Institutionen, die dann ihrerseits gegebenenfalls rechtliche bzw. disziplinarische Maßnahmen einleiten. Die Berichte sind durch die mitgliedstaatlichen Gerichte in gleicher Weise wie die Untersuchungsberichte nationaler Kontrolleure als zulässige *Beweismittel* anzuerkennen (Art. 9 Abs. 2 S. 2 OLAF-VO/Art. 11 Abs. 2 VO 883/2013).[423]

Für die externen Untersuchungen enthalten die OLAF-Rechtsgrundlagen keine expliziten Vorgaben im Hinblick auf *Verteidigungsrechte*. Die Verfahrensrechte richten sich nach dem nationalen Recht. Soweit es interne Untersuchungen betrifft, ist vorgesehen, dass der betroffene Bedienstete der Union umgehend von der Untersuchung unterrichtet wird, sofern dadurch der Ermittlungserfolg nicht gefährdet wird. Er muss vor der Weiterleitung des Abschlussberichts, etwa an IDOC,[424] zu den Vorwürfen gehört werden (Art. 1 BeaSt Anhang IX). Auch fordern die meisten interinstitutionellen Vereinbarungen[425] einen förmlichen Einstellungsbeschluss und eine schriftliche Unterrichtung des Betroffenen, wenn der Verdacht gegen ihn nicht aufrecht erhalten werden kann.[426]

OLAF kann jederzeit auch sog. *Zwischenberichte* an die mitgliedstaatlichen Behörden richten, wenn Straftaten im Raum stehen, die Gegenstand eines nationalen Strafverfahrens sein können, unabhängig davon, ob die Erkenntnisse aus externen oder internen Ermittlungen stammen (Art. 10 OLAF-VO/Art. 12 VO 883/2013). Die Zwischeninformationen können dazu dienen, die Einleitung von (strafrechtlichen) Ermittlungen anzuregen oder die Ergreifung bestimmter Sicherungsmaßnahmen, etwa der Beschlagnahme von Dokumenten zur Sicherung des Untersuchungserfolgs. Anders als beim Abschlussbericht ist aber keine besondere Form für die Informationsübermittlung vorgesehen.[427] Die Weiterleitung steht zudem grundsätzlich im Ermessen des Amtes.[428] Es sind aber weitrei-

---

[422] Vgl. *Strobel*, S. 175.
[423] Zur Verwertung im Strafprozess: *Tittor*, S. 137 ff.
[424] Vgl. Fn. 365.
[425] Siehe Fn. 368.
[426] Siehe dazu *Strobel*, S. 216.
[427] *Tittor*, S. 133 ff., kritisiert die aus der Formlosigkeit folgende Unklarheit bezüglich Zweck und Inhalt der Berichte, sowie darüber, welche Verfahrensrechte zu beachten sind.
[428] Siehe *Strobel*, S. 135. Nach HL 129, Nr. 47, schränken die im Folgenden beschriebenen Pflichten dieses Ermessen jedoch (zu) stark ein.

chende Übermittlungspflichten vorgesehen, etwa in Art. 8 Abs. 2 Kontroll-VO: Danach muss der Mitgliedstaat, auf dessen Hoheitsgebiet Vor-Ort-Kontrollen stattgefunden haben, so schnell wie möglich über die Ergebnisse der Ermittlungen informiert werden, also mitunter vor der Fertigstellung des Abschlussberichts.[429] Ähnliches gilt nach Art. 10 Abs. 3 OLAF-VO/Art. 4 Abs. 4 S. 2 VO 883/2013 für interne Untersuchungen: Sofern ein Mitarbeiter einer Stelle verdächtigt wird, in Handlungen verstrickt zu sein, die von OLAF untersucht werden, ist dies der Anstellungsbehörde mitzuteilen; die Meldung kann lediglich verzögert werden, wenn dies zur Sicherung des Ermittlungserfolgs erforderlich erscheint (Art. 4 Abs. 5 OLAF-VO/Art. 4 Abs. 6 UAbs. 3 VO 883/2013).

VI. Fazit: Klassische strafprozessuale Befugnisse

Anders als die anderen unionalen Strafverfolgungsbehörden hat OLAF eigene Ermittlungsbefugnisse im herkömmlichen Sinne. Es kann durch seine Kompetenzen in klassische Grundrechte eingreifen, etwa die Unverletzlichkeit der Geschäftsräume als Ausprägung des Wohnungsgrundrechts, indem es entsprechende Zwangsmaßnahmen anordnet.[430] Dass die Vollstreckung durch mitgliedstaatliche Behörden erfolgt, ändert daran nichts. Nicht umsonst unterscheidet auch die deutsche Rechtsordnung zwischen der Beschwer durch die *Anordnung* einer Maßnahme und durch die Art und Weise der Durchführung. Schon in der Anordnung selbst kann die Verletzung eines Grundrechts begründet sein, etwa wenn die gesetzlichen Voraussetzungen nicht vorliegen oder gegen das Verhältnismäßigkeitsprinzip verstoßen wird.

Als strafprozessuale Maßnahmen,[431] gegen die nach dem Vorangegangenen zumindest potenziell Rechtsschutz gewährt werden muss, sind auch die Verfahrenseinleitung durch den OLAF-Direktor, die einzelnen Ermittlungsbefugnisse und die Erstellung und Weitergabe des Untersuchungsberichts wie auch der Zwi-

---

[429] Zum Verhältnis zur OLAF-VO: *Strobel,* S. 135.
[430] Vgl. Meyer/*Bernsdorff,* Art. 7 Rn. 23. Allg.: *Bitter,* in: Walter-Hallstein-Symposium, S. 9 (10 f.). Die Integrität der Geschäftsräume steht nach *Decker,* S. 236 ff., nur bei externen Untersuchungen in Frage; die Büroräume der Unionsbediensteten seien diesen nicht zu ihrer ständigen Verfügung überlassen. – Sowohl in der den OLAF-Kontrolleuren möglichen Informationssammlung, als auch in den Durchsuchungen und dem Sichern von Dokumenten, v. a. aber in der Erstellung des Untersuchungsberichts und seiner Weitergabe an Dritte, wodurch alle Informationen gebündelt und verschiedenen nationalen Stellen zugänglich gemacht werden, ist zudem ein Eingriff in die *informationelle Selbstbestimmung* zu sehen. Zur Rechtfertigung *Decker,* S. 291: Nachdem gegen Tatverdächtige nur vorgegangen werden kann, wenn bestimmte Beweise vorliegen, sei die Sammlung der Informationen ebenso *erforderlich* wie, dass sie den zuständigen Stellen zur Verfügung gestellt werden. Auch die Angemessenheit sei gegeben, da der Beweiszwang, der auch zum Schutz der Betroffenen bestehe, die Informationssammlung geradezu diktiere.
[431] Vgl. auch *Tittor,* S. 265 ff.

schenberichte einzuordnen. Ob eine gerichtliche Beschwerdemöglichkeit tatsächlich in jedem dieser Einzelfälle unmittelbar und sofort gewährt werden muss, gilt es im Folgenden zu prüfen.

VII. Exkurs: Teilnahme an Gemeinsamen Ermittlungsgruppen

Wie auch Eurojust-Mitarbeiter, die nicht als nationale Mitglieder berufen sind, ist es den Mitarbeitern von OLAF möglich, an Gemeinsamen Ermittlungsgruppen unterstützend, also nicht als Vollmitglied, teilzunehmen.[432] Eine explizite Regelung der Jurisdiktionsgewalt nationaler Gerichte fehlt auch insoweit. Es ist auf die Ausführungen in Bezug auf Eurojust zu verweisen (§ 2 B. III.).

E. Kontrolle von OLAF nach den Grundsätzen der Rechtsprechung

Die europäischen Gerichte wurden in der Vergangenheit wiederholt mit der Prüfung der genannten OLAF-Maßnahmen befasst, teilweise im Wege der Nichtigkeitsklage, unter anderem in der Form einstweiligen Rechtsschutzes, zum Teil durch eine „Beamtenklage". Das *EuG* ist dabei für Nichtigkeitsklagen Privater zuständig (II.), das *GöD* für Klagen von Personen, die unter das Beamtenstatut fallen. Nur bis 2005 das *GöD* gegründet wurde, war das *EuG* auch für diese beamtenrechtlichen Streitigkeiten zuständig (I.).

I. Gerichtlicher Rechtsschutz im Rahmen von internen Untersuchungen

1. Primärrechtsschutz mittels der Beamtennichtigkeitsklage

Die Bediensteten der Union können gegen die Akte OLAFs Klage nach Art. 270 AEUV (zum GöD) erheben. Die (Beamten-)Nichtigkeitsklage ist allerdings nach Art. 91 Abs. 2 BeaSt subsidiär gegenüber der Beschwerde zum Direktor von OLAF nach Art. 14 OLAF-VO[433] i.V.m. Art. 90a, 90 Abs. 2 BeaSt. Dieses Beschwerdeverfahren ist als Vorverfahren zu verstehen. Erst gegen den ablehnenden Bescheid des Direktors kann die Klage erhoben werden, wobei das Gericht dann unmittelbar mit der Handlung befasst wird, gegen die die Beschwerde gerichtet ist, nicht mit der Entscheidung des Direktors.[434]

Voraussetzung sowohl der Beschwerde als auch der Beamtenklage ist, dass die angegriffene Handlung als Rechtsakt mit Außenwirkung qualifiziert werden

---

[432] Zum Beitrag OLAFs: *de Moor,* eucrim 2009, 94 (95 ff.).
[433] Die ohnehin redundante Regelung des Art. 14 OLAF-VO entfällt in der VO 883/2013.
[434] *EuG* Rs. T-309/03 (Camós-Grau/KOM), 6.4.2006, Slg. 2006, II-1173, Tz. 43: Die Aufhebung der Beschwerdeentscheidung muss nicht beantragt werden. Vgl. auch: *Tittor,* S. 161 f.; *Xanthaki,* in: Stefanou u. a. (Hrsg.), S. 35 (56); sowie die folgenden Fn.

kann, der den Kläger unmittelbar betrifft. Nach der Rechtsprechung des bis 2005 erstinstanzlich zuständigen *EuG* ist diese Voraussetzung bei Akten OLAFs generell nicht erfüllt: Eine im Beamtenstatut garantierte Rechtsposition könne unmittelbar nur durch eine *abschließende Maßnahme* beeinträchtigt werden: Jedenfalls in der *Einleitung des Verfahrens* und dem Betreten oder der Durchsuchung von Büroräumen liege daher kein tauglicher Akt, der mit der Beschwerde nach Art. 90 BeaSt bzw. der Nichtigkeitsklage angegriffen werden könne.[435] Dasselbe gelte für das Verlangen der Vorlage von Dokumenten und die von OLAF durchgeführten Befragungen. All diese *Ermittlungsbefugnisse* hätten lediglich vorbereitenden Charakter und könnten somit selbst keine belastende Wirkung entfalten. Die beschriebenen Akte seien zu unkonkret, nicht selbstständig, sondern vielmehr eine Zwischenentscheidung. Auch seien sie zu wenig intensiv, es ergäben sich nicht unmittelbar Pflichten des Untersuchungsgegners daraus, so dass selbst Verfahrensmängel unerheblich erscheinen. Ein Eingriff könne nur durch die Entscheidung der jeweiligen sanktionierenden Stellen erfolgen. Lediglich inzident, im Rahmen der Überprüfung der Disziplinarmaßnahmen, die nicht von OLAF selbst verhängt werden, können auch diese Maßnahmen überprüft werden.[436] Selbst dem von OLAF erstellten *Abschlussbericht,* der zum Zwecke der Sanktionierung wegen der darin beschriebenen Verhaltensweisen an die unionalen oder nationalen Disziplinar- oder Strafverfolgungsbehörden weitergeleitet wird, wird mit diesem Argument der beschwerende Charakter abgesprochen. Ein Abschluss der Ermittlungen finde erst durch das nationale Straf- bzw. Disziplinarverfahren statt, der Abschlussbericht als „vorbereitende Maßnahme" habe dagegen noch keine zwingenden Folgen. Die Adressaten könnten frei darüber entscheiden, ob ein Verfahren erforderlich ist. Dagegen sei durch die Übermittlung der Informationen an sich, losgelöst von den Folgemaßnahmen, eine Rechtsverletzung nicht denkbar.[437]

Dies hat sich auch durch das Urteil in der Sache *Franchet* und *Byk*[438] nicht geändert. Zwar nimmt das *EuG* dort an, dass ein Schaden durch die Übermittlung der Informationen auch losgelöst von Disziplinar- oder Strafverfahren eintreten könne, so dass diese nicht erst abgewartet werden müssten. Das Verhalten OLAFs könne daher unmittelbar zum Gegenstand einer Schadensersatzklage gemacht werden. Darin eine Abweichung von der bisherigen Rechtsprechung zur Zulässigkeit der Nichtigkeitsklage zu sehen, geht aber zu weit. Ausdrücklich bezieht sich die Rechtsprechung nur auf die Schadensersatzklage (dazu sogleich noch), nicht auf den primären Rechtsschutz. Dies bestätigt auch die Rechtsmittel-

---

[435] So *Decker,* S. 238 f., zu *EuGH* Rs. C-471/02 P(R) (Gómez-Reino/KOM), (Fn. 372), Tz. 65.
[436] Ausführlich: *Decker,* S. 87 ff.; 218, u. a. unter Hinweis auf *EuG* Rs. T-96/03 (Camós-Grau/KOM), 9.6.2004, Slg. 2004, II-707, Tz. 30 ff.
[437] *EuG* Rs. T-309/03 (Camós-Grau/KOM), (Fn. 434), Tz. 47 ff.
[438] *EuG* Rs. T-48/05 (Franchet und Byk/KOM), (Fn. 372), Tz. 90 ff.

entscheidung in der Sache *Violetti* und *Schmit*.[439] Im Ausgangsrechtsstreit hatte das *GöD* angenommen, dass jedenfalls Angestellte der Union gegen die Übermittlung eines Zwischenberichtes an nationale Strafverfolgungsbehörden nach Art. 10 Abs. 2 S. 1 OLAF-VO/Art. 12 Abs. 1 VO 883/2013 Nichtigkeitsklage erheben können, weil dies trotz des nicht-abschließenden Charakters der Maßnahme einen beschwerenden Akt darstelle. Das *GöD* rechtfertigte die Abweichung von der bisherigen Rechtsprechung des *EuG*[440] ausdrücklich damit, dass die von Untersuchungsmaßnahmen betroffenen Bediensteten der Union anders als die externen Wirtschaftsteilnehmer nicht ausreichend durch Verfahrensrechte abgesichert würden, da bei internen Untersuchungen nur die Unionsgerichte deren Einhaltung (rechtzeitig) prüfen könnten. Sie seien zudem durch die mögliche Strafverfolgung unmittelbar in Bezug auf ihre Karriere und finanzielle Situation betroffen (wegen der regelmäßigen Beurteilung der Amtsführung etc.). Zugleich weist das *GöD* darauf hin, dass Art. 90a BeaSt gerade zur Gewährung eines effektiven Rechtsschutzes gegen OLAF eingeführt wurde. Es sei vor diesem Hintergrund eine Abweichung von der bis dahin ständigen Rechtsprechung angezeigt und nun auch möglich.[441] Das *EuG* folgte dem *GöD* jedoch nicht, sondern bestätigte die bisherige Rechtsprechungslinie, wonach die Nichtigkeitsklage – wie auch die Beschwerde – nur gegen abschließende Akte zulässig sei.[442]

Sollte ein Betroffener tatsächlich mit einer Nichtigkeitsklage Erfolg haben, so wäre ein solches Urteil ohnehin kaum umzusetzen, da die Kommission als richtiger Klagegegner – OLAF ist nur eine Dienststelle der Kommission – keine Mittel hätte, das Urteil gegen OLAF durchzusetzen. Die Unabhängigkeit des Amtes ist schließlich durch verschiedene Schutzmechanismen abgesichert.[443]

2. Mittelbarer Rechtsschutz über Klagen gegen Folgemaßnahmen

Ein *unmittelbarer* gerichtlicher ex-post-Rechtsschutz ist nach der derzeitigen Rechtsprechungslinie also weitgehend ausgeschlossen. Es besteht lediglich die Möglichkeit, etwaige Rechtsverletzungen anlässlich des auf den Untersuchungen basierenden Disziplinarverfahrens rechtlich überprüfen zu lassen, zum Beispiel indem ein *Rechtsmittel gegen eine Disziplinarmaßnahme* eingelegt wird oder während des Verfahrens zur Verhängung einer solchen Maßnahme auf das unrechtmäßige Verhalten der OLAF-Kontrolleure hingewiesen wird.[444]

---

[439] *EuG* Rs. T-261/09 P (KOM/Violetti u. a.), 20.5.2010.
[440] Vgl. noch Fn. 453.
[441] Siehe *GöD* verb. Rs. F-5/05, F-7/05 (Violetti u. a./KOM), (Fn. 373), Tz. 69–97; dazu *Groussot/Popov*, CMLRev 47 (2010), 605 (612 ff.); *Kraemer*, CMLRev 46 (2009), 1873 (1907 f.).
[442] *EuG* Rs. T-261/09 P (KOM/Violetti u. a.), (Fn. 439), Tz. 49–77.
[443] Siehe *Haus*, EuZW 2000, 745 (749).
[444] Vgl. *Weitendorf*, S. 183; *Brüner/Spitzer*, in: Sieber u. a. (Hrsg.), § 43 Rn. 62.

Wird aufgrund der Erkenntnisse von OLAF aus den Untersuchungen zusätzlich ein *Strafverfahren vor einem nationalen Gericht* eröffnet, besteht auch die Möglichkeit, die Rechtmäßigkeit der Handlungen in einem Vorabentscheidungsverfahren nach Art. 267 AEUV überprüfen zu lassen oder abstrakt die Frage zu klären, wie weit die Berücksichtigungspflicht im Hinblick auf die mitgeteilten Informationen geht.[445] Dagegen hat der mitgliedstaatliche Richter selbst nicht die Möglichkeit, die von OLAF vorgelegten Beweise mittels eines Verwertungsverbots zu verwerfen, da es sich bei dem Abschlussbericht um einen Unionsakt handelt.[446]

Somit steht aber kein auch nur mittelbar gegen OLAF gerichteter Rechtsschutz zur Verfügung, wenn kein Disziplinar- oder Strafverfahren eingeleitet wird, was, wie das *EuG* nicht müde wird zu betonen, im „Ermessen" der Dienststellen und nationalen Strafverfolgungsbehörden liegt.

3. Kein vorbeugender Rechtsschutz

Auch *vorbeugender Rechtsschutz,* also Rechtsschutz gegen eine befürchtete, bevorstehende Verletzung im laufenden Verfahren, ist nach den Grundsätzen der unionsgerichtlichen Rechtsprechung für interne Untersuchungen bisher nicht zu erlangen, weil die Klage in der Hauptsache schon nicht zulässig wäre. Die nationalen Gerichte, die zwar unter engen Voraussetzungen vorbeugenden Rechtsschutz gewähren können, sind im Bereich der internen Untersuchungen nicht zuständig, da OLAF eine Unionseinrichtung ist und gegen Unionsbedienstete vorgeht. Es fehlt also schon an einem Anknüpfungspunkt für die nationale Gerichtszuständigkeit.[447]

Die Beschwerde nach dem Beamtenstatut und die Nichtigkeitsklage haben zudem selbst keine aufschiebende Wirkung (Art. 278 AEUV). Das Unionsrecht

---

[445] Siehe *Brüner/Spitzer,* in: Sieber u.a. (Hrsg.), § 43 Rn. 62; *Tittor,* S. 185 f. – Die Immunität nach Art. 12 EU-IP sollte einem Strafverfahren nicht entgegenstehen. Gemäß Art. 18 EU-IP werden die Vorrechte im Interesse der Union gewährt. Ein Unionsbediensteter, der finanzielle Interessen der EU schädigt, handelt aber nicht in deren Interesse. Zudem soll die Immunität die Funktionsfähigkeit der EU absichern; die Aufrechterhaltung liefe diesem Ziel im Falle der Untersuchungsgegenstände von OLAF aber zuwider. Die Immunität wäre also aufzuheben, s.a. *Weitendorf,* S. 210 ff. Allgemein: *White,* in: Stefanou u.a. (Hrsg.), S. 77 (98 ff.).

[446] Vgl. auch *Strobel,* S. 333, auch unter Bezugnahme auf *GöD* verb. Rs. F-5/05, F-7/05 (Violetti u. Schmit/KOM), (Fn. 373), Tz. 78. Ausführlich *Tittor,* S. 145 ff. Selbst wenn eine richterliche Überprüfung formell Voraussetzung sein sollte, etwa bei der Anordnung einer Durchsuchung, so bezöge diese sich nicht auf die Anordnungen von OLAF selbst, da insoweit keine nationale Hoheitsgewalt vorliegt, etwa *Weitendorf,* S. 234.

[447] Vgl. *Weitendorf,* S. 167 ff.; *Brüner/Spitzer,* EuR 2008, 859 (868).

kennt zwar *einstweiligen Rechtsschutz*,[448] dafür ist allerdings Voraussetzung, dass ein Hauptsacheverfahren unverzüglich eingeleitet wird. Nachdem ein solches aber für die typischen Eingriffe nach der derzeitigen Rechtsprechung nicht anhängig gemacht werden kann, ist einstweiliger Rechtsschutz nicht zu erlangen und nach Ansicht des *EuG* auch nicht erforderlich, weil ein vorbereitender Akt nicht beschwerend sein könne.[449]

4. Allein Sekundärrechtsschutz

Nicht ausgeschlossen ist nach herrschender Ansicht dagegen eine *Schadensersatzklage wegen außervertraglicher Haftung* nach Art. 268 i.V.m. Art. 340 Abs. 2 AEUV für Rechtsverletzungen durch Akte von OLAF, selbst wenn gegen diese eine Nichtigkeitsklage nicht erhoben werden kann.[450] Allerdings scheint schon der Nachweis der Kausalität bei anderen Maßnahmen als der Übermittlung des Abschlussberichts schwerlich möglich.[451] Nachdem zudem schon mehrfach auf die Zweifelhaftigkeit des Ersatzes – eben nicht nur der Ergänzung – des Primärrechtsschutzes durch Schadensersatzansprüche hingewiesen wurde, soll es hier bei dieser Anmerkung bleiben.[452]

II. Rechtsschutz im Rahmen von externen Untersuchungen

Bei externen Untersuchungen ist der Rechtsweg zum *EuG* nach den allgemeinen Grundsätzen eröffnet. Der betroffene Wirtschaftsteilnehmer kann also mit einer *Nichtigkeitsklage nach Art. 263 Abs. 4 AEUV* Handlungen von OLAF überprüfen lassen, wenn er durch sie konkret und unmittelbar betroffen ist. Es tritt

---

[448] Anders wohl *Weitendorf*, S. 179 f., die meint, dass anders als bei Art. 91 Abs. 2 BeaSt nicht gefordert werde, dass das Beschwerdeverfahren bereits durchgeführt wurde; dagegen *Tittor*, S. 181, *GöD* verb. Rs. F-5/05, F-7/05 (Violetti u. a./KOM), (Fn. 373), Tz. 81.

[449] *EuG* Rs. T-261/09 P (KOM/Violetti u. a.), (Fn. 439), Tz. 60.

[450] Vgl. schon *EuG Rs.* T-309/03 (Camós-Grau/KOM), (Fn. 434), Tz. 62 ff.; s. a. *EuG* Rs. T-261/09 P (KOM/Violetti u. a.), (Fn. 439), Tz. 59, 69; auch *Brüner/Spitzer*, in: Sieber u. a. (Hrsg.), § 43 Rn. 61. Ausführlich zur Anwendbarkeit: *Tittor*, S. 177 ff. *Groussot/Popov*, CMLRev 47 (2010), 605 (615 ff.), nehmen an, dass wegen der Einführung des Art. 90a BeaSt auch Schadensersatzklagen eine vorherige Beschwerde nach dem BeaSt voraussetzen und auch nur unter denselben Voraussetzungen zulässig seien. Das *EuG* hat in der Rechtssache *Franchet* und *Byk* II aber noch einmal die *Camós-Grau*-Rechtsprechung bestätigt (*EuG* Rs. T-48/05 (Franchet u. Byk/KOM), (Fn. 372), Tz. 90 f.; vgl. auch *GöD* verb. Rs. F-5/05, F-7/05 (Violetti u. a./KOM), (Fn. 373), Tz. 120 ff.). Eingelegt werden muss die Beschwerde nur, wenn ein anfechtbarer Akt im Raum steht. Andernfalls ist ein Antrag nach Art. 90 Abs. 1 BeaSt zu stellen. *Balogová*, eucrim 2008, 142 (143 ff.), bietet einen Überblick über die bisherige Rechtsprechung.

[451] Vgl. *Tittor*, S. 180 f.

[452] Kritisch auch *Xanthaki*, in: Stefanou u. a. (Hrsg.), S. 35 (55 f.); *Tittor*, S. 182; a. A. *Balogová*, eucrim 2008, 142 (144).

hier jedoch dieselbe Problematik auf wie bei internen Untersuchungen; das Kriterium des *abschließenden Charakters* hindert eine effektive Überprüfung der OLAF-Akte. Unmittelbare Rechtswirkungen seien selbst bei der Weiterleitung des Untersuchungsberichts ausgeschlossen, weil diese nicht zwangsläufig zur Einleitung eines Ermittlungsverfahrens führe.[453] Ex-post-Rechtsschutz durch die Unionsgerichte wird Betroffenen also auch im Rahmen von externen Untersuchungen verwehrt. Sollte aufgrund der von OLAF gewonnenen Erkenntnisse ein *nationales Strafverfahren* eingeleitet werden,[454] kann die Rechtmäßigkeit der Handlungen des Amtes lediglich im Rahmen von *Vorabentscheidungsverfahren* überprüft werden.[455]

(Unionaler) gerichtlicher Rechtsschutz steht deshalb auch *während der laufenden externen Untersuchung* nicht zu Verfügung. Vor den nationalen Gerichten ist einstweiliger Rechtsschutz ebenfalls nicht zu erreichen: Im Hinblick auf die Ermittlungsbefugnisse OLAFs findet ein kooperativer Vollzug statt; die Anordnungsbefugnis richtet sich nach Unionsrecht, für den Vollzug ist das nationale Recht der Mitgliedstaaten anzuwenden. Der Rechtsschutz gegen die Art und Weise des Vorgehens der Vollstreckungsbeamten richtet sich zwar nach dem nationalen Recht.[456] Die nationalen Kontrollmöglichkeiten im Hinblick auf die Anordnung der Zwangsmaßnahmen, etwa im Rahmen des Richtervorbehalts, sind dagegen beschränkt auf eine Willkür- und *ultra vires*-Kontrolle und eine Prüfung auf *offensichtliche* Unverhältnismäßigkeit. Insbesondere die Beurteilung der Notwendigkeit der Maßnahmen ist den Unionsgerichten vorbehalten.[457] Insoweit ist die Situation vergleichbar mit derjenigen der auf dem Grundsatz der gegenseitigen Anerkennung basierenden Rechtshilfe. Auch dort müssen Richter aus anderen Staaten stammende Anordnungen ausführen, ohne diese am eigenen nationalen Recht messen zu können.

---

[453] V.a. *EuG* Rs. T-29/03 (Andalucía/KOM), (Fn. 372), Tz. 33, 37; bestätigt durch *EuG* Rs. T 193/04 R (Tillack/KOM), (Fn. 372), Tz. 67 ff.; auch *Brüner/Spitzer*, in: Sieber u.a. (Hrsg.), § 43 Rn. 63 f.; *Groussot/Popov*, CMLRev 47 (2010), 605 (609 ff.); *Böse*, in: Sieber u.a. (Hrsg.), § 54 Rn. 29. A.A. *Niestedt/Boeckmann*, EuZW 2009, 70 (73), unter Berufung auf Groeben/Schwarze/*Prieß/Spitzer*, Art. 280 EGV Rn.184, die dies aber lediglich als Forderung aufstellen.

[454] Soweit es die Schädigung finanzieller Interessen durch Wirtschaftsteilnehmer anbelangt, stehen vor allem Delikte der Abgabenordnung im Raum, v.a. §§ 369 f. AO. Zudem können durch OLAF auch Taten nach §§ 263 f. StGB aufgedeckt werden, außerdem Urkundendelikte, deren Anwendbarkeit z.T. durch Gleichstellungsklauseln erreicht wird. Daneben können auch die §§ 331 ff. StGB erfüllt sein, vgl. *Strobel*, S. 99 ff.

[455] Vgl. *Brüner/Spitzer*, in: Sieber u.a. (Hrsg.), § 43 Rn. 65; *Weitendorf*, S. 183 f.

[456] Rechtswidriges Verhalten nationaler Behörden, die Zwangsbefugnisse für OLAF ausführen, stellt einen selbstständigen Grundrechtseingriff dar, weil dieses in der Art der Durchführung liegt. Es ist der Union nicht zuzurechnen, so richtig *Decker*, S. 327.

[457] Vgl. *Decker*, S. 241, 314 ff., unter Hinweis auf *EuGH* Rs. C-94/00 (Roquette Frères), 22.10.2002, Slg. 2002, I-9011; auch *Harksen*, S. 140 ff.; anders wohl *Tittor*, S. 184 f.

§ 4 Kontrolle von OLAF   375

Die Möglichkeit, durch Rechtsverletzungen entstandene Schäden mithilfe der *Schadensersatzklage* nach Art. 268 AEUV geltend zu machen, besteht ebenso wie bei internen Untersuchungen.[458] Es gilt das bereits wiederholt Ausgeführte.

III. Stellungnahme zur Effektivität des gerichtlichen Rechtsschutzes

1. Rechtsschutz gegen die Einleitung des Verfahrens

Schon die *Einleitung von Ermittlungen* kann verschiedene Grundrechtspositionen eines Betroffenen beeinträchtigen, allen voran die Handlungsfreiheit,[459] insbesondere da an die Einleitung des Verfahrens gewisse Mitwirkungspflichten geknüpft werden, sowohl für externe als auch für interne Betroffene. Die Entscheidung des Direktors wird von der Literatur daher teilweise als Beschluss i. S. v. Art. 288 UAbs. 4 AEUV qualifiziert.[460] Tatsächlich fehlt es speziell bei der Einleitung von Ermittlungen durch die Entscheidung des OLAF-Direktors noch an der erforderlichen Außenwirkung, sie wirkt nur amtsintern. Mitunter weiß der Betroffene zunächst nicht einmal, dass gegen ihn ermittelt wird. Die Mitwirkungspflichten konkretisieren sich erst durch bestimmte Einzelmaßnahmen, wie die Pflicht zur Duldung des Betretens der Geschäftsräume.[461] Dass die Überprüfung der Verfahrenseinleitung nur im Rahmen der Kontrolle darauf basierender weiterer Untersuchungsmaßnahmen oder ähnlichem möglich ist, ist ausreichend, sofern keine willkürliche Verfahrenseinleitung vorliegt (§ 1 B. II.).

2. Rechtsschutzbedürfnis gegen einzelne Untersuchungsbefugnisse

Dagegen kann den Unionsgerichten keinesfalls darin zugestimmt werden, dass die einzelnen *Untersuchungsbefugnisse* die Grundrechte der Betroffenen nur mittelbar beeinträchtigen. Selbst die den OLAF-Kontrolleuren zugestandenen Befugnisse, die keinen Regelungscharakter haben, wie das Betreten der Geschäftsräume oder das Kopieren von Unterlagen, sind als faktische Grundrechtseingriffe,[462] die zumindest klassische strafprozessuale Duldungspflichten auslösen,

---

[458] Siehe *Brüner/Spitzer*, in: Sieber u. a. (Hrsg.), § 43 Rn. 64.

[459] Die Handlungsfreiheit wurde zwar nicht in die GRC aufgenommen, ist aber durch *EuGH*-Rechtsprechung anerkannt, vgl. nur *Gemmel*, S. 93 f. Zur Rechtfertigung durch den Schutz finanzieller Interessen der Union als Gemeinwohl: *Decker*, S. 210 f.

[460] *Gemmel*, S. 96, zu Art. 249 Abs. 4 EGV a. F., Adressat sei der Untersuchte; s. a. *Harksen*, S. 168 f., allerdings im Widerspruch zu S. 231 f. Richtig dagegen *Decker*, S. 216 f., der in der Verfahrenseinleitung lediglich einen Realakt sieht.

[461] So richtig *Tittor*, S. 164. Gegen das Erfordernis der Erweiterung des Rechtsschutzes auch *Strobel*, S. 334 f., die aber annimmt, es handle sich bei der Verfahrenseinleitung um einen Beschluss i. S. v. Art. 288 Abs. 4 AEUV (S. 328 ff.).

[462] Vgl. *Tittor*, S. 165 f., auch dazu, dass entsprechende Ermittlungsbefugnisse der Kommission (Art. 20 Abs. 4 S. 1, 2 VO 1/2003) vom *EuGH* überprüft werden können.

zu qualifizieren.⁴⁶³ Bei externen Ermittlungen kann OLAF dasselbe Repertoire an Zwangsmaßnahmen nutzen, das auch den mitgliedstaatlichen Behörden zusteht; die OLAF-Kontrolleure führen diese Maßnahmen zwar nicht selbst aus, können sie aber anordnen und durch die mitgliedstaatlichen Behörden im Wege der Amtshilfe vollstrecken lassen.⁴⁶⁴ Bei internen Untersuchungen verfügt OLAF sogar über eigene, indirekte Zwangsmittel, da eine disziplinarische Ahndung droht, wenn die Mitarbeiter der Union die Anordnungen des Amtes nicht ausführen oder das Amt sonst unterstützen.

Selbst wenn man eine Inzidentkontrolle hier noch als ausreichend erachtet, müsste diese *im selben Verfahren* erfolgen, also während der Prüfung der verfahrensabschließenden Entscheidung, im Falle von OLAF also des Abschlussberichts.⁴⁶⁵ Es ist ein im Hinblick auf Art. 47 GRC unerträgliches Ergebnis, dass das straf- oder disziplinarrechtliche Folgeverfahren die einzige Chance auf Rechtsschutz darstellt. Es handelt sich dabei um ein von der Untersuchung durch OLAF völlig losgelöstes, abgetrenntes Verfahren. Dies gilt insbesondere für ein nationales Strafverfahren; hier wird noch nicht einmal derselbe Hoheitsträger tätig.

Letztlich wäre allerdings schon der Verweis auf eine reine ex-post-Kontrolle als unzureichend zu qualifizieren,⁴⁶⁶ erst recht aber auf eine Inzidentkontrolle. Wegen der Grundrechtsintensität der Maßnahmen kann eine solche nicht als angemessen gelten. Jeder der Teilakte, der selbstständig und unmittelbar in Individualrechte eingreift, muss auch gesondert überprüfbar sein, sofern nicht zwingende Gründe die gesonderte Anfechtung eines „Teilaktes" ausschließen, etwa das Erfordernis der Geheimhaltung zur Sicherung des Untersuchungserfolgs. Solche Gründe greifen für das offen operierende OLAF nicht evident ein,⁴⁶⁷ lassen aber jedenfalls nicht zu, dass auf Rechtsschutz vollständig verzichtet wird. Das Erfordernis der Überprüfbarkeit wird umso deutlicher, als sich nicht alle Einzelmaßnahmen notgedrungen im Abschlussbericht wiederfinden.⁴⁶⁸

Nach Ansicht *Deckers* fällt das Fehlen eines *vorläufigen gerichtlichen Rechtsschutzes* in der Untersuchungsphase darüber hinaus aber nicht schwer ins Gewicht. Einstweiliger Rechtsschutz sei ohnehin nie rechtzeitig zu erreichen.⁴⁶⁹ Allerdings sind sie Befugnisse OLAFs weitgehend mit klassischen strafprozessualen Befugnissen zu vergleichen, viele Maßnahmen des Amtes erfordern nicht nur

---

⁴⁶³ Vgl. *Nelles,* ZStW 109 (1997), 727 (744).
⁴⁶⁴ So auch *Strobel,* S. 335; siehe auch *Lingenthal,* ZEuS 2012, 195 (201).
⁴⁶⁵ So auch *Tittor,* S. 164.
⁴⁶⁶ Siehe auch *Brüner/Spitzer,* FS Meyer, S. 549 (568); *Hetzer,* FS Meyer, S. 103 (130); *Neuhann,* S. 123.
⁴⁶⁷ So auch *Tittor,* S. 182 f.
⁴⁶⁸ So auch *Weitendorf,* S. 158 f. (auch für Vernehmungen); *Tittor,* S. 182.
⁴⁶⁹ *Decker,* S. 245 f.; so zwar auch *Tittor,* S. 181; siehe auch *GöD* verb. Rs. F-5/05, F-7/05 (Violetti u. a./KOM), (Fn. 373), Tz. 81.

die Duldung, sondern eine aktive Mitwirkung der Betroffenen. Ihre Rechtswidrigkeit muss zumindest grundsätzlich im Voraus geltend gemacht werden können, wie auch die Rechtmäßigkeit einer Verweigerung der Mitwirkung.

3. *Überprüfung der Abschlussberichte im selben Verfahren*

Soweit es die gerichtliche Überprüfbarkeit der *Abschlussberichte* und der sonstigen Weitergabe von Informationen betrifft, ist die neuere Rechtsprechung des *GöD* tendenziell zu begrüßen.[470] Nicht nur die Rechtswidrigkeit der einzelnen Untersuchungsmaßnahmen kann auf den Bericht durchschlagen, auch den Ermittlungen zugrunde liegende Verfahrensfehler[471] können den Bericht insgesamt rechtswidrig erscheinen lassen. Die Sendung des Abschlussberichts selbst kann also einen separaten Grundrechtseingriff bedeuten,[472] ungeachtet dessen, dass die Übermittlung einen offensichtlichen Eingriff in die informationelle Selbstbestimmung darstellt.[473]

Dass das *GöD* aber annimmt, externe Wirtschaftsteilnehmer seien im Hinblick auf die auftretenden Grundrechtsbeeinträchtigungen ausreichend durch die Verfahrensrechte im nationalen Gerichtsverfahren abgesichert,[474] ist offensichtlich falsch. Durch die Übermittlung des Berichts wird das Verwaltungsverfahren bei OLAF endgültig abgeschlossen. Die Handlungsmöglichkeiten des externen Betroffenen sind danach wesentlich beschränkt; er hat keinen Einfluss mehr auf den Inhalt des Berichts, der *unmittelbar als Beweis* in das Verfahren eingeführt werden kann, aufgrund des Loyalitätsgebots sogar eingeführt werden muss. Die nationalen Richter können nicht einmal ein Beweisverwertungsverbot annehmen, denn OLAF selbst ermittelt auch bei externen Untersuchungen nicht auf der Grundlage des nationalen, sondern des EU-Sekundärrechts. Dieses enthält die Öffnungsklausel für die anwendbaren nationalen Normen; nur deren (sekundärrechtliche) Voraussetzungen sind zu erfüllen. Lediglich das Handeln der nationalen Beamten, die die Anordnung vollstrecken, ist am nationalen Recht zu messen. Die Anordnung der Zwangsmaßnahmen kann ein mitgliedstaatliches Gericht also gerade nicht prüfen, ebenso wenig die im Abschlussbericht enthaltenen Informationen, die aus diesen Ermittlungen hervorgehen.[475] Der Verweis auf das Vorlageverfahren ist wenig hilfreich: Wenn der Betroffene erst das entsprechende

---

[470] Dazu auch *Strobel,* S. 335 f.
[471] Vgl. *EuG Rs.* T-96/03 (Camós-Grau/KOM), (Fn. 436), Tz. 30 ff. (Parteilichkeit eines Kontrolleurs).
[472] Vgl. *Weitendorf,* S. 162, ohne die folgende Einschränkung; s. a. *GöD* verb. Rs. F-5/05, F-7/05 (Violetti u. a./KOM), (Fn. 373), Tz. 78, für interne Untersuchungen.
[473] Vgl. auch *Tittor,* S. 171.
[474] Vor allem *GöD* verb. Rs. F-5/05, F-7/05 (Violetti u. a./KOM), (Fn. 373), Tz. 78.
[475] Zu diesem Ergebnis kommen auch: *Zöller,* in: Böse (Hrsg.), § 22 Rn. 124 f.; *Strobel,* S. 336 f.; *Harksen,* S. 171 f.; vgl. auch *Tittor,* S. 183; a. A. *Gemmel,* S. 99 f.

Disziplinar- oder Strafverfahren abwarten muss, bevor ihm ein Rechtsbehelf zu Verfügung steht, widerspricht dies Art. 47 GRC,[476] die Vorbehalte gegenüber der Anerkennung des Vorlageverfahrens als Individualrechtsbehelf einmal ausgeklammert. Zudem ist der Rechtsprechung entgegenzuhalten, dass zwar die im Bericht empfohlenen Sanktionsmaßnahmen nicht verbindlich sind,[477] sie aber zumindest erwogen werden müssen; es besteht also eine Berücksichtigungspflicht.[478] Die Nichtverwertung des Berichtes kann sogar zu einem Vertragsverletzungsverfahren gegen den verantwortlichen Mitgliedstaat führen.[479] Man kann also sagen, dass OLAF das Strafverfahren wesentlich *„vorprägt"*.[480] Der Bericht hat unmittelbaren Einfluss auf die Rechtslage des Betroffenen, wodurch direkter Rechtsschutz erforderlich wird, unabhängig davon, ob der Übermittlung des Abschlussberichts eine interne oder externe Untersuchung vorausgegangen ist.

Dasselbe gilt allerdings nicht uneingeschränkt für die Weiterleitung von *Zwischeninformationen*. Auch diese können dazu dienen, die Einleitung eines Strafverfahrens anzuregen. Allerdings fehlt es hier an einer Art. 9 Abs. 2 S. 2 OLAF-VO/Art. 11 Abs. 2 S. 2 VO 883/2013 vergleichbaren Regelung, die die unmittelbare Verwertbarkeit im Strafverfahren sicherstellt. Insoweit kann man dem *EuG* in der Rechtssache *Tillack* zustimmen, dass Art. 10 OLAF-VO/Art. 12 VO 883/2013 primär das Innenverhältnis zwischen OLAF und den Mitgliedstaaten regelt.[481] Zwar hat das Gericht auch entschieden, dass die Zwischenberichte gemäß dem Loyalitätsgebot berücksichtigt werden müssen; diese „Verpflichtung zur aufmerksamen Prüfung" gebietet jedoch nicht, die vorgenannte Vorschrift dahingehend auszulegen, dass die in Rede stehenden Berichte zwingenden Charakter hätten, so dass die nationalen Behörden zu bestimmten Maßnahmen verpflichtet wären.[482] Daraus ergibt sich also keine wesentlich über das Legalitätsprinzip hinausreichende Pflicht zur Verfahrenseinleitung.[483]

---

[476] A.A. KOM in *GöD* verb. Rs. F-5/05, F-7/05 (Violetti u.a./KOM), (Fn. 373), Tz. 64.

[477] Dies veranlasst *Sticht,* S. 91, eine Rechtswirkung abzulehnen.

[478] So auch *Decker,* S. 76 ff., 295 ff.; siehe auch *Weitendorf,* S. 160 ff.

[479] Vgl. *Decker,* S. 290 f.; wohl auch *Tittor,* S. 127 ff., auch zur Reichweite der Berücksichtigungspflicht. – Für OLAF stellt sich daher noch deutlicher das Problem, dass in Staaten, in denen das Legalitätsprinzip gilt, eine Steuerung der Ermittlungen möglich ist (schon § 1 B. II.); s.a. *Kretschmer,* JURA 2007, 169 (175); *Kirsch,* StraFO 2008, 449 (452), zufolge dürfe die faktische Bindungswirkung nicht ignoriert werden.

[480] S. *Braum,* wistra 2005, 401 (403); *Bitter,* in: Walter-Hallstein-Symposium, S. 9 (18).

[481] Vgl. auch *Braum,* wistra 2005, 401 (403).

[482] *EuG* Rs. T-193/04 (Tillack/KOM), (Fn. 372), Tz. 72; siehe aber auch *Tittor,* S. 131; *Decker,* S. 278, für externe Untersuchungen. Soweit er aber annimmt, dass die Zwischeninformationen nicht unmittelbar belastend sind, weil sie wegen der Immunität der Unionsbediensteten nicht zur Einleitung eines Strafverfahrens gegen diese führen können, ist ihm zu widersprechen; vgl. auch *GöD* verb. Rs. F-5/05, F-7/05 (Violetti u.a./KOM), (Fn. 373), Tz. 69 ff.

Sofern die Zwischeninformation dazu dient, eine Unterstützungsleistung anzufordern, etwa eine Beweissicherung, so gilt nichts anderes. Die Mitgliedstaaten können frei entscheiden, ob sie die durch OLAF angeregte Maßnahme ergreifen. Insofern unterscheidet sich der Zwischenbericht also nicht von den Ersuchen von Europol oder von Eurojust (§ 1 B. II., § 2 B. III.).

Eine unmittelbare Belastung des Betroffenen liegt daher zwar in der Weitergabe der Informationen, weil dies einen Eingriff in die informationelle Selbstbestimmung darstellt. Solange die Informationen aber nicht unmittelbar in einen Prozess einfließen, ohne dass der Betroffene vorher dazu gehört worden wäre, ist dagegen gerichteter Rechtsschutz noch nicht erforderlich, lediglich eine effektive Datenschutzkontrolle. Allerdings wäre eine dem Bestimmtheitsgebot genügende Klarstellung der zulässigen Ziele der Zwischenberichte wünschenswert.[484]

F. Sonstige Kontrollmechanismen und deren Eignung

I. Bedeutung der Dienstaufsicht durch die Kommission

Zwar besitzt OLAF in administrativer Hinsicht einen Sonderstatus, da seine Beamten im Rahmen der Untersuchungen Unabhängigkeit genießen.[485] Dennoch ist das Amt eine Dienststelle der Kommission; es wird daher auch durch diese kontrolliert. Wegen der funktionellen Unabhängigkeit OLAFs ist die *Weisungshoheit* aber im Vergleich zu anderen Ämtern der Kommission gelockert. Insbesondere ist der Fortbestand OLAFs nicht (allein) von der Kommission abhängig. Vielmehr setzt eine Änderung des OLAF-Beschlusses das Einvernehmen zwischen allen beteiligten Organen voraus.[486]

Die Kommission ist allerdings *Dienstherr* des OLAF-Direktors mit eingeschränkter *Disziplinargewalt*.[487] Der Direktor ist ihr gegenüber zur Berichterstattung über die Untersuchungstätigkeit des Amtes verpflichtet (Art. 12 Abs. 3 OLAF-VO/Art. 17 Abs. 4 VO 883/2013). Auch Personal- und Finanzhoheit sind gegenüber der Kommission nicht schrankenlos gewährleistet, vor allem muss sich der Etatentwurf des Amtes in den von der Kommission erstellten Haushaltsent-

---

[483] A.A. *Decker*, S. 278. OLAF zielt mitunter sogar darauf ab, dass Mitgliedstaaten Strafrecht einsetzen, vgl. *Braum,* wistra 2005, 401 (403). Nach KOM (2011) 621 endg., S. 7, ist aber seit Gründung des Amtes bis 2011 nicht einmal in in der Hälfte aller Fälle eine Verurteilung auf eine Mitteilung OLAFs hin erfolgt.
[484] Vgl. auch *Tittor,* S. 131 ff., 171.
[485] Vgl. *Beukelmann,* NJW 2010, 2081 (2085).
[486] Siehe *Brüner/Spitzer,* in: Sieber u. a. (Hrsg.), § 43 Rn. 25.
[487] Vor der Einleitung des Disziplinarverfahrens muss der Überwachungsausschuss konsultiert werden.

wurf einfügen.[488] Daraus leitet die Kommission eine Richtlinienkompetenz im Hinblick auf die Betrugsbekämpfungsstrategien und Untersuchungspolitik des Amtes her.[489] Darüber hinaus sind weitere Kontrollbefugnisse aber nicht vorgesehen, eine weitere Einflussnahme ist sogar ausdrücklich verboten.

II. Exekutivische Eigenkontrolle zum Schutz der Integrität des Amtes

Eine gewisse Kontrollfunktion nimmt auch der *Direktor* von OLAF als Garant für die funktionelle Unabhängigkeit des Amtes wahr.[490] Sie dient aber nicht dem Rechtsschutz des Einzelnen gegen Maßnahmen des Amtes oder gar des Direktors selbst, sondern vielmehr dessen Integrität. Damit wird indirekt zwar auch das Objekt solcher Untersuchungen vor unzulässigen Einflussnahmen geschützt. Allerdings erfüllt die Kontrolle durch den Direktor keinesfalls die Anforderungen des Art. 47 GRC.[491] Das Beschwerderecht nach Art. 90a BeaSt, das einem Rechtsbehelf noch am nächsten kommt, wurde im Zusammenhang mit der Nichtigkeitsklage erörtert (E. I.).

III. Bedeutung der politischen Kontrolle für den Individualrechtsschutz?

Auch eine politische Kontrolle findet gemäß der Vorschriften des AEUV statt: Konkretisiert wird sie anhand des von der Kommission gemäß Art. 325 Abs. 5 AEUV vorzulegenden Betrugsbekämpfungsberichts, der federführend von OLAF erstellt und von Parlament und Rat ausführlich erörtert wird. Gleiches gilt für den vom Amt jährlich zu erstellenden Tätigkeitsbericht.[492] Zusätzlich besteht für das Parlament die Möglichkeit, die Tätigkeit des Amtes im Rahmen des Verfahrens zur Haushaltsentlastung zu thematisieren (Art. 319 AEUV), wie schon häufiger

---

[488] Näheres dazu bei *Brüner/Spitzer*, in: Sieber u.a. (Hrsg.), § 43 Rn. 48 f.; *Weitendorf*, S. 195 f.

[489] Vgl. *Brüner/Spitzer*, EuR 2008, 859 (862).

[490] Neben der Finanz- und Personalautonomie dient auch die Weisungsfreiheit des Direktors der Absicherung der Unabhängigkeit des Amtes, wie auch das besondere Verfahren zu seiner Ernennung (Art. 12 Abs. 2, 3 OLAF-VO/Art. 17 Abs. 2, 3 VO 883/2013). Der Direktor kann außerdem eine Klage gegen die Kommission beim *EuGH* einreichen, wenn er durch sie seine Unabhängigkeit gefährdet sieht. Um die Unabhängigkeit noch besser gewährleisten zu können, wurde i.R.d. Reform eine Verlängerung der Amtszeit des Direktors bei gleichzeitigem Ausschluss seiner Wiederwahl beschlossen (Art. 17 Abs. 1 VO 883/2013). Siehe auch *White*, in: Stefanou u.a. (Hrsg.), S. 105 (115 ff.); *Brüner/Spitzer*, in: Sieber u.a. (Hrsg.), § 43 Rn. 45 f.; *Haus*, EuZW 2000, 745 (749). *Barroso* strebt die völlige Verselbstständigung OLAFs an, vgl. *Brüner/Spitzer*, in: Sieber u.a. (Hrsg.), § 43 Rn. 79; dazu HL 129, Nr. 33 ff.

[491] Vgl. auch *Strobel*, S. 327.

[492] Vgl. *Brüner/Spitzer*, in: Sieber u.a. (Hrsg.), § 43 Rn. 50; auch *Gleß*, EuZW 1999, 618 (620); *Xanthaki*, in: Stefanou u.a. (Hrsg.), S. 35 (49 ff.).

in der Vergangenheit.[493] Daneben hat sich eine vierteljährliche mündliche Unterrichtung des Haushaltskontrollausschusses über die Arbeit OLAFs durch den Direktor eingebürgert;[494] sie kann auch zum Gegenstand von Anfragen der Abgeordneten des Parlaments gemacht werden. Insgesamt sehen *Brüner* und *Spitzer* in den beschriebenen Regelungen ein engmaschiges Netz politischer Kontrolle.[495] Zur Effektivität vergleichbarer Mechanismen ist eine Stellungnahme bereits erfolgt (vgl. nur § 1 H.). Eine parlamentarische Kontrolle ist hauptsächlich unter Demokratiegesichtspunkten wünschenswert; effektiver Rechtsschutz für die Betroffenen kann mit solchen objektiven Kontrollverfahren *allein* keinesfalls sichergestellt werden.[496]

Als Teil der Kommission unterliegt OLAF auch der *Finanzkontrolle* durch den Europäischen Rechnungshof. Dieser kann nach Art. 287 Abs. 3 AEUV insbesondere die ordnungsgemäße Mittelverwendung sowie die Wirtschaftlichkeit der Haushaltsführung überprüfen.[497] Die damit gewährleistete mittelbare Kontrolle führt allerdings ebenfalls nicht zu einer effektiven Kontrolle zugunsten der von den Untersuchungen Betroffenen.

IV. Kein Individualrechtsschutz durch OLAF-Überwachungsausschuss

Wegen der strukturellen Besonderheiten des Amtes wurde es für erforderlich gehalten, zur Absicherung der funktionellen Unabhängigkeit von OLAF gegenüber der Kommission eigens eine besondere Kontrollinstanz vorzusehen.[498] Der

---

[493] Vgl. *Brüner/Spitzer,* EuR 2008, 859 (862 f.); *Zöller,* in: Böse (Hrsg.), § 22 Rn. 22.

[494] Ausführlich zur Kontrolle durch den Haushaltskontrollausschuss (COCOBU): *Xanthaki,* in: Stefanou u.a. (Hrsg.), S. 35 (58 ff.).

[495] Siehe *Brüner/Spitzer,* in: Sieber u.a. (Hrsg.), § 43 Rn. 51; ebenso *Brüner/Spitzer,* EuR 2008, 859 (862 f.).

[496] Zu diesen politischen Kontrollverfahren nur so viel: Das *Petitionsverfahren* zum Europäischen Parlament wäre als alleiniges Rechtsschutzmittel nicht effektiv, da kein Abhilfeanspruch besteht, vgl. *Weitendorf,* S. 186 f.; *Tittor,* S. 191. Die Tätigkeit von OLAF kann auch den Gegenstand einer Beschwerde an den *Bürgerbeauftragten* bilden (Art. 228 AEUV) und in einem Sonderbericht an das Europäische Parlament gemeldet werden. Eine Verweigerung von Abhilfemaßnahmen bliebe aber ohne Konsequenzen; aber *Weitendorf,* S. 185 f.; *Brüner/Spitzer,* in: Sieber u.a. (Hrsg.), § 43 Rn. 52; s.a. *Xanthaki,* in: Stefanou u.a. (Hrsg.), S. 35 (57); *Tittor,* S. 190. Die Anrufung des Bürgerbeauftragten ist subsidiär zur Beschwerde an den Direktor nach Art. 14 OLAF-VO.

[497] Zu solchen Kontrollen kam es tatsächlich wiederholt, u.a. in Form von Sonderberichten (Art. 287 Abs. 2 AEUV). Dabei wurden entweder einzelne Aktionen des Amtes oder seine Tätigkeit insgesamt überprüft. Die in den Berichten enthaltenen Empfehlungen genießen große Beachtung und werden häufig von anderen Unionsorganen i.R. ihrer Zuständigkeit aufgegriffen. Auch das Europäische Parlament kann die vom Rechnungshof angeschnittenen Themen auf politischer Ebene reflektieren, vgl. *Brüner/Spitzer,* in: Sieber u.a. (Hrsg.), § 43 Rn. 53; *Weitendorf,* S. 197 f.

[498] Zur Entstehungsgeschichte: *Brüner/Spitzer,* FS Meyer, S. 549 (556 ff.).

OLAF-Überwachungsausschuss[499] besteht aus fünf externen, unabhängigen Experten. Er nimmt seine Aufgaben vor allem durch regelmäßige ex-post-Kontrollen der OLAF-Untersuchungen wahr (Art. 11 Abs. 1, 2 OLAF-VO/Art. 15 Abs. 1 UAbs. 3, 5, Abs. 2 VO 883/2013).[500]

Angesichts des Ziels der Kontrollen wurde bisher die Bedeutung des Gremiums für die Frage des Individualrechtsschutzes in Zweifel gezogen. Der Ausschuss hatte sich aber immerhin in seiner Geschäftsordnung selbst ein Mandat zur Wahrung der Menschenrechte und Grundfreiheiten übertragen.[501] Neuerdings ist seine Zuständigkeit für die Kontrolle der nun in Art. 9 VO 883/2013 enthaltenen Verfahrensrechte auch in Art. 15 Abs. 1 UAbs. 2 VO 883/2013 festgeschrieben. Er ist dennoch *keine Beschwerdeinstanz,* vor der etwaige Rechtsverletzungen, etwa im Rahmen von Ermittlungen, gerügt werden können. Es fehlt an einer Regelung für die Einlegung von Individualbeschwerden, wobei einzuräumen ist, dass in der Vergangenheit solche Beschwerden an den Ausschuss gelangt sind, die er trotz der fehlenden Normierung eines Beschwerdeverfahrens tatsächlich geprüft hat.

Der Überwachungsausschuss ist seiner Struktur nach jedoch vielmehr eine objektive Kontrollbehörde. Die Rechtsgrundlagen des Ausschusses sehen verschiedene Unterrichtungspflichten vor, die eine objektive Prüfung der Untersuchungstätigkeit ermöglichen sollen (z. B. Art. 10 Abs. 1 OLAF-VO/Art. 12 Abs. 1 VO 883/2013).[502] Ein Eingriff in laufende Untersuchungen ist dem Ausschuss jedoch gemäß Art. 11 Abs. 1 UAbs. 2 OLAF-VO bzw. Art. 15 Abs. 1 UAbs. 3, 5 VO 883/2013 verwehrt. Er kann auch rechtswidrige Amtshandlungen nicht korrigieren,[503] sondern lediglich dem Parlament, dem Rat, der Kommission und dem Rechnungshof Berichte über die Ergebnisse seiner Untersuchung vorlegen (Art. 11 Abs. 8 OLAF-VO/Art. 15 Abs. 9 VO 883/2013) oder in einer Stellungnahme den Direktor auf Missstände hinweisen (Art. 11 Abs. 1, 2 OLAF-VO/ Art. 15 Abs. 1 UAbs. 3, 4 VO 883/2013). Seine Stellungnahmen sind aber grundsätzlich nicht verbindlich.[504] In der Folge greifen lediglich die politischen Kontrollmechanismen (III.).

---

[499] Näheres zum Ausschuss bei *Weitendorf,* S. 189 ff.; zur einzigartigen Natur des Ausschusses: *Brüner/Spitzer,* FS Meyer, S. 549 (560 f.); *Neuhann,* S. 122 f. *Brüner/ Spitzer,* EuR 2008, 859 (862), zur befürchteten Einflussnahme durch die Kommission.
[500] *Brüner/Spitzer,* FS Meyer, S. 549 (558 f.).
[501] Dazu auch *Brüner/Spitzer,* FS Meyer, S. 549 (562).
[502] Zu weiteren Rechten des Ausschusses, etwa dem Anhörungsrecht bei der Ernennung des Direktors (Art. 12 OLAF-VO/Art. 17 Abs. 2 S. 3 VO 883/2013), vgl. *Brüner/ Spitzer,* FS Meyer, S. 549 (559).
[503] Siehe *Brüner/Spitzer,* in: Sieber u. a. (Hrsg.), § 43 Rn. 54 f.; *Haus,* EuZW 2000, 745 (749).
[504] Siehe *Neuhann,* S. 121.

Zudem treffen sich die Mitglieder des Ausschusses nur 10 Mal im Jahr (Art. 11 Abs. 6 OLAF-VO/Art. 11 Abs. 8 VO 883/2013), es handelt sich bei dem Ausschuss also nicht um ein ständig tagendes Gremium [siehe schon § 2 D. IV. 1. c)].[505] Schon von seiner Gestaltung her kann der Ausschuss also keine justizielle Kontrolle gewährleisten.[506] Er erfüllt in keiner Weise die Anforderungen des Art. 47 GRC.[507]

Ohnehin hat die Praxis gezeigt, dass sich der Ausschuss immer mehr zu einem Verwaltungsrat für OLAF gewandelt hat, mit der Folge, dass selbst seine ursprüngliche Aufgabe, die Wahrung der Unabhängigkeit von OLAF, immer mehr in den Hintergrund getreten ist.[508]

G. Unzureichende Gewährleistung von Verfahrensrechten

Angesichts des seitens der Union verkannten strafrechtlichen Charakters der Ermittlungen (B.) unter der Leitung OLAFs waren jedenfalls bisher auch die verfahrensrechtlichen Absicherungen der Betroffenen unzureichend. In der OLAF-VO wurde lediglich festgeschrieben, dass OLAF bei der Ausübung seiner Aufgaben die Menschenrechte und Grundrechte zu achten hat. In den Erwägungsgründen werden zudem der Billigkeitsgrundsatz und das Recht des Betroffenen auf Stellungnahme geregelt, ebenso der Grundsatz, dass sich die Schlussfolgerungen in den Abschlussberichten nur auf beweiskräftige Tatsachen gründen dürfen. Die Art. 6 Abs. 2, 3 OLAF-VO/Art. 7 Abs. 2 VO 883/2013 i.V.m. Art. 6 Abs. 1 UAbs. 2 Kontroll-VO enthalten die Pflicht der OLAF-Kontrolleure, eine schriftliche Ermächtigung zur Untersuchung durch OLAF vorzulegen, in der auch Zweck und Gegenstand angegeben sein müssen. Wird diese nicht vorgelegt, kann der Betroffene seine Mitwirkung verweigern.

Es *fehlte* aber an Regelungen über *Aussageverweigerungsrechte* und Garantien zur Absicherung der *Waffengleichheit,* wie das Recht einen *Rechtsbeistand* zu wählen, oder ein *Akteneinsichtsrecht*.[509] Eine gewisse Verbesserung ist durch

---

[505] Dies kritisiert auch *Neuhann,* S. 121.

[506] So auch *Brüner/Spitzer,* FS Meyer, S. 549 (560 f.); auch *Xanthaki,* in: Stefanou u.a. (Hrsg.), S. 35 (53); *Neuhann,* S. 121 („Placebo-Medikament"), auch dazu, dass die Mitglieder nicht über eine besondere juristische Qualifikation verfügen müssen.

[507] Vgl. nur *Strobel,* S. 327; ebenso *Tittor,* S. 190.

[508] Siehe *Zöller,* in: Böse (Hrsg.), § 22 Rn. 23; HL 129, Nr. 22. Zur Kritik am Überwachungsausschuss: *Weitendorf,* S. 193 f.; *Brüner/Spitzer,* FS Meyer, S. 549 (563 f.). S. a. *Brüner/Spitzer,* in: Sieber u.a. (Hrsg.), § 43 Rn. 57 f. Vgl. auch die Reformvorschläge der Kommission, Fn. 490.

[509] Kritisch: *Brüner/Spitzer,* in: Sieber u.a. (Hrsg.), § 43 Rn. 31; *Zöller,* in: Böse (Hrsg.), § 22 Rn. 15; *Gleß,* EuZW 1999, 618 (620); *Strobel,* S. 324 ff.; auch *Fleckenstein,* S. 88 ff. *Niestedt/Boeckmann,* EuZW 2009, 70 (72 f., 74), zur Aufstellung der (nicht einklagbaren) Verfahrensrechte im OLAF-Handbuch als Zusammenfassung aller Rechtsgrundlagen des Amtes.

Art. 9 VO 883/2013 eingetreten, der zumindest einige grundlegende Beschuldigtenrechte, wie das Recht zur Aussageverweigerung, explizit nennt. Von einem umfassenden Katalog von Beschuldigtenrechten ist man dennoch immer noch weit entfernt (siehe auch noch § 5 B. IV.).

Selbstverständlich ist das Amt auch an die Charta gebunden. Die weiteren Verfahrensrechte der Beteiligten werden daher unmittelbar aus den Grundrechten abgeleitet, was aber gerade wegen des umstrittenen Charakters des Verfahrens zu einer erheblichen *Rechtsunsicherheit* im Hinblick auf die anwendbaren Grundsätze führt.[510]

H. Fazit: Erhebliche Bedenken im Hinblick auf die Rechtsstaatlichkeit

„Informalität des Normprogramms, mangelnde justizielle Kontrolle, Distanz zu den – europäischen – Prinzipien des Strafrechts."[511] Dies sind nach *Braum* die zentralen Probleme in Bezug auf OLAF. Eine augenscheinliche Rechtsschutzlücke besteht im Hinblick auf die Anordnung der einzelnen *Ermittlungsmaßnahmen* durch OLAF bei externen Untersuchungen und die „Quasi-Vollstreckung" derselben bei internen Durchsuchungen, wo der Zwang faktisch unmittelbar von OLAF ausgeht.[512]

---

[510] Zu Verfahrensrechten nach der bisherigen Rechtslage: *Sticht*, S. 90 ff.; *Billwiller*, S. 118 ff.; *Harksen*, S. 209 ff.; *Weber*, S. 221 ff.; *Tittor*, S. 90 ff.; *White*, in: Stefanou u. a. (Hrsg.), S. 77 (86 ff.); *Fleckenstein*, S. 88 ff.; auch *Hetzer*, FS Meyer, S. 103 (116 ff.); *Daroussis*, S. 140 ff., v. a. aber *Decker*, S. 200 ff., sowie das Folgende. Art. 4 Abs. 1 des Standardbeschlusses zur interinstitutionellen Vereinbarung enthält lediglich ein Recht auf Anhörung und Stellungnahme bei internen Untersuchungen; *EuG* Rs. T-48/05 (Franchet u. Byk/KOM), (Fn. 372); zum Urteil siehe *Niestedt/Boeckmann*, EuZW 2009, 70; s. a. *Hetzer*, FS Meyer, S. 103 (115). Schutz vor *Selbstbezichtigung* besteht für natürliche Personen auch ggü. OLAF, selbst wenn man davon ausgeht, dass es sich bei den Untersuchungen nur um ein Verwaltungsverfahren handelt, da die Beweise später im Strafverfahren verwertbar sind, vgl. *Gemmel*, S. 83 f. Für juristische Personen gilt der Grundsatz nach ständiger *EuGH*-Rechtsprechung nur eingeschränkt. Diese müssen keine Informationen über Tatsachen offenbaren, die zu beweisen die Union verpflichtet ist, *EuGH* Rs. 374/87 (Orkem/KOM), 18.10.1989, Slg. 1989, 3283, Tz. 34 f. Kritisch angesichts der *EGMR*-Rechtsprechung: *Böse*, ZRP 2001, 402 (403). Weitergehend: *Decker*, S. 255, 262.

[511] *Braum*, wistra 2005, 401 (404).

[512] Dabei kann nicht ausgeschlossen werden, dass OLAF echte Zwangsbefugnisse zugestanden werden, was vielfach i. S. effektiver Verfolgung der Betrugstaten verlangt wird. Vgl. *Weitendorf*, S. 246 ff.; dagegen HL 139, Nr. 59. Nationale Verfahrensordnungen sähen die erforderlichen Durchsetzungsmechanismen i. d. R. nicht vor, vgl. *Strobel*, S. 177 f. *Gleß*, EuZW 1999, 618 (621), andererseits zur Gefahr des *forum shoppings*. Dies ist mitunter auch im Interesse der betroffenen Bürger, da bei rein sekundärrechtlich begründeten Zwangsbefugnissen mehr Transparenz gewährleistet wäre und dem *forum shopping* vorgebeugt werden könnte. Vgl. *Decker*, S. 341 ff.; dies fordert auch *Weitendorf*, S. 249 ff.; vgl. schon *Nelles*, ZStW 109 (1997), 727 (751 ff.); s. a. *Strobel*, S. 325 f. Souveränitätsvorbehalte dürften jedenfalls nicht dagegen sprechen, da

Nationale Gerichte sind zur Gewährung von Rechtsschutz gegen OLAF nicht geeignet. Eine Öffnung gegenüber der nationalen Jurisdiktionsgewalt von 28 verschiedenen Nationen würde vielmehr zu uneinheitlichen Standards führen.[513] *Tittor* schlägt daher vor, die OLAF-VO dergestalt zu ändern, dass bei der Anordnung einzelner Untersuchungsmaßnahmen eine förmliche Entscheidung des OLAF-Direktors (jetzt: Beschluss nach Art. 288 Abs. 4 AEUV) ergehen soll und diese zwingend für überprüfbar zu erklären, selbst wenn die jeweilige Maßnahme keinen abschließenden Charakter hat.[514] Damit würde dem Unionsgesetzgeber allerdings die Definitionsmacht über rechtsschutzwürdige Maßnahmen übertragen, wodurch erneut Rechtsschutzlücken drohen.

Nach Art. 263 Abs. 4 AEUV kommt es ohnehin nicht auf die Art des Rechtsaktes an, der für nichtig erklärt werden soll. Klagegegenstand kann vielmehr jede Handlung mit Rechtswirkung sein, wobei diese nicht notwendig in eine der Kategorien des Art. 288 AEUV einzuordnen sein muss.[515] Stattdessen wird die Tauglichkeit des Kriteriums des „abschließenden Charakters"[516] einer Entscheidung als Grundlage für die Frage, ob gegen einen Akt Rechtsschutz zu gewähren ist, bestritten.[517] Das Kriterium führt zu der paradoxen Situation, dass nicht unmittelbar von Untersuchungen Betroffene gegen sie gerichtete Handlungen mithilfe der Nichtigkeitsklage anfechten können, da diese dann kein Disziplinar- oder Strafverfahren vorbereiten.[518] Das Merkmal lässt sich auch nicht aus dem Wortlaut des Art. 263 Abs. 4 AEUV ableiten. Stattdessen sollte nach der sich tatsächlich in Art. 263 AEUV geforderten *Unmittelbarkeit der Rechtswirkungen* differenziert werden, eine Verbesserung des Rechtsschutzes könnte daher schon durch eine schlichte Änderung der Rechtsprechung eintreten. Damit würde Rechtsschutz auch gegen die Ermittlungsmaßnahmen zur Verfügung stehen, wobei auch dann die Kritik aufrecht erhalten bleiben muss, dass vorbeugender Rechtsschutz fehlt.

---

eine eigene Entscheidung i. R. d. Amtshilfe ohnehin kaum möglich ist. Noch mehr gilt dies für interne Untersuchungen, bei denen nationale Behörden keine Hoheitsgewalt ausüben, vgl. *Decker*, S. 339 f., der eine solche Änderung aber nicht für durchsetzbar hält; s. a. *Kuhl*, eucrim 2008, 186 (190). – *Brüner/Spitzer*, in: Sieber u. a. (Hrsg.), § 43 Rn. 81, fordern dagegen nur eine Zusammenfassung aller Befugnisse OLAFs in einer Verordnung aus Gründen der Übersichtlichkeit.

[513] Siehe *Braum*, wistra 2005, 401 (403).
[514] *Tittor*, S. 183, verweist insoweit auf die entsprechende Regelung für Ermittlungsbefugnisse der Kommission, wonach deren formelle Entscheidungen im Verwaltungsverfahren anfechtbar seien, wenngleich sie nur der Vorbereitung ihrer endgültigen Entscheidung dienen.
[515] Vgl. nur *Fischer/Kellner/Ott/Quarch*, Kapitel 13 Rn. 799.
[516] Zu dieser Voraussetzung etwa: *Fischer/Kellner/Ott/Quarch*, Kapitel 13 Rn. 799.
[517] Das *GöD* verb. Rs. F-5/05, F-7/05 (Violetti u. a./KOM), (Fn. 373), Tz. 87 f., fühlte sich bemüßigt, zur Rechtfertigung der Rechtsprechungsänderung den abschließenden Charakter der Zwischenberichte zu begründen.
[518] *GöD* verb. Rs. F-5/05, F-7/05 (Violetti u. a./KOM), (Fn. 373), Tz. 66.

§ 5 Zusammenfassung der Rechtsschutzdefizite unter Einbeziehung zu erwartender Entwicklungen

Das Strafverfahrensrecht basiert *idealiter* auf einem „ausbalancierten Geflecht von Eingriffsbefugnissen und präventiven wie nachträglichen Mechanismen zur Sicherung der Rechte des Beschuldigten".[519] Auf Unionsebene ist man von diesem Ideal weit entfernt.

A. Rechts- und Datenschutzdefizite in Bezug auf die bestehenden Strafverfolgungsbehörden

I. Defizite bezüglich Europol und Eurojust

Als institutionalisierte Formen der polizeilichen und justiziellen Zusammenarbeit haben sich *Europol und Eurojust* bei der Verfolgung schwerer grenzüberschreitender Kriminalität als wichtige Partner der nationalen Strafverfolgungsbehörden erwiesen. Nicht zuletzt deswegen wurden ihre Mandatsbereiche in der Vergangenheit wiederholt erweitert. Sie verfügen über vielfältige und tiefgreifende Befugnisse im Rahmen der Datenverarbeitung und dienen nicht nur als EU-weiter Speicher für strafverfolgungsrelevante und mitunter äußerst sensible Informationen, die auch den Kernbereich privater Lebensgestaltung betreffen können. Sie können die in ihren Systemen enthaltenen Daten zudem eigenverantwortlich miteinander abgleichen. Beide Organisationen sind außerdem befugt, bei ihnen gespeicherte Daten an andere Unionseinrichtungen und sogar an Dritte weiterzuleiten. Darin liegen unbestreitbar selbstständige Eingriffe in die informationelle Selbstbestimmung nach Art. 8 GRC.

Dennoch sind derzeit weder die sich aus Art. 8 Abs. 2, 3 GRC noch die sich aus Art. 47 GRC ergebenden Anforderungen an eine datenschutzrechtliche und justizielle Kontrolle der beiden Agenturen erfüllt. Die Gemeinsamen Kontrollinstanzen können, selbst bei Einbeziehung der parlamentarischen Kontrollrechte, keine effektive Datenschutzkontrolle sicherstellen, geschweige denn eine wirksame gerichtliche Kontrolle; sie sind zu sehr mit den Stellen verbandelt, die sie überwachen sollen, wie auch mit den Mitgliedstaaten, die die Mitglieder der Kontrollinstanzen jederzeit abberufen können. Bei der GKI-Europol bestehen insoweit die erheblicheren Bedenken im Hinblick auf die Neutralität des Amtes, da sie auf vielfältige Weise auch an der Verwaltungsarbeit und sogar an den einzelnen belastenden Maßnahmen teilnimmt. Die GKI-Eurojust dagegen ist schon kein ständig tagendes Gremium.

Schwer wiegen neben der Besorgnis der Abhängigkeit auch die vielfältigen Beschränkungen des Zugangs zu einer justiziellen Überprüfung. So ist etwa eine

---

[519] *Nelles*, ZStW 109 (1997), 727 (738).

vom Betroffenen ausgelöste Kontrolle der Weiterleitung von Informationen durch die beiden Agenturen an Dritte, überhaupt nicht vorgesehen, weder vor der GKI noch vor einer sonst zur Gewährung von Rechtsschutz berufenen Instanz auf europäischer oder nationaler Ebene.

Auch sind die verschiedenen Unterstützungsleistungen bei nationalen Ermittlungen, die außerhalb Gemeinsamer Ermittlungsgruppen geleistet werden, nicht ausreichend durch Kontrollmechanismen abgesichert. Bei Eurojust ist die Überwachung der sonstigen Eurojust-Mitarbeiter im Falle der Teilnahme an Gemeinsamen Ermittlungsgruppen nicht einmal geregelt.

Auch einstweiliger oder vorbeugender Rechtsschutz gegen das Handeln beider Einrichtungen ist nicht vorgesehen.

Schließlich ist zu kritisieren, dass es bei beiden Institutionen an einer Bekanntmachungspflicht hinsichtlich solcher Daten fehlt, bei denen ein Geheimhaltungsinteresse nicht mehr besteht. Eng damit zusammen hängt die Kritik, dass die gewährleistete objektive Kontrolle der Datenverarbeitung während des Fortbestands des Geheimhaltungsinteresses bei beiden Einrichtungen nur unzureichend verwirklicht ist, zumal Zweifel an der Unabhängigkeit auch insoweit Bedenken hinsichtlich der Eignung als ausgleichende Elemente hervorrufen.

Die Schadensersatzansprüche, die vor den nationalen Gerichten eingeklagt werden können, mildern die bestehenden Rechtsschutzlücken zwar ab, können den fehlenden Primärrechtsschutz aber keinesfalls voll ausgleichen, noch weniger die strafrechtliche Ahndung von ausbrechenden Akten der Europol- oder Eurojust-Bediensteten.

Über eine Erweiterung der Befugnisse der beiden Agenturen, vor allem aber über eine Übertragung echter polizeilicher oder staatsanwaltlicher Anordnungs- und Ermittlungsbefugnisse, darf unter diesen Umständen noch nicht einmal nachgedacht werden. Hier sind die Mitgliedstaaten in der Pflicht, ein weiteres Aushöhlen der Grundrechte der Betroffenen zu verhindern.

II. Defizite bezüglich OLAF

Eine herausragende Rolle unter den Strafverfolgungsorganen der EU nimmt *OLAF* ein. Es schützt anders als Europol und Eurojust die Interessen der Union selbst. Der Zuständigkeitsbereich des Amtes ist gegenüber demjenigen der ursprünglich in der Dritten Säule verorteten Strafverfolgungsinstitutionen daher beschränkt auf Straftaten zu Lasten der finanziellen Interessen der Europäischen Union.

Andererseits wurden dem Amt einschneidende Ermittlungsbefugnisse übertragen, deren strafrechtlicher Charakter zwar von manchen bestritten wird, die jedoch zweifelsfrei wesentlich über diejenigen von Europol und Eurojust hinausgehen: OLAF kann im Rahmen von externen Untersuchungen bestimmte Ermittlungsmaßnahmen, z. B. Beschlagnahmen, gegenüber den ausführenden nationalen Behörden verbindlich anordnen und im Rahmen von internen Untersuchungen sogar selbst zumindest faktisch Zwang ausüben, weil den Angestellten der Union ein Disziplinarverfahren droht, wenn sie nicht mit dem Amt zusammenarbeiten. Darüber hinaus erstellt OLAF am Ende seiner Ermittlungen einen Abschlussbericht, den es den nationalen Strafverfolgungsbehörden bzw. den Anstellungsbehörden der betroffenen Unionsbediensteten zustellt, damit diese aufgrund der Untersuchungsergebnisse des Amtes über eine angemessene Sanktion entscheiden können. Der Bericht kann bzw. muss sogar in der abgegebenen Form in das nationale Strafverfahren eingebracht werden.

Anders als Europol und Eurojust verfügt OLAF also bereits heute über klassische strafprozessuale Befugnisse. Dennoch scheiden nach der ständigen Rechtsprechung der europäischen Gerichte alle Handlungen des Amtes als tauglicher Klagegegenstand einer Nichtigkeitsklage (Art. 263 Abs. 1 AEUV) aus, da es ihnen an einem abschließenden Charakter fehle. Daher sollen die Akte auch keine unmittelbaren Rechtswirkungen entfalten können. Erst die Einleitung eines Ermittlungsverfahrens durch die nationalen Behörden stelle einen justiziablen Akt dar. Die Verfahrenseröffnung liege aber im Ermessen der nationalen Strafverfolgungsbehörden und sei nicht OLAF zuzurechnen.

Die nationalen Gerichte können mangels einer Übertragung von Jurisdiktionsbefugnissen aber nur im Rahmen einer ultra-vires- und Willkürkontrolle über die Rechtmäßigkeit der Handlungen des Amtes urteilen. Zugleich stehen dem von einer OLAF-Untersuchung Betroffenen während der Ermittlungen nur unzureichende Verfahrensrechte zu, obwohl das Folgeverfahren wesentlich durch den Abschlussbericht geprägt wird.

Wegen dieser Zuständigkeitsverteilung scheidet zugleich wirksamer einstweiliger Rechtsschutz aus. Den von Untersuchungen des Amtes betroffenen Bürgern bleibt lediglich ein Schadensersatzanspruch.

Eine Rechtsschutzlücke besteht zudem wie bei Eurojust auch im Rahmen der Tätigkeit von OLAF-Mitarbeitern in Gemeinsamen Ermittlungsgruppen.

III. Fazit

Die derzeitige Rechtsschutzsituation bezüglich Europol und Eurojust wie auch die datenschutzrechtliche Lage verstoßen in massiver Weise gegen Art. 47 GRC und Art. 8 Abs. 2, 3 GRC. Dasselbe gilt für OLAF jedenfalls hinsichtlich der gerichtlichen Kontrolle (zur Datenschutzkontrolle siehe schon § 4 C. II.).

Solange die festgestellten Mängel nicht behoben und effektive Kontrollstrukturen geschaffen werden, verbietet sich jegliche Erweiterung der Befugnisse der genannten Strafverfolgungsorganisationen.

B. Künftige Entwicklung der Strafverfolgungsbehörden mit Einfluss auf die Rechtsschutzfrage

I. Anwendbarkeit der Nichtigkeitsklage

Vielfach wird in der Vergemeinschaftung der ehemaligen Dritten Säule, die mit dem Vertrag von Amsterdam begann und mit dem 1.12.2014 vervollkommnet wird, die Heilung der bisherigen Defizite des Rechtsschutzes gegenüber den Strafverfolgungsorganen der früheren Dritten Säule gesehen: Durch die Vergemeinschaftung der PJZS entfallen die Einschränkungen der Jurisdiktionsgewalt der Unionsgerichte gemäß Art. 46 lit. b, 35 EUV a.F. weitgehend. Insbesondere werden die formalen Beschränkungen des Vorabentscheidungsverfahrens beseitigt, wie die Notwendigkeit einer Unterwerfungserklärung. Nach Ablauf der Übergangsfrist[520] kommen vielmehr die allgemeinen Regelungen über den Rechtsschutz zur Anwendung. Mithin ist auch die Nichtigkeitsklage – und dies dürfte eine essentielle Veränderung sein – gegen Handlungen der Einrichtungen der ehemaligen Dritten Säule statthaft.[521]

1. Statthaftigkeit der Nichtigkeitsklage

Mit der Einführung der Klagemöglichkeit gegen Einrichtungen der Union in Art. 263 Abs. 1 S. 2 AEUV ist klargestellt, dass auch die Akte von Europol, Eurojust etc., die die Anforderungen an einen tauglichen Klagegegenstand erfüllen (2.), mit der Nichtigkeitsklage angegriffen werden können. Auch dem von den Maßnahmen der Agenturen Betroffenen wird also nach Art. 263 Abs. 4 AEUV die Nichtigkeitsklage gegen solche Akte offenstehen.

2. Zulässigkeitsbedenken: Handlungsbegriff und Betroffenheit

Die Akte dieser beiden Einrichtungen müssten allerdings „Handlungen" im Sinne von Art. 263 AEUV sein, also Rechtswirkungen entfalten. Dies ist unproblematisch der Fall bei der Entscheidung der Gemeinsamen Kontrollinstanzen, da

---

[520] Sollten schon vorher die Errichtungsakte von Europol und Eurojust durch Verordnungen nach Art. 85, 88 AEUV ersetzt werden, fänden die Bestimmungen des AEUV auf den geänderten Rechtsakt sowie die Handlungen der Agenturen sofort Anwendung (Art. 10 Abs. 2 Protokoll (Nr. 36) über die Übergangsbestimmungen v. 13.12.2007, ABl. EU Nr. C 83 v. 30.3.2010, S. 322); Grabitz/Hilf/Nettesheim/*Röben*, Art. 88 AEUV Rn. 27; *Postberg*, S. 156. Calliess/Ruffert/*Suhr*, Art. 88 AEUV Rn. 25, nimmt bereits jetzt eine Zuständigkeit des *EuGH* für alle Handlungen an, die auf die Errichtungsakte gestützt werden. Die Übergangsregelungen beträfen nur die Errichtungsakte als solche; so auch *Zöller*, in: Böse (Hrsg.), § 21 Rn. 45, wegen Art. 47 GRC. – Die Ersetzung noch vor Ablauf der Übergangsfrist ist inzwischen mehr als unwahrscheinlich.

[521] Vgl. dazu auch *Esser*, StRR 2010, 133 (135); *Everling*, EuR-Beih. 1/2009, 71 (79).

sich diese unmittelbar an den Kläger richten, also sogar einen adressatenbezogenen Akt mit Rechtswirkungen darstellen.

Rechtswirkungen können die Unionsbürger nach teilweise vertretener Ansicht künftig auch geltend machen, wenn Europol oder Eurojust durch eine spezielle Form der Datenverarbeitung in das Recht auf informationelle Selbstbestimmung eingreifen, das in Art. 8 GRC ausdrücklich geregelt ist. Auch Maßnahmen im Rahmen der Datenerhebung und Datenverarbeitung enthalten zumindest implizit Duldungspflichten und entfalten somit Regelungswirkung.[522] Dass eine entsprechende Nichtigkeitsklage Erfolg haben könnte, erscheint aber angesichts der Rechtsprechung des *EuG* und *GöD* zur Kontrolle von OLAF zweifelhaft, denn danach stellt jedenfalls die Übermittlung von Informationen keinen Rechtsakt dar, der die Rechtslage der Betroffenen „erheblich beeinträchtige".[523]

Außerdem wird es dem Kläger im Hinblick auf die Datenverarbeitung kaum möglich sein, nachzuweisen, dass er durch ein Handeln von Europol oder Eurojust in seinem Recht auf informationelle Selbstbestimmung verletzt ist, also die *individuelle Betroffenheit* darzulegen. Mangels Adressatenbezogenheit sind die Voraussetzungen von Art. 263 Abs. 4 Var. 2 AEUV zu erfüllen. Die Datenverarbeitung findet allerdings im Geheimen statt. Der Kläger erfährt, selbst wenn er einen Auskunftsantrag gestellt hat, häufig nicht, ob Daten über ihn verarbeitet werden. Der Nachweis dürfte ohne Rechtsprechungsänderung kaum je gelingen, zumal es weiterhin an einer Bekanntmachungspflicht hinsichtlich der Datenverarbeitung nach Abschluss der Ermittlungen fehlt.

Die Europol- und Eurojust-Verordnungen selbst dürften angesichts der hohen Anforderungen an die Klagebefugnis (Art. 263 Abs. 4 Var. 2 AEUV) nicht unmittelbar angegriffen werden können.[524]

3. Potenzielle Modifikationen nach Art. 263 Abs. 5 AEUV

Zu beachten ist, dass die Klagemöglichkeit von natürlichen oder juristischen Personen in den Rechtsakten zur Gründung der Einrichtungen und sonstigen Stellen der Union an bestimmte Voraussetzungen geknüpft werden kann (Art. 263 Abs. 5 AEUV). Diese werden in Bezug auf Europol und Eurojust in der noch zu erlassenden Verordnung nach Art. 85 bzw. Art. 88 AEUV genauer zu regeln sein, da der ERB kaum eindeutige Regelungen enthält. Dabei darf durch die konkrete

---

[522] So *Schenke*, in: AE Europol, S. 367 (377); *Srock*, S. 231; *Postberg*, S. 156 f.; auch *Gärditz*, in: Böse (Hrsg.), § 24 Rn. 58.

[523] Nach *Gärditz*, in: Böse (Hrsg.), § 24 Rn. 57, sei ohnehin erst die Entscheidung im Beschwerdeverfahren als verfahrensabschließende Maßnahme zu klassifizieren. Zu Europol: *Ruthig*, in: AE Europol, S. 97 (118); auch *Ruthig*, in: Böse (Hrsg.), § 20 Rn. 80 f.; wohl auch *Engel*, S. 202. Zu Eurojust: *Nelles/Tinkl/Lauchstädt*, in: Schulze u.a. (Hrsg.), § 42 Rn. 115, 127.

[524] So auch *Ellermann*, S. 391 ff., zur Europol-VO.

Ausgestaltung der Grundgedanke des Rechtsschutzes, wie er in Art. 263 Abs. 1 S. 2 AEUV niedergelegt ist, nicht elementar beschränkt werden.[525] Denkbar ist etwa die Vorschaltung eines Verfahrens vor der zuständigen Datenkontrollstelle, sofern Datenschutzrechte verletzt sind, oder eine Beschränkung der Klagebefugnis.[526]

4. Einschränkungen nach Art. 276 AEUV

Die Einschränkung der Gerichtsbarkeit nach Art. 276 AEUV, wonach die Unionsgerichte nicht für die Überprüfung der Gültigkeit oder Verhältnismäßigkeit von Maßnahmen der Polizei oder anderer Strafverfolgungsbehörden eines Mitgliedstaats zuständig sein sollen, betrifft allein mitgliedstaatliche Maßnahmen (vgl. schon Kapitel 2 § 1 B. II. 2.), nicht Maßnahmen, die Europol zuzurechnen sind.[527]

Zwar erscheint es denkbar, dass im Rahmen von gemeinsamen operativen Maßnahmen Abgrenzungsschwierigkeiten dahingehend auftreten, ob eine Maßnahme Europol oder einem Mitgliedstaat zuzurechnen ist. Daher kann Art. 276 AEUV auch bei Gemeinsamen Ermittlungsgruppen unter Beteiligung von Europol keine Rolle spielen, da insoweit ohnehin nur nationaler Rechtsschutz zur Anwendung kommt. Eurojust- und OLAF-Mitarbeiter sollten aber aus diesem Grunde der nationalen Gerichtsbarkeit unterworfen werden, wenn sie an GEGs teilnehmen, damit durch Art. 276 AEUV nicht erneut Rechtsschutzlücken entstehen.

Sollten die Agenturen auch in operative Maßnahmen unter Leitung nationaler Strafverfolgungsbehörden einbezogen werden können, muss angesichts Art. 276 AEUV dasselbe gelten. Auch insoweit sind die von Europol- oder Eurojust-Mitarbeitern durchgeführten Maßnahmen für von nationalen Gerichten überprüfbar zu erklären.

Dagegen dürfte die Anordnung bestimmter Ermittlungsmaßnahmen durch Eurojust oder Europol auf europäischer Ebene überprüfbar sein, ohne dass Art. 276 AEUV entgegensteht;[528] denn diese Akte sind den Mitgliedstaaten nicht zurechenbar, selbst wenn sie sie ausführen. Die Abgrenzung der Verantwortungsbereiche dürfte hier nur wenige Probleme verursachen.

---

[525] Vgl. *Esser*, StRR 2010, 133 (135); *Everling*, EuR-Beih. 1/2009, 71 (77 f.).
[526] *Srock*, S. 232, schlug ersteres für die GKI vor – unabhängig von der Neuregelung im Vertrag von Lissabon. Zu Alternativen: *Gärditz*, in: Böse (Hrsg.), § 24 Rn. 52.
[527] Vgl. *Knapp*, DÖV 2001, 12 (17); Calliess/Ruffert/*Suhr*, Art. 88 AEUV Rn. 24. Kritischer: *Nehl*, Lissaboner Reformvertrag, S. 149 (161 f.); *Sauer*, EuR 2010, 51 (65); *Marguery*, E.L.Rev. 2012, 37 (4), 444 (448); *Srock*, S. 234 f., will gemischte Tätigkeiten unter Art. 276 AEUV fassen. Allerdings seien insoweit die nationalen Gerichte zuständig.
[528] Siehe auch *Gärditz*, in: Böse (Hrsg.), § 24 Rn. 70.

5. Vorbehalte Großbritanniens, Irlands und Dänemarks

Hinsichtlich der opt-out-Regelungen ist klarzustellen, dass die Tatsache, dass Großbritannien, Irland und Dänemark die Gerichtsbarkeit der Union für sich ausschließen können, nicht bedeutet, dass sie dadurch ihren Staatsbürgern die Möglichkeit der Nichtigkeitsklage auch in Bezug auf Maßnahmen von Europol und Eurojust entziehen könnten. Damit rücken diese Staaten schlicht in die Position eines Drittstaats.

Von der Datenverarbeitung der beiden Institutionen können die Staatsbürger dieser Staaten dennoch betroffen sein, ohne dass etwa von britischen Stellen selbst entsprechende Informationen geliefert werden. Dasselbe gilt auch für operative Maßnahmen zumindest dann, wenn die Staatsbürger der genannten Nationen in einem anderen Mitgliedstaat der Union leben. Das Klagerecht ist aber ohnehin nicht von der Staatsbürgerschaft abhängig.[529]

Problematisch ist dies allerdings angesichts der derzeitigen Regelung für Schadensersatzansprüche im ERB (§ 1 G. IV. 1.), da insoweit bei einem Erfolgseintritt außerhalb der teilnehmenden Mitgliedstaaten eine Rechtsschutzlücke auftritt [siehe aber noch II. 2. e)].

6. Keine Vorkehrungen für die Kontrolle echter Ermittlungsbefugnisse

Unter dem Vorbehalt der oben genannten Kritikpunkte stünde zumindest ein echter gerichtlicher Rechtsschutz durch die Unionsgerichte bezüglich der Akte von Europol und Eurojust zur Verfügung, sobald der Übergangszeitraum abgelaufen ist. Auch dann dürfen Europol aber weitere Befugnisse nicht übertragen werden;[530] dasselbe gilt für Eurojust. Die Gerichte haben nicht die erforderlichen Mittel zur Kontrolle polizeilicher Ermittlungstätigkeit. Insoweit sind noch erhebliche Modifikationen erforderlich: Insbesondere wurden keine Vorkehrungen für eine präventive gerichtliche Kontrolle der künftig Europol und Eurojust zustehenden Ermittlungsbefugnisse getroffen.[531]

Der Zugang zu den Unionsgerichten ist zudem im Hinblick auf die Informationsverarbeitung erheblich dadurch erschwert, dass den Betroffenen auch nachträglich die Datenverarbeitung nicht bekannt gegeben wird. Sicherzustellen wäre im Übrigen, dass die regelmäßig mittels Realakten erfolgenden Eingriffe der Agenturen in das Recht auf informationelle Selbstbestimmung tatsächlich durch die Gerichte überprüft werden können. Dazu müssten jedenfalls die Substantiie-

---

[529] Vgl. nur Calliess/Ruffert/*Cremer,* Art. 263 AEUV Rn. 26.

[530] A.A. wohl *Kretschmer,* JURA 2007, 169 (172); vgl. auch *Ellermann,* S. 379.

[531] Dass ein strafrechtliches gerichtliches Kontrollorgan nicht schon im Zusammenhang mit dem Vertrag von Lissabon beschlossen wurde, erscheint vor diesem Hintergrund unverständlich, meint *Kaiafa-Gbandi,* KritV 2011, 153 (181 f.).

rungspflichten hinsichtlich der Betroffenheit abgesenkt werden, so dass allein die glaubhaft gemachte Befürchtung, dass personenbezogene Daten verarbeitet werden, für die Annahme der individuellen und unmittelbaren Betroffenheit ausreicht. Als Exempel könnte die *BVerfG*-Rechtsprechung zur Unmittelbarkeit im Rahmen der Zulässigkeit der Verfassungsbeschwerde herangezogen werden: Im Hinblick auf die Regelungen zum Großen Lauschangriff hatte das *BVerfG* festgestellt, die Beschwerdebefugnis sei bereits gegeben, wenn nachvollziehbar dargelegt werde, dass der Beschwerdeführer von einer verdeckten Maßnahme betroffen sein kann.[532]

Für einen effektiven Rechtsschutz müssten außerdem zusätzlich Befugnisse der Unionsgerichte geschaffen werden. Mit der Nichtigkeitsklage können lediglich Akte aufgehoben werden, mit der Untätigkeitsklage kann allein gegen bloßes Nichthandeln der Unionseinrichtungen vorgegangen werden. Das „Wie" einer vorzunehmenden Handlung kann ein Unionsgericht nicht beeinflussen. Es muss aber auch etwa zur Sperrung der Informationen verpflichten können oder zur Erteilung einer Auskunft in bestimmtem Umfang.[533] Vor allem die Regelung eines Unterlassungs- und Beseitigungsanspruchs ist unerlässlich zum Schutz des Grundrechts auf informationelle Selbstbestimmung und für eine effektive Beschwerdemöglichkeit. Andernfalls bestünde eine Rechtsschutzlücke im Schnittbereich zwischen Untätigkeits- und Nichtigkeitsklage für die Verpflichtung zur Durchführung bestimmter Maßnahmen bzw. deren Unterlassen.

Zudem wäre sicherzustellen, dass bei Darlegung eines Rechtsschutzinteresses auch nach Abschluss des Eingriffs Rechtsschutz gewährt wird, insbesondere also, wenn der Betroffene ein Rehabilitationsinteresse geltend machen kann, eine Wiederholung der Maßnahme droht oder der Grundrechtseingriff schlicht erheblich war. Zu beachten ist insoweit auch, dass eine nachträgliche Kontrolle erst im Strafverfahren, etwa durch die Annahme von Beweisverwertungsverboten oder durch Freispruch, den Anforderungen des Art. 47 GRC keinesfalls genügt. Dem Rehabilitationsinteresse des Angeklagten wie auch seinem Interesse an der Verhinderung der Wiederholung wird durch einen Freispruch allein nicht hinrei-

---

[532] BVerfGE 109, 279.
[533] Allgemein *Wegener,* EuGRZ 2008, 354 (356 f.), aber auch mit Rechtsprechungsnachweisen zum Recht auf Informationszugang. – Hinzuweisen ist insoweit auf Art. 30 Abs. 1 S. 1 des Alternativentwurfs Europol (*Wolter, Jürgen u. a.* (Hrsg.), Alternativentwurf Europol und Europäischer Datenschutz. C. F. Müller, Heidelberg, 2008): Dieser enthält einen allgemeinen Anspruch auf Unterlassung rechtswidriger Maßnahmen und einen Anspruch auf Beseitigung bereits daraus entstandener fortdauernder Beeinträchtigungen. Die Ansprüche auf Löschung und Berichtigung sind als wichtige Reflexrechte von Art. 30 Abs. 1 S. 2 AE erfasst. Nach Art. 30 Abs. 3 des Alternativentwurfs muss zudem die Löschung oder Berichtigung denjenigen Staaten mitgeteilt werden, von denen Europol Daten erhalten hat oder die selbst von Europol entsprechende Daten erhalten haben. Letztere müssen dann ebenfalls die Daten löschen oder berichtigen, ohne dass dazu ein (erneuter) Antrag des Betroffenen erforderlich ist.

chend Rechnung getragen, da dieser auf unterschiedlichen Gründen beruhen kann. Vielmehr muss der Rechtsbehelf dazu führen, dass die Rechtmäßig- oder Rechtswidrigkeit einer Maßnahme *explizit festgestellt* wird.[534]

Für OLAF, für das die Nichtigkeitsklage ohnehin bereits anwendbar ist, gelten im Wesentlichen dieselben Vorbehalte.

II. Vorschlag der Kommission für eine Europol-VO

Mit dem Kommissionsvorschlag vom 27.3.2013 (KOM (2013) 173) ist nun ein Vorschlag für die künftige Europol-VO in der Welt. Fraglich ist, inwieweit dieser die Rechts- und Datenschutzlage verändert.

1. Neue Befugnisse

Wie nicht anders zu erwarten, wird der primärrechtliche Rahmen des Art. 88 AEUV von der Kommission umfassend genutzt. In Art. 4 Abs. 1 *lit.* c ist die Kompetenz geregelt, Ermittlungen und operative Aktionen, die in Zusammenarbeit mit den zuständigen nationalen Behörden oder im Rahmen von Gemeinsamen Ermittlungsgruppen erfolgen, zu koordinieren, zu organisieren und auch durchzuführen.

Zudem werden dem Polizeiamt verschiedene Funktionen im Rahmen der Aus- und Weiterbildung von Polizeibediensteten übertragen, was vor dem Hintergrund der durch den Kommissionsvorschlag ebenfalls bezweckten Zusammenlegung von CEPOL und Europol zu sehen ist (Art. 9–11 KOM (2013) 173).

In Art. 5 des Vorschlags erfolgt auch eine Klarstellung dahingehend, dass Europol-Bedienstete, die an Gemeinsamen Ermittlungsgruppen teilnehmen, zwar Zwangsmaßnahmen nicht selbst ergreifen dürfen, wohl aber anwesend sein dürfen. So schreibt Art. 5 Abs. 3 fest: „Europol may, within the limits provided by the law of the Member States in which joint investigative team is operating, assist in all activities and exchange of information with all members of the joint investigative team." Zugleich heißt es in Absatz 4: „Europol shall not apply coercive measures." Durch den Gegensatz „assist in all activities" und „not apply" ist seitens der Europol-VO nun deutlicher herausgestellt, dass die reine Anwesenheit bei Zwangsmaßnahmen als unproblematisch erachtet wird.

Auch die Übermittlungspflichten seitens der Mitgliedstaaten sollen ausgeweitet werden. Die Verweigerungsrechte, die jetzt in Art. 8 Abs. 5 ERB zu finden sind, finden sich nicht mehr im Vorschlag der Kommission. Zudem sollen Eurojust und OLAF institutionalisierten Zugang zu den Computersystemen von Europol erhalten (Art. 27). Auch die Weiterleitung von Informationen an Partner wird

---
[534] Vgl. auch *Grote,* in: Kontrolle von Europol 2, S. 607 (636 f.).

erleichtert, wobei aber nicht mehr in jedem Fall die Zustimmung vom eingebenden Mitgliedstaat eingeholt werden muss (vgl. Art. 29 Abs. 4).

Damit wird offensichtlich, dass die Befugnisse von Europol sowohl im operativen Bereich als auch im informatorischen Bereich ausgeweitet werden, wenn der ERB durch eine Verordnung ersetzt wird.

2. Ausbau der gerichtlichen und datenschutzrechtlichen Kontrolle

Aber auch die Kontrollmöglichkeiten gegenüber dem Amt werden – abgesehen von der Möglichkeit zur Einlegung von Nichtigkeitsklagen – erweitert:

a) Stärkung der Rechte der von der Datenverarbeitung Betroffenen

Soweit es die *Auskunftsrechte* betrifft, so enthält Art. 39 Abs. 1 des Vorschlags eine explizite Bestimmung des Mindestgehalts einer zu erteilenden Auskunft. Die Verweigerungsrechte bleiben allerdings unverändert bestehen. Zu berichtigende Daten sollen nicht mehr gelöscht werden, sondern „blockiert", sofern Interessen des „Datenobjekts" dies erfordern (Art. 40 Abs. 3). Vorstellbar ist dies etwa, wenn Schadensersatzklagen im Raum stehen. Auch enthalten die Art. 39 Abs. 5 und Art. 40 Abs. 9 Unterrichtungspflichten im Hinblick auf den möglichen Rechtsschutz vor dem Europäischen Datenschutzbeauftragten (siehe sogleich) bzw. den Unionsgerichten (Art. 40 Abs. 9).

Was allerdings weiterhin fehlt, ist eine Benachrichtigungspflicht über gespeicherte Informationen nach dem Wegfall des Geheimhaltungsinteresses.

b) Effektive Datenschutzkontrolle durch den EDSB

Nach Art. 46 soll der *Europäische Datenschutzbeauftragte* (= *EDSB*) künftig eine wesentliche Kontrollfunktion übernehmen. Er tritt in datenschutzrechtlichen Angelegenheiten als Beschwerde- (Art. 49) und objektive Kontrollinstanz (Art. 46) an die Stelle die GKI-Europol. Damit wird ein wesentlicher Fortschritt im Rahmen der Konformität mit Art. 8 Abs. 3 GRC erzielt, da dann eine Kontrolle durch eine tatsächlich unabhängige, externe Prüfstelle gewährleistet wäre.

Der EDSB soll Zugang zu allen bei Europol gespeicherten Informationen und auch zu allen Büroräumen etc. haben (Art. 46 Abs. 3). In diesem Zusammenhang ist auch zu erwähnen, dass die Protokollierungspflichten erweitert werden sollen. Protokolldaten könnten nunmehr erst nach drei Jahren gelöscht werden, sofern sie nicht darüber hinaus für die Kontrolle benötigt werden (Art. 43 Abs. 1). Das dürfte aber stets der Fall sein, solange nicht die betroffenen Personen von der Datenverarbeitung erfahren haben, also regelmäßig erst nach deren Abschluss. Die Protokolldaten werden dem Europäischen Datenschutzbeauftragten auf Anfrage zugeleitet (Art. 43 Abs. 2). Seine Kontrollmöglichkeiten erscheinen schon dadurch wesentlich effektiver als diejenigen der GKI. Die Befugnisse des EDSB greifen auch unmittelbar auf die Datenverarbeitung durch; er kann etwa die Berichtigung oder Löschung von Informationen anordnen.

Zudem wird er auch *a priori* im Rahmen einer *objektiven Kontrolle* tätig, allerdings nur auf eine Anfrage des Datenschutzbeauftragten von Europol hin. Er soll insbesondere die Zulässigkeit und Konformität der Verarbeitung bestimmter Kategorien von Daten mit den Datenschutzbestimmungen der Verordnung vorab überprüfen und gegebenenfalls Hinweise geben, wie diese herzustellen ist (Art. 42).

c) Klage gegen Entscheidungen des EDSB

Gegen die Entscheidung des Datenschutzbeauftragten ist eine Klage vor den Unionsgerichten möglich (Art. 50). Anders als die Entscheidungen der GKI sind diejenigen des EDSB also überprüfbar. Nähere Bestimmungen enthält der Vorschlag nicht. Unklar ist damit, ob das Beschwerdeverfahren zum EDSB für Fragen bezüglich der Datenschutzrechte als *Vorverfahren* ausgestaltet sein soll, mit der Folge, dass ohne vorheriges Durchlaufen dieses Beschwerdeverfahrens für eine Klage nach Art. 263 Abs. 1 S. 2, Abs. 5 AEUV das Rechtsschutzbedürfnis fehlen würde.

Dagegen spricht jedenfalls, dass nicht ausdrücklich angeordnet wird, dass die Beschwerde zum EDSB aufschiebende Wirkung haben soll, so dass man annehmen müsste, dass wegen des ursprünglichen Verstoßes die Frist für die Nichtigkeitsklage während des Beschwerdeverfahrens vor dem EDSB weiterläuft. Nachdem dieser aber sechs Monate Zeit hat, die Beschwerde zu bescheiden, wäre die Nichtigkeitsklage dann bereits verfristet. Deshalb müsste eine Klage gegen den Verstoß gleichzeitig erhoben werden.

Es scheint aber gerade zweifelhaft, ob die Nichtigkeitsklage gegen bestimmte Maßnahmen der Datenverarbeitung überhaupt erfolgversprechend wäre (vgl. schon I. 2.), denn die Informationsverarbeitung wird bisher von den europäischen Instanzen nicht als selbstständig angreifbar begriffen. Somit würde erst durch das Beschwerdeverfahren zum EDSB ein angreifbarer Akt provoziert.

d) Vorläufiger Rechtsschutz

Nachdem der vorläufige Rechtsschutz akzessorisch zu den Klageformen des Unionsrechts ist, greift er auch in Zukunft nicht für Europol-Maßnahmen, weil unmittelbar nur gegen die Entscheidung des EDSB geklagt werden könnte.

e) Schadensersatzhaftung für fehlerhafte Datenverarbeitung

Einen wesentlichen Fortschritt stellt es aber dar, dass Europol nun selbst für Schäden haften soll, die durch die Datenverarbeitung entstanden sind (Art. 52

Abs. 1 i.V.m. Art. 340 AEUV).[535] Nach der Formulierung der Regelung im Kommissionsvorschlag soll der Beschwerte ein Wahlrecht haben, ob er gegen Europol oder den Mitgliedstaat vorgehen will, in dem der Schaden eingetreten ist. Wer im Innenverhältnis regresspflichtig ist, regelt Art. 52 Abs. 2 in Verbindung mit der Normierung zur datenschutzrechtlichen Verantwortlichkeit. Dadurch würde die Rechtsschutzlücke geschlossen, die dadurch entstanden war, dass Ersatzklagen nur in dem Mitgliedstaat erhoben werden können, in dem der Schaden eingetreten ist (vgl. schon § 1 G. IV. 1.).

Daneben besteht eine Haftung von Europol auch im vertraglichen Bereich und für durch Europol-Bedienstete zu verantwortende Schäden im Rahmen ihrer Amtspflichten (Art. 51).

f) Parlamentarische Kontrolle

Soweit es die parlamentarischen Kontrollmöglichkeiten betrifft, ist festzustellen, dass die Informationsrechte erneut in moderater Weise ausgebaut werden. Künftig soll etwa nach dem Vorschlag der Kommission jährlich ein Bericht über die Quantität und Qualität der aus den Mitgliedstaaten übermittelten Informationen erstellt werden (Art. 7 Abs. 10), der an die nationalen Volksvertretungen, das Europäische Parlament, den Rat und die Kommission geleitet werden soll. Weitere Informationspflichten ergeben sich aus Art. 53. Auch der Zugang des Europäischen Parlaments zu den bei Europol gespeicherten Informationen wird durch den Vorschlag auf eine rechtliche Grundlage gestellt.

Die bereits im Rahmen der Ausführungen zum ERB zum Ausdruck gebrachten Vorbehalte (§ 1 H.) gelten allerdings fort.

3. Fortbestehende Defizite und Bedingungen einer effektiven Kontrolle

Die neue Rechtsgrundlage für Europol stellt den nächsten Schritt auf dem Weg zur Verpolizeilichung des Ermittlungsverfahrens dar. Mit dieser Entwicklung hält die Kontrolle von Europol nicht Schritt.

a) Unzureichende ex-post-Kontrolle durch die Unionsgerichte

Angesichts Art. 47 GRC ist eine effektivere und umfassendere ex-post-Kontrolle der Maßnahmen von Europol erforderlich, vor allem weil der Betroffene häufig erst nach Abschluss der Maßnahmen überhaupt erfährt, dass diese stattgefunden haben. Mit dem Ablauf der Übergangsfrist wird zwar ein gewisser Ausgleich der bisherigen Rechtsschutzdefizite durch die Zuständigkeit des *EuG* im

---

[535] Nach *Gärditz,* in: Böse (Hrsg.), § 24 Rn. 61, stand das frühere Schadensersatzregime im Widerspruch zu Art. 340 AEUV.

Rahmen der Nichtigkeitsklage möglich sein. Auf die Mängel und Lücken, die dieses Verfahren belässt, wurde bereits hingewiesen (I. 7.). Zudem genügt die Reichweite der Nichtigkeitsklage dem Anspruch auf effektiven Rechtsschutz nicht, denn eine konkrete Anweisung dahingehend, wie ein bestimmter Verstoß beendet werden kann, ist den Unionsgerichten verwehrt. Es können lediglich rechtswidrige Akte aufgehoben werden, dadurch ist keine Naturalrestitution gewährleistet. Durchsetzungsmechanismen im Sinne von Zwangsmitteln erscheinen dagegen überflüssig. Die Europäische Union als Staatenverbund kann wie jeder demokratische Staat nicht dauerhaft durch solche Zwänge zusammengehalten werden.[536]

Hervorgehoben werden soll, dass es auch in der Europol-VO noch immer an einem *Benachrichtigungsanspruch* des von der Datenverarbeitung Betroffenen mangelt, der essentiell für die Frage der Effektivität des Rechtsschutzes ist. Die nachträgliche Benachrichtigung muss über den Inhalt und die Empfänger der erhobenen Daten Auskunft geben, damit der Betroffene die notwendigen Schritte überhaupt absehen kann.[537]

Außerdem ist eine Klarstellung dahingehend erforderlich, dass der Rechtsschutz auch offen steht, wenn der Eingriff in die informationelle Selbstbestimmung *bereits erledigt* ist, zumindest im Sinne einer objektiven Rechtskontrolle und zur Vermeidung weiterer Eingriff in die Rechte des Beschwerdeführers.[538]

b) Justizielle Überwachung durch eine Staatsanwaltschaft?

Die meisten kontinentalen Rechtsordnungen überantworten das Strafverfahren selbst einer justiziellen Stelle, sei es einer Staatsanwaltschaft oder einem Ermittlungsrichter. Häufig handelt es sich dabei um Mischsysteme, wobei der Umfang der Kontrolltätigkeit von der Kompetenzverteilung zwischen beiden Organen nach mitgliedstaatlichem Recht abhängt.

Im Hinblick auf Europol ist auf europäischer Ebene weder die eine noch die andere Form der Kontrolle sichergestellt und wird es auch nach der Europol-VO nicht sein. Es existieren weder eine sachleitungsbefugte Staatsanwaltschaft (siehe aber noch V.), noch ist auf europäischer Ebene eine Kontrolle durch einen Ermittlungsrichter vorgesehen. Richtervorbehalte oder staatsanwaltliche Kontrollen im Vorfeld einer Maßnahme sind dem europäischen Recht fremd. Dieses Vakuum ist aber im Hinblick auf die Schutzpflichten, die aus der Charta folgen, schlechthin inakzeptabel, selbst wenn dem Amt noch keine verbindlichen Anordnungsbefug-

---

[536] Siehe auch *von Borries,* FS Rengeling, S. 485 (509).
[537] So auch *Esser,* in: AE Europol, S. 281 (295 ff.; 309 f.); *Schenke,* in: AE Europol, S. 367 (392 f.); s. a. *Knapp,* DÖV 2001, 12 (20), der aber verkennt, dass es daran bisher mangelt; vgl. *Frowein/Krisch,* JZ 1998, 598 (594), zum deutschen Verfassungsrecht.
[538] Vgl. *Schenke,* in AE Europol, S. 367 (393).

nisse im Hinblick auf Ermittlungsmaßnahmen zukommen. Das Bedürfnis einer ex-ante-Kontrolle folgt dabei nicht vordergründig aus Art. 47 GRC, der sich vor allem auf nachträglichen Rechtsschutz bezieht. Es kann aber einen Verstoß gegen die aus Art. 8 GRC folgenden Schutzpflichten darstellen, wenn eine richterliche Kontrolle im Voraus nicht gewährt wird, etwa bei der Anordnung einer geheimen Telefonüberwachung.[539] Daher muss bereits jetzt – jedenfalls im Bereich des repressiven Tätigwerdens der Agentur – eine justizielle Kontrolle durch ein sachleitungsbefugtes Organ[540] möglich sein [siehe auch noch c), C.], damit jederzeit eine externe Kontrolle der Ermittlungstätigkeit sichergestellt ist.

Nationale Staatsanwaltschaften können die Kontrolle schon wegen des Wissensvorsprungs von Europol nicht leisten. Zudem werden die Maßnahmen nur teilweise innerhalb ihres Zuständigkeitsgebiets vollzogen.

Hinzuweisen ist darauf, dass die Regelung der Weisungsfreiheit der Europol-Bediensteten, die stets als Argument gegen eine staatsanwaltliche Sachleitungsbefugnis angeführt wurde, entfallen ist. Damit könnte ein erster Schritt in Richtung justizieller Kontrolle durch eine *Europäische Staatsanwaltschaft* getan worden sein. Diese müsste die Kontrolle der laufenden Arbeit von Europol übernehmen. Dabei könnte Europol weitgehend selbstständig tätig werden, allein die Frage, ob die Einleitung eines Verfahrens erforderlich ist, muss die Europäische Staatsanwaltschaft treffen bzw. Eurojust, solange die Zuständigkeitsbereiche verschiedene sind. Außerdem sollten gewisse grundrechtsintensive Ermittlungsmaßnahmen von der EuStA angeordnet werden. Auch die EuStA wäre aber in erster Linie Strafverfolgungs-, nicht ein Kontrollorgan (noch unter IV.).[541]

c) Ermittlungsrichterliche Kontrolle

Schon deswegen könnte die allein durch die Europäische Staatsanwaltschaft gewährleistete Kontrolle rechtsstaatlichen Anforderungen nicht genügen. Vielmehr ist eine objektive Kontrolle durch ein Gericht, das nicht als Teil der Strafverfolgerkoalition auftritt, sondern echte Gewähr für Neutralität bietet, unerlässlich. Es darf bei schwersten Grundrechtsbeeinträchtigungen nicht nur eine nachträgliche Kontrolle geben, sondern es muss zusätzlich eine *objektive gerichtliche Kontrolle ex ante* eingerichtet werden, durch die der Eintritt der Verletzung verhindert werden kann. Auch die meisten kontinentalen Rechtssysteme, die eine sachleitungsbefugte Staatsanwaltschaft kennen, halten eine zumindest punktuelle

---

[539] So auch *Böse,* RW 2012, 172 (175 f.).
[540] Vgl. *Voß,* S. 327, zur EuStA. *Gleß,* NStZ 2001, 623 (628), meint, dass kontinentale Staaten die EuStA eher akzeptieren würden als ein EU-Strafgericht. *Wolter,* FS Kohlmann, S. 693 (707 ff.), will die Aufgabe der justiziellen Kontrolle Eurojust zuerkennen.
[541] Vgl. *Kuhl,* eucrim 2008, 186 (189).

richterliche Kontrolle schwerster Grundrechtsbeeinträchtigungen, etwa bei Durchsuchungen, nicht für entbehrlich. Wo die staatsanwaltliche Beteiligung am Verfahren festgeschrieben ist, wird vielmehr eine kontinuierliche Kontrolle durch ein justizielles Organ sichergestellt, während die Kontrolle durch die Gerichte im Komplementärverhältnis dazu steht. Eine solche richterliche Prüfung im Voraus ist schon deswegen erforderlich, weil anders manche Grundrechte verfahrensrechtlich nicht hinreichend abgesichert wären.[542] Gerade weil der Zuständigkeitsbereich der Europäischen Staatsanwaltschaft sich jedenfalls anfangs nur in Teilbereichen mit demjenigen von Europol und Eurojust überschneiden wird (vgl. noch V.), bedarf es einer präventiven justiziellen Kontrolle durch einen Ermittlungsrichter.

Es ist zwar einzuräumen, dass die unmittelbaren Befugnisse von Europol bisher vor allem das Datenschutzgrundrecht betreffen. Es wurde aber dargelegt, dass insbesondere bei der Teilnahme an Gemeinsamen Ermittlungsgruppen auch andere Grundrechte beeinträchtigt werden können. Nachdem die konkreten Einzelmaßnahmen selbst der nationalen Gerichtsbarkeit unterliegen, wäre hier allein eine gerichtliche Kontrolle der *Zulässigkeit der Teilnahme* an solchen Gruppen erforderlich. Sie müsste anhand bestimmter festgeschriebener Regelungen überprüfbar sein. Jenseits dieser normierten Form der Beteiligung von Europol-Mitarbeiten an der Ermittlungstätigkeit nationaler Strafverfolgungsbehörden ist zu bedenken, dass eine gerichtliche Kontrolle der Arbeit der Mitarbeiter von Europol in keiner Weise stattfindet, weil insoweit die nationale Gerichtsbarkeit nicht eröffnet ist. Zu nennen sind insbesondere die kontrollierten Lieferungen. Auch für die Teilnahme an solchen Aktionen müssen grundrechtskonforme Voraussetzungen normiert werden, deren Einhaltung angesichts der mit den Observationen verbundenen erheblichen Eingriffe einer richterlichen Ermächtigung im Voraus bedürfen. Ergänzend wären Europol-Mitarbeiter der nationalen Gerichtsbarkeit desjenigen Staates zu unterstellen, der sich für eine Aktion verantwortlich zeichnet.

Das Bedürfnis nach einem richterlichen Kontrollorgan wird noch deutlicher, wenn man sich vor Augen führt, dass die Europäische Staatsanwaltschaft, die andernfalls die einzige Institution wäre, durch die eine justizielle Kontrolle sichergestellt wäre, aus Eurojust hervorgehen soll [vgl. noch V. 2. b)]. Eurojust als Ausgangspunkt der EuStA die alleinige Kontrolle über Europol zu überlassen, birgt aber wegen der engen Beziehung zwischen den beiden Einrichtungen die nicht zu unterschätzende Gefahr, dass eine „Strafverfolgungskoalition" gefördert wird, statt eine wirksame Kontrolle von Europol sicherzustellen.[543]

---

[542] Vgl. *Grote,* in: Kontrolle von Europol 2, S. 607 (635 f.). Zum Komplementärverhältnis *Ellermann,* S. 384; s.a. *Engel,* S. 204. *Meyer,* FS Eser, S. 797 (805), hält die Kontrolle von Europol und Eurojust durch die *EGMR*-Beschwerde für ausreichend.

[543] So richtig *Zöberlein,* S. 134.

Die präventive Kontrolle ist eine Aufgabe, die die *mitgliedstaatlichen Gerichte* nicht effektiv wahrnehmen können. Zum einen handelt es sich bei Europol um eine supranationale Behörde, deren Akte nur die Union aufheben kann.[544] Diese Kompetenz könnte den nationalen Gerichten zwar übertragen werden, sie wäre aber begrenzt auf ihr Hoheitsgebiet.[545] Damit würde die Kontrolle „langwierige Verfahrenswege" erfordern, sobald eine Tätigkeit in verschiedenen Staaten ausgeführt wird, und so die Arbeit von Europol blockieren.[546] Schließlich bestünde die Gefahr, dass aufgrund des Vorrangs des Unionsrechts der Prüfungsmaßstab der nationalen Richter durch die Rechtsprechung des Gerichtshofs der Europäischen Union beschränkt würde,[547] dem künftig auch gewisse Kompetenzen im Bereich der Kontrolle von Europol zukommen. Es ist zudem inkonsequent, der EU Kompetenzen im Bereich der Verbrechensbekämpfung zu übertragen, zugleich aber durch ein undurchsichtiges zweigleisiges Rechtsschutzsystem zu verhindern, dass eine einheitliche Rechtsprechung und ein umfassender Individualrechtsschutz durch die Zuständigkeit eines geeigneten europäischen Spruchkörpers gewährt wird,[548] zumal nicht in allen Mitgliedstaaten eine richterliche Vorabkontrolle für jede grundrechtsintensive Maßnahme sichergestellt ist.[549]

Ohnehin ist bei der derzeitigen Aufgabenwahrnehmung durch Europol neben den Sonderfällen der unmittelbaren operativen Arbeit allein eine Kontrolle der Datenverarbeitung erforderlich. Diese erfolgt in der Regel in den Niederlanden. Würden alle relevanten Maßnahmen den niederländischen Richtern überantwortet, würde dies zum einen zu einer übermäßigen Belastung der Ressourcen der niederländischen Justiz führen. Zum anderen ist zu beachten, dass gerade im Bereich der Datenverarbeitung häufig richterliche Kompetenzen in den mitgliedstaatlichen Rechtsordnungen nicht mehr für erforderlich gehalten werden, weil sie sich als fortgesetzte Eingriffe der ursprünglichen Ermittlungsmaßnahme darstellen, also etwa der Telefonüberwachung. Für Europol ist die Ausgangssituation aber eine andere. Auf der Ebene des Polizeiamts stellt die Verwertung des aus verschiedensten Staaten zusammengeführten Datenmaterials erst den Beginn der Arbeit dar, ohne dass hier eine umfassende richterliche Prüfung erfolgt wäre. Schließlich laufen bei dem Amt Informationen aus weit mehr als 20 Staaten zusammen, auch solchen, die nicht der Europäischen Union angehören.

Hier ergeben sich selbstständige und wesentliche Grundrechtseingriffe, die einer richterlichen Zustimmung unterliegen sollten, wie etwa die *Übermittlung von*

---

[544] So auch *Nestler*, GA 2010, 645 (656 f.).
[545] Vgl. *Böse*, RW 2012, 172 (188); dafür dennoch: *Ellermann*, S. 304 f.
[546] Nach *Gleß*, NStZ 2001, 623 (627 f.), drohe wegen der dann erforderlichen komplexen Regelungen faktisch die „Unkontrollierbarkeit" von Europol; *Böse*, RW 2012, 172 (181), zur Beschleunigung des Ermittlungsverfahrens dadurch.
[547] So *Böse*, RW 2012, 172 (180), zu den Ermittlungsbefugnissen der Kommission.
[548] Vgl. auch *Matz*, S. 294 f.
[549] Dazu *Böse*, RW 2012, 172 (181).

personenbezogenen Informationen an Drittstaaten. Ein Ermittlungsrichter sollte über das Erfordernis der Weiterleitung informiert werden, wobei gerade im repressiven Bereich hohe Hürden aufzustellen wären. Insbesondere ist auch die „Angemessenheit" des Datenschutzniveaus beim Empfänger in die Überlegungen miteinzubeziehen. Hierzu scheint eine Stellungnahme des EDSB zweckdienlich. Auch die *Errichtung von Analysedateien,*[550] die Europol selbst beschließt, könnte einer ermittlungsrichterlichen Zustimmung unterworfen werden. Immerhin werden hier sensible Informationen verwertet, die auch z. B. potenzielle Opfer von Straftaten erfassen können.

Ein *Europäischer Ermittlungsrichter* (EER, European Investigation Judge = EIJ) sollte sicherstellen, dass eine unverhältnismäßige oder sonst unzulässige Maßnahme gar nicht erst durchgeführt werden kann und so wirksamen Grundrechtsschutz gewährleisten. Dies wäre auch im Hinblick auf die größere Neutralität des Ermittlungsrichters – im Vergleich zu den Strafverfolgungsbehörden auf europäischer Ebene – wünschenswert.[551]

d) Aufhebung der Immunität

Daneben ist die Aufhebung der Immunität aller Europol-Bediensteten unabdingbar, sollten weitere, typischen Zwangsbefugnissen nahekommende Kompetenzen auf Europol übertragen werden. Dann erfordern sowohl die Bedürfnisse der Generalprävention, die Notwendigkeit der Gleichbehandlung mit den nationalen Beamten, die die Aktionen unterstützen, und auch das Selbstverständnis und das Ansehen der Polizei eine Neuregelung.[552]

Zwar sind politisch veranlasste Ermittlungsverfahren gegen Bedienstete von Europol trotz des heutigen Stands der Integration und des rechtsstaatlichen Niveaus der (meisten) europäischen Staaten tatsächlich denkbar. Dass der Individualrechtsschutz gegen internationale Organisationen durch Immunitätsregelungen beschränkt wird, ist deshalb auch gängige Praxis. Bezweckt wird mit der Gewährung von Immunität aber, die Unabhängigkeit und Funktionsfähigkeit der jeweiligen Institution sicherzustellen. So soll auch in Bezug auf Europol verhindert werden, dass ihre Mitglieder durch die Drohung mit strafrechtlicher Ahndung beeinflusst werden oder nationale Gerichte mit unterschiedlichen Wertvorstellungen auf ihre Tätigkeit Einfluss nehmen. Allerdings ist zu bemerken, dass gerade die bedeutendste Ausnahme von der Immunität bezüglich solcher Straf-

---

[550] Allerdings scheint es sehr weitgehend, auch die Zusammensetzung der Analysegruppe einer justiziellen Kontrolle zu unterziehen, so aber *Weertz*, S. 55.

[551] Vgl. *Zöberlein*, S. 136 f., auch zur leichteren Durchsetzbarkeit in *common law*-Staaten ggü. einer Staatsanwaltschaft nach kontinentaleuropäischem Vorbild; s. a. bei *Van den Wyngaert*, in: Europe's Area of Freedom, Security and Justice, S. 201 (238).

[552] Vgl. *Voß*, S. 253 f., zu *Nehm*, Anhörung im Innenausschuss, Deutscher Bundestag, Protokoll Nr. 75, Tonbandabschrift, S. 13; *Ruthig*, in: AE Europol, S. 97, 103 f.

taten nach Art. 41 Abs. 4 ERB, solange die Tätigkeit Europol noch schwerpunktmäßig im Bereich der Datenverarbeitung und -sammlung liegt, die Funktionsfähigkeit von Europol am weitgehendsten beeinträchtigen kann. Die Regelung findet sich im Übrigen im Kommissions-Vorschlag zur Europol-VO nicht mehr.

Ohnehin gelten die genannten Argumente ebenso für nationale Strafverfolgungsbeamte, die aber keine Immunität genießen.[553] Dabei ist auch zu bedenken, dass Europol letztlich gar keine echte internationale Organisation ist. Wegen der zunehmenden Integration innerhalb der Union, sind die Europol-Bediensteten im Prinzip im „Inland" tätig. Immunitätsregelungen sind daher nicht mehr zu rechtfertigen.

e) Schadensersatzhaftung

Positiv zu sehen ist die neue Regelung zur Schadensersatzhaftung: Schadensersatzklagen können weiterhin auf nationaler Ebene kontrolliert werden, wobei es weiterhin auf den Ort des Schadenseintritts ankommt und nicht auf die Verantwortlichkeit, die für den Bürger ohnehin kaum nachzuvollziehen ist. Die Rechtsschutzlücke bei Schadenseintritten außerhalb der Union wird zugleich dadurch geschlossen, dass auch gegen Europol vorgegangen werden kann.

Es müsste zusätzlich aber sichergestellt werden, dass die Verjährung der Schadensersatzklagen frühestens 3 Monate nach Bekanntgabe oder sonstiger Kenntniserlangung des Abschlusses der Datenverarbeitung eintreten kann. An einer solchen Regelung fehlt es bisher.

f) Datenschutz

Hinsichtlich der Datenschutzkontrolle kann dem Vorschlag der Kommission – auch ohne die praktische Handhabung absehen zu können – weitgehend Konformität mit Art. 8 Abs. 3 GRC bescheinigt werden.

Zentrales Manko bleibt allerdings auch insoweit die fehlende Benachrichtigung der Betroffenen über die Tatsache der Verarbeitung personenbezogener Informationen, sobald ein Geheimhaltungsinteresse nicht mehr besteht.

III. Rechtsschutzerfordernis für die Neukonzeption von Eurojust gemäß Art. 85 AEUV/KOM (2013) 535?

1. Neue Aufgaben und Befugnisse

Trotz des bereits heute unzureichenden Rechtsschutzes sieht der Vertrag von Lissabon vor, die Befugnisse von *Eurojust als zentraler Koordinationsstelle* noch-

---

[553] Dies gilt aber auch in vielen Mitgliedstaaten als problematisch: *Kröger*, S. 104 f.

mals zu erweitern. In der neuen Eurojust-VO sollen Aufbau, Arbeitsweise, Tätigkeitsbereich und Aufgaben der Agentur neu geregelt werden (Art. 85 Abs. 1 UAbs. 2 AEUV). Während das Primärrecht zu den ersten zwei Bereichen keine weiteren Angaben enthält, zeichnet Art. 85 AEUV die mögliche Entwicklung der Agentur hinsichtlich Mandatsbereich und Aufgaben sehr wohl vor. Hauptaufgabe von Eurojust soll es zwar bleiben, die Ermittlungen und Verfolgungsmaßnahmen verschiedener Staaten bei grenzüberschreitenden Straftaten zu koordinieren (Art. 85 Abs. 1 UAbs. 1 AEUV).

a) Vorgesehene Erweiterung des Zuständigkeitsbereichs

Dabei soll Eurojust aber nicht mehr nur tätig werden, wenn mindestens zwei Mitgliedstaaten von einem bestimmten Phänomen betroffen sind, sondern auch wenn sonst „eine Verfolgung auf gemeinsamer Grundlage erforderlich ist" (Art. 2 Abs. 1 KOM (2013) 535).[554]

Zudem soll Eurojust nun bei *jeder Form schwerer Kriminalität* tätig werden können. Dies birgt die Gefahr der Allzuständigkeit der Agentur. Der Kommissionsvorschlag ist hier noch zurückhaltend und bestimmt den Zuständigkeitsbereich von Eurojust nach einem im Anhang I enthaltenen Deliktskatalog (Art. 3 Abs. 1 KOM (2013) 535), der allerdings auch eine erhebliche Weite aufweist.[555]

b) Anordnung von Ermittlungsmaßnahmen

Daneben kann Eurojust die Aufgabe übertragen werden, strafrechtliche Ermittlungsmaßnahmen selbst einzuleiten (Art. 85 Abs. 2 UAbs. 2 *lit.* a AEUV). Die Agentur soll außerdem grenzüberschreitende Ermittlungen nicht mehr nur erleichtern und anregen, sondern die Verfolgung auch koordinieren (Art. 85 Abs. 1 UAbs. 2 *lit.* b AEUV). Fraglich ist, ob der Agentur damit neue, verbindliche Entscheidungsbefugnisse im Hinblick auf die Einleitung von Strafverfahren und die Maßnahmen zur Koordinierung zugestanden werden.

Dies wird teilweise mit dem Argument bestritten, dass sich aus dem Zusammenspiel von Art. 86 und Art. 85 Abs. 2 AEUV ergebe, dass echte Ermittlungskompetenzen erst einer Europäischen Staatsanwaltschaft zukommen sollen. Bis dahin sei in Art. 85 Abs. 2 AEUV eine Zuweisung förmlicher Prozesshand-

---

[554] Fraglich ist, wer darüber entscheidet, dass Eurojust einen Fall koordinieren soll, ob also ein gemeinsames Vorgehen erforderlich ist, *Weyembergh,* NJEuCrimL 2011, 75 (85); s.a. *Nelles/Tinkl/Lauchstädt,* in: Schulze u.a. (Hrsg.), § 42 Rn. 119.

[555] Es sind auch Taten wie Betrug erfasst, vgl. *Nelles/Tinkl/Lauchstädt,* in: Schulze u.a. (Hrsg.), § 42 Rn. 119. – Im Übrigen wird Eurojust vor allem auf Verwaltungsebene umstrukturiert und so den übrigen Unionseinrichtungen angeglichen. Insbesondere wird ein Verwaltungsrat eingerichtet und ein Direktor ernannt (Art. 16 ff.)

lungen an die nationalen Behörden vorgesehen.[556] Die Einleitung von konkreten Verfolgungsmaßnahmen soll Eurojust ohnehin nur empfehlen können, diesbezüglich fehle es also schon vom Wortlaut her deutlich an einer für nationale Stellen verbindlichen Entscheidungsbefugnis.[557] Aber auch die Ermittlungseinleitung an sich bleibe den nationalen Behörden überlassen. Letzterem widerspricht *Weyembergh*: Eine solche Befugnis erscheine ihr als sinnvolle Ergänzung zu den Befugnissen OLAFs im Bereich der Straftaten zu Lasten der finanziellen Interessen der Union. Führen die Ermittlungen von OLAF nicht zur Einleitung eines Ermittlungsverfahrens durch die nationalen Strafverfolgungsbehörden, könnte Eurojust die Eröffnung durchsetzen.[558] Auch dass die Europäische Staatanwaltschaft aus Eurojust hervorgehen soll, deute ihrer Ansicht nach in diese Richtung. Lediglich wie oder gegen wen die Ermittlungen durchgeführt werden, darauf solle Eurojust keinen Einfluss haben. Nur diese Einschränkung ergebe sich aus Art. 86 AEUV. Eurojust könnte nach ihrer Ansicht also jedenfalls die Befugnis zugestanden werden, die Eröffnung eines Ermittlungsverfahrens verbindlich anzuordnen.[559]

In Art. 8 Abs. 2 KOM (2013) 535 ist allein festgehalten, dass nationale Mitglieder die Möglichkeit haben sollen, Ermittlungsmaßnahmen anzuordnen, wobei dies grundsätzlich im Benehmen mit den nationalen Behörden zu geschehen hat. Allein bei Gefahr im Verzug kann eine nachträgliche Mitteilung genügen (Art. 8 Abs. 2 KOM (2013) 535). Eurojust wären solche Maßnahmen aber wiederum nicht zurechenbar.

c) Beilegung von Kompetenzkonflikten

Erhebliche Bedeutung könnte auch die in Art. 85 Abs. 1 UAbs. 2 lit. c AEUV angesprochene Befugnis zur *Beilegung von Kompetenzkonflikten* erlangen. Solche Konflikte entstehen dadurch, dass das Strafanwendungsrecht der meisten Mitgliedstaaten der Union auf mehreren Prinzipien fußt, in der Regel dem Territorialitätsprinzip, das auf den Tat- bzw. Erfolgsort abstellt, dem aktiven und pas-

---

[556] Vgl. *Beukelmann*, NJW 2010, 2081 (2085); *Mansdörfer*, HRRS 2010, 11 (21); *Esser*, StRR 2010, 133, 135; *Frenz*, wistra 2010, 432 (433); wohl auch *Postberg*, S. 69 f. Allerdings kann nach Ansicht *Weyemberghs*, NJEuCrimL 2011, 75 (98), der Ausdruck „*competent national officials*" auch so zu verstehen sein, dass damit die nationalen Mitglieder gemeint sind, sofern diesen entsprechende Entscheidungsbefugnisse übertragen sind; s. a. Vedder/Heintschel v. Heinegg/*Rosenau/Petrus,* Art. 85 AEUV Rn. 8.
[557] Siehe aber *Weertz*, S. 48; *Nelles/Tinkl/Lauchstädt*, in: Schulze u. a. (Hrsg.), § 42 Rn. 116.
[558] Vgl. Ratsdok. 17625/10 = NJEuCrimL 2011, 100 (110).
[559] Vgl. *Weyembergh*, NJEuCrimL 2011, 75 (91 ff.), auch zur Möglichkeit, die Befugnisse nur für bestimmte Formen der Kriminalität einzuräumen, etwa für Straftaten zu Lasten der finanziellen Interessen der Union. Dem dürften die Mitgliedstaaten leichter zustimmen, wobei dann eine schrittweise Kompetenzerweiterung denkbar ist. Dies legt auch der Bericht zum Seminar „Eurojust and the Lisbon Treaty: Towards More Effective Action", Ratsdok. 17625/10 = NJEuCrimL 2011, 100 (103), nahe.

siven Personalitätsprinzip, bei dem es auf die Nationalität von Täter oder Opfer ankommt, dem Schutzprinzip, das danach fragt, ob inländische Rechtsgüter verletzt wurden, und dem Weltrechtsprinzip für bestimmte universell geächtete Taten. Da diese Prinzipien sehr weitläufig sind, greift regelmäßig die Strafgewalt mehrerer Staaten ein, wenn eine Tat grenzüberschreitenden Charakter hat. Damit ist nicht nur der Täter der Gefahr mehrfacher Strafverfolgung ausgesetzt – wenn auch abgemildert durch das transnationale Doppelbestrafungsverbot des Art. 54 SDÜ/Art. 50 GRC. Auch das Konfliktpotenzial für die Vertragsstaaten ist erheblich, da nationale Ressourcen verschwendet werden oder mitunter der erstverfolgende Staat nach den Maßstäben anderer Vertragsstaaten ein zu mildes Urteil fällt.[560]

Eurojust erscheint tatsächlich für die Beilegung solcher Kompetenzkonflikte besonders geeignet: Die Agentur unterstützt bereits jetzt die Mitgliedstaaten bei der Koordinierung von (Ermittlungs-)Verfahren und verfügt somit über eine entsprechende praktische Erfahrung in diesem Bereich.[561] Die Kompetenz birgt allerdings die nicht unerhebliche Gefahr des „forum shoppings" zu Lasten der Beschuldigten, bei dem das verfolgungsfreundlichste Recht zur Anwendung käme. Es müssen daher Rahmenvorschriften in der Eurojust-VO enthalten sein, anhand derer die Entscheidung über die Verfahrenszuständigkeit zu treffen ist. Dies ist auch aus Gründen der Rechtssicherheit zwingend.[562] Dazu scheint erforderlich, dass ein Register auf europäischer Ebene errichtet wird, in dem sich europaweit alle Ermittlungsverfahren finden. Nur so ist eine Verständigung über die Verfolgungszuständigkeit überhaupt möglich.[563]

2. Ungelöste Kontrolldefizite

Art. 85 AEUV verhält sich nicht dazu, wie das neue Eurojust in Zukunft kontrolliert werden soll. Lediglich von einer „Bewertung" ist die Rede, an der auch

---

[560] Zu der Problematik: *Hecker*, ZIS 2011, 60.

[561] Sollte Eurojust die Kompetenz übertragen werden, dann müsste der Rahmenbeschluss 2009/948/JI zur Vermeidung und Beilegung von Kompetenzkonflikten in Strafverfahren durch eine Verordnung nach Art. 82 Abs. 1 UAbs. 2 lit. c AEUV abgelöst werden, etwa *Hecker*, ZIS 2011, 60 (62), auch zum folgenden Absatz; *Sinn*, ZIS 2013, 1 (8 f.), auch zu Folgefragen (Entscheidung durch Kollegium, Beteiligung der nationalen Mitglieder der betroffenen Staaten, Entscheidungsfristen etc.). *Xanthaki*, E.J.L.R. 2006, 175 (185 ff., 196), schlägt vor, nationalen Mitgliedern dieses Recht einzuräumen; s. a. *Souminen*, MJ 2008, 217 (227); *Weyembergh*, NJEuCrimL 2011, 75 (92). – Mit Staaten, die sich im Falle der Erweiterung der Befugnisse nach Art 85 AEUV einen opt-out vorbehalten haben (Protokoll Nr. 22, ABl. EU Nr. C 326 v. 26.10.2012, S. 299), ist eine Zusammenarbeit auf ad-hoc-Basis denkbar, Ratsdok. 17625/10 = NJEuCrimL 2011, 100 (110); *Flore/de Biolley*, CDE 2003, 598 (610).

[562] Vgl. *Weyembergh*, NJEuCrimL 2011, 75 (93 ff.). Von den bisherigen Vorschlägen zur Vermeidung von Kompetenzkonflikten konnte sich keiner durchsetzen, vgl. *Flore/de Biolley*, CDE 2003, 598 (612 ff.).

[563] Vgl. *Lagodny*, Gutachten BMJ, S. 130; vgl. auch noch zur EuStA: V. 2. e).

das Europäische Parlament, neben den nationalen Volksvertretungen, beteiligt werden soll (Art. 85 Abs. 1 UAbs. 3 AEUV).

Wegen der gegenüber Europol begrenzten Befugnisse im Rahmen der Datenverarbeitung erscheint andererseits zumindest die Unterstellung unter die Aufsicht eines Ermittlungsrichters nicht erforderlich, mit Ausnahme des Datenaustauschs mit Dritten innerhalb und außerhalb der EU.[564] Darüber hinaus sind gewisse Verbesserungen der datenschutzrechtlichen Kontrollstrukturen ausreichend, um einen effektiven Rechtsschutz zu gewährleisten. Insbesondere sollte Eurojust der Kontrolle durch den Europäischen Datenschutzbeauftragten unterworfen werden. So wäre auch zumindest die mittelbare Anwendbarkeit der Nichtigkeitsklage für Datenschutzfragen sichergestellt. Dies sieht indes der Kommissionsvorschlag vom Juli 2013 vor, einschließlich einer entsprechenden Beschwerde zum EDSB (Art. 36 KOM (2013) 535).

Im Übrigen ist auf die Ausführungen zu Europol hinzuweisen (II.).

3. Neue Kontrollerfordernisse

a) ... im Falle der Übertragung von echten Anordnungsbefugnissen

Sollten nationale Strafverfolgungsbehörden an die Ersuchen von Eurojust zur Einleitung von Ermittlungen gebunden sein, wenn der Unionsgesetzgeber von Art. 85 Abs. 1 UAbs. 2 *lit.* a AEUV Gebrauch macht, bedeutet dies zugleich, dass die Kontrolle der Anordnung der Maßnahmen durch nationale Gerichte nicht mehr möglich ist, denn Unionsakte können von nationalen Gerichten nicht überprüft werden.[565]

Zu klären wäre in der Eurojust-VO sicherlich, *wann* Eurojust aufgrund dieser Kompetenzgrundlage tätig werden kann.[566] Es müsste daher jedenfalls eine Schwelle für ein solches Ersuchen eingeführt werden, also ein gewisser Verdachtsgrad festgeschrieben werden. Zudem sollte angesichts der einschneidenden Folgen von strafrechtlichen Ermittlungen für das Leben des Betroffenen eine Kontrolle durch eine justizielle Stelle stattfinden, die vor allem der Grundrechtswahrung verpflichtet ist, also insbesondere prüft, ob der erforderliche Verdachtsgrad erreicht ist. Dies kann angesichts der Entscheidungsgrundlage nie mehr als eine Willkürprüfung beinhalten. Willkürliche Anordnungen lösen aber ohnehin niemals eine Befolgungspflicht aus (vgl. schon § 1 B. III.). Zudem steht auch nationalen Gerichten, obwohl Unionsakte grundsätzlich ihrer Jurisdiktionsgewalt entzogen sind, eine Willkürkontrolle stets zu. Die angesichts der Schutzdimension der Grundrechte erforderliche Kontrolle ist damit sichergestellt. Insgesamt

---

[564] Vgl. auch *Flore/de Biolley,* CDE 2003, 598 (627).
[565] Zu diesem Problem auch *Noltenius,* ZStW 122 (2010), 604 (615).
[566] Siehe auch *Noltenius,* ZStW 122 (2010), 604 (615).

verbleibt der Schwerpunkt des Ermittlungsverfahrens auf nationaler Ebene. Auch die Übertragung der Kompetenz zur Einleitung von Ermittlungen auf Eurojust als Institution wäre also für die Rechtsschutzfrage auf europäischer Ebene von untergeordneter Bedeutung.[567] Für den Kommissionsentwurf gilt dies umso mehr, als die Entscheidung durch das nationale Mitglied getroffen wird, das ohnehin der nationalen Hoheitsgewalt untersteht. Sofern die Entscheidung darüber, dass ein Ermittlungsverfahren eingeleitet werden muss, zugleich die Entscheidung, durch welchen Vertragsstaat dies zu erfolgen hat und damit auch welches Recht anwendbar ist, enthält, ergeben sich natürlich andere Fragen [siehe dazu noch b)].

b) ... im Falle der Beilegung von Kompetenzkonflikten

Die Letztentscheidungskompetenz darüber, welcher Staat im Endeffekt die Verfolgung übernimmt, muss einem Gericht überantwortet werden, denn egal, wie die Zuständigkeitsregelungen letztlich ausgestaltet sein werden,[568] eine Regelung jeder denkbaren Situation, ohne dass Auslegungsfragen auftreten oder eine Regelung sogar gänzlich fehlt, ist denknotwendig ausgeschlossen. Schon deswegen muss es eine Instanz geben, die über die endgültige Zuweisung der Strafverfolgungskompetenz nach diesen Regeln entscheidet. Für den Vorschlag der Kommission vom Juli 2013 gelten diese Bedenken allerdings nicht, denn Eurojust soll danach weiterhin nur zu einer Konfliktbeilegung anregen können und unverbindliche Stellungnahmen zur Zuständigkeit abgeben können (Art. 4 Abs. 2 *lit.* b, c, Abs. 4, Art. 23 KOM (2013) 535).

Sollte eine Letztentscheidungskompetenz für Eurojust aber einmal vorgesehen werden, wird diese stets von einer gewissen Flexibilität gekennzeichnet sein. Eurojust müsste also ein gewisser Grad an Ermessen überantwortet werden oder jedenfalls eine Auslegungs- und Subsumtionskompetenz. Jede Entscheidung von Eurojust müsste dann zumindest auf ihre Ermessensfehlerfreiheit hin gerichtlich kontrolliert werden können bzw. darauf, ob die Zuständigkeitsregeln korrekt angewendet wurden.[569] Andernfalls könnten die Mitgliedstaaten ihre Verfolgungskompetenz beeinträchtigt sehen. Für die Mitgliedstaaten ergibt sich die Angreifbarkeit der Entscheidung ohne Weiteres aus Art. 263 Abs. 1 S. 2 AEUV.

Aber auch der Verfolgte kann durchaus ein Interesse an der Strafverfolgung in einem bestimmten Staat haben. Dies gilt umso mehr, als der Grundsatz des Straf-

---

[567] Vgl. *Weyembergh,* NJEuCrimL 2011, 75 (92, 98).
[568] Vgl. etwa die Vorschläge von *Hecker,* ZIS 2011, 60 (62); *Sinn,* ZIS 2013, 1 (7 f.). – Aus menschenrechtlicher Perspektive wäre jedenfalls eine eindeutige Zuweisung insb. an den Tatortstaat vorzuziehen. Die Unsicherheit, die mit der Prognose des Schwerpunkts der Beweismittel einhergeht, ist dem Beschuldigten nicht zuzumuten.
[569] *Hecker,* ZIS 2011, 60 (63) und *Sinn,* ZIS 2013, 1 (8), fordern die Zuständigkeit des *EuGH.*

klageverbrauchs durch Art. 54 SDÜ und Art. 50 GRC auch transnationalen Charakter erhalten hat. Stellen sich Fragen im Zusammenhang mit dem Doppelbestrafungsverbot, bedeutet dies, dass ein Kompetenzkonflikt zuvor nicht ausgeräumt wurde. Dies führt nicht zuletzt dazu, dass die schnellste Strafgewalt siegt, was weder zum Vorteil des Beschuldigten noch der Gerechtigkeit sein muss.[570] Die Stellung eines Verdächtigen während der Ermittlungen, dem unmittelbaren Strafverfahren und auch danach variiert trotz einer grundsätzlichen Orientierung an den einschlägigen Menschenrechtsverträgen je nach Staat erheblich. Hinzu kommen praktische Probleme, wenn der Betroffene in einem Staat verfolgt wird, dessen Sprache er nicht mächtig ist. Es muss daher der Rechtsweg zu einem Gericht eröffnet sein, das die Aufgabe hat, einen Ausgleich zwischen den Bedürfnissen der Effektivität der Strafverfolgung und den Verfahrensrechten des Beschuldigten zu schaffen. An diesem Verfahren sollte der Betroffene beteiligt sein, er muss die Kontrolle sogar selbst auslösen können. Dies fordert auch Art. 47 GRC,[571] unabhängig davon ob man in die Garantie auch das Gebot eines gesetzlichen Richters hineinlesen will. Jedenfalls ist das Recht auf ein faires Verfahren betroffen.

Eine solche gerichtliche Kontrolle wiederum kann nur auf europäischer Ebene stattfinden. Kein nationales Gericht kann beurteilen, welcher Staat am besten geeignet ist, Ermittlungen zu leiten.[572] Dies erfordert einen Gesamtüberblick über alle Verfahrensstadien, den Staaten einander nicht ohne Weiteres gewähren. Zudem sind die Wirkungen nationaler Entscheidungen beschränkt; fraglich ist etwa, ob die Übertragung des Verfahrens durch ein fremdes Gericht akzeptiert würde.[573]

An einer expliziten Regelung des Rechtsschutzes gegen Entscheidungen von Eurojust über einen Kompetenzkonflikt mangelt es.[574] Eine Kontrolle findet daher ausschließlich über Vorlageverfahren und Nichtigkeitsklagen statt: Die Entscheidung, in welchem Staat Ermittlungen durchgeführt werden sollen, ist ein

---

[570] Vgl. *Flore/de Biolley,* CDE 2003, 598 (611 f.).
[571] S. a. *Schomburg/Souminen-Picht,* NJW 2012, 1190 (1194); *Lagodny,* Gutachten BMJ, S. 129; *Kaiafa-Gbandi,* in: Police and Judicial Cooperation, S. 357 (378); *Weyembergh,* NJEuCrimL 2011, 75 (94). Zum Bedürfnis europäischer justizieller Kontrolle: *Flore/de Biolley,* CDE 2003, 598 (603, 614). Eurojust selbst kann wegen des Status seiner Mitarbeiter keine gerichtliche Kontrolle leisten, *Kaiafa-Gbandi,* KritV 2011, 153 (180 f.). – A.A. *Hecker,* ZIS 2011, 60 (63), weil dem primären Interesse des Betroffenen, nicht in verschiedenen Staaten verfolgt zu werden, mit dieser verbindlichen Entscheidung genügt werde. Er räumt aber ein, dass der Vergleich mit fehlenden Rechtsschutzmöglichkeiten bei mehreren Gerichtsständen auf nationaler Ebene hinkt, weil dort eine einheitliche Strafrechtsordnung Anwendung finde. Dennoch sei Rechtsschutz nicht erforderlich, weil sich der Verfolgte durch die Teilnahme an grenzüberschreitenden Straftaten selbst der Gefahr der Strafverfolgung durch andere Staaten aussetze.
[572] Siehe auch *Luchtman,* Utrecht Law Review 2011, 74 (96 f.).
[573] Vgl. *Luchtman,* Utrecht Law Review 2011, 74 (97).
[574] Dies stellt auch *Kaiafa-Gbandi,* KritV 2011, 153 (181), fest.

Akt mit Rechtswirkung für den Betroffenen. Es ist davon auszugehen, dass den noch zu schaffenden Zuständigkeitsregeln schon wegen des Bemühens um eine vorhersehbare Verfolgungszuständigkeit individualschützender Charakter inhärent ist[575] und somit eine Klagebefugnis selbst unter den restriktiven Voraussetzungen des Art. 263 Abs. 4 AEUV besteht,[576] obwohl mangels adressatenbezogener Handlung die individuelle und unmittelbare Betroffenheit nachzuweisen wäre.

IV. Reform der Rechtsgrundlagen von OLAF

Soweit es OLAF betrifft, ist immerhin bezüglich der Verteidigungsrechte eine positive Entwicklung festzustellen: Schon der am 24.5.2006 vorgelegte *Reformentwurf*[577] sah die Einrichtung eines unabhängigen Verfahrensprüfers vor, der bereits während der laufenden Ermittlungen durch OLAF über die – nach Vorstellung der Kommission künftig explizit genannten – Verfahrensgarantien wachen sollte (Art. 14 KOM (2006) 244).[578] Die Normierung der Verfahrensrechte, die mit Art. 9 VO 883/2013 tatsächlich Realität geworden ist, ist angesichts der bereits angesprochenen Rechtsunsicherheit zu begrüßen, wenn auch im Detail sicherlich noch Verbesserungsbedarf besteht.[579] Sie deutet darauf hin, dass auch auf Unionsebene zunehmend der rein administrative Charakter der OLAF-Untersuchungen in Zweifel gezogen wird.

Dagegen wurde schon früh kritisiert, die Einführung des unabhängigen Verfahrensprüfers stelle angesichts der aufgezeigten Rechtsschutzdefizite eher Placebo als echtes Heilmittel dar. Seine Stellungnahmen sollten, wie die des Überwachungsausschusses, unverbindlich sein. Gegen sie wäre mithin keine richter-

---

[575] So auch *Sinn,* ZIS 2013, 1 (8); *Weyembergh,* NJEuCrimL 2011, 75 (94).
[576] Für die Beschränkung der Kontrolldichte auf Ermessensfehler, sofern individualschützende Aspekte nicht berücksichtigt wurden, *Hecker,* ZIS 2011, 60 (63); s.a. *Flore/de Biolley,* CDE 2003, 598 (614). Dies würde dem Rechtsschutzbedürfnis nicht gerecht.
[577] Zum zweiten KOM-Vorschlag (KOM (2006) 244): *Tittor,* S. 275–309; *Brüner/Spitzer,* EuR 2008, 859 (865) – Schon 2004 hatte die Kommission einen Entwurf vorgelegt (KOM (2004) 103). Die Kompetenzen von OLAF sollten verdeutlicht, die Verfahrensrechte der Betroffenen ausgeweitet werden, vgl. *Brüner/Spitzer,* in: Sieber u.a. (Hrsg.), § 43 Rn. 74. Zum „EUROSTAT"-Fall: *Brüner/Spitzer,* EuR 2008, 859 (863 f.). Da die Reaktionen auf den Vorschlag trotz grundsätzlicher Billigung der Ziele verhalten waren (Rechnungshof-Stellungnahme 6/2005, ABl. EU Nr. C 202 v. 18.5.2005, S. 33; HL 139, Nr. 72 ff., 84 ff.; s.a. KOM (2006) 244, S. 3), entschloss sich die Kommission, den Entwurf zu überarbeiten, bevor er im Parlament auf Ablehnung stoßen würde. Zu diesem ungewöhnlichen Vorgehen: *Brüner/Spitzer,* EuR 2008, 859 f.
[578] Vgl. auch *Brüner/Spitzer,* in: Sieber u.a. (Hrsg.), § 43 Rn. 75 f.; zu weiteren Reformvorschlägen: *Brüner/Spitzer,* EuR 2008, 859 (867 f.); insgesamt auch *Zöller,* in: Böse (Hrsg.), § 22 Rn. 31 ff.; vgl. auch *Tittor,* S. 279 ff.
[579] Die kodifizierte Fassung hat größere Bindungswirkung und Symbolfunktion, vgl. *Brüner/Spitzer,* FS Meyer, S. 549 (553); a.A. *Groussot/Popov,* CMLRev 47 (2010), 605 (637).

liche Prüfung eröffnet gewesen. Der Vorschlag bot also keine Lösung für die bestehenden Rechtsschutzdefizite.[580]

Auch der mittlerweile dritte Reformvorschlag, *KOM (2011) 135*, der mit einigen Änderungen in die VO 883/2013 mündete, half den Kritikpunkten nicht ab. Die Rechtsschutzstrukturen wurden nicht angetastet, der Vorschlag war lediglich offener gegenüber der Frage, welches Organ oder Gremium die Einhaltung der – knapp gehaltenen – Verfahrensrechte[581] überwachen sollte; eine gerichtliche Kontrolle war und ist aber nicht vorgeschrieben. Vielmehr soll der Generaldirektor das Überprüfungsverfahren ausgestalten können, einschließlich der Entscheidung darüber, wer als Kontrollorgan eingesetzt werden soll (vgl. jetzt Art. 17 Abs. 8 VO 883/2013).[582] Parallel dazu wurden die Kontrollrechte des Überwachungsausschusses erweitert; sie erfassen insbesondere auch den Informationsaustausch mit anderen Behörden der Union (Art. 15 Abs. 1 UAbs. 2, 5 VO 883/2013).[583] Im Übrigen zielt die Verordnung auf die Effektivierung der externen Untersuchungen ab; insgesamt wurden die Unterschiede zwischen externen und internen Kontrollen weitgehend abgebaut.[584] Dies geht mit einer weiteren Belastung der Betroffenen einher, für die Remeduren nicht vorgesehen sind.

Im Zusammenhang mit der Errichtung der Europäischen Staatsanwaltschaft (sogleich unter V.) ergibt sich weiterer Reformbedarf, der den geforderten Modifikationen die Grundlage entziehen könnte. Details stehen noch nicht fest, allerdings lässt sich an den in den Kommissionsdokumenten, KOM (2013) 533 und 535, angedeuteten Maßnahmen erkennen, dass es auf Unionsseite zu einem Perspektivwechsel und der Anerkennung des strafrechtlichen Charakters der bisher stets als rein verwaltungsrechtlich deklarierten Ermittlungen von OLAF gekommen ist. Die Aufgaben OLAFs werden weitgehend der EuStA, einer unbestreitbar strafrechtlichen Organisation übertragen. OLAF-Untersuchungen wird es mittelfristig also nicht mehr geben, womit – eine rechtsstaatliche Ausgestaltung der Kontrolle der EuStA vorausgesetzt – eine fundamentale Verbesserung für Betroffene eintreten müsste, zumal die Unionsgerichte angesichts des Wandels des Charakters der Untersuchungen für die hier angesprochenen Rechtsschutzerfordernisse offener sein sollten.

---

[580] Vgl. *Brüner/Spitzer*, EuR 2008, 859 (867 ff.), auch zu weitergehender Kritik und den Gefahren des Opportunitätsprinzips; s.a. *Brüner/Spitzer*, in: Sieber u.a. (Hrsg.), § 43 Rn. 77 f.; *White*, in: Stefanou u.a. (Hrsg.), S. 105 (106 f.); *Tittor*, S. 290, 294 ff. S.a. *Niestedt/Boeckmann*, EuZW 2009, 70 (74; formlose und fruchtlose Kontrollen); vgl. schon *Hetzer*, FS Meyer, S. 103 (130).
[581] Siehe *Lingenthal*, ZEuS 2012, 195 (204 f.); v.a. auf das Äußerungsrecht aller im Bericht erwähnten Personen ist hinzuweisen.
[582] Zur Kritik: *Lingenthal*, ZEuS 2012, 195 (206).
[583] Zum Umfang: *Lingenthal*, ZEuS 2012, 195 (207); zur schon im KOM-Vorschlag von 2004 vorgesehenen Stärkung: *Brüner/Spitzer*, FS Meyer, S. 549 (566 f.); das *House of Lords*, HL 139, Nr. 67, wirft die Frage der Kontrolle des Ausschusses auf.
[584] Dazu *Lingenthal*, ZEuS 2012, 195 (200 ff., 208).

412   Kap. 3: Effektive Kontrolle europäischer Strafverfolgungsbehörden?

In der Zwischenzeit, bis zur Errichtung der EuStA also, sollen nach der Vorstellung der Kommission die Beschuldigtenrechte der von den OLAF-Untersuchungen Betroffenen weiter gestärkt werden, vor allem indem bestimmte Maßnahmen OLAFs einem Genehmigungsvorbehalt durch einen Kontrollbeauftragten unterstellt werden (KOM (2013) 533).

V. Rechtsschutzfragen nach Errichtung der Europäischen Staatsanwaltschaft

Allzu lange wird die Etablierung der EuStA wohl nicht auf sich warten lassen. Mit Art. 86 AEUV scheint die Errichtung einer Institution möglich, deren Kontrolle die europäischen Gerichte in ihrer heutigen Gestalt allerdings keines Falls mehr gewährleisten können.[585] Die Europäische Staatsanwaltschaft soll nach ihrer primärrechtlichen Konzeption – anders als Europol und Eurojust – auch Zwangsmaßnahmen (Art. 88 Abs. 3 AEUV) bzw. förmliche Prozesshandlungen (Art. 85 Abs. 2 AEUV) selbst anordnen können.

1. Forderung nach einer EuStA und Entwicklung der Idee von den ersten Ansätzen an

a) Bedürfnis effektiverer Strafverfolgung

Der Unionshaushalt ist aufgrund seiner Struktur geradezu prädestiniert für Betrügereien: Finanzmaßnahmen der Europäischen Union betreffen häufig solche der Beihilfe, die über die nationalen Verwaltungsapparate abgewickelt werden. Die Summen, über die bei jeder Finanzoperation verfügt werden, wecken naturgemäß Begehrlichkeiten auf Seiten des „organisierten Verbrechens", auf dessen Konto ca. 80% der Taten zu Lasten der finanziellen Interessen der Union gehen. Dabei geht es nicht selten um transnational agierende Gruppierungen, weil auch die Finanzströme grenzübergreifend stattfinden.[586] Schnell stellte sich heraus, dass die bekannten Rechtshilfeinstrumente eine effektive Strafverfolgung nicht garantierten, nicht zuletzt weil keine Behörde existiert, die sich für die Verfolgung der häufig mehrere Staaten betreffenden Taten verantwortlich fühlt.[587]

---

[585] So auch *Böse,* RW 2012, 172.
[586] Siehe *Theato,* in: Corpus Juris als Grundlage, S. 47 (48).
[587] Vgl. *Lingenthal,* ZEuS 2010, 79 (81 f., 102 ff.), auch zur Kritik; *Theato,* in: Corpus Juris als Grundlage, S. 47 (49 ff.); *Spencer,* in: Corpus Juris als Grundlage, S. 249 (252); *Böse,* in: Verfassungsentwurf, S. 151 (158 f.), hält es für die Ausnahme, dass nationale Ermittlungsbehörden bei Betrügereien zum Nachteil der Union untätig bleiben. Deshalb sei die EuStA überflüssig.

b) Corpus Juris

Einen ersten Anlauf zur Errichtung einer autonomen Strafverfolgungsbehörde, die diese Lücke füllen sollte, bildete das *Corpus Juris* der strafrechtlichen Regelungen zum Schutz der finanziellen Interessen der Europäischen Union.[588] Zur Verbesserung der Strafverfolgung in diesem Bereich schlug eine Arbeitsgruppe unter Leitung von *Mireille Delmas-Marty* die Errichtung einer Strafverfolgungsbehörde auf europäischer Ebene vor (Art. 18 ff. CJ). Diese sollte nicht nur die Verfolgung der im Bericht definierten Delikte zum Nachteil der finanziellen Interessen der Union (Art. 1–8 CJ) übernehmen, sondern auch die Vertretung der Anklage vor den zuständigen nationalen Gerichten (Art. 26 CJ).[589]

Nach der Vorstellung der Mitglieder der Arbeitsgruppe sollte die EuStA aus einem Generalstaatsanwalt in Brüssel und aus abgeordneten Staatsanwälten, die von den Mitgliedstaaten benannt werden und bei den zuständigen nationalen Gerichten angesiedelt wären, bestehen. Ihnen sollten weitreichende Untersuchungsbefugnisse zustehen, wie die Vernehmung von Verdächtigen oder die Beantragung eines Haftbefehls (Art. 20 CJ), sowie alle anderen Ermittlungsmaßnahmen, die nach nationalem Recht zulässig gewesen wären. Das System des Corpus Juris basierte auf dem Grundsatz gegenseitiger Anerkennung; Beweismittel, die nach dem Recht eines Mitgliedstaats rechtmäßig erlangt wurden, sollte die EuStA auch in dem Staat nutzen können, in dem sie letztlich Anklage erhob.

c) Grünbuch der Kommission

Auf der Grundlage dieses Corpus-Juris-Berichts schlug die Kommission vor, in die Verträge einen *Art. 280a EGV* a. F. einzufügen, der eine Errichtungsermächtigung für die EuStA enthalten sollte. Das diesen Vorschlag beinhaltende Grünbuch der Europäischen Kommission[590] umfasste keine detaillierten Modelle, sondern zeigte vor allem Gestaltungsmöglichkeiten auf. Bezüglich der Vorgaben

---

[588] *Delmas-Marty* (Hrsg.), Corpus Juris der strafrechtlichen Regelungen zum Schutz der finanziellen Interessen der Europäischen Union mit einer Einführung zur deutschen Übersetzung von Ulrich Sieber. Carl Heymanns Verlag, Köln et al., 1998. Die franz. Originalfassung des im Auftrag des Europäischen Parlaments erstellten Berichts ist 1997 im Economica Verlag, Paris, erschienen. Dazu etwa *Esser*, S. 38 ff.; *Safferling*, § 10 Rn. 104 ff.; *Sicurella*, in: Prosecutor Vol. 1, S. 870 (875 ff.).

[589] Es sollte stets ein explizit benanntes Gericht desjenigen Staates zuständig sein, in dem sich die meisten Beweismittel fanden, in dem der Angeklagte seinen Wohnsitz hat oder den die wirtschaftlichen Folgen der Tat am schwersten treffen (Art. 26 Abs. 2 CJ).

[590] Grünbuch zum strafrechtlichen Schutz der finanziellen Interessen der Europäischen Gemeinschaften und zur Schaffung einer Europäischen Staatsanwaltschaft v. 11.12.2001, KOM (2001) 715 endg. Dazu *Safferling*, § 10 Rn. 109 f.; *Milke*, S. 290 f.; *Weertz*, S. 96 f. („rechtshistorische Bedeutung"), S. 110 f., 126 ff.; *Zöller*, in: Böse (Hrsg.), § 21 Rn. 71 f., auch zum bereits i.R.d. Regierungskonferenz anlässlich der Vertragsreform 2000 (Nizza) vorgebrachten Vorschlag.

zum Aufbau der EuStA lassen sich vielfach Parallelen zum Corpus Juris feststellen: Insbesondere setzt auch das Grünbuch auf eine dezentrale Behördenstruktur, unter der Leitung eines auf zentraler Ebene angesiedelten, weisungsunabhängigen Europäischen Staatsanwalts. Ermittlungsbefugnisse[591] sollten nach dem Vorschlag durch die einzelnen zur EuStA abgeordneten Staatsanwälte in den Mitgliedstaaten wahrgenommen werden. Dasselbe gilt für die Anklageerhebung, denn auch nach dem Grünbuch war die Errichtung eines Europäischen Strafgerichts nicht vorgesehen.

Allerdings baute der Vorschlag der Kommission auf eine weitere Harmonisierung der nationalen Strafvorschriften statt wie das Corpus Juris auf ein Teilstrafrecht auf europäischer Ebene.[592]

d) Model Rules for the Procedure of the future European Public Prosecutor

Hinzuweisen ist daneben auf die *European Model Rules* for the Procedure of the future European Public Prosecutor's Office. Diese sind das Ergebnis eines Forschungsprojekts der Universität Luxemburg aus den Jahren 2010–2012 unter der Leitung von *Katalin Ligeti*. Ziel des Projektes war die Erarbeitung modellhafter Regelungen für die künftigen Ermittlungsbefugnisse der Europäischen Staatsanwaltschaft.[593]

Nach den *Model Rules* müsste die EuStA ein Ermittlungsverfahren einleiten, wenn es hinreichende Anhaltspunkte („*reasonable grounds*") für eine Straftat in ihrem Mandatsbereich gibt (*Rule* 21 Para 1). Sie soll im Rahmen des Vorverfahrens über selbstständige Ermittlungsbefugnisse in allen Mitgliedstaaten der Union verfügen. Dabei könnte sie sich sowohl nationaler als auch supranationaler Verfolgungsbehörden bedienen (*Rule* 6 Para. 3); ihre Anordnungen wären von nationalen Behörden auszuführen, wobei besonders grundrechtsintensive Maßnahmen dem Genehmigungsvorbehalt eines nationalen Gerichts unterstellt wären [vgl. noch 3. b)]. Alle nach den Grundsätzen der *Model Rules* ermittelten Beweise müssten durch nationale Gerichte verwertet werden (*Rule* 19). Die Beweise unterlägen also dem Anerkennungsgrundsatz.

Die EuStA müsste schließlich entweder das Verfahren einstellen (*Rule* 65) oder nach bestimmten Regeln (*Rule* 64) entscheiden, wo Anklage erhoben wird.

---

[591] Zum im Grünbuch vorgesehenen Ermittlungsverfahren: *Weertz,* S. 203–250.

[592] Zum Konzept der Harmonisierung und der Strafrechtssetzung durch Verordnungen: *Schwarzburg/Hamdorf,* NStZ 2002, 617 (v. a. 620 ff.). Allgemein zum Harmonisierungsbegriff auch *Vogel,* in: Böse (Hrsg.), § 7 Rn. 10 ff.

[593] Abrufbar unter: www.eppo-project.eu (20.10.2013).

e) Vorschlag der Kommission vom 17.7.2013 (KOM (2013) 534 endg.)

Am Grunddilemma, dass die Union nur über wenig effektive Möglichkeiten verfügt, Straftaten zu ihren Lasten zu bekämpfen, hat sich bis heute kaum etwas geändert. Die Befugnisse der bestehenden europäischen Strafverfolgungsbehörden sind weitgehend darauf beschränkt, den Unionsstaaten bei der Bekämpfung solcher (und anderer) grenzüberschreitenden Straftaten unterstützend zur Seite zu stehen, vor allem durch die Institutionalisierung des Datenaustauschs zwischen den Mitgliedstaaten der Union. Selbst OLAF, dem eigene Ermittlungsbefugnisse zukommen, ist weitgehend auf administrative Ermittlungen beschränkt und leitet zudem seine Untersuchungsergebnisse nur an die Mitgliedstaaten weiter. Die Mitgliedstaaten, die anstelle der Union solche Taten verfolgen und aburteilen, haben mit den grenzüberschreitenden Delikten inhärenten Problemen zu kämpfen, wobei erschwerend hinzu kommt, dass es sich bei den Delikten um meist sehr komplexe Wirtschaftsstraftaten handelt, die von den ohnehin schon strapazierten Strafverfolgungssystemen kaum zu bewältigen sind. Vor diesem Hintergrund erklärt sich auch die niedrige Erfolgsquote der Ermittlungen von nur 43 Prozent im EU-Durchschnitt.[594]

Daher hat sich die Kommission im Juni 2013 entschieden, basierend auf Art. 86 AEUV einen Vorschlag für die Errichtung einer Europäischen Staatsanwaltschaft (EuStA) zu unterbreiten,[595] die selbst Taten zum Nachteil der finanziellen Interessen der Union verfolgen können soll. Die EuStA wird danach sowohl im Rahmen der Ermittlung als auch im Rahmen der Anklage[596] von Taten in ihrem Zuständigkeitsbereich tätig. Die Anklage soll vor den nationalen Gerichten erfolgen (Art. 4 Abs. 2, 3). Ein Europäisches Strafgericht als Anklageplattform der EuStA wird es also nicht geben (zu Einzelheiten der Gestaltung siehe noch im Folgenden).

2. Voraussichtliche sekundärrechtliche Ausgestaltung des Art. 86 AEUV

Der neue Art. 86 AEUV deckt aufgrund seiner Offenheit alle gemachten Vorschläge ab: Er enthält lediglich die *Befugnis* zur Errichtung einer Europäischen

---

[594] Das jährliche Schadensvolumen schätzt die Kommission auf etwa 500 Millionen Euro. Zu den Zahlen KOM (2013) 532 endg., S. 3 f. – Die Tragfähigkeit dieser Gründe für die Errichtung der EuStA bezweifeln BRAK und DAV: BRAK/DAV-Stellungnahme Nr. 48/2012/Nr. 80/2012, S. 3.
[595] KOM (2013) 534 endg.
[596] In den Art. 27 ff. werden die einzelnen Handlungsmöglichkeiten der EuStA aufgezählt, wenn die Ermittlungen beendet sind: Zu förderst zu nennen ist die Anklage, bei der der abgeordnete Staatsanwalt in jeder Hinsicht den nationalen Staatsanwälten gleichgestellt ist (Art. 27 Abs. 1). Die EuStA kann die Ermittlungen aber auch einstellen, etwa weil die verfolgte Tat nicht nachgewiesen werden kann (Art. 28). Eine Einstellung ist – wie nach § 153a StPO – auch gegen Zahlung eines bestimmten Geldbetrags möglich (Art. 29).

Staatsanwaltschaft und überlässt es dem Rat, alle wesentlichen Entscheidungen in einer Errichtungsverordnung zu treffen. Nachdem auf europäischer Ebene eine umfassende Strafprozessordnung ebenso wenig vorgesehen ist wie die Errichtung einer eigenen Strafgerichtsbarkeit und auch Art. 86 AEUV insoweit keine näheren Vorgaben macht, kommt der europäische Gesetzgeber also in den Genuss erheblicher Ermessensspielräume.

a) Aufbau der EuStA

So lässt Art. 86 AEUV bezüglich des Aufbaus der EuStA viele Fragen offen. Wahrscheinlich ist angesichts der historischen Vorbilder eine Mischform aus dezentraler und zentraler Struktur. So ist zu vermuten, dass auf europäischer Ebene ein Europäischer Staatsanwalt als Zentralbehörde eingerichtet wird, dem in allen Mitgliedstaaten abgeordnete Staatsanwälte unterstellt werden, die die jeweiligen Aufgaben der EuStA als Gesamtbehörde „vor Ort" wahrnehmen.[597]

Dies sieht auch das KOM-Dokument so vor: Die Europäische Staatsanwaltschaft soll als unabhängige Unionseinrichtung mit eigener Rechtspersönlichkeit errichtet werden (Art. 3 Abs. 1, 2, Art. 5 Abs. 1, 2 KOM (2013) 534). Neben einem auf zentraler Ebene angesiedelten Europäischen Staatsanwalt und seinen Vertretern gehören zu der Behörde auch abgeordnete Staatsanwälte in allen Mitgliedstaaten (Art. 6 Abs. 1–3, 5 KOM (2013) 534), die zugleich in die Justizsysteme ihrer Heimatländer integriert bleiben. Zwischen der Zentralbehörde und den abgeordneten Staatsanwälten besteht eine strenge Hierarchie: Die abgeordneten Staatsanwälte unterliegen nach Vorstellung der Kommission sowohl im Rahmen des Ermittlungsverfahrens als auch bei der Vertretung der Anklage den Weisungen des Europäischen Staatsanwalts, nicht denjenigen der nationalen Behörden, unabhängig von ihrer Stellung im jeweiligen Verfahrenssystem (Art. 6 Abs. 4, 5, Art. 18 Abs. 1).

b) Verhältnis zu den übrigen europäischen Strafverfolgungsorganen

Spekuliert werden kann auch nur im Hinblick auf das künftige Verhältnis der EuStA zu Eurojust. Vorgaben dazu fehlen in den Verträgen, abgesehen davon, dass sich die EuStA „ausgehend von Eurojust" (Art. 86 Abs. 1 S. 1 AEUV) entwickeln soll – nicht etwa von OLAF, das jetzt quasi als Wirtschaftsstaatsanwaltschaft fungiert. Umstritten ist, was „ausgehend von Eurojust" bedeuten soll.[598]

---

[597] Ähnlich etwa *Zöller*, in: Böse (Hrsg.), § 21 Rn. 89 ff.

[598] Zu diskutierten Modellen etwa: *Zöller*, in: Böse (Hrsg.), § 21 Rn. 80 f.; *Weertz*, S. 344–348; *Lingenthal*, ZEuS 2010, 79 (97 ff.); *White*, eucrim 2012, 67 (73); *Csúri*, eucrim 2012, 79 (80); *Postberg*, S. 247 ff. Vgl. auch Workshop 6: Organisation of the EPPO and relationship with Eurojust, zusammengefasst im Report zum Strategic Seminar: „Eurojust and the Lisbon Treaty: Towards More Effective Action", Brügge 20.–

Die Wendung geht auf das Grünbuch der Kommission zurück, das die Vergemeinschaftung der Dritten Säule noch nicht vorhersah: Gedacht wurde vielmehr an eine Ergänzung der Funktionen der beiden Organisationen, sie sollten in „säulenübergreifenden Fällen" zusammenarbeiten.[599] Dass Eurojust nach der Auflösung der Säulenstruktur vollkommen in der EuStA aufgeht, ist immerhin im Hinblick auf den zumindest mittelfristig unterschiedlichen Kreis der teilnehmenden Staaten – angesichts der wahrscheinlichen Gründung im Wege der Verstärkten Zusammenarbeit[600] – und den unterschiedlichen Tätigkeitsbereichen nicht denkbar. Eurojust ist zuständig für die Ermittlung und Verfolgung von schwerer grenzüberschreitender Kriminalität. In diesem Bereich ist die Agentur zudem nur unterstützend tätig. Dagegen soll die EuStA tatsächliche Ermittlungs- und Verfolgungsarbeit leisten, aber voraussichtlich vorerst nur begrenzt auf einen bestimmten Bereich von Delikten.[601] Durch die Errichtung der Europäischen Staatsanwaltschaft erübrigt sich auch nicht das Bedürfnis nach der Koordination von mitgliedstaatlichen Ermittlungen.[602] *Laubinger* geht zudem davon aus, dass eine komplette Umwandlung von Eurojust in die Europäische Staatsanwaltschaft mit Art. 85 AEUV unvereinbar wäre, der die Existenz von Eurojust voraussetze.[603] Eurojust muss daher „daneben" bestehen bleiben. Auch die Kommissionsdokumente im Zusammenhang mit der Etablierung der Europäischen Staats-

---

22.9., Ratsdok. 17625/10 = NJEuCrimL 2011, 100 (114 f.). Siehe auch *Flore,* ERA Forum 2008, 229 (235).

[599] Vgl. *Flore,* ERA Forum 2008, 229 (235 f.).

[600] Nach *White,* eucrim 2012, 67 (73), haben Luxemburg, die Niederlande, Belgien und Spanien Interesse an der Einsetzung erkennen lassen. S. a. *Csúri,* eucrim 2012, 79 (81).

[601] Allerdings sollte man in Erinnerung behalten, dass zum Zeitpunkt der Errichtung einer EuStA auch Eurojust bereits die Befugnis haben könnte, Ermittlungen einzuleiten (vgl. bereits III.), so dass der Unterschied unter Umständen nicht signifikant wäre, vgl. auch *Souminen,* MJ 2008, 217 (231). Zudem kann auch der EuStA ein weiterer Mandatsbereich zugestanden werden. *Frenz,* wistra 2010, 432 (433), meint deshalb, dass die Formulierung bereits an die nach Art. 86 Abs. 4 AEUV mögliche Erweiterung der Aufgaben anknüpft. Siehe aber *Lingenthal,* ZEuS 2010, 79 (99 f.).

[602] Vgl. auch *Vlastník,* S. 35 (47); *Souminen,* MJ 2008, 217 (232), scheint dagegen davon auszugehen, dass die EuStA die Aufgabe als Koordinator übernehmen wird. Dies setzt auch das CJ in Art. 20 Abs. 3 lit. b voraus, wobei die EuStA, sollte sie feststellen, dass eine Tat nach Art. 1–8 CJ vorliegt, das Verfahren dann an sich ziehen kann; vgl. *Nelles,* in: Corpus Juris als Grundlage, S. 261 (270 ff.), die zu Recht auf die Gefahr hinweist, dass die EuStA solange Ermittlungen in Mitgliedstaaten mit niedrigeren Eingriffsschwellen „koordinieren" könnte, bis die wesentlichen Beweise zusammengetragen wurden. Wann sicher sei, dass eine Tat nach dem CJ vorliege, könne die EuStA nach dem CJ selbst entscheiden.

[603] Vgl. *Laubinger,* in: AE Europol, S. 125 (143). In Frage käme seiner Ansicht nach aber die Umwandlung eines organisatorisch verselbstständigten Teils der Institution. Siehe schon *Engel,* S. 161 f., zum Verfassungsvertrag; auch *Sicurella,* in: Prosecutor Vol. 1, S. 870 (872 f.). Weitere Modelle wurden diskutiert im Workshop 6 (Fn. 598), Ratsdok. 17625/10 = NJEuCrimL 2011, 100 (114 f.). *Lingenthal,* ZEuS 2010, 79 (100), warnt vor der Umgehung der verfahrensrechtlichen Vorgaben des Art. 86 AEUV.

anwaltschaft zeigen, dass eine völlige Umwandlung von Eurojust in eine solche EuStA nicht geplant ist. Vielmehr sollen beide Einrichtungen nebeneinander bestehen; ihr Verhältnis soll durch eine enge Zusammenarbeit geprägt sein. Der Datenaustausch zwischen den beiden Institutionen wird voraussichtlich erheblichen Umfang aufweisen (Art. 21, 57). Dies erscheint nicht zuletzt deswegen erforderlich, weil sich die Aufgabenbereiche der beiden Institutionen zumindest tangieren werden. Insoweit regelt nun Art. 3 Abs. 1 der neuen Eurojust-VO (KOM (2013) 535), dass Eurojust für Straftaten, die in einem Annex zur Verordnung aufgezählt sind, zuständig sein soll, nicht aber für solche Delikte, die in die Zuständigkeit der EuStA fallen. Offen bleibt auch die künftige Rolle OLAFs. Denkbar wäre, dass das Amt der Europäischen Staatsanwaltschaft unterstellt wird oder als Unterabteilung an die EuStA angegliedert wird. Dabei könnte OLAF als eine Art Polizeibehörde unter der Weisungshoheit der EuStA tätig werden.[604] Jedenfalls muss die Etablierung der Europäischen Staatsanwaltschaft erhebliche Veränderungen für OLAF mit sich bringen. Sie soll schließlich gerade solche Taten, für die bisher OLAF zuständig war, verfolgen. Damit wird die Rolle von OLAF grundlegend verändert; das Amt führt selbst keine Ermittlungen mehr.[605] Die erforderlichen Veränderungen der OLAF-VO sind allerdings noch nicht ausgearbeitet, so dass es insoweit bei Spekulationen bleiben muss.

Ähnliche Fragen stellen sich auch zum Verhältnis zwischen einer EuStA und Europol. Art. 86 Abs. 2 AEUV spricht davon, dass die Europäische Staatsanwaltschaft ihre Aufgaben in Verbindung mit Europol erfüllen soll. Hier wird ein reger Informationsaustausch über Taten entstehen, bei denen der Europäische Staatsanwalt eine Anklagezuständigkeit besitzt (vgl. Art. 21 KOM (2013) 534).[606] Denkbar ist auch, dass der EuStA die Aufgabe übertragen wird, die Tätigkeit von Europol und Eurojust im Rahmen des Ermittlungsgeschehens zu überwachen, zumal angesichts der im Europol-Verordnungsentwurf der Kommission zum Ausdruck gekommenen Tendenz hin zu einer echten europäischen Polizeibehörde. Dem scheint allerdings der Wortlaut des Art. 86 AEUV entgegenzustehen, der vielmehr ein Nebeneinander der Institutionen anordnet; die Norm ordnet Koopera-

---

[604] Zur Idee Workshop 6 (Fn. 598), Ratsdok. 17625/10 = NJEuCrimL 2011, 100 (115); s.a. *Lingenthal*, ZEuS 2010, 79 (96 f.); *Zöller*, in: Böse (Hrsg.), § 21 Rn. 83. Zum Ausbau OLAFs zur Wirtschafts-Staatsanwaltschaft als EuStA-Unterabteilung, *Covolo*, eucrim 2012, 83 (86 f.); *Stefanou*, in: Stefanou/White/Xanthaki (Hrsg.), S. 169 (178 ff.); *Kuhl*, eucrim 2008, 186 (188, 191), auch zur rechtlichen Durchsetzbarkeit (Art. 325, 86 AEUV). *Tittor*, S. 318 ff., zu Modellen. *Xanthaki*, in: Stefanou/White/Xanthaki (Hrsg.), S. 35 (73 ff.), zur gegenläufigen Bewegung der Anerkennung der Parteistellung OLAFs in nationalen Strafverfahren; s.a. *Neuhann*, S. 134 f.

[605] Vgl. KOM (2013) 532, S. 7.; ebenso KOM (2013), 533.

[606] Siehe *Zöller*, in: Böse (Hrsg.), § 21 Rn. 82. S.a. Workshop 7: Competence and rules of procedure, Report zum Strategic Seminar: „Eurojust and the Lisbon Treaty: Towards More Effective Action", Brügge 20.–22.9, Ratsdok. 17625/10 = NJEuCrimL 2011, 100 (116).

tion an, von einer Hierarchie ist die vertragliche Konzeption weit entfernt.[607] Die Kommissionsdokumente enthalten entsprechende Vorkehrungen nicht.

Die Gründung der EuStA führt zu einem zunehmenden Nebeneinander von Behörden. Eine „Superbehörde" für den Raum der Freiheit, der Sicherheit und des Rechts wäre allerdings ebenso wenig wünschenswert.[608] Es gilt daher, bestimmte Regeln festzuschreiben, wie die Institutionen interagieren können, wie auch eine Kontrolle dieser Kooperation. Zudem bleibt das Erfordernis der Kontrolle der bereits bestehenden Strafverfolgungsbehörden unverändert bestehen. Eine Europäische Staatsanwaltschaft, wie sie die Verträge avisieren, kann eine effektive unparteiliche Kontrolle wohl nicht leisten, ungeachtet dessen, dass sie den Anforderungen an ein Gericht ohnehin nicht genügen würde. Selbst wenn die Europäische Staatsanwaltschaft künftig als Kontrollorgan gegenüber Europol fungieren sollte, so muss darauf geachtet werden, dass diese einer neutralen, nicht der Strafverfolgung zugeordneten Stelle verantwortlich ist.[609]

c) Zuständigkeit der EuStA

Zuständig sein wird die EuStA für Straftaten zum Nachteil der *finanziellen Interessen* der Union, die es in der EuStA-Verordnung zu definieren gilt (schon Kapitel 1 § 3 E. II.).[610] Gemäß Art. 86 Abs. 4 AEUV kann der Europäische Rat den Mandatsbereich der EuStA auf schwere grenzüberschreitende Kriminalität ausweiten. Es kann sich bei den zu übertragenden Delikten nur um solche handeln, bei denen grenzüberschreitende Ansatzpunkte in Bezug auf die verfolgte Straftat vorliegen. Eine solche Erweiterung wird aber erst in einem zweiten Schritt erfolgen, vor allem weil die Mitgliedstaaten eine auf Delikte zu Lasten der finanziellen Interessen der Union beschränkte Zuständigkeit eher akzeptieren werden. Es ist zudem wahrscheinlich, dass die Europäische Staatsanwaltschaft zunächst auf eine Verstärkte Zusammenarbeit gestützt wird.[611] Dass eine Weiterentwicklung allerdings angestrebt ist, zeigt sich in der systematischen Einord-

---

[607] Vgl. auch *Lingenthal*, ZEuS 2012, 79 (86).
[608] Siehe *Srock*, S. 245.
[609] Vgl. auch *Abetz*, S. 179.
[610] Der Mandatsbereich soll nach dem Komissionsentwurf auf Taten gegen finanzielle Interessen der Union begrenzt sein (Art. 4 Abs. 1 KOM (2013) 534), die in einer gesonderten Richtlinie festzulegen sind (Art. 12), sowie auf Taten, die damit in Zusammenhang stehen (Art. 13). Gemäß Art. 14 fallen nur solche Delikte in den Zuständigkeitsbereich der EuStA, die auf dem Hoheitsgebiet eines oder mehrerer Unionsstaaten verübt wurden oder die von einem Staatsangehörigen dieser Staaten oder einem Bediensteten der Union oder ihren Einrichtungen begangen wurden.
[611] Siehe *Csúri*, eucrim 2012, 79 (81); s.a. Workshop 7 (Fn. 606), Ratsdok. 17625/10 = NJEuCrimL 2011, 100 (116). – Zu möglichen Delikten zu Lasten der finanziellen Interessen der Union: *Zöller*, in: Böse (Hrsg.), § 21 Rn. 85.

nung der Vorschriften zur Europäischen Staatsanwaltschaft im Titel zum Raum der Freiheit, der Sicherheit und des Rechts, und nicht, wie die Zielsetzung der Bekämpfung von Straftaten zum Nachteil der finanziellen Interessen der Union nahe legt, bei den Finanzvorschriften.[612]

Generell gibt es drei Möglichkeiten zur Bestimmung des Zuständigkeitsbereichs der EuStA: Sie könnte Taten auf der Grundlage eines auf Art. 325 AEUV – nicht Art. 86 AEUV[613] – gestützten europäischen *Teilgesetzbuches* anklagen, wie es im Corpus Juris vorgeschlagen wurde oder sich nach einer *Harmonisierung* der entsprechenden Regelungen, so das Grünbuch, auf das nationale Strafrecht stützen bzw. das – nicht harmonisierte – mitgliedstaatliche Strafrecht aufgrund eines *Verweises* anwenden.[614]

d) Ermittlungsmaßnahmen, Erhebung und Verwertbarkeit der Beweise

Ermittlungsverfahren wird die EuStA eigenverantwortlich einleiten können, wenn es hinreichende Anhaltspunkte dafür gibt, dass eine Tat begangen wurde, die im Mandatsbereich der EuStA liegt (vgl. auch Art. 16 Abs. 1 KOM (2013) 534).[615] Auf ein umfassendes unionseigenes Strafverfahrensrecht wird unter Art. 86 AEUV aber verzichtet.[616]

Der Kommissionvorschlag enthält entsprechende Regelungen in Art. 25 ff. Anordnen kann die EuStA insbesondere alle klassischen Ermittlungsmaßnahmen. Art. 26 Abs. 1, 7 enthält einen Katalog aller zulässigen Maßnahmen: etwa Durchsuchungen, Telefonüberwachungen oder verdeckte Ermittlungen. Auch kann sie

---

[612] Siehe *Frenz,* wistra 2010, 432 (434), auch zum Verfahren; s. a. *Zöller,* in: Böse (Hrsg.), § 21 Rn. 88; zu Abgrenzungsschwierigkeiten und dem zusätzlichen Nutzen der Beteiligung der EuStA bei der Bekämpfung transnationaler Kriminalität: *Flore,* ERA Forum 2008, 229 (237 f.).

[613] Zum Verhältnis der Vorschriften: *Zöller,* in: Böse (Hrsg.), § 21 Rn. 96; siehe auch schon Kapitel 1 § 2 C. II. 1.

[614] Nachteil eines materiellen Teilstrafrechts, das vor nationalen Gerichten durchgesetzt werden muss, ist, dass die dem Bürger gegenübertretenden Rechtsordnungen aufgrund der Einbuße an Kohärenz an Glaubwürdigkeit verlieren, denn so hätten Mittäterschaft, Vorsatz oder Schuld unterschiedliche Bedeutungen, wenn europäische oder nationale Rechtsgüter verteidigt werden sollen. Die Gefahr der Harmonierung ist dagegen, dass gewachsene nationale Strafrechtssysteme überformt werden und sich einzelne Delikte nicht mehr in das kohärente Gefüge von Strafbarkeit und Straflosigkeit einfügen. Gegen den Verzicht auf jegliche europäische Regelung spricht wiederum, dass damit erhebliche Rechtsungleichheit droht bzw. bestehen bleibt. Nach *Zöberlein,* S. 126 f., brächte die EuStA dann zudem keinen Mehrwert.

[615] Zur Notwendigkeit: *Nelles,* in: Corpus Juris als Grundlage, S. 261 (263).

[616] *Mansdörfer,* HRRS 2010, 11 (22), nennt den Verzicht auf eine entsprechende Ermächtigung in Anbetracht des Grünbuchs konsequent. – Es kann allerdings nicht vollständig auf ein unionales strafprozessuales Reglement verzichtet werden, selbst wenn die künftige EuStA-VO vielfach auf das nationale Recht verweisen wird, wie etwa bei den Ermittlungsmaßnahmen. So auch *Flore,* ERA Forum 2008, 229 (241 f.).

§ 5 Zusammenfassung der Rechtsschutzdefizite

Beschuldigte vernehmen. Die Voraussetzungen richten sich – wie zu erwarten – nach nationalem Recht (Art. 26 Abs. 2, 6). Jedenfalls Ermittlungsmaßnahmen ohne Zwangswirkung wird die EuStA dabei sogar selbst durchführen können.[617] Im Übrigen sind die nationalen Behörden voraussichtlich zur Durchführung der Anordnungen der EuStA berufen. Damit tritt zwangsläufig eine *Hierarchie* an die Stelle der bisherigen horizontalen Zusammenarbeit. Die Verbindlichkeit solcher Anweisungen wäre in der Errichtungsanordnung festzulegen (vgl. Art. 18 Abs. 1 KOM (2013) 534).[618]

Weil die Anklage vor nationalen Gerichten erfolgen soll, die nicht notwendig dieselben sind, in deren Hoheitsbereich auch die Beweise erhoben wurden, muss sichergestellt werden, dass die Beweise, die der (abgeordnete) Europäische Staatsanwalt im Verfahren vorbringt, verwertbar sind. Dazu ist entweder eine weitere und vor allem umfassende Angleichung des Prozessrechts erforderlich oder aber die bedingungslose Anerkennung der aus anderen Staaten stammenden Beweise, selbst wenn diese dem eigenen Grundrechtsstandard nicht genügt hätten.[619] Dies bedingt die Gefahr einer Zweiklassenjurisprudenz vor ein und demselben Gericht. Eine umfassende Harmonisierung werden die Mitgliedstaaten nicht akzeptieren. Zumindest eine weitergehende Angleichung wird aber nicht vermieden werden können, wenn die avisierte Zusammenarbeit zwischen europäischer Anklagebehörde und nationalen Gerichten funktionieren soll.[620] Art. 30 des Kommissionsvorschlags beschränkt sich darauf, Beweise, die die Europäische Staatsanwaltschaft gesammelt hat, ohne irgendeine Form der Validierung für verwertbar zu erklären, selbst wenn dem nationale strafverfahrensrechtliche

---

[617] Möglich ist es aber auch, der EuStA eigene Zwangsbefugnisse zuzuerkennen; so auch *Zöller,* in: Böse (Hrsg.), § 21 Rn. 94. – Es sind Regelungen darüber zu treffen, welche Maßnahmen als solche ohne Zwangswirkung zu verstehen sind. Diese Frage kann vor dem Hintergrund verschiedener europäischer Rechtstraditionen nicht aus dem nationalen Recht beantwortet werden. So gehen beispielsweise auch die Model Rules davon aus, dass die Befragung des Beschuldigten keine Zwangswirkungen entfaltet.

[618] *Van den Wyngaert,* in: Europe's Area of Freedom, Security and Justice, S. 201 (215). Für einen kooperativen Dialog und die Selbstständigkeit beider Ebenen wie in vielen föderalen Staaten: *Nieto Martin/Wade/Muñoz de Morales,* in: Prosecutor Vol. 1, S. 781 (787 ff.). S. a. Workshop 8, Admissibility of evidence and judicial review, Strategic Seminar: „Eurojust and the Lisbon Treaty: Towards More Effective Action", Brügge 20.–22.9, Ratsdok. 17625/10 = NJEuCrimL 2011, 100 (117).

[619] Damit würde der Grundrechtsstandard abgesenkt; vgl. bei *Tiedemann,* FS Eser, S. 889 (891 ff.), dort auch allg. zu Nachteilen und Vorzügen der Übertragung des aus dem Binnenmarktrecht hergeleiteten Prinzips auf das Strafrecht. Kritisch: *Weertz,* S. 294 ff. – Vorwiegend ist der Vollstreckungsstaat dafür verantwortlich, dass strafrechtliche Grundsätze, wie der Nemo-tenetur-Grundsatz, eingehalten werden. I. Ü. sind die Mindestanforderungen der EMRK an die Beweiserhebung und -verwertung und ein insgesamt faires Verfahren einzuhalten; dazu *Esser,* in: Bausteine, S. 39 (41 ff.).

[620] Ein Ausschlussverhältnis besteht ohnehin nicht. Vielmehr würde eine Teilharmonisierung die Akzeptanz der gegenseitigen Anerkennung erleichtern, vgl. *Tiedemann,* FS Eser, S. 889 (897). Vgl. auch *Mansdörfer,* HRRS 2010, 11 (2).

Regelungen entgegenstünden. Dies gilt allerdings nur dann, wenn nicht zugleich die Art. 47 und Art. 48 GRC verletzt sind.

Geregelt werden muss auch, wie zu verfahren ist, wenn der Europäische Staatsanwalt Beweise in einem Staat erheben will, der von einem opt-out Gebrauch gemacht hat oder der nicht an der verstärkten Zusammenarbeit teilgenommen hat. Vor allem muss geklärt werden, welches Recht anwendbar ist. Diese Probleme stellen sich aber genauso für Nicht-EU-Mitglieder.[621] Der Kommissionsentwurf schweigt sich dazu aus.

e) Gerichtsstand, Vermeidung von Kompetenzkonflikten und ne bis in idem

Sicherzustellen ist, dass im Einklang mit Art. 50 GRC ausgeschlossen ist, dass eine Person einer mehrfachen Strafverfolgung ausgesetzt wird. Zudem muss eine Abgrenzung der Kompetenzen der nationalen Strafverfolgungsbehörden und der EuStA auch möglich sein, um Kompetenzkonflikte zu vermeiden und Ressourcen auf beiden Seiten zu schonen wie auch ein forum shopping zu Lasten des Beschuldigten zu vermeiden. Es sind daher Regelungen zum Strafanwendungsrecht zu entwerfen, insbesondere ist zu klären, ob das Territorialitätsprinzip gelten soll bzw. wie bei Kompetenzkonflikten vorzugehen ist [vgl. schon III. 1. c), 3. b)].[622] Auch müssen Kanäle für einen Austausch von Informationen geschaffen werden, damit entsprechende Konflikte möglichst frühzeitig erkannt werden, aber auch um die jeweils andere Ebene darüber zu informieren, dass ein Delikt in ihrem Zuständigkeitsbereich liegt.[623] Zudem müssten die mitgliedstaatlichen Behörden die EuStA mit Fällen in ihrem Mandatsbereich „befassen" (vgl. Art. 15 des Kommissionsentwurfs).[624] Derartige Mechanismen erscheinen auch notwendig,

---

[621] Vgl. Workshop 8 (Fn. 618), Ratsdok. 17625/10 = NJEuCrimL 2011, 100 (117); siehe *Flore,* ERA Forum 2008, 229 (239 f.), zum möglichen Problem dreier nebeneinander bestehender Institutionen (prae-/post-Lissabon-Eurojust, EuStA). Vgl. auch *Klip,* Ratsdok. 17625/10 = NJEuCrimL 2011, 100 (107); *Csúri,* eucrim 2012, 79 (81).

[622] Vgl. *Klip,* Ratsdok. 17625/10 = NJEuCrimL 2011, 100 (107); auch *Engel,* S. 156 ff.; *Weertz,* S. 235 f.

[623] Vgl. Workshop 8 (Fn. 618), Ratsdok. 17625/10 = NJEuCrimL 2011, 100 (118); s. a. *Nieto Martin/Wade/Muñoz de Morales,* in: Prosecutor Vol. 1, S. 781 (790); *Schomburg/Souminen-Picht,* NJW 2012, 1190 (1192 f.), schlagen u. a. eine stärkere Nutzung des SIS vor. Die Stärkung des Informationsaustauschs diene auch dazu, dass Taten vollumfänglich aufgedeckt und abgeurteilt werden können.

[624] Alle nationalen Stellen sind verpflichtet, etwaige Hinweise an die EuStA weiterzuleiten (Art. 15 Abs. 1) und im Case Management System abzuspeichern (Art. 15 Abs. 4), dessen Grundlagen in Art. 22 ff. erläutert werden. Alle laufenden Fälle sind dort einzutragen. Informationen zu diesen Fällen soll die EuStA nicht nur mittelbar über die Mitgliedstaaten erlangen. Sie soll direkten Zugang zu allen mit laufenden Ermittlungen korrespondierenden Informationen in nationalen Datenbanken haben (Art. 20).– Nach Vorstellung der Kommission sollen die abgeordneten Europäischen Staatsanwälte, wenn sie selbst Kenntnis von einer Tat im Zuständigkeitsbereich der

§ 5 Zusammenfassung der Rechtsschutzdefizite 423

da abstrakte Kriterien nie für jeden Einzelfall eine Lösung bieten werden. Zu denken wäre insbesondere an Hybridfälle, in denen unionale Interessen ebenso betroffen sind wie nationale, vorstellbar etwa in der Konstellation des Subventionsbetrugs, oder wenn die Tat in verschiedenen Staaten begangen wird, ohne dass ein örtlicher Schwerpunkt festzustellen wäre.[625] Schon aus Gründen der Verfahrensfairness, aber auch im Hinblick auf die Effektivität der Strafverfolgung verbietet es sich, dass parallel mehrere Strafverfahren in mehreren Ländern geführt werden.[626] Hier wird wohl ein flexibles Verfahren angewandt werden müssen, in dem sich die zuständige nationale Anklagebehörde und die Europäische Staatsanwaltschaft darüber verständigen, wer die Verfolgungszuständigkeit besitzt.[627]

Als Kriterienkatalog zur Festlegung der grundsätzlichen Zuständigkeiten bieten sich verschiedene nationale Vorbilder mit föderalen Grundstrukturen an: So wird etwa in Großbritannien gefragt, ob ein wesentliches föderales Interesse betroffen ist bzw. auf welcher Ebene das stärkere Interesse an der Verfolgung besteht.[628] Denkbar ist vor allem, darauf abzustellen, in welchem Staat die wirtschaftlichen Auswirkungen des Delikts am deutlichsten zu Tage getreten sind (vgl. Art. 26 Abs. 2 CJ). Diese flexiblen Lösungen sind allerdings im Hinblick auf die Gefahr des *forum shoppings* kritisch zu sehen.[629] Insoweit besteht das das Risiko, dass sich die Europäische Staatsanwaltschaft angesichts des Ermessensspielraums, den die oben genannten Kriterien eröffnen, dazu entschließt, in demjenigen Staat Anklage zu erheben, indem das repressivste Strafrecht existiert. Ähnliches gilt für die Erhebung von Beweisen, es muss sichergestellt werden,

---

EuStA erlangen oder gar entsprechende Ermittlungen einleiten, dies unverzüglich dem EuStA melden, damit dieser prüfen kann, ob bereits ein Verfahren eingeleitet wurde. Bei grenzüberschreitenden Fällen arbeiten die abgeordneten Staatsanwälte eng zusammen (Art. 18 Abs. 2). Der EuStA kann die Sache aus Gründen der Effektivität der Ermittlungen auch an einen oder mehrere andere abgeordnete Staatsanwälte verweisen oder selbst die Ermittlungen leiten (Art. 15 Abs. 2; Art. 16 Abs. 2, Art. 18 Abs. 3, 5). – Zur Bedeutung der Pflicht zur Mitteilung für die Effektivität der Strafverfolgung: *Weertz*, S. 141 ff. Sie plädiert auch für ein Recht, Ermittlungen an sich zu ziehen. Im Corpus Juris (Art. 18) war eine solche Kompetenz vorgesehen. Andererseits ist denkbar, dass die EuStA eine grundsätzlich bestehende Zuständigkeit im Einzelfall an die Mitgliedstaaten delegiert.

[625] Dazu *Zöller*, in: Böse (Hrsg.), § 21 Rn. 97; *Nieto Martin/Wade/Muñoz de Morales,* in: Prosecutor Vol. 1, S. 781 (791); *Schomburg/Souminen-Picht*, NJW 2012, 1190 (1193). Kritisch dazu aber: *Lingenthal*, ZEuS 2010, 79 (94 f.).

[626] Zu diesen Beispielen *Van den Wyngaert*, in: Europe's Area of Freedom, Security and Justice, S. 201 (223 f.), hauptsächlich unter dem Aspekt der Verfolgungszuständigkeit.

[627] Dazu Workshop 7 (Fn. 606), Ratsdok. 17625/10 = NJEuCrimL 2011, 100 (116).

[628] Weitergehend: *Nieto Martin/Wade/Muñoz de Morales,* in: Prosecutor Vol. 1, S. 781 (791 f.).

[629] Zu den Gefahren: *Scheuermann*, S. 138 ff.; auch *Zöller*, in: Böse (Hrsg.), § 21 Rn. 98.

dass diese nicht deswegen in einem bestimmten Land erfolgt, weil dort die Schranken am niedrigsten sind. So könnte beispielsweise eine Telefonüberwachung gezielt in Staat A beantragt werden, weil dort nach höchstrichterlicher Rechtsprechung ein Anfangsverdacht ausreicht, obwohl sich der Betroffene in dem höhere Anforderungen stellenden Staat B aufhält, wo die Telefonüberwachung durchzuführen wäre. Weil die Anordnung in Staat A aber rechtmäßig ergangen ist, könnte im Staat B die Ausführung wegen des Anerkennungsgrundsatzes kaum abgelehnt werden.

Deshalb sollte eine Kontrollinstanz eingerichtet werden, die über die Einhaltung der Kriterien wacht. Eine solche bestünde zwar durch das Vorlageverfahren mit dem *EuGH,* selbst wenn eine Modifikation des Klagesystems nicht erfolgt. Sie könnte aber nicht vom Beschuldigten angerufen werden.[630]

3. Kontrolle der Europäischen Staatsanwaltschaft?

a) Corpus Juris und Grünbuch zur möglichen Gestaltung der Kontrolle

Das Corpus Juris und ihm folgend das Grünbuch der Kommission sahen vor, dass alle grundrechtsbeeinträchtigenden Akte des Ermittlungsverfahrens durch einen „*juge de liberté*", einem Freiheitsrichter, kontrolliert werden. Diese sollen aus den nationalen Richtern rekrutiert werden und ebenfalls an dem Gericht angesiedelt sein, an dem auch das abgeordnete Mitglied der EuStA angegliedert wäre. Diese Ermittlungsrichter überprüfen nach Art. 25 Abs. 2 CJ die Voraussetzungen und die Verhältnismäßigkeit der angeordneten grundrechtsbeschränkenden Maßnahmen im Ermittlungsverfahren.[631] Zudem soll der Freiheitsrichter die *Zulässigkeit der Beweiserhebung* nach bestimmten im CJ niedergelegten Regeln feststellen und die Sache dann an das Gericht eines Mitgliedstaats abgeben, das nach den Strafanwendungsregeln die eigentliche Hauptverhandlung leiten soll (Art. 25 Abs. 3 CJ).

Darüber hinaus ist eine *Kontrolle durch den EuGH* vorgesehen: Dieser soll im Wege des Vorabentscheidungsverfahrens oder durch die Mitgliedstaaten, die Kommission sowie die EuStA angerufen werden können, um Fragen bei der Auslegung der Vorschriften des Corpus Juris zu klären, sowie zur Klärung der Zuständigkeit in Streitfällen (Art. 28 CJ).

---

[630] Vgl. Workshop 8 (Fn. 618), Ratsdok. 17625/10 = NJEuCrimL 2011, 100 (117 f.).

[631] Zur Kritik an den Regelungen: *Nelles,* in: Corpus Juris als Grundlage, S. 261 (268 f.), auch zur Frage des Zugangs zu den Ermittlungsakten. – Das Grünbuch, KOM (2001) 715 endg., S. 5, diskutiert, ob nationale Gerichte die Aufgabe übernehmen sollen oder „Vorermittlungskammern" eingerichtet werden, entscheidet sich aber für ersteres, weil nationale Richter dem anwendbaren Verfahrensrecht näher stünden und somit Entscheidungen einfacher „einpassen" könnten.

b) Regelung in den Model Rules

Die Model Rules dagegen unterscheiden im Hinblick auf die justizielle Kontrolle drei Formen von Ermittlungsmaßnahmen (*Rules* 22 ff.): *Ermittlungsmaßnahmen ohne Zwangswirkung*, z. B. Anfragen in öffentlichen Registern (*Rule* 24), oder die Befragung des Beschuldigten (*Rule* 25) oder eines Zeugen (*Rule* 26), *Zwangsmaßnahmen ohne Richtervorbehalt,* insbesondere Beschlagnahmen (*Rule* 39), das Abrufen, Einfrieren und Verarbeiten von Daten (*Rules* 41 und 43) sowie die Überwachung im öffentlichen Raum (*Rule* 44), und *Zwangsmaßnahmen mit Richtervorbehalt,* etwa Durchsuchungen (*Rule* 48), körperliche Untersuchungen (*Rule* 49) und die Anordnung einer Telekommunikations- oder Wohnraumüberwachung (*Rules* 51 ff.) oder die Anordnung von U-Haft (*Rules* 58 ff.).

Gegen Maßnahmen ohne Zwangswirkung soll kein Rechtsbehelf bestehen, weder *ex ante* noch *ex post*. Hinsichtlich der zweiten Kategorie von Ermittlungsakten soll nur eine nachträgliche Kontrolle stattfinden. Dieser nachträgliche Rechtsschutz soll nach den Model Rules durch einen europäischen Spruchkörper gewährt werden, während die dem Richtervorbehalt unterliegenden Maßnahmen von nationalen Richtern zu prüfen wären (*Rule* 7). Die Einleitung des Ermittlungsverfahrens selbst unterläge keiner Kontrolle (*Rule* 21 Para. 2).

c) Gestaltung nach dem Vorschlag der Kommission (KOM (2013) 534)

Das Grundkonzept des Art. 36 des Kommissionsvorschlags geht wiederum davon aus, dass allein die *nationalen Gerichte* für die unmittelbare Kontrolle der Akte der Europäischen Staatsanwaltschaft zuständig sind; sie sollen diese auch für *ungültig* erklären können, obwohl die EuStA eine Unionseinrichtung ist. Dazu soll sie wie eine nationale Behörde behandelt werden. Allein über das Vorabentscheidungsverfahren (Art. 267 AEUV) sollen Fragen – etwa zur Errichtungsverordnung der EuStA – an die Unionsgerichte gelangen.

Bemerkenswert ist, dass alle Ermittlungsmaßnahmen in Art. 26 Abs. 1 lit. a–j – es sind dies insbesondere Durchsuchungen, Beschlagnahmen und Sicherstellungen, das Einfrieren von Vermögenswerten, Telekommunikationsüberwachungen, Video- und Tonüberwachungsmaßnahmen an nicht öffentlich zugänglichen Orten und verdeckte Ermittlungen – der ex-ante-Kontrolle durch eine „judicial authority" unterliegen sollen, Maßnahmen nach Art. 26 Abs. 1 *lit.* k–u – weitgehend solche, die weniger grundrechtsintensiv sind – nur wenn dies das jeweilige nationale Recht vorschreibt (Art. 26 Abs. 4, 5).

Hinzuweisen ist zudem auf die Regelungen zur *Datenschutzkontrolle* (Art. 37 ff.), für deren Anforderungen auf die für die übrigen Strafverfolgungsbehörden gemachten Ausführungen verwiesen werden kann. Betroffene von Ermittlungen der EuStA haben danach einen Auskunftsanspruch über gespeicherte Informationen (Art. 42) sowie einen Anspruch auf Berichtigung, Löschung oder

Sperrung der Daten (Art. 43). Wesentlich erscheint, dass die EuStA von Anfang an der Kontrolle des Europäischen Datenschutzbeauftragten unterstellt wird, an den Betroffene auch eine Beschwerde richten können.

d) Stellungnahme: Effektive Kontrolle nur auf europäischer Ebene möglich

Wird die Europäische Staatsanwaltschaft diskutiert, dann stets unter der Voraussetzung der alleinigen Strafgewalt nationaler Gerichte.[632] Nicht notwendig damit zusammen hängt aber die Kontrolle der Aufgabenwahrnehmung durch die EuStA. Grundsätzlich sind zwei Kontrollformen zu unterscheiden: zum einen die Kontrolle grundrechtsintensiver Maßnahmen im Ermittlungsverfahren,[633] zum anderen eine Kontrolle der Anklage daraufhin, ob die Beweismittel einen hinreichenden Verdacht rechtfertigen, bzw. der Wahl des Gerichtsstands.

Nach kontinentaleuropäischem Verständnis ist der „Ermittlungsrichter" als neutrale justizielle Kontrollinstanz für ein mächtiges Amt wie das eines Staatsanwalts unverzichtbar. Dieser, nicht die Staatsanwaltschaft, genehmigt die schwerwiegendsten Grundrechtsbeeinträchtigungen, etwa durch die Durchsuchungsanordnung. Auch das Corpus Juris und das Grünbuch der Kommission erkennen das Bedürfnis der präventiven Kontrolle an, wollen diese aber auf nationaler Ebene verorten.[634] Die EuStA soll allerdings nicht zuletzt wegen des fehlenden Vertrauens in den Schutz unionaler Interessen durch die nationalen Strafverfolgungsbehörden geschaffen werden. Es erscheint daher geradezu widersinnig, die Kontrolle über diese neue Institution den Mitgliedstaaten zu überantworten.[635] Zudem wäre parallel die Jurisdiktion zum *EuGH* eröffnet, jedenfalls im Rahmen von Vorabentscheidungsersuchen.[636] So würde eine präventive Kontrolle durch die mitglied-

---

[632] *Klip*, Ratsdok. 17625/10 = NJEuCrimL 2011, 100 (107), nennt die Errichtung eines Europäischen Strafgerichts einen logischen Schritt, zum heutigen Zeitpunkt aber utopisch („The subsequent logical step following the setting up of the EPPO should be the establishment of what today seams to be a utopia: a European Criminal Court.").

[633] Es können in grundrechtlicher Hinsicht dieselben Konflikte wie bei nationalen Staatsanwaltschaften auftreten: Die persönliche Freiheit (Art. 5 EMRK, Art. 6 GRC), das faire Verfahren (Art. 6 EMRK, Art. 47 GRC) und das Recht auf Privatleben (Art. 8 EMRK, Art. 7, 8 GRC) können von Maßnahmen der EuStA betroffen sein, vgl. *Van den Wyngaert*, in: Europe's Area of Freedom, Security and Justice, S. 201 (234).

[634] Siehe aber *Csúri*, eucrim 2012, 79 (82). *Scheuermann*, S. 190 f., scheint die EuStA hinsichtlich der Ermittlungsmaßnahmen mitgliedstaatlicher Kontrolle unterstellen zu wollen, fordert aber – wenig überzeugend – zugleich ein supranationales Gremium, ähnlich dem OLAF-Überwachungsausschuss. Mit dessen Auftrag und Aufbau setzt sie sich aber nicht (erkennbar) auseinander.

[635] Darauf weist *Böse*, RW 2012, 172 (180), hin; s.a. *Lingenthal*, ZEuS 2010, 79 (92), demzufolge auch nationale Gerichte Beschuldigtenrechte zu wahren haben. „Wo gibt es schon eine Staatsanwaltschaft ohne ein unabhängiges Strafgericht?", fragt zu Recht *Schomburg*, Gastbeitrag FAZ v. 3.6.2009.

[636] Nach der Vorstellung der Kommission wären Nichtigkeitsklagen wohl nicht zulässig. Die Kommission will Akte der Europäischen Staatsanwaltschaft vielmehr der Kon-

§ 5 Zusammenfassung der Rechtsschutzdefizite

staatlichen Gerichte und eine nachträgliche durch die Unionsgerichte stattfinden, was die Gefahr divergierender Entscheidungen in sich birgt. Dies scheint im Hinblick auf die Ressourcennutzung außerdem wenig effizient.[637] Schließlich ist zu beachten, dass der Gesamtüberblick über das Verfahren für die Kontrolle der Zwangsmaßnahmen wesentlich sein kann, denn wie soll ein nationaler Richter die Verhältnismäßigkeit einer Maßnahme beurteilen können, wenn er nicht weiß, ob und in welchem Umfang in anderen Staaten auch grundrechtsintensive Maßnahmen stattfinden, oder ob weniger einschneidende Maßnahmen dort möglich sind.[638] Die Kontrolle sollte daher auf europäischer Ebene angesiedelt sein.[639]

Auch das Bedürfnis der Kontrolle der Gerichtswahl erkennt das Corpus Juris an, weist diese Aufgabe aber ebenfalls den nationalen Ermittlungsrichtern zu (2. a.). Hier wäre eine Aufspaltung in eine Entscheidung durch einen nationalen Richter und eine spätere Kontrolle durch ein europäisches Gericht widersinnig, zumal die Unionsebene nach dem Corpus-Juris-Modell spätestens dann eingeschaltet werden müsste, wenn das von einem nationalen Richter für zuständig erklärte Gericht eines anderen Mitgliedstaats die Entscheidung nicht anerkennt.[640] Bei den Gerichtsstandregelungen würde es sich ohnehin um europäisches Recht handeln. Die Letztentscheidung über dessen Auslegung muss schon im Sinne der Rechtssicherheit und Gleichbehandlung der Unionsbürger einer europäischen Instanz zufallen.[641] Der Unionsebene ist deshalb auch die Aufgabe zuzuweisen, die Wahl des Gerichtsstands zu überprüfen. Damit wäre zudem die Gefahr des forum shoppings weitgehend unterbunden; die EuStA könnte den Staat, in dem sie anklagt, nicht danach auswählen, wo Verurteilungschancen oder Strafandrohung am höchsten sind oder wo dem Beschuldigten die geringsten Schutzrechte zukommen.[642]

Lediglich die Beurteilung des tatsächlichen Vorliegens eines hinreichenden Tatverdachts sollte den nationalen Gerichten überlassen bleiben. Immerhin ist diese Prognose auf Grundlage des nationalen Rechts zu treffen.[643]

---

trolle durch nationale Gerichte unterwerfen. Der abschließende Charakter der Maßnahme kann kaum geleugnet werden.

[637] Siehe *Böse*, RW 2012, 172 (180 f.).
[638] Vgl. auch *Weertz*, S. 256.
[639] Vgl. *Esser*, StRR 2010, 133 (137). – Dazu, ob europäische Befugnisse nur von Beamten der Union ausgeführt werden sollten: *Weyembergh*, NJEuCrimL 2011, 75 (89 f., speziell zu den nationalen Mitgliedern von Eurojust).
[640] So auch *Lingenthal*, ZEuS 2010, 79 (92).
[641] So auch zu recht *Zöberlein*, S. 133.
[642] Vgl. *Böse*, RW 2012, 172 (183); s. a. auch bei *Zöberlein*, S. 133; zu denkbaren Konstellationen: Workshop 8 (Fn. 618), Ratsdok. 17625/10 = NJEuCrimL 2011, 100 (117); auch *Weertz*, S. 258 f., die aber im Ergebnis die Kontrolle nicht für nötig hält, weil eine solche im Hauptverfahren stattfinde.
[643] So auch *Zöller*, in: Böse (Hrsg.), § 21 Rn. 97. Ohnehin ist in etwa der Hälfte der Mitgliedstaaten der Union eine Prüfung der Anklage durch ein Gericht üblich, wie auch

4. Fazit zur Europäischen Staatsanwaltschaft

Die Pläne zur Errichtung einer *Europäischen Staatsanwaltschaft* tragen das Risiko in sich, dass Errungenschaften eines fairen Verfahrens auf dem Altar der Effektivierung der Strafverfolgung geopfert werden, zumal dieser europaweit operierenden Staatsanwaltschaft keine Strafgerichtsbarkeit auf europäischer Ebene gegenübergestellt wird.[644] Zudem gilt es unbedingt, ein aus verschiedenen Rechtsordnungen zusammengestückeltes Verfahrensrecht zu Lasten des Beschuldigten zu vermeiden. Europaweit verkehrsfähige Beweise und Ermittlungsergebnisse sind nur dann akzeptabel, wenn verfahrensrechtliche Sicherungen die Balance zwischen den Interessen des Beschuldigten und der Strafverfolgungsbehörden herstellen, damit der Beschuldigte nicht einseitig belastet wird.[645] Art. 86 AEUV sieht entsprechende Regelungen nicht vor. Es bleibt dem Rat überlassen, durch Verordnungen die Einzelheiten für die Erfüllung der Aufgaben der Europäischen Staatsanwaltschaft, die notwendigen Verfahrensvorschriften, die Regelung zur Verwertung von Beweisen und der gerichtlichen Kontrolle der von der EuStA vorgenommenen Verfahrens- und Prozesshandlungen, zu regeln. Da in Art. 86 AEUV der Schutz der Beschuldigtenrechte nicht ausdrücklich genannt ist, ist neben den oben angesprochenen Erfordernissen des Rechtsschutzes unter Umständen an eine Harmonisierung gemäß Art. 82 Abs. 2 AEUV zu denken. Dringend müssen Beschuldigtenrechte ausgearbeitet werden, um Waffengleichheit herzustellen.[646] Insbesondere sollten Belehrungspflichten auf europäischer Ebene festgeschrieben werden, wie dies mit Art. 33 Abs. 1 KOM (2013) 534 zumindest für die Frage der Aussageverweigerung klargestellt wird, ebenso entsprechende Beweisverwertungsverbote für Verstöße gegen diese Pflichten. Auch Regelungen zur Verwertbarkeit von Zeugenaussagen müssen getroffen werden,

---

in Deutschland im Zwischenverfahren. Eine justizielle Kontrolle insoweit gänzlich auszuschließen, resultierte in einer Schlechterstellung gegenüber anderen Angeklagten, denen dieser zusätzliche Grundrechtsschutz zu Teil wird. Siehe *Csúri*, eucrim 2012, 79 (82).

[644] Vgl. *Zeder*, EuR 2012, 34 (59).

[645] In Bezug auf die Zulässigkeit der Beweise soll auf die Möglichkeit eines Beweiszulassungsverfahrens auf EU-Ebene hingewiesen werden. Dazu allg.: *Tiedemann*, FS Eser, S. 889 (898 f.). Durch den nachfolgend vorgeschlagenen Rechtsbehelf gegen Maßnahmen, die auf dem Prinzip der gegenseitigen Anerkennung beruhen (Kapitel 4 § 1 D.), wird der Betroffene allerdings hinreichend geschützt, wie auch Dritte, die von den Maßnahmen betroffen sein können, anders als bei einem schlichten Beweiszulassungsverfahren.

[646] Die in Art. 32 ff. KOM (2013) 534 gennannten Rechte stellen zum Teil nur Verweise auf bereits harmonisierte Verfahrensrechte dar, wie das Recht auf einen Dolmetscher, enthalten aber selbst auch Definitionen für einige Verfahrensrechte, etwa das Recht auf Aussageverweigerung. – Nach den Maßgaben der BRAK/DAV-Stellungnahme Nr. 48/2012/Nr. 80/2012, S. 4 ff., genügt dies allerdings nicht. Vielmehr müssten die Verfahrensstandards der Mitgliedstaaten noch weiter angeglichen werden, insbesondere soweit es den Zugang zum Verteidiger in jeder Verfahrenslage betrifft sowie die Vertraulichkeit des Verteidigungsverhältnisses.

insbesondere in Bezug auf die Zulässigkeit von Protokollverlesungen und das Fragerecht des Beschuldigten bzw. seines Verteidigers. Insoweit kann auf die Vorschläge des Corpus Juris (Art. 32) hingewiesen werden.[647]

Im Übrigen ist an die Mitgliedstaaten zu appellieren: Immerhin fordert Art. 86 Abs. 4 AEUV zur Erweiterung des Mandatsbereichs der EuStA einen einstimmen Beschluss. Hier sollte nachdrücklich ein Zeichen für eine gerichtliche Kontrolle des Staatsanwaltschaft gesetzt werden,[648] wenn schon angesichts der Möglichkeit der Verstärkten Zusammenarbeit im Hinblick auf die Errichtung der Europäischen Staatsanwaltschaft kaum verhindert werden kann, dass eine solche bald europäische Strafverfolgungsrealität wird.

Es ist auch darauf hinzuweisen, dass hinsichtlich der übrigen Strafverfolgungsorgane nicht schon durch die Schaffung eines Europäischen Staatsanwalts an sich eine Verbesserung der Rechtsschutzlage eintritt. Zwar wird diesem wohl eine wie auch immer geartete Kontrollfunktion zukommen[649] – auch wenn dies die aktuellen Kommissionsdokumente nicht zeigen. Die EuStA ist aber selbst Strafverfolgungsorgan und kann eine Art. 47 GRC genügende Kontrolle schon von seiner Struktur her nicht gewährleisten.

C. Fazit: Erforderlichkeit der Kontrolle durch ein unabhängiges, europäisches Strafgericht

Die Europäisierung des Strafverfahrens muss mit einer Transferierung der Grundrechtskontrolle auf die europäische Ebene einhergehen; andernfalls droht dessen „Dekonstitutionalisierung".[650]

I. Wirksame ex-post-Kontrolle der Maßnahmen unionaler Strafverfolgungsorgane

Der durch Maßnahmen der europäischen Strafverfolgungsbehörden Betroffene muss eine Möglichkeit haben, diese zumindest im Nachhinein kontrollieren zu lassen. Dies fordern alle Rechtsschutzgewährleistungen, die auch für die Union maßgeblich sind, insoweit vor allem Art. 47 GRC, denn nur kontrollierter Zwang kann auch legitimer Zwang sein.[651] Es genügt nicht, abstrakt Grundrechte festzu-

---

[647] Näheres bei *Tiedemann*, FS Eser, S. 889 (894 f., 898); *Mansdörfer*, HRRS 2010, 11 (22); *Csúri*, eucrim 2012, 79; *Klip*, Ratsdok. 17625/10 = NJEuCrimL 2011, 100 (106); Workshop 8 (Fn. 618), Ratsdok. 17625/10 = NJEuCrimL 2011, 100 (117); s.a. *Model Rules* (*Rules* 11 ff.).
[648] Vgl. auch *Kaiafa-Gbandi*, KritV 2011, 153 (182).
[649] Vgl. etwa *Kuhl*, eucrim 2008, 186 (189).
[650] So *Remien*, EuR 2005, 699 (719), für das Privatrecht.
[651] Zu diesem Ausspruch: *Bitter*, in: Walter-Hallstein-Symposium, S. 9 (23). Für eine Verwerfungskompetenz der nationalen Strafgerichte nach der Anklageerhebung im Rah-

schreiben, die von den Protagonisten des Europäischen Strafrechts einzuhalten sind. Es muss eine Stelle geben, die die Achtung dieser wesentlichen Prinzipien wirksam kontrollieren kann.

Dabei ist dafür Sorge zu tragen, dass dem Betroffenen nach Erledigung der Maßnahme *nicht das Rechtsschutzinteresse für eine Nichtigkeitsklage abgesprochen* wird. Vielmehr muss eine Art Fortsetzungsfeststellungsklage bestehen. Die im Übrigen drohende Verkürzung des Rechtsschutzes wäre nicht zumutbar, zumal viele Ermittlungsmaßnahmen im Geheimen stattfinden und den Betroffenen deshalb nicht möglich ist, diese im Voraus abzuwehren. Es muss für die Darlegung des Rechtsschutzbedürfnisses genügen, wenn der Betroffene möglicherweise Opfer eines erheblichen Grundrechtsverstoßes geworden ist, wobei vor allem bei Eingriffen in das Persönlichkeitsrecht keine allzu hohen Hürden aufgestellt werden dürfen, oder wenn er ein Rehabilitationsinteresse geltend manchen kann. Zu beachten ist insoweit, dass eine nachträgliche Kontrolle erst im Strafverfahren, etwa durch die Annahme von Beweisverwertungsverboten oder durch einen Freispruch den Anforderungen des Art. 47 GRC keinesfalls genügt, zumal es nicht stets zu einem solchen Anschlussverfahren kommt. Das gilt gerade für Maßnahmen, die gegenüber Unverdächtigen vorgenommen werden können. Aber auch dem Rehabilitationsinteresse des Angeklagten wie auch seinem Interesse daran, dass eine Wiederholung der Maßnahme verhindert wird, wird durch einen Freispruch allein nicht hinreichend Rechnung getragen, da dieser auf unterschiedlichen Gründen beruhen kann. Vielmehr muss der erforderliche Rechtsbehelf dazu führen, dass die Rechtmäßig- oder Rechtswidrigkeit einer Maßnahme *explizit festgestellt* wird.

Eng damit zusammen hängt das Erfordernis, *Ermittlungsmaßnahmen,* die selbstständig in Grundrechte eingreifen, nicht deswegen von der Überprüfbarkeit auszunehmen, weil ein verfahrens*abschließendes* Ereignis, das durch Einlegung von Rechtsbehelfen einer Kontrolle unterzogen werden kann, im Nachgang ergeht, wie dies aber ständige Rechtsprechung in Bezug auf die Ermittlungsmaßnahmen OLAFs ist. Dies müsste natürlich gleichermaßen für die Maßnahmen gelten, die eine künftige Europäische Staatsanwaltschaft trifft, einschließlich der Wahl des Gerichtsstands und der Anordnung bestimmter Ermittlungsmaßnahmen in einem bestimmten Mitgliedstaat. Diese Entscheidungen müssen selbstständig überprüfbar sein, weil sie erheblich in die Verfahrensrechte des Betroffenen eingreifen können, zumal sich das Merkmal des verfahrensabschließenden Charakters ohnehin nicht aus dem Normwortlaut ergibt. Vielmehr sollte es darauf ankommen, ob bereits durch die konkrete Maßnahme eine Beeinträchtigung von Rechten stattfinden kann. Sobald diese Frage bejaht werden muss, kann nicht

---

men einer Inzidentprüfung neben einer europäischen Kontrolle: *Gärditz,* in: Böse (Hrsg.), § 24 Rn. 65 f.

angenommen werden, dass die Maßnahme, weil sie nur einen Verfahrenszwischenschritt darstellt, keine Rechtswirkungen entfaltet. Dann wäre auch *Rechtsschutz gegen Datenverarbeitungsmaßnahmen* nicht nur über einen Umweg über eine Entscheidung des Europäischen Datenschutzbeauftragten möglich.

Zudem muss eine Hinweispflicht nach Abschluss der Datenverarbeitung als notwendige Voraussetzung für die Zugangsgewährung sichergestellt sein, sowie dass für die Geltendmachung einer Klagebefugnis keine allzu hohen Anforderungen gestellt werden. Es sollte im Regelfall der verdeckten Datenverarbeitung vielmehr ausreichen, wenn geltend gemacht werden kann, dass der Kläger *möglicherweise davon betroffen* ist.

II. Präventive Kontrolle durch einen Europäischen Ermittlungsrichter

1. Bedürfnis nach ex-ante-Kontrolle einiger Ermittlungsmaßnahmen

Zur ex-ante-Kontrolle besonders grundrechtsintensiver Maßnahmen der europäischen Strafverfolgungsbehörden sollte daneben ein Europäischer Ermittlungsrichter (= EER, bzw. European Investigation Judge = EIJ) auf Unionsebene geschaffen werden, der prüfen muss, ob die Voraussetzungen für die Anordnung bestimmter Maßnahmen vorliegen und wo diese gegebenenfalls zu beantragen sind.

Vor allem im Falle der Errichtung einer Europäischen Staatsanwaltschaft mit europaweiten Ermittlungsbefugnissen ist zudem durch die Kontrolle der Anordnung der Maßnahme auf europäischer Ebene die Gefahr des *forum shoppings* zu bannen, indem der Ermittlungsrichter anhand bestimmter Kriterien die Wahl des Anordnungsstaats überprüfen kann. Dies gilt nicht zuletzt deshalb, weil nicht in allen Mitgliedstaaten eine richterliche Zustimmung Voraussetzung für grundrechtsintensive Maßnahmen ist. Ohne europäische ermittlungsrichterliche Kontrolle fände also unter Umständen ex ante überhaupt keine richterliche Kontrolle der Maßnahme statt. Daher sind auch gewisse Voraussetzungen zu normieren, anhand derer eine europäische Behörde einen Staat überhaupt um die Anordnung einer Maßnahme bitten darf.

Das Genehmigungsverfahren wäre gegenüber einer dezentralen Lösung durch die Konzentration der ermittlungsrichterlichen Kontrolle beschleunigt, weil Maßnahmen in verschiedenen Ländern nicht mehr von den Ermittlungsrichtern aller betroffenen Staaten bestätigt werden müssten. Damit würde zugleich der Parzellierung des Rechtsschutzes entgegengewirkt, weil der Betroffene nicht gegen die Anordnung in jedem Staat gesondert vorgehen müsste, sondern alle Anordnungen zeitgleich auf europäischer Ebene angreifen könnte. Ohnehin könnte ein nationaler Richter keine sachgerechte Entscheidung über die Verhältnismäßigkeit einer konkreten Maßnahme treffen, da er nicht alle in anderen Mitgliedstaaten angeordneten Ermittlungsmaßnahmen in seine Überlegungen einbeziehen könnte. Er dürfte meist nicht um deren genaue Ausgestaltung, möglicherweise noch nicht einmal um die Tatsache deren Anordnung wissen.[652]

Sollten den europäischen Ermittlungsbehörden eigenständige Ermittlungsbefugnisse eingeräumt werden, deren Voraussetzungen im europäischen Recht selbst festgeschrieben wären, verböte es sich ohnehin, dass nationale Richter über die Auslegung dieser Normen entscheiden. Andernfalls könnten sich unterschiedliche Grundrechtsmaßstäbe hinsichtlich der Ermittlungstätigkeit entwickeln, was schon unter Gleichheitsgesichtspunkten nicht zu akzeptieren wäre.[653] Hinzu tritt das praktische Problem, dass eine Kontrolle nur anhand von Informationen aus „zweiter Hand" erfolgen würde.[654]

2. Bedeutsame Aufgaben des Europäischen Ermittlungsrichters

a) Kontrolle der Datenverarbeitung – Verhältnis zum EDSB?

Eine Entscheidung über die Eröffnung von *Analysedateien* bei Europol müsste nicht per se einem gerichtlichen Vorbehalt unterliegen, sinnvoll wäre aber jedenfalls die Kontrolle durch die Staatsanwaltschaft für repressive Inhalte. Solange aber die Staatsanwaltschaft als Kontrollorgan nicht denselben Zuständigkeitsbereich hat wie Europol, kann diese Aufgabe dem Europäischen Ermittlungsrichter (EER) zukommen. Vor diesem Hintergrund auf eine *richterliche Instanz auf europäischer Ebene* zu verzichten, ist schon wegen des erforderlichen Gleichgewichts zwischen Justiz- und Polizeiinstitutionen nicht denkbar.[655] Hinsichtlich präventiver Daten genügt dagegen eine regelmäßige Kontrolle durch den EDSB.

Eine Kontrolle muss auch im Hinblick auf den interinstitutionellen Austausch von Informationen stattfinden. Sofern also insbesondere Eurojust als Organ der repressiven Strafverfolgung Informationen an Europol oder OLAF weiterleitet, müssen Zweck und Erforderlichkeit hinreichend begründet werden. Der Ermittlungsrichter hätte über die Zulässigkeit der Weitergabe zu entscheiden. Hinsichtlich Informationen bezüglich der Prävention genügte wiederum die objektive Kontrolle durch den EDSB.

Dringender noch ist die Kontrolle der Übermittlung von Informationen an Dritte, also Partner außerhalb der Union. Bei der Überprüfung der Zulässigkeit muss neben den genannten Anforderungen auch die „Angemessenheit" des Datenschutzniveaus untersucht werden.

---

[652] Vgl. *Böse,* RW 2012, 172 (181 f.).
[653] Vgl. schon *Grote,* in: Kontrolle von Europol 2, S. 607 (634 f.); *Engelhoven,* S. 183 f.
[654] Nach *Engelhoven,* S. 182 f., kranke auch die Kontrolle der Kommission daran.
[655] Allgemeiner *Zöberlein,* S. 134; vgl. auch *Wolter,* FS Kohlmann, S. 693 (713).

Bei der Entgegennahme von Informationen in Bezug auf die Strafverfolgung von außerhalb der Union und auch von Privaten sollte zudem ebenfalls eine Genehmigung vor der Speicherung in den Systemen eingeholt werden. Dabei ist insbesondere die Verlässlichkeit der Informationen zu prüfen, aber auch, ob bei der Erlangung der Informationen Rechte des Betroffenen verletzt wurden. Bei der Verletzung wesentlicher Verteidigungsrechte müsste der Ermittlungsrichter die Aufnahme in die Datenverarbeitungssysteme versagen.

b) Kontrolle der Anordnung grundrechtsintensiver Ermittlungsmaßnahmen

Zwingend muss dem Europäischen Ermittlungsrichter (EER) die ex-ante-Kontrolle der grundrechtsintensivsten Ermittlungsbefugnisse OLAFs übertragen werden, soweit diese verbindlich sind,[656] zumal die ermittlungsrichterliche Kontrolle auf nationaler Ebene durch die Konstellation der supranationalen Anordnung und mitgliedstaatlichen Durchführung auf eine reine Willkürkontrolle ersterer beschränkt ist. Bei OLAF ist in diesem Zusammenhang die Durchsuchung hervorzuheben.

Auch die Kontrolle der Ermittlungsbefugnisse der Kommission im Kartellrecht sollte dementsprechend dem Ermittlungsrichter übertragen werden.

Sollten auch Europol oder gar Eurojust entsprechende Befugnisse übertragen werden, gilt dasselbe. Solange aber nur Ersuchen von beiden Einrichtungen lanciert werden, ist Rechtsschutz dagegen nicht erforderlich.

Dass auch die EuStA der Kontrolle des EER zu unterstellen wäre, bedarf nach den vorgängigen Ausführungen keiner weiteren Begründung mehr.

c) Kontrolle der Weiterleitung der Untersuchungsberichte OLAFs

Hinsichtlich der Untersuchungsberichte von OLAF, die in nationalen Strafverfahren als Beweismittel ohne Weiteres verwertbar sind und auch verwertet werden müssen, könnte der Ermittlungsrichter die Grundlage des Berichts, ob also der Verdacht einer Straftat darin hinreichend bestätigt wird und ob die wesentlichen Verfahrensrechte eingehalten wurden, prüfen. Sollten die Ermittlungen nach dem Abschlussbericht keinen hinreichenden Verdacht rechtfertigen oder wurden Verteidigungsrechte des Betroffenen verletzt, wie etwa ein zwingend vorzusehendes Äußerungsrecht spätestens nach Abschluss des Berichts, müsste der Ermittlungsrichter den Bericht stoppen, die Nachholung etwa der unterlassenen Anhörung oder sonstiger Verfahrenserfordernisse anordnen oder die Weiterleitung generell wegen der Verletzung von grundlegenden Rechten des Betroffenen ver-

---

[656] Ähnlich wohl *Engelhoven,* S. 210, zur Kommission.

sagen. Zu stoppen wäre der Bericht z. B. auch dann, wenn sich die Stellungnahme des Betroffenen nicht im Bericht wiederfindet. Das muss schon deswegen gelten, weil das nationale Gericht, das letztlich aufgrund des durch den Bericht erzeugten Verdachts ein (Haupt-)Verfahren einleiten soll, diesen nur in begrenztem Umfang in Frage stellen kann.

3. Europäische Ermittlungsrichter als Teil der Unionsgerichtsbarkeit

Auch für den hier geforderten Europäischen Ermittlungsrichter gilt, dass dieser eine ausreichende Gewähr für Unabhängigkeit bieten muss. Daher muss auch der Vorschlag, die ermittlungsrichterliche Kammer bei Eurojust anzusiedeln,[657] verworfen werden, zumal Eurojust selbst nach der derzeitigen Planung eigene Anordnungs- und Ermittlungsbefugnisse erhalten soll. Der Europäische Ermittlungsrichter kann nicht Teil einer zu kontrollierenden Stelle sein. Vielmehr muss der Europäische Ermittlungsrichter auf Ebene der Gerichtsbarkeit eingerichtet werden.

Ein *strafrechtlich geprägtes Verfahren* ist den Gerichten auf europäischer Ebene bisher unbekannt. Dies zeigt sich nicht zuletzt in der Verfahrensgestaltung und den zur Verfügung stehenden Klagearten. Ein Gericht, das nach verwaltungs- und zivilrechtlichen Maßstäben entscheidet, erscheint aber ungeeignet, die strafverfahrensrechtlichen Maßnahmen einer Polizeibehörde oder Staatsanwaltschaft zu kontrollieren. Ein dort angesiedelter Ermittlungsrichter erschiene als Fremdkörper. Schon aus der besonderen Stellung, die europäische Ermittlungsrichter einnehmen müssten, ergibt sich die Notwendigkeit, ein Gerichtsbarkeit für Strafsachen auf Unionsebene einzurichten (allgemein noch Kapitel 5).

III. Institutionalisierung der Strafverteidigung

Angesichts der zunehmenden Effektivierung der grenzüberschreitenden Strafverfolgung, die der Verteidigung immense Anstrengungen – auch finanzieller Art – abverlangt, aber vor allem den Betroffenen erheblichen Belastungen aussetzt, ist evident, dass die *Waffengleichheit* massiv gefährdet ist.[658] Über Verfahrensgarantien schweigt sich aber Art. 86 AEUV ebenso aus, wie der die europäischen Strafverfolgungsbehörden betreffende Titel der Verträge.

Besonders kritisch erscheint vor diesem Hintergrund, dass es bisher an einer Zentralstelle für die europäische Strafverteidigung mangelt. Die Marginalisierung des Beschuldigten kann nur durch eine *Institutionalisierung* – und nach

---

[657] Vgl. noch *Grote,* in: Kontrolle von Europol 2, S. 607 (636).
[658] Siehe auch *Kaiafa-Gbandi,* KritV 2011, 153 (182 f.); *Rackow,* in: Böse (Hrsg.), § 23 Rn. 6 f.; BRAK/DAV-Stellungnahme Nr. 48/2012/Nr. 80/2012, S. 6.

§ 5 Zusammenfassung der Rechtsschutzdefizite   435

Weigend auch Finanzierung[659] – der grenzüberschreitenden Strafverteidigung ausgeglichen werden. Im Rahmen dieser Arbeit kann nicht Näher auf die Ausgestaltung einer solchen zentralen Plattform für die Strafverteidigung eingegangen werden. Hinzuweisen ist aber auf den aktuellen Vorschlag zur Errichtung eines „Eurodefensor" als Gegenpart zu den europäischen Strafverfolgungsinstitutionen (Art. 32 Gesamtkonzept)[660] sowie auf das von *Vogel* propagierte losere „Europäische Netzwerk der Strafverteidigung".[661] Außerdem muss den Verteidigern gleichermaßen *Zugang zu Eurojust* gewährt werden, das diese bei der Erhebung von Beweisen im Ausland unterstützen und auch sonst in Rechtshilfefragen zur Verfügung stehen müsste,[662] sofern nicht der zentralen Strafverteidigerstelle eine entsprechende Aufgabe zugedacht wird. Andernfalls wäre die Waffengleichheit nicht hinreichend sichergestellt, zumal die Strafverfolgungsbehörden über Ressourcen in jedem Mitgliedstaat verfügen. Das bedeutet insbesondere, dass sie auf die besonderen Kenntnisse eines Juristen zurückgreifen können, der das jeweilige mitgliedstaatliche Verfahrensrecht kennt, wie auch die Sprache. Letzteres ist gerade bei der Würdigung von Zeugenaussagen usw. nicht zu unterschätzen.[663]

Die Institution sollte auch die Interessen des Betroffenen bei der Wahl des Gerichtsstands vertreten und sachfremde Überlegungen der beteiligten Strafverfolgungsorgane aufdecken, gerade solange der Betroffene noch keinen Verteidiger hat und verdeckt gegen ihn ermittelt wird.[664]

---

[659] Vgl. *Weigend,* ZStW 116 (2004), 275 (299).

[660] *Schünemann, Bernd* (Hrsg.), Ein Gesamtkonzept für die europäische Strafrechtspflege. Carl Heymanns, Köln et al., 2006. Dazu *Nestler,* in: Gesamtkonzept, S. 166 (172 ff.), auch zur Geheimhaltungspflicht gegenüber dem Betroffenen.

[661] Vgl. *Vogel,* ZStW 116 (2004), 400 (415 f.). Zu weiteren Modellen und bestehenden Kooperationsformen: *Rackow,* in: Böse (Hrsg.), § 23 Rn. 3 ff., 10–30. Vgl. auch die Anregungen in BRAK/DAV-Stellungnahme Nr. 48/2012/Nr. 80/2012, S. 6. Zusammenfassend zu den bestehenden Kooperationsformen und kursierenden Vorschlägen *Esser,* in: Sieber u. a. (Hrsg.), § 57 Rn. 11 ff., § 59.

[662] So auch *Heine,* S. 213 f.

[663] Siehe *Scheuermann,* S. 135 f.

[664] Vgl. *Kaiafa-Gbandi,* in: Police and Judicial Cooperation, S. 357 (397); *Schünemann,* in: Gesamtkonzept, S. 93 (107 f.); *Nestler,* in: Gesamtkonzept, S. 166 (173 f.).

Kapitel 4

Etablierung eines zukunftsfähigen, rechtsstaatlichen (Straf-)Justizsystems

Dass die Realisierung eines „Europäischen Binnenmarktes" mit einer weitreichenden Angleichung der nationalen Rechtsordnungen im Bereich des Zivilrechts, aber auch im Strafrecht einhergehen musste, war seiner Zeit nur den Weitsichtigen klar – zum Vorteil der Union, denn das Projekt „Binnenmarkt" wäre wohl schon im Keime erstickt worden, wäre die Entwicklung für jedermann so offensichtlich gewesen.[1]

Heute wird dagegen offen von einer „*Europäisierung des Strafrechts*" gesprochen, sie ist Fakt, wie die vorausgegangenen Ausführungen zeigen: Vorgaben der Union für das *materielle Strafrecht* erfolgen meist durch Richtlinien und – vor dem Inkrafttreten des Vertrags von Lissabon am 1.12.2009 – durch Rahmenbeschlüsse. Sie betreffen etwa das Umweltstrafrecht oder die Bekämpfung des Terrorismus. Aber auch das *Prozessrecht* wird immer mehr durch Unionsrecht durchdrungen. Durch den Vertrag von Lissabon wurde der Grundsatz der gegenseitigen Anerkennung, der ursprünglich der Verwirklichung des Binnenmarktes diente, für das Strafrecht primärrechtlich bestätigt. Er dient der Vernetzung der mitgliedstaatlichen Rechtsordnungen; ausländische justizielle Entscheidungen werden zunehmend wie eigene behandelt. Eng mit dem Prinzip verbunden ist das Konzept der Harmonisierung, das den Vertragsstaaten die Anerkennung justizfremder Entscheidungen erleichtern soll, indem grundlegende Unterschiede zwischen den Verfahrenssystemen abgebaut werden. Das auf diesen beiden Säulen ruhende strafverfahrensrechtliche Konzept erfasst inzwischen alle Stadien eines nationalen Strafverfahrens, vom Ermittlungsverfahren bis zum Vollstreckungsverfahren.

Dem Kampf gegen die durch den Binnenmarkt beflügelte transnationale Kriminalität diente die *Institutionalisierung der Strafverfolgung auf Unionsebene*, etwa durch Europol oder Eurojust. Diese europäischen Polizei- und Strafverfolgungsbehörden sollten zunächst nur Informationsdienstleister sein, erhielten aber im Laufe der Zeit immer weitreichendere Kompetenzen und können heute auch unmittelbar in die Grundrechte der Betroffenen eingreifen. Wenn nur an den jüngst auf den Weg gebrachten Verordnungsentwurf der Kommission für eine

---

[1] Darauf weist auch *Sack,* S. 10 f., hin.

Europäische Staatsanwaltschaft erinnert wird (vgl. unter Kapitel 3 § 5 B. V.) oder an die im Vertrag von Lissabon vorgezeichneten Entwicklungsperspektiven für Europol und Eurojust (Art. 85, Art. 88 AEUV; vgl. Kapitel 3 § 5 B. II., III.), wird deutlich, dass dieser evolutive Prozess noch nicht abgeschlossen ist.

Dagegen hinkte die Union bei der Entwicklung der *Verfahrensrechte* der Beteiligten solcher transnationaler Strafverfahren lange Zeit hinterher.[2] Erst in jüngerer Zeit sind auch Tendenzen einer Verbesserung der Lage der Beschuldigten zu erkennen.[3] Dasselbe gilt für den *(gerichtlichen) Rechtsschutz,* der im Fokus der vorangegangenen Ausführungen stand. Vor allem im Rahmen der PJZS, aus der in der Vergangenheit die grundrechtsintensivsten Akte im Bereich des Strafrechts hervorgebracht wurden, hatten die betroffenen Bürger lange keinen Zugang zu den Gerichten der Europäischen Union. Eine Verbesserung der Rechtsschutzlage ist durch den Vertrag durch Lissabon sicherlich eingetreten. Ein *lückenloser und vor allem effektiver* Rechtsschutz ist den Unionsbürgern aber verwehrt geblieben. Dabei ist auch zu berücksichtigen, dass die Unionsgerichtbarkeit nicht geschaffen wurde, um über diesen Politikbereich zu urteilen und dessen Bedürfnissen in den vergangenen Jahrzehnten auch kaum angepasst wurde. Die Notwendigkeit entsprechender Modifikationen scheint die Politik bis heute nicht erkannt zu haben.

Die Gestaltung des Rechts obliegt aber nicht nur der Politik. Es ist die Aufgabe der Strafrechtswissenschaft, „Alternativlösungen für ein besseres Europa im Bereich der Strafverfolgung zu formulieren".[4] Diese kann der Politik ein Konzept für den Rechtsschutz im (unional beeinflussten) Strafrecht anbieten, das – unter Einbeziehung der nationalen Gerichte und des mitgliedstaatlichen Gerichtsverfassungs- und Verfahrensrechts – nicht nationalstaatlichen Eitelkeiten folgt, sondern den sachlichen Bedürfnissen dieses sensiblen Politikbereichs. Dazu sollen auch die folgenden Ausführungen einen Beitrag leisten. Umsetzen muss diese oder andere Lösungen der europäische bzw. nationale Gesetzgeber. Die Garantie des effektiven Rechtsschutzes jedenfalls bindet sie beide.

Angesichts dieses Ziels sollen zunächst die grundlegenden Leitlinien für eine Reform des nun auch mit Strafrecht operierenden europäischen Verfahrens- und Klagesystems herausgearbeitet werden, wobei vor allem das Verhältnis von dezentralem zu zentralem Rechtsschutz eine Rolle spielt (§ 1). Im Anschluss sollen Vorschläge für die Modifikation der wichtigsten Individualrechtsschutz vermittelnden Rechtsbehelfe unterbreitet werden, namentlich der Nichtigkeitsklage (§ 2) und des Vorabentscheidungsverfahrens (§ 3).

---

[2] *Braum,* wistra 2005, 401 (405), führt darauf die ablehnenden Referenden zur Verfassung zurück.

[3] Zusammenfassend: *Esser,* in: Sieber u. a. (Hrsg.), § 53 Rn. 31 ff.

[4] Auch *Kaiafa-Gbandi,* ZIS 2006, 521 (536); *Flore/de Biolley,* CDE 2003, 598 (636 f.).

§ 1 Leitlinien der Verfahrensreform

Wird im Folgenden eine Erweiterung der direkten Klagemöglichkeiten diskutiert, muss zuerst die Reichweite einer solchen Reform festgestellt werden. Dabei geht es nicht zuletzt um den Rechtsschutz gegen abstrakt-generelle Unionsakte, also gegen Verordnungen (Art. 288 Abs. 2 AEUV), die allerdings auf dem Gebiet des Strafrechts die Ausnahme bilden dürften, und Richtlinien (Art. 288 Abs. 3 AEUV). Insbesondere ist zu untersuchen, in welchem Verhältnis Kooperationsprinzip und direkter Rechtsschutz stehen sollen. Immerhin gehen heute mehr als 50% des nationalen Rechts auf Unionsrecht zurück.[5] Dabei werden grundsätzliche Erwägungen darüber, welche Bedeutung das Kooperationsprinzip vor diesem Hintergrund haben soll (A.), vorangestellt. Im Anschluss daran ist darzustellen, für welche Situationen gegebenenfalls allein eine Direktklagemöglichkeit dem Rechtsschutzgebot gerecht werden kann und inwieweit die bestehenden Klagearten im Hinblick darauf modifiziert oder erweitert werden müssen (B.) und welche Forderungen aus dem Rechtsschutzgebot abgeleitet werden können, wenn ein durch Unionsrecht Betroffener auf den dezentralen Rechtsschutz verwiesen bleibt (C.).

A. Beibehaltung des Kooperationsmodells – unter neuen Vorzeichen

Eine Reform, egal in welchem Umfang, muss angesichts der Unionsstrukturen, die eine Kooperation zwischen Unions- und nationaler Ebene erforderlich machen, *am Kooperationsmodell festhalten*; dies ist vorab festzustellen. Die grundsätzliche Unterscheidung zwischen Direktklagen und Vorlageverfahren ist sakrosankt, da der Rechtsschutz gegen Unionsakte im selben Maß ineinandergreifen muss, wie dies auch nationale und unionale Maßnahmen tun.[6]

I. Überdenken des Vorrangs dezentralen Rechtsschutzes?

Über das Verhältnis der Verfahrensformen zueinander und ihre Verteilung auf die Unionsgerichte ist damit aber noch nichts ausgesagt. Vielmehr erscheint die Vorrangstellung, die der dezentrale Rechtsschutz einnimmt, angesichts der zunehmenden Regelungsdichte auf Unionsebene nicht mehr zeitgemäß:[7] Das Unionsrecht gewährt heute selbst und unmittelbar auch in zunehmendem Maße subjektive Rechte. Das ist heute Fakt, auch wenn das so von den Vätern der Verträge nicht gewollt oder auch nur vorhergesehen wurde.[8] Zugleich beschränkt das

---

[5] So *Schermuly*, S. 35.
[6] Vgl. auch *Everling*, in: Aufsätze 2001–2011, Nr. 13, S. 277 (285).
[7] Anders *Nettesheim*, JZ 2002, 928 (932 f.).
[8] Zur Entwicklung: *Basedow*, RabelsZ 66 (2002), 203 (209 ff.); auch *von Danwitz*, DVBl. 2008, 537 (539 ff.). – Zum Konzept des subjektiven Rechtsschutzes ggü. dem des objektiven Rechtsschutzes, *Sommermann*, FS Merten, S. 443 (448 ff.).

Unionsrecht die Rechte der Bürger, ob unionalen oder nationalen Ursprungs. Das gilt insbesondere für den Raum der Freiheit, der Sicherheit und des Rechts (Art. 67 ff. AEUV), wenngleich das Individuum in den Verträgen selbst in den entsprechenden Regelungen keine Erwähnung findet. Vielmehr wurde eine „Versubjektivierung" gerade vermieden, jedenfalls solange das Strafrecht eine intergouvernementale Angelegenheit darstellte. Dies gelang nicht zuletzt, indem die Jurisdiktionsgewalt des *EuGH* in diesem Bereich beschränkt wurde; dem Gerichtshof sollte gar nicht erst die Gelegenheit gegeben werden, subjektive Rechte in diesem Politikbereich anzuerkennen. Dennoch ergaben sich solche Rechte auch in allein als Handlungsoption der Mitgliedstaaten ausgestalteten Materien, nämlich im Sekundärrecht. Durch den Vertrag von Lissabon wurden mit den Art. 47 ff. GRC schließlich sogar individuelle Rechte im strafrechtlichen Primärrecht geschaffen.[9]

Das Gerichtssystem dagegen ist noch immer dem ursprünglichen Zweck des Unionsrechts verhaftet, den Mitgliedstaaten Verhaltenspflichten aufzuerlegen. Nur eine Grundsicherung subjektiver Freiheiten wurde mit der Nichtigkeitsklage (Art. 263 AEUV) für die als Ausnahmesituation erachtete Situation eines direkten Eingriffs in die Rechte eines Bürgers durch ein Unionsorgan vorgesehen.[10] Das Vorlageverfahren (Art. 267 AEUV) dagegen zielte seiner Konzeption nach nicht auf den Schutz der individuellen Rechte des Einzelnen ab, sondern sollte vielmehr das Entscheidungsmonopol der europäischen Gerichtsbarkeit absichern, wenn die Gültigkeit eines Unionsaktes in einem nationalen Verfahren in Frage stand. Seinen Charakter hat das Vorabentscheidungsverfahren aber von Grund auf verändert. Nur ausnahmsweise wird mit seiner Hilfe heute noch die Gültigkeit der EU-Akte und damit die Rechtmäßigkeit des Handelns eines Unionsorgans überprüft. An die Stelle dieser objektiven Kontrolle ist der Schutz individueller Rechte getreten.[11] Zur Durchsetzung subjektiver Rechte geeignet ist das Vorlageverfahren indes nicht. Es kann allein von den nationalen Richtern eingeleitet werden, wenn *sie* Zweifel an der objektiven Rechtslage haben oder an der Gültigkeit eines Unionsrechtsaktes. Auf die Kooperation der Gerichtsbarkeiten ist das Verfahren auch zugeschnitten. Für die Durchsetzung privater Rechte kann es dagegen nur ein Notbehelf sein.[12]

---

[9] Siehe *Haack*, EuR 2009, 282 (284 ff.).
[10] Vgl. *Basedow*, RabelsZ 66 (2002), 203 (210); *Everling*, in: Aufsätze 2001–2011, Nr. 15, S. 325 (333 f.). Zur Entwicklung der Unionsgerichtsbarkeit: *Rösler*, S. 276 ff. Zur Ausrichtung des Gerichtshofs der EGKS an verwaltungsrechtl. Bedürfnissen: *Basedow*, AcP 210 (2010), 157 (159 f.).
[11] Siehe nur *Basedow*, RabelsZ 66 (2002), 203 (210 f.); *Basedow*, AcP 210 (2010), 157 (159 ff.); *Everling*, in: Aufsätze 2001–2011, Nr. 15, S. 325 (326 ff.).
[12] Vgl. *Basedow*, RabelsZ 66 (2002), 203 (214); zur objektiv-rechtlichen Ausrichtung der Union und der Öffnung des *EuGH* für Individualrechtsschutzbedürfnisse: *Rösler*, S. 283 f.

Durch den Wandel von einer objektiven Rechtsordnung zu einer solchen, die auch subjektive Rechte verleiht, nähert sich die Europäische Union immer mehr föderalen Staaten an, deren Charakteristikum ebenfalls eine Gemengelage von Regeln unterschiedlicher Herkunft darstellt.[13] Die meisten Föderationen stellen ihren Bürgern aber Möglichkeiten zur Verfügung, ihre Rechte selbst auf dem zentralen Klageweg durchzusetzen. Ob die auf eine Legalitätskontrolle fokussierte Gerichtsbarkeit der Union unter diesen Umständen noch trägt, ist fraglich.[14] Eine Gemeinschaft des Rechts darf sich nicht auf Rechtssetzung beschränken, sondern muss auch Rechte effektiv durchsetzen.[15] Das Erfordernis eines lückenlosen Rechtsschutzes leitet auch der *EuGH* aus der Rechtsgemeinschaft ab.[16] Demgegenüber scheint er sich an der Inkonsistenz zwischen materiellem und Prozessrecht nicht zu stören.

II. Verbesserung der dezentralen Strukturen als Alternative?

Der Ausbau mittelbarer Rechtsschutzinstrumente (1.) stellt dabei ebenso wenig einen Ersatz für einen Individualzugang gegen unmittelbar grundrechtsbeeinträchtigende Unionsakte dar wie die Feststellung, die Mitgliedstaaten sollten den Zugang zum *EuGH* durch die Schaffung geeigneter Klagen ermöglichen (zur Feststellungsklage 2.).

1. Ausbau mittelbarer Rechtsschutzinstrumente

Nach Ansicht mancher Autoren können die derzeitigen Rechtsschutzmängel durch die Einführung der ein oder anderen Form einer *Nichtvorlagebeschwerde* vollständig beseitigt werden.[17] Damit würde jedoch lediglich das Problem, dass die Unionsbürger selbst keinen Einfluss auf die Eröffnung des Verfahrens haben, beseitigt. Mit dem schlichten Verweis auf das Vorabentscheidungsverfahren wären aber weiterhin solche Akte keiner Kontrolle zugänglich, die eines nationalen Umsetzungsaktes nicht bedürfen oder bei denen ein Abwarten unzumutbar wäre, etwa weil es sich bei dem Ausgangsverfahren um ein strafrechtliches handelt.

---

[13] Vgl. etwa: *Haack,* EuR 2009, 282 (284, 288 f.); *Basedow,* RabelsZ 66 (2002), 203 (212).

[14] Vgl. *Basedow,* AcP 210 (2010), 157 (192 f.); *Rösler,* S. 284 f., 411; *Everling,* in: Aufsätze 2001–2011, Nr. 15, S. 325 (328); s. a. *Everling,* in: Aufsätze 2001–2011, Nr. 16, S. 345 (347 f.).

[15] Siehe *Rengeling,* FS Everling, S. 1187 (1203); zustimmend auch *Philippi,* S. 52.

[16] Siehe *EuGH* verb. Rs. C-402/05 P u. C-415/05 P (Kadi u. Al Barakaat/Rat u. KOM), 3.9.2008, Slg. 2008, I-6351, Tz. 281; *Rengeling,* FS Everling, S. 1187 (1203).

[17] Siehe zu den Verfechtern einer solchen Lösung noch unter C.

§ 1 Leitlinien der Verfahrensreform

2. Ausgleich über Art. 19 Abs. 1 UAbs. 2 EUV? – Feststellungsklagen

Dieses Problem kann nach Ansicht mancher Autoren gelöst werden, indem der Rechtsschutz auf nationaler Ebene dahingehend ausgebaut wird, dass für alle Akte der Union, gegen die kein (effektiver) Rechtsbehelf besteht, zumindest ein Anknüpfungspunkt für ein Vorabentscheidungsverfahren hergestellt wird, der nicht für sich genommen ineffektiv oder unzumutbar ist.

Als Argument für diese Lösung und damit die Stärkung des Vorabentscheidungsverfahrens wird angeführt, dass Art. 19 Abs. 1 UAbs. 2 EUV zeige, dass die EU bei der Gewährung effektiven und lückenlosen Rechtsschutzes auf die Mitgliedstaaten bauen will. Es sei ihre Pflicht, Rechtsbehelfe zur Verfügung zu stellen, mit denen sich der Einzelne gegen Belastungen durch Unionsrecht wehren kann.[18] Sofern die Staaten dieser Pflicht nachkommen, bestünde immer ein Rechtsweg vor nationalen Gerichten. Steht die Gültigkeit oder Auslegung eines Unionsrechtsaktes in Frage, so müsste spätestens das letztinstanzliche mitgliedstaatliche Gericht vorlegen und ein Individualzugang wäre unnötig.[19] Doch die mitgliedstaatlichen Rechtsschutzsysteme sind derzeit nicht genügend auf die Anforderungen der Unionsebene vorbereitet.

a) Grundidee: Ausgleich der Lücken mittels Feststellungsklage (§ 43 VwGO)

Für Deutschland gelte dies nach Ansicht von *Wegener* allerdings nicht, weil effektiver Rechtsschutz über die (vorbeugende) Feststellungsklage nach § 43 Abs. 1 VwGO gewährt werden könne.[20] Damit könnten alle *Rechtsschutzlücken* geschlossen werden; selbst wenn kein nationaler Umsetzungsakt erforderlich wäre, könne eine Feststellungsklage eingereicht werden, ohne vorher einen Sanktionsakt zu provozieren.

Fraglich ist, ob diese verwaltungsrechtszentrierte Überlegung auch für das Strafrecht befriedigende Lösungen bietet. Im *Strafprozessrecht* steht eine Feststellungsklage jedenfalls nicht eigens für die Frage der Straflosigkeit zur Verfügung. Eine vorbeugende Feststellungsklage nach den Vorschriften der VwGO mit dem Ziel, die Straffreiheit eines bestimmten Verhaltens geltend zu machen, wäre nach Ansicht von *Schiwek* „nicht praktikabel und würde einen vollständigen Systembruch im Strafprozessrecht darstellen".[21] Das Verwaltungsverfahrensrecht

---

[18] Vgl. *EuGH* Rs. C-50/00 P (Unión de Pequeños Agricultores/Rat), 25.07.2002, Slg. 2002, I-6677, Tz. 40 ff. = NJW 2002, 2935. So auch *Brakalova*, S. 288 f.; *Thomy*, S. 265 ff.

[19] Siehe dazu *E. Schulte*, S. 203.

[20] So *Wegener*, EuR-Beih. 3/2008, 45 (49 ff.); s.a. *Nettesheim*, JZ 2002, 928 (933); *Gärditz*, in: Böse (Hrsg.), § 24 Rn. 51; *Baumeister*, EuR 2005, 1 (15 ff.), allerdings nur für verwaltungsrechtliche Konstellationen. Vgl. auch *Dittert*, EuR 2002, 708 (717 f.).

[21] So *Schiwek*, S. 252 f.; anders *Kokott/Dervisopoulos/Henze*, EuGRZ 2008, 10 (15).

diene dem Rechtsschutz des Einzelnen gegenüber rechtswidrigen Eingriffen des Staates. Ziel des Strafprozesses sei es dagegen, den Strafanspruch des Staates durchzusetzen. Eine Klage, die präventiv auf die Feststellung gerichtet ist, dass die Ausübung des Strafanspruchs unzulässig ist, stehe im Widerspruch zu diesem System.[22]

Die deutsche Rechtsprechung lässt immerhin eine *Feststellungsklage* zu, wenn dem Kläger ein Ordnungswidrigkeiten- oder Strafverfahren droht, da dieser ein schutzwürdiges Interesse daran habe, „die Klärung spezifisch verwaltungsgerichtlicher Fragen nicht auf der Anklagebank [zu] erleben."[23] Dies gilt auch, wenn man annimmt, dass häufig ein Verbotsirrtum für die Betroffenen greifen wird (§ 17 StGB, § 11 Abs. 2 OWiG),[24] was gerade im Europäischen Strafrecht angesichts der Unbestimmtheit unionsrechtlicher Normen häufig bejaht werden müsste. Relevant wurde die Feststellungsklage in Bezug auf Unionsrecht bisher vor allem im *Nebenstrafrecht*.[25] Denkbar wäre die Anwendung auch bei Strafvorschriften, die auf Art. 83 Abs. 2 AEUV gestützt werden. Fraglich ist aber, ob rein strafrechtliche Regelungen, die auf Art. 83 Abs. 1 AEUV basieren, ebenso behandelt werden können, obwohl kein verwaltungsrechtlicher Sachverhalt zugrunde liegt.

Soll die Rechtswidrigkeit eines Unionsrechtsakts geltend gemacht werden, der materielles Recht betrifft, ist der Feststellungantrag nach *Wegener* darauf zu richten, dass „keine Verpflichtung aus dem für nichtig gehaltenen Unionsrechtsakt besteht und eine entgegenstehende Handlung nicht durch einen deutschen Rechtsakt bzw. durch eine deutsche Behörde sanktioniert werden darf."[26] So sei sichergestellt, dass nicht die Nichtigkeit des Unionsakts den Gegenstand des verwaltungsgerichtlichen Verfahrens bilde, was unzulässig wäre.[27] Für von Unionsinstitutionen angeordnete strafverfahrensrechtliche Maßnahmen müsste der Antrag darauf lauten, festzustellen, dass eine Duldungspflicht nicht besteht.

Die Klagebefugnis ergibt sich aus höherrangigen, subjektive Rechte verleihenden Normen des Unionsrechts, wie etwa der Grundrechtecharta. Ähnliches gilt für das Feststellungsinteresse.[28] Jedenfalls kann § 43 Abs. 2 VwGO durchaus so ausgelegt und gehandhabt werden, dass eine Feststellungsklage selbst dann zuläs-

---

[22] Vgl. *Schiwek*, S. 253.
[23] Etwa *VG Frankfurt* NVwZ 1988, 470. Zum Feststellungsinteresse als Interesse an der Vermeidung von Sanktionen auch *Schenke/Roth*, WiVerw 1997, 81 (139 ff.).
[24] Vgl. *Schenke/Roth*, WiVerw 1997, 81 (86 f., 119). Die Anforderungen an unvermeidbare Verbotsirrtümer sollten nicht zu hoch angesetzt werden, gerade wenn ein VG der Ansicht ist, dass die Vorlage erforderlich sei.
[25] Siehe *Brückmann*, GRUR 1984, 778 (779).
[26] So Calliess/Ruffert/*Wegener*, Art. 19 EUV Rn. 45.
[27] Calliess/Ruffert/*Wegener*, Art. 19 EUV Rn. 45; *Lenz/Staeglich*, NVwZ 2004, 1421 (1425); *Schenke/Roth*, WiVerw 1997, 81 (100 f.).
[28] Vgl. auch *Lenz/Staeglich*, NVwZ 2004, 1421 (1426 f.).

sig ist, wenn kein nationaler Umsetzungsakt erforderlich ist oder kein zentraler Rechtsschutz besteht. Einige *Bedenken* ergeben sich dennoch:

b) Problem der Rechtswegeröffnung?

Die Rechtswegeröffnung selbst ist allenfalls im Bereich des Kernstrafrechts problematisch. Der Verwaltungsrechtsweg ist grundsätzlich nur eröffnet, wenn eine Sache nicht explizit einem anderen Gerichtszweig zugewiesen ist. Eine *ausschließliche Zuständigkeit der Strafgerichte* ist aber schon nicht gegeben, weil es sich nie um dieselbe Streitigkeit handeln kann: Zwar sind Anklagevertretung und Verwaltungsbehörde in der Regel *formell* identisch. Kläger vor dem Verwaltungs- und Angeklagter vor dem Strafgericht sind aber – jedenfalls im Nebenstrafrecht – zumindest häufig verschieden, etwa das Unternehmen einerseits und der konkret Verantwortliche andererseits.[29] Jedenfalls läge aber niemals dieselbe „Beteiligtenkonstellation" vor, denn während das Verwaltungsverfahren kontradiktorisch ausgestaltet ist, ist der Strafprozess ein objektives Verfahren, bei dem die „gegnerische Seite", also die Staatsanwaltschaft, zur Neutralität verpflichtet ist und auch entlastende Tatsachen ermitteln muss (§ 160 Abs. 2 StPO).[30]

Zudem kann allein aus der Tatsache, dass der Gesetzgeber ein bestimmtes Verhalten für strafwürdig erklärt, nicht geschlossen werden, damit solle zugleich der Verwaltungsrechtsweg gesperrt sein; insbesondere im *Nebenstrafrecht* wird man den *öffentlich-rechtlichen Charakter* einer Regelung gerade bejahen müssen.[31] Der Unionsgesetzgeber wird heute allerdings auch im Kernstrafrecht tätig. Die Frage etwa, ob das Annehmen eines Verteidigerhonorars, das aus potenziell nicht legal erworbenen Mitteln stammt, Geldwäsche darstellt, kann kaum als eine des öffentlichen Rechts identifiziert werden.

c) Feststellungsbedürftiges Rechtsverhältnis

Bedenklicher ist, dass ein *feststellungsbedürftiges Rechtsverhältnis* von den Verwaltungsgerichten nur angenommen wird, wenn eine Sanktionierung unmittelbar bevorsteht und bereits ein Vorverfahren eingeleitet wurde, in dessen Lauf erkennbar wird, dass gegen den Betroffenen wegen eines möglichen Verstoßes gegen eine zumindest nach Ordnungswidrigkeitenrecht bewährte Norm vorgegangen werden soll. Das „Damoklesschwert" der Bestrafung müsse über dem Kläger schweben, denn es bedürfe eines konkretisierten Rechtsverhältnisses, das

---

[29] Siehe *Brückmann,* GRUR 1984, 778 (779 f.).
[30] Siehe *Schenke/Roth,* WiVerw 1997, 81 (117 f.).
[31] So *Brückmann,* GRUR 1984, 778 (780); *Schenke/Roth,* WiVerw 1997, 81 (106 ff.).

über eine allgemeine Rechtsbeziehung hinausgehe.[32] Abstrakte Rechtsfragen sollen gerade nicht geklärt werden.[33]

Der von einem Unionsakt unmittelbar Betroffene wäre also gezwungen, einen ahndenden Akt soweit zu provozieren, dass er unmittelbar bevorsteht. Für einen effektiven Rechtsschutz müsste die Feststellungsklage aber bereits eingelegt werden können, wenn feststeht, dass die im Unionsrechtsakt festgelegte Rechtspflicht auch den Kläger mit an Sicherheit grenzender Wahrscheinlichkeit treffen wird, nicht erst, wenn bereits eine Bestrafung droht. Ersteres ist schon mit der Veröffentlichung im Amtsblatt der Fall bzw. mit der Bekanntgabe des Aktes,[34] sind doch „Feststellungsklagen gerade aus der Sorge vor rechtmäßigen Sanktionsmaßnahmen [motiviert], die als Antwort auf ein rechtswidriges Verhalten des Bürgers verhängt werden und deren Nachteile gerade darum dem Betroffenen verbleiben, weil sie rechtmäßig sind."[35]

Eine entsprechende Auslegung der Feststellungsklagevoraussetzungen ist zwar durchaus möglich, erscheint aber systemwidrig.[36]

d) Problemkreis Feststellungsinteresse/Subsidiarität/Vorrang repressiven Rechtsschutzes

Nachträglich, also *für ein in der Vergangenheit liegendes Verhalten* im Bewusstsein der Rechtswidrigkeit, besteht ein *Feststellungsinteresse* keinesfalls mehr. Dann wäre vielmehr der Ausgang des nationalen Straf- oder Ordnungswidrigkeitsverfahrens abzuwarten.[37] Das Feststellungsverfahren darf nicht zur Umgehung des Strafverfahrens genutzt werden. Allein bevor eine Anwendung der fraglichen Norm droht, kann ein Feststellungsinteresse noch bejaht werden.

Dass nach erfolgter „Tat" eine Feststellungsklage nicht mehr zulässig sein kann, folgt jedenfalls im Ordnungswidrigkeitenverfahren auch aus dem Prinzip der *Subsidiarität* gegenüber Gestaltungs- und Leistungsklagen (§ 43 Abs. 2 S. 1

---

[32] Vgl. BVerwGE 77, 207 = NVwZ 1988, 430 (431); *Lässig,* NVwZ 1988, 410 f.; nach *Brückmann,* GRUR 1984, 778 (780 f., 783), überdehnen die Verwaltungsgerichte die Anforderungen; so auch *Schenke/Roth,* WiVerw 1997, 81 (123 ff.), insbesondere dazu, dass die geforderte Androhung strafrechtlichen Vorgehens gesetzlich nicht vorgesehen ist; S. 147 ff., zum Feststellungsinteresse.

[33] Siehe nur *Schenke/Roth,* WiVerw 1997, 81 (103 f.).

[34] Auch *Haratsch,* EuR-Beih. 3/2008, 81 (95 f.), der meint, dies sei möglich.

[35] *Schenke/Roth,* WiVerw 1997, 81 (159, Hervorhebung im Original).

[36] Unkritischer: *Schenke/Roth,* WiVerw 1997, 81 (123 ff., 131 ff., 145 ff.).

[37] Vgl. *Brückmann,* GRUR 1984, 778 (782). – Allein dann ist mit *Lässig* davon auszugehen, dass dem Betroffenen durch den Erlass eines Bußgeldbescheides keine wesentlichen Nachteile mehr entstehen. Der Bescheid wäre erst nach Eintritt der Bestandskraft vollstreckbar (§ 89 OWiG); Regelungen zur sofortigen Vollziehbarkeit kennt das OWiG nicht, vgl. *Lässig,* NVwZ 1998, 410 (412). Auf das Strafverfahren sind solche Überlegungen aber nicht im selben Umfang übertragbar.

VwGO). Dieser Grundsatz schließt auch solche Klagen mit ein, für die ein anderer Rechtsweg gegeben ist. Nach §§ 67, 68 Abs. 1 OWiG kann der Betroffene die Rechtswidrigkeit eines Bußgeldbescheides durch Einspruch geltend machen. Dieser stellt der Sache nach eine Gestaltungsklage dar, die auf die Aufhebung des Bußgeldbescheides gerichtet ist.

Nach *Lässig* ist allerdings auch eine vorbeugende Feststellungsklage ausgeschlossen, obwohl die genannten Regelungen nur den repressiven, nicht den vorbeugenden Rechtsschutz gegen drohende Bußgeldbescheide regeln. Die Regelungen des OWiG seien gegenüber dem Rechtsschutzsystem der VwGO *spezieller*. § 68 Abs. 1 OWiG erkläre gerade die Straf- und nicht die Verwaltungsgerichte für (repressiven) Rechtsschutz gegen Bußgeldbescheide für zuständig. Nach allgemeinen prozessualen Grundsätzen folge der Rechtsweg des vorläufigen oder vorbeugenden Rechtsschutzes, sofern ein solcher überhaupt bestehe, dem der Hauptsache bzw. des repressiven Rechtsschutzes.[38] Mag man dies für die verwaltungsrechtsakzessorischen Taten des Nebenstrafrechts noch anders sehen können, die ohnehin eine Gemengelage von Verwaltungsrecht und Strafrecht darstellen,[39] scheint der Rechtsschutz gegen die Anwendbarkeit von Kernstrafrecht vor den Verwaltungsgerichten tatsächlich systemwidrig. Dies ändert allerdings nichts daran, dass diese „prozessualen Grundsätze" aus Gründen der Rechtsschutzeffektivität ausgehebelt werden müssten und wohl auch könnten.

Dass gegen eine Lösung des Rechtsschutzproblems über die Feststellungsklage vorgetragen wird, die deutsche Rechtsordnung sei nicht zuletzt aus prozessökonomischen Gründen – da tatsächlich nicht immer feststehe, dass es künftig zu einer Beeinträchtigung kommen wird – vom *Vorrang des repressiven Rechtsschutzes* getragen, schließt eine solche Klage ebenso wenig zwingend aus. Dasselbe gilt für den Einwand, dass der Grundsatz der Gewaltenteilung den Gerichten zwar gebiete, das Verhalten der Verwaltung zu kontrollieren, nicht aber zu präjudizieren.[40] Fraglich ist schon, ob man für das Ordnungswidrigkeitenverfahren im Nebenstrafrecht ein solches Abwarten für vertretbar halten kann. Für das echte Unionsstrafrecht ist dies jedenfalls nicht der Fall, weil ein Strafverfahren wesentlich höhere Belastungen birgt. Die Beschränkung auf repressiven Rechtsschutz überzeugt nur, wenn nicht sehenden Auges erhebliche Nachteile in Kauf genommen werden müssen. Begründet werden kann die Durchbrechung des Vorrangs repressiven Rechtsschutzes entsprechend schon dadurch, dass nachträglicher Rechtsschutz Art. 47 GRC i.V.m. Art. 19 Abs. 1 UAbs. 2 EUV nicht gerecht wird, vor allem wenn eine Person eine Tätigkeit im (möglichen) Anwendungsbe-

---

[38] Vgl. *Lässig,* NVwZ 1998, 410 (412).
[39] Vgl. auch *Schenke/Roth,* WiVerw 1997, 81 (147 f.).
[40] Zu diesen Einwänden *Schenke/Roth,* WiVerw 1997, 81 (154 ff.). Siehe *Gärditz,* in: Böse (Hrsg.), § 24 Rn. 33 f., zum gemeineuropäischen Trend hin zu einem zunehmend präventiven gerichtlichen Rechtsschutz als „Eingriffsrechtfertigung durch Verfahren".

reich der Norm erst aufnehmen will oder eine Norm erst in Kraft tritt. Zumindest solange ein Verfahren vor den Strafverfolgungsbehörden noch nicht eingeleitet wurde, muss daher die Klage noch für zulässig gehalten werden. Andernfalls bürdete man dem Bürger angesichts der Versagung vorgreiflichen Rechtsschutzes das Irrtumsrisiko auf;[41] er trüge die tatsächlichen und rechtlichen Nachteile der Fehleinschätzung dahingehend, dass sein Verhalten rechtmäßig ist, den Verlust etwaiger bereits getätigter Investitionen, aber auch eventuelle strafrechtliche Maßnahmen. Andernfalls wäre er gezwungen, ein potenziell unionsrechtswidriges Verhalten zu unterlassen und damit jedenfalls einen *faktischen Grundrechtseingriff* in seine Handlungsfreiheit zu akzeptieren.[42] Dies ist selbst im Bereich des echten Kriminalstrafrechts nicht mehr zumutbar, denn der *ultima-ratio-*Grundsatz als tradiertes Prinzip nationaler Kriminalpolitik ist auf Unionsebene nicht in gleicher Weise anerkannt. Es geht gerade nicht mehr nur um die offensichtlich ethisch zu missbilligenden Verhaltensweisen, in deren Grenzbereich den Betroffenen zugemutet werden kann, ein bestimmtes Verhalten zu unterlassen. Angesichts der zunehmend repressiven Tendenz des unional veranlassten Strafrechts kann also nicht mehr so einfach konstatiert werden, dass faktische Grundrechtseingriffe zu akzeptieren seien, weil entsprechende Handlungen nicht schutzwürdig sind.

e) Unionsrechtliche Aussetzungspflicht statt aufschiebender Wirkung?

Das verwaltungsgerichtliche Verfahren hat wegen des unterschiedlichen Streitgegenstands zudem *keine aufschiebende Wirkung*. Ein Strafverfahren könnte also parallel eingeleitet werden. Selbst die Aussetzung bis zur verwaltungsgerichtlichen Entscheidung ist nach der geltenden Rechtslage aus Gründen der Prozessökonomie nicht zwingend. Sie steht vielmehr im Ermessen des Gerichts bzw. der Ordnungswidrigkeitenbehörde (§ 262 Abs. 2 StPO [i.V.m. § 46 OWiG]) und der Staatsanwaltschaft (§ 154d StPO). Die Strafverfolgungsbehörden sind also nicht daran gehindert, während des laufenden verwaltungsgerichtlichen Verfahrens das Verfahren fortzusetzen und sogar abzuschließen.[43] Es ist wegen des *Grundsatzes der Eigenständigkeit* jedes Verfahrens grundsätzlich auch nicht möglich, der Ordnungswidrigkeitenbehörde oder gar dem Strafgericht nach *§ 123 Abs. 1 VwGO* zu untersagen, bis zum Abschluss des verwaltungsgerichtlichen Verfahrens eine rechtskräftige Entscheidung zu treffen.[44] Ohnehin würden andernfalls erhebliche

---

[41] Eine Ausnahme machen *Schenke/Roth,* WiVerw 1997, 81 (157 ff.), zu Recht, sofern Genehmigungsverfahren die Irrtumslast beseitigen (können).
[42] Vgl. auch *Schenke/Roth,* WiVerw 1997, 81 (165 ff.).
[43] Siehe *Lässig,* NVwZ 1988, 410 (412); *Brückmann,* GRUR 1984, 778 (782 f.); *Schenke/Roth,* WiVerw 1997, 81 (110 ff.).
[44] Vgl. *Lässig,* NVwZ 1998, 410 (412): Nach § 35 OWiG seien die Verwaltungsbehörden für die Ahndung von Ordnungswidrigkeiten zuständig. Allein sie seien befugt, über eine Tat zu entscheiden. Eine verwaltungsgerichtliche Entscheidung, die feststelle,

Friktionen mit dem Konzentrationsgebot auftreten. Insoweit ist die regelmäßig erhebliche Verfahrensdauer vor den Verwaltungsgerichten zu berücksichtigen. Bei Ausschöpfung des Rechtswegs ergeht ein rechtskräftiges Urteil erst nach mehreren Jahren. Bei einer derart langen Verfahrensdauer dürfte die Entscheidung des VG im strafgerichtlichen Verfahren nicht mehr von Interesse und auch nicht verwertbar sein, da dieses meist schneller abgeschlossen sein wird.[45]

Zwar könnte durch Wiederaufnahme ein unionsrechtswidriges, rechtskräftiges Urteil beseitigt werden (vgl. noch § 3 D.). Die Belastungen wären dennoch erheblich, so dass die Befürworter einer Lösung über die Feststellungsklage von einer unionalen *Aussetzungspflicht* ausgehen müssten. Diese träfe primär die Staatsanwaltschaft (§ 154d StPO), erst in zweiter Linie die Strafgerichte (§ 262 StPO).

f) Bindung an verwaltungsgerichtliche Feststellungsurteile?

Eine Bindung der Strafgerichte an das Feststellungsurteil, selbst wenn es frühzeitig ergehen sollte, ist ebenfalls nicht vorgesehen. Jedes Gericht ist für seinen Kompetenzbereich allein prüfberechtigt und auch -verpflichtet. Das gilt auch für den Bereich des Nebenstrafrechts, obwohl die Verwaltungsgerichte insoweit die größere Sachnähe aufweisen. Auch die Möglichkeit der Aussetzung, die ohnehin allein der Prozessökonomie dient, ändert daran nichts.[46]

Gegen eine strikte Bindung an verwaltungsgerichtliche Urteile im Strafverfahren spräche ohnehin, dass die Verfahren *unterschiedlichen Maximen* unterworfen sind. Gilt im Verwaltungsverfahren der Dispositionsgrundsatz, findet im letzteren der Untersuchungsgrundsatz Anwendung, womit ein bestimmtes Bild von der Stellung der Parteien im Prozess deutlich gemacht wird. Auch wenn im Verwaltungsprozess der Amtsermittlungsgrundsatz gilt, unterscheiden sich die Ermittlungspflichten der Straf- und Verwaltungsgerichte doch erheblich. So kommt auch dem „Angeklagten" als Partei des Verwaltungsprozesses eine gewisse Mitwirkungspflicht zu, wodurch zugleich die Aufklärungspflicht des Gerichts eingeschränkt wird. Zu berücksichtigen sind auch die Präklusionsvorschriften (vgl. nur § 87b Abs. 2 VwGO), die im Strafverfahren nicht zur Anwendung kommen. Eine Beweiserhebung kann insbesondere nicht abgelehnt werden, weil eine Tatsache verspätet vorgebracht wird (§ 246 Abs. 1 StPO). Auch die Beweislastregeln sind als Argument gegen eine Bindungswirkung anzuführen; denn im Strafpro-

---

dass eine Behörde zum Erlass eines Bußgeldbescheides nicht berechtigt sei, wäre ein unzulässiger Eingriff in diese behördliche Kompetenz.

[45] Läuft das Strafverfahren bereits, wäre mangels Aussetzungspflicht das Feststellungsinteresse zu verneinen, selbst bei vorheriger Klage, so *VG Frankfurt* NVwZ 1988, 470 f. Anders könne nicht ausgeschlossen werden, dass ein Strafgericht zu einem völlig anderen Ergebnis hinsichtlich der streitigen Frage kommt.

[46] Siehe *Schenke/Roth,* WiVerw 1997, 81 (111 ff.).

zess kommt jeder Zweifel dem Angeklagten zu Gute. Ein entsprechender Grundsatz gilt im Verwaltungsverfahren nicht. Zudem darf das Verwaltungsgericht aus dem Verhalten des Klägers für diesen negative Schlüsse ziehen, was dem Strafrichter – etwa bei Schweigen des Angeklagten – untersagt wäre.[47]

Immerhin für die Entscheidung über das „Nichtvorliegen einer Straftat", also etwa die Feststellung, dass eine bestimmte Verhaltensweise nicht unter die zugrundeliegende Verordnung fällt, sollte aber grundsätzlich von einer Pflicht zur Beachtung ausgegangen werden. Andernfalls erschiene es prozessökonomisch nicht sinnvoll, das (Verwaltungs-)Gericht zur „Gutachtenstelle" des Strafgerichts zu machen [siehe schon e)]. Eine *Befolgungsobliegenheit* müsste zudem aus dem Anwendungsvorrang des Unionsrechts folgen. Zwar handelt es sich beim Strafverfahren nicht um denselben Rechtsstreit, da aber in der Feststellungsklage eine für das Strafverfahren relevante Vorfrage geklärt worden ist, dürfte eine faktische Bindung bestehen.[48] Für Staatsanwaltschaften kann dies allerdings nur in beschränktem Umfang gelten, weil diese dem Legalitätsprinzip (§ 160 StPO) unterliegen. Sofern nicht ausgeschlossen ist, dass eine Strafbarkeit gegeben ist, müssen sie die Tat also trotz eines entgegenstehenden Feststellungsurteils anklagen.

g) Fazit zur Relevanz der Feststellungsklage

Tatsächlich kann die Feststellungsklage die bestehenden Härten des unionsrechtlich überformten verwaltungsakzessorischen Rechtsschutzes abmildern. Für das Kernstrafrecht, das mit dem Vertrag von Lissabon auch der Harmonisierung zugänglich ist, steht sie mangels einer *öffentlich-rechtlichen Streitigkeit* aber noch nicht einmal zu Verfügung. Man könnte zwar auch dieses Erfordernis des § 40 Abs. 1 VwGO „unionsrechtskonform" auslegen und annehmen, dass unionale Regelungen stets öffentlich-rechtlichen Charakter aufweisen. Von der Feststellungsklage nach § 43 VwGO bliebe allerdings angesichts der aus den vorgängigen Ausführungen deutlich gewordenen Anpassungserfordernisse nicht mehr viel übrig. Betrachtet man die angesprochenen Nachteile, so kann der Ausweg über die Feststellungsklage für das Strafrecht letztlich nicht überzeugen.

III. Kein Ausgleich durch verfassungsgerichtliche Kontrolle

Denkbar wäre zwar, dass nationale (Verfassungs-)Gerichte zumindest in Härtefällen europäische Rechtsakte auf die Verletzung von Grundrechten hin überprüfen. So meint etwa *Petzold,* dass gegen „Legislativakte" der Union angesichts Art. 19 Abs. 4 GG mittels der Verfassungsbeschwerde vorgegangen werden kön-

---

[47] Überzeugend dargestellt bei: *Schenke/Roth,* WiVerw 1997, 81 (114 ff.).
[48] Insofern kann trotz fehlender Bindungswirkung rechtswegfremder Urteile für das Unionsrecht angenommen werden, dass ein Feststellungsinteresse besteht.

ne (§§ 90 Abs. 2 S. 2, 93 Abs. 3 BVerfGG). Der Antrag müsse darauf gerichtet sein, den europäischen Rechtsakt für unanwendbar zu erklären. Das *BVerfG* wiederum müsste mangels eigener Verwerfungskompetenz die Frage dem *EuGH* vorlegen und wäre an dessen Gültigkeitsentscheidung gebunden.[49]

Diese Lösung birgt die Gefahr erheblicher Rechtszersplitterung. Selbst politische Einflüsse, die Souveränitätsvorbehalte zu wahren suchen und letztlich zu einem Vorrang nationalen Rechts führen könnten, können nicht ausgeschlossen werden.[50] Unter dem Aspekt des *zeitnahen Rechtsschutzes* wäre diese Lösung für das Strafrecht zudem wenig befriedigend. Anzumerken ist für die deutsche Rechtslage außerdem, dass eine Rücknahme der *Solange II-Rechtsprechung* trotz des unzureichenden Grundrechtsschutzes auf Unionsebene nicht zu erwarten ist, denn obwohl Rechtsschutzlücken deutlich zu Tage treten, wird nicht einhellig von einem insgesamt ungenügenden Grundrechtsschutz ausgegangen.[51] Auch haben sich nicht alle nationalen Verfassungsgerichte eine vergleichbare Auffangkompetenz vorbehalten. Sie dürften erhebliche Probleme damit haben, den Vorrang des Unionsrechts außer Kraft zu setzen, um sich selbst in die Position zu versetzen, dieses zu prüfen. Damit kann eine verfassungsgerichtliche Kontrolle nur eine Notlösung bleiben.[52]

IV. Kein Ausgleich durch Rechtsschutz durch den EGMR

Die Kontrolle durch den *EGMR* stellt ebenso wenig eine Lösung für die festgestellten Probleme dar. Nach Art. 6 Abs. 2 EUV und Art. 218 Abs. 8 UAbs. 2 S. 2 AEUV ist es zwar der EU nun möglich, der EMRK beizutreten.[53] Auch das 14. Protokoll zur EMRK, das die Hindernisse für den Beitritt der EU auf Europaratsebene beseitigt, ist nach jahrelanger Blockade durch Russland schließlich im Juni 2010 in Kraft getreten.[54] Vor diesem Hintergrund könnte man sich die Frage stellen, ob ein Individualzugang zu den Unionsgerichten noch erforderlich ist, oder ob die Individualbeschwerde (Art. 34 EMRK) nicht ausreichenden Rechtsschutz böte. Ist es nicht sogar vorzuziehen, im Falle des Beitritts auf die Erweite-

---

[49] Siehe *Petzold*, EuR 2012, 443 (449 f.).
[50] Zusammengefasst bei *Abetz*, S. 138.
[51] Siehe etwa *Nowak*, in: Individualrechtsschutz in der EG, S. 47 (64 f.). Zur Praxis des *BVerfG*: *Schiwek*, S. 263 ff.; s. a. S. 81 ff., zur Rechtsprechungsentwicklung.
[52] So *Hansel*, whi-paper 6/03, S. 9 f.
[53] Vgl. *Oliver*, in: Liber Amicorum Lord Slynn of Hadley, S. 319 (328 ff.), zum Gutachten 2/94, 18.3.1996, Slg. 1996, I-1759 (keine Beitrittsgrundlage in Verträgen).
[54] Im Übrigen ist vieles ungeklärt, etwa wie das Spannungsverhältnis zwischen dem Rechtsprechungsmonopol des *EuGH* (Art. 344 AEUV) und der Jurisdiktionsgewalt des *EGMR* aufgelöst werden kann; vgl. *Skouris*, FS Europa-Institut, S. 545 (552 ff.); *Schroeder*, EuZW 2011, 462 (463): Subsidiarität ggü. Nichtigkeitsklage und mitgliedstaatlichem Rechtsweg einschließlich Vorlageverfahren, „Prior involvement" bei Verstoß gegen die Vorlagepflicht.

rung der Direktklagemöglichkeiten zu verzichten, um Divergenzen zu vermeiden?[55]

Nach einem *Beitritt der EU zur EMRK* wären zwar tatsächlich alle Unionshandlungen direkt durch den *EGMR* überprüfbar. Daraus ergibt sich jedoch nicht, dass ein unionseigener effektiver Grundrechtsschutz entbehrlich wäre. Die EMRK ist als „Auffanggrundrechtsordnung" konzipiert. Ersetzen kann der Grundrechtsschutz durch den *EGMR* einen effektiven Rechtsschutz auf Unionsebene nicht. Er ist weder personell noch von seinen Kompetenzen her ausgestattet, um alleiniger Wächter der Grundrechte auf Unionsebene zu sein.[56] Zum einen garantiert die EMRK nur Mindestrechte. Gerade im politischen, wirtschaftlichen und sozialen Bereich bleibt sie hinter den Gewährleistungen der Charta der Union zurück. Der *EGMR* kann konventionsrechtswidrige Akte außerdem nicht für nichtig erklären (Art. 41, 46 EMRK). Auch kann er als Opfer seines eigenen Erfolgs in Form hoher Fallzahlen schon heute keine Einzelfallgerechtigkeit mehr gewährleisten, so dass er sich mehr und mehr auf eine objektive Kontrolle zurückzieht, die einen gemeineuropäischen Mindeststandard absichert.[57]

Die Union hat mit der GRC einen eigenen Grundrechtekatalog geschaffen. Ihre Gerichte sind nach Art. 19 Abs. 3 EUV für die Wahrung (auch) dieser Grundrechte zuständig.[58] Auch die Kommission hatte den Beitritt zur EMRK nur als *Ergänzung* zum von ihr geforderten Grundrechtekatalog für die Union gesehen. Es sollte lediglich die Inkonsistenz beseitigt werden, die dadurch entstanden war, dass die EU trotz aller Bezugnahmen und Bindungserklärungen hinsichtlich der EMRK nicht ihrem Rechtsschutzmechanismus unterlag.[59]

Dass Reservekompetenzen auf Europaratsebene bestehen, darf nicht dazu führen, dass ein effektiver Grundrechtsschutz nur auf dem Papier existiert.[60] Die Individualbeschwerde kann die Rechtsschutzmechanismen der Vertragsparteien ergänzen, nicht aber Defizite ausgleichen. Sie setzt vielmehr voraus, dass die Vertragsparteien *selbst* effektive Rechtsschutzmöglichkeiten vorsehen.

Die Angst vor divergierenden Entscheidungen von *EuGH* und *EGMR* überzeugt als Einwand gegen eine Direktklage zum *EuGH* ebenfalls nicht. Zwar wird der *EGMR* die *Bosphorus*-Rechtsprechung[61] im Falle des Beitritts der EU, trotz

---

[55] Vgl. *Dauses,* Gutachten, D 141 f.; weitere Nachweise bei *Philippi,* S. 70 f.

[56] So auch *Raue,* GRUR 2012, 402 (409); *Vondung,* S. 3, 156 ff., zu Einzelfragen.

[57] Für die allgemeinen Rechtsgrundsätze: *Rengeling,* FS Everling, S. 1187 (1999, 1207).

[58] Vgl. *Abetz,* S. 137; *Böcker,* S. 166 f.

[59] Siehe die Mitteilung der Kommission über den Beitritt der Gemeinschaft zur EMRK, SEC (90) 2087 endg.; s. a. *Rengeling* FS Everling, S. 1187 (1206).

[60] So richtig *Streinz,* FS Merten, S. 395 (411); *Skouris,* FS Merten, S. 383 (393), sieht dagegen die Mitgliedstaaten in der Pflicht.

[61] Vgl. *EGMR* (GK), Bosphorus Hava Yollary Turizm ve Ticaret Anonim Şirketi/Irland, Beschw.-Nr. 45036/98, 30.6.2005, ECHR 2005-VI = NJW 2006, 197: Ein Flug-

etwaiger Sonderrechte, nicht aufrecht erhalten können. Dass es für die Union peinlich wäre, in grundrechtlichen Belangen vom *EGMR* korrigiert zu werden, soll nicht bestritten werden. Peinlich ist eine solche Verurteilung aber auch für die nationalen Verfassungsgerichte. Doch wird die Kontrolle von Unionsakten durch den *EGMR* bald Realität. Mit einer umfassenden Direktklage verfügte die Union immerhin über einen Mechanismus zum Schutz elementarer Rechte und könnte entsprechende Fehler in diesem höchstsensiblen Bereich beheben, *bevor* der *EGMR* eingeschaltet wird und so Verurteilungen vermeiden, denn die Beschwerde zum EGMR wäre gegenüber einem solchen Rechtsbehelf subsidiär (Art. 35 Abs. 1 EMRK).[62]

B. Ausgestaltung der Direktklagen gegen rechtsverletzende Unionsakte

Vor dem Hintergrund dieser unbefriedigenden Lösungen ist die Erweiterung der zu den Gerichten der EU führenden Direktklagemöglichkeiten zu erwägen. Entsprechende Vorschläge gab es bereits in der Vergangenheit. Dabei plädieren einige für die *Öffnung der Individualnichtigkeitsklage* (Art. 263 Abs. 4 AEUV) für abstrakt-generelle Rechtsakte der Union, die unmittelbar belastende Wirkungen für den Bürger entfalten.[63] Andere fordern eine Grundrechtsbeschwerde,[64] wobei auch die Verfechter einer solchen Form der *Kontrolle* vor allem auf abstrakt-generelle Rechtsakte abzielen, diese aber – wie nach der gesetzlichen Konzeption in Deutschland – nur unter besonderen Voraussetzungen einer Überprüfung unterwerfen wollen. Bei der bisherigen Diskussion spielten indes die Bedürfnisse *strafrechtlichen* Rechtsschutzes nicht nur eine untergeordnete, sondern überhaupt keine Rolle.

---

zeug der türk. Fluggesellschaft *Bosphorus Airways* wurde in Dublin beschlagnahmt, als es dort zur Wartung war. Hintergrund war eine Ratsverordnung, der zufolge EU-Staaten Flugzeuge aus Jugoslawien beschlagnahmen sollten, um Menschenrechtsverstöße Serbiens in Bosnien und Herzegowina zu sanktionieren. Bosphorus Airways hatte ihre Flugzeuge von JAT (Yugoslav Airlines) geleast. In einem Vorlageverfahren stellte der *EuGH* die Rechtmäßigkeit der Beschlagnahme fest. Die Fluggesellschaft rief daraufhin den *EGMR* an. Dieser nahm zwar an, dass er auch über die Einhaltung der EMRK zu wachen habe, wenn ein Vertragsstaat Unionsrecht ausführe – nach *EGMR* (GK), Matthews/Vereinigtes Königreich, Beschw.-Nr. 24833/94, 18.2.1999, ECHR 1999-I = EuZW 1999, 308 m. Anm. *Lenz*, können diese sich nicht ihrer Bindungen an die EMRK entledigen, indem sie Hoheitsrechte auf supranationale Instanzen verlagern. Allerdings nutze der *EGMR* die Prüfkompetenz nicht, solange der *EuGH* ein gleichwertiges Schutzniveau gewährleiste. Dafür spreche eine widerlegliche Vermutung. Es müsste also im Einzelfall eine Rechtsschutzlücke nachgewiesen werden.

[62] Ebenso *Kraus*, EuR-Beih. 3/2008, 109 (132).
[63] Dies wurde auch im Verfassungskonvent diskutiert, CONV 636/03, S. 5 f.; s.a. *Abetz*, S. 139; speziell für das Strafrecht *Schiwek*, S. 179 f.
[64] Etwa: *Rengeling*, FS Everling, S. 1187; *Engel*, ZUM 2000, 975 (984 ff.); *Kremer*, FS Meyer, S. 571 (584).

I. Handlungspflichten aus Art. 47 GRC

Die essentiellen Handlungspflichten des europäischen Gesetzgebers im Bereich des Strafrechts sollen hier noch einmal zusammengefasst werden. Sie betreffen die Kontrolle strafrechtlicher Gesetzgebungsakte (1.) und der Strafverfolgungsbehörden der EU (2.).

1. Rechtsschutzlücken im Hinblick auf strafrechtliche Gesetzgebungsakte

a) Unzureichender Rechtsschutz auf dezentraler Ebene

Schon längst handelt es sich bei der Entscheidung um den Ausbau des Individualrechtsschutzes in der EU bei aller Beachtlichkeit der Modelle zur Stärkung des dezentralen Rechtsschutzes nicht mehr nur um die Grundsatzfrage, ob dieser ein tragfähiges Zukunftsmodell darstellt, sondern wie weit der direkte Rechtsschutz ausgebaut werden muss. Der *EuGH* verweigert sich dieser Realität: Noch als der Vertrag von Amsterdam ausgearbeitet wurde, hatte der Gerichtshof zwar in einem Bericht zur Vorbereitung der Regierungskonferenz die Beschäftigung mit dem direkten Rechtsschutz angemahnt.[65] In den Beiträgen der Reflexionsgruppe zur Zukunft des Gerichtssystems fehlte dagegen eine solche Erinnerung.[66] Die Stellungnahme des damaligen Präsidenten des Gerichtshofs *Rodríguez Iglesias* im Arbeitskreis I des Verfassungskonvents ließ vielmehr eine Präferenz für den dezentralen Rechtsschutz erkennen.[67] Immerhin stellte der *EuGH* im *UPA*-Urteil fest, dass ein System, in dem der direkte Rechtsschutz für die Unionsbürger als vorrangiger Rechtsschutzmechanismus ausgebaut würde, *denkbar* wäre.[68] In einer Rechtsordnung, die in nicht unerheblichem Umfang auf das Strafrecht zugreift, wird daraus *Notwendigkeit*.

Zwar basiert das Verhältnis der Gerichtsebenen auf dem Prinzip der Subsidiarität.[69] Dass die Gültigkeitsvorlage aber keinen adäquaten Ersatz für Direktklagen darstellt, lässt sich nicht zuletzt anhand von Zahlen belegen. Die (Individual-)Nichtigkeitsklagen machten 2012 rund 260 der beim *EuG* neu eingegangenen Verfahren aus, also rund 40%.[70] Im Jahr 2010 wurden dagegen nur 9 Urteile zur Gültigkeit eines Aktes im Vorlageverfahren erlassen.[71] Wesentlicher Vorteil der Erweiterung der Direktklagemöglichkeiten wäre, dass der Rechtsschutz-

---

[65] Tätigkeiten des Gerichtshofs Nr. 15/1995, S. 12 f.
[66] Tätigkeiten des Gerichtshofs Nr. 17/1999, S. 35 ff.; Reflexionspapier des *EuGH*, abgedruckt in: EuZW 1999, 750 (755); zum Papier: *Streinz/Leible*, EWS 2001, 1.
[67] Anhörung im Arbeitskreis, CONV 572/03.
[68] *EuGH* Rs. C-50/00 (UPA/Rat), (Fn. 18).
[69] Siehe *Lipp*, NJW 2001, 2657 (2660).
[70] *Gerichtshof*, Jahresbericht 2012, S. 193.
[71] So *Kottmann*, ZaöRV 2010, 547 (555, Fn. 52). Aktuellere Daten sind nicht erhältlich.

suchende nicht zwanghaft versuchen müsste, einen Anknüpfungspunkt zu finden, damit er eine Klage auf nationaler Ebene einreichen kann, obwohl diese häufig nur Durchgangsstation wäre, ohne zur Klärung der Sache beizutragen [oben Kapitel 2 § 2 C. II. 3. b)]. Vor allem aber darf nicht verlangt werden, dass der potentiell Betroffene erst gegen den nationalen Umsetzungsakt verstößt, um einen unmittelbar anwendbaren Akt, einen Bußgeldbescheid oder eine Verurteilung, zu provozieren. Der Verweis auf einen bestehenden dezentralen Rechtsschutz oder zumindest die Pflicht, einen solchen zu eröffnen, überzeugt also jedenfalls insofern nicht, als die Lückenlosigkeit des Rechtsschutzes nicht die einzige Dimension des Art. 47 GRC ist. Rechtsschutz muss immer auch effektiv sein. Die bereits in Kapitel 2 aufgezeigten systemimmanenten Schwächen des Vorlageverfahrens werden gerade im Strafrecht virulent. Ein Rückzug auf die nationalen Gerichte ist insoweit weder sachgerecht noch praktikabel.

Wesentlicher Nachteil des Rechtsschutzes auf nationaler Ebene wäre zudem, dass ein Rechtsschutzsuchender, der in mehreren Mitgliedstaaten der Union tätig ist, in *jedem einzelnen Staat* gegen den ihn belastenden Akt vorgehen müsste, um zu verhindern, dass auch nur in einem dieser Staaten gegen ihn vorgegangen wird. Dabei ist zu berücksichtigen, dass effektive Rechtsbehelfe nicht in allen nationalen Rechtsordnungen zu finden sind, selbst wenn dies angesichts von Art. 19 Abs. 1 UAbs. 2 EUV der Fall sein müsste. Zu bemängeln ist zudem, dass das Beharren auf der Einrichtung entsprechender Regelungen in allen Mitgliedstaaten, weil diese vorrangig zur Gewährleistung von Rechtsschutz berufen seien, Jahrzehnte unzureichenden Rechtsschutzes und Ungleichbehandlung bedeuten würde.[72]

Probleme bereitet bei der derzeitigen Aufgabenverteilung zwischen den Gerichtsebenen zudem der *einstweilige Rechtsschutz*: Zwar können auch nationale Gerichte die Wirkung von Unionsakten vorläufig aussetzen oder einstweilige Anordnungen treffen, um nicht wiedergutzumachende Schäden zu verhindern, die dadurch eintreten, dass ein später möglicherweise als rechtswidrig eingestufter Unionsakt Anwendung findet. Ihre Befugnis beschränkt sich allerdings auch insoweit auf das jeweilige Hoheitsgebiet. Der Betroffene muss also in jedem Vertragsstaat Eilrechtsschutz beantragen, in dem der Vollzug droht. Die Voraussetzungen sind außerdem sehr eng. Es müssen ernsthafte Zweifel an der Gültigkeit des Rechtsaktes bestehen und die Aussetzung muss wegen drohender, nicht wiedergutzumachender Schäden dringlich sein.[73] Liegen diese Voraussetzungen nicht vor, bleibt der Bürger ohne Rechtsschutz,[74] was aufgrund der Eilbedürftig-

---

[72] Vgl. *Thiele*, S. 298 f. S. a. *Koch*, E.L.Rev. 2005, 30 (4), 511 (518).
[73] Siehe *EuGH* Rs. 143/88 (Zuckerfabrik Süderdithmarschen/Hauptzollamt Itzehoe u. a.), 21.2.1991, Slg. 1991, I-415; dazu auch *Lengauer*, EuR-Beih. 1/2008, 69 (74).
[74] Die Gefahr divergierender Entscheidungen stellt eigentlich keine Rechtsschutzlücke im eigentlichen Sinne dar, sofern in allen Mitgliedstaaten einstweiliger Rechts-

keit und möglichen wirtschaftlichen Folgen insbesondere im Nebenstrafrecht in eine „definitive Rechtsschutzverweigerung" münden kann, im Kernstrafrecht gilt angesichts der Gefahr der drohenden Strafverfolgung dasselbe. Unter Umständen wird nicht einmal in allen Staaten Eilrechtsschutz gewährt.[75] Dies birgt ein erhebliches Kosten- und Prozessrisiko und stellt sich insgesamt als zu große Bürde dar, wenn nicht zumindest irgendwann einmal die Möglichkeit gegeben war, direkt gegen den Unionsakt vorzugehen. Hier wäre eine frühzeitige Klärung vor einem zentralen Gericht, das einstweilige Anordnungen für das gesamte Unionsgebiet treffen kann, jedenfalls prozessökonomischer. Die Zentralisierung ist aber vor allem wegen des Grundsatzes des effektiven Rechtsschutzes erforderlich, wenn andernfalls eine *Vielzahl von Verfahren in verschiedenen Ländern* geführt werden muss. Das ist gerade bei strafrechtlichen Gesetzgebungsakten, die unmittelbar wirken, der Fall.

Insgesamt fehlt es an *transparenten und rationalen Kriterien* für die Verteilung der Klagen zwischen Unions- und nationaler Ebene.[76] Die Unsicherheit bezüglich des richtigen Rechtsweges führt nicht nur zu einer unnötigen Mehrbelastung der Unionsgerichte.[77] Durch die duale Verantwortung der nationalen und unionalen Ebene entsteht zugleich die Gefahr, dass die Verantwortung für die Rechtsschutzsuchenden hin und her verwiesen wird.[78] Der Grundsatz effektiven Rechtsschutzes erfordert daher unter dem Gesichtspunkt der Rechtswegklarheit ein Rechtsschutzsystem, in dem immer die Ebene Rechtsschutz gewährt, die auch für den Erlass des rechtsverletzenden Aktes zuständig war. Bei unmittelbarer Geltung eines Rechtsakts der Union ist dies die europäische Ebene,[79] zumal nur die Unionsgerichte europarechtliche Fragen verbindlich beantworten können. Trotz des *Verwerfungsmonopols* vom Bürger einen Umweg über den nationalen Rechtsweg zu fordern, ist nicht nachvollziehbar.[80] Das sture Beharren auf dem dezentralen Rechtsschutz ohne offene Diskussion über die Ausweitung des direkten Rechtsschutzes erklärt sich allein durch mangelndes Vertrauen in die europäischen Gerichte.[81]

---

schutz besteht. Fehlentscheidungen der Justiz sind jedem System immanent, auch vor Unionsgerichten wäre dies nicht auszuschließen, vgl. *E. Schulte,* S. 194.

[75] Vgl. *Borowski,* EuR 2004, 879 (898); *E. Schulte,* S. 148 f.
[76] Siehe *Kottmann,* ZaöRV 2010, 547 (554).
[77] Siehe *Munding,* S. 554.
[78] So auch *Gusy,* in: Zuleeg (Hrsg.), S. 61 (70 f.).
[79] Vgl. auch *Kottmann,* ZaöRV 2010, 547 (562), der zwischen Gesetzgebungsakten und anderen Rechtsakten vielmehr anhand von unterschiedlichen Kontrolldichten differenzieren will. S. a. *Görlitz/Kubicki,* EuZW 2011, 248 (250).
[80] So auch *Rengeling,* FS Everling, S. 1187 (1200).
[81] Siehe *Mayer,* DVBl. 2004, 606 (615).

b) Schutzwürdigkeit unionaler Gesetzgebungsakte?

Historisch ist die enge Fassung der Zulässigkeitsvoraussetzungen der derzeitigen Klagearten zum einen damit zu erklären, dass der Rechtssetzungsprozess in den Anfangsjahren der Europäischen Integration extrem langwierig und problematisch war. Die Aufhebung einer Verordnung etwa, die häufig nur das Ergebnis eines hart erkämpften Kompromisses darstellte, sollte weitgehend vermieden werden, zumal die Rechtssicherheit damit gefährdet wird.[82] Die Europäische Union ist aber inzwischen so gefestigt, dass sie durch die Nichtigerklärung eines Rechtsaktes, auch auf die Klage eines Einzelnen hin, nicht in eine „existenzielle Krise" geraten würde.[83]

Der derzeitige Verfahrensorganismus der Union orientiert sich zum anderen noch immer vorwiegend am *französischen Rechtssystem,* das eine gerichtliche Überprüfung von Gesetzen nur sehr eingeschränkt zulässt und insbesondere eine Normenkontrolle[84] nicht kennt. Allgemein war eine Klagemöglichkeit in Bezug auf Gesetzgebungsakte zur Zeit der Schaffung der Gerichtsstrukturen unter den Mitgliedstaaten nicht verbreitet. Allerdings kann eine solche *gemeinsame Verfassungstradition* inzwischen nicht mehr identifiziert werden.[85] Neben Deutschland stellen beispielsweise Österreich, Italien, Spanien und Portugal eine solche Beschwerde zur Verfügung. Europaweit ist ein Trend hin zur Eröffnung von Rechtsschutzmöglichkeiten gegen nationale Legislativakte erkennbar, so dass auch der Volkssouverän einer gerichtlichen Kontrolle unterworfen wird.[86] Außerdem ist im Unionsrecht – im Gegensatz etwa zum englischen Recht – die Anfechtung von unionalen „Gesetzgebungsakten" prinzipiell durchaus möglich. Sakrosankt sind diese also nicht. Lediglich den Unionsbürgern ist es verwehrt, sich direkt gegen solche Akte zur Wehr zu setzen. Sie können lediglich den Ersatz von Schäden verlangen, die durch die Anwendung eines rechtswidrigen Gesetzgebungs-

---

[82] Dazu *Rengeling,* FS Everling, S. 1187 (1193 f.). Nach *Schwarze,* DVBl. 2002, 1297 (1308, 1313), sei jedenfalls bei Grundrechtsverletzungen vom Primat des Rechtsschutzgebots auszugehen.
[83] Vgl. *Borowski,* EuR 2004, 879 (893), mit entsprechenden Nachweisen.
[84] Siehe dazu auch *Thalmann,* S. 53 f.
[85] Vgl. dazu *Lenz/Staeglich,* NVwZ 2004, 1421 (1424); *Rengeling,* FS Everling, S. 1187 (1192 f.); *Böcker,* S. 242.
[86] Dazu *Kottmann,* ZaöRV 2010, 547 (551 f.); *GA Jacobs,* Schlussanträge, Rs. C-50/00 P (Unión de Pequeños Agricultores/Rat), 21.3.2001, Slg. 2002, I-6677, Tz. 87 ff.: „In [...] Österreich, Belgien, Deutschland und Spanien (und in einigen der Staaten, die sich derzeit um die Mitgliedschaft in der Europäischen Union bewerben) können Gesetze von Einzelnen unmittelbar bei Verfassungsgerichten angefochten werden. In [...] Dänemark, Griechenland, Irland, Portugal und Schweden können Klagen gegen die Rechtmäßigkeit von Gesetzen vor den ordentlichen Gerichten erhoben werden [...]." Dazu *Balthasar,* E.L.Rev. 2010, 35(4), 542 (546 f.); *Arnull,* CMLRev 32 (1995), 7 ff.; *Rengeling,* FS Everling, S. 1187 (1193); *Borowski,* EuR 2004, 879 (880, 894); *Dougan,* CMLRev 45 (2008), 617 (678). Zum Trend: *Seibert-Fohr,* Der Staat 2012, 130 (131 ff.), insb. zu Großbritannien und Frankreich.

aktes entstanden sind, nicht aber die Beseitigung der Rechtsgrundlage.[87] Dadurch entbehrt das Rechtsschutzsystem jeglicher Konsistenz. Mehr als ein Indiz kann der *Verfassungsvergleich* aber nicht liefern. Für die Diskussion um erforderliche Reformen lassen sich daraus keine zwingenden Folgen ableiten.[88]

Der Vergleich zwischen Gesetzen und Verordnungen hinkt – trotz der Fortschritte im Bereich der demokratischen Legitimation – angesichts der in diesem Bereich noch immer bestehenden Defizite ohnehin.[89] Die französische Konstruktion, die für das unionale Gerichtssystem Pate stand, beruht auf der Grundidee, dass das vom Volkswillen getragene, souveräne Parlament nicht dem „*gouvernement de juges*" unterworfen werden könne. Die gerichtliche Kontrolle von Gesetzgebungsakten würde eine Gefahr für die *Gewaltenteilung* darstellen. Da aber dem Europäischen Parlament – auch nach der Vertragsänderung – eine gegenüber Rat und Kommission schwächere Stellung eingeräumt ist, können diese Überlegungen nicht einfach übertragen werden.[90] Gerade dieser Unterschied lässt eine umfassende Kontrolle aller Unionsrechtsakte durch die Gerichte erforderlich erscheinen. Jedenfalls dürfte die *geringere demokratische Legitimation* der Gesetzgebungsakte der Union für die Überlegungen der Erweiterung des Rechtsschutzes von Bedeutung sein.[91] Dem Souverän, dem Bürger also, wäre dadurch eine Kontrolle dieser Akte möglich, die nur unter lückenhafter Anbindung an den Volkswillen ergangen sind.[92] Selbst wenn man nicht mit *Rasmussen* davon ausgehen möchte, dass es „in einer modernen demokratischen Gesellschaft keine Norm geben [könne], gegen die dem Einzelnen der unmittelbare Zugang zu einem Gericht verwehrt wird und die damit nicht Gegenstand eines effektiven Normenkontrollverfahrens sein können",[93] ist immerhin für Gesetzgebungsakte der Union zuzugeben, dass diese nicht im selben Maße schutzwürdig sind, wie dies bei Gesetzgebungsakten der Mitgliedstaaten regelmäßig der Fall sein dürfte.

Ein weiterer wesentlicher Unterscheid zwischen nationalen und unionalen „Gesetzgebungsakten" ist zudem zu beachten: Während die Parlamente der Mitgliedstaaten in den von ihnen zu erlassenen Rechtsakten lediglich wesentliche Grundentscheidungen treffen und die weitere Konkretisierung dem Verwaltungs-

---

[87] Vgl. *Everling,* EuZW 2012, 376 (380); *Dougan,* CMLRev 45 (2008), 617 (677 f.), hält die verweigerte Einbeziehung von Gesetzgebungsakten in die Nichtigkeitsklage für inkonsequent; ebenso *Balthasar,* E.L.Rev. 2010, 35 (4), 542 (547).
[88] Ebenso *Rengeling,* FS Everling, S. 1187 (1193); *Böcker,* S. 242 f.; aber auch *Everling,* in: Verfassungsentwurf, S. 363 (381).
[89] Schon angesichts der Relationen verbietet sich nach *Thalmann,* S. 53, ein Vergleich zwischen der EU und ihren Teilstaaten.
[90] Siehe auch *Hansel,* whi-paper 6/03, S. 22 f.
[91] Siehe *Kirchmair,* ZfRV 2012, 148 (155).
[92] Dazu *Munding,* S. 549 f.
[93] Vgl. *Rasmussen,* in: *EuGH* in der Kritik, S. 113 (134).

unterbau überlassen, stellt sich dies auf Unionsebene anders dar. Hier werden bereits auf der Ebene des „Gesetzgebungsaktes" zunehmend Materien bis ins Detail geregelt, so dass eine Konkretisierung durch untergesetzliche Normen, etwa nach Art. 290 AEUV durch die Kommission oder durch das Schaffen von Ermessenspielräumen für den nationalen Gesetzgeber, nicht mehr möglich ist.

c) Fragen der Verfahrensdauer

Problematisch ist der Vorrang des dezentralen Rechtsschutzes auch wegen der längeren Dauer des Verfahrens bis zu einer Entscheidung über die unionsrechtliche Fragestellung. Zwar dauert grundsätzlich ein Vorlageverfahren nicht länger als ein Direktverfahren, manchmal ist es sogar umgekehrt (noch Kapitel 5 § 1). Jedoch steht das Verfahren erst nach Beschreiten des innerstaatlichen Rechtswegs zur Verfügung. Dies erscheint besonders, wenn es dem Rechtsschutzsuchenden allein darum geht, die Gültigkeit eines Rechtsaktes der Union in Frage zu stellen, problematisch. Wenn eine Vorlage erst in letzter Instanz erfolgt, da erst für diese eine Vorlagepflicht nach Art. 267 Abs. 3 AEUV besteht, können bereits erhebliche Konsequenzen eingetreten sein. Außerdem spricht das Bedürfnis nach *Rechtssicherheit* dafür, in diesen Fällen eine schnellere, direkte Klagemöglichkeit bereitzustellen: Ein Betroffener muss schnell erfahren, ob ein auf ihn anzuwendender Akt gültig ist.[94]

Wenn gegen eine Erweiterung des Individualzugangs vorgebracht wird, es drohe dadurch *eine Verlängerung der Verfahrensdauer* vor den Unionsgerichten angesichts der durch den zu erwartenden Anstieg der Direktklagen bedingten Überlastung derselben,[95] ist dem entgegenzuhalten, dass der Zugang zu einem Gericht im Sinne der Effektivität des Rechtsschutzes selbst in einem schwerfälligeren Verfahren gegenüber einem ineffektiven, unzumutbaren oder im Einzelfall sogar verweigerten Zugang vorzuziehen wäre.[96] Dass sich die Verfahrensdauer verlängert, ist zudem nicht zwingend die Folge einer solchen Reform. Dem steigenden Klagevolumen aufgrund der Erweiterung des Individualzugangs stünde schließlich ein Rückgang anderer Verfahren, insbesondere von Vorlagen und Schadensersatzklagen, gegenüber, die derzeit die einzigen Mittel sind, um Bürgern, die nicht zugleich unmittelbar und individuell von einer unionsrechtlichen Regelung betroffen sind, Individualrechtsschutz zu gewähren. Wahrscheinlich ist zwar, dass sich die Zahl der Nichtigkeitsklagen vervielfachen wird. Da die Klagen, die gegen abstrakt-generelle Rechtsakte gerichtet sind, aber häufig denselben Klagegegenstand haben werden, kann einer Verlängerung der Verfahrens-

---

[94] Vgl. *Borowski,* EuR 2004, 879 (898); *Koch,* E.L.Rev. 2005, 30 (4), 511 (515); *Böcker,* S. 109. Dies verkennt *Baumeister,* EuR 2005, 1 (21 f.).
[95] So *Karper,* S. 135; *Baumeister,* EuR 2005, 1 (22).
[96] So *Munding,* S. 553 f.

dauer durch die Verbindung der Rechtssachen entgegengewirkt werden.[97] Zudem kann die Gefahr der Überlastung keine besondere Bedeutung erlangen. Sie zu verhindern, ist eine Frage des Verfahrens- und Gerichtsverfassungsrechts und der Zulässigkeitsvoraussetzungen. Jedenfalls kann die Gefahr der Überlastung keinesfalls Argument für die Vorenthaltung eines effektiven Rechtsschutzes sein.[98]

d) Praktische Konkordanz zwischen Art. 251 ff. AEUV und Art. 47 GRC

Trotz der dargestellten Probleme wird überwiegend angenommen, dass die Union durch Art. 47 GRC nicht verpflichtet sei, die Verträge zu ändern oder gar neue Klagemöglichkeiten zu schaffen.[99] Soweit ausreichende Klagemöglichkeiten auf supranationaler Ebene nicht zur Verfügung stehen, seien die Mitgliedstaaten in der Pflicht, für Abhilfe zu sorgen.[100] Sei dennoch kein Rechtsschutz zu erlangen, der auch auf die Aufhebung der ursprünglichen Beschwer gerichtet ist, oder sei er nur eröffnet, wenn gegen strafbewehrte Bestimmungen verstoßen wird, müsse dies akzeptiert werden.[101]

Da die Art. 251 ff. AEUV ebenso wie die Art. 47 ff. GRC im Rang von Primärrecht stehen, kann auch der *EuGH* nicht unter Berufung auf den Rechtsschutzgrundsatz eine gerichtsverfassungsrechtliche Regelung aus dem genannten Kanon unbeachtet lassen.[102] Wozu die Unionsgerichte nach Art. 47 GRC verpflichtet sind, ist eine Auslegung der Vorschriften über die Gerichtsorganisation und Klageformen im Lichte der Grundrechte.[103] Eine Lösung ist über den Grundsatz der *praktischen Konkordanz* zu suchen. Dies bedeutet aber auch, dass die Abwägung nicht allein zu Lasten der Rechtsschutzgarantie gehen darf. Zudem können sich die Unionsgerichte nicht allein durch den pauschalen Verweis auf die Verpflichtung der Mitgliedstaaten, effektiven Rechtsschutz zu gewährleisten, entlasten.[104]

Die Grenze bildet der Wortlaut der Art. 251 ff. AEUV. Dabei sollte berücksichtigt werden, dass diese Normen zwar nominell denselben Rang haben mögen wie die Grundrechte der Charta, es sich aber bei Regeln zur Gerichtsbarkeit und

---

[97] Vgl. *Munding,* S. 554; *Rengeling,* FS Everling, S. 1187 (1196); dazu auch *Borowski,* EuR 2004, 879 (903).

[98] So auch *Rengeling,* FS Everling, S. 1187 (1196 f.).

[99] Schon auch *EuGH* Rs. C-50/00 P (UPA/Rat), (Fn. 18); *Jarass,* NJW 2011, 1393 (1395 f.). Diese Rechtsansicht ist auch in Art. 19 Abs. 1 UAbs. 2 EUV enthalten.

[100] Vgl. *EuGH* Rs. C-50/00 P (UPA/Rat), (Fn. 18).

[101] *EuGH* Rs. C-50/00 P (UPA/Rat), (Fn. 18).

[102] Ebenso *Baumeister,* EuR 2005, 1 (12 f.); *Schenke,* FS Schenke, S. 305 (319 f.).

[103] Vgl. auch *Pechstein,* Rn. 26.

[104] Vgl. *Munding,* S. 547 f.; *Böcker,* S. 71 f.

§ 1 Leitlinien der Verfahrensreform

den Verfahrensformen eigentlich nicht um Gegenstände des „Verfassungsrechts" handelt. Die Mitgliedstaaten dürften entsprechende Regeln daher überwiegend unterhalb der Ebene, der die Grundrechte angehören, angesiedelt haben. Dort ist die vorrangige Beachtlichkeit der Grundrechte daher kaum zu bestreiten.

Zwar fordert Art. 47 GRC per se keine prinzipale Normenkontrolle (vgl. Kapitel 1 § 3 C. I. 3.), die Norm garantiert aber effektiven Rechtsschutz. Wenn dieser nicht anders als durch einen direkten Rechtsschutz gegen ein „Gesetz" hergestellt werden kann, kann dieser jedenfalls nicht allein mit dem Hinweis darauf verweigert werden, dass sich aus Art. 47 GRC eine solche Forderung nicht selbstständig ergebe. Auch kann als Gegenargument nicht überzeugen, der Rechtsschutzgewinn sei gering, denn Rechtsschutzlücken sind grundsätzlich zu schließen, egal wie klein sie sein mögen. Sollte am Wortlaut der formell gleichwertigen Regelungen eine direkte Klagemöglichkeit scheitern, bedeutet dies zudem nicht, dass eine Rechtswegeröffnung nicht *de lege ferenda* zu fordern ist, wobei die Mitgliedstaaten als verfassungsgebendes Organ wohl tatsächlich nicht unmittelbar aus Art. 47 GRC verpflichtet werden können.

Allerdings könnten die festgestellten Mängel den *EGMR* auf den Plan rufen, zumal der Beitritt der EU zur EMRK kurz bevor steht, denn die Union ist auch heute schon in gewissem Umfang an die Gewährleistungen der Konvention gebunden, ohne ihrem Rechtsschutzmechanismus unterworfen zu sein. Dass der *EGMR* seine Reservekompetenz[105] in diesem Fall wahrnimmt, wäre durchaus denkbar. Kann der Beschwerdeführer darlegen, dass durch die Begrenzungen der Individualnichtigkeitsklage Grundrechtsschutz im Prinzip ausgeschlossen ist, könnte eine Individualbeschwerde zum *EGMR* (Art. 34 EMRK) erfolgversprechend sein.[106] Nicht zuletzt sollte die EU gewahr sein, dass der *EGMR* seine Bosphorus-Rechtsprechung nicht aufrecht erhalten kann, wenn diese Mitglied der Konvention wird.[107] Der *EGMR* fordert, dass jedes Mitglied der EMRK wirksamen Rechtsschutz gegen Konventionsverletzungen bietet (Art. 13 EMRK). Zwar fordert auch der *EGMR* bisher keinen Rechtsschutz gegen Legislativakte,[108] Zweifel an der Ebenbürtigkeit unionaler und nationaler Gesetzgebungsakte wurden allerdings bereits zum Ausdruck gebracht, so dass abzuwarten

---

[105] Schon Fn. 61; *EGMR* (GK) Bosphorus/Irland (Fn. 61); Matthews/Vereinigtes Königreich (Fn. 61); s.a. *Esser*, StRR 2010, 133 (134). Knapp: *Schiwek*, S. 165 ff.
[106] Siehe *Schiwek*, S. 176 ff., auch zu weiteren Lücken: Beschränkungen des Rechtsschutzes i. R. d. früheren Dritten Säule bis Ende 2014, wobei der fehlende Individualzugang nur unzureichend durch das Vorlageverfahren kompensiert wird, vor allem weil viele Staaten die Jurisdiktionsgewalt des *EuGH* nicht anerkannt haben; auch das Primärrecht ist der Rechtsprechungskompetenz der Unionsgerichte entzogen. Zur Frage der Zulässigkeit von eventuellen Individualbeschwerden: *Vondung*, S. 193 ff., auch zu Terrorlisten.
[107] *Kirchmair*, ZfRV 2012, 148 (154).
[108] *EGMR* Leander/Schweden, Beschw.-Nr. 9248/81, 26.3.1987, Serie A 116, § 77.

bleibt, ob der *EGMR* den „Unionsgesetzen" angesichts ihrem geringeren Legitimationsgrad denselben (Bestands-)Schutz zubilligen wird.[109]

2. Direkter Rechtsschutz gegen Strafverfolgungsbehörden

Auch der von Maßnahmen unionaler Ermittlungsbehörden Betroffene muss die Möglichkeit haben, diese kontrollieren zu lassen. Dies fordert eindeutig Art. 47 GRC (vgl. schon Kapitel 3, insbesondere § 5). Da Ermittlungsmaßnahmen häufig im Geheimen stattfinden und es dem Betroffenen daher nicht möglich ist, diese im Voraus abzuwehren, ist dafür Sorge zu tragen, dass nach Erledigung der Maßnahme *nicht das Rechtsschutzinteresse verneint* wird. Vielmehr muss eine Art *Fortsetzungsfeststellungsklage* bestehen. Zudem dürfen für die Geltendmachung einer *Klagebefugnis* allgemein keine allzu hohen Anforderungen gestellt werden. Es sollte gerade bei noch laufenden Maßnahmen ausreichen, wenn der Kläger geltend machen kann, dass er möglicherweise von ihnen betroffen ist, jedenfalls wenn er – wie etwa im Regelfall der *verdeckten* Datenverarbeitung – nicht von der Maßnahme in Kenntnis gesetzt wird.

In diesem Zusammenhang ist auch zu fordern, selbstständige und unmittelbar grundrechtsbeeinträchtigende *Ermittlungsmaßnahmen* nicht von der Überprüfbarkeit auszunehmen, weil sie keine verfahrens*abschließenden* Ereignisse darstellen. Vielmehr sollte es darauf ankommen, ob bereits durch die konkrete Maßnahme eine Beeinträchtigung von Rechten stattfindet. Sobald diese Frage bejaht werden muss, kann nicht angenommen werden, dass die Maßnahme, weil sie nur einen Verfahrenszwischenschritt darstellt, keine Rechtswirkungen entfaltet. Das gilt auch für Fragen der Datenverarbeitung.

Auch ist erforderlich, dass nicht nur die Nichtigkeit eines Aktes festgestellt, sondern auch das Organ jenseits der Untätigkeitsklage und der Pflicht aus Art. 266 Abs. 1 AEUV, die sich aus einem Urteil ergebenden Maßnahmen zu ergreifen, *zu einem bestimmten Verhalten* verpflichtet werden kann.

Für die Frage des Verhältnisses von Art. 47 GRC zu den Art. 251 ff. AEUV ist auf die obigen Ausführungen hinzuweisen [1. d)].

II. Fazit

Ihre grundrechtliche Schutzaufgabe können die Unionsgerichte nur erfüllen, wenn ihnen auch die Möglichkeit gegeben wird, die Grundrechte im Rahmen des Raums der Freiheit, der Sicherheit und des Rechts weiterzuentwickeln. Solche Möglichkeiten werden ihnen aber nur diejenigen einräumen können, deren Rechte durch die Maßnahmen betroffen sind. Das sind nicht die Mitgliedstaaten

---

[109] *Kirchmair*, ZfRV 2012, 148 (155 f.), hält eine Verurteilung nach Art. 13 EMRK nicht für ausgeschlossen; s. a. *Vondung*, S. 281 ff.

oder die EU-Institutionen. Die Bürger der EU müssen die Möglichkeit haben, ihre Grundrechte effektiv zu schützen. Das geht nicht über den Filter der mitgliedstaatlichen Gerichte, die noch nicht einmal in jedem Fall angerufen werden können. Damit soll nicht die Erforderlichkeit des Art. 19 Abs. 1 UAbs. 2 EUV an sich in Frage gestellt werden, sondern nur dass diese Aufgabenzuweisung die Lösung für jegliches Problem der Rechtsschutzeffektivität bereit hält. Nachdem nationale und europäische Ebene ineinandergreifen werden müssen, hat die Verpflichtung der Mitgliedstaaten, die Kooperation zu ermöglichen, durchaus eine Berechtigung.

Jedenfalls für das Unionsstrafrecht muss aber der direkte Rechtsschutz erweitert werden. Nur der Schutz der Grundrechte durch die Unionsgerichte stellt deren tatsächliche Wirksamkeit sicher. Erforderlich ist daher eine direkte Beschwerdemöglichkeit nicht nur vor den „funktionalen Unionsgerichten", sondern auch vor den institutionellen. Die Einheitlichkeit und Effektivität des Rechtsschutzes machen die Einführung einer Direktklage vor allem gegen Gesetzgebungsakte der Union erforderlich. Eine erweiterte Nichtigkeitsklage wäre insoweit der *transparentere,* eindeutigere Rechtsbehelf.[110] Dagegen würde mit der Grundrechtsbeschwerde als vollkommen neuer Verfahrensart die Rechtswegklarheit beeinträchtigt; ihr Anwendungsbereich würde sich zwangsläufig mit bestehenden Klagearten überschneiden.[111]

C. Verbesserung des dezentralen Rechtsschutzes im Übrigen

I. Vorabentscheidungsverfahren als Protagonist des Systems

Wenngleich also eine Erweiterung der Direktklagemöglichkeiten als notwendiger Schritt erachtet werden muss, so ist doch evident, dass das Vorabentscheidungsverfahren der Protagonist des Rechtsschutzsystems bleiben wird. Die Fälle, in denen direkter Rechtsschutz derzeit noch fehlt, sind tatsächlich zahlenmäßig von untergeordneter Bedeutung. Zudem kann direkter Rechtsschutz nur in beschränktem Umfang statthaft sein, vor allem in zeitlicher Hinsicht, um *Rechts-*

---

[110] Siehe *Abetz,* S. 142. Dagegen *Dauses,* Gutachten, D 142, gerade umgekehrt. – Dass andererseits die Regelungsdichte seitens der Union auf das Nötigste zurückgefahren wird, um die Rechtsschutzeffektivität durch nationale Gerichte, etwa mittels Verfassungsbeschwerde, aufrecht zu erhalten, bleibt dagegen Wunschdenken, vgl. dazu *Britz,* NJW 2012, 1313 (1317). Ein Rückzug auf Art. 19 Abs. 1 UAbs. 2 AEUV scheint aber dann schon fast als Hohn: Die Union gibt den Mitgliedstaaten damit auf, was sie selbst verweigert, insbesondere Rechtsschutz gegen Gesetze, sofern anders ein Anknüpfungspunkt für eine Vorlage nicht hergestellt werden kann. Dies jedenfalls, sofern man nicht davon ausgeht, dass Art. 19 Abs. 1 UAbs. 2 AEUV ein unionsrechtliches Gebot enthält, mitgliedstaatliche Durchführungsmaßnahmen nur in einer solchen Form zu erlassen, dass sie auch nach dem jeweiligen nationalen Recht ohne Weiteres anfechtbar wären; zu diesem Gedanken *Petzold,* EuR 2012, 443 (450).
[111] Nach *Rengeling,* FS Everling, S. 1187 (1197 f.), kann die Gefahr insb. durch Gerichtsverfassungsregelungen entschärft werden, den Subsidiaritätsgrundsatz etc.

wegklarheit zu gewährleisten. Dem Einzelnen muss also eine Rechtsschutzmöglichkeit geboten werden, um die Einleitung eines Strafverfahrens gegen sich zu verhindern, indem das Strafgesetz selbst einer Überprüfung unterzogen wird. Nutzt er diese Chance nicht und ist ein Verfahren gegen ihn bereits eingeleitet, so muss er auf den nationalen Rechtsweg verwiesen bleiben, weil jetzt der nationale Hoheitsträger ihm gegenüber tätig wird. Ohnehin wird dies offensichtlich, wenn die Bestandskraft eines Ordnungswidrigkeitsbescheids droht oder strafrechtliche Anklage bereits erhoben ist.

Erst recht ist das Vorabentscheidungsverfahren in den Fällen von Bedeutung, in denen eine *Belastung* noch nicht unmittelbar aus dem Unionsrechtsakt folgt, sondern erst aus dem *nationalen Umsetzungsakt*. Selbst wenn also die Direktklagemöglichkeiten erweitert würden, wäre das Vorabentscheidungsverfahren häufig weiterhin die einzige Möglichkeit eines effektiven Individualrechtsschutzes; dies folgt aus dem Vollzugssystem der Union, dass sich auch in Zukunft nicht ändern kann und wird. Die EU wird immer in gewissem Umfang darauf angewiesen bleiben, dass ihre Mitgliedstaaten das Unionsrecht anwenden und durchsetzen. Dass eine kooperative Sicherung des Rechtsschutzes weiterhin erforderlich ist, ergibt sich auch aus dem Verwerfungsmonopol des *EuGH*.[112] Ein nationales Gericht könnte einen Unionsrechtsakt selbst dann nicht für nichtig erklären, wenn es davon überzeugt wäre, dass dieser gegen die Grundrechte der Union verstößt.

Es gilt daher, das Vorabentscheidungsverfahren rechtsschutzfreundlicher zu gestalten, was notgedrungen mit der Einführung eines Anspruchs des Einzelnen auf Einleitung eines Vorlageverfahrens einhergehen muss (III.). Dieser Schritt dürfte auch für den geneigten Europarechtswissenschaftler leichter fallen, wenn er sich auf folgende Zwischenüberlegung einlässt (II.):

II. Unionsgerichte als Fachgerichte für das Europäische Strafrecht

Das Problem der meist eindimensional aus verfassungs- und verwaltungsrechtlicher Perspektive geführten Diskussion um die Unionsgerichtsbarkeit ist, dass sie die Bedürfnisse der Zivil- und Strafgerichtsbarkeit nur allzu leicht aus den Augen verliert. Vor allem der *EuGH* wird weitgehend als Verfassungsgericht verstanden, das über die Rechtmäßigkeit der aus seiner Rechtsordnung stammenden Gesetzgebungsakte urteilen muss. Dies ist dem in der Bundesrepublik sozialisierten Rechtswissenschaftler durchaus verständlich.

Interessant erscheint insoweit der Ansatz von *Bruns,* der nicht die als verfassungsgerichtliche Aufgabe begriffene, durch ein Individuum auszulösende Gesetzeskontrolle als Vergleichsmaßstab für die Gestaltung des unionalen Rechtsschutzsystems bestimmt, sondern den *Individualzugang zu den jeweiligen höchs-*

---

[112] Vgl. auch *Haratsch,* EuR-Beih. 3/2008, 81 (92).

ten Fachgerichten. Dabei bezieht er zwar auch den Zugang zu den Verfassungsgerichten in seine rechtsvergleichenden Überlegungen mit ein, leitet dies aber letztlich daraus her, dass die Grenze zwischen einfachgesetzlicher fachgerichtlicher Streitigkeit und verfassungsrechtlicher Streitigkeit ohnehin meist schwer zu bestimmen sei.[113] So schließt er seine Ausführungen zu der Rechtslage in den verschiedenen Gerichtssystemen mit den Worten: „Ein Prozessrechtssystem ohne jedweden Individualzugang zur höchsten Instanz zeigt sich im Rechtsvergleich nicht."[114] Dieses Fazit gilt zwar der Zivilgerichtsbarkeit, die Aussage ist aber auf die Strafgerichtsbarkeit übertragbar, zumal angesichts der meist tiefgreifenden Auswirkungen strafgerichtlicher Urteile.[115]

Explizit als solche benannte Fachgerichte für das Strafrecht gibt es auf Unionsebene nicht. Doch nehmen das *EuG* und der *EuGH* diese Aufgabe funktionell wahr. Es liegt sogar noch näher, in der strafrechtlichen Funktion nicht erst eine letztinstanzliche Zuständigkeit zu sehen, bloß weil eine Vorlagepflicht erst für letztinstanzliche nationale Gerichte besteht. Vielmehr ist der *EuGH* im Falle des Vorabentscheidungsersuchens nach derzeitiger Rechtslage das *erstinstanzliche Fachgericht für Europäisches Strafrecht.*[116]

Die Gleichstellung der Gesetzeskontrolle auf Unionsebene mit derjenigen gewachsener mitgliedstaatlicher Rechtsordnungen erscheint ohnehin fragwürdig, ist doch die Struktur eine völlig andere. Nicht nur, dass die demokratische Legitimation auch nach der Reform von Lissabon noch immer unzureichend erscheint (schon oben). Noch problematischer ist der Umgang mit diesem Mittel. Die Regulierungsdichte eines europäischen Gesetzes unterscheidet sich meist kaum von untergesetzlichen Rechtsakten. Die Verteilung der Rechtssetzungsbefugnisse auf den Gesetzgeber oder vielmehr, die Zuweisung des Rechtssetzungsverfahrens, ist weitgehend ohne Systematik erfolgt. So scheint es, dass die Kontrolle abstraktgenereller Unionsrechtsakte, mögen diese auch als „Gesetz" betitelt werden, übertragen auf die deutsche Rechtslage, eine Aufgabe darstellt, die nach § 47 VwGO den Fachgerichten zugewiesen wäre, nicht dem Verfassungsgericht.

III. Anspruch auf Einleitung des Vorabentscheidungsverfahrens

Bereits ausgeführt wurde, dass ein *effektiver Rechtsbehelf gegen unterlassene Vorlagen nicht* existiert (siehe schon Kapitel 2 § 3 E. II.). Tatsächlich kann ein

---

[113] So *Bruns,* JZ 2011, 325 (326 ff.), für die Rolle des *EuGH* i. R. d. Zivilgerichtsbarkeit, vgl. auch *Remien,* in: Zivilgerichtsbarkeit, S. 227 (237 ff.), zur Revision zu einem Fachgericht für Zivilrecht; kritisch: *Hess,* in: Zivilgerichtsbarkeit, S. 181 (198 f.).
[114] Vgl. *Bruns,* JZ 2011, 325 (328 f.).
[115] So ist z. B. in der Bundesrepublik keine Zulassung zum höchsten Strafgericht erforderlich, ebenso in Belgien oder Frankreich. Zu grundlegenden Informationen über Gerichtssysteme, vgl.: https://e-justice.europa.eu (zuletzt: 20.10.2013).
[116] *Bruns,* JZ 2011, 325 (330), erwägt dies für die zivilgerichtliche Kontrollfunktion.

solcher auch kaum konstruiert werden (siehe im Folgenden). Damit verstößt die Union nicht nur gegen Art. 47 GRC, sondern nach dem Beitritt zur EMRK zumindest im Falle der willkürlichen Verweigerung einer Vorlage auch gegen Art. 6 EMRK bzw. Art. 13 EMRK.[117] Wegen der drohenden Verurteilung durch den *EGMR* und angesichts der Verpflichtungen aus Art. 52 Abs. 3 und Art. 53 GRC ist daher über eine Modifikation des Rechtsschutzsystems nachzudenken.[118] Durch das Fehlen eines Durchsetzungsmechanismus ist außerdem der Integrationsprozess beeinträchtigt, da die Rechtszersplitterung durch die Missachtung der Vorlagepflicht nicht verhindert werden kann.[119]

Dem Anspruch auf effektiven Rechtsschutz kann – nicht nur unter der Prämisse der Ausweglosigkeit der Suche nach Behelfen zur wirksamen Durchsetzung der Vorlagepflicht (vgl. sogleich IV.) – letztlich überhaupt nur genügt sein, wenn ein *Individualzugang* zum zuständigen Unionsgericht *spätestens* in der *letzten Instanz* besteht. Die Stärkung der Position des Einzelnen im Vorlageverfahren kann den Individualzugang nicht ersetzen. Generell kann eine Vorlagemöglichkeit den Individualzugang vielmehr nur flankieren. Dies gilt umso mehr, wenn man sich die fachgerichtliche Komponente jeder Entscheidung im Vorabentscheidungsverfahren vor Augen hält.[120] Dass dadurch der Charakter des Vorabentscheidungsverfahrens wesentlich verändert wird, ist zwar unbestreitbar wahr, spricht aber keinesfalls gegen eine solche Reform. Wie *Vondung* zu Recht feststellt, sind weder die Verfahrensautonomie der Mitgliedstaaten noch die dialogische Prägung des Verfahrens „Selbstzweck".[121] Schließlich muss auch insoweit daran erinnert werden, dass angesichts des Beitritts zur EMRK jegliche Möglichkeit der Selbstkontrolle positiv zu sehen ist.[122]

---

[117] Zweifelnd: Meyer/*Eser,* Art. 47 GRC Rn. 31; s. aber *Lenski/Mayer,* EuZW 2005, 225; *Piekenbrock,* EuR 2011, 317 (341); *Kastelik-Smaza,* S. 81 f.; *EGMR* Ullens de Schooten u. Rezabek/Belgien, Beschw.-Nr. 3989/07, 38353/07, 20.9.2011, Rn. 62 ff.: keine Verletzung von Art. 6 EMRK, da das Unterbleiben der Vorlage mit CILFIT-Kriterien begründet wurde, eine Verletzung von Art. 13 EMRK als „Minus" wurde ebenfalls abgelehnt; vgl. aber *Schilling,* EuGRZ 2012, 133 (137 f.). *Haratsch,* EuR-Beih. 3/2008, 81 (92 f.), hält allg. Rechtsmittel für ausreichend. – Zu Art. 13 EMRK: *EGMR* (GK) Kudla/Polen, Beschw.-Nr. 30210/96, 26.10.2000, ECHR 2000-XI = NJW 2001, 2694. Die Rechtsprechung betraf unmittelbar überlange Verfahren, muss aber auf alle richterlichen Grundrechtsverstöße ausgedehnt werden, so auch *Lipp,* in: Zivilgerichtsbarkeit, S. 103 (111 ff.).
[118] So jedenfalls *Philippi,* S. 53; s.a. *Schomburg/Souminen-Picht,* NJW 2012, 1190 (1192, Zulassungsbeschwerde).
[119] Vgl. *Brakalova,* S. 327.
[120] *Bruns,* JZ 2011, 325 (330 f.), zufolge ist dies auch in der französischen Zivilgerichtsbarkeit nicht ausgeschlossen.
[121] Vgl. *Vondung,* S. 295.
[122] Erneut *Vondung,* S. 295.

IV. Keine Lösungsmöglichkeiten de lege lata

Der von Art. 267 AEUV gesteckte Rahmen ist eng; mittels richterlicher Auslegung allein kann keine wesentliche Verbesserung der Rechtsstellung des Einzelnen erreicht werden, wie die folgenden als kursorisch zu verstehenden Ausführungen zeigen sollen.

1. Kontrolle von Verletzungen der Vorlagepflicht durch den EuGH

Denkbar wäre *prima facie,* die bestehenden Mittel zur Durchsetzung der Vorlagepflicht effektiver zum Einsatz zu bringen, namentlich das Vertragsverletzungsverfahren [a] und die mitgliedstaatliche Haftung [b].

a) Verstärkte Anwendung des Vertragsverletzungsverfahrens

Die Kommission hat bisher – soweit ersichtlich – nicht ein einziges Mal ein Vertragsverletzungsverfahren wegen eines Verstoßes gegen die Vorlagepflicht des Art. 267 Abs. 3 AEUV eingeleitet.[123] Zwar wurde in der Rechtssache Kommission/Italien[124] eine Vertragsverletzung i. S. v. Art. 258 AEUV durch eine bestimmte Auslegung durch die italienischen Gerichte bejaht und damit die Möglichkeit einer Haftung im Vertragsverletzungsverfahren für judikatives Unrecht anerkannt. Fruchtbar gemacht wurde die dem immanente Möglichkeit der Annahme einer Vertragsverletzung durch die Judikative wegen eines Vorlageverstoßes indes nicht.[125]

Zwar stünde der Ausweitung des Verfahrens grundsätzlich nichts entgegen, obwohl wegen der damit einhergehenden, erheblichen Eingriffe in die Unabhängigkeit der Gerichte Vertragsverletzungsverfahren wohl nur bei systematischen oder vorsätzlichen Verstößen zu rechtfertigen wären.[126] Das Verfahren kann aber keinen echten Individualzugang herzustellen (oben Kapitel 2 § 3 E. II. 3.). Der Einzelne kann zwar ein Verfahren anregen und etwaige Verstöße melden. Die Einleitung liegt aber im Ermessen der Kommission, die Rechtsschutzgesichtspunkte schon wegen ihrer Aufgabenstellung nicht berücksichtigen kann, zumal die Prüfung aller in Frage kommenden Verfahren einen geradezu utopischen Arbeitsaufwand bedeuten würde, wenn man bedenkt, wie viele Urteile mit Unionsbezug jeden Tag ergehen.[127] Zudem wird durch eine etwaige Verurteilung nur der Ver-

---

[123] So auch *Karper,* S. 119; *Kastelik-Smaza,* S. 189.
[124] *EuGH* Rs. C-129/00 (KOM/Italien), 9.12.2003, Slg. 2003, I-14637. Bestätigt wurde dies in *EuGH* Rs. 224/01 (Köbler/Österreich), 30.9.2003, Slg. 2003, I-10239, wonach nationale Urteile die Staatshaftung nach Unionsgrundsätzen auslösen könne.
[125] Vgl. *Brakalova,* S. 314; *Karper,* S. 119.
[126] So auch *Kokott/Henze/Sobotta,* JZ 2006, 633 (641).
[127] Siehe *Karper,* S. 119 f.; *Edward,* in: Liber Amicorum Lord Slynn of Hadley, S. 119 (124).

tragsstaat verpflichtet; die Unabhängigkeit der Gerichte hindert einen Durchgriff der Entscheidung, so dass die Rechtskraft eines Urteils nicht durchbrochen würde.[128]

b) Erweiterung der mitgliedstaatlichen Haftungsgrundsätze

Denkbar wäre auch eine Weiterentwicklung der *Köbler*-Lehre,[129] um den Druck auf mitgliedstaatliche Gerichte zu erhöhen, das Bestehen einer Vorlagepflicht sorgfältiger zu prüfen.[130] Ein qualifizierter Verstoß könnte bereits dann angenommen werden, wenn die CILFIT-Rechtsprechung missachtet wird und daher eindeutig die Pflicht bestand, sich mit Unionsrecht zu befassen.[131]

Die engen Voraussetzungen, die der *EuGH* für Schadensersatzklagen aufgestellt hat, wären aber kaum auf die Situation der Verletzung der Vorlagepflicht übertragbar: Es muss zuvörderst ein subjektives Recht verletzt werden. Zwar kann die Verweigerung der Vorlage das Recht auf den gesetzlichen Richter verletzen. Dieses ist aber nicht mit einem Anspruch auf die Durchführung des Vorlageverfahrens gleichzustellen, den es nach der derzeitigen Rechtslage gerade nicht gibt. Zudem ist fraglich, wann ein qualifizierter Verstoß anzunehmen wäre.

Letztlich wird eine Schadensersatzhaftung dem Rechtsschutzziel des Betroffenen ohnehin nicht gerecht, da sie der eigentlichen Beschwer nicht abhilft. Eine strafrechtliche Verurteilung etwa wäre danach nicht aufzuheben. Der Verurteilte könnte lediglich eine Entschädigung für die Folgen der Verurteilung geltend machen, etwa einem Freiheitsentzug, den es eigentlich durch die Anrufung des zuständigen Gerichts auf Unionsebene zu vermeiden gilt.

2. Aufgabe der CILFIT-Rechtsprechung

Das Unionsrecht wird von nationalen Richtern häufig vernachlässigt, folglich auch ihre Vorlagepflichten. Dazu tragen nicht zuletzt die kaum praktikablen CILFIT-Kriterien bei. Das gilt vor allem für die Fallgruppe, dass die richtige Anwendung des Unionsrechts offenkundig sei und alle mitgliedstaatlichen Gerichte dieselbe Deutung der Vorschrift vornehmen würden.[132] Die CILFIT-Kriterien

---

[128] Siehe auch *Edward*, in: Liber Amicorum Lord Slynn of Hadley, S. 119 (124 f.); *British Institute of International and Comparative Law*, S. 78.

[129] Vgl. schon Kapitel 2 § 3 E. II. 4.

[130] Siehe *Munding*, S. 527.

[131] Vgl. *Fastenrath*, FS Ress, S. 461 (483 f.).

[132] *EuGH* Rs. 283/81 (CILFIT/Ministerio della sanità u.a.), 6.10.1982, Slg. 1982, 3415, Tz. 21. – Zu Zweifeln, ob die Rechtsprechung im Strafrecht überhaupt anwendbar ist, obwohl Grundrechte in besonderem Maße beeinträchtigt sein können: *Schiwek*, S. 130; *Dannecker*, in: Rengeling/Middeke/Gellermann (Hrsg.), § 38, Rn. 40; *Satzger*, Europäisierung, S. 662 f.; kritisch: *Hecker* § 6 Rn. 6. S.a. *Dittert*, EuR 2002, 708

sollten daher aufgegeben oder zumindest auf die Fallgruppe der gefestigten Rechtsprechung beschränkt werden.

Insoweit ist auf Art. 99 EuGH-VerfO hinzuweisen. Stimmt eine zur Vorabentscheidung vorgelegte Frage mit einer Frage überein, über die der Gerichtshof bereits entschieden hat, oder kann die Antwort auf eine solche Frage klar aus der Rechtsprechung abgeleitet werden, so kann der Gerichtshof durch Beschluss entscheiden, der mit Gründen zu versehen ist und auf das frühere Urteil oder auf die betreffende Rechtsprechung verweist. Der Gerichtshof kann auch durch Beschluss entscheiden, wenn die Beantwortung der zur Vorabentscheidung vorgelegten Frage keinen Raum für vernünftige Zweifel lässt. Bei vielen Fragen, die heute aufgrund der CILFIT-Rechtsprechung nicht an den *EuGH* gelangen, wäre also eine Entscheidungen durch Beschluss ohne mündliche Verhandlung denkbar. Zugleich wäre sichergestellt, dass eine umfassende Kontrolle auf unionaler Ebene möglich wäre und die Stellung des Angeklagten gestärkt würde. Auch könne der Gerichtshof eine Rechtsprechung nur ändern, wenn auch die Fälle gefestigter Rechtsprechung an ihn gelangen.[133] Einen echten Individualzugang ersetzt aber auch diese grundsätzlich begrüßenswerte Rechtsprechungsänderung nicht.

3. Änderung des Willkürmaßstabs des BVerfG

Fraglich ist, ob das Bundesverfassungsgericht eine Verbesserung herbeiführen könnte: Dem *BVerfG* wird vorgeworfen, mit seiner derzeitigen Rechtsprechungspraxis, wonach es für die Frage des Verstoßes gegen das Recht auf den gesetzlichen Richter nach Art. 101 GG auf die Vertretbarkeit der materiellen Entscheidung der jeweils zuständigen Fachgerichte ankommen soll, nicht auf die vertretbare Anwendung des Art. 267 AEUV, rege es die Fachgerichte geradezu dazu an, die Vorlagepflicht nach Art. 267 Abs. 3 AEUV zu missachten.[134] Es liegt daher nahe, den Maßstab für die Prüfung abzuändern. Einige Autoren schlagen vor, einen Verstoß gegen Art. 101 Abs. 1 S. 2 GG immer schon dann anzunehmen,

---

(718 f.); aber auch *Rennert*, EuGRZ 2008, 385 (387 f.), der allg. i. S. einer Verfahrensbeschleunigung eine Ausnutzung des Spielraums dieser Rechtsprechung fordert.

[133] Ähnlich *Trimidas*, CMLRev 2003 (40), 9 (18). Kritisch: *Herrmann*, EuZW 2006, 231 (234), angesichts der Schwierigkeit andere Filterkriterien zu entwickeln. – *Rennert*, EuGRZ 2008, 385 (388 f.), zieht einen Vergleich zum dt. Rechtsmittelrecht: Dem Instanzgericht ist die Entscheidung über die Zulässigkeit von Rechtsmitteln nur in positiver Hinsicht überlassen, *Rennert* fordert eine entsprechende Handhabung auf Unionsebene. Das letztinstanzliche Gericht sollte demnach immer verpflichtet sein, vorzulegen, der *EuGH* sollte die Entscheidung aber wegen Entbehrlichkeit einer Entscheidung zurückweisen können.

[134] So *Friedrich*, S. 72 f. Siehe aber auch *Calliess*, NJW 2013, 1905 (1908 ff.), dazu, dass in den neueren Entscheidungen des *BVerfG* die Unterschiede zwischen diesen Begründungssträngen zunehmend verwischen.

wenn Art. 267 Abs. 3 AEUV in unvertretbarer Weise angewendet worden sei:[135] Das wiederum müsse als gegeben erachtet werden, sobald sich die Entscheidung außerhalb der CILFIT-Kriterien bewegt. Insbesondere dürfe nicht erst dann von einer Auslegungsbedürftigkeit des Unionsrechts ausgegangen werden, wenn ein entgegenstehendes Urteil eines anderen Gerichts vorliegt.[136] Klärungsbedarf besteht auch, wenn ein Gericht erstmals mit einer Frage der Auslegung des Unionsrechts befasst ist.

Mit der Sorge, „oberstes Vorlagekontrollgericht" zu werden, könne eine Beschränkung des Prüfungsmaßstabes nach Ansicht von *Roth* und *Fastenrath* jedenfalls nicht gerechtfertigt werden; immerhin habe sich das *BVerfG* selbst dazu gemacht, als es den *EuGH* als gesetzlichen Richter im Sinne des Art. 101 Abs. 1 S. 2 GG anerkannt habe.[137] Sollte dahinter die Angst stecken, sich vertieft mit Unionsrecht auseinandersetzen zu müssen, so sei zuzugeben, dass das nicht die Aufgabe eines nationalen Verfassungsgerichts sei. Diese Gefahr bestehe aber gar nicht, da das *BVerfG* nur prüfen müsse, ob sich dafür, dass die fachgerichtliche Entscheidung in unvertretbarer Weise ergangen ist, vernünftige Argumente finden lassen. Insoweit treffe ohnehin den Beschwerdeführer die Darlegungslast im Rahmen der Begründung der Beschwerde.[138] Für eine striktere Prüfung spricht auch der Grundsatz der Europarechtsfreundlichkeit, wie auch die Gefahr von Amtshaftungsprozessen und sonstigen Formen unionsrechtlicher Verantwortlichkeit, wenn dies auch nicht ausreicht, um eine Pflicht zur umfassenden Prüfung von Vorlageverstößen zu begründen.[139]

---

[135] *Roth*, NVwZ 2009, 345 (350 f.), auch zum Folgenden. Dafür plädiert auch *Fastenrath*, FS Ress, S. 461 (480 f.): Ermessensspielräume bestünden weiterhin, etwa wenn zweifelhaft ist, ob eine Unionsnorm überhaupt einschlägig ist oder eine Frage hinreichend geklärt ist. Ähnlich: *Lenz/Staeglich*, NVwZ 2004, 1421 (1428); siehe auch *Schröder*, EuR 2011, 808 (826), der aber auf den effektiven Rechtsschutz als Prüfungsmaßstab rekurriert.

[136] Der vom *BVerfG* angewandte Maßstab sei falsch gewählt, da durch ihn die materiell-rechtliche und die prozessuale Rechtslage vermengt werden. Schon dass ein Gericht eine vertretbare Auslegung zugrunde gelegt hat, kann den Willkürvorwurf, der in materiell-rechtlicher Hinsicht nach Art. 3 GG zu erheben wäre, entkräften. Die prozessuale Vorlagepflicht nach Art. 267 Abs. 3 AEUV sei davon aber zu trennen und hinsichtlich dieser Pflicht bestehe bereits eine konkretisierte Rechtsprechung des *EuGH*, so *Roth*, NVwZ 2009, 345 (350 f.); s.a. *Schröder*, EuR 2011, 808 (820 ff.).

[137] Siehe *Roth*, NVwZ 2009, 345 (351); vgl. auch *Fastenrath*, FS Ress, S. 461 (477).

[138] *Roth*, NVwZ 2009, 345 (351), der auf den Maßstab der Vorlagepflicht nach Art. 100 Abs. 2 GG hinweist. Dort wird allerdings auf entgegenstehende Gerichtsentscheidungen verwiesen. Zudem sollen für ernsthafte Zweifel divergierende Ansichten von Völkerrechtslehrern ausreichen. *Roth* selbst kritisiert, dass es nicht auf die Vertretbarkeit der materiell-rechtlichen Entscheidung ankommen dürfe, sondern auf die Vertretbarkeit der Nichtvorlage. Darauf wollte er aber wohl hinaus: Der Beschwerte müsste also vortragen, warum eine bestimmte Auslegung nicht zweifelsfrei feststehe und die Vorlage nicht in Übereinstimmung mit der acte-clair-Doktrin entbehrlich war.

[139] Das potenzielle Eingreifen von Ersatzansprüchen macht *Schröder*, EuR 2011, 808 (822 f.), zudem überzeugend auf andere Weise als Argument für eine strengere Prüfung

Die Argumente überzeugen aber letztlich nicht: Es kann nicht die Aufgabe des *BVerfG* sein, die Einhaltung von Unionsrecht zu überprüfen. Auch fällt es nicht in seine Zuständigkeit, Deutschland vor Sanktionen zu bewahren, die im Vertragsverletzungsverfahren verhängt werden könnten, wenn ein deutsches Gericht seine Vorlagepflicht verkennt. Dies würde der Aufgabe des Verfassungsgerichts nicht gerecht: Es soll (allein) nationales Verfassungsrecht wahren, weshalb es einfach-rechtliche Verfahrensfehler gar nicht genügen lassen darf, um eine Verfassungsbeschwerde zu begründen. Nur so bleibt die Trennlinie zwischen einfachem Recht und Verfassungsrecht klar. Das *BVerfG* kann durch Art. 101 Abs. 1 S. 2 GG nicht zu einer Kontrollinstanz werden, das jeden den Fachgerichten unterlaufenen Verfahrensfehler korrigiert. Es ist nicht dazu berufen, als Superrevisionsinstanz die Auslegung und Anwendung des Unionsrechts voll zu überprüfen. Ihm obliegt also schlicht nicht mehr als eine Willkürkontrolle. Sache der Fachgerichte ist es dagegen, die Auslegung des materiellen Rechts zu klären; dies entspricht der althergebrachten Aufgabenverteilung, die das *BVerfG* gegenüber den Unionsgerichten auch hinsichtlich des europäischen Fachrechts beizubehalten sucht.[140]

Die Beschwerde würde den Rechtsschutzinteressen ohnehin nicht gerecht. Selbst wenn die Erfordernisse an die Begründetheit abgesenkt werden, kann mit einer erfolgreichen Verfassungsbeschwerde nur erreicht werden, dass eine Verletzung des Rechts auf einen gesetzlichen Richter festgestellt und die Sache an das Instanzgericht zurückverwiesen wird. Auch dann ist nicht sichergestellt, dass eine Vorlage erfolgt. Sie kann durchaus erneut verweigert werden. Letztlich kann also nicht mehr als die formale Auseinandersetzung mit dem Unionsrecht erzwungen werden.[141] Die Einlegung der Beschwerde hemmt auch nicht die Rechtskraft eines unionsrechtswidrigen Urteils.[142]

Zudem wäre über verfassungsgerichtliche Rechtsbehelfe wegen der Autonomie der Verfassungsordnungen eine einheitliche Entwicklung nicht denkbar. Durch einen Verweis auf solche außerordentlichen Rechtsbehelfe würde der Rechtsungleichheit der europäischen Bürger Vorschub geleistet. Die Rechtslücke kann daher nicht mit Hilfe des nationalen Verfassungsrechts ausgeglichen werden. Sie ist auf Unionsebene angelegt, dort muss sie geschlossen werden.[143]

---

fruchtbar: So führt er aus, die Parallelität von Primär- und Sekundärrechtsschutz sei an sich „wünschenswert, wenn nicht sogar zwingend".
[140] So auch *Britz*, NJW 2012, 1313 (1317); vgl. schon *Maschmann*, NZA 1995, 920 (930), der dies auch damit stützt, dass die Union, indem sie selbst keine Mechanismen zur Erzwingung der Vorlage vorsieht, zeige, dass ihr solche nicht erforderlich scheinen.
[141] S. a. *Raue,* GRUR 2012, 402 (409); anders *Kokott/Henze/Sobotta,* JZ 2006, 633 (636).
[142] Vgl. bei *Munding,* S. 528.
[143] Siehe *Munding,* S. 528; *Satzger,* Europäisierung, S. 663.

4. Fazit

Von den vorgeschlagenen Methoden sind manche zwar geeignet, das Bewusstsein für die Vorlagepflicht zu stärken. Verbesserungen der Rechtsschutzlage wären in der Praxis auch sicherlich zu erwarten. Einen subjektiven Anspruch auf Durchführung eines Vorlageverfahrens ersetzen die Vorschläge aber nicht.

D. Rechtsbehelf gegen auf dem Grundsatz der gegenseitigen Anerkennung basierende Maßnahmen

I. Nachteile der Übertragung des Grundsatzes auf das Strafrecht

Der Grundsatz der gegenseitigen Anerkennung trug wesentlich zur Erleichterung der Rechtshilfe bei, insbesondere indem auf das Erfordernis der gegenseitigen Strafbarkeit für bestimmte Deliktsbereiche verzichtet wurde.[144] Grundlage und auch Begründung für die Anwendung des Grundsatzes ist, dass auch im Bereich des Strafrechts keine harmonisierten Regelungen bestehen. Die Wirkweise ist dieselbe wie im Binnenmarktrecht: Letztlich resultiert er in der Erstreckung einer ausländischen Entscheidung in das Inland, unabhängig davon, ob die Anwendung des eigenen nationalen Rechts zum selben Ergebnis geführt hätte. Die Gleichwertigkeit der Entscheidungen ist zu akzeptieren, ohne sie in Frage zu stellen.[145]

Mit dem Anerkennungsgrundsatz gehen anderseits keine Pflichten für den Staat einher, dessen Entscheidungen anerkannt werden sollen, etwa bestimmte Mindeststandards des Vollstreckungsstaats zu beachten; lediglich der Vollstreckungsstaat wird durch diese Maxime verpflichtet, auf jegliche Kontrolle der Akte zu verzichten.[146] Dies setzt ein erhebliches Vertrauen in die Legitimität der aus anderen Mitgliedstaaten stammenden Entscheidungen voraus. Grundlage des Vertrauens soll sein, dass alle Mitgliedstaaten an die Charta und die EMRK gebunden und somit gemeinsamen Grundwerten verpflichtet sind.[147] Problematisch

---

[144] Vgl. *Nalewajko,* in: Europäisierung des Strafrechts, S. 297 (302). Zu insoweit problematischen Delikten: *Gallagher,* ERA Forum 2009, 495 (499).

[145] Vgl. *Nalewajko,* S. 88 f.; *Kirsch,* StraFo 2008, 449 (454).

[146] Dazu: *Kaufhold,* EuR 2012, 408 (414); aber *Nalewajko,* S. 90 f. (kein Automatismus).

[147] Vgl. *Nalewajko,* in: Europäisierung des Strafrechts, S. 297 (301). Aus Sicht der Vollstreckungsstaaten: *Kaiafa-Gbandi,* ZIS 2006, 521 (530 f.); s.a. *Andreou,* S. 71; *Heine,* S. 73 f.; *Perron,* FS Küper, S. 429 (435 ff.), dem zufolge der Grundsatz als kleineres Übel ggü. etwaigen Systembrüchen durch die Harmonisierung begriffen wird. – Auch wird kritisiert, dass die durch kulturelle Wertentscheidungen geprägten Strafrechtsordnungen zu unterschiedlich seien, als dass eine derart weitgehende Verpflichtung zur Anerkennung fremder Entscheidungen gerechtfertigt wäre, *Kistner-Bahr,* S. 104; *Nalewajko,* in: Europäisierung des Strafrechts, S. 297 (300, 302). Zu sich in verweigerter/verspäteter Umsetzung/Vollstreckung widerspiegelnden Problemen: *Kaufhold,* EuR 2012, 408 (416 f.).

§ 1 Leitlinien der Verfahrensreform 471

ist in diesem Zusammenhang vor allem die geplante *Europäische Ermittlungsanordnung*.[148] Nationale Beschränkungen können ausgehebelt werden, wenn die Durchführung von Ermittlungsmaßnahmen von einem anderen Staat erbeten wird, etwa der Zweckbindungsgrundsatz nach deutschem Recht. Beweisverwertungsverbote verlieren angesichts der Verkehrsfähigkeit und der europaweit unterschiedlichen Handhabung von solchen Verboten weitgehend an Bedeutung.[149]

Die Übertragung des Prinzips vom Binnenmarktrecht auf die strafrechtliche Zusammenarbeit ist vor diesem Hintergrund aber *für Beschuldigte* äußerst problematisch, mag es auch für die Verfolgungsbehörden wesentliche Erleichterung gebracht haben: Auf dem Anerkennungsgrundsatz beruhende Maßnahmen der strafrechtlichen Zusammenarbeit haben überwiegend repressive Tendenzen und führen zur Minderung von Rechten der Betroffenen,[150] von der Rechtsprechung zum Doppelbestrafungsgrundsatz einmal abgesehen.[151] Zwangsmaßnahmen, die durch andere Länder verhängt bzw. getroffen wurden, werden unabhängig davon durchgeführt, ob das Schutzniveau hinsichtlich der Rechte des jeweiligen Bürgers vergleichbar ist,[152] unter Aushebelung vieler Rechtshilfehindernisse, die zwar nicht primär die Rechte der Betroffenen schützen sollen, aber zumindest einen *Schutzreflex* aufweisen.

Indem auf das Erfordernis der beiderseitigen Strafbarkeit verzichtet wird, verhilft das Prinzip zudem der *punitivsten Rechtsordnung* zur Durchsetzung.[153] Erhebliche rechtsstaatliche Probleme entstehen auch daraus, dass der Bürger einer Vielzahl von Geltung beanspruchenden Rechtsordnungen ausgesetzt sein kann. Dieses Nebeneinander führt dazu, dass es für die Bürger nicht mehr vorhersehbar ist, welche Verhaltensweisen strafbar sind und welches Strafmaß zu erwarten ist. Das wiederum stellt eine Gefahr für den Grundsatz der *Rechtssicherheit* dar. Dieses Prinzip ist insbesondere dann gefährdet, wenn nicht nur das strafrechtlich Verbotene in den einzelnen Staaten verschieden ist, sondern auch, wenn wegen

---

[148] Eingehend zur Europäischen Beweisanordnung: *Esser*, FS Roxin, S. 1497 (1501 ff., zum Richtlinien-Entwurf für die Ermittlungsanordnung: S. 1510 ff.).
[149] So auch *Esser*, FS Roxin, S. 1497 (1506 f.); kritisch: *Kistner-Bahr*, S. 105 ff., zu Beweisen als „Wirtschaftswaren".
[150] Vgl. *Schermuly*, S. 67, 70 f., zum einseitigen Schutz der Sicherheit; s. a. *Lüderssen*, in: AE Europäische Strafverfolgung, S. 45 (49); *Gallagher*, ERA Forum 2009, 495 (497 f.). *Reding*, „The Future of European Criminal Justice under the Lisbon Treaty", Rede v. 12.3.2010, unter: http://www.uni-koeln.de/jur-fak/kress/WilkitzkiSS2011/11-RedingLissabon.pdf (zuletzt: 20.10.2013).
[151] Zu weiteren vorteilhaften Reflexen (Beschleunigung, Abmilderung der Nachteile der Transnationalität des Verfahrens: *Kaiafa-Gbandi*, ZIS 2006, 521 (531); *Heine*, S. 73.
[152] Siehe *Wolter*, FS Kohlmann, S. 693 (714); *Nalewajko*, S. 91 ff.; *Andreou*, S. 72; *Heine*, S. 69 ff.
[153] Vgl. etwa *Kaiafa-Gbandi*, ZIS 2006, 521 (528); a. A. *Andreou*, S. 74 f.

der weitgehenden Anknüpfungspunkte des jeweiligen nationalen Strafrechts mehrere Strafrechtsordnungen anwendbar sind.[154]

Aus Sicht des Beschuldigten besteht zudem die Gefahr des *forum shoppings,* dass also Maßnahmen dort ergriffen werden, wo die geringsten Schranken für Grundrechtseingriffe bestehen.[155] In den Mitgliedstaaten werden *Beschuldigtenrechte* unterschiedlich gehandhabt. Unbilligkeiten können sich etwa daraus ergeben, dass die Verurteilung aufgrund von in anderen Rechtsordnungen erlangten *Beweisen* erfolgen soll, der Beschuldigte aber – anders als in der eigenen Rechtsordnung – keinen Anspruch darauf hat, dass sein Verteidiger bei Vernehmungen anwesend ist. Auch im *Strafvollzug* herrschen kaum vergleichbare Bedingungen. Die Verschlechterung der Rechtsposition kann aber auch bereits aus rein *praktischen Umständen* folgen, etwa daraus dass die Verhandlungssprache eine andere ist oder der Verhandlungsort weit vom Wohnort entfernt ist, aber auch dadurch, dass Entscheidungen korruptionsbelasteter Staaten anerkannt werden.[156]

Zudem ist nur schwer erkennbar, wo der Betroffene Rechtsschutz erlangen kann. Erfolgt eine Trennung nach Anordnung und Vollstreckung, führt dies bei grenzüberschreitenden Verfahren dazu, dass Rechtsschutz gegen das „Ob" der Maßnahme vor den Gerichten des Anordnungsstaates zu suchen ist, während sich die Rechtsbehelfe gegen das „Wie" nach dem Recht des Vollstreckungsstaates richten. Schon durch diese Trennung wird der Betroffene erheblich benachteiligt.[157] Wie wird sichergestellt, dass er über die unterschiedlichen Klagebedingungen, etwa Fristen, Zuständigkeiten etc., informiert wird? Wie werden Unsicherheiten darüber, ob die Gerichte des Vollstreckungsstaats oder des Anordnungsstaats zuständig sind, ausgeräumt, etwa wenn die Anordnung bereits detaillierte Angaben zur Art und Weise der Vollstreckung enthält.[158] Wie wäre zu verfahren, wenn in einem der beteiligten Staaten Rechtsschutz in diesem Verfahrensstadium nicht vorgesehen ist?[159]

Durch Sprachschwierigkeiten und mangelndes Verständnis der fremden Rechtsordnung – man kann davon ausgehen, dass mindestens eines der Rechtssysteme für den Beschuldigten ein fremdes ist – wird der Rechtsschutzsuchende zusätzlich beschwert. Dies macht es erforderlich, dass der Betroffene nicht nur im Vollstreckungsstaat, sondern auch im Anordnungsstaat Verteidigerbeistand er-

---

[154] Vgl. *Sieber,* ZStW 121 (2009), 1 (14).
[155] Siehe *Lüderssen,* in: AE Europäische Strafverfolgung, S. 45 (47); s.a. *Nalewajko,* in: Europäisierung des Strafrechts, S. 297 (302 f.); *Heine,* S. 78 f.
[156] Siehe *Sieber,* ZStW 121 (2009), 1 (9 f.).
[157] *Esser,* FS Roxin, S. 1497 (1505 f.), geht sogar davon aus, dass diese Aufspaltung gegen Art. 13 EMRK verstößt.
[158] Mangels Zuständigkeitsregelungen besteht die Gefahr, dass sich kein Gericht für den Rechtsbehelf des Beschuldigten für zuständig hält, so *Heine,* S. 75; s.a. *Gaede,* in: Böse (Hrsg.), § 3 Rn. 50 f.
[159] Zu den Fragen z.T. *Weertz,* S. 245 ff.; zur Gefahr von Divergenzen: *Heine,* S. 76.

hält, denn kaum ein Verteidiger wird hinreichende Kenntnisse des fremden Rechtssystems aufweisen. Dies bringt nicht nur erhebliche finanzielle Belastungen mit sich.[160] Der Verteidiger wäre außerdem weitgehend auf sich gestellt, während Strafverfolgungsbehörden auf europäischer Ebene über verschiedenste Unterstützungsmechanismen verfügen.[161]

II. Rechtsbehelf für den Beschuldigten auf Unionsebene

Trotz aller Nachteile schreitet das Anerkennungsprinzip scheinbar unaufhaltsam voran.[162] Die Ausweitung des Grundsatzes der gegenseitigen Anerkennung im RFSR brachte zwar ungeheure Gewinne für die Effektivität der polizeilichen und justiziellen (Zusammen-)Arbeit mit sich. Es stellen sich aber drängende grundrechtliche Fragen, nicht zuletzt an die Unionsgerichte.[163] Soll eine weitere Erosion der Beschuldigtenrechte vermieden werden, muss ein justizielles Gegengewicht auch für Fragen der gegenseitigen Anerkennung existieren. Ein Gericht muss *unabhängig* von nationalen Interessen und unter Wahrung des Bedürfnisses der Unionsbürgers nach *Transparenz* die Einflussnahme der Union auf das Strafverfahren einer einheitlichen Kontrolle unterwerfen,[164] die auch von Einzelnen ausgelöst werden kann.[165] Darin liegt aber der entscheidende Nachteil des Vorabentscheidungsverfahrens, der auch durch einen Individualzugang (vgl. C.) nur unzureichend gelöst würde, weil ein nationales Verfahren vor den Gerichten des Vollstreckungsstaates nur eingeleitet werden kann, wenn diesen ausnahmsweise ein Prüfrecht zusteht, was praktisch nur im Rahmen der ordre-public-Vorbehalte der Fall ist. Sofern ein Prüfrecht eröffnet ist, wäre zwar auch eine Vorlage denkbar, wenn Zweifel im Hinblick auf die Konformität mit Unionsrecht, insbesondere den (strafrechtlichen) Grundrechten bestehen. Die Gerichte im Anordnungsstaat dürften dagegen ohnehin kaum je Bedenken haben, solange *ihr* ordre public nicht beeinträchtigt ist, wovon angesichts ihrer Urheberschaft für die Maßnahme

---

[160] Siehe *Gaede,* in: Böse (Hrsg.), § 3 Rn. 50; *Kirsch,* StraFo 2008, 449 (454 f.); *Perron,* FS Küper, S. 429 (437 f.); *Heine,* S. 75 f., auch dazu: Aufgrund fehlender Kontakte und sprachlicher Schwierigkeiten sei die Erteilung eines Mandats für einen ausländischen Anwalt äußerst problematisch.

[161] Siehe auch *Perron,* FS Küper, S. 429 (435 f.); *Esser,* FS Roxin, S. 1497 (1507 f.).

[162] Überblick über neuere Entwicklungen bieten: *Gallagher,* ERA Forum 2009, 495 (509 ff.); auch *Nalewajko,* S. 78 ff.; s. a. *Kaiafa-Gbandi,* ZIS 2006, 521 (527 f.).

[163] Vgl. *Nettesheim,* EuR 2009, 24 (35 f.).

[164] Siehe *Esser,* StRR 2010, 133 (137); *Gaede,* in: Böse (Hrsg.), § 3 Rn. 50 f., 57.

[165] Bisher kann Rechtsschutz auf internationaler Ebene nur mit der Beschwerde nach Art. 34 EMRK erlangt werden. Der *EGMR* kann aber das Verfahren nicht aussetzen, selbst wenn er meint, dass durch die Befolgung der ausländischen Anordnung Konventionsverletzungen eintreten. Ein *EGMR*-Urteil richtet sich gegen den Vertragsstaat, nie die nationale Stelle, der der Verstoß zuzurechnen ist, vgl. *Flore/de Biolley,* CDE 2003, 598 (608).

nicht auszugehen ist. Der *europäische ordre public* aber wird so nur unzureichend abgesichert. Vielmehr müsste ein europäisches Gericht angerufen werden können, wenn Zweifel an der Vereinbarkeit mit Unionsrecht bestehen. Dabei sollte das zuständige Gericht sicherstellen, dass die gemeinsamen Grundwerte der Union für das Strafverfahren im Erlassstaat befolgt werden. Diese Kontrolle kann ein nationales Gericht nicht leisten. Sie würde das Vertrauen,[166] auf dem eine Anerkennung der Bindungswirkung eines ausländischen Aktes basieren muss, nicht herstellen. Vielmehr wäre es der Zusammenarbeit der Mitgliedstaaten abträglich, wenn mitgliedstaatliche Richter die Ausführung einer bestimmten Maßnahme deshalb verweigern, weil sie diese für mit wesentlichen Grundprinzipien der „Strafrechtsordnung" unvereinbar halten. Dies käme einer Bankrotterklärung des Prinzips der gegenseitigen Anerkennung gleich.[167] Die Kontrolle muss vielmehr durch eine auf europäischer Ebene angesiedelte Instanz erfolgen.[168] Dies gilt vor allem, weil der europäische Gesetzgeber selbst den Grundrechtsschutz vielfach allein als „vertrauensstiftende" Maßnahme betrachtet, ihn also funktionalisieren will, um die gegenseitige Anerkennung zu befördern.[169]

Der Betroffene muss zumindest im Nachhinein klären können, ob eine Maßnahme mit Strukturprinzipien der Union vereinbar war, und so auch eine etwaige Wiederholung oder Vertiefung des Eingriffs durch die Verwertung eventuell aufgefundener Beweismittel verhindern. Auch sollte der Betroffene ein Gericht anrufen können, um *feststellen* zu lassen, ob eine Verweigerung der Mitwirkung an bestimmten Maßnahmen geboten ist. Dies dient dem Rechtsschutz eher, als die Kontrolle davon abhängig zu machen, ob das vollstreckende Gericht möglicherweise nicht nur Bedenken bezüglich der Grundrechtskonformität der vorangegangenen oder voraussichtlichen Behandlung des Betroffenen hat, sondern zugleich gewillt ist, ein solches Misstrauen gegenüber einem anderen Staat auszudrücken.

Eine solche unabhängige Kontrolle wäre zudem geeignet – neben dem Vertrauen der Bürger in eine sonst um die Ausweitung der repressiven Befugnisse bedachten Union – das Vertrauen der Mitgliedstaaten untereinander zu beleben

---

[166] Instruktiv zur Eigenständigkeit des Rechtsprinzips: *Kaufhold,* EuR 2012, 408 (insbesondere 417 ff., 421 ff.), auch zu „Notrechtsbehelfen" im europäischen Zivilrecht, wie § 1086 ZPO für Europäische Vollstreckungstitel. Siehe auch *Nalewajko,* S. 97 ff.

[167] Vgl. *Flore/de Biolley,* CDE 2003, 598 (607 f.). Die Alternative wäre eine weitreichende Harmonisierung nationaler Rechtsordnungen zulasten der Vielfalt. Zur Konsequenz fehlenden Vertrauens: *Kaufhold,* EuR 2012, 408 (422), die auch meint, dass Ziel des Grundsatzes gegenseitigen Vertrauens ein Verzicht auf jegliche Kontrolle sei (430).

[168] Rechtsmittel auf EU-Ebene forderten schon: *Flore/de Biolley,* CDE 2003, 598 (602 f.; 608 ff.); s. a. *Kaiafa-Gbandi,* in: Police and Judicial Cooperation, S. 357 (383); *Esser,* StRR 2012, 133 (137).

[169] Siehe *Kaiafa-Gbandi,* ZIS 2006, 521 f.

und somit dem Grundsatz der gegenseitigen Anerkennung zu neuer Stärke zu verhelfen.[170]

„An obligation to protect individual rights cannot be seen as a barrier to cooperation, but rather as a mean of [...] enabling states to cooperate with each other in a manner that allows for effective and fair prosecutions. As experience shows, it is he failure to respect human rights that can create blockages to international cooperation."[171]

Solange keine unabhängige, effektive Kontrollmöglichkeit besteht, darf der Ausbau der auf dem Grundsatz der gegenseitigen Anerkennung beruhenden Maßnahmen nicht weiter vorangetrieben werden, insbesondere soweit diese zur Verkehrsfähigkeit von Beweisen führen.[172]

§ 2 Reform des Direktklagesystems

A. Reform der Nichtigkeitsklage nach Art. 263 Abs. 4 AEUV

I. Ausgangslage: Rezeption der Plaumann-Formel durch die Unionsgerichte

Schon Generalanwalt *Jacobs* hatte in seinen Schlussanträgen in der Rechtssache *UPA* versucht, die Zulässigkeitsschranken der Nichtigkeitsklage herabzusetzen, und forderte, dass es für das Merkmal der *individuellen Betroffenheit* darauf ankommen solle, ob Interessen des Klägers durch einen Unionsakt nachteilig beeinflusst werden oder werden könnten. Er begründete dies hauptsächlich mit den Schwächen des indirekten Rechtsschutzes über das Vorabentscheidungsverfahren.[173] Nur wenige Wochen später nahm das *EuG* die Gelegenheit wahr und wich unter Berufung auf die Schlussanträge von Generalanwalt *Jacobs* in der Rechtssache *Jégo-Quéré* von der bisherigen Interpretation des Merkmals der *individuellen Betroffenheit* ab: Nach der Vorstellung des *EuG* sollte die individuelle Betroffenheit bereits dann angenommen werden, wenn eine unionale Bestimmung den Einzelnen in seinen Rechten beschränkt oder ihm Pflichten auferlegt.[174] Dabei zielte das Gericht vor allem auf nicht umsetzungsbedürftige Verordnungen ab.

Der *EuGH* dagegen folgte beiden Interpretationsvorschlägen nicht und lehnte im Urteil zur Sache *UPA* eine extensive Auslegung des Merkmals ab. Er sah sich vor allem durch den Wortlaut des heutigen Art. 263 AEUV gebunden, der eine

---

[170] Vgl. auch *Esser,* StRR 2010, 133 (137).
[171] Vgl. *Coninsx/Lopes da Mota,* EFAR 14 (2009), 165 (166).
[172] Siehe auch schon *Ahlbrecht,* NStZ 2006, 70 (75).
[173] GA *Jacobs,* Schlussanträge, Rs. C-50/00 P (UPA/Rat) (Fn. 86), Tz. 49 ff.; siehe auch *Braun/Kettner,* DöV 2003, 58 (60 ff.); *Nettesheim,* JZ 2002, 928 (932).
[174] *EuG* Rs. T-177/01 (Jégo-Quéré/KOM), 3.5.2002, Slg. 2002, II-2365, Tz. 41 ff.

Direktklage gegen Unionsakte nur unter engen Voraussetzungen zulasse. Als Rechtsschutzmechanismus gegen abstrakt-generelle Akte unionalen Ursprungs sei das Vorlageverfahren vorgesehen. Bestünden Lücken, sei es die Aufgabe der Mitgliedstaaten, diese zu schließen, indem sie auf nationaler Ebene Klagemöglichkeiten schaffen, aus denen heraus Vorlagen an den *EuGH* gerichtet werden können. Eine unmittelbare Erweiterung der Klageformen auf Unionsebene sei nur durch eine Vertragsänderung möglich.[175]

Das *EuG* kehrte nach dem *UPA*-Urteil und der Rechtsmittelentscheidung in der Sache *Jégo-Quéré*[176] ebenfalls zur *Plaumann*-Formel zurück. In der Literatur wurde allerdings die Erforderlichkeit einer Rechtsprechungsänderung oder gar der Änderung der Verträge weiterhin diskutiert.[177]

II Grundlagen einer Neuformulierung

1. Nicht nur Auffangzuständigkeit der Unionsgerichte

Nachdem bereits ausgeführt wurde, dass es bei der Forderung nach der Erweiterung der Klagemöglichkeiten aus Gründen der Rechtsschutzeffektivität nicht nur darum geht, Lücken zu schließen, sondern auch wirksamen Rechtsschutz im Einzelfall zu gewährleisten, verbietet es sich, den Zugang zu den Unionsgerichten davon abhängig zu machen, ob im Einzelfall Rechtsschutz durch mitgliedstaatliche Gerichte gewährt wird und somit ein Anknüpfungspunkt für eine Vorlage besteht. Dies hatte allerdings die Klägerin in der Rechtssache UPA vorgeschlagen, also zur Absicherung des effektiven Rechtsschutzes eine Auffangzuständigkeit des *EuG* einzuführen.[178] Diesem Vorschlag haben sich der Generalanwalt und auch der *EuGH* zu Recht nicht angeschlossen.

Eine solche Auffangzuständigkeit würde der *Rechtssicherheit* einen Bärendienst erwiesen: *Borowski* kritisiert zu Recht, dass die Klagebefugnis definitiv sein müsse. Die mit der *Plaumann*-Formel erzeugten Probleme würden nur verlagert. Eine Rechtswegeröffnung müsse sich nach abstrakten Kriterien bestimmen und könne nicht von der Rechtsschutzintensität in den Mitgliedstaaten abhängen. Es könne kein Schwellenwert festgelegt werden, ab dem die unionale Gerichtszuständigkeit eröffnet sei. Bis solche Werte für jeden Mitgliedstaat ermittelt wür-

---

[175] *EuGH* Rs. C-50/00 P (UPA/Rat), (Fn. 18), Tz. 40 ff. Dazu auch *Braun/Kettner*, DöV 2003, 58 (64 ff.); s.a. *Petzold*, S. 33 ff.

[176] *EuGH* Rs. C-263/02 P (KOM/Jégo-Quéré), 1.4.2004, Slg. 2004, I-3425.

[177] Siehe *Kottmann*, ZaöRV 2010, 547; *Mayer*, DVBl. 2004, 606; *Thiele*, S. 311 ff.; *Schiwek*, S. 240. Siehe auch noch die folgenden Fußnoten.

[178] Vgl. *GA Jacobs*, Schlussanträge, Rs. C-50-00 P (UPA/Rat) (Fn. 86), Tz. 23, 50. *Calliess*, NJW 2002, 3577 (3582), will den Gesichtspunkt i.R.d. Rechtsschutzbedürfnisses prüfen. Auch *Borowski*, EuR 2004, 879 (900 f.), meint, es sei legitim, insoweit bei der Zulässigkeit der Nichtigkeitsklage zu differenzieren.

den, deren Rechtssysteme stetem Wandel unterliegen, sofern man dies überhaupt für praktikabel hält, könnten Jahrzehnte vergehen.[179]

Zudem würde das Abstellen auf die jeweiligen Gegebenheiten mitgliedstaatlichen Rechtsschutzes zu *Ungleichbehandlungen* führen, da sich so manche Betroffene mangels Klagemöglichkeit auf nationaler Ebene sofort an die europäischen Gerichtsbarkeit wenden können, während andere auf den nationalen Rechtsweg verwiesen wären und auf die Vorlagebereitschaft der nationalen Gerichte hoffen müssten. Dies würde gegen den Gleichheitsgrundsatz verstoßen.[180]

2. Rechtsverletzung als Bezugspunkt

Die *Plaumann*-Formel ist auf einen Vergleich mit anderen Betroffenen angelegt, auf die Eingriffsintensität kommt es nicht an. Dass eventuell materielle Rechte des Einzelnen betroffen sind, ist nach dieser Interpretation unerheblich.

a) Gründe für die Wahl der Verantwortlichkeit als Ausgangspunkt

Bezugspunkt einer Neuinterpretation müsste allerdings genau das sein: ob eine *Rechtsverletzung* bereits durch den Unionsakt bewirkt wird oder bewirkt werden kann.[181] Nur so ist eine Zuweisung des Rechtsschutzes zu der Ebene möglich, die sich für die Verletzung verantwortlich zeichnet. Heute fehlt es dagegen an einer überzeugenden Verteilung der Rechtssachen zwischen nationaler Gerichtsbarkeit und den Gerichten der Union. Die Jurisdiktionsgewalt der Unionsgerichte muss zwar am Prinzip der Subsidiarität gemessen werden. Eine Zuweisung von Rechtssachen an die nationale Ebene als reines Durchgangsstadium widerspricht aber sowohl dem Grundsatz der *Prozessökonomie* als auch dem *Trennungsgebot*: Nationale Gerichte können Unionsakte weder für ungültig erklären, noch über deren Auslegung entscheiden. Ein Vorgehen gegen nationale Umsetzungsakte erscheint schlicht unsinnig, wenn der dahinterstehende Unionsakt den einzigen Angriffspunkt darstellt,[182] zumal im Gegensatz zum nationalen Recht, die meisten Akte auf Ebene der Gesetzgebung sehr detailliert sind und so eine grundrechtliche Betroffenheit unmittelbar durch den konkreten Gesetzgebungsakt auf Unionsebene häufiger vorkommt, als auf nationaler Ebene. Rechtsschutz muss Eingriffsbefugnissen vielmehr *spiegelbildlich* folgen. Wo Kompetenzen auf die Union übertragen wurden, muss auch Rechtsschutz auf unionaler Ebene erlangt

---

[179] Vgl. *Borowski,* EuR 2004, 879 (901).
[180] Vgl. *GA Jacobs,* Schlussanträge, Rs. C-50-00 P (UPA/Rat) (Fn. 86), Tz. 51 ff.; vgl. auch *E. Schulte,* S. 155 f., 167 f. S. a. *Nettesheim,* JZ 2002, 928 (934).
[181] *Thiele,* S. 306 f., 311; *Nettesheim,* JZ 2002, 928 (934). *Schwarze,* DVBl. 2002, 1297 (1313): Klagebefugnis bei Möglichkeit der Verletzung (eigener) Grundrechte; s. a. *Kastelik-Smaza,* S. 308 f.
[182] Zum Trennungsgebot: *Thiele,* S. 299 ff., auch zum Folgenden.

werden können. Sofern die Mitgliedstaaten verantwortlich sind, ist Rechtsschutz auf nationaler Ebene zu gewähren. Im Rahmen der Justizgewährung ist in Mischfällen eine Zusammenarbeit der beiden Ebenen erforderlich, die zugleich eine Rechtszersplitterung vermeiden muss.[183] Angesichts der Verschränkungen der beiden Ebenen ist dies leichter gesagt als getan.

b) Bedeutung funktionaler Kriterien

Verkompliziert wird die Zuteilung dadurch, wenn man anerkennt, dass auch *funktionale Kriterien* für die Verteilung mit ausschlaggebend sein müssen, insbesondere die Leistungsfähigkeit jeder Rechtsschutzebene, ihre Eignung und auch ihre Effektivität. Es ist also auch darauf zu achten, dass Rechtsschutz nicht einer Ebene zugewiesen ist, welche die erforderlichen Anordnungen gar nicht treffen kann, aber auch darauf, dass nicht die Grenzen der Leistungsfähigkeit eines Gerichts überschritten werden.[184] Das Ergebnis der Neuverteilung sollte zudem eine *hinreichend klare Abgrenzung* ermöglichen, damit keine unnötige Unsicherheit auftritt.[185]

In der Literatur wird vielfach angenommen, der *EuGH* hätte eine Erleichterung der Zulässigkeitsvoraussetzungen für die Direktklage verweigert, weil er eine Klageflut befürchtete. Die zu erwartende Zunahme der Individualklagen hätte nach Ansicht einiger Autoren mit aller Wahrscheinlichkeit tatsächlich zu einer weiteren Verlängerung der Verfahrensdauer und der Überlastung von *EuGH* und *EuG* geführt.[186] Ein vollständiger Verzicht auf ein die Klagebefugnis einschränkendes Zulässigkeitskriterium könnte tatsächlich die Funktionsfähigkeit des *EuGH* in Frage stellen[187] und kommt deshalb nicht in Frage.[188]

---

[183] Vgl. *Knapp,* DÖV 2001, 12 (20).

[184] Zu den Kriterien: *Nettesheim,* JZ 2002, 928 (932); s. a. *Mayer,* DVBl. 2004, 606 (614).

[185] Ebenfalls *Nettesheim,* JZ 2002, 928 (932).

[186] Etwa *Lenz/Staeglich,* NVwZ 2004, 1421 (1424); *Everling,* EuR-Beih. 1/2009, 71 (73); *Abetz,* S. 95; auch *Schiwek,* S. 251, der annimmt, der *EuGH* wolle mit der Forderung nach einer primärrechtlichen Regelung die Mitgliedstaaten dazu zwingen, die personelle und prozessuale Ausstattung der Gerichte den Gegebenheiten anzupassen. Dagegen meint *Kottmann,* ZaöRV 2010, 547 (555), das „strategische Moment gerichtlichen Handelns" werde überschätzt; die Überlastungsängste seien nicht maßgeblich gewesen. S. a. *Borowski,* EuR 2004, 879 (903), der davon ausgeht, dass diese Befürchtungen ohnehin übertrieben gewesen wären, insbesondere weil die Betroffenen ihr Anliegen im Falle der Unzulässigkeit der Nichtigkeitsklage stattdessen über den Umweg der Klageerhebung vor den nationalen Gerichten und dem anschließenden Vorabentscheidungsverfahren durchzusetzen versucht hätten; vgl. dazu auch *Schiwek,* S. 218 f.

[187] So auch *Everling,* in: Schwarze (Hrsg.), S. 363 (381).

[188] Gefordert wird daher von *Philippi,* S. 54, dass zumindest die Möglichkeit einer Rechtsverletzung dargetan wird, von der der Kläger unmittelbar betroffen ist. Es wäre außerdem sichergestellt, dass nur die Verletzung eigener Rechte geltend gemacht werden kann. Ähnlich *Kastelik-Smaza,* S. 307 f.; *Dauses,* Grundrechte, S. 151 f. Weniger

c) Eingriffsschwelle?

Damit ist allerdings noch nichts über die *Eingriffsschwelle* ausgesagt. *Thiele* will eine *gewisse Erheblichkeit* fordern, so dass eine Klageberechtigung schon nicht aus jeder Verletzung von subjektiven Rechten folgt.[189] Die Gerichte könnten so ein Ausufern der Klagen unterbinden. Unter zwei Aspekten ist ein solches Vorgehen aber zu kritisieren: Zum einen würde es zu einer erheblichen Rechtsunsicherheit führen. Wann sollte der Kläger davon ausgehen, dass seine Rechte in *erheblicher Weise* verletzt wurden. Soll dies anhand eines finanziellen Schadens bemessen werden? Was gilt wenn ein solcher Schaden nicht eingetreten ist? Wann sollte ein immaterieller Schaden als erheblich erachtet werden? Selbst wenn sich mit der Zeit Leitlinien herausbilden sollten, wird immer eine wertungsabhängige Entscheidung erforderlich sein, so dass ein gewisses Maß an Rechtsunsicherheit bleibt. Dies würde dazu führen, dass jeder Kläger eine Nichtigkeitsklage einlegt, um direkten Rechtsschutz zu erlangen, aber zugleich seine nationalen Rechtsschutzmöglichkeiten ausnutzt, um diese nicht zu verlieren.

Im Rahmen kooperativer Rechtsschutzebenen muss eine klare Zuweisung zu den jeweiligen Ebenen erfolgen. Zum anderen wäre bei der Forderung einer *gewissen Erheblichkeit* für Rechtsverletzungen untergeordneter Natur kein effektiver Rechtsschutz sichergestellt; denn anders als etwa der Europäische Gerichtshof für Menschenrechte, der Beschwerden abweisen kann, die sich gegen Konventionsverstöße richten, die lediglich einen *unerheblichen Nachteil* zur Folge hatten (Art. 35 Abs. 3 *lit.* b EMRK), ist dies bei der Unionsgerichtsbarkeit nicht denkbar. Sie stellt – anders als der *EGMR* – eine echte Fachgerichtsbarkeit dar und nicht lediglich eine Auffanginstanz zur Sicherung eines gemeinsamen Grundrechtsstandards. Sicherlich würde weiterhin der Umweg über das Vorabentscheidungsersuchen offen stehen. Dessen Mängel wurden aber bereits dargetan.

d) Vorschläge zur Umsetzung der genannten Maßnahmen

Dagegen sollte die substantiierte Darlegung einer (Grund-)Rechtsverletzung gefordert werden.[190] Nach dem Vortrag des Klägers muss es zumindest möglich erscheinen, dass ein Unionsrechtsakt gegenwärtig oder auch künftig in Grundrechte des Klägers eingreift. Als Beispiel nennt *Schiwek* die Regeln der Union mit Bezug zur Geldwäsche; diese mögen für die meisten Unionsbürger ohne praktische Relevanz sein, allerdings dürften insbesondere Finanzdienstleister eine solche Beeinträchtigung darlegen können.[191]

---

weit gehen Vorschläge, die für das Merkmal eine Legaldefinition einfügen wollen, die insbesondere verdeutlichen soll, dass eine Erweiterung der Klagebefugnis im gewünschten Umfang sichergestellt ist, so etwa *Munding,* S. 564.

[189] Siehe *Thiele,* S. 312.
[190] So auch *Nettesheim,* JZ 2002, 928 (934).
[191] Vgl. *Schiwek,* S. 240.

Hingegen scheint das Merkmal der Individualisierung untauglich, um eine sachgerechte Verteilung der Zuständigkeiten zwischen Unionsgerichten und nationalen Gerichten herzustellen. Die Zweimonatsfrist und das Kriterium der unmittelbaren Betroffenheit stellen ausreichende Filterkriterien dar.[192] Das Kriterium der individuellen Betroffenheit in seiner derzeitigen Auslegung vermag es aufgrund seiner „mangelnde(n) Geschmeidigkeit" nicht, eine „Feinsteuerung" zwischen auf nationaler und auf Unionsebene zu gewährendem Rechtsschutz zu leisten.[193] Für die Rechtswegzuweisung hat das Merkmal keine Relevanz, anders als die unmittelbare Betroffenheit. Warum soll nur jemand, der adressatengleich betroffen ist, vor den Unionsgerichten klagen können und nicht jemand der auf andere Weise in seinen Rechten oder Interessen beeinträchtigt ist? Heute sind wegen der fallgruppenorientierten Rechtsprechung erhebliche Ressourcen allein mit der komplizierten Zulässigkeitsprüfung befasst.[194] Die Gerichte sollten sich auf materielle Fragen konzentrieren können, statt sich mit Zulässigkeitsfragen aufzuhalten.[195]

Stellt man stattdessen darauf ab, ob der Kläger unmittelbar von dem in Frage stehenden Rechtsakt betroffen ist, sind insoweit die bisherigen Grundsätze der Rechtsprechung durchaus tauglich, eine sachgerechte Abgrenzung zwischen der Zuständigkeit der nationalen und der Unionsgerichte herzustellen, die zugleich die Funktionsfähigkeit nicht über die Maßen beeinträchtigt, aber den Anspruch an die Rechtswegklarheit erfüllt. Der Entscheidung des *EuG* in der Rechtssache *Salamander*[196] folgend sollte die Abgrenzung der Rechtswegzuständigkeit anhand der Ermessensspielräume getroffen werden: Geht die belastende Wirkung bereits von den Mindestvorschriften zur Festlegung von Straftaten und Strafen aus, ist die Union als Ursprung der Belastung zu erachten und eine Klage müsse direkt gegen sie erhoben werden können. Ergibt sich die Belastung erst durch die Ausfüllung des Umsetzungsspielraums, könne nur dieser Umsetzungsakt angegriffen werden.[197]

III. Zulässigkeit, Grenzen und Wahrscheinlichkeit der Rechtsfortbildung

Nachdem der *EuGH* die Grundrechte im Wege der richterlichen Rechtsfortbildung entwickelt hat, liegt der Gedanke nahe, dass auch die prozessualen Mittel

---

[192] Vgl. *Borowski,* EuR 2004, 879 (903).
[193] Vgl. *Wegener,* EuR-Beih. 3/2008, 45 (51 ff., „gründlich missraten").
[194] *Kottmann,* ZaöRV 2010, 547 (566), sieht in der Formel eine erhebliche Belastung für die Unionsgerichte und weist auf *EuG* Rs. T-309/02 (Acegas), Slg. 2099, II-1809, hin: das *EuG* benötigte sieben Jahre, um die individuelle Betroffenheit abzulehnen. S. a. *E. Schulte,* S. 212.
[195] *GA Jacobs,* Schlussanträge, Rs. C-50-00 P (UPA/Rat) (Fn. 86), Tz. 66.
[196] *EuG* Rs. T-172/98 u. a. (Salamander), 27.6.2000, Slg. 2000, II-2487, Rn. 70.
[197] Vgl. *Schiwek,* S. 241.

ihrer Durchsetzung auf diese Weise entwickelt werden können[198] und somit ein direkter Zugang im geforderten Umfang.

1. Grenzen der Rechtsfortbildung

Die richterliche Rechtsfortbildung auf Unionsebene muss stets drei Hürden überwinden, damit sie als zulässig erachtet werden kann. Zu beachten hat das jeweilige Unionsgericht das Prinzip der begrenzten Einzelermächtigung aus Art. 5 Abs. 2 EUV [a)], das Subsidiaritätsprinzip (Art. 5 Abs. 3 UAbs. 1 EUV) sowie den Verhältnismäßigkeitsgrundsatz [Art. 5 Abs. 4 EUV, zu beiden b)].

a) Zum Prinzip der begrenzten Einzelermächtigung

Die Kompetenz zur Rechtsfortbildung steht in einem natürlichen Spannungsverhältnis zum *Prinzip der begrenzten Einzelermächtigung* aus Art. 5 Abs. 2 EUV. Voraussetzung ist jedenfalls das Bestehen einer Lücke in den Verträgen. *Echte Lücken* sind aber von nur unbefriedigend geregelten Sachverhalten zu unterscheiden.[199] Der Gerichtshof darf zudem Unionskompetenzen nicht zu Lasten des Kompetenzbereichs der Vertragsstaaten über die *Grenzen des Zustimmungsgesetzes* hinaus, mit dem nationale Hoheitsrechte übertragen wurden, ausweiten.[200] Außerdem muss der Gerichtshof *eine ungeschriebene Kompetenz* in den Verträgen „auffinden". Eine Kompetenz-Kompetenz wird dem Gerichtshof, wie der Union allgemein, nicht zugestanden.[201]

Je mehr sich die Rechtsfortbildung einer Vertragsänderung annähert, desto höhere Anforderungen sind an die Zulässigkeit zu stellen.[202] Eine solche implizite Ermächtigung kann sich aus dem Sachzusammenhang ergeben, aus einer Annexkompetenz oder aber aus einer Zuständigkeit kraft Natur der Sache. Die Einführung der Passivlegitimation des Europäischen Parlaments[203] und der Einrichtungen der Union[204] etwa waren unter diesen Voraussetzungen zulässig. Gegen sie gerichtete Klagen wären wegen des Verwerfungsmonopols der Unionsgerichte vor den nationalen Gerichten aussichtslos gewesen.[205]

---

[198] Siehe *Böcker*, S. 39.
[199] Vgl. *Ludwig*, S. 156 f.
[200] Vgl. *Haratsch*, FS Scheuing, S. 79 (86 f.); *Ludwig*, S. 154 ff.; *Sander*, S. 64 f.
[201] Siehe *Haratsch*, in: FS Scheuing, S. 79 (89 f.).
[202] Siehe *Ludwig*, S. 155 f.; *Sander*, S. 66 f.
[203] *EuGH* Rs. 294/83 (Les Verts/Parlament), 23.4.1986, Slg. 1986, 1339, Tz. 23 ff.
[204] *EuG* Rs. T-411/06 (Sogelma/EAR), 8.10.2008, Slg. 2008, II-2771 = EuR 2009, 369.
[205] Vgl. *Haratsch*, FS Scheuing, S. 79 (87 ff.).

b) Zum Subsidiaritätsprinzip und dem Verhältnismäßigkeitsgrundsatz

Außer durch das Prinzip der begrenzten Einzelermächtigung werden der richterlichen Rechtsfortbildung auch durch das *Prinzip der Subsidiarität* Grenzen gesetzt (Art. 5 Abs. 3 UAbs. 1 EUV). Eine Erweiterung der Klagemöglichkeiten ist unter diesem Gesichtspunkt nur möglich, wenn Rechtsschutz auf nationaler Ebene nicht gleichermaßen effektiv wäre. Dieser Grundsatz steht der Rechtsfortbildung angesichts der obigen Ausführungen keinesfalls entgegen.[206]

Dasselbe gilt für den *Verhältnismäßigkeitsgrundsatz* (Art. 5 Abs. 4 EUV). Der legitime Zweck der Erweiterung des zentralen Rechtsschutzes wäre, dass sich die Unionsgerichte nicht dem Vorwurf der Rechtsverweigerung aussetzen müssen,[207] die Erforderlichkeit und Angemessenheit wurden bereits hinreichend dargetan.

2. Stellungnahme – Zulässigkeit und Wahrscheinlichkeit der Rechtsfortbildung

Problematisch erscheint allein, ob die Erweiterung der Nichtigkeitsklage im geforderten Umfang mit Art. 5 Abs. 2 EUV in Einklang zu bringen wäre. Es ist die Aufgabe der Unionsgerichte, im Rahmen des „methodisch Zulässigen"[208] das Rechtsschutzsystem mithilfe der zur Verfügung stehenden Auslegungsmethoden fortzuentwickeln. Gegenüber dem schwerfälligen Vertragsänderungsverfahren müssen vorrangig die Möglichkeiten der Auslegung genutzt werden.[209] Vor diesem Hintergrund erscheint etwa *Haratsch* die Weigerung, den Rechtsschutz gegen abstrakt-generelle Unionsakte zu erweitern, nicht zwingend, denn auch hier scheidet eine Kontrolle durch die nationalen Gerichte aus. Ein Eingriff in die Kompetenzen der Vertragsstaaten hätte in einer Erweiterung des unionalen Rechtsschutzes nicht gelegen.[210] Doch er vergisst, dass dies nicht die einzige Hürde im Hinblick auf das Prinzip der begrenzten Einzelermächtigung darstellt. Es stellt sich auch die Frage, ob für eine solche Interpretation sprachlich ein Anhaltspunkt zu finden ist:

Die „*Plaumann*"-Formel, die der Klageberechtigung Konturen verleihen soll, weist einen engen Bezug zu den zulässigen Klagegegenständen der Nichtigkeitsklage auf. Der in Art. 240 EGV a.F. primärrechtlich auf Adressaten einer *Entscheidung* beschränkte Rechtsschutz wurde durch sie auf Rechtsakte erweitert, die wie eine Entscheidung wirken, also eine Person adressatengleich betreffen. Abstrakt-generelle Akte waren angesichts des Wortlauts nur schwerlich unter die

---

[206] Siehe *Haratsch*, FS Scheuing, S. 79 (88).
[207] Vgl. *Haratsch*, FS Scheuing, S. 79 (88).
[208] Dazu *Munding*, S. 551.
[209] So auch *Munding*, S. 553.
[210] Vgl. *Haratsch*, FS Scheuing, S. 79 (87); auch *Nettesheim*, JZ 2002, 928 (932); anders *Böcker*, S. 39; auch *Schwarze*, DVBl. 2002, 1297 (1313), zum früheren Wortlaut.

Norm zu fassen.²¹¹ Mit der Ersetzung des Begriffs der „Entscheidung" durch den der „Handlung" ist dieser ursprüngliche Anknüpfungspunkt der *Plaumann*-Formel entfallen.²¹² Nach *Mayer* muss die Auslegung des Begriffs der individuellen Betroffenheit diesen geänderten Gegebenheiten angepasst werden; das Merkmal beziehe sich nunmehr auf alle Handlungsformen der Union, nicht mehr nur auf drittbezogene Entscheidungen und Scheinverordnungen.²¹³ Auch *Kottmann* vertritt, der *EuGH,* der in der Rechtssache *UPA* den Unionsgesetzgeber geradezu dazu aufgefordert hatte, die Nichtigkeitsklage zu reformieren, kann diese Änderung nur als Aufforderung verstehen, das Merkmal „individuell betreffen" im Hinblick auf den neuen Bezugsrahmen umzuinterpretieren.²¹⁴ Nach der Ansicht *Schiweks* stelle sich die Situation gegenüber der Lage zur Zeit der Rechtsmittelentscheidung in der Sache *UPA* auch insofern anders dar, als mit dem Vertrag von Lissabon in Art. 325 Abs. 4, aber auch in Art. 82 und Art. 83 AEUV die Kompetenz zur Schaffung von Strafrecht in das Primärrecht aufgenommen wurde.²¹⁵ Daraus sei der Schluss zu ziehen, dass sich die Europäischen Gerichte nicht unter Hinweis auf den nationalen Rechtsschutz ihrer neuen Verantwortung entziehen können.²¹⁶

Dem wird von einer anderen Literaturströmung entgegengehalten, dass die Übernahme der Begriffe „unmittelbare und individuelle Betroffenheit" in Kenntnis der Auslegung durch den *EuGH* dafür spreche, dass eben diese Interpretation bestätigt werden sollte. Der Gesetzgeber habe den Zugang zum Gericht also bewusst beschränkt. Hätten die Mitgliedstaaten eine Änderung gewollt, hätten sie nicht die Möglichkeit zur Vertragsänderung vorüberziehen lassen.²¹⁷ Dass jetzt noch eine extensive Auslegung der individuellen Betroffenheit möglich ist, die zur Einführung einer umfassenden Normenkontrolle führen würde, scheint also ausgeschlossen, zumal sich der *EuGH* in der Rechtssache *UPA* dezidiert einer extensiven Auslegung des Kriteriums der individuellen Betroffenheit entgegenge-

---

²¹¹ Siehe *Nettesheim,* JZ 2002, 928 (929).
²¹² So schon *Borowski,* EuR 2004, 879 (910).
²¹³ *Mayer,* DVBl 2004, 606 (610), fordert spezifische Grundrechtsbetroffenheit.
²¹⁴ Vgl. *Kottmann,* ZaöRV 2010, 547 (557 f.), der andererseits zugleich darauf hinweist, dass ausweislich den Erläuterungen des Verfassungskonvents lediglich eine Anpassung an die Rechtsprechung des *EuGH* erfolgen sollte, vgl. Schlussbericht des Arbeitskreises über die Funktionsweise des Gerichtshofs, CONV 636/03, Rn. 23. S. a. *Balthasar,* E.L.Rev. 2010, 35 (4), 542 (546); *Kotzur,* EuR-Beih. 1/2012, 7 (18).
²¹⁵ Siehe *Schiwek,* S. 250.
²¹⁶ Nach *Schiwek,* S. 259, seien die Unionsgerichte wegen Art. 19 Abs. 1 UAbs. 2 EUV „aus dem Schneider".
²¹⁷ Siehe *Karper,* S. 134 f.; *Braun/Kettner,* DöV 2003, 58 (66); auch *Thalmann,* S. 107, sieht in der Neufassung des Art. 263 Abs. 4 AEUV eine Bestätigung der bisherigen Interpretation; auch *Cremer,* DÖV 2010, 58 (60), sieht keinen Anlass zur Neuinterpretation darin, dass der Begriff der „Handlung" den der „Entscheidung" ersetzt. Diese Änderung beziehe sich auf die Klagegegenstände, nicht die Betroffenheit; siehe auch Calliess/Ruffert/*Cremer,* Art. 263 AEUV Rn. 33; *Frenz/Distelrath,* NVwZ 2010, 162 f.

stellt hat. Soweit er damit in Richtung des *EuG* einen Hinweis geben wollte, dass das *Kompetenzgefüge* der Union gewahrt werden müsse, wird dem entgegnet, dass das heutige Rechtsschutzsystem nur teilweise durch die Verträge geschaffen wurde; es trage vielfach die Handschrift der Gerichte. Nicht zuletzt durch Urteile wie *Les Verts* oder *Sogelma* habe der *EuGH* dazu beigetragen, dass sich die Europäische Union von einer Wirtschafts- zu einer Rechtsgemeinschaft entwickelt hat,[218] obgleich einzuräumen ist, dass ihm die Erweiterung der Rechtsschutzmöglichkeiten nicht vorrangig zur Durchsetzung subjektiver Rechte gegenüber der Union diente, sondern als Anlass für eine objektiv-rechtliche Kontrolle von Unionsrecht und -handeln. Auch die praktische Handhabung des Merkmals der individuellen Betroffenheit gehe auf die Auslegung des *EuGH* zurück. Die Verträge boten dafür keine Legaldefinition. Das sei zumindest inkonsequent.[219]

Der Vorwurf überzeugt nicht. Dass sich der *EuGH* in der Vergangenheit trotz erheblicher Kritik nicht daran gehindert sah, gerade auch in Bezug auf die Nichtigkeitsklage, von der Rechtsfortbildung jenseits der Wortlautgrenze Gebrauch zu machen, kann nicht dazu führen, dass den Unionsgerichten daraus die Verpflichtung erwächst, erneut gegen ein – jedenfalls aus ihrer Sicht – bestehendes Wortlauthindernis hinwegzugehen.[220] Selbst wenn man den Wortlaut nicht als unüberwindbare Hürde erachten mag, scheint es mehr als fraglich, ob sich eine ungeschriebene *Kompetenz* für die Schaffung eines umfassenden Individualrechtsschutzes gegen Unionsrecht finden lassen würde. Argumentativ hat man damit wesentlich größere Probleme, zumal in Art. 19 Abs. 1 UAbs. 2 EUV die Pflicht zur Schließung von Rechtsschutzlücken den Mitgliedstaaten zugeschrieben wird. Eine solche Kompetenz kann jedenfalls nicht in Art. 47 GRC gesehen werden, weil dieser ausdrücklich das Kompetenzgefüge der Union nicht verändern soll. Wenn auch eine praktische Konkordanz zwischen Art. 19 Abs. 1 UAbs. 2 EUV und Art. 47 GRC herzustellen ist, so kann dies nicht *contra legem* erfolgen.

Tatsache ist, dass der *EuGH* – selbst wenn sich dies im Rahmen des methodisch Zulässigen bewerkstelligen ließe – eine entsprechende Änderung der Rechtsprechung nicht vornehmen wird. Er hat bereits zum Ausdruck gebracht, dass es die Aufgabe der Mitgliedstaaten sei, ihm diese Macht zu geben. Die Entscheidungen in den Rechtssachen *Jégo-Quéré* und *UPA* und jetzt auch des *EuG* in *Inuit*, zeigen deutlich, dass die Unionsgerichte eine Erweiterung des direkten Rechtsschutzes nicht vollziehen werden. Insoweit bleibt nur der Weg einer weite-

---

[218] Vgl. *Schwarze*, DVBl. 2002, 1297 (1298 f.).
[219] Jeweils mit Hinweisen zur Rechtsprechung europäischer Gerichte: *Schiwek*, S. 242 ff.; *Munding*, S. 551 f., 548 f.; *Böcker*, S. 77 f.; *Arnull*, E.L.Rev. 2011, 36(1), 51 (69 f.). Kritisch zur *Plaumann*-Formel daher: *Thiele*, S. 306; *Dittert*, EuR 2002, 708 (714 f.). S. a. *Schwarze*, DVBl. 2002, 1297 (1310).
[220] *E. Schulte*, S. 181 f.; ebenso *Schwarze*, DVBl. 2002, 1297 (1302 f.).

ren Vertragsänderung.²²¹ Mit dem Vertrag von Lissabon wurde diese Möglichkeit leider verpasst.

IV. Reform der Nichtigkeitsklage de lege ferenda

Daher soll im folgenden ein Vorschlag für eine erweitere Direktklagemöglichkeit gemacht werden, der durch eine Vertragsänderung umzusetzen wäre.

1. Klageberechtigung

Jede natürliche und juristische Person, die Träger des als verletzt gerügten materiellen Rechts sein kann, sollte klageberechtigt sein. Das gilt auch für Drittstaatsangehörige, die ebenfalls von Akten der Union betroffen sein können, wie etwa durch die Verarbeitung personenbezogener Daten bei Europol.²²²

2. Klagebefugnis

a) Selbstbetroffenheit i. S. einer möglichen (Grund-)Rechtsverletzung?

Ob im Zusammenhang mit der Klagebefugnis eine einzige Klagevariante geschaffen werden sollte, bei der schlicht das *Merkmal „individuell"* gestrichen würde (siehe schon oben), ist fraglich, denn eine *Selbstbetroffenheit* sollte weiterhin Voraussetzung für eine Direktklage sein. Mit einer *actio popularis* wären die Unionsgerichte überfordert. Aus Gründen der Rechtsschutzeffektivität ist eine solche Klage auch nicht erforderlich. Zwar wird in der deutschsprachigen Literatur vertreten, dass das Merkmal der „Betroffenheit" *per se* heute schon als „Möglichkeit der Rechtsverletzung" verstanden wird; dies folge zudem denknotwendig aus dem Erfordernis der Unmittelbarkeit, so dass bei Streichung der Komponente der individuellen Betroffenheit durch Beibehalten des Merkmals der *Unmittelbarkeit* eine *actio popularis* ausgeschlossen sein dürfte (dazu sogleich).²²³ Ein solches Verständnis in Richtung einer Selbstbetroffenheit ist allerdings nicht gemeineuropäisch abgesichert. Daher sollte durch die *Einfügung des Wortes „selbst"* in den Vertragstext anstelle von *„individuell"* eine etwaige Unsicherheit bei der Auslegung vermieden werden.

Den Einwand, dass bei einem Abstellen auf eine *mögliche Rechtsverletzung* die individuelle Betroffenheit entgrenzt würde und zur völligen Überforderung

---

²²¹ Vgl. aber *Petzold,* EuR 2012, 443 (450), der meint, die politischen Rahmenbedingungen für Vertragsänderungen, die in zahlreichen Mitgliedstaaten der Bestätigung durch Referenden unterliegen, dürften auf absehbare Zeit weniger günstig sein.

²²² Für ein Klagerecht Drittstaatsangehöriger auch *Weber,* NJW 2000, 537 (544).

²²³ Auch *Reich* ZRP 2000, 375 (378); *Dauses,* Grundrechte, S. 154; *Brakalova,* S. 292; *E. Schulte,* S. 199. – *Munding,* S. 563 f.; *Böcker,* S. 239, fordern weitere Begrenzungen.

der Unionsgerichte führen würde, schmettert *Thiele* zu Recht ab. Eine Zuständigkeitsverteilung zwischen unionaler und nationaler Ebene, die die Funktionsfähigkeit beider im Blick behält, könne auch auf andere Weise getroffen werden, die eine Berücksichtigung von materiellen Rechten dennoch zulässt.[224]

b) Beibehalten des Merkmals der Unmittelbarkeit in derzeitiger Auslegung

Insbesondere das Merkmal der unmittelbaren Betroffenheit ermöglicht – gerade in seiner derzeitigen Auslegung, die auch die materielle Unmittelbarkeit für eine Direktklage genügen lässt – eine sachgerechte Zuweisung der Entscheidungsgewalt zu der Gerichtsebene, deren Träger eine Rechtsverletzung bewirkt. Eine Klage ist unmittelbar gegen den Hoheitsträger möglich, der für einen Akt verantwortlich ist, sofern kein Ermessensspielraum für die zur Umsetzung Verpflichteten besteht und bereits Rechtswirkungen von diesem Akt ausgehen. Bei Richtlinien wären diese Anforderungen demnach nur erfüllt, soweit den Mitgliedstaaten kein Umsetzungsspielraum mehr verbleibt und die Verletzung bereits in der Richtlinie selbst angelegt ist. Dann wäre es reiner Formalismus, den nationalen Umsetzungsakt abzuwarten. Bei Verordnungen gilt dagegen, dass diese wegen ihrer unmittelbaren Wirkung ohne weiteres direkt angegriffen werden können, sofern der jeweilige Kläger selbst betroffen wäre.

Gegen auf Art. 82 AEUV basierende Richtlinien wird also ein Angriff meist ausscheiden, weil individuelle Rechte in der Regel noch nicht beeinträchtigt sind. Dagegen wird bei Rechtsakten nach Art. 83 AEUV etwas anderes gelten müssen. Hier besteht die Sondersituation, dass anders als bei rein nationalen Rechtsakten schon ein Akt in der Welt ist, der Verhaltensweisen umschreibt, die strafbar sein sollen. Es wird in der Regel ein Umsetzungszeitraum festgelegt, in dem die Richtlinie gegenüber den Bürgern der Union zwar noch keine unmittelbaren Rechtswirkungen zeitigt. Solche treten aber spätestens dann ein, wenn das umsetzende Parlamentsgesetz erlassen wurde, dann allerdings unmittelbar und sofort. Der Betroffene müsste sein Verhalten entweder sofort anpassen oder er würde sich der Gefahr aussetzen, gegen die Norm zu verstoßen und dann ein Strafverfahren zu riskieren.

c) Keine Beschränkung auf Grundrechtsverletzungen

Vielfach werden weitere Beschränkungen für erforderlich gehalten, etwa dass nur bestimmte Rechte geschützt werden.[225] Denkbar wäre etwa, allein die Verletzung von Grundrechten für eine Klagebefugnis ausreichen zu lassen.[226] Damit wäre die Überprüfbarkeit von Verletzungen „einfachen Rechts" ausgeschlossen.

---

[224] Siehe *Thiele,* S. 308.
[225] Siehe *E. Schulte,* S. 213.

Fehler bei der Anwendung und Auslegung übergeordneten einfachen Rechts könnten also, sofern sie nicht auf einer Grundrechtsverletzung beruhen, nicht zur Begründetheit der Klage führen.[227] Das aber erscheint nicht angemessen: Es handelt sich bei der Nichtigkeitsklage gerade nicht um eine Grundrechtsbeschwerde. Es sollen damit vielmehr alle subjektiven Rechte geschützt werden, unabhängig davon, ob ein grundrechtlicher Anknüpfungspunkt konstruiert werden kann, obgleich zuzugeben ist, dass dies nicht allzu schwer ist.

d) Keine Gegenwärtigkeit

Darüber hinaus könnte das Erfordernis *gegenwärtiger* Betroffenheit festgeschrieben werden, um eine weitere Beschränkung zu erreichen.[228] Dies dürfte dann aber nicht dazu führen, dass die Unionsgerichte *Vorwirkungen* von Normen nur in unzureichendem Maß anerkennen. Vielmehr müsste es genügen, dass ein Rechtsakt der Union bereits faktische Wirkungen entfaltet, die den Betroffenen zur Anpassung seines Verhaltens zwingen, damit ihm keine Nachteile, etwa in Form von Sanktionen, bei Inkrafttreten der fraglichen Maßnahme drohen. Auf die Aufnahme des Merkmals sollte daher verzichtet werden. Dies gilt umso mehr, weil es sich bei der Nichtigkeitsklage nicht um einen verfassungsgerichtlichen Rechtsbehelf, sondern um einen fachgerichtlichen handelt.

e) Keine Unzumutbarkeit im Einzelfall

Auch die Forderung, die *Unzumutbarkeit des Abwartens eines nationalen Aktes* und des *Rechtsschutzes vor nationalen Instanzen* als Voraussetzung zu prüfen, erscheint realitätsfern. Es würde europäische Gerichte vor erhebliche Probleme stellen, wenn sie die Effektivität des nationalen Rechtsschutzes im Einzelfall prüfen müssten.[229] Eine klare und transparente Abgrenzung wäre damit zudem nicht gegeben und dürfte zu erheblichen Friktionen mit dem Grundsatz des gesetzlichen Richters führen.

---

[226] Damit wäre die Einklagbarkeit der Grundsätze ausgeschlossen, so *Böcker*, S. 236 ff. (Mittelweg zwischen übermäßiger Beschränkung des Rechtsschutzes und drohender Überlastung der Unionsgerichte). *Brakalova*, S. 291, schlägt vor, die einklagbaren Rechte in einem Katalog zusammenzufassen, da eine klare Unterscheidung wegen der Formulierung der Grundsätze schwierig ist. Für das Strafrecht sind diese aber ohnehin von nur untergeordneter Bedeutung.

[227] So *Böcker*, S. 239, allerdings zu einer Grundrechtsbeschwerde.

[228] Vgl. *Munding*, S. 565; *Böcker*, S. 238 f., 255 f.; *Schwarze*, DVBl. 2002, 1297 (1314); *E. Schulte*, S. 202; *Allkemper*, S. 202; meist i.R.v. Vorschlägen einer Grundrechtsbeschwerde, häufig unter Bezugnahme auf die Verfassungsbeschwerde nach deutschem Recht.

[229] So auch *Thomy*, S. 267; aber *Everling*, in: Aufsätze 2001–2011, Nr. 16, S. 345 (349 Fn. 20).

3. Zulässige Klagegegenstände

a) (Alle) Handlungen der Union

Jegliche Beschränkung hinsichtlich der zulässigen Klagegegenstände sollte aufgegeben werden. Es soll in Zukunft allein darauf ankommen, ob ein Akt der Unionsorgane oder ihrer Einrichtungen den Kläger selbst unmittelbar betrifft, also möglicherweise in seine Rechte eingreift, nicht auf die Art der „Handlung", durch die dies geschieht.

Etwaigen Zweifeln am Primat des effektiven Rechtsschutzes gegenüber der Rechtssicherheit, soweit es „Gesetze" betrifft – ohne hier erneut auf die mindere demokratische „Qualität" einzugehen –, kann entgegen gehalten werden, dass durch eine gewisse Flexibilität Härten bei der Aufhebung von Legislativakten vermieden werden können.[230] Die Unionsgerichte könnten etwa die Wirkung von für nichtig erklärten Normen teilweise aufrecht erhalten[231] oder zeitliche Vorgaben[232] geben. Im Übrigen ist gerade die Rechtssicherheit ein Grund für eine möglichst frühzeitige Kontrolle eines Rechtsaktes, damit die Folgen der Nichtigerklärung einer Rechtsnorm nicht durch Zeitablauf intensiviert werden.[233] Dies spricht gerade für eine zentrale Kontrolle des Aktes selbst, ohne dass etwaige Vollzugsakte abgewartet werden müssten.

b) Nicht: mitgliedstaatliches Handeln

Noch weiter ging in Bezug auf eine eventuelle Grundrechtsbeschwerde die Forderung, auch nationale Akte als Beschwerdegegenstand zuzulassen, die sich auf einen rechtswidrigen Rechtsakt der Union stützen.[234] Andere wollen das Handeln der Mitgliedstaaten und ihrer Organe zumindest dann zum Gegenstand der Grundrechtsbeschwerde machen, wenn ihr Handeln durch Unionsrecht determiniert wird.[235] Teilweise wird sogar gefordert, jedes unionsrechtlich relevante Handeln der Mitgliedstaaten als Klagegegenstand zuzulassen, also auch im Anwendungsbereich des Unionsrechts.[236]

Die Einbeziehung mitgliedstaatlicher Akte ist aber schon deswegen nicht erforderlich, weil insoweit – zu Recht – der staatliche Grundrechtsschutz ein-

---

[230] Vgl. *Rengeling*, FS Everling, S. 1187 (1194).
[231] Z.B. *EuGH* Rs. C-388/92 (Parlament/Rat), 1.6.1994, Slg. 1994, I-2067, Tz. 20 ff.
[232] Vgl. nur *EuGH* Rs. C-228/92 (Roquette Frères SA/Hauptzollamt Geldern), 26.4.1994, Slg. 1994, I-1445, Tz. 17 ff.
[233] Siehe *Rengeling*, FS Everling, S. 1187 (1194).
[234] So *Allkemper*, S. 201 f.
[235] Vgl. *Weber*, NJW 2000, 537 (544).
[236] Siehe *Dauses*, Grundrechte, S. 154 f.; s.a. *Rengeling*, FS Everling, S. 1187 (1198).

greift.[237] Wenn die Möglichkeit zur Klage gegen einen vermeintlich rechtswidrigen Unionsakt nicht genutzt wurde, kann der konkrete nationale Akt vor den zuständigen mitgliedstaatlichen Gerichten angegriffen und unter Umständen ein Vorabentscheidungsverfahren eingeleitet werden (vgl. noch § 3). Mit der erweiterten Direktklagemöglichkeit sollte ein unzumutbares Abwarten insbesondere von sanktionierenden Akten verhindert werden. Sind diese bereits in der Welt, muss der nationale Rechtsweg beschritten werden.

4. Klagefrist

Hinsichtlich der Klagefrist sollte künftig wie folgt unterschieden werden: Bei Klagen gegen abstrakt-generelle Rechtsakte sollte – unabhängig von der Einordnung als Legislativakt – eine Klageerhebung innerhalb eines Jahres ab Bekanntmachung möglich sein.

Im Übrigen beträgt die Klagefrist dagegen zwei Monate.

5. Subsidiarität der Nichtigkeitsklage gegen „Gesetze"

Die höhere Legitimation von Gesetzgebungsakten (auch) der Union sollte allerdings auch im seltenen Fall des unionseigenen Vollzugs dazu führen, dass eine Klage gegen den Legislativakt selbst nur subsidiär gegenüber einer Klage gegen den konkretisierenden Umsetzungsakt wäre, wie dies schließlich auch der Fall wäre, wenn ein mitgliedstaatlicher Vollzugsakt bereits in der Welt ist.

B. Einführung einer Feststellungs- und Verpflichtungsklage

I. Feststellungs- und Verpflichtungsklage

Der Kläger im Rahmen des Verfahrens nach Art. 263 Abs. 4 AEUV kann lediglich darauf hinwirken, dass ein ihn beschwerender Akt wegen seiner Fehlerhaftigkeit aufgehoben wird. Dadurch wird die für die Maßnahme verantwortliche Stelle weder gehindert, denselben Akt noch einmal zu erlassen, noch verpflichtet, ihn in einer bestimmten Weise abzuändern. Hinzu kommt, dass sich die Unionsgerichte im Rahmen der Nichtigkeitsklage häufig darauf beschränken, nur einen Nichtigkeitsaspekt zu prüfen und die Prüfung abzubrechen, wenn ein solcher gefunden ist. Anhaltspunkte zu anderen Rügen finden sich im Urteil dagegen kaum. Eine umfassende Entscheidung über die Rechtmäßigkeit einer Maßnahme ist mit dieser Klageform nicht zu erreichen.

Deshalb müssen neben die Nichtigkeitsklage eine *Verpflichtungs-* und eine *Feststellungsklage* treten, damit der Verletzte entsprechend seinem Rechtsschutz-

---

[237] So richtig *Munding*, S. 570.

bedürfnis handeln kann. Dadurch würde zugleich das Prüfprogramm der Unionsgerichte dahingehend erweitert, dass Spruchreife erreicht werden muss. Dies kann aber nur erreicht werden, wenn sich das Gericht mit allen rechtlichen Aspekten eines Falles auseinander setzt. Es verböte sich von selbst, sich auf einen Nichtigkeitsgrund zu beschränken, nur so könnte vermieden werden, dass nach dem „try and error"-Verfahren vorgegangen wird, sondern sich der notwendige und rechtmäßige Inhalt eines Rechtsaktes bereits aus dem (ersten) Urteil in der Sache ergibt.[238]

Die Klagen könnten sich weitgehend am Muster der Nichtigkeitsklage orientieren. Insbesondere für die spiegelbildliche Verpflichtungsklage gelten dieselben Maßstäbe, die aber auf konkrete Vollzugsakte beschränkt sein sollte, unabhängig davon, wie diese zu qualifizieren wären. Jedenfalls sollten die Gerichte nicht den EU-Gesetzgeber zum Erlass bestimmter Normen verpflichten können.

Dasselbe gilt für die weniger weit greifende Feststellungsklage, mit der zumindest eine Handlungspflicht indirekt festgestellt würde. Sie sollte ebenfalls auf konkrete Sachverhalte, ein bestimmtes Rechtsverhältnis beschränkt sein. Dadurch könnten auch Lücken der Nichtigkeitsklage geschlossen werden: So kann etwa Feststellung beantragt werden, dass eine bestimmte Datenverarbeitung, etwa die Weiterleitung an einen Drittstaat, unzulässig ist. Allgemein sollte ein *Feststellungsinteresse* gefordert werden, das aber insbesondere dann angenommen werden sollte, wenn die Gefahr besteht, dass später ein Straf- oder Disziplinarverfahren gegen den Betroffenen eingeleitet wird oder bei der Vorbereitung einer späteren Haftungsklage.[239] Auch drohende schwere Grundrechtsverletzungen sollten für die Annahme des Feststellungsinteresses ausreichen.

Erforderlich ist darüber hinaus eine *Fortsetzungsfeststellungsklage*. Die Nichtigkeitsklage könnte sonst einfach durch den Vollzug der Maßnahme ausgehebelt werden, weil ein Interesse an der Nichtigerklärung eines Akts nicht mehr bestehen könnte, wenn dieser sich bereits erledigt hat.[240]

Wegener meint, eine solche Erweiterung der direkten Klagearten wäre durch richterliche Rechtsfortbildung möglich. Ansatzpunkt soll Art. 266 Abs. 1 AEUV sein, dem zufolge alle Stellen der Union, denen das für nichtig erklärte Handeln zur Last fällt oder deren Untätigkeit für vertragswidrig erklärt worden ist, die sich aus dem Urteil der Gerichte ergebenden Maßnahmen zu ergreifen haben. Er lehnt eine Lösung der Friktionen des Gebots des effektiven Rechtsschutzes mit dem *numerus clausus* der Klagearten über die richterliche Rechtsfortbildung aber letztlich ab, weil in der Rechtsprechungspraxis eine solche Befugniserweiterung

---

[238] Instruktiv: *Wegener,* EuGRZ 2008, 354 (358).
[239] Siehe *Weitendorf,* S. 179.
[240] Siehe aber auch *GA Bot,* Schlussanträge, Rs. 239/12 P (Abdulbasit Abdulrahim/ Rat u. KOM), 22.1.2013, Tz. 49 ff. – So auch *Weitendorf,* S. 178 f. (konkret zu OLAF), argumentiert selbst allerdings explizit für eine simple Feststellungklage.

angesichts des Grundsatzes der begrenzten Einzelermächtigung bisher stets abgelehnt wurde.[241]

Auch insoweit sollte aber zumindest *de lege ferenda* eine Erweiterung der Klagearten erfolgen.

II. Besondere Feststellungsklage für Instrumente der gegenseitigen Anerkennung

Der von Maßnahmen der gegenseitigen Anerkennung Betroffene ist derzeit weitgehend schutzlos gestellt. Er kann entsprechende Anordnungen nur unter erheblichen Schwierigkeiten überprüfen, die strukturellen Defizite des Rechtsschutzes kommen beinahe einer Verweigerung desselben gleich.

Deshalb ist – mit der Besonderheit der Überprüfbarkeit eines nationalen Aktes – eine Feststellungsklage einzurichten, mit der die Übereinstimmung einer konkreten Nutzung eines Instruments der gegenseitigen Anerkennung an den Unionsgrundrechten gemessen werden kann. Der Betroffene kann dadurch immerhin im Nachhinein klären, ob eine Maßnahme mit Strukturprinzipien der Union vereinbar war und so auch eine etwaige Wiederholung oder Vertiefung des Eingriffs durch die Verwertung eventuell aufgefundener Beweismittel verhindern oder sogar feststellen lassen, ob eine Verweigerung der Mitwirkung an bestimmten Maßnahmen zulässig ist.

§ 3 Reform des Vorlageverfahrens

A. Ausgangspunkt der Reform des Vorlageverfahrens

Das *Kooperationsprinzip* ist das zentrale Strukturmerkmal des Vorlageverfahrens; es muss auch in Zukunft von Bedeutung sein: Das Europäische Strafrecht wird in vielen Bereichen auch künftig nicht ausschließlich unionsrechtliche Fragestellungen aufwerfen, sondern eben auch durch das nationale Recht ergänzt werden.[242]

Der gleichberechtigte Dialog zwischen nationaler und europäischer Ebene birgt aber erhebliche Gefahren für die Rechtsschutzeffektivität. Legt ein nationales Gericht trotz einer bestehenden Pflicht nicht vor, stellt dies zwar einen Verstoß gegen Art. 267 AEUV und unter Umständen auch gegen Art. 47 GRC dar.[243] Weil aber die nationalen Gerichte das Vorabentscheidungsverfahren als ein „auf Gleichstellung beruhendes kooperatives Verfahren" verstehen, wird die-

---

[241] Dazu *Wegener*, EuGRZ 2008, 354 (358 f.); *Wegner*, EuR-Beih. 3/2008, 45 (66). Wohl auch *Weitendorf*, S. 178 f., für eine Feststellungsklage.
[242] Ähnlich *Riehm*, in: Zivilgerichtsbarkeit, S. 203 (214), zum Unionsprivatrecht.
[243] So auch *Philippi*, S. 53 m.w.N.

se rechtliche Verpflichtung nicht immer ernst genommen. Sanktions- oder Durchsetzungsmechanismen gibt es wegen der fehlenden Hierarchisierung nicht.[244] Ob also das Vorlageverfahren seine Aufgabe erfüllt, hängt nach der derzeitigen Rechtslage allein von der „Vorlagefreudigkeit"[245] der nationalen Gerichte ab. Weder der Beschuldigte, noch sein Verteidiger, noch die Staatsanwaltschaft können die Vorlage direkt erzwingen. Diese Benachteiligung des einzelnen Bürgers wird dem Integrationsstand der EU nicht gerecht: Der Individualrechtsschutz als Rechtsschutzzweck ist beim heute erreichten Integrationsstand vielmehr zumindest gleichwertig gegenüber dem Schutz des objektiven Rechts. Ein „Primat der objektiven Rechtsschutzverfahren" ist nicht mehr zu rechtfertigen.[246] Heute müsste man daher jedem Angeklagten raten, Verstöße gegen die Vorlagepflicht als Verletzung von Art. 6 Abs. 1 EMRK, der ebenfalls das Recht auf einen gesetzlichen Richter garantiert, vor den *EGMR* zu bringen. Immerhin wäre im Falle der Feststellung eines solchen Verstoßes eine Wiederaufnahmemöglichkeit in § 359 Nr. 6 StPO ausdrücklich im Gesetz festgehalten, während für Urteile des *EuGH* nur Vorschläge einer Analogie zu § 79 BVerfGG bzw. § 359 Nr. 6 StPO gemacht werden (vgl. unten). Schon deshalb ist eine Anpassung der Rechtsschutzmöglichkeiten dringend zu empfehlen.

Denkbar sind im Wesentlichen zwei Lösungen, um den dezentralen Rechtsschutz zu verbessern: Entweder müssen effektivere Mechanismen zur Überprüfung pflichtwidrig unterlassener Vorlagen geschaffen werden oder es müssen stärkere Beteiligungsrechte des Einzelnen durch ein Initiativrecht vorgesehen werden.[247]

Bei den Reformmodellen darf die Handlungsfähigkeit der Unionsgerichte nicht aus den Augen verloren werden, denn schon jetzt hat der *EuGH* verschiedene Zulässigkeitshürden entwickelt, die zu seiner Entlastung beitragen sollen: So prüft er inzwischen genau, ob die zu entscheidende Frage überhaupt seiner Rechtsprechungsgewalt unterfällt. Vorlagen, denen offenkundig fiktive oder konstruierte Rechtsstreitigkeiten zu Grunde liegen, beantwortet er nicht mehr. Auch prüft er verstärkt, ob die vorlegende Institution auch den Anforderungen an ein „Gericht" im Sinne von Art. 267 AEUV entspricht. Auch die *acte-clair*-Doktrin ist in diesem Zusammenhang zu nennen.[248] Dass diese Maßnahmen nicht oder zumindest nicht im erforderlichen Maße zur Entlastung des *EuGH* beigetragen haben, ist nicht zuletzt darauf zurückzuführen, dass sich der *EuGH* – angesichts

---

[244] *Brakalova*, S. 299.
[245] Siehe zu diesem Begriff: *Sellmann/Augsberg*, DÖV 2006, 533 (538).
[246] So schon *Schmidt-Aßmann*, JZ 1994, 832 (834).
[247] So auch *Munding*, S. 558.
[248] Vgl. *Brakalova*, S. 187, 190; Näheres bei *Kastelik-Smaza*, S. 110 ff., 118 ff.; *Trimidas*, CMLRev 2003 (40), 9 (17), weist darauf hin, dass die bisherigen Reformbemühungen nicht auf eine Beschränkung der Vorlagezahlen ausgerichtet waren, sondern der erhöhten Nachfrage ein größeres Angebot gegenüber stellen wollten.

der wichtigen Rolle des Verfahrens für die Wahrung der Rechtseinheit zu Recht –
bei der Anwendung der Grundsätze in Zurückhaltung geübt hat und es andererseits aber den nationalen Richtern durch die nicht immer stringente Handhabung
und fehlende Kodifizierung der Zulässigkeitshürden erschwert wird, unzulässige
Vorlagen zu vermeiden.[249]

B. Verbesserung der Rechtsstellung des Einzelnen de lege ferenda

I. Durch nationale Gerichte?

Der nationale Gesetzgeber ist berufen, das Vorlageverfahren effektiv zu gestalten; mit Art. 19 Abs. 1 UAbs. 2 EUV wird ihm sogar die primäre Verantwortung
dafür übertragen. Fraglich ist aber, ob auf nationaler Ebene der erforderliche Individualzugang im weiteren Sinne hergestellt werden kann.

1. Rüge der Verletzung des Art. 101 GG vor nationalen Fachgerichten

Bedenkenswert erscheint angesichts dieses Auftrags und der Nachrangigkeit
verfassungsrechtlicher Kontrolle, für den Fall der Nichtvorlage eine Beschwerde
vor den Fachgerichten vorzusehen. In der Literatur kursiert etwa der Vorschlag,
die Anhörungsrüge (§ 33 StPO) nicht nur für Verstöße gegen das rechtliche Gehör nach Art. 103 GG fruchtbar zu machen, sondern auch für Verletzungen des
Art. 101 GG.[250]

Dass die Nichtvorlage auch durch die Fachgerichte überprüft werden kann, entspricht jedenfalls der *grundsätzlichen Aufgabenverteilung zwischen Verfassungsgerichten und Fachgerichten,* die selbst den Justizgrundrechten Geltung verschaffen sollen.[251] Ohnehin sind diese dazu verpflichtet, ihr Ermessen auch bei allen
Zwischenentscheidungen pflichtgemäß auszuüben. Jede Ermessensentscheidung
unterliegt dem rechtsstaatlichen Erfordernis einer gerichtlichen Kontrolle der an-

---

[249] Siehe auch *Brakalova,* S. 187 f.; *Trocker,* RabelsZ 66 (2002), 417 (445 f.).

[250] Zur parallelen Diskussion im Zivilprozessrecht: *Fredriksen,* S. 290 ff.; s. a. *Lipp,* in: Zivilgerichtsbarkeit, S. 103 (118 ff.). Bei der Nichtvorlage handelt es sich nicht unmittelbar um eine fehlende Auseinandersetzung mit einem Parteivorbringen, mit den
Regelungen zur Verfahrensrüge habe der Gesetzgeber aber den Willen zum Ausdruck
gebracht, gegen Verstöße gegen Justizgrundrechte im Wege der Selbstkontrolle vorgehen zu wollen. Gegen eine Analogie spricht nach Ansicht *Schröders,* EuR 2011, 808
(812 f.), aber das Gebot der Rechtsmittelklarheit. Das bestreiten *Fredriksen,* S. 292 und
Lipp, in: Zivilgerichtsbarkeit, S. 103 (119), weil der Grundsatz nicht Analogien verbiete,
sondern lediglich, dass ein Rechtsbehelf *praeter legem* geschaffen werde; die Gehörs-
rüge sei aber gesetzlich geregelt, lediglich ihr Anwendungsbereich werde erweitert. Vgl.
auch *Pfeiffer,* NJW 1994, 1996, zur Beschwerde i. S. klassischer Rechtsbehelfe, deren
Anwendbarkeit allerdings bereits abgelehnt wurde [vgl. Kapitel 2 § 3 E. II. 1. a)].

[251] In diese Richtung auch schon *Fastenrath,* FS Ress, S. 461 (476).

gewandten Maßstäbe.[252] Eine solche Kontrolle kann zwar auch im Rahmen der Anfechtung der Gesamtentscheidung stattfinden. Rechtsschutzintensiver ist es jedoch, auch die Zwischenentscheidung anfechtbar zu machen. Dann müsste eine Entscheidung über die Vorlage bzw. Nichtvorlage in Zukunft nicht mehr (nur) von Amts wegen als Schlussentscheidung getroffen werden, sondern eventuell auf Antrag durch Zwischenbeschluss, in dem die Entscheidung auch zu begründen wäre. Eine solche Lösung könnte dem Rechtsschutzbegehren zeitnah abhelfen.[253]

Kriterien für die Überprüfung der Ermessensentscheidung könnten sein, ob das dem Fachgericht zustehende Ermessen unterschritten wurde, z. B. wenn das Prozessgericht auf ausdrücklichen Vorlageantrag der Partei hin eine Vorlage nicht ernsthaft prüft und die auf Vorlage hindeutenden Interessen nicht mit den gegen eine Vorlage sprechenden Gesichtspunkten abwägt. Eine Beschwer dürfte jedenfalls nicht nur angenommen werden, wenn das Gericht die Vorlage durch einen formellen Beschluss ablehnt, aus dem sich die Ermessensunterschreitung ergibt. Die Rüge müsste gerade auch dann eröffnet sein, wenn ein Gericht nicht ausdrücklich, also durch Ablehnungsbeschluss, sondern auf andere Weise zu erkennen gibt, dass es die Aussetzung ablehnt, etwa weil es Vorlagen an den *EuGH* prinzipiell für nicht sachgerecht erachtet. Im ablehnenden Beschluss müssten daher auch die für die Nichtvorlage maßgeblichen Erwägungen ausgeführt werden. Fehlen solche Erläuterungen, so würde das eine Ermessensunterschreitung indizieren. Ein Fehlgebrauch des eingeräumten Ermessens läge vor, wenn dieses nicht dem Zweck des Gesetzes folgt. Dabei sollte nach *Pfeiffer* anerkannt werden, dass auch prozessuale Situationen denkbar sind, in denen das Vorlageermessen auf Null reduziert ist, weil allein durch die Aussetzung angemessener Rechtsschutz gewährleistet wird.[254] Bei einer Beschwerde nach dem Vorbild der Anhörungsrüge könnte ein solcher Prüfungsmaßstab allerdings kaum angewandt werden; vielmehr müsste der Willkürmaßstab des *BVerfG* auf die Rüge übertragen werden, da gerade die Verletzung des Art. 101 Abs. 1 S. 2 GG geprüft werden soll.[255]

In der Rechtssache *Cartesio*[256] entschied der *EuGH* zudem, dass es allein in der Verantwortung des Vorlagegerichts liege, die Erforderlichkeit der konkreten

---

[252] Vgl. auch *Maschmann,* NZA 1995, 920 (926).
[253] Vgl. *Munding,* S. 559; *Maschmann,* NZA 1995, 920 (926).
[254] Zur Gestaltung: *Pfeiffer,* NJW 1994, 1996 (2001 f.), der eine Rügemöglichkeit auch für die vom Betroffenen abgelehnte Vorlage fordert, z. B. wenn ein Instanzgericht meint, vorlegen zu *müssen,* obwohl Art. 267 Abs. 2 AEUV Ermessen einräumt.
[255] Dies räumt auch *Lipp,* in: Zivilgerichtsbarkeit, S. 103 (121), ein.
[256] *EuGH* Rs. C-210/06 (Cartesio Oktató és Szolgáltató bt), 16.12.2008, Slg. 2008, I-9641, Tz. 93 f.; dazu: *Broberg/Fenger,* E.L.Rev. 2011, 36 (2), 276. Näheres zu dieser Rechtsprechung bei *Kastelik-Smaza,* S. 130 ff.; s.a. *Bergmann,* ZAR 2011, 41 (43 f.). Dagegen meinen *Broberg/Fenger,* E.L.Rev. 2011, 36 (2), 276 (283 f.), das Urteil be-

Vorlage und ihrer Formulierung zu beurteilen. Eine Pflicht zur Vorlage dürfe nicht durch nationale Regelungen geschaffen werden, weil das Unionsrecht insoweit Ermessen einräumt. Ein höheres Gericht könnte nach *Kastelik-Smaza* daher nur dazu verpflichten, die Erforderlichkeit der Vorlage noch einmal zu überprüfen.[257] Auch *Pechstein* geht davon aus, der *EuGH* habe damit Rechtsbehelfen eine Absage erteilt, die die Entscheidung über die Vorlage einem anderen Gericht zuweisen oder gegen die Rechtsmittel zulässig sind.[258] Über die Vorlage hätte im Endeffekt also nicht der *judex ad quem* zu entscheiden, also die höhere Instanz.[259] Prozessökonomischer erscheint dann aber eine Beschwerde unmittelbar an den *judex a quo*. Damit träfe allerdings derselbe Richter eine Entscheidung über die Erforderlichkeit der Vorlage, der diese bereits abgelehnt hat. Ob dies häufig dazu führen würde, dass das eigentliche Rechtsschutzziel der Vorlageerzwingung erreicht wird, darf bezweifelt werden. Auch *Schröder* hinterfragt die Effektivität eines solchen Rechtsbehelfs, der wie die Anhörungsrüge primär der Entlastung des *BVerfG* dienen und selten zur Selbstkorrektur der Fachgerichte führen würde.[260] Letztlich stellt eine solche Beschwerde keinen wesentlichen Rechtsschutzgewinn für den Angeklagten dar.

2. Exkurs: Rechtsschutz gegen Vorlage

In diesem Zusammenhang stellt sich auch die Frage, ob es ein Rechtsmittel geben muss, mit dem geltend gemacht werden kann, eine Vorlagefrage sei *nicht entscheidungserheblich,* weil sich der Rechtsstreit allein nach den Vorschriften des mitgliedstaatlichen Rechts und nicht des Unionsrechts entscheiden lässt, oder weil die Vorlagefrage fehlerhaft formuliert ist.[261]

Dadurch würde jedenfalls das Entscheidungsmonopol des *EuGH* nicht berührt. Nachteilig wäre sicherlich, dass eventuell aufwendigen Vorlageverfahren nachträglich die Grundlage entzogen wird, weil auf die Beschwerde hin der Vorlagebeschluss durch ein dem vorlegenden Gericht übergeordnetes Gericht aufgehoben wird. *Maschmann* hält dies aber für „unausweichlich", da die Unionsrechtsord-

---

ziehe sich allein auf Beschwerden *gegen* die Vorlage, nicht ihre Verweigerung. Nur im letzteren Fall sei dem *effet utile* gedient. Nationale Gerichte würden von der Vorlage eher Gebrauch machen, wenn sie nicht die Aufhebung ihrer Entscheidung fürchten müssten. Es stelle auch den geringeren Eingriff in die Entscheidungsfreiheit dar.

[257] Vgl. *Kastelik-Smaza,* S. 134 f. (Vorlage durch das „Beschwerdegericht"; Endentscheidung durch das Untergericht).

[258] So auch *Pechstein,* Rn. 882; kritisch: *Piekenbrock,* EuR 2011, 317 (331); anders noch: *Pfeiffer,* NJW 1994, 1996 (2000).

[259] Dies verkennt *Thiele,* S. 294 f. Siehe aber *Fastenrath,* FS Ress, S. 461 (476); s.a. *Piekenbrock,* EuR 2011, 317 (342 f.); *Schröder,* EuR 2011, 808 (827); *Fredriksen,* S. 292.

[260] Vgl. *Schröder,* EuR 2011, 808 (813).

[261] So etwa *Maschmann,* NZA 1995, 920 (924).

nung denjenigen der Mitgliedstaten nicht übergeordnet, sondern dem Respekt ihrer Rechtssysteme verpflichtet sei.[262]

Immerhin, dass der Angeklagte durch ein Vorabentscheidungsverfahren auch beschwert sein kann, ist nicht ausgeschlossen. Dass das Vorabentscheidungsverfahren nicht vorrangig dem Schutz subjektiver Interessen dient, sondern als objektives Verfahren zur Sicherung der einheitlichen Auslegung und Anwendung des Unionsrechts ausgestaltet wurde, hindert eine solche Annahme nicht. Es soll auch den konkreten Rechtsstreit einer Entscheidung zuführen; die Reichweite des Auslegungsurteils ist sogar auf eine *inter-partes*-Wirkung beschränkt. Die „Parteien" können zudem mit den Kosten des Verfahrens belastet werden. Belastungen für den Angeklagten sind also nicht von vornherein ausgeschlossen. Die Beschwer kann jedenfalls in der zeitlichen Verzögerung des nationalen Verfahrens gesehen werden, wenn auch für Strafverfahren ein beschleunigtes Verfahren eingreift.[263] In allen strafrechtlichen Vorlagen wird der *EuGH* aber die zugegebenermaßen kurze Dauer von etwa drei Monaten nicht durchhalten können.

Die Belastungen ließen sich also begrenzen, wenn in einem Beschwerdeverfahren die Notwendigkeit des Vorlagebeschlusses kontrolliert würde und Ersuchen ausgesondert würden, die offensichtlich nicht erforderlich sind. Aber auch unzulässige Vorlagefragen könnten dadurch ausgeschlossen werden, etwa, ob eine bestimmte nationale Bestimmung mit der des Unionsrechts übereinstimmt. Gerügt werden könnten auch formelle Fehler, etwa, wenn der Beschluss anstelle des Kollegiums vom Vorsitzenden allein getroffen wird.[264]

Allerdings ist auch ein solches Rechtsmittel kaum denkbar, denn der *EuGH* hat das Vorlageermessen allein dem jeweils zuständigen Instanzgericht zugewiesen (vgl. schon 1.). Ein Instanzgericht kann also nicht durch ein übergeordnetes Gericht verpflichtet werden, die Vorlage zurückzunehmen oder sie auszusetzen. Es darf keine Regelung eingeführt werden, nach der das nationale Gericht nicht auch von Amts wegen in jeder Lage des Verfahrens eine Sache dem *EuGH* vorlegen kann.[265] In Frage kommt also auch insoweit vor allem eine Beschwerde zum *judex a quo*. Weil die *Cartesio*-Rechtsprechung aber nur eine verbindliche Entscheidung eines höheren Gerichts ausschließt, meinen *Broberg* und *Fenger,*

---

[262] Siehe *Maschmann,* NZA 1995, 920 (924), auch zum Folgenden: Die Unionsgerichte erachten Vorlagen nicht als erledigt, solange der Vorlagebeschluss nicht unwirksam geworden oder zurückgenommen worden ist, vgl. *EuGH* Rs. 106/77 (Staatliche Finanzverwaltung/S.p.A. Simmenthal), 9.3.1978, Slg. 1978, 629, Tz. 10/11; wegen der *Cartesio*-Rechtsprechung dürfte es auf die Rücknahme durch das Vorlagegericht ankommen; s. a. *Broberg/Fenger,* E.L.Rev. 2011, 36 (2), 276 (280).
[263] Zur möglichen Beschwer *Maschmann,* NZA 1995, 920 (927).
[264] Vgl. *Maschmann,* NZA 1995, 920 (927), der allerdings von der Zulässigkeit eines Devolutiveffekts des Rechtsmittels ausgeht.
[265] Vgl. *Kastelik-Smaza,* S. 102 f., auch wenn dies dem Willen der Parteien widerspricht.

man könne auch ein gutachterliches Verfahren zu einem höheren Gericht einrichten, das nicht zu einer Bindung des konkret über die Vorlage entscheidenden Gerichts führt, bzw. etwaige vorgesehene Rechtsmittel nach nationalem Recht insoweit modifizieren, als dann keine verbindliche Entscheidung mehr möglich wäre.[266] Einen wesentlichen Rechtsschutzgewinn stellen beide Formen der Beschwerde nicht dar. Allein kann das Gericht zur Selbstreflexion gezwungen werden. Die formalisierte Entscheidung über einen entsprechenden Antrag erleichtert zudem die Feststellung etwaiger Ermessensverstöße.

3. Stellungnahme: Antragsrecht, Begründungs- und Protokollierungspflicht wünschenswert, aber nicht ausreichend

Aus Transparenzgründen sollte zumindest ein *formelles Antragsrecht* eingeführt werden, sowie eine *Begründungspflicht* des Gerichts, um das Gericht dazu zu zwingen, sich mit der Vorlagemöglichkeit oder -pflicht auseinanderzusetzen. Um im Übrigen die Überprüfung der Nichtvorlage möglich zu machen, etwa durch die Verfassungsbeschwerde, und um die Geltendmachung von Schadensersatzansprüchen wegen der Verletzung von Unionsrecht zu erleichtern, sollte die Entscheidung über die Nichtvorlage zudem auch in das Verfahrensprotokoll aufgenommen werden.[267]

II. Verbesserung der Rechtsstellung des Einzelnen auf Unionsebene

1. Überblick über bestehende Vorschläge

a) Vertragsverletzungsverfahren mit Kassation

Diskutiert wird auch die Möglichkeit, die Verträge dahingehend zu ändern, dass die Kommission unmittelbar ein nationales Urteil vor dem *EuGH* angreifen können soll, wenn dieses unter Verletzung der Vorlagepflicht bzw. unter Missachtung eines Vorabentscheidungsurteils ergangen ist.[268] Dabei handelt es sich um ein Vertragsverletzungsverfahren mit Kassationsfolge, das verletzte Vertragsrecht wäre Art. 267 AEUV. Damit wäre das Problem ausgeräumt, dass Vertragsverletzungsverfahren nur gegen einen Staat gerichtet sein können, dessen Regierung aufgrund der Gewaltenteilung und des Grundsatzes der richterlichen Unabhängigkeit den Gerichten keine Entscheidung vorgeben kann.[269] Allerdings stellt

---

[266] Siehe *Broberg/Fenger*, E.L.Rev. 2011, 36 (2), 276 (279 ff.); er hält die Anordnung des Zurückstellens bis zu einem späteren Verfahrenszeitpunkt für möglich.
[267] Vgl. *Kastelik-Smaza*, S. 135 f.
[268] Dafür etwa *British Institute of International and Comparative Law*, S. 78.
[269] Der Einwand von *Edward*, in: Liber Amicorum Lord Slynn of Hadley, S. 119 (125), dass fraglich sei, wer dann Klagegegner sein solle, weil das zur Vorlage verpflichtete Gericht nicht in Frage käme und der Vertragsstaat selbst das Urteil aber mit-

sich schon die Frage, ob die Kommission ausreichende Mittel hätte, um allein eine Überwachung der nationalen höchstgerichtlichen Urteile zu gewährleisten.[270] Zudem wird der Individualrechtsschutz damit nicht wesentlich bereichert. Der Beschuldigte hätte weiterhin kein Antragsrecht bezüglich der Einleitung des Verfahrens.[271]

Denkbar ist zwar auch die Einführung eines *einklagbaren Rechts* gegenüber der Kommission *auf Durchführung des Vertragsverletzungsverfahrens,* unter Umständen gekoppelt an eine Kassation des jeweiligen Urteils, um die eben genannten Vorteile zu erhalten.[272] Damit mit dieser Rügemöglichkeit eine echte Verbesserung des Individualrechtsschutzes gegenüber der reinen Kassationslösung einhergeht, müsste allerdings das Ermessen der Kommission hinsichtlich der Frage, ob ein Verfahren vor dem *EuGH* eingeleitet wird, ausgeschlossen sein.[273] Dann aber erscheint der Weg über die Kommission umständlich, wenn diese ohnehin ein Verfahren einleiten müsste. So würde zudem der objektiv-rechtliche Charakter des Vertragsverletzungsverfahrens in sein Gegenteil verkehrt,[274] obwohl primär eine Verbesserung des Individualrechtsschutzes im Rahmen des Vorlageverfahrens erreicht werden soll. Auch bei einem Antragsrecht der betroffenen Bürger, würde die Kommission zudem erheblich zusätzlich belastet,[275] wenn auch die Urteile nicht von ihr selbst überwacht werden müssten, wie in der zuvor dargestellten Reformvariante. Sie wäre allerdings berufen das Vertragsverletzungsverfahren anstelle der eigentlich Beschwerten zu führen.

b) Vorlageerzwingungsverfahren als Zwischenverfahren

Diskutiert – und im selben Rahmen abgelehnt – wurde von *Dauses* anlässlich des 60. Deutschen Juristentages 1994 demgegenüber eine unmittelbare *Rügemöglichkeit des Einzelnen* vor dem *EuGH während des laufenden nationalen Verfahrens.*[276] Käme der *EuGH* zu dem Schluss, dass die Vorlagepflicht verkannt wurde, so würde er die zugrunde liegende Auslegungs- oder Gültigkeitsfrage be-

---

unter gar nicht verteidigen möchte, überzeugt nicht. Immerhin wird die klagegegnerische Stellung den Unionsstaaten auch bei allen anderen durch seine Stellen begangenen Vertragsverletzungen abverlangt.

[270] Vgl. *Edward,* in: Liber Amicorum Lord Slynn of Hadley, S. 119 (124).

[271] Siehe dazu *Karper,* S. 120; *Hansel,* whi-paper 6/03, S. 15.

[272] Vgl. *Munding,* S. 561; *Hansel,* whi-paper 6/03, S. 15; vgl. auch *Dauses,* Grundrechte, S. 148 ff., 162 f. (auch zur Frage einer vorherigen Rechtswegerschöpfung); *Dauses,* EuZW 2008, 449 (450).

[273] Vgl. bei *Munding,* S. 558; *Karper,* S. 131.

[274] So *Karper,* S. 131; anders schätzt dies *Dauses,* Grundrechte, S. 150, ein, wenn die Antragsberechtigten, im Gegensatz zu dem dann privilegierten Kläger, ein Rechtsschutzbedürfnis nachweisen müssten.

[275] Siehe *Karper,* S. 131; *Munding,* S. 561.

[276] Vgl. *Dauses,* Gutachten, D 127 f.

antworten und die Sache an das nationale Gericht zurückverweisen.[277] Der *EuGH* müsste dann nicht nur eine etwaige Verletzung von Vorlagepflichten feststellen, um die Sache an sich ziehen zu können, sondern auch die übrigen Voraussetzungen des Vorlageverfahrens, insbesondere die Erforderlichkeit der Vorlage. Die Frage der Erforderlichkeit betrifft aber ausschließlich Fragen des Ausgangsverfahrens, die der *EuGH* grundsätzlich nicht überprüfen kann. Deren Feststellung muss denklogisch vielmehr vor der Sachentscheidung der Unionsgerichte getroffen werden. Der Charakter des Vorlageverfahrens würde damit in erheblicher Weise abgeändert. Der *EuGH* setze gleich einem Rechtsmittelgericht die eigene Beurteilung an die Stelle des Gerichts und überprüfe die Nichtvorlage. Der justizielle Dialog als Grundidee würde damit aufgegeben.[278]

Allerdings ist fraglich, inwiefern dieser Dialog heute noch sakrosankt sein sollte, wenn doch zumindest bei manchen Gerichten von Vorlageverweigerung gesprochen werden muss. Zudem haben die Unionsgerichte auch heute eine vorrangige Entscheidungskompetenz in gewissen Fragen.[279] Eine materiell-rechtliche Hierarchie besteht also schon jetzt. Ein individuelles Zugangsrecht wäre lediglich eine konsequente Fortführung dieses sachrechtlich bereits vollzogenen Wandels auf prozessualer Ebene.[280] Dadurch wäre auch sichergestellt, dass den Unionsgerichten alle wesentlichen Fragen zugeleitet werden, denn die „Parteien" haben ein eigenes Interesse an der Aufdeckung entsprechender Unionsrechtsverstöße. Gegenüber einer Lösung über das Vertragsverletzungsverfahren ist auch hervorzuheben, dass der Angeklagte sich stärker mit dem Prozessstoff auseinandergesetzt hat[281] und somit der Verzicht auf die Zwischenschaltung der Kommission der Prozessökonomie eher entsprechen dürfte.

Eine Vorlage *während* des Verfahrens könnte aber zu erheblichen Bedenken bei den Mitgliedstaaten führen. Geringere Einwände wären zu erwarten, wenn die Vorlage erst in der letzten Instanz erzwungen werden könnte. Ohnehin besteht meist erst dann eine Vorlagepflicht, so dass nur dort eine Erzwingung angesichts des Vorlageermessens unterer Instanzen denkbar wäre. Zugleich besteht die Gefahr, dass Vorlagen seltener aus den unteren Instanzen heraus erfolgen würden, weil die Richter stets dessen Gewahr wären, dass der Angeklagte die Klärung einer unionsrechtlichen Frage auch selbst herbeiführen könnte, ohne dass je ein rechtskräftiges Urteil gegen ihn im Raum steht. Der Anreiz wäre also geringer.

---

[277] Siehe *Brakalova*, S. 312.
[278] Vgl. *Dauses,* Gutachten, D 127 f.; *Munding,* S. 559 ff.; *Rösler,* S. 415.
[279] Vgl. *Brakalova,* S. 327 f.
[280] Siehe *Rösler,* S. 415 f.; *Schwarze,* DVBl. 2002, 1297 (1311 f.); s. a. *Friedrich,* S. 164 f.
[281] Siehe *Brakalova,* S. 313.

c) Nichtvorlagebeschwerde

Als Vorschlag kursiert auch, ein Antragsrecht der Parteien auf Entscheidung über eine Vorlagefrage nach der Urteilsfällung auf nationaler Ebene vorzusehen. Der Antrag wäre durch das nationale Gericht verbindlich an die zuständigen Unionsgerichte weiterzuleiten. *Rösler* befürwortet zudem, dass über solche Anträge nur zu entscheiden wäre, wenn die Vorlagepflicht offensichtlich oder willkürlich verletzt wurde.[282]

Falls die Unionsgerichte auf eine solche *Nichtvorlagebeschwerde* hin eine unionsrechtliche Frage abweichend entscheiden sollten, würde das nationale unionsrechtswidrige Urteil kassiert. Das nationale Gericht müsste daraufhin erneut entscheiden, unter Berücksichtigung des Urteils der Unionsgerichte.[283]

Auch diesem Vorschlag wird vorgeworfen, das Kooperationsverhältnis zwischen *EuGH* und nationalen Gerichten nachhaltig zu stören.[284] Die Verfahrensdauer würde zudem verlängert, da davon auszugehen sei, dass alle Rechtsschutzsuchenden die Möglichkeit nutzen würden.[285] Jedenfalls dürften die Mitgliedstaaten kaum akzeptieren, dass ein supranationales Gericht nationale Urteile kassieren kann.

2. Eigener Vorschlag: Individualvorlage nach Abschluss der letzten Instanz

a) Grundsätze

Eine solche Lösung sollte dennoch verfolgt werden, ohne allerdings eine Kassation der nationalen Urteile vorzusehen [s. noch f)].[286] Vielmehr sollte eine Individualvorlage möglich sein, die direkt an das zuständige Unionsgericht gelangen sollte und nicht erst über das nationale Gericht weitergeleitet wird. Das zuständige Unionsgericht sollte die Vorlage dabei erst nach dem Abschluss des nationalen Verfahrens in letzter Instanz behandeln, wenn (auch) dort deren Notwendigkeit verkannt wurde. Bis dahin muss eine Selbstkorrektur durch die mitgliedstaatlichen Gerichte möglich sein [noch d)].

b) Kein Annahmeermessen

Ein uneingeschränktes Annahmeermessen sollte beim zuständigen Unionsgericht nicht bestehen. Vielmehr müsste eine Zulassung der Individualvorlage erfol-

---

[282] Zustimmend *Rösler,* S. 416 ff., 422.
[283] Reflexionspapier des *EuGH,* abgedruckt in: EuZW 1999, 750 (755).
[284] Sei eine Gültigkeitsvorlage unterblieben, sei gegen den Rechtsbehelf nichts einzuwenden, da das Verwerfungsmonopol beim *EuGH* liege. Es werde auch nicht die gerichtliche Entscheidung, sondern der Unionsakt überprüft, so *Schwarze,* DVBl. 2002, 1297 (1314).
[285] Vgl. schon *Everling,* DRiZ 1993, 5 (12); s.a. *Karper,* S. 102.
[286] So aber *Bruns,* JZ 2011, 325 (332).

gen, wenn die Frage entweder von Bedeutung für das Unionsrechts ist oder zur einheitlichen Sicherung des Rechts entschieden werden muss.[287] Darüber hinaus ist zu fordern, dass die Vorlage angenommen wird, wenn einer Rechtsverletzung anders nicht abgeholfen werden kann. Nur so kann die Funktion als individualschützender Rechtsbehelf sichergestellt werden und zugleich die primäre Verantwortung der nationalen Gerichte für die Konformität ihrer Urteile mit dem Unionsrecht.

c) Beschwerdebefugnis

Eine solche Individualbeschwerde sollte nicht nur möglich sein, wenn eine (Grund-)Rechtsverletzung im Raum steht. Es gelten die Ausführungen zur Nichtigkeitsklage entsprechend [vgl. § 2 A. V. 2. c)].

Ohnehin stellt schon die unberechtigte Verweigerung der Nichtvorlage einen Verstoß gegen das Recht auf den gesetzlichen Richter dar, wenn man den Willkürmaßstab außer Acht lässt. Zudem sind beinahe immer auch materielle Grundrechte betroffen.

d) Rechtswegerschöpfung und Subsidiarität

Möglich sein sollte die Beschwerde erst nach der letztinstanzlichen Ablehnung der Vorlage. Bei Auslegungsfragen, die sich in erster Instanz stellen, würde andernfalls das Vorlageermessen zur Pflicht. Aber auch, wenn der Anwendungsbereich der *Foto-Frost*-Rechtsprechung eröffnet ist, also bei der Missachtung des Verwerfungsmonopols des *EuGH*, sollte erst nach Erschöpfung des innerstaatlichen Rechtsweges eine Nichtvorlagebeschwerde eingereicht werden können. So bleibt die Grundkonzeption des Verfahrens als Kooperationsmechanismus zwischen Unions- und nationaler Ebene weitgehend unangetastet, während zugleich die bisher bestehende Rechtsschutzlücke geschlossen wird. Verfassungsrechtliche Rechtsbehelfe gehören nicht zum Rechtsweg.

e) Prüfungsumfang

Die Unionsgerichte dürfen nur eine Rechtskontrolle vornehmen, sie werden nicht zum Tatsachengericht. Es soll aber – je nach Fragestellung – eine umfängliche Prüfung anhand des Primär- wie auch Sekundärrechts von strafrechtlicher oder strafverfahrensrechtlicher Relevanz erfolgen.

f) Folgen des Urteils

Eine Kassation des in falscher Auslegung des Unionsrechts ergangenen mitgliedstaatlichen Urteils ginge zu weit. Die Unionsgerichte legen allein europäi-

---

[287] So *Bruns*, JZ 2011, 325 (331 f.), unter Heranziehung des § 542 Abs. 2 ZPO.

sches Recht aus oder prüfen dessen Gültigkeit. Dass ein nationales Gericht insoweit zu einer falschen Bewertung gekommen ist oder Unionsrecht überhaupt nicht geprüft hat, ändert nichts daran, dass es einer anderen Rechtsordnung angehört.

Das nationale Fachgericht muss aber im Sinne der Prozessökonomie die Erwägungen des Unionsgerichts bei einer erneuten Entscheidung zugrunde legen. Es sollte eine Bindung an die Urteilsgründe bestehen.[288] Sollte das Urteil selbst nicht mehr revisibel sein – wie stets angesichts der Tatsache, dass das Verfahren erst nach der letzten Instanz zur Verfügung stünde –, muss eine Wiederaufnahmemöglichkeit bestehen (siehe noch D.).

C. Ausgleich überlanger Verfahrensdauer

Selbst wenn ein effektiver Individualrechtsschutz durch einen direkten Zugang zum Vorlagegericht erreicht werden kann, bleibt der grundsätzliche Konflikt von Vorlageverfahren und Beschleunigungsgrundsatz bestehen. Zwar ist mit dem Eilverfahren in Haftsachen in Art. 267 Abs. 4 AEUV eine Verbesserung erzielt worden. Ebenso dient das beschleunigte Verfahren dem Beschleunigungsgrundsatz, das nicht auf Verfahren beschränkt ist, in denen sich der Betroffene bereits in Haft befindet. Selbst wenn das Verfahren aber häufiger genutzt würde – bisher gehen pro Jahr nur wenige Anträge ein –,[289] so ist damit noch immer eine erhebliche Verlängerung der Verfahrensdauer verbunden.

Die durch das Vorlageverfahren bedingte Verfahrensverzögerung beruht auf bindendem Recht und ist daher den nationalen Gerichten nicht vorwerfbar.[290] Das gilt selbst dann, wenn ein unterinstanzliches Gericht eine Auslegungsfrage vorlegt, denn auch dieses Recht ist unionsrechtlich eingeräumt. Die Konstellation dürfte schon deswegen nicht anders behandelt werden, weil der Betroffene bei einer Vorlage durch ein engagiertes unterinstanzliches Gericht letztlich besser gestellt wäre, als wenn erst das letztinstanzliche Gericht vorlegen würde.

Dennoch sollten etwaige Verzögerungen im Rahmen der Strafzumessung berücksichtigt werden, nicht zuletzt weil das Vorlageverfahren vorrangig der Durchsetzung des Unionsrechts dient und nicht dem Individualrechtsschutz des Angeklagten, der eine Vorlage jedenfalls nicht verhindern kann, wenn er sie nicht für erforderlich hält.[291] Gerade wenn eine Vorlage nämlich nicht dazu führt, dass der

---

[288] *Bruns,* JZ 2011, 325 (332).
[289] 2009 wurden drei Eilanträge eingereicht, dazu *Schiwek,* S. 160 f.; *Dannecker,* in: Rengeling/Middeke/Gellermann (Hrsg.), § 38, Rn. 44. *Rennert,* EuGRZ 2008, 385 (387), weist darauf hin, dass der *EuGH* davon ausgeht, es sei nicht möglich, das Verfahren in weniger als 18 Monaten durchzuführen; s. a. *Skouris,* EuGRZ 2008, 343 (346).
[290] *Rennert,* EuGRZ 2008, 385 f., u. a. unter Hinweis auf *EGMR* Pafitis u. a./Griechenland, 26.2.1998, Rep. 1998-I, § 95; vgl. auch *Schiwek,* S. 159 f.
[291] Vgl. *Dannecker,* in: Rengeling/Middeke/Gellermann (Hrsg.), § 38, Rn. 44; *Schiwek,* S. 159 f.

Angeklagte nicht verurteilt werden kann, stellt sich diese aus seiner Sicht meist nur als zusätzliche Belastung dar, die zwar der Fortentwicklung des Rechts dienen mag, nicht aber seinem Schutz.

Zudem wird nur eine einheitliche Betrachtung des Verfahrens – immerhin ist das Vorabentscheidungsverfahren im Normalfall als Zwischenverfahren des nationalen Strafverfahrens ausgestaltet – dem Grundsatz der Effektivität des Rechtsschutzes gerecht.[292] Auch die europäischen Gerichte gehen schließlich davon aus, dass die nationalen Richter Teil des europäischen Gerichtssystems sind.

D. Wiederaufnahmeverpflichtung

I. Ausgangslage

Das Loyalitätsgebot verpflichtet jeden Mitgliedstaat zur Achtung der Urteile der Unionsgerichte. Fraglich ist, inwieweit schon dieser Grundsatz auch dazu verpflichtet, rechtskräftige Urteile aufzuheben und das Verfahren wiederaufzunehmen, wenn sich etwa später herausstellt, dass ein nationales Strafgesetz nicht im Einklang mit Unionsrecht steht. Dies ist insbesondere für den Fall relevant, dass eine Individualvorlage nach Abschluss der letzten Instanz bei den Unionsgerichten eingelegt werden kann (s. o.), aber auch dann, wenn sich in einem anderen Verfahren die Unionsrechtswidrigkeit einer Norm erweist.

Schilling meint, dass sich eine Pflicht zur Einführung eines Wiederaufnahmeverfahrens bereits aus Art. 260 AEUV ergebe, da die Mitgliedstaaten andernfalls ihrer Verpflichtung aus einem immerhin möglichen, die Vorlagepflichtverletzung feststellenden Vertragsverletzungsverfahren nicht nachkommen könnten.[293]

Explizit fordert der *EuGH* aber die Wiederaufnahme eines Strafverfahrens bisher nicht (schon Kapitel 2 § 3 E. III.), für andere Verfahren lehnt er dies sogar ausdrücklich ab (II.). Ob sich dies für strafrechtliche Sachverhalte angesichts der neuen, auch das Kernstrafrecht betreffenden Befugnisse der Union ändern wird, bleibt abzuwarten (III.).

II. Bisherige Rechtsprechungslinie zu Fragen der Rechtskraft

Eine Pflicht zur Vorsehung eines Rechtsbehelfs, der zur Durchbrechung der Bestandskraft führen kann, hat der *EuGH* jedenfalls im Urteil *Kühne & Heitz* abgelehnt.[294] Er begründete dies damit, dass der Grundsatz der Rechtssicherheit, dem auch die Bestandskraft von *Verwaltungsentscheidungen* diene, den Vorrang

---

[292] Dafür plädiert auch *Rennert*, EuGRZ 2008, 385 (386); *Hecker*, § 6 Rn. 24.
[293] Siehe *Schilling*, EuGRZ 2012, 133 (135 f.).
[294] Vgl. *EuGH* Rs. C-453/00 (Kühne & Heitz NV/Produktschap voor Pluimvee en Eieren), 13.1.2004, Slg. 2004, I-837.

des Unionsrechts beschränke. Ein Antrag auf Aufhebung eines bestandskräftigen Verwaltungsaktes müsse wegen des Loyalitätsgebots jedenfalls dann möglich sein, wenn die jeweilige nationale Rechtsordnung eine Durchbrechung der Bestandskraft ohnehin erlaube. Dies aber nur, wenn der Verwaltungsakt nach einem gerichtlichen Verfahren in Rechtskraft erwachsen ist, in dessen Verlauf eine unionsrechtliche Frage aufgetreten ist, die zur Vorlage verpflichtet hätte und ausweislich der späteren Rechtsprechung des *EuGH* zu einer unrichtigen Auslegung oder Anwendung des Unionsrechts geführt hat. Der Betroffene müsste sich zudem unmittelbar, nachdem er Kenntnis von dieser Entscheidung erlangt hat, an die Erlassbehörde wenden.

In der Entscheidung *Kapferer* ließ der *EuGH* offen, ob er dieselben Maßstäbe auf *rechtskräftige (zivilgerichtliche) Urteile* angewendet wissen will. Eine Verpflichtung zur Einführung einer Wiederaufnahmemöglichkeit lehnte er aber angesichts der Bedeutung der Rechtssicherheit auch dort ausdrücklich ab.[295]

III. Vorrang der Rechtssicherheit auch bei strafgerichtlichen Urteilen?

Die Übertragbarkeit dieser Rechtsprechung auf strafrechtliche Urteile ist indes fraglich: Das Prinzip der Rechtssicherheit ist vor allem dann von Bedeutung, wenn einer Person durch ein Urteil ein Recht zugesprochen wird. Im Strafrecht kann aber nie ein rechtliches Interesse an der Aufrechterhaltung eines unionsrechtswidrigen Urteils bestehen. Vielmehr fordert die materielle Gerechtigkeit gerade, dass das Urteil aufgehoben werden kann. Bei der Verurteilung zu einer unbedingten Freiheitsstrafe läge in der Aufrechterhaltung des Urteils sogar ein Verstoß gegen Art. 5 EMRK, der eine *rechtmäßige* Verurteilung fordert.[296]

IV. Anwendungsbereich und Gestaltung

Das Wiederaufnahmeverfahren sollte also auf jeden Fall in der Konstellation anwendbar sein, dass der Betroffene selbst das für ihn günstige Urteil erstritten hat oder eine solche Klagemöglichkeit zum Zeitpunkt seiner Verurteilung noch nicht gegeben war. Aber auch für den Fall, dass dem Einzelnen die Möglichkeit eingeräumt ist, selbst vor den Unionsgerichten gegen eine Verurteilung vorzugehen, er sie aber nicht wahrnimmt, sollte eine solche nachträgliche Korrekturmöglichkeit gegeben sein. Der materiellen Gerechtigkeit ist unabhängig davon zur Durchsetzung zu verhelfen, ob der Betroffene eine entsprechende Gelegenheit selbst wahrnimmt oder nicht.

---

[295] *EuGH* Rs. C-234/04 (Kapferer/Schlank & Schick GmbH), 16.3.2006, Slg. 2006, I-2585; Tz. 20. Urteile garantieren mehr Rechtssicherheit als bestandskräftige Verwaltungsakte, *Friedrich,* S. 152 f.; *Kokott/Henze/Sobotta,* JZ 2006, 633 (639).

[296] Vgl. *Schallmoser,* ÖJZ 2008, 941 (943 f.), auch zur möglichen Verletzung von Art. 13 EMRK mangels eines Rechtsmittels.

Denkbar wäre, eine entsprechende Wiederaufnahmemöglichkeit in Form einer Analogie zur entsprechenden Regelung für *EGMR*-Urteile anzuerkennen, zumal der Mangel eines solches Rechtsbehelfs auf nationaler Ebene dazu führen könne, dass der *EGMR* wegen der unionsrechtswidrigen Verurteilung angerufen wird und dann aufgrund der Verurteilung durch den *EGMR* eine Wiederaufnahme erforderlich wäre. Dem würde man durch eine Analogie zu § 359 Nr. 6 StPO vorgreifen und so eine Verurteilung vermeiden.[297]

Auf lange Sicht sollte aber angesichts der veränderten Strafrechtsdimensionen eine explizite Regelung in das nationale Recht eingeführt werden. Eine solche dürfte sich nicht auf Primärrecht beschränken; ohnehin stellt Sekundärrecht häufig nur die Konkretisierung primärrechtlicher Regelungen dar. Ein Interesse an der Aufrechterhaltung eines rechtswidrigen Urteils besteht auch dann nicht, wenn ein Widerspruch nur zu Sekundärrecht besteht. Die Regelung könnte lauten:

§ 359 StPO neu

Die Wiederaufnahme eines durch rechtskräftiges Urteil abgeschlossenen Verfahrens zugunsten des Verurteilten ist zulässig,

[...]

7. wenn ein Unionsgericht eine Verletzung des Unionsrechts festgestellt hat und das Urteil auf dieser Verletzung beruht.

§ 4 Fazit

Die Europäische Union ist die einzige internationale Organisation, die gegen ihre eigenen Akte Grundrechtsschutz gewähren will. Diesen Willen sollte sie im Interesse der eigenen Glaubwürdigkeit und der Bildung von Vertrauen untermauern, indem sie entsprechende Rechtsschutzwege zur Verfügung stellt. Ein subjektives Recht ist im Endeffekt nur so viel wert, wie der Mechanismus, der es absichert.[298]

Die Einrichtung erweiterter Direktklagemöglichkeiten und eines Individualvorlageverfahrens würde dem Eindruck entgegenwirken, dass die Union subjektive Rechte im Zweifelsfall den Interessen des Binnenmarktes unterordnet. Bis-

---

[297] Zur österr. Rechtslage: *Schallmoser,* ÖJZ 2008, 941 (945).
[298] So richtig *Munding,* S. 570; siehe auch *Kokott/Rüth,* CMLRev 40 (2003), 1315 (1329). Ein Grundrechtekatalog, der nicht über Mechanismen verfügt, diese im eigenen Anwendungsbereich durchzusetzen, ist „– zumindest juristisch – ein wertloser Text", so *Engel,* ZUM 2000, 975 (984). – Ebenso *Rasmussen,* in: EuGH in der Kritik, S. 113 (134 f.); *Calliess,* EuZW 2001, 261 (268); *Schwarze,* DVBl. 2002, 1297 (1313 f.); *Rengeling,* FS Everling, S. 1187 (1999); *Brakalova,* S. 282; *Kobler,* S. 18; *Böcker,* S. 21, 37 ff., unter Hinweis auf EuGH Rs. 6/60 (Humblet), 16.12.1960, Slg. 1960, 1165 (1189): „Normalerweise ist aber davon auszugehen, dass einem materiellen Recht die Befugnis des Berechtigten entspricht, dieses Recht selbst und nicht durch Vermittlung eines Dritten im Klagewege geltend zu machen."

her hat der *EuGH* Grundrechte insbesondere dann in Ansatz gebracht, wenn er Bestimmungen des Binnenmarktes abrunden wollte. Es ging meist um die „Entgrenzung mitgliedstaatlicher Hoheitsgewalt", z. B. im Schengen-Raum.[299] Dagegen sind bisher sind nur wenige Grundrechtsverletzungen festgestellt worden. Dies mag daran gelegen haben, dass man dem *EuGH* nur selten die Gelegenheit dazu gegeben hat; entsprechende Nichtigkeitsklagen waren häufig unzulässig, obwohl im Regelfall dann immerhin eine Vorlage aus dem auf mitgliedstaatlicher Ebene eingeleiteten Verfahren heraus möglich war. Bei der heute allein direkten Rechtsschutz vermittelnden Nichtigkeitsklage (Art. 263 Abs. 4 AEUV) erfolgt zudem stets eine allgemeine Rechtmäßigkeitskontrolle, was häufig eine explizite Prüfung einer Grundrechtsverletzung entbehrlich macht, sofern ein weiterer Verstoß einfacher festgestellt werden kann.[300]

Gerade im Zusammenhang mit der Funktion des *EuGH* als Motor der Integration hätte ein erweiterter Individualzugang also *legitimationsfördernde* Wirkung. Ein Vorteil solcher direkter Rechtsbehelfe wäre auch die Förderung der *aktiven Partizipation* des EU-Bürgers an der Rechtsetzung und damit ein Demokratiegewinn. Dies würde das Bewusstsein fördern, dass die Unionsbürger nicht der Rechtsetzungsgewalt einer für sie fremden und fernen Union schutzlos ausgeliefert sind.[301] Die Erweiterung der Klagemöglichkeiten hätte auch für die Unionsgerichte Signalwirkung dahingehend, dass Individualrechtsschutz ebenfalls ein Ziel der Unionsrechtsordnung ist.

Bis solche Rechtsbehelfe existieren, sollten sich die letztinstanzlichen Strafgerichte angesichts der gerade im strafrechtlichen Bereich bestehenden erhöhten Anforderungen an die Rechtsschutzeffektivität nicht auf die CILFIT-Rechtsprechung berufen, um der Vorlagepflicht zu entgehen. Nur so kann in der Zwischenzeit ein Rechtsschutzmaß erreicht werden, das nicht völlig im Widerspruch zur Rechtsschutzgarantie steht.

---

[299] Als Gegengewicht zur Effektivierung mitgliedstaatlicher Hoheitsgewalt sollten Grundrechte eine Begrenzungsfunktion erhalten, so *Nettesheim,* EuR 2009, 24 f. – Ein etwaiges Zögern des *EuGH,* Einzelinteressen dem Integrationsinteresse gleichzuordnen, wäre zudem bei der inzwischen erlangten Integrationstiefe, nicht mehr zeitgemäß. – Zur bisherigen Tendenz des *EuGH,* den Rechtsschutz zu erweitern, wenn es der Durchsetzung von Unionsrecht diente, vgl. *Schwarze,* DVBl. 2002, 1297 (1307); andererseits *von Danwitz,* EuR 2008, 769 (770 f.): kein „institutionell gefestigte(s) [...] Vorverständnis". Zuzugeben ist allerdings auch, dass die Klagen der Bürger sich regelmäßig gegen Unionsrechtsakte richten und damit immer eine anti-integrative Zielrichtung haben, *Hansel,* whi-paper 6/03, S. 25 f.; *Philippi,* S. 49 f.
[300] Vgl. *Philippi,* S. 48 ff.; vgl. auch *Vondung,* S. 23.
[301] Zur Grundrechtsbeschwerde: *Rengeling,* FS Everling, S. 1187 (1188, 1204 f.); *Brakalova,* S. 290; *Böcker,* S. 236 ff.; *Abetz,* S. 142; *Kobler,* S. 8 (identitätsstiftend).

Kapitel 5

Fachgericht für das Europäische Strafrecht

Der Fokus der vorangegangenen Ausführungen lag auf den Anforderungen an das Verfahrenssystem, das einen effektiven Individualrechtsschutz im Europäischen Strafrecht gewähren muss. Im Folgenden sollen nun die verschiedenen Reformoptionen und -bedürfnisse bezüglich der *europäischen Gerichtsstruktur* erörtert werden. Auch die „Gerichtsorganisation ist nichts Statisches."[1] Bei den Unionsgerichten könnte man allerdings leicht einen anderen Eindruck gewinnen. Der *EuGH* selbst hatte bereits 1999 festgestellt, dass eine „eingehende Prüfung von Rolle und Struktur der Rechtspflegeorgane der Union [...] dringend geboten"[2] sei. Dieser Ausspruch bezog sich damals nicht speziell auf das Strafrecht, sondern die Gerichtsstruktur im Allgemeinen, trifft auf diese grundrechtsintensive Materie aber im Besonderen zu. Vor allem der Rechtsschutz gegen Maßnahmen im heutigen Raum der Freiheit, der Sicherheit und des Rechts muss in einer Weise geregelt werden, die das Vertrauen der Bürger in die Union sicherstellt. Gestärkt werden muss insbesondere das Vertrauen in die Institutionen, die für den Rechtsschutz verantwortlich sind.

Im Vertrag von Nizza[3] waren zwar bereits einige wesentliche Strukturvorgaben für die neue Gerichtsorganisation zu erkennen: So entwickelte sich das *EuG* durch die Zuständigkeitsverschiebung in Art. 225 EG-Nizza zum primär für den Individualrechtsschutz verantwortlichen Spruchkörper, und entschied fortan über alle Nichtigkeits- und Untätigkeitsklagen Einzelner. Auch enthielt der Vertrag eine Ermächtigungsnorm zur Etablierung von Fachgerichten (Art. 225a EG-Nizza). Insgesamt waren die Änderungen jedoch nur von rudimentärem Charakter, da ihnen keine Vision zu Grunde lag.[4] Es ging vielmehr darum, die Union

---

[1] Siehe *Menne,* JuS 2003, 26 (32).
[2] Reflexionspapier des *EuGH,* EuZW 1999, 750; auch die Kommission hielt die Gerichtsstrukturen schon damals für „nicht mehr zeitgemäß", KOM (2000) 109 endg., S. 3; zur Analyse der damals diskutierten Vorschläge: *Sack,* S. 5 ff.; siehe auch *Rabe,* EuR 2000, 811 (818).
[3] Vertrag von Nizza zur Änderung des Vertrags über die Europäische Union, der Verträge zur Gründung der Europäischen Gemeinschaften sowie einiger damit zusammenhängender Rechtsakte, ABl. EG Nr. C 80 v. 10.3.2001, S. 1. Dazu: *Hatje,* EuR 2001, 143 (163 ff. zur Gerichtsbarkeit); *Olivares Tramon/Tüllmann,* NVwZ 2004, 43.
[4] Für ein grundlegendes Überdenken der Gerichtsstrukturen bei der Analyse des Vertrags schon *Sack,* EuZW 2001, 77 (80); *Rabe,* EuR 2000, 811 (812), nennt ihn gar

auf die kommenden Erweiterungen vorzubereiten, eine Entlastung der Gerichte zu erreichen, damit sie die zu erwartende Arbeitsbelastung kompensieren können. Kurz gesagt, war das Ziel der Erhalt der Funktionalität, nicht die Evolution zu einem bestimmten Ideal. Deshalb enthielt der Vertrag von Nizza hauptsächlich *Ermächtigungen,* die bisher nicht genutzt wurden.

Noch bevor die Möglichkeiten, die der Vertrag von Nizza bot und die unverändert in die Verträge in der Fassung nach Lissabon übernommen wurden, umfassend ausgeschöpft wurden, ist schon unter dem Aspekt der Funktionalität eine erneute Gerichtsreform erforderlich (siehe sogleich unter § 1). Dabei droht derselbe Fehler erneut gemacht zu werden: Statt über fundamentale Neuerungen, die den Anforderungen des Strafrechts gerecht würden, nachzudenken, wird erneut nur Kesselflickerei betrieben, wie durch die avisierte Erhöhung der Richterzahl beim *EuG*.[5] Wer eine nachhaltige Lösung der Probleme der Unionsgerichtsbarkeit erreichen will, darf nicht zu weiteren Notmaßnahmen greifen.[6]

Im Folgenden soll angesichts der Mammutaufgabe „Gerichtsreform" das Hauptaugenmerk (weiterhin) auf das Strafrecht gerichtet bleiben. Hier werden zum Teil recht detaillierte Denkanstöße für die weitere Entwicklung des institutionellen Rechtsschutzes im strafrechtlichen Bereich angestrebt, die sich vor allem an ihrem Endziel, dem effektiven Rechtsschutz, messen lassen wollen. Es ist insbesondere zu untersuchen, inwieweit hier Art. 257 AEUV Lösungsansätze bietet und welche Anforderungen eine effektive Kontrolle von strafrechtlichen Akten erfüllen muss.

In diesem Zusammenhang soll der Spezialisierung der Gerichtsbarkeit das Wort geredet werden und damit einem Abweichen von der bisherigen Grundentscheidung für Universalgerichte (§ 1). Das Bedürfnis nach einer Spezialisierung ergibt sich bereits aus den vorherigen Ausführungen, vor allem zur Kontrolle der europäischen Strafverfolgungsbehörden (vgl. schon Kapitel 3 § 6). Erforderlich wird sie aber nicht zuletzt vor dem Hintergrund der vorgeschlagenen Änderungen der Klagearten (Kapitel 4), die zu einem erheblichen Anstieg des Klagevolumens führen würden. Die fachgerichtliche Funktion der Unionsgerichte ist dabei bereits angeklungen. Die Vorteile der Spezialisierung werden schließlich auch unter Abwägung anderer Reformmöglichkeiten ausführlich dargestellt. Es wird auch die Frage beantwortet, ob die geltenden Verträge die im Weiteren vorgeschlagenen Reformen tragen (§ 2). Schließlich soll dargestellt werden, welche Aufgaben einem solchen Fachgericht zu übertragen wären (§ 3) und wie das „Strafgericht", das *EuStG,* ausgestaltet sein könnte (§ 4).

„Minimalprogramm". Von überzogenen Erwartungen spricht dagegen: *Everling,* FS Steinberger, S. 1103 (1120 f.).

[5] Siehe den Entwurf zur Satzung des Gerichtshofs v. 28.3.2011, http://curia.europa.eu – Gerichtshof – Verfahren – Weitere nützliche Informationen (zuletzt: 20.10.2013).

[6] So auch *Rabe,* in: FS Zuleeg, S. 195 (203).

§ 1 Abkehr vom Konzept des Universalgerichts – Maßnahme der Qualitätssicherung

Eine horizontale Zuständigkeitsaufspaltung nach rechtlichen Materien ist bei den Unionsgerichten bisher nicht erfolgt. *EuGH* und *EuG* sind vielmehr Universal- oder Einheitsgerichte.[7] Die Richter am *EuGH* und *EuG* sind mit der gesamten Bandbreite unionsrechtlicher Materien konfrontiert (vgl. noch A. II.).[8] Der *EuGH* hat dabei das Auslegungsmonopol für alle unionsrechtlich geprägten Rechtsgebiete. Er entscheidet über die Interpretation von Rechtsakten, die das Verwaltungsrecht oder Zivilrecht betreffen, mit der gleichen Herangehensweise und mit denselben Verfahrensmitteln wie über die Auslegung eines strafrechtlichen Aktes. Soweit es die Union betrifft, hat das Modell des Universalgerichts viele Anhänger.[9]

Dagegen ist die Spezialisierung der Gerichtsbarkeit in den meisten Mitgliedstaaten der Union eine Selbstverständlichkeit. Die deutsche Rechtsordnung ist wohl eine der ausdifferenziertesten Europas. Anders als in den Vereinigten Staaten von Amerika mit einem zentralen Supreme Court und in der Schweiz mit einem Bundesgericht für alle Rechtszweige existieren in Deutschland fünf Gerichtszweige, mit fünf verschiedenen Obersten Bundesgerichten (Art. 95 GG).

Übertragbar sind derartige Konzeptionen auf die Unionsgerichtsbarkeit zwar nicht: Schon die Anforderungen an *EuGH* und *EuG* sind völlig andere als die an ein deutsches Zivil- oder Strafgericht, denn *noch* sind die Unionsgerichte vor allem Verfassungs- und Verwaltungsgerichte. Selbst seine straf- und zivilrechtlichen Aufgaben überschneiden sich häufig mit dieser Funktion.[10] Sie entscheiden nicht über zivilrechtliche Streitigkeiten oder verurteilen Straftäter wegen der Verletzung unionsstrafrechtlich durchgesetzter Werte.

Dennoch ist fraglich, ob eine Spezialisierung der Gerichtsbarkeit nicht auch auf Unionsebene Vorteile mit sich brächte. Dabei ist zum einen schon die schlichte Vermehrung der Spruchkörper zu sehen, die angesichts der zunehmenden Arbeitslast der Unionsgerichte von Vorteil sein könnte (A.). Aber auch qualitative Synergieeffekte sollten nicht gering geschätzt werden, zumal die Unionsgerichte angesichts des hohen Anforderungsniveaus heute häufig in der Kritik stehen (B.).

---

[7] Anstelle vieler: *Rösler,* S. 45, 383 f.; *Everling,* in: Aufsätze 2001–2011, Nr. 15, S. 325 (328 ff.); ebenso *Everling,* FS Redeker, S. 293 (294).
[8] Vgl. dazu *Rösler,* S. 45 ff., 364 f.
[9] Etwa: *Sack,* S. 21 f.; *Jacobs,* in: Liber Amicorum Lord Slynn of Hadley, S. 17 (20); s. a. *Paulus/Wesche,* GRUR 2012, 112 (113 f.). Zur Diskussion um die Reduzierung der Anzahl der Gerichtszweige in Deutschland etwa *Nielebock,* NZA 2004, 28; *Brand/Fleck/Scheer,* NZS 2004, 173, die aber tatsächlich nicht so weit gehen, eine Abschaffung der Fachgerichtsstrukturen insgesamt zu fordern.
[10] Siehe *Everling,* FS Redeker, S. 293 (297 ff.); *Rösler,* S. 47.

A. Überlastung von EuGH und EuG?

Anlass für Reformen bildet meist die *quantitative Überlastung* der rechtsprechenden Organe. So war auch das hinter der Einführung der Vorgängernorm des Art. 257 AEUV als Rechtsgrundlage für die Errichtung von Fachgerichten stehende Motiv die auch von *EuG* und *EuGH* selbst immer wieder beklagte Arbeitsbelastung.[11] Die Reform zielte damals auf einen konkreten Bereich der bei den Gerichten anfallenden Streitigkeiten ab: Im Jahr 2004 waren rund 30 % der beim *EuG* neu anhängig gemachten Klagen dienstrechtlicher Natur. Die Verfahrensdauer für Klagen, die dieser Materie zuzuordnen waren, lag bei ca. 19,2 Monaten.[12] Deswegen wurde, gestützt auf Art. 225a EGV a.F., ein Gericht für eben diese beamtenrechtlichen Streitigkeiten geschaffen, das *GöD*, das heute – ohne Einbuße an Qualität[13] – für den Rechtsschutz in diesem Gebiet verantwortlich ist.

I. Heutige Arbeitsbelastung der europäischen Gerichte in Zahlen

Tatsächlich liest sich die Chronik des *EuGH* wie eine Erfolgsgeschichte: Hatte er erst 1954, zwei Jahre nach seiner Gründung, seine beiden ersten Urteile zu fällen, waren es 1970 immerhin schon 64. 1988, bevor man die Errichtung des *EuG* beschloss, ergingen gar schon 238 Urteile, was den Gerichtshof damals allerdings an seine Belastbarkeitsgrenzen führte. Durch die Übertragung verschiedener Klageformen auf das *EuG* wurde der Gerichtshof zwar von einigen Aufgaben befreit, der Entastungseffekt erwies sich allerdings als nur vorübergehend.[14] 10 Jahre später, 1998, hatte das Urteilsaufkommen den Stand vor der Errichtung des *EuG* wieder erreicht,[15] Tendenz steigend. Allein die Zahl der Vorabentscheidungsersuchen hat sich zwischen 1990 und 1998 beinahe verdoppelt.[16] So waren 519 der Ende 2011 849 anhängigen Verfahren Vorabentscheidungsersuchen, also ca. 60 %.[17] Zwischen 2009 und 2011 war erneut eine Steigerung der Eingangszahlen um etwa 40 % zu verzeichnen.[18] Vorlageverfahren binden heute die meisten Ressourcen des *EuGH* – bei stetig steigenden Eingangszahlen.[19]

---

[11] So das Reflexionspapier des *EuGH,* abgedruckt in: EuZW 1999, 750; KOM (2000) 109 endg. Vgl. auch Calliess/Ruffert/*Wegener,* Art. 257 AEUV Rn. 1.

[12] Siehe *Kucsko-Stadlmayer,* FS Schäffer, S. 393 (397); *Kraemer,* CMLRev 2009 (46), 1873 (1875 ff.).

[13] Vgl. *Kucsko-Stadlmayer,* FS Schäffer, S. 393 (410). Kritisch: Grabitz/Hilf/Nettesheim/*Karpenstein/Eggers,* Art. 257 AEUV Rn. 8, angesichts des Anstiegs der Rechtsmittel gegen die Urteile des *GöD.*

[14] Zu den Werten *Everling,* DVBl. 2002, 1293 (1294 f.).

[15] Jahresbericht 2011, S. 120.

[16] KOM (2000) 109 endg., S. 3 Fn. 1 (1990: 141, 1998: 264); *Olivares Tramon/Tüllmann,* NVwZ 2004, 43 (45), zur Belastung des *EuGH* durch das Vorlageverfahren.

[17] Vgl. Jahresbericht 2011, S. 115; s. a. *Jestaedt,* JZ 2011, 872 (877).

§ 1 Abkehr vom Konzept des Universalgerichts   511

In absoluten Zahlen mag das Verfahrensaufkommen nicht so Besorgnis erregend erscheinen, als dass es nicht zu bewältigen wäre: Immerhin gehen beim *BVerfG* jährlich zehn Mal mehr Verfahren ein als beim *EuGH,* beim *EGMR* sogar einhundert Mal mehr.[20] Die Arbeitslast eines Gerichts kann aber nicht allein anhand von Verfahrensein- und -ausgängen gemessen werden; sie steht in *Wechselwirkung* zu verschiedenen *Faktoren,* insbesondere der Richterzahl und den zu behandelnden Materien, die etwa beim *EGMR* schon durch seine Natur als ausschließlicher Schutzmechanismus für die Garantien der Europäischen Menschenrechtskonvention beschränkt sind.[21] Nicht vernachlässigt werden sollte bei der Beurteilung der Arbeitssituation der Gerichte auch, dass die Unionsgerichte, anders als etwa das *BVerfG* und der *EGMR* keine Filterverfahren kennen. Die überwiegende Zahl der Erledigungen erfolgt daher durch Urteile und Beschlüsse mit Entscheidungscharakter.[22] Ohne den Wissenschaftlichen Dienst und die Arbeit der Berichterstatter wäre es den Richtern am *EuGH* schon heute nicht mehr möglich, die bisherigen Erledigungsquoten zu halten.[23] Die durchschnittliche Dauer der derzeit allein vom *EuGH* zu behandelnden Vorlageverfahren von – nur noch[24] – etwas über 16 Monaten,[25] spricht dennoch eine deutliche Sprache, zumal man bei Vorabentscheidungsersuchen die Dauer des Ausgangsrechtsstreits ebenfalls berücksichtigen muss.

Noch deutlicher werden die Probleme, wenn man sich die Verfahrensstatistiken des *EuG* vor Augen hält. Das Gericht wird derzeit von Markenrechtsstreitigkeiten überflutet. Mehr als 30% der 2011 anhängig gemachten Verfahren betrafen das geistige Eigentum.[26] Es hat mit erheblichen Rückständen und einer stetig ansteigenden Verfahrensdauer zu kämpfen. Die Erledigungszahlen sind seit 2008 sogar rückläufig und können die Zahl der neu eingelegten Klagen nicht mehr aufwiegen.[27] Ende 2011 waren noch immer 1300 Verfahren anhängig.[28] Klammert man die Rechtmittelentscheidungen gegen Urteile des *GöD* aus, betrug die durch-

---

[18] Siehe den Jahresbericht 2011, S. 10.
[19] So HL 128 Nr. 39. Ausführlich zur Arbeitsbelastung des *EuGH*: *Rösler,* S. 70 ff.
[20] Siehe *Jestaedt,* JZ 2011, 872 (873 f.).
[21] Weitergehend: *Jestaedt,* JZ 2011, 872 (873 f.).
[22] Vgl. *Jestaedt,* JZ 2011, 872 (877).
[23] Vgl. *Rösler,* S. 261. – Nach *Jestaedt,* JZ 2011, 872 (875, 877), weist der *EuGH* in den Statistiken auf der Eingangsseite nur Bruttozahlen, bei Verfahrensausgängen aber Nettozahlen aus, zählt also z. B. verbundene Verfahren nur einmal.
[24] Siehe *Rösler,* S. 110 f., zur Entwicklung seit 1970: Es waren noch 2003 sogar 25,5 Monate.
[25] Jahresbericht 2011, S. 10.
[26] Siehe Jahresbericht 2011, S. 203. Vgl. auch *Klinke,* EuR-Beih. 1/2012, 61 (63).
[27] Vgl. HL 128 Nr. 47; dies prophezeite schon *Jaeger,* in: Wirtschaftsrecht, S. 57 (76).
[28] Vgl. Jahresbericht 2011, S. 201, 219.

schnittliche Verfahrensdauer aller in diesem Jahr abgeschlossenen Verfahren (201) mehr als 36 Monate.[29]

Dagegen scheint das *GöD* seinen Aufgaben gewachsen zu sein, wenn auch die durchschnittliche Verfahrensdauer von 17 Monaten[30] verbesserungswürdig erscheint.[31] Es hält nicht nur mit den eingehenden Verfahrenszahlen Schritt, sondern baut den Rückstand sogar ab.[32]

Der Anstieg der Verfahrenszahlen lässt sich unter anderem mit der stetigen Erweiterung der Union in den zurückliegenden Jahren erklären, zuerst in den Norden, dann in den Süden und schließlich in den Osten. Auch der Zuwachs an Kompetenzen und Regelungsmaterien ist in diesem Zusammenhang zu sehen.[33] Über die Arbeitsbelastung, die von den Verfahren betreffend den *Raum der Freiheit, der Sicherheit und des Rechts* herrühren, klagt dabei keines der europäischen Gerichte. Zwar stammten 44 der im Jahr 2011 anhängig gemachten Vorabentscheidungsersuchen, also mehr als 10 %, aus diesem Bereich. Somit stellt diese Kategorie die zweitgrößte Gruppe von Vorlagen dar, getoppt allein vom Steuerrecht.[34] Diesen Vorlagezahlen im Jahr 2011 steht allerdings nur *eine* Nichtigkeitsklage aus dem RFSR gegenüber. Mit einem Anstieg der Nichtigkeitsklagen ist trotz der einschränkenden Klageparameter allerdings spätestens mit dem 1.12.2014 zu rechnen, wenn also die Sonderregelungen für die ehemalige Dritte Säule auslaufen. Dasselbe gilt für das Vorlageverfahren (Art. 267 AEUV), steht es doch den Gerichten von 10 Unionsstaaten bis dahin nicht offen.[35] Ungeachtet der Übergangsfristen ist zudem eine Zunahme der Vorlagen aus den neuen Mitgliedstaaten zu erwarten.[36] Auch nehmen die Vorstöße der Union im RFSR nachweislich zu, womit ebenfalls ein Anstieg der Anzahl der dagegen gerichteten Klagen oder darauf bezogenen Vorlagefragen verbunden ist. Allein Fragen der Beweisverwertbarkeit, zu der eine Rechtsprechung der europäischen Gerichte bisher völlig fehlt, werden sich angesichts der in Bälde zu erwartenden Errichtung einer Europäischen Staatsanwaltschaft (vgl. Kapitel 3 § 5 B. V.) für einen erheblichen Anstieg des Klageaufkommens verantwortlich zeichnen. Hinzu

---

[29] Basierend auf dem Jahresbericht 2011, S. 209; allein Wettbewerbssachen schlagen mit mehr als 50 Monaten zu Buche. *Rösler,* S. 379, bezeichnet dies zu Recht als inakzeptabel. S. a. *EuGH* Rs. C-185/95 P (Baustahlgewebe GmbH/KOM), 17.12.1998, Slg. 1998, I-8417, Tz. 26–29 = EuZW 1999, 115 (117 ff.).

[30] Jahresbericht 2011, S. 256.

[31] Noch zum Durchschnitt von 18 Monaten: *Riehm,* in: Zivilgerichtsbarkeit, S. 203 (218 f.).

[32] Vgl. HL 128 Nr. 55.

[33] Etwa: *Hirsch,* ZRP 2000, 57 (58); insb. für das Privatrecht: *Rösler,* S. 75 ff., 93 ff.

[34] Vgl. Jahresbericht 2011, S. 101.

[35] Allerdings nehmen Großbritannien, Irland und Dänemark nicht an den Beschlüssen des RFSR teil, womit die Jurisdiktion des *EuGH* ausgeschlossen ist, vgl. die Protokolle 21 und 22, ABl. EU Nr. C 115 v. 9.5.2008, S. 295, 299.

[36] Siehe schon *Hirsch,* ZRP 2000, 57 (58); *Jaeger,* in: Wirtschaftsrecht, S. 57 (77).

§ 1 Abkehr vom Konzept des Universalgerichts

kommt, dass mit einem geschriebenen Grundrechtekatalog häufiger Klagen mit dem Ziel der Kontrolle auch von strafrechtlichen Akten anhand der Charta-Gewährleistungen eingelegt werden dürften,[37] abgesehen davon, dass die Sensibilität für unionsrechtliche Fragestellungen nationaler Gerichte selbst alter Vertragsstaaten immer weiter wächst.

Soweit es die Direktklagen betrifft, so ist zu berücksichtigen, dass das Strafrecht das denkbar eingriffsintensivste Rechtsgebiet darstellt.[38] Nicht zuletzt dürfte die hier vorgeschlagene Erweiterung des Individualzugangs (vgl. Kapitel 4 § 2) zu einem erheblichen Anstieg des Klageaufkommens führen, mehr jedenfalls als die mit dem Vertrag von Lissabon bereits erfolgte, für das Strafrecht weniger bedeutsame Erweiterung des Rechtsschutzes. Den Trend bestätigt auch ein Vergleich der Zahlen der letzten Jahre: War in den ersten fünf Jahren dieses Jahrtausends noch kein einziges Verfahren anhängig, das der *EuGH* als dem Raum der Freiheit, der Sicherheit und des Rechts oder der Justiz- und Innenpolitik zugehörig angesehen hatte, waren 2006 schon 15 solcher Fälle anhängig, 2008 sogar schon 38 und damit beinahe doppelt so viele Verfahren als aus dem Bereich der Warenverkehrs- und Kapitalmarktfreiheit.[39]

Eine weitere Verfahrenszunahme könnte fatale Konsequenzen nach sich ziehen. Angesichts der heutigen Überlastung der Unionsgerichte und dem erheblichen Anstieg der *Verfahrensdauer* droht der justizielle Stillstand, sollten Verfahren in den „neuen" Sachgebieten im erwarteten Umfang hinzutreten. Die *Zumutbarkeit* von Nichtigkeitsklagen und Vorlageverfahren steht angesichts der erhöhten Belastungen für Angeklagte durch die Ungewissheit über den Verfahrensausgang in Frage.[40] Vor allem das als Zwischenverfahren ausgestaltete Vorlageverfahren, das das Ausgangsverfahren sogar um mehr als eineinhalb Jahre verlängern kann, kann dem Angeklagten angesichts seiner schwachen Stellung im Verfahren vor dem *EuGH* (schon Kapitel 2 § 3 E.) nicht zugemutet werden, wenn auch der *EGMR* im Fall *Pafitis*[41] geurteilt hatte, dass man die Verfahrensdauer den nationalen Gerichten nicht anlasten könne, weil dies dem Zweck des Art. 267 AEUV widerspräche.[42] Dies ändert nichts an der Tatsache, dass die Verfahrensdauer dem Grundsatz des effektiven Rechtsschutzes nicht gerecht wird. Verantworten muss sich nur eben nicht der vorlegende Staat, sondern die Union selbst. Dies gilt ohnehin zweifellos für die Nichtigkeitsklage.[43] Möglicher-

---

[37] Vgl. *Rösler*, S. 251 ff.
[38] Nach HL 128 Nr. 42, wird das Klageaufkommen im RFSR die EU-Gerichte noch vor erhebliche Probleme stellen; *Rösler*, S. 247 f.; *Jaeger*, in: Wirtschaftsrecht, S. 57 (78).
[39] Vgl. *Rosas*, CYELS Vol. 11, 1 (5 f.).
[40] Ähnlich aus dem Blickwinkel der Parteien des Zivilprozesses: *Rösler*, S. 104.
[41] *EGMR* Pafitis u. a./Griechenland, 26.2.1998, Rep. 1998-I, § 95.
[42] Siehe aber *Rösler*, S. 104 f.
[43] *EuGH* C-185/95 P (Baustahlgewebe GmbH/Kommission), (Fn. 29), Tz. 26 ff.

weise wird hier der baldige Beitritt der Union zur EMRK neue Impulse setzen, als diese dann der Jurisdiktionsgewalt des *EGMR* unterfällt.

Durch die längere Dauer des Verfahrens wird außerdem auch die *Vorlagefreudigkeit* der nationalen Gerichte *beeinträchtigt*[44] und somit der Dialog der nationalen mit der supranationalen Gerichtsebene gestört. Dies befördert wiederum das Risiko der *Uneinheitlichkeit der Rechtsanwendung*. Ein solcher abschreckender Effekt wäre gerade in Bezug auf das Strafrecht, wo nach derzeitiger Rechtslage dem Angeklagten nur das Vorlageverfahren Rechtsschutz vermittelt, wenn er eine unionsrechtliche Fragestellung geklärt wissen will, kaum zu akzeptieren.

Verkürzte man wegen der drängenden Fragen scheinbar plan- und strukturlos das Verfahren immer erst, wenn die Gerichte beinahe unter ihrer Last zusammenbrechen, würde die Qualität der Rechtsprechung darunter leiden, ganz zu schweigen von der Effektivität des Rechtsschutzes, da solche Maßnahmen in der Regel zu Lasten der Beteiligtenrechte gehen. Auch ein solcher Qualitäts- und Autoritätsverlust kann die Bereitschaft der Gerichte zur Vorlage beeinträchtigen; ein Teufelskreis also, der nur durchbrochen werden kann, wenn die Ursprünge der Überlastung frühzeitig identifiziert und remediert werden.

Ob aber diese mehr oder weniger beeindruckenden Zahlen allein eine grundlegende Strukturreform rechtfertigen, ist fraglich, wenn auch ein solcher pragmatischer Ansatz zumindest in multinationalen politischen Gremien eher zu einer Einigung führen wird als die Berufung auf Rechtsschutzerfordernisse. Die Reduzierung der Arbeitslast könnte allerdings – zumindest für einige Jahre – mit verschiedenen internen Hilfsmitteln erreicht werden, die nicht mit solch tiefgreifenden Umwälzungen verbunden wären (dazu noch B.). Wie hoch der Leidensdruck der Gerichtsbarkeit werden muss, bis institutionelle Reformen ergriffen werden, ist offen.[45]

II. Qualitative Überforderung? – Der EuGH in der Kritik

Heikler, aber weniger plakativ als die simple Feststellung einer quantitativen Überlastung ist die drohende *qualitative Überforderung der Gerichte*. Ein Absinken der Qualität der Rechtsprechung des *EuG* und des *EuGH* bedroht nicht nur die nachhaltige, planvolle Entwicklung des Unionsrechts, sondern auch die Akzeptanz der Urteile angesichts des drohenden Autoritätsverlusts.[46] Dabei ist die Akzeptanz notwendige Bedingung für die Funktionsfähigkeit der Rechtsprechung. Durchsetzungsmechanismen bestehen bekanntermaßen nicht.

---

[44] Vgl. *Everling,* in: Aufsätze 2001–2011, Nr. 13, S. 277 (283).

[45] Dazu auch *Rösler,* S. 273. Einen strafrechtlichen Spruchkörper forderte wegen der Verfahrensdauer beim *EuGH* schon: *Schomburg,* NJW 2000, 1833 (1839).

[46] Vgl. *Rösler,* S. 121; *Schiemann,* in: Essays Sir Francis Jacobs, S. 3 (4 f.); *Streinz/Leible,* EWS 2001, 1 (6).

1. Richter an einem Unionsgericht – eine Aufgabe für wahre Supermänner!

Die Aufgaben der europäischen Gerichte unterlagen seit der Gründung der Union einem grundlegenden Wandel. Waren zu Beginn der Rechtsprechungstätigkeit die Materien, mit denen sich der *EuGH* zu befassen hatte, noch völkerrechtlicher oder zumindest verwaltungsrechtlicher Natur, hat sich das Aufgabenfeld der Unionsgerichte mit der voranschreitenden Integration *neuer Rechtsgebiete* drastisch vergrößert.[47] Spätestens seit den wegweisenden Urteilen zum Umweltschutz durch das Strafrecht[48] und zur Meeresverschmutzung[49] befassen sich die Gerichte der Union auch mit dem Strafrecht, wenngleich die strafrechtlichen Kompetenzen der Union erst mit dem Vertrag von Lissabon eine primärrechtliche Basis erhielten. Die etwa 25.000 Urteile der Unionsgerichte dringen jedenfalls heute „bis in jede Spalte der mitgliedstaatlichen Rechtsordnungen" vor.[50]

Dabei beschränken sich die unionsrechtlichen Regelungen nicht mehr auf Grundlegendes, sondern enthalten häufig auch detaillierte fachliche Regelungen. Angesichts der steigenden Regelungs*dichte* werden den Richtern zunehmend Detailkenntnisse in verschiedenen, hochtechnischen Sachbereichen abverlangt, vom Gesellschaftsrecht über das Sozial- und Steuerrecht bis zum Strafrecht.[51] Der *EuGH* muss also, auch ohne dass die Rechtsprechungsaufgaben hinsichtlich des Raums der Freiheit, der Sicherheit und des Rechts auf ihn übertragen werden, bereits Erhebliches leisten. Ferner agiert er nicht nur als *Fachgericht,* das gerechte Sachentscheidungen treffen soll, er sorgt als „*Verfassungsgericht*" auch für eine grundlegende Wertorientierung, entscheidet über Organklagen betreffend das institutionelle Gefüge der EU, klärt Streitigkeiten zwischen Unionsorganen und grenzt auch die Kompetenzen der Union und der Mitgliedstaaten voneinander ab.[52] Diese Aufgabenstellung sucht national wie auch international ihresgleichen.[53]

Vergleicht man den Umfang der Urteile des *EuG* mit denjenigen des *EuGH* und nimmt diese als „Gradmesser für die *Komplexität*" der Rechtsstreitigkeiten,

---

[47] Zur Ausgangslage auch: *Rösler,* S. 31 ff.; s.a. *Kamann,* ZEuS 2001, 627 (635 f.).
[48] *EuGH* Rs. C-176/03 (Kommission/Rat), 13.9.2005, Slg. 2005 I-7879.
[49] *EuGH* Rs. C-440/05 (Kommission/Rat), 23.10.2007, Slg. 2007, I-9097.
[50] Siehe *Rösler,* S. 37.
[51] Vgl. *Hess,* in: Zivilgerichtsbarkeit, S. 181 (182); *Karper,* S. 48 f.; *Gebauer,* S. 254 ff.; *Sack,* S. 12 ff.; *Everling,* in: Aufsätze 2001–2011, Nr. 13, S. 277 (278 f.); vgl. auch *Grabenwarter,* EuR-Beih. 1/2003, 55 (60 f.).
[52] Vgl. *Dauses,* IHK-Gutachten Nr. 124/94, S. 2; *Everling,* FS Redeker, S. 293 (297 ff.); *Lumma,* EuGRZ 2008, 381 (382); *von Danwitz,* EuR 2008, 769 (773); *Koopmans,* in: Liber Amicorum Lord Slynn of Hadley, S. 45 (57); *Rösler,* S. 145 f.; *Manthey/Unseld,* ZEuS 2011, 323 (326). Zur Kompetenzabgrenzung: *Streinz,* AöR 135 (2010), 1 (13 f.). Weitergehend *Kotzur,* EuR-Beih. 1/2012, 7 (9 ff.).
[53] Zu den Anforderungen: *Sack,* S. 12 f., auch zur Detailtiefe der Urteile; s.a. *Riehm,* in: Zivilgerichtsbarkeit, S. 203 (207 f.); *Friedrich,* S. 62 f., mit Beispielen.

so steht ersteres letzterem in nichts nach. Urteile mit einem Umfang von mehr als 1000 Seiten sind keine Einzelfälle.[54] Dabei sollte nicht vergessen werden, dass das *EuG*, mehr noch als der *EuGH*,[55] auch Tatsachengericht ist. Zudem wird es nicht durch Generalanwälte unterstützt, weshalb den berichterstattenden Richtern eine größere Verantwortung zukommt.[56]

Ein umfassendes *Verständnis* für jede unionsrechtlich beeinflusste Materie können die Richter aufgrund des erheblichen Kompetenzbereichs *nicht in der erforderlichen Tiefe* besitzen.[57] Dennoch werden die Richter mit äußerst komplexen und hochtechnischen Rechtsproblemen konfrontiert, die in der Regel aus fremden Rechtsordnungen zu ihnen gelangen und in einer fremden Sprache verhandelt werden.[58] Vorlagefragen sind heute nicht mehr aus *einem einheitlichen* kulturellen Kontext heraus auszulegen. Vielmehr sind die politischen, sozialen, wirtschaftlichen und eben auch kulturellen Grundlagen der in der Union zusammengeschlossenen Rechtssysteme äußerst unterschiedlich.[59]

Hinzu kommt, dass der Gerichtshof durch die steigenden Verfahrenszahlen zu einem Arbeitsrhythmus gezwungen wird, der eine vertiefte Einarbeitung in eine Thematik nicht im erforderlichen Umfang möglich macht und überdies erhebliche Ressourcen bindet.[60] Die Kritik an den Urteilen der europäischen Gerichte,

---

[54] Vgl. *Schwarze*, EuR 2009, 717 (719 f.), mit konkreten Beispielen; siehe auch *Bellamy*, in: Liber Amicorum Lord Slynn of Hadley, S. 81 (84 ff.); ebenso *Forwood*, in: Essays Sir Francis Jacobs, S. 34 (42); auch *Everling*, DVBl. 2002, 1293 (1294). Einen Überblick über die Vielfalt der zum Teil „hochtechnischen" Rechtsfragen gibt: *Pirrung*, S. 17 ff.

[55] Zur Beweisaufnahme vor dem *EuGH* und dem geringen Stellenwert in der Praxis wegen des enormen Arbeitsanfalls, aber auch angesichts der Aufgaben i.R.d. Vorlageverfahrens: *Knöfel*, EuR 2010, (618) 625 ff.

[56] Vgl. *Bellamy*, in: Liber Amicorum Lord Slynn of Hadley, S. 81 (85).

[57] Nach *Streinz/Huber*, Art. 257 AEUV Rn. 4, lassen die Richter solche Kenntnisse oft sogar „schmerzlich" vermissen; s.a. *Tilmann*, GRUR 2011, 1096 (1098); *Everling*, in: Aufsätze 2001–2011, Nr. 15, S. 325 (337). S.a. *Paulus/Wesche*, GRUR 2012, 112 (115), die kein Problem in der Fachfremdheit des *EuGH* sehen, sondern vielmehr darin, dass er Recht einheitlich auslegen müsste, das um „harmonisierende [...] Brücke über höchst unterschiedliche Rechtsordnungen und Sprachen schlägt und in [...] diesem Sinne ausgelegt werden muss." – *Riehm*, in: Zivilgerichtsbarkeit, S. 203 (208), bestreitet aber, dass am *EuGH* allein Verfassungsrechtler tätig sind und weist die „zivilrechtliche Herkunft" eines Drittels der Richter nach. Anders *Hakenberg*, RabelsZ 66 (2002), 367 (372).

[58] Aus Sicht eines ehemaligen *EuGH*-Richters, der die zeitraubende Einarbeitung in immer neue Materien als „besonders belastend" empfand: *Everling*, in: Aufsätze 2001–2011, Nr. 13, S. 277 (281, Fn. 17); siehe auch *Streinz*, AöR 135 (2010), 1 (26 f.). Nach *Latzel/Streinz*, NJOZ 2013, 97 (109), falle der Vorwurf, die Richter verstünden das nationale Recht nicht, auch auf das vorlegende Gericht zurück.

[59] Auf diese neue Qualität der Arbeit weist *Kotzur*, EuR-Beih. 1/2012, 7 (15), hin.

[60] Vgl. Reflexionspapier des *EuGH*, abgedruckt in: EuZW 1999, 750 (754); s.a. *Everling*, DRiZ 1993, 5 (14); *Everling*, in: Aufsätze 2001–2011, Nr. 15, S. 325 (337); *Hakenberg*, RabelsZ 66 (2002), 367 (382).

§ 1 Abkehr vom Konzept des Universalgerichts   517

denen der erforderliche Sachverstand teilweise sogar explizit abgesprochen wird, nimmt immer mehr zu.[61] Jedenfalls dem *EuGH* muss man also angesichts dessen entgegenhalten, dass der „vielbeschworene" fachliche Dialog auf Augenhöhe mit den nationalen, höchstspezialisierten Gerichten so nicht möglich ist.[62] Gerade im Strafrecht wiegt dieser Vorwurf angesichts des besonderen Eilbedürfnisses noch schwerer.

2. Kritik an der (fehlenden) Methodik

Ein grundlegendes Problem stellt auch die unzulängliche *Methodik des Gerichtshofs* dar.[63] Generell schwankt die argumentative Dichte der Urteile erheblich und mit ihr deren inhaltliche Überzeugungskraft.[64] So wurde gerade die kompetenzerweiternde Rechtsprechung des *EuGH* im Urteil zum strafrechtlichen Umweltschutz[65] heftig kritisiert, weil er darin die Annexkompetenz der Union lapidar feststellte, ohne sie hinreichend zu begründen.[66] Die kurzen Begründungsstränge stellen meist nur eine Bezugnahme auf frühere Urteile dar, wobei der Gerichtshof diese Präjudizien kaum je argumentativ auf den konkreten Fall anwendet, sondern meist nur „wortgleiche Versatzstücke" an geeigneter Stelle einfügt – ohne echte Subsumtion. Eine Auseinandersetzung mit dem Für und Wider einer Problematik findet nur selten statt.[67] Auch wird dem *EuGH* vorgeworfen, dass er Fernwirkungen seiner Urteile und Akzeptanzschwierigkeiten nur unzureichend antizipiere und häufig nicht ersichtlich sei, an welchem Wertemodell er sich orientiere und seinen Entscheidungen konzeptionell zugrunde lege.[68]

---

[61] Nachweise bei *Baudenbacher/Bergmann,* in: *EuGH* in der Kritik. S. 191 ff.; *Streinz,* AöR 135 (2010), 1 (2 ff.); *Riehm,* in: Zivilgerichtsbarkeit, S. 203 (207), weist zwar darauf hin, dass man die Fachkompetenz des *EuGH* nicht nur deshalb in Frage stellen dürfe, weil er eine andere Rechtsansicht vertritt, nimmt aber auch an, dass nur wenige Kritiker diesem Fehlschluss tatsächlich erliegen. *Rösler,* S. 136 ff., 164 f., m.w.N. und zu den von dieser Kritik zu unterscheidenden Vorwürfen bzgl. richterlicher Rechtssetzung und des damit zusammenhängenden Aufweichens der Gewaltenteilung.

[62] So *Riehm,* in: Zivilgerichtsbarkeit, S. 203 (208 f.); siehe auch *Everling,* in: Aufsätze 2001–2011, Nr. 13, S. 277 (281); *Everling,* in: Aufsätze 2001–2011, Nr. 15, S. 325 (337 f.).

[63] Zur Urteilsstruktur allgemein: *Gebauer,* S. 269 ff.

[64] Allg.: *Streinz,* AöR 135 (2010), 1 (25). Für das europäische Zivilrecht: *Rösler,* S. 146. S.a. *Brakalova,* S. 64: Die Vielzahl von Verfahren führt nicht selten dazu, dass Urteile nur noch knapp begründet werden. Auch dies gefährde die Autorität des Gerichtshofs.

[65] *EuGH* Rs. C-176/03 (Kommission/Rat), (Fn. 48).

[66] Etwa *Hefendehl,* in: Europäisierung des Strafrechts, S. 41 (49 ff.); *Gebauer,* S. 271 ff., zur Analyse der Begründungen der Urteile.

[67] *Gebauer,* S. 271.

[68] Vgl. *Streinz,* AöR 135 (2010), 1 (26), m.w.N.; *Rösler,* S. 153 f., S. 156 ff., zum Vertragsrecht. *Everling,* in: Aufsätze 2001–2011, Nr. 13, S. 277 (279), führt dies darauf zurück, dass die Urteile meist in traditionsreiche nationale Regelungen eingreifen.

Wenn *Ahlt* erklärt, der Grund für die Kargheit der Urteilsbegründungen läge im vorherrschenden Einfluss des französischen Urteilsstils, und französische Urteile seien nun einmal sehr kurz,[69] kann dies nicht einfach mit einem Achselzucken abgetan werden. Der *EuGH ist kein französisches Gericht,* sicherlich auch kein deutsches. Dass die kritiklose Übernahme französischer Strukturen einem Gericht, das auf die durch seine Rechtsprechung vermittelte Autorität angewiesen ist, nicht zuletzt weil es den Mangel an einer tradierten Rechtskultur ausgleichen muss, nicht gut ansteht, bedarf angesichts der dargelegten Defizite des Stils keiner gesonderten Begründung mehr. Wie es *Rasmussen* pointiert ausdrückt, gründet sich die Kritik insgesamt darauf, dass die Rechtsprechung „weder verlässliche Präzedenzfälle schafft, noch zur Rechtssicherheit und -klarheit beiträgt und damit dem Rechtsanwender keinerlei Leitfäden für die Zukunft in die Hand gibt. Typischerweise zeigt sich dies in der vollständigen Abwesenheit von eindeutigen, ehrlichen, umfassenden und überzeugenden Versuchen, den Leser des Urteils vom gefundenen Ergebnis zu überzeugen. Es wird regelmäßig kaum deutlich, warum die Entscheidung der urteilstragenden Mehrheit des Gerichtshofs juristisch und in der Sache richtig sein soll und nicht nur von politischen Opportunitätsüberlegungen beeinflusst wird. Weder hält sich der Gerichtshof an die von ihm selbst entwickelte Dogmatik, noch bezieht er relevante sozio-ökonomische Fakten in die Begründungen ein. Was dem Leser stattdessen in vielen bahnbrechenden und verfassungsrechtlich relevanten Urteilen begegnet, ist ein unzusammenhängendes Sammelsurium nicht überzeugender und eklektizistisch ausgewählter Schlaglichter, die den Eindruck erwecken, ein schwierig verlaufender Prozess der Willensbildung wäre frühzeitig abgebrochen worden und müsste nun hektisch zusammengefasst werden."[70] Das Lissabon-Urteil des *BVerfG*[71] ist insoweit als Warnung an den *EuGH* zu verstehen. Seine Urteile sollten – wie *Braum* es auf den Punkt bringt – „wohl begründeter, reflektierter, argumentationsstärker und transparenter sein als bisher."[72]

Bemängelt wird als Folge der mangelnden Dogmatik auch die *fehlende Kohärenz* der Rechtsprechung der Unionsgerichte; das Urteil der einen Kammer kann diametral zu dem einer anderen Kammer sein.[73] Diese Kritik wird dadurch befeuert, dass kaum nachvollziehbar ist, nach welchen Maßstäben sich die Zuweisung zu den einzelnen Kammern der europäischen Gerichte richtet. *Spezialkammern* für bestimmte rechtliche Materien gibt es bei beiden Gerichten nicht; jedenfalls der *EuGH* versucht eine solche Entwicklung sogar zu vermeiden.[74]

---

[69] Siehe *Ahlt,* in: Zivilgerichtsbarkeit, S. 31 (35).
[70] *Rasmussen,* in: *EuGH* in der Kritik, S. 113 (148).
[71] BVerfGE 123, 267 (Lissabon) = NJW 2009, 2267.
[72] *Braum,* ZIS 2009, 418 (425).
[73] Siehe *Mitschke,* ISTR 2010, 466 (467). S.a. *Streinz,* AöR 135 (2010), 1 (25 f.).
[74] Vgl. auch *Riehm,* in: Zivilgerichtsbarkeit, S. 203 (208).

Dadurch wird seine Rechtsprechung unberechenbar und befördert somit Rechtsunsicherheit.⁷⁵

Gerade die Kritik an der Grundrechterechtsprechung lässt zudem an der Tauglichkeit des *EuGH als Strafgericht* zweifeln, insbesondere soweit es die Befassung mit Strafverfahrensrecht angeht, das letztlich nur angewandtes „Verfassungsrecht" darstellt. Vor allem die Verhältnismäßigkeitsprüfung gilt als unzureichend. Sie folge keiner strikten Dogmatik, werde vielmehr von Fall zu Fall angewandt, was die Konsistenz und Vorhersehbarkeit der Rechtsprechung erheblich beeinträchtige.⁷⁶

3. Herausforderungen der Supranationalität und Inhomogenität

Hinzu kommen die vielfältigen Herausforderungen, welche durch die natürliche Struktur der Union bedingt sind und die vor allem die polyglotte Union mit sich bringt. Neben Aspekten wie Kosten und Verfahrensdauer (noch § 4 C. V. 2.) ist auch die Komplexität der Formulierung von Entscheidungen nicht zu unterschätzen, die mit dem Fehlen einer gemeinsamen Diktion einhergeht.⁷⁷

Erschwert wird die Urteilsfindung auch dadurch, dass die Richter am *EuGH* und *EuG* aus verschieden Rechtsordnungen stammen, denen verschiedene Werte und Traditionen zugrunde liegen. Zudem kommen die Richter aus unterschiedlichsten Bereichen und Berufen und bringen ihre eigene Denkweise mit ein; einige sind Berufsrichter, andere Professoren, es sind aber auch politische Würdenträger in der Richterschaft vertreten.⁷⁸

Auch dadurch wird die Qualität der Urteilsbegründungen beeinflusst, denn Argumentationsstränge, die nicht mehrheitsfähig sind, finden sich im einen Minimalkonsens darstellenden Urteil schlicht nicht wieder.⁷⁹

4. Fazit: Gefahr des Stillstands

Mit der voranschreitenden Integration weiterer Rechtsmaterien und dem Anstieg der Verfahrenszahlen droht der vollständige Stillstand der Gerichtsbarkeit und damit faktisch eine Rechtsverweigerung.⁸⁰ Reformen sind insbesondere an-

---

⁷⁵ Siehe auch *Streinz,* AöR 135 (2010), 1 (25 f.).
⁷⁶ Siehe etwa: *Ritgen,* ZRP 2000, 371 (372); *Gebauer,* S. 286 ff.
⁷⁷ Vgl. *Everling,* FS Redeker, S. 293 (300 f.). *Schiemann,* in: Essays Sir Francis Jacobs, S. 3 (7 f., 9), zu den Gefahren für den Verständigungsprozess.
⁷⁸ Siehe *Everling,* DVBl. 2002, 1293 (1295); *von Danwitz,* EuR 2008, 769 (777); s.a. *Ahlt,* in: Zivilgerichtsbarkeit, S. 31 (33).
⁷⁹ Siehe auch *Gebauer,* S. 273 f.
⁸⁰ Schon *Edward,* in: Liber Amicorum Lord Slynn of Hadley, S. 119 (136); *Hirsch,* ZRP 2000, 57 (60). Pointiert aber: *Herrmann,* EuZW 2006, 231 (235): „Ein letztes Wort zur vermeintlichen Arbeitsüberlastung [...] sei erlaubt: Wenn Generalanwalt

gesichts der zu erwartenden Zunahme der Verfahren aus dem Bereich des RFSR dringend erforderlich. Dabei muss aber nicht nur eine Lösung für das Problem der quantitativen Überlastung der Gerichte gefunden werden. Die Gefahren der qualitativen Überforderung sind nicht minder dramatisch und können das Gerichtssystem der Union in seinen Grundfesten erschüttern. Soll die Gerichtsorganisation ihre Aufgabe erfüllen, dem Betroffenen bei allen denkbaren Rechtsverletzungen einen transparenten, bürgerfreundlichen und effektiven Rechtsschutz durch eine unabhängige rechtsprechende Gewalt zur Verfügung zu stellen, unterliegt sie einem „permanenten Anpassungs- und Modernisierungsdruck".[81]

B. Diskutierte Reformoptionen für die aufgezeigten Probleme

Die aufgezeigten Probleme haben seit den 1990er Jahren für erhebliches Diskussionspotenzial gesorgt. Einen ersten Höhepunkt erreichten die Reformdebatten im Zusammenhang mit dem Vertrag von Nizza,[82] ohne allerdings eine fundamentale Wende herbeizuführen. Die Kernfrage bildete, ob die Lösung für die Arbeitslast, unter der die Gerichte zusammenzubrechen drohten, nicht in einer schlichten Verfahrensstraffung (I.) liegen könnte, oder ob sie in der Beschränkung des Zugangs zu den Gerichten zu suchen sei (II.). Auch wurde darüber diskutiert, ob die Unionsgerichtsbarkeit erweitert werden sollte (III. 3.).[83]

Angesichts der qualitativen Anforderungen an die Gerichte wird gerade in jüngerer Zeit auch die Frage nach der Spezialisierung der Gerichtsbarkeit immer häufiger aufgeworfen (III.). Von denjenigen, die der *Spezialisierung* offen gegenüber stehen, werden im Wesentlichen zwei Modelle diskutiert: Zum einen könnten den Kammern als organisatorischen Untergliederungen der bestehenden Gerichte, also des *EuGH* und des *EuG*, nur noch bestimmte rechtliche Materien zugewiesen werden. So würde durch die Klageverteilung z. B. eine Kammer für Markenrechtsstreitigkeiten entstehen, eine für strafrechtliche Angelegenheiten usw. Als zweite Möglichkeit wird die Errichtung von Fachgerichten, wie auch das *GöD* eines darstellt, auf europäischer Ebene diskutiert.

Colomer rund zwei von 16 Seiten Schlussanträgen samt Fußnoten auf juristisch letztlich irrelevante Ausführungen zur griechischen Mythologie und deren Rezeption in der europäischen Literatur und Philosophie verwendet, kann die Überlastung des *Gerichtshofs* so schlimm nicht sein. Man bedenke, dass auch die teilweise recht langen Fußnoten nicht nur in alle Amtssprachen zu übersetzen sind, sondern dass sich die Übersetzer auch noch die Arbeit machen mussten, eine zitierfähige Ausgabe etwa des Werks von *Camus* in der Zielsprache zu finden – auf Finnisch scheint es das Buch anders als z. B. auf Schwedisch oder Griechisch wohl noch nicht zu geben. Fast möchte man fragen, wem hier wohl die „unnütze und hoffnungslose Arbeit" als Strafe auferlegt wurde."

[81] So *Menne*, JuS 2003, 26 (32).
[82] Einen Überblick über die Etappen bietet: *Rösler*, S. 303 ff.; nach Reformvorschlägen gegliedert: *Karper*, S. 132 ff.; Due-Report, abrufbar unter: http://ec.europa.eu/dgs/legal_service/docslist_en.htm (zuletzt: 20.10.2013); KOM (2000) 109 endg.
[83] Vgl. auch *Jacobs*, FS Zuleeg, S. 204 (205).

I. Verfahrensstraffung

Vor allem die Verfechter des Universalgerichts plädieren dafür, eine Entlastung der Gerichte und die Verkürzung der Verfahrensdauer mittels organisatorischer Maßnahmen, der internen Straffung von Verfahrensabläufen und verfahrenstechnischen Änderungen zu bewerkstelligen.[84] Als Beispiel für einen bereits aktivierten Mechanismus ist das vereinfachte Verfahren nach Art. 99 EuGH-VerfO zu nennen, das zum Einsatz kommt, wenn die Antwort auf eine Vorlagefrage aus der Rechtsprechung des Gerichtshofs eindeutig abgeleitet werden kann oder die konkrete Frage sogar bereits beantwortet wurde. Auch mit dem Verzicht auf die mündliche Verhandlung, den etwa Art. 76 Abs. 2 EuGH-VerfO zulässt, kann angesichts des regelmäßigen Erfordernisses von Übersetzungen ein zeitaufwendiger Verfahrensabschnitt entfallen.[85] Diskutiert wird auch der weitgehende oder sogar vollständige Verzicht auf die Schlussanträge der Generalanwälte.[86] Auch der (vermehrte) Einsatz von Einzelrichtern ist im Gespräch.[87]

Der in der Vergangenheit mittels solcher Maßnahmen erzielte Erfolg der Verkürzung der durchschnittlichen Verfahrensdauer von 25[88] auf 16 Monate scheint den Befürwortern einer solchen Vorgehensweise Recht zu geben. Fraglich ist aber, ob die getroffenen Maßnahmen die Gerichte nachhaltig entlasten können, oder ob sich der Erfolg als temporär erweist, wenn die Verfahrenszahlen weiter ansteigen.[89] Das *EuG* wird schon heute den Anforderungen an eine angemessene Verfahrensdauer trotz aller Bemühungen um eine Verfahrensstraffung nicht mehr gerecht.[90]

Keinesfalls erscheint eine weitere essentielle Beschleunigung des Verfahrens realisierbar, sofern nicht der Anspruch an die Verfahrensfairness oder die Qualität der Urteile abgesenkt wird.[91] Dies sollte aber nicht zur Debatte stehen, denn

---

[84] Zu den Fortschritten des *EuG*: *Jaeger*, in: Wirtschaftsrecht, S. 57 (74 ff.).

[85] Zu diesen und weiteren Maßnahmen: *Edward*, in: Liber Amicorum Lord Slynn of Hadley, S. 119 (127 ff., 139 ff.). S. a. *Jacobs*, FS Zuleeg, S. 204 (206 f.); *Sack*, S. 7 f.; *British Institute of International and Comparative Law*, S. 40 ff.; HL 128 Nr. 87 f.; *Rösler*, S. 332 ff.; *Everling*, in: Aufsätze 2001–2011, Nr. 13, S. 277 (300 ff.). Zu ergriffenen Reformmaßnahmen: *Bellamy*, in: Liber Amicorum Lord Slynn of Hadley, S. 81 (93 ff., z. B. Verkürzung des Schriftverfahrens, praktische Hinweise).

[86] *Everling*, in: Aufsätze 2001–2011, Nr. 13, S. 277 (302 ff.); *Sack*, EuZW 2001, 77 (78); *Rösler*, S. 335 ff., zur Bedeutung; er plädiert gar für eine Erhöhung ihrer Zahl.

[87] *Rösler*, S. 339 f., befürchtet allzu nationale Blickwinkel (zum *EuGH*). *Jaeger*, in: Wirtschaftsrecht, S. 57 (79), verspricht sich keine wesentliche Entlastung (zum *EuG*).

[88] Jahresbericht 2003, S. 238.

[89] Vgl. auch *Schiemann*, in: Essays Sir Francis Jacobs, S. 3 (4).

[90] Vgl. *Jaeger*, in: Wirtschaftsrecht, S. 57 (76 ff.); s. a. HL 128 Nr. 52.

[91] Vgl. *Everling*, in: Aufsätze 2001–2011, Nr. 15, S. 325 (333); *Rabe*, FS Zuleeg, S. 195 (197 f.); auch *Rösler*, S. 271; *Kokott/Dervisopoulos/Henze*, EuGRZ 2008, 10 (11). Siehe auch *Huff*, EuZW 2000, 97.

das „Ansehen des *EuGH* hängt nicht nur davon ab, wie schnell er entscheidet, sondern in erster Linie von der Qualität seiner Urteile und insbesondere davon, dass der Rechtsschutzsuchende [...] das Gefühl hat, mit seinen Argumenten angehört und verstanden worden zu sein."[92]

Zudem weist *Bobek* nach, dass die erzielten Erfolge im Hinblick auf die Verfahrensdauer weniger mit den prozeduralen Straffungsmöglichkeiten als mit der personellen Entwicklung des *EuGH* zusammenhängen: Er führt den Rückgang vor allem darauf zurück, dass sich seit 2004 wegen der Beitritte neuer Mitgliedstaaten die Richterzahl am *EuGH* beinahe verdoppelt hat, dem jedoch kein vergleichbarer Anstieg der Vorlagezahlen gegenüberstand. Die neuen Mitgliedstaaten zeichneten sich in den Jahren 2004–2007 sogar für weniger als 5% der Arbeitslast des *EuGH* verantwortlich.[93] So hatten alle 15 *EuGH*-Richter im Jahr 2003, dem Höchststand der Verfahrensdauer, 32,93 Verfahren bzw. 15,53 Vorlageverfahren zu bewältigen.[94] Dagegen waren es im Jahr 2010 für jeden der damals 27 Richter nur noch 23,63 Verfahren bzw. 14,37 Vorlagen.[95]

Einen vergleichbaren, aber nur vorübergehenden Entspannungseffekt für das *EuG* würde die Erhöhung seiner Richterzahl von 28 Richtern nach Art. 254 Abs. 1 Satz 1 AEUV i.V.m. Art. 281 Abs. 2 AEUV, Art. 48 Satzung um 11 Richter haben, die die Unionsgerichte selbst[96] fordern.[97] Mehr als Linderung kann diese Maßnahme jedoch für die Überlastung nicht bereithalten, denn sollte diese schlichte Vergrößerung der Spruchkörper tatsächlich maßgeblich für den Rückgang der Verfahrensdauer in den vergangenen Jahren gewesen sein, ist bereits mittelfristig damit zu rechnen, dass die Unionsgerichte unter ihrer Last – nur eben etwas später – zusammenbrechen werden, denn auch die Gewöhnungsphase der neuen Länder neigt sich dem Ende zu. Betrachtet man den Zeitraum bis 2010, so hat der Anteil der Vorlagen aus den neuen Mitgliedstaaten immerhin schon die 8%-Marke erreicht.[98] Mit der Zunahme der Verfahrenszahlen und damit der individuellen Arbeitsbelastung der Richter gehen wieder längere Bearbeitungszeiten einher.

---

[92] *Berrisch,* EuZW 2012, 881 (882, Hervorhebungen im Original), zur aktuellsten Änderung der Verfahrensordnung des *EuGH.*
[93] Siehe *Bobek,* CMLRev 2008 (45), 1621 (1641 ff.).
[94] Berechnung aufgrund des Jahresberichts 2003, S. 231 (Bruttozahlen, Fn. 23).
[95] Berechnung aufgrund des Jahresberichts 2011, S. 104 (Bruttozahlen, Fn. 23).
[96] Vgl. den Entwurf zur Änderung der Satzung des Gerichtshofs vom 28.3.2011, S. 7, abrufbar unter: http://curia.europa.eu/jcms/jcms/Jo2_7031 (zuletzt: 20.10.2013).
[97] So *Klinke,* EuR-Beih. 1/2012, 61 (64 f., 70 f.), der wegen des Rechtsmittelverfahrens zum *EuG* davon ausgeht, dass die Errichtung eines Markengerichts, die Arbeitslast weniger erleichtern würde als eine höhere Richterzahl; vgl. auch *Pernice,* EuR 2011, 152 (163 f.).
[98] Vgl. etwa *Rösler,* S. 270 f.

§ 1 Abkehr vom Konzept des Universalgerichts

Die Überlastung des *EuG* ist zudem struktureller Natur. Wegen der umfangreichen und komplexen Rechtssachen, die bei dem Gericht anhängig sind, ist es schwieriger, den „Überhang abzubauen".[99] Die von der Erhöhung der Richterzahl zu erwartende Verkürzung der Verfahrensdauer würde jedenfalls in kürzester Zeit durch die steigenden Verfahrenszahlen aufgefressen werden.

II. Beschränkungen des Zugangs zum EuG und EuGH

Diskutiert wird auch die Beschränkung des Zugangs zu den Unionsgerichten. Die Vorschläge beziehen sich meist auf das Vorlageverfahren, weil der Direktklageweg ohnehin kaum mehr beschränkt werden kann. Damit könnte das Klagevolumen zweifelsohne reduziert werden.

Solche Tendenzen laufen aber dem festgestellten Bedürfnis zur Verbesserung des Rechtsschutzes zuwider, das in den vorangegangenen Kapiteln konstatiert wurde. Daher soll es hier bei einigen Andeutungen bleiben.

1. Engere Auslegung der Zulässigkeitskriterien

Vorgeschlagen wird etwa, dass die Gerichte die bestehenden Zulässigkeitsvoraussetzungen der Vorlage strikter prüfen. Dabei wird vor allem das Merkmal der Entscheidungserheblichkeit eines Vorabentscheidungsersuchens hervorgehoben. Wegen der großzügigen Handhabung des Merkmals finden sich kaum Beispiele eines für unzulässig erklärten Ersuchens.[100] Auch die Definition des vorlageberechtigten „Gerichts" könnte strenger gehandhabt werden.[101]

2. Lockerung der Vorlagepflicht und Beschränkung der Vorlagebefugnis

Immer wieder wird auch diskutiert, ob der Gerichtshof nicht dadurch entlastet werden könnte, dass das Vorlagerecht der unterinstanzlichen Gerichte beschnitten wird bzw. die Vorlagepflichten eingeschränkt werden. *Dauses* etwa plädiert dafür, die Vorlagepflicht auf „*die obersten Gerichte*" zu beschränken. Der Vorteil soll insbesondere darin liegen, dass Klarheit darüber bestünde, welche Gerichte vorlagepflichtig sind.[102] Ein solches Vorgehen verbietet sich aber schon wegen der Gefahren für die Rechtseinheit und den Individualrechtsschutz von selbst.

---

[99] *Klinke,* EuR-Beih. 1/2012, 61 (64). Siehe auch HL 128 Nr. 46, 50 ff.
[100] Einen Überblick über die Vorschläge bieten: *Rösler,* S. 314 ff.; siehe auch *Bergmann,* ZAR 2011, 41 (43).
[101] *Rösler,* S. 314.
[102] Vgl. *Dauses,* D 124 f.: Darüber hinaus sei Zwang nicht sinnvoll; vielmehr sollte die Vorbildwirkung oberster Gerichte genutzt werden.

Denkbar sei auch, die Vorlagepflicht auf andere Weise aufzulockern, etwa durch eine Erweiterung der *CILFIT-Kriterien*.[103] Die wenig praxistauglichen Kriterien führen ohnehin zu erheblichen Unsicherheiten bei den Richtern und damit zur Nichteinhaltung in der Praxis. Mag eine Untersuchung verschiedener Sprachfassungen von Unionsakten noch denkbar sein, dürfte eine Heranziehung fremder Rechtsprechung abgesehen von sprachlichen Barrieren schon an der mangelnden Kenntnis hinsichtlich fremder Rechtsordnungen scheitern,[104] wobei noch nicht einmal die Zugänglichkeit der Rechtsprechung in Frage gestellt werden soll.[105]

Andere wollen selbst letztinstanzlichen Gerichten eine Vorlage*befugnis* nur noch für *Grundsatzfragen* zugestehen und ihnen eine Pflicht nur dann auferlegen, wenn sie von der Rechtsprechung oberster Gerichte eines anderen Mitgliedstaats abweichen wollen, da dies dem Subsidiaritätsprinzip am besten gerecht werde.[106] Das Bedürfnis einheitlicher Rechtsanwendung besteht allerdings nicht nur für Grundsatzfragen.[107]

Mitunter wird auch die *Abschaffung der Vorlagepflicht* diskutiert.[108] Zumindest höchste Gerichte seien sich ihrer integrativen Verantwortung ohnehin bewusst.[109] Von Vorteil soll neben der Entlastung der Gerichte sein, dass verhindert werde, dass die mit der Vorlage verbundene Verfahrensverlängerung als Druckmittel gegenüber (wirtschaftlich) schwächeren Parteien genutzt wird, eine Gefahr, die im Strafverfahren als vernachlässigbar einzustufen sein sollte. Auch ist das Vorlageverfahren trotz bestehender Vorlagepflicht nicht erzwingbar. Das Potenzial als Druckmittel ist somit begrenzt. Die Auswirkungen auf die Verfahrenslast des *EuGH* wären ohnehin gering, da ein Großteil der Vorlagen durch unterinstanzliche Gerichte eingereicht wird.[110] Ohne eine Vorlagepflicht zumindest der höchsten Gerichte sänke andererseits die Motivation zur Prüfung der Erforderlichkeit eines Vorabentscheidungsverfahrens. Schließlich spricht auch die *allgemeine Bedeutung des Vorlageverfahrens* als Bindeglied zwischen nationalen

---

[103] Vgl. Due-Report (Fn. 82), S. 15. Offen: *Fastenrath,* FS Ress, S. 461 (466 f.); s. a. *Trocker,* RabelsZ 66 (2002), 417 (438 f.); *Rösler,* S. 319 ff. m.w.N.; *Karper,* S. 109 f. Für unwahrscheinlich hält dies *Herrmann,* EuZW 2006, 231 (234 f.), angesichts jüngerer *EuGH*-Urteile. – Mit dem Vorschlag würde die Praxis in rechtliche Bahnen zurückgelenkt, vgl. *Lipp,* NJW 2001, 2657 (2662); s. a. *Rabe,* FS Redeker, S. 201 (205).
[104] Vgl. *Karper,* S. 108 f.; *Rösler,* S. 317. – Zu Versuchen, nationale Urteile mit Unionsbezug besser zugänglich zu machen: *Kraus,* EuR-Beih. 3/2008, 109 (127 f.).
[105] Siehe aber *Rösler,* S. 323.
[106] So *Lipp,* NJW 2001, 2657 (2662). Vgl. auch *Rabe,* FS Redeker, S. 201 (205 f.). Kritisch dazu *Rösler,* S. 322 f.
[107] Vgl. auch *Riehm,* in: Zivilgerichtsbarkeit, S. 203 (216).
[108] So verhält es sich auch mit dem Vorlageverfahren zum US-Supreme Court. Dort gehen jährlich nur 1–2 Vorlagen ein, gibt *Karper,* S. 107, zu bedenken.
[109] Vgl. *Karper,* S. 110 f. Für unwahrscheinlich hält eine solche Erweiterung *Fredriksen,* S. 184, weil der *EuGH* die Kontrolle über das Vorlageverfahren verlieren würde.
[110] Vgl. Due-Report (Fn. 82), S. 13; KOM (2000) 109 endg. S. 1, 5.

§ 1 Abkehr vom Konzept des Universalgerichts

Rechtsordnungen und den Gerichten der Union gegen eine solche Beschränkung. Die Rolle der Unionsgerichte als Hüter der Einheitlichkeit des Unionsrechts liefe weitgehend leer, wie auch das Verwerfungsmonopol, nicht zuletzt weil sich die obersten Gerichte wegen ihres Selbstverständnisses gerade sehr zurückhaltend gezeigt hatten, wenn es um die Vorlagemotivation ging.[111]

Es kursieren auch Überlegungen, die *Vorlagebefugnis* auf letztinstanzliche Gerichte zu *beschränken*,[112] wie es in Art. 68 EGV a. F. vorgesehen war. Eine Vorlage durch unterinstanzliche Gerichte wäre dann nicht mehr möglich, die aber die Protagonisten des Vorabentscheidungsverfahrens sind. Viele Grundsatzfragen gelangten über sie zum *EuGH*.[113] Der Entlastungseffekt wäre demnach erheblich, schließlich werden heute ca. 70–75 % der Vorlagen von unterinstanzlichen Gerichten eingelegt.[114] Andererseits deutet nichts darauf hin, dass die unterinstanzlichen Gerichte verfrüht Vorabentscheidungsersuchen einreichen.[115] Der Angeklagte wäre bei einer Aufhebung der Vorlagebefugnis unterer Gerichte gleichsam gezwungen, Rechtsmittel einzulegen, obwohl er unter Umständen schon das erstinstanzliche Gericht von der Unionsrechtswidrigkeit eines Aktes überzeugt hat. Dies ist unnötig zeitraubend und kostenintensiv und kann auch zu erheblichen Belastungen der nationalen Gerichtsstrukturen führen, da Verfahren, die sich in erster Instanz eventuell bereits erledigt hätten, bis zur letzten Instanz durchgefochten werden müssten.[116] Dem Angeklagten würde damit zudem eine Rechtsschutzebene genommen. Wenn die Vorlage erst in der letzten Instanz möglich wäre, kann das Vorlageerfordernis in vielen Rechtsordnungen nicht mehr im ordentlichen Rechtsschutzsystem überprüft werden.[117] Es kann auch Rechtsakte geben, die allein die Tatsachenebene betreffen und die bei einer alleinigen Vorlagebefugnis letztinstanzlicher Gerichte, die häufig nur zur Prüfung von Rechtsfragen berufen sind, gänzlich der Rechtsprechung des *EuGH* entzogen wären.[118] Unterinstanzliche nationale Gerichte wären wiederum gezwungen, auch unions-

---

[111] Vgl. etwa: *Karper*, S. 107 f.; für den Conseil constitutionnel: *Ziller*, EuR-Beih. 1/2012, 23 (31 ff.); s. a. *Rösler*, S. 357. – Allg. zur Bedeutung des Vorlageverfahrens: *Olivares Tramon/Tüllmann*, NVwZ 2004, 43 (44 f.).
[112] Vgl. Due-Report (Fn. 82), S. 13; s. a. KOM (2000) 109 endg., S. 5 f.
[113] Zur Bedeutung der Vorlagen unterer Gerichte (z. B. Costa/E.N.E.L., Van Gend & Loos, Stauder, Köbler): *Skouris*, EuGRZ 2008, 343 (348); vgl. auch *Rösler*, S. 356 f.; *Dauses*, D 121 f.; *Fredriksen*, S. 142 ff.; s. a. *Trocker*, RabelsZ 66 (2002), 417 (428 ff.).
[114] KOM (2000) 109 endg., S. 5 f.; *Rösler*, S. 350 ff., mit statistischen Belegen zu Deutschland, Großbritannien, Italien und Frankreich. Für Italien *Trocker*, RabelsZ 66 (2002), 417 (430 ff.). – Ein Verfahrensrückgang ist nur dort zu erwarten, wo das Eingangsgericht nicht zugleich letztinstanzlich entscheidet, wie im deutschen Asylrecht.
[115] So *Edward*, in: Liber Amicorum Lord Slynn of Hadley, S. 119 (123).
[116] Reflexionspapier des *EuGH*, abgedruckt in: EuZW 1999, 750 (754); Due-Report (Fn. 82), S. 12 ff. *Dauses*, D 121 („Rechtsmittelzwang"); *Skouris*, EuGRZ 2008, 343 (348); *Rösler*, S. 358 f.; s. a. *Ludwig*, S. 281 ff.
[117] Ähnlich auch *Trimidas*, CMLRev 2003 (40), 9 (14 f.).
[118] Für das Zivilrecht: *Basedow*, RabelsZ 66 (2002), 203 (207).

rechtswidriges Recht anzuwenden, was im Hinblick auf ihre Gesetzesbindung – für deutsche Gerichte aus Art. 20 Abs. 3 GG – unerträglich erscheint, oder entsprechende Sekundärrechtsakte selbst zu verwerfen, obwohl sie damit das Verwerfungsmonopol der Unionsgerichtsbarkeit unterminieren.[119] Jedenfalls droht durch die eigenständige Auslegung des Unionsrechts durch jedes Eingangsgericht eine erhebliche Rechtsunsicherheit.[120] Es ist außerdem zu befürchten, dass die Motivation der unterinstanzlichen Gerichte, sich überhaupt mit Unionsrecht auseinanderzusetzen, dadurch sänke. Dies würde vor allem die Integration der neuen Mitgliedstaaten gefährden.[121]

Gegen die Beschränkung der Vorlagerechts bzw. der Vorlagepflicht ist also vor allem einzuwenden, dass sie unter Rechtsschutzgesichtspunkten schlicht unvertragbar wäre. Die Regelungen der Art. 68 EGV a.F. und Art. 35 EU a.F. wurden erst mit dem Vertrag von Lissabon aufgegeben. Damit würde der erzielte Fortschritt für den *Individualrechtsschutz,* in dessen Rahmen allen Gerichten eine Vorlagebefugnis zuerkannt und zugleich eine Vorlagepflicht für die letztinstanzlichen Gerichte geschaffen wurde, wieder zunichte gemacht.[122] Vielmehr muss die Vorlagepflicht effektiv durchgesetzt werden. Zwar ist nicht auszuschließen, dass auf lange Sicht die CILFIT-Kriterien gelockert werden und den mitgliedstaatlichen Gerichten mehr Vertrauen bei der Entscheidung über unional geprägte Sachverhalte entgegengebracht wird. Vom jetzigen Standpunkt aus scheint der Umgang der nationalen Gerichte allerdings nicht so gefestigt, als dass man ihnen mehr Spielraum überlassen sollte.[123]

3. Durchlaufverfahren bei „grünem Licht"

Generalanwalt *Jacobs* schlägt vor, dass Vorlagegerichte zusammen mit dem Ersuchen einen Antwortvorschlag einreichen müssen. Wenn keine grundlegende Frage des Unionsrechts betroffen ist, solle der *EuGH* den Vorschlag nur auf gravierende Fehler prüfen und bei dessen Unbedenklichkeit „grünes Licht" geben.[124] Das Verfahren könnte, noch bevor eine mündliche Verhandlung anbe-

---

[119] Vgl. *Dauses,* D 122 f.; ebenso *Karper,* S. 105 f. Zu letzterem Aspekt: *Rösler,* S. 357 f. Zu den Handlungsalternativen ausführlich: *Pache/Knauff,* NVwZ 2004, 16 (18 ff.).

[120] Vgl. nur *Trimidas,* CMLRev 2003 (40), 9 (14). Siehe zur Rechtseinheit: *Ludwig,* S. 290 ff.

[121] Vgl. *Brakalova,* S. 189; *Karper,* S. 105 f.; auch *Schwarze,* DVBl. 2002, 1297 (1310 f.).

[122] Vgl. *Philippi,* S. 53; *Pernice,* DVBl. 2000, 847 (855); *Karper,* S. 104 f. Zu Art. 68 EG: *Klapp,* DÖV 2001, 12 (14 f.); *Trimidas,* CMLRev 2003 (40), 9 (14); *Rösler,* S. 355 f.

[123] Siehe auch *Rösler,* S. 324; vgl. auch *Herrmann,* EuZW 2006, 231 (234 f.).

[124] Vgl. *Jacobs,* FS Zuleeg, S. 204 (210 ff.), auch zu ähnlichen Modellen; siehe auch *Rösler* S. 326 f. Offen zeigt sich gegenüber dem Verfahren bei Wahrung des Kooperа-

§ 1 Abkehr vom Konzept des Universalgerichts

raumt wird, unter Umständen sogar bevor eine Übersetzung des Ersuchens in alle Amtssprachen der Union erfolgt, durch Beschluss erledigt werden, indem ein Berichterstatter im Einvernehmen mit dem Generalanwalt die vorgeschlagene Auslegung billigt, wenn sie offensichtlich richtig ist. Der Beschluss soll keine Präjudizwirkung haben und auch sonst dem Vorabentscheidungsurteil in seinen Wirkungen nicht gleichgestellt sein. Gebilligte Entscheidungsentwürfe könnten im Internet veröffentlicht werden.[125]

Möglich ist es nationalen Gerichten schon heute, einen Entscheidungsentwurf zusammen mit dem Vorlageersuchen einzureichen. Insbesondere die deutschen Gerichte machen häufig davon Gebrauch. Ein Beschlussverfahren ist aber nicht vorgesehen. Der *EuGH* ist dennoch häufig geneigt, die Vorschläge zu berücksichtigen, ihnen sogar zu folgen; sie ermöglichen also eine Einflussnahme auf das Urteil.[126]

Durch die *Verpflichtung* mitgliedstaatlicher Gerichte, selbst einen Vorschlag hinsichtlich der Auslegung zu machen, wird die eigenständige Anwendung des Unionsrechts gefördert, zugleich aber der Unionsgerichtsbarkeit nicht die Möglichkeit genommen, anders zu entscheiden.[127] Die Ausführungen nationaler Gerichte böten zudem eine bessere Aufbereitung der rechtlichen Aspekte des Falles.[128] Andererseits könnte sich der mit dem Auslegungsvorschlag verbundene Mehraufwand negativ auf die Vorlagefreudigkeit der Gerichte auswirken, nicht zuletzt weil die Vorlagebedingungen in den Mitgliedstaaten äußerst inhomogen sind. Vor allem die Pro-Kopf-Belastung der Richter, die Ausstattung mit Wissenschaftlichen Mitarbeitern usw. sind hier als Faktoren zu nennen.[129] Zudem ist fraglich, ob sich das Verfahren als tauglich erweisen würde, den Gerichtshof zu entlasten, da dieser die Vorschläge auf ihre Unbedenklichkeit hin prüfen müsste. Um zu vermeiden, dass eine faktische Präjudizwirkung entsteht, wenn einem Vorschlag die Unbedenklichkeit bescheinigt wird, ist zu erwarten, dass die Prüfungsdichte hoch wäre.[130] Unter Umständen wären nach der Ansicht des Gerichtshofs selbst Hinzufügungen oder Klarstellungen wünschenswert.[131] Auch ist

---

tionsverhältnisses: *Skouris,* EuGRZ 2008, 343 (348); kritisch aber: *Rösler,* ZRP 2000, 52 (55 f.).

[125] *Rabe,* FS Zuleeg, S. 195 (202), der aber davon ausgeht, dass dafür eine Vertragsänderung erforderlich ist; andererseits *Rösler* S. 326 f.; *Jacobs,* FS Zuleeg, S. 204 (214).

[126] Vgl. bei *Rösler* S. 324 f.

[127] Siehe *Jacobs,* FS Zuleeg, S. 204 (212); *Karper,* S. 116.

[128] So *Jacobs,* FS Zuleeg, S. 204 (212).

[129] Siehe *Schwarze,* DVBl. 2002, 1297 (1311); *Rabe,* FS Zuleeg, S. 195 (203); *Karper,* S. 117; schon *Dauses,* D 131; *Rösler* S. 328. Anders *Jacobs,* FS Zuleeg, S. 204 (213).

[130] Schon *Dauses,* D 131; s.a. *Karper,* S. 117; ebenso *Rösler* S. 327 f.; andererseits: *Jacobs,* FS Zuleeg, S. 204 (213).

[131] Siehe *Dauses,* D 131; s.a. *Rösler* S. 329.

nicht ausgeschlossen, dass nach der im „*green-light-procedure*" gebilligten Vorlage des erstinstanzlichen Gerichts Gerichte höherer Instanz erneut vorlegen, weil sie der Begründung nicht folgen und die Auseinandersetzung des *EuGH* mit dem Vorschlag zu knapp und nicht überzeugend ausfiel. Schon prozessökonomisch ist von einem solchen Verfahren daher abzuraten.[132] Dass dem Verfahren auch entgegengehalten wird, dass sich der *EuGH* einem Revisionsgericht annähere, was dem Konzept des Vorlageverfahrens widerspreche,[133] soll nur am Rande erwähnt sein, da eine solche Entwicklung ohnehin kaum aufzuhalten ist.

Hilfreich könnten sich solche Entwürfe allerdings für Spezialmaterien erweisen, weil sie meist aus einer Fachgerichtsbarkeit heraus vorgelegt werden, so dass die Förderung der Praxis der freiwilligen Anfügung von Antwortvorschlägen durchaus bedenkenswert erscheint.[134] Hier können auch Mängel bei der Antizipation von Folgefragen in der Ausgangsrechtsordnung abgemildert werden.

4. Filterverfahren

Vorgeschlagen wird außerdem, vor alle Vorabentscheidungsverfahren[135] aber auch Individualnichtigkeitsklagen[136] ein Filter- oder Annahmeverfahren vorzuschalten, das es den Unionsgerichten ermöglicht, sich auf wichtige Verfahren zu konzentrieren. Im Wesentlichen werden zwei Modelle diskutiert: Es können entweder bestimmte verbindliche Annahmekriterien positivrechtlich bestimmt werden oder man überlässt den Gerichten die Entscheidung über die Annahme eines Verfahrens nach freiem Ermessen. Das Vorbild letzteren Vorschlags ist das „writ of certiorari"-Verfahren des US-amerikanischem Supreme Court.[137] Der Vorteil liegt auf der Hand: Die Richter können selbst entscheiden, welchen Fällen sie sich annehmen wollen und werden nicht mit unbedeutenden Fällen belastet. Die Arbeitslast kann so schnell minimiert werden. Zudem würde der Übersetzungsaufwand allein durch die geringere Anzahl der Verfahren wesentlich verringert.

---

[132] Vgl. *Karper*, S. 117. *Edward*, in: Liber Amicorum Lord Slynn of Hadley, S. 119 (128), weist darauf hin, dass sich das Gericht, das den Entscheidungsentwurf erarbeitet, dem Eindruck der mangelnden Neutralität aussetzen könnte.

[133] *Schwarze*, DVBl. 2002, 1297 (1311).

[134] Etwa *British Institute of International and Comparative Law*, S. 82. *Edward*, in: Liber Amicorum Lord Slynn of Hadley, S. 119 (128), plädiert gar dafür, dass sich insoweit eine Praxis für die Mehrzahl der Vorlagen entwickeln sollte.

[135] Ausführlicher *Dauses*, D 93 f.; *Karper*, S. 112; *Rösler*, S. 344 f. m.w.N.; s.a. Reflexionspapier des *EuGH*, abgedruckt in: EuZW 1999, 750 (754); *British Institute of International and Comparative Law*, S. 117 f.

[136] Siehe *Dauses*, D 87 ff.

[137] Auch der Supreme Court hat im Laufe der Zeit Annahmekriterien generiert, die für die Ermessensentscheidung maßgeblich sein sollen (Rechtsfragen von grundsätzlicher Bedeutung, schwerwiegende Verfahrensfehler der Vorinstanzen, divergierende Rechtsprechung unterer Gerichte). Auch die aktuelle Arbeitsbelastung kann in die Entscheidung einfließen. Zum System etwa: *Rösler*, S. 341–344.

Bei Vorabentscheidungsverfahren wären die nationalen Gerichte zudem schon durch die Möglichkeit der Ablehnung einer Vorlagefrage dazu angehalten, selbst sorgfältig zu prüfen, ob eine Vorlage erforderlich ist und somit in ihrer Funktion als Unionsgericht bestärkt.[138] Allerdings sind die Aufgaben des Supreme Court, wie auch die amerikanische Gerichtsstruktur, nur schwerlich mit der Funktion der europäischen Gerichte und der Struktur der Unionsgerichtsbarkeit vergleichbar. Nur hinzuweisen ist hier wiederum auf das schon beinahe formelhaft wiederholte Argument, dass im Gerichtssystem der Union konzeptionell keine Hierarchie bestehe, sondern die Zusammenarbeit auf dem kooperativen Verhältnis der nationalen und unionalen Ebene beruhe, während der Supreme Court ein Rechtsmittelgericht darstelle. Dieses Prinzip würde durch ein Auswahlverfahren durchbrochen und würde zugleich untere Gerichte zu Gerichten zweiter Klasse degradieren, deren Vorlagen dem Gutdünken der Unionsgerichte unterlägen; zugleich bleibt das vorlegende Gericht ohne Anleitung, obwohl es eine solche gerade sucht, was auch der Einheit des Rechts abträglich wäre.[139] Ein solches Vorgehen wäre für Rechtssuchende nicht nachvollziehbar, was angesichts der ständig wiederholten Behauptung seitens der Unionsgerichte, das Vorlageverfahren diene auch dem Individualrechtsschutz, von Bedeutung sein sollte.[140] Auch die vorlegenden Richter könnten die Annahmeentscheidungen kaum nachvollziehen, etwa wenn der *EuGH* allein wegen der Arbeitslast die Beantwortung einer Vorlagefrage ablehnte. Es ist zu befürchten, dass die Vorlagefreudigkeit der unterinstanzlichen Gerichte dadurch negativ beeinflusst wird, wenn sie die drohende Nichtannahme, die sie als Bloßstellung empfinden müssten, dem erheblichen Arbeitsaufwand bei der Erstellung eines Ersuchens gegenüberstellen.[141] Ohnehin käme das Verfahren nur für fakultative Vorlagen in Betracht, weil sonst ein Widerspruch zur Vorlagepflicht entstünde.[142] Es würde zudem häufig dazu führen, dass letztinstanzliche Gerichte erneut vorlegen, was dem Grundsatz der Verfahrenskonzentration zuwider läuft. Daher könnten letztinstanzliche Gerichte auch eine erneute Vorlage für unzumutbar halten und versuchen, diese zu umgehen, ob-

---

[138] Dazu Reflexionspapier des *EuGH,* abgedruckt in: EuZW 1999, 750 (754). Den Entlastungseffekt bezweifelt wegen der dafür erforderlichen Ressourcen: *Rösler,* S. 345.

[139] Kritisch schon *Koopmans,* YEL 1991 (11), 15 (29 f.); auch *British Institute of International and Comparative Law,* S. 72 f., 117 f.; *Skouris,* EuGRZ 2008, 343 (348); ebenso *Lipp,* NJW 2001, 2657 (2662); Reflexionspapier des *EuGH,* EuZW 1999, 750 (754); *Rösler,* ZRP 2000, 52 (56); *Rösler,* S. 345 ff.; *Trimidas,* CMLRev 2003 (40), 9 (17 f.).

[140] Siehe *Karper,* S. 113; *Everling,* DRiZ 1993, 5 (12); ebenso *Rösler,* ZRP 2000, 52 (56). Vgl. aber *Pernice,* EuR 2011, 152 (162 f.): Eine vom *EuGH* nicht angenommene Vorlage sei vom *EuG* zu entscheiden. *Koopmans,* YEL 1991 (11), 15 (30), sieht die Gefahr, dass Gerichte versucht wären, unliebsame Vorlagen auf diesem Wege loszuwerden.

[141] Vgl. *Dauses,* D 94 f.; Reflexionspapier des *EuGH,* abgedruckt in: EuZW 1999, 750 (754); zustimmend *Rösler,* ZRP 2000, 52 (55); *Rösler,* S. 346, warnt vor dem abschreckenden Effekt auf neue Mitgliedstaaten; s. a. *Karper,* S. 113.

[142] Dies meint wohl auch *Karper,* S. 112 f.

wohl sie eine solche für erforderlich halten.[143] Nach allem erscheint ein solches Verfahren also mehr Nach- als Vorteile zu bringen.

5. Dezentralisierung durch Renationalisierung[144] und Regionalisierung

Für die beschriebenen Probleme (I.) wurden auch Lösungsmodelle vorgeschlagen, die unter dem Überbegriff „Dezentralisierung" zusammengefasst werden können. Für denkbar hält es etwa *Hirsch,* den *höchsten Gerichten der Mitgliedstaaten* die Kompetenz zur Entscheidung von Vorabentscheidungsersuchen zu übertragen, allerdings nur hinsichtlich der *Auslegung* unionsrechtlicher Normen. Die Gültigkeitsvorlage würde bei den Unionsgerichten im engeren Sinne verbleiben. Zur Wahrung der Einheit des Rechts hält es *Hirsch* zudem für erforderlich, dass das Auslegungsgericht selbst den *EuGH* anrufen müsse, wenn es um die Klärung von Grundsatzfragen geht oder um Divergenzen zu vermeiden.[145] Von Vorteil ist nach Ansicht von *Sack,* dass damit der Dialog zwischen der europäischen und nationalen Ebene gefördert würde.[146] Außerdem würde der *EuGH* entlastet, zugleich würden Kapazitäten für die (zügigere) Bearbeitung der anhängigen Verfahren frei, zumal dieser Vorschlag häufig mit der Einführung eines Filterverfahrens kombiniert wird.[147] Auch der Übersetzungsaufwand wäre geringer. Für eine solche Lösung spricht auch die größere Bürgernähe.[148] Die nationalen Instanzen könnten eine Vorlageentscheidung zudem sachnäher treffen, die Folgen für die nationale Rechtsordnung besser abschätzen und die Entscheidung in das nationale Recht einpassen.[149]

Allerdings müssen die Verfechter einer solchen Lösung einräumen, dass der Entlastung der Unionsgerichte, eine stärkere Belastung der mitgliedstaatlichen Gerichte gegenüber steht, was insbesondere in den postsozialistischen Staaten, die sich noch im Reform- oder zumindest Gewöhnungsprozess befinden, zu längeren Verfahrensdauern führen würde.[150] Es erscheint auch fragwürdig, ein Zwischenverfahren für die Auslegung ausländischen – oder richtiger nicht-nationalen – Rechts vor nationalen Gerichten einzuführen, während dies für das nationale Recht nicht in allen Rechtsordnungen gewährleistet ist.[151] Dieses Modell würde jedenfalls angesichts des zu befürchtenden allzu nationalen Blickwinkels auf das

---

[143] Vgl. *Dauses,* D 94 f.
[144] Gegen diesen Begriff: *Hirsch,* ZRP 2000, 57 (60).
[145] Siehe bei *Hirsch,* ZRP 2000, 57 (59 ff.).
[146] Dies räumt auch *Sack,* S. 17, ein.
[147] Etwa *Munding,* S. 560; auch schon *Hirsch,* ZRP 2000, 57 (59).
[148] Vgl. *Rösler,* S. 403; ebenfalls *Hirsch,* ZRP 2000, 57 (59).
[149] So *Hirsch,* ZRP 2000, 57 (59).
[150] Vgl. *Brakalova,* S. 189; *Munding,* S. 560.
[151] Darauf weist *Lipp,* NJW 2001, 2657 (2663), hin, der allerdings fordert, dass alle Auslegungsfragen im nationalen Rechtszug beantwortet werden.

Unionsrecht zu erheblichen Gefahren für die Kohärenz der Rechtsprechung führen, wenn auch eine gewisse Kontrolle durch den *EuGH* stattfände.[152]

In diesem Zusammenhang sei auch auf das Modell der *Regionalgerichte* von *Jacqué* und *Weiler* hingewiesen:[153] Danach sollen die Mitgliedstaaten in regionale Gruppen eingeteilt werden, für die dann jeweils ein Regionalgericht errichtet wird, das über bestimmte Verfahren entscheiden soll. Gegen Entscheidungen dieser Regionalgerichte soll ein Rechtsmittel zum *EuGH* eingerichtet werden. Auch für dieses Modell lässt sich der geringere Übersetzungsaufwand anführen.[154] Demgegenüber stünde aber ein erheblicher Verwaltungsaufwand durch die Errichtung mehrerer europäischer Gerichte,[155] deren Struktur bei eventuellem Anpassungsbedarf nur schwer wieder verändert werden könnte.[156]

Generell wird Dezentralisierungstendenzen entgegengehalten, sie bergen die Gefahr von Rechtsprechungsdivergenzen. Bei bis zu 28 zuständigen nationalen Gerichten bzw. mehreren Regionalgerichten ist diese Gefahr sicherlich kaum zu leugnen, nicht nur wegen der räumlichen Trennung vom *EuGH,* sondern auch wegen der Vielzahl der Spruchkörper.[157] Auch die auf Dezentralisierung ausgerichteten Vorschläge haben also erhebliche Nachteile – zumal eine Spezialisierung in solchen Strukturen weitgehend ausgeschlossen wäre (dazu sogleich).[158]

III. Erfordernis der Qualitätssicherung neben der schlichten Entlastung

1. Allgemeines zum Erfordernis der Spezialisierung

Einige der genannten Vorschläge zielen erkennbar nur darauf ab, die Arbeitslast der bestehenden Gerichte zu minimieren. Dabei werden entweder weitere Zugangsbeschränkungen oder weitere Qualitätseinbußen in der Rechtsprechung

---

[152] Siehe *Everling,* in: Aufsätze 2001–2011, Nr. 13, S. 277 (286).
[153] Vgl. *Jacqué/Weiler,* CMLRev 27 (1990), 185 (192 ff.); auch *British Institute of International and Comparative Law,* S. 101 ff. Das Modell wäre nur von Art. 257 AEUV gedeckt, sofern keine Vorlagefragen auf die Gerichte übertragen würden, *Riehm,* in: Zivilgerichtsbarkeit, S. 203 (221); zu Art. 225a EGV a. F.: *Basedow,* RabelsZ 66 (2002), 203 f. Weiterführend: *Rösler,* S. 403 ff.
[154] Vgl. Reflexionspapier des *EuGH,* abgedruckt in: EuZW 1999, 750 (755). Für bedenkenswert hält dies: *Rösler,* ZRP 2000, 52 (57); s. a. *Rösler,* S. 399 ff.
[155] Vgl. *British Institute of International and Comparative Law,* S. 104; *Everling,* in: Aufsätze 2001–2011, Nr. 13, S. 277 (285 f.).
[156] Siehe *Lipp,* NJW 2001, 2657 (2661).
[157] Vgl. *Skouris,* EuGRZ 2008, 343 (347 f.); *Schwarze,* DVBl. 2002, 1297 (1311); *Rösler,* S. 403; *Everling,* DRiZ 1993, 5 (13); *Pirrung,* S. 33 f.; auch *Lipp,* NJW 2001, 2657 (2661). *Sack,* S. 17 ff., weist darauf hin, dass vor allem bei Beitritten neuer Staaten zur Union eine allzu lose Einbindung in den gerichtlichen Dialog schädlich wäre.
[158] Siehe auch *Everling,* in: Aufsätze 2001–2011, Nr. 13, S. 277 (285 f.).

in Kauf genommen. Es muss bei Reformmodellen aber auch die Funktionalität der Gerichtsbarkeit beachtet werden. Dabei ist nicht allein die integrative Aufgabe der Gerichte gemeint, die sich weitgehend in der Klärung und Weiterentwicklung des objektiven Rechts erschöpft,[159] sondern auch die Funktion als Rechtsschutzinstanz, die spätestens im vergangenen Jahrzehnt immer mehr in den Vordergrund getreten ist, treten musste, weil kontinuierlich auch individuelle Rechte durch die Union geschaffen wurden. In der Vermehrung der Vorlageverfahren spiegelt sich diese Entwicklung wider.[160] So notwendig es auch erscheinen mag, über eine Entlastung der Gerichte nachzudenken; konzeptionelle Überlegungen zur Struktur der Unionsgerichtsbarkeit können nicht durch unreflektiertes Streben nach einer geringen Klagezahl ersetzt werden.[161]

Im Folgenden soll daher der *Spezialisierung der Gerichtsbarkeit* das Wort geredet werden. Sie ist vom Konzept her auf die Remedur des zweiten Problems der Gerichte ausgerichtet ist, dem qualitativen *Anspruch* an die Urteile, dem weder *EuGH* noch *EuG* derzeit gerecht werden.[162] Der heute erreichte Differenzierungsgrad des Unionsrechts und das immer komplexere Rechtssystem verlangen nach einer hochspezialisierten Richterschaft.[163] Dem *EuGH* wird dagegen vorgeworfen, seine Einzelfall-Rechtsprechung entbehre einer klaren Linie.[164] Von einer spezialisierten Richterschaft wären qualitativ hochwertigere, klarere und vorhersehbarere Urteile zu erwarten,[165] wobei nicht nur die Vorzüge bestehender Sachkunde genutzt werden, sondern durch die ständige Beschäftigung mit einem bestimmten Rechtsgebiet eine weitere Spezialisierung der Richter vorangetrieben werden könnte.[166] Vielfach wird auch die Akzeptanz der Urteile eines fachkundig erscheinenden Gerichts höher sein.[167]

Fachgerichte können *auch der quantitativen Überforderung* der Gerichte abhelfen, ohne zugleich Gefahr zu laufen, noch weiter vom Idealbild des effektiven Rechtsschutzes der Charta abzuweichen. Vielmehr bietet dies die Möglichkeit,

---

[159] Dazu *Basedow*, RabelsZ 66 (2002), 203 (207 f.).

[160] Vgl. auch *Basedow*, RabelsZ 66 (2002), 203 (211 f.).

[161] Vgl. schon *Basedow*, RabelsZ 66 (2002), 203 (205).

[162] Vgl. *Everling*, in: Aufsätze 2001–2011, Nr. 15, S. 325 (337 f.); s.a. *Rösler*, S. 366; *Sack*, S. 13, zur Kammerspezialisierung. Für *Streinz/Leible*, EWS 2001, 1 (5), führe die Ausdifferenzierung des Rechts beinahe zwingend zur Errichtung einer Fachgerichtsbarkeit.

[163] Vgl. *Rösler*, S. 420. Für die deutschen Gerichte: *Brand/Fleck/Scheer*, NZS 2004, 173 (176).

[164] Vgl. *Mitschke*, ISTR 2010, 466 (467), für das Steuerrecht. Zur Entwicklung weg von den Grundsatzentscheidungen der 60er Jahre zur *case-law*-basierten Rechtsprechung: *Dauses*, IHK-Gutachten Nr. 124/94, S. 23 f.; *Riehm*, in: Zivilgerichtsbarkeit, S. 203 (207).

[165] Siehe *Ehricke*, NJW 1996, 812 (816).

[166] Vgl. *Ehricke*, NJW 1996, 812 (815 f.).

[167] Ebenfalls *Ehricke*, NJW 1996, 812 (816).

dem Ideal näher zu kommen.[168] In jedem Fall würde die Spezialisierung dazu führen, dass sich die Verfahrensdauer gegenüber den heutigen Universalgerichten verringert. Eine besondere Sachkunde hätte schließlich eine erhebliche Reduzierung der Einarbeitungszeit zur Folge. Damit könnten auch Ressourcen eingespart werden.[169]

Diskutiert werden insoweit als Alternativen die Errichtung von Fachgerichten (3.) und – zumeist in Bezug auf das Unionsprivatrecht – die Spezialisierung der Kammern des *EuGH* und *EuG* (2.).[170]

2. Spezialisierung der Kammern bei EuGH und EuG nicht ausreichend

a) Abgrenzung von der heutigen Zuweisungspraxis der Gerichte

Von einer Kammerspezialisierung zu unterscheiden ist zunächst die im Folgenden darzustellende Praxis des *EuGH*: Dieser lehnt bisher eine Kammerspezialisierung gerade ab, um eine einseitige Prägung spezieller Sachgebiete durch einzelne Rechtstraditionen zu vermeiden.[171] Anders als im Privatrecht tragen diese Bedenken für das Strafrecht sehr wohl, da sich eine genuin europäische Strafrechtswissenschaft noch nicht im selben Ausmaß entwickelt hat.[172]

Eine Gefahr für die Kohärenz der Rechtsprechung wiederum, die dadurch entsteht, dass verschiedene Kammern für dieselbe Rechtsmaterie zuständig sind, versucht der Gerichtshof dadurch abzumildern, dass sich die Berichterstatter schwerpunktmäßig in ein bestimmtes Rechtsgebiet einarbeiten, indem ihnen vor allem Verfahren zu eben diesem zugewiesen werden. Das ist möglich, weil beim *EuGH* für die Zuweisung eines Verfahrens an eine Kammer die Person des Berichterstatters ausschlaggebend ist; er wird zuerst ausgewählt. Das Verfahren wird wiederum der Kammer zugewiesen, der er als Berichterstatter zugeordnet ist.[173] Durch diese Praxis wird bereits heute eine gewisse Konzentration rechtlicher Materien erreicht.[174] Aber auch die Arbeitsbelastung oder Nationalität der Richter können Kriterien für die Zuweisung sein.[175]

---

[168] Schon *Everling,* in: Aufsätze 2001–2011, Nr. 13, S. 277 (281), bezeichnete die Spezialisierung als Kernforderung für eine Reform der Gerichtsbarkeit.
[169] Vgl. *Rösler,* S. 365; s. a. *Ehricke,* NJW 1996, 812 (816).
[170] Vgl. *Riehm,* in: Zivilgerichtsbarkeit, S. 203 (224 f.); *Everling,* in: Aufsätze 2001–2011, Nr. 13, S. 277 (287 f.); *Everling,* in: Aufsätze 2001–2011, Nr. 15, S. 325 (340 ff.).
[171] So *Everling,* in: Aufsätze 2001–2011, Nr. 15, S. 325 (330).
[172] Für das Privatrecht aber *Rösler,* S. 365.
[173] Vgl. *Puttler,* EuR-Beih. 3/2008, 133 (141 f.). – Beim *EuGH* ist es mit dem Eilvorlageverfahren erstmals zur Bildung einer Spezialkammer gekommen, die für die Entscheidung, ob das Eilverfahren anwendbar sein soll, zuständig ist, wie auch für die Behandlung des Verfahrens selbst, vgl. *Kokott/Dervisopoulos/Henze,* EuGRZ 2008, 10 (12).
[174] Dazu *Dauses,* D 103 f.; *Streinz/Leible,* EWS 2001, 1 (6 f.); *Klinke,* EuR-Beih. 1/2012, 61 (72 f.); *Rösler,* S. 365.

Anders ist die Praxis im Übrigen beim *EuG*: Der Präsident des Gerichts weist eine Sache zuerst einer Kammer zu, erst dann bestimmt er einen Berichterstatter (Art. 13 § 1, 2 EuG-VerfO),[176] wobei auch er auf etwaige Fachkenntnisse Rücksicht nimmt. Hier werden also keine „spezialisierten Berichterstatter" ausgebildet, sondern in gewissem Umfang Spezialkammern (siehe noch § 4 B. II.).[177]

b) Allgemeine Nachteile der Kammerspezialisierung

Die Verfechter der echten Kammerspezialisierung, also der Errichtung von Fachkammern, denen unabhängig von Gesichtspunkten wie der Verfahrenslast bestimmte Sachen zur Entscheidung zugewiesen werden, heben hervor, dass dies eine effektivere Nutzung der bestehenden Ressourcen darstelle.[178] Den Spezialkammern zugeteilte Richter beim *EuG* bzw. *EuGH* könnten flexibler eingesetzt werden, also nicht nur für eine Rechtsmaterie. Damit könnte durch eine Umstrukturierung der Kammern schnell auf überraschende Entwicklungen reagiert werden, etwa wenn sich in einem anderen Sachgebiet ein erhöhter Bedarf an Arbeitsmitteln zeigt, aber das Arbeitsaufkommen keine eigenständigen oder auch dauerhaften Strukturen erfordert.[179] Es bestehe zudem die Möglichkeit, die Zahl der Richter bei den bestehenden Gerichten zu erhöhen, um so erhöhte Belastungen aufzufangen und gegebenenfalls neue Kammern zu bilden.

Andererseits können die bestehenden Gerichte auch nicht beliebig vergrößert werden, um immer weitere Kammern einzurichten, denn auch eine Vielzahl von Kammern gefährdet die Einheit der Rechtsordnung,[180] selbst wenn einzuräumen ist, dass – selbst bei einer Vielzahl von Kammern – *Rechtsprechungsdivergenzen* leichter geklärt werden könnten als bei selbstständigen Gerichten, zum Beispiel durch eine Vorlage an das Plenum. Gleichzeitig wäre eine Herstellung von Quer-

---

[175] Vgl. *Puttler*, EuR-Beih. 3/2008, 133 (142 f.). Leitlinien seien – soweit ersichtlich – nicht veröffentlicht; die Zuweisung sei weder transparent noch vorhersehbar.

[176] Siehe *Puttler*, EuR-Beih. 3/2008, 133 (141); *Rösler*, S. 365.

[177] *Klinke*, EuR-Beih. 1/2012, 61 (74).

[178] Vgl. *Streinz/Leible*, EWS 2001, 1 (5); *Karper*, S. 148; s. a. *Dauses*, D 99 f.; *British Institute of International and Comparative Law*, S. 108 f.

[179] Insoweit ist *Klinke*, EuR-Beih. 1/2012, 61 (67), recht zu geben. Er weist darauf hin, dass Massenverfahren auch überraschend auftreten können, etwa im Bereich der repressiven GASP-Maßnahmen i. R. d. Terrorismusfinanzierung. Vgl. auch Grabitz/Hilf/Nettesheim/*Karpenstein/Eggers*, Art. 257 AEUV Rn. 8; *Rösler*, S. 367 f. *Karper*, S. 148 f.; *Dauses*, D 100. – Zur Diskussion in Deutschland: *Nielebock*, NZA 2004, 28 (29, Durchlässigkeit); *Brand/Fleck/Scheer*, NZS 2004, 173 (175).

[180] Dazu *Lipp*, NJW 2001, 2657 (2661); *British Institute of International and Comparative Law*, S. 44 ff., wobei wegen des Rechtsmittels zum *EuGH* die Erweiterung der Richterzahl am *EuG* weniger kritisch gesehen wird. – Andererseits haben viele Staaten durchaus positive Erfahrungen mit großen Spruchkörpern gemacht (z. B. *BGH* mit ca. 130 Richtern). *Rösler*, S. 380, hegt keine Bedenken bei einem 54-köpfigen *EuG*-Kollegium.

bezügen und ein kollegialer, fachlicher aber informeller Austausch einfach möglich, wenn auch die Fachbereiche anderer Kammern von einer Entscheidung betroffen sind.[181]

Allerdings ist gerade hinsichtlich der Flexibilität des Lösungsmodells darauf hinzuweisen, dass ein Wechsel von der einen Kammer zu einer anderen eine Einarbeitungszeit von mindestens einem halben Jahr zur Folge hätte[182] und das bei einer regulären Amtszeit von sechs Jahren. Zum anderen ist davon auszugehen, dass die Motivation von Fachpersonal größer ist, das sich bewusst für die Arbeit bei einer Spezialgerichtsbarkeit entscheidet und sich daher auch in einem anderem Maße mit seiner Arbeit identifiziert als ein „Generalist".[183] Die Spezialisierungswirkung wäre ohnehin begrenzt, weil die Richter nicht aufgrund ihrer Fachkenntnisse in einem bestimmten Bereich tätig wären, sondern allein aufgrund ihrer während ihrer Amtszeit gewonnenen Eindrücke einen bestimmten Spezialisierungsgrad erwerben würden.[184]

Gegen die Kammerspezialisierung jedenfalls beim *EuGH* spricht zudem, dass es in jeder Rechtsordnung ein höchstes Gericht geben muss, das einen Überblick über die gesamte Rechtsentwicklung wahrt. Diese Aufgabe muss dem *EuGH* als oberstem Gericht zufallen. Ihm obliegt die Wahrung der Kohärenz der Rechtsprechung; diese Funktion muss ihm auch verbleiben.[185] Das ist aber kaum möglich, wenn er seine eigene Aufteilung in immer kleinere Spruchkörper vorantreibt, die nur noch mit bestimmten Materien befasst werden.

c) Untauglichkeit wegen politischer Abhängigkeit

Gegen eine Ansiedlung einer Strafrechtskammer beim *EuG* und *EuGH* sprechen weiter das Ernennungsverfahren und die sonstigen Vorschriften zur Rechtsstellung der Richter. Die Mitglieder des *EuG* und des *EuGH* bieten angesichts ihrer kurzen *Amtszeiten* keine ausreichende Gewähr für ihre Unabhängigkeit, nicht zuletzt vor dem Hintergrund der *möglichen Wiederbesetzung,* die in der Hand der Mitgliedstaaten liegt (vgl. unten). Zwar werden die meisten Richter in der Praxis wiederberufen und Befürchtungen, dass sich ein dem Entsendestaat missfallendes Abstimmungsverhalten eines Richters in einer verweigerten Wiederberufung niederschlägt, dürften sich in der Praxis bisher nicht bestätigt ha-

---

[181] Siehe *Streinz/Leible,* EWS 2001, 1 (5, „auf dem kleinen Dienstweg"); *Rösler,* S. 367; *Everling,* DRiZ 1993, 5 (14); *Dauses,* D 100; *Karper,* S. 148. – Die Richter sollten auch im Hinblick auf ihre Eignung ausgewählt werden, so dass Fachkompetenz beim *EuG* und *EuGH* gewährleistet wäre, *Riehm,* in: Zivilgerichtsbarkeit, S. 203 (224).
[182] So deutsche Erfahrungen: *Nielebock,* NZA 2004, 28 (29); von einer längeren Einarbeitungszeit gehen *Brand/Fleck/Scheer,* NZS 2004, 173 (176) aus.
[183] Vgl. *Brand/Fleck/Scheer,* NZS 2004, 173 (177).
[184] Siehe *Schermuly,* S. 309.
[185] *Everling,* in: Aufsätze 2001–2011, Nr. 13, S. 277 (281).

ben.[186] Ausgeschlossen ist dies indes nicht. Zumindest wird man politische Machtverhältnisse mit der Entscheidung in Zusammenhang bringen können.[187] Der Grundsatz der Unabhängigkeit fordert allerdings, dass hinreichende Sicherungen gegen eine staatliche Einflussnahme bestehen (vgl. schon Kapitel 1 § 3 C.). Für das Unionsstrafrecht ist die Gefahr der Beeinflussbarkeit noch weniger zu akzeptieren, da hier menschliche Schicksale in besonderem Maße beeinträchtigt sind.

Auch das „*Wahlverfahren*" zu den Gerichten ist problematisch: Es hat grundsätzlich zwei Phasen, eine nationale und eine internationale; die Auswahl der Kandidaten erfolgt nach einem nicht unionsrechtlich überformten, rein nationalen Verfahren. In der Kandidatenauswahl wie in der Gestaltung des Auswahlverfahrens sind die Staaten völlig frei; sie entscheiden selbst, ob die Volksvertretungen daran beteiligt werden oder das Verfahren unter Ausschluss der Öffentlichkeit stattfindet.[188] Der Rat ernennt die vorgeschlagenen Richter schließlich durch einstimmigen Beschluss; bisher wurde noch nie ein Richter abgelehnt.[189] Nach Art. 255 AEUV muss jetzt zudem ein Ausschuss zur fachlichen Kompetenz der Richter Stellung nehmen. Die Stellungnahme ist allerdings nicht bindend, auch dann nicht, wenn sie negativ ausfällt.[190] Es ist aber davon auszugehen, dass einer empfohlenen Ablehnung eines Richters gefolgt würde, weil die Autorität des Betroffenen andernfalls erheblich leiden würde und auch ein erhöhter Rechtfertigungsdruck für das Festhalten an einem solchen Kandidaten seitens des Staates bestünde, für den dieser ernannt wurde. Durch die Beteiligung des Ausschusses kann jedenfalls in gewissem Maß auch die Unabhängigkeit der Unionsgerichte

---

[186] *Grzybek,* S. 46 ff., S. 68 ff., nimmt an, dass der Regelungsbedarf angesichts der Praxis, die Richter trotz der integrativen Natur der Rechtsprechung regelmäßig wieder zu berufen, gering ist. *Baltes,* S. 39 f., hat Zweifel daran, namentlich zu deutschen Richtern, denen regelmäßig eine zweite Amtszeit verwehrt wird. S. a. *Albrecht,* in: Judiciary's Independence in Europe, S. 19 (33). Nach *Baltes,* S. 32 ff., 37, widerspricht die Regelung der Wiederwahl und Mandatsdauer der Unionsgerichte aber rechtsstaatlichen Standards.

[187] Vgl. *Baudenbacher/Bergmann,* in: *EuGH* in der Kritik, S. 191 (234 f.).

[188] Etwa *Höreth,* in: *EuGH* in der Kritik, S. 73 (103 f.); vgl. die Studie zu den nationalen Ernennungsverfahren bei *Baltes,* S. 144 ff. Ihr zufolge wird die Auswahl regelmäßig auf gubernativer Ebene getroffen, das Verfahren selbst ist meist nicht gesetzlich geregelt, so auch bis 2009 in Deutschland, vgl. jetzt § 1 Abs. 3 RiWG, zuletzt geändert durch Art. 2 des Gesetzes v. 22.9.2009 (BGBl. I S. 3022). Vgl. auch *Baltes,* S. 160 ff., zur rechtsvergleichenden Auswertung der Wahlverfahren zu den höchsten nationalen Gerichten.

[189] So *Baltes,* S. 142; *Höreth,* in: *EuGH* in der Kritik, S. 73 (103). *Albrecht,* in: Judiciary's Independence in Europe, S. 19 (32 f.), weist darauf hin, dass das Prinzip der Einstimmigkeit dazu führe, dass es zwischen den Mitgliedstaaten zu Stillhalteabreden komme, damit jeder „seinen Richter" durchsetzen kann oder die Zustimmung als Tauschmittel für bestimmte andere Posten genutzt werde; s. a. *Höreth,* in: *EuGH* in der Kritik, S. 73 (103 f., „bloße Formalie").

[190] Vgl. *Gundel,* EuR-Beih. 3/2008, 23 (25).

§ 1 Abkehr vom Konzept des Universalgerichts 537

gestärkt werden, indem sachfremde Aspekte bei der Ernennung in den Hintergrund gerückt werden.[191] Es bleibt aber dabei, dass die Mitgliedstaaten allein bestimmen können, wer als Kandidat zur Ernennung empfohlen wird. Durch das intransparente Auswahlverfahren wird die Unabhängigkeit der Richter erheblich in Frage gestellt.[192] Gerade für einen so wesentlichen Politikbereich wie das Strafrecht ist dies kaum zu verantworten. Richter, bei denen zumindest nicht ausgeschlossen ist, dass sie sie sich als nationale Interessenvertreter verstehen,[193] sind als Strafrichter nicht geeignet.

Dass die *Unabhängigkeit als persönliches Eignungsmerkmal* in Art. 255 und Art. 256 AEUV festgeschrieben ist, ändert daran nichts, ebenso wie die in Art. 3 Abs. 1 der Satzung garantierte *Immunität* und Indemnität der Unionsrichter. Dasselbe gilt auch für das Verbot der Ämterkumulation in Art. 4 der Satzung, wonach die Richter, wie auch die Generalanwälte (Art. 8 Satzung), keine Tätigkeiten ausüben dürfen, die mit ihrer richterlichen Stellung nicht kompatibel wären. Dabei geht es insbesondere um politische Ämter, aber auch um bestimmte berufliche Tätigkeiten. Interessant sind in diesem Zusammenhang immerhin die Art. 5 ff. der Satzung, die ein vorzeitiges Ende des Richteramtes behandeln. Vor Ablauf der Amtszeit kann diese nur enden, wenn der Richter zurücktritt (Art. 5 Satzung) oder wenn er durch einstimmigen Beschluss seines Amtes enthoben wird. Dies kann erforderlich werden, wenn der Richter nicht mehr die notwendige Gewähr für Unabhängigkeit bietet. Den Beschluss trifft die Gesamtheit der Richter des *EuGH* und Generalanwälte (Art. 6 Satzung, Art. 6 EuGH-VerfO). Damit wird deutlich, dass der Gerichtshof nicht in Verwaltungsstrukturen eingebunden ist, durch die eine Dienstaufsicht sichergestellt wäre, wie etwa in der Bundesrepublik durch die Justizministerien.[194]

Wenn angeführt wird, das *Beratungsgeheimnis,* das das Abstimmungsverhalten der einzelnen Richter gegenüber der Öffentlichkeit abschirmen soll, würde die Mängel ausgleichen,[195] ist dies ein zweischneidiges Schwert. Immerhin macht dies auch die Kontrolle durch die europäische Öffentlichkeit unmöglich, vor der sich ein Richter nicht verbergen können sollte. Er sollte vielmehr gegen einen eventuellen Druck der Öffentlichkeit zu seiner Entscheidung stehen. Schließlich

---

[191] Siehe auch *Baltes,* S. 187 ff.
[192] *Baltes,* S. 191 ff., schlägt vor, dass künftig eine Liste mit drei Bewerbern zusammengestellt werden muss. Zudem soll das Europäische Parlament in die Auswahlentscheidung miteinbezogen werden. Die Mitgliedstaaten wiederum sollten die Wahlverfahren an demjenigen für die obersten Gerichte ausrichten. Kritischer: *Engelhoven,* S. 187.
[193] Siehe aber auch *Gundel,* EuR-Beih. 3/2008, 23 (28).
[194] Siehe auch *Grzybek,* S. 52 f.
[195] Vgl. *Gundel,* EuR-Beih. 3/2008, 23 (28 f.), auch zum Folgenden; s. a. *Grzybek,* S. 58 f.; *Höreth,* in: *EuGH* in der Kritik, S. 73 (104).

ist zu sehen, dass auch die Generalanwälte individuell und nicht als „monolithischer Block" wahrgenommen werden (siehe noch § 4 C. V. 2.).

Das *Kollegialprinzip* scheint demgegenüber die einzig wirksame Sicherung gegen unbotmäßige Einflussnahmen darzustellen und sollte den Eindruck einer einseitig an bestimmten nationalen Interessen ausgerichteten Entscheidungsfindung zuverlässig unterbinden.[196]

Die von politischen Erwägungen abhängige (Wieder-)Ernennungspraxis mag für Verfassungsgerichte in gewissem Umfang zu akzeptieren sein. Das bei den Unionsgerichten erreichte Maß geht jedoch über die akzeptable Rückbindung an die Regierungen hinaus.[197] Möglicherweise könnte ein neues Ernennungsverfahren für einen neuen Spruchkörper hier ebenso Impulse aussenden, wie das Verfahren zur Wahl der Richter des *GöD* für Art. 255 AEUV Pate stand.

d) Selbstverständnis des EuGH – Integration statt Innovation

„Stoppt den Europäischen Gerichtshof" forderten 2008 *Gerken* und Altbundespräsident *Herzog* in einem gleichnamigen Artikel in der FAZ:[198] „Es kracht gewaltig im Gebälk der europäischen Rechtsprechung. Ursache ist der Europäische Gerichtshof, der mit immer erstaunlicheren Begründungen den Mitgliedstaaten ureigene Kompetenzen entzieht und massiv in ihre Rechtsordnungen eingreift. Inzwischen hat er so einen Großteil des Vertrauens verspielt, das ihm einst entgegengebracht wurde."

Tatsächlich wird der *EuGH* in der Öffentlichkeit, um es positiv auszudrücken, als Motor der Integration wahrgenommen, ein Eindruck, den die Ausführungen des ersten Kapitels durchaus bestätigen. Was der Artikel von *Herzog* und *Gerken* ausdrucksstark belegt ist, dass weder Politik, noch Fachöffentlichkeit und noch weniger die Bürger vollumfänglich darauf vertrauen, dass der *EuGH* ein „nach den Regeln der richterlichen Kunst arbeitender Schiedsrichter [...] zwischen den Interessen der Europäischen Union und jenen der Mitgliedstaaten sein" kann.[199] Vielmehr wird ihm unterstellt, er habe im Wesentlichen das Ziel, den Anwendungsbereich des Unionsrechts zu erweitern, eine Behauptung die angesichts der Rechtsentwicklung im Rahmen des Europäischen Strafrechts kaum von der Hand zu weisen ist.[200] Schließlich stammen die angewandten Auslegungsmethoden

---

[196] Daher ist *Gundel,* EuR-Beih. 3/2008, 23 (29 f.), gegen Einzelrichterentscheidungen.

[197] Ebenso LR-EMRK/*Esser,* Art. 6 Rn. 155; weniger kritisch: *Gundel,* EuR-Beih. 3/2008, 23 (28).

[198] *Herzog/Gerken,* FAZ v. 8.9.2008; Nr. 210, S. 8.

[199] Nicht zuletzt deswegen versuchen die Mitgliedstaaten, Volksabstimmungen zu vermeiden, vgl. *Wieland,* NJW 2009, 1841 (1842, 1844).

[200] S. a. *Wieland,* NJW 2009, 1841 (1842).

– Stichwort „effet utile" – aus der Integrationsphase und haben sich seither kaum verändert.[201] Der Wortlaut gerät dabei jedoch in den Hintergrund und damit das Prinzip der begrenzten Einzelermächtigung.[202]

Der *EuGH* – es wurde bereits mehrfach belegt – ist Rechtsschutzinstanz und Verfassungsgericht zugleich, vor allem aber letzteres. Wie es ein ehemaliger Richter am *EuGH* ausdrückt: „Es entspricht dem Wesen einer derartigen Institution, daß der verfassungsgerichtliche Aspekt, nämlich die Funktion des Gerichtshofs im Integrationsprozeß, in der Praxis wie im Selbstverständnis des Gerichtshofs im Vordergrund steht. Sicher ist er sich seiner Verantwortung für den Rechtsschutz besonders bewußt (...). Aber seiner ganzen Ausrichtung nach ist er doch zur Behandlung konkreter Einzelfälle weniger geeignet, und zwar besonders, wenn die Aufarbeitung eines umfangreichen Tatsachenstoffes erforderlich ist."[203] Der *EuGH* kann sich also bis heute nicht von seinem – vom historischen Standpunkt aus nachvollziehbaren – Selbstverständnis lösen. Dies hat er selbst in den Rechtssachen *UPA* und *Jégo-Quéré* bewiesen, anders als das *EuG,* das von Anfang an allein als Rechtsschutzinstanz fungierte und nicht als Verfassungsgericht. Der Gerichtshof hat sich vom primärrechtlich avisierten „Hüter des Rechts" zum „Hüter der Integration" entwickelt, nur selten weist er den europäischen Gesetzgeber in seine Schranken.[204]

Angesichts der nationalistischen Tendenzen in vielen Mitgliedstaaten ist ein integratives Verfassungsgericht nicht obsolet geworden, selbst beim heute bereits erreichten Stand der Integration. Eine mächtige Union, wie sie heute existiert, braucht, wenn sie eine rechtsstaatliche Institution sein will, aber auch ein Kontrollorgan, das ihr Grenzen zu setzen vermag, Fachgerichte, die die *Rechtsschutzfunktion der Unionsgerichte* verbessern. Ein solches Fachgericht stellt zwar auch das *EuG* als allgemeines Verwaltungsgericht dar, während das *GöD* als besonders Verwaltungsgericht für dienstrechtliche Streitigkeiten diesem halb unter- halb beigeordnet wurde. Doch nur zwei Fachgerichte für das gesamte Unionsrecht? Mit Fachgerichtsbarkeit hätte dies nicht viel zu tun, da beide Instanzen einen verwaltungsrechtlichen Hintergrund haben. Vernachlässigt wird in der Gerichtsstruktur bisher völlig die zivil- und strafrechtliche Komponente des Unionsrechts.

3. Besser: Fachgericht für Strafrecht

Eine Spezialisierung im hier untersuchten Bereich des Unionsstrafrechts sollte daher, wie für das Dienstrecht der Union, durch die Errichtung eines Fachgerichts

---

[201] *Wieland,* NJW 2009, 1841 (1844 f.).
[202] Vgl. *Wieland,* NJW 2009, 1841 (1843 f.).
[203] Siehe *Everling,* in: Fortentwicklung des Rechtsschutzes, S. 39.
[204] Siehe nur *Schermuly,* S. 151–185.

vorangetrieben werden.[205] Der plakativste Vorzug eines solchen besonderen, zusätzlichen Spruchkörpers für das Strafrecht ist, dass durch die Übertragung bestimmter Rechtssachen das *Klageaufkommen* des *EuGH* und *EuG* reduziert wird und so (auch) eine Beschleunigung der dort anhängigen Verfahren mit sich bringt,[206] während bei einer Kammerspezialisierung das pro-Kopf-Aufkommen an Verfahren nicht geringer würde. Nicht zu verkennen ist insoweit auch, dass ein nicht unerheblicher Teil der Verfahren, die unter Art. 267 Abs. 4 AEUV fallen, ausgegliedert und an das Fachgericht für Strafgericht verwiesen werden können (noch § 3 A. II.), die, wenngleich dies bisher auch bestritten wird, beim *EuGH* derzeit zu Lasten der „normalen" Vorlageverfahren priorisiert werden.[207]

Natürlich kommt ein solcher *Konzentrationseffekt* noch mehr den *strafrechtlichen Verfahren,* für die das Fachgericht geschaffen wird, zu Gute. Dies ist nicht nur der geringeren Zahl der Verfahren geschuldet, sondern auch der Tatsache, dass ein spezialisiertes Gericht wegen der höheren Fachkompetenz geringere Einarbeitungszeiten benötigt,[208] was noch mehr der Fall sein dürfte als bei Spezialkammern.

Der Vorteil der Errichtung eines „specialised court", wie es im englischen Vertragstext heißt, erschöpft sich aber nicht darin, dass die Arbeitslast auf mehreren Schultern verteilt wird und die Verfahrensdauern verkürzt werden. Sie garantieren angesichts des gebündelten *Fachwissens einen effektiveren Rechtsschutz.*[209] Es ist zu erwarten, dass die Urteile jedenfalls grundsätzlich von sachlich unzweifelhafter Qualität wären,[210] dass Friktionen mit Prinzipien der mitgliedstaatlichen Rechtsordnungen eher antizipiert werden können. Die Spezialisierung würde also zugleich die Rechtsschutzqualität verbessern, wobei die Möglichkeiten zur Anpassung der Gerichtsorganisation an die Bedürfnisse des Strafrechts noch nicht einmal angesprochen sein sollen.

---

[205] Siehe *Braum,* ZIS 2009, 418 (425 f.); *Weyembergh/Ricci,* in: l'espace pénal européen, S. 227 (266).

[206] Vgl. *Kraemer,* CMLRev 2009 (46), 1873 (1912); *British Institute of International and Comparative Law,* S. 108. *Dauses,* D 73 f., plädiert mit denselben Argumenten für die Übertragung weiterer Zuständigkeiten auf das *EuG.* Zur Zeit des Gutachtens wäre dies der Diskussion wert gewesen. Heute würde das *EuG* unter der Last zusammenbrechen.

[207] Siehe auch HL 128 Nr. 43.

[208] Auch *Mahoney,* HRLJ 2011, 11 (13); *Sack,* S. 13; *British Institute of International and Comparative Law,* S. 108. Zu letzterem Aspekt *Rosas,* CYELS Vol. 11, 1 (12), der im Eilverfahren nach Art. 107 ff. *EuGH-*VerfO den Vorteil sieht, dass sich Richter besser vorbereitet fühlen, weil einzelne Verfahrensschritte weniger lange zurück liegen.

[209] So *Karper,* S. 147; *Kotzur,* EuR-Beih. 1/2012, 7 (13), zu dieser „Verfassungsaufgabe". Vgl. auch *Gärditz,* in: Böse (Hrsg.), § 24 Rn. 53.

[210] Vgl. *Mahoney,* HRLJ 2011, 11 (13 ff.), zum *GöD.* Die Vorteile sind gegenüber der Spezialisierung der Kammern stärker ausgeprägt, *Riehm,* in: Zivilgerichtsbarkeit, S. 203 (208).

§ 1 Abkehr vom Konzept des Universalgerichts   541

Für das Strafrecht gilt es auch, Folgendes zu bedenken: Die Union und ihre Gerichtsstruktur wurden für die Bedürfnisse und Anforderungen des öffentlichen Rechts und des Binnenmarktrechts sowie die Zusammenarbeit der nationalen und europäischen Gerichte in diesen Bereichen geschaffen. Mit der Zeit wurde zwar auch das Strafrecht zu einer europäischen Disziplin; die Gerichtsbarkeit hat sich aber nur marginal verändert und damit auch nicht an die Anforderungen des Strafrechts angepasst.

Zwar sind fachfremde Universalgerichte jedem rechtsstaatlichen System immanent.[211] Sie sollen dazu beitragen, dass keine Scheuklappenjustiz entsteht und dass über die Grenzen einzelner sachlicher Materien hinaus bestimmte Rechtsgrundsätze gewahrt bleiben. Es soll hier aber auch nicht für die Abschaffung des *EuGH* plädiert werden, lediglich für eine Konzentration auf eben jene Funktion, die Einhaltung gewisser Grundprinzipien fachübergreifend sicherzustellen sowie die Einheit des Unionsrechts durch eine *Letztverantwortung für die Homogenität* der Entscheidungen verschiedener Fachgerichte. Dies erfordert aber nicht nur, dass er von den Aufgaben eines Fachgerichts befreit wird, denn als solches kann er keinen Überblick über das gesamte Unionsrecht wahren. Der *EuGH* könnte sich auf solche Verfahren konzentrieren, die von Bedeutung für die Weiterentwicklung des Unionsrecht sind, und im Übrigen als Rechtsmittelgericht fungieren. Das *EuG* wiederum könnte für die Aufgaben als Verwaltungsfachgericht frei werden.[212]

Gegen die Errichtung des Spezialgerichts kann daher auch nicht eingewandt werden, dass erst *allgemeine Lehren für das Unions(straf)recht* ausgebildet werden müssten, was durch ein einheitliches Gericht zu bewerkstelligen sei.[213] An solch grundlegenden Entscheidungen müssten alle nationalen Identitäten, die in der Union vertreten sind, Beachtung finden.[214] Dies sei erforderlich, damit eine Ungleichbehandlung der Vertragsstaaten vermieden wird und die nationalen Interessen der Mitgliedstaaten einfließen können. Auch die Gegner eines Fachgerichts müssen aber einräumen, dass nach der Erweiterung der Union auf 28 Mitglieder eine Beteiligung aller Mitgliedstaaten an jeder Entscheidung ohnehin nicht möglich ist und deswegen längst aufgegeben wurde; Plenumsentscheidungen sind heute die Ausnahme. Die Abstimmungsmodalitäten sind zu umständlich, um eine funktionierende Rechtspflege zu gewährleisten, geschweige denn Individualrechtsschutz. Zudem hatte der *EuGH* bereits einige Jahre Zeit, allgemeine Lehren zu entwickeln und er tat dies auch vielfach, denkt man nur an die Grundrechterechtsprechung, durch die auch strafrechtliche Grundsätze im Rechts-

---

[211] *Paulus/Wesche,* GRUR 2012, 112 (118).
[212] Vgl. auch *Everling,* FS Redeker, S. 293 (294).
[213] So *Schmidt-Aßmann,* JZ 1994, 832 (838).
[214] Etwa: *Everling,* DRiZ 1993, 5 (6 f., 14), zur Spezialisierung der Kammern beim *EuGH,* der dies allerdings zugleich beim *EuG* für möglich hält.

system der Union verankert wurden. Darauf sollte sich der Gerichtshof ohnehin beschränken. Er darf nur grundlegende Leitmotive, die Kriminalpolitik und das wesentliche Konzept des Strafrechtssystems mitgestalten.[215] Dazu genügt es, wenn er als letzte Instanz entscheiden kann. Für die Entwicklung einer alltagstauglichen Strafrechtsdogmatik ist er dagegen nicht geeignet. Die unmethodische Arbeitsweise des *EuGH* wird gerade von der deutschen Wissenschaft immer wieder kritisiert. Die These, dass ein einheitliches Gericht stets am besten geeignet sei, allgemeine Lehren zu entwickeln kann sich angesichts der gemachten Erfahrungen schon nicht bewahrheiten sehen. Gerade dem *EuGH* kann diese Aufgabe aber nicht mehr zugedacht werden. Schon heute ist der Gerichtshof am Rande seiner Möglichkeiten. Er kann angesichts der Prozesslast solche Leitlinien nicht mehr mit der notwendigen Muße, Genauigkeit und Weitsicht entwickeln. Hier scheint ein strafrechtliches Fachgericht, das sich nur mit einer bestimmten rechtlichen Materie befasst, besser geeignet zu sein. Hinzu kommt, dass die Ausbildung einer Strafrechtsdogmatik andere Anforderungen an die Arbeitsweise und Richter stellt, als die Entwicklung von grundrechtlichen Standards, ist erstere doch in der Regel kleinteiliger und auch in den Mitgliedstaaten kaum homogen und doch tief verwurzelt in der eigenen Rechtskultur. Durch unabhängige Fachgerichte könnte eine europäische Rechtskultur geschaffen werden. Auf sie müsste schließlich auch die Ausbildung zukünftiger Juristen ausgerichtet sein.[216]

Zwar würde die Errichtung eines Spezialgerichts mit einem *erheblichen Kosten-* und für *Personalmehraufwand* einhergehen.[217] Kritisiert wird auch, dass unter der zunehmenden Aufgliederung der Unionsgerichtsbarkeit die *Transparenz* der Gerichtsstrukturen leiden würde; dies gefährde die Integration.[218] Durch die genannten Vorteile der Spezialisierung würden diese Nachteile aber mehr als ausgeglichen,[219] zumal durch Verweisungsmöglichkeiten unbillige Härten vermieden werden könnten.

Fraglich ist, ob dies auch für die Gefahren für die Kohärenz der Rechtsprechung gilt. Tatsächlich darf die *Einheit des Unionsrechts* durch die Errichtung

---

[215] So wie alle Verfassungsgerichte, vgl. *Tiedemann,* in: Kreuzer u.a. (Hrsg.), S. 133 (141).

[216] *Esser,* StRR 2010, 133 (137).

[217] Vgl. *Karper,* S. 148; *Dauses,* D 99 f.; *British Institute of International and Comparative Law,* S. 108 f. Zur umgekehrten Diskussion um die Zusammenlegung einiger Gerichtszweige in Deutschland: *Brand/Fleck/Scheer,* NZS 2004, 173 (175).

[218] *Nielebock,* NZA 2004, 28 (29), fragt, ob nicht eine Vielzahl von Kammern an einem einzigen Gericht ebenso verwirrend wäre. – *Sack,* S. 21 f., 31 f., will sogar zum *EuGH* als einzigem Gericht zurückkehren und diesen in spezialisierte Kammern untergliedern. Die Kammerpräsidenten sollten mit dem Präsidenten des Gerichtshofs einen Hohen Senat bilden und als Bindeglied zwischen Grundsatz- und Fachentscheidungen fungieren. *Sack* räumt allerdings selbst ein, dass die Kammerpräsidenten „Supermänner" sein müssten.

[219] Siehe *Kraemer,* CMLRev 2009 (46), 1873 (1913).

des Fachgerichts nicht übergebührlich aufs Spiel gesetzt werden.[220] Das Risiko ist allerdings gegenüber der Kammerlösung erhöht, weil ein Gedankenaustausch mit den Richtern, die anderen Institutionen zugeordnet sind, schwerer möglich ist,[221] wenn auch alle unter dem Namen „Gerichtshof der Europäischen Union" firmieren. Fachgerichte können sich allzu leicht verselbstständigen.[222] Dieses Risiko wäre gemindert, wenn eine noch zu spezifizierende Kontrolle durch ein höherrangiges Gericht möglich wäre. Dies wäre auch kein Nachteil gegenüber den Mechanismen, die für das Modell der Kammerspezialisierung angeführt werden. Das Rechtsmittel oder die Verweisung müsste zum *EuGH* führen, bei dem, wie schon ausgeführt (2.), alle Fäden zusammenlaufen müssten. Dagegen ist fraglich, ob die informelle Abstimmung, die bei der Kammerspezialisierung als Vorzug hervorgehoben wird, wünschenswert ist.[223] Der Vorteil mehrerer Instanzen wäre jedenfalls, dass zwei voneinander unabhängige Instanzen über eine aufgeworfene Rechtsfrage entscheiden.[224] Wird dem Vorschlag gefolgt und der *EuGH* damit immer mehr von der „einfachen" Rechtsprechungstätigkeit entlastet, so könnte er sich auf seine verfassungsgerichtliche Rolle besinnen.[225]

C. Fazit: Notwendigkeit des Eintritts in die Planung des Fachgerichts

Soll die Geschichte des Gerichtshofs der Europäischen Union eine Erfolgsgeschichte bleiben, so muss er das Bedürfnis nach einer unausweichlichen grundlegenden Reform anerkennen und sich nicht mehr allein darauf zurückziehen, Notmaßnahmen zu ergreifen. Andernfalls riskiert er das Vertrauen, das er sich im Laufe der Jahrzehnte seiner Tätigkeit erworben hat.[226]

Mit Ablauf der Übergangsfrist am 1.12.2014 ist mit einer Erweiterung der Verfahrenszahlen zu rechnen, deren Ausmaß noch nicht vollends abgeschätzt werden kann. Wichtiger ist aber noch, dass die geplanten Schritte auf dem Gebiet des Strafrechts, wie die Errichtung der Europäischen Staatsanwaltschaft, so-

---

[220] Vgl. *Kraemer,* CMLRev 2009 (46), 1873 (1913), fordert deswegen zugleich die Übertragung des Vorabentscheidungsverfahrens auf das *EuG.*

[221] Siehe *Skouris,* in: Symposium Papier, S. 83 (86 f.); *Kraemer,* CMLRev 2009 (46), 1873 (1912); allg.: *Skouris,* FS Merten, S. 383 (384 f.); *British Institute of International and Comparative Law,* S. 108 f.

[222] Siehe *Everling,* DRiZ 1993, 5 (14).

[223] *Pernice,* EuR 2011, 152 (165), deutet Zweifel an der Effektivität an.

[224] Siehe *Dauses,* D 73, zum *EuG.*

[225] Siehe *Olivares Tramon/Tüllmann,* NVwZ 2004, 43 (50): Die Entwicklung zum Verfassungsgericht ergibt sich aus den einschränkenden Voraussetzungen der Rechtsmittel gegen Urteile des *EuG* und der Fachgerichte; *Knapp,* DÖV 2001, 12 (21), zur Rolle im RFSR. Der Gerichtshof selbst lehnt jedenfalls eine Entwicklung zu einem reinen Grundrechtsgericht ab: *Skouris,* in: Symposium Papier, S. 83 (100 f.); s.a. *Everling,* in: Aufsätze 2001–2011, Nr. 15, S. 325 (342).

[226] Vgl. auch *Forwood,* in: Essays Sir Francis Jacobs, S. 34 (35 f.).

wie die in den vorangehenden Kapiteln beschriebenen Mängel eine Umstrukturierung der Justizorganisation dringend erforderlich machen. Die heutigen Strukturen sind schlicht nicht geeignet, die Anforderungen an die Kontrolle des Unionsstrafrechts im weiteren Sinne zu gewährleisten. Neben der schon aufgrund der qualitativen Anforderungen an die Rechtsprechung erforderlich erscheinenden Errichtung eines Fachgerichts ergeben sich weitere Aspekte auch aus der Aufgabenzuweisung, die im Anschluss angesprochen werden soll (§ 3). Die neuen Funktionen der europäischen Gerichtsbarkeit machen deutlich, dass ein Gericht für das Strafrecht eine andere Struktur und Arbeitsweise aufweisen muss als die weitgehend verwaltungsrechtlich geprägten Unionsgerichte.[227] Dabei darf nicht vergessen werden, dass die Errichtung eines Fachgerichts jedenfalls zwei Jahre in Anspruch nehmen würde.[228] Es sollte also schleunigst mit den Planungen begonnen werden.

§ 2 Vertragliche Ausgangslage für das Fachgericht

Die Möglichkeit zur Errichtung von Fachgerichten wurde bereits in Art. 225a EG-Nizza vorgesehen.[229] Diese Regelung ging nach verschiedenen, überwiegend terminologischen Änderungen in Art. 257 AEUV auf.[230]

A. Sachbereiche für die Fachgerichte

Eine Beschränkung der Sachgebiete, für die ein Fachgericht zuständig sein kann, enthält weder Art. 257 AEUV noch seine Vorgängernorm.[231] Denkbar ist also grundsätzlich ein Fachgericht für jedwede unionsrechtliche Materie. Die inhaltliche Ausrichtung bleibt der jeweiligen Errichtungsverordnung (dazu sogleich) vorbehalten.

---

[227] S.a. *Everling,* in: Aufsätze 2001–2011, Nr. 15, S. 325 (328 f.).

[228] Satzungs-Entwurf v. 28.23.2011, S. 8, unter: http://curia.europa.eu – Gerichtshof – Verfahren – Weitere nützliche Informationen (zuletzt: 20.10.2013).

[229] Siehe *Brakalova,* S. 190 f.; *Karper,* S. 147. – Zur Veränderung der Gerichtsbarkeit im Vertrag von Nizza: *Sack,* EuZW 2001, 77; *Everling,* in: Aufsätze 2001–2011, Nr. 13, S. 277 (288 ff.); *Kamann,* ZEuS 2001, 627 (637 ff.).

[230] Sachlich war mit den in Art. 225a EG-Nizza als „gerichtliche Kammern" bezeichneten Spruchkörpern nichts anderes gemeint als „Fachgericht", vgl. *Everling,* in: Aufsätze 2001–2011, Nr. 13, S. 277 (291); *Everling,* in: Verfassungsentwurf, S. 363 (368); *Everling,* FS Steinberger, S. 1103 (1123); jetzt auch Grabitz/Hilf/Nettesheim/*Karpenstein/Eggers,* Art. 257 AEUV Rn. 2, 4; zu Art. 225a EGV a.F.: *Middeke,* in: Rengeling/Middeke/Gellermann, § 3 Rn. 7; zum *GöD: Kraemer,* CMLRev 2009 (46), 1873 (1883). Es wurde nur eine treffendere Terminologie eingeführt, Streinz/*Huber,* Art. 257 AEUV Rn. 2; wohl auch Geiger/Khan/Kotzur/*Kotzur,* Art. 257 AEUV Rn. 1.

[231] Grabitz/Hilf/Nettesheim/*Karpenstein/Eggers,* Art. 257 AEUV Rn. 3, nennen diese Offenheit „bemerkenswert". Calliess/Ruffert/*Wegener,* Art. 257 AEUV Rn. 1, deutet an, dass es verschiedene Vorstöße in diese Richtung gab, dass sich diese limitativen Vorstellungen jedoch nicht durchsetzen konnten. Nähere Hinweise gibt er nicht.

Als erstes und bisher einziges Fachgericht wurde das Gericht für den Öffentlichen Dienst (*GöD*) etabliert,[232] das sich nach Art. 62c der Satzung des Gerichtshofs i.V.m. Art. 1 Anhang I der Satzung in erster Instanz mit dienstrechtlichen Streitigkeiten nach Art. 270 AEUV beschäftigt. Verschiedentlich aufgebrachte Bemühungen, ein Unionspatentgericht zu errichten, verliefen dagegen im Sande. Diskutiert wird die Ausdifferenzierung der Gerichtsbarkeit auch für das Markenrecht, das Arzneimittelrecht, die Justizielle Zusammenarbeit in Zivilsachen, das Asyl- und das Wettbewerbsrecht.[233] Für den Bereich der Polizeilichen und Justiziellen Zusammenarbeit in Strafsachen wurde eine solche Möglichkeit zwar immer wieder aufgeworfen, doch – soweit ersichtlich – nie ernsthaft diskutiert.[234]

Allgemein sind bei der Auswahl der Sachgebiete bestimmte Kriterien zu beachten: Zum einen können nur Aufgaben an das Fachgericht übertragen werden, die nach den Verträgen bereits den bestehenden EU-Gerichten zukommen oder zugewiesen werden können. Dies ergibt sich aus Art. 256 Abs. 1 S. 1 AEUV, der davon spricht, Aufgaben an das Fachgericht zu „übertragen".[235] Es muss sich außerdem um Materien handeln, die so speziell sind, dass sie auch Richter mit einschlägiger Sonderausbildung erfordern.[236] Eine Rolle kann hier die Technizität des Rechtsgebiet spielen. Das auf das Fachgericht zu übertragende Rechtsgebiet soll auch „nur einen indirekten Bezug zum Unionsrecht" haben, damit die Kohärenz des Unionsrechts nicht übermäßig gefährdet wird.[237] Damit sich die Errichtung des Fachgerichts lohnt, sollte außerdem ein erheblicher Umfang an Streitsachen existieren.[238] Sinnvoll wäre auch die Ausgliederung von Rechtssachen, die eine umfangreiche Sachverhaltsaufklärung erfordern.[239] Auch Streitsachen aus dem Bereich der Polizeilichen und Justiziellen Zusammenarbeit erfüllen diese Anforderungen: Die Prognosen hinsichtlich der zu erwartenden Verfahrenszunahmen wurden bereits erwähnt. Im „Unionszivilrecht" wird häufig vorgebracht, dort seien spezialisierte Kammern eher von Vorteil: Dort gebe es

---

[232] Beschluss des Rates v. 2.11.2004 zur Errichtung des Gerichts für den öffentlichen Dienst der Europäischen Union, ABl. EU Nr. L 333 v. 9.11.2004, S. 7. – Zur Entwicklung der Idee eines Unionsfachgerichts für dienstrechtliche Streitigkeiten und zur Errichtung, *Kucsko-Stadlmayer*, FS Schäffer, S. 393 (394 ff.); *Kraemer*, CMLRev 2009 (46), 1873 (1875 f.), geht auch auf erste Vorstöße in den 70er Jahren ein.

[233] Vgl. etwa Streinz/*Huber*, Art. 257 AEUV Rn. 6 f.; vgl. auch *Rösler*, S. 370 ff., 388 ff.

[234] Ansätze aber bei: *Flore/de Biolley*, CDE 2003 Nr. 1–2, 598; *Esser*, StRR 2010, 133; *British Institute of International and Comparative Law*, S. 110.

[235] Vgl. *Böse*, RW 2012, 172 (183).

[236] Vgl. Grabitz/Hilf/Nettesheim/*Karpenstein/Eggers*, Art. 257 AEUV Rn. 7. In diese Richtung wohl auch schon *Dauses*, D 98.

[237] Vgl. Grabitz/Hilf/Nettesheim/*Karpenstein/Eggers*, Art. 257 AEUV Rn. 7.

[238] Siehe Grabitz/Hilf/Nettesheim/*Karpenstein/Eggers*, Art. 257 AEUV Rn. 7.

[239] Vgl. *Pernice*, EuR 2011, 152 (165).

nur wenige Fälle zu hochspeziellen Teilgebieten (z. B. Geistiges Eigentum, Wettbewerbsrecht), die nicht die Errichtung eigener Instanzen fordern.[240] Das Strafrecht dagegen ist ein Feld, das nicht einfach in gleichermaßen diffizile Bereiche unterteilt werden kann, die sich nicht zumindest gegenseitig beeinflussen. Es sind auch keine erheblichen Schwankungen im Klagevolumen zu erwarten, wie dies bei zivilrechtlichen Streitigkeiten zumindest unterstellt wird, jedenfalls keine wesentliche Abnahme. Schon heute stammt ein Zehntel der Vorlageverfahren aus dem Bereich des Raums der Freiheit, der Sicherheit und des Rechts, trotz der Beschränkungen der Jurisdiktionsgewalt des *EuGH*. 93 Klagen vor dem *EuG* betreffen restriktive Maßnahmen im Bereich des auswärtigen Handelns und 36 das Wettbewerbsrecht, das ebenfalls zum Teil dem *EuStG* als Fachgericht für Strafrecht zugewiesen werden könnte (siehe noch § 3).[241] Für eine Ausgliederung spricht auch, dass die Entscheidung über Vorlagen und Klagen, die das Unionsstrafrecht im weiteren Sinne betreffen, eine andere Herangehensweise erfordern, als das bisher vom *EuGH* hauptsächlich zu behandelnde Verwaltungsrecht.[242]

Die Rechtfertigung für die *Priorisierung*[243] des Strafrechts ergibt sich neben den zunehmend detaillierten Regelungen und dem erwarteten Anstieg der Verfahren in diesem Bereich aber vor allem aus Folgendem: Wegen des belastenden Einflusses eines Strafverfahrens auf die Lebensumstände des Betroffenen, ist eine Priorisierung der darauf bezogenen Verfahren, die letztlich mit der zügigen Behandlung durch Richter mit besonderer Sachkunde einhergeht, nicht nur zu rechtfertigen, sie ist zwingend. Der Unionsgesetzgeber hat dies mit der Einführung des Art. 267 Abs. 4 AEUV zumindest für Haftsachen anerkannt. *Dörr* geht davon aus, dass mithilfe des Eilverfahrens nach Art. 267 Abs. 4 AEUV i. V. m. Art. 107 ff. EuGH-VerfO Vorlageverfahren, die eine inhaftierte Person betreffen, schon in den bestehenden Strukturen innerhalb von drei Monaten erledigt werden

---

[240] Vgl. nur *Karper*, S. 148.
[241] Vgl. Jahresbericht 2011, S. 204. Zur Übertragbarkeit des Wettbewerbsrechts: *Everling*, in: Verfassungsentwurf, S. 363 (375), der aber eine zivilrechtliche Fragestellung darin sieht, keine wirtschaftsstrafrechtliche.
[242] So auch *Everling*, in: Verfassungsentwurf, S. 363 (375), für die Ausgliederung von Vorabentscheidungsersuchen bezüglich des Zivilrechts allgemein. Die Argumentation lässt sich auf das Strafrecht übertragen.
[243] Dazu: *Kraemer*, CMLRev 2009 (46), 1873 (1912). Beim *GöD* ließe sich die Rechtfertigung in Zweifel ziehen. Warum sollte gerade dienstrechtlichen Streitigkeiten eine Sonderbehandlung zukommen? Schließlich profitierten davon v. a. interne Angelegenheiten der Union. Allerdings hätte dem ersten Fachgericht kein Bereich zugewiesen werden können, in dem ein Verlust an Rechtsprechungsqualität, den man zu der Zeit noch, zu Unrecht – so *Kucsko-Stadlmayer*, FS Schäffer, S. 393 (410) – befürchtete, besonders schädlich gewesen wäre, so *Kraemer*, CMLRev 2009 (46), 1873 (1912 Fn. 229). Zudem wirkten die dienstrechtlichen Streitigkeiten wie ein Fremdkörper unter den sonstigen Klagegegenständen, die durchgehend auch das Recht der Vertragsstaaten betrafen.

können.²⁴⁴ Der *Beschleunigungsgrundsatz* findet allerdings in allen strafrechtlichen Angelegenheiten Anwendung, in Haftsachen lediglich in erhöhtem Maße. Das Eilverfahren nach Art. 107 ff. EuGH-VerfO, das auch durchgeführt werden kann, wenn Vorlageverfahren den Raum der Freiheit, der Sicherheit und des Rechts betreffen, ohne dass eine Inhaftierung im Raum steht, hilft dem nur ungenügend ab. Schließlich ist zu bedenken, dass das Vorlageverfahren nicht isoliert vom anhängigen nationalen Hauptverfahren gesehen werden darf, das bis zur Vorlage regelmäßig bereits erhebliche Zeit in Anspruch genommen hat. Das Vorabentscheidungsverfahren muss deshalb für den gesamten strafrechtlichen Bereich noch weiter beschleunigt werden. Besteht die Möglichkeit, dass dies durch die Behandlung durch speziell in die rechtliche Materie eingearbeitete Richter noch schneller gewährleistet werden kann, so erfordern Art. 5 Abs. 3 S. 1 und Art. 6 Abs. 1 EMRK sowie Art. 47 GRC, dass diese Mittel ausgeschöpft werden.²⁴⁵

Als materielle Grenze ist zu beachten, dass einem Fachgericht nur *hinreichend bestimmte und thematisch beschränkte* Sachgebiete zugewiesen werden können.²⁴⁶ Das ergibt sich schon daraus, dass im Falle einer mangelnden Eindeutigkeit der Zuordnung zu einem speziellen Sachgebiet eine Bewertung der (strittigen) Einzelfälle durch einen richterlichen Spruchkörper erforderlich wäre. Die Einordnung kann kaum von der Kanzlei vorgenommen werden, insbesondere wenn ein Rechtsakt nur schwerpunktmäßig einer bestimmten Materie zugeordnet werden kann. Eine solche vermutlich aufwendige richterliche Vorprüfung ist tunlichst zu vermeiden.²⁴⁷ Die Abgrenzung dürfte sich im Einzelfall als schwierig erweisen,²⁴⁸ die Erfahrungen europäischer Rechtsordnungen, die eine solche Differenzierung kennen, stimmen allerdings optimistisch.²⁴⁹ Zudem bestehen schon jetzt vergleichbare Diskussionen auf Unionsebene, soweit es die Rechtsgrundlage von Sekundärrechtsakten betrifft. Die Rechtsprechung des *EuGH* zu den strafrechtlichen Kompetenzen der Union kann Anhaltspunkte für eine Klassifizierung liefern (siehe noch unter § 3).

---

²⁴⁴ *Dörr*, EuGRZ 2008, 349 (353); ebenso *Kraus*, EuR-Beih. 3/2008, 109 (121).
²⁴⁵ *Esser*, StRR 2010, 133 (137).
²⁴⁶ Vgl. auch Grabitz/Hilf/Nettesheim/*Karpenstein/Eggers*, Art. 257 AEUV Rn. 5; Calliess/Ruffert/*Wegener*, Art. 257 AEUV Rn. 7, der darauf hinweist, dass sich zumindest theoretisch die Frage stellt, ob es einen der Übertragung an ein Fachgericht entzogenen, unantastbaren Zuständigkeitsbereich des *EuG* gibt, wovon aber wohl nicht auszugehen ist.
²⁴⁷ Ebenfalls *Dauses*, D 83, zum vergleichbaren Problem der bereichsspezifischen Zuweisung von Vorlagen an das *EuG*.
²⁴⁸ Siehe etwa: *Jacobs*, FS Zuleeg, S. 204 (207 f.).
²⁴⁹ Siehe *Rösler*, S. 368 f.

B. Errichtung und Organisation

I. Errichtung und Eingliederung in Gerichtsstrukturen

Gemäß Art. 257 Abs. 1 AEUV muss ein Fachgericht durch das Europäische Parlament und den Rat mittels Verordnung im ordentlichen Gesetzgebungsverfahren (Art. 294 AEUV) errichtet werden.[250] Angestoßen werden kann die Errichtung nur von der Kommission oder dem Europäischen Gerichtshof (Art. 257 Abs. 1 S. 2 AEUV). Die Mitgliedstaaten können einen solchen Antrag nicht stellen.[251]

In den Art. 256 f. AEUV finden sich kaum Vorgaben für die konkrete Gestaltung der Fachgerichte. Art. 257 Abs. 1 S. 1 AEUV bestimmt lediglich, dass jedes Fachgericht dem *EuG* „*beigeordnet*" wird. Dies sollte aber nicht als rechtliche Unselbstständigkeit der Fachgerichte gegenüber dem *EuG* gedeutet werden. Dagegen spricht die Formulierung in Art. 19 Abs. 1 S. 1 EUV, der die Fachgerichte in eine Reihe mit dem *EuG* und dem *EuGH* als Bestandteile des „Gerichtshofs der Europäischen Union" stellt.[252] Die Selbstständigkeit gegenüber dem *EuG* kommt auch darin zum Ausdruck kommt, dass das *EuG* nach Art. 257 Abs. 3 AEUV Rechtsmittelgericht für die Fachgerichte sein soll.[253] Das Fachgericht muss also schon denknotwendig eine vom *EuG* zu differenzierende Institution und nicht etwa eine seiner Kammern sein. Zudem soll sich jedes Fachgericht eine eigene Verfahrensordnung geben können (Art. 257 Abs. 5 AEUV), wenn diese auch – wie die Verfahrensordnung des *EuG* (Art. 254 Abs. 5 AEUV) – vom *EuGH* und dem Rat bestätigt werden muss.[254] Mithin kann mit der „Beiordnung" also nur eine organisatorische, insbesondere auch finanzielle Anbindung gemeint sein.[255] Letztlich sind die Fachgerichte aber als selbstständige Be-

---

[250] Zu dieser „Herabstufung" der Regelung der Gerichtsstruktur zum Sekundärrecht: *Klinke,* EuR-Beih. 1/2012, 61 (65). Der Einfluss des Europäischen Parlaments, das nach Art. 225a EG-Nizza an der Schaffung eines Fachgerichts nur mit Anhörungsrechten beteiligt war, wurde also wesentlich erweitert. Zugleich entfällt das Einstimmigkeitserfordernis im Rat, ein entsprechender Errichtungsbeschluss muss mit qualifizierter Mehrheit getroffen werden (Art. 16 Abs. 3 EUV), vgl. Vedder/Heintschel von Heinegg/*Pache,* Art. 257 AEUV Rn. 3; Calliess/Ruffert/*Wegener,* Art. 257 AEUV Rn. 7.

[251] Geht die Initiative vom *EuGH* aus, wird die Kommission nur angehört und vice versa.

[252] Calliess/Ruffert/*Wegener,* Art. 257 AEUV Rn. 8.

[253] Vgl. Grabitz/Hilf/Nettesheim/*Karpenstein/Eggers,* Art. 257 AEUV Rn. 9; siehe ebenso Calliess/Ruffert/*Wegener,* Art. 257 AEUV Rn. 8.

[254] Dazu *Kucsko-Stadlmayer,* FS Schäffer, S. 393 (398). *Kraemer,* CMLRev 2009 (46), 1873 (1882), meint u. a. deshalb, wenn überhaupt eine rechtliche Anbindung bestünde, dann an den *EuGH* und nicht an das *EuG*.

[255] So auch Vedder/Heintschel von Heinegg/*Pache,* Art. 257 AEUV Rn. 2; vgl. auch Calliess/Ruffert/*Wegener,* Art. 257 AEUV Rn. 8; *Everling,* in: Verfassungsentwurf, S. 363 (368). – Für das *GöD: Kucsko-Stadlmayer,* FS Schäffer, S. 393 (398); auch *Kraemer,* CMLRev 2009 (46), 1873 (1881 f.).

standteile des Gerichtshofs für die Europäische Union anzusehen.²⁵⁶ Der „Grad" der tatsächlichen organisatorischen und institutionellen Verschränkung zwischen *EuG* und Fachgerichten hängt von der konkreten Ausgestaltung durch den jeweiligen Errichtungsakt ab. Das *GöD* etwa hat eine eigene Kanzlei und einen eigenen Mitarbeiterstab,²⁵⁷ ist aber zugleich auf gewisse Dienste des *EuG* und des *EuGH* angewiesen (vgl. Art. 6 Abs. 1 GöD-VerfO).²⁵⁸

Der konkrete Aufbau und die Zusammensetzung jedes Fachgerichts ist in der Errichtungsverordnung festzulegen. Diese Charakteristika können also bei jedem Fachgericht verschieden sein, so dass eine Anpassung an die Besonderheiten der jeweiligen Materie und auch die zu erwartende Arbeitsbelastung möglich ist.²⁵⁹ Beim *GöD* etwa sind Kammern mit je drei Richtern eingerichtet, es gibt aber auch Einzelrichterentscheidungen und eine Große Kammer (Art. 4 des Anhangs I zur Satzung). Soweit die Errichtungsverordnung keine abweichenden Reglungen trifft, finden neben der VerfO ergänzend die den Gerichtshof betreffenden Bestimmungen der Verträge und die Satzung des Gerichtshofs Anwendung (Art. 257 Abs. 6 S. 1 AEUV). Unabänderlich und daher unabhängig von der konkreten Gestaltung der Errichtungsverordnung sind die Sprachenregelung in Art. 64 Satzung und die Vorschriften des Titels 1 über die Stellung der Richter (Art. 257 UAbs. 6 S. 2 AEUV), womit Art. 281 Abs. 2 S. 1 AEUV Rechnung getragen werden soll.²⁶⁰

II. Mitglieder der Fachgerichte

Als Mitglieder des Fachgerichts können nach Art. 257 Abs. 4 S. 1 AEUV nur Personen gewählt werden, die jede Gewähr für Unabhängigkeit bieten und über die Befähigung zur Ausübung richterlicher Tätigkeiten verfügen.²⁶¹ Die zumindest terminologisch „deutlich reduzierte fachliche Eignung" gegenüber den Mitgliedern des *EuG* (Art. 254 Abs. 2 S. 1 AEUV) und noch mehr des *EuGH* (Art. 253 Abs. 1 AEUV) wird in der Literatur kritisiert, auch wenn Praxis und

---

[256] Calliess/Ruffert/*Wegener*, Art. 257 AEUV Rn. 8, nimmt an, dass sich, wie schon vorher im Verhältnis *EuG* und *EuGH,* deren Verhältnis einst ebenfalls durch den Begriff „beigeordnet" gekennzeichnet war, eine institutionelle Verselbstständigung kaum verhindern lassen wird. S. a. *Everling,* in: Aufsätze 2001–2011, Nr. 13, S. 277 (291).

[257] Es wählt seinen Präsidenten aus der eigenen Mitte. Zur Bedeutung dieser Ermächtigung auch *Kucsko-Stadlmayer,* FS Schäffer, S. 393 (399).

[258] Zum *GöD*: Grabitz/Hilf/Nettesheim/*Karpenstein/Eggers,* Art. 257 AEUV Rn. 9.

[259] So Grabitz/Hilf/Nettesheim/*Karpenstein/Eggers,* Art. 257 AEUV Rn. 10. Kritisch Vedder/Heintschel von Heinegg/*Pache,* Art. 257 AEUV Rn. 4, wegen der Intransparenz.

[260] Vgl. Streinz/*Huber,* Art. 257 AEUV Rn. 15; Vedder/Heintschel von Heinegg/*Pache,* Art. 257 AEUV Rn. 7.

[261] Damit können auch z. B. Techniker oder Gewerkschafter, die in manchen Fachgerichten als Beisitzer nützlich wären, nicht berufen werden, *Everling,* in: Verfassungsentwurf, S. 363 (369).

Wissenschaft letztlich nicht davon ausgehen, dass daraus tatsächlich eine inhaltliche Differenzierung resultiert. Sinnvoll ist die unterschiedliche Formulierung indes nicht. Sie gefährdet nicht nur die Akzeptanz der Entscheidungen der Fachgerichte. Durch die Abstufung wird der Eindruck vermittelt, der Individualrechtsschutz, für den die Fachgerichte in besonderer Weise zuständig wären (zu übertragbaren Klagearten noch § 4 A.), sei der Union weniger wichtig, ein Eindruck, der dadurch verstärkt wird, dass der nach Art. 255 AEUV zu bildende Eignungsprüfungsausschuss bei der Ernennung der Richter nicht mitwirkt.[262]

Die Mitglieder der Fachgerichte werden einstimmig vom Rat ernannt (Art. 257 Abs. 4 S. 2 AEUV).[263] Die Verträge geben weder eine Mindest- oder Höchstzahl der zu berufenden Richter vor, noch das Auswahlverfahren, noch enthalten sie Einschränkungen hinsichtlich der Nationalität, also in Bezug auf eine gleichmäßige Verteilung der Richterzahlen auf die Mitgliedstaaten.

III. Instanzenzug

Die Verträge sehen für fachgerichtliche Entscheidungen einen dreistufigen Instanzenzug vor. Das Rechtsmittel zum *EuG* ist nach Art. 256 Abs. 2 UAbs. 1 i.V.m. Art. 257 UAbs. 3 AEUV grundsätzlich auf *Rechtsfragen* beschränkt. Eine Erweiterung auf Tatsachenfragen ist in der Errichtungsverordnung möglich.

Wenn die *Kohärenz des Unionsrechts* in Frage steht, kann zudem ausnahmsweise eine Urteilskontrolle durch den *EuGH* erfolgen (Art. 256 Abs. 2 UAbs. 2 AEUV). Antragsbefugt ist insoweit nur der Erste Generalanwalt (Art. 62 Abs. 1 Satzung).

§ 3 Zweckmäßige und erforderliche Aufgabenzuweisungen

A. Zu übertragende Verfahrens- und Klagearten

I. Übertragung der Nichtigkeitsklage

1. Zuständigkeit für allgemeine fachgerichtliche Fragestellungen

Eindeutig in den Verträgen angelegt ist die Übertragung der *Nichtigkeitsklagen* auf die Fachgerichte. Schon wegen der zu erwartenden Zunahme von Nichtigkeitsklagen nach dem Ablauf der Übergangsfrist (zu Lasten der Vorlageverfah-

---

[262] Vgl. Streinz/*Huber,* Art. 257 AEUV Rn. 10; ähnlich Vedder/Heintschel von Heinegg/*Pache,* Art. 257 AEUV Rn. 5; *Schermuly,* S. 304 f. – Für das *GöD*: Kucsko-Stadlmayer, FS Schäffer, S. 393 (400). Siehe auch Calliess/Ruffert/*Wegener,* Art. 257 AEUV Rn. 9. *Wegener* sieht darin eine Verdeutlichung der personellen Selbstständigkeit der Fachgerichte.
[263] Die Richter des *EuG* und *EuGH* werden von den Mitgliedstaaten ernannt, wobei ihnen durch das Einstimmigkeitserfordernis gleichsam ein Veto-Recht zukommt, vgl. dazu Streinz/*Huber,* Art. 257 AEUV Rn. 11.

ren) erscheint die Zuweisung der Klagen an ein Spezialgericht aus Gründen der Beschleunigung zwingend; dies gilt noch mehr, wenn die hier vorgesehenen Vorschläge für die Anpassung des Nichtigkeitsverfahrens übernommen werden sollten (s. Kapitel 4 § 3).

Auch die in Art. 263 Abs. 1 S. 2 AEUV enthaltene Kompetenz zur justiziellen Kontrolle der Einrichtungen der Union muss dem Fachgericht zugewiesen werden. Es wäre dann befugt, die Maßnahmen von *Europol, Eurojust* sowie der noch zu schaffenden *Europäischen Staatsanwaltschaft* auf ihre Rechtmäßigkeit hin zu überprüfen.[264]

Dasselbe gilt für die neu einzurichtende *Feststellungs-* und *Verpflichtungsklage,* wie sie im Vorgang geschildert wurde (Kapitel 4 § 2 B.).

2. Zuständigkeit auch für Gesetzeskontrolle

Nach der derzeitigen Kompetenzverteilung zwischen *EuG* und *EuGH* ist ersterer für vordergründig verwaltungsrechtliche Streitigkeiten zuständig, während letzterer allein über „verfassungsrechtlich" gelagerte Streitigkeiten entscheidet, wie nicht zuletzt die Aufteilung der Klagen nach Art. 263 AEUV nach privilegiert Klagebefugten und Individualklägern auf diese beiden Gerichte zeigt.[265] Man könnte auf die Idee kommen, dass „Rechtssatzbeschwerden" dem *EuGH* als Quasiverfassungsgericht ebenfalls zugewiesen sein müssten, zumal Tatsachenfragen seltener auftreten dürften.[266] Allerdings überzeugt dieser Einwand schon angesichts der derzeitigen Gerichtsstruktur nicht, denn auch das *EuG* ist zuständig für die Kontrolle solcher Akte – jedenfalls im Rahmen der Schadensersatzklage und der Inzidentrüge. Zudem wurde die mindere Wertigkeit unionaler Gesetzgebungsakte bereits ausführlich dargestellt [Kapitel 4 § 1 C. I. 1. c)], so dass deren Qualifikation als verfassungsgerichtliche Aufgabe nicht überzeugt.

3. Zuweisung von Individual- und privilegierten Nichtigkeitsklagen

Auch die derzeitige Trennung der Zuständigkeiten der Gerichtsbarkeiten nach der Klägerqualifikation erscheint aus Effizienzgründen fragwürdig, insbesondere,

---

[264] So schon *Esser,* StRR 2010, 133 (137).
[265] So auch *Herrmann,* NVwZ 2011, 1352 (1356).
[266] *Herrmann,* NVwZ 2011, 1352 (1356), forderte im Falle eines weiten Verständnisses des Art. 263 Abs. 4 AEUV eine Änderung des Art. 51 der Satzung, mit der Folge, dass der *EuGH* für entsprechende Individualnichtigkeitsklagen gegen Gesetzgebungsakte zuständig wäre. Dagegen stellt *Kottmann,* ZaöRV 2010, 547 (561 f.), eine tatsächliche Normenhierarchie und eine damit zu rechtfertigende Ungleichbehandlung der Akte in Frage; s. a. *Koch,* E.L.Rev. 2005, 30 (4), 511 (526); *Usher,* E.L.Rev. 2003, 28(5), 575 (598 f.); *Dougan,* CMLRev 2008 (45), 617 (638, 676 f.). – Ähnlich für die Grundrechtsbeschwerde: *Allkemper,* S. 195 f., 201; *Böcker,* S. 254; *Munding,* S. 565; *Böcker,* S. 235, 254; *E. Schulte,* S. 202; *Dauses,* S. 159.

wenn ein Rechtsakt zugleich von Privaten und z. B. den Mitgliedstaaten angegriffen werden kann.[267] Die Trennung führt etwa im Beihilferecht dazu, dass bei *EuG* und *EuGH* Klagen mit demselben Klageziel und mit im wesentlichen übereinstimmenden Argumenten eingelegt werden, weil der formell Betroffene ein Mitgliedstaat und der materiell Betroffene ein Wirtschaftsteilnehmer ist.[268]

II. Vorlagezuständigkeit für strafrechtliche Fragen

Fraglich ist, ob auch die Übertragung des Vorlageverfahrens sinnvoll und möglich ist.

1. Sinnhaftigkeit der Übertragung des Vorlageverfahrens auf das EuStG

a) Entlastung des EuGH

Zweifelsohne würde die Verlagerung der Vorabentscheidungsverfahren im Bereich des Strafrechts auf das *EuStG* zu einer spürbaren *Entlastung* des Gerichtshofs führen. Allein die derzeitige Anzahl von Vorlageverfahren gefährdet die Position des *EuGH* als Hüter der Rechtseinheit.[269] 44 von 423 neu eingegangenen Vorlagefragen stammten im Jahr 2011 aus dem Raum der Freiheit, der Sicherheit und des Rechts, mehr als ein Zehntel also, nur das Steuerrecht verzeichnet höhere Zahlen (66).[270] Bei den zunehmenden Kompetenzen der Union im Bereich des Strafrechts und des Strafverfahrens, die in der Regel mittels Richtlinie durchgesetzt werden müssen, ist ein weiterer Anstieg eine Frage der Zeit. Auch der Gerichtshof selbst geht davon aus, dass ein erheblicher Anstieg der Vorlagen aus dem Bereich der Polizeilichen und Justiziellen Zusammenarbeit und dem Bereich des freien Personenverkehrs zu erwarten ist.[271]

b) Vermeidung von Parallelverfahren

Erklären lässt sich die nach Verfahrensarten aufgeteilte Zuständigkeit ohnehin nur *historisch*: Das *EuG* wurde geschaffen um den *EuGH* zu entlasten. Die arbeits- und umfangreichsten Verfahren waren zum Zeitpunkt der Errichtung des *EuG* die Direktklagen aus dem Bereich des Wettbewerbs- und Antidumpingrechts. Das *EuG* sollte so geschaffen sein, dass es für die umfangreichen Tatsachenfeststellungen, die in solchen Verfahren erforderlich werden konnten, besser

---

[267] Schon KOM (2000) 109 endg., S. 6; *Rabe,* FS Zuleeg, S. 195 (199); *Waelbroeck,* EuR-Beih. 1/2003, 71 (73 ff.).
[268] Für eine vollständige Übertragung deswegen *Dauses,* D 75 f.; siehe auch *Pirrung,* S. 22, 29.
[269] Vgl. *Pirrung,* S. 29.
[270] Vgl. Jahresbericht 2011, S. 101.
[271] Reflexionspapier des *EuGH,* abgedruckt in: EuZW 1999, 750 f.

geeignet ist. Zugleich blieb aber auch der *EuGH* Tatsachengericht, eben für andere Verfahrensarten.[272] Dies führt dazu, dass aufwendige *Parallelverfahren* geführt werden müssen, denen die Gerichte durch wechselseitige Aussetzung Herr zu werden suchen. Dabei wird das erste Urteil faktisch – wenn auch nicht rechtlich – zum Präjudiz, während die Verfahrensbeteiligten des anderen Verfahrens von der eigentlichen Entscheidungsfindung ausgeschlossen sind.[273]

c) Effektiver Einsatz der Fachkompetenz aufgrund der Spezialisierung

Ein weiterer Aspekt ist Folgender: Nur durch die Übertragung des Vorlageverfahrens auf das *EuStG* kann aus der *Spezialisierung* maximaler Profit gezogen werden. Es erscheint mehr als unzweckmäßig, die Zuständigkeit für dieses prekäre Sachgebiet auf bestimmte Verfahrensarten zu beschränken,[274] zumal angesichts der vielfältigen neuen Befugnisse der Union im Bereich der strafrechtlichen Gesetzgebung. Andernfalls wäre nicht nur die Entlastungswirkung für den *EuGH* gering, denn selbst wenn die Anzahl der Verfahren absolut abnehmen sollte, so stellen doch Vorlagen im Bereich des Strafrechts weiterhin – auch zahlenmäßig – die bedeutendste Verfahrensart dar. Der Vorteil, der gerade dadurch entstünde, dass sich die Richter nicht mehr genauestens in verschiedene Materien einarbeiten müssten, entfiele.

Auch die Natur der Verfahren hindert die Übertragung nicht notwendig: Zwar sind die Ziele der Direktklagen, die unstreitig auf Fachgerichte übertragen werden können, also vor allem der Nichtigkeits-, der Untätigkeits- und der Schadensersatzklagen, andere als diejenigen der Vorabentscheidungsverfahren. Mit Hilfe ersterer sollen die Handlungen der Unionseinrichtungen kontrolliert werden, während letztere vielmehr darauf ausgerichtet sind, Akte der Union auszulegen. Andererseits kann auch das Vorabentscheidungsverfahren auf eine Kontrolle der Gültigkeit der Sekundärrechtsakte hinauslaufen und damit auf eine Kontrolle des Verhaltens des Unionsgesetzgebers. Dass das Vorlageverfahren durch „dezentrale Unionsgerichte" angeregt wird, rechtfertigt eine Differenzierung ebenso wenig.[275] Es erscheint vielmehr weitgehend zufällig, ob ein Verfahren als Vorabent-

---

[272] Zur entstehungsgeschichtlichen Erklärung: *Everling,* in: Aufsätze 2001–2011, Nr. 13, S. 277 (280). Zur undurchsichtigen Verteilung der Zuständigkeiten zwischen *EuGH* und *EuG*: *Everling,* in: Aufsätze 2001–2011, Nr. 15, S. 325 (334 ff.).
[273] Vgl. auch *Everling,* in: Aufsätze 2001–2011, Nr. 13, S. 277 (280 f.); ebenso *Everling,* in: Aufsätze 2001–2011, Nr. 15, S. 325 (336).
[274] Vgl. *Everling,* EuR 2009 Beiheft 1, 71 (81); für technische Fragestellungen: *British Institute of International and Comparative Law,* S. 57. Schon *Sack,* S. 20, hielt eine auf Nichtigkeitsklagen beschränkte Übertragung von Aufgaben auf Fachgerichte für unzureichend. So auch *Basedow,* RabelsZ 66 (2002), 203 (204 f.); *Rösler,* S. 363, zum *EuG*; s.a. *Kotzur,* EuR-Beih. 1/2012, 7 (13). A.A. *Lumma,* EuGRZ 2008, 381 (382), wegen der Gefahren für die Kohärenz des Unionsrechts.
[275] Ähnlich *Rösler,* S. 363.

scheidungsersuchen an die Unionsgerichte gelangt oder als Nichtigkeitsklage; der gewählte Verfahrensweg hängt schlicht davon ab, ob eine Materie dem direkten oder indirekten Vollzug unterliegt.[276]

Die hier angeführten Argumente sprechen letztlich auch gegen die Übertragung des Vorlageverfahrens auf das *EuG*. Es wäre für einen Teil der Verfahren wiederum ein anderes Gericht zuständig, das nicht gleichermaßen Fachwissen bezüglich der rechtlichen Materie anhäufen kann. Schon heute ist das *EuG* zudem selbst überlastet (s. schon § 1 A.).[277]

d) Beschleunigung des Verfahrens

Mit der Übertragung der Vorlageverfahren an ein Spezialgericht ist zudem eine erhebliche *Verkürzung der Verfahrensdauern* im Raum der Freiheit, der Sicherheit und des Rechts zu erwarten, schon wegen der geringeren Einarbeitungszeit, aber auch, weil eine organisatorische Ausrichtung an den Bedürfnissen dieses Fachgebiets besser als bei den bestehenden Gerichten möglich ist. Die Beschleunigungsmaxime erfordert eine (weitere) Konzentration zudem in Verfahren, in denen keine Haft angeordnet ist. Damit wird deutlich, dass schon unter dem Aspekt der Beschleunigung, die nicht zuletzt Art. 47 GRC anmahnt, eine Übertragung der Vorlageverfahren auf das Fachgericht, das *EuStG,* sinnvoll erscheint.

2. (Schein-)Gefahren der Übertragung – Kontrollverfahren beim EuGH?

a) Vorlageverfahren als verfassungsgerichtliche Aufgabe

Für die Konzentration des Vorlageverfahrens auf den *EuGH* wird vorgebracht, dass das Verfahren eine integrative Wirkung besitze und daher auf den *EuGH* als „Verfassungsgericht" beschränkt bleiben müsse.[278] Dem ist entgegenzuhalten, dass im Rahmen von Vorlageverfahren zwar in der Vergangenheit viele herausragende Entscheidungen für die Fortentwicklung der Europäischen Union getroffen wurden, die überwiegende Zahl der Verfahren heute aber – nicht zuletzt angesichts der zunehmenden Normenflut aus Brüssel – weniger bedeutsame Fragen zum Gegenstand haben. Nicht zuletzt mit der in Art. 256 Abs. 3 AEUV geschaffenen Möglichkeit der Übertragung von Vorlageverfahren für bestimmte rechtliche Materien an das *EuG* wird eingeräumt, dass nicht alle Vorlagen verfassungsrechtliche Bedeutung haben. Der Exklusivitätsanspruch wurde damit aufgegeben,[279] wenngleich die Richter des *EuGH* selbst der Übertragung an das *EuG* offensichtlich kritisch gegenüber stehen.

---

[276] So *Grabenwarter,* EuR-Beih. 1/2003, 55 (59).
[277] Vgl. *Schwarze,* EuR 2009, 717 (724); *Rösler,* S. 362 f.: Auch deshalb werde das Vorlageverfahren nicht auf das *EuG* übertragen; s. a. *Jacobs,* FS Zuleeg, S. 204 (208).
[278] Vgl. dazu die Nachweise unter 2.
[279] So auch *Rösler,* S. 294 f., 362 Fn. 591.

Zudem wird vorgebracht, ein Kassationsgericht dürfe es in jeder Rechtsordnung nur einmal geben. Dem ist entgegenzuhalten, dass es zwischen der mitgliedstaatlichen Gerichtsbarkeit und der Unionsgerichtsbarkeit gerade kein echtes hierarchisches Verhältnis gibt. Vorlageurteile sollen nur Entscheidungshilfen sein, wenn sie auch verbindlich sind. Mitgliedstaatliche Entscheidung werden gerade nicht kassiert.[280]

b) Kohärenz der Rechtsprechung

Nachdem aber bereits die Übertragung der Befugnis zur Entscheidung über Vorlagen auf das *EuG* zu erheblichem Widerstand insbesondere in der Richterschaft des *EuGH* geführt hat, scheint im Moment eine Übertragung aller in Bezug auf ein bestimmtes Fachgebiet auftretenden Verfahrensarten nur schwerlich durchsetzbar.[281] Hauptgrund ist der Folgende: Mit der Übertragung des Vorabentscheidungsverfahrens auf ein Fachgericht, wenn auch nur für spezifische Bereiche, geht eine erhebliche *Gefahr für die Kohärenz des Unionsrechts* einher.[282] Nach Ansicht des derzeitigen Präsidenten des Gerichtshofs *Skouris* wäre deshalb die Übertragung nur für Gebiete von untergeordneter Bedeutung und für zahlenmäßig begrenzte Kategorien von Rechtssachen zulässig.[283] Beides dürfte auf die Verfahren aus dem strafrechtlichen Bereich nicht zutreffen. Ob die Prämisse von *Skouris* so allerdings zutrifft, ist fraglich. Sicherlich muss die Einheitlichkeit der Rechtsprechung gewahrt werden. Das erfordert aber nicht notwendig die (alleinige) Zuständigkeit eines Universalgerichts. Anders gewendet: Dass die Einheit der Rechtsordnung mit dem Vorlageverfahren sichergestellt werden soll, macht die Entscheidung über diese Verfahren nicht zu einer verfassungsrichterlichen Aufgabe.[284] Ohnehin betreffen Vorlageverfahren nicht an sich wichtigere oder schwierigere Fragen als Nichtigkeitsklagen, bei denen Bedenken hinsichtlich der Übertragung nicht bestehen.[285]

Der *EuGH* andererseits könnte sich auf seine wirklich verfassungsrichterlichen Aufgaben konzentrieren, wenn er von Vorabentscheidungsverfahren entlastet wür-

---

[280] Zusammenfassend bei *Karper*, S. 122 f. Dagegen hält *Skouris*, EuGRZ 2008, 343 (349), es für schwierig, gerade den obersten Gerichten der Mitgliedstaaten zu vermitteln, dass sie Vorlagen an mittlere oder gar untere (wohl) Fachgerichte richten sollen.
[281] Zu den Bedenken: *Skouris*, EuGRZ 2008, 343 (349); vgl. bei *Hess*, in: Zivilgerichtsbarkeit, S. 181 (192 f.). – *Karper*, S. 148, zur deshalb unwahrscheinlichen Verlagerung. Auch der vom *EuGH* vorgelegte Satzungsreformentwurf enthielt keine entsprechende Regelung; siehe dazu auch *Rösler*, S. 364.
[282] Etwa *Trimidas*, CMLRev 2003 (40), 9 (21); *Hess*, in: Zivilgerichtsbarkeit, S. 181 (193).
[283] Vgl. *Skouris*, EuGRZ 2008, 343 (347).
[284] Siehe *Dauses*, D 81 f.
[285] Vgl. *Trimidas*, CMLRev 2003 (40), 9 (20 f.), auch schon *Everling*, DRiZ 1993, 5 (14); ebenso *Everling*, in: Aufsätze 2001–2011, Nr. 15, S. 325 (339 f.).

de. Lediglich Vorlagefragen von *grundsätzlicher Bedeutung* müssten ihm weiterhin „zugewiesen" werden, etwa im Rahmen eines *Überprüfungsverfahrens*,[286] da nur so der *EuGH* weiterhin als „rechtliche Klammer" der EU fungieren kann.[287] Unter dieser Prämisse dürfte auch der *EuGH* akzeptieren können, dass sein Verwerfungsmonopol weiter aufgeweicht wird. Wie solche bedeutenderen Fragen herauszufiltern sind, gilt es noch zu klären (vgl. noch III.).

c) Folgeproblem: Verfahrensdauer bei Überprüfungsverfahren für Vorlagen

Zugleich muss verhindert werden, dass durch den Instanzenzug die Verfahrensdauer zu sehr verlängert wird, somit abschreckend wirkt und die Rechtsschutzeffektivität eher schmälert.[288] Dieses Risiko kann aber schon durch gewisse Beschränkungen der Rechtsmittelbefugnis gemindert werden (siehe noch § 4 D.).

Daher überzeugt auch der Einwand *Skouris* nicht, gegen die Neuverteilung der Zuständigkeit für Vorlagen spreche das *Eilverfahren*, für das die Konzentration bei einem Gericht erforderlich sei.[289] Insoweit wäre vielmehr die Verteilung auf mehrere Gerichte zielführend. Zudem würde ein Großteil der betreffenden Eilverfahren ohnehin an das *EuStG* übertragen, da diese den strafrechtlichen Wirkungsbereich der Union betreffen.

d) Transparenz des Gerichtssystems

Eingewandt wird auch, eine klare Zuständigkeitsverteilung sollte im Sinne der Transparenz der Gerichtsbarkeit erhalten bleiben, deswegen sei die Konzentration der Vorlageverfahren bei einem Gericht erforderlich.[290] Die insoweit bestehenden Probleme könnten allerdings auch durch Verweisungsmechanismen ausgeglichen werden, die nicht zu Lasten des Klägers gehen dürften.

3. Modelle zur Lösung der aufgezeigten Probleme

Fraglich wäre bei einer grundsätzlichen Einigkeit darüber, dass eine Übertragung der Verfahren an das *EuStG* sinnvoll erscheint, in welchem Umfang diese

---

[286] So auch *Everling*, DRiZ 1993, 5 (14).
[287] Zum Ausdruck: *Dauses*, IHK-Gutachten Nr. 124/94, S. 1. Der *EuGH* schließt unter diesem Vorzeichen die Übertragung des Verfahrens (an das *EuG*) nicht aus, Reflexionspapier des *EuGH*, abgedruckt in: EuZW 1999, 750 (755). Kritisch: *Skouris*, EuGRZ 2008, 343 (349).
[288] So auch *Dauses*, D 82, 85; vgl. auch *Riehm*, in: Zivilgerichtsbarkeit, S. 203 (222 f.).
[289] Siehe *Skouris*, EuGRZ 2008, 343 (349); mit demselben Argument lehnt *Dauses*, D 83, eine bereichsspezifische Übertragung von Vorlageverfahren an das *EuG* ab.
[290] So *Skouris*, EuGRZ 2008, 343 (349).

§ 3 Zweckmäßige und erforderliche Aufgabenzuweisungen   557

erfolgen sollte, gerade vor dem Hintergrund, dass bereits festgestellt wurde, dass grundlegende Fragen weiterhin vor den *EuGH* gelangen müssten.

Denkbar wäre, die Vorabentscheidungskompetenz nur für solche Akte zu übertragen, die nicht in einem Gesetzgebungsverfahren erlassen wurden, während es im Übrigen die Frage von Amts wegen an den *EuGH* verweisen könnte. Dieser wäre dann allerdings weiterhin für Spezialgebiete zuständig und der Entlastungseffekt wäre entsprechend geringer. Zudem wurde bereits darauf hingewiesen, dass die Einteilung in Gesetzgebungsakte und solche untergesetzlicher Natur kaum nachvollziehbaren Kriterien gefolgt ist.

Pernice plädiert dafür, nur Auslegungsfragen an die Fachgerichte zu übertragen, während Gültigkeitsvorlagen generell beim *EuGH* verbleiben sollten.[291] Eine solche Aufteilung ist aber mehr als formalistisch. Auslegungsfragen enthalten häufig ein wesentlich erheblicheres Konfliktpotenzial als Gültigkeitsvorlagen.

Everling etwa meint, man solle nur noch Vorlagen von Höchst-, insbesondere Verfassungsgerichten, dem *EuGH* zuweisen. So könnte sichergestellt werden, dass Fragen von „verfassungsrechtlicher" Bedeutung auf den *EuGH* konzentriert werden.[292] Dass aber allein solche Vorlagen große Bedeutung haben, darf bezweifelt werden, da dieselben Rechtsfragen vorher meist den nationalen Instanzenzug durchlaufen und möglicherweise bereits früher vorgelegt wurden, dann aber eben nicht an den *EuGH*.[293] Andererseits können auch Verfassungsgerichte mit „belanglosen" Fällen befasst werden, die Unionsbezug haben. Ob damit erreicht würde, dass alle wesentlichen Fragen an den *EuGH* gelangen, ist angesichts der mit der Vorlagebereitschaft von Höchstgerichten gemachten Erfahrungen zumindest fraglich.[294]

Sack diskutiert daher, ob der *EuGH* selbst im Einzelfall entscheiden können soll, welcher Vorlage er sich annehmen will, um die unbedeutenderen Fälle zu *delegieren*. Dafür könnte ein Vorverfahren eingerichtet werden, in dem beurteilt wird, ob eine Frage von integrativer Bedeutung oder von Relevanz für die Weiterentwicklung des Unionsrechts ist.[295] Durch eine solche Vorprüfung würde

---

[291] Bei Gültigkeitsfragen müsse verwiesen werden können, meint *Pernice,* EuR 2011, 152 (162).
[292] Vgl. *Everling,* FS Steinberger, S. 1103 (1117).
[293] Siehe *Lipp,* NJW 2001, 2657 (2663). Ohnehin sind die nationalen Gerichtssysteme sehr unterschiedlich ausgestaltet, in Großbritannien z. B. existiert kein Verfassungsgericht. Es müsste also wie unter Art. 68 EGV a.F./Art. 35 EU a.F. den Mitgliedstaaten überlassen bleiben, welche Gerichte an den *EuGH* vorlegen können sollen, vgl. *Karper,* S. 123.
[294] Vgl. *Karper,* S. 123.
[295] Siehe *Sack,* EuZW 2001, 77 (78), der auch seine allgemeine Skepsis ggü. einem mehrstufigen Verfahren zum Ausdruck bringt. – Stattdessen könnte auch der Kommission die Aufgabe zuerkannt werden, Grundsatzfragen herauszufiltern und diese an den *EuGH* zu verweisen, vgl. *Sack,* S. 28 f.; s.a. *Thiele,* S. 293. Dies könnte die Kommis-

aber der Entlastungseffekt erheblich geschmält. Der zusätzliche Verfahrensschritt ginge zudem notgedrungen mit einer Verlängerung der Verfahrensdauer einher. Weitgehend dieselben Kritikpunkte gelten für ein *Evokationsrecht* des *EuGH*, also die Möglichkeit Vorabentscheidungsersuchen an sich zu ziehen.[296]

Ein Verweisungsrecht[297] des jeweiligen Fachgerichts scheint wiederum unter folgendem Gesichtspunkt problematisch, der auch für die zuvor bereits dargelegten Vorschläge greift: Sie alle beeinträchtigen die Vorhersehbarkeit der Gerichtszuständigkeit und führen damit zu Verstößen gegen das Recht auf einen gesetzlichen Richter.[298]

Als guter Kompromiss erscheint die Regelung in Art. 256 Abs. 3 AEUV, der ein sehr restriktiv zu handhabendes Kontrollverfahren zum Gerichtshof für dem *EuG* übertragene Vorabentscheidungsverfahren vorsieht. Gemäß Art. 62 der Satzung soll eine Überprüfung einer Entscheidung des *EuG* im Vorabentscheidungsverfahren nur unter sehr beschränkten Umständen möglich sein, nämlich wenn eine ernsthafte Gefahr für die Einheitlichkeit und Kohärenz des Unionsrechts besteht.[299] Das Verwerfungsmonopol des *EuGH* wäre damit zwar teilweise aufgehoben, der Gerichtshof hätte aber dennoch die Letztentscheidungsbefugnis.[300] Der *EuGH* würde zum „Supreme Court" der Europäischen Union.[301]

B. Klagegegenstände

Wie schon in § 2 angedeutet, muss sich die Zuordnung bestimmter Materien zu einem Fachgericht an gewissen Kriterien messen lassen. Insbesondere ist zu

---

sion kaum leisten, vor allem wenn in weiteren Fachbereichen eine Übertragung stattfinden sollte.

[296] Siehe *Dauses,* D 84 f.; *Karper,* S. 125.

[297] Dazu *Karper,* S. 124 (Großteil der Vorlagen wird von Eingangsinstanz entschieden). – Siehe auch Art. 226 AEUV. – Nach *Dauses,* D 84 f., scheiden bindende Verweisungen aus, weil dies den in den Verträgen vorgesehenen Instanzenzug untergraben würde. Zur Prozessökonomie: *Karper,* S. 124.

[298] Siehe auch *Rösler,* S. 377. Die Gefahr sieht auch *Karper,* S. 124.

[299] Der Erste Generalanwalt kann innerhalb eines Monats eine Überprüfung vorschlagen (Art. 256 Abs. 3 AEUV, Art. 62 Abs. 1 Satzung). Die restriktiven Voraussetzungen (ausnahmsweise!) sollen eine Überforderung des *EuGH* verhindern, die knappe Frist stellt jedoch eine erhebliche Belastung für den Ersten Generalsanwalt dar, so *Karper,* S. 39; *Skouris,* EuGRZ 2008, 343 (349); *Grabenwarter,* EuR-Beih. 1/2003, 55 (64 ff.). Skeptisch ggü. der Praktikabilität und Sinnhaftigkeit der Regelung auch: *Rösler,* S. 295. – In Art. 62a–62c Satzung sind Maßnahmen der Beschleunigung des Überprüfungsverfahrens aufgeführt; es hat keine aufschiebende Wirkung. Siehe noch *Hatje,* EuR 2001, 143 (166), *Sack,* EuZW 2001, 77 (78) und *Sack,* S. 19 f., zu Rechtswirkungen des Antrags und des *EuGH*-Urteils für die Parteien des Ausgangsrechtsstreits.

[300] Vgl. *Karper,* S. 38 f.; *Everling,* in: Aufsätze 2001–2011, Nr. 13, S. 277 (292 ff.), spricht von einem Tabubruch. Andererseits *Klinke,* EuR-Beih. 1/2012, 61 (69 f.).

[301] Vgl. *Trimidas,* CMLRev 2003 (40), 9 (21).

fragen, ob eine saubere Trennung der Rechtsakte möglich ist.[302] Dies ist nicht selten problematisch,[303] die Qualifikation einer Rechtssache als strafrechtliche Angelegenheit ist aber durchaus möglich. Bestimmte Härten und Unwägbarkeiten können durch Verweisungsregeln abgemildert werden.

Aber auch zahlenmäßig muss die Errichtung eines Fachgerichts gerechtfertigt werden. Im Jahr 2011 war allerdings nur eine Klage beim *EuG* eingereicht worden, die den Raum der Freiheit, der Sicherheit und des Rechts betraf; drei waren am Ende des Jahres noch anhängig.[304] Zu erwarten ist allerdings, dass die Anzahl der Direktklagen erheblich steigen wird, wenn die Aufhebung der Beschränkungen der Jurisdiktionsgewalt im Rahmen der früheren Dritten Säule und die Ausweitung der Passivlegitimation in Art. 263 Abs. 1 S. 2 Abs. 5 AEUV Wirkung entfalten. Etwa 100 neu anhängig gemachte Klagen betreffen zudem restriktive Maßnahmen im Bereich des auswärtigen Handelns,[305] also die *smart sanctions* (II). Auch die hier vorgeschlagene Anpassung der Klagearten würde zu einem erheblichen Anstieg der Verfahren führen, insbesondere hinsichtlich der Gesetzgebungsakte und der Ermittlungshandlungen europäischer Strafverfolgungsorgane, etwa OLAF.

I. Auf Art. 82–89 AEUV und Art. 325 AEUV beruhende Handlungen

Zum einen sollten alle nach dem vorgeschlagenen Klagesystem angreifbaren *Akte,* die auf Art. 82–89, 325 AEUV beruhen, dem *EuStG* zugewiesen werden, unabhängig davon, wie sie zu qualifizieren sind oder ob sie nur einen Rechtsakt umsetzen, der auf den vorgenannten Bestimmungen beruht.

Diese Kompetenzen weisen ein neuartiges Grundrechtsgefährdungspotenzial auf, wodurch intensivere Grundrechtsfragen aufgeworfen werden als etwa durch die Bananenmarktordnung oder andere Bereiche des Binnenmarktes, über die Unionsgerichte bisher zu urteilen hatten, wie das Beispiel des Europäischen Haftbefehls[306] zeigt.[307] Hier kann das *EuStG* einen wesentlichen Beitrag zur Ausbildung der Grundrechterechtsprechung im Hinblick auf die Art. 47 ff. GRC leisten und zur Schaffung einer europäischen Strafrechtsordnung beitragen, deren Notwendigkeit nun auch den Horizont der Unionspolitik langsam erreicht (oben

---

[302] Kritisch: *British Institute of International and Comparative Law,* S. 50.
[303] Wegen der Sonderregeln im Straf- und Polizeirecht sollten diesen Bereichen zuzurechnende Maßnahmen nicht mit anderen Materien im selben Rechtsakt geregelt werden, so *Zeder,* EuR 2012, 34 (50), auch zur insoweit problematischen Schutzanordnung.
[304] So der Jahresbericht 2011, S. 204, 211.
[305] Vgl. Jahresbericht 2011, S. 204.
[306] Rahmenbeschluss 2002/584/JI vom 13.6.2002 über den Europäischen Haftbefehl und die Übergabeverfahren zwischen den Mitgliedsstaaten, ABl. EU Nr. L 190 v. 18.7.2002.
[307] Vgl. *Mayer,* EuR 2009 Beiheft 1, 87 (99 f.); *Schroeder,* EuZW 2011, 462 (463).

Kapitel 1 § 2 F.).³⁰⁸ Die Leitlinien sind klar und ergeben sich nicht zuletzt aus strafrechtlichen Grundrechten: Es sind dies vor allem der ultima-ratio- und der Verhältnismäßigkeitsgrundsatz sowie das Gesetzlichkeitsprinzip in all seinen Ausprägungen, der Schuldgrundsatz, das Subsidiaritäts- und das Kohärenzprinzip.³⁰⁹ Ob die noch näher zu konkretisierenden und einer autonom zu bestimmenden Wertigkeit unterliegenden Grundsätze tatsächlich eingehalten werden, wird das *EuStG* prüfen müssen. Der Lackmustest könnte im bereits auf den Weg gebrachten Rechtsakt zum Schutz der finanziellen Interessen der Union liegen (KOM (2012) 363).

Der *EuGH* ließ bisher die für strafrechtliche Sachverhalte nötige Sensibilität für die Besonderheiten des strafrechtlichen Grundrechtsschutzes vermissen.³¹⁰ Dies hängt mit der früheren Stoßrichtung der Urteile des *EuGH* zusammen, die bereits im ersten Kapitel herausgestellt wurde. Der Gerichtshof war stets zurückhaltend bei der Steuerung des unionalen Rechtssetzungsprozesses. Die meisten seiner Urteile dienten vielmehr der Ausweitung des Geltungsbereichs des Unionsrechts. Die wegweisenden Urteile des *EuGH,* die zur Konstitutionalisierung der Union führten, ergingen im Übrigen häufig im Rahmen von Klagen, die gegen eine belastende nationale Norm gerichtet waren, die durch günstigeres Unionsrecht verdrängt wurde. Nach Inkrafttreten des Vertrags von Lissabon können belastende Maßnahmen aber auch vermehrt von der Union kommen, die Unionsgerichte müssten also die Reichweite von Europarecht einschränken. Dies erfordert einen Wandel des Selbstverständnisses der Unionsgerichte,³¹¹ bei dem ein neuer Spruchkörper als Vorbild dienen oder zumindest Impulse geben könnte. Der bisherigen integrativen Nutzung des Strafrechts muss das *EuStG* Einhalt gebieten und mit ihr der „Kriminalisierungsdynamik", die zunehmend um sich greift;³¹² so kann eine rechtsstaatliche Kriminalpolitik auf der Richterbank erzwungen werden, wenn schon der Gesetzgeber ihre Notwendigkeit nicht erkennt, denn das Strafrecht verleiht Eingriffsrechte wie kein anderes Rechtsgebiet; es berührt die Freiheit der Menschen in gravierendster Weise und darf keinesfalls als funktionales Steuerungselement missbraucht werden.³¹³

---

³⁰⁸ Kommissionsbeschluss v. 21.2.2012 zur Einsetzung der Expertengruppe für die EU-Strafrechtspolitik, ABl. EU Nr. C 53 v. 23.2.2012. Siehe auch die Arbeit der *European Criminal Policy Initiative* (www.crimpol.eu, zuletzt: 20.10.2013), insb. das Manifest zur Europäischen Kriminalpolitik, abgedruckt in ZIS 2009, 697; ausführlich zu Defiziten und Herausforderungen: Satzger, in: Böse (Hrsg.), § 2 v. a. Rn. 21–91.

³⁰⁹ Siehe *Satzger,* in: Böse (Hrsg.), § 2 Rn. 55 ff.

³¹⁰ Kritisch: *Dannecker,* ZStW 117 (2005), 697 (738 f.), mit Beispielen.

³¹¹ Siehe *Schiwek,* S. 234; *Engel,* ZUM 2000, 975 (986).

³¹² Siehe auch *Schermuly,* S. 87 f., allgemein zum Aufruf der Begrenzung der Nutzung des Strafrechts zum Selbstzweck der funktionalen Integration. Siehe auch *Satzger,* in: Böse (Hrsg.), § 2 Rn. 21–29, zu Vorverlagerungstendenzen und der zunehmenden Pönalisierung.

³¹³ Siehe bei *Hefendehl,* in: Europäisierung des Strafrechts, S. 41 (43 f.).

Zudem muss gegenüber dem *EuGH,* der seine Kontrolldichte unbotmäßig beschränkt und das Ermessen des Unionsgesetzgebers nicht begrenzt,[314] eine Marke gesetzt werden. Erforderlich ist gerade, wenn es um die Sicherung der Grundrechte geht, eine saubere Rechtsprechungsmethodik und eine überzeugende Verhältnismäßigkeitsprüfung,[315] die im Strafrecht in der speziellen Ausprägung des *ultima-ratio*-Grundsatzes besondere Bedeutung erlangt.[316] Durch seine Kontrolle kann das *EuStG* ein Verständnis dafür schaffen, dass es sich beim Strafrecht um eine Materie handelt, in der andere „Funktionslogiken" greifen.[317]

II. Kontrolle der smart sanctions

Außerdem sollten alle Klagen, die smart sanctions betreffen, dem *EuStG* zugewiesen werden. Die Qualifikation als strafrechtliche Angelegenheit ergibt sich nicht zuletzt aus den in Frage stehenden Grundrechten. Auch hier kann die Expertise des *EuStG* durchaus von Nutzen sein, denn es gilt, eine besondere Sensibilität für strafrechtliche Sachverhalte aufzubringen, die den verwaltungszentrierten bestehenden Gerichten beizeiten fern liegt: Höchst problematisch ist die derzeitige Rechtslage im Hinblick auf die *Unschuldsvermutung*. Gegen gelistete Terrorverdächtige wird zumindest vorerst kein Strafverfahren eingeleitet. Dennoch müssen sie, weitgehend ohne ein De-Listing-Verfahren anstrengen zu können, die meist finanziellen Maßnahmen hinnehmen.[318] Die Informationen, auf deren Grundlage über die Aufnahme in die Schwarzen Listen entschieden wird, stammen meist von Geheimdiensten, können mithin nicht überprüft werden.[319] Auch hier könnte das *EuStG* möglicherweise ein Umdenken bewirken oder zumindest klarere Grenzen setzen.

---

[314] Ausführlich *Streinz,* FS Merten, S. 395 (401 ff.), mit Beispielen. Er stellt voran, dass die Zubilligung von Ermessen an sich nicht problematisch und unter Unionsstaaten weit verbreitet ist; nach *von Bogdany,* JZ 2001, 157 (165 ff.), sollte die Kontrolldichte ggü. Unionsrechtsakten nicht erhöht werden, weil der Gesetzgeber andernfalls zur Vertragsänderung gezwungen wäre, um Urteile zu überwinden. Kritisch: *Böcker,* S. 80, 82.

[315] Vgl. etwa *Schroeder,* EuZW 2011, 462, zu *EuGH* Rs. C-280/93 (Deutschland/Rat), 5.10.1994, Slg. 1994, I-4973, Rn. 88 ff. = NJW 1995, 945; *Gebauer,* S. 285 ff.; *Mayer,* EuR-Beih. 1/2009 1, 87 (98): Die Ausführungen erscheinen häufig „blutleer". Meist sei nicht erkennbar, wo Fragen der Angemessenheit geprüft werden. Dagegen *von Bogdany,* JZ 2001, 157 (163 ff.): Anhand des geschriebenen Grundrechtekatalogs seien Schutzbereich und Schranken leichter auszuformen. Art. 52 f. GRC legen keine Kontrolldichte fest.

[316] Siehe auch *Satzger,* in: Böse (Hrsg.), § 2 Rn. 30 ff. Allerdings darf bei aller berechtigter Kritik am Argumentationsstil und der Grundrechtsdogmatik des *EuGH* nicht der Umstand vernachlässigt werden, dass seine Rechtsprechung von verschiedenen Rechtskulturen beeinflusst wird, und deswegen nicht nur „der deutsche Maßstab" angesetzt werden kann, so *Pernice,* DVBl. 2000, 847 (850).

[317] Vgl. *Schermuly,* S. 300 f.

[318] Siehe auch Heselhaus/Nowak/*Szczekella,* § 52 Rn. 22.

[319] *Streinz,* FS Merten, S. 395 (408).

III. Kontrolle der Kartellgeldbußenpraxis – vorerst ...

1. Kartellbußen als Aufgabe des EuStG?

Auch die Klagen betreffend die Kartellgeldbußen sollten dem *EuStG* zugewiesen werden. Dass die Kartellbußgelder in Art. 23 Abs. 5 VO 1/2003 selbst als Maßnahmen von nicht-strafrechtlicher Natur qualifiziert werden, hindert eine solche Zuordnung jedenfalls nicht, da die Geldbußen zumindest als *Strafrecht im weiteren Sinne* qualifiziert werden könnten [siehe noch 3. a)].[320]

Die Übertragung dieser Aufgabe wäre schon deswegen zu empfehlen, weil dies *ressourcenschonender* ist. Beim *EuStG* wären schließlich auch die Ermittlungsrichter angesiedelt, die die Ermittlungsmaßnahmen der Kommission bereits exante zu kontrollieren hätten und somit eine materiell-rechtliche Vorabkontrolle durchführen müssten [oben Kapitel 3 § 5 C. II. 2. b)]. Daher sollte die Sachkunde hinsichtlich kartellrechtlicher Verstöße auf Ebene des *EuStG* konzentriert werden. Allerdings muss nicht notwendig der vorbefasste Ermittlungsrichter auch Teil der Kammer sein, die die verhängte Maßnahme überprüft.[321] Dies wäre angesichts des Gebots der Unparteilichkeit sogar abträglich.

2. Aktuelle Brisanz der Rechtsschutzfrage

Brisanz erlangt die Kontrollfrage vor dem Hintergrund, dass in den letzten Jahren ein erheblicher Anstieg der verhängten Geldbußen zu verzeichnen ist. Inzwischen haben sie die *Milliardengrenze* überschritten, während sich die einschlägigen, ohnehin *rudimentären Sanktionsgrundlagen* kaum geändert haben (heute VO 1/2003, damals VO 17/62).[322]

Zudem scheint die *Motivation der Kommission* bei der Verhängung solcher Bußgelder zunehmend fragwürdig, führt sie doch aus, dass sie die Kartellbußen auf die von den Mitgliedstaaten zu erbringenden Beiträge anrechnen und so dem

---

[320] So auch *EuGH* Rs. 199/92 P (Hüls/KOM), 8.7.1999, Slg. 1999, I-4287, Tz. 62 (Verwaltungssanktion); vgl. auch *Satzger*, § 8 Rn. 6; *Müller-Gugenberger*, in: Müller-Gugenberger/Bieneck (Hrsg.), § 5 Rn. 81 f.; *Prieto*, ZStW 120 (2008), 403 (414, neuartiger Sanktionstypus).

[321] So aber *Engelhoven*, S. 189 f.

[322] So wurde gegen „Intel" 2009 die bisher höchste, gegen ein einziges Unternehmen verhängte Geldbuße i. H. v. 1,06 Mrd. Euro festgesetzt, vgl. Entscheidung der Kommission v. 13.5.2009, COMP/C-3/37.990, ABl. EU Nr. C 227 v. 22.9.2009, S. 13. S. a. *Schwarze*, EuR 2009, 171; *Schwarze*, WuW 2009, 6 f.: Noch bis 2006 war der Gesamtumfang der pro Jahr verhängten Geldbußen i. d. R. niedriger als 1 Mrd. Euro und blieb umgerechnet auf die betroffenen Unternehmen im Mittel unter 20 Millionen Euro. Heute sind auch Milliardenbeträge für einen einzigen Vorgang, also ein Kartell, nicht mehr ausgeschlossen, nicht einmal für ein einzelnes Unternehmen. Zur Entwicklung der Bußgeldpolitik: *Dannecker/Biermann*, in: Immenga/Mestmäcker (Hrsg.), KartellVO 1/2003, Rn. 106 ff. Vgl. auch *Satzger*, § 8 Rn. 2.

europäischen Steuerzahler zu Gute kommen lassen will.³²³ Damit soll nicht in Abrede gestellt werden, dass jede Rechtsordnung effektive und abschreckende Sanktionen für Wettbewerbsverstöße braucht,³²⁴ die durchaus auch eine erhebliche Höhe erreichen können, damit eine solche Wirkung im konkreten Fall angesichts heutiger Umsätze der Großkonzerne – ohne diejenigen aus den Kartellverstößen – noch eintreten kann. Es muss jedoch ein angemessener Ausgleich zwischen der Höhe der Bußgelder und den Beschuldigtenrechten bestehen.³²⁵

3. Kritik an bisheriger Rechtsprechung und Handhabung der Bußgelder

a) Verkennung des strafrechtlichen Charakters

Skeptisch stimmt an der bisherigen Kontrolle durch die Unionsgerichte zudem, dass diese – nicht zuletzt angesichts des bereits erwähnten Art. 23 Abs. 5 VO 1/2003 – keine strafrechtliche Sanktion in den Geldbußen sehen wollen. Die Regelung des Art. 23 Abs. 5 VO 1/2003 ist aber dadurch zu erklären, dass die Union jedenfalls zum Zeitpunkt des Erlasses der Kompetenzgrundlage über keine Strafgewalt verfügte und daher Sanktionen angesichts des Grundsatzes der begrenzten Einzelermächtigung aus kompetenzrechtlichen Erwägungen als dem Verwaltungsverfahren zugehörig erachten *musste*.³²⁶ Tatsächlich kommt es aber – so den *Engel*-Kriterien des *EGMR* ausdrücklich folgend der *EuGH* in seiner „*Bonda*"-Entscheidung – nur im ersten Zugriff darauf an, wie eine Sanktionsregelung in der jeweiligen Rechtsordnung qualifiziert wird. In einem zweiten Schritt ist die tatsächliche Natur der Zuwiderhandlung zu berücksichtigen und in einem dritten Art und Schwere der angedrohten Sanktion.³²⁷ Die Kartellgeldbußen zielen aber gleichermaßen darauf ab, Zuwiderhandlungen zu ahnden wie auch darauf, abzuschrecken,³²⁸ beides herkömmliche Strafzwecke.³²⁹ Auch der *EGMR* hat die strafrechtlichen Grundsätze des Art. 6 und 7 EMRK für das deutsche Ordnungswidrigkeitenverfahren für anwendbar erklärt,³³⁰ das dem System des Kartellverfahrens sehr ähnlich ist.³³¹ Jedenfalls die exzessive Höhe der Geld-

---

³²³ Vgl. Pressemitteilung der Kommission IP/01/1625 v. 21.11.2001 („Kommission verhängt Geldbußen gegen Vitaminkartelle"). *Schwarze*, WuW 2009, 6, unterstellt, der Rekurs auf den Steuerzahler solle den rasanten Anstieg der Geldbußen rechtfertigen.
³²⁴ Siehe schon *Schwarze*, EuZW 2003, 261 (266); *Schwarze*, WuW 2009, 6 (7); *Schwarze*, EuR 2009, 171 (175).
³²⁵ Siehe *Schwarze*, WuW 2009, 6 (7).
³²⁶ Vgl. *Schwarze*, EuZW 2003, 261 (263 f.); *Schwarze*, EuR 2009, 171 (181).
³²⁷ Vgl. *EuGH* Rs. C489/10 (Bonda), 5.6.2012, Tz. 37; bestätigt in *EuGH* Rs. C-617/10 (Åkerberg Fransson), 26.2.2013, Tz. 35.
³²⁸ *EuGH* Rs. 41/69 (ACF Chemiefarma/KOM), 15.7.1970, Slg. 1970, 661, Tz. 172/176.
³²⁹ Siehe *Schwarze*, EuR 2009, 171 (181 f.); *Schwarze*, EuZW 2003, 261 (265).
³³⁰ So LR-EMRK/*Esser*, Art. 6 Rn. 76.
³³¹ *Pascu*, S. 46 ff., zur Vergleichbarkeit.

bußen spricht dafür, diese als *Strafrecht im Sinne der Art. 48 ff. GRC* einzustufen und das Kartellverfahren an diesen Grundsätzen zu messen.[332] In gewissem Umfang erkennen dies auch *EuG* und *EuGH* an; in erster Linie müsse das Kartellverfahren aber dem Anspruch an „administrative Effizienz und Wirksamkeit" genügen. Die Durchschlagskraft des Kartellrechts würde allerdings durch die Förmlichkeit des Strafverfahrensrechts nicht in unangemessener Weise geschmälert.

Das *EuStG* muss durch verstärkte inhaltliche Kontrolle einen rechtsstaatlichen Kompromiss zwischen den strafrechtlichen Grundsätzen und der Durchsetzung des Wettbewerbsrechts herstellen,[333] eine Aufgabe, die das *EuG* zu einseitig zu Gunsten des Wettbewerbsrechts löst.

b) Beeinträchtigungen des Bestimmtheitsgebots

Insoweit ist auf einige Problemfelder hinzuweisen: Fraglich ist schon, ob mit Art. 23 VO 1/2003 dem *Bestimmtheitsgebot* noch genügt ist, denn die Regelung weist eine erhebliche begriffliche Unschärfe auf und lässt der Kommission große Ermessensspielräume bei der Bemessung der Höhe der Geldbußen.[334] Art. 23 Abs. 2, Abs. 4 UAbs. 5 VO 1/2003 bestimmt, dass sie Bußen von maximal 10% des Gesamtumsatzes der Unternehmen verhängen kann, wobei lediglich die Schwere und Dauer des Vergehens als Bemessungskriterien herangezogen werden dürfen (Art. 23 Abs. 3 VO 1/2003). Es existiert also nur eine flexible Obergrenze;[335] selbst nach jahrzehntelanger praktischer Anwendung haben die genannten Normen keine dem Bestimmtheitsgebot genügenden Konturen gewonnen.[336]

Die Kommission hat zwar Handlungsleitlinien aufgestellt,[337] die die Vorgaben auf administrativer Ebene konkretisieren. Art. 49 Abs. 1 GRC fordert allerdings, dass nicht nur die verbotenen Verhaltensweisen selbst in vorhersehbarer Weise *gesetzlich* ausgestaltet sein müssen. Auch die Höhe der zu erwartenden Strafe muss prognostiziert werden können (schon Kapitel 1 § 3 D. II.). Dies kann schon angesichts des Wandels der Bußgeldpraxis auf Grundlage der nicht modifizierten Norm kaum als gegeben erachtet werden.[338]

---

[332] S.a. *Schwarze*, WuW 2009, 6 (8 f.); *Schwarze*, EuR 2009, 171 (182); *Pascu*, S. 46 ff.

[333] *Schwarze*, EuR 2009, 171 (188), formuliert dies als Aufgabe für *EuG* und *EuGH*. Es ist aber mehr als unwahrscheinlich, dass die Gerichte ihren generellen Blickwinkel auf das Kartellrecht im erforderlichen Maße ändern werden und können, vgl. aber Ansätze in *EuGH* Rs. 199/92 P (Hüls/KOM), (Fn. 320).

[334] Näheres dazu bei *Schwarze*, EuR 2009, 171 (174 ff.). Offen ist, ob der Konzernumsatz oder derjenige des Einzelunternehmens gemeint ist und auch ob das Geschäftsjahr vor der Zuwiderhandlung oder der Ahndung maßgeblich sein soll.

[335] So *Schwarze*, EuR 2009, 171 (179).

[336] Vgl. *Schwarze*, EuR 2009, 171 (186 f.).

[337] Abgedruckt in ABl. EU Nr. C 210 v. 1.9.2006, S. 2.

§ 3 Zweckmäßige und erforderliche Aufgabenzuweisungen

Gegen diese Einwände kann gerade nicht vorgebracht werden, dass dem *EuG* eine unbeschränkte Ermessensnachprüfung möglich ist (Art. 261 AEUV i.V.m. Art. 31 VO 1/2003). Die Essentialia müssen vom Gesetzgeber geregelt werden. Er muss die Bemessungsgrundsätze festlegen einschließlich einer Höchstgrenze für Geldbußen.[339] Zudem beschränkt sich das *EuG* trotz der Ermächtigung zur vollumfänglichen Prüfung auf eine kursorische Überprüfung des Wettbewerbsverfahrens und setzt die Geldbußen eher schematisch um einen gewissen Prozentsatz herab. Dürfte diese Selbstbeschränkung auch unter dem Gesichtspunkt der hinreichenden Kontrolldichte für einen effektiven Rechtsschutz noch zu akzeptieren sein, stellt sich die Frage, ob das *EuG* seine Kontrollaufgabe im Hinblick auf die Grundrechte im Übrigen hinreichend ernst nimmt.

Dieses Problem stellt sich nicht nur vor dem Hintergrund der Einordnung der Kartellbußen als „Strafe". Nach der Rechtsprechung des *EuGH* gilt das Bestimmtheitsgebot unabhängig von ihrer rechtlichen Qualifikation auch für die Kartellbußen.[340] Zur Feststellung, dass die Vorgaben des Art. 49 GRC nicht erfüllt sind, hat dies indes nicht geführt.

c) Selbstbelastungsfreiheit und Unschuldsvermutung – Kronzeugenregelung

Als problematisch erweisen sich zudem die Leitlinien über die Ermäßigung der Bußen für *Kronzeugen*.[341] Diese „Kronzeugen" werden durch die Aussicht einer geringeren Bestrafung angesichts der exorbitanten Höhe der Geldbußen *faktisch zur Selbstbelastung gezwungen*. Es droht sogar ein „Wettlauf der Kronzeugen", weil der erste Kronzeuge ein größeres Entgegenkommen der Kommission erwarten kann, was einen erheblichen Anreiz für die Zusammenarbeit bieten dürfte. Zu Lasten der „Mitbeschuldigten" wird gleichsam die *Beweislast umgekehrt*, die mitunter haltlose Beschuldigungen ausräumen müssen, anstatt – wie in einem Ordnungswidrigkeiten- oder Strafverfahren eigentlich üblich – die Beweisfrage dem verfolgenden Organ zu überlassen. Dieses Vorgehen der Kommission stellt eine erhebliche Einschränkung der Verteidigungsrechte dar, die nicht einmal auf eine gesetzliche Grundlage gestützt werden kann.[342]

---

[338] Vgl. *Schwarze*, WuW 2009, 6 (8 f.).

[339] So schon *Schwarze*, EuZW 2003, 261 (268); *Schwarze*, EuR 2009, 171 (185 f.); s. a. *Bosch*, in: Wirtschaftsrecht, S. 100 (101); *Hatje*, in: Wirtschaftsrecht, S. 124 (139).

[340] Etwa *EuGH* Rs. 117/83 (Könnecke/Balm), 25.9.1984, Slg. 1984, 3291, Tz. 11; s. a. Meyer/*Eser*, Art. 49 Rn. 28; *Frenz*, Bd. 4, Rn. 5131 (jeweils zum Rückwirkungsverbot). – Art. 49 GRC wird auch für die rückwirkende Heranziehung verschärfter Bußgeldrichtlinien relevant, vgl. *Schwarze*, EuR 2009, 171 (185).

[341] Dazu: Loewenheim/Meessen/Riesenkampff/*Nowak*, VO 1/2003/EG, Art. 23 Rn. 37 ff. Kritisch wegen der Regelung außerhalb der VO 1/2003 äußert sich *Schwarze*, WuW 2009, 6 (9).

[342] Zu den grundrechtlichen Gefährdungslagen: *Bosch*, in: Wirtschaftsrecht, S. 100 (102 f.); *Schwarze*, EuR 2009, 171 (189, 192 ff.), auch zur Gefahr, dass allein das Ziel verfolgt wird, Konkurrenten auszuschalten; s. a. *Schwarze*, WuW 2009, 6 (10 f.).

Zumindest die *Unschuldsvermutung* wollen die Unionsgerichte aber auch im Kartellverfahren angewendet wissen, obwohl sie dessen strafrechtlichen Charakter nicht anerkennen.[343] Die Kommission sollte also stets zur Untermauerung eines Verdachts durch eine Aussage eines „Kronzeugen" Nachforschungen anstellen. Dies wäre jedenfalls wegen Art. 48 Abs. 2 GRC zu fordern.[344]

Nach der Rechtsprechung des *EuGH* ist aber der Schutzbereich der *Selbstbelastungsfreiheit* für Unternehmen gegenüber demjenigen für natürliche Personen beschränkt: So soll die Kommission bei ihnen Auskünfte anfordern können, sofern dadurch nicht belastende Informationen preisgegeben werden müssen, die Zuwiderhandlungen offenbaren, für deren Nachweis die Kommission selbst die Beweislast trägt. Die Selbstbelastungsfreiheit wird dadurch auf eine reine Geständnisfreiheit reduziert.[345] Vor diesem Hintergrund dürfte die Kronzeugenregelung also zumindest nach der Vorstellung der *EuGH* grundrechtskonform sein.

d) Doppelbestrafungsgrundsatz

Angesichts der häufig parallelen Ermittlungen der Kommission und der nationalen Kartellbehörden gewinnt auch der *Doppelbestrafungsgrundsatz* an Bedeutung. Im Verhältnis von europäischen zu nationalen Kartellverfahren gilt dieser Grundsatz nach der bisherigen Rechtsprechung der Unionsgerichte allerdings nicht, weil die anzuwendenden Regelungen unterschiedliche Ziele hätten; die Union schütze den zwischenstaatlichen Handel, die Mitgliedstaaten den innerstaatlichen.[346] Immerhin hat der *EuGH* aus Billigkeitsgründen anerkannt, dass die zuständigen Behörden und Gerichte im vertikalen Verhältnis zu einer wechselseitigen Anrechnung von Kartellsanktionen verpflichtet seien.[347] Dass ein Rechtsprechungswandel angesichts der neuerdings vertretenen Maßgeblichkeit von Identität des Sachverhalts, des Zuwiderhandelnden und des Rechtsguts für das Eingreifen des Doppelbestrafungsverbots zu erwarten ist (vgl. schon Kapitel 1 § 3 D. IV.), ist unwahrscheinlich,[348] da die Unionsgerichte gerade davon ausgehen, dass unterschiedliche Rechtsgüter geschützt werden, der zwischenstaatliche und der innerstaatliche Handel.

---

[343] Siehe *EuG* Rs. T-474/04 (Pergan Hilfsstoffe für industrielle Prozesse GmbH/KOM), 12.10.2007, Slg. 2007, II-4225, Tz. 46, zu Art. 48 GRC; *Frenz*, Bd. 4, Rn. 5075 m.w.N.; s.a. Meyer/*Eser*, Art. 48 Rn. 11a ff.; Heselhaus/Nowak/*Szczekalla*, § 52 Rn. 4 m.w.N.
[344] Vgl. auch *Bosch*, in: Wirtschaftsrecht, S. 100 (103 f.).
[345] *EuGH* Rs. C-374/87 (Orkem/KOM), 18.10.1989, Slg. 1989, 3283, Tz. 18 ff.; kritisch dazu: *Schwarze*, EuR 2009, 171 (191 f.).
[346] *EuGH* Rs. C-14/68 (Walt Wilhelm u.a./Bundeskartellamt), 13.2.1969, Slg. 1969, 1, Tz. 3.
[347] *EuGH* Rs. C-14/68 (Walt Wilhelm u.a./Bundeskartellamt), (Fn. 346), Tz. 10 f.
[348] So aber *Pascu*, S. 235.

§ 3 Zweckmäßige und erforderliche Aufgabenzuweisungen   567

4. Auf lange Sicht: Verhängung der Geldbuße durch die Kommission

Insgesamt sollten angesichts der Natur der Geldbußen die Art. 47 ff. GRC vollumfänglich zur Anwendung gelangen. Damit verbunden ist zumindest die Forderung nach einer vollständigen Überprüfbarkeit der Höhe und Rechtmäßigkeit der Geldbußen durch unabhängige Gerichte. Die vom *EuG* an den Tag gelegte Zurückhaltung ist vor diesem Hintergrund inakzeptabel.[349] Zudem müsste eine Beschleunigung der Verfahren erreicht werden, da es häufig erst nach Jahren zu einer Überprüfung der von der Kommission verhängten, regelmäßig immensen Geldbußen kommt.[350] Dies schreckt Rechtsschutzsuchende ab.[351] Dies dürfte der Natur der Geldbußen eher gerecht werden. Erforderlich ist zudem eine Stärkung der Beschuldigtenrechte im Kartellverfahren, wenn nicht gar eine grundsätzlichere Reform des Gerichtsverfahrens, orientiert an strafrechtlichen Grundsätzen, zu fordern ist.[352] Stattdessen könnte auch dem *EuStG* die Aburteilung der Kartellrechtswidrigkeit überlassen werden. Der Prüfungsmaßstab ginge also über die bisherige Vertretbarkeitskontrolle der administrativen Entscheidung hinaus. Die Kommission würde nur noch als Anklagebehörde fungieren.[353]

IV. Kontrolle der europäischen Strafverfolgungsorgane

Zuzuweisen wäre dem *EuStG* auch die Kontrolle der Ermittlungsbehörden der Union, insbesondere also von Europol, Eurojust, OLAF und auch der Kommission, jedenfalls soweit es kartellrechtliche Ermittlungen betrifft. Dies betrifft die nachträgliche Kontrolle ebenso wie die präventive Kontrolle durch einen Ermittlungsrichter. Der erforderliche Umfang solcher Kontrollen wurde bereits in Kapitel 3 (§ 5 C. II.) dargelegt, daher erübrigen sich weitere Ausführungen an dieser Stelle.

V. Kontrolle der EMRK/GRC-Konformität der Instrumente der gegenseitigen Anerkennung

Zuzuweisen wäre dem Gericht auch die neu zu schaffende Rechtsbehelf zur Kontrolle der Grundrechtskonformität der Nutzung der Instrumente der gegenseitigen Anerkennung, neben den bereits über andere Rechtsbehelfe zum *EuStG* gelangten Fragen im Zusammenhang mit diesem Prinzip.

---

[349] Dazu auch *Schwarze*, WuW 2009, 6 (10).
[350] Siehe auch *Huff*, EuZW 2000, 97.
[351] *Rösler*, S. 374.
[352] Vgl. auch *Hatje*, in: Wirtschaftsrecht, S. 124 (140).
[353] Vgl. auch *Schwarze*, EuR 2009, 717 (726 f.), der allerdings das *EuG* insoweit für zuständig erklären will, bzw. spezielle Kammern am *EuG*; ebenso *Rösler*, S. 373 f. Siehe aber auch *Hatje*, in: Wirtschaftsrecht, S. 124 (141), zur Möglichkeit der Errichtung von Spruchkörpern nach Art. 257 AEUV.

Der Grundsatz der gegenseitigen Anerkennung kann nur Erfolg haben, wenn sich eine gemeinsame *europäische Rechtskultur* entwickelt. Eine Rechtskultur basiert stets auf den grundlegendsten Prinzipien einer Wertegemeinschaft, die durch die Grundrechte dieser Gesellschaft verkörpert werden. Die Grundrechte wiederum spiegeln sich insbesondere in den Verfahrensrechten der Beteiligten eines Strafverfahrens wieder. Das *EuStG* könnte hier einen wichtigen Beitrag zur Entwicklung eines grundrechtlich abgesicherten Strafverfahrensrechts leisten, gerade vor dem Hintergrund, dass die Gefahr, dass eine bereits bestehende Rechtsprechung, die nicht mit den Maßstäben der EMRK vereinbar ist, verfestigt wird, bei einem neuen Spruchkörper weniger deutlich zu Tage tritt.[354]

§ 4 Gerichtsverfassung für das EuStG

Beim derzeitigen Integrationsstand muss sich jede tiefgreifende Reform der Gerichtsbarkeit an zwei Kernforderungen messen lassen:[355] Zum einen muss sie den *Individualrechtsschutz* befördern. Ein Betroffener muss selbst eine (gerichtliche) Kontrolle bewirken können. Diese muss nach Möglichkeit so gestaltet sein, dass eine beschwerte Person nicht nur Objekt des Verfahrens ist. Zum anderen darf die Entlastung der Gerichtsbarkeit nicht mit der *Einheit und Kohärenz* der Rechtsprechung erkauft werden. Sofern also ein mehrgliedriges Gerichtssystem vorgesehen wird, muss es ein „oberstes Gericht" geben, bei dem alle Fäden zusammenlaufen, und das die Einheit des Unionsrechts gewährleistet.

A. Grenzen der Ausgestaltung nach der derzeitigen Vertragslage

Die Möglichkeiten, ein *Europäisches Strafgericht* zu schaffen, finden aber wesentliche Beschränkungen im Vertragstext, auf die hinzuweisen ist.

I. Keine Strafgewalt

Keinesfalls denkbar ist unter dem derzeitigen Wortlaut der Verträge ein Fachgericht mit echter Strafkompetenz,[356] das also Verstöße gegen Unionsinteressen selbstständig aburteilt (zu Art. 261 AEUV siehe noch IV.).

---

[354] Dies befürchtet *Böse,* ZRP 2001, 402 (404), bei *EuGH* und *EuG.*
[355] Angelehnt an Reflexionspapier des *EuGH,* abgedruckt in: EuZW 1999, 750 (753). *Rösler,* S. 310, sieht in der Kohärenz den primären Anspruch jeder Reform.
[356] Vgl. *Souminen,* MJ 2008, 217 (232, Fn. 108).

II. Art. 257 AEUV – keine Kompetenz zur Schaffung neuer Verfahrensarten

Mit Art. 257 AEUV ist auch keine Erweiterung der Klagearten verbunden. Nur existente Verfahrensarten könnten auf das *EuStG* übertragen werden.[357] Auch Änderungen, welche die Natur eines Verfahrens grundlegend verändern würden, sind ausgeschlossen. Das heißt im vorliegenden Kontext vor allem, dass eine erweiterte Nichtigkeitsklage auch nicht nur für das Strafgericht geschaffen werden kann, wie auch eine Verpflichtungs- oder Fortsetzungsfeststellungsklage. Art. 257 AEUV lässt sich *nicht* als Kompetenzgrundlage für die *Schaffung neuer Verfahrensformen* heranziehen.

III. Übertragbarkeit des Vorabentscheidungsverfahrens

Fraglich ist zudem, ob Vorabentscheidungsverfahren nach der derzeitigen Rechtslage auf Fachgerichte übertragen werden könnten. Die englische Vertragsfassung des Art. 257 Abs. 1 Satz 1 AEUV, die von „*classes of action or proceeding*" spricht, worunter alle Verfahrensarten verstanden werden können, ist insoweit offen.[358] Dagegen sollen etwa nach dem deutschen und französischen Wortlaut nur „Klagen" („recours") erfasst sein.[359]

Die Regelung des Art. 256 Abs. 3 AEUV jedenfalls spricht nach Ansicht von *Riehm* dafür, dass eine Übertragung allein an das *EuG* erfolgen kann, nicht an die Fachgerichte.[360] Dem kann allerdings entgegengehalten werden, dass die Alleinzuständigkeit des *EuGH* für Vorlagen mit Art. 256 Abs. 3 AEUV ohnehin aufgegeben wird.[361] Zudem sind die Fachgerichte dem *EuG* „beigeordnet". Eine Übertragung an das *EuG* könnte somit auch als Übertragung auf die Fachgerichte verstanden werden. Nicht notwendig hiergegen spricht die Regelung des *Instanzenzuges*, auch wenn *Riehm* annimmt, dass es Rechtmittel nur in kontradiktorischen Verfahren gebe und die Regelung daher impliziere, dass nur solche Klagen übertragbar seien.[362] Zwingend ist dies indes nicht, insbesondere die Frage der Rechtsmittelbefugnis lässt sich durchaus lösen (siehe noch D.).

---

[357] Siehe auch schon *Basedow*, RabelsZ 66 (2002), 203 (214).
[358] Dazu *Basedow*, RabelsZ 66 (2002), 203 (204), auch zu weitergehenden Beispielen; s. a. *Riehm*, in: Zivilgerichtsbarkeit, S. 203 (217); *Gärditz*, in: Böse (Hrsg.), § 24 Rn. 53.
[359] Siehe *Remien*, EuR 2005, 699 (714); *Everling*, in: Verfassungsentwurf, S. 363 (376); *Weyembergh/Ricci*, in: l'espace pénal européen, S. 227 (266 f.), für die franz. Fassung. A.A. *Böse*, RW 2012, 172 (187), der auch das Vorlageverfahren unter „recours" fasst.
[360] Vgl. *Riehm*, in: Zivilgerichtsbarkeit, S. 203 (217).
[361] *Basedow*, RabelsZ 66 (2002), 203 (205).
[362] Siehe auch *Riehm*, in: Zivilgerichtsbarkeit, S. 203 (218).

Andererseits zeigen sich die Vertragsstaaten schon sehr zögerlich, wenn es um die Übertragung der Vorlageverfahren an das Gericht geht. Dass die Möglichkeit einer Übertragung an die Fachgerichte ohne weitere Diskussion in die Verträge aufgenommen worden ist, ist vor diesem Hintergrund kaum vorstellbar,[363] so dass die historische Interpretation einer Übertragbarkeit wohl entgegenstünde. Begründet werden kann das gegenteilige Ergebnis aber – wie gezeigt – durchaus.

IV. Rechtsgrundlage für die Einführung eines Europäischen Ermittlungsrichters?

Da präventive Kontrollverfahren dem Unionsrecht derzeit unbekannt sind, stellt sich auch die Frage, ob eine solche Kompetenz aus den Verträgen hergeleitet werden könnte. *Böse*[364] geht davon aus, dass solch eine Kontrolle auf der Grundlage des *Art. 261 AEUV* den Unionsgerichten zugewiesen werden könnte. Danach soll dem Gerichtshof der Europäischen Union die Zuständigkeit übertragen werden können, die Verhängung von Zwangsmaßnahmen, die aufgrund von Verordnungen erlassen werden können, nachzuprüfen, zu verändern oder sogar selbst zu verhängen.

Zwar werde die Regelung vielfach als Annex zur Nichtigkeitsklage verstanden,[365] so dass die präventive Überprüfungsmöglichkeit von einer anhängigen Klage abhängig wäre. Anderseits zeugt die systematische Stellung vor der Nichtigkeitsklage, mit dem Einschub des Art. 262 AEUV, der ebenfalls eine eigenständige Klage bezeichnet, von der Selbstständigkeit der Norm. Auch spreche die *ratio* der Vorschrift, effektiven Rechtsschutz zu gewährleisten, für eine weite Auslegung, die eine Beschränkung auf nachträglichen Rechtsschutz zumindest nicht zwingend erscheinen lässt. Immerhin werde auch vertreten, dass Art. 261 AEUV herangezogen werden könne, um den Unionsgerichten die Kompetenz zur Festsetzung von Bußgeldern als Anordnung einer „Zwangsmaßnahme" zu übertragen.[366]

Sollte sich die Auffassung nicht durchsetzen, so kann immerhin in der Errichtungsverordnung für die *Europäische Staatsanwaltschaft* eine solche ermittlungsrichterliche Kontrolle vorgesehen werden, denn nach Art. 88 Abs. 3 AEUV sollen in der Verordnung auch Regeln der gerichtlichen Kontrolle niedergelegt sein.

---

[363] So auch *Everling,* in: Verfassungsentwurf, S. 363 (376).
[364] Vgl. *Böse,* RW 2012, 172 (184 ff.).
[365] So auch vom *EuGH,* vgl. Schwarze/*Schwarze,* Art. 261 AEUV Rn. 4, mit entsprechenden Nachweisen.
[366] Vor diesem Hintergrund verliere auch der Einwand an Gewicht, einem Fachgericht könne nach Art. 257 Abs. 1 S. 1 AEUV nur die Zuständigkeit für „Klagen" übertragen werden, wobei ohnehin die englische – und nach *Böses* Ansicht – auch die französische Fassung („*actions or proceedings*"/„*recours*") auch das Vorabentscheidungsverfahren erfassen, vgl. *Böse,* RW 2012, 172 (184 ff.).

Davon umfasst ist auch eine präventive Kontrolle der Anklageerhebung bzw. der Anordnung bestimmter grundrechtsintensiver Maßnahmen. Dies ergebe sich nach Ansicht *Böses* nicht zuletzt daraus, dass die Regelung überflüssig wäre, wenn sie sich nur auf die mit der Nichtigkeitsklage bereits zulässigen nachträglichen Kontrolle beziehe, denn nach Art. 263 Abs. 5 AEUV können ohnehin Spezialregelungen zum Rechtsschutz nach Art. 263 AEUV in den jeweiligen Errichtungsverordnungen vorgesehen werden.[367] Art. 86 Abs. 2 S. 2 AEUV widerspricht dem nicht, weil er den nationalen Gerichten nur die Aufgabe als Anklageplattform zuweist, über das Ermittlungsverfahren ist dort nichts ausgesagt.[368] Auch die primärrechtlichen Regelungen zum Rechtsschutzsystem der Union sind im Übrigen nicht abschließend zu verstehen; dies zeigt einerseits Art. 19 Abs. 1 UAbs. 2 EUV, aber auch die Errichtung der Gemeinsamen Kontrollinstanzen bei Europol und Eurojust, wenngleich diese Einrichtungen keine „Gerichte" im eigentlichen Sinne sind.[369] Zudem hat der *EuGH* selbst die Möglichkeit der Rechtsfortbildung in der Vergangenheit wiederholt für sich in Anspruch genommen.[370] Die Annahme, dass die primärrechtliche Ausgestaltung des Gerichtssystems abschließend zu verstehen wäre, würde sich also zumindest über die Rechtswirklichkeit hinwegsetzen.[371]

Folgte man dieser zweiten Interpretationsmöglichkeit, wäre eine Kontrolle der Tätigkeit von Europol und Eurojust ausgeschlossen, denn deren primärrechtliche Rechtsgrundlagen enthalten keine ausdrückliche Ermächtigung zur Regelung des „gerichtlichen Rechtsschutzes".[372] Aus Gründen der Rechtsschutzeffektivität sollte daher die Gelegenheit wahrgenommen werden, die Kontrolle von Ermittlungsmaßnahmen der europäischen Strafverfolgungsbehörden dem *EuStG* nach Art. 261 AEUV zu übertragen.

V. Fazit: Erforderlichkeit einer erneuten Vertragsänderung – zumindest zur Klarstellung

Die Regelung des Art. 257 AEUV ermöglicht eine (stärkere) Ausdifferenzierung der Gerichtsbarkeit der Union.[373] Bisher besteht ein Fachgericht zwar nur in der Form des *Gerichts für den öffentlichen Dienst (GöD)*. Mit der Errichtung hat die Europäische Union aber gezeigt, dass sie bereit ist, ihren bisherigen Weg,

---

[367] Vgl. *Böse,* RW 2012, 172 (189).
[368] Siehe *Böse,* RW 2012, 172 (190 f.).
[369] Anders wohl *Böse,* RW 2012, 172 (194).
[370] Vgl. *Böse,* RW 2012, 172 (195).
[371] Vgl. *Böse,* RW 2012, 172 (191 ff.).
[372] Davon geht wohl auch *Böse,* RW 2012, 172 (195), aus.
[373] Vgl. auch Calliess/Ruffert/*Wegener,* Art. 257 AEUV Rn. 1, zu dieser Einschätzung.

allzuständige und „generalistisch" ausgerichtete Gerichte über alle Rechtssachen entscheiden zu lassen, zu verlassen.[374]

Dabei legen die Verträge weder mögliche Zuständigkeitsbereiche noch die potentielle Organisation vorab fest, sondern überlassen dies dem Errichtungsrechtsakt. Die Flexibilität, die dem zugrunde liegt, soll es ermöglichen, der steigenden Belastung der Gerichtsbarkeit Herr zu werden.[375] Ob die Regelungen den Anforderungen, die an die Kontrolle des unionalen Strafrechts zu stellen sind, gerecht werden, ist nach dem oben Gesagten aber fraglich. Insbesondere dass das Vorlageverfahren (wohl) nicht an das Fachgericht übertragen werden kann, ist problematisch, wie auch die unklare Rechtsgrundlage für die Einrichtung eines Ermittlungsrichters.

B. Modelle für ein Strafgericht auf europäischer Ebene?

Mit der Errichtung des *EuG* (I.) wurden die Rechtsprechungsaufgaben zum ersten Mal auf mehrere Schultern verteilt. Die Möglichkeit neben den beiden Gerichten, Fachgerichte einzurichten, besteht bereits seit dem Vertrag von Nizza und wurde mit dem *GöD* (II.) erstmals genutzt. Es fragt sich welche Merkmale dieser existenten „Fachgerichte" für das *EuStG* nutzbar gemacht werden können.

I. Modelltauglichkeit des EuG als erste Instanz für gewisse Streitigkeiten?

Wenn auch eine horizontale Gliederung der Union weitgehend unterblieben ist, so erfolgte im Lauf der Jahre doch eine vertikale Aufspaltung der Gerichtsbarkeit; mit der Gründung des *EuG* 1988 hatte sich auf Unionsebene ein zweistufiges Rechtsschutzsystem entwickelt.[376] Ursprünglich war der Zweck des Ausbaus der Gerichtsbarkeit die Entlastung des *EuGH* von bestimmten Klagen:[377] Schon früh hatte der *EuGH* internationale Beachtung gefunden. Dies führte zu einem enormen Anstieg der Klagen in den 1970er Jahren. Neben dem Bekanntwerden der Rechtsschutzmöglichkeiten waren dafür auch die zunehmende Ausweitung des Unionsrechts und die damit einhergehende ständige Erweiterung des sachlichen Entscheidungsbereichs von Bedeutung. Bereits Mitte der 1980er Jahre

---

[374] Calliess/Ruffert/*Wegener*, Art. 257 AEUV Rn. 1.
[375] Vgl. Grabitz/Hilf/Nettesheim/*Karpenstein/Eggers*, Art. 257 AEUV Rn. 10; siehe auch Calliess/Ruffert/*Wegener*, Art. 257 AEUV Rn. 1.
[376] Vgl. auch *Lenaerts*, in: Liber Amicorum Lord Slynn of Hadley, S. 97.
[377] Auch die *EuGH*-Rechtsprechung wurde durch die Existenz des *EuG* beeinflusst. Der *EuGH* wurde in seiner Funktion als Rechtsmittelgericht gezwungen, sich mit den *EuG*-Urteilen auseinanderzusetzen und ausführlicher zu argumentieren, während er sich sonst auf generalisierende Grundsätze zurückziehen kann, *Lenaerts*, in: Liber Amicorum Lord Slynn of Hadley, S. 97 f.

drohte der *EuGH* zu kollabieren, nicht zuletzt wegen des Beitritts neuer Mitgliedstaaten zum Gerichtssystem, das eigentlich für eine Handvoll Staaten konstruiert war.

Zunächst war das *EuG* als ein erstes Fachgericht der Union konzipiert, zuständig für die weniger bedeutsamen Klagearten.[378] Ihm waren hauptsächlich die dienst- und wettbewerbsrechtliche Klagen zugewiesen.[379] Erst nach und nach wurde dem Gericht die Verantwortung für die Gewährung von Individualrechtsschutz übertragen. Es erhielt insbesondere die Zuständigkeit, über Nichtigkeitsklagen natürlicher und juristischer Personen zu entscheiden. Inzwischen ist das Gericht zum Verwaltungsgericht der Union geworden, wenn auch Klagen mit Bezug zu anderen Rechtsgebieten – insbesondere dem Zivilrecht – an der Tagesordnung sind.[380]

Beim *EuG* entscheiden heute Kammern mit drei oder fünf Richtern oder Einzelrichter. Schon früh begann das Gericht, die Kammern zu „spezialisieren".[381] Dennoch ist das *EuG* im Wesentlichen Universalgericht, wie auch der *EuGH*. Generalanwälte stehen dem *EuG* nicht zu Seite, sie könnten aber aus den Reihen der Richter ernannt werden.

II. Vorreiterrolle des GöD?

Es liegt nahe, gerade das erste Fachgericht, das aufgrund der Vorgängernorm des Art. 257 AEUV, Art. 225a EG-Nizza, gegründet wurde,[382] das *GöD*, auf seine Modelltauglichkeit hin zu überprüfen. Seine Arbeit hat es unmittelbar nach der Veröffentlichung der Feststellung der Konstituierung durch den Präsidenten des *EuGH* am 12.12.2005[383] aufgenommen.[384] Die Bestimmungen über seine

---

[378] Vgl. *Dauses*, D 59 f., zur Schaffung des *EuG*; s.a. *Schwarze*, EuR 2009, 717 f. *Kraemer*, CMLRev 2009 (46), 1873 (1876), zur anfänglichen Beschränkung auf dienstrechtliche Streitigkeiten. Siehe auch *Rösler*, S. 285 ff.; *Everling*, in: Aufsätze 2001–2011, Nr. 15, S. 325 (336 f.).

[379] *British Institute of International and Comparative Law*, S. 106 f., zum *EuG* als Fachgericht.

[380] Siehe *Rösler*, S. 287; *Bellamy*, in: Liber Amicorum Lord Slynn of Hadley, S. 81 (86 ff.).

[381] Vgl. *Pirrung*, S. 8 f.; *Bellamy*, in: Liber Amicorum Lord Slynn of Hadley, S. 81 (84).

[382] Zu alternativen Gestaltungsmodellen: etwa *Kraemer*, CMLRev 2009 (46), 1873 (1877 f.), insb. zu damaligen Vorstößen, eine dritte Instanz fakultativ auch für alle Direktklagen anderer Rechtsgebiete vorzusehen. – Bereits 1999 hatte der *EuGH* die Errichtung angeregt, vgl. zu dem rudimentären Vorschlag: Reflexionspapier des *EuGH*, abgedruckt in: EuZW 1999, 750 (753). Zur Entstehungsgeschichte siehe: *Hakenberg*, EuZW 2006, 391 f.; s.a. *Millett*, in: Liber Amicorum Lord Slynn of Hadley, S. 221 (225 ff.).

[383] Feststellung des Präsidenten des Gerichtshofes, dass das Gericht für den öffentlichen Dienst der Europäischen Union ordnungsgemäß konstituiert ist, vgl. ABl. EU Nr. L 325 v. 12.12.2005, S. 1.

Zuständigkeit, die Zusammensetzung, den Aufbau und die statthaften Verfahrensarten finden sich in einem Anhang zur Satzung des Gerichtshofs der Europäischen Union (im Folgenden GöD-VerfO).[385] Im Folgenden soll nur auf wesentliche, die Gerichtsorganisation betreffe Aspekte eingegangen werden, insbesondere soweit dabei Unterschiede zur Gerichtsverfassung und Arbeitsweise des *EuGH* und *EuG* auftreten.

1. Richter am GöD: Anzahl, Ernennung, Amtszeit

Das *GöD* ist im Vergleich zu den anderen Unionsgerichten schon insoweit bemerkenswert, als lediglich *7 Richter* dort angesiedelt sind; es sind also nicht alle Mitgliedstaaten vertreten.[386] Der Rat hat bei der Ernennung der Richter zwar auf eine ausgewogene Zusammensetzung zu achten; Leitlinie soll dabei eine möglichst breite geographische Streuung und eine repräsentative Berücksichtigung der verschiedenen Rechtsordnungen sein (Art. 3 GöD-VerfO). Motiv dieser Regelung ist aber nicht die Herstellung „formeller Gleichheit", sondern dass Entscheidungen auf einem gemeinsamen „europäischen Rechtsdenken" fußen sollen, in dem sich dessen verschiedene Wurzeln widerspiegeln.[387] Naturgemäß steht das Erfordernis geographischer Ausgewogenheit in einem Spannungsverhältnis zum Erfordernis der persönlichen *Eignung*, der bei einem Fachgericht im Rahmen der Auswahl der Vorrang zukommen muss.[388] Es ist daher auch nicht festgeschrieben, dass Neu-Richter eine andere Staatsangehörigkeit aufweisen müssen als ihre Vorgänger.[389]

---

[384] Vgl. Grabitz/Hilf/Nettesheim/*Karpenstein/Eggers*, Art. 257 AEUV Rn. 6. – Näheres zur Errichtung und Arbeitsaufnahme bei *Kraemer*, CMLRev 2009 (46), 1873 (1879 ff.).

[385] Vgl. Grabitz/Hilf/Nettesheim/*Karpenstein/Eggers*, Art. 257 AEUV Rn. 6.

[386] *Hakenberg*, EuZW 2006, 391 f., auch zu weiteren Kriterien der Unabhängigkeit von den Mitgliedstaaten. – Hieraus erklärt sich auch, warum das Reglement zur Ernennung der Richter geändert wurde. Schon während der Diskussion um die Errichtung des *GöD* wurde deutlich, dass es nicht mit einer der Anzahl der Vertragsstaaten übereinstimmenden Richterzahl versehen werden sollte. Daher wurde bei der Regelung des Art. 225a EG a. F. auch ein von der Ernennung der Richter beim *EuG* und *EuGH* abweichender Ernennungsmodus gewählt; zum Motiv der Schaffung des Art. 225a EG, die Gerichtsbarkeit im Rahmen dienstrechtlicher Streitigkeiten neu zu strukturieren: *Kraemer*, CMLRev 2009 (46), 1873 (1878 f.). Ohne diesen Zusammenhang ausdrücklich anzusprechen *Kucsko-Stadlmayer*, FS Schäffer, S. 393 (401, s. aber S. 407). Zu Gemeinsamkeiten mit *EuGH* und *EuG*, vgl. *Hakenberg*, EuZW 2006, 391 ff.

[387] Vgl. *Kucsko-Stadlmayer*, FS Schäffer, S. 393 (401). Vorausschauend *British Institute of International and Comparative Law*, S. 123 ff.

[388] Siehe *Kucsko-Stadlmayer*, FS Schäffer, S. 393 (402).

[389] Dazu *Kucsko-Stadlmayer*, FS Schäffer, S. 393 (402). Zu Alternativen, etwa der Rotation des Vorschlagsrechts, das aber den Versuch der Priorisierung der fachlichen Kompetenz i. R. d. Auswahlkriterien sabotiert hätte, *Cameron*, LPICT 2006, 273 (278 ff.).

§ 4 Gerichtsverfassung für das EuStG   575

Anders als beim *EuG* und *EuGH* werden die Kandidaten nicht von den Vertragsstaaten vorgeschlagen, sondern können sich selbst bewerben (Art. 3 Abs. 2 GöD-VerfO). Für die Auswahl der Richter des *GöD* wird gemäß Art. 3 GöD-VerfO ein unabhängiger gerichtsähnlich ausgestalteter Auswahlausschuss eingerichtet, der Stellungnahmen über die Eignung der Kandidaten abgeben soll.[390] Die *Amtszeit* der Richter beträgt ebenfalls 6 Jahre; die Wiederwahl ist zulässig.[391] Dies entspricht der Regelung bei *EuG* und *EuGH*.

2. Willensbildung beim GöD

Beim *GöD* ist die Entscheidungsfindung grundsätzlich Kammern mit drei Richtern zugewiesen.[392] Es ist aber auch eine Plenumsentscheidung möglich sowie eine Entscheidung durch den Einzelrichter (Art. 4, 5 GöD-VerfO), wobei letzteres äußerst kontrovers diskutiert wird.[393] Die Befassung eines Einzelrichters ist nach Art. 14 GöD-VerfO nur möglich, wenn die Parteien dem zustimmen; Einzelrichterentscheidungen sind daher derzeit eine Ausnahme.[394]

Eine Besonderheit gegenüber *EuG* und *EuGH* besteht auch bei der Zuweisung der Beschwerden, denn innerhalb des *GöD* sind die Kammern tatsächlich spezialisiert. So bekommt eine der beiden Dreier-Kammern alle Fälle zugewiesen, bei denen es um die Einstellung, Beurteilung und Fortbildung der Arbeitnehmer geht, sowie um die endgültige Beendigung des Arbeitsverhältnisses. Die andere Dreier-Kammer ist für alle übrigen Klagen zuständig. In regelmäßigen Abständen werden zudem Klagen, unabhängig von ihrem Gegenstand, der Fünferkammer zugewiesen. Weil dieser Mitglieder beider Dreier-Kammern angehören, wird so ein Gedankenaustausch ermöglicht und den Richtern auch ein Überblick über die Fälle der jeweils anderen Kammer vermittelt.[395]

---

[390] Zum Ausschuss: *Cameron,* LPICT 2006, 273 (277 ff.); *Kucsko-Stadlmayer,* FS Schäffer, S. 393 (401 f.); *Kraemer,* CMLRev 2009 (46), 1873 (1885 f.). – Bei Errichtung des *GöD* sollte der Ausschuss zunächst eine Liste mit 14 Kandidaten erstellen, die er für geeignet erachtete. Der Rat sollte schließlich sieben Richter ernennen. Dies geschah durch Beschluss, vgl. Ratsbeschluss 2005/577 v. 22.7.2005. Um die Funktionsfähigkeit des *GöD* zu sichern, wurden drei der sieben Richter nur für eine halbe Amtszeit ernannt (Art. 2 GöD-VerfO), so dass nie alle Richterstellen gleichzeitig neu besetzt werden mussten, damit die neuen Richter auf die Expertise der „älteren" zurückgreifen können.

[391] Die Amtszeit der ersten, ab dem 1.10.2005 tätigen, Richter endete am 30.9.2011.

[392] Mit Ausnahme des Präsidenten sind alle Richter Mitglieder der zwei Dreier-Kammern, der Präsident formt mit vier anderen Richtern die Fünfer-Kammer; die Vorsitzenden der Dreier-Kammern sind von der Teilnahme an der 5-Kammer ausgeschlossen.

[393] Vgl. *Kraemer,* CMLRev 2009 (46), 1873 (1887 f.).

[394] 2011 kam es zu keiner Einzelrichterentscheidung, *EuGH*-Jahresbericht 2011, S. 254.

[395] Zum Ganzen *Kraemer,* CMLRev 2009 (46), 1873 (1888). Ausnahmen von der grundsätzlichen Zuweisung sind möglich, wenn zwischen mehreren Klagen eine Verbindung besteht oder um eine ungleiche Arbeitslastverteilung aufzuzeigen.

3. *Verfahren vor dem GöD*[396]

Das *GöD* kann nur über Klagen von natürlichen oder juristischen Personen entscheiden, auf die die beamtenrechtlichen Regelungen der Union anwendbar sind, das heißt auf Beklagtenseite muss ein Organ der Union oder eine andere aufgrund der Verträge gegründete Organisation stehen. Auf Klägerseite muss eine natürliche Person stehen, die zu einer der genannten Organisationen in einem Angestelltenverhältnis steht.[397] Gegenstand der Klage muss eine Streitigkeit über Rechte oder Pflichten aus diesem Arbeitsverhältnis sein.[398] Die Verfahrenssprache wird durch den Kläger aus den Amtssprachen der Mitgliedstaaten gewählt (Art. 7 Abs. 2 GöD-VerfO i.V.m. Art. 35 Abs. 1, 2 EuG-VerfO).

In den Art. 8 ff. GöD-VerfO werden einige Regeln zur Abgrenzung der Zuständigkeiten zum *EuG* getroffen sowie zur Zulässigkeit von Rechtsmitteln (siehe sogleich unter 4.). Eine Verweisung an andere Unionsgerichte bzw. von anderen Unionsgerichten an das *GöD* ermöglicht Art. 8 Abs. 2 GöD-VerfO.[399]

Die Verfahrensregeln sind auf die speziellen Bedürfnisse der vor dem *GöD* zu behandelnden Rechtssachen abgestimmt. Die Regeln sind geprägt vom Leitmotiv der wirtschaftlichen Arbeitsweise und Billigkeit. Dabei wird mit einer flexiblen Handhabung der Fälle und richterlichen Beurteilungsspielräumen gearbeitet.[400] Insbesondere ist das Schriftverfahren meist auf *einen* Austausch von Schriftsätzen beschränkt (Art. 7 Abs. 3 S. 1 GöD-VerfO).[401] Zudem wurden die Fristen für Einreden in Bezug auf die Zulässigkeit für den Beklagten auf nur einen Monat herabgesetzt, während es im Übrigen bei der Frist von zwei Monaten bleibt.[402] Auch der Verzicht auf eine mündliche Verhandlung ist unter bestimmten Voraussetzungen möglich, namentlich wenn die Parteien zustimmen und es eine zweite

---

[396] Weitergehend zu Verfahrensregelungen: *Currall*, ERA Forum 2012, 653; s. a. *Kraemer*, CMLRev 2009 (46), 1873 (1892 ff.); *Kucsko-Stadlmayer*, FS Schäffer, S. 393 (402 f.).

[397] Ausführlicher bei *Kraemer*, CMLRev 2009 (46), 1873 (1889 f.).

[398] Siehe *Kraemer*, CMLRev 2009 (46), 1873 (1890).

[399] Eine solche Verweisungsmöglichkeit war erforderlich, da mit dem *GöD* drei erstinstanzlich tätige Gerichte existieren, vgl. *Kraemer*, CMLRev 2009 (46), 1873 (1891).

[400] Dies erklärt sich aber weniger daraus, dass diese Grundsätze das Verfahren vor dem *GöD* prägen sollten, sondern ist vielmehr ein Nebengewinn des Versuchs, das *EuG* zu entlasten, vgl. *Kraemer*, CMLRev 2009 (46), 1873 (1891 f.).

[401] *Currall*, ERA Forum 2012, 653 (656), räumt zwar ein, dass die Verfahren vor dem *GöD* schneller erledigt werden als vor dem *EuG*; dies liege aber an der geringeren Zahl von Verfahren pro Richter und der Tatsache, dass drei Viertel der Verfahren auf Französisch geführt werden können und so der Übersetzungsaufwand geringer sei. Das Verfahren selbst sei eher komplexer, weil häufiger Fragen offen bleiben, was auch die „Rechtsmittelanfälligkeit" erhöht und damit die Verfahrensdauer um bis zu zwei Jahre verlängert.

[402] *Currall*, ERA Forum 2012, 653 (655), hält diese Regelung für ungerechtfertigt, weil nicht nachgewiesen sei, dass kürzere Fristen das Verfahren beschleunigen könnten.

Schriftsatzrunde gegeben hat (Art. 7 Abs. 3 S. 2 GöD-VerfO). Damit ist zweifellos eine Zeit- und auch Kostenersparnis verbunden.[403] Hervorzuheben ist außerdem die Möglichkeit, ein Verfahren mittels einer gütlichen Einigung zu beenden (Art. 7 Abs. 4 GöD-VerfO).[404]

Die Beweislast liegt grundsätzlich beim Kläger, der die Feststellung der Nichtigkeit einer bestimmten Anordnung begehrt. Da sich aber häufig Beweise erst aus Unterlagen der EU-Institution ergeben, die beklagt wird, muss es dem Kläger möglich sein, deren Offenlegung zu verlangen. Zwar ist die Rechtsgrundlage nicht unumstritten. Es wird aber für zulässig gehalten, dass das Gericht die Offenlegung betreffender Dokumente anordnet, wenn sich nach dem klägerischen Vorbringen die Annahme, dass der Klagegrund dort bestätigt wird, als nicht völlig unwahrscheinlich erweist.[405]

Im Übrigen ist die Reichweite der Prüfbefugnis des *GöD* umstritten, insbesondere ob es von Amts wegen bestimmte Probleme aufwerfen kann, etwa bestimmte Nichtigkeitsgründe, die der Kläger nicht erkannt hat. Eine solche Befugnis hat das *GöD* in der Vergangenheit jedenfalls wiederholt für sich in Anspruch genommen.[406]

4. Urteile des GöD und Rechtsmittel

Innerhalb von zwei Monaten nach der Bekanntgabe des Urteils kann dagegen Rechtsmittel beim *EuG* eingelegt werden (Art. 9 GöD-VerfO),[407] bei dem dafür eine spezielle Kammer eingerichtet wurde.[408] Das Rechtsmittel (schon § 2 B. III.) hat keinen Suspensiveffekt und ist auf Rechtsfragen beschränkt.[409]

---

[403] Siehe für das *GöD*: *Currall,* ERA Forum 2012, 653 (657), dem zufolge das *GöD* die Parteien ermahnen solle, dass es die Kosten für die mündliche Verhandlung der den Verzicht auf die mündliche Verhandlung verweigernden Partei auferlegen könnte; ausführlich zur Kostenregelung S. 665 ff.

[404] Zur gütlichen Einigung: *Kraemer,* CMLRev 2009 (46), 1873 (1896 ff.); *Currall,* ERA Forum 2012, 653 (657 ff.), auch zur Objektivität des Richters, der nach der gescheiterten Einigung Mitglied des Spruchkörpers bleibt. Nach Art. 70 GöD-VerfO dürfen Details aus den Einigungsverhandlungen nach deren Scheitern im streitigen Verfahren nicht gegen die andere Partei verwendet werden.

[405] So die EuG-VerfO, vgl. *Currall,* ERA Forum 2012, 653 (659 f.).

[406] Dazu *Currall,* ERA Forum 2012, 653 (662 ff.), unter Auswertung der Rechtsprechung des *GöD*. Er selbst hält eine solche Befugnis für ungerechtfertigt, wenn – wie vor allen Unionsgerichten – anwaltliche Vertretung vorgeschrieben ist (Art. 19 Abs. 3 Satzung).

[407] Siehe *Neframi,* R.A.E. 2009–2010, 419 (420 ff.), zur Handhabung der Frist und der weiteren Zulässigkeitsvoraussetzungen durch das *EuG*. 2008 wurde Rechtsmittel gegen etwa 35 % aller Urteile des *GöD* eingelegt, in denen ein solches statthaft war, vgl. *Kraemer,* CMLRev 2009 (46), 1873 (1903 f.), mit weiteren Zahlen auch zu Erfolgsquoten der Rechtsmittel. Siehe auch *Neframi,* R.A.E. 2009–2010, 419 (428 f.).

[408] Vgl. *Kraemer,* CMLRev 2009 (46), 1873 (1902 f.). Ausführlich zur Tätigkeit des *EuG* als Rechtsmittelgericht: *Neframi,* R.A.E. 2009–2010, 419.

[409] Zur Praxis des *EuG*: *Neframi,* R.A.E. 2009–2010, 419 (422 ff.).

Steht aufgrund der Entscheidung des *EuG* die Einheit oder Kohärenz des Unionsrechts in Frage, so ist eine Überprüfung des Rechtsmittelurteils durch den *EuGH* möglich. Der Erste Generalanwalt greift die entsprechenden Fälle heraus. Dafür hat er einen Monat Zeit. Der *EuGH* kann dann innerhalb eines Monats entscheiden, ob er die Entscheidung kontrollieren will (Art. 62 Abs. 2 Satzung). Weder die Anfrage des Generalanwalts noch die Annahme durch den *EuGH* haben Suspensiveffekt (Art. 62b S. 1 Satzung). Der *EuGH* kann das Urteil des *EuG* aufheben und die Sache an das Gericht zurückverweisen, wobei das *EuG* an die Feststellungen des *EuGH* gebunden wäre, oder trifft selbst eine Entscheidung (Art. 62b S. 2 Satzung).[410] *Kraemer* schlägt vor, nur die Kontrolle solcher Urteile des *EuG* zuzulassen, bei denen eine fehlerhafte Auslegung im Hinblick auf einen Rechtsakt im Raum steht, der nicht allein Konsequenzen für das Dienstrecht hat, sondern darüber hinaus Wirkungen entfalten kann. Damit sei hinreichend sichergestellt, dass widersprüchliche Urteile des *EuGH* und des *EuG* in verschiedenen Rechtssachen, also des *EuG* in einem Rechtsmittelverfahren gegen eine Entscheidung des *GöD* und des *EuGH* in einem Vorabentscheidungsverfahren, nicht ergehen. Ohnehin hält er das Problem von Überschneidungen für ein eher theoretisches Problem, weil Vorlagen in Bezug auf die dienstrechtlichen Regelungen der EU bisher die Ausnahme darstellten.[411]

5. Übertragbarkeit auf das EuStG

Das *GöD* ist ein kleines, aber richtungsweisendes Spezialgericht.[412] Mit der Errichtung des *GöD* wurde eine Gerichtsbarkeit bestehend aus drei Instanzen geschaffen. Es steht für Spezialisierung. Was aber hier gefordert wird, ein Strafgericht auf dem Gebiet der Union, verlangt den Vertragsstaaten eine weitaus größere Aufgabe von Souveränitätsrechten ab, als es die Errichtung des nur für dienstrechtliche Streitigkeiten zuständigen *GöD* tat: Von den Klagen sind unmittelbar nur Unionsinteressen betroffen. Zudem ist der Einfluss, der vom *GöD* auf das Unionsrecht ausgehen kann, geringer, zumal es nicht über Vorlagen entscheiden kann.[413] Das Dienstrecht war wegen dieser Merkmale für den Modellversuch „Fachgericht" geradezu prädestiniert. Schon deswegen kommt dem *GöD* eine wichtige Rolle bei der Neugestaltung der Unionsgerichtsbarkeit zu.

Aber auch die durch die Spezialisierung erworbene Qualität der Rechtsprechung des *GöD,* sowie die Effizienz bei der Erledigung der Verfahren sollten bei

---

[410] Zur Rechtsprechung des *EuGH* insoweit: *Neframi,* R.A.E. 2009–2010, 419 (430 f.).
[411] Vgl. *Kraemer,* CMLRev 2009 (46), 1873 (1904 ff.).
[412] So *Hakenberg,* EuZW 2006, 391 (393), auch zu weiteren möglichen Rechtsbereichen.
[413] Vgl. *Kraemer,* CMLRev 2009 (46), 1873 (1875); *Cameron,* LPICT 2006, 273 (274), deutet dies an.

der Frage, ob das *GöD* Modellcharakter haben kann, relevant sein.[414] Bei seiner Errichtung wich man in verschiedenen Punkten bewusst von einigen charakteristischen Merkmalen der bis dahin bestehenden Gerichte ab. Dabei wurde zum einen ein „Konzept der Entpolitisierung" verfolgt,[415] das sich insbesondere darin zeigt, dass ein unabhängiges Gremium die zu ernennenden Richter vorschlägt, wenn auch mit dem Rat letztlich immer noch ein politisches Gremium darüber entscheidet, welche Richter berufen werden. Auf ein Vorschlagsrecht der Vertragsstaaten wurde verzichtet; jede Person, die sich für geeignet hält, kann eine Bewerbung einreichen. Damit wird zum einen sichergestellt, dass die fachliche Qualität der Richter das entscheidende Kriterium für die Auswahl der Richter darstellt, und zum anderen ihre Unabhängigkeit abgesichert, weil sie nicht vorgeschlagen werden müssen.[416] Angemessen erschien ein auf Nominierung durch die Vertragsstaaten basierendes Auswahlverfahren jedenfalls für den Bereich der rein internen Streitigkeiten des *GöD* nicht.[417] Ob die Mitgliedstaaten ein Bewerbungsverfahren im sensibleren Bereich des Strafrechts akzeptieren würden, ist allerdings fraglich.[418]

C. Ausstattung des Gerichtshofs

Das Anforderungsprofil des *EuStG* unterscheidet sich von dem des *EuGH*. Dies schlägt sich notgedrungen auch in seiner Gestaltung nieder, die aber in Wechselwirkung mit Fragen der Entscheidungsfindung steht (V.). Als substanzielle Komponenten eines Gerichts betreffen die Organisationsfragen seine Mitglieder, also die Richter und ihre Verteilung auf die einzelnen Kammern (I., II.), die wissenschaftlichen Mitarbeiter (III.) und möglicherweise die Generalanwälte (IV.).

I. Richter am EuStG

1. Aufgabe des Repräsentationsprinzips – Ein Richter pro Mitgliedstaat?

Die Aufgabe des Prinzips der Repräsentation aller Nationen durch einen Richter wäre zweifellos der Akzeptanz der Schaffung des Fachgerichts abträglich. Für die souveränen Teilstaaten der Union ist die Repräsentation ihrer Rechtsordnung von herausragender Bedeutung. Sie fürchten Ungleichbehandlung und weitere Souveränitätsverluste, ohne dass das jeweilige nationale Rechtsverständnis in

---

[414] Ersteres könnte anhand der Anzahl der eingelegten Rechtsmittel und dem Erfolg derselben gemessen werden, vgl. *Kraemer,* CMLRev 2009 (46), 1873 (1912).
[415] Siehe dazu *Kraemer,* CMLRev 2009 (46), 1873 (1884 ff.); ebenso *Kucsko-Stadlmayer,* FS Schäffer, S. 393 (403 f.).
[416] So *Cameron,* LPICT 2006, 273 (282 f.); *Kucsko-Stadlmayer,* FS Schäffer, S. 393 (410).
[417] Siehe *Cameron,* LPICT 2006, 273 (283).
[418] Zweifel an der Übertragbarkeit hegt auch *Cameron,* LPICT 2006, 273 (283).

ausreichendem Maße in die Entscheidung eingebracht werden könnte. Die Mitgliedstaaten sind dagegen eher bereit, Urteile zu akzeptieren, wenn am Entscheidungsprozess ein Richter ihrer Rechtsordnung beteiligt war.[419] Fühlt sich der „Gliedstaat" dagegen nicht ausreichend repräsentiert, kann dies in einer Staatenvereinigung, die keine Durchsetzungsmechanismen besitzt und daher auf die Akzeptanz der Teilstaaten angewiesen ist, zum Zusammenbruch führen.[420] Deshalb werden alle neu hinzukommenden Sprachen als Amts- und Verfahrenssprache des Gerichtshofs eingeführt. Jeder Mitgliedstaat stellt einen Richter am *EuGH*.

Auch das *EuStG* wird, vor allem wenn es über Vorlagen entscheiden soll, auf die Autorität und Akzeptanz seiner Urteile angewiesen sein. Durchsetzungsmechanismen, etwa in Form einer Kassation, soll es nach dem hier vorgeschlagenen System nicht geben. Eine der Anzahl der Vertragsstaaten der Union entsprechende Richterzahl erscheint andererseits aufgrund des kleineren Verfahrensaufkommens im Vergleich zum *EuGH* und *EuG* schlicht *unwirtschaftlich*. Aus demselben Grund verfügt auch das *GöD* nur über sieben Richter. Sicherlich war der Verzicht auf eine Beteiligung am *GöD* wegen des geringen Einflusses auf die nationale Souveränität leichter zu akzeptieren, als dies bei einem Strafgericht der Fall wäre. Schließlich ging es nur um ureigene Angelegenheiten der Union als Anstellungsbehörde.[421]

Ohnehin hat die Beteiligung aller Nationen an der Entscheidungsfindung in der Vergangenheit zu erheblichen organisatorischen Problemen geführt. Eine Union mit 28 Mitgliedern kann dem Grundsatz der Repräsentation angesichts der *bedrohten Handlungsfähigkeit* schlicht nicht mehr Rechnung tragen.[422] Eine sachgerechte Entscheidungsfindung ist unmöglich, wenn alle 28 einem Unionsgericht angehörenden Richter in die Beschlussfassung eingebunden sein sollen.[423] Deswegen werden auch die Urteile des *EuG* und *EuGH* heute nur noch von Kammern gefällt, Plenumsentscheidungen stellen die Ausnahme dar.[424] In

---

[419] Zu Motiven für die Beibehaltung beim *EuGH* (breitere Wissensbasis, Autorität, Akzeptanz): *Rösler*, S. 258; *Schiemann*, in: Essays Sir Francis Jacobs, S. 3 (12). *Hatje*, EuR 2001, 143 (168 f.), hält deswegen eine Reduzierung der Richterzahl beim *EuGH* für ausgeschlossen, sieht aber kein Problem darin, Vorlagen Kammern zuzuweisen, in denen der jeweilige Staat nicht repräsentiert wird.

[420] Vgl. *Brakalova*, S. 183, ebenso *Schiemann*, in: Essays Sir Francis Jacobs, S. 3 (11 f.).

[421] *Kraemer*, CMLRev 2009 (46), 1873, weist aber auf den Einfluss der *GöD*-Rechtsprechung in verwaltungsrechtlichen Fragestellungen hin.

[422] Siehe *Brakalova*, S. 183 ff.

[423] So schon *Everling*, DVBl. 2002, 1293 (1296); *British Institute of International and Comparative Law*, S. 48 f.; s.a. *Everling*, in: Aufsätze 2001–2011, Nr. 13, S. 277 (289); *Mahoney*, HRLJ 2011, 11 (12), zu der Kommunikation innerhalb des *GöD*; *Koopmans*, YEL 1991 (11), 15 (24 f.), zu den Vorzügen kleinerer Spruchkörper.

[424] Nach Art. 16 Abs. 4 Satzung tagt der *EuGH* nur bei Amtsenthebungsverfahren des Bürgerbeauftragten, eines Kommissionsmitglieds oder des Rechnungshofs in Vollbesetzung sowie nach Art. 16 Abs. 5 Satzung bei Rechtssachen von außergewöhnlicher

diesen Kammern muss der für einen betroffenen Mitgliedstaat gewählte Richter noch nicht einmal sitzen. Schon heute wird also nicht mehr jedes Land in einer Entscheidung der Unionsgerichte repräsentiert,[425] obgleich als Ausgleich die Kammerbesetzungen regelmäßig verändert werden.[426]

Halten sich die Vertragsstaaten das vor Augen, muss es auch für eine sensible Materie wie das Strafrecht möglich sein, über eine zahlenmäßig beschränkte Richterschaft zu sprechen, sofern für grundlegende Fragestellungen sichergestellt ist, dass der *EuGH*, in dem wiederum alle Staaten vertreten sind, diese an sich zieht. Bedenken der Vertragsstaaten dürften ohnehin vor allem wegen der Vorabentscheidungsverfahren bestehen, in denen abstrakte Rechtsfragen geklärt werden, nicht aber bei den an das Fachgericht übertragenen Direktklagen, die meist nur Einzelfälle betreffen und nur gegen unionale Akte gerichtet sein können. Allerdings erschließt sich schon nicht, warum *abstrakte Fragestellungen des Unionsrechts* aus einem spezifisch nationalen Blickwinkel beleuchtet werden sollten. Eine Repräsentation aller Staaten erscheint ohnehin bei Rechtsprechungsorganen weniger bedeutsam als bei politischen.[427] Auch von den Befürwortern von Spezialkammern wird insoweit vorgebracht, dass Spezialgebiete nicht notwendig von einem Gericht entschieden werden müssen, das alle Mitgliedstaaten repräsentiert; nationale Interessen sollen keine Rolle spielen.[428]

Nur am Rande sei erwähnt, dass die mangelnde Repräsentation auch seitens der großen Mitgliedstaaten angeprangert werden könnte, die im Vergleich zur Bevölkerungsgröße gegenüber kleineren Staaten unterrepräsentiert sind.[429]

Ohnehin sollte die fachliche Qualifikation der Richter im Hinblick auf das (unionale) Strafrecht das Hauptkriterium für die Besetzung des *EuStG* sein. Andernfalls würden die Vorteile der Spezialisierung nicht im vollen Ausmaß genutzt. Ein *Abstellen auf die Eignung* würde durch das Prinzip der ausgewogenen Vertretung aller Mitgliedstaaten behindert. Jedenfalls bei den von kleineren Mitgliedstaaten Nominierten, stellt sich die Frage, ob nicht geeignetere Bewerber

---

Bedeutung, also nur noch bei Verfahren verfassungsrechtlicher oder institutioneller Natur. *Puttler*, EuR-Beih. 3/2008, 133 (134 ff.), zur Entwicklung vom Regelfall der Plenumsentscheidung beim *EuGH* zu den Kammern als Hauptspruchkörper durch die Praxis. – 60% aller Urteile des *EuGH* werden von der Fünferkammer gefällt, weitere 25% von der Dreier- und nur 12,5% von der Großen Kammer, vgl. *von Danwitz*, EuR 2008, 769 (776); ähnliche Zahlen für 2010 bei *Rösler*, S. 259.

[425] Etwa *Rösler*, S. 260; *Brakalova*, S. 185; auch *Streinz/Leible*, EWS 2001, 1 (5).
[426] Siehe *Karper*, S. 75; *Klinke*, EuR-Beih. 1/2012, 61 (71 ff.), meint, dass das Kammersystem des *EuGH* die Sicherung der Kohärenz der Rechtsprechung gerade wegen der Rotation und der mangelnden Spezialisierung erschwert.
[427] Ebenfalls *Rösler*, S. 381.
[428] Siehe *Karper*, S. 149; siehe auch schon *Dauses*, D 102 f.
[429] Vgl. *Rösler*, S. 381, 474, u. a. zu Schottland, das durch den Richter des Vereinigten Königreichs mitrepräsentiert wird, während z. B. Luxemburg einen eigenen Richter stellt.

einer anderen Nationalität verfügbar gewesen wären, schlicht weil diese über einen kleineren Pool verfügen.[430] Derzeit scheint es noch nicht einmal selbstverständlich zu sein, dass die Richter am *EuGH* und am *EuG* Rechtsprechungserfahrung mitbringen.[431] Die Nationalität ist jedenfalls kein taugliches Kriterium, um die Eignung für die Ausübung richterlicher Fähigkeiten zu begründen.

2. Ausgleichsmechanismen

Da das Strafrecht wie keine andere Rechtsmaterie die Souveränität der Staaten betrifft, könnte aber die Repräsentation nationaler Interessen auf andere Weise verfahrenstechnisch abgesichert werden, so dass die einzelnen Rechtstraditionen auch die grundsätzlichen Entscheidungen des Gerichte beeinflussen können, um die Zustimmung der Mitgliedstaaten für einen solchen Schritt zu erreichen. Untauglich erscheint allerdings, die Kammerbesetzungen wie beim *EuGH* und *EuG* regelmäßig zu wechseln. Nähme man sich etwa den Turnus der bestehenden Gerichte als Beispiel, also die Rotation nach einem Jahr,[432] würden die Vorteile der Spezialisierung, die schnelle Einarbeitungszeit und fachliche Kompetenz, weitgehend entwertet.

Stattdessen könnte der für den „betroffenen" Mitgliedstaat gewählte Richter auf Antrag des Staates zu der jeweiligen zuständigen Kammer hinzugezogen werden, falls dieser befürchtet, dass nationale Besonderheiten oder Interessen andernfalls nicht ausreichend Berücksichtigung finden.[433] Tatsächlich können spezielle Kenntnisse des nationalen Rechts mitunter von Vorteil sein. Für einen Richter, der mit dem nationalen Recht vertraut ist, wären gewisse Kohärenz- und Folgefragen leichter ersichtlich. Dass eine solche Regelung auf Unionsebene auch beim *EuGH* bisher nicht existiert, scheint vor diesem Hintergrund sogar bemerkenswert, gerade weil in Vorlagefragen häufig die Vereinbarkeit nationaler Regelungen mit Unionsrecht in Frage steht, ungeachtet der Tatsache, dass dies natürlich so nicht dem Prüfauftrag des Gerichtshofs entspricht.[434] Auch das Verfahrenssystem der EMRK kennt eine solche Regelung (vgl. Art. 26 Abs. 4 EMRK).

Nachdem nicht alle Mitgliedstaaten beim *EuStG* vertreten wären, müsste dies allerdings über ad-hoc-Richter gewährleistet werden. Letztlich erscheint dies doch sehr umständlich, ist nationale, fachliche Expertise doch in hinreichendem Umfang durch wissenschaftliche Mitarbeiter herzustellen. Auch könnten durch

---

[430] Siehe *Schiemann*, in: Essays Sir Francis Jacobs, S. 3 (11).
[431] Vgl. *Rösler*, S. 474.
[432] Dazu *Karper*, S. 149; siehe auch schon *Dauses*, D 102 f.
[433] Vgl. *Dauses*, D 103.
[434] Für den *EuGH*: *Brakalova*, S. 185 f.: Einbeziehung im Einzelfall, i. Ü. seien Juristen des Wissenschaftlichen Dienstes hinzuziehen; s. a. *Schiemann*, in: Essays Sir Francis Jacobs, S. 3 (12); *Streinz/Leible*, EWS 2001, 1 (7). Andererseits aber *Rösler*, S. 381.

die Förderung der Praxis der einer Vorlage beigefügten Antwortvorschläge die Probleme abgemildert werden.

3. Vorschlag für die Anzahl

Die Richterzahl am *EuStG* sollte somit nicht von der Anzahl der Mitgliedstaaten der Union abhängen. Für die Besetzung sollten vielmehr seine Aufgaben und das zu erwartende Verfahrensaufkommen maßgeblich sein: Einerseits ist das Gericht nur zuständig für einen bestimmten Teil der Rechtssachen, die bisher an das *EuG* und den *EuGH* gelangt sind; es ist also nicht erforderlich, dass ihm dieselbe hohe Richterzahl zur Verfügung gestellt wird. Andererseits sollten dem *EuStG* mehr Kräfte zur Verfügung gestellt werden als dem *GöD*, weil es nicht nur für Nichtigkeitsklagen zuständig sein soll, sondern auch für Vorabentscheidungsverfahren. Zwar sind letztere nicht notwendigerweise komplizierter oder erfordern aufwendigere Ermittlungen als erstere, sie dürften aber mehr Kräfte binden. Zudem werden dem Strafgericht auch verschiedene Aufgaben im Rahmen der Kontrolle der Strafverfolgungsorganisationen zukommen.

Denkbar wäre eine Berufung von *16 Richtern*. Bei dieser Anzahl scheint die Leistungsfähigkeit des Gerichts sichergestellt zu sein. Auf der anderen Seite ist damit keine Bildung von zu vielen Kammern möglich, was ebenfalls eine Gefahr für die Kohärenz der Rechtsprechung darstellen könnte.[435]

4. Auswahlverfahren und Qualifikation

Art. 257 Abs. 4 Satz 2 AEUV schreibt lediglich vor, dass die Richter jedes Fachgerichts einstimmig vom Rat ernannt werden. Weitere Vorgaben enthalten die Verträge nicht. Als das *GöD* errichtet wurde, schuf man in der Errichtungsverordnung die Rechtsgrundlage für die Ernennung eines Auswahlkomitees, das die Eignung der Bewerber beurteilen sollte. Denkbar sind zwar auch andere Modelle. Von einem *Rotationsverfahren* zur Bestimmung der Richter durch die Vertragsstaaten sollte allerdings abgesehen werden. Nicht nur, dass in einem solchen Verfahren die fachliche Qualifikation der Richter vernachlässigt würde,[436] die Unabhängigkeit der Richter ist so kaum abgesichert. Das Bestellungsverfahren des *GöD* hat sich dagegen als nachahmenswertes Vorbild erwiesen, wenn auch die Spezialmaterien, die dem *EuStG* zugewiesen werden, anders als die Aufgaben des *GöD* im Bereich des Dienstrechts, einen anderen Charakter haben und die Souveränitätsrechte der Mitgliedstaaten in besonderer Weise berühren.

Auch die Väter des Vertrags von Lissabon haben sich durch das Auswahlverfahren beim *GöD* inspirieren lassen und es als Vorbild für die Regelung des

---

[435] Zu Gefahren einer zu großen Richterschaft, vgl. KOM (2000) 109 endg., S. 10.
[436] *Baltes*, S. 135, sähe darin aber einen demokratischen Legitimationsfaktor.

Art. 255 AEUV zur Bestellung der Richter am *EuG* und *EuGH* wie auch der Generalanwälte herangezogen.[437] Es wird nach Art. 255 Abs. 1 AEUV ein Ausschuss[438] gebildet, der eine (unverbindliche) Stellungnahme zur Eignung der Bewerber abgibt. Dass Art. 255 AEUV nicht auch auf die Fachgerichte erstreckt wurde, erscheint befremdlich.[439] So muss in der Errichtungsverordnung ein vergleichbarer Ausschuss vorgesehen werden, wie auch beim *GöD*.

Das Bedürfnis der Mitgliedstaaten, die Impermeabilität des nationalen Strafrechts zu sichern, ist zwar nachvollziehbar. Dennoch sollte gerade für den wichtigen Bereich des Strafrechts keinesfalls auch nur der Anschein einer *politischen Abhängigkeit* der Richter entstehen. Die „Bewerber" sollten daher nicht von den Mitgliedstaaten der Union vorgeschlagen werden. Das nationale Ernennungs- und Auswahlverfahren, wie es bei *EuGH* und *EuG* zur Anwendung kommt, ist intransparent und birgt somit die Gefahr der politischen Beeinflussbarkeit.[440]

Erfüllt ein Richter die Voraussetzungen an das Richteramt bei *EuStG*, soll er sich selbst und unmittelbar beim *„Auswahlkomitee"* bewerben können, das dann eine an der Qualifikation der Bewerber ausgerichtete Vorauswahl unter *Berücksichtigung der Herkunft aus bestimmten Rechtsordnungen* trifft.[441] Damit könnte die fachliche Qualifikation als Maßstab der Auswahl befördert und zugleich sichergestellt werden, dass die im Wesentlichen in Europa vertretenen kriminalpolitischen Vorstellungen in die Ausbildung entsprechender Rechtstraditionen auf europäischer Ebene Eingang finden, ohne den Spruchkörper zu politisieren. Letzteres Kriterium könnte auch die Antipathien gegenüber der Abschaffung des Prinzips der Repräsentation abschwächen. Zudem wird dem Bewusstsein Rechnung getragen, dass sich auch eine europäische Strafrechtsidentität nur aus den gesammelten Erfahrungen und Traditionen der innerhalb der Union verbreiteten rechtlichen Grundsysteme speisen kann – speisen muss.

Die Ernennung sollte nicht mehr durch den Rat erfolgen, sondern durch das *Europäische Parlament*, um die demokratische Legitimation der Richter besser abzusichern. Eine lose demokratische Legitimation der Richter ist angesichts ihrer notwendigen Unabhängigkeit zwar nicht *per se* problematisch. Die derzeitige

---

[437] Zu dieser Vorbildwirkung: *Rösler*, S. 469.
[438] Zum Ausschuss: *Skouris*, in: Symposium Papier, S. 83 (86).
[439] Kritisch auch *Schermuly*, S. 305 f.
[440] Kritisch: *Rösler*, S. 471 f., auch zum Folgenden: Die meisten Mitgliedstaaten haben auf eine Regelung verzichtet. In Deutschland wählte bisher die Bundesregierung die Richter nach parteipolitischen Gesichtspunkten aus; seit der Änderung des RiWG (Fn. 188) muss sie Einigkeit mit dem vom Bundesjustizminister einberufenen Wahlausschuss herstellen. Das Auswahlverfahren entspricht damit dem zu obersten Bundesgerichten. – *Schiemann*, in: Essays Sir Francis Jacobs, S. 3 (13), schätzt wegen des innenpolitischen Drucks die Gefahren der Intransparenz gering ein.
[441] *Everling*, in: Aufsätze 2001–2011, Nr. 13, S. 277 (289), hält die Gruppenbildung für fragwürdig.

durch intransparente Auswahlverfahren vermittelte Legitimität stellt aber einen wesentlichen Kritikpunkt dar [oben § 1 C. II. 2. a)], der eine engere Anbindung an den Volkswillen erforderlich macht.

5. Amtszeit der Richter am EuStG

Die *Einarbeitungszeit* der Richter beim *EuGH* und *EuG* ist im Vergleich zu der Amtszeit von nur sechs Jahren sehr lang. Dass als Ausgleich die Möglichkeit der Wiederwahl geschaffen wurde, die in der Hand der Mitgliedstaaten liegt, ruft andererseits den Eindruck hervor, dass die Mitgliedstaaten auf das Verhalten der Richter Einfluss nehmen wollen und stellt somit die Unabhängigkeit derselben aufs Spiel.[442] Die Amtszeit der Richter am *EuStG* sollte schon deswegen höher angesetzt sein als bei den bestehenden Unionsgerichten, dafür muss aber eine Wiederwahl ausgeschlossen sein. Vorstellbar ist etwa eine (einmalige) Amtszeit von *12 Jahren*. Damit würden die Richter des neuen *EuStG* von vornherein solange wie die Richter des *EuG* und *EuGH* berufen sein, wenn diese, was lange Zeit Konsens war, zumindest einmal wiedergewählt wurden.[443]

Damit wäre der Anschein einer *gefälligen Rechtsprechung* weitgehend vermieden, weil eine Wiederwahl ohnehin ausgeschlossen ist. Diese personelle Kontinuität dient auch der *Kohärenz* der Rechtsprechung des *EuStG*.[444] Die *praktischen Probleme,* die damit verbunden sind, dass die Richter nicht wissen, ob sie für eine weitere Amtszeit gewählt werden, würden damit zudem entschärft. Heute müssen sie dagegen darauf achten, dass sie alle Fälle, die bereits ein Stadium erreicht haben, in dem eine mündliche Verhandlung angezeigt ist, vor dem Wechsel erledigen können. Dadurch wird den Richtern quasi aufgezwungen, gegen Ende ihrer (ersten) Amtszeit mit angezogener Handbremse zu arbeiten, damit sich kein Rückstand aufbaut, der bis zum Ende der Amtszeit nicht aufgearbeitet werden könnte.[445]

Zugleich muss geregelt sein, dass die Richter nach ihrer Amtszeit, sofern sie nicht ohnehin im Rentenalter sind, eine ihrer vorherigen Stellung mindestens *gleichwertige Position* einnehmen können. Auch dies dient der Absicherung der

---

[442] Etwa *Everling,* DRiZ 1993, 5 (6); ebenso *Rösler,* S. 466, 473. Tatsächlich sind mehrere Richter in der Vergangenheit mit willkürlicher Begründung nicht wiederernannt worden, so *Jacobs,* in: Liber Amicorum Lord Slynn of Hadley, S. 17 (24 f.). *Schiemann,* in: Essays Sir Francis Jacobs, S. 3 (12 f.), bestreitet aber, dass der Wunsch nach einer Wiederwahl die Entscheidungsfindung in der Praxis beeinflusst hat, weil diese ohnehin geheim abläuft und das einzelne Votum nicht zu identifizieren ist; vgl. auch V. 2.

[443] Auch dazu *Everling,* DRiZ 1993, 5 (6), für den *EuGH* und das *EuG.* Siehe aber *Jacobs,* in: Liber Amicorum Lord Slynn of Hadley, S. 17 (24).

[444] Vgl. *Nielebock,* NZA 2004, 28.

[445] Dazu *Edward,* in: Liber Amicorum Lord Slynn of Hadley, S. 119 (129).

Unabhängigkeit der Richter. Diese sollen nicht um ihr künftiges Auskommen bangen müssen, wenn ihre Zeit beim *EuStG* endet.

II. Spruchkörper am EuStG – Anzahl der Kammern und Kammergröße

Auch die Anzahl der Kammern müsste beschränkt bleiben. Eine zu große Anzahl von Kammern könnte die Kohärenz der Rechtsprechung beeinträchtigen.[446] Für die Entscheidung über *Vorabentscheidungsverfahren* bietet sich an, sich den *EuGH* als Vorbild zu nehmen: Genügen dort fünf Richter, um eine solche Entscheidung zu treffen, dann auch beim *Europäischen Strafgericht*. Es sollten daher zwei Kammern mit *fünf Richtern* gebildet werden, an die Vorabentscheidungsersuchen verwiesen werden, wobei grundsätzlich beiden Formationen ein Pool von acht Richtern zur Verfügung stünde. Bei dieser Kammergröße ist nicht nur eine Entscheidung in angemessener Zeit zu erwarten, sondern auch eine höhere Qualität der Rechtsprechung. Ein Wortlautkompromiss zwischen fünf Richtern ist erheblich leichter zu treffen als zwischen 16 Richtern.[447] Einer Kammer sollten Vorlagen betreffend das materielle Recht zugewiesen werden. Darunter fallen insbesondere Klagen, die Rechtsakte nach Art. 83 AEUV betreffen. Das gilt auch für die Annexkompetenz des Art. 83 Abs. 2 AEUV, sofern das Strafmaß oder die Art der in den Richtlinien vorgegebenen Strafen in Frage steht. Die andere Kammer sollte überwiegend mit strafverfahrensrechtlichen Fragestellungen befasst werden, insbesondere also mit Ersuchen, die Rechtsakte nach Art. 82 AEUV betreffen. Außerdem könnten der Kammer Fragen betreffend die Instrumente der gegenseitigen Rechtshilfe zugewiesen werden.

Die Spezialisierung der Kammern innerhalb des Fachgerichts – bei gleichzeitigem Gedankenaustausch – ist schon im Hinblick auf die erhöhte Produktivität und der gleichzeitigen Sicherung der Kohärenz und Rechtsprechungsqualität bedenkenswert.[448] Die genaue Geschäftsverteilung sollte durch Beschluss des Präsidenten des *EuStG* zusammen mit den Vorsitzenden der Kammern festgelegt werden. So ist eine Feineinstellung möglich.

Nichtigkeitsklagen könnten dagegen *Dreierkammern* zu gewiesen werden, die sich personell mit den Fünferkammern überschneiden sollten, um die Spezialisierungseffekte auszunutzen. Davon können angesichts der Richterzahl fünf errichtet werden. Es handelt sich bei den Klagen um Einzelfälle, die einen Einsatz kleinerer Richterformationen rechtfertigt. Eine Ausnahme könnte bei abstrakt-generellen Rechtsakten gemacht werden, die Fünfer-Kammern zugewiesen werden

---

[446] Reflexionspapier des *EuGH,* abgedruckt in: EuZW 1999, 750 (753).
[447] Siehe *Bobek,* CMLRev 2008 (45), 1621 (1637 f.), zu den Kammergrößen am *EuGH.*
[448] *Kraemer,* CMLRev 2009 (46), 1873 (1888).

könnten. Auch bei der Zuteilung zu den Dreier-Kammern empfiehlt sich, von Anfang an eine Spezialisierung zu forcieren. Eine Kammer könnte etwa für alle Klagen bezüglich den sogenannten *smart sanctions* zuständig sein, eine für Kartellgeldbußen usw.

Zusätzlich könnte eine Einzelrichterentscheidung eingeführt werden, insbesondere um über unzulässige Direktklagen per Beschluss entscheiden zu können. Denkbar wäre, dem Richter wie beim *EGMR* einen Berichterstatter zur Seite zu stellen, der ihm zuarbeitet und zugleich ein Vieraugen-Prinzip wahrt (Art. 49 EGMR-VerfO).[449]

Zudem wäre die Errichtung einer Großen Kammer für Strafsachen mit 10 Richtern möglich, um sicherzustellen, dass sich die Rechtsprechung der verschiedenen Kammern nicht auseinanderentwickelt.[450] Bei sich ankündigenden Rechtsprechungsdivergenzen zwischen den Kammern könnte die Sache an diese Große Kammer verwiesen werden.

Als *Europäische Ermittlungsrichter* (EER, European Investigation Judge, EIJ) könnten alle 16 Richter herangezogen werden, wenn auch einige sich mehr auf das materielle Strafrecht spezialisieren werden. Immerhin spielt insoweit auch häufig eine vorläufige Bewertung der Taten eine Rolle.

III. Wissenschaftliche Mitarbeiter

Zudem sollten dem Fachgericht mindestens zwei wissenschaftliche Mitarbeiter pro Mitgliedstaat zugeteilt werden, die Rechtsgutachten erstellen und die Richter auch auf Folgeprobleme, die im jeweiligen nationalen Recht auftreten können, hinweisen sollen. Sie wären im Wege einer Poollösung verfügbar.

Über den Stab jedes einzelnen Richters ist damit noch nichts ausgesagt. Bisher variiert er von Gericht zu Gericht stark (*GöD*: 2 Mitarbeiter, *EuG*: 5 Mitarbeiter, *EuGH*: 6 Mitarbeiter).[451] Angesichts des mittleren Arbeitsaufkommens beim *EuStG* erscheint eine Anzahl von drei Mitarbeitern ausreichend.

IV. Generalanwälte

Die Generalanwaltschaft beim *EuGH* ist eine einzigartige Einrichtung, die unionsweit ihres Gleichen sucht.[452] Ihre Aufgabe ist es, in gutachterlichen Stellungnahmen die wesentlichen Aspekte eines Vorabentscheidungsersuchens oder

---

[449] Verfahrensordnung des *EGMR* (Stand: Juli 2013), abrufbar unter: http://www.echr.coe.int/Documents/Rules_Court_ENG.pdf (zuletzt: 4.11.2013).
[450] Zu Plenumsentscheidungen: *Bobek,* CMLRev 2008 (45), 1621 (1638).
[451] Näheres zu den Mitarbeitern bei *Mahoney,* HRLJ 2011, 11 (13).
[452] Näheres bei *Jacobs,* in: Liber Amicorum Lord Slynn of Hadley, S. 17 (18).

einer Klage herauszuarbeiten und zu beleuchten. Dabei zieht sie rechtsvergleichende Argumente ebenso heran wie das europawissenschaftliche Schrifttum und wertet dieses Material – gleichsam anstelle des Gerichtshofs selbst – aus, um schließlich einen Entscheidungsvorschlag zu liefern.[453]

Die Erforderlichkeit der Einbindung der Generalanwälte in Vorabentscheidungsverfahren ergab sich ursprünglich aus der „spröden Argumentationsweise" des *EuGH*: Erst durch die breite Erörterung der Rechtsfragen durch die Generalanwälte wurde die Materie der fachlichen Diskussion in den Mitgliedstaaten zugänglich gemacht. Teilweise wird bezüglich des *EuGH* heute vertreten, dass eine solche gutachterliche Erörterung schon angesichts der qualitativ hochwertigen Rechtsprechung der Gerichte nicht mehr erforderlich sei.[454] Dem kann angesichts der obigen Kritik kaum zugestimmt werden. Ohnehin hat sich ein noch zu gründendes Strafgericht insoweit noch nicht bewiesen.

Ein weiterer Grund für die Einrichtung und Bedeutung der Generalanwälte liegt in der Gerichtsstruktur der Union. So sah die Unionsgerichtsbarkeit anfangs nur eine Instanz für die Entscheidung über an diese gerichtete Klagen vor. Die dem *EuGH* zur Entscheidung vorgelegten Fragestellungen werden meist nicht von einem unterinstanzlichen Gericht aufbereitet, der *EuGH* kann sich nicht auf dessen Argumentation stützen.[455] Die Generalanwälte ersetzen diese Aufarbeitung, indem sie eine breite Darstellung des Stands der wissenschaftlichen Diskussion bieten und zugleich den zugrunde liegenden Sachverhalt aufbereiten.[456] Tatsächlich überschneidet sich diese Aufgabe mit derjenigen der Berichterstatter.[457]

Nicht zuletzt wegen des Fortschritts der wissenschaftlichen Diskussion mit europäischem Fokus wirkt eine solche breite Darlegung durch einen fremden Körper heute aber unzeitgemäß.[458] Auch in der Praxis wird auf die Beteiligung von Generalanwälten immer mehr verzichtet, zumal es erhebliche Verzögerungen mit sich brächte, wenn sich die Richter mit den – zu übersetzenden – Schlussanträgen des zuständigen Generalanwalts auseinander setzen müssen und somit nicht unmittelbar im Anschluss an die mündliche Verhandlung ein Urteil erlassen kön-

---

[453] Dazu *Jacobs*, in: Liber Amicorum Lord Slynn of Hadley, S. 17 (19).

[454] Siehe nur *Sack*, EuZW 2001, 77 (78); *Voß*, EuR-Beih. 1/2003, 37 (46 ff.); *Kamann*, ZEuS 2001, 627 (645 f.)

[455] Vgl. *Jacobs*, in: Liber Amicorum Lord Slynn of Hadley, S. 17 (20 f.), ebenso *Everling*, in: Liber Amicorum Lord Slynn of Hadley, S. 29 (39).

[456] Siehe *Jacobs*, in: Liber Amicorum Lord Slynn of Hadley, S. 17 (21); vgl. auch *Gebauer*, S. 275 f.

[457] Vgl. *Schiemann*, in: Essays Sir Francis Jacobs, S. 3 (14). Dazu auch *Gebauer*, S. 276.

[458] Auch beim *EuGH* sollten Schlussanträge nur noch in grundlegenden Fällen erhalten bleiben, so *Sack*, S. 16 f., 33; *Sack*, EuZW 2001, 77 (78); *Hatje*, EuR 2001, 143 (170 f.); s. a. *Voß*, EuR-Beih. 1/2003, 37 (45).

nen.[459] Andererseits dürfte den Richtern die Einarbeitung in die rechtliche Materie durch die Aufarbeitung in den Schlussanträgen erleichtert werden.[460]

Es stellt sich allerdings die Frage, ob im Bereich des Strafrechts, der in weiten Teilen zum ersten Mal Gegenstand der justiziellen Erörterung sein wird, eine solche Unterstützung notwendig wäre.[461] Dass im Eilverfahren, das gerade den Raum der Freiheit, der Sicherheit und des Rechts betrifft, ebenfalls ein Verzicht auf die Schlussanträge vorgesehen ist (Art. 112 EuGH-VerfO), scheint dafür zu sprechen, dass in diesem neuen Rechtsgebiet, in dem die Gerichte noch nicht auf eine detaillierte Rechtsprechung zurückgreifen können, eine Einbindung nicht für unbedingt notwendig gehalten wird. Ohnehin ist mit dem Überprüfungsverfahren vor dem *EuGH* (unten D. I.) eine zweite juristische Instanz gewährleistet, die sich im Weiteren auf das Urteil des *EuStG* stützen könnte. Deshalb erscheint eine Voruntersuchung durch die Generalanwälte hinfällig. Dies gilt besonders, weil – auch wenn man die Bedeutung der Schlussanträge für etwaige Rechtsprechungsänderungen anerkennt – eine vergleichbare Funktion der Dokumentation entgegenstehender Argumente und Ansichten künftig durch Sondervoten wahrgenommen werden könnte (unten V. 2.).[462] Generalanwälte sollten beim *EuStG* daher nicht eingerichtet werden.

V. Anforderungen an die Entscheidungsfindung

Nicht unmittelbar die Gerichtsverfassung betreffen die Anforderungen an die Urteilsfindung, die wegen der Konnexität zur Qualität der Strafrechtsprechung und einigen vorgängigen Gestaltungsfragen im Folgenden aber kurz angesprochen werden sollen.

1. Rechtsmethodik und wissenschaftliche Recherche

Eine europäische Methodik der Rechtsfindung, vor allem ein kohärentes System von Auslegungsmethoden,[463] konnten bisher *EuGH* und *EuG* nicht herausbilden; dies ruft breite Kritik hervor.[464] Darunter leiden vor allem die Vorsehbarkeit und die Autorität der Urteile. Dem *EuGH* wird vorgeworfen er schwanke zwischen Aktivismus bei der Fortentwicklung des Rechts einerseits und Zurück-

---

[459] Dem widerspricht: *Jacobs*, in: Liber Amicorum Lord Slynn of Hadley, S. 17 (21).
[460] So auch *Jacobs*, in: Liber Amicorum Lord Slynn of Hadley, S. 17 (22).
[461] Siehe *Sharpston*, in: Essays Sir Francis Jacobs, S. 20 (30), allerdings für den *EuGH*. Siehe auch *Kokott/Dervisopoulos/Henze*, EuGRZ 2008, 10 (12).
[462] A.A. *Sharpston*, in: Essays Sir Francis Jacobs, S. 20 (32 f.).
[463] Vgl. *Everling*, in: Liber Amicorum Lord Slynn of Hadley, S. 29 (37 ff.), zur Bedeutung der anerkannten Auslegungsmethoden, v. a. der teleologischen Auslegung. Vgl. auch *Koopmans*, in: Liber Amicorum Lord Slynn of Hadley, S. 45 (53 ff.); s. a. schon Kapitel 1 § 1 A.
[464] Vgl. nur *Rösler*, S. 436, 455 ff.

haltung andererseits.⁴⁶⁵ Er macht zudem nicht stets explizit kenntlich, ob oder dass er seine bisherige Rechtsprechung aufgeben will und liefert daher keine Begründung für eine Abweichung oder auch nur eine Abgrenzung von bisherigen Judikaten.⁴⁶⁶ Auch trennt der *EuGH* nicht sauber zwischen *obiter dicta* und den tragenden Entscheidungsgründen. Eng damit zusammen hängt der Vorwurf, dass der Gerichtshof nicht stets die Grenzen zwischen Auslegung und Rechtsfortbildung einhalte.⁴⁶⁷ Die bisherige „Bausteintechnik", die häufig eine Zusammenschau der bisherigen Rechtsprechung des Gerichtshofs darstellt – nicht notwendig zum selben Sachbereich – mache die Urteile sperrig und „benutzerunfreundlich" und werfe die Frage auf, inwieweit Rechtsprechungsgrundsätze aus anderen rechtlichen Materien auf andere Bereich übertragbar sind.⁴⁶⁸

Anders als das Verfassungsrecht erfordert das Strafrecht in seinem zu erwartenden Detailreichtum eine *erhöhte Argumentationsdichte*. Ein Zurückziehen auf Grundsätze ließe zu viele Fragen offen, vor allem hinsichtlich der Anwendbarkeit bereits ausgeurteilter Prinzipien.⁴⁶⁹ Das *EuStG* sollte sich vermehrt mit Literaturansichten aus der Unionsrechtswissenschaft zu bestimmten Problemen auseinanderzusetzen und diese auch zitieren, vor allem wenn auf die Institution der Generalanwälte verzichtet wird (vgl. schon IV.).⁴⁷⁰ Dies würde schon wegen der argumentativen Tiefe die Überzeugungskraft der Urteile steigern.⁴⁷¹ Auch sollte die rechtsvergleichende Basis der Urteile gegenüber denjenigen des *EuG* und *EuGH* gestärkt werden. Wissenschaftliche Mitarbeiter könnten dem *EuStG* bei der aufwendigeren Aufbereitung der Urteile, vor allem aber auch beim Auswerten der Literatur behilflich sein.⁴⁷²

Nur ein in sich geschlossenes, kohärentes System kann eine einheitliche Rechtsordnung herstellen.⁴⁷³ Das *EuStG* muss daher – gerade angesichts der Tatsache, dass der *EuGH* anhand seines Urteils über Rechtsmittel entscheiden kön-

---

⁴⁶⁵ Siehe etwa *Streinz*, AöR 135 (2010), 1 (2 ff.); *Rösler*, S. 456.
⁴⁶⁶ Ebenfalls *Rösler*, S. 456.
⁴⁶⁷ Erneut: *Rösler*, S. 456 f. Weitergehend zum Richterrecht des *EuGH*: *Everling*, in: Liber Amicorum Lord Slynn of Hadley, S. 29 ff.
⁴⁶⁸ *Rösler*, S. 457. Siehe dazu auch *Everling*, in: Liber Amicorum Lord Slynn of Hadley, S. 29 (39), der dies darauf zurückführt, dass der *EuGH* sich häufig nicht auf die Ergebnisse wissenschaftlicher Diskurse und vor allem auf die Urteile anderer Gerichte stützen könne. Daher muss er seine eigenen Urteile gleichsam als Präzedenzfälle heranziehen.
⁴⁶⁹ Für das Privatrecht: *Rösler*, S. 458 f.
⁴⁷⁰ Zur Bedeutung der Schlussanträge allgemein: *Gundel*, EuR-Beih. 3/2008, 23 (35 ff.).
⁴⁷¹ Die entgegenstehende Tradition des *EuG* und *EuGH* wird insbesondere in der deutschen Rechtswissenschaft zu Recht als Manko der Rechtsprechung verstanden. Zum *EuGH*: *Riehm*, in: Zivilgerichtsbarkeit, S. 203 (207); s. a. *Rösler*, S. 466 f.
⁴⁷² *Rösler*, S. 460, plädiert zudem dafür auch extern Gutachten einzuholen.
⁴⁷³ Siehe auch *Rösler*, S. 461.

nen muss, aber auch wegen der bereits angesprochenen Kritik an der Qualität der Entscheidungen – in jedem Urteil eine überzeugende Begründung liefern.

2. Zulässigkeit von Sondervoten

Für die *EuGH*-Rechtsprechung gilt das Mehrheitsprinzip. Dennoch ist es Richtern, anders als den europäischen Kollegen am *EGMR* (Art. 45 Abs. 2 EMRK), verwehrt, eine von der Mehrheitsmeinung – mitunter nur in der Begründung – abweichende Ansicht in einem Sondervotum darzulegen.[474]

Diese Möglichkeit zur Stellungnahme könnte allerdings die Qualität der Urteile der Unionsgerichte positiv beeinflussen. Der heute häufig bemängelte minimalistische Argumentationsstil rührt schließlich auch von dem Bedürfnis her, einen mehrheitsfähigen Kompromiss trotz Mehrsprachigkeit, unterschiedlicher Herkunft und rechtlicher Sozialisation der Richter zu finden.[475] Wäre die Abgabe von Sondervoten zulässig, könnte dies zu einer erhöhten Plausibilität und Überzeugungskraft der von abweichenden Ansichten gesäuberten Urteilsbegründung führen.[476] Der Prozess der Urteilsfindung könnte dadurch weitgehend nachvollzogen werden; es wäre stets ersichtlich, welche Punkte besonders diskutiert wurden.[477] Zudem wären die die Mehrheitsansicht vertretenden Richter gezwungen, sich mit allen Aspekten einer Entscheidung zu befassen, da diese sonst mittels des Sondervotums an die Öffentlichkeit gelangen, ohne dass sie überzeugend im Urteil ausgeräumt wurden; einzelne Argumentationsschritte müssten genauer begründet werden. Ein Urteil könnte durch die dialektische Erörterung also an Überzeugungskraft gewinnen.[478]

Dem gegenüber stehen zwar auch gewisse Nachteile für die Autorität der Urteile, die erkennbar nicht von allen Richtern getragen werden,[479] wie auch die zu

---

[474] Siehe *Rösler,* S. 462, insb. zur Rechtspraxis in den USA. S. a. *Jacobs,* in: Liber Amicorum Lord Slynn of Hadley, S. 17 (23 f.).

[475] So auch *von Danwitz,* EuR 2008, 769 (777 f.); *Rösler,* S. 160 f., 463 m.w.N.; *Jacobs,* in: Liber Amicorum Lord Slynn of Hadley, S. 17 (26); instruktiv: *Rasmussen,* in: EuGH in der Kritik, S. 113 (138 ff.).

[476] Vgl. *British Institute of International and Comparative Law,* S. 119; *Rösler,* S. 463; *Schermuly,* S. 326 f.; instruktiv *Rasmussen,* in: EuGH in der Kritik, S. 113 (179 ff.).

[477] Vgl. *Gebauer,* S. 272.

[478] *British Institute of International and Comparative Law,* S. 119; s.a. *Rösler,* S. 463; *Jacobs,* in: Liber Amicorum Lord Slynn of Hadley, S. 17 (25).

[479] So *Rösler,* S. 464 (v.a. im Herkunftsland des Richters); s.a. *Edward,* in: Liber Amicorum Lord Slynn of Hadley, S. 119 (134); *von Danwitz,* EuR 2008, 769 (777 f.); *British Institute of International and Comparative Law,* S. 120 f.; *Jacobs,* in: Liber Amicorum Lord Slynn of Hadley, S. 17 (25). Allerdings besteht die Gefahr auch bei Generalanwälten. Andererseits: *Baudenbacher/Bergmann,* in: EuGH in der Kritik, S. 191 (261 f.).

erwartende längere Verfahrensdauer,[480] die aber durch die im übrigen vorgeschlagenen Maßnahmen mehr als aufgewogen werden dürften. Der Rechtsprechungsprozess gewänne auch an Transparenz,[481] was zwar die Gefahren politischer Einflussnahmen erhöht, weil bestimmte Ansichten einzelner Richter im national-staatlichen Interesse explizit zum Ausdruck gebracht werden könnten.[482] Wegen der positiven Erfahrungen, die man mit den Sondervoten beim *EGMR* gemacht hat, sollte diese Gefahr aber nicht überschätzt werden,[483] zumal eine Beeinflussung der Richter wegen des hier vorgeschlagenen Bewerbungs- und Wahlverfahrens weitgehend ausgeschlossen sein dürfte. Dasselbe gilt für die Gefahr einer nicht wünschenswerten Profilierung[484] einiger Richter, die mit dem Ausschluss der Wiederwahl (schon I. 3.) weitgehend unterbunden sein sollte. Immerhin zeigt auch das Beispiel des *BVerfG,* das wie keine andere in der Öffentlichkeit wahrgenommene staatliche Institution uneingeschränktes Vertrauen der Bevölkerung genießt, dass Sondervoten weder inflationär gebraucht werden, noch die Autorität der Urteile untergraben.[485]

Die Möglichkeit zur Formulierung von Sondervoten sollte daher – unter der Voraussetzung, dass das Wahlverfahren in der hier vorgeschlagenen Art und Weise verändert wird und die Amtszeit bei Ausschluss der Wiederwahl auf zwölf Jahre verlängert wird – in die Verfahrensordnung aufgenommen werden.[486] Dies gilt besonders beim *EuStG,* bei dem keine Generalanwälte angesiedelt wären, deren Schlussanträge vielfach dieselbe Funktion wahrnehmen.[487]

---

[480] Siehe *von Danwitz,* EuR 2008, 769 (777 f.); ebenso *Rösler,* S. 464, weil die Richter, welche die Mehrheit darstellen, auf das Sondervotum hinreichend reagieren wollen.

[481] Siehe *Rösler,* S. 464; *Rasmussen,* in: *EuGH* in der Kritik, S. 113 (179 f.).

[482] Vgl. *British Institute of International and Comparative Law,* S. 120 f.; *Rösler,* S. 465; s.a. *Jacobs,* in: Liber Amicorum Lord Slynn of Hadley, S. 17 (24); auch *Rasmussen,* in: *EuGH* in der Kritik, S. 113 (181).

[483] Ebenso *Rösler,* S. 466. S.a. *Jacobs,* in: Liber Amicorum Lord Slynn of Hadley, S. 17 (24 f.), der zum Beleg das Beispiel der Generalanwälte heranzieht, die stets an exponierter Stelle ihre eigene Ansicht zum Ausdruck bringen.

[484] Etwa *von Danwitz,* EuR 2008, 769 (777 f.); auch *Edward,* in: Liber Amicorum Lord Slynn of Hadley, S. 119 (133); s.a. *Rösler,* S. 466.

[485] So auch *Schermuly,* S. 327.

[486] A.A. *Jacobs,* in: Liber Amicorum Lord Slynn of Hadley, S. 17 (25 f.), der aber die Beibehaltung der Schlussanträge der Generalanwälte fordert, die eine ähnliche Funktion wahrnehmen. S.a. *Edward,* in: Liber Amicorum Lord Slynn of Hadley, S. 119 (134).

[487] Dazu *Jacobs,* in: Liber Amicorum Lord Slynn of Hadley, S. 17 (21 f.).

D. Gerichtsverfassungsrechtliche Regelungen

I. Instanzenzug bei Nichtigkeitsklagen

1. Drei- oder zweistufiger Rechtsschutz gegen Nichtigkeitsurteile?

Sack hält einen dreistufigen Rechtsschutz gegen Entscheidungen eines Fachgerichts über Nichtigkeitsklagen generell für unnötig.[488] Dem ist zuzustimmen, da stets nur ein Einzelfall von der Entscheidung betroffen ist, selbst wenn es um so sensible Fragen des Strafrechts geht. Nur *eine* weitere Rechtsschutzebene ist vor diesem Hintergrund ausreichend. Auch der *Entlastungseffekt* durch die Errichtung des Fachgerichts wäre andernfalls geringer.[489] Heute wird gegen 30 % aller angreifbaren Entscheidungen des *GöD* Rechtmittel eingelegt. Selbst wenn 80 % davon zurückgewiesen werden,[490] wird doch die Verfahrensdauer erheblich verlängert. 2011 dauerten allein die Rechtsmittelverfahren im Schnitt 15,4 Monate.[491]

Rechtsmittelgericht müsste der *EuGH* sein.[492] Bei dem europäischen „Verfassungsgericht" müssen alle Fäden zusammenlaufen. Durch die Möglichkeit der Überprüfung der Entscheidungen des *EuStG* durch ein höchstes Gericht werden die Gefahren für die Kohärenz der Rechtsprechung minimiert. Wenn beim *EuGH* weiterhin alle Rechtsordnungen vertreten sind, ist zudem eine Berücksichtigung aller Traditionen in den wesentlichen Entscheidungen möglich,[493] obwohl beim *EuStG* keine Repräsentation aller Mitgliedstaaten gewährleistet ist.

2. Rechtsmittelbefugnis

Die Rechtsmittelbefugnis sollte dabei beschränkt sein.[494] Insbesondere sollte keine neue Tatsacheninstanz eröffnet werden. Tatsachen sind nur vor der zweiten Instanz zu erörtern, wenn Verfahrensfehler im Raum stehen. Im übrigen wären nur Sachrügen möglich. Die Abgrenzung wird im Einzelfall sicherlich schwer zu treffen sein, kann aber auch nicht abstrakt vorgezeichnet werden. Es ist Sache der

---

[488] So *Sack,* S. 20.
[489] Vgl. *Lipp,* NJW 2001, 2657 (2662).
[490] Vgl. Jahresbericht 2011, S. 215, S. 217 f.
[491] Jahresbericht 2011, S. 10.
[492] A.A. *Skouris,* in: Symposium Papier, S. 83 (87), der die Konzentration von Rechtsmittel- und Vorlageentscheidung beim *EuG* für Spezialmaterien für zweckmäßiger hält.
[493] Auch *Rösler,* ZRP 2000, 52 (55), geht davon aus, dass die Anzahl der Richter beim *EuGH* als letztinstanzlichem Gericht nicht verringert werden kann. Dazu auch *Everling,* DRiZ 1993, 5 (6 f.).
[494] Für Filterverfahren allgemein: Reflexionspapier des *EuGH,* abgedruckt in: EuZW 1999, 750 (752 f.).

Rechtsprechung, hier Leitlinien zu entwickeln. Erfahrungen aus den Mitgliedstaaten zeigen, dass dies durchaus möglich ist.

3. Vorgeschaltetes Annahmeverfahren?

Denkbar wäre zudem, dem eigentlichen Rechtsmittelverfahren ein Annahmeverfahren vorzuschalten, das weniger Ressourcen der Unionsgerichte bindet.[495] Es bestünde insbesondere die Möglichkeit im Rahmen einer Evidenzkontrolle alle offensichtlich unzulässigen oder unbegründeten Klagen auszusondern, ohne dazu in die Sachprüfung einsteigen zu müssen.[496]

Es sollte insgesamt nur bei *grundsätzlicher Bedeutung* überhaupt eine zweite Instanz geben.[497] Um sicherzustellen, dass nur solche Fälle an den *EuGH* gelangen, könnte entweder diesem selbst ein gewisses Auswahlermessen zugestanden werden oder eine Zulassungsentscheidung durch das Fachgericht vorgeschaltet werden. Für letztere Möglichkeit ist zu konstatieren, dass die Entlastungswirkung erheblich geschmälert würde, wenn zu häufig von der Zulassung Gebrauch gemacht wird, da das Rechtsmittelgericht an die Entscheidung gebunden sein müsste.[498] Andererseits besteht die Gefahr, dass das *EuStG* zu restriktiv von der Zulassung Gebrauch macht und keine geeigneten Fälle an den *EuGH* gelangen.

Eine Annahme nach dem Vorbild des *writ-of-certiorari*-Verfahrens ist aber ebenfalls abzulehnen. Die Bindung an gewisse – wenn auch flexibel zu handhabende – Kriterien entspricht eher dem Grundsatz effektiven Rechtsschutzes. Nur so könne auch der Charakter der Direktklage als zentrales Mittel des individuellen Rechtsschutzes erhalten bleiben.[499] Insoweit ist an § 93a BVerfGG zu denken, der es dem *BVerfG* ermöglicht, bei der Frage der Annahme auch auf die verfassungsrechtliche Bedeutung der Sache oder besonders schwere Nachteile für den Betroffenen abzustellen, womit zugleich dem Rechtsschutz Rechnung getragen und die Arbeitslast verringert wird.

Karper ist zwar recht zu geben, dass die Vorprüfung, ob eine Sache auch erheblich ist, es erfordert, dass sich der *EuGH* in die Sache einarbeitet. Dass allein deswegen keine Entlastung zu erwarten ist,[500] ist aber nicht zutreffend. Immerhin kann die Vorprüfung durch eine kleinere Kammer vorgenommen werden, so dass

---

[495] Vgl. etwa *Dauses,* D 87 ff.; ebenso KOM (2000) 109 endg., S. 6.
[496] So *Munding,* S. 566, der sowohl die Anwendung auf die Nichtigkeitsklage als auch auf die parallel von ihm geforderte Grundrechtsbeschwerde für möglich hält.
[497] Zur Frage, ob diese Einschränkung für Mitgliedstaaten oder Unionseinrichtungen ebenfalls gelten soll: *Dauses,* Gutachten, D 95 ff.
[498] So *Dauses,* D 91 f., in Bezug auf erstinstanzliche Entscheidungen des *EuG,* der letztlich eine Annahme durch das Rechtsmittelgericht befürwortet.
[499] Vgl. *Munding,* S. 565 f.
[500] Siehe *Karper,* S. 113 f.

schon weniger Ressourcen mit der Prüfung der Beschwerde befasst wären, abgesehen davon, dass eine sachliche Aufbereitung des Falles eben doch nicht im selben Umfang erforderlich ist. Über die Annahme könnte etwa ein mit drei Richtern besetzter Ausschuss entscheiden.[501]

Die Gefahren einer beschränkten Prüfdichte für das rechtliche Gehör bei einer reinen Evidenzkontrolle werden durch eine Verringerung der Verfahrensdauer und die erhöhte Prüfintensität in den zur Entscheidung angenommenen Verfahren gerechtfertigt.[502] Ohnehin wurde gerichtlicher Rechtsschutz zumindest erstinstanzlich bereits gewährt. Daher sollte die Annahmeentscheidung auch nicht justiziabel sein.[503]

Die Zurückverweisung an das Fachgericht, wie sie in Art. 257 AEUV vorgesehen ist, scheint dagegen unzweckmäßig. Stattdessen sollten Grundsatzfragen im Strafrecht,[504] zumal wenn sie auf andere Rechtsgebiete ausstrahlen, vom *EuGH* selbst entschieden werden. Dafür sollte die Große Kammer zuständig sein. Dies würde auch die Akzeptanz des endgültigen Urteils erhöhen.

4. Rechtsmittelfrist

Hinsichtlich der Rechtsmittelfrist scheint ein Monat ab Zustellung des Urteils ausreichend zu sein.

II. Rechtsmittel gegen Entscheidungen in Vorlageverfahren

1. Rechtsmitteltaugliche Entscheidungen?

„Das Vorlageverfahren eignet sich per naturam nicht für Rechtsmittel",[505] meint *Sack*. Problematisch erscheine ihm insbesondere der Schwebezustand eines Rechtsaktes, wenn ein zweistufiges Verfahren vorgesehen werde. Es müsste geklärt werden, ob der Rechtsakt in der Zeit bis zur Entscheidung des Rechtsmittels als gültig anzusehen ist, bzw. welche Auslegung in der Zwischenzeit von den diesen Rechtsakt anwendenden Behörden zu wählen ist.[506] Dieser Konflikt ist bei genauerer Betrachtung nicht unauflöslich. Letztlich verhält es sich wie bei Klagen vor dem *BVerfG,* der Rechtsakt bleibt grundsätzlich gültig. Anders wird es auch bei Nichtigkeitsklagen nicht gehandhabt.

---

[501] *Dauses,* D 92 f., schlägt vor, dass der Ausschuss die Entscheidung nur vorbereitet. Auch er zieht einen Vergleich zur Regelung im BVerfGG.
[502] Vgl. *Munding,* S. 567.
[503] Siehe *Munding,* S. 566; *Dauses,* D 92; denen zufolge eine Regelung in der Satzung genügt.
[504] Vgl. *Skouris,* in: Symposium Papier, S. 83 (87 f.), lehnt daher Fachgerichte ab.
[505] So *Sack,* S. 28.
[506] Gegen die Zweistufigkeit des Vorlageverfahrens: *Sack,* S. 19 f.

Karper führt gegen eine Überprüfungsmöglichkeit an, dass das Vorabentscheidungsverfahren kein streitiges Verfahren sei. Es könne daher schon keinen Rechtsmittelberechtigten geben.[507] Dabei übersieht sie, dass dem Vorabentscheidungsverfahren stets ein nationaler Prozess zugrunde liegt, in dem sich auf die ein oder andere Art stets Parteien gegenüberstehen. Zudem geht es weniger um ein Rechtsmittel, sondern um eine exzeptionelle Kontrolle, wenn die Kohärenz der Rechtsprechung anderenfalls bedroht wäre. Insofern kann und muss der Kreis der Antragsberechtigten sogar noch weiter gezogen werden, ohne eine formale Parteistellung zur Voraussetzung zu machen (dazu sogleich noch unter 4.).

2. Beschränkung der Rechtsmittel gegen die Vorlageentscheidung

Die Verlagerung der Vorlagen auf das Fachgericht reduziert die Gesamtzahl der Vorlagen nicht. Wird die Rechtsmittelzulässigkeit nicht beschränkt, tritt daher eine echte Entlastung nicht ein.[508] Auch die Dauer des Verfahrens würde erheblich verlängert.[509]

Daher darf es auch insoweit nur eine zweite, ausnahmsweise Kontrollinstanz geben. Rechtsmittelgericht kann wiederum allein der *EuGH* sein, der als Quasi-Verfassungsgericht über alle grundlegenden Fragen entscheiden und die Kohärenz der Rechtsprechung über Fachbereiche hinaus sicherstellen muss.[510] Um die Akzeptanz der Urteile bei den Mitgliedstaaten zu stärken, sollte über den Überprüfungsantrag stets die Große Kammer entscheiden. Eine Plenumsentscheidung erscheint dagegen unzweckmäßig, auch wenn dann sichergestellt wäre, dass jede Rechtstradition in Europa an der Entscheidung mitwirkt. Die Entscheidungszuständigkeiten des Plenums wurden nicht umsonst beschränkt. In der Großen Kammer könnte immerhin durch die Besetzung im Rotationsverfahren gewährleistet werden, dass bestimmte Rechtsordnungen nicht systematisch vernachlässigt werden. Neben der Sicherung der größtmöglichen Akzeptanz der Urteile wäre so zugleich die Funktionsfähigkeit des Gremiums sichergestellt.[511] Eine andere Lösung gibt es schlicht nicht.

3. Annahmeverfahren

Rechtsmittel müssten zudem ebenfalls einem Annahmeverfahren unterliegen, in dem ein Ausschuss die Bedeutung der zugrundeliegenden Rechtsfrage zumindest *prima facie* prüfen kann (siehe oben).

---

[507] Vgl. *Karper*, S. 125.
[508] Vgl. *Lipp*, NJW 2001, 2657 (2662).
[509] Vgl. *Everling*, DVBl. 2002, 1293 (1296 f.), zur Übertragung auf das *EuG*.
[510] *Dauses*, Gutachten, D 98 ff., zu Vorabentscheidungsersuchen des Fachgerichts an den *EuGH*. Dies sei aber abzulehnen, weil eine Endkontrolle dann ausgeschlossen sei.
[511] *Sack*, S. 23, hegt Bedenken hinsichtlich der Stetigkeit der Rechtsprechung.

4. Rechtsmittelbefugnis

Ein Antragsmonopol des Generalstaatsanwalts ist nicht zu empfehlen. Zum einen stellt es eine fragwürdige Konstruktion dar, wenn ein Teil des Rechtsmittelgerichts selbst darüber entscheidet, ob ein Verfahren eingeleitet wird.[512] Zum anderen ist fraglich, wie dies die Generalanwälte leisten sollen.

Systemfremd wäre auch ein Antragsrecht des vorlegenden Gerichts. Es kann das Verfahren zwar einleiten und durch die Rücknahme der Frage sperren, darin erschöpfte sich aber seine Teilnahme und wohl auch sein Interesse.[513]

Sinnvoller erscheint es, der *„Ursprungsbehörde"* ein Rechtsmittel einzuräumen. Zudem könnten die *Mitgliedstaaten* als Regeladressaten der Rechtsakte rechtsmittelbefugt sein, wobei allerdings ein gewisses Quorum erforderlich sein sollte. Andernfalls droht der Entlastungseffekt in Frage gestellt zu werden und die Überprüfungsmöglichkeit führte stattdessen zur Verlängerung des Verfahrens. Denkbar wäre etwa, dass sich mindestens fünf Staaten zu einem Antrag zusammenschließen müssen.

Auch die Rechtsmittelberechtigung des *Angeklagten* bzw. der Parteien des Ausgangsstreits[514] scheint nach den vorherigen Ausführungen und nicht zuletzt wegen der Forderung nach einer Individualvorlage unabdingbar. Im Falle der Rechtsmittelbefugnis des jeweiligen Verantwortlichen für einen Rechtsakt ergibt sich dies darüber hinaus schon aus Gründen der Waffengleichheit. Selbst wenn kein Individualvorabentscheidungsverfahren eingerichtet würde, hinderte dies die Rechtsmittelbefugnis Einzelner nicht. Damit wäre besser sichergestellt, dass Fragen von allgemeiner Bedeutung einer Überprüfung zugeführt werden.

Durch die Kombination dieser Antragsmöglichkeiten wäre weitgehend sichergestellt, dass alle wichtigen und die Kohärenz der Rechtsprechung und des Unionsrechts insgesamt bedrohenden Urteile einer Kontrolle zugeführt werden.

5. Rechtsmittelfrist

Wegen der besonderen Bedeutung der Fälle muss die Frist für ein Rechtsmittel entsprechend lang sein. Die Reflexionsgruppe der Kommission schlug vor, eine Frist gar nicht erst vorzusehen.[515] Dies läuft allerdings dem Bedürfnis nach Rechtssicherheit zuwider. Eine *sechsmonatige Frist* scheint ausreichend zu sein, um zu gewährleisten, dass alle Antragsberechtigten von der Entscheidung des *EuStG* zumindest Kenntnis erlangen.

---

[512] Vgl. nur *Rösler,* S. 292; *Grabenwarter,* EuR-Beih. 1/2003, 55 (63 ff.).
[513] *Dauses,* Gutachten, D 97.
[514] Kritisch *Azizi,* EuR-Beih. 1/2003, 87 (100 f.), wegen der Belastung des *EuGH.*
[515] Vgl. KOM (2000) 109 endg., S. 9, wobei sich die Kommission dem nicht anschließt.

Zusätzlich könnte eine *Begründungsfrist* von einem Monat eingeräumt werden, die angesichts der Komplexität der eben nicht nur einen Einzelfall betreffenden Vorlageentscheidung durchaus gerechtfertigt erscheint.

6. Keine Entscheidung im beschleunigten Verfahren oder Eilverfahren

Schon im Rahmen der Diskussion um den Vertag von Nizza wurde vorgeschlagen, der *EuGH* solle Vorlageentscheidungen des *EuG* im Eilverfahren überprüfen.[516] Wenn aber die Vorlagefrage von prinzipieller Bedeutung ist und die Einheit der Rechtsordnung in Frage steht, erscheint die Beschleunigung des Entscheidungsverfahrens nicht sinnvoll. Gerade in diesen Fällen sollen die Auswirkungen der Entscheidung genau bedacht werden. Sollte die hier vorgezeichnete Entwicklung auch andere Rechtsgebiete ergreifen, würde der *EuGH* ohnehin immer weiter von „Routine-Vorlagen" entlastet und könnte sich den wichtigsten Vorlagen besonders, aber eben auch zeitnah annehmen.[517]

III. Möglichkeit der Verweisung an EuG oder EuGH

Sollten sich, trotz der hier vorgeschlagenen Zuweisung, Fragen in Bezug auf die Zuständigkeit des *EuStG* ergeben, was zumindest bei Rechtsfragen bezüglich solcher Rechtsakte, die nur teilweise auf eine strafrechtliche Rechtsgrundlage gestützt werden, möglich erscheint, sollte eine Verweisung an das *EuG* oder den *EuGH* und *vice versa* möglich sein. Das Gericht, an das die Klage zuerst gelangt, sollte dann, im genannten Beispiel etwa nach dem Schwerpunkt der Regelung, verbindlich an das jeweils andere Gericht verweisen können bzw. sich selbst für zuständig erklären. Eine solche Regelung besteht mit Art. 54 Abs. 2 der Satzung des Gerichtshofs der Europäischen Union heute bereits im Verhältnis *EuG/EuGH*.

Eine Abgabe der Rechtssache an den *EuGH* sollte auch möglich sein, wenn das *EuStG* erkennt, dass eine Sache von grundlegender Bedeutung zu entscheiden ist, dann allerdings nur bei vorheriger Zustimmung des Klägers bzw. des Beschwerdeführers im Vorlageverfahren, da dieser anderenfalls eine Gerichtsebene verliert.

---

[516] Erklärung 15 zu Art. 225 Abs. 2 der Vertrags zur Gründung der Europäischen Gemeinschaft: „Die Konferenz ist der Auffassung, dass der Gerichtshof in den Ausnahmefällen, in denen er beschließt, eine Entscheidung des Gerichts erster Instanz in einer Vorabentscheidungssache zu überprüfen, im Eilverfahren entscheiden sollte."
[517] Vgl. *Hatje*, EuR 2001, 143 (166 f.), zu Art. 225 EGV a. F.

IV. Reform der Sprachenregelung

Die Vielsprachigkeit der Union ist ihr Kennzeichen,[518] aber auch ihre Bürde: Grundsätzlich wählt der Kläger die Verfahrenssprache, bei Vorlagersuchen ist die Sprache des vorlegenden Gerichts maßgeblich. Als Arbeitssprache nimmt aber das *Französische* eine herausgehobene Stellung ein: Der Berichterstatter fasst seinen Vorbericht auf Französisch ab, die geheimen Urteilsberatungen finden in dieser Sprache statt, wie auch die Beratung über die Urteilsfassung. Daher müssen alle mündlichen Aussagen und Schriftsätze der Verfahrensbeteiligten, Zeugen usw. in die Arbeitssprache der Gerichte und wieder zurück übersetzt werden, was allein ein Drittel der Verfahrensdauer in Anspruch nimmt.[519]

Auch die wegen der *Gleichrangigkeit aller Amtssprachen* notwendige Übersetzung von Urteilen und Stellungnahmen zeichnet sich für einen erheblichen finanziellen und zeitlichen Aufwand verantwortlich. Seit 2004 werden deswegen Entscheidungen nur noch selektiv veröffentlicht. Auch das fast-track-Verfahren (Art. 76a EuG-VerfO) und die damit einhergehende Verkürzung der Schriftsätze und Beschränkungen der Übersetzungspflichten entschärfen die Problematik. Dennoch besteht derzeit eine erhebliche Belastung.[520] Schon bei bisher 27 Unionsstaaten existierten 23 Verfahrenssprachen, mit 506 denkbaren Sprachkombinationen. Seit dem 1.7.2013 ist Kroatisch hinzugekommen. Der Übersetzungsdienst macht bereits jetzt 50 % des Personalbestands (ca. 1000 Mitarbeiter) der Unionsgerichte aus.

Dennoch sollte das Prinzip der *Gleichrangigkeit aller Amtssprachen* beibehalten werden, damit alle Bürger der Union einen effektiven Zugang zum *EuStG* haben. Auch die Vorlagebereitschaft der nationalen Gerichte dürfte andernfalls leiden. Zugleich sind Rückschritte auf dem Weg zur Integration gerade bei neueren Mitgliedstaaten zu befürchten.[521]

Die *Arbeitssprache* des *EuStG* sollte aber aus praktischen Gründen – zumindest auf lange Sicht ausschließlich – *Englisch* sein,[522] wie auch bei anderen Unionsorganen und dem EFTA-Gerichtshof.[523] Dass ursprünglich Französisch

---

[518] Vgl. auch *Yvon,* EuR 2003, 681.

[519] Siehe *Rösler,* S. 117 f.; *Skouris,* EuGRZ 2008, 343 (347); *Karper,* S. 84 f.; *Pirrung,* S. 10, 13. Zur Dauer *Edward,* in: Liber Amicorum Lord Slynn of Hadley, S. 119 (126).

[520] Nach *Edward,* in: Liber Amicorum Lord Slynn of Hadley, S. 119 (130), werden pro Amtssprache ca. 30 Übersetzer und Kanzleimitarbeiter eingestellt; auch *Karper,* S. 85 f.

[521] So auch *Rösler,* S. 118 f.; *Edward,* in: Liber Amicorum Lord Slynn of Hadley, S. 119 (129 f.); *Yvon,* EuR 2003, 681 (690 f.), allg. zum Sprachenregime der EU.

[522] Auch HL 128 Nr. 60 ff., wonach parallele Arbeitssprachen nicht wünschenswert seien; vgl. auch *Rösler,* S. 120. Für das Englische auch *Yvon,* EuR 2003, 681 (692), der dies jedenfalls im Hinblick auf die gesamte EU für politisch nicht realisierbar hält.

[523] Vgl. *Rösler,* S. 116 f.; s. a. *Waelbroeck,* EuR-Beih. 1/2003, 71 (85).

gewählt wurde, ist zwar nachvollziehbar: Die herausgehobene Rolle Frankreichs bei den Vertragsverhandlungen in der Nachkriegszeit und das Renommee des französischen Verwaltungsrechts erklären die Affinität zu dieser Sprache.[524] Auch derjenige Teil der anfangs mit dem Gemeinschaftsrecht befassten Juristen, die zumindest auch des Französischen mächtig waren, war erheblich;[525] er sank jedoch mit jeder Erweiterungswelle drastisch.[526] Englisch ist dagegen heute die Sprache, die nicht nur die meisten Bürger, sondern auch Juristen neben der Landessprache am besten beherrschen. Gerade in den neuen Mitgliedstaaten wird das Französische nur selten als Zweitsprache erlernt. Nicht-frankophones Personal wird also benachteiligt.[527] Diese unzeitgemäße Sprachenregelung beschränkt den Bewerberpool, was gerade angesichts der Qualifikationsanforderungen, die an die Unionsrichter gestellt werden, besonders bedeutsam erscheint.[528] Den französischen Richtern wiederum wird beim *EuGH* und *EuG* eine starke Stellung eingeräumt, nicht zuletzt, weil Übersetzungspersonal bei den Beratungen ausgeschlossen ist. Daher sind häufig dem französischen Recht nachempfundene Auslegungen und Grundsätze in den Urteilen der Gerichte wiederzufinden.[529] Das *EuStG* ist für einen Modellversuch geradezu prädestiniert.[530]

Es sollte schließlich auch keine Übersetzung der Urteile mehr in *alle* Amtssprachen der Union auf Unionsebene erfolgen. Der Übersetzungsdienst des *EuGH* kann dies schlicht nicht mehr leisten. Die Übersetzung ist andererseits erforderlich, damit alle Bürger der Union Zugang zur Rechtsprechung erhalten.[531]

---

[524] Vgl. *Everling,* in: Aufsätze 2001–2011, Nr. 15, S. 325 (326). Zur Orientierung am französischen Vorbild: *Rösler,* S. 278 f.; *Edward,* in: Liber Amicorum Lord Slynn of Hadley, S. 119 (130).

[525] Vgl. *Schiemann,* in: Essays Sir Francis Jacobs, S. 3 (10).

[526] Vgl. *Skouris,* FS Starck, S. 991 (997), der die bisherige Praxis dennoch beibehalten will.

[527] So auch *Gebauer,* S. 276 f.; vgl. aber *Schiemann,* in: Essays Sir Francis Jacobs, S. 3 (10), der wegen des Sitzes des Gerichtes neben zwei französischsprachigen Staaten aus praktischen Gründen die bisherige Arbeitssprache beibehalten will. Unterstützendes Personal würde häufiger aus den Nachbarstaaten rekrutiert. Dagegen: *Bellamy,* in: Liber Amicorum Lord Slynn of Hadley, S. 81 (84), schon vor Beginn dieses Jahrtausends waren selbst die Klagen in dienstrechtlichen Streitigkeiten, bei denen man ein Überwiegen des Französischen vermuten würde, zu einem Viertel in englischer Sprache verfasst, 20 % wurden auf Deutsch eingereicht und nur 15 % auf Französisch, übrigens kaum mehr als auf Holländisch.

[528] Siehe *Rösler,* S. 120; so auch *Schiemann,* in: Essays Sir Francis Jacobs, S. 3 (10).

[529] Ebenfalls *Rösler,* S. 120. Erschreckend wirkt das Bild, das *Ahlt,* in: Zivilgerichtsbarkeit, S. 31 (33 f.), von der Urteilsberatung zeichnet, der die von ihm selbst konstatierte Vorrangstellung der frankophonen Richter, als nicht allzu großes Handicap empfindet.

[530] Für eine schrittweise Umstellung plädiert auch: *Rösler,* S. 120.

[531] Insoweit ist auch HL 128 Nr. 63 ff., zuzustimmen; *Rösler,* S. 121, kritisiert, dass Urteile von historischer Bedeutung nur bruchstückhaft in den Sprachen neuer Mitgliedstaaten veröffentlicht werden. *Yvon,* EuR 2003, 681 (692), dazu, dass Übersetzungen nur noch in bestimmte Sprachen stattfinden sollten, etwa das Englische und dann in die

Als Kompromiss sollten die Urteile daher auf Englisch veröffentlicht werden, sowie in der Sprache des Klägers bzw. des verfahrensauslösenden Gerichts. Darüber hinaus sollten es die *Mitgliedstaaten* sein, die *Übersetzungsdienste* bereithalten,[532] die die Urteilstexte jeweils in die eigenen Amtssprachen übersetzen und – wie das BMJ dies mit *EGMR*-Urteilen bereits heute zum Teil macht – diese Übersetzungen auf der Online-Datenbank *InfoCuria* zur Verfügung stellen. Dem widerspricht auch nicht Art. 41 Abs. 4 GRC, wonach jeder Bürger das Recht hat, den Unionsorganen gegenüber in seiner Muttersprache aufzutreten,[533] diese Möglichkeit soll gerade beibehalten werden. Zugleich würde damit eine bessere Einpassung der Urteile in das Rechtsregime der Staaten gewährleistet, da die Juristen des nationalen Übersetzungsdienstes Begrifflichkeiten bewusster wählen als Übersetzer bei europäischen Gerichten. Damit würde zudem die Übersetzung beschleunigt, weil sie für weniger gebräuchliche Sprachen im Verbreitungsgebiet schneller und besser gewährleistet werden kann. Ein erfreulicher Nebeneffekt wäre, dass doppelte und somit unnötige Vorlagen dadurch vermieden werden, dass die Gerichte schneller informiert würden.

§ 5 Zusammenfassung der Vorschläge zur Schaffung eines EuStG auf Basis einer Vertragsänderung

Während die Errichtung eines Fachgerichts für Strafrecht nach Art. 257 AEUV etwa zwei Jahre in Anspruch nehmen dürfte, kann eine Vertragsänderung erheblich länger auf sich warten lassen, wie die Erfahrungen mit dem Reformvertrag zeigen. Die Arbeitslast der europäischen Gerichte muss aber alsbald reduziert werden. Zugleich ist die Qualität der Urteile zu erhöhen, gerade für den auch im Hinblick auf Souveränitätsvorbehalte der Mitgliedstaaten sensiblen Bereich des Strafrechts. Die Errichtung des Strafgerichts sollte daher als Priorität des Maßnahmenkatalogs erachtet werden. Die Errichtung erfordert zunächst lediglich die Schaffung einer Errichtungsverordnung (Art. 257 Abs. 2 AEUV). Wie jedes Verfahren, an dessen Ende „eine rechtspolitische Entscheidung mit budgetären Auswirkungen" stehen soll, ist auch dieses aber alles andere als ein „Selbstläufer", zumal die nationalen Parlamente nach den Protokollen 1 und 2 zum Unionsvertrag in die Entscheidungsfindung miteinzubinden wären.[534]

Die Übertragung des *Vorlageverfahrens* auf das *EuStG* ist dabei vermutlich unter der bisherigen Vertragslage noch nicht möglich, wohl aber auf das *EuG*. Es

---

Zielsprache. Damit würde der Personalbedarf bei den Übersetzungsdiensten erheblich reduziert.

[532] Angedeutet auch bei *Yvon,* EuR 2003, 681 (694), jedoch kritisch wegen der unmöglichen Qualitätskontrolle.
[533] Vgl. dazu *Rösler,* S. 115.
[534] So *Jaeger,* in: Wirtschaftsrecht, S. 57 (81).

könnte zunächst mit den Vorabentscheidungsersuchen bezüglich strafrechtlicher Spezialmaterien betraut werden. Um die Vorteile der Spezialisierung frühzeitig nutzen zu können, sollte bis zur Vertragsänderung, mit der eine Übertragung auf das *EuStG* möglich wird, daher eine Kammer beim *EuG* eingerichtet werden – unter Umständen nach einer Erhöhung der Richterzahl am *EuG*. Das Gericht wäre nach den derzeitigen Vertragsregelungen auch für die Rechtsmittel gegen Entscheidungen des *EuStG* zuständig. Bei einer spezifisch für strafrechtliche Angelegenheiten zusammengestellten Kammer würden dann Vorlageverfahren und Rechtsmittel in strafrechtlichen Angelegenheiten zusammenlaufen. Bei anhaltendem Klageaufkommen ist nach der Vertragsänderung eine Übertragung an das *EuStG* zu erwägen, um die Spezialisierungsvorteile zur Gänze auszunutzen.[535]

Die Aufgaben, die mit der Vergemeinschaftung der ehemalige Dritten Säule dem *EuGH* zugewiesen würden, also vor allem die nachträgliche Kontrolle der Ermittlungstätigkeit von Europol und Eurojust, könnten ohne Weiteres nach Art. 257 AUV auf ein Fachgericht übertragen werden. Dasselbe gilt für die nachträgliche Kontrolle der Tätigkeit der Europäischen Staatsanwaltschaft, jeweils natürlich nur, soweit es dabei um die Kontrolle durch die Nichtigkeitsklage geht. Die präventive Kontrolle sollte trotz der zweideutigen Normierung in Art. 261 AEUV dennoch auf diese Norm gestützt werden, um Art. 47 GRC gerecht zu werden, sowie der Schutzdimension der Grundrechte.

Für etwaige Änderungen der Satzung gilt, dass diese zwar nach Art. 51 EUV Primärrecht darstellt, sie aber nach Art. 281 Abs. 2 AEUV im ordentlichen Gesetzgebungsverfahren (Art. 294 AEUV) geändert werden kann. Die Sprachenregelung unterliegt der Genehmigung des Rates nach Art. 48 EUV (Art. 281 Abs. 2 AEUV i.V.m. Art. 64 Satzung).

---

[535] Generell für eine solche schrittweise Spezialisierung auch *Rösler*, S. 420 f.

Kapitel 6
Zusammenfassung und Ausblick

Das Ziel, einen *Raum der Sicherheit* für alle Unionsbürger zu gewährleisten, steht in einem natürlichen Spannungsverhältnis zur Gewährleistung eines *Raums der Freiheit und des Rechts*. Vor allem die Etablierung eines Europäischen Strafrechts geht notgedrungen mit Beschränkungen der Freiheit einher.

Die Möglichkeiten der Europäischen Union zur Beschränkung der subjektiven Rechte vor allem der Unionsbürger im strafrechtlichen Bereich sind mit dem Vertrag von Lissabon deutlich gestiegen. Gerade die Sprengkraft der Anweisungs- und Harmonisierungskompetenzen im Bereich des Straf- und Strafprozessrechts (Art. 82, 83 AEUV) sind nicht zu unterschätzen, die – in materiellrechtlicher Hinsicht – zunehmend auch das mitgliedstaatliche Kernstrafrecht betreffen werden. Auch das nationale *Prozessrecht* wird heute weitgehend durch Unionsrecht durchdrungen. Das auf den Prinzipien der Koordinierung, gegenseitigen Anerkennung und Harmonisierung (Art. 67 Abs. 3 AEUV) ruhende strafverfahrensrechtliche Konzept der Polizeilichen und Justiziellen Zusammenarbeit (Art. 67 ff. AEUV) erfasst inzwischen nahezu alle Stadien eines nationalen Strafverfahrens, vom Ermittlungsverfahren bis zum Vollstreckungsverfahren.

Das Bedürfnis nach einem *effektiven Rechtsschutz* durch eine unabhängige Stelle, die auch den Unionsgesetzgeber in seine Schranken weist, wird damit immer offensichtlicher, zumal die Union seit dem Inkrafttreten des Vertrags von Lissabon erstmals über einen verbindlichen Grundrechtekatalog verfügt (Art. 6 Abs. 1 EUV). Vor allem das Strafverfahrensrecht als angewandtes Verfassungsrecht darf die Anknüpfung an die Freiheitsrechte der Bürger nicht verlieren. Der einem Betroffenen gewährte Rechtsschutz muss insgesamt vollständig sein; Rechtsschutzlücken dürfen nicht bestehen (Art. 47 GRC i.V.m. Art. 19 Abs. 1 UAbs. 2 EUV/Art 13 EMRK). Erforderlich ist hierfür ein *Gericht*, das eine zeitnahe und transparente Klärung der Rechtslage herbeiführen kann. Das zuständige Gericht muss einen Rechtsstreit effektiv, d.h. verbindlich und abschließend befrieden können, was auch die institutionelle Absicherung grundlegender Charakteristika wie der richterlichen Unabhängigkeit erforderlich macht (Art. 47 Abs. 2 GRC/Art. 6 Abs. 1 EMRK).

Eine effektive und sachgerechte Kontrolle strafrechtlicher Sachverhalte werden die auf europäischer Ebene bestehenden Gerichte schon angesichts ihres *Selbstverständnisses* nicht leisten können. Es wurde gezeigt, dass die europäischen Gerichte, insbesondere der *EuGH,* primär *Strafrechtsintegration* betreiben und weniger als Fachgerichte über die Anwendung und Auslegung dieses Rechtsgebiets urteilen, geschweige denn bürgerliche Freiheiten gegenüber der Union schützen.

Es ist auch zu berücksichtigen, dass die Unionsgerichtsbarkeit nicht geschaffen wurde, um über den Politikbereich Strafrecht zu urteilen und sie dessen Bedürfnissen in den vergangenen Jahrzehnten auch *kaum angepasst* wurde. Die Notwendigkeit entsprechender Modifikationen des justiziellen Kontrollsystems scheint die Politik bis heute nicht erkannt zu haben. Doch schon das allgemeine Verfahrenssystem ist auf die Bedürfnisse des Strafrechts nicht ausgerichtet (Art. 251 ff. AEUV). Nur für den als Ausnahmefall erachteten *unmittelbaren Eingriff* in Rechte der Unionsbürger und Ausländer durch das Unionsrecht steht den Betroffenen direkter Rechtsschutz über die Nichtigkeitsklage zur Verfügung (Art. 263 Abs. 4 AEUV). Im Übrigen werden die Betroffenen weitgehend auf den *dezentralen Rechtsschutz* verwiesen, d. h. auf den Rechtsschutz vor nationalen Gerichten, die bei unionsrechtlichen Fragestellungen dem *EuGH* vorlegen können. Dieser dezentrale Rechtsschutz kann zumindest dann nicht mehr als zumutbar gelten, wenn der Betroffene, um ihn auszulösen, ein Strafverfahren gegen sich selbst provozieren muss. Hier kommt der Rechtsschutz bereits zu spät, denn dem Betroffenen kommt es eigentlich gerade darauf an, zu vermeiden, dass er straffällig wird, indem er klärt, ob eine bestimmte Norm für ihn persönlich oder überhaupt Geltung erlangt. Zudem ist die Verfahrensstellung des vom nationalen Strafverfahren Betroffenen zu berücksichtigen. Nach der derzeitigen Konzeption des Vorabentscheidungsverfahrens (Art. 267 AEUV) kann der Betroffene die Einleitung des Verfahrens nicht erzwingen, es hängt allein vom jeweiligen nationalen Spruchkörper ab, ob ein Vorlageersuchen an den *EuGH* ergeht. Im Verfahren vor dem *EuGH* selbst, sollte es dazu kommen, kommt dem betroffenen Bürger zudem keine aktive Rolle zu. Für den Schutz individueller Rechte ist das Vorabentscheidungsverfahren daher ungeeignet, obwohl dieser Schutz mittlerweile zur Hauptfunktion des Verfahrens geworden ist.

Dass diese Inkonsistenz von materiellem und prozessualem Recht von den Unionsgerichten akzeptiert wird, stellt geradezu eine Pervertierung der jedem rechtsstaatlichen Strafrechtssystem immanenten *Subjektqualität* des Einzelnen dar. Ob eine tatsächliche Verpflichtung zur Änderung der Verfahrensnormen dabei aus Art. 47 GRC hergeleitet werden kann, ist letztlich nicht entscheidend. Sie sollte angesichts des Anspruchs der Rechtsstaatlichkeit der Union nicht aus formalen Kriterien in Frage gestellt werden.

Äußerst prekär erscheint vor dem Hintergrund des Vorwurfs der zunehmenden Objektivierung des Beschuldigten im Strafverfahren auch die *unzureichende Kontrolle der europäischen Strafverfolgungsbehörden*: Europol, Eurojust und OLAF. Diese europäischen Agenturen erhielten im Laufe der Zeit immer weitreichendere Kompetenzen, die unmittelbar in die Grundrechte der Betroffenen eingreifen. Die gestalterischen und kompetenziellen Unterschiede zu nationalen

Ermittlungsbehörden werden zunehmend geringer. Hier sei auch der im Juli 2013 auf den Weg gebrachte Verordnungsentwurf der Kommission für eine Europäische Staatsanwaltschaft (KOM (2013) 534 endg.) erwähnt oder die im Vertrag von Lissabon vorgezeichneten Entwicklungsperspektiven für Europol (KOM (2013) 173 endg.) und Eurojust (KOM (2013) 535). Es wird deutlich, dass der evolutive Prozess dieser Institutionen noch nicht abgeschlossen ist. Dennoch ist schon *nachträglicher Individualrechtsschutz* für den Einzelnen angesichts der restriktiven Klagevoraussetzungen vor den Unionsgerichten, die selbst bei massivsten Eingriffsmaßnahmen deren eigenständige Grundrechtsrelevanz nicht anerkennen wollen, nicht zu erlangen. Die unbotmäßige Absicherung durch Kontrollorgane bei den europäischen Strafverfolgungsbehörden selbst erweckt eher den Eindruck, der Mangel an rechtsstaatlicher Kontrolle solle verschleiert, nicht ausgeglichen werden. Auch die Kontrolle der Datenverarbeitung im polizeilichen Bereich ist als wesentliches Manko deutlich geworden, wenn auch in jüngster Zeit durch die Ausweitung des Mandatsbereich des Europäischen Datenschutzbeauftragten (Art. 16 Abs. 2 AEUV) Verbesserungen durchaus sichtbar werden.

Eine *präventive* Grundrechtskontrolle der Handlungen europäischer Strafverfolgungsorgane ist den unionalen Gerichtsstrukturen gänzlich unbekannt. Eine dem Ermittlungsrichter nach deutschem Verständnis (vgl. § 162 StPO) vergleichbare Institution existiert auf Unionsebene nicht, wie generell strafrechtlich geprägte Verfahren der Gerichtsbarkeit auf Unionsebene fremd sind. Dies verstößt in eklatanter Weise gegen die aus den Grundrechten resultierenden Schutzpflichten.

Rechtsstaatlich akzeptabel ist die voranschreitende Effektivierung der Strafverfolgung ohne gleichzeitige Nivellierung der Kontrolle der die Ermittlung führenden Einrichtungen keinesfalls.

Die heutigen verwaltungsrechtlich geprägten unionalen Gerichtsstrukturen gilt es zu überarbeiten, neu zu strukturieren. Dabei muss gleichermaßen bei den *Verfahrensformen* wie bei der *Gerichtsstruktur* angesetzt werden.

Eine Reform auf Ebene des Verfahrenssystems, egal in welchem Umfang, muss angesichts der Unionsstrukturen, die eine Kooperation zwischen Unions- und nationaler Ebene erforderlich machen, jedenfalls *am Kooperationsmodell festhalten*. Die Unterscheidung zwischen Direktklagen und Vorlageverfahren ist daher sakrosankt. Rechtsschutz gegen Unionsakte muss in dem selben Maß ineinandergreifen, wie dies auch nationale und unionale Maßnahmen tun. Ihre grundrechtliche Schutzaufgabe können die Unionsgerichte aber nur erfüllen, wenn ihnen auch die Möglichkeit gegeben wird, die Grundrechte im Raum der Freiheit, der Sicherheit und des Rechts weiterzuentwickeln. Solche Möglichkeiten können ihnen nur diejenigen einräumen, deren Rechte betroffen sind. Das sind nicht die Mitgliedstaaten oder die EU-Institutionen. Die Bürger der EU müssen ihre Grundrechte selbst effektiv schützen können. Das geht nicht über den

Filter der mitgliedstaatlichen Gerichte, die nicht einmal in jedem Fall angerufen werden können.

Daher müssen die *Direktklagemöglichkeiten* im europäischen Gerichtssystem erweitert werden; Ausgangspunkt muss sein, ob eine *Rechtsverletzung* unmittelbar durch den Unionsakt bewirkt wird oder bewirkt werden kann. Rechtsschutz gegen Unionsakte muss insbesondere auch dann auf zentraler Ebene bestehen, wenn zwar ein nationaler Umsetzungsakt erforderlich ist, damit sich die negativen Rechtsfolgen gegenüber dem Betroffenen entfalten, dessen Abwarten aber gerade unzumutbar ist. Eine Zuweisung von Rechtssachen an die nationale Ebene als reines Durchgangsstadium widerspricht zudem dem Grundsatz der *Prozessökonomie* wie auch dem *Trennungsgebot*. Nationale Gerichte können Unionsakte weder für ungültig erklären, noch über deren Auslegung entscheiden. Ein Vorgehen gegen nationale Umsetzungsakte erscheint schlicht unsinnig, wenn der dahinterstehende Unionsakt den einzigen Angriffspunkt darstellt, zumal im Gegensatz zum nationalen Recht die meisten Gesetzgebungsakte sehr detailliert sind und so eine grundrechtliche Betroffenheit unmittelbar durch den konkreten Unionsakt häufig vorkommt. Eine solche Erweiterung der Direktklagemöglichkeiten ist durch eine Reform der Nichtigkeitsklage (Art. 263 Abs. 4 AEUV) zu erreichen. Diese ist nicht nur gegenüber (allen) abstrakt-generellen Rechtsakten der Union zu öffnen, eine Differenzierung im Hinblick auf die Qualität eines Rechtsaktes sollte künftig – von der maßgeblichen Klagefrist einmal abgesehen – unterbleiben. Vielmehr sollte es allein darauf ankommen, ob ein Akt unmittelbar in die Rechte eines potenziellen Klägers eingreift, sofern dieser plausibel darlegen kann, dass er selbst von dem Akt betroffen ist. Dafür muss er nicht Adressat des angegriffenen Aktes sein; es genügt, dass er möglicherweise in seinen eigenen Rechten verletzt ist.

Jenseits der bisher zu eng gefassten Nichtigkeitsklage erweist sich im Hinblick auf die Direktklagearten auch der *numerus clausus* der Verfahrensarten (Art. 258 ff. AEUV) als problematisch. Im Schnittbereich der bestehenden Verfahrensformen drohen signifikante Rechtsschutzlücken aufzutreten. Eine Feststellungs- oder Verpflichtungsklage, die häufig allein dem Rechtsschutzbegehren des Einzelnen gerecht werden, existieren derzeit auf Unionsebene nicht. Wichtig sind diese Klageformen aber gerade im Hinblick auf den Rechtsschutz gegen die europäischen Strafverfolgungsbehörden (Europol, Eurojust, OLAF), da vor allem im Datenverarbeitungsbereich häufig die Nichtigerklärung eines bestimmten Aktes dem Rechtsschutzziel der Betroffenen nicht gerecht wird. Vielmehr muss hier auch die Möglichkeit bestehen, etwa zur Sperrung von Daten zu *verpflichten* oder eine Weiterleitung von potenziell falschen oder im Widerspruch zu rechtsstaatlichen Grundsätzen erlangten Informationen zu *untersagen*. Gerade angesichts der zunehmenden operativen Tätigkeit der Strafverfolgungsbehörden der Union ist auch eine (Fortsetzungs-)Feststellungsklage von Nöten. Andernfalls könnte dem Rechtsschutz durch schlichten Vollzug kritischer Maßnahmen die

Grundlage entzogen werden. Der Anwendungsbereich dieser Klagen sollte zudem auf Rechtsakte ausgedehnt werden, die der gegenseitigen Anerkennung dienen. Eine Feststellungsklage, die darauf gerichtet wäre, ob ein konkretes Ersuchen oder z. B. eine Europäische Ermittlungsanordnung mit dem Grundrechtskanon der Union im Einklang steht, würde die Stellung des Einzelnen im Rahmen transnationaler Strafverfolgungsmaßnahmen wesentlich stärken.

Obwohl die Erweiterung der Direktklagemöglichkeiten auf EU-Ebene als notwendiger Schritt erachtet werden muss, so ist zugleich offensichtlich, dass das Vorabentscheidungsverfahren (Art. 267 AEUV) der Protagonist des Rechtsschutzsystems bleibt. Die Umsetzungsbedürftigkeit unionaler Akte mit der Folge, dass erst der nationale Akt die Betroffenen tatsächlich beeinträchtigt, wird der Regelfall bleiben. Daher ist ein grundlegendes Umdenken hinsichtlich der *Natur* des Verfahrens erforderlich, soll es den Rechtsschutzgewährleistungen der Charta der Grundrechte und der EMRK gerecht werden. Dazu gehört insbesondere, dass sich die Bedeutung des Vorlageverfahrens als *individualschützender Rechtsbehelf* auch in seiner Ausgestaltung widerspiegelt. Die Unionsgerichte müssen insoweit *funktionell* die Rolle als *Fachgerichte* für Europäisches Strafrecht einnehmen.

Dem Anspruch auf effektiven Rechtsschutz kann letztlich nur genügt werden, wenn ein *Individualzugang* zum zuständigen Unionsgericht *auch für Vorlageverfahren* besteht. Indirekte Mechanismen zur Erzwingung der Vorlage können einen solchen fehlenden Zugang des Betroffenen nicht kompensieren. Generell kann die Vorlage durch die nationalen Gerichte einen Individualzugang stets nur flankieren. Dies gilt umso mehr, wenn man sich die fachgerichtliche Komponente jedes Vorabentscheidungsverfahrens vor Augen hält.

Ein solches *eigenes Antragsrecht* im Vorabentscheidungsverfahren sollte dabei nach der letztinstanzlichen Entscheidung zur Verfügung stehen. Dass das nationale Urteil dabei in Rechtskraft erwächst, ist durch die Einführung eines Wiederaufnahmegrundes im Kanon des § 359 StPO auszugleichen. Zusätzlich sollte ein formelles Antragsrecht des Betroffenen in der StPO verankert werden, dessen Ablehnung begründet und protokolliert werden muss. Damit wären die nationalen Gerichte zu einer gebührenden Selbstreflektion angehalten und eine Vorlage zum *EuStG* ließe sich so unter Umständen frühzeitig bewirken.

Sieht man diese Forderungen vor dem Hintergrund der heute bereits deutlich zu Tage tretenden *Überlastung* der bestehenden Unionsgerichte, die sich vor allem in der steigenden Verfahrensdauer und der Zunahme von Rückständen abzeichnet, wird schnell deutlich, dass diese ihrer fachgerichtlichen Funktion im Bereich des Strafrechts – zumal angesichts der erforderlichen Erweiterungen des Individualzugangs zur Unionsgerichtsbarkeit – nicht mehr gerecht werden können. Im Zusammenhang damit ist auch die erhebliche Kritik an der Rechtsprechungsqualität der Unionsgerichte zu sehen, deren Rückgang nicht zuletzt durch die Überforderung bedingt ist. Diese Überforderung ist aber nicht nur eine Folge der erheblichen Fall-pro-Kopf-Belastung der Richter, die nicht zuletzt von den Erweiterungen der Union, aber auch der zunehmenden Integration weiterer Politiken und Rechtsgebiete herrührt. Sie ist vor allem institutioneller Natur, denn die Unionsgerichte sind „Generalisten"-Gerichte, also gerade keine Fachgerichte, sondern solche mit allgemeiner Zuständigkeit für alle Rechtsgebiete. Sie entscheiden über alle Materien, sei es das Zivilrecht, sei es das Strafrecht mit denselben Methoden, den selben Herangehensweisen und aus denselben Verfahren heraus.

Vom Blickwinkel eines im nationalen, gerade dem deutschen, Gerichtssystem „aufgewachsenen" Rechtswissenschaftlers, mutet dies geradezu unverständlich an. Die meisten Rechtssysteme Europas kennen zwar auch solche Einheitsgerichte, wie sie auch der *EuGH* und das *EuG* darstellen. Doch handelt es sich dabei meist um Höchstgerichte, also solche, die alle (spezialisierten) Gerichtszweige wieder auf ein gemeinsames Wertemodell zurück- und zusammenführen sollen, die schlicht den Überblick über alle Rechtsgebiete wahren und deren Konsistenz sicherstellen.

Der Umstand, dass eine fachliche Spezialisierung der Unionsgerichte, vom *GöD* einmal abgesehen, bisher unterblieben ist, hängt nicht zuletzt damit zusammen, dass die Gerichte – ungeachtet aller Vorstöße in andere Rechtsgebiete – noch immer vorwiegend Verwaltungs- und Verfassungsgerichte sind. Werden sie als Zivil- oder Strafgerichte tätig, so überschneiden sich die im Rahmen der zugrunde liegenden Streitigkeiten aufgeworfenen Problemstellungen häufig mit klassisch öffentlich-rechtlichen Rechtsfragen. Dennoch ist vor dem Hintergrund der Neuartigkeit des Strafrechts als Aufgabenbereich für die Unionsgerichtsstrukturen und die zunehmende Überlastung der Gerichte eine Spezialisierung dringend ins Auge zu fassen. Zu schwer wiegen die Vorwürfe an der Qualität der Urteile der Unionsgerichte, die angesichts des Verfahrensaufkommens zu einem Arbeitsrhythmus gezwungen werden, der eine vertiefte Einarbeitung in jegliche rechtliche Materie verbietet. Darunter leidet nicht nur die Korrektheit der Urteile, sondern auch deren Autorität, denn auch die Urteilsgründe entbehren angesichts ihrer apodiktischen Kürze, der meist fehlenden Abwägung von Pro und Contra und der häufig aus mehr oder minder auf die Situation passenden Präjudizien zusammenkopierten Begründungsstränge jeglicher Überzeugungskraft. Dies wiederum stellt den Anspruch der Unionsgerichte in Frage, allein über gewisse Fragen entscheiden zu können. Dies gilt umso mehr im Strafrecht, das dem Konzentrationsgebot wie kein anderes Rechtsgebiet unterliegt.

Dabei erweisen sich sämtliche Vorschläge zur Straffung der Verfahren oder sonstigen Entlastungsmöglichkeiten, wie etwa die Erhöhung der Richterzahlen, als unzureichend. Dergleichen Maßnahmen schieben den unvermeidlichen Kollaps der Gerichtsbarkeit nur hinaus, sie packen das Problem nicht an der Wurzel, die gerade in der bis dato unterbliebenen Anpassung der Gerichtsstrukturen an ihre Aufgaben liegt. Zudem gehen die meisten dieser Maßnahmen mit zusätzlichen Belastungen für den Einzelnen einher, dessen Position unter dem Deckmantel der Verfahrensbeschleunigung im Rahmen weiterer „Einsparmaßnahmen" zunehmend geschwächt oder – was ebenfalls diskutiert wird – dessen Zugang zur Unionsgerichtsbarkeit über das heute bereits besorgniserregende Maß hinaus beschränkt wird. Allenfalls zusätzlich zu grundlegenderen Maßnahmen erscheinen einige Vorschläge bedenkenswert, etwa die Förderung von mit dem Vorlageersuchen gemeinsam eingereichten Entscheidungsentwürfen durch die Ausgangsgerichte.

Die einzig tragende Lösung für die dem Gerichtssystem immanenten strukturellen Mängel stellt vor diesem Hintergrund eine *Spezialisierung* der Gerichtsbarkeit dar, denn so notwendig eine Entlastung der Unionsgerichte auch erscheinen mag, die Rechtsschutzeffektivität darf auf dem Altar der Verringerung der Verfahrenszahlen oder der Verfahrensdauer als Selbstzweck nicht geopfert werden. Dies gilt schon deshalb, weil die Europäische Union selbst in erheblichem Umfang auch subjektive Rechte gewährt. Materielles Recht, das aber nicht durchgesetzt wird, ist totes Recht. Als Konzept zielt die Spezialisierung dabei vorrangig auf den Qualitätsanspruch der Rechtsprechung ab, denn von einer fachlich spezialisierten Richterschaft ist auch ein Anstieg der Güte der Urteile zu erwarten. Andererseits wird als Reflex auch eine Verfahrensbeschleunigung erreicht, wären doch – unabhängig vom gewählten Spezialisierungsmodell – jedenfalls die Einarbeitungszeiten der Richter angesichts bereits vorhandener Fachkenntnisse geringer.

Eine Spezialisierung lässt sich prinzipiell auf zwei Wegen erreichen: Zum einen können Spezialkammern bei den bestehenden Gerichten ausgebildet werden, die äußere Gerichtsstruktur bliebe also unangetastet, lediglich die Zuteilung der Verfahren müsste neu geregelt werden. Zum anderen kann aber auch von der in Art. 257 AEUV vorgesehenen Errichtung einer Fachgerichtsbarkeit Gebrauch gemacht werden. Gegen erstere Möglichkeit spricht neben verschiedenen anderen Gesichtspunkten vor allem eines: Das Strafrecht erfordert einen anderen Blickwinkel. Die bestehenden Unionsgerichte haben in ihrer Vergangenheit mehr als deutlich eine integrative Attitüde an den Tag gelegt, eine Einstellung, die dem Strafrecht keinesfalls gerecht wird. Es darf nicht darauf ankommen, Demarkationslinien zwischen nationalen und unionalen Befugnissen zu ziehen, schon gar nicht im Hinblick auf eine möglichst weitgehende Verschiebung zu Gunsten der Union. Eine Strafgerichtsbarkeit muss ihren Fokus vielmehr auf den Beschuldigten legen. Mit einem echten Fachgericht könnten zudem die strukturellen Mängel, die die bestehenden Unionsgerichte gerade untauglich erscheinen lassen, über das Strafrecht zu urteilen, eliminiert werden, insbesondere die Modalitäten zur Auswahl der Richter oder zu ihrer Amtszeit etc., die bei *EuGH* und *EuG* immer wieder Anlass zu Zweifeln an der hinreichenden Unabhängigkeit geben. Darüber hinaus muss es in jeder Rechtsordnung tatsächlich ein höchstes Gericht geben, dem die Wahrung der Kohärenz und die Sicherung des zugrunde liegenden Wertemodells in allen Spalten des Rechts obliegt. Gerade in der Unionsrechtsordnung ist aber auch ein oberstes Gericht mit integrativer Tendenz – noch – nicht obsolet. Diese Aufgaben müssen dem *EuGH* zufallen, der damit tatsächlich nur bedingt der Spezialisierung zugänglich ist. Angesichts dessen kann die Lösung für das Strafrecht allein darin liegen, eine *Fachgerichtsbarkeit* für das Unionsstrafrecht zu etablieren, die für Verfahren im Zusammenhang mit dieser Materie ausschließlich zuständig wäre. Die Etablierung eines *Fachgerichts für Strafrecht,* dem *EuStG,* kann dabei auf Art. 257 AEUV gestützt werden. Hinsichtlich der Gestaltung des Fachgerichts macht die primärrechtliche Grundlage kaum Vorgaben, insbesondere ist nicht geregelt, welche Aufgaben den Fachgerichten übertragen werden können oder wie viele Richter dort angesiedelt sein sollen. Die Identifizierung der Materien, die dem *EuStG* zu übertragen wären, stellt sich dabei nicht allzu schwierig dar und kann sich nicht zuletzt an der Klassifizierung der Verträge orientieren.

Darunter fallen Klagen bezüglich solcher „Handlungen", die auf Art. 82–89 AEUV gestützt werden, seien es unionale „Gesetzgebungsakte" oder solche „untergesetzlicher" Natur. Ausdrücklich mit umfasst sollen dabei Akte der gegenseitigen Anerkennung sein. Hinzu kommen Maßnahmen nach Art. 325 Abs. 4 AEUV bzw. – sollte sich herausstellen, dass eine strafrechtliche Kompetenz auch insoweit besteht – solche nach Art. 33 und Art. 79 AEUV. Darüber hinaus bietet es sich wegen des strafrechtlichen Charakters der Akte auch an, dem *EuStG* Verfahren in Bezug auf die *„smart sanctions"* zuzuweisen (Art. 75 AEUV und Art. 215 Abs. 2 AEUV) wie auch solche betreffend die Kartellbußen der Kommission. Gerade auch im letzteren – schwer vom Verwaltungssanktionenrecht abzugrenzenden – Bereich zeigt sich die mangelnde Sensibilität der bisherigen Unionsgerichte für strafrechtliche Bedürfnisse, so dass hier „frischer Wind" wünschenswert wäre.

Auch die Aufgabe, die Ermittlungstätigkeit von *OLAF, Europol* und *Eurojust,* sei es in ihrer aktuellen Form oder nach einer Reform, *ex post* zu kontrollieren, könnte nach Art. 257 AEUV ohne Weiteres auf das *EuStG* übertragen werden.

Dasselbe gilt für die nachträgliche Kontrolle der Tätigkeit einer sich im Aufbau befindlichen *Europäischen Staatsanwaltschaft.* Daneben sollte aber auch eine justizielle Präventivkontrolle durch das *EuStG* stattfinden, eine ermittlungsrichterliche Kontrolle also, deren Erforderlichkeit nicht zuletzt durch das in den Art. 85 ff. AEUV für die Strafverfolgungsbehörden vorgesehene Evolutionsprogramm zunehmend deutlicher wird.

Eine Unterscheidung der Zuweisung nach Verfahrensarten sollte in diesem Zusammenhang aufgegeben werden: Zweckmäßig erscheint nicht nur, dem *EuStG* die Entscheidungskompetenz hinsichtlich aller Nichtigkeitsklagen, die in den genannten Bereichen anfallen, zu übertragen, wie auch sonstiger Direktklagen nach

Kap. 6: Zusammenfassung und Ausblick

dem hier vorgeschlagenen Verfahrensmodell, insbesondere der Verpflichtungs- und der (Fortsetzungs-)Feststellungsklagen. Ein Transfer aller Vorabentscheidungsersuchen, die eine dem *EuStG* übertragene Materie betreffen, sollte ebenfalls erfolgen, um die Spezialisierungseffekte in vollem Umfang nutzen zu können, die Verfahren zu beschleunigen und allgemein die Ressourcen der Unionsgerichte besser zu nutzen. Dies lassen die Verträge in ihrer derzeitigen Fassung allerdings nicht zu, so dass insoweit eine stufenweise Übertragung zu prüfen wäre, zunächst also auf das *EuG,* später – nachdem dieses seine Bewährungszeit erfolgreich bestanden hat – auf das *EuStG*.

Die präventive Kontrolle der europäischen Strafverfolgungsbehörden durch einen *Europäischen Ermittlungsrichter* (EER, oder European Investigation Judge (EIJ), der ebenfalls beim *EuStG* anzusiedeln wäre, kann gestützt auf Art. 261 AEUV erfolgen.

Die Gestaltung des *EuStG* muss sich an diesen vielfältigen Anforderungen orientieren. Deutlich wird dabei schnell, dass eine Repräsentation aller Mitgliedstaaten nicht möglich sein wird. Insoweit ergeben sich auch Fragen hinsichtlich des Wahlverfahrens, bei deren Beantwortung nicht zuletzt die Kritik an der Rechtsstellung der Richter am *EuG* und *EuGH* im Blick zu behalten ist. Die vorliegende Arbeit soll auch dazu, wie auch zu weiteren Fragen der praktischen Arbeit des künftigen *EuStG* Anregungen geben.

Rechtssetzung ohne Rechtsdurchsetzung, Strafverfolgung ohne effektive Kontrolle: Die Union läuft Gefahr, sich vom Ideal der Rechtsstaatlichkeit mehr und mehr zu entfernen. Die europäische Idee darf von Brüssel aus nicht noch mehr diskreditiert werden. Die Etablierung einer europäischen Strafgerichtsbarkeit, die primär dem Beschuldigtenschutz verschrieben ist, wäre ein Schritt in die richtige Richtung.

Literaturverzeichnis

Abetz, Marie-Claire: Justizgrundrechte in der Europäischen Union. Frankfurt a. M. et al., 2005.

Adam, Michael: Die Wirkung von EU-Rahmenbeschlüssen im mitgliedstaatlichen Recht, in: EuZW 2005, 558–561.

Ahlbrecht, Heiko: Der Rahmenbeschluss-Entwurf der Europäischen Beweisanordnung – eine kritische Bestandsaufnahme, in: NStZ 2006, 70–75.

Ahlt, Michael: Personelle Besetzung des EuGH und „Entscheidungskultur", in: Gsell, Beate/Hau, Wolfgang (Hrsg.), Zivilgerichtsbarkeit und Europäisches Justizsystem. Institutionelle und prozedurale Rahmenbedingungen des Vorabentscheidungsverfahrens nach Art. 267 AEUV auf dem Prüfstand. Tübingen, 2012, S. 31–36.

Albrecht, Jan Philipp/*Janson,* Nils: Die Kontrolle des Europäischen Polizeiamts durch das Europäische Parlament nach dem Vertrag von Lissabon und dem Europol-Beschluss, in: EuR 2012, 230–240.

Albrecht, Peter-Alexis: Could an independent Judiciary be a Counterbalance to the Erosion of European Principles of Criminal Law?, in: Albrecht, Peter-Alexis/Thomas, Sir John (Hrsg.), Strengthen the Judiciary's independence in Europe. Berlin/Mortsel, 2009, S. 19–37.

Alonso Blas, Diana: Ensuring effective data protection in the field of police and judicial activities: some considerations to achieve security, justice and freedom, in: ERA Forum 2010, 233–250.

Althammer, Christoph: Bindungswirkung der Entscheidungen des EuGH, in: Gsell, Beate/Hau, Wolfgang (Hrsg.), Zivilgerichtsbarkeit und Europäisches Justizsystem. Institutionelle und prozedurale Rahmenbedingungen des Vorabentscheidungsverfahrens nach Art. 267 AEUV auf dem Prüfstand. Tübingen, 2012, S. 37–54.

Ambos, Kai: Internationales Strafrecht. Strafanwendungsrecht. Völkerstrafrecht. Europäisches Strafrecht. Rechtshilfe. München, 3. Aufl. 2011.

Amelung, Knut/*Mittag,* Matthias: Zwangsbefugnisse für Europol?, in: Wolter, Jürgen/Schenke, Wolf-Rüdiger/Hilger, Hans/Zöller, Mark (Hrsg.), Alternativentwurf Europol und europäischer Datenschutz. Heidelberg, 2008, S. 233–254.

Andreou, Pelopidas: Gegenseitige Anerkennung von Entscheidungen in Strafsachen in der Europäischen Union. Baden-Baden, 2009.

AnwaltKommentar StPO. Krekeler, Wilhelm/Löffelmann, Markus/Sommer, Ulrich (Hrsg.), Bonn, 2. Aufl. 2010 (zit.: AnwK-StPO/*Bearbeiter*).

Arnull, Anthony: Private Applicants and the Action for Annulment under Article 173 of the EC Treaty, in: CMLRev. 32 (1995), 7–49.

- The principle of effective judicial protection in EU law: an unruly horse?, in: E.L.Rev. 2011, 36 (1), 51–70.

Arroyo Zapatero, Luis/*Moñoz de Morales Romero,* Marta: Le contrôle des choix de pénalisation, in: Société de législation comparée (Hrsg.), unter der Leitung von Giudicelli-Delage, Geneviève/Manacorda, Stefano, Cour de Justice et justice pénale en Europe. Société de législation comparée, Paris, 2010, S. 23–55.

Azizi, Josef: Direktklagen und Sonderbereiche beim Gericht erster Instanz, in: EuR-Beih. 1/2003, 87–114.

Balogová, Lucia: The Developments in the Case Law of the Community Courts with Regard to OLAF Investigations, in: Eucrim 2008, 142–145.

Baltes, Kathrin F.: Die demokratische Legitimation und die Unabhängigkeit des EuGH und des EuG. Frankfurt a. M., 2011.

Balthasar, Stephan: Locus standi rules for challenges to regulatory acts by private applicants, in: E.L.Rev. 2010, 35 (4), 543–550.

Bank, Roland/*Krisch,* Nico: Teil I. Europol und die Garantien der EMRK, in: Gleß, Sabine/Grote, Rainer/Heine, Günter (Hrsg.), Justizielle Einbindung und Kontrolle von Europol. Rechtsvergleichendes Gutachten im Auftrag des Bundesministeriums der Justiz 2. Polizeiliche Ermittlungstätigkeit und Grundrechtsschutz. Freiburg i. Br., 2001.

Basedow, Jürgen: Der Europäische Gerichtshof und das Privatrecht, in: AcP 210 (2010), 157–195.

- Die rechtsstaatliche Dimension der europäischen Justizreform. Zur Einführung, in: RabelsZ 66 (2002), 203–215.

Baudenbacher, Carl/*Bergmann,* Andreas: Der EuGH außer Kontrolle? Anmerkungen zur deutschen Kritik, in: Haltern, Ulrich/Bergmann, Andreas (Hrsg.), Der EuGH in der Kritik. Tübingen, 2012, S. 191–262.

Baumeister, Peter: Effektiver Individualrechtsschutz im Gemeinschaftsrecht, in: EuR 2005, 1–35.

Baynast, Olivier de: Eurojust: lot de consolation pour les tenants du parquet européen ou socle pour la construction d'une action publique européenne?, in: R.A.E. 2003–2004, 335–339.

Beaucamp, Guy: Primärrechtsschutz gegen Maßnahmen des Europäischen Polizeiamts, in: DVBl. 2007, 802–806.

Beck'scher Online-Kommentar GG. Epping, Volker/Hillgruber, Christian (Hrsg.), München, Stand: 15.5.2013 (zit.: BeckOK-GG/*Bearbeiter*).

Beck'scher Online-Kommentar StPO. Graf, Peter (Hrsg.), München, Stand: 1.2.2013 (zit.: BeckOK-StPO/*Bearbeiter*).

Bellamy, Christopher: The Court of First Instance – A Day in the Life of a Judge, in: O'Keeffe, David/Bavasso, Antonio (Hrsg.), Liber Amicorum in Honour of Lord Slynn of Hadley. Volume I. Judicial Review in European Union Law. Kluwer Law International, Den Haag, 2000, S. 81–96.

Bergmann, Jan: Neuerungen im EU-Grundrechtsschutz, in: VBlBW. 2011, 169–174.

– Vorabentscheidungsersuchen nach dem EU-Reformvertrag von Lissabon, in: ZAR 2011, 41–46.

Berka, Walter: Die Kodifikation der Grundrechte: Grundrechtsschutz durch den Reformvertrag von Lissabon. Wien, 2009.

Berrisch, Georg: Die neue Verfahrensordnung des EuGH – Verfahrensbeschleunigung auf Kosten des Anhörungsrechts, in: EuZW 2012, 881–882.

Beukelmann, Stephan: Die Europäische Staatsanwaltschaft, in: NJW-Spezial 2013, 568.

– Europäisierung des Strafrechts – Die neue strafrechtliche Ordnung nach dem Vertrag von Lissabon, in: NJW 2010, 2081–2086.

Billwiller, Christoph: Die Befugnisse der Europäischen Amtes für Betrugsbekämpfung (OLAF) im Rahmen von Kontrollen bei Wirtschaftsbeteiligten in Portugal. Aachen, 2002.

Biolley, Serge de: Quel contributions de la CJ à l'espace pénal européen demain?, in: Braum, Stefan/Weyembergh, Anne (Hrsg.), Le contrôle juridictionnel dans l'espace pénal européen. Editions de l'Université de Bruxelles, Brüssel, 2009, S. 309–329.

Bitter, Stephan: Die Sanktion im Recht der Europäischen Union. Der Begriff und seine Funktion im europäischen Rechtsschutzsystem. Heidelberg et al., 2010.

– Zwangsmittel im Recht der Europäischen Union, in: Manfred Zuleeg (Hrsg.), Europa als Raum der Freiheit, der Sicherheit und des Rechts – Beiträge anlässlich des Walter-Hallstein-Symposiums am 12. November 2004 an der Universität Frankfurt a.M. Baden-Baden, 2007, S. 9–23.

Bleckmann, Albert: Verbotene Diskriminierung von EG-Ausländern bei der Untersuchungshaft, in: StV 1995, 552–555.

Bleckmann, Moritz: Nationale Grundrechte im Anwendungsbereich des Rechts der Europäischen Union. Die Kooperation des Grundrechtsschutzes in der Europäischen Union unter der Berücksichtigung der besonderen Ausprägungen des nationalen Grundrechtsschutzes. Tübingen, 2011.

Bobek, Michael: Learning to talk: Preliminary rulings, the courts of the new member states and the Court of Justice, in: CMLRev 45 (2008), 1611–1643.

Bock, Dennis: Strafe und Grundrechtseingriff: Zum Begriff der strafrechtlichen Anklage (criminal charge/accusation en matière pénale) i.S.d. Art. 6 I EMRK, in: Müller-Graf, Peter-Christian/Schmahl, Stefanie/Skouris, Vassilos (Hrsg.), Europäisches Recht zwischen Bewährung und Wandel. Festschrift für Dieter H. Scheuing. Baden-Baden, 2011, S. 263–278.

Böcker, Nicolai: Wirksame Rechtsbehelfe zum Schutz der Grundrechte der Europäischen Union. Baden-Baden, 2005.

Bodenschatz, Nadine: Der europäische Datenschutzstandard. Frankfurt a.M. et al., 2011.

Bogdany, Armin von: Grundrechtsgemeinschaft als Integrationsziel?, in: JZ 2001, 157–171.

Bogdany, Armin von/*Bast,* Jürgen: Europäisches Verfassungsrecht. Theoretische und dogmatische Grundzüge. Heidelberg et al., 2. Aufl. 2009.

Borowski, Martin: Die Nichtigkeitsklage gem. Art. 230 Abs. 4 EGV, in: EuR 2004, 879–910.

Borries, Reimer von: Überlegungen zur Effektivität des Vertragsverletzungsverfahrens, in: Ipsen, Jörn/Stüer, Bernhard (Hrsg.), Europa im Wandel. Festschrift für Hans-Werner-Rengeling zum 70. Geburtstag am 25. Februar 2008. Köln et al., 2008, S. 485–510.

Bosch, Wolfgang: Statement: Verfahren bei Kartellordnungswidrigkeiten, in: Schwarze, Jürgen (Hrsg.), Verfahren und Rechtsschutz im europäischen Wirtschaftsrecht. Baden-Baden, 2010, S. 100–108.

Böse, Martin: Ein europäischer Ermittlungsrichter – Perspektiven des präventiven Rechtsschutzes bei Errichtung einer Europäischen Staatsanwaltschaft, in: RW 2012, 172–196.

– Der Grundsatz der gegenseitigen Anerkennung unter dem Vertrag von Lissabon, in: Ambos, Kai (Hrsg.), Europäisches Strafrecht post-Lissabon. Göttingen, 2011, S. 57–75.

– Die polizeiliche und justizielle Zusammenarbeit in Strafsachen im Entwurf eines Vertrages über eine Verfassung für Europa, in: Schwarze, Jürgen (Hrsg.), Der Verfassungsentwurf des Europäischen Konvents. Verfassungsrechtliche Grundstrukturen und wirtschaftsverfassungsrechtliches Konzept. Baden-Baden, 2004, S. 151–161.

– Der Beitritt der EG zur EMRK aus der Sicht des Strafrechts, in: ZRP 2001, 402–404.

– Die Immunität von Europol – ein unterschätztes Verfolgungshindernis?, in: NJW 1999, 2416–2417.

– (Hrsg.): Europäisches Strafrecht mit polizeilicher Zusammenarbeit. Zugleich Band 9 der Enzyklopädie Europarecht. Baden-Baden, 2013 (zit. *Bearbeiter,* in: Böse (Hrsg.), § Rn.).

Böxler, Bernhard: Europäisches Immaterialgüterstrafrecht?, in: wistra 2011, 11–18.

Brakalova, Maria: Wege zur Reformierung der Europäischen Verfassungsgerichtsbarkeit unter besonderer Berücksichtigung der Osterweiterung und der Erfahrungen in „losen" Föderationen. Baden-Baden, 2008.

Brammertz, Serge/*Berthelet,* Pierre: Eurojust et le réseau judiciaire européen: concurrence ou complémentarité?, in: RDPC 2002, 389–410.

Brand, Jürgen/*Fleck,* Silvia/*Scheer,* Ulrich: Fünf oder zwei Gerichtsbarkeiten? Alter Wein in neuen Schläuchen?, in: NZS 2004, 173–178.

Braun, Stefan: Europäisches Strafrecht im Fokus konfligierender Verfassungsmodelle. Stoppt das Bundesverfassungsgericht die europäische Strafrechtsentwicklung?, in: ZIS 2009, 418–426.

– Die Informalität europäischer Betrugsermittlung. Bemerkungen zu EuGH Rs. T-193/04, Beschluss vom 15. Oktober 2004 und EuGH Rs. C-521/04, Beschluss vom 19. April 2005, in: wistra 2005, 401–405.

Braun, Jens-Daniel/*Kettner,* Moira: Die Absage des EuGH an eine richterrechtliche Reform des EG-Rechtsschutzsystems, in: DöV 2003, 58–66.

British Institute of International and Comparative Law (Hrsg.): The Role and Future of the European Court of Justice. A Report by Members of the EC Section of the British Institute's Advisory Board chaired by The Rt. Hon. The Lord Slynn of Hadley. British Institute of International and Comparative Law, London, 1996.

Britz, Gabriele: Verfassungsrechtliche Effektuierung des Vorabentscheidungsverfahrens, in: NJW 2012, 1313–1318.

Broberg, Morten/*Fenger,* Niels: Preliminary references as a right – but for whom? The extent to which preliminary reference decisions can be subject to appeal, in: E.L.Rev. 2011, 36 (2), 276–288.

Brodowski, Dominik: Strafrechtsrelevante Entwicklungen in der Europäischen Union – ein Überblick, in: ZIS 2010, 376–386.

Brosius-Gersdorf, Frauke: Bindung der Mitgliedstaaten an die Gemeinschaftsgrundrechte. Die Grundrechtsbindung der Mitgliedstaaten nach der Rechtsprechung des EuGH, der Charta der Grundrechts der Europäischen Union und ihre Fortentwicklung. Berlin, 2005.

Brückmann, Ulrich: Irreführende Ausstattungen, Feststellungsklage und Ordnungswidrigkeiten, in: GRUR 1984, 778–784.

Brummund, Fabian: Kohärenter Grundrechtsschutz im Raum der Freiheit, der Sicherheit und des Rechts. Einordnung von Titels V AEUV in das grundrechtliche Mehrebenensystem des Europäischen Verfassungsverbundes. Baden-Baden, 2010.

Brüner, Franz-Hermann/*Spitzer,* Harald: OLAF-Reform II – Kosmetischer Eingriff oder Großer Wurf?, in: EuZW 2008, 859–873.

– „Wer aber überwacht die Wächter?" Der OLAF-Überwachungsausschuss, Grundrechtsgarant oder Kontrollinstanz?, in: Derra, Hans-Jörg (Hrsg.) unter Mitarbeit von Marion Träger und Daniela Seibold, Freiheit, Sicherheit und Recht. Festschrift für Jürgen Meyer zum 70. Geburtstag. Baden-Baden, 2006, S. 549–569.

Bruns, Alexander: Die Revision zum Europäischen Gerichtshof in Zivilsachen – akademische Zukunftsvision oder Gebot europäischer Justizgewährleistung, in: JZ 2011, 325–333.

Buck, Bart de: Joint Investigation Teams: The participation of Europol officials, in: ERA Forum 2007, 253–264.

Bull, Hans Peter/*Baldus,* Manfred: Braucht Europol die Immunität? Die deutschen Bedenken werden von den anderen Staaten nicht geteilt, in: Frankfurter Allgemeine Zeitung Nr. 16 v. 20.01.1998, S. 10.

Bundesministerium des Innern: Bericht zur Überführung der Europol-Konvention in einen Ratsbeschluss (Stand 12. November 2007), abrufbar unter: http://www.berlin. de/imperia/md/content/seninn/imk2007/beschluesse/imk_185_bericht_top03.pdf?start&ts=1197380868&file=imk_185_bericht_top03.pdf, zuletzt besucht am: 20.10. 2013.

Bundesrechtsanwaltskammer: Gemeinsame Stellungnahme Bundesrechtsanwaltskammer und Deutscher Anwaltverein. Zur Einrichtung einer Europäischen Staatsanwaltschaft. BRAK-Stellungnahme Nr. 48/2012/Nr. 80/2012, unter http://anwaltverein.

de/downloads/Stellungnahmen-11/Stgn-BRAK-DAV-EuStA.pdf, zuletzt besucht am: 20.10.2013.

- Stellungnahme zum Vorschlag für einen Beschluss des Rates zur Errichtung des Europäischen Polizeiamts (EUROPOL), (KOM[2006]817). Erarbeitet von den Ausschüssen Europa und Strafrecht der Bundesrechtsanwaltskammer, BRAK-Stellungnahme-Nr. 21/2007, unter: http://www.brak.de/zur-rechtspolitik/stellungnahmen-pdf/stellungnahmen-deutschland/2007, zuletzt besucht am: 20.10.2013.

Busch, Andrej Victor Mykola Wasyl: Die Bedeutung der Europäischen Menschenrechtskonvention für den Grundrechtsschutz in der Europäischen Union. Grundrechtskontrolle des EGMR über das Recht der EU. Baden-Baden, 2003.

Calliess, Christian: Der EuGH als gesetzlicher Richter im Sinne des Grundgesetzes. Auf dem Weg zu einer kohärenten Kontrolle der unionsrechtlichen Vorlagepflicht, in: NJW 2013, 1905–1910.

- Europäische Gesetzgebung und nationale Grundrechte – Divergenzen in der aktuellen Rechtsprechung von EuGH und BVerfG?, in: JZ 2009, 113–121.

- Auf dem Weg zu einem einheitlichen europäischen Strafrecht? Kompetenzgrundlagen und Kompetenzgrenzen einer dynamischen Entwicklung, in: ZEuS 2008, 3–43.

- Grundlagen, Grenzen und Perspektiven europäischen Richterrechts, in: NJW 2005, 929–933.

- Kohärenz und Konvergenzen beim europäischen Individualrechtsschutz. Der Zugang zum Gericht im Lichte des Grundrechts auf effektiven Rechtsschutz, in: NJW 2002, 3577–3582.

- Die Charta der Grundrechte der Europäischen Union – Fragen der Konzeption, Kompetenz und Verbindlichkeit, in: EuZW 2001, 261–268.

Calliess, Christian/*Ruffert,* Matthias: EUV/AEUV. Das Verfassungsrecht der Europäischen Union mit Europäischer Grundrechtecharta. München, 4. Aufl. 2011.

Cameron, Hazel: Establishment of the European Union Civil Service Tribunal, in: LPICT 5 (2006), 273–283.

Coninsx, Michèle/*Lopes da Mota,* José Luís: The International Role of Eurojust in Fighting Organized Crime and Terrorism, in: EFAR 14 (2009), 165–169.

Covolo, Valentina: From Europol to Eurojust – towards a European Public Prosecutor. Where Does OLAF Fit in?, in: Eucrim 2012, 83–88.

Cras, Sven/*De Mattei*s, Luca: The Directive on the Right to Interpretation and Translation in Criminal Proceedings. Genesis and Description, in: Eucrim 2010, 153–162.

Cremer, Wolfram: Zum Rechtsschutz des Einzelnen gegen abgeleitetes Unionsrecht nach dem Vertrag von Lissabon, in: DÖV 2010, 58–65.

- Individualrechtsschutz gegen Rechtsakte der Gemeinschaft: Grundlagen und neuere Entwicklungen, in: Nowak, Carsten/Cremer, Wolfgang (Hrsg.), Individualrechtsschutz in der EG und der WTO. Der zentrale und dezentrale Rechtsschutz natürlicher und juristischer Personen in der Europäischen Gemeinschaft und in der Welthandelsorganisation. Baden-Baden, 2002, S. 27–45.

Csúri, András: Naming and Shaming. The Changing Structure of Actors Involved in the Protection of EU Finances, in: Eucrim 2012, 79–83.

Currall, Julian: Particularities of the procedure before the Civil Service Tribunal, in: ERA Forum 2012, 653–670.

Dannecker, Gerhard: Die Dynamik des materiellen Strafrechts unter dem Einfluss europäischer und internationaler Entwicklungen, in: ZStW 117 (2005), 697–748.

Danwitz, Thomas von: Auf nach Europa! – oder Europa braucht engagierte Anwältinnen und Anwälte, in: AnwBl. 2011, 365.

– Kooperation der Gerichtsbarkeiten in Europa, in: ZRP 2010, 143–147.

– Funktionsbedingungen der Rechtsprechung des Europäischen Gerichtshofes, in: EuR 2008, 769–785.

– Aktuelle Fragen des Grundrechte, des Umwelt- und Rechtsschutzes in der Europäischen Union, in: DVBl. 2008, 537–546.

– Grundrechtliche Freiheit im Zeitalter des Terrorismus – eine europäische Perspektive, in: Ipsen, Jörn/Stüer, Bernhard (Hrsg.), Festschrift für Hans-Werner Rengeling zum 70. Geburtstag am 25. Februar 2008. Köln et al., 2008, S. 511–526.

Daroussis, Kristina: Kontrollen des Europäischen Amtes für Betrugsbekämpfung (OLAF) in Griechenland. Witten, 2006.

Dauses, Manfred: Der Schutz der Grundrechte in der Rechtsordnung der Europäischen Union. Unter besonderer Berücksichtigung des institutionellen Schutzes dieser Rechte. Frankfurt a. M., 2010.

– Braucht die Europäische Union eine Grundrechtsbeschwerde?, in: EuZW 2008, 449.

– Empfiehlt es sich, das System des Rechtsschutzes und der Gerichtsbarkeit in der Europäischen Gemeinschaft, insbesondere die Aufgaben der Gemeinschaftsgerichte und der nationalen Gerichte, weiterzuentwickeln? Ständige Disputation des Deutschen Juristentages (Hrsg.), Gutachten D für den 60. Juristentag. München, 1994 (zit.: *Dauses, D.*).

Decker, Kai F.: Grundrechtsschutz bei Handlungen des Europäischen Amtes für Betrugsbekämpfung (OLAF). Hamburg, 2008.

Dederer, Hans-Georg: Die Architektonik des europäischen Grundrechtsraums, in: ZaöRV 2006, 575–624.

Degenhardt, Kerstin: Europol und Strafprozeß. Die Europäisierung des Ermittlungsverfahrens. Frankfurt a. M., 2003.

Delmas-Marty, Mireille (Hrsg.): Corpus Juris der strafrechtlichen Regelungen zum Schutz der finanziellen Interessen der Europäischen Union mit einer Einführung zur deutschen Übersetzung von Ulrich Sieber. Köln et al., 1998.

Dittert, Daniel: Effektiver Rechtsschutz gegen EG-Verordnungen: Zwischen Fischfangnetzen, Olivenöl und kleinen Landwirten. EuR 2002, 708–719.

Dorn, Nicholas: The end of organised crime in the European Union, in: Crime Law and Social Change 2009, 283–295.

Dörr, Oliver: Das beschleunigte Vorabentscheidungsverfahren im Raum der Freiheit, der Sicherheit und des Rechts, in: EuGRZ 2008, 349–354.

Dougan, Michael: The Treaty of Lisbon 2007, winning minds, not hearts, in: CMLRev 45 (2008), 617–703.

Đurđević, Zlata: Judicial Control in Pre-Trial Criminal Procedure Conducted by the European Public Prosecutor's Office, in: Ligeti, Katalin (Hrsg.), Toward a Prosecutor for the European Union, Volume 1. An Comparative Analysis. Hart Publishing, Oxford/Portland, 2013, S. 986–1010.

Eckhardt, Saskia: Die Akteure des außergerichtlichen Grundrechtsschutzes in der Europäischen Union. Frankfurt a. M., 2010.

Edward, David: Reform of the Article 234 Procedure: the Limits of the Possible, in: O'Keeffe, David/Bavasso, Antonio (Hrsg.), Liber Amicorum in Honour of Lord Slynn of Hadley. Volume I. Judicial Review in European Union Law. Kluwer Law International, Den Haag, 2000, S. 119–142.

Egger, Alexander: Die Bindung der Mitgliedstaaten an die Grundrechte in der III. Säule, in: EuZW 2005, 652–656.

Ehlers, Dirk (Hrsg.): Europäische Grundrechte und Grundfreiheiten. Berlin, 3. Aufl. 2009.

Ehricke, Ulrich: Spezialisierung als Rechtsprinzip für die Zuständigkeit im deutschen Zivilverfahrensrecht?, in: NJW 1996, 812–818.

Eisele, Jörg: Einflussnahme auf nationales Strafrecht durch Richtliniengebung der europäischen Gemeinschaft, in: JZ 2001, 1157–1165.

Elholm, Thomas: Strafrechtliche Maßnahmen der EU – verstärkte Repression in den nordischen Ländern?, in: Müller-Dietz, Heinz/Müller, Egon/Kunz, Karl-Ludwig/Radtke, Henning/Britz, Guido/Momsen, Carsten/Koriath, Heinz (Hrsg.), Festschrift für Heike Jung zum 65. Geburtstag. Baden-Baden, 2007.

Ellermann, Jan Ulrich: Europol und FBI. Probleme und Perspektiven. Baden-Baden, 2005.

Engel, Christoph: Die Europäische Grundrechtscharta und die Presse, in: ZUM 2000, 975–1006.

Engel, Martin: Befugnis, Kontrolle und Entwicklung von Europol. Unter Berücksichtigung des Vertrags über eine Verfassung für Europa. Hamburg, 2006.

Engelhoven, Peter Philipp: Unzureichende Legitimation von Ermittlungshandlungen der Europäischen Kommission im EG-Kartellverfahren. Fehlende Rechtsschutzmöglichkeiten bezüglich deren Durchführung. Hamburg, 2009.

Esser, Robert: Zur Bestellung des Verteidigers im Ermittlungsverfahren. Plädoyer für eine Reform des § 141 Abs. 3 StPO im Lichte der EMRK und der EU-Richtlinie zum Recht auf Rechtsbeistand, in: Esser, Robert/Günther, Hans-Ludwig/Jäger, Christian/Mylonopoulos, Christos/Öztürk, Bahri (Hrsg.), Festschrift für Hans-Heiner Kühne zum 70. Geburtstag am 21. August 2013. Heidelberg et al., 2013, S. 539–563.

- Initiativen der Europäischen Union zur Harmonisierung der Beschuldigtenrechte. Zugleich eine kritische Analyse der Richtlinie 2012/13/EU zum Recht auf Belehrung und Unterrichtung in Strafverfahren, in: Zöller, Mark/Hilger, Hans/Küper Wilfried/Roxin, Claus (Hrsg.), Gesamte Strafrechtswissenschaft in internationaler Dimension. Festschrift für Jürgen Wolter zum 70. Geburtstag am 7.9.2013. Berlin, 2013, S. 1329–1353.

- Auswirkungen der Europäischen Beweisanordnung auf das deutsche Strafverfahren, in: Heinrich, Manfred/Jäger, Christian/Achenbach, Hans/Amelung, Kurt/Bottke, Wilfried/Haffke, Bernhard/Schünemann, Bernd/Wolter, Jürgen (Hrsg.), Strafrecht als Scientia Universalis. Festschrift für Claus Roxin zum 80. Geburtstag am 15. Mai 2011. Berlin, 2011, S. 1497–1513.

- EU-Strafrecht ohne EU-richterliche Kontrolle. Individualrechtsschutz durch den EuGH?, in: StRR 2010, 133–138.

- Europäischer Datenschutz – Allgemeiner Teil – Mindeststandards der Europäischen Menschenrechtskonvention (EMRK), in: Wolter, Jürgen/Schenke, Wolf-Rüdiger/Hilger, Hans/Zöller, Mark (Hrsg.), Alternativentwurf Europol und europäischer Datenschutz. Heidelberg, 2008, S. 281–317.

- Mindestanforderungen der EMRK an den strafprozessualen Beweis, in: Thilo Marauhn (Hrsg.), Bausteine eines europäischen Beweisrechts. Tübingen, 2007, S. 39–63.

- Befugnisse der Europäischen Union auf dem Gebiet des Strafrechts? Möglichkeiten des Art. III-271 des Vertrags über eine Verfassung für Europa – Aufgaben und Praxis europäischer Polizei- und Justizbehörden (OLAF, Europol, Eurojust, Europäische Staatsanwaltschaft), in: Manfred Zuleeg (Hrsg.), Europa als Raum der Freiheit, der Sicherheit und des Rechts – Beiträge anlässlich des Walter-Hallstein-Symposiums am 12. November 2004 an der Universität Frankfurt a.M. Baden-Baden, 2007, S. 25–45.

- Auf dem Weg zu einem europäischen Strafverfahrensrecht – Die Grundlagen im Spiegel der Rechtsprechung des Europäischen Gerichtshofs für Menschenrechte (EGMR) in Straßburg. Berlin, 2002.

Esser, Robert/*Herbold*, Anna Lina: Neue Wege für die justizielle Zusammenarbeit in Strafsachen – Das Eurojust-Gesetz, in: NJW 2004, 2421–2424.

Europäischer Gerichtshof: Die Zukunft des Gerichtssystems der Europäischen Union. Reflexionspapier des EuGH, veröffentlicht am 28.5.1999, in: EuZW 1999, 750–756.

Everling, Ulrich: Klagerecht Privater gegen Rechtsakte der EU mit allgemeiner Geltung, in: EuZW 2012, 376–380.

- Grundlagen der Reform der Gerichtsbarkeit der Europäischen Union und ihres Verfahrens durch den Vertrag von Nizza (Nr. 13), in: Die Europäische Union auf der Suche nach Form und Gestalt. Ausgewählte Aufsätze 2001–2011. Baden-Baden, 2012, S. 277–307.

- Zur Gerichtsbarkeit der Europäischen Union (Nr. 15), in: Die Europäische Union auf der Suche nach Form und Gestalt. Ausgewählte Aufsätze 2001–2011. Baden-Baden, 2012, S. 325–342.

- Überlegungen zum Verfahren vor den Gerichten der Europäischen Gemeinschaften (Nr. 16), in: Die Europäische Union auf der Suche nach Form und Gestalt. Ausgewählte Aufsätze 2001–2011. Baden-Baden, 2012, S. 345–360.
- Die Mitgliedstaaten der Europäischen Union unter der Aufsicht von Kommission und Gerichtshof (Nr. 19), in: Die Europäische Union auf der Suche nach Form und Gestalt. Ausgewählte Aufsätze 2001–2011. Baden-Baden, 2012, S. 405–426.
- Lissabon-Vertrag regelt Dauerstreit über Nichtigkeitsklage Privater, in: EuZW 2010, 572–576.
- Rechtsschutz in der Europäischen Union nach dem Vertrag von Lissabon, in: EuR-Beih. 1/2009, 71–86.
- Rechtsschutz im europäischen Wirtschaftsrecht auf der Grundlage der Konventsregelungen, in: Schwarze, Jürgen (Hrsg.), Der Verfassungsentwurf des Europäischen Konvents. Verfassungsrechtliche Grundstrukturen und wirtschaftsverfassungsrechtliches Konzept. Baden-Baden, 2004, S. 363–383.
- 50 Jahre Gerichtshof der Europäischen Gemeinschaften, in: DVBl. 2002, 1293–1297.
- Zur Fortbildung der Gerichtsbarkeit der Europäischen Gemeinschaften durch den Vertrag von Nizza. Cremer, Hans-Joachim/Giegerich, Thomas/Richter, Dagmar/Zimmermann, Andreas (Hrsg.), Tradition und Weltoffenheit des Rechts. Festschrift für Helmut Steinberger. Heidelberg et al., 2002, S. 1103–1127.
- On the Judge-Made Law of the European Community's Courts, in: O'Keeffe, David/Bavasso, Antonio (Hrsg.), Liber Amicorum in Honour of Lord Slynn of Hadley. Volume I. Judicial Review in European Union Law. Kluwer Law International, Den Haag, 2000, S. 29–44.
- Zur Funktion des Gerichtshofs der Europäischen Gemeinschaften als Verwaltungsgericht, in: Bender, Bernd/Breuer, Rüdiger/Ossenbühl, Fritz/Sendler, Horst (Hrsg.), Rechtsstaat zwischen Sozialgestaltung und Rechtsschutz. Festschrift für Konrad Redeker zum 70. Geburtstag. München, 1993, S. 293–311.
- Justiz im Europa von morgen, in: DRiZ 1993, 5–15.
- Die Errichtung eines Gerichts erster Instanz der Europäischen Gemeinschaften, in: Schwarze, Jürgen (Hrsg.), Fortentwicklung des Rechtsschutzes in der Europäischen Gemeinschaft. Beiträge zu einem internationalen Kolloquium des Europäischen Hochschulinstituts am 30./31. Oktober 1986 in Florenz. Baden-Baden, 1987, S. 39–58.

Fastenrath, Ulrich: Der Europäische Gerichtshof als gesetzlicher Richter. Zur verfassungsgerichtlichen Kontrolle der Einhaltung völker- und europarechtlicher Verpflichtungen sowie zum Prüfungsmaßstab bei Art. 101 Abs. 1 Satz 2 GG, in: Bröhmer, Jürgen (Hrsg.), Internationale Gemeinschaft und Menschenrechte. Festschrift Ress zum 70. Geburtstag am 21. Januar 2005. Köln et al., 2005, S. 461–484.

Fawzy, Oliver: Die Errichtung von Eurojust – Zwischen Funktionalität und Rechtsstaatlichkeit. Unter Berücksichtigung der Vorschläge des Europäischen Verfassungskonvents. Baden-Baden, 2005.

Fijnaut, Cyrille: Police Cooperation and the Area of Freedom, Security and Justice, in: Walker, Neil (Hrsg.), Europe's Area of Freedom, Security and Justice. Oxford University Press, New York, 2004, S. 241–282.

Fisahn, Andreas/*Mushoff,* Tobias: Vorwirkung und unmittelbare Wirkung Europäischer Richtlinien, in: EuR 2005, 222–230.

Fischer, Hans-Georg/*Kellner,* Matthias/*Ott,* Michael/*Quarch,* Matthias: EU-Recht in der Praxis. Köln et al., 2012.

Fleckenstein, Barbara: Schutz der finanziellen Interessen der Europäischen Gemeinschaft. Externe Kontrollen des Europäischen Amtes für Betrugsbekämpfung (OLAF) unter spezieller Berücksichtigung relevanter österreichischer Rechtsnormen. Witten, 2004.

Flore, Daniel: La perspective d'un procureur européen, in: ERA Forum 2008, 229–243.

Flore, Daniel/*Biolley,* Serge de: Des organes en matière pénale pour l'Union Européenne, in: CDE 2003, 598–637.

Forwood, Nicholas: The Court of First Instance, its Development and Future Role in the Legal Architecture of the European Union, in: Arnull, Anthony/Eeckhout, Piet/Tridimas, Takis (Hrsg.), Continuity and Change in EU Law. Essays in Honour of Sir Francis Jacobs. Oxford University Press, Oxford et al., 2008, S. 34–47.

Frenz, Walter: Handbuch Europarecht. Band 5. Wirkungen und Rechtsschutz. Heidelberg et al., 2010.

– Handbuch Europarecht. Band 4. Europäische Grundrechte. Heidelberg et al., 2009.

– Justizielle Zusammenarbeit in Strafsachen, in: ÖJZ 2010, 905–911.

– Die neue GASP, in: ZaöRV 2010, 487–521.

– Von Eurojust zur Europäischen Staatsanwaltschaft, in: wistra 2010, 432–434.

Frenz, Walter/*Distelrath,* Anna-Maria: Klagegenstand und Klagebefugnis von Individualnichtigkeitsklagen nach Art. 263 IV AEUV, in: NVwZ 2010, 162–166.

Friedrich, Tim: Umfang und Grenzen der Durchsetzung der Vorlagepflicht nach Art. 267 Abs. 3 AEUV. Hamburg, 2011.

Fromm, Ingo: EG-Rechtssetzungsbefugnis im Kriminalstrafrecht. Der Schutz der finanziellen Interessen der EG nach der neuesten Rechtsprechung des EuGH sowie im Lissaboner Vertrag. Baden-Baden, 2009.

– Urteilsanmerkung zu EuGH, Urt. v. 23.10.2007 – C-440/05, in: ZIS 2008, 168–177.

Frowein, Jochen/*Krisch,* Nico: Der Rechtsschutz gegen Europol, in: JZ 1998, 589–597.

Gallagher, Paul: Future developments in judicial cooperation in criminal matters, in: ERA Forum 2009, 495–517.

Gaster, Jens: Das Gutachten des EuGH zum Entwurf eines Übereinkommens zur Schaffung eines Europäischen Patentgerichts. Ein weiterer Stolperstein auf dem Wege zu einem einheitlichen Patentsystem in Europa?, in: EuZW 2011, 394–399.

Gebauer, Katharina: Parallele Grund- und Menschenrechtsschutzsysteme in Europa? Ein Vergleich der Europäischen Menschenrechtskonvention und des Straßburger Gerichtshofs mit dem Grundrechtsschutz in der Europäischen Gemeinschaft und dem Luxemburger Gerichtshof. Berlin, 2007.

Geiger, Rudolf/*Khan,* Daniel-Erasmus/*Kotzur,* Markus (Hrsg.): EUV/AEUV. Vertrag über die Europäische Union und Vertrag über die Arbeitsweise der Europäischen Union. Kommentar. München, 5. Aufl. 2010.

Gemmel, Heiko: Kontrollen des OLAF in Deutschland. Die Anwendung der VO Nr. 2185/96 und der VO Nr. 1073/99 bei Kontrollen von Wirtschaftsteilnehmern in Deutschland zum Schutz der finanziellen Interessen der Gemeinschaft. Aachen, 2002.

Germelmann, Claas Friedrich: Wie weit reicht die Wirkung von Ungültigkeitsurteilen im Vorabentscheidungsverfahren? Zugleich Anmerkung zu dem Beschluss des EuGH vom 8.11.2007, Rs. C-421/06 (Fratelli Martini und Cargill), in: EuR 2009, 254–269.

Giegerich, Thomas: Verschmelzung der drei Säulen der EU durch europäisches Richterrecht?, in: ZaöRV 2007, 351–383.

Gleß, Sabine: Europol, in: NStZ 2001, 623–628.

– Das Europäische Amt für Betrugsbekämpfung (OLAF), in: EuZW 1999, 618–621.

Goll, Ulrich/*Kenntner,* Markus: Brauchen wir ein Europäisches Kompetenzgericht? Vorschläge zur Sicherung der mitgliedstaatlichen Zuständigkeiten, in: EuZW 2002, 101–106.

Görlitz, Niklas/*Kubicki,* Philipp: Rechtsakte „mit schwierigem Charakter". Zum bislang unterschätzten, deutlich erweiterten Rechtsschutz des Individualklägers im Rahmen des neuen Art. 263 IV AEUV, in: EuZW 2011, 248–254.

Grabenwarter, Christoph: Vorabentscheidungsverfahren nach dem Vertrag von Nizza, in: EuR-Beih. 1/2003, 55–69.

Grabitz, Eberhard/*Hilf,* Meinhard/*Nettesheim,* Martin: Das Recht der Europäischen Union. München, 2011 (zit.: Grabitz/Hilf/Nettesheim/*Bearbeiter*).

Griller, Stefan: Die Bindung der Europäischen Union an das Recht der Vereinten Nationen unter besonderer Berücksichtigung der Rechtswirkungen von Beschlüssen des Sicherheitsrates im Unionsrecht, in: EuR-Beih. 1/2012, 103–125.

Grote, Rainer: Folgerungen für eine rechtsstaatliche Einbindung der grenzüberschreitenden Verbrechensbekämpfung und -aufklärung durch Europol, in: Gleß, Sabine/ Grote, Rainer/Heine, Günter (Hrsg.), Justizielle Einbindung und Kontrolle von Europol. Rechtsvergleichendes Gutachten im Auftrag des Bundesministeriums der Justiz 2. Polizeiliche Ermittlungstätigkeit und Grundrechtsschutz. Freiburg i.Br., 2001, S. 607–638.

Groussot, Xavier/*Popov,* Ziva: What's wrong with OLAF? Accountability, due process and criminal justice in European anti-fraud policy, in: CMLRev 47 (2010), 605–643.

Grzybek, Patrick: Prozessuale Grundrechte im Europäischen Gemeinschaftsrecht. Baden-Baden, 1993.

Gundel, Jörg: Anmerkung zu EuG, Rs. T-221/10 (Iberdrola SA/KOM), 8.3.2012, in: EuZW 2012, 559–560.

- Die neue Gestalt der Nichtigkeitsklage nach dem Vertrag von Lissabon: Die Weichenstellungen der ersten Urteile zu Direktklagen Einzelner gegen normative EU-Rechtsakte, in: EWS 2012, 65–72.
- Gemeinschaftsrichter und Generalanwälte als Akteure des Rechtsschutzes im Lichte des gemeinschaftsrechtlichen Rechtsstaatsprinzips, in: EuR-Beih. 3/2008, 23–45.

Günther, Markus: Europol. Rechtsschutzmöglichkeiten und deren Vereinbarkeit mit nationalen und internationalen Anforderungen. Frankfurt a.M., 2006.

Gusy, Christoph: Europäischer Datenschutz, in: Wolter, Jürgen/Schenke, Wolf-Rüdiger/Hilger, Hans/Zöller, Mark (Hrsg.), Alternativentwurf Europol und europäischer Datenschutz. Heidelberg, 2008, S. 265–280.

- Möglichkeiten und Grenzen einer Europäischen Antiterrorpolitik, in: Manfred Zuleeg (Hrsg.), Europa als Raum der Freiheit, der Sicherheit und des Rechts – Beiträge anlässlich des Walter-Hallstein-Symposiums am 12. November 2004 an der Universität Frankfurt a.M. Baden-Baden, 2007, S. 61–73.

Haack, Stefan: Individuelles Einbezogensein und europarechtliche Ordnung. Grundprobleme der Europarechtstheorie im Hinblick auf die Stellung des Einzelnen im „Raum der Freiheit, der Sicherheit und des Rechts" nach dem Lissabonner Vertrag, in: EuR 2009, 282–290.

Habetha, Jörg: Ankauf von Steuerdaten?, in: ZRP 2012, 223.

Habitzl, Dominik/*Loidl,* Gabriele/*Narnhofer,* Martina/*Sabitzer,* Werner: Die Zukunft von Europol, Öffentliche Sicherheit, Ausgabe 1–2/10, S. 6–13.

Hakenberg, Waltraud: Die Befolgung und Durchsetzung der Urteile der Gemeinschaftsgerichte, in: EuR-Beih. 3/2008, 163–177.

- Das Gericht für den öffentlichen Dienst der EU – Eine neue Ära in der Gemeinschaftsgerichtsbarkeit, in: EuZW 2006, 391–393.
- Vorabentscheidungsverfahren und europäisches Privatrecht. Erfahrungen aus europäischer Sicht, in: RabelsZ 66 (2002), 367–390.

Haltern, Ulrich: Rechtsschutz in der dritten Säule der EU, in: JZ 2007, 772–778.

- Gemeinschaftsgrundrechte und Antiterrormaßnahmen der UNO, in: JZ 2007, 537–547.

Hamm, Rainer: Die Revision in Strafsachen. München, 7. Aufl. 2010.

Hansel, Bianca: Effektiver Rechtsschutz in Grundrechtsfragen durch Vorlagepflicht oberster Bundesgerichte oder europäische Verfassungsbeschwerde?, in: WHI-Paper 6/03.

Haratsch, Andreas: Effektiver Rechtsschutz auf der Grundlage ungeschriebener Kompetenzen der Europäischen Union. Der Europäische Gerichtshof auf dem Weg zu einer allgemeinen Leistungsklage, in: Müller-Graf, Peter-Christian/Schmahl, Stefanie/Skouris, Vassilos (Hrsg.), Europäisches Recht zwischen Bewährung und Wandel. Festschrift für Dieter H. Scheuing. Baden-Baden, 2011, S. 79–91.

- Die kooperative Sicherung der Rechtsstaatlichkeit durch die mitgliedstaatlichen Gerichte und die Gemeinschaftsgerichte aus mitgliedstaatlicher Sicht, in: EuR-Beih. 3/2008, 81–109.

Harksen, Nathalie: Kontrollen des OLAF in Belgien. Die Durchführung von Vor-Ort-Kontrollen bei Wirtschaftsbeteiligten durch das Europäische Amt für Betrugsbekämpfung (OLAF) auf der Grundlage der VO Nr. 2185/96 und der VO Nr. 1073/99. Witten, 2004.

Hatje, Armin: Kontrolldichte bei Maßnahmen der europäischen Wirtschaftsverwaltung, in: Schwarze, Jürgen (Hrsg.), Verfahren und Rechtsschutz im europäischen Wirtschaftsrecht. Baden-Baden, 2010, S. 124–141.

– Die institutionelle Reform der Europäischen Union – der Vertrag von Nizza auf dem Prüfstand, in: EuR 2001, 143–184.

Haus, Florian: OLAF – Neues zur Betrugsbekämpfung in der EU, in: EuZW 2000, 745–750.

Hausen, Christof H.: Verfassungs- und völkerrechtliche Probleme der Rechtsgrundlagen von EUROPOL. Sinzheim, 2000.

Hecker, Bernd: Europäisches Strafrecht post-Lissabon, in: Ambos, Kai (Hrsg.), Europäisches Strafrecht post-Lissabon. Göttingen, 2011, S. 13–28.

– Statement: Jurisdiktionskonflikte in der EU, in: ZIS 2011, 60–63.

– Europäisches Strafrecht. Heidelberg et al., 4. Aufl. 2012.

Hedtmann, Oliver: Unregelmäßigkeiten und Betrug im europäischen Agrarsektor – Maßnahmen zum Schutz der finanziellen Interessen der Europäischen Union, in: EuR 2002, 122–133.

Hefendehl, Roland: Zur Frage der Legitimität europarechtlicher Straftatbestände, in: Schünemann, Bernd (Hrsg.), Alternativentwurf Europäische Strafverfolgung. Köln et al., 2004, S. 82–100.

– Der EuGH stellt die strafrechtliche Kompetenzordnung auf den Kopf – und wundert sich über Kritik, in: Joerden, Jan C./Szwarc, Andrzej J. (Hrsg.), Europäisierung des Strafrechts in Polen und Deutschland – rechtsstaatliche Grundlagen. Berlin, 2007, S. 41–58.

Heger, Martin: Perspektiven des Europäischen Strafrechts nach dem Vertrag von Lissabon. Eine Durchsicht des (wohl) kommenden EU-Primärrechts vor dem Hintergrund des Lissabon-Urteils des BVerfG vom 30.6.2009, in: ZIS 2009, 406–417.

Heine, Henriette: Die Rechtsstellung des Beschuldigten im Rahmen der Europäisierung des Strafverfahrens. Frankfurt a. M., 2009.

Heinze, Christian: Europäisches Prozessrecht und Zivilprozess, in: EuR 2008, 654–690.

Heise, Friedrich Nicolaus: Europäisches Gemeinschaftsrecht und nationales Strafrecht. Die Auswirkungen des Vorrangs des Gemeinschaftsrechts und der gemeinschaftsrechtskonformen Rechtsanwendung auf das deutsche materielle Strafrecht. Bielefeld, 1998.

Heitzer, Anne: Punitive Sanktionen im Europäischen Gemeinschaftsrecht. Heidelberg, 1997.

Herlin-Karnell, Ester: Recent developments in the area of European criminal law, in: MJ 2007, 15–37.

Herrmann, Christoph: Individualrechtsschutz gegen Rechtsakte der EU „mit Verordnungscharakter" nach dem Vertrag von Lissabon, in: NVwZ 2011, 1352–1367.

– Die Reichweite der gemeinschaftsrechtlichen Vorlagepflicht in der neueren Rechtsprechung des EuGH, in: EuZW 2006, 231–235.

– Anmerkung zu EuGH, Urteil vom 16. 6. 2005 – C-105/03 Maria Pupino. Gemeinschaftsrechtskonforme Auslegung nationalen Rechts in Strafverfahren, in: EuZW 2005, 436–438.

Herzog, Roman/*Gerken,* Lüder: Stoppt den Europäischen Gerichtshof. Frankfurter Allgemeine Zeitung Nr. 210 v. 8.9.2008. S. 8.

Heselhaus, Sebastian M./*Nowak,* Carsten: Handbuch der Europäischen Grundrechte. München, 2006.

Hess, Burkhard: Die Zukunft des Vorabentscheidungsverfahrens nach Art. 19 EUV und Art. 267 AEUV, in: Gsell, Beate/Hau, Wolfgang (Hrsg.), Zivilgerichtsbarkeit und Europäisches Justizsystem. Institutionelle und prozedurale Rahmenbedingungen des Vorabentscheidungsverfahrens nach Art. 267 AEUV auf dem Prüfstand. Tübingen, 2012, S. 181–201.

Hetzer, Wolfgang: Grundrechtsschutz in verwaltungsrechtlichen Untersuchungen des Europäischen Amtes für Betrugsbekämpfung (OLAF), in: Derra, Hans-Jörg (Hrsg.), Freiheit, Sicherheit und Recht. Festschrift für Jürgen Meyer zum 70. Geburtstag unter Mitarbeit von Marion Träger und Daniela Seibold. Baden-Baden, 2006, S. 103–131.

Hirsch, Günter: Dezentralisierung des Gerichtssystems der Europäischen Union, in: ZRP 2000, 57–60.

Höreth, Marcus: Warum der EuGH nicht gestoppt werden sollte – und auch kaum gestoppt werden kann, in: Haltern, Ulrich/Bergmann, Andreas (Hrsg.), Der EuGH in der Kritik. Tübingen, 2012, S. 73–112.

Hörmann, Saskia: Die Befugnis der EG zur Umsetzung von Resolutionen des UN-Sicherheitsrates zur Bekämpfung des internationalen Terrorismus, in: EuR 2007, 120–133.

House of Lords: Strengthening OLAF, the European Anti-Fraud Office. Report with Evidence. House of Lords, London, 2004 (zit.: HL Paper 139).

– The Criminal Law Competence of the European Community. Report with Evidence. House of Lords, London, 2004 (zit.: HL Paper 227).

Hryniewicz, Elżbieta: Europäische Delikte, Europäische Rechtsgüter, in: Joerden, Jan C./Szwarc, Andrzej J. (Hrsg.), Europäisierung des Strafrechts in Polen und Deutschland – rechtsstaatliche Grundlagen. Berlin, 2007, S. 59–68.

Huber, Peter: Auslegung und Anwendung der Charta der Grundrechte, in: NJW 2011, 2385–2390.

Huff, Martin: Nachdenken über das Gerichtssystem beim Europäischen Gerichtshof und beim Gericht erster Instanz, in: EuZW 2000, 97.

Immenga, Ulrich/*Mestmäcker,* Ernst-Joachim (Hrsg.): Wettbewerbsrecht. Band 1. EU/ Teil 1. Kommentar zum Europäischen Kartellrecht. Unter Mitwirkung von Torsten Körber. München, 5. Aufl. 2012.

Jacobs, Francis G.: Further reform of the preliminary ruling procedure – towards a „green light" system?, in: Gaitanides, Charlotte/Kadelbach, Stefan/Iglesias, Carlos Rodriguez (Hrsg.), Europa und seine Verfassung. Festschrift für Manfred Zuleeg zum siebzigsten Geburtstag. Baden-Baden, 2005, S. 204–215.

– Advocates General and Judges in the European Court of Justice: Some Personal Reflections, in: O'Keeffe, David/Bavasso, Antonio (Hrsg.), Liber Amicorum in Honour of Lord Slynn of Hadley. Volume I. Judicial Review in European Union Law. Kluwer Law International, Den Haag, 2000, S. 17–28.

Jacqué, Jean Paul/*Weiler,* Joseph: On the road to European Union – A new judicial architecture: an agenda for the intergovernmental conference, in: CMLRev 27 (1990), 185–207.

Jaeger, Marc: Das Gericht der Europäischen Union als Garant eines wirksamen Rechtsschutzes, in: Schwarze, Jürgen (Hrsg.), Verfahren und Rechtsschutz im europäischen Wirtschaftsrecht. Baden-Baden, 2010, S. 57–81.

Jarass, Hans D.: Strafrechtliche Grundrechte im Unionsrecht, in: NStZ 2012, 611–616.

– Bedeutung der EU-Rechtsschutzgewährleistung für nationale und EU-Gerichte, in: NJW 2011, 1393–1397.

– Charta der Grundrechte der Europäischen Union. Unter Einbeziehung der vom EuGH entwickelten Grundrechte und der Grundrechtsregelungen der Verträge. Kommentar. C. H. Beck, München, 2010 (zit.: *Jarass,* Art. Rn.).

– EU-Grundrechte. München, 2005 (zit.: Jarass, § Rn.).

Jestaedt, Matthias: Der „Europäische Verfassungsgerichtsverbund" in (Verfahrenskenn-) Zahlen, in: JZ 2011, 872–879.

Jokisch, Jens: Gemeinschaftsrecht und Strafverfahren. Die Überlagerung des deutschen Strafprozeßrechts durch das Europäische Gemeinschaftsrecht, dargestellt anhand ausgewählter Problemfälle. Berlin, 2000.

Kahlke, Svenja: Eurojust – Auf dem Weg zu einer Europäischen Staatsanwaltschaft? Die Justizielle Zusammenarbeit in Strafsachen in der Europäischen Union. Berlin, 2004.

Kaiafa-Gbandi, Maria: Das Strafrecht in der Unionsgrundordnung, in: KritV 2011, 153–185.

– Harmonisation of criminal procedure on the basis of common principles. The EU's challenge for rule-of-law transnational crime control, in: Fjinaut, Cyrille/Ouerkerk, Jannemieke (Hrsg.), The Future of the Police and Judicial Cooperation in the European Union. Martinus Nijhoff Publishers, Leiden, 2010, S. 357–402.

– Aktuelle Strafrechtsentwicklung in der EU und rechtsstaatliche Defizite, in: ZIS 2006, 521–536.

Kamann, Hans-Georg: Das neue gemeinschaftliche Gerichtssystem nach dem Vertrag von Nizza – auf dem Weg zu einer europäischen Fachgerichtsbarkeit, in: ZEuS 2001, 627–648.

Kämmerer, Jörn Axel: Das Urteil des Europäischen Gerichtshofs im Fall „Kadi": Ein Triumph der Rechtsstaatlichkeit?, in: EuR 2009, 114–130.

– Die Urteile „Kadi " und „Yusuf" des EuG und ihre Folgen. EuR-Beih. 1/2008, 65–88.

Karlsruher Kommentar zur Strafprozessordnung mit GVG, EGGVG und EMRK, Hannich, Rolf (Hrsg.), München, 6. Aufl. 2008 (zit.: KK-StPO/*Bearbeiter*).

Karpenstein, Ulrich/*Mayer,* Franz C.: EMRK. Konvention zum Schutz der Menschenrechte und Grundfreiheiten. München, 2012 (zit.: Karpenstein/Mayer/Bearbeiter).

Karper, Irene: Reformen des Europäischen Gerichts- und Rechtsschutzsystems. Baden-Baden, 2. Aufl. 2011.

Kastelik-Smaza, Agnieszka: Das Vorabentscheidungsverfahren aus der Sicht des individuellen Rechtsschutzes. Baden-Baden, 2010.

Kaufhold, Ann-Katrin: Gegenseitiges Vertrauen. Wirksamkeitsbedingung und Rechtsprinzip der justiziellen Zusammenarbeit im Raum der Freiheit, der Sicherheit und des Rechts, in: EuR 2012, 408–432.

Kaunert, Christian: Europol and EU Counterterrorism: International Security Actorness in the External Dimension, in: Studies in Conflict & Terrorism 2010, S. 652–671.

Kirchmair, Lando: Alter Wein aus neuen Schläuchen? Die Individualnichtigkeitsklage gem (sic.) Art 263 Abs (sic.) 4 AEUV im Lichte von Art 6 Abs (sic.) 1 und 13 EMRK, in: ZfRV 2012, 148–157.

Kirsch, Stefan: Schluss mit lustig! Verfahrensrechte im Europäischen Strafrecht, in: StraFo 2008, 449–458.

Kistner-Bahr, Hanna: Die Entwicklungstendenzen Europols im europäischen Integrationsprozess. Mögliche Ausweitung der Befugnisse Europols vom Informationsaustausch zur Ermittlungskompetenz unter Berücksichtigung des Vertrages von Lissabon. Diss. 2009.

Kleinknecht Müller Reitberger. Kommentar zur Strafprozessordnung. Heintschel-Heinegg, Bernd von/Stöckel, Heinz (Hrsg.), Köln et al., 66. Lfg. Mai 2013 (zit.: KMR-StPO/*Bearbeiter*).

Kley-Struller, Andreas: Art. 6 EMRK als Rechtsschutzgarantie gegen die öffentliche Gewalt. Die aktuelle Praxis der Konventionsorgane zur Anwendung des Art. 6 EMRK in der Verwaltungsrechtspflege; Analysen und Perspektiven. Zürich, 1993.

Klinke, Ulrich: Entwicklung in der EU-Gerichtsbarkeit, in: EuR-Beih. 1/2012, 61–81.

Klip, André: Harmonisierung des Strafrechts – eine fixe Idee?, in: NStZ 2000, 626–630.

Knapp, Andreas: Die Garantie des effektiven Rechtsschutzes durch den EuGH im Raum der Freiheit, der Sicherheit und des Rechts, in: DÖV 2001, 12–21.

Knöfel, Oliver: Judizielle Loyalität in der Europäischen Union – Zur Rechts- und Beweishilfe im Verhältnis der Unionsgerichtsbarkeit zu den Gerichten der Mitgliedstaaten –, in: EuR 2010, (618) 625–654.

Kober, Martin: Der Grundrechtsschutz in der Europäischen Union. Bestandsaufnahme, Konkretisierung und Ansätze zur Weiterentwicklung der europäischen Grundrechtedogmatik anhand der Charta der Grundrechte der Europäischen Union. München, 2009.

Koch, Cornelia: Locus standi of private applicants under the EU Constitution: preserving gaps in the protection of individuals' rights to an effective remedy, in: E.L.Rev. 2005, 30 (4), 511–527.

Kochan, Nick: Profile – Open dialogue, Oprisk and compliance 2009, S. 14–17.

Kokott, Juliane: Der *pouvoir neutre* im Recht der Europäischen Union, in: ZaöRV 2009, 275–288.

Kokott, Juliane/*Dervisopoulos,* Ioanna/*Henze,* Thomas: Aktuelle Fragen des effektiven Rechtsschutzes durch die Gemeinschaftsgerichte, in: EuGRZ 2008, 10–15.

Kokott, Juliane/*Henze,* Thomas/*Sobotta,* Christoph: Die Pflicht zur Vorlage an den Europäischen Gerichtshof und die Folgen ihrer Verletzung, in: JZ 2006, 633–641.

Kokott, Juliane/*Rüth,* Alexandra: The European Convention and its Draft Treaty Establishing a Constitution for Europe: Appropriate Answers to the Laeken Questions?, in: CMLRev 40 (2003), 1315–1345.

Kolesnikova, Lina: Organised Crime hits Europe, in: Intersec 2011, 10–14.

Koopmans, Thijmen: The Theory of Interpretation and the Court of Justice, in: O'Keeffe, David/Bavasso, Antonio (Hrsg.), Liber Amicorum in Honour of Lord Slynn of Hadley. Volume I. Judicial Review in European Union Law. Kluwer Law International, Den Haag, 2000, S. 45–58.

– The Future of the Court of Justice of the European Communities, in: YEL 1991 (11), 15–32.

Korrell, Vera: Europol. Polizei ohne rechtsstaatliche Bindungen? Frankfurt a. M., 2005.

Kottmann, Matthias: *Plaumanns* Ende: Ein Vorschlag zu Art. 263 Abs. 4 AEUV, in: ZaöRV 2010, 547–566.

Kotzur, Markus: Neuerungen auf dem Gebiet des Rechtsschutzes durch den Vertrag von Lissabon, in: EuR-Beih. 1/2012, 7–22.

– Kooperativer Grundrechtsschutz in der Völkergemeinschaft. Zur Rechtsmittelentscheidung des EuGH (Große Kammer) vom 3. September 2008 in den verb. Rsn. Kadi u. a., in: EuGRZ 2008, 673–680.

Kraemer, Hannes: The European Union Civil Service Tribunal: A new Community court examined after four years of operation, in: CMLRev 46 (2009), 1873–1913.

Kraus, Dieter: Die kooperative Sicherung der Rechtsstaatlichkeit der Europäischen Union durch die mitgliedstaatlichen Gerichte und die Gemeinschaftsgerichte, in: EuR-Beih. 3/2008, 109–133.

Kremer, Bernd: Immunität für Europolbedienstete? Eine Untersuchung der Aufgaben und Befugnisse von Europol unter besonderer Berücksichtigung der Immunitätsproblematik. Frankfurt a. M., 2003.

- Sicherheitsunion Europa. Stellung und Funktion des Europäischen Polizeiamts (Europol), in: Derra, Hans-Jörg (Hrsg.), Freiheit, Sicherheit und Recht, Festschrift für Jürgen Meyer zum 70. Geburtstag. Baden-Baden, 2006.

Kretschmer, Joachim: Europol, Eurojust, OLAF – was ist das und was dürfen die?, in: JURA 2007, 169–175.

Kröger, Nicoletta: Europol. Europäisches Polizeiamt und Individualrechtsschutz. Vereinbarkeit mit Grundgesetz und Europäischer Menschenrechtskonvention? Frankfurt a. M., 2004.

Kubiciel, Michael: Grund und Grenzen strafrechtlicher Anweisungskompetenz der Europäischen Gemeinschaft, in: NStZ 2007, 136–141.

Kucsko-Stadlmayer, Gabriele: Die neue Gerichtsstruktur der Europäischen Union, in: Akyürek, Metin/Baumgartner, Gerhard/Jahnel, Dietmar/Lienbacher, Georg/Stolzlechner, Harald (Hrsg.), Staat und Recht in europäischer Perspektive. Festschrift für Heinz Schäffer. Wien, 2006, S. 393–410.

Kuhl, Lothar: The Future of the European Union's Financial Interests. Financial Criminal Law Investigations under the Lead of a European Prosecutor's Office, in: Eucrim 2008, 186–192.

Kuhl, Lothar/*Spitzer,* Harald: Das Europäische Amt für Betrugsbekämpfung (OLAF), in: EuR 2000, 671–685.

Kühne, Hans-Heiner: Strafprozessrecht. Heidelberg et al., 8. Aufl. 2010.

Lackner, Karl/*Kühl,* Kristian (Hrsg.): Strafgesetzbuch. Kommentar. Bearbeitet von Kühl, Kristian. München, 27. Aufl. 2011.

Lagodny, Otto: Empfiehlt es sich, eine europäische Gerichtskompetenz für Strafgewaltskonflikte vorzusehen? Gutachten im Auftrag des Bundesministeriums der Justiz, Berlin, März 2001, abrufbar unter: http://www.uni-salzburg.at/strafrecht/lagodny, zuletzt am: 20.10.2013.

Langsdorff, Herbert von: Maßnahmen der Europäischen Union zur Vereinfachung und Beschleunigung der Rechtshilfe und insoweit vorgesehene Beschuldigten- und Verteidigungsrechte, in: StV 2003, 472–477.

Laser, Andrea: Das Rechtsschutzsystem gegen strafprozessuale Zwangsmaßnahmen, in: NStZ 2001, 120–124.

Lässig, Curt Lutz: Zulässigkeit der vorbeugenden Feststellungsklage bei drohendem Bußgeldbescheid, in: NVwZ 1988, 410–412.

Last, Christina: Garantie wirksamen Rechtsschutzes gegen Maßnahmen der Europäischen Union. Zum Verhältnis von Art. 47 Abs. 1, 2 GRCh und Art. 263 ff. AEUV. Tübingen, 2008.

Latzel, Clemens/*Streinz,* Rudolf: Das richtige Vorabentscheidungsersuchen, in: NJOZ 2013, 97–109.

Laubinger, Hans-Werner: Primärrechtliches Fundament und Umfeld von Europol, in: Wolter, Jürgen/Schenke, Wolf-Rüdiger/Hilger, Hans/Zöller, Mark (Hrsg.), Alternativentwurf Europol und europäischer Datenschutz. Heidelberg, 2008, S. 125–157.

Lenaerts, Koen: Die EU-Grundrechtecharta: Anwendbarkeit und Auslegung, in: EuR 2012, 3–18.

– The European Court of First Instance: Ten Years of Interaction with the Court of Justice, in: O'Keeffe, David/Bavasso, Antonio (Hrsg.), Liber Amicorum in Honour of Lord Slynn of Hadley. Volume I. Judicial Review in European Union Law. Kluwer Law International, Den Haag, 2000, S. 97–116.

Lengauer, Alina-Maria: Einstweiliger Rechtsschutz und Rechtsstaatlichkeit im Gemeinschaftsrecht, in: EuR-Beih. 1/2008, 69–81.

Lenski, Edgar/*Mayer,* Franz C.: Vertragsverletzung wegen Nichtvorlage durch oberste Gerichte?, in: EuZW 2005, 225.

Lenz, Carl Otto: Die Rolle des EuGH im Prozeß der Europäisierung der mitgliedstaatlichen Rechtsordnungen, in: Kreuzer, Karl F./Scheuing, Dieter H./Sieber, Ulrich (Hrsg.), Die Europäisierung der mitgliedstaatlichen Rechtsordnungen. Baden-Baden, 1997, S. 161–173.

Lenz, Sebastian/*Staeglich,* Simone: Kein Rechtsschutz gegen EG-Verordnungen? Europäische Rechtsschutzdefizite und ihr Ausgleich durch die Feststellungklage nach § 43 I VwGO, in: NVwZ 2004, 1421–1429.

Lieber, Dagmar: Über die Vorlagepflicht des Artikel 177 EWG-Vertrag und deren Mißachtung. München, 1986.

Lindner, Josef Franz: Zur grundsätzlichen Bedeutung des Protokolls über die Anwendung der Grundrechtecharta auf Polen und das Vereinigte Königreich – zugleich ein Beitrag zur Auslegung von Art. 51 EGC, in: EuR 2008, 786–800.

Lingenthal, Lukas: die OLAF-Reform – Der aktuelle Änderungsentwurf und dessen Auswirkungen auf die Effektivität der Kontrollen und die Verfahrensrechte der Betroffenen, in: ZEuS 2012, 195–232.

– Eine Europäische Staatsanwaltschaft „ausgehend von Eurojust"?, in: ZEuS 2010, 79–109.

Lipp, Volker: Rechtsschutz gegen Vorlageverstöße, in: Gsell, Beate/Hau, Wolfgang (Hrsg.), Zivilgerichtsbarkeit und Europäisches Justizsystem. Institutionelle und prozedurale Rahmenbedingungen des Vorabentscheidungsverfahrens nach Art. 267 AEUV auf dem Prüfstand. Tübingen, 2012, S. 103–122.

– Europäische Justizreform, in: NJW 2001, 2657–2663.

Loewenheim, Ulrich/*Meesen,* Karl M./*Riesenkampff,* Alexander (Hrsg.): Kartellrecht. Kommentar. München, 2. Aufl. 2009.

Luchtman, Michiel: Choice of forum in an area of freedom, security and justice, in: Utrecht Law Review 2011, 74–101.

Lüderrsen, Klaus: Wer will das bessere Europa?, in: Schünemann, Bernd (Hrsg.), Alternativentwurf Europäische Strafverfolgung. Köln et al., 2004, S. 45–50.

Ludwig, Thomas Claus: Zum Verhältnis zwischen Grundrechtecharta und allgemeinen Grundsätzen, in: EuR 2011, 715–735.

Lumma, Moritz: Verfahrensbeschleunigung und Kohärenz beim EuGH – Die Perspektive des Bevollmächtigten der Bundesregierung beim EuGH, in: EuGRZ 2008, 381–384.

Magiera, Siegfried: Der Verfassungsvertrag als Zwischenstation im europäischen Integrationsprozess, in: Kirchhof, Ferdinand/Papier, Hans-Jürgen/Schäffer, Heinz (Hrsg.), Rechtsstaat und Grundrechte. Festschrift für Detlef Merten. Heidelberg, 2007, S. 429–441.

Mahoney, Paul: The Civil Service Tribunal: The benefits and Drawbacks of a Specialised Judicial Body, in: HRLJ 2011, 11–15.

Mansdörfer, Marco: Das Europäische Strafrecht nach dem Vertrag von Lissabon – oder: Europäisierung des Strafrechts unter nationalstaatlicher Verantwortung, in: HRRS 2010, 11–21.

Manthey, Leslie/*Unseld,* Christopher: Grundrechte vs. „effet utile" – Vom Umgang des EuGH mit seiner Doppelrolle als Fach- und Verfassungsgericht, in: ZEuS 2011, 323–341.

Marguery, T.P.: The protection of fundamental rights in European criminal law after Lisbon: what role for the Charter of Fundamental Rights?, in: E.L.Rev. 2012, 37 (4), 444–463.

Maschmann, Frank: Vorabentscheidungsersuchen deutscher Arbeitsgerichte zum Europäischen Gerichtshof und Rechte der Parteien, in: NZA 1995, 920–931.

Matz, René Detlef: Europol – Datenschutz und Individualrechtsschutz im Hinblick auf die Anforderungen der EMRK. Aachen, 2003.

Maunz/Dürig: Grundgesetz. Kommentar. Begründet v. Maunz, Theodor/Dürig, Günter. Herzog, Roman/Scholz, Rupert/Herdegen, Matthias/Klein, Hans H. (Hrsg.), München, 2013.

Maunz/Schmidt-Bleibtreu/Klein/Bethge: Bundesverfassungsgerichtsgesetz. Kommentar. Begründet v. Maunz, Theodor/Schmidt-Bleibtreu, Bruno/Klein, Franz/Bethge, Herbert (Hrsg.), München, 29. Aufl. 2009 (zit.: Maunz/Schmidt-Bleibtreu/Klein/Bethge/Bearbeiter).

Mayer, Franz C.: Der Vertrag von Lissabon und die Grundrechte. EuR-Beih. 1/2009, 87–102.

– Rückkehr der Europäischen Verfassung? Ein Leitfaden zum Vertrag von Lissabon, in: ZaöRV (67) 2007, 1141–1217.

– Individualrechtsschutz im Europäischen Verfassungsrecht, in: DVBl. 2004, 606–616.

– Das Bundesverfassungsgericht und die Verpflichtung zur Vorlage an den Europäischen Gerichtshof – zugleich Anmerkung zum Beschluss vom 22. November 2001 – 2 BvB 1–3/01 (NPD-Verbot), in: EuR 2002, 239–257.

Mehde, Veith: Gespaltener Grundrechtsschutz in der EU? Zur Bedeutung der Sonderreglung für Polen und das Vereinigte Königreich, in: EuGRZ 2008, 269–274.

Menne, Martin: Die Organisation des Gerichtswesens in der Bundesrepublik Deutschland unter besonderer Berücksichtigung der Familiengerichtsbarkeit, in: JuS 2003, 26–32.

Meyer, Frank: Das Strafrecht im Raum der Freiheit, der Sicherheit und des Rechts, in: EuR 2011, 169–196.

– Globale Terrorbekämpfung und nationales Nebenstrafrecht, in: NJW 2010, 2397–2399.

Meyer, Jürgen: Charta der Grundrechte der Europäischen Union. Baden-Baden, 3. Aufl. 2011 (zit.: Meyer/*Bearbeiter*).

– Die künftige Europäische Verfassung und das Strafrecht, in: Arnold, Jörg/Burkhaupt, Björn/Gropp, Walter/Heine, Günter/Koch, Hans-Georg/Lagodny, Walter/Perron, Walter/Walther, Susanne (Hrsg.), Menschengerechtes Strafrecht. Festschrift für Albin Eser zum 70. Geburtstag. München, 2005, S. 797–806.

Meyer-Goßner, Lutz: Annahme und Sprungrevision, in: NStZ 1998, 19–22.

Militello, Vincenzo: Die Grundrechte zwischen Grenzen und Legitimierung eines strafrechtlichen Schutzes auf europäischer Ebene, in: Arnold, Jörg/Burkhaupt, Björn/Gropp, Walter/Heine, Günter/Koch, Hans-Georg/Lagodny, Walter/Perron, Walter/Walther, Susanne (Hrsg.), Menschengerechtes Strafrecht. Festschrift für Albin Eser zum 70. Geburtstag. München, 2005, S. 807–876.

Milke, Tile: Europol und Eurojust: Zwei Institutionen zur internationalen Verbrechensbekämpfung und ihre justitielle Kontrolle. Göttingen, 2003.

Millett, Timothy: Staff Cases in the Judicial Architecture of the Future, in: O'Keeffe, David/Bavasso, Antonio (Hrsg.), Liber Amicorum in Honour of Lord Slynn of Hadley. Volume I. Judicial Review in European Union Law. Kluwer Law International, Den Haag, 2000, S. 221–231.

Mitschke, Wolfgang: Aufruf für eine europäische Finanzgerichtsbarkeit, in: IStR 2010, 466–469.

Mitsilegas, Valsamis: EU Criminal Law. Hart Publishing, Oxford, 2009.

De Moor, Alexandra/*Vermeulen,* Gert: The Europol Council Decision: A New Legal Basis for Europol, in: NJEuCrimL 1 (2010), S. 178–198.

– The Europol Council Decision: Transforming Europol into an Agency of the European Union, in: CMLRev 47 (2010), 1189–1121.

de Moor, Stefan: The Difficulties of Joint Investigation Teams and the Possible Role of OLAF, in: Eucrim 2009, 94–99.

Mounier, Gregory: Europol: A New Player in the EU External Policy Field, in: PEPS 10 (2009), 582–602.

Müller, Matthias: Begrenzte Möglichkeit der Gründung eines Europäischen Patentgerichts, in: EuR 2011, 575–579.

Munding, Christoph-David: Das Grundrecht auf effektiven Rechtsschutz im Rechtssystem der Europäischen Union. Überlegungen zur Rechtsnatur und Quellenhermeneutik der unionalen Rechtsschutzgarantie sowie zur Wirksamkeit des Systems primären Individualrechtsschutzes gegen normative EG-Rechtsakte. Berlin, 2008.

Nalewajko, Pawel: Grundsatz der gegenseitigen Anerkennung. Eckstein der justiziellen Zusammenarbeit in Strafsachen in der Europäischen Union? Berlin, 2010.

– Der Grundsatz der gegenseitigen Anerkennung in Strafsachen, in: Joerden, Jan C./ Szwarc, Andrzej J. (Hrsg.), Europäisierung des Strafrechts in Polen und Deutschland – rechtsstaatliche Grundlagen. Berlin, 2007, S. 297–310.

Neframi, Eleftheria: Le Tribunal, juge de deuxième instance, in: R.A.E. 2009–2010, 419–431.

Nehl, Hanns Peter: Das EU-Rechtsschutzsystem, in: Fastenrath, Ulrich/Nowak, Carsten (Hrsg.), Der Lissabonner Reformvertrag. Änderungsimpulse in einzelnen Rechts- und Politikbereichen. Berlin, 2009, S. 149–169.

Nehm, Kai: Das nachrichtendienstrechtliche Trennungsgebot und die neue Sicherheitsarchitektur, in: NJW 2004, 3289–3295.

Nelles, Ursula: Die verfahrensrechtlichen Vorgaben des Corpus Juris, insbesondere die Stellung und Aufgaben einer europäischen Strafverfolgungsbehörde, in: Huber, Barbara (Hrsg.), Das Corpus Juris als Grundlage eines Europäischen Strafrechts. Europäischen Kolloquium. Trier, 4.–6. März 1999. Freiburg i. Br., 2000, S. 261–276.

– Europäisierung des Strafverfahrens – Strafprozeßrecht für Europa?, in: ZStW 109 (1997), 727–755.

Nestler, Cornelius: Europäische Verteidigung bei transnationalen Strafverfahren, in: Schünemann, Bernd (Hrsg.), Ein Gesamtkonzept für die europäische Strafrechtspflege. Köln et al., 2006, S. 166–180.

Nestler, Nina: Der Mandatsbereich von Europol im Lichte grenzüberschreitender Betäubungsmittelkriminalität, in: GA 2010, 645–658.

Nettesheim, Martin: Grundrechtskonzeptionen des EuGH im Raum der Freiheit, der Sicherheit und des Rechts, in: EuR 2009, 24–43.

– Effektive Rechtsschutzgewährleistung im arbeitsteiligen System europäischen Rechtsschutzes, in: JZ 2002, 928–934.

Neuhann, Florian: Im Schatten der Integration. OLAF und die Bekämpfung von Korruption in der Europäischen Union. Baden-Baden, 2005.

Niehoff, Peter: Das deutsche Verbindungsbüro bei EUROPOL. Ein persönlicher Erfahrungsbericht von Peter Niehoff, in: Streife 07–08/2004, 12–15.

Nielebock, Helga: „Fünf oder zwei Gerichtsbarkeiten"?, in: NZA 2004, 28–30.

Niemeier, Michael: Nach dem Vertrag von Lissabon: Die polizeiliche Zusammenarbeit in der EU, in: ERA Forum 2010, 197–206.

Niemeier, Michael/*Walter,* Markus: Neue Rechtsgrundlage für Europol, in: Kriminalistik 2010, 17–22.

Niestedt, Marian: Vorlagevoraussetzungen und -grenzen sowie Ablauf des Vorlageverfahrens, in: Gsell, Beate/Hau, Wolfgang (Hrsg.), Zivilgerichtsbarkeit und Europäisches Justizsystem. Institutionelle und prozedurale Rahmenbedingungen des Vorabentscheidungsverfahrens nach Art. 267 AEUV auf dem Prüfstand. Tübingen, 2012, S. 11–29.

Niestedt, Marian/*Boeckmann,* Hanna: Verteidigungsrechte bei internen Untersuchungen des OLAF – das Urteil Franchet und Byk des Gerichts erster Instanz und die Reform der Verordnung (EG) Nr. 1073/1999, in: EuZW 2009, 70–74.

Nieto Martin, Adán/*Wade,* Marianne/*Muñoz de Morales,* Marta: Federal Criminal Law and the European Public Prosecutor's Office, in: Ligeti, Katalin (Hrsg.), Toward a Prosecutor for the European Union, Volume 1. An Comparative Analysis. Hart Publishing, Oxford, Portland, 2013, S. 781–802.

Noltenius, Bettina: Strafverfahrensrecht als Seismograph der Europäischen Integration. Verfassung, Strafverfahrensrecht und der Vertrag von Lissabon, in: ZStW 122 (2010), 604–626.

Nowak, Carsten: Europarecht nach Lissabon. Baden-Baden, 2011.

– Zentraler und dezentraler Individualrechtsschutzschutz in der EG im Lichte des gemeinschaftsrechtlichen Rechtsgrundsatzes effektiven Rechtsschutzes, in: Nowak, Carsten/Cremer, Wolfgang (Hrsg.), Individualrechtsschutz in der EG und der WTO. Der zentrale und dezentrale Rechtsschutz natürlicher und juristischer Personen in der Europäischen Gemeinschaft und in der Welthandelsorganisation. Baden-Baden, 2002, S. 47–79.

Nusser, Julian: Die Bindung der Mitgliedstaaten an die Unionsgrundrechte. Tübingen, 2011.

Oberleitner, Rainer: Schengen und Europol. Kriminalitätsbekämpfung in einem Europa der inneren Sicherheit. Wien, 1998.

Obwexer, Walter: Der Beitritt der EU zur EMRK: Rechtsgrundlagen, Rechtsfragen und Rechtsfolge, in: EuR 2012, 115–149.

Ohler, Christoph: Die Verhängung von „smart sanctions" durch den UN-Sicherheitsrat – eine Herausforderung für das Gemeinschaftsrecht, in: EuR 2006, 848–865.

Olivares Tramon, José Miguel/*Tüllmann,* Norbert: Die künftige Gestaltung der EU-Gerichtsbarkeit nach dem Vertrag von Nizza, in: NVwZ 2004, 43–50.

Oliver, Peter: Fundamental rights in the European Union Law after the Treaty of Amsterdam, in: O'Keeffe, David/Bavasso, Antonio (Hrsg.), Liber Amicorum in Honour of Lord Slynn of Hadley. Volume I. Judicial Review in European Union Law. Kluwer Law International, Den Haag, 2000, S. 319–342.

Pabel, Katharina: The Right to an Effective Remedy Pursuant to Article II-107 Paragraph 1 of the Constitutional Treaty, in: G.L.J. 6 (2005), 1601–1616.

Pache, Eckhard: Die Rolle der EMRK und der Grundrechte-Charta in der EU, in: Fastenrath, Ulrich/Nowak, Carsten (Hrsg.), Der Lissabonner Reformvertrag. Änderungsimpulse in einzelnen Rechts- und Politikbereichen. Berlin, 2009, S. 113–128.

Pache, Eckhard/*Knauff,* Matthias: Wider die Beschränkung der Vorlagebefugnis unterinstanzlicher Gerichte im Vorabentscheidungsverfahren – zugleich ein Beitrag zu Art. 68 I EG, in: NVwZ 2004, 16–21.

Paeffgen, Hans-Ullrich: Problemskizze bei der Aufgabenbeschreibung von Europol, in: Wolter, Jürgen/Schenke, Wolf-Rüdiger/Hilger, Hans/Zöller, Mark (Hrsg.), Alternativentwurf Europol und europäischer Datenschutz. Heidelberg, 2008, S. 173–191.

Papajorgij, Valerio: Operation Koala – Kindesmissbrauch im Internet, in: Kriminalistik 2008, 248–250.

Pascu, Octavian Gabriel: Strafrechtliche Fundamentalprinzipien im Gemeinschaftsrecht. Unter besonderer Berücksichtigung des Kartellordnungswidrigkeitenrechts. Frankfurt a. M., 2010.

Paulus, Andreas/*Wesche,* Steffen: Rechtsetzung durch die Rechtsprechung fachfremder Gerichte, in: GRUR 2012, 112–118.

Payandeh, Mehrdad: Rechtskontrolle des UN-Sicherheitsrates durch staatliche und überstaatliche Gerichte, in: ZaöRV 2006, 41–71.

Pechstein, Matthias, unter Mitarbeit von *Görlitz,* Niklas/*Kubicki,* Philipp: EU-Prozessrecht. Tübingen, 4. Aufl. 2011.

Peers, Steve: Salvation outside the church: Judicial protection in the third pillar after the Pupino and Segi judgements, in: CMLRev 44 (2007), 883–929.

Pernice, Ingolf: Die Zukunft der Unionsgerichtsbarkeit. EuR 2011, 152–169

– Eine Grundrechte-Charta für die Europäische Union, in: DVBl. 2000, 847–859.

Perron, Walter: Perspektiven der europäischen Strafrechtsintegration, in: Hettinger, Michael/Zopfs, Jan/Hillenkamp, Thomas/Köhler, Michael/Rath, Jürgen/Streng, Franz/Wolter, Jürgen (Hrsg.), Festschrift für Wilfried Küper zu 70. Geburtstag. Heidelberg, 2007, S. 429–441.

Petri, Thomas Bernhard: Europol. Grenzüberschreitende polizeiliche Tätigkeit in Europa. Baden-Baden, 2001.

Petri, Thomas/*Tinnefeld,* Marie-Theres: Völlige Unabhängigkeit der Datenschutzkontrolle. Demokratische Legitimation und unabhängige parlamentarische Kontrolle als moderne Konzeption der Gewaltenteilung, in: MMR 2010, 157–161.

Petzold, Hans Arno: Was sind „Rechtsakte mit Verordnungscharakter" (Art. 263 Abs. 4 AEUV)? – Zur Entscheidung des EuG in der Rechtssache Inuit, in: EuR 2012, 443–452.

Pfeiffer, Gerd: StPO. Strafprozessordnung. Kommentar. München, 5. Aufl. 2007.

Pfeiffer, Thomas: Keine Beschwerde gegen EuGH-Vorlagen?, in: NJW 1994, 1996–2002.

Philippi, Nina: Die Charta der Grundrechte der Europäischen Union. Entstehung, Inhalt und Konsequenzen für den Grundrechtsschutz in Europa. Baden-Baden, 2002.

Piekenbrock, Andreas: Vorlagen an den EuGH nach Art. 267 AEUV im Privatrecht, in: EuR 2011, 317–357.

Pirrung, Jörg: Die Stellung des Gerichts erster Instanz im Rechtsschutzsystem der EG. Referat im Rahmen der Vortragsreihe „Fragen der europäischen Integration", Bonn, 29.11.1999, hrsg. v. Mitgliedern der Zentrums für europäisches Wirtschaftsrecht, 2000.

Potacs, Michael: Effet utile als Auslegungsgrundsatz, in: EuR 2009, 465–488.

Pötters, Stephan/*Werkmeister,* Christoph/*Traut,* Johannes: Rechtsakte mit Verordnungscharakter nach Art. 294 Abs. 4 AEUV – eine passgenaue Ausweitung des Individualrechtsschutzes?, in: EuR 2012, 546–562.

Prieto, Javier Valls: Die juristische Natur der Sanktionen der Europäischen Union, in: ZStW 120 (2008), 403–417.

Puttler, Adelheid: Binnendifferenzierung der Gemeinschaftsgerichtsbarkeit und das Recht auf den gesetzlichen Richter, in: EuR-Beih. 3/2008, 133–163.

Rabe, Hans-Jürgen: Nach der Reform ist vor der Reform. Zum Gerichtssystem der Europäischen Union, in: Gaitanides, Charlotte/Kadelbach, Stefan/Iglesias, Gil Carlos Rodriguez (Hrsg.), Europa und seine Verfassung. Festschrift für Manfred Zuleeg zum siebzigsten Geburtstag. Baden-Baden, 2005, S. 195–203.

– Zur Reform des Gerichtssystems der Europäischen Gemeinschaften, in: EuR 2000, 811–818.

– Vorlagepflicht und gesetzlicher Richter, in: Bender, Bernd/Breuer, Rüdiger/Ossenbühl, Fritz (Hrsg.), Rechtsstaat zwischen Sozialgestaltung und Rechtsschutz. Festschrift für Konrad Redeker zum 70. Geburtstag. München, 1993, S. 201–212.

Radtke, Henning/*Hohmann,* Olaf (Hrsg.): StPO. Strafprozessordnung. Kommentar. München, 2011 (zit.: Radtke/Hohmann/*Bearbeiter*).

Rasmussen, Hjalte: Plädoyer für ein Ende des judikativen Schweigens. Für Transparenz und abweichende Meinungen am EuGH, in: Haltern, Ulrich/Bergmann, Andreas (Hrsg.), Der EuGH in der Kritik. Tübingen, 2012, S. 113–186.

Ratzel, Max-Peter: EUROPOL – Die Abteilung Schwerkriminalität. Teil 3: Produkte und Dienstleistungen, in: Kriminalistik 2007, 428–434.

Raue, Benjamin: Die Verdrängung deutscher durch europäische Grundrechte im gewerblichen Rechtsschutz und Urheberrecht, in: GRURInt 2012, 402–410.

Reich, Norbert: Brauchen wir eine Diskussion um ein Europäisches Kompetenzgericht?, in: EuZW 2002, 257.

– Zur Notwendigkeit einer Europäischen Grundrechtsbeschwerde, in: ZRP 2000, 375–378.

Remien, Oliver: Europäisches Revisionsverfahren und andere Alternativen zum Vorlageverfahren, in: Gsell, Beate/Hau, Wolfgang (Hrsg.), Zivilgerichtsbarkeit und Europäisches Justizsystem. Institutionelle und prozedurale Rahmenbedingungen des Vorabentscheidungsverfahrens nach Art. 267 AEUV auf dem Prüfstand. Tübingen, 2012, S. 227–241.

– Europäisches Privatrecht als Verfassungsfrage, in: EuR 2005, 699–720.

Rengeling, Hans-Werner: Brauchen wird die Verfassungsbeschwerde auf Gemeinschaftsebene?, in: Due, Ole (Hrsg.), Festschrift für Ulrich Everling (Band 2). Baden-Baden, 1995, S. 1187–1212.

Rengeling, Hans-Werner/*Middeke,* Andreas/*Gellermann,* Martin (Hrsg.): Handbuch des Rechtsschutzes in der Europäischen Union. München, 2. Aufl. 2003 (zit.: Bearbeiter, in: Rengeling u. a. (Hrsg.)).

Rennert, Klaus: Effektivität des Rechtsschutzes und Vorabentscheidungsverfahren – Die Perspektive der nationalen Gerichtsbarkeit, in: EuGRZ 2008, 385–390.

Riegel, Ralf: Gemeinsame Ermittlungsgruppen. Herausforderungen und Lösungen, in: Eucrim 2009, 99–106.

Riehm, Thomas: Pro und contra Europäisches Fachgericht für Privatrecht, in: Gsell, Beate/Hau, Wolfgang (Hrsg.), Zivilgerichtsbarkeit und Europäisches Justizsystem. Institutionelle und prozedurale Rahmenbedingungen des Vorabentscheidungsverfahrens nach Art. 267 AEUV auf dem Prüfstand. Tübingen, 2012, S. 203–225.

Ritgen, Klaus: Grundrechtsschutz in der Europäischen Union. ZRP 2000, 371–375.

Rohleder, Kristin: Grundrechtsschutz im europäischen Mehrebenensystem. Unter besonderer Berücksichtigung des Verhältnisses zwischen Bundesverfassungsgericht und Europäischem Gerichtshof für Menschenrechte. Baden-Baden, 2009.

Rosas, Allan: Justice in Haste, Justice Denied? The European Court of Justice and the Area of Freedom, Security and Justice, in: CYELS Vol. 11, 1–13.

Rosenau, Henning: Zur Europäisierung im Strafrecht. Vom Schutz finanzieller Interessen der EG zu einem gemeineuropäischen Strafgesetzbuch?, in: ZIS 2008, 9–19.

Rösler, Hannes: Europäische Gerichtsbarkeit auf dem Gebiet des Zivilrechts. Strukturen, Entwicklungen und Reformperspektiven des Justiz- und Verfahrensrechts der Europäischen Union. Tübingen, 2012.

– Die Vorlagepraxis der EU-Mitgliedstaaten. Eine statistische Analyse zur Nutzung des Vorabentscheidungsverfahrens, in: EuR 2011, 392–408.

– Zur Zukunft des Gerichtssystems der EU. Entwicklungstendenzen des EuGH zum Supreme Court Europas, in: ZRP 2000, 52–57.

Roth, Wolfgang: Verfassungsgerichtliche Kontrolle der Vorlagepflicht an den EuGH, in: NVwZ 2009, 345–352.

Ruthig, Josef: Rechtliche Rahmenbedingungen der Tätigkeit von Europol – Bestandsaufnahme und Ausblick, in: Wolter, Jürgen/Schenke, Wolf-Rüdiger/Hilger, Hans/Zöller, Mark (Hrsg.), Alternativentwurf Europol und europäischer Datenschutz. Heidelberg, 2008, S. 97–124.

Sack, Jörn: Zur künftigen europäischen Gerichtsbarkeit nach Nizza, in: EuZW 2001, 77–80.

Safferling, Christoph: Internationales Strafrecht. Strafanwendungsrecht – Völkerstrafrecht – Europäisches Strafrecht. Heidelberg et al., 2011.

Sander, Gerald H.: Der Europäische Gerichtshof als Förderer und Hüter der Integration. Eine Darstellung anhand seiner einzelnen Einwirkungsmöglichkeiten auf die einzelnen Dimensionen des Einigungsprozesses. Berlin, 1998.

Satzger, Helmut: Internationales und Europäisches Strafrecht. Baden-Baden, 6. Aufl. 2013.

– Europäische Autopsie – eine Untersuchung der rechtsstaatlichen Leichen im Fundament der europäischen Strafrechtspflege, in: Hefendehl, Roland (Hrsg.), Empirische und dogmatischen Fundamente, kriminalpolitischer Impetus. Symposium für Bernd Schünemann zum 60. Geburtstag. Köln et al., 2005, S. 305–313.

– Die Europäisierung des Strafrechts. Eine Untersuchung zum Einfluß des Europäischen Gemeinschaftsrechts auf das deutsche Strafrecht. Köln et al., 2001.

Sauer, Johannes: Individualrechtsschutz gegen das Handeln der Europäischen Agenturen, in: EuR 2012, 51–67.

Schallmoser, Nina Marlene: Wiederaufnahme oder Erneuerung eines Strafverfahrens aufgrund eines EuGH-Urteils, in: ÖJZ 2008, 941–946.

Schalken, Tom/*Pronk,* Maarten: On Joint Investigation Teams, Europol and Supervision of Their Joint Actions, in: EJCCLCJ 2002, 70–82.

Schenke, Ralf P.: Die Garantie eines wirksamen Rechtsschutzes in Art. 47 Abs. 1 Grundrechtecharta, in: Baumeister, Peter/Roth, Wolfgang/Ruthig, Josef (Hrsg.), Staat, Verwaltung und Rechtsschutz. Festschrift für Wolf-Rüdiger Schenke zum 70. Geburtstag. Berlin, 2011, S. 305–327.

– Rechtsschutz gegen Europol, in: Wolter, Jürgen/Schenke, Wolf-Rüdiger/Hilger, Hans/Zöller, Mark (Hrsg.), Alternativentwurf Europol und europäischer Datenschutz. Heidelberg, 2008, S. 367–394.

Schenke, Wolf Rüdiger/*Roth,* Wolfgang: Die verwaltungsgerichtliche Feststellung strafbewehrter verwaltungsrechtlicher Pflichten, in: WiVerw 1997, 81–182.

Schermuly, Katharina: Grenzen funktionaler Integration. Anforderungen an die Kontrolle europäischer Strafgesetzgebung durch den EuGH. Frankfurt a. M., 2012.

Scheuermann, Sandra: Das Prinzip der gegenseitigen Anerkennung im geltenden und künftigen Europäischen Strafrecht. Zugleich eine Abhandlung über die Notwendigkeit einer Europäischen Staatsanwaltschaft. Hamburg, 2009.

Schiemann, Konrad: The Functioning of the Court of Justice in an Enlarged Union and the Future of the Court, in: Arnull, Anthony/Eeckhout, Piet/Tridimas, Takis (Hrsg.), Continuity and Change in EU Law. Essays in Honour of Sir Francis Jacobs. Oxford University Press, Oxford et al., 2008, S. 3–19.

Schilling, Theodor: Die Kontrolle von Nichtvorlagen letztinstanzlicher Gerichte an den EuGH. Überlegungen aus Anlass von EGMR, Ullens de Schooten, in: EuGRZ 2012, 133–138.

– Zum Recht der Parteien, zu den Schlussanträgen der Generalanwälte Stellung zu nehmen, in: ZaöRV 2000, 395–412.

Schiwek, Michael: Die zentralen und dezentralen Rechtsschutzmöglichkeiten des Einzelnen gegenüber Normen des materiellen Europäischen Strafrechts. Frankfurt a. M., 2012.

Schmidt, Eberhard: Lehrkommentar zur Strafprozeßordnung und zum Gerichtsverfassungsgesetz. Teil II: Erläuterungen zur Strafprozeßordnung und zum Einführungsgesetz zur Strafprozeßordnung. Göttingen, 1957.

Schmitz, Roland: Über die Auflösung des (deutschen) nationalen Wirtschaftsstrafrechts durch das europäische Recht, in: Joerden, Jan C./Szwarc, Andrzej J. (Hrsg.), Europäisierung des Strafrechts in Polen und Deutschland – rechtsstaatliche Grundlagen. Berlin, 2007, S. 199–215.

Schneiders, Benedikt: Die Grundrechte der EU und die EMRK. Das Verhältnis zwischen ungeschriebenen Grundrechten, Grundrechtecharta und Europäischer Menschenrechtskonvention. Baden-Baden, 2010.

Schomburg, Wolfgang: Gewaltenteilung für Europa. Gastbeitrag in der Frankfurter Allgemeine Zeitung vom 3.6.2009, abrufbar unter: www.faz.net/-gq7-12u43 (zuletzt am: 20.10.2013).

– Die Europäisierung des Verbots doppelter Strafverfolgung – Ein Zwischenbericht –, in: NJW 2000, 1833–1840.

Schomburg, Wolfgang/*Lagodny,* Otto/*Gleß,* Sabine/*Hackner,* Thomas (Hrsg.): Internationale Rechtshilfe in Strafsachen. International Cooperation in Criminal Matters. München, 2012.

Schomburg, Wolfgang/*Souminen-Picht,* Irene: Verbot der mehrfachen Strafverfolgung, Kompetenzkonflikte und Verfahrenstransfer, in: NJW 2012, 1190–1194.

Schönke, Adolf/*Schröder,* Horst: Strafgesetzbuch. Kommentar. München, 28. Aufl. 2010 (zit.: S-S/*Bearbeiter*).

Schramm, Edward: Acht Fragen zum Europäischen Strafrecht, in: ZJS 2012, 615–619.

Schröder, Christian: Perspektiven der Europäisierung des Strafrechts nach Lissabon: Neues Denken oder alte Fehler?, in: Hellmann, Uwe/Schröder, Christian (Hrsg.), Festschrift für Hans Achenbach. Heidelberg, 2011, S. 491–507.

Schröder, Meinhard: Die Vorlagepflicht zum EuGH aus europarechtlicher und nationaler Perspektive, in: EuR 2011, 808–828.

– Neuerungen im Rechtsschutz der Europäischen Union durch den Vertrag von Lissabon, in: DÖV 2009, 61–66.

– Die Wirkkraft der Unionsgrundrechte bei Sachverhalten mit internationalem Bezug, in: Ipsen, Jörn/Stüer, Bernhard (Hrsg.), Festschrift für Hans-Werner Rengeling zum 70. Geburtstag am 25. Februar 2008. Köln et al., 2008, S. 619–631.

Schroeder, Werner: Neues zur Grundrechtskontrolle in der Europäischen Union, in: EuZW 2011, 462–467.

Schubert, Inti: Europol und der virtuelle Verdacht. Frankfurt a. M., 2008.

Schulte, Dominik: Der Schutz individueller Rechte gegen Terrorlisten. Internationale, europäische und nationale Menschenrechtsstandards im Spannungsverhältnis zwischen effektiver Terrorismusbekämpfung und notwendigem Individualrechtsschutz. Baden-Baden, 2009.

Schulte, Ellen: Individualrechtsschutz gegen Normen im Gemeinschaftsrecht. Berlin, 2005.

Schulte-Herbrüggen, Elena: Der Grundrechtsschutz in der Europäischen Union nach dem Vertrag von Lissabon, in: ZEuS 2009, 343–377.

Schulze, Rainer/*Zuleeg,* Manfred/*Kadelbach,* Stefan (Hrsg.): Europarecht. Handbuch für die deutsche Rechtspraxis. Baden-Baden, 2. Aufl. 2010 (zit.: *Bearbeiter,* in: Schulze u. a. (Hrsg.)).

Schünemann, Bernd: Die Grundlagen eines transnationalen Strafverfahrens, in: Schünemann, Bernd (Hrsg.), Ein Gesamtkonzept für die europäische Strafrechtspflege. Köln et al., 2006, S. 93–111.

– Mindestnormen oder sektorales Europastrafrecht, in: Schünemann, Bernd (Hrsg.), Alternativentwurf Europäische Strafverfolgung. Köln et al., 2004, S. 75–81.

Schwach, Joachim: Europol – notwendig, aber rechtswidrig? Diss. Würzburg, 2000.

Schwarzburg, Peter/*Hamdorf,* Kai: Brauchen wir ein EU-Finanz-Strafgesetzbuch? Materiell-rechtliche Folgerungen aus dem Vorschlag der EU-Kommission zur Schaffung einer Europäischen Staatsanwaltschaft, in: NStZ 2002, 617–624.

Schwarze, Jürgen (Hrsg.): EU-Kommentar. Becker, Ulrich/Hatje, Armin/Schoo, Johann (Mithrsg.). Baden-Baden, 3. Aufl. 2012 (zit.: Schwarze/*Bearbeiter*).

– Rechtsschutz Privater gegen „Rechtsakte mit Verordnungscharakter" gemäß Art. 263 Abs. 4 Var. 3 AEUV, in: Müller-Graf, Peter-Christian/Schmahl, Stefanie/Skouris, Vassilos (Hrsg.), Europäisches Recht zwischen Bewährung und Wandel. Festschrift für Dieter H. Scheuing. Baden-Baden, 2011, S. 190–207.

– 20 Jahre Gericht erster Instanz in Luxemburg – Der Zugang zu Justiz, in: EuR 2009, 717–728.

– Rechtsstaatliche Defizite des europäischen Kartellbußverfahrens, in: WuW 2009, 6–12.

– Europäische Kartellbußgelder im Lichte übergeordneter Vertrags- und Verfassungsgrundsätze, in: EuR 2009, 171–200.

– Rechtsstaatliche Grenzen der gesetzlichen und richterlichen Qualifikation von Verwaltungssanktionen im europäischen Gemeinschaftsrecht, in: EuZW 2003, 261–269.

– Der Rechtsschutz Privater vor dem Europäischen Gerichtshof: Grundlagen, Entwicklungen und Perspektiven des Individualrechtsschutzes im Gemeinschaftsrecht, in: DVBl. 2002, 1297–1315.

Seibert-Fohr, Anja: Der Einfluss des Individualrechtsschutzes auf Funktion und Auswahl oberster Richter in Europa, in: Der Staat 2012, 130–156.

Sellmann, Christian/*Augsberg,* Steffen: Entwicklungstendenzen des Vorlageverfahrens nach Art. 234 EGV, in: DÖV 2006, 533–541.

Seong, Hong-Jae: Europol im Recht der Europäischen Union. Tübingen, 2005.

Serzysko, Agnieszka: Eurojust and the European Judicial Network on a new legal basis, in: ERA Forum 2011, 585–600.

Sharpston, Eleanor: The Changing Role of the Advocate General, in: Arnull, Anthony/Eeckhout, Piet/Tridimas, Takis (Hrsg.), Continuity and Change in EU Law. Essays in Honour of Sir Francis Jacobs. Oxford University Press, Oxford et al., 2008, S. 20–33.

Sicurella, Rosaria: Setting up a European Criminal Policy for the Protection of EU Financial Interests: Guidelines for a Coherent Definition of the Material Scope of the European Public Prosecutor's Office, in: Ligeti, Katalin (Hrsg.), Toward a Prosecutor for the European Union, Volume 1. An Comparative Analysis. Hart Publishing, Oxford, Portland, 2013, S. 870–904.

Sieber, Ulrich: Die Zukunft des Europäischen Strafrechts, in: ZStW 121 (2009), 1–67.

Sieber, Ulrich/*Brüner,* Franz-Hermann/*Satzger,* Helmut/*Heintschel-Heinegg,* Bernd v. (Hrsg.): Europäisches Strafrecht. Baden-Baden, 2011 (zit.: *Bearbeiter,* in: Sieber u. a. (Hrsg.)).

Siegerist, Wiebke: Die Neujustierung des Kooperationsverhältnisses zwischen dem Europäischen Gerichtshof und den mitgliedstaatlichen Gerichten. Unter Berücksichtigung einer gemeinschaftsrechtlichen Staatshaftung für Judikativunrecht. Frankfurt a. M. et al., 2010.

Simitis, Spiros: Die EU-Datenschutzrichtlinie – Stillstand oder Anreiz?, in: NJW 1997, 281–288.

Sinn, Arndt: Die Vermeidung von strafrechtlichen Jurisdiktionskonflikten in der Europäischen Union – Gegenwart und Zukunft, in: ZIS 2013, 1–9.

Skouris, Vassilios: Zum Rechtsschutz in der Europäischen Union nach Lissabon, in: Meng, Werner/Ress, Georg/Stein, Torsten (Hrsg.), Europäische Integration und Globalisierung. Festschrift zum 60-jährigen Bestehen des Europa-Instituts. Baden-Baden, 2011, S. 545–554.

– Die Reform der Europäischen Verträge und ihre Anwendung auf die europäische Gerichtsbarkeit, in: Durner, Wolfgang/Peine, Franz-Joseph (Hrsg.), Reform an Haupt und Gliedern. Verfassungsreform in Deutschland und Europa. Symposium aus Anlass des 65. Geburtstages von Hans-Jürgen Papier. München, 2009, S. 83–102.

– Stellung und Bedeutung des Vorabentscheidungsverfahrens im europäischen Rechtsschutzsystem, in: EuGRZ 2008, 343–349.

– Entwicklungsperspektiven der europäischen Gerichtsbarkeit. Bemerkungen aus Anlass des fünfzigjährigen Bestehens der Römischen Verträge, in: Kirchhof, Ferdinand/Papier, Hans-Jürgen/Schäffer, Heinz (Hrsg.), Rechtsstaat und Grundrechte. Festschrift für Detlef Merten. Heidelberg, 2007, S. 383–394.

Sommermann, Karl-Peter: Das Recht auf effektiven Rechtsschutz als Kristallisationspunkt eines gemeineuropäischen Rechtsverständnisses, in: Kirchhof, Ferdinand/Papier, Hans-Jürgen/Schäffer, Heinz (Hrsg.), Rechtsstaat und Grundrechte. Festschrift für Detlef Merten. Heidelberg, 2007, S. 443–461.

Spellerberg, Andrea: Vertraulichkeit für Informanten des Europäischen Amtes für Betrugsbekämpfung (OLAF). Der Schutz des Informanten nach Art. 287 EG und die Verteidigungsrechte der Betroffenen. Frankfurt a. M., 2006.

Spencer, John: The Proposed European Public Prosecutor, in: Huber, Barbara (Hrsg.), Das Corpus Juris als Grundlage eines Europäischen Strafrechts. Europäisches Kolloquium. Trier, 4.–6. März 1999. Freiburg i. Br., 2000, S. 249–259.

Srock, Gregor: Rechtliche Rahmenbedingungen für die Weiterentwicklung von Europol. Perspektiven im EU-Vertrag und in der Verfassung von Europa. Tübingen, 2006.

Stefanou, Constantin/*White,* Simone/*Xanthaki,* Helen: OLAF at the crossroads. Action against EU fraud. Hart Publishing, Oxford et al., 2011.

Sticht, Oliver: Vor-Ort-Kontrollen des Europäischen Amtes für Betrugsbekämpfung (OLAF) in Spanien. Unter Berücksichtigung der Verordnung (Euratom, EG) Nr. 218596 und der Verordnung (EG) Nr. 107399. Witten, 2007.

Stiebig, Volker: Strafrechtsetzungskompetenz der Europäischen Gemeinschaft und Europäisches Strafrecht: Skylla und Charybdis einer europäischen Odyssee?, in: EuR 2005, 466–493.

Streinz, Rudolf: Europarecht. Heidelberg/München, 9. Aufl. 2012.

– Die Rolle des EuGH im Prozess der Europäischen Integration, in: AöR 135 (2010), 1–28.

– Wie gut ist die Grundrechte-Charta des Verfassungsvertrages? Überlegungen nach dem Mandat des Brüsseler Gipfels für einen Reformvertrag, in: Ipsen, Jörn/Stüer, Bernhard (Hrsg.), Festschrift für Hans-Werner Rengeling zum 70. Geburtstag am 25. Februar 2008. Köln et al., 2008, S. 645–660.

– Die Europäische Union als Rechtsgemeinschaft. Rechtsstaatliche Anforderungen an einen Staatenverbund, in: Kirchhof, Ferdinand/Papier, Hans-Jürgen/Schäffer, Heinz (Hrsg.), Rechtsstaat und Grundrechte. Festschrift für Detlef Merten. Heidelberg, 2007, S. 395–414.

– Schleichende oder offene Europäisierung des Strafrechts? Zu beschleunigenden und retardierenden Tendenzen bei der Europäisierung des Strafrechts nach aktuellen Urteilen des EuGH und des BVerfG, in: Dannecker, Gerhard (Hrsg.), Festschrift für Harro Otto zum 70. Geburtstag am 1. April 2007. Köln et al., 2007, S. 1029–1053.

– (Hrsg.): EUV/AEUV. Vertrag über die Europäische Union und Vertrag über die Arbeitsweise der Europäischen Union. München, 2. Aufl. 2012.

Streinz, Rudolf/*Herrmann,* Christoph: Der Anwendungsvorrang des Gemeinschaftsrechts und die „Normverwerfung" durch deutsche Behörden, in: BayVBl. 2008, 1–11.

Streinz, Rudolf/*Leible,* Stefan: Die Zukunft des Gerichtssystems der Europäischen Gemeinschaft – Reflexionen über Reflexionspapiere, in: EWS 2001, 1–12.

Streinz, Rudolf/*Ohler,* Christoph/*Herrmann,* Christoph unter Mitarbeit von Tobias Kruis: Der Vertrag von Lissabon zur Reform der EU. Einführung mit Synopse. München, 3. Aufl. 2010.

Strobel, Stefan: Die Untersuchungen des Europäischen Amtes für Betrugsbekämpfung. Kontrollen der EU im Grenzbereich zwischen Verwaltungsverfahren und strafrechtlichen Ermittlungsverfahren. Baden-Baden, 2012.

Suhr, Oliver: Die polizeiliche und justizielle Zusammenarbeit in Strafsachen nach dem „Lissabon"-Urteil des Bundesverfassungsgerichts, in: ZEuS 2009, 687–715.

Sule, Satish: Europol und europäischer Datenschutz. Baden-Baden, 1999.

Sulk, Jan Rolf: Internationalisierung innerer Sicherheit auf völkerrechtlicher Ebene. Rechtliche Maßnahmen der Vereinten Nationen zur Bekämpfung des Terrorismus und der Organisierten Kriminalität, in: Jura 2009, 683–689.

Suominen, Annika: The Past, Present and the Future of Eurojust, in: MJ 2008, 217–234.

Systematischer Kommentar zur Strafprozessordnung. Mit GVG und EMRK. Band V. §§ 246a–295 StPO. Wolter, Jürgen (Hrsg.), Köln et al., 4. Aufl. 2012 (zit.: SK-StPO/*Bearbeiter*).

Tettinger, Peter J./*Stern,* Klaus: Kölner Gemeinschafts-Kommentar zur Europäischen Grundrechtecharta. München, 2006 (zit.: Tettinger/Stern/*Bearbeiter*).

Thalmann, Peter: Zur Auslegung von Art. 263 Abs. 4 AEUV durch die Rechtsprechung und Lehre – Zugleich ein Beitrag zur begrenzten Reichweite von Art. 47 Abs. 1 GRC wie auch zur Rolle der historischen Interpretation primären Unionsrechts, in: EuR 2012, 452–468.

– Nichtigkeitsklagen gegen Rechtsakte mit Verordnungscharakter. Zur Stärkung des Individualrechtsschutzes durch den Vertrag von Lissabon. Baden-Baden, 2011.

Theato, Diemut: Das Corpus Juris im Verhältnis zu anderen Instrumenten der europäischen Organe, in: Huber, Barbara (Hrsg.), Das Corpus Juris als Grundlage eines Europäischen Strafrechts. Europäisches Kolloquium. Trier, 4.–6. März 1999. Freiburg i. Br., 2000, S. 47–57.

Thiele, Alexander: Das Rechtsschutzsystem nach dem Vertrag von Lissabon – (K)ein Schritt nach vorn?, in: EuR 2010, 30–51.

– Individualrechtsschutz vor dem Europäischen Gerichtshof durch die Nichtigkeitsklage. Baden-Baden, 2006.

Thomy, Patricia: Individualrechtsschutz durch das Vorabentscheidungsverfahren. Baden-Baden, 2009.

Thüsing, Gregor/*Pötters,* Stephan/*Traut,* Johannes: Der EuGH als gesetzlicher Richter i. S. von Art. 101 I 2 GG, in: NZA 2010, 930–933.

Thwaites, Nadine: Eurojust: Autre brique dans l'édifice de la coopération judiciaire en matière pénale ou solide mortier?, in: RSC 2003, 45–61.

– Eurojust: Beacon In EU Judicial Co-Operation, in: RIDP 2006, 293–298.

Tiedemann, Klaus: Strafrecht im Europäischen Verfassungsvertrag, in: Müller-Sitz, Heinz/Müller, Egon/Kunz, Karl-Ludwig/Radtke, Henning/Britz, Guido/Momsen, Carsten/Koriath, Heinz (Hrsg.), Festschrift für Heike Jung zum 65. Geburtstag am 23. April 2007. Baden-Baden, 2007, S. 987–1003.

– Bemerkungen zur Zukunft des europäischen Strafprozesses, in: Arnold, Jörg/Burkhardt, Björn/Gropp, Walter/Heine, Günther/Koch, Hans-Georg/Lagodny, Otto/Perron, Walter/Walther, Susanne (Hrsg.), Menschengerechtes Strafrecht. Festschrift für Albin Eser zum 70. Geburtstag. München, 2005, S. 889–899.

– Die Europäisierung des Strafrechts, in: Kreuzer, Karl F./Scheuing, Dieter H./Sieber, Ulrich (Hrsg.), Die Europäisierung der mitgliedstaatlichen Rechtsordnungen. Baden-Baden, 1997, S. 133–160.

Tilmann, Wilfried: Europäische Gerichtsstruktur auch für Urheberrechte?, in: GRUR 2011, 1096–1098.

Tittor, Lotte Madlen: OLAF und die Europäisierung des Strafverfahrens. Diss., 2006.

Toscani, Stephan/*Suhr,* Oliver: Der Raum der Freiheit, der Sicherheit und des Rechts nach Inkrafttreten des Vertrags von Lissabon: Neue Rahmenbedingungen für das

Stockholmer Programm, in: Meng, Werner/Ress, Georg/Stein, Torsten (Hrsg.), Europäische Integration und Globalisierung. Festschrift zum 60-jährigen Bestehen des Europa-Instituts. Baden-Baden, 2011, S. 581–605.

Trocker, Nicolò: Das Vorabentscheidungsverfahren aus italienischer Sicht: Erfahrungen, Probleme, Entwicklungstendenzen, in: RabelsZ 66 (2002), 417–458.

Trimidas, Takis: Knocking on heaven's door: fragmentation, efficiency and defiance in the preliminary reference procedure, in: CMLRev 40 (2003), 9–50.

Uerpmann-Wittzack, Robert: Rechtsfragen und Rechtsfolgen des Beitritts der Europäischen Union zur EMRK, in: EuR-Beih. 1/2012, 167–189.

Usher, John A.: Direct an individual concern – an effective remedy or a constitutional solution?, in: E.L.Rev. 2003, 28 (5), 575–600.

Vedder, Christoph/*Heintschel von Heinegg,* Wolf (Hrsg.): Europäisches Unionsrecht. EUV/AEUV/Grundrechtecharta. Handkommentar mit den vollständigen Texten der Protokolle und Erklärungen und des EAGV. Baden-Baden, 2012 (zit.: Vedder/Heintschel von Heinegg/*Bearbeiter*).

Vernimmen, Gisèle: Quel contrôle juridictionnel dans l'espace pénal européen? Les changements annoncés par le traité modificatif, in: Braum, Stefan/Weyembergh, Anne (Hrsg.), Le contrôle juridictionnel dans l'espace pénal européen. Editions de l'Université de Bruxelles, Brüssel, 2009, S. 301–304.

Vogel, Joachim: Die Strafgesetzgebungskompetenzen der Europäischen Union nach Art. 83, 86 und 325 AEUV, in: Ambos, Kai (Hrsg.), Europäisches Strafrecht post-Lissabon. Göttingen, 2011, S. 29–44.

– Licht und Schatten im Alternativ-Entwurf Europäische Strafverfolgung, in: ZStW 116 (2004), 400–423.

Vondung, Julie: Die Architektur des europäischen Grundrechtsschutzes nach dem Beitritt der EU zur EMRK. Tübingen, 2012.

Voß, Reimer: Reform der Gerichtsbarkeit aus der Sicht nationaler Gerichte, in: EuR-Beih. 1/2003, 37–53.

Voß, Thomas: Europol: Polizei ohne Grenzen? Strafrechtliche Immunitätsregelungen und Kontrolle von Europol. Freiburg i. Br., 2003.

Voßkuhle, Andreas: Der europäische Verfassungsgerichtsverbund, in: NVwZ 2010, 1–8.

Wade, Marianne: OLAF and the Push and Pull Factors of a European Criminal Justice System, in: Eucrim 2008, 128–132.

Waelbroeck, Denis: Nizza oder das Janus-Dilemma: Für oder gegen eine zweiköpfige Gerichtsbarkeitsstruktur für Vorabentscheidungsverfahren, in: EuR-Beih. 1/2003, 71–85.

Wägenbaur, Bertrand: Court of Justice of the EU. Commentary on Statute and Rules of Procedure. München, 2013.

Wagner, Wolfgang: „Halt, Europol!". Probleme der europäischen Polizeikooperation für parlamentarische Kontrolle und Grundrechtsschutz. HFSK-Report 15/2004, abrufbar unter: http://www.ssoar.info/ssoar/bitstream/handle/document/28416/ssoar-2004-wagner-halt.pdf?sequence=1, zuletzt am: 20.10.2013.

Wahl, Thomas: Die geltenden primär- und sekundärrechtlichen Rahmenbedingungen des EG-Finanzschutzes, in: Eucrim 2008, 120–127.

Wallau, Philipp: Die Menschenwürde in der Grundrechtsordnung der Europäischen Union. Göttingen, 2010.

Walter, Konrad: Rechtsfortbildung durch den EuGH. Eine rechtsmethodische Untersuchung ausgehend von der deutschen und französischen Methodenlehre. Berlin, 2009.

Walter, Tonio: Inwieweit erlaubt die Europäische Verfassung ein europäisches Strafgesetz?, in: ZStW 117 (2005), 912–933.

Wandl, Christian: Europol. Unterstützung der Kriminalpolizei im Kampf gegen schwere internationale Kriminalität. Linz, 2008.

Wasser, Detlef/*Fawzy,* Oliver: Eurojust aus der Perspektive der Justiz, in: ERA Forum 2003, 90–98.

Weber, Albrecht: Einheit und Vielfalt der europäischen Grundrechtsordnung(en). Zur Inkorporation der Grundrechtscharta in einen europäischen Verfassungsvertrag, in: DVBl. 2003, 220–227.

- Die Europäische Grundrechtscharta – auf dem Weg zu einer europäischen Verfassung, in: NJW 2000, 537–544.

Weber, Verena: Kontrollen des Europäischen Amtes für Betrugsbekämpfung (OLAF) in Italien. Witten, 2004.

Weertz, Antje: Der Schutz der finanziellen Interessen der Europäischen Gemeinschaften. Betrachtung des Vorhabens zur Errichtung einer Europäischen Staatsanwaltschaft und der Auswirkungen auf die Betroffenen. Berlin, 2008.

Wegener, Bernhard: Der Numerus Clausus der Klagearten – Eine Gefahr für die Effektivität des Rechtsschutzes im Gemeinschaftsrecht?, in: EuGRZ 2008, 354–359.

- Rechtsstaatliche Vorzüge und Mängel der Verfahren vor den Gemeinschaftsgerichten, in: EuR-Beih. 3/2008, 45–69.

Weigend, Thomas: Der Entwurf einer Europäischen Verfassung und das Strafrecht, in: ZStW 116 (2004), 275–303.

Weitendorf, Stephanie: Die interne Betrugsbekämpfung in den Europäischen Gemeinschaften durch das Europäische Amt für Betrugsbekämpfung (OLAF). Eine Untersuchung unter besonderer Berücksichtigung des Rechtsschutzes und des Bestehens von Verteidigungsrechten für Gemeinschaftsbedienstete. Hamburg, 2007.

Weyembergh, Anne: Transverse Report on Judicial Control in Cooperation in Criminal Matters: The Evolution from Traditional Judicial Cooperation to Mutual Recognition, in: Ligeti, Katalin (Hrsg.), Toward a Prosecutor for the European Union, Volume 1. An Comparative Analysis. Hart Publishing, Oxford, Portland, 2013, S. 945–985.

- The Development of Eurojust: Potential and Limitations of Article 85 of the TFEU, in: NJEuCrimL 2011, 75–99.

Weyembergh, Anne/*Ricci,* Vanessa: Le traité de Lisbonne et le contrôle juridictionnel sur le droit pénal de l'Union européenne, in: Braum, Stefan/Weyembergh, Anne

(Hrsg.), Le contrôle juridictionnel dans l'espace pénal européen. Editions de l'Université de Bruxelles, Brüssel, 2009, S. 227–272.

White, Simone: A Decentralised European Public Prosecutor's Office. Concentration in Terms or Highly Workable Solution?, in: Eucrim 2012, 67–75.

Wiedemann, Gerhard (Hrsg.): Handbuch des Kartellrechts. München, 2008.

Wieland, Joachim: Der EuGH im Spannungsverhältnis zwischen Rechtsanwendung und Rechtsgestaltung, in: NJW 2009, 1841–1845.

Winter, Regine: Deutliche Worte des EuGH im Grundrechtsbereich, in: NZA 2013, 473–478.

Wohlers, Wolfgang: Strafverfolgungskompetenzen im Bundesstaat, in: Schünemann, Bernd (Hrsg.), Alternativentwurf Europäische Strafverfolgung. Köln et al., 2008, S. 51–74.

Wolter, Jürgen: Die polizeiliche und justitielle Zusammenarbeit in Strafsachen in der Europäischen Union. Ein Auslaufmodell mit Zukunft, in: Hirsch, Hans-Joachim/Wolter, Jürgen/Brauns, Uwe (Hrsg.), Festschrift für Günter Kohlmann zum 70. Geburtstag. Köln, 2003, S. 693–717.

Wolter, Jürgen/*Schenke*, Wolf-Rüdiger/*Hilger*, Hans/*Ruthig*, Josef/*Zöller*, Mark (Hrsg.): Alternativentwurf Europol und Europäischer Datenschutz. Heidelberg, 2008.

Wunderlich, Nina: Das Verhältnis von Union und Mitgliedstaaten am Beispiel des Vertragsverletzungsverfahrens, in: EuR-Beih. 1/2012, 49–60.

Wyngaert, Christine van den: Eurojust and the Public Prosecutor in the Corpus Juris Model: Water and Fire?, in: Walker, Neil (Hrsg.), Europe's Area of Freedom, Security and Justice. Oxford University Press, New York, 2004, S. 201–239.

Xanthaki, Helen: Eurojust: Fulfilled or Empty Promises in EU Criminal Law?, in: E.J.L.R. 2006, 175–197.

Yvon, Yannic: Sprachenvielfalt und europäische Einheit – Zur Reform des Sprachenregimes der Europäischen Union, in: EuR 2003, 681–695.

Zeder, Fritz: Europastrafrecht, Vertrag von Lissabon und Stockholmer Programm: Mehr Grundrechtsschutz?, in: EuR 2012, 34–60.

– Ausbau von Eurojust und EJN, in: JSt 2009, 85–87.

– Europastrafrecht: Aktueller Stand, in: ÖAnwBl. 2008, 249–267.

Zieschang, Frank: Chancen und Risiken der Europäisierung des Strafrechts, in: ZStW 113 (2001), 255–270.

Ziller, Jacques: Die Entwicklung des Europäischen Rechtsschutzsystems im Lichte der jüngsten Entwicklung der Rechtsprechung in Frankreich, in: EuR-Beih. 1/2012, 23–35.

Zimmermann, Frank: Wann ist der Einsatz von Strafrecht auf europäischer Ebene sinnvoll? – Die neue Richtlinie zum strafrechtlichen Schutz der Umwelt, in: ZRP 2009, 74–77.

Zöberlein, Renate: Auf dem Weg zu einer gemeinsamen europäischen Strafverfolgung: Eurojust als Keimzelle einer Europäischen Staatsanwaltschaft? Berlin, 2004.

Zöller, Mark: Neue unionsrechtliche Strafgesetzgebungskompetenzen nach dem Vertrag von Lissabon, in: Baumeister, Peter/Rot, Wolfgang/Ruthig, Josef (Hrsg.), Staat, Verwaltung und Rechtsschutz. Festschrift für Wolf-Rüdiger Schenke zum 70. Geburtstag. Berlin, 2011, S. 579–598.

– Europäische Strafgesetzgebung, in: ZIS 2009, S. 340–349.

Zuleeg, Manfred: Der Beitrag des Strafrechts zur europäischen Integration, in: JZ 1992, 761–769.

Stichwortverzeichnis

abschließende Maßnahme 370 f., 385, 430 f.
Abschlussbericht 367 f., 433 f.
ad-hoc-Richter 582 f.
agency-Situation 123 f.
Åkerberg Fransson 125 f.
Al Baracat 121 f.
allgemeine Rechtsgrundsätze 68 ff.
Amtssprache 599 ff.
Amtszeit 585 f.
Analogieverbot 149
Analysedateien 281 ff.
Analytical Work Files
  siehe Analysedateien
Anerkennungsgrundsatz
  siehe Gegenseitige Anerkennung
angemessene Verfahrensdauer 143, 200 ff., 457 f., 502 f.
Anhörungsrüge 493 ff.
Annahmeverfahren 528 ff., 594 f., 596
Annexkompetenz 64 ff., 96 ff.
Anweisungskompetenz 63 ff.
Anwendungsbereich des Unionsrechts 127 ff.
Anwendungsvorrang 49, 52 ff.
Arbeitsbelastung 510 ff.
Assimilationsprinzip 52 ff.
Auslegungsmethoden 50 ff.
Aussagefreiheit 147 f., 565 f.
Aussetzung (des nationalen Verfahrens) 234 ff.
Auswahlverfahren 583 ff.
AWF (Analytical Work Files)
  siehe Analysedateien

beamtenrechtliche Streitigkeit 309 ff.
beschleunigtes Verfahren 598

Beschuldigtenrechte 87 f.
Beschwerde 493 ff.
Bestimmtheitsgebot 148 ff., 564 f.
Betrugsbekämpfung 100 ff., 113 f.
Bosphorus 450 f., 459
Bußgelder 106 f., 209 f.

Camós-Grau 370 f.
Case Management System 331 ff.
Chancengleichheit *siehe* Waffengleichheit
Charta der Grundrechte
  siehe Grundrechtecharta
CILFIT 227, 466 f., 524, 526
Corpus Juris 413, 424 ff.

Datenschutzbeauftragter 306 f., 347, 358 ff.; *siehe auch* Europäischer Datenschutzbeauftragter
dezentraler Rechtsschutz 156 ff., 438 ff.
Dezentralisierung 530 f.
Direktor (von Europol) 309 f.
Direktor (von OLAF) 362 f., 369, 380 f.
Doppelbestrafungsverbot 151 f., 566
Durchführungsbedürfnis 189 ff.
Durchlaufverfahren bei grünem Licht 526 f.

effet utile 50 ff., 59
effektiver Rechtsschutz 133 ff., 202 ff., 452 ff., 458 ff.
EGMR 118 ff., 449 ff., 459 f.
Eilverfahren 598
Eilvorlage 258 ff.
Einheitsgericht 509 ff.
einstweiliger Rechtsschutz 201 f., 259, 372 f., 374, 396, 453 f.
EIS (Europol-Informationssystem) 280 ff.

EJN 353 f.
EMRK *siehe* Europäische Menschenrechtskonvention
EMRK-Beitritt 449 ff., 459 f.
Ermittlungsrichter (EER) 399, 426 ff., 431 ff., 567, 570
ERT 127 ff.
EuG *siehe* Gericht (1. Instanz)
EuGH *siehe* Gerichtshof der Europäischen Union
Eurojust 108 ff., 327 ff., 403 ff., 416 ff., 551, 567
Eurojust-VO, Vorschlag der Kommission für eine 403 ff.
Europäische Menschenrechtskonvention 118 ff., 449 ff., 459 f.
Europäische Staatsanwaltschaft (EuStA) 110 f., 399 f., 412 ff., 551
Europäischer Datenschutzbeauftragter (EDSB) 358 ff., 395 f., 407, 425 f., 432 f.
Europäisches Justizielles Netz *siehe* EJN
Europäisches Strafrecht 47 ff.
Europäisierung des Strafrechts 47 ff.
Europol 112, 277 ff., 394 ff., 418 f., 551, 567
Europol-Informationssystem *siehe* EIS
Europol-VO, Vorschlag der Kommission für eine 394 ff.
EuStA
   siehe Europäische Staatsanwaltschaft
ex-ante-Kontrolle
   siehe Ermittlungsrichter
externe Untersuchungen 361 f., 364 ff, 373 ff.

Fachgericht für Strafrecht 429 ff., 434, 507 ff., 548 ff.
Fachgerichte 156 ff., 507 ff., 548 ff.
faires Verfahren 138 ff.
Familienzusammenführungsrichtlinie 125 f.
fast track 599

Feststellungsklage (§ 43 VwGO) 441 ff., 489 ff.
Filterverfahren 528 ff.
finanzielle Interessen S. 100 ff.
Fortsetzungsfeststellungsklage 430, 460, 490
Foto-Frost 226 f.
Franchet und Byk 370 f.
Frankovich 250 f., 268
freier Beweisverkehr 87

GASP 73, 165 f., 166 ff., 204 ff., 214, 221
Gegenseitige Anerkennung 83 f., 219 f., 470 ff., 491, 567 f.
Geldbußen 105 ff., 209 f., 562 ff.
Gemeinsame Ermittlungsgruppen (GEG) 288 f., 336 f.
Gemeinsame Kontrollinstanz (Eurojust) 338 ff.
Gemeinsame Kontrollinstanz (Europol) 294 ff.
Generalanwälte S. 587 ff., 157 f.
Generalisten 509 ff.
Gericht (1. Instanz) 156 ff., 572 f
Gericht für den öffentlichen Dienst
   siehe GöD
Gerichtsbegriff 139 f., 298 ff., 343 ff.
Gerichtshof 156 ff.
Gerichtsverfassung 156 ff., 568 ff.
Gesetzeskontrolle 551
Gesetzgebungscharakter 172 ff., 202 ff., S. 455 ff., 551;
   siehe auch Verordnungscharakter
gesetzliche Grundlage 148 f.
gesetzlicher Richter 140 f., 244 ff.
Gestoras 214
Gleichrang der Amtssprachen 599 ff.
Griechischer Mais 52 ff.
Grünbuch der Kommission 413 f., 424 ff.
Grundrechte 68 ff., 116 ff.
Grundrechtecharta 116 ff.
Grundrechteberechtigung 120 f.

Grundrechtsbindung 121 ff.
Grundrechtschranken 144 f.
GöD 156 ff., 573 ff.

Harmonisierung 86 ff., 93 ff.

individuelle Betroffenheit 170 ff.
Instanzenzug 550, 593 ff., 595 ff.
Integration *siehe* Strafrechtsintegration
interne Untersuchungen 361 f., 363 f., 367 ff., 369 ff.
Interpretationsmethoden 50 ff.
Inuit 187 ff., 484 f.
Inzidentkontrolle 272 f.

Jégo-Quéré 172 ff., 475 ff.
Justizielle Grundrechte 116 ff.

Kadi 121 f.
Kammern 518, 533 ff., 586 f.
Kartellbußen 105 ff., 209 ff.
Kartellrecht 105 ff., 209 ff., 433, 562 ff.
Kassation 497 f.
Klagefrist 193 ff., 489
Köbler 250 f., 466
Kohärenz 518 f., 555
Kompetenzkonflikte 85, 408 ff., 422 ff.
Koordinierungsbefugnisse 335 f.
Kronzeugenregelung 565 f.

Legislativakte 174 ff., 202 f., 455 ff., 551
lex-mitior-Grundsatz 150

materiell-rechtliche Kompetenzen 93 ff.
Meeresverschmutzung 66, 515
Menschenhandel 104
Methodik 517 ff., 589 ff.
Microban 187 ff.
Model Rules for the Procedure of the future European Public Prosecutor 414 f., 425
Mündlichkeitsgrundsatz 143

Nationale Stellen 312
ne bis in idem 151 f., 566
Neutralisierungswirkung 55 ff.
Nichtigkeitsklage 166 ff., 389 ff., 451 ff., 475 ff., 550 ff.
Nichtvorlage, Kontrolle der/Rechtsmittel gegen 240 ff.
Nichtvorlagebeschwerde 440, 500
NKI *siehe* Nationale Stellen
Notbremsenmechanismus 89, 97
nulla poena sine lege 148 ff.

Öffentlichkeitsgrundsatz 142
Office Européen de Lutte Anti-Fraude *siehe* OLAF
OLAF 354 ff., 410 ff., 418, 567
OLAF-Reform 410 ff.
OLAF-Überwachungsausschuss *siehe* Überwachungsausschuss
opt-out 131 f., 164 f., 392
ordentliches Gesetzgebungsverfahren 82 ff.
ordre-public-Vorbehalt 220 f.
originäre Kompetenzen 100 ff.

parlamentarische Kontrolle 322 ff., 351 f., 380 f., 397
PJZS 72 f., 81 ff., 162 ff., 166 f., 204 ff.
Plaumann 170 ff., 475 ff., 482 ff.
praktische Konkordanz 144 f.
praktische Wirksamkeit 50 ff., 59
präventive Kontrolle *siehe* Ermittlungsrichter
privilegierte Nichtigkeitsklage 551 f.
Prozesskostenhilfe 143 f.

Qualifikation 583 ff.

rahmenbeschlusskonforme Auslegung 61 ff.
rechtliches Gehör 141 f.
Rechtsfortbildung 49 ff., 480 ff.

Rechtsmittelbefugnis 593 f., 597
Rechtsmittelfrist 595, 597 f.
Rechtssatzbeschwerde 551
Rechtsschutzeffektivität
 siehe effektiver Rechtsschutz
Rechtssicherheit 503 ff.
Rechtswegklarheit 136
Regelungstiefe 95, 515
Regionalisierung 530 f.
Repräsentationsprinzip 579
RFSR 81 ff.
Richter 140, 157 f., 579 ff.
richtlinienkonforme Auslegung 59 ff.
Rückwirkungsverbot 149 f.

Sanktionsbefugnisse 105 ff.
Schadensersatzklagen 266 ff., 396 f., 466
Schmidberger 129
Schonungsgrundsatz 104 f.
Segi 214
Selbstbelastungsfreiheit 147 f., 565 f.
self executing 172 f.
smart sanctions 74 ff., 107 f., 204 ff., 221, 267, 561
Sondervoten 591 f.
Spezialgericht 507 ff.
Spezialisierung 509 ff., 531 ff.
Spezialkammern 518, 533 ff.
Sprachenregelung 599 ff.
Spruchkörper 586 f.
Steffensen 126 f.
Stockholmer Programm 90 f., 98 f.
Strafgewalt 568
Strafrechtsintegration 47 ff.
strafverfahrensrechtliche Kompetenzen 83 ff.
Subsidiarität 482

Terrorbekämpfung 74 ff., 107 f., 204 ff., 221, 267, 561
Transparenz 556

Überwachungsausschuss 381 ff.
Umweltstrafrecht 64 f., 515, 517
Unión de Pequeños Agricultores
 siehe UPA
Universalgericht 509 ff.
unmittelbare Betroffenheit 192 f.
Unschuldsvermutung 145 f., 565 f.
Untätigkeitsklage 266
UPA 172 ff., 452, 475 ff.

Verfahrensautonomie (der Mitgliedstaaten) 58
Verfahrensdauer
 siehe angemessene Verfahrensdauer
Verfahrensrechte 141 ff., 383 ff., 410 ff.
Verfahrensstraffung 521 ff.
Verfassungsbeschwerde 244 ff., 448 f., 467 ff.
Verkehrsfähigkeit von Beweisen
 siehe freier Beweisverkehr
Verordnungscharakter 176 ff.
Verpflichtungsklage 489 ff.
Verteidigungsrechte 146 f., 383 ff., 410 ff.
Vertragsverletzungsverfahren 247 ff., 269 f., 379 f., 465 f.
Verwaltungsrat 309 f.
Verwaltungssanktionen 106 f., 209 ff.
Verweisung 598
Violetti und Schmit 370 f.
Vorabentscheidungsverfahren 212 ff., 461 ff., 491, 552 f.
Vorlageberechtigung 221 ff., 237 ff.
Vorlagebeschluss, Rechtsmittel gegen den 253 ff.
Vorlageermessen im Strafverfahren, Beschränkung des 228 ff.
Vorlageerzwingungsverfahren 240 ff., 498 ff.
Vorlagepflicht 223 ff.

Vorlageverfahren
siehe Vorabentscheidungsverfahren

Vorrang des Unionsrechts
siehe Anwendungsvorrang

Waffengleichheit 142, 434 f.
Wettbewerbsrecht 106 f., 209 ff.
Wiederaufnahme 252 f., 503 ff.

Willkürmaßstab (des Bundesverfassungsgericht) 244 ff.
wissenschaftliche Mitarbeiter 582 f.
writ of certiorari 526 f., 594

Zollwesen 103 f.
Zugang zu einem Gericht, Recht auf 135 f.
Zugangsbeschränkungen 523 ff.
Zwischenbericht 367 f.